W0190054

JOSEPH LORTZ

DIE REFORMATION IN DEUTSCHLAND

JOSEPH LORTZ

DIE REFORMATION
IN DEUTSCHLAND

Unveränderte Neuausgabe

Mit einem Nachwort
von Peter Manns

Herder
Freiburg · Basel · Wien

SEBASTIAN MERKLE
UND
FRITZ TILLMANN
ZU EIGEN

Aus dem Institut
für Europäische Geschichte, Mainz

DOMUS UNIVERSITATIS 1650

SECHSTE AUFLAGE

Vorwort zur vierten Auflage

Dieses Buch war einige Zeit vergriffen. Lange gingen die Überlegungen, ob es wieder in der Gestalt vorgelegt werden sollte, in der es vor über 20 Jahren (1939/40) zum erstenmal (und dann unverändert 1942 und 1948)[1] erschien, oder ob eine Umarbeitung in Auseinandersetzung mit der Kritik und der seitherigen Forschung vorzuziehen sei.

Die Entscheidung fiel zugunsten eines unveränderten Abdruckes. Viele, aus verschiedenen Lagern, traten nachdrücklich für diese Lösung ein. Sie wünschten, das Buch möchte weiterhin in jener Gestalt zugänglich sein, in der es seit 1939/40 die Auseinandersetzung über das wichtige Thema, nicht zuletzt im Gespräch zwischen den christlichen Konfessionen, beeinflußte.

Formal liegt der Fall ähnlich, wie ihn Günther Franz für seinen „Bauernkrieg" kennzeichnete, der erstmals 1933 (dann 1939 und 1943) erschienen, von der Wissenschaftlichen Buchgesellschaft Darmstadt 1958 unverändert (von Kleinigkeiten abgesehen) herausgebracht wurde: „ein solches Buch läßt sich nur einmal schreiben" (vgl. a. a. O. S. VII). Meine Darstellung bietet in der Weise eine Gesamtkonzeption der Reformation in Deutschland und insbesondere der Gestalt Martin Luthers, daß einerseits ihre Gültigkeit nicht abhängig ist von kleineren Verschiebungen innerhalb einzelner Thesen; daß andererseits das Einarbeiten einer Auseinandersetzung mit der Kritik und der seitherigen Forschung in den jetzigen Text die Form des Buches sprengen müßte.

Selbstverständlich besteht unabhängig davon für den Autor die wissenschaftliche Pflicht, den Gesamttenor des Buches und seine einzelnen Thesen mit dieser Kritik und Forschung zu konfrontieren. Diese Aufgabe wurde nun einem eigenen Buche vorbehalten[2].

---

[1] 1942 (1943?) wurde das Buch auf Rosenbergs sogenannten Kleinen Index gesetzt. Nach längeren Verhandlungen wurde das Papier für einen Neudruck bewilligt, mit der Auflage, daß die Exemplare nur im Ausland verkauft werden dürften. Die Bestände wurden jedoch vor der Auslieferung im Verlagshaus Herder durch einen Bombenangriff vollständig vernichtet.

[2] In der vorliegenden Ausgabe wurden nur die Literaturangaben (Bd. 2, 310 ff.) durch Hinweis auf die wichtigsten Neuerscheinungen ergänzt. Die Zusammenstellung besorgte ich gemeinsam mit meinem Mitarbeiter in unserem „Instiut für Europäische Geschichte Mainz", Herrn Joseph Schülzle, dem ich herzlich danke.

Ich darf dazu bereits hier Folgendes anmerken: so vielfältig die zu diskutierenden Dinge sind, so manches ich im einzelnen anders sehe als vor 20 Jahren: die Grundauffassungen des Buches scheinen mir nicht in Frage gestellt. Auch die neuerdings stark vorangetriebene existentialistische Interpretation der Theologie des jungen Luther vermag mich in dieser Überzeugung nicht wankend zu machen. Die Frage geht dahin, ob die Ansätze „existentialen" Denkens bei Luther bis zu existentialistischen Kategorien vorgedrungen sind. Meines Erachtens zwingen uns die Texte zu einer negativen Antwort. Luther bleibt grundsätzlich dogmatisch gebunden im Sinne der traditionellen Auffassung des Dogmas; denn er bleibt zu einem entscheidenden Teil ein ontologisch Denkender. Sein religiöses und theologisches Grundanliegen, die Rechtfertigung, läßt sich trotz der Schwierigkeiten, die besonders Luthers Terminologie der Erklärung bereiten, mit genügender Sicherheit als eine objektiv-wirkliche Umwandlung des Menschen durch die Gnade erweisen.

Von hier aus präsentiert sich erneut auch die Frage nach dem „katholischen Luther" und, wie mir scheint, in einer keineswegs weniger günstigen Position für meine Auffassung als früher.

All denen, die dem Buch und ihrem Verfasser Interesse entgegenbrachten und dies vielfältig bekundeten, möchte ich bei dieser Gelegenheit herzlichen Dank sagen.

Mainz, im Sommer 1962   *Joseph Lortz*
Domus Universitatis

Inhalt

Zweiter Teil
Die neue Zeit: Die Reformation in Deutschland

Erstes Buch
Die neue religiöse Gestaltung

ZWEITER BAND
AUSBAU DER FRONTEN
UNIONSVERSUCHE · ERGEBNIS

Zweites Buch
Die neue politische und kirchenpolitische Gestaltung

Viertes Buch
Die Entscheidung durch den politisch-militärischen Machtkampf

ERSTER BAND

VORAUSSETZUNGEN
AUFBRUCH
ERSTE ENTSCHEIDUNG

Erster Teil

Voraussetzungen
Am Vorabend einer neuen Zeit

Erstes Kapitel

Von den Ursachen der Reformation

I. 1. Ein gespaltenes Christentum ist ein Widerspruch in sich selbst. Dies ist aber die Lage des Christentums seit der Reformation. Vom Schisma der Ostkirche einmal abgesehen, besteht also eine wesentliche Aufspaltung der früher einen Christenheit seit 400 Jahren. In dieser Zeitspanne haben unvergleichlich mehr Christen gelebt als in den 15 Jahrhunderten christlicher Geschichte vorher, und weit, weit mehr Christen nichtkatholischen Bekenntnisses als vordem Christen überhaupt.

Aus dieser Tatsache entsteht die eigentlich christliche Fragestellung der Reformationsgeschichte: nach dem Sinn, dem historischen Auftrag der Reformation.

Hierfür ist die Erkenntnis nicht nur des Ablaufes, sondern auch der Grundlegung der Reformation erforderlich. Ohne diese wird jener unverständlich bleiben. Die Frage nach den Ursachen der Reformation gehört deshalb zu den reformationsgeschichtlichen Grundfragen.

Dabei ist nicht zunächst an die Beantwortung der Frage gedacht, welche bestimmten Einzelentwicklungen die Reformation ,herbeigeführt' haben, sondern an die Vorfrage, wie überhaupt eine kirchliche Revolution, wie sie sich im 16. Jahrhundert vollzog, möglich und, im höheren Sinne, ,notwendig' werden konnte. Es war ja durchaus nicht selbstverständlich, daß die Reformation kam. Es gehört vielmehr bereits mit zu einem tieferen Verständnis ihres Seins, daß man sich dies klarmache; daß man die ungewöhnliche, ja ungeheuerliche Kraftprobe nachzuempfinden versuche, die notwendig war, um die absolut gesetzte, das ganze Leben des einzelnen Menschen wie der Gemeinschaften mit göttlicher Autorität lenkenden Einheitsnorm des kirchlichen Glaubens und Regiments überhaupt in Frage zu stellen.

2. Geschichte lohnt das Studium nur, soweit sie denkend begriffen wird. Ihre Ereignisse müssen aus dem Zustand des mehr oder minder willkürlichen Auftauchens im Strom der Zeiten und des nur episodenhaften Daseins und Versinkens herausgehoben werden. Es muß sichtbar werden, daß dem ge-

schichtlichen Inhalt und Ablauf eine gewisse innere Notwendigkeit eignet.
Nicht eine absolute Notwendigkeit, aber eine solche, die das Erscheinen des
geschichtlichen Faktums aus gewissen, früher liegenden Vorgängen mit innerer
Konsequenz erwarten läßt und dadurch wiederum sein Vordringen ermöglicht.
Ein solcher Nachweis erklärt das Kommen eines geschichtlichen Ereignisses,
er rechtfertigt noch nicht seinen Inhalt. Nur eine naive materialistische und
fatalistische Geschichtsdeutung vereinfacht das Problem in der Weise, als ob
große Ereignisse der Menschheitsgeschichte ihre a b s o l u t e, metaphysische
Rechtfertigung immer schon in sich selber trügen. Lediglich eine relativistisch erweichte, der eigenen Kraft nichts zutrauende Haltung glaubt die
Ehrfurcht vor jedem Großen in der Geschichte nur durch vorbehaltloses
— wenn auch zeitlich beschränktes — Bejahen erreichen zu können. Im
Gegensatz zu solchen Auffassungen läßt eine christliche und damit tief
menschliche Beurteilung im geschichtlichen Faktum durchaus Raum für subjektives Verdienst oder subjektive Schuld des Menschen, und sie gibt infolgedessen die Möglichkeit, in voller Ehrfurcht, ja in bewußter Schicksalsgemein-
schaft auch vor einer Vergangenheit zu stehen, mit der sie ins Gericht geht.
D i e A u f w e i s u n g e i n e s t i e f e n h i s t o r i s c h e n S i n n e s e n t s c h e i d e t
n o c h n i c h t ü b e r W a h r h e i t o d e r I r r t u m, V e r d i e n s t o d e r S c h u l d.
Die entgegenstehende Behauptung gehört zum Wesen des dogmenlosen und
deshalb ewig schwankenden Liberalismus. Vielmehr, weil auch der Irrtum
seine große positive Rolle in der Geschichte spielt, weil die ‚felix culpa‘
sogar zu den t r a g e n d e n Kräften der Geschichte gehört, ist zu bekennen,
daß es historische Sinnerfülltheit gibt, die inhaltlich n i c h t die Wahrheit
vertritt. Ursache und Schuld sind nicht dasselbe. Schuld schließt immer die
Ursache ein. Ursache kann die Schuld einschließen, sie muß es nicht.

Erst von dieser Plattform aus wird eine w e s e n t l i c h e Kritik an welt-
umstürzenden, siegreichen Bewegungen möglich. Zu ihnen gehört die Reformation. Umgekehrt: Wer die Reformation allein schon durch ihr Dasein für
gerechtfertigt im letzten Sinne ausgibt, liefert das Christentum an den ewigen
Wandel des Geschichtlichen aus, muß auf seine Absolutheit verzichten.

3. Das Zeitalter der Reformation hat in einem vorher unbekannten Ausmaß
Teil an der Kompliziertheit und Vielfältigkeit des Lebens. In nie gesehenem
Umfang erscheinen die Persönlichkeiten zweiten und dritten Ranges als
Führer auf der weltgeschichtlichen Bühne und greifen die Massen aktiv in den
Ablauf ein. Die große Voraussetzung aller neuzeitlichen Geschichte, die
M u l t i p l i z i e r u n g, die Multiplizierung nämlich der vom Geschichtsablauf
erfaßten und auf ihn irgendwie einwirkenden Individuen und deren ver-
vielfältigte gegenseitige Berührung, ist ein Kennzeichen auch schon der Re-

formationsgeschichte. Die Geschichte der Prädikanten und der Theologie und die Geschichte der Söldner- und Bauernkriege erbringen den einen Beweis. Den besseren liefert die Tatsache, daß diese Zeit als erste entscheidend mitgeprägt ist von jener Macht, die überhaupt erst eine eigentliche öffentliche Meinung, eine geistige Massenbewegung ermöglicht, von der Buchdruckerkunst. Das gewinnt seine volle Bedeutung erst, wenn man erkennt, daß die Reformationszeit Erbe des endenden 15. Jahrhunderts wird, d. h. einer Zeit der zahlreichsten durcheinanderwebenden Gegensätze. Von Gegensätzen, die ihrerseits das Resultat jahrhundertealter Auflösungs- und Neubauerscheinungen sind und als solche das Bild des damaligen Lebens nicht nur kennzeichnen oder auch beherrschen, sondern dieses Leben von seinen Wurzeln her gegensätzlich aufbauen.

4. Damit ist schon angedeutet, daß der Begriff der Ursachen, denen wir nachspüren wollen, nichts zu tun haben kann mit schulmeisterlicher Enge. Vielmehr muß er in umfassender Bedeutung genommen werden. Die erwähnte ‚Sinnerfülltheit' besagt, daß eine historische Erscheinung sich in eine erkennbar planmäßige Entwicklung einreiht und sich insofern aus ihr erklärt. Das heißt aber wiederum, daß der Begriff der historischen Ursache weit hinausgreift über die eigentliche und unmittelbare Verursachung; er erweitert sich zum Begriff der Grundlegung, Vorbedingung, Vorbereitung.

In dieser umfassenden Bedeutung reicht der Begriff dann wieder wesentlich hinaus über die strenge Nachweisbarkeit und vor allem auch über das Bewußtsein des Zusammenhanges zwischen Ursache und Verursachtem. Ich will sagen: eine sogar grundlegende und umfassende historische Ursache kann vorliegen, ohne daß die Träger eines von ihr abhängenden historischen Vorganges sich dieses Zusammenhanges bewußt sind und ohne daß der Historiker in der Lage wäre, die direkte Verbindung zwischen Ursache und Wirkung aufzudecken, den Kanal bloßzulegen, durch den die Wirkung ihren Lauf nahm. So zieht etwa Luther in seinem eigenen Werden wie im Aufbau seiner Kirche und deren Ausbreitung Nutzen von einer Menge früherer Vorgänge und Vorläufer, mit denen er und seine Zeit zunächst keine bewußte Verbindung mehr hatten.

Denn viel tiefer als die bewußt aufgenommene Anregung reichen jene ursächlichen Verkettungen, die in der weniger genau kontrollierbaren Anregung des blutsmäßigen Erbes und des geistigen Milieus gegeben sind. Solche unsichtbare Anregung scheidet aber deswegen nicht aus der wissenschaftlichen Betrachtung aus. Der tiefste Grund: die Geschichte ist eine objektive Sichtbarmachung der innern Konsequenz der einmal ausgesprochenen Ideen und gesetzten Tatsachen und auch eine objektive Sichtbarmachung des Willens

Gottes; die Geschichte, aufs Große gesehen, ist, trotz des entscheidenden Einflusses des Genies, dem Wollen und Wünschen der Menschen weithin enthoben.

Infolgedessen kann es wissenschaftlich berechtigt sein, große Tatsachen, die ganze Jahrhunderte gekennzeichnet haben, in die Ursachenreihe einer späteren Erscheinung einzureihen, auch wenn ein unmittelbarer oder durch Zwischenglieder genau belegbarer Zusammenhang nicht nachweisbar ist, vorausgesetzt, daß eine starke innere Verwandtschaft der beiderseitigen geistig-seelischen Struktur vorliegt und daß die in Frage stehende Entwicklung im gleichen geistigen Raume verläuft.

Konkret gesprochen: Wenn aus einer v o l l k o m m e n an die römische Kirche gebundenen Haltung der abendländischen Völker des 12. Jahrhunderts im 16. Jahrhundert eine großenteils unabhängige, ja widersetzliche geworden ist, dann zwingt diese Verlagerung, zu ihrer Erklärung als Ursachen heranzuziehen alle Etappe markierenden Ereignisse, die jene Gebundenheit gelockert, diese Freiheit gefördert haben.

Der Begriff ,Ursache' ist auch schärfstens abzusetzen von der Vorstellung, als ob die Wirkung oder auch nur die Hauptwirkung einer Idee oder Wirklichkeit immer entscheidend gemessen werden müßten an dem Bild, das die Schöpfer dieser Idee von ihr in sich tragen. Inhaltlich gesehen ist z. B. der kirchentreue Reformeifer der ,devotio moderna' (s. unten S. 121) das volle Gegenteil zur häretischen Reformation. Aber dadurch, daß jener Reformeifer sich kräftig und erfolgreich gegen den überhandnehmenden Formalismus (den ,Judaismus', wie Erasmus und Luther sagen werden) stemmten und die Bedeutung des Einzelgewissens hervorhoben und stärkten, wurde sie ganz gegen ihren Willen zu einer wichtigen ,Ursache' der Reformation. Sie verbreitete eine geistige Haltung, die formale Ähnlichkeit mit derjenigen Luthers hatte, und so von diesem mit seinem Inhalt gefüllt werden konnte, was ohne jene Wirkung nicht in dem Umfang innerhalb kirchlicher Kreise möglich gewesen wäre.

Die Frage geht also auch nicht etwa dahin, zu erklären, wie die persönliche Entwicklung Luthers möglich wurde, sondern es soll gezeigt werden, wie es kommen konnte, daß dieser Mann einen Großteil der abendländischen Völker mit sich reißen konnte, daß also die Reformation als welthistorische, die ganze damalige und folgende Zeit religiös-kirchlich und darüber hinaus prägende Erscheinung möglich wurde.

5. Kein Jahrhundert ist lediglich Ausklang oder lediglich Übergang. Die konkrete Vielfältigkeit des Lebens in jeder Zeit widerstreitet solcher Auffassung. So ist das Spätmittelalter nicht nur Herbst und nicht nur Vorfrühling. Es hat eigene, in sich ruhende Bedeutung. Wer ein Zeitalter um-

fassend darstellen will, muß vor allem ohne primäre Berücksichtigung des Vorher und Nachher diese ihm eigene Mitte erfassen.

Aber jede Zeit ist auch Übergang zu einer andern. Und manche Abschnitte der Geschichte prägt dieser Charakter so stark, daß man sie als typische Übergangszeiten bezeichnen darf. Zu ihnen gehört das späteste Mittelalter, also das 15. Jahrhundert, aber auch schon das spätere Mittelalter, also die Zeit von etwa 1300 an. Jeder ernste Streit über diese Auffassung verschwindet, wenn man das Spätmittelalter in seinen Beziehungen zum Zeitalter der Reformation und zu dieser selbst betrachtet. Dann nämlich tritt das Spätmittelalter unter den Generalnenner der ‚Ursachen der Reformation‘, und es zeigt sich, daß ungewöhnlich viele und tiefgreifende Kraftströme der Zeit sich unter diesen Nenner ungezwungen einreihen.

Die gewaltige Änderung, welche die Reformation im Gesamtbestand des europäischen Daseins — kirchlich, religiös, wissenschaftlich, politisch und auch wirtschaftlich — bedeutet, ist zu einer Hälfte das Ergebnis einer seit rund 1300 angelegten Verschiebung und Zersetzung. Der andere Teil heißt Luther.

II. Wenn wir den Begriff ‚Ursachen‘ in dem angegebenen Sinne der ‚Voraussetzungen‘ nehmen, gibt es eine zwar summarische, aber tiefgreifende und weithin aufklärende Formel für die Beantwortung unserer Frage: Die Reformation wurde verursacht durch die Auflösung der Grundprinzipien und Grundgestaltungen, die das Mittelalter trugen.

1. Damit ist vor allem die Frage der Sprengung der Einheit des Mittelalters gestellt. Denn die Reformation ist zweifellos wesentlich auch die Sprengung dieser Einheit, oder besser die revolutionäre Vollendung dieser Sprengung.

Die kürzeste Formulierung der empirischen Lage, soweit sie als für die Reformation vorbereitet erscheint, lautet etwa so: Die Einheit der ‚abendländischen Christenheit‘ war dahin; die ‚una civitas christiana‘ bestand bereits nicht mehr. Das bedeutet, daß die doch offenkundig noch vorhandene Einheit des dogmatischen Glaubensbesitzes und des kirchlichen Lebens wesentlich an ihrer das Dasein tragenden Tiefe eingebüßt hatte. Die Partikularisierung der einzelnen realen Bestandteile des Abendlandes und der römisch-katholischen Kirche (eben der einzelnen Nationen) war so weit gediehen, daß mit Aussicht auf Erfolg der Hebel zur Sprengung angesetzt werden konnte. Durch Luther wurde dieser Tatbestand ans Licht gehoben, freilich auch erst zum Riß erweitert.

Beweise für die vorreformatorische ‚Sprengung‘ der christlichen Einheit oder für die Ankündigung ihres Verschwindens sind unschwer zu erbringen. Ich nenne:

a) Avignon (der vordem wirklich universale Papst wird beinahe französischer Hofbischof); das abendländische Schisma (= kirchliche Spaltung der
ganzen abendländischen Kirche in zwei sich gegenseitig bannende Gefolg-
schaften); die national verfaßten Reformkonzilien mit der wurzelhaft partikularistischen Konziliaridee (unten S. 22 f.); die Renaissance-Päpste als italienische Landesfürsten. — Gegenüber der Bindung des mittelalterlichen Universalismus sind die genannten Erscheinungen eine Reihe sich konsequent
steigernder Äußerungen des kirchlichen Nationalismus.

b) Die nationalpolitische Aufspaltung Europas mit dem Aufsteigen der
großen nationalen Monarchien im Westen und den darin eingeschlossenen
nationalkirchlichen Erscheinungen, denen allmählich in Deutschland landeskirchliche Tendenzen zur Seite traten.

c) Das Versagen des Abendlandes gegenüber den päpstlichen Aufrufen
zum Krieg gegen den Feind der Christenheit; die notwendige Steigerung
dieses Versagens durch den politischen Verkehr zweier Päpste mit den Türken
(Innozenz VIII. als bezahlter Wächter des gefangenen Bruders des türkischen
Sultans, und Alexander VI.). Schon der Fall Konstantinopels 1453 war der
Ausdruck des uneinig gewordenen Europas: es setzte seine Kräfte nicht mehr
gemeinsam an dasselbe Ziel.

d) Das Ausscheiden des häretischen Böhmens aus dem christlichen Gesamtbestand.

Die Ansätze eines neuen Einheitsbewußtseins, die der europäische Humanismus bringt, sind keine Kraft gegen das Schwinden der abendländischen
christlichen Einheit, sie beschleunigen es vielmehr; denn der Humanismus als
Ganzes liegt auf der Linie der Säkularisation, d. h. der Auflösung des geist-
licheren Mittelalters (vgl. dazu unten S. 11 und 54 ff.).

2. Diese Sprengung der abendländischen Einheit in vorreformatorischer
Zeit darf nicht mit einer der beiden einseitigen Deutungen des Spätmittelalters verknüpft oder gar verwechselt werden, die uns Janssen in seiner
Über- und Denifle in seiner Unterbewertung dieser Zeit vortrugen. Vielmehr
läßt dieser Prozeß der Spaltung der mittelalterlichen Einheit selbstverständlich
auch Platz für einen Aufbau, für die Entwicklung eines Neuen, und zwar
eines wertvollen Neuen. Es ist nach dem Willen der Kirche selbst in einem
eminenten Maße verwirklicht in der großen kirchlichen Erziehungsarbeit an
den abendländischen Völkern, deren Ziel das Reif- und Mündigwerden dieser
selben Völker sein mußte. Dieses Ziel schließt notwendig eine Änderung
des im frühen Mittelalter geprägten Gefolgschaftsverhältnisses der Völker zur
Kirche ein. Die entscheidende Frage war: Würde die Überleitung der bis
dahin nur geführten Völker in ein Verhältnis der freien Mitarbeit gelingen,

oder würde die Änderung des Gefolgschaftsverhältnisses zur feindlichen Trennung führen? Wir kennen die Antwort auf diese Frage. Warum aber kam die feindliche Trennung?

3. Das Wachsen der abendländischen Völker ist unter anderem auch durch eine gefährliche Ungleichmäßigkeit belastet. Religion und politisch-gemeindliches Wesen, zu einem Ganzen des Lebens verknüpft, das ist die Unterlage. Unter der Mitwirkung und Führung der Kirche wächst das weltliche Gemeinwesen in vielen Jahrhunderten zäh und folgerichtig zu einer immer größeren Selbständigkeit. Das entspricht natürlicher Notwendigkeit und, wie schon gesagt, dem Sinn jeder wirklichen Erziehung. Aber dieser, von ihr selbst grundgelegten und geförderten Selbständigkeit gab die Kirche nicht in allem genügende Befriedigung; die Kirche: d. h. hier der sozial und wirtschaftlich privilegierte Priesterstand, die Bischöfe, die geistlichen Gerichte, die in den Städten lebenden und die Seelsorge ausübenden großen Ordensgenossenschaften, die römische Kurie. Zwei Ordnungen desselben einen lebendigen Sozialdaseins wachsen in wesentlich verschiedenem Tempo, und sogar einigermaßen in verschiedener Richtung: der innere Bruch wird leicht, wenn nicht notwendig. Umgekehrt herrschte, und wurde kirchlich geduldet, eine Sorglosigkeit der religiösen Meinungsäußerung, die der Freiheit zu viel Spielraum ließ und zur gefährlichen Versuchung wurde. Wir werden gewisse beherrschende Auffassungen des Humanismus in dieses Spiel einzuordnen haben.

Man sieht die Konsequenz: die Reformation ist eine Äußerung des geistig-religiös selbständig gewordenen Abendlandes. Sie ist die revolutionäre Reiferklärung der christlichen Völker des Abendlandes. Die kirchenpolitischen Streitschriften schon um 1300 waren voll vom Aufbegehren des Laientums in jeder Form; und so elementar, daß sie einfach nicht übersehen werden konnten.

4. Nicht also nur ändern sich die geistig-seelischen Grundhaltungen, die das Mittelalter kennzeichnen, sondern auch ihre Darstellungen, die sie in Kirche und Welt gefunden hatten: die mittelalterlichen Ordnungen lösen sich auf. In der Kirche gehört hierher alles, was wir als Aufspaltung ihrer Idee als einer apostolisch-religiösen bezeichnen und unter dem Begriff der kirchlichen ‚Mißstände' im weitesten Sinne des Wortes zusammenfassen. In der Welt: die ungeheuren Umordnungen auf sozialem, kulturellem und politischem Gebiet. (Politisch etwa: die Ohnmacht des Reiches und des Kaisers, die gewaltige Schwächung durch den Wegfall von großen Grenzgebieten, das Auseinander und Gegeneinander einer Vielzahl von emporsteigenden Territorien und Ländern.)

Im Kampf gegen diese Un- und Umordnungen in Welt und Kirche steigen
die Kräfteströme auf, die die deutsche Geschichte im Zeitalter der Glaubensspaltung beherrschten. Aber nicht nur im Kampf gegen! Wesentlich auch
aus eigenen Wurzeln. Nur dies Letztere bewirkt, daß die Reformationsgeschichte nicht Episode blieb, sondern Epoche macht in der deutschen Geschichte. Die Gewalt ihrer Erhebung auf religiösem Gebiet erreichte sogar,
daß sie Epoche macht in der Weltgeschichte.

Tatsächlich ist zu Beginn des 16. Jahrhunderts jene Auflösung der mittelalterlichen Prinzipien auf allen Gebieten des nationalpolitischen, kirchlichen,
religiösen und wissenschaftlichen Lebens, in der Kirche, neben ihr und gegen
sie verlaufend, so weit gediehen, daß in weitestem Umfang der Rahmen für
die Reformation bereitgestellt scheint. Die Reformation ist in ihrem religiös-
kirchlichen Geschehen die Verneinung der im objektiven Lehramt und im
sakramentalen Priesteramt verankerten sichtbaren Kirche; und die auf dem
Entscheid des einzelnen aus dem Bibelwort aufgebaute Gewissensreligion.
Das heißt, durch diese beiden Seiten ihrer Entwicklung verdrängt die Reformation die mittelalterlichen Grundhaltungen des Objektivismus, des Traditionalismus und des Klerikalismus und setzt an deren Stelle die Haltungen des
Subjektivismus, des Spiritualismus und des Laientums: eine Entwicklung also,
die in überraschender Fülle Tendenzen des spätmittelalterlichen Kräftespiels
aufnimmt, zusammenfaßt und weiterführt. Die Reformation ist ein revolutionärer Aufstand gegen die Papstkirche durch eine theologische Laienbewegung. Alles, was die Feindschaft des Laientums gegen das Papsttum und
die Kirche vorbereitet, gehört zu den Ursachen der Reformation.

Im geistigen Sinne am weitesten reicht die Wirkung jener allmählich aufkommenden Kraft, die wir kurz subjektivistische Tendenz nennen wollen,
obwohl sie auf Jahrhunderte hinaus von dem modernen Subjektivismus noch
entscheidend getrennt war. Diese Entwicklung war angesetzt in dem Augenblick, als der abendländische Geist begann, selbständig und eigenartig zu der
christlichen Verkündigung Stellung zu nehmen, eigenwillige Fragen zu stellen,
vordem nicht gehörte Antworten zu geben. Das geschah zunächst innerhalb,
aber alsbald auch außerhalb der Kirche. Die beiden epochemachenden Gestalten, noch ganz im hohen Mittelalter stehend, sind Bernhard von Clair-
veaux und Waldes.

5. Die Analyse der geistesgeschichtlichen, kirchengeschichtlichen, politischen
und sozialen Lage an der Wende zum 16. Jahrhundert ergibt als weiteres,
genaues Spiegelbild jener Auflösung: eine sehr starke, allgemeinste und gefährliche Unzufriedenheit mit den herrschenden Zuständen und weithin
eine starke Erregtheit (unten S. 99 ff.) und dementsprechend die allgemeine und

schon ungestüme Forderung nach einer Reform. Tatsächlich wurde die lutherische Reformation, die sich zu einer Aufkündigung der bisherigen Lebensordnung auswuchs, Ventil für all dies. Aber am entscheidenden Punkte, nämlich gegenüber der Kirche als der tragenden Kraft des Mittelalters, wird die Reformforderung in besonderer Schärfe geäußert, und hier entwickelte sie besondere Sprengkraft, die ihrerseits wieder besonders weit trägt.

Die sich gegenüber der Kirche äußernde Spannung ist deshalb von so großer Sprengkraft, weil eine tiefgreifende Reform bereits seit 300 Jahren fällig war; schon Innozenz III. hatte sie dem 4. Laterankonzil zum Thema gegeben. Noch mehr: Trotz der unübersehbaren Fülle der großen und größten Leistungen und Gestalten (im Papsttum, Episkopat, Klerus, Mönchtum, Bürgertum, in Frömmigkeit, Theologie und Kunst) hatte sich innerhalb dieser Entwicklung eine konsequente Dekadenz durchgesetzt, die trotz allem Herrlichen nicht zugedeckt und nicht ausgeglichen wurde. Wie man auch den Wert der Mystik des 14. Jahrhunderts steigern möge und was man auch neuestens mit Recht der Renaissance an Christlichem zurückgeben mag, die Linie Avignon — Schisma — Renaissance ist, aufs Ganze gesehen, eine Entwicklung der religiösen Schwächung, der gefährlichen Aufspaltung des Christlichen und Priesterlichen, der gefährlichen Verdunkelung der katholischen Idee. Hatte nicht sogar in der akutesten Lebensgefahr der Kirche, im zwei- und dann dreiteiligen Papsttum, die Selbstsucht des obersten Kirchensenates und einiger Päpste die Einlösung der fälligen Reform verhindert? Gewiß kann man es Möhler zugestehen, daß an sich ‚ein nach den Gesetzen der Stetigkeit eingerichtetes Weiterbauen auf den bestehenden (kirchlichen) Grundlagen ... eine neue, bessere Zeit‘ hätte herbeiführen können; indes kraft innerer Konsequenz der konkreten Lage war zu Beginn des 16. Jahrhunderts nicht viel Aussicht dafür vorhanden, daß diese Möglichkeit zur Wirklichkeit würde. Aber umgekehrt machten die vielen jahrhundertealten vergeblichen Reformversuche und die zahllosen voraufgegangenen und nicht selten siegreichen Gehorsamsaufkündigungen in der Kirche reif für einen radikalen Durchbruch. Man hatte übergenug von diesem und jenem. Man wollte zu Ende kommen. Eine radikale Revolution mußte viele begeisterte Anhänger finden.

Die Kräfteverteilung enthüllt sich noch mehr durch die Feststellung, daß die absolute Notwendigkeit der Reform tiefste Überzeugung aller Richtungen und Kreise in der Kirche war, die alle getragen sind von einer gewaltigen Sehnsucht nach irgend einer Erneuerung.

Der Ruf nach einer Reformation an Haupt und Gliedern war ja denkbar weit davon entfernt, nur polemisch-antipäpstlich oder gar antikirchlich gemeint zu sein. Er war zunächst der positive Ausdruck der bis an die Wurzeln des abendländischen Bewußtseins gedrungenen Überzeugung, daß die innerste

Ordnung in der Kirche gestört sei und eine Umgestaltung gebieterisch verlange; die Überzeugung auch, diese Änderung werde kommen als gottgewollte
apokalyptische Züchtigung in gewaltigem Umsturz. Sehnsucht und Angst
zugleich bezeichnen diese Erwartung. Denn von den mannigfachsten Seiten
her, auf allen Gebieten des Lebens, war dieses Revolutionäre als Wunsch,
als Furcht, als Plan, als Weissagung, als bereits lebendige Bewegung gewachsen: die Zustände sind unhaltbar, es muß eine gründliche Änderung
kommen. Die ‚Tyrannei‘ muß gebrochen werden. Wie unbefangen reizt
Geiler von Kaysersberg († 1510) die Straßburger im Hungerjahr von seiner
Münsterkanzel, sich von den reichen Leuten das Korn gewaltsam zu holen!
Es ist derselbe treukatholische, tieffromme Geiler, der weiß, daß ‚die Christenheit zerstört ist von oben bis unten aus, von dem Papst bis auf den Sigrist,
von dem Kaiser bis auf den Hirten‘.

Kein Umsturz konnte so radikal sein, daß er nicht in dieser Sehnsucht und
Angst bei sehr vielen von vornherein eine Beurkundung seiner Berechtigung
gefunden hätte. Luther und sein innerlich ernster, dann kühn-trotziger und
dann rücksichtsloser Vorstoß fanden hier einen ungewöhnlich gut vorbereiteten Boden.

III. 1. Und doch: trotz allem Gesagten war das Kommen der Reformation
nicht etwas Selbstverständliches geworden. Ihre Erscheinung und die durch
sie herbeigeführte weltgeschichtliche Sprengung der Christenheit bleibt etwas
Geheimnisvolles; sie bleibt sogar vor allem dies. Ein Geheimnis aber kann
man dem Verständnis nicht näher bringen durch Vertuschung dessen, was
sein Unbegreifbares ausmacht, sondern durch Betonung des Rätselhaften, das
es birgt. Seit man, über die allzu kurzen Erklärungsformen hinausgreifend,
der Entstehung der Reformation realistisch nachging, hat man zwar dieses
tragische Werden mehr und mehr durchsichtig gemacht. Aber auch zu sehr
auf eine Linie gebracht. Heute ist es an der Zeit, dem Irrationalen sein Recht
zurückzugeben. Der Ursachenkomplex der Reformation war so gründlich
ausgewachsen, daß das Kommen eines Sturmes beinahe zu einer absoluten
Notwendigkeit wurde. Aber trotzdem war so viel des ungeschwächt Kirchlichen, des heldenmütig Christlichen geblieben! Es ist falsch, die Entwicklung
so zu zeichnen, als ob die Auflösung sich so gut wie ohne Widerstand vollzogen hätte, und natürlich noch falscher, eine solche Zersetzung nur auf eine
Tat bösen Willens zurückzuführen. Die Reformation ist ein Kampf um die
echte Form des Christentums; es war nicht selbstverständlich, daß er entstehen
mußte; und erst recht nicht, daß dieser Kampf von einem Großteil der
abendländischen Christenheit in einem antikirchlichen Sinn entschieden wurde.
Vielmehr, von diesen beiden Fragen her sich überhaupt die Größe des

Risses, den die Reformation bedeutet, erst klar zu machen, gehört zu den
unentbehrlichen Voraussetzungen eines Verständnisses ihrer Entwicklung und
deren Bewertung. Nur dann fällt auch genügendes Licht auf die volle Verantwortung am reformatorischen Riß, die Luther zu tragen hat.

Die Grundvoraussetzung für diese Möglichkeit der Reformation war eine
doppelte: daß gegenüber der bestehenden und herrschenden, als absolut ge-
glaubten Papstkirche göttlichen Rechtes die zweifelnde Frage entstand, ob
sie wirklich die wahre Darstellung des Christentums sei.

Man ahnt sofort die ungeheure Entwicklung, die hier notwendig war, ehe
es zur Reformation kommen konnte. Bis nämlich diese Frage nicht etwa nur
so gehört wurde, daß der eine oder der andere Satz des kirchlichen Systems
geleugnet, sondern so, daß dessen Gesamtdarstellung verworfen wurde und
eine neue Gesamtauffassung des Christentums sich bilden und einen Großteil
der Kirchengläubigen — beinahe plötzlich! — ergreifen konnte. Bis es so
weit war, mußte eine umfassende innere Erweichung des religiös-kirchlichen
Grundbesitzes der abendländischen Völker vor sich gegangen sein. Denn trotz
allem: selbst eine so hinreißende Gewalt des Wortes, wie Luther sie besaß,
hätte nicht solchen Widerhall finden können, wenn seine Gedanken nicht in
mannigfachen Ansätzen seit langem hier und dort dem abendländischen
Denken irgendwie vertraut geworden wären.

Dementsprechend wurde diese radikal zweifelnde Frage nur sehr allmählich. Vor allem: ohne noch klar ins Bewußtsein vorgestoßen zu sein
und ohne noch formuliert oder, wenn ausgesprochen, in ihrer Tragweite erfaßt zu sein, lag sie lange unausgesprochen in der geheimen innern Tendenz
der die Entwicklung entscheidend beherrschenden Gedanken und Taten. Von
dem Erwachen der innerkirchlichen, stark persönlichen Frömmigkeit im
12. Jahrhundert führt der Weg über den auflösenden Kampf der Kirche mit
dem aufklärerischen Friedrich II. zu den antipäpstlichen Zersetzungen des
Spätmittelalters. Immer bewußter wurden dabei Römische Kirche und Christenheit, Kurie und Papsttum, Papstkirche und frühchristliche Kirche voneinander
abgesetzt. Fügt man dazu die Namen Philipp IV. von Frankreich, Armutsstreit, Nominalismus, Okham, ‚Defensor pacis‘, Konziliaridee, Waldenser,
Katharer, Wiclif, Hus, Husiten: welch ein gewaltiger, vielfältiger Lebens-
prozeß von der Kirche fort wird dann sichtbar!

Und in welche, noch weiter zurückliegende Wurzeln kann man diese ‚Abfall‘-Bewegung verfolgen!

So offenbart sich etwa die ganze tragische Verflechtung von Berechtigung
Pflicht und Verhängnis im geschichtlichen und kirchengeschichtlichen Ablauf
schon bei jener großen Bewegung, welche die Kirche seit Gregor VII. für die
Befreiung ihres religiös-geistlichen Prinzips vom Weltlichen führte. Denn

dieser gewaltige Vorgang wurde zugleich zu einer Klerikalisierung der
Kirche, d. h. auch zu einer Ausschließung der Laien aus der aktiven Teilnahme an der Kirchengewalt (die Spannung zur Priesterherrschaft war gegeben und wuchs; die Spannung wurde leicht zur Gegnerschaft) und zu einer
Entsakralisierung der weltlich-politischen Sphäre. In diesem Säkularisierungsprozeß lag auch ein bitteres, fortzeugendes ‚Gegenüber‘ von Ger-
manischem und Päpstlichem, letztlich von Rom und Deutschland. Die Interessen auch des kirchlichen Deutschland waren von da ab vielfältig nicht
mehr diejenigen des Papsttums. Die Sphäre des reinen Glaubens, von der
aus man einen scharfen Trennungsschnitt machen konnte und machte zwischen
allem Päpstlich-Politischen und dem Päpstlich-Katholisch-Religiösen, bot die
Möglichkeit, daß jenes ‚Gegeneinander‘ gemildert wurde; aber ihre Kraft
war innerhalb der Wirklichkeiten des Lebens nicht groß genug, um die Reibungen aus den wesentlichen Interessen ‚auf die Dauer‘ fernzuhalten.
Schon damals bekam die große Flucht der Kirchlichen und ihres Kirchenbegriffes in eine ‚rein kirchliche‘ Sphäre (jenseits des realen Lebens im gegebenen politischen Raum) der Kirche nicht sonderlich gut.

Der ‚Investiturstreit‘, in seinem weitesten Sinn genommen, leitet den Aufstieg der mittelalterlichen Kirche ein. Die Hochleistungen des kirchlichen
Hochmittelalters wären ohne ihn schwerlich gekommen. Aber die Aufbau-
elemente des geschichtlichen Lebens schließen leider unter dem Gesetz der
Erbsünde immer auch den Zerfallskeim in sich, der zu neuen Belastungen,
zu neuen Bewährungsaufgaben, neuen Entscheidungen führt. So auch diesmal:
jener ‚Investiturstreit‘ wurde auch Ursache des Abstiegs der Kirche, im Sinne
einer schweren und dauernden Schwächung des Päpstlich-Kirchlichen.

Dies geschah auf dem Umweg über den von Gregor VII. ins Papst-
programm aufgenommenen ‚Machtgedanken‘, den so viele seiner Nachfolger
nicht auf der Höhe heroisch-religiöser Hingabe zu halten vermochten. Sie
führten aus menschlicher Schwäche, aus Egoismus und durch Politik und
Recht und Habsucht jene viel weiter vom Christlichen wegleitende Säkularisierung herbei, die wir als den überspitzten Kurialismus des Spätmittelalters
(mit den vollkommen übersteigerten Ansichten von der unmittelbaren päpstlichen Gewalt über die zeitlichen Güter und Rechte der Kirche und der Welt)
kennen.

Inzwischen war durch das Verhalten des höchsten Klerus längst eine gefährliche Ansicht zur Selbstverständlichkeit bei den politischen Machthabern
und ihren Dienern geworden: die Kirche, d. h. ihre päpstlichen und bischöflichen Inhaber, seien zu bekämpfen wie irgend eine andere politische, rechtliche, finanzielle Macht. Der im Ton und in der praktischen Handhabung
so oft rücksichtslos werdende Kampf gegen den Papst (als ‚Antichrist‘, ‚Sohn

der Bosheit', als ‚Blutsauger', als ‚Bedrücker') bereitete den Boden. Sobald nun der gleiche Kampf mit dogmatisch falschen Sätzen verknüpft war, mochte man leicht oder doch leichter aus der längst vertrauten Legitimität jenes Kampfes die Berechtigung der falschen Dogmen ableiten. Man sieht z. B. nicht, wie 1412 in Prag die päpstlichen Bullen hätten verbrannt werden können, wenn man nicht an jenen rücksichtslosen Kampf längst gewohnt gewesen wäre. Die innere Verdrehung (oder Entleerung) des Sinnes kirchlicher Einrichtungen machte die Unabhängigkeit von ihnen leicht — trotz der noch immer ebenso selbstverständlich geltenden Bindung im Dogmatischen. Daß aber diese einseitige Bindung auf die Dauer nicht ausreichende Kraft für die Rettung der wesentlichen Oberherrschaft der Kirche werde entwickeln können, lehrt schon die tagtägliche und beweist umfassend die geschichtliche Erfahrung: die Bindung im Dogmatischen und im äußerlich Kirchlichen pflegen meist erst zuletzt, dann aber sehr schnell zu fallen. Sie scheinen plötzlich ihren Sinn zu verlieren. Und von heute auf morgen ist etwa das gestern noch mit lauter Betonung gepriesene ‚treu katholisch' dahin. —

Daraus ergibt sich schon, daß jene radikal zweifelnde Frage (oben S. 13), die so langsam wuchs, noch langsamer in die Breite, in „die Massen" drang. Aber tatsächlich werden, wie schon angedeutet, auf allen Gebieten des Lebens die Bindungen an die Kirche lockerer, weniger absolut. Das heißt: die Unmöglichkeit, das Kirchliche grundsätzlich anzutasten, schwindet immer mehr, die Möglichkeit einer radikalen Umformung wird deutlicher.

Zu Beginn der Neuzeit war diese Auflösung oder Verdunkelung der Idee des Katholischen in doppelter Form von lebensbedrohender Gefährlichkeit geworden: in einer aggressiven häretischen Form des Husitismus und der verschiedenen häretischen oder häretisierenden Formen der Apokalyptik, des Spiritualismus, des kommunistischen Sozialismus; und in Form einer weniger sichtbaren innern Zersetzung: im Indifferentismus und in der Unsittlichkeit der Renaissancekultur; in der Säkularisierung des Kurialismus; in der gefährlichen innertheologischen Aufspaltung des Katholischen im Okhamismus; am entschiedensten im adogmatischen und antidogmatischen Relativismus der humanistisch-aufklärerischen Bildung und Theologie. —

Und doch wird gerade hier wieder das Geheimnisvolle sichtbar, das dem erfolgenden reformatorischen Bruch anhaftet. Noch immer war nämlich die Kirche die führende Macht der Zeit, die selbstverständliche Hüterin, Leiterin, ja, so meint man, Bildnerin des gesamten öffentlichen und privaten Lebens. Man kann den Beweis von vielen Seiten her führen: der christliche Glaube war noch immer Mittelpunkt alles Lebens, und er wurde von den Priestern des römischen Papstes gelehrt und gespendet; in der Wissenschaft — Theologie, Philosophie, Recht — wie im sozialen Leben einschließlich der

Rechtsprechung und in der karitativen Betätigung war die Herrschaft des
Klerus nicht mit wesentlichem Erfolg angetastet. Auch das Staatsleben schien
nur denkbar auf dem Grund kirchlicher Ordnungen.

Und es ist nicht so, als ob diese Herrschaft nur äußerlich gewesen wäre.
Eben hier tut sich die unvergleichlich aufreizende und anziehende Gegensätzlichkeit dieser Zeit ganz auf. Wir werden sie erleben, wenn wir nebeneinander
analysieren die tiefe, echt evangelische, kirchliche Frömmigkeit, die religiöse
kirchliche Kunst der Jahre um 1500—1520 und den beinahe plötzlichen
Abfall so weiter Kreise zu Luthers Bruch mit der Kirche.

Und doch muß man jenen Satz von der noch ungebrochenen Herrschaft
der römischen Kirche über das Leben auch wieder sehr einschränkend inter-
pretieren, wenn er nicht einen ungeheuern Trugschluß aussprechen soll. Tatsächlich, in der Tiefe, war die Papstkirche nicht mehr die Herrscherin und
Lenkerin. Durch den Husitismus war bereits ein ganzes Land, Böhmen, aus
der kirchlich-abendländischen Gemeinschaft (und aus dem Reich) herausgebrochen. Aber das Entscheidende war, daß die sichtbaren und unsichtbaren Grundlagen, eben die Grundhaltungen des Lebens, aus denen jene
Herrschaft der Kirche einst erwachsen war, sich stärkstens gewandelt hatten.
Eine zum Teil sichtbare, zum größeren Teil unsichtbare Loslösung riesigsten
Ausmaßes von der Kirche hatte stattgefunden: Die Kraft der kirchlichen Tradition als Forderung und Bejahung selbstverständlichen Gehorsams gegenüber der Kirche war wesentlich geschwächt.

2. Große Umwälzungen sind nur möglich, wo sich innerhalb einer herrschenden Daseinsform Hohlräume gebildet haben. Der Hohlraum saugt fremde,
gegnerische Kräfte von außen an, die mit der Kraft einer Naturgewalt in
das leer Gewordene stürzen. Die Fassade steht noch und behauptet ihr Recht.
Aber da sie selbst im Unrecht ist, dadurch, daß sie eben nur oder zu sehr
Oberfläche ist, kommen die fremden Kräfte von selbst voran. Dann entsteht
jener anscheinend unerklärliche und im Grunde doch so gesetzmäßige Sieges-
lauf aufkommender fremder Ideen gegenüber dem gesicherten Besitzstand
uralter Kräfte.

Wir werden den Prozeß der Aushöhlung im einzelnen kennen lernen. Zu
den umfassenden Ursachen gehört, wie immer, die Zerstörung der eigenen
Substanz in den eigenen Reihen durch Aufzehren des Kapitals, statt daß man
die Substanz gemehrt und vom Ertrag des Kapitals gelebt hätte. Das geistliche Kapital wurde zum Beispiel durch übertriebenen Gebrauch der geistlichen Waffen verbraucht. Dies ist eine der Ursachen, die am tiefsten reichen
und am längsten vorgearbeitet haben. Denn man muß hier den gesamten,

Jahrhunderte währenden Prozeß der Auseinandersetzung Papsttum—Kaisertum mit ihren Exkommunikationen und Gegenpäpsten und massivsten Anwürfen mit hereinziehen. Am Anfang der Vorbereitung der kommenden religiös-kirchlichen Revolution steht die Verletzung des unersetzlichen religiösen, mystischen Schimmers, der den Papst als die ganz andere Macht umgab. Mit jedem, auch mit jedem siegreichen Schritt auf das Gebiet der Politik wurde der Papst mehr zu einem Herrscher wie die vielen andern Herrscher auch. Auch das 12. und das 13. Jahrhundert haben zu dieser Entwicklung beigetragen, so sehr auch das Glaubensleben noch stieg und die rein geistliche Substanz der Hierarchie damals wuchs — wenn schon durch die sehr gewichtigen Warnungen des hl. Bernhards und des hl. Franziskus hindurch! Aber dann kamen Bonifaz VIII., Philipp der Schöne, die aufrüttelnde Szene von Anagni, in der von der Gottähnlichkeit des machtbewußtesten aller Päpste nach außen nichts übrig blieb als das tiefe Erlebnis des Abendlandes, daß päpstliche Macht, selbst die geistliche, sehr nahe Grenzen hatte; es kam das entwürdigende Markten des zum französischen Hofbischof gewordenen Klemens V. mit demselben französischen König, endlich Avignon und Kaiser Ludwig der Bayer, dann das Schisma!

Und man vergesse nicht, daß nicht nur die Massenhaftigkeit der höchsten geistlichen Strafen diese entwerten mußte, sondern daß inmitten eines unaufhaltsam wachsenden, außerordentlich reichen Selbstbewußtseins der nationalen Staaten, der Provinzen und des bürgerlichen Laientums, Rom immer noch sehr reale politische und wirtschaftliche Forderungen mit den geistlichen Strafen verband. Wenn das Papsttum durch Interdizierungen ganzer Staaten diese einfach ‚ganz ausstrich' (Bezold), so war das allmählich, ob formal gerecht oder nicht, im höheren Sinne eine solche Unmöglichkeit geworden, daß die tiefste, unsichtbare Grundlage des Glaubens, der die Kirche und das Papsttum als göttlich setzte, stärkstens bedroht wurde und geschwächt werden konnte. Die Zeitgenossen wissen es doch: tatsächlich ist das Papsttum mit diesen Dingen eins. Der durch die Strafe bitter Getroffene trennte zwar zwischen weltlicher und dogmatischer Stellung, aber trennte auch nicht. Der Ingrimm der Betroffenen ging gegen den einzelnen Papst; aber er ging leicht auch gegen das Papsttum.

3. Die besprochenen Entwicklungen gelten, entsprechend dem universalen Charakter der Kirche, weithin gleichmäßig für ganz Europa. Die Reformation aber entstand in Deutschland. Warum?

Das Problem ist sehr kompliziert. Wir werden von verschiedenen Seiten darauf zurückkommen. Wenn vorläufig eine Beantwortung, die viele Elemente (und vor allem Luther) unberücksichtigt läßt, gewagt werden darf, so kann

sie lauten: weil es im Deutschland der katholischen Zeit nicht zu einer genügenden nationalkirchlichen Befriedigung kam. In diesem Sinne: das gefährliche (siehe England!), aber vorderhand tatsächlich heilende Mittel gegen die
allgemein drohende Sprenggefahr im kirchlichen Bestand und Verband des
Abendlandes wurde in Spanien, Frankreich und England die landeskirchliche
Gestaltung mit ihrer weitgehenden Befriedigung nationaler Interessen auf
kirchlichem Gebiet, wie sie sich unter Billigung der Päpste und innerhalb der
kirchlichen Einheit rechtzeitig dort entwickelt hatte. Schon weil die Sprengkraft durch jene Befriedigung dort paralysiert wurde, in Deutschland aber
nicht oder nur ungenügend, wurde die Rebellionstendenz all jener erwähnten
Bewegungen zu einem guten Teil auf Deutschland angeschoben; und weil sie
hier von Rom ungenügend überwunden wurde, ergab sich eine doppelseitige
Steigerung der Gefahr, und daraus konnte schließlich leichter hier der Riß
entstehen als anderswo. In den westlichen Königtümern hingegen ermöglichte
die politische Entwicklung die eben genannte kirchenpolitische Gestaltung.

4. Freilich, die aufgezeigte umfassende Loslösung war — dem Grundgesetz
aller Entwicklung folgend, auch die Vorstufen aller Revolutionen einbegreifend
— vielfach noch latent. Viele Gläubigen waren bis dicht an den Punkt
gekommen, an dem jeder weitere Schritt über die Grundlage der Kirche
hinausführen, also von ihr trennen mußte, aber sie ahnten es nicht. Die Zeit
war zugleich noch durchaus katholisch einheitlich und doch zutiefst in ihrer
Einheit bedroht. Gerade diese innere, unbewußte ‚Zersetzung‘ kennzeichnet
die Eigenart der Lage. Und gerade dieser Umstand machte den Angriff, als er
mit gewaltiger Kraft durch Luther erfolgte, zu solch vernichtendem Schlag.

Ein bitterer Beweis für die Richtigkeit dieser These liegt in dem unfaßlich
schnell sich vollziehenden Wechsel weiter Kreise aller Schichten in ihrem Verhältnis zur Kirche, zum Klerus, zur Messe, zu den Zeremonien. Die vordem
durch alles Aufbegehren hindurch vielfältigst und selbstverständlich ein-
geräumte besondere Bewertung des sakralen Priestertums mit all seinen Aus-
strahlungen fiel ja vielerorts sozusagen von einem Tag zum andern dahin.
Bis gestern stifteten die großen Patrizierfamilien Nürnbergs noch unentwegt
neue, wundervolle, kostbare und kostspielige Altäre und häuften geradezu
die herrlichen Statuen zu Ehren der Heiligen, und heute schon reißen sie ihr
Kind, das sie als Nonne unter dem Siegel der dreifachen Gelübde der Kirche
zu einem besondern Leben der Vollkommenheit anvertraut hatten, mit Gewalt aus dem Kloster, aus dem Netz gottloser ‚Menschensatzungen‘ und dem
‚Frevel‘ ‚papistischer Abgötterei‘. Ein traurig machendes, unlösliches Rätsel.
Aber hier erlebt man auch, was geistige Fassade ohne genügenden Inhalt,
und was der plötzliche Prozeß geistiger Kristallisation oder geistigen Zu-

sammenbruchs bedeutet. Die verehrungsvolle Haltung fiel um so eher dahin, als man sie trotz vieler Dinge und ohne nachzudenken einfach aus Gewohnheit, ohne tiefere Begründung beibehalten, aber nicht besessen hatte. Geistiger Besitz setzt Mehrung voraus. In weitesten Kreisen absolut kirchentreuer Gläubigen konnte aber davon keine Rede sein. Der geistige Reichtum des Evangeliums und der Liturgie war vielen treuen Gliedern der Kirche unbekannt. Das gilt nicht zuletzt auch für die ungebildeten, religiös ungenügend betreuten Massen. Wir werden es sehen. Jetzt genügte die i n t e n s i v e Beleuchtung der Bruchstellen durch die erbitterte Kritik, zusammen mit einer radikal vereinfachenden Neudarbietung, um die subjektiv ungenügende Sicherung des alten Besitzes klar zu machen; und schon war der Besitz selbst von vielen aufgegeben.

Die Unkenntnis weitester Kreise über die Tragweite der dogmatischen Gegnerschaft Luthers zur Kirche sowie die Verschleierung des sich vollziehenden Abfalls vor dem Volk deuten an, und das sich heroisch haltende und dann neu aufblühende katholische Leben beweisen, daß der angedeutete Prozeß nicht den Gesamtbestand erfaßt hatte; sie besagen nichts dagegen, daß an unendlich vielen Stellen der Prozeß der angedeuteten These entsprechend verlaufen war. —

Man braucht nur nebeneinander zu halten die nachgewiesene ‚Notwendigkeit‘ der Reformation und die betonte Rätselhaftigkeit ihres Kommens, um auf die Frage zu stoßen: warum denn dieses Nebeneinander und Gegeneinander nicht schon etwa Ende des 15. Jahrhunderts durch den Ausbruch einer Reformation gelöst wurde?

Die Frage sucht nach der p o s i t i v e n Kraft der Reformation. Sie heißt L u t h e r. Die Reformation wurde trotz der absoluten Herrschaft der Kirche über das Leben und der aufblühenden reinen christlichen Frömmigkeit in der Kirche v o r b e r e i t e t durch die besprochene latente innere Lockerung. Eigentlich ‚möglich‘ wurde sie erst durch den Reformator selbst.

*

Für das richtige Verständnis der vorstehenden und der folgenden Schilderungen ist zu bedenken, daß jede Gesamtdarstellung so umfassender Vorgänge gezwungen ist, zu stilisieren. Der Leser muß sich also bewußt bleiben, daß die konkreten Verhältnisse der Vorreformationszeit über das hinaus, was hier mitgeteilt werden kann, außerordentlich bunt und verschieden gemischt waren. Sie wechseln oft genug nicht nur von Landschaft zu Landschaft, sondern von Ort zu Ort.

Zweites Kapitel

Das kirchengeschichtliche Vorspiel (1300—1450)

1. Die kirchlich-christliche Spaltung, die wir Reformation nennen, hätte nicht kommen können, wenn das staatlich-kirchliche Abendland noch die Stärke der universalen Einheit des Mittelalters gehabt hätte. Da die Spaltung in ihrer Grundlegung vorzugsweise ein kirchengeschichtlicher Vorgang ist, hätte sie insbesondere nicht kommen können, wenn noch das mittelalterliche Papsttum in seiner universalen Kraft die Herrschaft über die Völker geführt hätte. Es ist deshalb notwendig, sich die Sprengung dieses spezifisch mittelalterlichen, politisch universalen Papsttums und seine innere Schwächung klar zu machen.

Entstehung des Mittelalters und Artung seiner Grundfaktoren haben die Tatsache geschaffen, daß das Mittelalter in seinem klassischen Sinn als kirchliche Blütezeit nur möglich war unter der gemeinsamen und auf einander angelegten Mitwirkung der beiden es beherrschenden höchsten Gewalten: des universalen, spezifisch mittelalterlichen Kaisertums und des spezifisch mittelalterlichen, universalen Papsttums.

Die Sprengung dieser über vielerlei (auch feindliche) Spannungen hinüber organisch vorhandenen Zusammenarbeit ist auch Sprengung der spezifisch mittelalterlichen Machtvollkommenheit des Papsttums; sie leitet das Spätmittelalter ein, oder, was dasselbe ist, das Heraufkommen der Neuzeit. Diese Sprengung begann aber bereits in der Zeit, als sowohl durch eigene Schuld wie durch die Anstrengungen des Papsttums der universale Partner des Papsttums, das mittelalterliche Kaisertum, mit dem Untergang der Staufen verschwand. Denn diese Vernichtung des staufischen Widersachers war letztlich für das Papsttum kein Sieg. Einmal war dadurch das für den abendländisch-mittelalterlichen Lebensraum, so wie nun einmal seine Struktur war, notwendige aktive Gleichgewicht wesentlich gestört, also auch die kirchliche Macht schon geschwächt. Zweitens: jene Vernichtung der Staufer erfolgte (in Vollendung einer sehr langen Entwicklung, die schon mit der kirchlichen Reformpartei um die pseudoisidorischen Fälschungen des 9. Jahrhunderts und der kluniazensischen Reformpartei angesetzt hatte) in deutlicher An-

lehnung des Papsttums an Frankreich, also an eine nicht-universale, sondern
‚modern' nationale, politisch-partikularistische Macht, welche alsobald in
natürlicher Konsequenz darnach trachtete, die Kirche in ihre Gewalt zu bekommen.

Die Entwicklung wurde in entscheidender Weise gefördert durch den immer
wieder zu nennenden Philipp IV. von Frankreich im Kampfe gegen gewisse
unzeitgemäße, grandios übersteigerte Ansprüche Bonifaz' VIII. Die Vollendung heißt Avignon. Der Kampf Philipps IV. gegen Bonifaz VIII. war
nicht Episode, sondern weltgeschichtliche Entscheidung. Nach ihr bestand das
spezifisch mittelalterliche Papsttum nicht mehr.

2. Was hat das mit der deutschen Reformation zu tun? Entscheidendes,
sobald wir den Begriff ‚Ursache' in jenem tiefer greifenden Sinn nehmen,
in dem er im ersten Kapitel bestimmt wurde: Es ist natürlich nicht so, daß
der Ausgang dieses Kampfes eine kirchlich revolutionäre Reform notwendig
gemacht hätte; wohl aber wäre ohne ihn und seine Auswirkungen die
Reformation nicht möglich geworden. Denn in dem erwähnten Prozeß liegt
eine gewaltige Schwächung des Papsttums und der Kirche, die dauernd neue
Schwächungen im Gefolge hatte, und dies auf kirchenpolitischem, politischem
und religiösem Gebiet. Jede große Schwächung dieser Jahrhunderte muß in
Rechnung gestellt werden, wenn wir den Zustand d e r Kirche verstehen wollen,
die Luther dereinst angreift. Denn jede Schwächung ist Substanzminderung,
fordert außerdem die Kritik heraus und vermehrt überdies die Erfolgaus-
sichten eines Angriffs; erst recht, wenn es sich um so grundstürzende Eingriffe
handelt wie die erwähnten. —

Für den Sieg der Reformation ist mit ausschlaggebend der Begriff des
modernen, der Kirche nicht unterworfenen, ‚autonomen' Staates. Nach den
Ansätzen im Sizilien Friedrichs II. liegen die Anfänge zur Schaffung dieses
Begriffs und der ihm entsprechenden Wirklichkeit wieder bei Philipp IV.,
näherhin in der Arbeit seiner Laien-Legisten und seiner eigenen politischen
Gestaltung. Avignon wird, kirchenpolitisch gesehen, die Probe aufs Exempel.
Und durch eine logische Umkehrung wie durch eine logische Fortführung
erwächst aus dem deutschen Kampf gegen Avignon die weitere Ausgestaltung
des autonomen Staatsgedankens in direkt antipäpstlichem Sinn. Das geschieht
durch die epochemachende Arbeit der zu Ludwig dem Bayern geflüchteten
Pariser Professoren Marsiglio von Padua und Jean von Jandun, der Verfasser des ‚Defensor pacis', und des ebendorthin geflüchteten englischen
Franziskaners Wilhelm von Okham, im Umkreis der bis zum letzten anti-
avignonisch erregten franziskanischen Spiritualen. Die Gedanken des ‚Defensor pacis' einschließlich seiner und Okhams Konziliaridee und die

unabhängige freie Stellung zum klerikalen Anspruch gehören mit zu den
entscheidenden Grundlegungen der vorreformatorischen kirchlichen und abendländischen Auflösung; sie werden deshalb dereinst auch mit zum wesentlichen
Rüstzeug der Reformatoren gehören und erst bei ihnen ihre ganze Sprengkraft entfalten. —

Die angedeutete politisch-nationale Auflockerung verläuft nun überall so,
daß sich ihr beimischt eine antikirchliche Kritik mit der klar erkennbaren,
schon oben angedeuteten Entwicklungstendenz vom Kirchenpolitischen und
vom Moralischen weg zum Dogmatischen hin, also der Tendenz, zu einer
grundsätzlichen Kritik am dogmatischen Primat zu werden. Und wiederum
wird Luthers System den Schlußpunkt hinter diese Entwicklung setzen.

Dieses Hinübergleiten der Kritik ist nicht ohne innere Logik. Die Vereinigung des zeitgeschichtlich gebundenen, spezifisch mittelalterlichen Papsttums, der politischen päpstlichen Vollgewalt (der potestas directa in temporalia)
mit dem nicht zeitgebundenen absoluten L e h r - Primat in einer Personalunion
gibt den Ansatz, der Ausbau des Kurialismus die Erklärung.

Die Päpste stellten ihre g e i s t l i c h e Macht vielfältigst in den Dienst ihrer
zeitgebundenen, machtpolitischen Ziele. Verständlich und oft notwendig. Aber
ebenso notwendig mitwirkend an einer Verwischung der Grenzen zwischen
der zeitlich bedingten und der absoluten Gewalt des Papstes, besonders wenn
sich am Ende des Mittelalters die schon genannte unmäßige Abnützung der
geistlichen Strafen der Exkommunikation und des Interdiktes im Dienste oft
recht weltlicher Belange vollzieht. Die Reaktion der Gegner machte diese
Vermischung mit umgekehrter Tendenz mit: die Kritik am zeitgeschichtlich
gebundenen Papsttum wurde zur Kritik am dogmatischen Primat. —

Die Kritik erfuhr noch im 14. (!) Jahrhundert die schon angedeutete akute
Ausgestaltung: es entstand das Zentralmotiv des antipäpstlichen Angriffs, die
K o n z i l i a r i d e e, die Theorie, daß nicht der Papst der Führer und Repräsentant der Kirche sei, sondern das allgemeine Konzil, das denn auch über
dem Papst stehe und ihn richte. Es ist eine Idee, die aus dem Bereich des
Theoretischen denkbar stark in die verschiedensten Lebensordnungen hinein-
ragt. Eine zentrifugale, dezentralisierende Kraft, wenn es je vor Luther
Derartiges in der Kirche gab. Nach der Formulierung im ‚Defensor pacis‘
mit innerer Notwendigkeit zum Leben gebracht durch das Schisma! Nicht
also nur von außen, von Gegnern des Papsttums, sondern auch von diesem
selbst gefördert, als es sich jahrelang im Schisma selbst zu verneinen schien
und das Leben der Kirche — ihre Einheit! — anders nicht mehr zu retten war.

Das Erlebnis des abendländischen Schismas hat das kirchliche Bewußtsein
im Westen entscheidend geprägt; das Erlebnis nämlich, daß sich 40 Jahre
hindurch das eine Papsttum in zwei geteilt, sich und den Erdkreis gegenseitig

bannend, die Christenheit bis in die einzelnen Länder, Diözesen, Klöster und Familien zerreißend, die Christenheit außerdem doppelt finanziell belastend und teilweise aussaugend. Ein solches Erlebnis konnte nicht mehr ganz aus dem abendländischen Bewußtsein verschwinden, seine Folgen konnten es überhaupt nicht. Hier war theoretisch und praktisch eine schwere Schädigung der dogmatischen Idee erreicht. Man hat sich nur zu häufig durch den unerwarteten äußern Aufstieg des Renaissancepapsttums über die zersetzende Tiefenwirkung der Konziliaridee und ihr Weiterleben hinwegtäuschen lassen.

Um den anscheinend unlösbaren Streit zwischen Eugen IV. (1431—47) und dem Konzil von Basel zu beseitigen, beschloß das Reich, daß ein neues, unzweifelhaftes Generalkonzilium in einer deutschen Stadt zusammen kommen sollte. Eugen IV. verwarf das natürlich; aber das Reich reagierte durch den Beschluß, dann ein deutsches Nationalkonzil zu berufen, auf dem die zu Konstanz festgelegten konziliaren Rechte gewahrt und eine pragmatische Sanktion erreicht würde. Im Jahre 1482 äußert Markgraf Albrecht Achilles, äußersten Falles werde er an ein allgemeines Konzil appellieren. Wirklich, es ist in Deutschland nie so viel appelliert worden wie in den Jahren unmittelbar nach Erlaß der Bulle ‚Execrabilis‘, welche die Konziliaridee verurteilte (1460 durch Papst Pius II., ihren früheren eifrigen Verfechter). Vor dem Reichstag zu Worms 1495 macht der sächsische Edelmann Hans von Hermannsgrün dem Kaiser den Vorschlag, dem Papst den Gehorsam zu kündigen und ein deutsches Patriarchat aufzurichten, wenn Alexander VI. etwa den Franzosen die Kaiserkrone übertragen sollte; denn das allgemeine Konzil sei die Instanz, den Papst zur Rechenschaft zu ziehen.

Umgekehrt beweisen sowohl die lähmende Angst der Renaissance-Päpste vor einem allgemeinen Konzil als das Weiterleben der Konziliaridee im damaligen französischen ‚Gallikanismus‘ und im ‚Anglikanismus‘, und endlich die Wirkkraft der Idee, als Luther sie aufgriff, das gleiche. Wurde es doch möglich, daß Kardinäle der Kirche mitten im reformatorischen Sturm, unter Adrian VI. und Klemens VII. mit einem Schisma drohten! Wir erleben die Appellation des gegen Klemens VII. rebellischen Kardinals Pompeo Colonna an ein allgemeines Konzil, seinen Plan, sich eventuell mit Gewalt die Tiara zu holen, und die Angst Klemens' VII., dieser Colonna könne ihn vor ein Konzil stellen oder sich selbst zum Gegenpapst wählen lassen. Karl V. droht Klemens VII. mit einem Konzil. Karls Berater, Gattinara, plant, sich nach Absetzung Klemens' VII. durch ein Konzil selbst zum Papst zu machen. Das Konzil, an das die antipäpstliche Staatsschrift Karls V. gegen Klemens VII. appelliert, soll zwar durch den Papst berufen werden, aber der Gegensatz Papst — Konzil wird hinreichend sichtbar. Und schreibt nicht Karl V. an die Kardinäle: ‚Wenn Se. Heiligkeit das Konzil nicht berufen wolle, so sollten es

die Kardinäle ‚nach Ordnung des Rechts' ausschreiben?' Oder: der englische
Kanzler Kardinal Wolsey faßt den Plan, daß für die Zeit, da Klemens VII.
in Rom gefangen sei, alle freien Kardinäle in Avignon (!) zusammen kommen und die Regierung der Kirche an Stelle des Papstes führen sollten! Auch
dies galt als selbstverständlich: wenn beim Tode Klemens' VII. die kaiserlichen Kardinäle einen Papst wählen sollten, würden Frankreich und England
einen Gegenpapst aufstellen. Kardinal Salviati, der nach Avignon einlädt,
fürchtet ein Schisma. Die Beratungen des königlich-kastilischen Rates sind von
der Konziliaridee beherrscht. In die gleiche Richtung weist die lebendige
Tradition an einem für die kirchlichen Anschauungen am Anfang des 16. Jahrhunderts noch so wichtigen Platz wie die Pariser Universität; dort hatte man
Gerson nicht vergessen.

In seinem Gutachten von 1520 forderte Johann Faber O. Pr. im Interesse
des Papstes selbst, er dürfe ‚keinen Schritt tun, der nach dem stillschweigenden
Urteil rechtschaffener Männer seiner unwürdig scheinen könnte. Da nun der
Streit gegen Luther mit allerlei verdächtigen persönlichen Beweggründen belastet erscheine, sei es offenbar das ratsamste, die ganze Sache durch einige
über jeden Verdacht erhabene Männer beilegen zu lassen. Allerdings stehe die
Entscheidung in Glaubenssachen b e s o n d e r s dem Papst zu, und dies Recht
solle man ihm nicht nehmen. Doch wird er aus Liebe zum allgemeinen Wohl
dies Geschäft andern überlassen, Männern von ausgezeichneter Gelehrsamkeit,
auf welche kein Verdacht fallen kann, daß sie aus Furcht oder Hoffnung
zum Nachteil der evangelischen Wahrheit dem Papste schmeicheln oder aus
zeitlichem Interesse auf die Seite der Gegenpartei neigen.... Sie sollen Luthers
Schriften aufmerksam durchlesen, ihn selbst anhören, und i h r Urteil, wie
es auch lauten mag, soll gültig sein. Von ihnen belehrt, wird Luther seinen
Irrtum aufrichtig eingestehen und seine von ihm selbst verbesserten Schriften
von neuem auflegen, damit nicht w e g e n e i n i g e r g e r i n g e n F ä l l e der
große Nutzen seiner evangelischen Aussaat zu Grunde gehe.... Sollte einigen
dieser Vorschlag nicht gefallen, so ist es wohl am passendsten, die Entscheidung dem nächsten allgemeinen Konzil zu überlassen'. Cochläus, der
gerade in Rom bewußter Katholik geworden war, hebt 1520 in seiner
Antwort auf ‚M. Luthers frevelige Appellation vom Papst auf ein zukünftig
Konzilium' die Allgewalt des Papstes rein aus der Schrift mit einer Schran-
kenlosigkeit heraus, als ob es eine siegreiche Konziliaridee nie gegeben hätte.
Aber 1523 hat er sich in Rom (Adrian VI. war eben gestorben und Cochläus konnte nun feststellen, wie gerade die Kurie sich gegen eine Reform
sträubte) davon überzeugt, daß nur ein Konzil helfen könne, da sich der
Papst nie allein durchsetzen werde. Diese Haltung aber ist ja nichts anderes als
jene, die seit den achtziger Jahren des 14. Jahrhunderts die gemäßigte, kirchen-

treue Konziliaridee zum Siege geführt hatte und endlich bei der Berufung des Pisaner Konzils (1409) durch die am guten Willen und der Kraft der Päpste verzweifelnden Kardinäle gelandet war.

Greift man wohl mit Händen, wie tief die Einheit der Kirche angegriffen worden war und geschwächt blieb? So sehr auch die Konzilsidee und die Konziliartheorie da und dort dem nackten Eigennutz dienstbar gemacht wurde, sie war Ausdruck eines allgemein gewordenen Bewußtseins: von der Unhaltbarkeit der kirchlichen Lage. Eben dieses Bewußtsein war seit der Beilegung des Schismas nicht geschwunden, sondern stärker, allgemeiner geworden! Das Empfinden, daß der Kern des Übels an der Kurie sitze und deshalb diese, bzw. ihr Herr, der e i n z e l n e Papst, die durchgreifende Änderung nicht bringen könne, hatte einst die Konziliaridee reifen lassen; nun, in der beginnenden Reformation, war jenes Empfinden wieder so lebendig wie nur je! —

Aus den Ursachen der deutschen Reformation ist die Auffassung vom Papsttum als einer ‚welschen‘, nationalfremden Macht nicht wegzudenken. Wir werden noch sehen, daß an dieses Gefühl das Wachsen des deutschen Nationalbewußtseins in den Sturmjahren der Reformation gebunden ist. Das Erstarken dieses Eindrucks aber hängt in Deutschland wiederum zusammen mit der 100 Jahre währenden Abhängigkeit des Papsttums von Frankreich und mit der gerade von Avignon-Frankreich aus erstmals konsequent und für die Dauer unternommenen finanziellen Ausnutzung der deutschen Kirche zu Gunsten der päpstlichen Kurie, sei es im Wege des kirchlichen Benefizienwesens, sei es im Wege der außerordentlichen Besteuerung. Über Innozenz IV., der auf französischem Boden in Lyon den Staufer Friedrich II. bannte, über die vielen französischen Kardinäle und die Reihe französischer Päpste am Ende des 13. Jahrhunderts, über den Sturz Bonifaz’ VIII. hatte der Weg zur Gefangenschaft von Avignon geführt und in die durch die Majorität der französischen Kardinäle herbeigeführte Fortdauer von Avignon, in das abendländische Schisma! —

Es wird klar, wie sehr die Sprengung der spezifisch mittelalterlichen, universalen machtpolitischen Position des Papsttums von vielen Seiten her den Grund legt zu einer tiefen innern Schwächung des Papsttums und damit der Kirche. Jede innere Schwächung der Kirche aber, die man wie diese einigermaßen als erheblich ansprechen kann, bereitet den Boden für das Heraufkommen r a d i k a l e r Kritik und ihres Erfolges.

3. Dieser Schwächung des Papsttums geht schon seit dem hohen Mittelalter parallel eine zweite, die noch unmittelbarer einen religiös-kirchlichen Verlust bedeutet:

Durch eine legitime, ja notwendige Entwicklung war der Papst zum Grundherrn, dann zum politischen Fürsten, dann zum Fürsten der Welt geworden. Durch eine wiederum legitime Entwicklung war am päpstlichen Hofe im Zusammenhang mit der Steigerung der päpstlichen Vollgewalt ein großer, juristisch, politisch und bald fiskalisch arbeitender Verwaltungsapparat entstanden. Das heißt: durch berechtigte Entwicklungen war in die kirchliche Verwaltung eingezogen die Herrschaft des Rechts, der Politik und des Geldes. Die Grundlage bildet wiederum das aus der mönchischen Reform erwachsene, voll religiös gestimmte Programm Gregors VII. Noch auf der Höhe des Mittelalters, unter Innozenz III., stehen Macht, Recht, Politik und Reichtum für den Papst persönlich gebunden in einem großen Verantwortungsbewußtsein vor Gott, das um so höher steigt, als die Machtfülle und das Machtbewußtsein den Papst immer näher an Gott heranzuheben scheinen.

Indes: Recht, Politik, Taxen und Beamtenapparat haben im Dienst des eigensüchtigen Menschen ihr Eigengewicht und entwickeln ihre Eigenlogik. Die innere Dialektik der Dinge machte sich zum Schaden der Kirche geltend: es ergab sich in gewichtigem Umfang eine Politisierung, Verrechtlichung und Verweltlichung der kirchlichen Verwaltung und damit eine tiefdringende Säkularisierung der privaten wie der öffentlichen Sphäre in der Kirche.

Aus den harmlosen, berechtigten und notwendigen Taxen entwickelten sich an der päpstlichen Kurie einigermaßen und dann sehr stark Kauf und Verkauf geistlicher Stellen, Bestechlichkeit und Simonie, das gesamte, fiskalisch infizierte Benefizienwesen mit den Expektanzen, der Häufung mehrerer und vieler Pfründen in einer Hand, mit Nepotismus, Luxus, Unsittlichkeit.

Jede dieser drei Entwicklungsreihen umschließt für sich wieder ganze Serien von Zersetzungsherden; erst unmittelbar vor der Reformation werden sie ihre ganze vergiftende Kraft offenbaren. Auch sie ließen wieder das unersetzbare religiöse Gefühl der Verehrung für das Papsttum und die Päpste als etwas Unvergleichliches, aus der Welt Herausgehobenes und also Unantastbares abnehmen. Den Herrscher unter Herrschern bekämpfte und kritisierte man wie andere Herrscher auch, mit denselben Waffen der schleichenden und lügenden Diplomatie, der üblen Nachrede, der gefälschten Dokumente einschließlich falscher Prophezeiungen. Dem Druck immer wachsender päpstlicher Steuern, aus denen nicht selten fremde Leute und unkirchliche Bedürfnisse an glänzenden Hofhaltungen bezahlt wurden, begegnete der Unmut des Steuerzahlers, der Wunsch und der Versuch, sich diesem Druck zu entziehen.

Diese Dinge häufen sich, in direktem Gegensatz zu der immer stürmischer aus allen Schichten der Gesellschaft und der Kirche heraus und wegen der verschiedensten Motive verlangten Reform, zu lebensbedrohender Zersetzung

unmittelbar vor der Reformation, unter dem Renaissancepapsttum. Sie werden
gesteigert und gestützt durch eine weitestreichende Aufsprengung der geistlichen Idee durch die moralisch-religiösen Mißstände im hohen und niederen
Klerus, im Mönchtum, im Volk; durch eine geistige Revolutionierung in
Renaissance und Humanismus; durch eine kirchliche Aufspaltungsgefahr
in Gestalt des Landeskirchentums: eine Schwächung des Kirchlich-Katho-
lischen von erschütterndem Umfang. Auf Inhalt wie Wirkung kommen wir
noch zurück. Merken wir nur hier gleich an, daß es zwar leicht, aber zwecklos
wäre, die Berechtigung der gegebenen Schilderung in Zweifel zu ziehen mit
dem Hinweis darauf, daß sich die Völker im 14. und 15. Jahrhundert unter
Rom doch offenbar noch sehr wohl gefühlt hätten, und daß — wie oben
zugestanden — trotz den enormen Erschütterunger. von zwei bis drei Jahrhunderten die Kirche zu Beginn des 16. Jahrhunderts noch die beherrschende
Macht der Zeit war. Denn hier stellt sich letzten Endes einfach das Problem
jeder ernsten Analyse des Lebens, d. h. des Komplizierten. Es ist nicht gelöst
durch die Beschreibung des erreichten Zustandes, wobei es in der Tat
möglich ist, je nach Wunsch und Neigung die eine Seite durch stärkere Betonung der andern zurückzudrängen. Es kommt vielmehr darauf an, die
Entwicklungstendenz, die ,Richtung auf', herauszustellen, das Neue,
das, was im Kommen ist. Nur das ist eine einigermaßen genügende Wiedergabe der Komplexität des Lebens.

Nun, das Neue und sich logisch Steigernde der damaligen Jahrzehnte ist
absolut nicht eine Stärkung der religiösen Idee des Papsttums, der Kirche,
des Priesterlichen oder des Katholischen als der unwandelbar feststehenden
Wahrheit; ist nicht die Zufriedenheit und Verbundenheit mit der Kirche;
sondern die Schwächung jener Ideen und die Mehrung der Kritik in einem
wiederum ungeheuren Umfang.

Drittes Kapitel
Die politischen Kräfte und die sozialen Schichtungen in Deutschland vor der Reformation

I. 1. Die Eigenart des mittelalterlichen Staates und damit die Möglichkeiten seiner Geschichte sind im weiten Maße gebunden an die ungenaue Abgrenzung des Geltungsbereiches der Kräfte, die in vielfältiger Über- und Nebenordnung seine Träger sind. Der Kern des innerpolitischen Ablaufs besteht jeweils im Wettringen dieser verschiedenen Kräfte um die Vor- oder Mitherrschaft.

Dieses Ringen trat im 15. Jahrhundert in Europa in ein entscheidendes Stadium und erreichte damals für manche Staaten auch seinen wesentlichen Abschluß. Ranke hat dieses politische Kräftespiel richtig dahin gekennzeichnet, daß die Nationen damals zum Bewußtsein ihrer Eigentümlichkeit, also ihrer selbst, kamen. Dieses Bewußtsein war in England, Frankreich, Spanien, Polen und teilweise sogar in Ungarn stark genug, sich in einer Zentralmacht, welche die Partikularmächte in ihre Abhängigkeit zwang, eine Darstellung seiner Einheit zu geben.

Die gleiche Aufgabe war auch Deutschland gestellt. Aber sie wurde hier nicht gelöst. Die Idee des Reiches, dessen Bedeutung, aber auch dessen Schicksal es war und blieb, zugleich universal zu sein und doch national, war zu unklar, also zu schwach geworden. Auf der andern Seite waren die fürstlichen und nichtfürstlichen territorialen und lokalen Gewalten sehr verschiedener Prägung stark emporgewachsen. Das Reformringen der Oppositionsparteien 1461, 1484, 1495 ff. ist hochwichtig als Ausdruck des Bedürfnisses, die Reichskräfte einheitlicher als bisher zusammenzufassen, und als Beweis für die Ansätze zu einem nationalen Einheitsbewußtsein (also zur Lösung eines der großen Themen auch der Reformationsgeschichte). Aber dieses Bewußtsein wuchs leider zum großen Teil gerade unter gleichzeitiger Ablehnung der politischen Zusammenfassung: die Reformen waren ständisch gemeint. Verständlich, daß dieser Weg, der ein Umweg war, nicht zur Klärung der allmählich so unorganisch gewordenen Reichsidee und zu ihrer Vereinheitlichung führte. Vielmehr blieb die Leistung infolge der territorial-egoistischen und der kommenden konfessionellen Aufspaltung in hoffnungsloser

Weise hinter dem sinngemäßen Ziel zurück. Nach einem Ringen von weit über einem halben Jahrhundert wird der abdankende Karl V. in Deutschland in diesem Punkte wesentlich der gleichen Lage gegenüberstehen wie sein Großvater auf dem epochemachenden Reichstag von Worms 1495.

2. Anderseits ist der Ablauf der deutschen Geschichte im Zeitalter der Glaubensspaltung stärkstens gebunden an die Tatsache, daß der Träger der Kaiserkrone Inhaber einer die andern deutschen Fürsten überragenden Hausmacht war. Derjenige, der als Karl V. Oberherr der deutschen Landesfürsten und Reichsstädte war, war in der Ausübung seines kaiserlichen Amtes wesentlich abhängig von der Macht, die ihm als Habsburger und Burgunder (und als Spanier) unmittelbar zur Verfügung stand; die ihm Hilfe brachte, Geld und Soldaten, oder Neid, Furcht und Opposition seiner Kollegen, der deutschen Territorialherren, erweckte.

Der ungewöhnliche habsburgische Machtkomplex stellte sich hinwiederum nicht nur als gesicherter Besitz dar, sondern wirkte sich politisch vielfältig auch in nicht realisierten Ansprüchen aus. Den Grund zur Macht hatte noch der ohnmächtige Friedrich III. gelegt durch seine Verabredung (1463) mit König Corvinus von Ungarn und mit Burgund. Denn trotz allen Gegenwirkungen und Zwischenfällen in beiden Ländern wurden schließlich doch beide gewonnen. Und beides erlangte weltgeschichtliche Bedeutung. Die Verbindung mit Ungarn wird im Zusammenhang mit dem Europa rettenden Kampf gegen die Türken (und darüber hinaus in der Entstehung des schon seit Ferdinand I. nicht eigentlich mehr universalen, sondern nationalen habsburgischen Kaisertums) zur Wurzel der modernen österreichisch-ungarischen Doppelmonarchie. Vollends die Heirat des erst 18jährigen, völlig mittellosen Erzherzogs Maximilian mit Maria von Burgund wurde geradezu der Quellpunkt, aus dem sich das Weltreich Karls V. aufbaute: der Sohn der Maria von Burgund und Maximilians, Philipp der Schöne, heiratete die Erbin von Aragon-Kastilien: Johanna, Tochter Ferdinands des Katholischen. Dieser Ehe entsprossen Karl, der spätere Kaiser, und sein Bruder Ferdinand. Die Zusammenfügung von Habsburg, Burgund und Spanien ergab jenes Reich, in dem nach den Erwerbungen in Übersee ‚die Sonne nicht unterging': die Habsburger Stammländer um Österreich, der Besitz in Süddeutschland, Burgund mit den wichtigsten und reichsten Provinzen in den Niederlanden, Süditalien, Spanien.

Gerade an diesem Übergewicht der habsburgischen Hausmacht entzündete und steigerte sich die Opposition der Fürsten. Sie wollten den Habsburger nicht zu einer Macht aufsteigen lassen, durch die er sie mit französischer, später hieß es auch spanischer, Servitut zu Untertanen des Reiches, ja des

Kaisers machen könnte. Das stärkste Zentrum der rein politischen Opposition bildet bis zum weltgeschichtlichen Umschwung vor dem Schmalkaldischen Krieg der nachbarliche Gegensatz Wittelsbach — Habsburg.

3. Im habsburgischen Staatensystem und damit in der Geschichte Mitteleuropas im Zeitalter Maximilians und Karls V. bildet den Angelpunkt Burgund. Erst dieses großartige Gebilde, das von den Alpen zur Nordsee reichte und in Flandern die wirtschaftlich und kulturell höchst entwickelten Provinzen besaß, machte die habsburgische Macht zu einer europäischen und diejenige Karls V. zu einer Weltmacht. Ohne dieses Herzstück blieb das andere ein unzusammenhängender, leicht zu schwächender Rahmen.

Die Konfliktsmöglichkeiten, denen dieses Staatensystem ausgesetzt war, sind leicht erkennbar. Sie wurzeln in der natürlichen Antagonie Habsburg — Frankreich im Kampf um Burgund und um Italien. Unter Maximilian wurden sie aber vor allem aktiviert durch dessen überspannte und mit ungenügender Stabilität verfolgten persönlichen Pläne gegenüber Frankreich.

Erst unter Karl V., als durch Spanien mit Süditalien der Kreis um Frankreich sich schloß, wird die Auseinandersetzung im großen unausweichlich. Dasselbe Schicksal der Umklammerung droht dem Kirchenstaat, also dem in gewissem Sinne dynastisch gewordenen Papsttum. Die alte antikaiserliche Neigung der Päpste nach Frankreich hin erhielt neuen und natürlichen Auftrieb.

Umgekehrt wirken die Ausdehnungstendenzen Frankreichs. Sie entzünden sich ebenfalls an Burgund, das im Herzogtum auch unzweifelhaft altes französisches Lehen umfaßte, und dann — Frankreichs Könige als Nachfolger der ausgestorbenen Anjous! — an Neapel.

Diese Krone von Neapel wieder zu gewinnen, war das Ziel des phantastischen Kriegszuges Karls VIII. 1494 nach Neapel, damals, als er als Gottesgeißel von Savonarola angekündigt wurde. 1506 gewann Frankreich Neapel abermals. Freilich war dies im Enderfolg nur Episode. Seit der Jahrhundertwende ist es Spanien, das als Machtfaktor endgültig in Süditalien erscheint. Die französischen Vorstöße der 20er Jahre ändern daran nichts. Aber die erzwungene Abgabe ist in keiner Weise gleichbedeutend mit französischem Verzicht auf seine süditalienischen Ansprüche und hat infolgedessen auch nicht zur Überbrückung der Spannungen zwischen Frankreich und Habsburg — Spanien beigetragen.

4. Mit jenem Zuge Karls VIII. 1494 nach Süditalien wurde Italien Objekt der großen europäischen Politik und in bedeutendem Maße Schauplatz ihrer Auseinandersetzungen: in sich zerrissen und durch vielerlei Kriege im Interesse fremder Völker heimgesucht, zu derselben Zeit, wo es geistig wie kein

anderes Land der Welt die Fülle des Genialen hervorbrachte. Es beginnt damit der verwirrende, nicht selten beinahe sinnlos schnelle Wechsel des Besitzes bedeutsamer Teile Italiens, herüber und hinüber, vor allem Mailands, das 1494 französisch, 1495 zurückgewonnen, 1499 wieder französisch wurde, wieder verloren ging, 1515 von Franz I. nach der Niederlage der Schweizer bei Marignano gewonnen wurde und dann dauernd ein Zankapfel zwischen Franz I. und Karl V. blieb bis 1544 (Frieden von Crépy).

Auch in diesem Italien hatten sich im 15. Jahrhundert aus dem Kampf aller gegen alle fünf größere staatliche Gebilde erhoben. Durch seine gewachsene Macht auf dem Festlande war Venedig ein wichtiger Faktor im Kampf um Oberitalien; in seiner Seegeltung wurde es zeitweilig geradezu ausschlaggebend im Kampf gegen den Türken. Mailands Bedeutung lag in seiner Schlüsselstellung als Verbindung herüber nach Rom; Neapel gewann seinen Wert teils als Brückenkopf von Spanien zur Verbindung über Norditalien nach den Habsburger Ländern hin, teils, zusammen mit Mailand, als Eckpfeiler zur Umklammerung des Kirchenstaates.

Dieser Kirchenstaat war das politisch bedeutsamste Element der Halbinsel, teils realpolitisch wegen der national-italienisch-dynastischen Haltung, die er unter den Renaissance-Päpsten gewann, und wegen der Ausdehnung, die ihm der kriegsgewaltige Julius II. verlieh; teils aber wegen der Verbindung mit dem Papsttum und dessen weitreichenden nichtpolitischen und politischen, nicht zuletzt finanziellen Weltkräften. Besonders als Entscheidungsmoment in der Auseinandersetzung Habsburg — Frankreich trat seine Bedeutung ans Licht. In seiner Abwendung vom Kaisertum und Hinwendung zu den Franzosen wird er im Kampf um die Einheit der Kirche in tragischer Weise seine politische Rolle von weltgeschichtlichem Ausmaß erfüllen.

5. Eine ähnliche Rolle, nur in viel geringerem Maße, spielte in der Geschichte der deutschen Reformation England. Es beherrschte die Seeverbindungen um Frankreich und war in der Lage, die Einkreisung Frankreichs zu vollenden, jedenfalls bedeutende französische Kräfte zu binden oder auch sie gegen den Kaiser freizugeben.

6. Und endlich der große außenpolitische Faktor der christlich-europäischen Geschichte: die Türken. Die Grundlegung der nationalen Konsolidierung Spaniens wurde im wesentlichen 1492 durch die Eroberung Granadas, der letzten maurischen Besitzung auf der Halbinsel, vollendet. Aber diesem Zurückdrängen des Islams im Südwesten entsprach dessen Erstarkung im Mittelmeer und sein für Europa lebensbedrohendes Vorrücken seit dem Fall Konstantinopels 1453 von Osten her.

Der Islam — ‚die Ungläubigen‘ — war offiziell der Feind des christlichen Europas. In Wirklichkeit zeigt sich an keinem Punkt unbarmherziger, wie weit die politische und die religiöse Einheit Europas geschwächt, und wie stark der nackteste politische Eigennutz der einzelnen europäischen Länder geworden war, als in der Behandlung der Türkengefahr durch die deutschen Fürsten (mit Ausnahme der unmittelbar bedrohten), durch Papst Alexander VI., sogar gelegentlich durch Klemens VII., durch Venedig, durch Zapolya in Ungarn (und die mit ihm verbündeten Bayern) und durch die Franzosen: ein Bild vollendeter Bindungslosigkeit und Treulosigkeit, die ein Hohn sind auf den Gedanken des einen, wie des christlichen Europas, wie der christlichen Überzeugung einzelner Führer.

II. 1. Die politischen Möglichkeiten einer geschichtlichen Lage warten stets auf den Führer, der sie zur Wirklichkeit erhebt. Es wurde schon angedeutet, daß ein gewichtiger Platz in der Aktivierung der erwähnten Gestaltungen Maximilian zukommt. Tatsächlich ist das gesamte politische Kräftespiel, das auf die Geschichte der Reformation in Deutschland Einfluß gewinnt, in entscheidendem Maße eine Hinterlassenschaft dieses Kaisers. Seine einmalige, durchaus nicht eindeutige Persönlichkeit tritt ebenbürtig und in manchem überragend zu den allgemein politischen Gegebenheiten hinzu. Er entband geschichtsbildende Kräfte großen Stils, die ohne ihn nicht erwacht wären.

Es spricht bereits einigermaßen für die Stärke dieser Persönlichkeit, daß die Kurfürsten taten, was ihnen seit Jahrhunderten höchstens die besondere Machtfülle des regierenden Kaisers oder Vergünstigungen, die er gewährte, entlockt hatten: den Sohn eines vollkommen ohnmächtigen, flüchtigen Kaisers (Friedrich III.) zum römischen König zu wählen. Er allein, der jugendliche Gemahl der Erbin von Burgund, der sich eben das Erbe seiner Frau erst erkämpfen mußte, schien fähig, Corvinus, den in Wien residierenden ungarischen Räuber der habsburgischen Lande, niederzuringen (Friede von Preßburg 1491).

2. Der stehend gewordene Beiname ‚der letzte Ritter‘ trifft das Wesentliche an Maximilians Charakter und Tun. Er spricht aus das Hinreißende der kriegerischen, persönlich-mutigen und anziehenden Erscheinung, die in vorderster Linie kämpft, die Landsknechte ‚seine Söhne‘ nennt und einheitlich zu formen versteht, und er deutet auch an das Romantische seines Geschichtsbewußtseins. Er paßt ebenso auf das Sprunghafte und Abenteuerlich-Theatralische seiner politischen Pläne. Maximilian ist voll von plötzlichen Bewegungen im Aufstellen wie im Fallenlassen wie im Vergessen ansehnlicher Ziele. Er ist z. B. ganz unkaiserlich schnell bei der Hand, den Ständen in Freiburg 1498 und in Augsburg 1500 zu erklären, er wolle lieber selber

die Krone vor seine Füße werfen, als zu warten, bis andere es täten. Er bewegt sich in einem ungleichmäßig hastigen Tempo, ein geistiger Bruder jener von ihm geschätzten Humanisten seiner Zeit, die ihre Briefe so oft mit dem Vermerk ‚in Eile‘ versahen, jener ‚geschwinden Zeit‘, wie Luther die seine nennen wird.

Er ist von einer bedeutenden, aber auch zerfahrenen, unstetigen Vielseitigkeit. Wenn sich dies im Privatleben in seinen kurios vielseitigen Interessen und Handfertigkeiten (Malerei, Jagd, Fischfang und — Kochkunst) äußert, so ist das mehr interessant als groß, jedenfalls unschädlich. Wenn es ihn treibt, die Kunst der Artillerie zu pflegen oder gar in Geschichtsschreibung und historischem Roman den Ruhm seines Geschlechtes und seiner Person zu künden, so tritt die gleiche Veranlagung in den Kreis staatspolitischer Aufgaben und wirkt sich ideell und militärisch-praktisch in weittragender Weise in seiner eigenen Zeit und der folgenden aus. Durch die von ihm geforderte und geförderte national-humanistische Geschichts- und Romanschreibung, die seine eigenen Taten in die große Linie der deutschen Vergangenheit einreihen, hat er das nationale Bewußtsein, dem er in seiner Gestalt einen lebendig anziehenden Mittelpunkt gab, in wichtiger Weise gefördert.

Wenn aber wiederum dieselben Kräfte die Gestaltung der Politik im Innern wie nach außen lenken, so ist ihnen schließlich hier allein eine wahre Bewährungsaufgabe gestellt; und eben hier kann man schwer sagen, daß sie bestanden hätten.

Zwar bleibt über aller Kritik bestehen, daß Maximilian durch die Vergrößerung der habsburgischen Hausmacht (Tirol, Vorderösterreich, Verbindung zu Ungarn), durch die burgundische Heirat und seinen Kampf um das burgundische Erbe die Möglichkeit zu dem märchenhaften Aufstieg der Habsburger Macht unter Karl V. schuf und eine wichtige Sperrmauer vor den deutschen Boden legte, der nur durch den Verrat der aufständischen deutschen Fürsten 1552 den Franzosen ausgeliefert wurde. Aber doch bleibt es dabei, daß seine große Politik weder in der italienischen noch in seiner französischen Angelegenheit eine wirkliche Klärung herbeiführte.

Wenn Maximilian immerhin noch auf so viel Erfolge hinzeigen konnte oder, anders gesagt, wenn er nicht noch viel mehr in unentrinnbares Chaos und Niederlagen verstrickt blieb, so hat er das einem oft auffallenden Glück zu danken, das wir in ähnlicher und doch so grundverschiedener Art als Begleiter seines Enkels, Karls V., wiederfinden werden.

Die Höhe der Phantastik war sein ‚Plan‘, sich selber zum Papst zu machen: Endlich eine wahre Einheit des christlichen Abendlandes! Realpolitischer und um ebensoviel verhängnisvoller waren die phantastischen Pläne gegenüber Frankreich. Sei es nun sein Plan, die Erbin der Bretagne

zu heiraten und dadurch dieses Land aus Frankreich auszubrechen, sei es die
Hartnäckigkeit, mit der er Zeit seines Lebens daran festhielt, auch das
H e r z o g t u m Burgund, das jenseits der Reichsgrenzen lag, zurückzugewinnen.
An der Preisgabe dieses Planes hätte sich erweisen müssen, daß in Maximilian
der Inhaber der Reichsgewalt den Vorrang besaß vor dem eigendynastischen
Wollen des Erben Karls des Kühnen. Gewiß, seine Hausmachtpolitik war
nie vom Reichsgedanken gelöst; aber als Ganzes steht seine Politik vor allem
klar in der Linie der rasch emporsteigenden Territorialgewalten, er ist darin
die bedeutendste Erscheinung vor Brandenburg-Preußen.

Doch dies macht auch wieder das Eigentümliche an Maximilians Persönlichkeit aus, daß er diese Überbelastung weder meiden noch missen konnte.
Die vernünftige Beschränkung gegenüber Burgund wäre ihm als ein Preisgeben seiner Ritterehre und seines Ritterruhms erschienen. Er verlor die
Schweiz und gab Preußen preis, um die Bretagne zu gewinnen; er verheiratete seine Tochter nach Spanien (1495/97) und begründete die Verbindung
seiner Enkel mit Ungarn und Böhmen (1515): seine Pläne waren großartig,
aber uferlos und unorganisch, und deshalb von allen Seiten her belastet und
bedroht. Das gilt auch für die Einschätzung und Behandlung der innerdeutschen Territorialfürsten: er erkannte nicht die Grenzen seiner Kraft und
ungenügend die der Gegner; er versuchte nicht eine klare Auffassung davon
zu gewinnen, was der Substanz des Reiches, seinem Fortbestand und noch
mehr seiner fälligen innern, verfassungsmäßigen Erneuerung (er sah diese
Notwendigkeit auch nicht) notwendig war und welche territorialen Ansprüche
darüber hinaus ein Luxus waren.

Er blieb — wie man es formuliert hat — der Ritter der kleineren Ge-
fechte, den das Schicksal in die großen Kombinationen hineinstellte, und die
er nun in einem großartigen Selbstbewußtsein und ritterlichen Schwung allzu
oft von Fall zu Fall, ohne genügende konstruktive Anlage, zu erledigen
begann.

Nur aus dieser Art, auch die große Politik als Ritterabenteuer anzufassen,
ist es etwa verständlich, daß Maximilian sich in Flandern festbiß und trotz
den Hilferufen seines bedrohten und dann verjagten Vaters die österreichische
Hausmacht vollkommen zerbrechen ließ, ohne seiner Pflicht als erwählter
römischer König (seit 1486) Folge zu leisten; und daß er abermals die Rück-
eroberung der habsburgischen Lande mit jener Halbheit des Friedens von
Preßburg schloß, wegen jenes phantastischen und notwendigerweise über-
lastenden und international vergiftenden Planes, die Bretagne an sich zu
bringen.

Maximilian ist in diesen Dingen das Gegenstück zu seinem staatsmännisch
ungleich bedeutenderen, konsequent zähen Enkel Karl. Nur daß dieser nicht

bloß von Maximilian das verhängnisvolle unorganische Erbe mit seiner ungenügend gefestigten innern Struktur und seiner vielfältigen Belastung von außen zu übernehmen hatte, sondern durch den bedeutenden Machtzuwachs des spanischen Erbes in verhängnisvollster Weise die Widerstände gegen sein Weltreich wachsen und seine Kräfte in entscheidender Weise von Deutschland abgedrängt, diese aber auch gewaltig wachsen sah. Und deshalb bedeutet bei Karl die Forderung nach dem g a n z e n Burgund viel mehr als eine Erweiterung eigener Hausmacht; sie soll der Ausgestaltung der universalen Reichsmacht dienen.

Jener konsequenzlosen Persönlichkeitspolitik Maximilians stehen gegenüber die programmatischen Ausführungen des Königs über die Bedürfnisse und Rechte des Reiches in Italien und über die innere Notwendigkeit, gegen den französischen Erbfeind zu stehen. Aber sie wären zu dem eben Festgestellten nur dann ein Widerspruch, wenn Maximilian selbst ihnen treu geblieben wäre. Indes gerade er ging ja dann in seiner zu schnell bewegten Art mit dem Franzosen, den er so eindringlich als d e n Erbfeind hingestellt hatte, Bündnisse ein! Die Reichsstände schlossen daraus nicht mit Unrecht auf eine gefährliche Orientierungslosigkeit.

Trotzdem haben die Widersacher im Reich, die Territorialgewalten, am wenigsten das Recht gehabt, den Kaiser zu tadeln. Der Kaiser erkannte doch trotz seinen Schwankungen, die deutlich den Bedürfnissen seiner Hausmachtspolitik (Flandern) entsprangen, im Grunde die schicksalhafte Tragweite der französischen Gefahr. Und zwar deshalb, weil er sie zusammen mit der politischen Rolle des damaligen Papsttums verstand. Er sah die Gefahr eines französischen Kaisers, dessen Gegenstück mit bedeutender innerer Notwendigkeit ein französischer Papst gewesen wäre. Diese Gefahr bestand von Frankreich aus zweifelsohne. Sie bestand auch vom Papsttum her. Denn die Kraft des päpstlichen italienischen Fürstentums hätte selbst unter Julius II. nicht ausgereicht, dem Zwang eines den Kirchenstaat umklammernden französischen Kaisers zu widerstehen. Ganz abgesehen von den traditionsmäßigen, immanent französischen Kräften, die aus dem Gefüge der Kurie mitnichten verschwunden waren.

Wenn sich diese Gefahr verwirklichte, dann würde das nichts weniger bedeutet haben als den Zusammenbruch des Reiches. Und eben diese G e f a h r des französischen Kaisers sah die Großzahl der deutschen Territorialfürsten nicht. Die nachmaligen würdelosen Bestechungsaffären im Kampf Franz' I. um die Kaiserkrone erbringen ebenso den Beweis wie die später folgenden vielfältigen Verhandlungen deutscher Fürsten mit dem französischen Gegner des Kaisers bis in den Verrat des Fürstenbundes 1552 hinein.

III. 1. Die zentrifugale Entwicklung Deutschlands im Unterschied zum
einheitlichen Aufbau der großen Monarchien im Westen ist Ausdruck des in
Deutschland siegreichen Egoismus der verschiedenen Stände, und umgekehrt
Ausdruck der fehlenden absolutistischen Gewalt. Die Vorherrschaft
dieses Egoismus sowohl gegenüber dem Reich als gegenüber dem Träger
der Reichsgewalt, dem Kaiser, ist das wichtigste Moment in der politischen
Entwicklung Deutschlands in der gesamten Reformationsperiode, ja sogar,
von Luther abgesehen, in der kirchenpolitischen Entwicklung. Das sich hier
offenbarende Ränkespiel wird immerhin dadurch auf eine höhere Ebene gehoben, daß sich doch eine Art Bewußtsein von der Einheit der Nation empor-
ringt und daß daraus Versuche erwachsen, diese Einheit zu einer realpolitischen
Macht zu gestalten.

Die kräftigsten Ansätze hierzu aber fanden sich in der Kaiseridee. Trotz
allem dynastischen Egoismus bei Maximilian und später bei Karl V. wäre
es ungerecht, zu übersehen, wie vielfältig der Reichsgedanke und das Reichs-
interesse ihr Planen und Handeln leiten. Und nie kann man aus dem Auge
verlieren, daß ein radikaler Sieg der zentrifugalen Territorialgewalten so gut
wie sicher das Auseinanderfallen des Reiches bedeutet hätte. Das Elend war
nur, daß der Kaiser nicht das Reich war, sondern daß das Reich jenes Mittel-
ding blieb zwischen Monarchie und Bundesgenossenschaft, in dem die Stände
nicht dienende, sondern teilhabende Glieder der Regierung waren im Unterschied zu den nationalen Monarchien. Als Stände sind hier überdies nur in
einem geringen Sinne die sozialen Schichtungen zu verstehen. Nachdem die
Städte seit 1388 aus der großen Politik ausgeschieden waren und viel später
ebenfalls Ritter und Bauern, ist das Reich eine Vereinigung von Fürsten. Auf
ihrem größeren oder geringeren Einvernehmen, das so leicht kleinem Egoismus
geöffnet war, ruht bis zum Humanismus und zur Reformation das, was Einheit des Reiches ist oder nicht ist.

Dazu tritt seit Ende des 15. Jahrhunderts der steigende Dualismus zwischen Reich und Kaiser. Die persönliche Macht des Kaisers fällt allmählich
aus dem Reich heraus. Schon der habsburgische Hausbesitz am Ende des
15. Jahrhunderts gehört nicht ganz und nicht immer zum Reich. Unter
Karl V. wird dieser Prozeß ganz offenkundig durch die Bestrebungen, die
Niederlande von den Pflichten gegen das Reich zu lösen, ihnen die Rechte
aber zu lassen. Es versteht sich von selbst, daß gefühlsmäßig wie realpolitisch diese Aufspaltung durch die gewaltige Macht Karls in Spanien,
und dann durch seine Gegnerschaft zur deutschen Reformation gefördert
wurde.

2. Auf dem Hintergrund dieses partikularistischen Egoismus der Fürsten untereinander, der das Reich zur Ohnmacht verurteilte, sind die Versuche einer Reform, d. h. einer Kräftemobilisierung im Reiche, zu betrachten. Es handelt sich vor allem um die seit 1486 geleistete Reformarbeit des Mainzer Kurfürsten Graf Berthold von Henneberg. So eindeutig ständisch sein Reichsgedanke gebaut ist, so unrecht tut man ihm, wenn man ihn mit der Masse der vorangegangenen, gleichzeitigen und folgenden Fürsten des nackten ständischen Egoismus beschuldigt. Seine Reform zielt immer auch auf das übergeordnete Reich. Grundlegend sind der Trieb und die Fähigkeit, die politischen Möglichkeiten nüchtern abzuwägen; er ist Gegenstück zu der willkürlichen Sprunghaftigkeit Maximilians. Gerade gegen diese Willkür, aber auch gegen die Unstetigkeit des territorialistischen Partikularismus, wollte er das Reich schützen. Wenn er durchsetzt, daß den kaiserlichen Anträgen nur die Gesamtheit der Reichsstände als Partner gegenüberstehen darf, der Kaiser also nicht die einen gegen die andern ausspielen kann, so diente auch dies der Einheit des Reiches.

Die Reformarbeit Bertholds von Mainz ist gebunden an das Vorhandensein und die Macht des Kurfürstenrates. Mit seiner Hilfe erfolgt die Durchführung der Auseinandersetzungen, deren berühmteste Szene der Wormser Reichstag von 1495 bildet: Entgegen den außenpolitischen Wünschen Maximilians, der Unterstützung gegen Karl VIII. will (dessen Zug nach Neapel seinen Italienplan zerstörte), setzte die Reformpartei die so notwendigen innerpolitischen Regelungen in einer Weise fort, daß sie für die Verwirklichung der Reichseinheit epochemachend geworden wären, hätten sie Bestand gehabt.

Es wurde beschlossen: 1. ein allgemeiner und zum ersten Mal ewiger Landfriede; 2. im Unterschied zum königlichen Kammergericht ein Reichskammergericht, mit dem Recht der Reichsacht, mit ständigem Tagungsort (nicht mehr mit dem königlichen Hof ziehend) und fester Besoldung der Beisitzer; 3. ein gemeiner Pfennig, also eine allgemeine Steuer. — Der deutsche Reichstag der Stände wurde zum Träger der Exekutive.

Es ist klar, daß ein solcher Kompromiß so stark zu Ungunsten des Kaisers lautete, daß dieser mit Notwendigkeit danach trachten mußte, die ergangenen Bestimmungen unwirksam zu machen. Tatsächlich erwies sich seine Kraft immer noch als die stärkere. Und dies deswegen, weil die Stände nicht den Willen hatten, selber sich dem gemeinsamen Ziel zu beugen und dafür Opfer zu bringen.

Schon 1498 stellt Maximilian, entgegen den Abmachungen von 1495, dem Reichskammergericht seinen Hofrat gegenüber. Aber 1500 kommt es doch

auf dem Reichstag zu Augsburg zur eigentlichen Einführung eines dauernden
ständischen Reichsregiments von 20 Mitgliedern (= ‚des Reichs Regenten‘ mit
Sitz in Nürnberg und Recht über die bisher dem Reichstag vorbehaltenen
Zuständigkeiten). Mit der Verteilung der Stimmen (2 königliche, 6 kurfürstliche, 2 fürstliche, 2 städtische, 2 für die Grafen und Prälaten, 6 für die
Ritter und Doktoren) ist der König in eine hoffnungslose Minderheit gedrängt.
Andererseits aber waren die Interessen der durch die andern Beisitzer vertretenen Stände so gegensätzlich zerklüftet, daß an ein fruchtbares Funktionieren nicht zu denken war. Wie man immer die Ziele Maximilians einschätzen mag, ein mit überragender Hausmacht ausgestatteter König blieb
jetzt wie im kommenden Jahrhundert die einzige Kraft, die fähig war,
einigermaßen die Einheit des Reiches kräftig darzustellen und die ‚Horde
der deutschen Fürsten‘ zu bändigen. Das Reichsregiment löste sich von selbst
wieder auf. Damit aber sank bei steigendem Gegensatz der Kurfürsten und
Fürsten gegen den König sowohl die innere wie die außenpolitische Kraft
des Reiches. Bis die Niederlage der Pfalz im Kampf um die Landshutschen
Besitzungen (Maximilian Schiedsrichter zwischen Wittelsbach und Pfalz) die
Wahl eines nahen Verwandten des Königs zum Kurfürsten von Trier und
1504 der Tod Bertholds den Zusammenbruch der kurfürstlichen Opposition
herbeiführten.

Nun war es Maximilian, der die Reichsreform leitete. Das Reichskammergericht wurde definitiv durchgeführt.

Wie wenig kraftvoll im übrigen die gewonnene Basis war, wie wenig klar
in ihrer innern Gliederung, sollten die epochemachenden Reichstage der
Reformationszeit in ihrem vielfältig verworrenen Gegeneinander der Stände
zeigen. Die Schwerfälligkeit der staatlichen Maschinerie und die Uneinheitlichkeit der Verwaltung sind unvorstellbar. Sie machten den Weg von einem
Reichsabschied zu seiner Durchführung so weit, gaben die Möglichkeit, unendlich vieles ungestört zu übergehen oder direkt zu sabotieren (Eder). Auch
Karl V. versprach ein Reichsregiment in der Wahlkapitulation (die damals
eine Neuheit war); seine Ausführung wurde in Worms 1521 verhandelt, wo
die Stände auf den Entwurf von 1500 zurückgriffen, Karl aber eine starke
Berücksichtigung der kaiserlichen Gewalt erreichte. Obschon dann noch weitere
Teile einer einheitlichen Reichsverwaltung durchgeführt wurden, stand das
Reich doch ohne eindeutige Verfassung in der Reformationsgeschichte, seiner
schwersten Krisis. Mit der ungenauen Abgrenzung der politischen Gewalten
aus den Zeiten des eigentlichen mittelalterlichen, feudalistischen Staates sollte
es den Entscheidungskampf seiner Geschichte im vollen Umschwung der
Zeiten (vom Mittelalter zur Neuzeit hinüber) bestehen.

Der Kampf fand seine Darstellung auf den Reichstagen. Sie waren zu den großen Machtfaktoren geworden, an denen wir geradezu die Geschichte der öffentlich-reformatorischen Bewegung ablesen können. Sie wurden jetzt wirkliche Tage des Reiches, das auf ihnen in die Erscheinung trat. Dadurch aber wurden sie zu solchen Brennpunkten und Austauschfaktoren des deutschen Lebens, daß sie zu den wichtigsten Kraftzentren des entstehenden deutschen Gemeinschaftsbewußtseins zu rechnen sind. Wie auf den Buchmessen in Frankfurt ein hochwichtiger geistiger Austausch sich vollzieht, so bildet sich auf den Reichstagen ein immer wiederkehrender Sammelpunkt politischer, kirchenpolitischer, wirtschaftlicher, nationaler und dynastischer Aussprachen, geführt von den wenigen Repräsentanten, bei denen die Macht lag, oder von ihren durch das römische Recht gebildeten Räten.

Wie der Ablauf der Ereignisse beweist, wurde die Ausbildung eines wirklichen deutschen Gemeinschaftsbewußtseins eine geradezu beschämend schwierige Angelegenheit. Ein eigentliches gemeindeutsches Nationalbewußtsein setzte sich weder in der Reformation noch während der Gegenreformation durch. Zur Zeit der beginnenden Reformation werden wir eine hochbedeutsame Welle einigenden Gefühls emporbranden sehen. Aber wir werden es auch trotz allem Positiven als viel zu negativ gerichtet feststellen müssen. Weiterhin wurde dann noch das, was als gemeinsames V o l k s bewußtsein bedeutungsvoll sich regte, nach dem Fehlschlag des Bauernkrieges 1525 abgelöst durch die rechnende Fürstenmacht und die Einschränkung des Blickes auf ihre einzelnen Territorien. In dieser Schicht aber konnte eine positive Gemeinschaft nicht entstehen ohne den Druck einer zentralen Königs- oder Kaisergewalt auf die Territorien oder durch Opfer von deren Seite. Das erstere mißlang. Das zweite fehlte in einem damals nur in Deutschland möglichen Ausmaß. An seiner Stelle stand die ganze Epoche hindurch ein unnationaler Egoismus, der die gewöhnlichsten Bestechungen als ehrbare Angelegenheiten aushandelte.

Das Deutschland, das 1517 Luthers Ablaßthesen vernahm, ist also politisch sehr schwer zu definieren. Wenn man die Fülle des noch Ungewordenen, Durcheinanderwogenden zu e i n e m Kräftezentrum der Zeit in Verbindung bringen darf, das dieses Deutschland einigermaßen repräsentiert, dann kann man sagen: es war das Deutschland Maximilians.

Das bedeutet über alle unausgeglichenen, ja widerspruchsvollen Entwicklungslinien hinweg, daß ein großer Teil Deutschlands in fruchtbarer Weise von einer starken Persönlichkeit berührt worden war. An Maximilian zeigt sich die einigende Kraft der gefüllten Persönlichkeit auch dort, wo sie weder besonders geprägte große Gedanken hat noch ein konsequentes Programm verfolgt: Maximilian, so eng verbunden mit seinen Landsknechten, durch

seine phantastischen Allüren dies Wichtigste des Volkes treffend: Herz und
Phantasie; die Phantasie der seine Züge und Pläne Miterlebenden, die Phantasie der in verschiedener Ordnung Führenden durch die Bloßlegung der
historischen Wurzeln seines Geschlechtes bis zurück in die graue Vorzeit.

3. Im vielfältigen und so oft verworrenen Suchen nach einer Zusammenfassung der Nation wird auch von einiger Bedeutung der Humanismus mit
seinem Weltbürgertumsgedanken, mit seinen die sozialen Schichten durchbrechenden Freundschaften und dem geradezu gezüchteten Briefverkehr. Die
große, wahrhaft allgemeine Kraft, die dieser Richtung diente, ist die Buchdruckerkunst. Uns Heutigen ist schlecht vorstellbar die Isoliertheit des Menschen (und damit die Ungebundenheit der Vorstellungen) vor ihrem Erscheinen, der freilich eine wesentliche Unbewegtheit und schablonenmäßige
Gleichartigkeit entsprach. Aber ebenso schwer auszuschöpfen ist die schlechthin ungeheure Bedeutung der durch den Buchdruck ins ungemessene gesteigerten Multiplizierung der geistigen Berührungen. Das gedruckte Wort
erreicht nur selten die hinreißende Kraft der sich in lebendigem Laut und
Gestus aussprechenden Persönlichkeit. Und doch: Wenn Luther predigte,
sprach er bestenfalls zu Hunderten. Aber von seiner Schrift ‚An den christlichen Adel‘ wurden in wenigen Tagen 4000 Exemplare verkauft; sie wurde
schnell und vielfach neugedruckt: von wie vielen also wurde Luthers Wort
vernommen? Es multiplizierten sich auf diesem Wege auch die Anstöße zur
Vereinheitlichung. Die einigende Wirkung von Luthers ‚Einheitssprache‘ in
seiner Bibel hätte niemals auf dem Wege der handschriftlichen Verbreitung
erfolgen können. Der Buchdruck erreichte es, daß durch den Luther der ersten
öffentlichen Jahre zum ersten Male ganz Deutschland unter dem Eindruck
eines einzigen Menschen stand.

Dagegen wirken sich andere Konsolidierungen eher als zentrifugale Kräfte
aus. Während eine klare Ausgestaltung der Reichseinheit und ihre Ausstattung mit der notwendigen Exekutive (durch Schaffung einer Reichsfinanz-
gebarung, eines Reichsheeres und einer Reichsbeamtenschaft) nicht gelang, er-
zwangen lokale Bedürfnisse Gebilde, die für sich eine Exekutive schufen.
Sie gefährdeten geradezu die Einheit des Reiches. Nach der, vom Standpunkt
des Reiches höchst gefährlichen Ausgestaltung der Hansa in früherer Zeit
kommt für unsere Periode (außer den Ständen mit ihren privaten Zusammen-
künften außerhalb der Reichstage) in Frage der Schwäbische Bund, Repräsentant des Landfriedens und des Reiches, stärkste kaiserliche Stütze.

4. Neben den dynastischen Elementen des Reiches (denen in vielfältig abgestufter Selbständigkeit und Abhängigkeit die geistlichen Territorien zu-

zurechnen sind) stehen die demokratischen; im Unterschied zu den Fürsten und Herren die Welt der Bürger und der Bauern.

Die Städte waren der wirtschaftlich weitaus stärkste Teil des Reiches. Sie hätten auch seine innen- und außenpolitische Stärke wesentlich vermehren können, wenn sie, wie in Italien, politisch statt vorwiegend wirtschaftlich geführt worden wären. So aber blieben sie, seitdem ihre Bünde 1388 im Kampf mit der Ritterschaft und dem Fürstenbund unterlegen waren, der großen Politik fern, bis sie sich — auch ein nicht unwichtiger Ausdruck des erwachenden Nationalbewußtseins — 1487 in die Reichsreform einzuschalten versuchten.

Allein inzwischen war ja der Kampf der Territorialherren um Erweiterung ihrer Zuständigkeit im gesamten Umfang ihres Territoriums längst auch zu einem Kampf um die Einbeziehung der mit der Geldwirtschaft emporgeblühten Städte geworden. Daraus erwuchs der hartnäckige Widerstand der fürstlichen Stände gegen die Bewilligung des Ständerechts an die Städte auf den Reichstagen, aber auch ihre gleichzeitige Heranziehung zum Tragen des Großteils der finanziellen Lasten bei Reichsunternehmungen. Aber eben hier wurde die nicht politische, sondern vorzugsweise wirtschaftliche Einstellung der Städte, ihr eifersüchtiges Wachen über ihre Sonderinteressen zu einem dauernden Hemmnis der Einheit. Da sie auch unter sich vielfach gespalten waren, ergab sich ihre politische Ohnmacht von selbst. Nur das spätere konfessionelle Prinzip hat diese Zersplitterung teilweise und manchmal, wie im Straßburg Jakob Sturms, vorbildlich überwunden, obschon auch im Schmalkaldischen Bunde die Städte noch immer mehr eine Belastung und Hemmung als ein Kraftzentrum waren. Das einzige Magdeburg hat infolge Zusammentreffens besonderer Verhältnisse geschichtswendende Bedeutung gewonnen.

Trotzdem wurden die deutschen Städte für die Entwicklung des Gesamtlebens der Nation in unserer Zeit geradezu ausschlaggebend. Sie schufen Vorbilder, Wurzel und Auftriebkraft für das, was später in Militär, Finanz, Beamtentum und geordneter Sorge der Obrigkeit für die Rechte der Allgemeinheit und des Einzelnen Aufgabe des modernen Staates wurde.

Besonders entfalteten sich hier aus Bedürfnissen und Anregungen des reichen Bürgertums in Schulen und Universitäten die geistig kulturellen Kräfte, die für die Problematik des ausgehenden 15. und des 16. Jahrhunderts schicksalhaft wurden. Der Kapitalismus, der Humanismus und die Kunst der deutschen Renaissance, die Explosivkraft der spätmittelalterlichen kirchlichen Frömmigkeit, das Ferment des Buchdrucks, die entstehende und mächtig werdende öffentliche Meinung: all das war nicht möglich außerhalb der Städte und ohne sie, über deren Kultur die Italiener Enea Silvio

de' Piccolomini für die Mitte des 15. und Machiavelli für das beginnende
16. Jahrhundert erstaunlich günstig geurteilt haben. —
Das Bürgertum der deutschen Städte um 1500 und um 1520 ist kein
unbestimmt schwankendes Gebilde mehr. Es ist längst eine beherrschende,
sehr selbstsichere, in sich ruhende Kraft geworden. Seines Wertes bewußt
in Gewerbe, Handel, Kunst und Kirchenpolitik. Eine wirkliche soziale Verschiebung großen Stils hat stattgefunden, die den Kaufmann und Künstler
zur führenden Gesellschaftsschicht gemacht hat. Man braucht nur die großen
Wirtschaftsführer zu nennen, die Fugger, die Welser, oder die Bahnbrecher
des deutschen Buchdrucks und Buchhandels. Dieses Bürgertum stiftet bis
um 1520 unzählige kirchliche Benefizien, errichtet kunsthistorisch wertvollste
Bauten (die Fuggerkapelle in Augsburg eröffnet die Renaissancearchitektur
in Deutschland), bereichert unermüdlich und verschwenderisch den Bestand
an kirchlichen Kostbarkeiten, schmückt aber auch die Fassaden seiner Häuser
und seine Innenräume mit bedeutenden Kunstwerken. Und wenn schon der
berühmte Unterschied zwischen dem deutschen Holzschnitt und dem italienischen Stahlstich immer einigermaßen kennzeichnend bleibt: dieses Bürgertum
kleidet sich nicht nur mit Luxus, sondern auch mit Geschmack. Die ‚Statuette
einer jungen Frau‘ eines Regensburger Meisters um 1510/20 im Deutschen
Museum in Berlin beweist das in ihrer modischen Kleidung und der freilich
schon etwas gezierten Haltung. Daneben steht eindrucksvoll die große Galerie
der markanten Köpfe von Bürgern, Bürgerinnen, von Bürgermeistern, Zunft-
leuten und Humanisten, wie die Porträte des einzigen Dürer sie uns zeigen,
oder die Unerschöpflichkeit der Bürgertypen, die in das Werk Riemen-
schneiders eingingen: welche Kraft ohne Plumpheit! welcher Reichtum der
Form! welches Selbstbewußtsein! Der geniale, harte Schädel Jakob Fuggers,
der Wagemut in dem Bildnis eines Unbekannten, der als der Schneider Hans
Dürer angesprochen wird. . . .
Ich schreibe diese Seiten in Münster in Westfalen. Wenn ich lebendig an-
schauen will, was das vorreformatorische Bürgertum war, welche Kraft
und welchen ausgefeilten Schwung es zugleich sein eigen nannte, brauche
ich nur an die Prachtsammlung bürgerlicher Fassaden zu denken, die als
Zeugen des 14., 15. und 16. Jahrhunderts den ‚Prinzipalmarkt‘ bilden, und
unter ihnen als vielleicht schönste Gestaltung ihrer Art in Deutschland
(Wackernagel) das herrliche Rathaus, dessen Fassade mit dem freistehenden
Giebel, schon aus dem 14. Jahrhundert, eine ungewöhnlich trotzig-kühne und
unübertroffene feine Leistung ist. Und mit welcher symbolischen Betonung
steht dies Wahrzeichen des bürgerlichen Selbstbewußtseins unmittelbar vor
dem Gegenspieler: der Domfreiheit des hohen Klerus! —

Noch ein Detail darf nicht übersehen werden, das die kommenden geistigen, wirtschaftlichen und religiösen Kämpfe mit beeinflußt hat: die verschiedenen Schichten der Bevölkerung stehen nicht mehr klar gegliedert und gesondert nebeneinander. Ihre Eigenart ist vielfach verwischt, sie stehen in einem Mischungsprozeß. Vom Bauer zum Städter, vom Handwerker und Bürgerlichen zum Adeligen. Äußeres Zeichen ist der geringe Unterschied der Kleidung zwischen den einzelnen Ständen.

Eine besondere Rolle erfüllten die Städte in dem verhängnisvollen Gegensatz der neuen Geldwirtschaft zur älteren Naturalwirtschaft, in welch letzterer nicht nur der Bauer, sondern auch der Ritter und die Reichsritterschaft ihren Platz haben. Auch im Wirtschaftlichen war das wichtigste Kennzeichen das Mit- und Durcheinander von alter Tradition und aufbrechendem Neuen. Bei Bauern und Bürgern und einem Großteil der Ritter und Herren herrschte das Agrarische und Zünftlerische. Mit der Umstellung auf die Geldwirtschaft bricht in diese Art des Lebens ein spezifisch modernes, kapitalistisches Handelsunternehmen: Großkaufmann, Großbank, ‚Monopole‘. Damit waren schon an sich starke Gegensätze gegeben. Sie wurden um so schärfer, als die neuen Formen in kurzer Zeit eine stürmische Aufwärtsbewegung vollzogen, die alle Schattenseiten einer überschnellen Entwicklung — mit der immer nur wenige Schritt halten können — zeigte, die großen Reichtum in wenigen Händen häufte, eine breite wohlhabende Schicht an städtischen Kaufleuten schuf, aber auch am Entstehen eines städtischen ‚Proletariats‘ beteiligt war und Neid und Mißgunst in Stadt und Land gegen die ‚Pfeffersäcke‘ großzog.

Die Umwandlung der Deutschen aus einem Bauernvolk und seiner Agrarwirtschaft seit dem 13. Jahrhundert in ein Volk mit Geldwirtschaft und Städten usw. bedeutet unendlich viel mehr als die Änderung des materiellen Inhalts der Wirtschaft und der äußern Form des Handels. Sie ist nichts weniger als eine gewaltige Revolutionierung der Grundlagen des Lebens. In dem Sinne, daß die völlige Umgestaltung des materiellen Daseins ebenso die Antriebe, Inhalte und vor allem die f o r m a l e n Haltungen des geistigen Lebens bildet. Nicht sofort, aber dafür um so nachdrücklicher durch eine Umgestaltung von den Wurzeln her.

5. In den Städten wurde auch zuerst die Beseitigung des Fehderechtes als eine Lebensnotwendigkeit empfunden, jenes barbarischen Übels, das sich inmitten einer hochstehenden Kultur und als Widerspruch zu ihr so erstaunlich zäh erhielt. Erklärlich ist dieser zähe Widerstand nur aus dem krampfhaften Bemühen eines ins Hintertreffen geratenen Standes, der Ritter, mit was für Mitteln immer sich am Leben zu erhalten. Die Verbote von 1466/67 und 1472 nutzten nichts, diejenigen von 1495 und 1500 und 1505/1507

waren ungenügend. Die Lage trieb zur letzten Kraftprobe. Sickingen lieferte
sie 1523 und unterlag.

Der Ritterstand wie der Bauernstand (zusammen mit dem städtischen
‚Proletariat‘) sind die eigentlich unbefriedigten Schichten der Reichsbevölke-
rung in unserer Periode. Beide befinden sich unzweifelhaft im Abgleiten von
einem höheren Lebensstandard zu einem geringeren. Eben deswegen stellen
sie (in verschiedener Weise natürlich) die sozialen Sprengkeime der Zeit dar.
Beide Male handelt es sich vor allem um den Süden und Westen des
Reiches. Im Norden und Nordosten war das soziale Gefüge viel weniger gespalten. Einfach weil der Besitz weniger aufgeteilt, die Bevölkerungsdichte
dünner war, weil es dort weniger Reichsstädte gab. In den viel dichter besiedelten und seit viel längerer Zeit und intensiver ausgebeuteten und erb-
geteilten Gegenden der fränkischen Mitte und des Südens war der Besitz
der Ritter kleiner, aber ihre Bedürfnisse waren größer. Denn diese entzündeten sich an der Lebenshaltung in den benachbarten geldreichen Städten,
was wiederum in diesem Ausmaß im Norden nicht der Fall sein konnte.
Diesem Ritter war aber keine große, seinem eigentümlichen Wesen wirklich
entsprechende Aufgabe mehr gestellt. Seine kriegerische Betätigung über-
nahmen besser die Söldner und die Artillerie. Umgekehrt vermochte die
eigene Burg dieser Artillerie nicht mehr zu widerstehen.

Der Ritter wurde zum Schuldner des Städters. Gerade dadurch wurden
der Standesdünkel des Trägers eines alten Namens und sein Neid gegenüber
der heraufgekommenen Wohlhabenheit der Stadt genährt. Am schlimmsten
war es, daß bei nicht wenigen Rittern nicht nur der Reichtum abnahm,
sondern erbärmliche Armut in der Burg lauerte.

Nur einer geringen Zahl dieser mit Kinderreichtum ungewöhnlich gesegneten Ritter gelang es, sich dem Abgleiten wirksam zu widersetzen:
Dienst bei Fürsten und Städten zu nehmen, Schreiber- (wenn sie gebildet waren,
wobei ihnen aber die überlegene Konkurrenz der Juristen gegenüberstand)
oder Reiterdienst zu leisten oder eigene Fähnlein zu sammeln und zu
führen. —

Vom Standpunkt der Einheit des Reiches bildete die Ritterschaft eine
unausräumbare Gefahr der Regellosigkeit in verschiedenem Sinne. Die Ausbildung der Einheit konnte nur gegen sie, nicht mit ihnen sich vollziehen.
Alle Reformen, die darauf abzielten, dauernde, von einer zentralen Reichs-
stelle durchgeführte Verhältnisse der Besteuerung, des Verkehrs, überhaupt
der innern Ordnung zu schaffen, waren dem Interesse dieser Ritter entgegen.
Sie hatten ja längst ihre universale Zweckbestimmung preisgegeben und
waren beinahe völlig selbstherrlich-egoistisch geworden. Sie lebten ja gerade
davon, daß keine große, überragende Exekutive ihnen gegenüberstand, daß

vielmehr die Interessenfragen, d. h. Interessenstreitigkeiten, in kleinterritorialen Auseinandersetzungen entschieden wurden; hier allein konnten sie die Stärkeren sein. Soweit diese Ritter noch Reichsritterchaft waren, krankten sie an jenem Übel, das Deutschlands Kraft überhaupt lähmte: an der Zersplitterung. Die wenigen Versuche, die Ritter zu einer beschränkten Einigung zu bringen (Hans von Schwarzenberg, Sickingen), blieben Episode. Wie in Deutschland die politische Gestaltung überhaupt sich durch vervielfältigte Selbständigkeit der Machtträger nachteilig abhob von der Zusammenfassung der politischen Macht in Spanien, Frankreich, England, so wiederum im besondern innerhalb der Ritterschaft, die nicht wie dort zu gemeinsamen, übergeordneten, nationalen Zielen zusammengefügt wurde. Auf sich selbst gestellt, überließen sie sich dem kleinen Machtegoismus. Da sie das Reich nicht mehr tragen und repräsentieren, gilt ihr Interesse auch nicht mehr dem Reich, sondern sich selbst und ihrem Stand. Sie wollen keinerlei finanzielle Leistung auf sich nehmen (Ablehnung des gemeinen Pfennigs 1495), noch auf die Willkür ihrer Schwertführung verzichten (Ablehnung des Landfriedens). Sie nehmen vielmehr in einer besonders ausgesprochenen Weise teil an der allgemeinen egoistischen und — vom Reich aus gesehen — zentrifugalen, ständischen Entwicklung.

Das gilt auch für Sickingen, der sich unter Maximilian emporarbeitete. Er überragte die andern weit. Er wußte ein Heer zu führen, er benutzte die modernen Waffen. Er griff bei der Kaiserwahl und bei der Ankunft Karls in Deutschland in die hohe Politik ein. Seine Fehde gegen Trier konnte das Signal zu einer allgemeinen Erhebung der Ritterschaft werden. Aber letztlich blieb er doch nur ritterlicher Geschäftemacher. Wie er bald in französischen, bald in kaiserlichen Diensten stand, die Reichsacht verhöhnte, als sie ihn traf, sie aber gegen Ulrich von Württemberg vollstrecken half (1519), so ist sein Plan, den er mit Hutten überlegte, den Kirchenbesitz grundsätzlich aufzuheben, ‚um dem Evangelium eine Öffnung zu machen', handgreiflicher Raub. Seine dem Komment entsprechende Fehdeansage an Trier ändert daran natürlich nicht das mindeste. Auch von der religiösen Seite her will es schlecht gelingen, das Zwitterhafte seines Charakters wegzuweisen. Sickingens Katastrophe ist historisch sinnvoll: die Niederlage traf die ganze Ritterschaft, und dies zu Recht.

6. Es ist ohne weiteres deutlich, daß die öffentliche Unsicherheit in starkem Maße die Erregung förderte. Nun nannten wir aber Erregung, aus verschiedenen Ursachen aufsteigend, eines der großen Kennzeichen der Zeit (dazu unten S. 99 ff.). Das hat Gültigkeit für alle Schichten: für die Gebildeten (die den geistigen Aufbruch erleben), für die Kirchenfrommen, auch für die Bauern.

Ähnlich wie die Ritter standen die B a u e r n in oder vielmehr vor einem epochemachenden Umbruch. Von vielen Seiten her scheint er eingeleitet zu werden: durch die aufstachelnde, weit verbreitete Verspottung der bäuerlichen Dummheit; durch den Preis seiner Pfiffigkeit, aber auch seiner gottgewollten Armut („der Bauer ist der nächst bei unserem Herrgott") und seiner Arbeit als der Grundlage wie der Krönung alles Menschentums und sogar des Reiches; durch den Strom religiöser Erregung in sozialistischen, spiritualistischen und apokalyptischen Gedanken, die in Bauernkreisen tiefe Wurzeln schlugen und deren literarische Darstellung sich durchgehends, sei es nun direkt oder indirekt, des kleinen Mannes annahm; vor allem durch den wirtschaftlichen Druck und die Beengung der persönlichen Freiheit. Auch die Rezeption des römischen Rechtes, welches das konkrete Herkommen gegenüber der authentischen Urkunde zurücktreten ließ, das dem Bauer etwas willkürlich Neues und darum Hinterhältiges zu sein schien (Eder), wirkte hier mit. Um die Bedeutung der erzeugten Erregung voll zu würdigen, muß man festhalten, daß um 1500 die Landbevölkerung mindestens drei Viertel der Einwohnerschaft des Reiches stellte, also immerhin numerisch unbedingt führte. Die bemerkenswerte Abwanderung in die Stadt drückte damals nicht das Land, wohl aber trug sie zur Vermehrung des städtischen Proletariats bei, vermehrte also abermals die zersetzenden Kräfte.

Man wolle in dieser Beschreibung nicht jene Elemente der Unzufriedenheit übersehen, die durch den mit den kirchlichen Gebräuchen verbundenen Abgabenzwang aufstieg. Wir werden noch davon hören. Das gilt für Stadt und Land. Forderungen der Geistlichkeit wie ehrgeizige Konkurrenz (etwa, um beim Totenoffizium nicht hinter dem Kerzenaufwand anderer zurückzustehen) führten da und dort zu wirtschaftlicher Überbelastung, deren Beseitigung durch die Reformation nicht eben ungern begrüßt werden mochte.

7. Das wichtigste Kennzeichen der unendlich aufgeteilten Kräftelagerung im Reich ist, man sieht es, das Unausgeglichene. Es fehlt in allen Punkten die Eindeutigkeit, welche die Fülle der Möglichkeiten innen- und außenpolitisch in einer großen Linie ihrer Erfüllung entgegengeführt hätte. So wurde die Entwicklung von einer chaotischen Vielfältigkeit und Wechselhaftigkeit. Das innerpolitische Durcheinander, dieser Zustand der Schwäche, dieses unstete Hin und Her der Politik mußte aber notwendig wieder das Gefühl der Unzufriedenheit, auch der Unsicherheit, bei vielen verstärken und ebenso die Überzeugung, daß mit den gewöhnlichen Mitteln nicht mehr zu helfen sei.

Wenn man diese Wirkung hineinstellt in die mannigfache soziale, geistige, kirchliche und religiöse Unzufriedenheit der Zeit, dann sieht man den doppelten Zusammenhang, den die innerpolitische Aufspaltung (bzw. das Mißlingen der Reichsreform) mit den kirchenreformatorischen Vorgängen hat: Einmal wird hier die Gruppierung der politischen Kräfte festgelegt, die den Kampf für oder gegen den alten und den neuen Glauben aufnehmen werden, das heißt, wesentlich und in letzter Konsequenz gesehen: der Kaiser auf der einen, die Territorialfürsten auf der andern Seite. Und zweitens: die Enttäuschung ließ die radikalen Ideen aufkeimen oder die vorhandenen an Kraft gewinnen.

Mit aller Kraft ist also die Vorstellung fernzuhalten, als ob es sich bei der politischen Reichsreform um eng begrenzte, vom Gesamtleben isolierte Einzelfragen handle. Im Grunde ging es um den alle und alles zutiefst angehenden Bestand des Reiches, gegen dessen Kaisermacht die Fürsten aufstanden. Der Bestand des Reiches gehört aber im letzten Ernst zur Sicherung und Rettung der abendländischen Menschheit, und diese hatte vom Reich, von vielen Ansatzpunkten her, noch ein lebendiges, wenn auch seit zwei Jahrhunderten getrübtes Bewußtsein. Mit andern Worten: der Kampf um die Reichsreform zeigte die schwerwiegende e i n e Krisis des spätmittelalterlichen Deutschlands, der als zweite die drohende K i r c h e n r e f o r m gegenübersteht. Die Wünsche der Reichsreform reichen tief in das gesamte Denken und Fühlen der Zeit. Sie werden leidenschaftlich formuliert. Und wie es dem mittelalterlichen Herrscher und der besondern geistig-moralischen und wirtschaftlichen Situation des 15. Jahrhunderts selbstverständlich war, sie wurden nicht getrennt vom Religiösen. Man forderte sie (wie in der ,Reformation des Kaisers Sigismund' aus der Zeit des Basler Konzils, die zu Ende des Jahrhunderts öfter gedruckt wurde) auch im Namen der göttlichen Barmherzigkeit. Wie auf kirchlichem Gebiet trieb die Nichteinlösung der Reform auf politisch-staatlichem Gebiet die fordernde Unzufriedenheit empor. ,Die Explosivkraft der Bewegung Luthers bliebe ohne die langjährige Überzeugung von der Reformbedürftigkeit des Reiches unverständlich' (Eder).

E i n Element in diesen Entwicklungsreihen war von besonders weitreichender Bedeutung. Es steigerte die angegebenen Mangelhaftigkeiten zu einem Wirrwar immer wieder wechselnder politischer Lösungsmöglichkeiten, zu einem manchmal unsinnig erscheinenden, in Wirklichkeit skrupellosen Wechsel der politischen Verhältnisse: es war der theoretische und praktische Machiavellismus der Zeit, d. h. ihr skrupellos ichsüchtiges Denken und Handeln. Davon ist zu Beginn des 16. Jahrhunderts keine Schicht auszunehmen. Nur ganz wenige Einzelpersonen ragen in größerer Reinheit hervor. Die Bindungslosigkeit war allgemein, die Treulosigkeit ungeheuer.

Die Frage stellt sich: Wird die kommende Reformation dieses Chaos regeln und binden, oder wird sie die Herrschaft des Einzelsubjekts stärken?

Viertes Kapitel

Das geistige Leben in Deutschland vor der Reformation

Es kann nicht das Ziel sein, das gesamte geistige Leben dieser Periode auch nur andeutungsweise hier darzustellen. Es handelt sich aber darum, die geistige Atmosphäre der Zeit zu kennzeichnen und dabei besonders jene Bezirke herauszustellen, die im Sinne der ‚Ursachen' für den Aufbau der reformatorischen Welt wirksam wurden.

I. 1. Positiv gesehen, fällt der geistige Hauptinhalt der Periode unter die Sammelbezeichnung Humanismus. Das Herübergreifen der im Süden gewachsenen national-italienischen Bewegung der Renaissance in die deutsche Entwicklung bietet im einzelnen eine Menge ungelöster Fragen. Aber die Möglichkeit des Eingreifens überhaupt und die Umgestaltung zu einem echt deutschen Gebilde lassen sich verhältnismäßig leicht erklären. Denn Renaissance und Humanismus sind nicht geschlossene, nur inhaltlich bestimmte Systeme. Sie sind vor allem eine Art des Seins und Denkens, und dies als Bewegung, Zielsetzung, Neuaufbruch. So sehr der Ruf ‚Zu den Quellen!' im Süden römisch gemeint war, so selbstverständlich führte er allgemein, wo immer er erklang, zur Besinnung auf die Wurzeln der eigenen Werte. Bei Deutschen, in deutscher Landschaft und in einer Zeit, die von verschiedenen Seiten her das Bewußtsein ihrer Eigenart suchte, mußte sich das um so eher auf die deutschen Quellen umlagern, als eine jener großen römischen Quellen, Tacitus, die Deutschen in der ‚Germania' so hoch gepriesen und den Römern zum Vorbild gestellt hatte. —

Als allgemeinstes Kennzeichen dieser Periode wurde bereits genannt die akute Steigerung ihres Übergangscharakters und damit die Vielfalt des Gegensätzlichen in ihr. Das gilt nicht nur im kleinen Bezirk. Man braucht nur an den Denker, Reformer und Beter Kardinal Nikolaus von Cues an der Mosel zu erinnern, und neben ihm die entgeistete Scholastik einerseits und den Ablaßhandel von 1517 anderseits zu nennen, um zugleich im Geistigen, im Religiösen und im Kirchlichen ganz ungewöhnliche Spannungen vor sich zu sehen.

Nun wurden leider nicht der Ernst und die Tiefe des Cusanus für die Zeit kennzeichnend. Aufs Ganze gesehen, strebt die Entwicklung trotz der gewaltigen Entbindungen einer Veräußerlichung und Verflachung zu. Auch der Humanismus, der sich doch gegen die im Bereich des kirchlichen Handelns und des scholastischen Denkens überwuchernde Multiplizierung der Begriffe, Formen und Thesen wehrte, wurde leider in beträchtlichem Umfang Erbe dieser allzu formalen geistigen Haltung durch seinen oft inhaltlosen Überschwang und seine stereotypen Formideale, seine Zurückwendung vom machtvoll Objektiven zum sehr viel kleineren Subjektiven.

Trotzdem: das italienische 15. Jahrhundert wirkt zunächst und mit Recht wie ein gewaltiger, hochgestimmter Rausch; ein die Welt wirklich neu packendes, ungehemmtes Lebensgefühl von weiten Aussichten; ein neuer Tatendrang nach höchsten Aufgaben im sicheren Gefühl des Besitzes der dazu notwendigen, in Stärke und Schönheit gestaltenden Kräfte; hohe Ideale im Erkennen und Fühlen; ein ungeheurer, berauschter und berauschender Aufbruch. Freilich sehr wesentlich auf die Kräfte des Menschen gestellt, des Menschen allein. Und deshalb nicht nur human, sondern humanistisch.

Dies gilt, wie bekannt, auch für Kreise eigentlich kirchlicher Personen, vorab an der Kurie, wo das Sinnlich-Naturhafte so siegreich in den Vordergrund drängt und das Kreuz und der Gekreuzigte so selbstverständlich zurücktreten, weil es doch oft blasphemisch wäre, sie neben den Darstellungen der heidnischen unverhüllten Schönheit aufzustellen.

Diese Welle ist in ihrem heidnisch-antikisierenden Inhalt nie voll nach Deutschland gedrungen. Aber der Aufbruch und Umbruch als formale Neuhaltung und Neugestaltung drängt herüber. Das siegreiche Gefühl eines fälligen neuen Anfangs bringt eine wachsende Unabhängigkeit gegenüber dem Überkommenen, macht geneigt für Neues und sogar radikal Neues. Eben dieses Geneigtsein gehört zu den entscheidendsten Voraussetzungen für jede revolutionäre Bewegung. Insofern liegt hier eine der großen Ursachen der Reformation, ja in gewisser Weise die conditio sine qua non des reformatorischen Umbruchs.

2. Renaissance und Humanismus treten in Deutschland um 1450 in das akute Stadium ihrer Entwicklung. Deutschland nimmt auch von da ab in einer betonten Weise teil an dem apokalyptischen Grunderlebnis, das die Renaissance in Italien von Anfang an so stark kennzeichnet. Der Weltuntergangs- und Welterneuerungsgedanke, entscheidend geprägt von dem kalabresischen Abt Joachim von Floris (schon 1204 gestorben), gefördert durch die Persönlichkeit und den Ruf des hl. Franziskus, hatte durch den Sturz der Staufer und des mittelalterlichen Papsttums und dessen Auszug

nach Avignon und den Kampf der franziskanisch-joachimitischen Zelanten über die Phantasie breiterer Schichten Herrschaft erlangt. Diese Erregung lebte in der zweiten Hälfte des 15. Jahrhunderts sehr stark sowohl in der Erwartung einer apokalyptischen Züchtigung wie in der enthusiastischen Begrüßung des wunderbaren Jahrhunderts, in dem zu leben eine Lust ist. Wie Italien die drohenden Mahnzeichen Savonarolas und später Michelangelos erlebt (die nicht ohne Echo diesseits der Alpen blieben), so hört Deutschland eindringliche Mahnungen von Kardinal Nikolaus von Cues († 1464) und mächtige Buß- und Erweckungspredigten des Franziskaners Johannes von Capestrano († 1456). Die apokalyptischen Vorstellungen in der Predigt des Pfeifers Hans Böhm von Niklashausen, in der sogenannten ‚Reformation Kaiser Sigismunds‘, in verschiedenen aufwühlenden Werken Dürers; die nachwirkende Stimmung der Geißler, die Idee vom Engelpapst, von dem ein Vertreter 1446 auf dem Basler Konzil erschien (‚der die Bösen ausrotten, den Satan binden sollte‘) und verbrannt wurde; die sich häufenden Droh-Weissagungen, der ‚oberrheinische Revolutionär‘, das Wallfahrtsfieber und die Wundersucht, aufreizende Spiele wie der neue ‚Nollhart‘ von 1488, in denen über die einzelnen Stände Gericht gehalten, dem Papst die Zerstörung Roms als Gottes Strafgericht über den verkommenen Klerus angedroht wird: all das, von dem wir noch des öfteren werden reden müssen, zeugt von einer wuchernden apokalyptischen Erregung, die alle Schichten durchzieht. Die revolutionären Ergüsse jenes heftig antiklerikalen Hans Böhm, der auf Anweisung der Mutter Gottes die Pfaffen zu erschlagen aufforderte, machten gewaltigen Eindruck. Sie wurden in aufreizenden Gesängen durch die Lande getragen. Epidemieartig wuchs die Zahl der ergriffen zu ihm nach Niklashausen Wallfahrenden (1476).

Umgekehrt bricht durch den Humanismus jene mehr oder auch vollkommen freudig erregte Stimmung durch. Auch für diesen Strom war der in seinem Wesen vielseitige Cusaner, dessen Optimismus so eigenartig aus dem Spätmittelalter heraustritt, eine Quelle. Eine gewaltige Sehnsucht nach einem neu zu gestaltenden Menschen in einer neu zu formenden Zeit beherrscht den deutschen ‚Erzhumanisten‘ Konrad Celtis († 1508). Man fühlt sich von dem großen, unreduzierbaren und darum unbeschreibbaren Ur-Wert des ‚Neuen‘ angerührt. Die Sonne der klassischen Schönheit taucht wieder auf, das süße Gift der Form und des freien Genusses, und Celtis nannte es für viele andere ‚Tugend‘. Man fühlt sich dem Jüngstvergangenen und der scholastischen Umwelt in einer seltsamen Blindheit weit überlegen; Erasmus schimpft das Überaltete gotisch und seine Vertreter Goten, Heinrich Bebel nennt die bisherigen Methoden Barbarei.

Man unterliegt weithin dem sokratischen Irrtum, daß der Wissende auch

der Gute, also der Gebildetere der Bessere sei. Die Überschätzung der Gelehrsamkeit oder auch nur der ‚Bildung‘ als eines beinahe allmächtigen Faktors
in der Umgestaltung der Welt reicht erstaunlich tief; sie wird sich weit bis in
die Reformation hinein erhalten. Es ist bezeichnend vor vielem andern, wenn
Luther 1521 in Worms in der Verhandlung vor dem Trierer Kurfürsten sich
so äußert: ‚Ich bin nur einer von den Kleinsten; es würden zwanzig andere
für mich auftreten, die viel g e l e h r t e r wären.‘

Wie Pico della Mirandola (aus dem Kreis der platonischen Akademie in
Florenz) begeistert von dem allartigen Leben spricht, das der himmlische
Vater den Menschen zur großartigen Selbstausgestaltung schenkte (oder Gott
spricht zu Adam: ‚Ich habe dich weder sterblich noch unsterblich gemacht,
damit du dein eigener Bildner und Erzieher seiest, zu welchem Bild und
Wesen du willst‘), so wird in Deutschland das Jahrhundert jubelnd gegrüßt
von Hutten, von Capito, von Eck, von Erasmus. Bebel, der spätere Luther-
anhänger, sieht ein neues germanisches Zeitalter heraufkommen: nun auf
einmal kehren durch Gottes Barmherzigkeit die Menschen allenthalben zum
Besseren zurück, zum klassischen Studium der Sprachen, und nun wird auch
gewißlich die alte Christentugend, die ursprüngliche Reinheit des Christen-
glaubens wiedergewonnen. Zur gleichen Zeit werden in Deutschland auf
Erasmus Lobeshymnen verfaßt, die überschwenglicher sind als irgendwo in
der Welt. Hierin liegt nun noch etwas besonders Wichtiges; es wird klar:
man braucht einen Mann, einen Führer. Man wartet auf ihn.

3. So sehr der deutsche Humanismus an den Grundhaltungen teilnimmt
etwa der stoisch-neuplatonischen Popularphilosophie, des Moralismus, der
Reduzierung auf ‚das Wesen‘, der mehr oder weniger überall anerkannten
Stilnormen, der allgemeinen Verehrung für Erasmus und seine Leistung, also
an dem, was den Humanismus zu einer e u r o p ä i s c h e n Angelegenheit (und
sogar bei dem Türkensultan Mohammed II. heimisch) macht, er besitzt auch
wirklich n e u b i l d e n d e Kraft in Deutschland. Das zeigt er nicht zuletzt
dadurch, daß er zu einer deutsch-nationalen Bewegung wird. Daß er
dabei italienische Formkraft und Formglätte einbüßt und dafür deutsche
Derbheit, härtere Linien gewinnt, ist nicht geringerer Wert, sondern kenn-
zeichnender Artunterschied. Daß seine stärkste Leistung, Erasmus, kosmopoli-
tisch gerichtet ist und der Wert der Kampfrufe Huttens auch national ernsten
Bedenken unterliegt, zeigt freilich auch die Grenzen der Leistungsfähigkeit.
Seltsam ist auch und einigermaßen verdächtig, daß bei manchen nationalen
Humanisten eine ausgesprochene Heimatlosigkeit (‚wo du stirbst, ist einerlei;
überall führt der gleiche Weg von der Erde in Jupiters Saal‘; Celtis) mit der
Begeisterung für nationale deutsche Eigenart zusammengeht.

Anderseits durchstieß das gemeinschaftliche Bildungsideal des Humanismus in gewissem Grade die bisherige gesellschaftliche Schichtung; er wurde eine gemeinschaftsbildende Kraft. Man gewann das Bewußtsein eines ‚geistigen Gesamtdeutschlands‘, ein Gefühl, das gefördert wurde durch die Organisierung des Humanismus in Zirkeln, wie sie wiederum Celtis auf seinen typischen Wanderfahrten, wo er hinkam, schuf.

Und dann: das Bewußtsein, in Konstanz die Kirche gerettet zu haben, war unter den Deutschen noch lebendig. Das enorme Gewicht der religiösen und geistigen Gestalt des Cusanus, des ‚Apostels der Neuzeit‘, war noch eine lebendige Kraft. Die Persönlichkeit und das Wirken Kaiser Maximilians, die kaufmännische und damit kulturelle Überlegenheit der Deutschen, die geistige Weltgroßmacht Erasmus von Rotterdam, sie waren Gegenwart. Die Brüder vom gemeinsamen Leben, die (besonders wichtig die Schule des Johannes Cele, † 1417 in Zwolle) den Humanismus förderten, waren auch Liebhaber der deutschen Vergangenheit; wir finden vielfältige Beschäftigung mit der germanischen Geschichte auf Grund der Darstellung in Tacitus' Germania und durch Sammlung von Quellen und Schriften deutscher Vergangenheit (wie Celtis es systematisch tat); es gibt Abwehr französischer Übergriffe gegen deutsches Grenzland (Wimpfeling und Brant), wie denn überhaupt Wimpfeling hervorragend für das nationale Bewußtsein gewirkt hat. Bebel sammelt die deutschen Sprichwörter, er plant eine große deutsche Gesamtdarstellung. Maximilian setzt Belohnungen aus für alte Urkunden. Man zieht wichtige Chroniken ans Licht. Cochläus (wie Eck zunächst Humanist) überwindet in seinem Theoderich-Buch sogar seine Abneigung gegen diesen ketzerischen Arianer und ist voll freudiger Hingabe an den alten germanischen Helden. —

Es ist vielleicht die deutlichste Enthüllung der Unkraft des großen Erasmus, daß er wesentlich vom Heimatboden und vom Nationalen gelöst ist. Er war auch hierin der Theoretiker, der unpolitische Mensch, der jenem schönen sokratischen Irrtum zum Opfer fiel. War doch sogar seine Friedenssehnsucht und seine Kritik an den Fürsten seiner Zeit, die den Frieden zwischen Kirche und Staat nicht gebracht hatten, mehr aus der Lektüre der Klassiker als aus der politischen Erfahrung seiner Zeit geschöpft (Huizinga).

Erasmus hatte mit Recht nie einen festen Wohnsitz, er hätte diese klare Bindung gar nicht ertragen: ‚Ein Bürger der Welt zu sein begehre ich, allen gemeinsam, oder lieber … für alle ein Fremdling.‘ Damit ist er neben der Stärkung, die er dem deutschen Selbstbewußtsein brachte, eine starke Hemmung für die nationale Kraft des deutschen Humanismus geworden. So sicher es bei ihm einzelne national ausgerichtete Äußerungen gibt (auch sein Wunsch, die Bibel in die Nationalsprachen übersetzt zu sehen, die er freilich selbst verachtete, darf hierher gezogen werden), diese Einzelheiten besagen für seine innerste Haltung nichts. Erasmus bleibt anational. Wenn man ihn freilich umgekehrt etwa einen Vertreter des mittelalterlichen Universalismus nennen wollte, müßte man scharf betonen, in welchem Umfang bei ihm der offenbarungsmäßige kirchliche Universalismus zum säkularisierten Kosmopolitismus geworden war.

4. Das deutsche Nationalbewußtsein, wie es im Humanismus aufkommt und sich selbst versteht, ist vorab ein Erfassen des starken Unterschieds, ja der Gegensätzlichkeit, die das deutsche Wesen vom römischen abheben; das lesen wir allmählich bei allen Humanisten, bei Sebastian Brant, Cochläus, bei Hutten und bei Erasmus.

Hier ist einer der Ansatzpunkte, von denen aus der deutsche Humanismus zu einem so wichtigen Sprengkeim des mittelalterlichen kirchlichen Systems wurde. Das gilt doppelt, weil hier der nationale Antirom-Affekt zusammenstieß mit jenem religiös-kirchlichen Romhaß, der zur guten Hälfte die Lebenskraft der Reformation ausmachen sollte.

Vom italienischen Humanismus her war schon seit Petrarca die Gegnerschaft zur Scholastik, war höhnende Kritik und dann seit Lorenzo Valla grundsätzliche Bestreitung des Klosterlebens und wichtigster kurialer Ansprüche allgemeiner Besitz oder doch Ansatzpunkt der humanistischen Aussprache geworden. Das erhielt im deutschen Raum besondere Nahrung etwa durch das Bewußtsein, daß eine große theologische Welle sich mit Liebe und bedeutendster Schöpferkraft der deutschen Muttersprache bedient hatte: Ekkehard, Tauler, Seuse. Trotz des wesentlich positiven Verhältnisses der ‚deutschen‘ Mystik zur Scholastik: dies war etwas, was es in Italien nicht gab. Es war in markanter Weise eine Äußerung der Stärke der vorandrängenden nationalen Bedürfnisse innerhalb des engeren Bereichs der Kirche. Schien doch diese Bewegung selbst in der geringeren Darstellung der Fraterherren und der Mystik des 15. Jahrh. noch stark an spezifisch deutsche Kräfte gebunden! Luther wird uns sagen, wie tief dieses Bewußtsein wirken konnte. —

Die Scholastik war die offizielle Hüterin der kirchlichen Auffassungen geworden. So viele christliche Humanisten auch nicht ein Titelchen des kirchlichen Glaubens preisgaben, so leidenschaftlich Wimpfeling die Scholastik gegen die Angriffe der jüngeren Humanisten verteidigte, letztlich bestand doch die Spannung des Humanistischen zum Scholastischen; die Gefahr, daß daraus ein Gegensatz zu katholischen Lehrgrundlagen würde, lag oft nahe. Denn allzu sehr waren weit entwickelte scholastische Denkformen mit kirchlichen Denkinhalten gleichgesetzt worden; es ergab sich logisch eine Feindschaft der neuen humanistischen Denkart auch zum scholastischen Inhalt, d. h. zur kirchlichen Theologie und damit dann leicht auch zum Kirchlichen überhaupt. In Italien hatte, wie

wir schon in Erinnerung brachten, die radikale Erweckung der Antike das
Leben vieler Humanisten heidnisch gemacht; Wimpfeling protestierte mit
Recht gegen diesen Mißbrauch, der auf einer falschen Schlußfolgerung beruhte. Aber diese Folgerung lag eben doch in der Linie der Entwicklung.
Wie sehr, zeigt gleich der deutsche Erzhumanist. Celtis macht sich radikal
frei von Bindungen aller Art, die bisher für wesentlich galten. Soviel nobler,
geistig und charakterlich höher der universale Agricola (Rudolf Huesmann
aus Groningen) über ihm steht, soviel solider die vielen humanistischen
Pädagogen mit dem nationalen Wimpfeling und dessen Freund Ulrich Zasius
arbeiteten, sowenig allgemein die italienische Wiederholung des Heidentums
im deutschen Humanismus durchdrang, den weithin sicht- und fühlbaren und
bleibenden Einstich in das Gewebe der Zeit haben schließlich neben Erasmus
jene Humanisten gemacht, die im Erfurter Kreis der Hemmungslosigkeit des
Celtis nacheiferten. Mit seiner rücksichtslosen Ungebundenheit offenbart Celtis
mehr als andere eine innere Zielsetzung des Humanismus: von der Kirche
fort! Das bedeutet nicht einfach eine feindliche Trennung von ihr, aber es
bedeutet die Tendenz zur laikalen Unabhängigkeit.

Die Kritik des Humanismus enthielt fürchterliche Übertreibungen und
falsche Schlüsse. Indes, sie tadelte auch viel Ungesundes im kirchlichen Leben
mit vollstem Recht. Unweigerlich aber wird für die meisten Menschen mit
dem Äußern der Kern einer Sache getroffen und mit den Auswüchsen die
Sache selbst. Das bedeutet: das ungestüme Aufbegehren des Neuen gegenüber
einer vielfach verderbten Kirche, antikurialistische Einstellung, Gegnerschaft
zur Scholastik, Feindschaft gegen das Mönchtum und aufklärerische Diesseits-
haltung schienen vielen die unausweichliche — und gern begrüßte Schlußfolgerung. So wurde der Humanismus zu einer der großen und wirksamsten
Ursachen der Reformation. Jakob Sturm, der Straßburger, bekennt, durch
die heftige Kritik der Geiler, Wimpfeling und Brant der Kirche entfremdet
worden zu sein. — Hätten also die kirchentreuen Mahner schweigen, hätte
das christliche Gewissen stumm bleiben sollen angesichts des Verfalls im
Heiligtum? Oder soll man von ihm das Kunststück verlangen, daß es sich
nur in wohl dosierter Zurückhaltung hätte äußern dürfen? Das hieße, wegen
einer falschen Schlußfolgerung die richtige These ablehnen und wirkliche
Kraft und echten Zorn in einer aufgewühlten Welt nach den Regeln des
Schulbuches bändigen wollen. —

Ich denke nicht daran, die religiösen, christlichen und kirchlichen Potenzen
der Renaissance und des Humanismus zu leugnen. Die enge Verbindung der
Renaissance mit dem Mittelalter, ihr langsames Auftauchen aus ihm, ihr
Anteil an der erasmianischen Reform (Erasmus, Fisher von Rochester, Thomas More), an Luthers vorhäretischer Bildung und an der Gegenreformation

können nicht übersehen werden. Wir wollen auch durchaus nicht alle radikalen Worte der Humanisten für bare Münze nehmen. Manche meinen ihre Beteuerungen reichlich unverbindlich. Man muß bei diesen vielbewegten Propagandisten besonders stark unterscheiden zwischen geistiger Existenz und dem Bewußtsein, das sie davon haben und dem sie in Worten so laut Ausdruck geben. Ihre Substanz wurzelt trotz der Evolution immer noch stark auch im Hergebrachten, im Mittelalterlichen. Die Nichtbeachtung dieser Unterscheidung war es, die zu den Einseitigkeiten bei den Epigonen Jakob Burckhardts führte.

Es ist ja bekanntlich auch nicht so, daß der Humanismus vor den Kreisen der von den Humanisten so gern beschimpften Bettelmönche haltgemacht hätte! Zwar glaubte Erasmus den humanistischen Dominikaner Johann Faber aus Augsburg nur dadurch erfolgreich empfehlen zu können, daß er ihn als sehr verschieden von sonstigen Mitgliedern seines Ordens abhob. Aber gerade bei den geschmähten Dominikanern, die seit der Reuchlin-Affäre und dann wieder seit dem Tetzel-Handel und seit Luthers Angriffen gegen Prierias und Hoogstraeten allgemein als die Dummköpfe und Heuchler oder auch als die ‚gemästeten schmutzigen Schweine‘ hingestellt wurden, hatte sich mancherorts eine genügend solide thomistische Aufgeschlossenheit erhalten, welche die Hereinnahme des Humanistischen nicht als etwas Feindliches empfinden ließ, sondern als eine Erfüllung; wir werden die Fruchtbarkeit dieser Verbindung bei den Kölner Kartäusern noch näher kennen lernen. Zur Zeit der beginnenden Reformation gab es an der Universität Rostock humanistische Dominikaner, die keiner Verlockung zum Abfall erlagen. Ihr Prior, Professor an der Universität und ein Mann von weitreichendem Einfluß, war der nicht unbedeutende Cornelius de Sneckis.

Italien, Spanien und Deutschland erbringen ja überhaupt den Beweis für die Vieldeutigkeit des Humanismus und für seine Fähigkeit, die verschiedensten Verbindungen einzugehen. In Deutschland zeigt z. B. der ältere Humanismus (entsprechend dem Nebeneinander von Scholastik und Humanismus auf den Schulen und einigen Universitäten) vorwiegend ein Zusammengehen mit der via antiqua der Realisten. In späteren Jahren, ehe die Reformation die Interessen gewaltig in eine neue Richtung zwang, bietet Eck hierzu einen wichtigen Beleg. Er, der Realist, schwärmt für den Fürsten des Humanismus. Er schreibt noch 1518 (!): ‚Fast alle Gelehrten, außer einigen Kuttenträgern und Theologisten, sind Erasmianer.‘

Aber trotz alledem, wieder und wieder stellt sich die Frage: Wo ist das Entscheidende? Wo liegt die geheime, tiefste Tendenz des Neuen und wohin zielt sie? War die wiederentdeckte Antike wesentlich heidnisch oder war sie ‚christlich‘, wie die Scholastik für Aristoteles und der Frühhumanismus

für Cicero und seinen geistigen Umkreis es praktisch unterstellten? War die
kirchlich-humanistische Bewegung, aufs Ganze gesehen, eine Heiligung der
Welt oder eine Verweltlichung des Heiligen? War der Humanismus eine
Laienbewegung oder nicht, also ein Ausdruck des Vorandrängens des reif
gewordenen, aber unbefriedigten Volkes? Ein Mündigkeitsvorgang? Ist dies
das Kennzeichnende am Neuen, daß es sich — wie bisher im Abendland alles
Geistige — in das überlieferte Kirchliche einordnet, oder nicht vielmehr dies,
daß es sich dem bisher allein Herrschenden als selbständige Potenz gegenüberstellt? Nicht das ist die Frage: Wie viele echte Humanisten bleiben n o c h
christlich? sondern dies: Was mußte sich aus der humanistischen Grundhaltung
ergeben, wenn sie konsequent zu Ende geführt wurde, wenn sie ihr Neues
absolut setzte?

Der Humanismus ist Förderung und Bejahung einer freien Menschlichkeit.
Er bietet eine Lösung eines Grundproblems der Zeit: des Problems der
christlichen Freiheit, der Reiferklärung des Christenmenschen. Das aber geschah nicht vorwiegend in einer offenbarungsmäßigen, sondern stärker in einer
mehr oder weniger diesseitigen, naturalistischen, anthropozentrischen Form.

Am wenigsten sind ein Gegenbeweis gegen diese These die kirchlichen,
kurialistischen Humanisten in Deutschland. Sie sind bei weitem nicht alle
theologisch und religiös echt katholisch. Manche von ihnen gleichen dem
Erasmus: die Ruhe wünschen, Tumulte fürchten und das Pfründen spendende
Papsttum wollen, aus Sorge für die aufblühenden schönen Wissenschaften
und — für sich selbst. Übrigens verringerte sich ihre Zahl durch die
reformatorische Bewegung schnell. Als Cochläus 1520 das Ansehen des
Apostolischen Stuhles schon für die frühesten Zeiten auf dem Erdenrund
pries, brachte er sich dadurch nach dem Urteil des Augsburger Domherrn
Adelmann v. Adelmannsfelden ‚bei allen gelehrten und ehrenhaften Deutschen
in Verdacht'. Schon war es so weit gekommen, daß man mancherorts jedem
für die Kurie Eintretenden einen mehr oder weniger unedlen Beweggrund
unterschob.

Es gehört mit zum Wesen der Geschichte, daß sie den Blick öffnet für die
Vielfältigkeit, mit der in ihrem Verlauf die Menschen den gleichen wenigen
Urfragen des Lebens Antwort gaben. Geschichtsstudium macht unbefangen
gegenüber der Vielfältigkeit der Werte. Das ist stets seine Stärke und seine
Gefahr. Beides äußerte sich auch, als das Geschichtsstudium (oder das, was
man so nennen kann) zum ersten Mal im Abendland aufkam. Eine der K r ä f t e,
die entbunden wurden, kennen wir bereits: die Neuerkenntnis der eigenen
nationalen Wurzeln und damit der nationalen Eigenart, und in der Folge
davon eine starke Steigerung der völkischen Kraft. Die G e f a h r äußerte sich

durch die starke, manchmal radikale innere Unabhängigkeit gegenüber den Trägern der unmittelbaren Vergangenheit, die ja zugleich Träger der die Zeit noch beherrschenden festen Institutionen waren. Durch dieses Abrupte und Radikale ergab sich ein vielfach unberechtigter und schädlicher B r u c h. Aber das Entscheidende für den Fortgang der Ereignisse war die Tatsache der U n b e f a n g e n h e i t. Renaissance und Humanismus werden die erste klassische Zeit der Kritik in Europa. Entsprechend dem umfassenden Charakter von Renaissance und Humanismus äußert sich diese Unbefangenheit auf allen Gebieten des Lebens. Und überall gab es auch neben zurückhaltender Kritik eine r a d i k a l e Bekämpfung. Epochemachende Beispiele sind die Bestreitung der Donatio Constantini, also einer der Hauptgrundlagen spezifisch mittelalterlich-päpstlicher Macht; sind die Zusammenstellungen der Abweichungen des griechischen Textes der Bibel vom offiziellen lateinischen Text; oder noch unmittelbar eindringlicher: sind die unerhört freien Überlegungen Machiavellis in seinem ‚Principe‘.

Diese Unbefangenheit wurde, wie die ganze Renaissancekultur, nur Besitz einer dünnen Schicht. Aber diese Schicht gewann indirekt weitgehenden Einfluß auf breite Massen. Das geschah vornehmlich durch das politische, moralische, wie auch kirchlich-rechtliche Leben, das zu einem Abbild-Vorbild jener Ungebundenheit wurde, das allen anschaubar war. Außerdem sprachen die Vertreter jener Ungebundenheit nicht eine Geheimsprache; ob sie lateinisch oder italienisch bzw. deutsch schrieben, sie schufen eine Art von Literatur, die leichter zugänglich war als die kirchliche Scholastik; und durch sie schufen sie so etwas wie eine ihnen gemäße freiere Atmosphäre.

Ganz gewiß, das alles verletzte noch nicht unmittelbar die feststehenden Institutionen, oder, sagen wir gleich, die Kirche und den alten Glauben. Aber es zeigt wieder und wieder, in welch gefährlichem Grad die Fassade des Lebens nicht mehr vollgültig den Kern darstellte, deutet an, wie weit innerlich die Loslösung oder wenigstens die Auflockerung schon gegangen war: viele waren in dieser Zeit, ohne es zu ahnen, bis zu dem Punkte gekommen, an dem jedes weitere Vorrücken sie von der Kirche trennen mußte.

Vor allem gilt das für Deutschland! Der Humanismus war dort demokratischer als in Italien. Er wirkte ungleich stärker durch die Schule, also auch im ‚Volk‘. Dort war auch die Sprengkraft der humanistischen Kritik, trotzdem sie zahmer auftrat, größer als in Italien. Dem schwerfälligen, gewissensernsten Deutschen war auch damals nicht die positivistische Leichtigkeit gegeben, bei bestehendem sachlichen Gegensatz einen Modus vivendi mit diesem Gegensatz zu finden. Italienischen kirchlichen Humanisten gelang es, scharfen Haß gegen die Priesterschaft mit grundsätzlicher Verehrung oder

doch ‚korrekter‘ Duldung des Priestertums zu vereinen; den Deutschen viel
weniger. Das erklärt zu einem Teil, warum der zunächst radikalere und
frivolere Gegensatz gegen die Kirche in Italien doch die grundsätzliche
Treue zur Kirche bestehen ließ, und warum das in der deutschen Reformation
nicht gelang. In Deutschland brachte vielmehr der durch die humanistische
Kritik geschaffene Geisteszustand gewaltige Möglichkeiten für die Durchsetzung eines revolutionären Vorstoßes. Luthers Chancen waren von vornherein auch durch den Humanismus außerordentlich gewachsen. Wir werden
dieses Urteil erst ganz abschätzen können, wenn wir den jungdeutschen
Humanismus in Erfurt und sein revolutionäres Eingreifen in die kirchengeschichtlichen Auseinandersetzungen kennen lernen.

5. Ganz allgemein gesehen, hat der deutsche Humanismus sich mit der fortschreitenden Zeit radikalisiert. Trotzdem verbaut man sich die Erkenntnis
seiner vielfältigen Eigenart, seiner kirchlichen Gefahr wie seiner Zukunfts-
trächtigkeit, wenn man ihn chronologisch teilt. Die sittlich-religiöse Unabhängigkeit des Celtis wird im jüngeren Humanismus nicht wesentlich
überboten. Andererseits gibt es auch im jüngeren deutschen Humanismus
Grundkräfte, die mit den Zielsetzungen des älteren, kirchentreuen Humanismus zusammengehen. Die national-pädagogisch-kirchliche Art wird zwar zu
gerne nur in der älteren Generation anerkannt und damit eigentlich zur
Episode erniedrigt. Daß sie aber mitten in der Tragödie des Kampfes um die
kirchliche Einheit weiterlebt und zu bedeutsamem Ansatz für die innerkirchliche Reform wird, übersieht man.

Es ist übrigens nicht verwunderlich, daß es so schwer gelingen will, den
deutschen Humanismus in seinen verschiedenen Zielkräften genau zu bestimmen. Nicht umsonst ist er wesentlicher Teil einer typischen Übergangszeit.
Die Reformationsgeschichte wird uns immer wieder lehren, wie wenig die
Zeitgenossen die letzten Ziele der unter ihren Augen arbeitenden Kräfte
erkannten. Die gleiche Erfahrung gewinnen wir aus dem deutschen Humanismus. Die reinen Bildungsmenschen standen weltenfern von den
humanistischen Tatmenschen. Der theologisch gebildete Schulmann Cochläus
hatte im Nürnberger Kreise Pirkheimers mit allem sympathisieren gelernt,
was für das alte Rom begeistert war und von der Kirche nicht viel
wissen wollte. Seine nationale Gesinnung erkannten wir als einen hervorstechenden Zug an ihm; auch seinen späteren großartigen Kampf für die
alte Kirche werden wir ebensosehr als einen Kampf für das durch die
Reformation bedrohte Vaterland bestimmen. In Bologna hat dieser Mann
lange in der Nähe und in intimem Verkehr mit Ulrich v. Hutten gelebt.
Und doch, wie tief verborgen liegen für ihn jene erst geheimen und dann

offener ausgesprochenen Ziele der nationalen Wiedergeburt, so wie sie Hutten erträumt, und die Methoden, nach denen jener für sie arbeitet! Wenn man sein Werk nach dem abhört, was Welt und Wert der schönen Wissenschaften, was Humanismus sei, dann kommt als Antwort deutlich die Vorstellung, daß des Humanismus erste und letzte Voraussetzung die Ruhe, das Ungestörtsein, die gemäßigte innere Bewegtheit sei. Für ihn gibt es nur den Humanismus Erasmianischer Prägung. Die Huttensche Seite blieb ihm fremd. —

Einen auffallenden Gegensatz zu dem antirömischen Affekt des Humanismus und zu seinen nationalen Regungen bildet die Rezeption des römischen Rechts in Deutschland. Von der Mitte des 15. Jahrhunderts bis zur Mitte des 16. Jahrhunderts wird sie durchgeführt, also in dem Zeitraum, der fraglos wie kein anderer in der deutschen Geschichte unter der Herrschaft des Romhasses stand. Und nur hier in Deutschland vollzog sich diese Herübernahme, wo der antirömische Affekt zur letzten Glut aufflammte. Nicht alles Römische wird übernommen, nicht alles deutsche Recht beseitigt, aber als Ganzes triumphiert das fremde Recht. Das Laiengericht, das früher Recht sprach nach den heimatlichen Überlieferungen, fällt; es wird ersetzt durch das Gericht der gelehrten Juristen, die ein einheitliches Recht, das ‚kaiserliche‘, verkünden.

Dieser Gegensatz ist nicht so sehr verwunderlich als vielmehr für die Zeit charakteristisch. Es kommt in ihm an einem einzelnen Komplex jener innere Zwiespalt zu Tage, der zutiefst, trotz allem, den nicht-italienischen und besonders nicht-romanischen Humanismus belastet. Wie an allen andern Punkten, hätte sich auch hier die Kraft des deutschen Humanismus, näherhin der deutschen humanistischen Rechtsgelehrtheit, darin bewähren müssen, daß sie das Römische zu Gunsten des Deutschen durchbrochen hätte, was Ulrich Zasius mustergültig anbahnte, was aber nach ihm unvollendet blieb.

Die Rezeption des römischen Rechts war von lange her vorbereitet, da äußerlich das alte kaiserliche, staufische Recht als römisches galt. Sobald das Berufsbeamtentum — sei es auch nur in jenen unvollkommenen Ansätzen in den fürstlichen Kanzleien und in den Gerichten Deutschlands, für die man die Bezeichnung um die Wende zum 16. Jahrhundert gebrauchen mag — sich mit gelehrter Bildung verband (eine der Grundtatsachen der Zeit, besonders im Hinblick auf die Ausbreitung der Reformation!), war der Sieg des römischen Rechts entschieden. Denn es war in einer unvergleichlich klareren Art theoretisch dargestellt und darstellbar, also erlernbar. Wegen der großen Zersplitterung des deutschen Rechts war auch jede Zentralisierung der Rechtsprechung auf das allein einheitlich durchgebildete römische Recht hingewiesen. Der deutsche Partikularismus erwies sich als der Feind des deutschen Rechtes, sobald auch nur die elementarste Vereinheitlichung der Rechtssprechung versucht wurde, also etwa beim Reichskammergericht seit 1495. Die Notwendigkeit, bei Appellationen irgendwie zu bestehen, ergab, daß sich die Territorialgerichte und weiter alle niederen Gerichte nach dem gleichen römischen Recht richteten. Um das Bild nicht zu fälschen, muß man hinzufügen, daß es im 16. Jahrhundert Deutsche gab, die sich, wie gegen den Besuch italienischer Universitäten, so auch gegen das römische Recht wehrten. Gerade für die Fragen dieses Buches ist es nicht unwichtig, daß Cochläus zu ihnen gehört.

II. 1. Es geht bereits aus dem bisher Gesagten hervor, daß es falsch ist, den Humanismus und die Spätscholastik nur als Gegensätze zu fassen. Es ist kaum richtig, wenn man die erbauliche Frömmigkeit der Spätscholastik von der persönlichen und gefühlsgesättigten Frömmigkeit des Humanismus als eigene Sparte einfach abtrennt. Die Zurückwendung auf das Subjekt ist beiden gemeinsam. Leider besitzen wir noch keine klare und umfassende Antwort auf die Frage, wie weit die Verinnerlichung der massenhaften kirchlichen Erbauungsliteratur (die wir noch kennen lernen werden) abhängig oder unabhängig sei vom Werden des humanistischen Lebensgefühls. Anderseits ist nicht daran zu denken, daß die Abhängigkeit eine erschöpfende sein könnte. Die Frömmigkeit der Beicht- und Sterbebüchlein des 15. Jahrhunderts ist gut mittelalterlich, nicht ‚humanistisch‘. — Es gibt noch andere Verwandtschaften: Die frivole Kritik des Humanismus, der so oft ein frivoles Leben entsprach, führte viele zum Skeptizismus. Zum gleichen Ziel führte auf anderem Wege der Nominalismus des Okham durch seine Trennung von Glauben und Wissen, die in der italienischen Renaissance durch Pomponazzi unmittelbar vertreten wurde. Durch jene Trennung hatte er den beinahe systematischen Zweifel (jedenfalls für viele, die von ihm lernten) in die Gebiete des theologischen Wissens eingeführt. Hier war viel mehr als nur ein selbständiges Durchdenken der Offenbarung. Die Selbständigkeit wurde direkt, wenn auch ungewollt, auf die Möglichkeit des ‚Andersdenkens‘ hingelenkt.

2. Was bei Okham, trotz seinen unwürdigen Spitzfindigkeiten (darüber gleich unten), die Tat eines großen Geistes gewesen, verlor bei den Epigonen entweder durch eine kirchlich-korrekte Zurechtbiegung (wie bei Biel) den innern Zusammenhang mit der Grundlage, oder, wie bei den unfähigen Schülern und namenlosen Magistern, jeden ernsten Sinn. Da entstand jene ungeheure Peripherierung, jener umständliche Leerlauf, jenes überspitzte Distinguieren und jene sinnlose Häufung von angeblichen Tiefgründigkeiten, die unter ungeheurem Wortschwall in breiten Disputationen sich selbst und den neuen angeblichen Tiefsinn so ernst nahmen und die lieben Gegner

wegen lächerlicher Kleinigkeiten so hartnäckig verfolgten. Eck hat die Geist-
losigkeit dieser neuesten Theologie, ‚der Domäne der Kuttenträger', die überall verlacht werde, ordentlich zerzaust. Aber wenn man die Thesen liest, die
selbst ein Mann wie er für seine Disputationen in Bologna und Wien 1515
und 1516 aus der Engellehre und der Trinitätslehre aufstellt, ist man ebenso
peinlich berührt über das Fehlen der großen, eigentlich lohnenden, religiös
allein wichtigen Fragen, wie erstaunt über die Häufung der von Unbekannten
vorgebrachten Spitzfindigkeiten über die Engel und die ‚relationes' in der
Trinität. Und doch sind das noch ernste Fragen gegenüber dem, was Erasmus
spottend geißelt. Oder was Juan Luis Vives († 1540) mit so heftigem
Zorn anprangert: gehäufter Unsinn, an dem man in zähem Studium so
viel Zeit verlor. Bei ihm kann man lernen, wie berechtigt der ungeheure
Spott der Dunkelmännerbriefe und des Erasmus über vieles an diesem ver-
knöcherten scholastischen Betrieb war; in welchem Grad die Scholastik selber,
zum Schaden der Kirche, diesen Spott geradezu herausforderte. Zurückgeblieben! Verpaßte Gelegenheit! Es war den Besitzenden und dem Besitz
ergangen wie immer: das Leben marschierte, und die Systeme blieben zurück.
Der Erfolg war — wie immer —, daß die vorstoßende Revolution mit Begeisterung das Neue bejahte, wenn es nur das Alte ablehnte und vor allem
selbst lebendig war; daß das Neue selbst da bejaht wurde, wo es inhaltlich
zweifellos schwächer und dünner war als das Alte.

Schon haben wir uns etwas zu sehr an diese Feststellungen gewöhnt. Weil
sie zu oft ohne Differenzierung ausgesprochen wurden, besteht die Gefahr,
daß man ihre verhängnisvolle Wirkung in der heraufziehenden kirchlichen
Abspaltung unterschätzt. Man hat unrecht. Der humanistische Dominikaner
Johann Faber sah 1520 ernster: ‚Die Welt ist der sophistischen Spitzfindigkeiten der Theologie müd, sie lechzt nach den Quellen der evangelischen
Wahrheit. Öffnet man ihr den Zugang nicht, so bricht sie mit Gewalt durch.'

Übrigens, nicht erst die kleinen Erben der Dialektik Okhams waren zu
jener Sinnlosigkeit der Formeln und dem erfolglosen Streiten gekommen:
schon bei Okham selbst hat das philosophierende Theologisieren vielfach
radikal seinen Sinn verloren. Gewisse Thesen in seinem ‚Centilogium' beweisen es: ‚Der Kopf Christi ist der Fuß Christi', ‚Das Auge Christi ist die
Hand Christi', ‚Gott war in irgend einem Augenblick der Zeit nicht jener
Gott, der er war, als keine Zeit war', ‚Die göttlichen Personen sind nicht
ewig', ‚Der Vater, der niemals gestorben ist, konnte sterben.'

Das Verhältnis zu Italien ist in diesem Bereich ähnlich demjenigen, das
wir in der Antikisierung und Paganisierung des Lebens feststellten. Die theologische Zersetzung war vielfach akuter in Italien als in Deutschland. Aber
dort stand neben dem Verfall eine mächtigere, substanzvollere thomistische

Tradition in Laien- und geistlichen Kreisen von Savonarola bis zu Cajetan. In Deutschland fehlen die großen und im großen Sinne f r u c h t b a r e n Vertreter dieser ‚via antiqua‘. —

Es genügt nun nicht, wie üblich, den italienischen Verhältnissen entsprechend auch in Deutschland nur von der ausgehenden Scholastik und dem Humanismus zu reden. Zwischen und über beiden steht als genialste geistige Kraft des deutschen 15. Jahrhunderts jener Nikolaus von Cues, mit dem Janssen in hellsichtiger Weise die Geschichte des deutschen Volkes seit dem Ausgang des Mittelalters beginnen ließ. Man kann leider nicht sagen, daß seine tiefen Erkenntnisse auch nur einigermaßen fruchtbar geworden wären. Er fand keinen würdigen Erben. Er blieb vielleicht die einzige vollkatholische Darstellung der Freiheit des Christenmenschen, der Verselbständigung des menschlichen Geistes innerhalb und in der Gefolgschaft der Kirche, ebensosehr die Oberflächlichkeit des Erasmus wie die einseitigen Tiefen Luthers vermeidend. Was von seiner Leistung unmittelbar Frucht wurde, ist auf die Sphäre der religiös-kirchlichen Reformversuche beschränkt. Sie aber mußten notwendigerweise unbefriedigend bleiben, weil dem Kardinal in dieser Beziehung zwar höchst bedeutsame, aber keine g e n i a l e n Kräfte der Verkündigung und der heiligmäßigen Darstellung innewohnten, seine Arbeit überdies nur teilweise diesem Ziele diente.

Trotzdem gehört der Cusaner mit zu den großen Kräften, die man aufzählen muß, wenn man das national-geistige Wachwerden der Deutschen beschreiben will. Nach Überwindung der revolutionären Basler Konziliaridee ist er der große deutsche Katholik geworden: aus dem Bewußtsein der Heimat und der ‚Nation‘ lebend; in einer gewaltigen Unabhängigkeit und Überlegenheit über vulgär-kirchliche Vorstellungen in Philosophie und Theologie hinauswachsend, die fällige neue Synthese suchend. Im Geistigen die weitaus hervorragendste Einzelkraft auf dem Wege der Deutschen zum Bewußtsein ihrer Eigenart im 15. Jahrhundert. Dabei treukirchlich im Vollsinn des Wortes.

Freilich muß man sich bewußt bleiben, daß das streng Philosophische der Spätscholastik und des Cusanus stark auf einen Kreis von Fachleuten beschränkt blieb. Es berührt (schon wegen der benützten Kunstsprache) nicht annähernd so stark das lebende 15. Jahrhundert wie die Bekenntnisse der Humanisten. Das gewinnt besondere Bedeutung gerade für die Fragen, die in diesem Buche interessieren; denn die kommende Reformation wird zu einem wichtigen Teil eine V o l k s bewegung sein.

III. 1. Das Erbe des Celtis ging in Deutschland voll auf im Erfurter Kreis um Mutian, dem ungläubigen Kanonikus aus Gotha, mit Helius Eobanus Hessus, dem frivolen Dichter ‚christlicher‘ ovidischer Liebesbriefe, Crotus

Rubeanus und zeitweilig Hutten. Der deutsche Frühhumanismus in seiner ersten Generation am Rhein (mit den scholastisch-humanistischen und nationalen und pädagogischen Gestalten Agricola, Langen, Zasius) und der zweiten an der Donau war in diesen Zeitgenossen der lutherischen Reformation radikal überboten. Hier hat der Geist der Antike Einzug gehalten und das Christentum zerstört. Hier ist volle Entfremdung von der Kirche und höhnender Spott und verbissener Haß nicht nur gegen ihre zahlreichen Mißstände, sondern gegen sie selbst. Der entscheidende Unterschied zwischen kirchlichem Amt und Person ist hier vergessen. Den Geist, aus dem dieser Kreis lebt, kann man in Kennzeichnung seines führenden Kopfes, Mutianus Rufus, knapp als libertine Aufklärung umschreiben. Das aufklärende Element liegt in der Abkehr vom religiösen Offenbarungsglauben, der durch die persönlich gestimmte, nach innen gekehrte Einsicht in die Weltzusammenhänge ersetzt wird. Der Wert des schöpferischen Individuums erscheint maßlos übersteigert. Das libertine Element kommt zum Ausdruck in den gelockerten Ansichten über die sittlichen Pflichten in Rede und Tun, und verkehrt so auch noch den Moralismus, diesen Religionsersatz der Humanisten, beinahe in sein Gegenteil. Quelle ist die stoische Popularphilosophie, und sie dringt bei diesen neuhumanistischen Christen kaum tiefer als bei ihren heidnischen Vorläufern. Dieser Kreis vertritt wieder nach so vielen Vorläufern jene grundfalsche Deutung des Christentums: weil Christentum Monotheismus ist, ist jeder Monotheismus Christentum. Daß Christentum wesentlich Erlösung durch Christus und also auch Christus-Frömmigkeit ist, vergaß man. Die Folge war eine relativistische Erweichung von verhängnisvoller Weitwirkung. Die verschiedensten Religionen rücken auf die gemeinsame Linie der immer bestehenden, gleichbleibenden e i n e n Religion (Mutian), deren Basis natürlich äußerst schmal wird. Es ist nur eine innerlich unwahre Steigerung dieser relativistischen Erweichung, wenn man den Ungebildeten die äußern Hilfsmittel der vermittelnden Kirche belassen will, sich selbst aber in kurzsichtiger Überheblichkeit für den humanistischen Gnostiker hält.

In diesem a- und antidogmatischen Humanismus liegt für Deutschland der Einbruch dessen vor, was man eigentlich r e l i g i ö s e n Liberalismus zu nennen hat: er ist unzweideutig gegeben mit der Abkehr von den Offenbarungsdogmen. Man kann ihn also auch nie dauerhaft bekämpfen, ohne zur dogmatischen Grundhaltung zurückzukehren, durch deren Verneinung er entstand. Man muß sich wundern, wieviel Selbsttäuschung hierüber möglich war und ist.

2. Im Reuchlinschen Streit trat dieser Kreis an die große Öffentlichkeit. Ein edler Mann und eine gute Sache wurden durch den blendenden Witz der Erfurter Radikalen kompromittiert.

In Reuchlin, dem ersten deutschen Gräzisten und ersten Hebräisten der
Zeit, dem Oheim und ‚Erzieher‘ Melanchthons, treten, wie bei andern Humanisten auch, die innigen Beziehungen zwischen deutschem und italienischem
Humanismus zu Tage. Seine Verbindung mit der kabbalistischen Theologie
des Pico della Mirandola aus dem Kreis der platonischen Akademie in Florenz
— der eigentlichen Brunnenstube der christlichen Renaissance, der ‚re-
generatio christianismi‘, der ‚philosophia Christi‘ — wurde für ihn maßgebend. Aber sein Streit, den er als Hebräist und Kenner der Kabbala mit
dem konvertierten Juden Pfefferkorn (ein Mann von echtem Renegatenhaß
gegen seine früheren Glaubensgenossen) ausfocht, interessiert uns nur mehr
als Offenbarung der sich entwickelnden Fronten: traditionelle Kirche — neue
Zeit, neues Lebensgefühl.

3. Das Neue wie das Alte zeigen uns hier ein erstes Mal ein sehr wenig
erfreuliches Merkmal der Zeit, den Grobianismus. Dem derben Volkstum
und seinen mannigfachen Grausamkeiten entsprach ein wüster Ton in den
Kämpfen und Verketzerungen, die in der Spätscholastik (zwischen den einzelnen Schulen und Orden) wie im Humanismus (zwischen einzelnen Vertretern) einen wichtigen Teil des Gesamtbildes ausmachen. Nicht nur lag
das Streiten und Disputieren beiden geistigen Strömungen im Blut; das
Streiten wurde allzu oft zum Schimpfen. Es ist erstaunlich, wie tief dieser
grobe Ton, dem ein teilweise vergleichlos unfeines Verhalten beim Essen,
Trinken und sonst, auch in der Öffentlichkeit, auch bei den Fürsten, entspricht,
die Äußerungen der Zeit zeichnet. Finden wir doch etwa die Zote bei strengen
Männern wie Geiler von Kaysersberg und Wimpfeling, von der widerlichen
und unklaren Vermischung von Heiligem und Frivolem bei Eobanus Hessus
und der gefährlichen Art bei Erasmus nicht zu reden. Celtis darf seine frivolen ‚Amores‘ dem Kaiser Maximilian widmen und ihn als ‚Verächter der
stinkenden Kutten‘ feiern. Für die Analyse der Kräfte Luthers wie ihrer
religiösen Begrenzung wird uns die Frage des Grobianismus sehr ernst beschäftigen. Wie tief verwandt er der ganzen Zeit war, illustriert vielleicht
noch besser, daß ihm sogar der äußerlich immer besonders korrekte Erasmus
gelegentlich erlag, wie im Streit um das Neue Testament mit dem jungen
Lee aus England, den er als ‚britische Viper, Satan, Engländer mit einem
Schwanz‘ anprangert, wobei die sachlichen Fragepunkte über den gegenseitigen Bitterkeiten vollkommen zurücktreten.

4. Man hat einige Mühe, über diesen Ausfällen nicht die sehr wichtige
Rolle zu übersehen, welche die schimpfenden Auseinandersetzungen an sich
für den Fortgang der Zeit und die Zuspitzung der Konfliktslage spielen.
Besondere Bedeutung kommt den dem Humanismus und der Spätscholastik

gemeinsamen Disputationen zu. In dem interessanten und betriebsamen
Echo, das die zeitgenössische Gelehrtenwelt den Polemiken bekannter Größen
gibt, wird zum ersten Mal eine kräftige öffentliche Meinung sichtbar, ohne
welche die kommenden reformatorischen Auseinandersetzungen nicht gedacht
werden können. Erasmus meinte, ‚sein Streit mit Faber halte die Welt in
Spannung‘, ‚es gebe keine Mahlzeit, wo man sich nicht für und gegen die
beiden Parteien entscheide‘. Ganz Deutschland ist nach ihm buchstäblich
rasend auf Lee. Auch Luther hält die humanistischen, der Öffentlichkeit bekannten Erörterungen für so wichtig, daß er besorgt, ein längeres Still-
schweigen zwischen Erasmus und ihm könnte falsch gedeutet werden. Also
müßten sie wohl miteinander in Verbindung treten.

Die eigentlichen Schul-Disputationen (für deren Wiedereinführung sich
übrigens später Luther nachdrücklich einsetzte), haben für unser Thema noch
eine besondere Bedeutung. Wenn sie zu großen öffentlichen Redeturnieren
unter Magistern wurden, war ihnen der Wert eines Richters über die Wahrheit dergestalt zuerkannt, daß der oder das in ihr Unterlegene als nicht mehr
eigentlich diskutierbar galt. Das war natürlich Selbstbetrug. Aber doch wird
sich diese Überzeugung sowohl in den frühen ethischen Disputationen Luthers
als auch entscheidend in der Leipziger Disputation 1519 und nicht zuletzt
in Worms 1521 zeigen. Das Verlangen Luthers, aus der Schrift überwunden
zu werden, setzt eine solche Disputation voraus. Aleander berichtet einerseits, wie die Anhänger des Reformators ihren Heros rechtfertigen mit der
Begründung, man habe ihn nicht disputieren lassen; anderseits eifert er selbst,
Luther sei in mehr als sechs Punkten in den privaten Auseinandersetzungen
mit dem Trierer Offizial überwunden worden.

5. Die andere und größere Aufklärung, die uns der Reuchlinsche Kreis verschafft, ist die Feststellung des sachlichen Gegensatzes zwischen den Erfurter
Humanisten, die ein gewaltiges Echo fanden, und den kirchlichen Kreisen.

Reuchlin hatte die Briefe all der berühmten Männer veröffentlicht, die
ihm ihre Sympathie ausgesprochen hatten für sein Eintreten zur Erhaltung
wertvoller jüdischer Literatur und für seinen Kampf gegen die ihn angeblich
verketzernden Kölner Universitätstheologen. Deren Exponenten waren in
Köln der Ketzermeister Jakob van Hoogstraeten († 1527) und in Rom der
Magister sacri Palatii Silvester Prierias († 1523), beide aus dem Orden der
Predigerbrüder. Das gleiche Ziel, die zurückgebliebene Scholastik und ihre
mönchischen Vertreter herunterzureißen, verfolgen die fingierten Briefe
der nicht berühmten, der im Dunkel stehenden Männer (erster Teil 1515).
In barbarischem Latein an die Adresse des Kölner Theologie-Magisters Ort-
vinus Gratius (Weltgeistlicher) behandeln die angeblich scholastischen Schreiber

ihre privaten und theologischen Universitäts- und Ordensangelegenheiten in einer Weise und in einer Sprache, die in gröbster und doch komisch wirkender Form die Dummheit, Geilheit und Heuchelei und die tödliche Eitelkeit in Kloster, Universität, Kurie, in der ganzen scholastisch-mönchischen Welt illustrieren. In hemmungsloser Übertreibung und vollendeter Lügenhaftigkeit werden die Kölner Magister, etwa auch der tadellose Arnold von Tongern, bloßgestellt. (Reuchlin selbst hatte 1511 in einem nicht ganz unverdächtigen Brief an Arnold dessen Ordensgenossen Köllin wegen seiner Gelehrsamkeit und Heiligkeit ebenso gerühmt, wie die Scholastik und seine eigene Papsttreue beteuert; 1512 hatte er den Kölnern sogar das ‚du‘ angeboten.) Im zweiten Teil dieser Dunkelmännerbriefe (1517) spricht Huttens losbrechender Romhaß. Den Papst trifft schärfste Mißachtung, Heiliges wird mit Obszönem vermischt, der Heilige Rock ist ein altes, lausiges Wams, wie denn auch sonst Reliquien und Ablässe dem vollen Spott preisgegeben werden. Die Umtriebe der Orden an der Kurie werden gegeißelt. Hohn und bitterste, unversöhnliche Kritik gegen die Mächte der alten Kirche sind die Signatur des Ganzen. Dieser zweite Teil offenbart in aller Deutlichkeit die Atmosphäre des Hasses, in die hinein noch im gleichen Jahr die Stimme Luthers gegen den römischen Ablaß hineinsprach. Luther selbst hatte übrigens wenig Freude an dieser Art des Kampfes. Hätte er ihn später, in der Vollblüte seines Hasses gegen Rom, erlebt, er hätte ihn wohl begeistert begrüßt. Jetzt nennt er den Verfasser einen Hanswurst.

Die Dunkelmännerbriefe sind nur der Anfang einer langen Reihe von antikirchlichen Flugschriften aus humanistischen Kreisen, die sich nun immer dichter folgen, eine weit verbreitete antiklerikale, antischolastische, antirömische, antikirchliche Atmosphäre schufen und die Geister für einen revolutionären Bruch vollends reif machten. 1518 folgten die ‚Briefe über unsere Löwener Professoren‘, dann die Pamphlete Huttens (aber auch die Ergüsse etwa von Willibald Pirkheimer gegen Eck).

Im Reuchlinschen Streit tritt die neue humanistische Gemeinschaft zum ersten Mal geschlossen an die Öffentlichkeit. Und sofort wird mit jener Wucht, die nur der Selbstverständlichkeit innewohnt, klar, wo die rückständigen und wo die fortschrittlichen, also die siegenden Kräfte stehen. In Reuchlin war die neue Wissenschaft befragt; ihr Urteil ist angegriffen worden. Der Humanismus steht für sie auf.

Für die Wirkkraft dieses Kampfes war es leider so gut wie gar nicht entscheidend, ob das Bild, das der Öffentlichkeit von Scholastik und Mönchtum geboten wurde, stimmte, und ob die Kraft des Mönchtums sich später als stärker herausstellte, als hier behauptet wurde. Entscheidend war vielmehr, daß das gebotene Bild und das propagierte Urteil sich zunächst siegreich durchsetzten, und dies in der Zeit, die schlechthin entscheidend wurde für die Lösung der Frage, ob die Entwicklung mit oder gegen die Kirche verlaufen sollte. Nach einem Ketzergericht gegen Reuchlin in Mainz 1513 unter Jakob van Hoogstraeten, das zu keinem Urteil kam, und nach einem Freispruch durch das bischöfliche Gericht in Speyer, nach Verurteilung durch nicht weniger als vier der alten theologischen Fakultäten (Paris, Löwen, Mainz, Erfurt) hatte Reuchlin an den Papst appelliert. Das offizielle Endurteil der Kurie wurde erst 1520 gesprochen, schon unter der Einwirkung des Lutherischen Streites. Es steht wie so vieles dieser Zeit unter dem Einfluß jener verhängnisvollen katholischen Unklarheit, von der noch zu reden sein wird. Reuchlin wird nicht offiziell für schuldig erklärt, aber er muß schweigen und — die Prozeßkosten zahlen, in deren Zusammensetzung wir durch Joseph Schlecht aufschlußreiche Einsicht erhielten.

6. Aus dem Kreis des Humanismus, der sich in den Dunkelmännerbriefen eine Selbstdarstellung schuf, ragt zweifellos als energischstes Profil Ulrich v. Hutten heraus, der widerwillig im Kloster erzogene fränkische Rittersprößling, der von da ausbricht und sein Leben an die Gestaltung der radikal freien Persönlichkeit, an die freie ‚Wissenschaft‘ und das freie Vaterland wagt. Seine große welt- und kirchengeschichtliche Rolle wird er erst 1520 beginnen, als er in den antipäpstlichen Kampf Luthers eingreift und neben seiner nun bald deutsch geschriebenen Kampf- und Spottrede (1520 erscheint der ‚Vadiscus‘, die hemmungslose Schmähschrift gegen kuriale Unsittlichkeit, Simonie und Aussaugung Deutschlands) mit Sickingen die Waffen des freien Rittertums drohend bereit stellen will, um ‚dem Evangelium eine Gasse‘ zu machen. Jetzt ist er noch der wild schäumende humanistische Kritiker, der zwar 1517 Vallas Schrift über die Unechtheit der konstantinischen Schenkung herausgab, der anderseits in seinen satirischen Dialogen mit am stärksten jene Atmosphäre des blutigen Hohnes schuf, die schon jetzt alles Treu-Päpstliche tödlich traf und den Eck, Cochläus, Emser die wirksame Anrede an die Zeit so sicher versperrte. Denn Hutten kam unmittelbar an das Volk heran. An das Volk, das lesen konnte, gewiß! Aber deutsche Hetzschriften wurden auch vorgelesen (etwa wie in den Feldlagern der Zeit aufgefangene Briefe des Feindes den Söldnern vorgelesen wurden), anzügliche Holzschnitte verstand jeder, Kernsprüche und Vergleiche machten die Runde von Mund zu Mund.

Hutten ist schwer erschöpfend zu fassen. Er spottet jeder Systematisierung. Deshalb bietet er auch der Kritik so starke Angriffsflächen. Es gibt in seinem Leben wie in seinem literarischen Werk so viel des Unzulänglichen, des Zwiespältigen, Zerfahrenen, des sittlich Minderwertigen, Lügenhaften,

daß man ihn gründlich ‚erledigen‘ kann. Aber er ist eine ungeheure, lebendige
Kraft, die durch alle schweren Mängel, die ihm nachweisbar sind, doch
nichts von ihrer Wirklichkeit verliert: auch er eine ungewöhnliche Darstellung des wirbelnden Durcheinanders der Übergangszeit vom Ende des
15. bis in die zwanziger Jahre des 16. Jahrhunderts hinein.

Für den Sieg der Reformation ist Hutten von unschätzbarem Wert geworden. Zwar gelang es ihm nicht, seine Kreuzzugsidee in einem blutigen
Kampf ‚der Landsknechte und Ritter und aller, die noch freien Mut haben
und Freiheit von Rom erringen wollen, gegen den Aberglauben‘ sich auswirken zu lassen. Aber es war für die Sache Luthers lebensnotwendig, daß
sich die allgemeine Unzufriedenheit um sie sammelte. Wenn Luther siegen
sollte, mußte er die öffentliche Meinung gewinnen. Hutten, der wortgewaltige
Ritter, Humanist, Deutsche und Romhasser, hat dafür enorm viel getan.
Zugleich hat er diese öffentliche Meinung seit 1520 mit einem starken An-
griffswillen erfüllt, der für die Weiterentwicklung wichtig wurde. Er sekun-
dierte jenem Luther, der damals dem Gedanken Ausdruck gab, ‚Kaiser und
Fürsten müßten doch wohl mit Waffen gegen den römischen Antichrist und
das römisch Sodom ausziehen, auch wir unsere Hände in ihrem Blute waschen‘!

Mit nichten ist damit gesagt, daß Hutten von den religiösen Anliegen
Luthers innerlich bezwungen worden wäre. Seine religiösen Bedürfnisse
waren gering. Er hat Luthers Gedanken auch gar nicht näher gekannt.
Außerdem: wie seine Kritik an den Mißständen der Kirche gerade da aus-
setzte, wo er die Interessen seiner adeligen Standesgenossen hätte hintan-
setzen müssen (das adelige Pfründenmonopol!), so zog er etwa aus seinem
prolutherischen, hemmungslosen Schreiben an den Kaiser und Aleander nicht
die Folgerungen, sondern suchte abermals Verbindung mit dem Kaiser. Nach
dem Wormser Edikt 1521 löste er sie allerdings wieder.

7. Die Dunkelmännerbriefe waren tatsächliche und höchst bedeutsame Hilfe
für Luthers kommenden Kampf. Aber sie nannten einen andern Retter:
Erasmus von Rotterdam, den Fürsten der Gelehrtenwelt. Er und seine Theologie waren als das einzige Heilmittel für die Schäden der Kirche gepriesen.
Tatsächlich war dies die Hoffnung des Erasmus selbst und vieler anderer.

In Erasmus erscheint die Vollendung der theologischen und moralisch-
religiösen Ansätze des neu zu formenden Christentums, wie sie von Petrarca
angedeutet und durch Marsiglio Ficino auf Grund der Synoptiker und des
(neu-)platonisch gedeuteten Paulus mit Hilfe des Moralismus der spät-
stoischen Popularphilosophie grundgelegt waren. — Indes, diese Vollendung
führte nicht zur Neugeburt des Christentums. Vielmehr: sie bedrohte es am
Leben. Wir werden es sehen.

Fünftes Kapitel

Das religiöse Leben vor der Reformation

I. 1. Der große nationalkirchliche Abfall Böhmens, der das Abendland in den entsetzlichen Husitenkriegen so tief erschütterte, darf in seiner nachteiligen Wirkung auf das abendländische Einheitsbewußtsein nicht überschätzt werden. Vom nachreformatorischen Standpunkt aus besteht diese Gefahr. Die Zeit selbst hat den Husitismus als Absplitterung, nicht als Spaltung empfunden. Die Rückkehr wichtiger Teile der husitischen Bewegung zur Kirche gab dieser Deutung auch nach außen hin recht.

Trotzdem bleibt die gewaltige Erlebnistatsache für das Abendland, daß ein Volk der Kirche, auch dem Reich und den ‚Kreuzzugsheeren‘ wirksam hatte widerstehen können. Das ging schon deshalb in die Tiefe, weil Hus in Prag so scharf gegen die Korruption der einheimischen klerikalen Kreise gekämpft und sich dadurch weiteste Zustimmung gewonnen hatte.

Sodann waren hier religiöse Forderungen aufgestellt und gelehrt, die zwar zunächst in Deutschland wie im übrigen Abendland als häretisch zurückgewiesen wurden, die aber allein schon durch ihr siegreiches Dasein auf das Bewußtsein des Abendlandes kirchlich auflockernd wirken mußten. Das zeigte sich sofort, als später gleiche Gedanken von anderer Seite, von Luther, vorgetragen wurden. Der Husitismus will die Herrschaft des göttlichen Gesetzes in der gesamten Wirklichkeit, seine Lehre erwächst aus dem Schriftprinzip, das Ganze ist gefärbt und gekräftigt durch national-tschechische und sozial-böhmische Besonderheiten in einem national, religiös und sozial erregten Volke, befruchtet durch das Blut des mutig gestorbenen Hus und dann fanatisiert durch den radikalen Eroberungs- und Vernichtungswillen der ‚Gotteskrieger‘ gegen die ‚Gottlosen‘ im ‚heiligen Krieg‘. Der Husitismus nimmt materiell die theologischen Gedanken Luthers beinahe vollständig vorweg. Luther hat die Schriften des Hus nicht gekannt, als er seinen Weg aus der Kirche nahm. Hus ist also an seinem Umschwung nicht beteiligt. Es bedarf aber keines weiteren Nachweises, wie stark durch die enge Verwandtschaft der Ideen Luthers Sieg von Hus vorbereitet war. Als er auftrat, fanden seine Forderungen des Schriftprinzips, des Laienkelches, der Priesterehe, einer nationalen Färbung der Liturgie einen vielfach günstigen

Boden. (Da neigten in Worms viele zur Ansicht, daß dem Hus in Konstanz das Geleit gebrochen worden sei.) Ebenso sind die radikal-schwärmerischen und quietistisch-mystischen Elemente des Taboritentums und der Mährischen Brüder wichtige, vorweggenommene und wegbereitende Parallelen zum späteren protestantischen Schwärmer- und Wiedertäufertum. Dies sind nicht nur ideenmäßige Zusammenhänge. Die Husiten hatten in einem großen Teil Süddeutschlands und sogar in Preußen bekämpft werden müssen. Wie weit drangen die volkstümlichen Manifeste der Taboriten in die Welt! Welche Übereinstimmung fand sich zwischen ihnen und dem überall vorhandenen Groll auf die ‚Herren‘ bzw. auf die Pfaffen, gegen welche das große Manifest von 1431 (an die gesamte Christenheit) die sozialen wie ‚dogmatischen‘ Beschwerdepunkte ungeheuerlich gehäuft hatte!

2. Natürlich erschöpft eine rein theologische Bewertung nicht den historischen Kräftegehalt dieser häretischen Bewegungen. Es würde selbst für eine kirchengeschichtliche Betrachtung keineswegs genügen, in ihnen nur den Abfall vom Glauben zu sehen, oder Gottes Zuchtrute und den mahnenden Vorwurf an die Kirche, daß eine gründliche Reform fällig sei. Es äußern sich auch christlich-religiös beachtliche Kräfte. Gerade der Katholik als Vertreter des umfassenden Vorsehungsgedankens, des Gedankens vom ‚logos spermaticos‘ und der ‚felix culpa‘ muß sich hüten, es mit der — durchaus und vor allem notwendigen — dogmatischen Bewertung ‚Häresie‘ genug sein zu lassen und sie von vornherein als in jeder Beziehung n u r als unterwertig zu betrachten. Es gibt auch innerhalb mancher häretisierender oder wenigstens religiös sprengender Bewegungen wertvolle Ausprägungen religiösen Strebens. Einzelne waldensisch-husitische Wandermönche, die schon in ihrer Person einen lebendigen Protest gegen gewisse Hierarchen darstellten, wirkten hier ebenso aufrufend wie der so oft brutal zerstörende, aber religiös höchst entflammte radikale Husitismus im Taboritentum. Ebenso muß man das Duldertum manches verbrannten Häretikers stärker als religiös-psychologischen Faktor werten. Wenn auch die Masse der Gewohnheitsmäßigen und der mitleidslos das Schauspiel der Hinrichtung Genießenden nicht eben tiefe Eindrücke empfing, und wenn nicht jedem Tode die symbolhafte Kraft innewohnte wie dem des Hus, auch in dem ‚Martyrium‘ für ein häretisches Christentum wirkt sich Tertullians Axiom von der Samenkraft des christlichen Blutes aus. Vor Tatsachen soll man die Augen nie schließen.

3. Bei Besprechung der sozialen Verhältnisse in Deutschland vor der Reformation ergab sich bereits, daß die Lockerung der Verbindung mit Rom und die Aushöhlung der kirchlich-religiösen Kraft im Spätmittelalter sich in wichtiger Weise auch darstellten durch mannigfache s o z i a l - r e l i g i ö s e

Bewegungen. Das Zusammentreffen der sozialen Unzufriedenheiten in Stadt, Land und im niederen Adel mit dieser gesteigerten, aber auch teilweise erregten Religiosität muß besonders betont werden. Denn gerade diese r e l i g i ö s e Haltung mit ihrem großen und kleinen Element an Absolutheit, mit ihrer innigen Hingabe wie ihren scharfen Forderungen gab den sozialen Spannungen die Möglichkeit, zum eigentlich Revolutionären und zum rücksichtslosen Fanatismus auszuwachsen und im tiefen Sinne sprengend zu wirken. Die behauptete Erregtheit ist durchaus vorhanden, und zwar gerade in den vorantreibenden Neuansätzen. Wir werden das noch feststellen.

Die Folge ist Ausbau und Organisation der vorhandenen sprengfähigen Kräfte. Es kommt zu a k u t kirchlichen Zersetzungserscheinungen in Gestalt sektiererischer und häretischer Bildungen. Sie arbeiten sowohl dem Ernst der Reformation als auch ihrem revolutionären Aufbegehren vor, nicht zuletzt jener Formung, die das reformatorische Schwärmertum kennzeichnen wird. Es handelt sich dabei nicht um fest zusammengeschlossene und benennbare Verbände, sondern um geistige S t r ö m u n g e n und S t i m m u n g e n, die an verschiedenen Orten, vor allem in Süd- und Südwestdeutschland und am Rhein, gleichartig auftreten. Gemeinsamer Ausdruck der sie alle tragenden Unzufriedenheit ist die in verschiedenen Graden der Deutlichkeit an die Kirche gerichtete Forderung: Zurück zu einem echteren Christentum durch eine Wiederherstellung der alten apostolischen Einfachheit! In dieser Formel, die man der Kirche schon im 12. Jahrhundert und in recht ausgedehntem Maße im 13. Jahrhundert entgegengehalten hatte, klingen in gewissem Sinne a l l e Forderungen der Reformation, vorweggenommen, zusammen. Es ist eine Zusammenfassung alles dessen, was als Ursache irgendwie zur Reformation hindrängt.

Einfachheit bedeutet hier sowohl Beschneidung der Wucherungen in der scholastischen Theologie und im kanonischen Recht als im Politischen der Kurie, ihrer Macht und ihrem Fiskalismus. Die Unzufriedenheit ist z u g l e i c h religiös-kirchlicher, politischer und sozialer Art. Und eben diese Verbindung der Wünsche ergibt jene Breite der Unterlage, die das entscheidend Gefährliche an ihnen ausmacht.

Als Quelle der religiösen Kraft wie der religiösen Unzufriedenheit steht hierbei wiederum vornean das einfache G o t t e s w o r t d e r B i b e l, der nun gedruckten und mehr und mehr als Ganzes im Zusammenhang gelesenen Bibel. Die Bibel preist die Armut. Aber dem stehen scharf gegenüber die Wendung der Kirche zur Kultur und ihr großer, sehr großer Reichtum. Dieser Reichtum stellt sich in einer Hierarchie dar, die vom niederen Klerus beinahe ganz getrennt ist; die Kirche führt außerdem eine Gesellschaft, in der sie

Standesunterschiede legitimiert, die bis zur aufreizenden Ungleichheit der Rechte gehen und die Tatsache des christlichen Bruders ‚Mensch‘ stark zurücktreten lassen. Eben diese vermißte Gleichheit der Rechte gebiert die Idee vom Naturzustand der allgemeinen Gleichheit und also die Forderung des christlichen Sozialismus. Als Stimmung reicht er ganz weit über den wirtschaftlichen Bereich hinaus. Sie klang uns bereits aus dem vielseitigen Lob des ‚armen‘ Bauern entgegen (oben S. 46). Sie wird vom Religiösen her verstärkt durch die Verachtung der zünftigen Wissenschaft, der gewisse mystische Kreise das Lob der inwendigen Weisheit der Armen im Geist entgegenstellen, die ‚mehr als alle Hexenmeister von deiner großen Gnade sagen können‘.

Die Begleiterin der gesamten Entwicklung seit Joachim von Floris und, wie immer, Ausdruck der Unzufriedenheit mit der gegenwärtigen Ordnung der Dinge war die Apokalyptik. Auch hier ist die Bibel Quelle: Evangelien, Paulus, Geheime Offenbarung des hl. Johannes, Daniel. Abt Joachim hatte mit seiner Verkündigung von der Dreiteilung des Zeitenablaufes die Ordnungen der gegenwärtigen zweiten Weltzeit zutiefst in Frage gestellt. Sie waren als nur vorläufig und darum als fragwürdig gekennzeichnet. Das Ende dieser Weltzeit mit ihrer Kirche der Priester zu erwarten, wurde die legitime Haltung der auf den kommenden Geist der Vollendung Hoffenden. Denn: ‚was Christus in Leiden, Tod und Auferstehung widerfährt, das vollzieht sich auch an seinem Leibe, der Kirche. Sie wird in der zweiten Zeit heimgesucht, stirbt ab‘. Mittelpunkt der apokalyptischen Vorstellungen wurde später die Idee vom Antichrist und seinen Vorläufern. Alte Weissagungen kamen wieder auf und drangen weiter ins Volk, neue kamen hinzu. Von Wiclif und Hus wurde der Gedanke des Antichrists in breitem antikirchlichem Strom in die Theologie geleitet; in den mannigfachen Formen der populären Literatur, der Spiele und der darstellenden Kunst wurde die Vorstellung in den breiteren Massen wachgehalten; es ergab sich jene Atmosphäre der Enderwartung, die immer so ungeheuer trächtig an radikalen Entwicklungsmöglichkeiten ist.

Auch der kommende reformatorische Spiritualismus, näherhin der spiritualistische Kirchenbegriff Luthers, wurde weithin vorgebildet. Joachim von Floris (bzw. die pseudo-joachitischen Schriften!) ist auch hier an erster Stelle zu nennen. Erst die kommende Geist-Kirche wird in Wahrheit Kirche sein. Da in den auf ihn folgenden Jahrhunderten die Verfallserscheinungen an der sichtbaren Kirche sich so offenkundig mehrten, konnte die Flucht aus der Wirklichkeit in das Ideal der unsichtbaren, heiligen Kirche leicht als Rettung erscheinen. Unmittelbar ist dann wieder Hus durch seine Wiclif-Erbschaft der maßgebende Mann geworden, neben dem man nur auch hier nie die volkstümliche Religionsverkündigung übersehen darf. Wiclif erklärte das Papsttum für überflüssig, denn das einzige Haupt der Kirche sei Christus. Als Folge davon fallen eine Menge wichtiger Einrichtungen, ja wesentliche Glaubenselemente der sichtbaren Kirche. Die Bibel wird die einzige Glaubensquelle; der katholische Sakramentsbegriff, also auch das besondere Priestertum, also die Transsubstantiation werden gestrichen. Desgleichen das Mönchtum, die Beichte und auch der Ablaß. Hus hat nun freilich den katholischen Sakramentsbegriff beibehalten, aber den spiritualistischen Kirchenbegriff des Wiclif hat er sich doch angeeignet.

Gerade an Wiclif bzw. an seiner Fernwirkung unter den Böhmen und durch sie kann man die enorme Schwächung der Unantastbarkeit des Papsttums studieren: der tatsächliche und weithin siegreiche Angriff hatte die Möglichkeit eines wesentlichen Eingriffs demonstriert und bewußt und unbewußt in das abendländische Denken, besonders im Osten des Reiches, eingeführt.

All diesen Auffassungen ist gemeinsam, daß sie die Verfassung und die Sichtbarkeit der Kirche als nicht entscheidend notwendig zurücktreten lassen. Wir stehen nicht nur vor den großartigen Bemühungen der spätmittelalterlichen Frömmigkeit um eine gesunde Verinnerlichung, sondern vor einseitig spiritualisierenden Tendenzen.

II. Wir nähern uns dem innern Bezirk unseres Themas. Dies war ausschlaggebend für die Geschicke der Kirche im kommenden Sturm: mit wieviel r e l i g i ö s e r K r a f t oder Schuld sie in ihn hineinging; inwiefern ihre Schwächen die Revolution etwa riefen und dann den Kampf gegen das Neue schwer machten; welcher Art die Kräfte waren, die es ihr ermöglichten, doch auszuhalten und schließlich neu zu bauen.

(Wir werden an diesem Punkte unserer Untersuchung auf diese Fragen nur teilweise antworten können. Erschöpfend wird das Thema, soweit die religiöse Kraft der alten Kirche in Frage steht, erst behandelt werden, wenn auf dem Hintergrund der hereingebrochenen Katastrophe, die Ansätze eines neuen Katholizismus überblickt werden können: zweiter Band, drittes Buch.)

Die große antipäpstliche Bewegung des späteren Mittelalters, die in der autonomen Staatsidee ihren Ausgangspunkt und in der Konziliaridee und den ihr entsprechenden national und demokratisch eingestellten Reformkonzilien von Konstanz und Basel ihre Darstellung gefunden hatte, war zusammengebrochen. Das war aber bei weitem nicht nur ein kirchlicher S i e g. Vielmehr war damit dem kirchlichen Leben auch ein anspornender Stachel genommen, der vielleicht eine innerkirchliche Reform doch noch hätte rechtzeitig erzwingen können. Denn nun war keine Befriedigung der berechtigten Reformwünsche erreicht, das Papsttum erlebte nicht eine religiöse, sondern eine politische und kirchenpolitische Erstarkung, die Gesamtlage der Kirche am Vorabend der Reformation blieb vorwiegend durch die eingedrungenen ‚Mißstände' bezeichnet: die Kirche war ‚verweltlicht'.

Diese Lage kann ursächlich nur verstanden werden, wenn man bis auf Papst Gregor VII. zurückgreift: die unheilvolle Lage der Kirche vor der Reformation hängt eng zusammen mit seinem Programm. Insofern, als dieses Programm, schließlich über das erstrebte Ziel hinauswachsend, das Gegenteil dessen brachte, was der heilige Papst des 11. Jahrhunderts gewollt und zunächst in Fülle erreicht hatte. Beweis: In Gregors Programm ist maßgebliches Zentrum der päpstliche Machtgedanke. Der Machtgedanke ist aber an sich bei weitem nicht so unmittelbar Ausdruck des Christlichen wie die Idee der Liebe, also des Dienens, selbst dann nicht, wenn er — wie eben bei Gregor VII. — nur der Freiheit der Kirche dienen will. Er mußte im Laufe der Zeit sein Eigengewicht um so mehr geltend machen, als ihm in den Menschen deren nie schlafende Selbstsucht entgegenkam. Ähnlich wirkte sich menschlicher Egoismus aus durch die Klerikalisierung der Kirche, die Gregor mit bestem Recht anbahnte, die aber verhängnisvollerweise das Volk mehr und mehr zum Objekt der Kleriker werden ließ. Daraus erwuchs, wie schon einmal gesagt, jene Säkularisierung der Kirche auf den Wegen des Rechtes, der Politik und des Fiskalismus, die wir aus Avignon und dem abendländischen Schisma kennen.

Eine Zusammenfassung dieser wenigen Hinweise ergibt, grob und überspitzt ausgesprochen und nur auf die Möglichkeit der kommenden Revolution angesehen, etwa jene Formel, die von allen Kritikern und Reformern seit dem kurialistischen, tief christlichen Franziskaner-Observanten Álvaro Pelayo († 1350 als mustergültiger Bischof) in der einen oder andern Form wiederholt worden ist: der Klerus war der Nutznießer der Kirche geworden.

Irgend eine starke Reaktion des von seinen Hirten in dieser Weise getrennten Volkes war damit fällig. Wie sie im einzelnen sich gestaltete, war abhängig von den besondern Lagerungen der Kräfte, Schwächen und Forderungen in den verschiedenen kirchlichen Sparten, die nun zu beschreiben sind.

III. 1. Das Papsttum, auf welches Luther und die Reformation stoßen und an dem sie sich zum guten Teil entwickeln, ist das Renaissance-Papsttum. Es ist und will sein: Führer der Kultur. Im Vordergrund seines Bewußtseins steht durchaus die ‚potestas', die päpstliche Macht, diese aber hauptsächlich in der Richtung auf die zeitlichen Dinge (die ‚temporalia'), also der Rechtsprechung, des Benefizienwesens und der Politik. Ein gefährlich überspannter Kurialismus prägt Stimmung und Handlungen dieser Kurie.

Im Zusammenhang mit dem politischen Nepotismus sind die Päpste seit Kalixt III. und entscheidend seit Sixtus IV. in bedeutsamstem Maße Vertreter ihrer Familie. Das Papsttum ist zu einer Folge von Dynastengeschlechtern, das Patrimonium Petri ein italienischer Fürstenstaat geworden; dessen Einkünfte werden in starkem Umfange den allgemeinen Kirchenangelegenheiten entzogen und der Familie bzw. den Günstlingen des Trägers der Tiara zugewendet. Zusammen mit dem in Avignon grundgelegten, im Schisma ausgebauten, in der Renaissance ausgenützten Fiskalismus der kirchlichen Verwaltung war in breitem Strom Simonie eingezogen und, im Zusammenhang mit der neuen Kultur der Renaissance, ein Genießertum, das vielfältige Ungeistlichkeit und Unsittlichkeit zur Folge hatte. Der Fiskalismus wird nicht selten zum Mammonismus, die Unsittlichkeit im engsten und schwersten Sinne macht nicht vor der Tiara halt.

Die Sprache dieser Kurie ist mit Selbstverständlichkeit immer noch die der unantastbar gewordenen frommen Formeln, von salbungsvollem Superlativismus und mit reichlichen Bibelstellen durchwebt. Aber der Geist, der diese Urkunden diktiert, ist weit entfernt von der geistlichen Konzeption des mystischen Leibes Christi, auch dann, wenn nicht eben wie etwa 1500 ausgerechnet im Namen eines Alexanders VI. die ‚höchsten Gnaden des vollkommenen Ablasses‘ zum Besuche Roms aneifern sollen. Der Kirchenbegriff der kurialen Praxis ist verrechtlicht, veräußerlicht, verweltlicht. Die Kurie der Renaissance stellt zu einem bedeutenden Teil eine akute Säkularisierung dar, die das Ur- und Frühchristentum sicher als widerchristlich angesprochen hätte.

2. Die Verrechtlichung am Sitz des Papsttums war an sich nicht das schlimmste Übel. Dies war vielmehr die an der Kurie herrschende, immer weiter treibende und manchmal skrupellos werdende Willkür. Das ergab eine dem Ernst des Heiligen im Innersten widersprechende Multiplizierung der Gnadenerweise (oft aber unter gleichzeitiger Benachteiligung anderer, also Schacher) und die schon erwähnte Abnutzung der geistlichen Strafen durch zu häufige Verhängung, auch für Zwecke, die in keinem Verhältnis mehr standen zur Gewalt des Bannes, d. h. des Ausschlusses vom lebenspendenden Leib der Kirche. Und es ergab sich eine unübersehbar vielfältige Durchlöcherung der ordentlichen Gesetze und Gewalten, so daß ein bedrohlicher Wirrwarr die Folge sein mußte, viele Schäden gar nicht mehr geheilt werden konnten, weil der Schaden selbst kirchenrechtlich durch irgend ein Privileg sanktioniert war. Es rächte sich wieder einmal, daß Rom so sehr Stadt des Rechtes, nicht aber der Theologie war, und die Päpste Juristen und Kurialbeamte, nicht aber Theologen. Darüber klagte schon Dante, und anderthalb Jahrhunderte vorher schon hatte Gerhoh von Reichensberg (12. Jahrhundert)

drohend auf die Verwischung zwischen Kirche und Kurie hingewiesen, weil man nicht mehr von der römischen Kirche spreche, sondern von der römischen Kurie. Um wieviel gröber und massiver hatte sich dieser Umbruch seither durchgesetzt!

3. Der Exkommunizierwut von Avignon (für 1307 errechnet Sanuto etwa die halbe Christenheit als dem Bann verfallen) war die gegenseitige Totalbannung der beiden Papstreihen und ihrer Obedienzen im Schisma gefolgt. Das war nun überwunden. Aber die Neigung, den Bann leichthin zu verlängern, hatte noch zugenommen. Die Bannung eines Fürsten bis ins vierte Glied und die Interdizierung seines Landes wegen eines wirtschaftlichen Streites, die Verweigerung des christlichen Begräbnisses eines armen Teufels, weil eine kleine Schuld nicht bezahlt war, waren keine ganz seltenen Ausnahmen. Der Bann wurde im 15. Jahrhundert bei Einungen von Fürsten und Städten behandelt wie irgend ein anderer Beschwerdepunkt, wie irgend ein Prozeß, den nicht anzuerkennen und gegen den gemeinsam Front zu machen die Vertragspartner sich verpflichteten. Der einzelne achtete oder verhöhnte ihn, je nachdem er genügend Macht hatte, sich den Wirkungen der Exkommunikation erfolgreich zu widersetzen. Wie bei der Reichsacht! Aleander warnte mit gutem Grunde 1521 von Worms aus, man solle sich doch nicht der Täuschung hingeben, bei den Deutschen noch Eindruck zu machen mit derartigen Mitteln. Der Bann begegne nicht mehr der Furcht, sondern dem Spott.

4. Kauf und Verkauf geistlicher Stellen an der Kurie (gelegentlich auch der Handel mit gefälschten Bullen), Verkauf auch der Anwartschaften auf Pfründen sprechen dem finanziellen Gesichtspunkt die ausschlaggebende Bedeutung zu. (Julius II. versprach etwa seinem Zeremonienmeister Paris de Grassis ein Bistum als — Gratifikation; als Belohnung nämlich dafür, daß die Eröffnungsfeier des Laterankonzils, die jener vorbereitet hatte, so gut gelungen war!) Daraus erwuchs dann notwendig der cumulus, d. h. die Häufung mehrerer oder vieler oder auch (etwa bei begünstigten Kardinälen, wie dem jungen Medici, späteren Leo X.) massenhafter Pfründen in einer Hand. Weiter ergab sich mit innerer Folgerichtigkeit, daß dieses simonistische Geschäft nicht haltmachte vor der Zusammenhäufung solcher geistlicher Stellen, deren jede mit Seelsorgepflicht verbunden war. Die Folge war größte Vernachlässigung der Residenzpflicht und damit der Seelsorge. In der Literatur der Zeit ist der Kleriker, der sich durch seine guten Beziehungen eine Diözese oder wenigstens sonst eine Pfründe verschafft, ohne sie zu verwalten, eine stehende Figur. In Deutschland ist der Prozentsatz der residierenden Pfarrer entsetzlich gering (bis zu 7%). Trotz der massenhaft vorhandenen Geist-

lichkeit wird die Klage über mangelnde Seelsorge möglich und berechtigt. Diese Tatsache vor allem bzw. diese ein Jahrhundert hindurch grassierende pastorale Auszehrung muß man im Auge behalten, wenn man die christliche Substanz im kirchentreuen Volk zu Beginn der Reformation richtig einschätzen will: sie mußte notwendigerweise stark geschwächt, mancherorts geradezu zerstört sein.

Daß der cumulus kanonisch verboten war, stand fest. Aber man war erfinderisch. Man konstruierte in Rom eine Reihe von juristischen oder doch juristisch verklausulierten Schleichwegen, die das Verbotene rechtfertigen und erlaubt machen sollten (Kommende; Inkorporation; Administration). Es wirkt erschütternd, wenn man das Wort aus dem 2. Petrusbrief (2, 3) neben dieses Gebaren hält: ‚in avaritia fictis verbis de vobis negotiabuntur‘. Luther hat das im ‚Christlichen Adel‘ gründlich ausgenützt.

Die Päpste zogen auch rein wirtschaftliche Streitigkeiten vor ihr Gericht oder vergabten in den Ländern der Christenheit direkt wirtschaftliche Befugnisse (etwa Zölle). Maximilian meinte, der Papst beziehe ‚hundertmal‘ mehr an Einkommen aus dem Reich als der Kaiser; Karl V. beläßt es immerhin bei ‚viel mehr als der Kaiser‘. Das päpstliche Einkommen aus der Kurie wurde auf jährlich etwa 220000 Gulden berechnet: davon entfiel etwa die Hälfte auf Dispense, Privilegien, Indulte und dem Papst reservierte Benefizien. Am unmittelbarsten wurden von der Christenheit die kirchlichen Besteuerungen, regelmäßige und außergewöhnliche, empfunden, und sie waren es, die immer wieder und allenthalben die stärkste Verbitterung auslösten.

Äußerst drückend waren auch die Annaten. Es waren bestimmte Abgaben an die Kurie bei der Verleihung einer geistlichen Pfründe, die bis zur Hälfte eines Jahreseinkommens gingen und die bei den großen Diözesen sehr bedeutende finanzielle Belastungen darstellten. Wenn durch Beförderung oder Todesfall eine Vakanz sich einige Male schnell nacheinander wiederholte, konnte das den finanziellen Ruin einer Diözese bedeuten. Passau kam durch die Sedisvakanzen von 1482, 1486, 1490, 1500 sehr in Bedrängnis, aber die Kurie fand keine Veranlassung, eine Erleichterung zu gewähren. Mainz wählte 1513, bei der seit 1505 dritten Vakanz, den Brandenburger Albrecht zu seinem Erzbischof, weil er versprach, das Stift auf eigene Kosten schützen zu wollen. Aber die Schulden, die er dabei übernahm, um die Kurie zu befriedigen, führten zu einem derartigen geistlichen Schacher, daß sich daraus der Ablaßstreit von 1517 entwickeln konnte.

Mit der Zähigkeit unersättlichen, raffinierten Krämergeistes wurden die Taxen und ihre Anwendungsmöglichkeiten vermehrt. Nichts blieb unberechnet, und die fortschreitende Unterteilung ließ immer neue Teilhaber am Geschäft

entstehen. Es gibt höchst lehrreiche Belege dafür. Als der Regensburger
Domprediger Augustinus Marius zum Weihbischof von Freising ernannt
worden war, sandte ihm der bayerische Agent in Rom, Christoph von Schirnting, eine Rechnung über die Forderungen der ‚geldhungrigen römischen Kurie‘
mit beinahe endlosen Taxen, die dem neuen Weihbischof die Freude an der
Erhöhung nicht wenig trübten. Es waren notwendig geworden und werden
berechnet Schreibkosten für Bullen und Breven wie Rechtens, für ein Gesuch,
die bischöfliche Weihe empfangen zu dürfen, für ein abgelehntes Pfründen-
gesuch, für ein Gesuch, die Weihe über die kanonische Frist von drei Monaten
hinausschieben zu dürfen, für die Ausfertigung der auf diese Gesuche ergangenen Breven, für ihre Eintragung in die Kammerregister, sodann die
Registergebühren für die Bullen, die Trinkgelder für das Nachschlagen in den
Registern usf. Der Bureauapparat spielte endlos. Er ließ sich nicht einmal
durch den schon losgebrochenen lutherischen Sturm einschüchtern. Als man
schon in Rom die Exkommunikation gegen Luther vorbereitete, behandelte
man seinen Landesherrn Friedrich von Sachsen noch nach den alten Rezepten.

5. An solcher finanziellen Ausnützung, wie wir sie noch weiter in der
ganzen Kirche finden werden, war nun nicht etwa die Kurie oder die Geist-
lichkeit allein schuld. Fürsten wie humanistische Kritiker der Kirche oder
Stadträte, alle hießen die klingende Auswertung des Heiligen gut, wenn der
Ertrag nur in ihre Tasche floß. Der Kaplan Maximilians war Propst in
Nürnberg und in Mainz, Domherr in Trient und Bamberg. Es ist nur ein
Fall für unzählige. So bezahlten Fürsten ihre Diener aus den Pfründen der
Kirche. Außerdem war damals ja öffentlich wirksame Macht j e d e r Art zu
kaufen. Alles hatte seinen Preis, gerade auch der Mensch. Dahin gehört
ebenso das Landsknechtwesen, das mit seinem dauernden Wechsel der Fahne
die ehrliche Gesinnung und Treue hundertfach verletzte und in der Wurzel
schwächte, wie die Käuflichkeit der Wahlstimmen, die wiederum im Kardinals-
senat nicht anders gehandhabt wurde als mit und von den Kurfürsten, oder
wie der Kauf eines Kardinalshutes. —

Man hat damals und bis heute den tatsächlichen finanziellen Ertrag der
deutschen Bistümer für Rom stark übertrieben. Weder hätte hiervon allein
die Kurie leben können noch bedeuteten die Abgaben an die Kurie eine Bedrohung des deutschen Nationalvermögens. Wir werden auch noch sehen,
daß das Territorialfürstentum seine Gebiete vor zu großer Ausnützung sehr
wohl zu schützen wußte, ähnlich wie die Monarchen in England, Frankreich
und Spanien, durch Verbot der Geldausfuhr oder der Schenkungen an die
Kirchen. Auch nahmen in der zweiten Hälfte des 15. Jahrhunderts die von
Rom besetzten deutschen Stellen stark ab (eine offenbare Folge der Fürsten-

konkordate). Aber auch so blieb der finanzielle Ertrag, den die Kurie gerade aus Deutschland zog, sehr bedeutend. Vor allem: jene übertreibende Meinung war in Deutschland die tatsächlich herrschende, und sie konnte immerhin sehr Gewichtiges für sich anführen. Und dies ist für die geschichtliche Wirkung das Ausschlaggebende. Wenn die vorgeschriebenen Gebühren nicht entrichtet wurden, wurde die Bestätigung des gewählten Bischofs verweigert. Da nun die Annaten zu einem Hauptanstoß geworden waren, und man sie zu beseitigen oder einzuschränken versuchte, und am innern Recht dieses Versuchs weder zu zweifeln war noch von den Betroffenen tatsächlich gezweifelt wurde, sah das Reich sich unschwer darauf hingewiesen, zu fragen: ‚ob es nicht ein Weg wäre, wo die confirmationes beim Heiligen Stuhl abgeschlagen, daß die Confirmationen der Bischöfe von ihren Erzbischöfen... empfangen würden?'! Konnte denn eine geistliche Würde letztlich von einer Geldleistung abhängig sein?

6. Es offenbart sich in alledem viel Unterchristliches. Das zu Grunde liegende Problem wird meistens illustriert an Gestalten wie Sixtus IV., Innozenz VIII. und Alexander VI. Sicherlich wird es an ihnen in seiner groben Form am sichtbarsten. Aber gar zu leicht bleibt bei ihrer Häufung der sündhaften Verweltlichung der Blick haften an der Unsittlichkeit im engeren Sinn, sei es des Papstes, sei es seiner Nepoten, sei es der Kurie. Und doch ist das nicht das Wesentliche. In einer Gemeinschaft wie der christlichen Kirche kommt selbstverständlich der Frömmigkeit, der Heiligkeit ihrer Glieder, Diener, Führer wichtigste Bedeutung zu. Aber es kommt zugleich und ebensosehr, ja mehr, auf die richtige oder falsche Struktur, den richtigen oder falschen strukturellen Ansatz und Aufbau an. Und deswegen eröffnet sich die eigentliche Problematik, um die es hier geht, tiefer bei Päpsten wie Julius II. oder Leo X.

Pastor weist die vielfach völlig uneingeschränkten Verurteilungen Julius' II. als eines ganz unpriesterlichen Mannes zurück. Er habe, wenn nur irgend angängig, der Messe beigewohnt, oft zelebriert, sei scharf gegen die Simonie eingeschritten. Pastor hat recht. Aber er hat ebenso unrecht. Denn daß auch unter Julius II., sogar mit einer gewissen innern Notwendigkeit, das Politische und Weltliche und Kriegerische an der Kurie, also in der Kirchenverwaltung, überwog, ist ja wohl nicht zu leugnen. Dieser Kriegspapst meinte es im Unterschied zu einem Alexander VI. wirklich ernst mit der Kirche, ihrer Einheit und ihrer Reform. Aber eben dies war sein Verhängnis, daß gerade bei solcher ernsten und gewissenhaften Einstellung die Politik, und zwar eine solche mit dem Mittel der Kriegsführung, als das Ausschlaggebende für die Rettung der Kirche erscheinen konnte; daß eine innere, religiös-moralische Reform erst darauf glaubte aufbauen zu können. Die historische Entwicklung des Papsttums und seines Kirchenstaates mit ihren nicht abzulehnenden realpolitischen Verpflichtungen offenbart ihre grundsätzlichen Gefahren. Sie sind viel bedeutsamer als das Versagen in der privatmoralischen Sphäre.

Und Leo X.! Wir wollen am wenigsten inmitten der Gedankengänge, denen wir hier nachgehen, vergessen die kulturell-apologetische Bedeutung seines kirchlichen Mäzenatentums, das aus den damals geschaffenen Werten bis heute spricht und wirkt. Leo war als Kardinal wie als Papst persönlich von guter Sittlichkeit. Aber dieser Vorteil war nicht eine wirkliche Überwindung jener Mißstände, an denen die Kirche so schwer krankte. Die Unsittlichkeit an der Kurie und sonst im Klerus in dem festzustellenden großen Ausmaß ist nur F o l g e einer falschen Gesamteinstellung zum Weltlichen, zum Recht, zur Politik, zum Genuß. Wie weit aber auch unter Leo X. diese Gesamtentwicklung sich durchsetzte, messe man an der Behandlung, die er der lutherischen Angelegenheit in den Jahren Ende 1518 bis Anfang 1520 angedeihen ließ (unten S. 217), oder auch nur an der Art, in der sich sein Possesso vollzog: wo eine s a k r a m e n t a l e Prozession zur Prunkschaustellung des Papstes und seines Hofes wurde und der Papst, unter nackten Götterstatuen durchziehend, Inschriften lesen konnte wie diese: ‚Einst herrschte Venus [= Alexander VI.], dann Mars [= Julius II.]; nun führt das Zepter Pallas Athene.‘

Die größte Gefahr für einen Organismus ist nicht der offene Feind, sondern die schleichende Zersetzung. Die Zersetzung des Christlich-Priesterlichen vollzog sich damals nicht nur in einem da und dort lasterhaften Leben, sondern auch, und dies war gefährlicher, in einer Art des Daseins, in der das Unchristliche der Lebensführung gar nicht mehr erkannt, sondern als normal hingenommen wurde. Die römische Kurie, der höhere und niedere Klerus des endenden 15. und des beginnenden 16. Jahrhunderts bringen dafür eine leider allzu große Fülle verschieden abgestufter Illustrationen bis zu dem Grad, den Adrian VI. gleich in seiner ersten Konsistorialrede mit dem hl. Bernhard anprangert: ‚So sehr ist das Laster selbstverständlich geworden, daß die damit Befleckten den Gestank der Sünde nicht mehr merken.‘

Zu dieser Gefahr gehört auch die angedeutete Fülle der harmloseren Verweltlichung, die aus lauter Weltfreudigkeit den Sinn für die Unterscheidung des Sakralen vom Profanen, des verpflichtenden christlichen Glaubens vom unverbindlichen Humanistischen vernichtete.

7. Es ist für unsere Zwecke nicht notwendig, diese Dinge im einzelnen und nach allen Seiten zu verfolgen und die nicht kleine Liste sonstiger Übelstände im vorreformatorischen Rom zu behandeln. Das Gesagte genügt. Andere

Skandale des Renaissance-Papsttums sind allgemein bekannt. Entscheidend ist, daß an dem vorgetragenen Verdikt nicht zu zweifeln ist und daß die Zustände an der Kurie durch eine Menge öffentlicher, halböffentlicher und privater Klagen, nicht zum wenigsten durch die endlose Kette finanzieller Belastungen oder durch eigene Anschauung an Ort und Stelle (Rompilger, Studenten, Hutten, Karlstadt, Luther) unter den christlichen Völkern bekannt waren. Die Papstgeschichte jener Zeit einerseits, die Staaten- und Kirchengeschichte anderseits erbringen für die Berechtigung der angedeuteten Thesen den erdrückenden Beweis. Selbst die in dieser Beziehung sicher unanfechtbaren Bände der Papstgeschichte Pastors enthalten ihn, besonders wenn man ihren Inhalt nicht nur nebeneinander stehen läßt, sondern ihn synthetisch verarbeitet. Außerdem werden wir bei der Gesamtbehandlung dieses ominösen Komplexes ‚Mißstände' noch sehen, in wieviel schärferen und superlativistischen Verdikten kirchliche Stellen selbst sich hierzu äußern. Aleander, der aktivste Mann, den Rom auf dem Schauplatz der beginnenden deutschen Reformation zur Verfügung hatte, und sicher der zu dieser Zeit am klarsten sehende Kuriale, anerkannte in seinen Depeschen nach Rom die Reservationen, Dispense und Kompositionen als unberechtigte Neuerungen gegenüber den Bestimmungen des Wiener Konkordats. Und deswegen solle man endlich den Kurtisanen Zügel anlegen, die ja doch nie zufrieden seien mit ihren unendlichen Benefizien!

Er sieht klar die von hier ausgehende Gefährdung der Kirchentreue: man verbindet die Sache Luthers mit diesen tausenderlei drückenden und übergreifenden Willkürakten der Kurie. Man läßt sich häretische Ansichten Luthers gefallen, um gegen jene Ungerechtigkeiten zu protestieren oder dafür Rache zu nehmen.

Die fiskalischen Mißstände in Rom hat Luther des öfteren mit aller Schärfe gegeißelt. Er hatte hier nur allzu leichtes Spiel. Die Gerechtigkeit verlangt, festzustellen, daß er nicht über die Formulierungen des schon erwähnten Kurialisten Álvaro Pelayo hinausgeht, wenn er 1518 am Schluß der Erläuterungen zu den Ablaßthesen zusammenfassend entscheidet: Die kirchliche Gewalt ist Mißbrauch, Dienst an Geiz und Ruhmsucht geworden, der alles in die Tiefe reißende Strudel wird bald den völligen Ruin herbeigeführt haben.

Der stärkste Beweis für die fürchterliche Tiefe der Zersetzung ist die betrübliche Tatsache, daß dieser Geist vor der durch Luther der Kirche drohenden Lebensgefahr nicht widerstandslos zerstob. Wir wissen ja, in welcher Zähigkeit bis zum Tridentinum hin und über das Tridentinum hinaus trotz der dort grundgelegten Besserung das gleiche Übel haftete. Mitten im Sturm sehen wir, wie Klemens VII., vielfachem Drängen nachgebend, Kardinalshüte vorteilhaft zu verkaufen sucht!

8. Hat die Kurie nicht gegen diese Zersetzung reagiert? Wir kennen die
radikale Absage Pauls II. an die Renaissance-Kultur und den heidnischen
Humanismus der römischen Akademie, deren Mitglieder an und von der
Kurie lebten. Es gibt die höchst bedeutsamen Reformversuche des besten der
Renaissance-Päpste, für und unter Pius II. Aber nicht umsonst war er der
frühere Enea Silvio de' Piccolomini. Er war nicht der Mann, den ‚Riesen-
kampf gegen das in die Kirche eingedrungene Verderben‘ wirklich aufzunehmen und durchzuführen. Konnte es überhaupt Heiligkeit genug geben,
um das vorhandene Dunkel zuzudecken? Konnte die offenkundig sich vollziehende Vergiftung und die unaufhaltsam voranschreitende Aufspaltung
der Idee des Christlichen und Priesterlichen noch verhüllt werden?

Die Möglichkeit bestand, aber sie war gering. Jedenfalls mußte der Abstand
des Kirchenvolkes zu diesen Führern wachsen. Rom erschien als ‚Hölle‘, das
nicht länger bestehen könne; hundertmal wurde der Papst als Antichrist bezeichnet. Wenn dann nach heftiger Beschwerde ‚wegen der großen Sünden
und Betrügereien des zweiten Julius und seines Vorgängers‘ dieser selbe
Julius II. von denselben kaiserlichen Gesandten als ‚zweiter Gott auf Erden‘
angeredet wurde, so war das zwar nur Formel, aber Luther fand für die
hierher gehörigen massiven Stücke seiner Polemik gefährliche Vorlagen an
vielen Stellen.

IV. 1. Diesem Papsttum entsprach ein Großteil des höheren Klerus,
der Bischöfe und der Domherren, vorab aber des Kardinalkollegiums, aus
dem der Papst hervorging; man muß ebenso sagen, daß dieses Papsttum die
Frucht eines gleichgerichteten Kardinalkollegiums war. Ursache und Wirkung
verknüpfen und verkehren sich in vielfältigem Hin und Her.

Die Kirche war ungeheuer reich geworden. Der großartige, verschwen-
derische Besitz vieler Kirchen an goldenen und silbernen Kelchen und Monstranzen und an juwelenbesetzten Meßgewändern sind eine in dieser Beziehung noch unverfängliche Tatsache. Wenn vielleicht auch hier schon eine
gewisse unsoziale Auffassung sich äußert, diese Werte waren Opfergaben,
dem niedrigen Genuß entzogen, und sie stellen heute für uns wertvolle,
manchmal einzigartige Kulturwerte dar. Das eigentliche Übel lag darin,
daß der Einkommen bringende Grundbesitz der Kirche übermäßig gewachsen
war. In Deutschland gehörte ihr zu Ende des 15. Jahrhunderts etwa ein
Drittel des Bodens. Im Bistum Worms waren es etwa drei Viertel des
ganzen Besitzes.

2. Unter den Domherren und den Bischöfen war der Begriff und erst recht das
Ideal des Geistlichen, bei den Bischöfen die Vorstellung des Seelsorgerlichen in
einem die Idee von innen her sprengenden Ausmaß verschwunden. Der

Herr, der Macht besitzt und damit zwingt und durch sie das Leben genießt, war eigentlich d i e Vorstellung, aus der die hohe Geistlichkeit lebte. Bis zur bedauerlichen Ausnutzung des Kirchlich-Geistlichen für gewöhnlichste weltlich-finanzielle Dinge. Wiederum ist diese Grundauffassung unendlich wichtiger und gefährlicher als etwa ein besonders skandalöses Einzelleben. Diese Fürstbischöfe waren eben nicht nur Priester-Bischöfe und auch Fürst, Herzog, Graf: sie waren vorwiegend nur das letztere. Was bedeutete im Leben dieses hohen Klerus das Gebet? Was kannten sie vom geistigen Reichtum und der Wahrheit der Religion des Gekreuzigten, die sie in so exponierter Art vertreten sollten? Welche Rolle spielte das Meßopfer in diesem fürstlichen Dasein? Und wie erschreckend wenig kümmerte man sich um die religiöse Nahrung der anvertrauten Herde, deren Blut dereinst vom Hirten verlangt werden würde? Eine religiös-seelsorgliche Verbindung zwischen Bischof und Volk war kaum vorhanden. Dem Nachwuchs des Seelsorgeklerus galt schließlich das Interesse am wenigsten. Und wenn es darauf ankam, erlaubte mancher gegen Bezahlung den Pfarrern sogar den Konkubinat.

3. Vielleicht die stärkste Wurzel dieser ungeistlichen Art liegt in dem Monopol, das der deutsche Adel weithin auf die Stellen der hohen Prälatur ausübte. In steigendem Maße wurden die fetten Pfründen der Domkapitel und der Bischofsstühle den nachgeborenen Söhnen des Adels und dann auch der Fürsten reserviert. Der Niedergang des Rittertums vermehrte die Sucht nach diesen Privilegien: hier war für den Ritter eine der wenigen Möglichkeiten, seine Kinder noch standesgemäß unterzubringen. Das gilt vorzüglich für die Domherrenstellen und die adeligen Klöster. Die Besetzung der Bischofsstühle aber war ein wichtiger Faktor in den politischen Berechnungen der Fürsten geworden. Das Aufsteigen der politischen Kräfte, die in der deutschen Reformationsgeschichte führen oder führend werden (Kurbrandenburg) oder in der Gegenreformation entscheidende Macht gewinnen (Bayern), ist an den Erfolg in dieser Sparte gebunden. In skandalöser Weise wurden den politisch-wirtschaftlichen Wünschen die elementarsten Forderungen des Berufes und der Ausbildung geopfert. Oft wurden Minderjährige postuliert. Die Herzöge von Savoyen betrachteten den Stuhl von Genf als Familienbesitz. Von 1450 bis 1520 waren nicht weniger als fünf herzogliche Prinzen Bischöfe von Genf. Zwei davon waren bei ihrer Ernennung acht Jahre alt. Bei Ausbruch der Reformation waren 18 Bistümer und Erzbistümer in Deutschland mit Fürstensöhnen besetzt.

Hauptsächlich in diesem Adelsmonopol ist es begründet, daß die Unterscheidung zwischen hohem und niederem Klerus eine so ganz andere Bedeutung besaß als heute: die Trennung war eine beinahe vollkommene. In

der so gerühmten Einheit der Kirche gab es im Spätmittelalter gar nicht die
Einheit ‚Klerus‘, und am wenigsten in Deutschland. Die Bedingungen des
geistigen wie des sozial-wirtschaftlichen Daseins, der Rechte und Möglichkeiten auch innerhalb der Kirche waren für beide Arten des Klerus wie
durch eine Kluft getrennt. Es war hüben und drüben eine andere Welt.
Das Augsburger Domkapitel sträubte sich 1500 mit allen möglichen Ein-
wänden dagegen, daß Maximilian ihm seinen Kanzler, einen Bürgerlichen,
Matthäus Lang, als Propst setzen wollte. Der Nachweis der Turnierfähigkeit
war für die meisten Domherrnstellen ebenso gefordert wie ausschlaggebend.
Eine eigentlich geistliche Haltung hingegen wurde überhaupt kaum mehr
als Bedingung gestellt; außer in leergewordenen Formeln.

Das Adelsmonopol hat mit am unmittelbarsten der Ausbreitung der reformatorischen Auflehnung gegen die Kirche die Wege geebnet. Wie leicht war
das Volk von diesen Bischöfen zu trennen! Der reformatorische Sturm traf
Fürsten- und Adelssöhne auf Bischofsstühlen und in den Domkapiteln
(also an entscheidenden Punkten der Front) allzu oft ohne Beruf, also ohne
religiöse Widerstandskraft, und außerdem noch vielfach eingespannt in die
territorialpolitischen Berechnungen ihrer vorgeborenen Brüder. Sie dachten
an Geld, Besitz und Genuß, an die Größe ihres Hauses, nicht an die Sorge der
Seelen. Luthers ernster Predigt standen sie dann apathisch gegenüber oder
erspähten sogar, was sie suchten: die mangelnde Bindung im Sittlichen und
die Möglichkeit, den materiellen Besitz zu vermehren.

So erklärt sich das schmähliche Versagen so vieler Bischöfe in der Reformationszeit. So erklärt sich auch die Unehrlichkeit, mit der ein innerlich
protestantisierender Fürst wie Herzog Heinrich V. von Mecklenburg seinen
siebenjährigen Sohn (Magnus) zum Bischof von Schwerin wählen lassen kann,
dabei eidlich der katholischen Kirche Schutz und Hilfe verspricht und —
die reformatorische Säkularisation erreicht.

Rein verwaltungsmäßig war es ein Keim vieler Reibungen und eine Ursache bischöflich-kirchlicher Kräfteminderung, daß die Kompetenzen der Bistümer sich so stark überschnitten. In den Besitzungen der beiden sächsischen
Linien übten nicht nur die drei einheimischen Bischöfe Jurisdiktion, sondern
auch die Erzbischöfe von Mainz und Prag, die Bischöfe von Würzburg und
Bamberg, Halberstadt, Havelberg, Brandenburg und Lebus. In Österreich
lagen die Verhältnisse ähnlich. Sie wirkten sich auch in der Schweiz als
Ursache der Reformation aus: die relative Einheit der deutschen Eidgenossen
war kirchlich unter Konstanz, Besançon und Lausanne geteilt.

Das geschilderte Bild ist nicht Ausnahme, sondern Regel: Widerspruch zur
religiösen, priesterlichen, apostolischen Idee des geistlichen Amtes und eine

gefährliche Aushöhlung der Kirche von innen heraus. Derartig starken Widerspruch gegen die eigene Idee kann auf die Dauer kein Organismus aushalten. Er muß daran zu Grunde gehen, wenn nicht eine Gegenwirkung einsetzt. Um so mehr, als dieser innere Widerspruch sich auch verheerend auswirken mußte auf die kirchliche Kraft des niederen Klerus und des Volkes. Insbesondere, wenn der natürliche und oft bis zur Erbitterung gesteigerte wirtschaftliche Gegensatz gegen die gut lebenden bischöflichen und domkapitularischen Steuerherren hinzukam, oder die Gläubigen sich der harten politischen Macht ihrer Bischöfe ausgesetzt sahen. Derartiges in ganzer Kraßheit wird die bischöfliche Reaktion nach dem Bauernkrieg zeigen.

4. Trotzdem ist es auch hier wiederum nicht so, daß Bürgerliche zu den einträglichen Stellen gar nicht mehr hätten gelangen können und daß all diese Domherren nur dem Genuß gelebt hätten. Nach wie vor ermöglichten solche Pfründen auch Bürgerlichen das Studium an hohen Schulen und darnach ein Leben im Dienste der Verwaltung und des Studiums, wie es der deutsche Nikolaus Kopernikus, Domherr zu Frauenburg im Ermland, Eck in Ingolstadt und Cochläus in Breslau zeigen.

Es ist weiterhin auch nicht so, daß durch das Adelsreservat nur Unwürdige zum Bischofsamt gekommen wären oder in den reichen Abteien und Klöstern sich der Regel verpflichtet hätten. Unter den Klöstern, die heldenhaft beim angestammten Glauben blieben, befinden sich solche, deren Insassen alle adeliger Herkunft waren. Dobbertin in Mecklenburg, über dessen leiderfüllten Untergang — er dauerte von 1556 bis 1578 — wir besonders gut unterrichtet sind, ist ein lehrreiches Beispiel für manche.

Auch sonst erschöpft das Gesagte nicht den ganzen Bestand. Wie in allen Teilen der Kirche, so finden wir auch in Deutschland eifrige und besorgte Bischöfe. Die kräftigen Reformen, die Berthold von Mainz mit Erfolg in seinen Klöstern durchführt, haben eine beträchtliche Anzahl von Parallelen. Als Erzbischof William Warham den Erasmus von der Residenzpflicht befreite, die mit der ihm verliehenen Rektorei von Aldington in Kent verbunden war, betonte er, daß er dies aus schwerwiegender Ursache und durchaus gegen seine Gewohnheit tue. Bischof Matthias von Speyer (1464—1468) war ein starker Vertreter echter kirchlicher Reform. Die verschiedenen eifrigen Bischöfe, denen wir während der Reformation in Deutschland begegnen werden, ergänzen das Bild. Freilich, wie wir noch sehen werden, eine mangelhafte Ergänzung.

V. Die Verhältnisse im niederen Klerus entsprechen in ihrer Art diesem Vorbild. Das Benefizienwesen und die Häufung der Altar- bzw. Meßstiftungen wirkten sich in einer ungesunden Vermehrung der Zahl

und einer Verschlechterung der sozialen Lage der niederen Geistlichen aus.
Die Häufung der Pfründen in einer Hand und der mangelnde Ernst zur
Seelsorge bei den Pfründenjägern ergaben die ungeheure Ausdehnung des
Systems der schlecht bezahlten, unwissenden und sozial tief stehenden Stellvertreter. Es ergab sich ein geistliches Proletariat von erschreckender
zahlenmäßiger Stärke und sinkender Qualität. Zu Breslau gab es am Ende
des 15. Jahrhunderts an zwei Kirchen bloß als Altaristen (nur zum täglichen
Lesen der heiligen Messe bestellte Geistliche) zusammen 236. Bei der Visitation von St. Gereon in Köln 1549 waren immerhin noch 30 Vikare zugegen. Zürich begnügte sich um 1518 mit 90 Weltpriestern (verfügte gleichzeitig über 200 Bruderschaften), Basel besaß noch 1526, also mitten in der
zielbewußten ‚kalten‘ Ausschaltung der Klerikerprivilegien, an 200 Geistliche.
Johann Agricola berechnete die Gesamtzahl der Kleriker und Nonnen in
Deutschland auf 1 400 000. Diese Zahlen gewinnen ihr eigentliches Gewicht
erst, wenn man sich der damaligen Einwohnerzahlen der Städte erinnert:
nur München und Köln reichen an 40 000, einige sechs andere an 20 000,
Mainz, Regensburg, Würzburg an 6000, Leipzig an 4000! Bis zu einem
Zwanzigstel der Einwohnerzahl der Städte waren Geistliche, bis zu einem
Zehntel Geistliche und Klosterinsassen. Bis zu einem Fünftel der Benefizien
wurde von Vikaren versehen. Die Pfründeinhaber selbst saßen verständlicherweise lieber in der Stadt als auf dem Land. Die Klagen über die Dinge
sind in den Zusammenstellungen der Gravamina alltäglich. Sie waren um so
ernster gemeint, als auch die schlechtest qualifizierten Kleriker es sich natürlich
angelegen sein ließen, die den Laien allmählich so beschwerlichen geistlichen
Freiheiten (rechtlicher und wirtschaftlicher Natur) für sich in Anspruch zu
nehmen. Man klagt, daß Personen mit niederen Weihen ein Handwerk
treiben, weltliche Kleidung tragen, Weide und Wasser nutzen, auch Weib
und Kinder haben und ‚sich doch der geistlichen Freiheit gebrauchen‘ und
ihre weltlichen Sachen an die geistlichen Gerichte bringen.

Wenn man das Massive und Abergläubische in der damaligen Volksfrömmigkeit richtig sehen will, darf man nicht vergessen, daß ein großer Teil
dieser seßhaften oder herumziehenden Priester an Bildung das Volk kaum
überragte und selbst voller Aberglauben war. Anderseits verstanden sie es nur
allzu gut, auf Wallfahrten, beim Stationieren, bei Messelesen und Ablaßverkündigung ‚Gott und die Welt zu betrügen‘, wie Geiler und Murner wettern.
Der Fall ist reichlich belegt, daß sie die Messe unvollendet vor dem Kanon
abbrachen oder als sogenannte Missa sicca ohne Wandlung vollendeten, wenn
ihnen das bei der Opferung Gespendete nicht genügte.

Auch hier sprengte die Reformation so manche Fessel, besonders die des
Zölibats, die schon längst durch ein erschreckendes Wuchern des Konkubinats

gelockert war. Der vorhandene Mangel an religiöser Kraft — der nur durch die krasse theologische Unwissenheit übertroffen wurde — zeigte sich, und es wurde offenbar, wie lange schon viele dieser Geistlichen innerlich mit dem herrschenden kirchlichen System keinen lebendigen Zusammenhang mehr hatten oder sogar revolutionär zu ihm in Gegensatz standen.

VI. 1. Das Ordenswesen nimmt teil am allgemeinen Niedergang. Die schon genannten gefährlichen päpstlichen Privilegien haben die heilsame alte Ordnung in den Klöstern selbst wie in ihrem Verhältnis zur bischöflichen Diözesanverwaltung in verhängnisvoller Willkür durchbrochen. Dazu wirkt hier wie überall das Gefährliche des Reichtums und in seinem Verfolg das Adelsmonopol. Der reiche adelige Abt und der adelige Mönch ohne Beruf kommen zu oft vor. Das Ausspringen von Mönchen und Nonnen war schon im 15. Jahrhundert eine häufige Erscheinung. Was manche dieser adeligen ‚Nonnen‘ zu jeder Zeit oder auch besonders zu Fastnacht trieben, war zum mindesten recht weltlich und nicht geistlich-erbaulich, und vieles war weit, weit schlimmer. Die Beziehungen zwischen den weniger strengen Gruppen der Konventualen und den Nonnen, deren Seelsorge sie zu besorgen hatten, führten zu vielfältigen Skandalen. Die Beginen hatten sich den Spottnamen ‚Kellnerinnen der Barfüßer‘ zugezogen.

Johannes ab Indagine, Dekan am Leonhardstift in Franfurt am Main, erkennt das Verdikt an: Nicht ganz ohne Grund wütet gegen uns das Volk. Unsere Schuld ist es, wenn wir so leben, daß unsere Schandtaten die der Schlemmer und Wüstlinge hinter sich lassen. Erasmus kann im Enchiridion mit Leichtigkeit und offenbarer Sachkenntnis außerdem auch das Schwinden der christlichen Grundtugend, der Nächstenliebe, den Berufsneid und die Eifersucht zwischen den Orden an den Pranger stellen. —

Die Zisterzienser hatten ihre große Aufgabe der Kultivierung vergessen. Wie viele andere faßten auch sie das Leben nicht mehr als Aufgabe, sondern als Genuß. Man ließ Kirche und Klostergebäude zerfallen. Aus dem Kloster Doberan haben wir für die letzten hundert Jahre des Bestehens (aufgehoben 1552) keinerlei Beleg, daß an der Kirche etwas gearbeitet wurde. In Dargum sehen wir seit dem 15. Jahrhundert einen ähnlichen Verfall. Auch bei den Johanniten und Antonitern in Mecklenburg ist der Abstieg unverkennbar. Das Gebetsleben wird nicht regelmäßig gepflegt, dafür herrscht der Mammon und erweckt Ärgernis und lockt die Begehrlichkeit der Fürsten. Bei den reichen Klarissen in Ribnitz gilt die Schwester des Herzogs Magnus als ‚impudicissima abbatissa‘. Das gemeinschaftliche, streng pflichtmäßige Gebet unterblieb, vom Gemeinbesitz ging man zum Privatbesitz über. Auch viele Klöster der Bettelorden machen keine Ausnahme. Der Kardinal-

Legat Raimund Peraudi behauptet 1502 für die Dominikaner aus fünf norddeutschen Städten, daß sie bekanntermaßen vom geordneten Mönchsleben, das
sie gelobt, zu eigenem Verderb und vielem Ärgernis abgekommen seien. Aus
Rostock und Wismar werden ‚plurima scandala‘ gemeldet. Kardinal Kajetan
muß 1517 das eigenmächtige Ausgehen und den Besitz von Privatvermögen
verbieten. Die Zänkereien zwischen Dominikanern und Minoriten in Rostock
waren schuld, daß ihnen die Bürgermeister im Kampf gegen das Luthertum
ihre Hilfe verweigerten; sie gaben ihnen zu bedenken, daß ihre Streitereien
ihr Leben ‚öffentlich stinkend‘ gemacht hätten.

Gerade solche Belege aus Norddeutschland, aus durchaus agrarischem Gebiet, erbringen den Beweis, wie allgemein der Zerfall war, indem er nicht
etwa auf den Umkreis der eigentlichen, im Süden vertretenen Städtekultur
beschränkt blieb.

Das Schlimmste war also auch hier wieder die Zersetzung gewisser G r u n d -
l a g e n des Ordenslebens: Auflösung der klösterlichen Gemeinschaft und Einführung des Privatbesitzes. Berichte über den Zustand der Bettelorden, die
wir von reformeifrigen Generalen und Visitatoren aus dem endenden 15. und
dem beginnenden 16. Jahrhundert haben, stimmen hierin überein. Massen-
weise hatten Mönche von Rom die Erlaubnis erwirkt, sich außerhalb des
Klosters aufzuhalten. Unter den verschiedensten, fadenscheinigsten Vorwänden lebten sie draußen. Auch das Zusammenwohnen der Mönche war
vielerorts kein klösterliches G e m e i n s c h a f t s leben mehr. Schon vom No-
viziat ab — das aber nicht selten trotz den Ordensvorschriften kaum mehr
durchgeführt wurde — ward die Klausur vernachlässigt. Die Verbindungen
zur Welt blieben oder wurden erneuert. Die Novizen waren fremden, ungeistlichen und dann (vom extremen Humanismus und der Reformation her)
unkirchlichen Einflüssen ausgesetzt. Anderseits verkehrten die Laien manchmal so intim in den Klöstern, mischten sich so sehr als Beteiligte in deren
Wirtschaftsgeschäfte, daß die Auffassung entstehen konnte, das Klostergut
gehöre eigentlich den Bürgern. Eine willkommene Handhabe oder doch wenigstens stimmungsmäßige Vorbereitung für die kommenden Säkularisationen!

Der Übergang zum Privateigentum zeigte sich in den verschiedensten
Formen. Außerhalb des Klosters Lebende nahmen Säkularbenefizien an. Die
noch Wohnung im Kloster hatten, behielten ihr Erbe an Ländereien, deponier-
ten Geld bei Laien, benützten den Klostergarten zu persönlichen Zwecken,
verkauften oder vererbten ihre Klosterzelle; wenn sie Professoren waren,
hatten sie wohl auch eigene Kapelle und einen Diener. ...

Bei den alten Orden wirkte sich endlich besonders das Kommendenwesen
verheerend aus, das aus den kommendierten Klöstern reine Wirtschafts-
objekte im Dienste des Inhabers machte.

2. Am betrüblichsten waren die erwähnten Zustände in gewissen Klöstern der Bettelorden in den Städten; denn ihnen war der Großteil der Seelsorge anvertraut. Man ermißt den Schaden vor und während der (in den Städten!) losbrechenden Reformation. Man ahnt die Wirkung auf das Volk. Wie weit verbreitet die Abneigung und die höhnische Verachtung besonders gegen ‚Mönche‘ und ‚Brüder‘ am Anfang des 16. Jahrhunderts war, wissen wir nicht nur aus Erasmus, Hutten, den Dunkelmännerbriefen und der weiteren Flut der populären Flugschriften, sondern auch von ganz unverdächtigen, kirchentreuen Zeugen. Einer der ersten Gefährten des hl. Ignatius von Loyola war gegen die Gründung eines Ordens, ‚weil schon dieser Name Orden beim Volk keinen guten Klang mehr hat‘. Morone äußert sich in den vierziger Jahren ähnlich. Hier wirkt sich aus die skandalöse Figur des herumziehenden ‚Frate‘, der durch hohe Beziehungen sich sogar die Bischofswürde erschleicht und seinem ewigen Geldbedürfnis durch simonistische Erteilung von Weihen abhilft. Und es wirkt sich aus der Unmut gegen all die Geschorenen, die in ununterbrochenem Turnus aus den verschiedenen Orden das Jahr hindurch in der Pfarrei als Almosensammler erscheinen. Almosen, ja! Aber sie haben das R e c h t, zu kommen! Zweimal im Jahr. Die Termine liegen fest; der Pfarrer verkündet die Kollekte am Sonntag vorher. Dazu kamen die Almosensammler bestimmter Spitäler, dann zwischendurch noch solche, die erst der Erlaubnis des Bürgermeisters bedurften. Das verwünschte man allmählich um so mehr, als ja daneben die vielen Kirchensammlungen Auswärtiger für alle möglichen Zwecke standen. Als ob die Bedürfnisse des eigenen Pfarrgottesdienstes nicht bereits genügende Belastung gewesen wären! Für was alles war nicht ein Obolus zu entrichten! Für Beicht und Osterkommunion und Letzte Ölung; und gar die Vigilien und Totenämter! Es ist von größter Wichtigkeit für ein Verständnis der Reformation, die aufreizenden Auslassungen gegen diese kirchlichen Abgaben (und den kirchlichen Prunk) seit dem Anfang der zwanziger Jahre des 16. Jahrhunderts zu beachten. Was damals als ‚ungerechter Zwang‘, als ‚Wochenmarkt‘ laut getadelt wurde, war seit langem verhaßt.

Nein, es ist nicht schwer zu begreifen, daß eine so weit fressende Zersetzung im hohen und niederen Klerus und in den Klöstern es dem unzufriedenen Volk beträchtlich erleichterte, sich von einer so ungeistlichen Geistlichkeit zu trennen. Man muß diese Dinge im Auge behalten, wenn man die Reformation und ihre furchtbaren Anklagen gerecht beurteilen will. Nicht zu vergessen, daß treukirchliche Personen, ja gerade die Reformer, seit langer Zeit alle diese Mißstände ungeschminkt geschildert und zum Teil ganz radikale Mittel zur Besserung vorgeschlagen hatten. Es waren z. B. die längst erkannte

und anerkannte Willkür und die unchristliche Ungerechtigkeit in der egoistisch-
juristischen und spitzfindig-scholastischen Handhabung geistlicher Privilegien,
die dem furchtbaren Schlag Luthers gegen die römische Mauer des geistlichen Standes den unerhörten Erfolg sicherten, und dies, obgleich seine Ablehnung des besonderen priesterlichen Standes auch rein biblisch von einer
nicht gewöhnlichen theologischen Schwäche war. Das Schwergewicht war eben
aus dem Zentrum des Christlichen an die Peripherie der Klerikalisierung in
einer oft denkbar veräußerlichten, verdinglichten und säkularisierten Form
verlagert worden. Nach den Gesetzen des Lebens und den Grundforderungen
des Christentums mußte die Reaktion kommen. Die Ungerechtigkeit der
Praxis versperrte dem revolutionären Kritiker den Weg zum Wesen. Die
praktische und praktisch offiziell gewordene Verfälschung der Idee des
priesterlichen Amtes verführte Luther zur Leugnung des priesterlichen Amtes
selbst.

3. Wiederum die Frage: Sind diese Schilderungen nicht zu einseitig ungünstig, zu sehr grau in grau gehalten?

Die immer vorliegende Schwierigkeit, das Leben zu rekonstruieren, ist für
jene Zeit des gärenden Überganges und damit der harten Widersprüche
doppelt groß. So oft scheint ein harmloser Passus einer Chronik das ganze
Bild auszulöschen zu Gunsten eines viel geordneteren, ja vorbildlichen kirchlichen Lebens.

Tatsächlich ist wiederum das Bild nicht vollständig. Die Moralisten und
Satiriker übertreiben leicht; und die Chronisten halten vor allem das Auffallende, also nicht zuletzt das Anstößige fest. Wir haben neben dem Angeführten gerade von zeitgenössischen unverdächtigen T a d l e r n der Ge-
brechen die Mahnung, nicht ungerecht zu verallgemeinern. Wimpfeling hat
scharf kritisiert. Aber er beteuert auch bei Gott, daß er ‚in den sechs
rheinischen Diözesen viele, ja unzählige sittenreine und kenntnisreiche Prälaten und Geistliche kenne, unbescholtenen Rufes, voll Frömmigkeit, Frei-
gebigkeit, Sorge für die Armen'. Die Reformation stieß auch auf religiösen
Ernst. Ohne ihn wäre weder das Frömmigkeitsleben im frühen Protestantismus noch die katholische Reform erklärlich. Die überraschend bedeutenden
religiösen Werte der damaligen Volksfrömmigkeit, von denen gleich zu reden
sein wird, setzen einen teilweise tüchtigen Klerus in Kloster und Welt
voraus. Eine Skizzierung der Ansätze zur Erneuerung des Katholizismus (im
zweiten Band) wird das des näheren belegen und vor allem bewerten. Das
damalige strenge Fasten (kein Fleisch, Schmalz und Käse, keine Milch und
keine Eier) erstreckte sich auf rund 160 (!!) Tage im Jahr. Und wenn allzu
viele allzu leicht gegen Geld Dispens erlangten, diese Bußübung wurde vom

Klerus auch vielfach treu gehalten. Heinrich Finke meint sogar, für ganz Westfalen und Schleswig eine eigentliche Verderbnis des Klerus ablehnen zu müssen.
Es gab sogar Priester wie den Biberacher H. v. Pflummern, der zeitlebens die
Annahme eines Benefiziums ablehnte, auch 24 Jahre lang den Kranken des
Biberacher Spitals die Messe ohne Stipendium las. Zwar fällt um ihn herum
alles zur Neuerung ab, er muß Biberach verlassen, aber ungebrochen arbeitet
er für die Kirche weiter. Wie der Magister Johannes Nider läßt er sich inmitten der allgemeinen Klagen den Glauben nicht nehmen, daß Gott seine
Kirche retten werde.

In den Orden sind die beachtlichen Ansätze zu einer Reform in manchen
Klöstern (besonders das Vorrücken der zur strengeren Auffassung ihrer
Regel zurückkehrenden ‚Observanten‘ und der Zusammenschluß zu Reform-
kongregationen) nicht nur zu vermerken, sondern nachdrücklich in das Kräftespiel einzuordnen. Die Arbeiten der letzten dreißig Jahre haben den vollgültigen Beweis erbracht, daß es in allen Bettelorden noch viele Häuser gab, in
denen das Mönchsleben blühte. Im Jahre 1415 gab es in der sächsischen Fran-
ziskanerprovinz bereits 35 reformierte Klöster. Unter den deutschen Franziskanern gab es übrigens solche, die eifrig für die Reform eintraten, aber
gleichwohl gegen die Abtrennung der Observanten als eines selbständigen
Teiles des Ordens waren (der sächsische Provinzial Matthias Döring, † 1469).
Von der Tiefenkraft der franziskanischen Observanzbewegung geben Zeugnis
Bernardin von Siena († 1444), ein Heiliger, sein Schüler, der gewaltige Prediger Johannes von Capestrano († 1456), der überragende Dietrich Kolde
von Münster und der Reformator der Kölner Ordensprovinz Johannes Brüg-
mann. 1515 meldet der Rat der Stadt Wismar an den Papst, daß die
Franziskaner bei ihnen ein ehrbares Leben führten ohne jeglichen Besitz, in
Heiligkeit der Sitten, von Klerus und Volk hochgeschätzt. Von den Domini-
kanerklöstern kehren Wismar und Rostock 1468, Röbel 1503 zur strengen
Observanz zurück. Gerade die Dominikaner in Mecklenburg zeigten denn
auch in der Reformation besondere Widerstandskraft. Als bedeutende Einzelpersönlichkeit ist der Reformator der oberdeutschen Dominikanerprovinz,
der schon genannte Professor Johannes Nider († 1438) zu nennen, wie
Bernardin von Siena und Capestrano eng in das große Geschehen der Zeit
verknüpft. — Ende des 15. Jahrhunderts zählte die Bursfelder Reformkongregation der Benediktiner 88 Abteien. Während Bursfeld im Westen
und Norden des Reiches reformierte, galt die Arbeit der Melker Reformbewegung im gleichen Orden Österreich und Süddeutschland. Das Wiener
Schottenkloster, die Wiener Universität, Tegernsee unter dem 24jährigen Abt
Kaspar Ainsdorfer zeigen die bedeutende religiöse Kraft dieser Bewegung. —
Das Augustinerkloster Luthers in Erfurt gehörte der Observanz an. Seine

Schilderungen über seinen Eintritt ins Kloster und die Berichte über die darin verbrachten Jahre sind unvereinbar mit der Annahme eines ausnahmslosen allgemeinen Verfalls. Luther hat uns auch gesagt, daß in seiner Jugend die Geistlichen nicht der Unzucht verdächtigt wurden. Er selbst hat in Magdeburg den Eindruck eines vorbildlich aszetischen Bettelmönchs aus fürstlichem Geblüt empfangen. Die große Tatsache der aufstrebenden Fraterherren (mit dem weiblichen Zweig) ist eine wichtige Komponente im damaligen kirchlich-religiösen Leben. Die Windesheimer Reformkongregation der Augustiner-Chorherren besaß im Jahre 1460 nicht weniger als 86 Männer- und 16 Frauenklöster in den Niederlanden und Norddeutschland, und in Johannes Busch († 1480) einen vorbildlichen Reformator, der auch in einer großen Anzahl Klöster anderer Orden neues Leben schuf. Namen wie der öfters genannte Johannes von Capestrano oder die übergroße Gestalt Savonarolas in Italien, die Tatsache einer bedeutenden Anzahl von Heiligen im Süden, die eine Tatsache der ‚Nachfolge Christi‘ des Thomas von Kempen am Niederrhein: das alles ist Licht im Dunkel der Zeit.

Wenn der Streit der Orden untereinander (wie der der scholastischen Richtungen der Universitäten) und derjenige der exemten Orden mit dem Pfarrklerus immer wieder abstoßen, gibt es auch den andern Fall: die neue Eigenart der Fraterherren findet etwa in Rostock seitens der älteren Orden Verständnis (freilich wieder neben geradezu unsinniger Verständnislosigkeit).

Wenn es viel zuviel Mönche gab, die dem Bauche lebten und sich nicht vom Worte Gottes nährten, so konnte zu Beginn der Reformation Charitas Pirkheimer, die Äbtissin der Klarissen in Nürnberg, sich scharf gegen das Gerücht wenden, ihr und ihren Schwestern sei das reine Gotteswort verborgen: ‚Wir haben das alt und neu Testament ebenso wohl herinnen als ihr draußen, lesen es Tag und Nacht, im Chor, bei Tisch, lateinisch und deutsch, in der Gemeinde und eine jegliche besonders, wie sie will. Damit haben wir von Gottes Gnaden keinen Mangel am Heiligen Evangelium und Paulo: ich halt aber mehr von dem, daß man solche hielte im Leben und mit den Werken vollbringt, denn daß man mit dem Mund viel davon redet und mit den Werken gar nichts angreift. Aber sie sagen, es sei uns nie anders denn mit menschlichem Tand ausgelegt und gepredigt worden. Antwort ich: Bei dem Text des Heiligen Evangelii wollen wir bleiben und uns weder tot noch lebend davon lassen treiben. Aber sollen wir Glossen aufnehmen, will ich viel sicherlicher glauben den Glossen der lieben Heiligen, der von der heiligen christlichen Kirche bewährten Lehre, denn der Glosse eines fremden Verstandes, die gepredigt wird von denen, die auch nichts anderes denn Menschen sind und deren evangelische Früchte gar ungleich sind den Früchten und Tugenden der Heiligen, die sie verwerfen.‘ Das ist ein Zeugnis aus der

Reformationszeit. Kein Zweifel, daß diese tapfere und überragende Äbtissin einige Jahre vorher nicht anders dachte.

Die unverdorbenen Kartäuser bevölkerten vor der Reformation 230 Männer- und 17 Frauenklöster. Aus der Trierer Kartause stammen die beiden Gestalter des Rosenkranzes in seiner heutigen Form und Johannes Rode (später Benediktiner, † 1439), der den Anstoß zur Gründung der Bursfelder Kongregation gab und wie der Kölner Prior Heinrich Egher von Kalkar († 1408) durch die Bekehrung des Gert Groot indirekt Begründer der Fraterherren und der Windesheimer wurde. Vergehen, die sich natürlich auch in ihren Reihen finden, bleiben durchaus Ausnahmen, die dem allgemeinen guten Geist ihrer Klöster nichts anhaben, sondern streng geahndet werden. Es will wahrhaftig viel sagen, daß z. B. in Mecklenburg kein einziger Kartäuser und kein Mitglied der Fraterherren in der Reformation abfiel. Die Fraterherren, deren Schule in Rostock die ,deutsche' hieß, waren dort so angesehen, daß der Rat sie noch 1534 beim Klostersturm bat, ihre Schule weiterzuführen, und der Rektor Heinrich Pauli war auch nach dem Durchbruch der klosterfeindlichen Reformation dort Leiter einer Burse mit philosophischen Vorlesungen. Bei diesen Nullbrüdern, wie sie auch hießen, hatte sich der Geist erhalten, den ihre großen humanistischen Vertreter in den Schulen am Niederrhein gelernt und in Münster, Heidelberg und Schlettstadt vertreten hatten: Agricola, von Langen (Begründer des münsterischen Schulwesens), Hegius, Dringenberg und Wimpfeling.

Die Sucht nach Geld saß überall an der Wurzel des Verfalls. Und doch gab es sogar Mönche, die, Gewinn verschmähend, eine sich unerwartet entwickelnde Wallfahrt zu einem ,Gnadenbilde' abstellten. Trithemius berichtet davon.

Wertvoll sind außerdem die Neugründungen von Orden in dieser Zeit. Die meisten darf zwar Italien für sich in Anspruch nehmen, aber sie wirkten doch auch nach Deutschland herüber wie die ,ganz demütigen Brüder' (fratres minimi) des hl. Franz von Paula († 1507) mit ihrer ungewöhnlich strengen Regel. Sie brachten es im 16. Jahrhundert auf 450 Klöster.

In gewissem Sinne eine Zusammenfassung der Reformkräfte des 15. Jahrhunderts ist die für diese Zeit immer wieder zu nennende Gestalt des Kardinals von Cues, dessen Spitalstiftung daselbst (für 33 alte Männer) noch heute von seinem christlichen Sinn Zeugnis ablegt. Seine große Legationsreise durch Deutschland 1451/52, auf der er von dem heiligmäßigen Dionysius von Rickel begleitet war, zeigt einen persönlich vorbildlichen, nur der heiligen Sache zugewandten, unermüdlichen Reformer (Synoden, Rundschreiben, Visitationen, Gottesdienst und Predigten, Bestallung von Visitatoren; besondere Sorge für ein gesundes religiöses Volksleben: Eindämmung abergläubischer

und übersteigerter Äußerungen). Sie zeigt gleichzeitig die Reformbewegung
etwa auf ihrem Höhepunkt. Es ist auch durchaus nicht nebensächlich für die
Gesamtgesinnung der Zeit, daß der Cusaner so enge Beziehungen zu maßgebenden Instanzen an der Kurie besaß. Freilich gelang es ihm nicht, sein
Hauptziel zu erreichen: Deutschland wieder wirklich eng mit Rom zu verbinden. —

Das alles sind wahrhaftig keine belanglosen Kleinigkeiten. Es sind vielmehr wichtige, die Zeit m i t b e s t i m m e n d e Kräfte katholischen Aufbaus.
Man muß das alles um so stärker betonen, als es, weniger nach außen drängend,
innerhalb der ‚chronique scandaleuse der Zeit leicht unbillig übersehen oder
doch ungenügend gewertet wurde und wird. Es ist eine Forderung der Gerechtigkeit, von den hemmungslosen Verallgemeinerungen ganz bedeutende
Abstriche zu machen.

4. Aber auch mit diesen hochbedeutsamen Aufhellungen des Bildes bleibt
der gezeichnete vielfältige Verfall einfach Tatsache. Als eine der wichtigsten
Ursachen darf angesprochen werden, daß nur wenige der eigentlich schöpferischen Kräfte der Erneuerung sich über die zweite Hälfte des 15. Jahrhunderts hinüber erhielten und daß die Reformtendenzen nicht wesentlich über
den Bereich der Orden hinauskamen. Sicherlich sind die sich mehrenden
Synoden nach den Reformkonzilien von großer Bedeutung. Aber die Kurie
war seit jenen Reformkonzilien zu argwöhnisch geworden. Der hohe Klerus
versagte. Für den niederen Klerus geschah nur wenig.

Es bleibt also die ernste Erkenntnis, daß die Anklagen nicht etwa nur den
Mitteilungen der spottlustigen Kirchengegner entsprechen, sondern in er-
schütternder Fülle aus der Kirche selbst kommen, auch aus der Kurie, sehr
stark vom Laterankonzil, das im Jahre des Thesenanschlags zu Ende ging
(Gianfrancesco della Mirandola an Leo X.!), und nicht zuletzt in Fülle aus
dem kirchlichen Deutschland: Agricola, Wimpfeling, Geiler von Kaysersberg,
Sebastian Brant, Murner, Eck, Herzog Georg von Sachsen, Nuntius Aleander.
Wir werden die Bestätigungen finden in den o f f i z i e l l e n Bekenntnissen der
Kurie`in Nürnberg 1523 und in den Reformgutachten der Kardinäle 1537.
Für die Rede, die der erwähnte Gianfrancesco della Mirandola über die
Reform der Sitten einreichte, gesteht selbst Pastor: ‚Nichts läßt schmerzlicher
empfinden, wieviel damals für die Reform zu tun war, als die trostlose
Schilderung durch diesen Laien.‘

Man muß auch zurückgehen auf die Fülle der erschütternden Zeugnisse,
sogar von Kurialisten und von Heiligen, aus der Avignoner Zeit und auf die
radikalen Schilderungen in der Masse der Schriften aus den Kreisen der Vertreter des gemäßigten Konzilsgedankens: Gerson, Clémanges, D'Ailly, Dietrich

von Niem. Denn die damals gerügten Zersetzungskräfte haben sich bis zur Reformation hin im allgemeinen nur kräftig weiterentwickelt. Tatsächlich hat ‚das skandalöse Leben in den Reihen des Klerus den Haß des Volkes gegen ihn wachsen lassen' (Wimpfeling). ‚Nicht mehr der Heilige Geist setzte die kirchlichen Oberen ein, sondern der Teufel, und zwar um Geld und Gunst und durch Bestechung der Kardinäle' (Geiler). Das Promemoria des Kardinals Lorenzo Campeggi von 1522 für Adrian VI. und sein Reformvorschlag nach dem Nürnberger Reichstag 1524 fügen sich genau dem Bilde ein.

In den tatsächlichen Angaben bestätigen diese kirchlichen Zeugnisse durchaus die Schmähungen der Sektierer, der adogmatischen Humanisten und diejenigen Luthers, wie er sie seit Ende des Römerbriefkommentars 1516 vorbringt. Sie sind deshalb so wenig anfechtbar, weil die geschilderten Verhältnisse der logische Ausdruck sind der seit 300 Jahren gewachsenen ‚Zersetzung' und der seit mindestens 200 Jahren fälligen, aber immer noch nicht eingelösten kirchlichen Reform.

Es ist eine Lage von erschütternder Unbegreiflichkeit, aber von wirklichster Tatsächlichkeit; sie wird ihre verhängnisvolle Bedeutung noch stärker offenbaren, wenn wir feststellen werden, daß selbst das Interesse am Dogma und an dessen Klarheit auch bei den Führern der Kirche gefährlich geschwächt war. Um so erregender, als ein zugleich grandioses und leichtfertiges k i r c h - l i c h e s   S e l b s t b e w u ß t s e i n sie hindert, die eigenen Mahnungen über das kommende Strafgericht wirklich zu verstehen und ernst zu nehmen.

Der tatsächliche Verfall in den Reihen der Klöster und des Klerus legt noch nicht die Verantwortlichkeit allseitig fest. Bei allen großen Zersetzungen des geistlichen Wesens in dieser Zeit wirkt sich vielmehr das Böse der Kurie aus. Die Glieder sind schwach, weil das Haupt krankt. Durch Privilegien, Dispense an die Mönche (an die Klöster, die Orden oder an den einzelnen Mönch), durch zahlreiche Ablässe, besonders durch Exemtionen und durch Abmachungen mit den Territorialherren: auf verschiedenen Wegen haben die Kanzleien der Kurie beigetragen, die Höhe klösterlicher und geistlicher Zucht zu mindern. Die Kurie war es zwar auch, die der Ordensreform, also vorab der Observanz, Schutz lieh; aber zur selben Zeit durchlöcherte dieselbe Kurie die Sicherungen der Klosterregeln in einer Weise, daß schließlich dem Niedergang unvergleichlich stärker gedient war als der Besserung.

Daneben trägt der Adel, der mehr auf seine Familieninteressen als auf Beruf sah, große Schuld. Es ist eine Schuld, die seit den ersten Jahrhunderten des Mittelalters mit dem Institut der Laienäbte eine verhängnisvolle Gewohnheit geworden war. Der reformeifrige Augustinereremit Hoffmeister versuchte in der Reformationszeit von hier aus eine teilweise moralische Entlastung des Mönchtums: ‚Nicht die Mönche allein sind an den Mißständen schuld; die Verantwortung tragen auch die Landesherren, der Adel, die Könige und Kaiser, die aus lauter Habsucht oder ähnlichen Ursachen ihre Kinder den Klöstern aufzudrängen pflegen. Die Adeligen, die gegen ihren eigenen wie auch gegen unsern Willen uns auf den Hals geladen werden, möge man fortan bei Hofe behalten, um die Klöster eifrigen Jünglingen zu öffnen, so wird schon ein guter Schritt auf dem Wege der Frömmigkeit geschehen sein.‘

Auch das Hereinreichen des weltlichen Armes in die geistliche Sphäre in der Form der Adelsprivilegien, des Landes- bzw. Territorialkirchentums oder des Patronats (des geistlichen wie des weltlichen) wirkt sich verderblich aus: man vergabt die Pfründen nach finanziellem Gesichtspunkt; auf die Seelsorge sieht man weniger oder auch gar nicht. Die protestantisch werdenden Fürsten werden dereinst nur eine alte Gewohnheit radikaler fortführen — neben ihren katholischen Konkurrenten.

VII. Schon die bisherigen Analysen des religiösen Lebens am Vorabend der Reformation haben dargetan, wie wenig man mit dürren Stichworten, aber auch mit einseitigen Verdikten oder Lobsprüchen auskommt. Das damalige religiöse Leben ist wie die Zeit überhaupt von einer rätselhaften Kompliziertheit. Das 15. Jahrhundert ist ein zerwühltes Schlachtfeld zweier Zeiten. Seine Mannigfaltigkeit enträtselt sich einigermaßen nur dem bohrenden und hartnäckigen ‚sowohl als auch‘. Wer in diesem immer neu ansetzenden Verteilen von Licht und Schatten, und des Lichtes im Schatten, und umgekehrt, eine Schwäche und Unklarheit der Stellungnahme sieht, soll keine Geschichte schreiben, besonders nicht sich um eine Zeit solcher Gegensätze bemühen, wie sie den Übergang des 15. zum 16. Jahrhundert füllen.

Die g a n z e Schwierigkeit, die Grundkräfte dieser Zeit gerecht zu schildern, steigt aber erst auf, wenn man versucht, ein genaues Bild von der kirchlichen V o l k s frömmigkeit zu gewinnen. Sie erst recht ist von Gegensätzlichem bis zum Widerspruch erfüllt.

1. Das kirchliche Fühlen des Volkes war stärkstens belastet durch die finanzwirtschaftlichen Gegensätze zu seinem Bischof, auch dem Klerus überhaupt (als den Nutznießern und oft genug rücksichtslosen Eintreibern der fälligen großen und kleinen Abgaben), und durch die geschilderte heillose Verweltlichung der Geistlichen. Gegenüber dem Papsttum wie den nicht seltenen fremdländischen Pfründengenießern kommt noch der nationale Gegensatz hinzu. Es handelt sich um eine vielfältige Unzufriedenheit, die nicht örtlich oder zeitlich eng begrenzt ist. Sie ruht auf der jahrhundertealten Grundlage breiter geistesgeschichtlicher, religiöser und kultureller Entwick-

lungen. Die Geister und Seelen waren von Oppositionsgedanken und Oppositionsforderungen gegen Rom und vielfach gegen den Klerus überhaupt erfüllt.

2. Trotzdem beobachten wir in der kirchlichen Volksfrömmigkeit seit dem 15. Jahrhundert, ganz stark in seiner zweiten Hälfte, ein überraschendes Aufblühen. Ausländischen Beobachtern fällt es auf, daß jedes Dorf seine schöne Kirche hat, in deren häufigen Gottesdiensten Gläubige und Priester eine andächtige Haltung zeigen. Neubauten und Vergrößerungen von Kirchen mehren sich im ganzen Reich derart, daß nur wenige Stadt-, Kloster- und Domkirchen damals nicht ein (noch) stattlicheres Aussehen erhielten.

Die Sorge der Kirche um die religiöse Erziehung des Volkes war beträchtlich. Der größte Teil des Jahres mit etwa 100 Sonn- und Festtagen und 160 Fast- und Abstinenztagen stand in einer besondern Weise unter der Ansprache der Kirche. Die eigentliche Förderung der Volksfrömmigkeit erfolgte natürlich immer noch durch den Anschauungsunterricht des täglichen Lebens: in Messe, Sakramentenspendung (Versehgang), Segnungen, Prozessionen, Bildern, durch volksfrommes Brauchtum. Unmittelbare Belehrung wurde erstrebt und erreicht durch Beichtunterricht, einigermaßen durch die Schule, vor allem aber durch das gemeinschaftliche Beten: Vater unser, Ave Maria, Glaubens- und Schuldbekenntnis, Zehn Gebote. Bildliche Darstellungen der religiösen Wahrheiten waren das Hauptlehrmittel.

Wir sehen auch einen fruchtbaren Aufbau des Gottesdienstes mit einer vertieften religiösen Volksunterweisung in häufigeren und besseren Predigten. Eine Reihe Prediger ragen hervor (Brant, Geiler von Kaysersberg, Paul Wann aus Passau † 1489). Die Stadtobrigkeiten bemühten sich, durch gute Bezahlung tüchtige Fastenprediger zu gewinnen. Adelige verpflichten ihre Dienerschaft zu regelmäßigem, andächtigem Besuch von Messe und Predigt am Sonntag. Geiler von Kaysersberg ist der Ansicht, daß durch eine Messe ohne Predigt mehr Schaden entstünde als durch eine Predigt ohne Messe; das Versäumen der Predigt gehört nach ihm zu den schwersten Todsünden, und der schlechte Prediger oder der Pfarrer, der sie unterläßt, ist im Stande der Verdammnis.

Bei der Predigt war von besonderer Bedeutung die Sonntagsverkündigung. Sie belehrte über die Heiligen der Woche, über Feier- und Fasttage, über Aufgebot zur Ehe, über Jahresgedächtnisse, sonstige Gedenkmessen, Armenspenden, Kollekten und Ablässe. Sie schloß mit dem Gebet für kranke Gemeindemitglieder, für die geistlichen und weltlichen Stände. Das Abhören der Sonntagspredigt gehört zu den Aufgaben des christlichen Hausvaters, dem ja überhaupt im Verein mit der Mutter durchaus der Hauptteil der religiösen

Erziehung der Kinder und des Gesindes zufällt (Abhören und Erklären der Zehn Gebote, der sieben Todsünden, des Vaterunsers, des Glaubensbekenntnisses). Dazu wird ein frommes Lied gesungen. Den Eltern oblag z. B. auch die Vorbereitung auf die erste heilige Kommunion, die noch nicht gemeinschaftlich empfangen wurde.

In der Volkserziehung verwandte die Kirche wie das Mittelalter hindurch so auch jetzt in großartiger Weise und in all seinen Anwendungsmöglichkeiten das Bild. Aus den Fenstern, von den Wänden, den Portalen und den Säulen der Kirchen, von den Lettnern und den Sakramentshäuschen redete es dauernd und eindringlich auch zu den Ungebildeten von den Glaubenswahrheiten. Wie die Kirche die Zehn Gebote, das Glaubensbekenntnis, kurz, die verschiedenen Gruppen der Haupttheilswahrheiten auch auf Bildtafeln zusammenfassend in typischen Darstellungen vereinigte und in den Kirchen darbot, so gab es auch Katechismustafeln, die man in den Häusern aufhing. Auch die Außenwände der Häuser, Grabplatten, Bildstöcke an den Wegen, die Öfen, kunstvolle und grobe Gewebe (in den Kirchen etwa die berühmten Hungertücher für die Fastenzeit), vor allem das überall ragende Zeichen unserer Erlösung, das Kruzifix, und die immer wieder ansprechenden Darstellungen Unserer Lieben Frau mit dem Kinde oder dem toten Herrn gehören zu dieser umfassenden, allen verständlichen Dauerpredigt. Dazu kommt nach Erfindung des Buchdruckes die starke Vermehrung der frommen Stiche aus dem Alten Testament, aus dem Neuen Testament, aus dem Leben der Heiligen, über die Tugenden, Sünden, Sakramente und die Kunst des Sterbens (s. unten): sicherlich eine gewaltige Aktion der Heilsverkündigung von vielen Seiten her, das ganze Jahr, das ganze Leben hindurch für alle Schichten des Volkes.

Wir erleben eine geradezu ungeheure Fülle von kirchlichen Stiftungen (also auch die Hingabe großer materieller Werte): Altar-, Messe-, Predigt- und Wallfahrtstiftungen zu Gunsten kleiner und kleinster Kreise, zu Ehren eines bestimmten der ,unzähligen' Heiligen oder zu Ehren einer Begebenheit aus dem Leben des Herrn und seiner gebenedeiten Mutter, oder aber zur Verehrung und manchmal auch zur Ausnützung wunderbarer Geschehnisse oder heilkräftiger Reliquien.

Über der Schar der Heiligen und neben der Gruppe der heiligen Nothelfer triumphiert die Mutter Anna, in deren schwärmerischer Verehrung sich eine tiefe Hochschätzung der Mutterschaft mächtig ausspricht. Und über ihr Unsere Liebe Frau. Ihr gilt die stärkste Huldigung. Alles wird ihr geweiht und trägt ihren Namen: Orte, Kirchen, Altäre, Mädchen. Ihr Lob zu künden, entsteht das weithin gepflegte Salve-Regina-Singen am Samstagabend. In innigen Marienliedern und Marienlegenden spricht sich die fromme Volksseele ebenso aus wie in der Unzahl der schönen, bedeutenden und einige Male ganz großen Madonnenschöpfungen der Malerei und Skulptur. Zu ihrer Ehre schließen sich mancherlei Bruderschaften zusammen und werden Stiftungen gemacht. Ihr Lob verstummt nicht in dieser Zeit.

Ein einzigartiges Mittel dazu ist der Rosenkranz. Jung und alt trägt ihn, und er ist Beweis dafür, daß man christlich lebt oder gelebt hat. Die Sterbenden halten ihn. Wir treffen ihn auf vielen Grabplatten. Dürer kauft ihn. Die Mutter des Herzogs Georg von Sachsen mahnt diesen als Knaben inständig: Vergiß deinen Rosenkranz nicht!

Der Nichtkatholik wolle hier nicht zu schnell über den Wert dieser Gebetswiederholungen aburteilen. Manche, viele Seelen können nur in rudimentären Formen vor Gott sein. Manche scheinbar rudimentäre Form des Betens öffnet für den, dem es gegeben ist, den Weg zur tiefen Betrachtung. Und: im Mittelpunkt dieses Betens steht selbstverständlich — Leben, Leiden und Glorie des Herrn. Auf die Grundhaltung kommt es an. Ist es doch auch so, daß Kritiklosigkeit etwa gegenüber Reliquien echteste, härteste Frömmigkeit nicht zu schmälern braucht! Ein Mann der neuen, initiativreichen katholischen Frömmigkeit um die Mitte des 16. Jahrhunderts, der Jesuit Peter Faber, hat vor den in Mainz ausgestellten Reliquien Tränen der Rührung vergossen.

Neben und mit der kirchlichen Liturgie entfaltet sich eine außerordentliche Blüte der Bruderschaften im engen Zusammenhang mit einer gesteigerten Reliquienverehrung und der Sammlung geistlicher Gnaden daheim und auf Wallfahrten.

Sodann beginnt mit der neuen Zeit und ihrer Buchdruckerkunst die intensive Verbreitung einer höchst bedeutenden, alten und neuen Erbauungsliteratur (Bibelausgaben, Meßerklärungen, Hauspostillen, Beicht-, Sterbe- und sonstige Erbauungsbücher); die Predigt in der Kirche wird in gewissen Kreisen durch die Lektüre daheim ergänzt.

Das Ganze jedenfalls eine geradezu verwirrende Fülle von verschiedensten Äußerungen der kirchlichen und kirchlich gebilligten Volksfrömmigkeit. Was bildet ihre Eigenart? Ist sie christlich wertvoll oder nicht?

3. Zunächst: diese verwirrende Fülle zeugt von einer auffallenden Erregtheit, um so mehr als das Bewußtsein der Sünde, das Streben nach Entsündigung, eine bis zur Heilsangst gesteigerte Heilssorge, die Buße, der Gedanke an die im Fegfeuer schwer leidenden Abgestorbenen und der Gedanke an den eigenen Tod diese Frömmigkeit sehr und nicht selten übermäßig stark kennzeichnen.

Nun ist Erregtheit eine Haltung, die der katholischen Frömmigkeit im allgemeinen fremd ist. Man hat deshalb der spätmittelalterlichen kirchlichen Volksreligiosität oft jenen Charakter abgesprochen. Es ist freilich nicht an dem, daß die meisten Kirchgänger damals dauernd in Sündenangst und Gerichtsschrecken gelebt hätten. Das sehr kräftige Alltagsleben wie das geistliche Leben der Christen im Anschluß an die Liturgie der Kirche lassen eine solche Auffassung nicht zu. Aber die Erregung besteht, und sie steigert sich zur Angst so, daß diese — neben vielem andern — ein Grundelement der Zeit wird. Die Zeit ist seelisch erschüttert und manchmal krank. Oder ist der Wahnsinn der Hexenangst keine Krankheit? Die Europa seit 1495 durchrasende Angst vor der Syphilis, vor ihrer Ansteckungsgefahr, bringt schwere innere Erschütterungen. Die Sucht nach immer höherer Steigerung der geistlichen Gnaden, die bei den Ablässen mit den Millionen Jahren ihren eigentlichen Sinn verloren hatten (trotz allen apostolischen Verheißungen bei ihrer Ausbietung wurden außerdem immer wieder frühere Ablässe abgerufen und neue vollkommene angeboten und erworben), zeigt zweifellos einen Zug aufgeregter Unbefriedigtheit. Die Wallfahrten zeigen teilweise in der ‚currendi libido‘, in der Sucht, zu wallfahrten, einen beinahe und manchmal wirklich epidemischen Charakter. Durch sie entwickelte sich unschwer eine dem Schwärmerischen geöffnete Atmosphäre, die dann auch gelegentlich bis zum Extremen sich steigerte. Hubmayer, der Kaplan an der Wallfahrtskirche zur Schönen Maria von Regensburg, der spätere Wiedertäufer, stellt den klassischen Einzelbeleg. Auch die unersättlich gehäuften Gnaden- und Gebetsgemeinschaften, bei denen es allzu häufig um eine Versicherung gegen die Hölle ging, gehören hierher. Diese Zeit spürte den Umbruch von allen Seiten herandrängen. Es war auch gar nicht möglich, daß die großen Erschütterungen im weltlich-staatlichen, kirchlich-päpstlichen und sozialen Raum und die aufwühlende Arbeit der großen Bußprediger dieser erwartungsträchtigen Zeit sich nicht seelisch erregend ausgewirkt hätten. Kann man das epidemisch ansteckende, fortreißende, hemmungslos und ohne Vorsichtsmaßnahmen sich vollziehende Dahinströmen der Kinderschwärme in den fünfziger Jahren (1455—1459; die Kinderwallfahrt vom Mont-Saint-Michel 1475) ohne solche Erregung verstehen? Und wenn das Vorrücken der Türken bis zum Rhein angesagt wird, war das bestimmt eine aufwühlende Drohung, die bei dem damals gläubigen Sinn des Volkes und unter der allgemeinen Erwartung einer Gotteszüchtigung sofort ihre Spuren im religiösen Leben offenbaren mußte. Sprechen die gewaltigen Zahlen der gewöhnlichen Wallfahrer und die unübersehbare, immer sich mehrende Fülle der Wallfahrten nicht zum guten Teil die gleiche Sprache, zumal auch sie in mannigfachem Zusammenhang mit den Weltuntergangserwartungen stehen?

Die Wunder- und die Visionssucht, die Begleiter der Wallfahrten, bezeugten den etwas unsoliden Charakter solcher Frömmigkeit ebenso wie die Fülle der Verbote und Warnungen, durch welche deutsche Synoden und Theologen im ganzen 15. Jahrhundert hemmend einzugreifen sich bemühten. Berthold Pirstinger scheut sich nicht, noch inmitten der reformatorischen Angriffe zu bekennen und zu beklagen, daß man in Regensburg aus der Schönen Maria eine Abgöttin gemacht habe. Der Holzschnitt des Michael Ostendorfer von dieser Wallfahrt zeigt deutlich neben dem geordneten Prozessionsbeten genügend Äußerungen eines nicht nur inbrünstigen, sondern seelisch und körperlich aufgeregten Wallens.

Endlich vollendet die Fülle der hereinbrandenden Weissagungen, die zu einem offenkundigen Weissagungsunfug auswachsen, und das Aufblühen der ,okkulten Philosophie' die Sicherheit unserer These. Man erwartet eine neue Sündflut für 1522 oder 1524 auf Grund astrologischer Berechnungen. Johannes Lichtenberger mit seinen vielen Weissagungen ist unausrottbar; Joseph Grünbeck kündigt die Veränderung aller Stände an; nach dem Ausbruch der Reformation nimmt Bischof Berthold von Chiemsee bzw. das ,Onus ecclesiae' die Tradition auf, indem er alle ,joachitischen' Weissagungen zu einem düsteren Weltuntergangsgemälde vereinigt. Agrippa von Nettesheim († 1535) gründet in Paris seinen Geheimorden zur Entdeckung des Steines der Weisen; die verborgenen, das All durchwaltenden Kräfte sind der Schlüssel zur Erklärung aller Rätsel des Seins. Paracelsus († 1541), ein Schüler des Trithemius, lebt und webt stark im Irrationalen. Es vollzieht sich ein mächtiger Neuaufbruch des Erkenntnistriebes und damit ein Einbruch in alle Ordnungen und also ein Umbruch der Ansichten, Voraussetzungen, Bilder. Die ganze Atmosphäre um das kirchlich so umstrittene Wilsnack und andere angebliche Blutwunder offenbart nicht eine andere Stimmung. Die Astrologie grassiert in allen Kreisen. Gut kirchliche Humanisten, wie der erfolgreich reformierende Benediktinerabt Trithemius († 1516), begrüßen sie enthusiastisch. Volkstümliche Kreise werden davon erregt. Aber auch die Gebildeten sind tief mit diesen Strömungen verbunden. Pierre d'Ailly († 1420), der spätere Kardinal, schrieb in einem Jahr gleich fünf Traktate über Astrologie. Den darin behandelten Zusammenhang von Gestirnen und Geschichte vertrat auch Trithemius, nach dessen phantastisch gemischten Ansichten der Geschichtsablauf wesentlich abhängt von dem einem jeden Planeten für eine Zeitperiode vorgesetzten Engel. Seine Zeit ist von einem Engel des Umsturzes beherrscht, der bis spätestens 1525 die Zerstörung einer alten Religion und das Aufstehen einer neuen sehen wird. Reuchlins Verehrung der jüdischen Geheimlehre, die in Italien florierte, wurde schon erwähnt. Nach ihm sind im hebräischen Alphabet geheime Kräfte verborgen. Aleander wieder berichtet, daß der kaiserliche Kanzler

Redensarten über Konstellationen mehr als gebührlich im Munde führt und ein Konzil verlangt, weil sich die Schicksalssterne gegen jede andere Bereinigung der Lage stellen.

Die abergläubischen Vorstellungen von der Wirksamkeit gewisser Amulette, die besonders gegen Verzauberung gut sind, und ‚schon durch bloße Berührung gegen Feuersbrunst, Schiffbruch, Gewitter und Hagelschlag Sicherheit gewähren', sind weit verbreitet. Auch das Weiterwuchern des alten, noch halbheidnischen Aberglaubens an allerhand personifizierte Wetter- und Naturkräfte in Feld, Pflanze und Tier, an verschiedenerlei magische Kräfte (etwa gegen Krankheit bei Mensch und Vieh, gegen Liebeszauber), der Hexenwahn, um den sich die große Welle kirchlicher Auseinandersetzungen zwischen Franziskanern und Dominikanern, dann die fürchterliche Tatsache der Hexenprozesse sammelte: all das mußte auch die wesentlich robustere seelische Konstitution unserer Vorfahren in unregelmäßige Vibration versetzen.

Als Träger und Mehrer der allgemeinen Erregung in den Jahrzehnten vor der Reformation sind übrigens auch die Predigten zu nennen, wegen ihrer vielfachen oft hemmungslosen Anklagen, die von Haß nicht frei waren. Die Erregung, die um Savonarolas Kanzel brandet, hat ihre kleinen Parallelen in deutschen Kirchen. Die Predigtpolemik und die tumultuarische Haltung der Predigthörer in der beginnenden Reformation sind vorbereitet.

Den unmittelbarsten Ausdruck dieser gefährlichen Stimmungen, die von unbestimmter Niedergeschlagenheit bis zum Todesgefühl und zur gewaltsamen Erregtheit vor dem ungewiß Drohenden gehen, bietet uns die Kunst. Dürer, der Künstler der ‚Melancholie' und des Blattes von ‚Ritter, Tod und Teufel', schneidet aus eigenem Antrieb die mächtig aufzuckenden Visionen seiner ‚Heimelichen Offenbarung' (1498). Grabdenkmäler bedecken sich mit Verwesungsplastiken. Des Veit Stoß Schöpfungen künden in Gestalt, Gesicht und erst recht in den aufrauschenden Gewändern oder dem Lendenschurz des Gekreuzigten Gewaltsames. Der Isenheimer Altar Grünewalds gehört hierher ebenso durch den mächtigen Einbruch des teuflisch Schreckbaren wie durch die tiefen Gewaltsamkeiten am Leibe des Gekreuzigten, dessen Gliedmaßen sozusagen vulkanisch gegen den Tod ankämpften, ehe sie im Zucken erlagen. Der gläubige Adam des Tilman Riemenschneider trägt schwermütig das Weltleid seiner Zeit; seinen Scherenberg, seinen Ritter von Schaumburg, selbst seinen Kilian drückt die gleiche Last.

Es ist wiederum nicht so, als ob diese Erregung ihre Hauptwurzel in der Sündenangst gehabt hätte. Vielmehr spielt mit und wirkt sich mindestens gleich stark aus die bis in die Wurzeln des Daseins erlebte, aufwühlende Unzufriedenheit mit den sozialen, auch den politischen Zuständen. Die entlassenen Landsknechte bilden eine dauernde Ursache der Unsicherheit und daher der

Beunruhigung auch in den Zeiten zwischen den vielen Kriegen. Es gibt überhaupt
eine gewaltige Schicht der dauernd unruhig von Ort zu Ort Ziehenden: Studenten, Händler, geistliches Proletariat. Man hat sie mit Recht die Sturm-
trupps der Revolution genannt. Ebenso wirkt die Unzufriedenheit mit den
kirchlichen und den religiösen Zuständen, und anderseits — wie schon gesagt
— die seit Joachim von Floris geisternde Erwartung des Weltendes und der
Welterneuerung. Und hier, im Religiösen, lagen die Wurzeln dieser Entwicklung; sie blieben auch daran gebunden.

Zu dieser mangelhaft ausgewogenen Religiosität gehört auch die Massivität des Teufelsglaubens, der keine Hemmung hatte, Teufelsbund, Teufels-
buhlschaft, Teufelskult und Hexensabbat für alltägliche Wirklichkeit zu
nehmen. Hier liegt eine regelrechte Pervertierung des Christlichen ins Teuf-
lische vor. Freilich darf man diese Neigung, überall den leibhaftigen Gott-
seibeiuns zu sehen, ja nicht uneingeschränkt mit seelischer Erregung in Verbindung bringen. Das ausgehende Mittelalter ist auch vom Lachen über den
Teufel erfüllt, und es ist mitnichten stets ein Lachen der Verzweiflung, wie
liberalistische Überheblichkeit meinen konnte. Es ist sehr oft die sichere
Überlegenheit der Erlösten und die Schadenfreude über den schlauen, aber
doch übertölpelten Satan. In der bildenden Kunst der Chorstühle oder im
gereimten Spruch konnte sie sich wohl auch bis zum harmlosen Umgang mit
dem gehörnten Schwanzträger ausbilden. Wie selbstsicher klingt der Spruch
des Ritters in der Abteikirche von Doberan, der noch ‚in Ewigkeit mit dem
Herrn Jesus pokulieren wird, wenn der Teufel in alle Ewigkeit Durst
leiden muß'!

Die Weissagungen enthalten unter vielem andern ein für die Weiterentwicklung besonders wichtiges Moment: seit Jahrzehnten und Jahrhunderten
verkünden sie und errechnen aus den Sternen die kommende gewaltsame
Umwandlung aller bestehenden Ordnung, insbesondere die religiöse Umwandlung gegen die Kirche (wie die soziale gegen die Herren). 1438
war die sozialistisch-revolutionäre apokryphe ‚Reformation des Kaisers Sigismund' erschienen; um dieselbe Zeit das Manifest des ‚Rheinischen Revolutionärs'. Etwa 1440 hatte der Bauer Peter Cheltschizki in seinem ‚Netz des
Glaubens' eine volle Umgestaltung von Staat und Kirche verlangt, indem
er alle Gewalt als an sich antichristlich erklärte. Diese Gewalt hat das Christentum in der Kirche verfälscht. Nur Gott und Christus, nur volle Bruder-
und Feindesliebe kann gelten. Kaiser, Papst, Adel, Bürger, Mönche, Universitäten und Pfarrer, jede Organisation, sind Träger der Gewalt, sie
müssen verschwinden. Den Willen Gottes liest jeder aus der Bibel, Gottesdienst übt jeder nur in seinem Innern; er braucht keine Beichte, um sich mit
Gott zu versöhnen (Eder). Der thüringische Franziskaner Johannes Hilten

(als kirchentreuer Katholik etwa 1500 gestorben) errechnete 1485 den Sturz des Papsttums für 1514 oder 1516. Rom soll 1524 vernichtet werden. 1496 erschien der Stich mit dem Papstesel, 1508 die Schrift Grünbecks. Es konnte gar nicht ausbleiben, daß durch solche Verheißungen, die zu Erwartungen wurden, die bewußte und unbewußte Loslösung von der Kirche gefördert wurde.

4. Erregung in solchem Umfang ist nicht gesund, ist jedenfalls unheilschwanger. Aber Luther und die für Katholisches verständnislose zweite protestantische Generation blieben nicht bei diesem Tadel stehen. Sie haben die Welt mit beispiellosem Erfolg daran gewöhnt, in der reichen kirchlichen Volksfrömmigkeit zuerst oder gar ausschließlich das Tun des Werkes, die massive menschliche Selbstsicherung, die Veräußerlichung zu sehen. Auch Erasmus gehört zu den Urhebern dieses Verdiktes durch seine uneingeschränkten Verallgemeinerungen im Angriff gegen die geltende kirchliche Frömmigkeit; nach ihm gibt es da nur Drohungen mit der Hölle, Skrupeln, Gewissensquälereien, Nebensächlichkeiten, jüdischen Gesetzesformalismus und Angst.

Nun freilich, die Veräußerlichung ist in einem erschütternden Umfang vorhanden. Sie läßt sich an manchem der oben erwähnten Dinge mit Händen greifen: Auswüchse des Wallfahrens; der multiplizierte Heiligenkult, der zweifellos auch weniger hohen, bisweilen auch egoistischen Standesinteressen diente. Im Jahre 1500 siedelten die Mecklenburger Herzöge Augustiner-Eremiten an zur Verehrung des auch dort aus Hostien geflossenen Blutes. Falsche Reliquien waren in Masse verbreitet und wurden nicht immer ohne Aberglauben verehrt. Die Ausrechnung der in Kirchen und Bruderschaften gesammelten und angepriesenen geistlichen Gnaden zeigt oft genug, daß der streng religiöse Höhepunkt überschritten ist und allerlei egoistische Nebenziele das Übergewicht gewonnen haben. Eindringlichstes und abschreckendstes Beispiel bleibt die heillose finanzielle Infizierung des Ablasses und die massiv dingliche Vorstellung seiner Wirkart, besonders im Eingriff in Gottes Reich jenseits des Todes, ins Fegfeuer. Eine Instruktion wie diejenige des Kardinals Albrecht von Mainz für seine Ablaßkommissare, der auch Tetzel folgte, wirkt auf den religiösen Menschen unmittelbar abstoßend. In unsympathischer, marktschreierischer Weise werden die Ablässe nach genauen Verzeichnissen auch in den Pfarrkirchen verkündet. In Rom gibt es schon seit dem 14. Jahrhundert ‚unzählige‘ Ablässe. Im 15. Jahrhundert kommt es zu einer wahren Inflation mit ‚maßlosen‘ Zahlen. Es gibt damals unter den vollkommenen Ablässen Roms eine Menge unechter, die aber leichtsinnigerweise noch 1521 vom päpstlichen Generalvikar unter Benutzung der gewohnten selbstsichern, drohenden und verdammenden Formeln direkt beglaubigt werden: man müsse ihnen vollen Glauben entgegenbringen, niemand dürfe an ihrer Echtheit zweifeln, der in der wahren Kirche sei; wer doch daran zweifelt, sündigt gröblich. Zu einem besondern Übel wuchs sich die feierliche Anbietung außergewöhnlicher päpstlicher Ablässe aus. Der große Zustrom des Volkes zwang dabei außerdem die fremden Beichtväter einigermaßen, ihr Amt im Beichtstuhl oberflächlich-schnell zu verrichten.

Die so reichlich ausgenutzte Kulturkraft des Ablasses ist viel mehr als Nebensache. Sie hat auch die Frömmigkeit enorm gefördert. Ohne das durch den Ablaß flüssig gemachte Geld wären eine Menge herrlicher Kirchen, unendlich segensreiche Spitäler nicht gebaut worden. Auch die Fülle der Bildwerke in und außerhalb der Kirchen wäre ohne die Gelderträgnisse des Ablasses wohl kaum geschaffen worden. Es bleibt trotzdem das gewichtige Bedenken gegen die gefährliche Verquickung mit der Materie. Und die Verantwortung für diese Verquickung trifft mit voller Wucht auch die weltlichen Obrigkeiten, die vom Wirtschaftlichen her wesentlich an der Mehrung der Ablässe beteiligt waren. Wenn sogar um 1500 allen Ernstes daran gedacht werden konnte, das Budget des Reiches durch Ablaßeinnahmen decken zu lassen, so bezeugt das gewiß auch die tiefe Verwurzelung des Ablasses im Volk, aber vor allem belegt es eine sehr schlimme praktische Verkehrung des eigentlichen Sinnes dieser geistlichen Gnade. Auch die auffallende Spannung im Benehmen Friedrichs des Weisen (Begünstigung Luthers einerseits, anderseits energisches Anfordern neuer Ablässe von Rom und Ablaßfeiern in Wittenberg 1519 und 1520 mit beträchtlichen Geldeinnahmen) muß teilweise von hier aus erklärt werden.

Man nahm diese Entwicklung nicht überall in der Kirche ohne Widerspruch hin. Seit dem 14. Jahrhundert beobachten wir in vielen Diözesen einen Kampf gegen die vielfältigen Auswüchse des Ablaßwesens. Das irreführende marktschreierische Treiben der Ablaßsammler wird laut getadelt. Man hatte aber nur wenig Erfolg. Das Übel fraß allerorten weiter, weil man seine Wurzeln nicht beseitigte. Die Verlockung des Geldes (von dem bei den nichtpäpstlichen Ablässen übrigens immer ein Teil auch an den Pfarrer der betreffenden Kirche fiel) war zu stark. Kapitel, Bischöfe (etwa in Würzburg 1515, 1516, 1517) und Reichstage (1497, 1498, 1521) sträubten sich zwar gegen die Verkündigung (und nicht einmal immer nur aus egoistischer, sondern auch aus religiöser Sorge!), aber sie vermochten nichts: der Gnadenstrom schwoll weiter an. Der Franziskaner Thomas Illyrius weiß, daß die Ablässe so zugenommen haben ,aus Habsucht einiger Prälaten', daß sie ganz der Verachtung anheimgefallen sind. Eck tadelt unter anderem in seiner Eingabe an Adrian VI. die unerhörten Ablaßprivilegien des Heiliggeistordens, der nach und nach alle möglichen Ablässe als Teilnehmer (eine Million Jahre und 42 vollkommene Ablässe) an sich gezogen habe.

Wie beim Ablaß, so zeigt sich auch in der ungeheuerlichen Vermehrung der Meßpfaffen, der Messen, der Reliquien, der Bruderschaften und Benediktionen eine Überwucherung gefährlichsten Ausmaßes. Die umfänglichen Vigilien bei Todesfall, die Anniversarien, die Häufung der Totenmessen (mit den Schachtelämtern), das ‚Seelgerät‘ bei den Beerdigungen, die Messen mit doppelter und mehrfacher Kommemoration der Stifter und die ganz aus dem Pfarrorganismus losgelösten Winkelmessen ganz unwissender Geistlichen zeigen tatsächlich eine teilweise magische Auffassung der heiligen Geheimnisse und eine Isolierung, die ihrem innersten Wesen fremd ist.

Die Reliquiensammlungen der großen Herren, zu denen man wallfahrtete, um in Wittenberg beinahe 2 Millionen, in Halle beinahe 40 Millionen Jahre Ablaß durch einen interessanten Rundgang mit etwas Gebetsbegleitung einzuheimsen, hatten ihre Nachahmung bei kleinen und ganz kleinen Rittern und bei wohlhabenden Bürgern gefunden.

Die Mehrung der Festtage (die nach Nikolaus von Cues mehr aus Aberglauben als aus berechtigter Gottesverehrung geschah) und die gestiegene Wertschätzung der Predigt verhinderten keineswegs, daß auch sie an der Veräußerlichung teilnahmen. Die Quantität war gestiegen, nicht immer die Qualität. Wie über ausgelassene Spiele in den Kirchen geklagt wurde, so waren die Predigten oft mit Törichtem und Profanem und massiver Kritiklosigkeit beladen und verkündeten zu wenig Christus. Ökolampads Gegnerschaft entzündet sich z. B. am ‚risus paschalis‘. Schon die Titel der Predigten bei Brant und Murner atmen durchaus nicht immer den Geist des Evangeliums. Auch wo Christus im Mittelpunkt des Themas steht, fordert die Peripherierung ihren Tribut. Brachte es doch selbst ein Geiler von Kaysersberg fertig, 65 Passionspredigten zu halten, in denen er den Vergleich Christi mit einem Lebkuchen durchführte: Christus als unser Lebkuchen ist zusammengesetzt aus dem Bohnenmehl der Gottheit, dem alten Fruchtmehl des Leibes und dem Weizenmehl der Seele; ihm ist beigemischt der Honig der Barmherzigkeit. . . .

Auch die durch die Franziskaner und das Basler Konzil geförderte Marienverehrung blieb von dieser Übertreibung nicht verschont. Das gilt für die Wallfahrten (wie schon gezeigt), für die Andachten und leider auch für die Theologie, die sich von gefährlichen Hyperbeln nicht frei hielt. Nicht irgend eine bedeutungslose scholastische Disputation, sondern Okham selbst behandelt in seinem ‚Centilogium‘ Themen wie diese: ‚Gott der Vater ist der Sohn der Jungfrau. Der Heilige Geist ist der Sohn der heiligen Jungfrau.‘ Das gilt auch von mancher Betrachtung. Das Niveau hat sich von kraftvoller mystischer Geistigkeit zu seltsamen Empfindeleien, ,phantastischer Devotion und ultra-konkreter Glaubensphantasie' gesenkt. Etwa bei Alanus de Rupe aus der Bretagne, der so segensreich für die Verbreitung des Rosenkranzes wirkte, der aber auch die abgeschmacktesten, zuweilen auch religiös-sittlich nicht ungefährlichen Meditationen anstellte und empfahl.

Die Wallfahrten zeigen neben der schon gekennzeichneten Erregung hypertrophe Formen gerade des Muttergotteskultes. Man erinnere sich z. B. daran, daß die Geschehnisse in Niklashausen um Visionen und Aufträge Mariens kreisen. Zehntausende, die eine Zeit lang Tag und Nacht dorthin stürmten, warfen ihre Kleider zur Ehre der Himmelskönigin in ihre Kapelle und kehrten nackt heim.

Überhaupt die Wallfahrten! Alle Stände sind daran beteiligt. Leichtgläubigkeit und Aberglauben nehmen hier außerordentlich bedenkliche Formen an. Die Geißlerfahrten sind nur besondere Zuspitzungen eines Wallfahrtsfiebers, das viel mit haltlosen Gerüchten über Visionen und Hostienblutwunder durchsetzt ist, sittliche Gefahren die Menge heraufbeschwor und vielfache Unordnung in das Leben brachte. Örtliche Nutznießer, wie die Territorialherren, unterstützten diesen Hang nicht zuletzt des Opfergeldes wegen. Sie hofften dadurch das Wallfahrten der Deutschen nach dem Ausland (umgekehrt lief der Strom kaum) zu unterbinden und das Geld im Lande zu behalten oder es stärker zum Rollen zu bringen. Der Kurfürst von Brandenburg hat Wilsnack geschützt trotz dem Kardinal von Cues, dem Erzbischof von Magdeburg und den angerufenen Universitäten.

Sicherlich darf man die im Wallfahrten eingeschlossenen Mühsalen und die bestandenen Lebensgefahren nicht einfach leicht nehmen. Sie sind Ausdruck bedeutenden Bußernstes. ,Auch tut es nichts (meint der westfälische Kartäuser Werner Rolevink 1478), wenn einmal ein Irrtum in solchen Dingen unterläuft, der nicht zu den wesentlichen Artikeln des Glaubens zählt. Solange das Volk kommt in der frommen Absicht, den einzig wahren Gott und seinen Sohn, unsern Herrn Jesus Christus, und seine Heiligen zu ehren, und im festen Glauben, daß sein Gebet erhört werde, so muß man es dabei eher gewähren lassen, als daß man es hindert.' Das ist schon richtig. Aber mit einer solch abstrakten Entscheidung ist gegenüber den Wucherungen der spätmittelalterlichen Praxis wenig anzufangen. Zusammen mit jenem rechten Glauben standen eben jene massiven Veräußerlichungen; Glaube und Aberglaube waren allzu oft so untrennbar ineinander verwachsen, daß der Glaube geschwächt, nicht der Aberglaube geadelt wurde.

Der Eifer des Betens und die Tiefen des Rosenkranzes hatten das vielfältige Herplappern nicht vertrieben. Geiler weiß es; er warnt vor diesem

Mechanismus, ‚da man macht mum, mum und herzählt das Gebet, als da man Geld zählt.‘ Der große Gedanke der Gemeinschaft der Heiligen war durch allzu handfeste Auffassungen schwer geschädigt worden. Beim damaligen Ablaßbetrieb und -vertrieb liegt das zu Tage. Für Erasmus ist es ein dauernder Stein des Anstoßes, daß man sich auf dem Sterbebett eine Mönchskutte anziehen läßt, sicher, dann die Seligkeit zu erlangen, wie denn andere glauben, vor Unheil geschützt zu sein, wenn sie am Morgen das Bild des hl. Christophorus ansehen. ‚Wir küssen die Schuhe der Heiligen und ihre schmutzigen Schweißtücher, und wir lassen ihre Bücher, ihre heiligsten und wirksamsten Reliquien, verwahrlost liegen.‘ Der Wert nicht weniger Stiftungen zu Ehren der Heiligen ist dadurch geschwächt, daß sie einem engbegrenzten Spezialzweck dienen und damit die Peripherierung der christlichen Frömmigkeit fördern. Kaplan-, Kapellen- und Altarstiftungen dienen übrigens auch dem Geltungsbedürfnis der stiftenden Familien, die es einander gleich und zuvortun wollen. Eine nicht eben besonders religiöse Einstellung, die aber dem Beten und Opfern seinen Platz nicht einfach wegnahm.

Diese Fülle wird nun gerade vom Katholischen her noch besonders durch eine Tatsache fragwürdig: das ist die geringe Rolle, die überall der Empfang der heiligen Kommunion spielt. Ganz allgemein tritt die Kraft dieses opus operatum vor allem andern im geistlichen Haushalt zurück. Allgemein empfängt man nur die strikt vorgeschriebene (und übrigens auch durch Freiheits- und Leibesstrafen erzwungene) Osterkommunion mit vorhergehender pflichtmäßiger zweimaliger Beicht. Und doch kamen schon damals verhältnismäßig beträchtliche Unterlassungen selbst dieses Minimums vor. Die Mahnungen der Synoden, es doch nicht bei der einmaligen Kommunion bewenden zu lassen, kehren unverändert wieder. Sie erreichten also nichts. Für die Diözese Eichstätt zählt man in der zweiten Hälfte des 15. Jahrhunderts einmal 100 ganze Kommunionen im Laufe des Jahres außerhalb der österlichen Zeit. Die Klagen über den Zustand der so wenig benutzten Speisekelche und der darin aufbewahrten heiligen Spezies bestätigten diese religiöse Lauheit[1].

Leider erhellt auch die Multiplizierung der heiligen Messen das Bild nicht genügend, da die populäre Auffassung (zu ihr gehört die Auffassung der

---

[1] Der Fall des Kanonikus und Pfarrers Johannes Molitoris, der seit 1470 in Augsburg über ein Jahrzehnt lang an einige Frauen seiner Gemeinde täglich (aber auch bis zu dreimal täglich) die heilige Kommunion reichte und reichen ließ (sektiererische und husitische Einflüsse sind möglich), steht anscheinend allein. Sein Eifer trug ihm einen Inquisitionsprozeß durch den nachmaligen Verfasser des ‚Hexenhammers‘, den unsympathischen Heinrich Institoris aus dem Predigerorden, ein. Die tägliche Kommunion wurde als auf häresieähnlichen Vorstellungen beruhend unter Androhung der Exkommunikation verboten. Das seltene Kommunizieren erscheint als das Korrekte.

Pastoral) ihre Wirkung allzu dinglich beinahe nur im Nutzen des Messehörens — und zwar stark des zeitlichen Nutzens — sah, sie auch oft
direkt abergläubisch und als Zaubermittel faßte und benutzte. Stark gefördert wird außerdem die wirtschaftliche Funktion der Messe in Form
des Stipendiums. Es gab ein Meßformular vom seligen Job gegen die Syphilis,
man las Messen, um ein gestohlenes Gut wiederzufinden, man las siebener,
dreizehner und dreißiger Notmessen, oder Meßreihen von 5, 6, 7, 9, 13, 30
Messen, welche die Befreiung von Übeln garantieren sollten; man hielt aber
auch Totenmessen für Lebende, um deren Tod herbeizuführen, trotz allen
Verboten der Kirche. Man las Messen für Verdammte. Die ungesunde Multiplizierung der Messen machte sich bedenkliche Formen zunutze. Eine
Siebener Totenmesse z. B. ließ die Anzahl der Kerzen und der Opfergänge
wechseln von dreimal bis neun-, zehn-, zwölf-, sieben-, fünf- und einmal
(entsprechend der heiligen Dreifaltigkeit, den neun Chören der Engel, den
zwölf Propheten usw.). Vom Unfug der Missa sicca war schon die Rede.
Es gibt ärgerliche und gefährliche Verbindungen mit dem Finanziellen auch
bis hinein in bemerkenswert verinnerlichte Religiosität; etwa wenn die
Beichtbüchlein oder die Pfarrer in der Beicht nachdrücklich nach den Real-
und Personalzehnten forschen lassen sowie nach dem vorgeschriebenen Op. r
an Weihnachten, Ostern, Pfingsten und Mariä Himmelfahrt.

In ähnlicher Weise wurden die vielfältigen Frömmigkeitsübungen dadurch
nicht unwesentlich entwertet, daß die religiöse Erziehung des Volkes trotz
allen wertvollsten Maßnahmen der Kirche oberflächlich blieb. In dem Sinn,
daß der eigentliche geistige Reichtum des Evangeliums und der Person des
Herrn nur wenig in den Besitz des Volkes überging, im Gegensatz zu der
vielfältig moralistischen (echt germanisch!) Frömmigkeit; d. h. also, daß das
grundlegende Anbeten im Geist und in der Wahrheit seine Kraft zu wenig
entfaltete. Eine moralistische Haltung, die das Dogma durchaus zurücktreten
läßt und den Ermahnungen, sein Leben zu bessern, beinahe unbeschränkt den
Vortritt läßt, kennzeichnet z. B. auch den damals volkstümlichsten Prediger
Geiler von Kaysersberg. Dem entspricht auch, daß die Erklärung der eigentlichen Opferfeier der Messe, des Kanons, der Wandlung, in der Belehrung
des Volkes durch die Seelsorgegeistlichkeit zu kurz kam.

Man darf ja nie vergessen: die emporkommende Schicht, die an der Bildung
teilhatte, war eine kleine Minderheit. Der überwältigende Teil der Bevölkerung aber war des Lesens und Schreibens unkundig. Darum werden wir
uns hüten, die Fülle der ‚Volksfrömmigkeit‘, die wir in der erbaulichen
Literatur aufzeigen können, einfachhin als Kennzeichnung der religiösen Lage
‚des‘ Volkes anzusprechen. Die Zahl der Kreise, in denen das Christentum
wirklich besessen wird, d. h. ein Besitz ist, der gemehrt wird, war relativ

gering. Es handelt sich wahrhaftig nicht darum, Christentum mit Theologie gleichzusetzen, und die Atmosphäre des ganzen Lebens war, wie gesagt, immer noch und selbstverständlich kirchlich. Aber doch ist es entscheidend, daß ein Großteil dieser Generationen vor der Reformation vor allem christlich-kirchlich ist und lebt aus Gewohnheit, und zwar einer Gewohnheit, die weithin am gläubigen Beobachten der äußern Vorschrift sich erschöpft, ohne den innern Reichtum zu kennen und aus ihm zu wachsen. In der hochstehenden Seelsorge Ecks in Ingolstadt waren z. B. Volksandachten in der Landessprache unbekannt, Religionsunterricht für die Jugend hatte man überhaupt nicht; dafür gab es wohl — Teilnahme des Volkes am Chorgebet! Ich denke nicht, daß man darin nur einen Vorteil für das christliche Volksleben sehen kann. Dies ist ein allgemeines Gesetz des Lebens, auch im Religiösen: bloßer Besitz ohne Mehrung des Besitzstandes bedeutet Kraftschwund. Der Vorgang bleibt meist lange verdeckt. Die Entdeckung offenbart den Verlust. Wir erleben es heute zur Genüge.

Noch eine andere wichtige Feststellung! Man hat uns neuerdings mit Recht stärker darauf aufmerksam gemacht, daß die kirchliche Volksfrömmigkeit des Mittelalters, auch des ausgehenden, weniger aus abgezogener, theoretischer Belehrung, aus Lehren und Lernen (etwa in der Schule) lebte; daß sie in viel bedeutenderem Umfang ein Bestandteil des von den Generationen geformten und mit den Gewohnheiten des Lebens weitergereichten Brauchtums war. Dieses Brauchtum war so eng mit dem täglichen, wöchentlichen, sonn- und festtäglichen Rhythmus verwachsen, daß ‚von selbst‘ tausendfach das Heilige (der Gebote, Gebete und Lieder der Kirche, des Lebens und Leidens des Herrn, seiner Mutter, seiner Heiligen, der Segnungen und sonstigen Zeremonien) sich dem Menschen darbot, anziehend, mahnend, fordernd. Das Leben war von der Masse der religiösen Überlieferungen geradezu durchtränkt, es war in sehr vielem geradezu von den religiösen Vorstellungen aufgebaut worden, es war also zu einem guten Teil ohne weiteres fromm-christlich. In der Stadt und auf dem Land.

Es ist durchaus wertvoll, auf das in jener Fülle volkstümlicher Frömmigkeit pulsierende Leben hinzuweisen. Es steckt religiöse Kraft darin. Aber entgegen vielfältiger, neuerdings in der volkskundlichen Betrachtung aufgekommener Bewertung muß gesagt werden: das Brauchtum an sich unterliegt ebensosehr den Forderungen des Evangeliums wie jede Äußerung, die beansprucht, christlich zu sein. Das Brauchtum kann ebensowohl ins Unterchristliche absinken oder an christlicher Substanz verlieren wie alles fromme Leben der Christen. Darum ist die überwältigend b e h e r r s c h e n d e S t e l l u n g etwa der Messe in der vorreformatorischen Zeit noch kein Vollbeweis für die allgemeine christliche Echtheit der damaligen Frömmigkeit. Das gleiche gilt für die geschilderte bunte Fülle des damaligen kirchlichen Lebens. Dasselbe für die Sorglosigkeit in der Heranbildung der Priester. Dem allem sei in voller Erkenntnis der Urkraft des Volksbodens sein herrlicher Wert zugestanden. Letzter, alleiniger Wert bleibt aber im Christentum nur die bessere innere Gerechtigkeit des Evangeliums, die Fülle des Mysteriums, die Echtheit der Religion des Gekreuzigten. Auch kräftig wucherndes religiöses Brauchtum christlichen Ursprungs kann veräußerlichen. Dieser Bedrohung ist keine religiöse Form und kein religiöser Inhalt entgegen.

Übrigens, wohin schritt diese Fülle und diese Kraft der kirchlichen Volksfrömmigkeit weiter? Es ist ja nicht nur an dem, daß ‚man (in der Reformation) dem Volke seinen Glauben und seine Zeremonien nahm'. Ohne die Schwierigkeit der These für die Bedürfnisse des Zusammenhangs abschwächen zu wollen, ist doch festzustellen, daß in einem bemerkenswerten Umfang auch das Volk sich zur reformatorischen Neuerung bekannte. Das ist zum mindesten kein Beweis für die besondere Gesundheit des spezifisch Katholischen im besprochenen Umkreis.

5. Und trotz alledem die Gegenrechnung! Jene Mängel der Veräußerlichung, Vergröberung, des Ungesunden, Schwachen und Sentimentalen sind durchaus nicht das Ganze. Die Fabel von der katholischen Werkheiligkeit, die von der Bibel, vom Vertrauen auf den barmherzigen Vater im Himmel, von Liebe und vollkommener Reue, von echtem Glauben nichts gewußt habe, sondern nur vom Poltern der Pfaffen über die drohende Hölle und vom Richter auf dem Regenbogen zur Furcht bewegt worden sei, ist eben eine Fabel, und mag sie in noch so vielen Variationen wiederholt werden.

Es handelt sich auch hier nicht um den unzulässigen Versuch, die unangenehmen Schatten schließlich doch zu übermalen, sondern einzig darum, die komplizierte Wirklichkeit möglichst getreu in ihrem Ineinander verschiedenartiger Kräfte zu erfassen und einer einseitigen Verurteilung zu steuern.

In der Tat, nur platter Rationalismus kann über die Fülle des aufbauend Christlichen hinwegsehen, das in jener ungewöhnlichen Multiplizierung der Frömmigkeitsäußerungen steckt.

Man darf zunächst nicht vergessen, daß die Kirche den so breiten Einbruch des Unterchristlichen, ja Heidnischen nicht etwa kampflos hingenommen hat. Wir haben die Mitschuld der praktischen Theologie und des hohen und mittleren Klerus an Mißständen des Ablaßwesens und an sonstigen Auflösungserscheinungen genugsam betont. Die Mitwirkung des Klerus ist es vor allem, die das Rätsel des großen revolutionären Einbruchs in die Kirche zu Beginn des 16. Jahrhunderts erklären kann; und dies ist an den gesamten Mißständen sicherlich das Schlimmste, daß so viele Führer und Geführte in der Kirche derartiges so lange, und vielfach als gut christlich, ertrugen. Auch am ‚Düstersten, was das späte Mittelalter hervorgebracht‘ (Huizinga), dem Hexenwahn (der übrigens erst in der zweiten Hälfte des 17. Jahrhunderts sich voll entlädt), trägt die päpstliche Kurie durch die verhängnisvolle Bulle Innozenz‘ VIII., die dem ‚Hexenhammer‘ zweier Dominikaner offizielles Ansehen verschaffte, trägt die volkstümlich schreibende Theologie, trägt die Praxis vieler geistlicher Gerichte schwere Mitschuld.

Aber dem steht wertvolle Reformarbeit entgegen. Auf die kirchlichen Gegenwirkungen gegen den Ablaßunfug wurde schon hingewiesen. Wir haben aus dem 14. und 15. Jahrhundert geradezu eine Unmenge von Synodalbestimmungen gegen den vielköpfigen Aberglauben der Wahrsagerei durch Los oder Vogelbeobachtung, zauberhafte Beschwörungen, Loszettel der Heiligen, magische Formeln, Astrologie. Auch vor magischer Auffassung gewisser kirchlicher Weihungen, der insbesondere die Frauen zugänglich seien, wird gewarnt, etwa durch eine Passauer Synode in Bezug auf das kreuzweise Eintauchen der Blasiusreliquie in das zu weihende Blasiuswasser in Mainz.

Was die Verfallsschilderungen anlangt, darf nicht übersehen werden, daß in den bittern Anklagen nicht immer Selbstgesehenes mitgeteilt, sondern recht oft die ‚fable convenue‘ und der literarische Gemeinplatz wiederholt, die Klage rhetorisch verstärkt, und umgekehrt wieder die Wirklichkeit durch die fable convenue hindurch gesehen wurde.

Tatsächlich konstatieren wir ebenso eindeutig wie die getadelte Peripherierung eine überraschende Verinnerlichung, Betonung der Liebe, des Gottvertrauens, der besseren inneren Absicht in wirklicher Sinnesänderung, der vollkommenen Reue, einen wirklichen Bußernst und die Predigt von Christus als unserm einzigen Heil. Die umfassenden Untersuchungen von Franz Falk und von Nikolaus Paulus über Beicht-, Sterbe- und Predigtbücher haben das genaue Gegenteil der üblichen Behauptungen über Werkheiligkeit und knechtische Furcht für das Gebiet dieser Literatur ergeben. Es ist keine überflüssige Wiederholung, wenn noch einmal auf die so lange nachwirkende, unerhört reiche, echt evangelisch tiefe ‚Nachfolge Christi‘ des Thomas von Kempen und an die Riesenauflagen der vorreformatorischen deutschen Bibel- und Postillendrucke (von 1470 bis 1520 allein hundert Ausgaben von Plenarien [= Evangelien und Episteln der Sonntage]) erinnert wird. Man sollte sich auch mancherorts öfters an die nun schon alte Mahnung Koldes erinnern, daß ‚die Schriften der Reformatoren kaum als sekundäre Quelle für kirchliche Lehre und kirchliches Leben zu benützen sind‘. Es gibt eine Fülle jener Erbauungsschriften für alle Bedürfnisse: die vielfältigen Gebetbücher (Christenspiegel, Himmelsstraß, Himmelstür, Seelentrost, Seelenwurzgärtlein), Beicht-, Kommunion- und Ehebüchlein. Die Tatsache der Verbreitung beweist schon für sich, was uns auch ausdrücklich bestätigt wird, daß diese Literatur nicht nur gedruckt, sondern eifrig gelesen wurde. Das Lesen war also immerhin einigermaßen verbreitet. Denn wenn das handschriftliche Kopieren nur einem kleinen Kreis diente, der Buchdruck war Geschäft. Was nicht ‚ging‘, wurde selbstverständlich nicht immer wieder aufgelegt.

Und diese Frömmigkeit blieb — trotz den gemachten Vorbehalten — nicht in den Büchern. Sie lebte auch kräftig im Alltagsleben der Familien. Es kann an vielen, vielen Stellen keine Rede davon sein, daß die bedenkliche Multiplizierung der Stiftungen oder vielmehr die damit zweifellos verbundene und durch sie verursachte Veräußerlichung der Frömmigkeit überall und ausschließlich das Gepräge gegeben hätte. Bei den hochgebildeten Pirkheimer und Scheuerl — der Vater Pirkheimer wurde noch in seinem Alter Franziskaner; Scheuerl hörte täglich mit seiner Familie die Messe —, die religiös von jener Erbauungsliteratur lebten, und deren Bedürfnisse die christliche Kunst jener Jahre entsprach, springt das in die Augen. Der vorreformatorische Wiener Propst Lanzkranna schildert das christliche Familienleben des Sonntags, worin echtes Bemühen um das Heilsgut in Predigt, Gebet, Christenlehre und frommem Lied sich mit einer gesunden natürlichen Daseinsfreude paart. Die Jugend von Savonarola, von Thomas More und von Eck bietet das Bild eines hochstehenden, selbständig besessenen und eifrig gepflegten reinen Christenlebens im engen Anschluß an die Kirche. Je mehr man dem soliden Bürgerleben nachgeht, desto mehr ungebrochen gesunde Frömmigkeit scheint sich zu enthüllen. Wie eindeutig ist die Art der Mutter Dürers nach seinen eigenen ehrfürchtigen Worten auf ein kirchlich-frommes Leben ausgerichtet! In Arbeit, vielem Kirchenbesuch, erbaulichen Gesprächen über Gott und in guten Werken; in Sorge um einen guten Tod und darum, daß sie ihre Kinder vor der Sünde bewahren möchte.

Wenn nicht nur die volkstümliche Praxis, sondern sogar die praktische Theologie mancher Theologen und Prediger das Verdienst der Werke übertrieben, so ertönten auch ganz andere Stimmen. Etwa diese aus einem spätmittelalterlichen Lübecker Gebetbuch: ‚Wenn einer in der Todsünde stürbe und er hätte vorher alle Heiden, Juden und Trinker bekehrt, oder er hätte tausend Klöster, Spitäler und Kirchen gebaut: diese Werke können ihm nicht helfen. Tausendmal tausend Messen und Vigilien nützen ihm nichts. Auch Maria und die Heiligen nicht, und wenn sie bis zum Jüngsten Tag vor Gott für ihn auf den Knien lägen.‘

In solchen Kreisen nimmt man es ernst mit dem Christenleben.

Der gleiche Ernst spricht aus einer Kategorie der erwähnten Erbauungsliteratur, die als besonders kennzeichnend für die Zeit angesprochen werden kann: die ‚Sterbekunst‘. Ein herzlicher Ton der Sorge, der Mitverantwortung und Liebe, und der ganze Ernst des ‚großen Ausgangs' (L. Veit) durchwebt die berühmten Fragen an den Sterbenden, an deren Ende das starke Gebet steht: ‚O Herr, den Tod unseres Herrn Jesu Christi, deines Sohnes, werf ich zwischen mich und dein Urteil; Herr, den Tod unseres Herrn Jesu Christi werf ich zwischen mich und meine Verwirkung; Herr, den Tod unseres Herrn Jesu Christi setze ich zwischen mich und deinen Zorn. Herr, in deine Hand empfehle ich meinen Geist.'

Man kann nicht sagen, diese Besinnung werde für die letzte Entscheidung als bequeme Versicherung aufgehoben. Das widerspricht dem Ernst der vorgetragenen Wahrheiten. Auch sorgten die Kirche und frommes Brauchtum mit Nachdruck dafür, daß der dem Menschen heilsame Gedanke an seinen Tod ihm sein Leben lang immer wieder entgegentrat. Die große Konzeption des Totentanzes, des Todes nämlich, der zu jeder Zeit jedermann abholt, sprach aus Spielen, Gemälden und Stichen zum Volk. Die Verbundenheit mit dem Kranken und Sterbenden, wie sie sich in der (manchmal pflichtmäßigen) Teilnahme am Versehgang (der überdies jeweils durch ein Zeichen der Glocke der ganzen Gemeinde zur Kenntnis gebracht wurde) aussprach, war immer wieder eine heilsame Ermahnung. Die verschiedenen Bruderschaften, die aus der Sorge um ein seliges Ende erwuchsen, vertraten dieses Bewußtsein in besonders betonter Weise.

Wenn man die ‚rein geistlichen' Bruderschaften ‚ausgesprochene Versicherungsanstalten für das Seelenheil' genannt hat, so braucht man nur den großen Gedanken der Gemeinschaft der Heiligen zu zitieren, um dem verständnislosen Rationalismus, der dieses Wort ‚Versicherungsanstalt' offenbar nur unterwertig faßte, seine angebliche Selbstverständlichkeit zu nehmen. Sich durch seelische und übernatürliche G e m e i n s c h a f t s b i l d u n g das Seelenheil zu ‚sichern', ist etwas Großes und Heiliges, ist eine hohe Form des Strebens nach Heilsgewißheit, für die man Verständnis haben sollte. Sie kann christlich unterwertig sein und wurde es, wie wir sahen, recht oft. Aber sie war weit davon entfernt, es i m m e r zu sein. Deshalb ist es ebenso kurzsichtig als falsch, wenn der gelehrte, menschenfreundliche und fromme Diplomat und Großkaufmann Jakob Heller aus Frankfurt deshalb als ‚bezeichnend für die geistlose Veräußerlichung einer in sinnlosem Klingklang erstarrten Frömmigkeit' angesprochen wird, weil er dem tief-christlichen Glauben an diese Gemeinschaft der Heiligen in seinem Testament Ausdruck verliehen hat; indem er nämlich bestimmte, daß ‚nach seinem Tode ein Pilger eine Wallfahrt nach Rom machen und an der Scala Santa für seine Seele beten sollte'.

Auch die Ablaßpraxis gewinnt von hier aus eine teilweise Ehrenrettung. In seiner lebendigen Funktion innerhalb der Seelsorge förderte der Ablaß

manchmal die ‚Gemeinschaft der Heiligen‘ in kräftiger Weise. Etwa nach
einem Versehgang gab der Geistliche in der Kirche bekannt: ‚Allen denen, die
das Allerheiligste begleitet haben, verkündige ich hiermit 100 Tage Ablaß,
denen mit brennender Kerze 200. . . . Der Ablaß und alle andern eurer guten
Taten spare euch Gott der Allmächtige an die End, do ihr des allernotdürftig
sein werdet. Damit so setze ich eure Seel, Leib, Gut und Ehr in den Schirm
Gottes des Vaters, des Sohnes und des heiligen Geistes, Amen.‘

Um noch einen Punkt hervorzuheben, der für die Reformationsgeschichte
und für Protestanten besondere Bedeutung besitzt: diese Zeit eines unübersehbaren Wucherns der Heiligenverehrung hat die Person des Herrn mitnichten vergessen. Auch nicht in der Volksfrömmigkeit. Alle Frömmigkeitsäußerungen der Zeit sind voll von der Gestalt, dem Namen, dem Bild und
dem Erlösungstod des Herrn. Das eben angeführte Sterbegebet ist ein besonders eindruckvoller Beleg. Und ein anderer: inmitten der Verehrung der
Heiligen und Unserer Lieben Frau kreisen die Betrachtungen des Thomas
von Kempen ganz um Christus!

Vor allem gibt es einen uns noch heute unmittelbar zugänglichen Ausdruck
der damaligen vorreformatorischen kirchlichen Volksfrömmigkeit, der uns
ihre Reinheit offenbart: die religiöse Kunst, die um 1500 immer noch
unbedingt das Feld beherrscht. Gewiß offenbart sie in ihrem starken Individualismus, in ihrem Renaissance-Realismus, in einer gewissen Verbürger-
lichung eine Schwächung der absoluten religiösen Forderung. Manchmal
scheint eine Art Säkularisierung zu siegen. Aber der Individualismus ist
immer noch voll gebunden durch den Dienst an der liturgischen Gemeinschaft,
wie anderseits die Fülle dieser Kunstwerke aus der Gemeinschaftsarbeit der
Werkstätten kommt.

Und vollends die überragenden Großen dieser Zeit! Ein einziger Dürer,
ein Tilman Riemenschneider, ein Mathis Gothard Nidhart (Grünewald),
oder die Adam Krafft, Peter Vischer, Veit Stoß: sie fegen die Legende
von der vorreformatorischen Werkheiligkeit, wenn sie beansprucht, die ganze
Lage zu kennzeichnen, einfach hinweg. Es stimmt unbedingt, daß Dürers
letzte Wurzel in seiner religiösen Potenz ruht. Aber es geht nicht wohl an,
so zu tun, als ob Dürer eigentlich protestantisch vor Luther gewesen wäre.
Seine großen religiösen Themen stehen schon vor der Reformation, und sie
sind echte, machtvolle kirchliche Volksfrömmigkeit der Zeit. Vor dem Antritt
der niederländischen Reise 1519 empfahl er sich und seine Frau dem Schutz
der Vierzehn Nothelfer. Er verzeichnet es eigens, daß er in Antwerpen einen
kostbaren Rosenkranz erstand. Er gibt eine begeisterte Beschreibung der großen Prozession, die er dort sah und deren erbaulichen Eindruck er wiederholt

hervorhebt. Nach seiner Auffassung stirbt derjenige christlich, der für die
große Reise Kommunion, Letzte Ölung und Generalabsolution von Strafe
und Schuld durch päpstliche Gewalt mitbekommt.

Und Tilman Riemenschneider! Welch eine Fülle echt katholischer Frömmigkeit allein in seinen drei Altären, dem Mariä-Himmelfahrts-Altar in Creg-
lingen (mit der Fülle religiöser Individualitäten in den Aposteln), dem großartig zusammengeballten Dreiklang des Kreuzigungsaltars in Dettwang und
der eindringlichen Szene des Blutaltars in St. Jakob zu Rothenburg! Der
zuletzt genannte Altar öffnet vielleicht am besten den Blick für die seltsam
tiefreichende Polarität der vorreformatorischen kirchlichen Volksfrömmigkeit: der Altar ist gestiftet und geschaffen für eine falsche Blutreliquie, steht
also auch im Umkreis des damaligen übersteigerten Ablaßbetriebes; aber er
dient dem zentralen Mysterium der Kirche, der Messe. Und die Darstellung,
die er dem Vorgang des letzten Abendmahls gibt, ist randvoll von echtester,
tiefster, ganz dem Evangelium gemäßer Frömmigkeit. Im Creglinger Altar
gibt es einige Köpfe, die geradezu von innen her leuchten in ihrer männ-
lichen, heiligmäßigen Hingabe an das Wunder. In seinem Adam vom Süd-
portal der Würzburger Marienkirche vollbringt Riemenschneider nicht nur
die geniale Leistung, den Typus Mensch gültig zu gestalten. Dieser Mensch
ist der zur Erlösung schreitende Urvater der kommenden Christenheit.
Er schreitet aber im Bewußtsein der tragischen Schuld und in starker Hoffnung, schon ein christlich Glaubender.

Dieser urdeutsche Künstler, dem sein Sohn wohl nicht von ungefähr auf
dem Grabstein den katholischen Rosenkranz in die Hand gab, hat noch im
Jahre 1524 eine Meßstiftung gemacht. Daß seine Werke an irgend einer
Stelle einen Bruch mit seiner bisherigen katholischen Frömmigkeitshaltung aufwiesen (Justus Bier), ist Einbildung. Wenn man es vollends fertigbringt,
so luftige Phantastereien aus der Jetztzeit in die feste Welt eines katholischen
Christen des 16. Jahrhunderts zurückzuprojizieren, wie es sich Felix Wilhelm
Beielstein erlaubt, dann hört jede ernsthafte Diskussion auf. Geschichte ist
selbst in einem Roman nicht dasselbe wie freies Phantasieren, mag es sich
selbst noch so geistreich vorkommen und sich als besondere Tiefenschau
gebärden.

Und Grünewald! Der einzige Deutsche, den man neben Michelangelo
stellen darf, der größte Maler Deutschlands schlechthin! Und wovon lebt
dieses größte Wunder koloristischer Offenbarungen? Sein Werk, das die
menschlichen Regungen und Erregungen so schrankenlos zu steigern weiß und
so hemmungslos bloßlegt, webt ganz in Frömmigkeit. Es ist gemaltes Gebet,
gemalte Vision des Himmlischen. Und welche Tiefe! Daß das Apokalyptische und die Erregungen des teuflischen Spukes so kräftig zur Geltung

kommen, ist ungewöhnlich aufschlußreich für die Zeit. Aber es mindert in nichts die klare, ganz an der kirchlichen Auslegung gebildete Gläubigkeit dieses Mannes. Das gilt für die Madonna in Stuppach, das kommt blitzartig über einen vor der Beweinung des toten Herrn in Aschaffenburg, und das strömt alles überragend aus dem Isenheimer Altar, der zwar für einen Heiligen geschaffen wurde, dessen Großtaten und bleibende Eindrücke aber zweifellos der Gekreuzigte und der Himmelfahrende sind.

Einzelerscheinungen? Nun, man braucht ja nur fränkische Dörfer und Städte zu durchwandern, um von diesem Einwand gründlich befreit zu werden. Das einzige Nürnberg! St. Sebald oder St. Lorenz! St. Viktor in Xanten besitzt heute noch 24 Schnitzaltäre; Ulm besaß noch mehr, andere Kirchen 17; Altäre, von denen einzelne 12, 20 und 30 Jahre Entstehungszeit benötigten.

Überdies beweist diese Kunst auch die beträchtlichen religiösen Kenntnisse des Spätmittelalters. Die Meister und Gesellen, die so viele Altäre, Heiligenstatuen, Gemälde verfertigten, mußten sich auskennen in der Bibel, in den Heiligenlegenden, in den verschiedenen Beziehungen des Kirchenjahres, in der Lehre der Haupttugenden und Hauptlaster. Die Stuppacher Madonna ist voller Anspielungen auf das Hohelied. Daß es kein Einzelfall ist, belegt die heutige Erfahrung: an wie vielen Stellen muß der Fachtheologe herangezogen werden, um die Sprache der Kunstwerke zu deuten? Wie oft stehen wir unbeholfen vor den heimeligen, offenbar sinnvollen religiösen Andeutungen, oder sogar vor der Aufgabe, eine Heiligenfigur zu identifizieren, oder ganze Szenen und die vielerlei Symbolik im Rankenwerk der Kapitäle zu deuten! Dem damaligen Menschen waren die Heiligen ohne weiteres mitsamt ihren Attributen und ihrem Namenstag geläufig. Die Kunst drängte zwar bereits stark — parallel mit der Gebildetenpsychose der Renaissance — dazu, Angelegenheit einzelner, sozial hochstehender Kunstkreise und isolierter Künstler zu werden; aber diese Richtung siegte in Deutschland nicht. Der Großteil der Kunst kam von volksverbundenen Künstlern, kam aus dem Volk selbst, aus seinen künstlerischen Handwerkern, und sprach zu ihm und wurde gehört.

Und nun erst wäre diese Fülle zu ihrer ganzen Wirklichkeit zu erwecken durch die Herausarbeitung der christlichen Gipfelleistungen der Zeit. Entscheidend für eine allseitig gerechte Beschreibung des religiösen Bestandes wird nämlich sein, daß man die Wirklichkeit der Heiligen wäge, derjenigen Menschen, die ganz von Gott her, aus Gott, in Christus Jesus lebten.

Ein echter Vertreter des Volkes sei genannt: Nikolaus von der Flüe († 1487).

Auch um ihn herum wirkte sich Verderbnis in der Kirche aus. Sachseln mußte 30 Jahre lang auf einen Pfarrherrn verzichten. Der dann bestellt wurde, mußte ins Gefängnis wandern. Aber der wirkliche Zerfall steht örtlich eng mit bester klerikaler Frömmigkeit zusammen. In der Nähe wohnt ein echter Priester. Der weist dem Bauern einen Ausweg aus seinem Gebetsringen: die Wunden Jesu. Aus der Betrachtung des Leidens des Herrn quillt die neue, heroische Frömmigkeit des Mannes. Eine ganz stille Frömmigkeit der Einsamkeit, die ihre Fülle und ihre Opferkraft findet in der Messe, wo ihn das Erlebnis der heiligen Wandlung nach seinen Worten mit unaussprechlicher Süße erfüllt. Die große Wirkung gewinnt er erst, nachdem er in Übereinstimmung mit seiner geliebten und heroisch liebenden Frau sich von ihr und seinen zehn Kindern in schmerzlichem, aber freudig durchgehaltenem Entschluß zurückgezogen hatte und er der stille Einsiedler geworden war, als sein seltenes und einfaches Wort ganz Widerhall seiner vollen, reinen, demütigen Hingabe an den himmlischen Vater durch den Herrn Jesus Christus geworden war.

Ohne also den Zerfall und die Veräußerlichung auch nur um eines Haares Breite vertuschen zu wollen, der Tatbestand zwingt einfach dazu, d a n e b e n und d a r ü b e r und d a r i n vollkommen gesundes und ungebrochenes Christentum treuer Kirchlichkeit festzustellen. Es gibt keine Formel, die das Geheimnis dieses unlöslichen Ineinander und dieses harten Nebeneinander erklärend aussprechen würde. Man muß vor allem den Tatbestand sehen und ihn als Ausdruck und Vorboten eines erbitterten Ringens zweier Welten verstehen. Die Frage, ob das eine oder das andere der beiden Elemente den Vorrang behält, werden wir gleich erörtern (S. 123 f.).

Die M ö g l i c h k e i t eines Neben- und Miteinander so entgegengesetzter Dinge und Strebungen ergibt sich ja wohl nur da, wo die gewaltige T r a - d i t i o n einer Urkraft sich gegen die Versuche ihrer Zerstörung von innen und außen mit schier unvorstellbarer Zähigkeit der Gesundheit wehrt. Ganz aber wird ihre grandiose Bedeutung wohl nur in der theologischen Betrachtung des Christentums sichtbar. Denn Christentum ist Geschichte der Kirche, der der Geist Gottes kraft der Verheißung des Herrn n i e verloren gehen kann, der Kirche, in der die Wahrheit und Heiligkeit in objektiver Unantastbarkeit gesichert ist.

Je mehr wir das alles zu betonen in der Lage sind, desto mehr werden wir zur Lösung des Rätsels abermals auf den e i g e n t l i c h e n Stein des Anstoßes zurückgewiesen. Die sich so vielfältig offenbarende innere Brüchigkeit des damaligen kirchlichen Katholizismus ist vor allem Wirkung des e i n e n Mißstandes und Reaktion gegen ihn: der Verkehrung der Ideen des Religiösen, Christlichen und Kirchlichen i m K l e r u s.

Daß die Mißstände in den Kreisen des Klerus den religiösen Aufstand herbeigeführt haben, ist denn auch die Überzeugung aller Kirchentreuen von Eck bis zu Canisius. Auch Machiavelli bekennt: ‚Wir Italiener haben es der Kirche und unsern Priestern zu danken, daß wir unreligiös und böse geworden sind.' Das Urteil gilt ebenso für Deutschland, es wurde unzählige Male wiederholt und ausdrücklich auf die Entstehung der religiösen Neuerung angewandt: ‚Die Luthersche Häresie entstand wegen der Mißbräuche der Römischen Kurie, und wegen des verkommenen Lebens des Klerus nahm sie ihren Fortgang' (Eck 1523).

6. Es ist zuzugeben, daß der Nichtkatholik nicht geringe Schwierigkeiten überwinden muß, wenn er die angedeuteten katholischen Werte in ihrer ganzen Tiefe erfassen will. Katholische Stärke ist vor allem (ja nicht ausschließlich!) statisch. Was rein persönliche und also dynamische Frömmigkeit töten würde, tötet noch lange nicht die Religion, die wesentlich aus objektiver, übergeordneter Bindung lebt. Auch für diese vorreformatorische Zeit der Zersetzung war es mit entscheidend, daß vielen Katholiken das Wesentliche der Religion selbstverständlich blieb, man möchte manchmal sagen: vollkommen unerschütterlich.

Gerade von dieser spezifischen katholischen Haltung aus kann man nicht den so unzählige Male wiederholten protestantischen Trugschluß mitmachen, der die Multiplizierung der Gebetsformeln, besonders der Rosenkränze, a n s i c h als Zersetzung der christlichen Frömmigkeit nimmt. Man muß Gelegenheit gehabt haben, diese Multiplizierung im Umkreis ganz tiefer Hingabe an den Vater in den Himmeln unter der Leitung der Kirche zu erleben, um zu verstehen, wie fruchtbar die hier lauernden Gefahren überwunden werden können. —

Allein diese Feststellung zeigt im gleichen Problem wieder eine neue Spannung auf. Denn auch die Verinnerlichung in der vorreformatorischen Frömmigkeit trägt zu einem bedeutenden Teil subjektivistische Färbung; sie trägt das Mal des Privaten, des Eigenpersönlichen und außerdem des Moralischen. Sie ist stärkstens Heilsstreben der Einzelseele; i h r Beten und i h r Streben stehen im Mittelpunkt. Die objektive Kirche, ihre objektive Heiligkeit war fest bejaht, ebenso wie die Sakramente und das heilige Meßopfer. Trotzdem zog die damalige Frömmigkeit den einzelnen irgendwie ab, und manchmal zog sie ihn stark ab, von der Objektivität des liturgisch-sakramentalen Organismus des auferstandenen Herrn und von der Vermittlung des besondern Priestertums, und so auch heraus aus dem Kreis der g r o ß e n sakramentalen Gebets- und Opfergemeinschaft. Warum? Weil diese Kräfte, wie gezeigt wurde, zum guten Teil in ihrer Tiefe zugedeckt und in Veräußerlichung verkehrt waren. Und weil außerdem durch die einseitige Klerikalisierung dieser Abwanderung des Kirchenvolkes vorgearbeitet war. Der Organismus der Kirche, der notwendig als Einheit des sakramentalen, besondern und des allgemeinen Priestertums besteht, war bedroht.

Vielleicht äußerten sich in jener moralistisch-subjektivistischen Haltung (wie man neuestens gemeint hat) die Folgen eines Grundmangels der frühmittelalterlichen Missionierung der Germanen, die weithin so gar nicht aus dem liturgischen Mysterium heraus wuchs, den Germanen mit dem Wesen des Liturgisch-Sakramentalen ungenügend vertraut machte, dafür sich sehr stark auf das moralisch-pädagogische Einwirken durch die Gebete und die Kirchenzucht beschränkte. Von diesem Ausgangspunkt her konnte dann sehr wohl das geistige Reifwerden des Volkes und damit das Vorrücken und Selbständigwerden der Einzelpersönlichkeit bei den Germanen ohne genügende Rückverbindung zum Objektiven bleiben. In diesem Sinne könnte die Möglichkeit der Reformation von früh an in der Missionsmethode germanischer Missionare inmitten germanisch-partikularistisch veranlagter Menschen grundgelegt sein. Während dem Romanen bei aller Veräußerlichung und äußerlichen Beweglichkeit das Leben letztlich aus einer übergeordneten politischen Form (im großen Sinn) fließt und seine Ungebundenheit an ihr wesentlichen Rückhalt und Grenze hat, liegt der Fall bei dem soviel ernsteren und persönlichtieferen Germanen umgekehrt. Innerhalb der Frömmigkeit würde das z. B. bedeuten, daß die Reformatoren der heiligen Messe das Herzstück, die Wandlung, leicht ausbrechen konnten, ohne daß das Volk merkte, welch entscheidender Vorgang sich da vollzog.

Das Problem der christlichen Gesamthaltung wird nur gelöst im Ineinander von objektivem Heilsgeschehen und subjektiver Gesinnung. Das ganze Christentum ist nur im Zusammenklang beider Elemente gesichert. Jedoch dergestalt, daß das Gesinnungsgemäße des Menschen nicht so schwer ins Gewicht fallen kann wie die objektive Kraft und das objektive Geschehen des Corpus Christi mysticum. Anderseits ist es doch, gemäß der Predigt Jesu vom ersten Bußruf an, die bessere innere Gerechtigkeit der neuen, im Gewissen gebundenen Gesinnung, die für den Menschen ausschlaggebend ist. Je nachdem diese letztere Verpflichtung für sich allein genommen wird oder nicht, entsteht die protestantische Grundhaltung. Gerade die Übersteigerung des persönlich-religiösen Ernstes, nämlich seine Vereinseitigung, bedeutet die häretische Gefahr. —

Die klassische Veranschaulichung dieses privat-persönlichen, aber doch kirchlichen Frömmigkeitsstrebens vor der Reformation bieten die Neuformen, die sich eben damals das kirchliche Christentum schuf. Es sind die kleinen, intimen Aussprachezirkel und individual-seelsorgerlich eingestellten Gemeinschaften der Zeit, eine neue Spielart der frommen Bruderschaften, insbesondere die humanistisch-persönliche Art der kleinen Kreise der ‚devotio moderna‘ und ihrer bedeutenden Darstellung in der Gemeinschaft der pädagogisch interessierten Fraterherren. Sogar hier, in wertvollsten Vertiefungen der spätmittelalterlichen Frömmigkeit, offenbart sich die Auflockerung des Objektiv-Universalen zu Gunsten des Peripherisch-Individualen; sogar hier hinein wirkt die Formalhaltung der spätmittelalterlichen Sekte.

‚Devotio moderna‘ heißt ‚neue Frömmigkeit‘. Und daß sie sich als neu empfand, ist das Wichtigste an ihr. Es war ein neues Gefühl, eine neue Haltung innerhalb der kirchlichen Frömmigkeit. Die devotio moderna ist ein Versuch, aus religiös-christlich-kirchlicher Fülle die Selbständigkeit des Christen innerhalb der Kirche zu gestalten, also ein Versuch, jene Schicksalsfrage zu lösen, deren richtige Beantwortung seit dem 13. Jahrhundert die Voraussetzung für jede Voll-Äußerung und Voll-Auswirkung der Kirche geworden war; auch dies war ein Versuch, der einseitigen Klerikalisierung entgegenzutreten, aber im Zusammenhang mit der Kirche und durch die Kirche; es war ein Ansatz, den Begriff Kirche zum Begriff Kirchenvolk auszuweiten. Man wollte die Anomalie beseitigen, daß der geistig mündig gewordene Mensch vom Klerus noch immer nur geführt, ja beherrscht werde; es war die Stimme des verantwortlichen Gewissens, die hier sprach. Es war Gesinnungshaltung einer mittleren Mystik, die sich gerne gegen die übertrockene Gesetzesfrömmigkeit der damaligen Seelsorge und teilweise der Theologie wandte. Ein Buch wie die ‚Nachfolge Christi‘ mit ihrer bedeutenden Andacht zum allerheiligsten Altarssakrament wurzelt sicherlich voll in der Kirche. In ihm findet sich nichts von flachem, unverbindlichem Optimismus, sondern das Sündenbekenntnis ist ausgeprägt, und die Forderung geht streng dahin, die sittlichen Forderungen in einem echt christlichen Leben zu verwirklichen: sittliches Leben vor Gott aus Christus durch die Eucharistie. Aber doch darf man das Moralistische nicht übersehen. Bei den Windesheimer Augustiner-Chorherren und den Brüdern vom gemeinsamen Leben tritt Christus als Erlöser einigermaßen zurück; er erscheint mehr als derjenige, der die sittlichen Forderungen des Vaters an den Sünder stellt und verwirklicht.

Auch die Leistungen der christlichen Kunst müssen ergänzend von dieser Seite her in das Kräftespiel eingereiht werden. Die herausgestellte Vertiefung der kirchlichen Frömmigkeit, die sich in ihren Werken offenbart, läßt die christlichen Künstler keineswegs aus der Reihe der Wegbereiter eines religiösen Umbruchs ausscheiden. Man muß sich klarmachen, daß ein Bruch mit der kirchlichen Lehre sich viel leichter vollziehen bzw. in weiten Kreisen durchsetzen wird, wenn die geistig-seelische Formalhaltung einer Zeit sich grundlegend verändert. Im gewaltigen Einbruch des Allgemeinmenschlich-

Subjektivistischen in die kirchliche Sphäre durch den tief-kirchlichen Michelangelo zeigt sich die hier lauernde Gefahr vielleicht am stärksten. Aber ähnlich muß man auch die allgemeine Verselbständigung und damit die Individualisierung des künstlerischen Erlebnisses und Gestaltens bei Dürer, bei Riemenschneider, bei Grünewald und den vielen andern Künstlern werten. Bei Dürer offenbart sich das Problem in besonderer Tiefe: In keiner Weise Verflüchtigung des streng Dogmatischen! Aber doch ist das Grundgeheimnis zur Lösung gestellt: das Ringen des einzelnen Menschen von sich aus — nicht primär als Glied der Kirche und aus ihrer Kraft heraus! — mit dem Heiligen, mit der Offenbarung. So stark die Individualitäten sind, die etwa Fra Angelico in Bernhard, Dominikus, Franziskus malt, nie hätte er sie zu so humanistisch-willensstarken, selbstmächtigen Persönlichkeiten ohne Heiligenschein gestalten können wie Dürer seine vier Apostel.

7. Die Renaissance bezeichnet im tiefsten Grunde das, was der Ausdruck ‚Humanismus‘ andeutet: den Umbruch einer theozentrischen zu einer anthropozentrischen Auffassung des Lebens. Die humanistische Verinnerlichung konnte in gewissen Sparten des moralisch-geistigen Lebens als eine nicht unwürdige Darstellung des christlich-guten Lebens gelten; aber sie war doch von Christlichem, von Christus, von der Erlösungs- und Offenbarungsreligion des Gekreuzigten ungenügend berührt. Die große Gefahr lag in der Verwechslung von christlicher Religion und Moralismus. Es ist die Verwechslung des Inhaltes und der diesen erst prägenden geistigen Grundanschauungen.

Das Problem, das sich hier in einer bestimmten Form auftut, ist eines der großen kirchengeschichtlichen Probleme überhaupt. Es liegt beschlossen in der genauen oder ungenauen Fassung der großartigen frühchristlichen Idee vom ‚logos spermatikos‘. Und nicht umsonst geht eine direkte Linie von dem Moralismus und der monotheistischen Überspitzung der Apologeten des 2./3. Jahrhunderts zur theologischen Geisteswelt der Humanisten.

Man tut gut daran, dieses ‚theologisch‘ sorgsam abzusetzen von dem Begriff ‚religiös‘ und ‚christlich‘. Wie etwa im 13. Jahrhundert in den Staatsbriefen des zweiten Friedrich, so war auch jetzt das Theologische weithin nur weitergetragene Einkleidung oder auch Verkleidung, unter welcher der Kern sich weitgehendst gewandelt hatte, man kann auch sagen: entschwunden war.

Die Gefahr der Aushöhlung und damit die Sprenggefahr, um die es hier geht, war (wie immer in der Kirchengeschichte) nicht dort am stärksten, wo die Entfernung von Kirche und Christentum zu einem offenen Heidentum geworden war. Dort waren die Fronten sofort klar erkennbar, und selbst die damalige Kirche vermochte noch einigermaßen schnell dagegen aufzustehen. Die größere Gefahr lag, wie schon in anderem Zusammenhang gesagt wurde, in der innern, schleichenden Zersetzung. Sie drohte dort, wo man edles Menschentum inmitten der überlieferten Formen christlich-kirchlichen Lebens für wirkliches Christus-Christentum nahm, während es doch eigentlich seine Vorbilder und seine Kraft aus der heidnischen Antike zog.

Das war in Deutschland ganz offensichtlich die Lage des untheologischen Willibald Pirkheimer in einem Kreis und Umkreis, der für das Gedeihen der reformatorischen Bewegung außerordentlich kennzeichnend wird. Er fordert beispielsweise vom echten Theologen Klugheit, Bildung, Gelehrsamkeit, Weisheit, praktische Erfahrung, aber er vergißt, nach der Frömmigkeit zu fragen. Bei dem theologischen Erasmus werden wir das christliche Element als bedeutend stärker feststellen. Aber es wurde im selben Grade gefährlicher durch andere Erweichungen, die wir noch kennen lernen werden. Die jeweils von dem einen und dem andern vorgetragene, weithin berechtigte Kritik an der damaligen Kirche besagt hiergegen nichts. Denn eben dieselbe Kritik entstammte ja nicht einer Erkenntnis des wahren Wesens der Kirche, sondern entzündete sich an mehr äußerlichen Symptomen.

8. Wir stellten Veräußerlichung und Verinnerlichung, Wert und Unwert, Christliches und Fragwürdiges in der vorreformatorischen Frömmigkeit fest. Wir sahen die Sprengkeime selbst in der Verinnerlichung. Müssen wir bei diesem Nebeneinander stehen bleiben? Oder gibt doch eines dem Bild die Prägung vor dem andern?

Die Frage scheint nur lösbar, wenn man sich von der quantitativen Betrachtung der Mißstände frei macht. Aufzählbaren Zerfallserscheinungen kann man eine Zahl von Blüteerscheinungen gegenüberstellen. Auf die Wichtigkeit des kirchlichen Organs, in dem sich die einen oder die andern finden, kommt es an; und zweitens auf die Entwicklungslinie.

Den Weg zur Lösung kann diese Überlegung zeigen: Wie war es möglich, daß die offenbar irrtümliche Überzeugung, ,im Papsttum' habe man sich den Himmel kaufen und mit menschlichem Werk allein verdienen können, so sehr und so schnell die beinahe uneingeschränkte Ansicht auch der ersten lutherischen Generation werden konnte? Die Gedächtnis- und Bewußtseinstrübungen und der Haß des rückblickenden Luther sind wichtige Elemente für das Aufkommen der späteren Legende. Aber für die ersten zehn Jahre erklären sie nichts. Auch seine ungewöhnliche und frühe Selbstsicherheit im Verdammen aller Ansichten, die den seinen entgegenstehen, tritt nur als wichtige Hilfskraft ein; sie gibt keine erschöpfende Erklärung, weil man nicht annehmen kann, daß selbst Luthers mächtige Stimme alle Verteidiger des neuen Glaubens mit derselben Einseitigkeit, die ihn persönlich gewaltig

erfüllte, blind, wirklich blind, gemacht hätte für das, was sich offenkundig noch
um sie vollzog, was sie selbst samt und sonders seit langen Jahren oder
Jahrzehnten als Katholiken bekannt hatten.

Es bleibt also wohl nur übrig, daß trotz der festgestellten reinen Innerlichkeit das allgemeine Bewußtsein in seinem größeren Teil nicht von hier
aus, sondern von der Veräußerlichung an der römischen Kurie, an den bischöflichen Höfen, den Domkapiteln und in der Volksfrömmigkeit geprägt wurde.
Das heißt also, daß praktisch das Verhalten eines großen, vielleicht sogar
des größeren Teiles der Katholiken so war, als ob man mit eigenen Werken
den Himmel verdienen könnte. —

Tatsächlich wird, wer die Gesamtlage der Kirche vor der Reformation
zusammenfassend kritisch wertet, immer wieder vorzugsweise von der Zersetzung beeindruckt.

Die Zersetzung im Sinne einer innern Loslösung von der Kirche war
ungeheuerlich weit gediehen. Sooft man die Symptome der Lage streng
mustert, immer wieder ergibt sich, daß die Zersetzung noch tiefer reicht, als
man schon vordem glaubte annehmen zu müssen. Nur jene noch immer weit
verbreitete und nicht selten offiziöse Auffassung schließt hier anders, die die
Tiefe der Kirchlichkeit verwechselt mit dem korrekten Bekenntnis zu den
kirchlichen Dogmen. Gewiß, solange das gläubige Bekenntnis des Sym-
bolums blieb, so lange war die Abtrennung von der Kirche nicht erfolgt.
Aber dieses gläubige Bekenntnis war als Besitz der Gläubigen sehr ver-
dünnt und damit gefährdet. Es ist einfach falsch, die Kirchlichkeit eines Kaisers Maximilian und eines Ludwig XII. mit der ungebrochenen Gläubigkeit
hochmittelalterlicher Gestalten gleichzusetzen. Wenn Maximilian sich wegen
des Anschlusses des Papstes an die zuvor bekämpften Venetianer heftigst
gegen den ,verfluchten Priester Papst' und die großen Sünden und Betrügereien wendet, die er und seine Vorgänger begangen haben und täglich begehen, dann hilft alle Bekenntnistreue nicht dagegen, daß es von hier — im
Umkreis der Konziliartheorie — nicht weit ist bis zur Auffassung, das
Papsttum könne in seinem Wesen reformiert werden. —

Der Belastung der spätmittelalterlichen Mißstände wird man auch absolut
nicht gerecht durch einen noch so ausführlichen Nachweis, daß nirgends von
der Kirche selbst etwas dogmatisch Falsches gelehrt worden sei. Im
Gesamtbestand des Daseins muß man die lebendige Funktion eines
Elements erfassen. Nun läßt sich aber schlechterdings nicht leugnen, daß in
manchen Fällen (oft infolge des alles drückenden und um die Machtfülle
des Papstes kreisenden Kurialismus) der natürlichen Vergröberung der Volksfrömmigkeit nicht genügend entgegengearbeitet, sondern sie (tatsächlich) gefördert wurde. Man sieht etwa kaum, daß die üppig wuchernden Legenden,

die im Zusammenhang standen mit dieser Ausdehnungstendenz der außerprimatialen päpstlichen Machtfülle, von maßgeblicher kurialer Seite zurückgewiesen worden wäre. Jene Reliquienaufhäufungen Friedrichs von Sachsen (oben S. 106) bieten dafür lebendige Anschauung; sie stellen eine starke Verdinglichung zusammen mit Fälschungen dar, die praktisch den gemeinen Mann nicht allzu schwer zum Glauben verführen konnten, dies sei die Vermittlung des Heiles. Man muß sich die Dinge konkret vorstellen, jene 17 000 Heiltümer der Reihe nach betrachten mit ihren fürchterlich veräußerlichten Beziehungen und dazu die Herausstellung ihrer Verehrung als einer viel höheren Feier als die der heiligen Messe an sich! Der Ablaßhandel Albrechts von Brandenburg und Mainz wird uns zu ähnlichen Erkenntnissen führen.

Das erhärtet aufs neue unsern Schluß, zu dem wir bereits früher kamen: daß man leider die aufgezeigten, so vorbildlich reichen Grundanschauungen über die wahre christliche Frömmigkeit, über die Liebe, die vollkommene Reue, das Zurücktreten der Furcht, das Vertrauen auf Gott, auf Jesus, der allein unsere Rettung ist, daß man, sage ich, all das nicht als gleich zu gleich neben jene Zersetzung stellen kann. Die reinen Kräfte wurden vielmehr überschattet von jener doch allzu äußerlichen Praxis und der ihr allzu geschäftig dienenden praktisch-kanonistischen Schriftstellerei. Sicherlich ist es eine treffliche Feststellung, wenn man aus der ‚Schärfe der Kritik, dem erstaunlichen Freimut des Tadels und der Langmut der Getroffenen auf die großartige Weite und Selbstverständlichkeit des Besitzes' schließt (Eder). Indes müßte das Glaubensbewußtsein, das sich hier äußert, auch im genuin christlichen Sinne gestaltungskräftig sein, wenn es als Gegeninstanz entscheiden sollte. Scheinen aber demgegenüber die zahllosen scharfen Anklagen der Vorreformationszeit nicht vielmehr in Hoffnungslosigkeit geradezu eingebettet zu sein? Diejenigen, die den Ruin der Kirche zutiefst erleben und doch die Siegeszuversicht so bewahren, daß sie einigermaßen davon leben, sind eine recht kleine Schar.

VIII. 1. Selbst mit der vollständigsten Aufzählung der einzelnen Rubriken von Mißständen wäre also nicht das Wichtigste über diese Dinge gesagt. Man muß sie vielmehr herauslösen aus der Vereinzelung und verstehen, daß sie aus einer mehr und mehr die Welt erfassenden breitesten Grundlage erwachsen. Und da lautet die Haupterkenntnis: Nicht der Inhalt an sich ist entscheidend, sondern die formale Grundhaltung; und nicht der erreichte Zustand, sondern die Bewegung und ihre Richtung. Und hier haben wir bereits zweifellos zu Recht festgestellt, daß über die sich regende eigenmächtigere Selbständigkeit des Menschlichen in der Gotik und Spätgotik hinüber mit der Renaissance in einer gewaltigen Fülle und stürmischen Entwicklung das

Christliche mehr zurücktritt und sogar das direkt Unchristliche und das Heidnische, das sich selbst das Gesetz Gebende, vorantritt. Daß viele, die diesem Geist verfielen, doch noch Christen waren, besagt nichts dagegen, daß das eigentlich Christliche nicht mehr stark und schöpferisch in ihnen vorhanden war. — Die größte Gefahr für das Christentum lag auch nicht in der sittlichen Dekadenz, so fürchterlich sie war. Solange die Glaubensgrundlagen intakt waren, konnte sie überwunden werden. Die stärkere Gefahr lag in der Vorbereitung einer dogmatischen Grundverirrung, einer Gefährdung des Offenbarungs- und Erlösungscharakters. Das will nicht sagen, daß der Geist des Humanismus ohne christlich-dogmatische Bindungen gewesen wäre: gottlose Reden und die bewußte Entfernung vom dogmatischen Glauben sind noch lange nicht ein ungläubiges Sein. Zum Glück für die Kirche war die innerste Bindung des Lebens an sie trotz der so weit gediehenen Loslösung noch stark. Sonst wäre die Kirche durch Renaissance und Reformation fortgeschwemmt worden.

Aber mit dieser Eingrenzung gilt, daß die Gefahr für den Glauben immens wurde. Schon mit der neuartigen Wendung zum Altertum, nämlich mit dem innern positiven Verhältnis zur heidnischen Antike, steigt die eigentliche Gefahr auf, daß das Christentum an seinem absoluten Anspruch verliere. Es steigt herauf die Gefahr des Relativismus auf dem ethischen wie auf dem dogmatischen Gebiet. Der Relativismus und die Relativierung ist der eigentliche Krebsschaden, der eigentliche große Auflösungsfaktor in der Geschichte der Neuzeit. Er äußerte sich in den gegensätzlichsten Formen. So geschah es gleich in unserer Periode durch die Übersteigerung des Staatsgedankens, der für politische Treue die wechselnde Konjunktur entscheidend werden ließ: Alexander VI. und Machiavelli. Der Weg geht von gelegentlichem Bündnis der Kurie mit den Türken bis zu entscheidender Hilfsstellung für den Protestantismus seitens derselben Kurie. (Näheres hierzu S. 216 u. ö.) —

Indes, das Haupteinfallstor des Relativismus liegt auf dem Gebiet der Philosophie und Theologie. Der Nominalismus und die subjektivistischen Elemente der Mystik haben ihm vorgearbeitet. Vor allem aber zeigt sich im Humanismus schon seit seinem ersten Aufkommen, also seit Petrarca, insofern eine gewisse ‚undogmatische‘ Haltung, als bereits hier sich eine bewußt scharfe Gegnerschaft gegen die Scholastik, also gegen die rationale Theologie, zu Gunsten einer unzünftigen Theologie des ‚philosophus‘, der ‚Dichter und Redner‘ ist, äußert. Diese Richtung wurde in der Platonischen Akademie des Marsiglio Ficino in Florenz durch das Zurücktreten des Sakramental-Kirchlichen und die Herausarbeitung eines Wesenskomplexes des Christlichen weiter betont. Sie erreicht ihre volle Entfaltung in der mächtigen Gestalt und dem gewaltigen Werk des Desiderius Erasmus von Rotterdam (1464—1536).

2. Die Schwierigkeit, den Erasmus zu schildern: die äußere und innere Relieflosigkeit des Lebens und des Mannes; besonders die innere. Das Kennzeichen: das Unentschiedene. Er steht immer in irgend einem Zwielicht. Dies ist die letzte Deutung seiner allgemeinen geistig-seelischen Veranlagung und Haltung, die einer seiner wärmsten und kompetentesten Bewunderer, Huizinga, formulierte: Zu Unrecht hat man Erasmus ,als eine psychologische Einheit betrachtet. Denn eben dies ist er nicht. Die Doppeldeutigkeit geht bis ins Tiefste seines Wesens.... Immer ist es seine tiefe und innerste Überzeugung, daß keine der streitenden Meinungen die Wahrheit vollkommen ausdrücken könne.' Erasmus spricht stets ein skeptisches Ja und Nein, das im Umkreis eines christlichen, eines gelehrten und eines friedfertigen Ideals sich seinen Weg ohne harten Druck, ohne entscheidende Festlegung sucht. Er will nicht nur, er kann die letzten Konsequenzen nicht ziehen. Das führt nicht nur zu einem tragischen Mangel, sondern zu einer kraftlosen und unsympathischen, und dazu außerordentlich gefährlichen Haltung. Denn Erasmus wurde eine öffentliche Macht erster Größe. Die Fülle seiner Werke, deren Auflagen und seine ungeheure Korrespondenz geben Zeugnis davon.

3. Ausgerechnet ein solcher Mann bleibt inmitten des heraufziehenden tumultuarischen Zeitalters bis in die dreißiger Jahre hinein in der seltsamen Utopie befangen, er könne der große Reformator der Zeit werden. Reformator durch gutes Zureden! Erasmus ist der Gipfel des schönen, aber zur Meisterung des Lebens so verhängnisvollen sokratischen Irrtums, daß der Wissende der Gute sei, und daß mit der Bildung die Besserung komme. Er ist sich durchaus bewußt, daß er vor dem Tumult versagen muß. Sein nicht tragisches, sondern erbärmliches Schwanken in den Jahren 1518/19 bis besonders 1520, sein feiges Benehmen gegenüber dem todkranken Hutten, den er verleugnet, seine unerhörte Uninteressiertheit im Ton, als er der verbrecherischen Hinrichtung seines Freundes Thomas More und des Erzbischofs Fisher (1535) gedenkt, zeigen, wie recht er hatte, wenn er sich zum Martyrer nicht geeignet fühlte: ,Nicht alle haben Kraft genug zum Martyrium; ich fürchte, daß, sollte ein Tumult ausbrechen, ich Petrus nachfolgen werde' (1521). Das heldische Christentum ist nicht sein Feld. Aber er weiß eine Rechtfertigung: ,Martyrer hat es die Menge gegeben im Christentum, aber nur wenige Gelehrte.' Im Aufruf zur Weltmission, den er 1535, ein Jahr vor seinem Tod, hinausgab, spricht er wohl den Wunsch aus, daß ihm Gott doch den Geist des Martyriums gegeben haben möchte; aber der Wunsch ist pure Velleität und humanistischer Weltschmerz. —

Erasmus bringt es nicht nur einmal fertig, in echt humanistischer Leichtfertigkeit ins Gesicht zu schmeicheln und im geheimen zu verdächtigen (etwa
an Marius persönlich und über Marius an More). Argwohn gegenüber
seinen Freunden findet sich frühzeitig. Seine Schmeicheleien reichen nahe
an Schamlosigkeit heran. Für ein dürftiges Trinkgeld (von Anna v. Borselen)
verleugnet er — zugleich mit der Übersendung einiger Gebete eigener Pro-
venienz — seine tiefsten Überzeugungen der gereinigten christlichen Frömmigkeit und zugleich das Feinste seines Geschmacks. Dem Papst Leo X. sagt er
ins Gesicht, er stehe über den Menschen wie der Mensch über dem Tier.

Erasmus schwört auf das sichere Mittelmaß, sofern es mit Geist, mit viel
Geist verbunden ist. Als letztes Ziel sind Ruhe und Bücher das Begehrens-
werteste. Er charakterisiert seine eigenen Verse: ‚es gibt da nirgends einen
Sturm, keinen Bergstrom, der über seine Ufer tritt, nirgends eine Übertreibung‘.

Aus solcher Haltung erklärt sich sein Umschwung im Verhältnis zur Zeit:
Noch 1518 kündigt er das kommende goldene Zeitalter an. Aber es sollte
weder kämpferisch noch politisch sein. Er wollte ein individualistisch-
moralistisches Reich, und zwar der Bildung. Mit Erasmus — nicht mit
Luther — tritt das nur individuelle Gewissen seine verderbliche Herrschaft
in der Neuzeit an.

Erasmus hat nie ein Damaskus durchgemacht. Unmittelbar stieß ihn das
Klosterleben ab (wo er übrigens viel glücklicher war, als er später schimpfend
wahrhaben will; denn er konnte dort Bildung finden, um die allein es ihm
ging); unmittelbar sprach ihn die devotio moderna an; er erwachte während
des ersten Aufenthaltes in England 1491—1500 zum ‚Theologen‘; aber es
gab keinen Kampf.

4. Erasmus macht Epoche in der Reformationszeit als Theologe.
Auch hier ist seine geistige Haltung nicht zuerst von der Offenbarung, sondern von der Bildung her geprägt. Genau umgekehrt bei Luther. Diese
Bildung, angeregt durch die Fraterherren, findet ihr Objekt und ihren Rahmen
in England bei John Colet, dem Erben der Platonischen Akademie in Florenz,
auch bei More und Fisher. Dieses Erbe heißt spätere Stoa des Cicero, also
popularphilosophischer Moralismus, die Synoptiker und ein platonisch bzw.
neuplatonisch erklärter Paulus.

In der seit dem Aufenthalt in England anhebenden humanistischen
Seelsorgeschriftstellerei des Erasmus steht im Mittelpunkt ein großes Ziel:
die Reinigung des Christentums und der Kirche mit Hilfe der Quellen, der
christlichen und der heidnischen. Auf die genaue Erklärung dieses Programms
kommt alles an.

Der erste Gegensatz tut sich auf durch die gleichzeitige Nennung des stoischen Moralismus und des Paulus. Man sieht sofort, daß nicht das spezifisch Paulinische der Gnaden- und Erlösungspredigt gemeint sein kann, wenn Erasmus für Paulus schwärmt. Die stoischen Elemente der Gotteserkenntnislehre im Römerbrief und des Redners auf dem Areopag sind die Anziehungskräfte, und dann die gewaltige Seelsorgepersönlichkeit des willensstarken Weltapostels.

In Erasmus wiederholt sich die Fragestellung der Apologeten des 2. Jahrhunderts. Die geistige Umwelt ist weithin dieselbe. Nur daß die taktischen Berechnungen der alten Apologeten jetzt fehlen. Hier steht jetzt der Versuch auf, das Christentum zu einem schönen und ernsten Menschlichen zu machen, reduziert auf wenige ganz einfache Wahrheiten: Monotheismus, Tugend, Jenseits.

Die Aufklärung wird dereinst die Konsequenzen ohne die erasmianischen ‚Kompromisse' an Kirche und Offenbarung ziehen.

Aber zunächst gilt es, dem Erasmus nicht unrecht zu tun: die erwähnten christlichen ‚Kompromisse' sind gewichtige Realität. Die Bejahung des Christentums Jesu Christi, der Bibel, der Kirche und der Kampf um ihre Reinigung sind echt und wesentlich; und manchmal sind sie von starker Wirkung nach außen, weil von wirklicher Triebkraft im Innern. Erasmus will den Paganismus der Italiener aus den schönen Wissenschaften vertreiben, um diese aus Christus zu nähren. Er verlangt in nachdrücklichem Ernst, daß die fällige Neugeburt aus Christus erwachse. So erreicht er eine wirkliche Vertiefung des Christentums. Es will mit Ehrfurcht gewogen sein, welch eine unerhörte, harte wissenschaftliche Leistung der erste Herausgeber des griechischen Neuen Testaments und so vieler Kirchenväter und der Schreiber der glänzenden Traktate moralischen Inhalts an diese Aufgabe gesetzt hat.

Das ist viel, viel positiver, als es hier ausgesprochen werden kann. Es gehört zum Wesentlichen des Erasmus. Sein Kampf gegen die Scholastik ist ungerecht, denn er kennt sie ja nur ungenügend, und von der ihm zeitgenössischen sieht er nur die geistlosen Auswüchse. Immerhin weiß er, daß Thomas der sorgfältigste der ‚jüngeren' Scholastiker ist, mit dem die andern gar nicht zu vergleichen seien.

Und welches Zentralanliegen nicht nur der Theologie, sondern der gesamten Reform wurde ausgesprochen in seiner unaufhörlich geäußerten Forderung: Zurück zu den Quellen! die er einmal so formuliert: Viel lebendiger dringt das aus dem Herzen lebendig Quellende ins Herz der Hörer als aus fremder Krippe Aufgelesenes. Erasmus will den frischen Geschmack des Quellwassers! Er hat ein urtümliches Verhältnis zum Ursprünglichen, noch nicht Überwucherten; er liebt den Apfel, den er selbst vom Baume pflückt.

Welch eine Bedeutung für die Reinigung des Christentums besitzt in dieser Beziehung allein die Herausgabe des griechischen Neuen Testamentes, wodurch er die Bibel an sich mit einem wuchtigen Stoß wieder zum Mittelpunkt des Theologisierens machte! Er fordert auf, sie in alle Sprachen zu übersetzen, ständig bei sich zu tragen, sie zu lesen und immer wieder zu lesen, sie in sich aufzunehmen, nicht das Theologisieren über sie. Alle Berufe, auch die Handwerker, sollen sie zur Begleitung ihrer Arbeit machen. —

Auch verschwindet später viel Spielerisch-Gewagtes der geistreichen Jugendtage. Mit den Jahren und dem immer siegreicher vorbrechenden Sturm der Revolution Luthers werden seine religiösen Anstrengungen stärker.

5. Aber allzu unabweisbar melden sich die Einwände: das tief Christliche ist nicht das Entscheidende. Es gibt nicht die eigentliche Zielrichtung der erasmianischen Kräfte und Sehnsüchte an. Wie unernst wirkt jenes Verlangen nach einer allen zugänglichen, alle neu nährenden, unzünftigen Laientheologie aus der Heiligen Schrift, wenn gleichzeitig in aller Ruhe das Erlernen der drei heiligen Sprachen, Latein, Griechisch und Hebräisch, als Bedingung daneben gestellt wird! Wie stark schränkt die Widmung, die er seiner Ausgabe mitgibt, den religiösen Wert ein! Sie paßt zum Nachwort des Ökolampad, das, geistreichelnd und humanistisch-liebedienerisch, nichts von Geist und Inhalt des Neuen Testament an sich hat. Oder der ‚Methodus‘ in der gleichen Ausgabe! Manchmal wird man gerade bei den religiös am wärmsten und unmittelbar evangelisch klingenden Ausführungen den Verdacht nicht los, man lese schöne Sprüche, hinter denen kaum der Wille zur Verwirklichung im Leben stehe.

Und seine Moralpredigten und Kritiken gegen die Scholastik, die Mönche, die Kirche! Die Kritik ist so stark Hohn, Herunterreißen, so selbstgefällig, so zweideutig! Der harte Wille der moralischen Besserung wie des religiös unbedingt Gebundenseins fehlen. Und eben jener geistreiche Spott, dem die harte unbeugsame Forderung fehlte, hat Erasmus zu der Berühmtheit verholfen, die ihn durchs Leben trug! Sein Christentum ist Bildungsangelegenheit. Die Taufe ist die erste Äußerung der christlichen Philosophie. Christ ist, wer ein reines Herz hat und mit reinem Leben lehrt.

Es hat einen befreienden Klang, wenn Erasmus mit der Bibel feststellt: nichts ist stärker als die Wahrheit. Aber wie verdächtig, wenn diese Wahrheit des Christentums in einem utopistischen Moralismus von der Erneuerung der guten Naturanlage erwartet wird! Gewiß werden Christi Weisheit und menschliches Argumentieren als Gegensatz gebucht, aber das geht verdächtig deutlich gegen die Scholastik bzw. hier sogar gegen die ‚Stoiker‘ (mit welchem

Schimpfnamen er jeden Scholastiker belegt), nicht aber gegen humanistischen Witz und humanistische Weisheit!

Es steht außer Zweifel, daß Erasmus der angestammten Kirche treu bleiben wollte: ‚Mich wird weder der Tod noch das Leben von der Gemeinschaft der katholischen Kirche scheiden' (1522). Aber auch: ‚Von der katholischen Kirche bin ich nie abgefallen. Ich weiß, daß es in dieser Kirche, die ihr Lutheraner die päpstliche nennt (!), viele gibt, die mir mißfallen; aber solche sehe ich auch in euren Kreisen. Man trägt die Übel leichter, an die man gewöhnt ist. Darum ertrage ich diese Kirche, bis ich eine bessere sehen werde, und sie ist wohl genötigt, auch mich zu ertragen, bis ich selber besser geworden bin. Und der fährt nicht unglücklich, der zwischen zwei verschiedenen Übeln den Mittelkurs hält.' Welch erbärmliche Undeutlichkeit, moralisch wie theologisch! Hier ist das kirchliche System der harten Mitte ganz zur spannungslosen und feigen Mittelmäßigkeit herabgedrückt. Gerade durch sein Ausweichen vor klaren Entscheidungen und wesentlichen Bindungen hat Erasmus dem Christentum geschadet.

Wir werden sehen, daß diese Haltung für die ‚Kirchlichkeit' des Humanistenfürsten maßgebend ist. Und gerade deshalb stellt sich hier die weitreichende Frage: Wie ist es zu erklären, daß Heilige wie More und Fisher, Männer wie John Colet, Wimpfeling, Sadolet, Vives, Kardinal Cajetan und Papst Adrian VI. diesen ‚Wiederhersteller der Theologie' (so Kardinal Albrecht von Mainz) nicht nur gelegentlich lobten, wie etwa Eck und Gropper, sondern ihm treue Freundschaft bis zum Tode hielten?!

Erasmus blieb schließlich in der Kirche. Seine Auseinandersetzung mit und gegen Luther über den menschlichen Willen wurde sogar eine der entscheidenden geistigen Klärungen der Reformationsgeschichte. Aber wie blieb er in der Kirche? Als ein halber Katholik! Er ‚strebte' nicht danach, in der alten Kirche zu bleiben, er blieb zögernd in schwebender unentschiedener Mitte. Er blieb der alten Kirche treu, ‚nachdem er ihr außerordentlich geschadet hatte, und er verleugnete die Reformation und in gewissem Grade auch den Humanismus, nachdem er beide ungeheuer gefördert hatte!' (Huizinga.)

Erasmus anerkennt die Kirche, wie er gelegentlich die Beichte anerkennt: pietätvoll, einigermaßen die Tradition bewahrend, aber ohne sie als wirklich bindend, nämlich als von Christus (oder den Aposteln!) eingesetzt, anzuerkennen.

6. Dies führt uns nun zum entscheidenden Punkt der kirchengeschichtlichen Bedeutung des Erasmus. Es ist die Grundhaltung des Erasmus überhaupt, die wir schon nannten: seine Unbestimmtheit. Aber in der Theologie heißt

das: adogmatisch oder undogmatisch. Erasmus ist auch theologisch der geborene Relativist.

Den Glauben der Kirche behalten oder ihn aufgeben, ist eine ernste Sache, ein letztes Anliegen — für den, dem es um die Sache geht. Wenn ein solcher, in die Entscheidung gedrängt, sich entschieden hat, zu bleiben, dann muß es mit allen Nebenblicken vorbei sein. Ein solcher Mensch wird nicht sprechen wie Erasmus: ‚Ich hätte in Luthers Kirche eine der Koryphäen sein können!'

Fr. X. Funk hat einmal gegen Janssens ungenügendes Erasmus-Urteil mit Recht opponiert. Aber er sagte: ‚Ich fand das Handbuch des Christlichen Streiters so christlich, daß ich nicht einen leisen Grund hätte, es irgend einem Kirchenvater abzusprechen, wenn es unter einem solchen Namen auf uns gekommen wäre.' Die typisch ungenügende Fragestellung gegenüber dem ewig unbestimmten Erasmus! Es genügt nicht, um echt christlicher Theologe zu sein, nichts direkt Unkatholisches zu sagen. Korrektheit ist nicht Wahrheit.

Des Erasmus keckes Balancieren mit den Texten der Heiligen Schrift (wie in der ‚Moria') kann nicht von einem wahrhaft Frommen kommen. Dieses Spielen mit dem Spott am Heiligsten ist bei ihm nicht Laune, es ist Äußerung seines Wesens. Das Ernsteste nimmt er doch wieder nicht ernst. Er sieht nicht die Grenzen der menschlichen Kräfte, um daraus wahrhaft Ehrfurcht zu lernen. Sondern, nachdem er die Kräfte maßlos übertrieben hat, höhnt er und steht damit außerdem in Widerspruch mit seiner eigenen Mahnung, Heiliges ehrfurchtsvoll anzufassen.

Erasmus hat für das festgelegte und alle bindende Dogma sehr wenig Verständnis. Er hält am Sakrament des Altars fest. Aber er bemüht sich geradezu, jeder näheren Bestimmung der leiblichen Gegenwart des Herrn zu entgehen. Er ist dogmatisch uninteressiert, wie es sein Sterben (ohne Empfang der Sakramente) noch einmal beweist. Er ist der Meinung, daß es viele Definitionen gäbe, welche ‚man ohne Gefahr für unser Seelenheit ungewußt oder unentschieden hätte lassen können .... Die Hauptsache in unserer Religion ist F r i e d e und E i n m ü t i g k e i t. Diese können nur bestehen, wenn wir über so wenig Punkte als möglich Definitionen aufstellen und in vielen Dingen jedermann sein Urteil frei lassen. Manche Streitpunkte werden jetzt auf das ökumenische Konzil aufgeschoben. Es wäre viel besser, derartige Fragen aufzuschieben bis auf jene Zeit, da Gleichnisse und Rätsel hinweggenommen sein werden und wir Gott schauen werden von Angesicht'.

Der wissenschaftliche Philologe Erasmus ist ein Liebhaber der allegorischen Deutung; und sie dient ihm wiederum trefflich dazu, aus der geoffenbarten Religion etwas Unverbindliches zu machen oder sie in den Bereich der natürlichen Sachlichkeit herunterzudrücken.

Erasmus kommt von der devotio moderna her, die er bei den Fraterherren in Herzogenbusch und im Kloster der Augustiner-Chorherren (Steyn oder Emmaus bei Gouda) kennen gelernt hat. Aber er ist kein ganzer Vertreter dieser devotio moderna. Er hält von ihr nur einen Teil fest; jenen nämlich, der sie von der überlieferten Kirchenfrömmigkeit abhebt. Ihn gestaltet Erasmus einseitig aus. Hingegen den für die devotio moderna selbstverständlich auch wesentlichen Teil des christlichen Besitzes, die kirchlich-sakramentale Frömmigkeit als Ausdruck der Offenbarungs- und Erlösungsreligion, läßt er weithin verkümmern. Er wird nicht so radikaler Bildungschrist wie die Erfurter Humanisten, aber er gehört doch in diesem Punkt zu ihnen. Er hat die F ü l l e des Christlichen aus den Synoptikern und aus Paulus etwas besser gewahrt, und er hat dieser größeren christlichen Fülle in einer geistig unerhört reichen Welt Darstellung und Wirkkraft gegeben. Seine Vereinfachung des Christentums verfällt nicht der dünnen Flachheit und Armut der Erfurter. Dies mag man nun weithin steigern, am Wesentlichen ändert es nichts: Erasmus ist undogmatisch und Relativist. Das bedeutet aber: er bringt das Christentum in eine L e b e n s g e f a h r. Um so mehr, je weiter seine groß-artige geistige Kraft trägt.

Er ist ein innerster Selbstwiderspruch. Er führt die Welt und die Kirche durch die Großtat seines Neuen Testamentes mit gereinigter Kraft an die Grundtatsache der Erlösung durch Jesus Christus heran, und zugleich macht er aus dieser Religion, dem Christentum des Gekreuzigten, einen humanistischen, ‚menschlichen‘ Moralismus der eigenen Kraft und der Bildung.

Man muß ein sehr enger Aufklärer sein, um Erasmus einfach als Nicht-christ und Christenfeind zu deuten. Man muß starke Antipathie gegen ihn haben oder sehr wenig Differenzierungsvermögen besitzen, um sein christliches Streben nicht als ein bedeutendes anzusprechen. Man kann aber ebensowenig den Grund dieses Mannes verstehen, wenn man nicht hinter dieses gleiche Urteil ein starkes Fragezeichen setzt. Das klingt nicht nur paradox, das ist paradox. Aber deshalb allein trifft es Erasmus. Er ist vollendete Undeut-lichkeit. Er vermag sich immer aus der Schlinge zu ziehen. Das gilt sogar für das letzte Jahrzehnt seines Lebens, als nach dem Bruch mit Luther nicht mehr viel zu riskieren war. Man kann das alles als das unbändige Streben nach Unabhängigkeit bezeichnen (Huizinga). Aber es ist ebenso das vollendete Streben der Feigheit, zum mindesten des Unfesten. Die Sätze, die Erasmus gegen den Paganismus schreibt, lassen sich durch andere aus den Colloquien und durch die große Adagia-Arbeit so illustrieren, daß der Klang des ‚Juppiter optimus maximus‘ viel mächtiger, und der des ‚Jesus Christus Redemptor mundi‘ viel dünner wird, als es nach jenen Sätzen scheinen könnte. Was bedeutet schon für Erasmus ‚Redemptor‘, für ihn, den Vertreter des aufgeklärten

Moralismus? Und weil das Unfeste und Laue so sehr in der Substanz des Mannes sitzt, deswegen fällt es auch so schwer, seinen Eifer gegen den Paganismus in den letzten Jahren als Ausdruck einer wahren Sinnesänderung im Angesichte Gottes zu nehmen.

Sicher steht dem Christentum, das den Vater im Geist und in der Wahrheit anbeten soll, nichts besser an als die Vergeistigung, die ihm Erasmus einzupflanzen versuchte; selten war ihm dies notwendiger als damals, als das Veräußerlichte des Avignoner Systems in Theorie und Praxis so unheilvoll vergröbernd die christliche Substanz aufzuzehren sich anschickte. Und doch war Erasmus vor allem eine Bedrohung des Christentums und der Kirche. Er war nichts anderes als ein unzulässiger Versuch, die Mündigkeit der christlichen Völker, besonders der Laien, in radikaler Form durchzuführen und den menschlichen Verstand und Willen in mehrfacher Beziehung zum Maß des Christlichen zu machen. Erasmus war die Bedrohung des Dogmas durch den Relativismus, des Gnaden- und Erlösungsreiches durch christlich veredelten stoischen Moralismus. Es ist kurzsichtig, wenn man den hohen Wert seiner allegorisierenden, d. h. hier wesentlich verflüchtigenden Deutung des Christentums sieht und die angegebenen radikalen Fehler nicht.

Für eine genügende Deutung des Erasmus ist dies ausschlaggebende Voraussetzung: daß man an die Notwendigkeit einer dogmatisch festen Religion glaube. Sofern ihre Auflösung selbst dann noch das größte Übel ist, wenn sie von Geist und Wissen und Maß und Friedfertigkeit und gesitteter Bildung in Fülle begleitet ist, ist das Urteil über Erasmus vernichtend.

Erasmus hat diese Auflösung des Dogmatischen noch von zwei andern Gedanken aus gefördert: er erklärt das Christentum als im Grunde identisch mit aller wahren Religion. Das wird nur möglich, wenn das Christentum undogmatisch gefaßt wird. Es ist nicht überflüssig, hierbei zu erinnern an gewisse Konstruktionen in den zeitgenössischen ,Utopien' (auch derjenigen des Thomas More) und an Ideen des Cusaners. Der war kein Relativist, weder praktisch noch theoretisch. Und doch konnten seine Gedanken über den Frieden unter den Religionen und über die grundlegende Einheit aller Religionen in der Verehrung Gottes auf eine unklare Zeit verwirrend wirken. In manchem scheint das 18. Jahrhundert vorweggenommen. — Außerdem stellt Erasmus eine Art Bibelprinzip auf; das heißt, die Bibel, so wie sie der gelehrte Forscher erklärt, soll schließlich die Norm dessen sein, was christlicher Glaube ist. Die Kirche und ihr Lehramt werden zwar beibehalten. Aber wo bleibt ihre Verbindlichkeit? Erasmus forderte mit aller Bestimmtheit die kirchliche Einheit; aber das, was wir sein Bibelprinzip nennen dürfen, mußte sich zerstörend gegen sie auswirken. Der katholische Kirchenbegriff, der wesentlich den Glauben des einzelnen aus der Kirche wachsen läßt, ist noch nicht aufgelöst, aber schwer getroffen. Der zur Häresie treibende Subjektivismus ist grundsätzlich bejaht.

Es ist vollkommen unzulässig, eine Handvoll polemischer Äußerungen gegen die offizielle Kirchenfrömmigkeit aus Erasmus zusammenzustellen und daraus auf seinen unkirchlichen Geist zu schließen. Um diesen Mann einigermaßen verstehen zu können und ihm nicht notwendigerweise unrecht zu tun, muß man Verständnis für stärkste innere Differenziertheit haben. Man muß die geistige Freiheit besitzen, auf einer sehr schmalen Linie folgen zu können, die noch wirklich christlich ist, und das Christliche doch feindlich ins Herz trifft.

7. Aber nun: die Kirche blieb dieser ungeheuren Lebensbedrohung gegenüber stumm; ja, man feierte in ihr den Zerstörer ihres Dogmas!

Gewiß, 1526, acht Jahre nach der Leipziger Disputation, verurteilte die Pariser Sorbonne mehrere Sätze des Erasmus als häretisch, und der arme französische Übersetzer De Berquin wurde 1529 verbrannt. 1528 befaßte sich die Inquisition in Spanien mit Erasmus. Das Reformgutachten der offiziellen Kardinalskommission von 1537 wünscht, daß die ‚Colloquia‘ aus den Schulen fortbleiben. Auch Pighius und sogar des Erasmus Freund Ambrosius Pelargus (1531) haben sich scharf dagegen ausgesprochen. Und noch später wurden die ‚Colloquia‘, die ‚Moria‘ und einzelne andere als Ganzes auf den Index gesetzt. Der hl. Ignatius untersagte die Lektüre des Erasmus. Viele schoben ihm überhaupt und laut genug die Schuld an der Lutherischen Revolution zu: ‚Er hat die Eier gelegt, die Luther und Zwingli ausgebrütet haben‘; ‚Entweder ist Luther erasmianisch oder Erasmus lutherisch‘; ‚Er hat mit den Lutheranern die echte (kirchliche) Philosophie zu Grunde gerichtet‘ (Eck 1540).

Aber anderseits hatte sogar derselbe Eck diesen Mann noch 1528 als korrekt katholisch geschätzt. Kardinal Ximenes wollte ihn nach Spanien holen, Adrian VI. blieb sein treuer Beschützer, der sich früher dafür eingesetzt hatte, daß dem Erasmus sofort bei seiner Ankunft in Löwen ein Lehrstuhl angeboten würde. Herzog Georg von Sachsen bot ihm einen solchen an. Leo X. nahm die Widmung des Neuen Testamentes an und ließ durch Sadolet sehr wohlwollend schreiben. Daß More, Fisher, John Colet und Sadolet seine Freunde blieben, wurde schon erwähnt. Und jedenfalls erfolgte keinerlei gerichtliches Vorgehen der Kurie gegen ihn. Auch ein Mann wie Stanislaus Hosius, der spätere Bischof von Ermland und päpstliche Legat auf dem Konzil von Trient, zeigte keinerlei Reserve gegenüber Erasmus. Und das nicht nur als junger Mann, als seine ganze Sehnsucht dahin ging, das Weltwunder zu besuchen (1529). Er blieb vielmehr dieser Liebe sein

Leben lang intensiv treu; er ersetzte sogar in seiner Diözese den streng ortho-
doxen ‚Katechismus‘ des Filippo Archinto durch denjenigen des Erasmus.

Sicherlich hat es großes Gewicht gegen ein heutiges Urteil, wenn geistig
so hervorragende Männer in solcher Zahl ihre Stimme für den ihnen persönlich eng bekannten oder doch — wie bei Leo — empfohlenen Mann erheben. Aber wir haben Tatsachen angeführt. Man müßte sie entkräften.
Wir wollen sie lieber weiter stützen:

Erasmus hat sich 1518 und 1519 zu Joh. Lang in zweideutigster Weise über das
Papsttum ausgesprochen. 1518 urteilt er so: ‚Luthers Thesen billigt jedermann;
ich sehe, daß die Monarchie des Papstes zu Rom, so wie sie jetzt ist, die Pest
des Christentums ist . . .; aber ich weiß nicht, ob es nützlich ist, o f f e n an
dieses Geschwür zu rühren. Das wäre Sache der Fürsten. Ich fürchte nur,
sie stecken mit dem Papst unter einer Decke, um einen Teil der Beute für
sich zu gewinnen.‘

Diesem Erasmus bestätigt der Papst (15. Januar 1521) seine Freude, daß Eras-
mus die Zweifel an der Aufrichtigkeit seiner Gesinnung gegen den Heiligen
Stuhl und den kirchlichen Frieden, die aus Berichten und aus Schriften des
Erasmus aufgestiegen seien, zerstreut habe, so daß der Papst ihm nun doch
die Anerkennung, die er ihm eine Weile entzogen, von neuem ausspreche.
Und niemand sei so geeignet für das heute notwendige Werk wie Erasmus....

Der letzte Satz besonders ist betrübend. Er beleuchtet blitzartig die lebenbedrohende Sorglosigkeit wie die theologische Unklarheit in der Kirche. Von
hier aus gewinnt die Reformation neue positive Bedeutung für die Kirche.
Erasmus war die Drohung der dogmatischen Auflösung innerhalb der Kirche.
Luther zwang zum Bekenntnis. Er rüttelte wach.

Nur einer hat auf katholischer Seite noch einigermaßen rechtzeitig die
Gefahr, die Erasmus verkörperte, erkannt, ein anderer bedeutender Humanist, der päpstliche Nuntius Aleander, der früher ein paar Wochen mit
Erasmus in Neapel zusammengewohnt hatte. Er hatte in Löwen zu Gunsten
des berühmten Humanisten eingegriffen und Predigten gegen ihn verboten.
Aber in Worms 1521 gingen ihm die Augen auf: ‚Gott verhüte, daß neue
Breven an Erasmus wieder so lauten wie das vor seinem Neuen Testament
abgedruckte mit der zustimmenden Erklärung des Papstes über ein Werk, in
welchem er doch über Beichte, Ablaß, Exkommunikation, Ehescheidung, Gewalt des Papstes usw. Ansichten aufgebracht hat, die Luther nur herüberzu-
nehmen brauchte; das Gift des Erasmus wirkt aber viel gefährlicher....‘
Das ist zwar auch aus persönlicher Gereiztheit gegen Erasmus geschrieben,
die gefährlichsten Lehren sind nicht gesehen, aber das Gesamturteil stimmt.

Nun geriet ja Erasmus doch mit Luther zusammen. Aber die Katholiken
erkannten auch in diesem Streit nicht den wahren Erasmus. Sie spendeten

seinem Buch über den freien Willen Beifall, weil es gegen Luther sprach.
Aber sie übersahen, daß hier vor allem ein optimistischer Moralismus vertreten war, der für Gnade, Sünde und Erlösung nur wenig Raum ließ!

8. Die theologische Unklarheit innerhalb der katholischen Theologie
war eine der besonders wichtigen Voraussetzungen für die Entstehung einer
kirchlichen Revolution. Sie ist einer der Schlüssel, die das Rätsel des
gewaltigen Abfalls einigermaßen lösen.

Diese Unklarheit bestand nicht nur bei den in dieser Sache eigentlich
Kompetenten, den Theologen oder denen, die hätten darin kompetent sein
sollen, den Bischöfen, sondern auch in jener sehr breiten Doppelschicht, die
auf die Entwicklung starken, ja einschneidenden Einfluß hatte, sei es als
Träger der damals enorm wichtig werdenden öffentlichen Meinung, sei es
als Inhaber fürstlicher Macht.

In diesem doppelten Umkreis äußert sich die theologische Unklarheit am
stärksten durch die Auffassung der Luther-Bewegung als einer beinahe nur
disziplinären Angelegenheit. Weil man ohne den Schatten eines Schwankens
das Urteil fällte, Rom schädige Deutschland zu Unrecht finanziell und auch
politisch, und weil der Haß gegen Rom jenen ungeheuren Umfang angenommen, den für 1521 sogar Aleander eindeutig feststellt, deswegen opferten
viele mit Leichtigkeit die vom Papst gehütete katholische Doktrin. Bewußt
und sehr viel unbewußt benutzt man die neue Lehre, um das glühend
ersehnte Ziel zu erreichen: die Macht des Papstes ins Wanken zu bringen.

Aber tiefer offenbart sich die theologische Unklarheit im Umkreis der
Hüter der kirchlichen Lehre. Wir sahen es eben bei Erasmus und der Behandlung, die er durch die Kirche erfuhr. Wir werden vom jungen Luther
an über den Ablaßstreit 1517 und die Leipziger Disputation von 1519 die
ganze Reformation hindurch immer wieder auf diesen Faktor stoßen: Woher
kommt es immer wieder, daß man das Unkatholische der Lutherischen
Neuerung nicht einigermaßen klarer erkennt? ...

Es konnte nicht anders sein: die ganze Zeit, die Völker und in ihnen
alle Schichten waren in ein chaotisches Durcheinander geraten. Nichts schien
mehr fest, und weniges war noch klar zu erkennen. Der Theologie waren
durch Luther nicht ein paar neue belanglose oder interessante Rechenexempel
gestellt, es ging darum, ganz neu den Sinn des Christentums, des Menschen
und seine Stellung im Heilsprozeß zu erfassen.

Die Dunkelheit wurde noch verhängnisvoller, weil man auf katholischer
Seite der Täuschung erlag (und aus ihr operierte), als ob die katholische
Lehre ja doch längst in den strittigen Punkten festgelegt sei. Nur wenige

Theologen machten eine Ausnahme. Die meisten arbeiteten (wir werden es sehen) in der Polemik und in den Reformgutachten mit dem ‚unanimis consensus‘ der Kirche, während doch in Wirklichkeit in bedeutenden Fragen nur eine mehr oder weniger verschwommene Vorstellung die klare Erkenntnis ersetzte. Die Beratungen auf dem Tridentinum erbrachten den Beweis.

Die theologische Unklarheit aber war es, die das Einwurzeln offenbar häretischer Ansichten in katholischen Kreisen möglich machte; erst durch sie konnte die Reformation wachsen.

Sechstes Kapitel

Das Landeskirchentum

Das Landeskirchentum ist eine Begleiterscheinung der aufkommenden Fürstenmacht. Eine notwendige Begleiterscheinung. Die mittelalterliche, kirchlich-weltliche Struktur der Gesellschaft und die priesterlich-kriegerische des Staates ließen es gar nicht zu, daß die beiden Sphären sauber getrennt gehalten wurden. Nicht zufällig, sondern mit einer gewissen Konsequenz wendet sich darum auch der im Interesse der Fürsten von ihren Legisten vorgetragene Gedanke vom selbständigen, ,autonomen' Staat gegen die Vertreter der Kirche, um von deren Rechten möglichst viel für sich zu gewinnen. Der Prozeß entwickelt sich bereits seit dem frühen Mittelalter; die klassische Darstellung bietet der Kampf Philipps IV. zu Gunsten einer gallikanischen Kirche und eines französischen Papsttums.

Das Landeskirchentum wurde in Deutschland zum Territorialkirchentum. Sobald die Fürstenmacht nach Erweiterung und Zentralisierung strebte, konnte sie unmöglich an dem bedeutendsten Machtkomplex in ihrem Bereich, an der durch geistliche und geistlich-weltliche Gerichtsbarkeit, bischöfliche Jurisdiktion und gewaltigen Bodenbesitz ausgezeichneten Kirche vorübergehen. Das Bestreben, alle Kräfte des Territoriums in die Hand zu bekommen, konnte nicht haltmachen vor den reichen Klöstern und vor der bedeutenden Ausfuhr an regelmäßigen und außerordentlichen Abgaben nach Rom. Die Theorie vom unantastbaren, heiligen Besitz der heiligen Kirche hatte ja schon längst an Sicherheit verloren. Im gleichen Maße nämlich, als das Leben und die Geschäfte und die Rechte so vieler geistlicher Personen offenkundig weltlich geworden waren.

Das gilt in ähnlicher Weise für die mächtig emporwachsenden Städte. Das nahe Bei- und enge Ineinander von Weltlichem und Geistlichem in ihren engen Mauern schien den Zugriff des Rates sogar noch unmittelbarer zu fordern.

Hier wie dort aber entwickelten sich daraus wie von selbst Eingriffe auch in rein kirchliche Angelegenheiten. Zu Beginn des 16. Jahrhunderts war man in vielen Territorien und ebenso in den Städten der Schweiz wie denen

Deutschlands bereits hieran gewöhnt. Die Tendenz war eindeutig: Papst, Bischöfe, Äbte, Ordensgeneräle möglichst auszuschalten.

Das Territorialfürstentum in Deutschland hatte auf einen Zugriff in den zeitlichen Besitz der Kirche natürlich dasselbe innere ‚Recht‘ wie die Monarchen in England, Spanien und Frankreich, vielmehr, weil ein Großteil des Besitzes der Bischofssitze und der Kirchen aus ehemaligem Königsgut bestand, konnten sie größeres Recht für sich geltend machen. Was also in den westlichen Monarchien letztlich durch konkordatäre Abmachungen mit dem Heiligen Stuhl erreicht oder doch bestätigt worden war (Spanien 1482; Frankreich 1516; England hatte sich bereits seit 1343 und 1366 isoliert): eine beinahe unbegrenzte Beherrschung der materiellen Kräfte der Kirche (und welche Beeinflussung auch des religiös-kirchlichen Bezirks bedeutete das!), konnte in Deutschland nicht gar so ungesetzlich sein. Dort wurde denn auch ein ähnliches Resultat erreicht, besonders durch die Ausnützung einer Reihe alter Rechte, wie des Patronates und der Vogtei. Der ‚weltliche Arm‘ war nie nur rein passiver Diener der kirchlichen Sache gewesen, er war schon immer irgendwie Teilhaber. Er wollte nun in gewissem Sinne Inhaber werden.

Auch in Deutschland wirkte übrigens die Kurie bei der Entwicklung mit; auch hier durch mancherlei Zugeständnisse, welche sie im Kampf um ihren eigenen machtpolitischen Wiederaufstieg gegen Ende der Konzilsära und nachher den Fürsten machte. Wie in Frankreich, so bemühten sich auch in Deutschland sowohl Vertreter des Papstes (Eugens IV.) wie des Basler Konzils um Anerkennung für ihre Auftraggeber. Beide Parteien boten Vorteile. Der Papst siegte. In Deutschland nicht zuletzt durch die Diplomatie des Enea Silvio de' Piccolomini, des späteren Papstes Pius II., der durch Bestechung einen Teil der machthungrigen, schismatisierenden Kurfürsten für Kaiser und Papst gewann. Das Resultat waren die Fürstenkonkordate von 1447 mit großen finanziellen Zugeständnissen, und 1448 das Wiener Konkordat des neuen Papstes Nikolaus V. mit Kaiser Friedrich III. In dieses Konkordat wurden die Übertragungen bedeutender geistlicher Rechte übernommen, die Eugen IV. 1445 an den Kaiser vollzogen hatte (Besetzungsrecht für 6 Bistümer, für 100 Benefizien in seinen Erblanden, Visitationsrecht über die Klöster des Landes). Diese Abmachungen wurden in den folgenden Zeiten gemäß der jeweiligen politischen Konstellation bald hier bald dort ohne eigentliche Unterbrechung in Form gegenseitig ausgehandelter Privilegien weitergeführt: Präsentationsrecht für Bischofsstühle, das Recht, die Finanzen der Kirchen bei Besitzbewegungen zu kontrollieren, Ablaßkollekten und ähnliches zu genehmigen oder nicht zu genehmigen. Solche Zugeständnisse der Kurie konnten sehr wohl religiössittlich gemeint sein, etwa um die Reform von Klöstern überhaupt oder

doch wirksamer durchführen zu können; sie waren aber vor allem kirchenpolitisch abgezweckt: Mittel im säkularen Kampf gegen die Unabhängigkeit
der Bischöfe und um die weltliche Sicherung päpstlicher Benefizienansprüche;
sie waren manchmal auch ein rein politisches Geschäft, wie bei gewissen Abmachungen Karls V. mit Klemens VII. 1528 und 1533.

Die Entwicklung hatte höchst reale Unterlagen im kirchlichen und kirchlich-
wirtschaftlichen Bestand der Territorien und wurde von hier bedeutend
gefördert. Es wirkten einmal die Reformbedürftigkeit der Klöster und des
Klerus, die pastorale Ohnmacht und das Versagen von Bischöfen und Äbten
dem Verfall gegenüber und eigene religiös-sittliche Interessen der christlichen
Obrigkeit an der notwendigen Reform. Es kamen hinzu Bitten der niederen
Geistlichkeit um Schutz gegen Reformen der Bischöfe, oder solche der laikalen
Untertanen um Schutz gegen die Willkür der klerikalen Ausnahmerechte,
des klerikalen Eigennutzes in Handhabung der Steuerfreiheit und der geist-
lichen Gerichtsbarkeit.

Man sieht, es bestanden Betätigungsmöglichkeiten ebenso für echten
religiösen Eifer wie für wirtschaftlichen Eigennutz. Manchmal findet sich
auch beides zusammen, bei Kaiser Maximilian z. B., der sich persönlich tiefer
um die kirchlich-moralische Reform und entsprechende genaue Vorschläge
gekümmert hatte, oder bei Herzog Georg von Sachsen oder bei den Bayern-
herzögen der Reformationszeit.

Wo es sich um den Schutz der Untertanen gegen klerikale Ausnützung
handelte, war praktisch die weltliche Obrigkeit die einzige Instanz, die in der
Lage war, einzugreifen; denn sie allein besaß, neben der Kirche, die Macht.
Da nun bei den vorhandenen und gewachsenen gemeinsamen Bedürfnissen des Lebens die Verteilung der Rechte, Pflichten und Genüsse, d. h. die
rechtlich-wirtschaftliche Bevorzugung des Klerus, dem Rechtsempfinden längst
nicht mehr entsprach, war eine gewisse innere Berechtigung des Eingreifens
der weltlichen Macht in die kirchliche Machtsphäre gegeben. Gegenüber der
offenkundigen, aber von geistlicher Seite anscheinend nicht zu behebenden
Reformbedürftigkeit von Klerus und Klöstern hat ebenso ein ernster Reformeifer streng gläubiger und streng kirchlicher Fürsten die Verpflichtung empfunden, dem Mißbrauch geistlicher Privilegien zu Leibe zu rücken, wie der
Eigennutz anderer den gleichen Verhältnissen einen zugkräftigen Vorwand
entnahm, um den eigenen Besitz zu Ungunsten der Kirche abzurunden. Wie
später in der Reformationszeit, sagte man auch bereits hier oft ,Reform',
wo man volle oder teilweise ,Säkularisation' meinte.

Man muß sich das gut merken, wenn man später die Übergriffe lutherisch
gewordener Fürsten nicht ungerecht beurteilen will.

Das große Mittel für obrigkeitliche Zugriffe in Leben und Besitz der
Klöster wurde die Visitation. Seit der zweiten Hälfte des 15. Jahrhunderts und
bis ins 16. Jahrhundert hinein (vor der Reformation) sind sie unzählbar
geworden. Es gibt obrigkeitliche Visitationen, die im Namen oder mit
Zustimmung der römischen Zentralbehörden durchgeführt werden; manchmal
wird den Fürsten auch eine gewisse Eingriffsmöglichkeit dadurch gegeben,
daß sie von kirchlichen Visitatoren gebeten werden, an der Oberaufsicht
mitzuwirken, um etwaige Mißstände melden zu können. Andere werden
auf eigene Verantwortung in Szene gesetzt. Wir kennen Fälle, wo eine
Anfrage oder ein Einverständnis Roms nicht nachweisbar ist, und andere,
wo sie offenkundig nicht erfolgte, sondern ein kirchenrechtlich nicht legali-
sierter Übergriff weltlicher Macht vorliegt. Immerhin wurden auch auf
diese Weise im 15. Jahrhundert und zu Anfang des 16. viele Klöster
reformiert. Nicht selten mit Gewaltmaßnahmen, welche den Widerstand der
Klosterinsassen gegen die heilsamen Reformen brechen mußten.

In Mecklenburg setzen sich die Herzöge 1452 so weit durch, daß ein
ihnen nicht genehmer Ritter nicht Prior der Johanniterkommende Eixen
werden kann. Ribnitz wird 1467 auf Veranlassung der Herzöge visitiert,
Wismar 1468, und zwar in Gegenwart der Herzöge. 1475 geschieht dasselbe
in Rostock bei den Nullbrüdern, obwohl dort von Verfall keine Rede war.
1485 ließ Herzog Magnus alle Kollegiatskirchen und Klöster des Landes
visitieren. 1493 legen die Herzöge der erwähnten Kommende Eixen stark
vermehrte Abgaben auf. Der Prozeß hierüber endet erst 1514, und zwar
zugunsten der Landesherren. Die Herzöge stellten Kandidaten für die
Komturei auf, die nicht einmal Mitglied des Ordens waren. Der Widerstand
des Ordens führt zu Streit und Überfall und endlich in der Reformationszeit
zum Prozeß am Reichskammergericht 1534—69, der keine gerichtliche Entscheidung fand. Die Johanniterkomturei Mirow wurde gewaltsam säkularisiert; möglich, daß der festgestellte religiöse Verfall hier den Zugriff rechtfertigte. Bei den Antonitern ging der Eingriff in ihre Rechte und ihren
Besitz bis zum Verschenken der Präzeptorei bzw. des Gotteshauses und der
Liegenschaften.

Das eigentliche Ziel der weltlichen Obrigkeiten ging weit: es ist formuliert
in dem Wort Karls des Kühnen, daß er in seinem Lande alleiniger Kaiser
und Papst sein wolle. Bereits Herzog Rudolf von Österreich (14. Jahrhundert) hatte denselben ‚Absolutismus‘ erstrebt; er wollte in seinem Lande
Papst, Erzbischof, Bischof, Archidiakon und Dekan sein. Durch Häufung
ungewöhnlicher Privilegien und durch eigenmächtige Erweiterung seiner
Rechte wurde die kirchenpolitische Gewalt des Herzogs von Cleve derart
gesteigert, daß das Sprichwort entstand, das dann einigermaßen rechtliche

Bedeutung gewann: ‚Der Herzog von Cleve ist in seinem Lande Papst.'
In Hessen war man seit langem gewohnt, eigenmächtig über das Kirchengut
zu verfügen. In Baden reformierte der Markgraf (teilweise ziemlich selbst-
herrlich) eine ganze Reihe von Klöstern. Auch der kirchentreue Herzog
Georg von Sachsen fühlte und nannte sich in seinen Landen Papst, Kaiser
und deutscher Meister; er regierte tatsächlich unumschränkt; er wußte durch
Kirchen- und Klostervisitationen den Einfluß auf die Besetzung der großen
Pfründen weit über das hinaus zu steigern, was ihm bereits durch kuriale
Bewilligung zugestanden worden war. Wir hörten schon von den Herzögen
von Savoyen, die den Genfer Bischofsstuhl ganz als Hausdomäne betrach-
teten. Die Tiroler Herzöge sahen in ihren Bischöfen Hofkapläne. Als
Cusanus in seinem Bistum Brixen Reformen einführen wollte, kam es zu
einem schweren Zusammenstoß mit Herzog Siegmund.

Das Streben der Territorialherren, ihre Macht in den kirchlichen Raum hinein
auszudehnen, lag in der allgemeinen Linie der Entwicklung und war aus den
verschiedenen angeführten Ursachen eine nicht allzu schwere Aufgabe. Aber es
verdient Beachtung, daß auch hier die Kurie den Zugriff erleichterte. Schuld
daran trägt neben vielem andern auch der kurialistische Stil mit seinen rhe-
torischen und superlativistischen Formulierungen, welche die zugebilligten
‚kirchlichen' Rechte nicht immer mit der wünschenswerten Genauigkeit ab-
grenzten.

Das Territorialfürstentum erreichte sein kirchenpolitisches Ziel. Für bischöfliche Erlasse wurde landesherrliche Genehmigung gefordert, die Steuerfreiheit
des Klerus wurde durchbrochen, der Gottesdienst wie die Klosterzucht be-
aufsichtigt, für kirchliche Steuern und Kollekten, die von Rom ausgeschrieben
wurden, verlangte man die Zustimmung der weltlichen Obrigkeit. Wallfahrten wurden verboten, andere eingerichtet. Es gelang den Fürsten, in
weitem Umfang Herr der Kirche und der Kirchen ihres Territoriums zu
werden.

Nur an einem, allerdings wichtigen Punkte mißlang der Versuch: es gelang
nicht, die überlegene geistliche Gerichtsbarkeit zu zerbrechen. Und doch war
gerade sie ein schwerer Stein des Anstoßes. War es ihr doch gelungen, nicht
nur alle geistlichen Personen in allen Rechtsfällen, sondern so gut wie alle
Rechtsfälle überhaupt vor ihr Forum zu ziehen. Es war Rechtens, daß jede
gemischte Sache, ja, auf Appell sogar j e d e Sache dort verhandelt werden
durfte.

Immerhin bleibt auch hier die Gegenwirkung beachtlich. Sie bediente
sich eines in Frankreich mit soviel Erfolg angewandten Rechtsmittels:
der ‚Appell wegen Mißbrauchs' ermöglichte es, von einem geistlichen Gericht

an ein weltliches zu kommen. Auch wußte man in zunehmendem Maße die Verschleppung der Gerichtsverfahren nach Rom zu verhindern.

Der gesamte Verlauf der Reformationsgeschichte wurde maßgeblich von diesen Entwicklungen beeinflußt, aufseiten der Neuerung wie auf der Seite der Kirchentreuen. Dabei sah sich Rom wieder genötigt, den katholischen Mächten, d. h. den katholischen Fürsten, Zugeständnisse zu machen; ihrerseits nützten diese Herren die Notlage der Kurie, sei es aus höheren, sei es aus egoistischen Erwägungen, aus. Die Reformvorschläge, die Eck 1523 f. an den Papst richten wird, schlagen eine Reihe von Hilfsmitteln gegen die religiöse Neuerung vor, die unmittelbar eine bedeutende Stärkung des bayerischen Landeskirchentums herbeiführen mußten.

Daneben hatte sich inzwischen das nunmehr protestantische Territorialkirchentum erhoben. Und hier wird die volle Tragik der Entwicklung sichtbar. Die Kurie war seit dem 13. Jahrhundert am Ausbau des Landeskirchentums entscheidend mitbeteiligt. Das Avignonische Exil und das päpstliche Schisma, politische Berechnung wie religiös-kirchlicher Reformeifer haben viele Zugeständnisse an die Fürsten veranlaßt. Trotz seinen großen Verdiensten um die Kirche war aber das Landeskirchentum im Grunde doch ihr eigentlicher Gegenspieler geblieben, und nun erst entpuppte es sich geradezu als Widersacher. Im Landes- und Territorialkirchentum hat das Papsttum sich selbst den Todfeind großgezogen. Denn — von allen innerkatholischen Widerständen damals und später abgesehen — das Fürstentum der Territorien hat die Reformation zum Siege geführt, und nicht zuletzt auf Grund des Territorialkirchentums, wie es sich mit starker Hilfe der Kurie bis dahin entwickelt hatte. Ohne dieses aus katholischen Wurzeln angesetzte und schon gewachsene Landeskirchentum hätte Luther kommen können, aber nicht sein Sieg, die Reformation.

*

Man wird nicht mehr leugnen wollen, daß die Möglichkeiten für eine kirchliche Revolution außerordentlich groß geworden waren. Das Versagen der eigentlich Verantwortlichen war so allseitig erprobt wie selten in der Geschichte. Die Opposition war in alle Schichten gedrungen und äußerte sich laut in vielen Formen. Das allgemeine Bewußtsein erwartete einen kommenden Umbruch, und zwar in der Kirche. Der Sturm brach los, sobald der Mann kam, der die Kräfte der Zeit zu entbinden verstand. Es kam Martin Luther. Er riß die Forderung der religiösen Neugeburt an sich. ‚Die Reformation wirkte wie eine Erfüllung und längst fällige Selbstbefreiung' (Eder).

Zweiter Teil

Die neue Zeit:
Die Reformation in Deutschland

Erstes Buch
Die neue religiöse Gestaltung

Erstes Kapitel
Die Grundlegung: der junge Luther

I. Die deutsche Reformation ist zu einem Großteil Martin Luther. Also ist auch Luther ein Großteil der deutschen Geschichte während der Reformationszeit; er darf in einer geschichtlichen Betrachtung der Zeit eine dieser Wichtigkeit entsprechende eingehende Darstellung verlangen.

Martin Luther sprach nicht sehr viele Gedanken aus, zu denen wir nicht Parallelen aus früheren Theologen und Reformern beibringen können. Trotzdem ist Luther neu. Sogar ein Urphänomen schöpferischer Eigenart und Kraft. Er ist ein Beweis für das große Geheimnis alles Lebens, daß das Ganze wesentlich mehr ist als die Summe seiner Teile, hier also die Summe der einzelnen Gedanken. Luther ist gewiß auch der Funke ins längst aufgehäufte Pulver, aber er ist zugleich viel mehr.

Diesen Mann zu schildern, scheint leicht. Eine ungeheure Masse eigener Aussagen und eine riesige Anzahl von Berichten über ihn stellen sein äußeres und inneres Leben sozusagen Tag für Tag ins hellste Licht. Auch sein inneres Leben. Denn die gewaltige Fülle seiner literarischen Produktion, von der man nur weniges ‚Bücher‘ nennen sollte, sind im Grunde ein einziges großes Bekenntnis seiner bewegten Seele.

Indes, die eigenartige geistige und seelische Veranlagung Luthers und die Umgestaltung des W e s e n s , die er durchmacht, die ungebändigte Wucht des Wollens und des Affektes in Liebe und Haß, das Gefühls- und Erlebnismäßige in ihm, zusammen mit dem sehr frühen Selbst- und dem folgenden Sendungsbewußtsein größten Ausmaßes, sein Schwelgen in Paradoxen bei einem fühlbaren Mangel an theologisch-begrifflicher Bestimmtheit, die jeweils volle Zusammenballung des Gefühls und Erlebens auf die ihn eben jetzt bedrängende Sorge oder die ihn eben jetzt befreiende neue Einsicht, endlich die ganz wunderbare Sprachgewalt, die in unendlicher Stufung immer anschaulich und in größter Eindringlichkeit in Ohr und Seele dringt und oft genug mit elementarer Gewalt den Leser und Hörer überrennt: das alles führt Luther notwendig auf der einen Seite zu jenen übertreibenden Superlativen, von denen sein Werk voll ist bis zum Rande; das erleichtert anderseits wichtige und tiefreichende Schwankungen, die bis zum offenen Widerspruch fortschreiten.

Alle diese Umstände, deren Wirklichkeit erst noch zu erhärten sein wird, zeigen, wie schwierig es sein muß, jeweils aus den Äußerungen Luthers das herauszuheben, was für ihn, aufs Ganze gesehen, das Entscheidende war.

Je älter Luther wurde, desto ungeeigneter wurde sein Geist und noch ungeeigneter sein Gefühl für eine treue Wiedergabe dessen, was er in seiner katholischen Zeit erlebt und geglaubt hatte. In schneller Verwandlung — nach längerer innerer Vorbereitung — hatte sich in seiner Vorstellungskraft der Papismus zu einer einzigen Bosheit ausgestaltet. Man muß sehen, oder vielmehr erleben, mit welcher prophetischen Wucht er das Wesen des Katholischen mit den Auswüchsen der damaligen Kirchlichkeit identifiziert. Die helleren oder auch nur beruhigteren Töne sind in seinen tausendfachen Erwähnungen der Papstkirche eine ganz große Seltenheit. Seine Stellungnahme zum Papsttum hatte sich zu einem einseitigen Haß verdichtet; in diesem Haß lebte und webte er; aus ihm heraus urteilte, redete, schrieb und handelte er Tag für Tag. Scheinbares Verständnis wie zu Beginn des Reichstags von Augsburg 1530 ist nicht von Dauer.

Wie hätte Luther da seine eigene Vergangenheit anders schildern können als aus dieser Sicht heraus? Es war ja seine papistische Zeit! Er tat es denn auch. Und er fälschte objektiv mit der ungeheuren Kraft seiner innersten Überzeugung.

Wenn man das einmal gründlich durchdacht hat, weiß man, wie vorsichtig man Luthers Rückblicke bewerten muß, auch den berühmtesten, die Vorrede zum ersten Band seiner Gesammelten Werke von 1545, mit der herrlich dramatischen Schilderung des reformatorischen Durchbruchs im Turmerlebnis.

Luthers Werk ist voll von solchen Rückblicken: in seinen schriftlichen Äußerungen, wie vor allem in seinen berühmten Plaudereien bei Tisch im Kreis der Getreuen. Eben diese Rückblicke aber, belebt von einem kochenden Ingrimm gegen das Papsttum und den Katholizismus überhaupt, weiter getragen durch Melanchthon und andere Männer der ersten Generation, haben jene berüchtigte Lutherlegende geschaffen, in welcher der Protestantismus in allem Wesentlichen bis vor kurzem, nämlich bis zu Otto Scheel, den damaligen Katholizismus sah.

Von jener ersten Lutherlegende hat sich der grobianistische Ton der reformatorischen (und der entgegenstehenden katholischen) Polemik durch die Jahrhunderte erhalten und die reformationsgeschichtliche Arbeit von 400 Jahren

bis in unsere Tage noch so wenig zu hüben und drüben anerkannten Thesen
kommen lassen. Der beiderseitige Konfessionalismus, d. h. die einseitige
Haltung des ‚gegeneinander‘, hat hier wie überall gründlich seine Unfruchtbarkeit unter Beweis gestellt.

Wie wir heute erst daran sind, den objektiven Bestand der Reformation
mehr oder minder eindeutig festzulegen, so gschieht es auch, daß gereinigter
Eifer und vertiefter Glaube von beiden Konfessionen her beginnen, Luther in
einer gemeinsameren Sicht zu sehen. Daß nicht alle Berufenen an dieser Arbeit
teilnehmen, beweist freilich jeder Tag.

Anderseits: nicht die Gebundenheit des Glaubens, der vorgegebenen Sympathie für den Helden der Reformation oder der Antipathie für den Zerstörer der Kircheneinheit und den verurteilten ‚Erzketzer‘ tragen allein die
Schuld an der Zwiespältigkeit der Lutherdeutung. Den Beweis hierfür erbringen die Verschiedenheiten der protestantischen Deutungen selbst, die nicht
einmal alle in der begeisterten Hochachtung für Luther einer Meinung sind,
aber darüber hinaus eine Fülle von sich direkt ausschließenden Ausdeutungen
des Reformators brachten.

Luther ist ein Meer von Kräften, von Trieben und Erkenntnissen und
Erlebnissen. Unvergleichlich ist die Bildkraft seiner Sprache, die Gewalt
seines Pathos. Und die Fülle seiner Äußerungen sind beinahe nur Gelegen-
heitsentscheidungen, erstanden in ganz verschiedenen Situationen, Äußerungen eines subjektivistisch Veranlagten, der nur ungenügend durch ein
‚System‘ gebändigt war. Er selbst hat das Vulkanische seiner Produktion
erkannt und anerkannt. Er behauptet, daß er nicht zu den angeblich großen
Geistern gehöre, die den vollen Sinn der Schrift auf den ersten Blick aus-
schöpfen, ohne daß sie Mühe getragen, Versuchung ausgehalten und Erfahrungen gesammelt haben, Leute, die in Wirklichkeit ein Nichts sind; sondern
daß er schreibend und lehrend sich entwickelt habe.

So war und ist es also ungeheuer schwer, den Überblick über das Ganze
zu gewinnen und dem Grundfehler der Analyse Luthers zu entrinnen, dem
er selber bei der Deutung der neutestamentlichen Offenbarung erlag und eben
dadurch, und durch nichts anderes, zum Häretiker wurde: der Gefahr, aus
einem umfassenden Bestande eine selbstgemachte Auswahl für das Ganze zu
erklären. So war und ist es also leicht, aus der unübersehbaren Masse der
Äußerungen dies herauszuheben, jenes zu übersehen, und damit in sehr großer
Nähe des Lebendigen einen höchst wertvollen, ja gewaltigen Luther aufzubauen. Das hat neuestens Thiel besorgt. Ungeheuer schwer dagegen ist es,
die geniale Fülle gleichmäßig zu überschauen und daraus das wirklich Ent-

scheidende herauszustellen, ohne der Gefahr einer selbstgetroffenen harmoni-
sierenden Auswahl zu erliegen.

Luther arbeitet ganz wesentlich erlebnismäßig. Selbstbewußtsein, Sendungsbewußtsein, Überheblichkeit, Absprecherei, Stärke des Willens — ein jedes
in der Fülle des Genialischen! —, alles drängt dazu, daß für ihn die jeweilige
Situation den Charakter des Entscheidenden bekommt. So wechseln die nicht
mehr überbietbaren Superlative, die sich doch als einmalig geben, mit dem
Gegenstand der verschiedenen Erlebnisse. Die ausschließenden Superlative ‚niemals‘, ‚nichts‘, ‚alle‘ usw. werden ihm so zur kämpferisch-propagandistischen
Gewohnheit, daß wir sie auch bei offenkundigsten Verwechslungen unter
seiner Feder finden.

Man hat dennoch mit Nachdruck Luther zum Systematiker stempeln
wollen. Luther selbst war nicht der Meinung. Er fand, daß seine Bücher,
erzwungen durch die keineswegs planmäßig geordneten äußern Vorkommnisse,
einigermaßen ein grobes und ungeordnetes Chaos seien (1545); ‚viel zu wort-
reich und immer wortreicher werdend; nichts als ein Wald und ein Chaos
von Worten‘ (1530); ‚Wind, Feuer und Erdbeben; stürmisch, kriegerisch;
Werk des groben Waldrechters, der die Bahn brechen muß‘. Am meisten
systematische Zusammenfassung bietet er in seinem Buch über den unfreien
Willen von 1525. Die Pläne zu einer umfassenden dogmatischen Schrift über
die Rechtfertigung (um 1530) kamen gerechterweise nicht zur Ausführung.

Auch nach den bewundernswerten Analysen von Karl Holl bleibt es dabei.
Wer Luther zu einem Systematiker machen will, muß ihn erst in der Retorte
zum Eintrocknen bringen. Und das ist eben dasjenige, gegen das sich die
saftige Fülle des thüringischen Bauernsohnes mit Recht am meisten wehrt.
Gewiß kommen wir heute in der Kunst einer solchen kalten Operation viel
weiter als zu Zeiten Melanchthons; die erübrigte Fülle bleibt größer. Aber
das Resultat bleibt wesentlich doch dasselbe: die Sprengkraft und Lebenskraft
Luthers wird vermindert.

Wenn man freilich ‚unter Systematiker einen Mann versteht, der imstande
ist, große Gedankenzusammenhänge zu erschauen‘ (Holl), so nenne ich in
d i e s e r Bedeutung Luther ohne Zögern einen großen Systematiker. Denn
sein ganzer Reichtum, der wiederum seine Armut ist, besteht auch darin (wir
werden es gleich sehen), die vielen und tiefen Probleme der Heilslehre möglichst auf einen Punkt zu beziehen. Der Ausdruck ‚erschauen‘ trifft dabei
auf Luthers geistig-seelisches Arbeiten genau zu. Negativ kann man es so ausdrücken: Luther fehlt im begrifflichen Denken der intellektualistische Einschlag. Jedenfalls reicht Derartiges nicht im entferntesten heran an die Herrschaft und die Intensität des intuitiv-gefühlsmäßigen Urerlebnisses. Man darf
das Eigentümliche und Bezeichnende natürlich nicht aus solchen Stücken heraus-

lesen wollen, in denen die alte Terminologie das neue religiöse Gefühl, das
so vieldeutige neue, lebendige religiöse Bekennen, noch zudeckt, wo also die
Luther zutiefst gar nicht oder gar nicht mehr zu eigen gehörende scholastisch-
nominalistische Terminologie noch ihre eigene Sprache zu reden scheint. Gerade darin liegt die Wirkkraft der Gedanken Luthers, daß sie nicht nur
Gedanken sind, sondern stärkstens dem Herzen, dem Empfinden, dem Seelischen zugehören. Wer am erlebnismäßigen Charakter von Luthers grundlegenden Äußerungen zweifelt, wird ihm nie gerecht werden können. Das
gilt sogar für jene Quelle, die noch am stärksten mit scholastischer Terminologie arbeitet, die erste Psalmen-Vorlesung. Auch diese anscheinend so speku-
lativ voranschreitenden Darlegungen mit ihrer Herausarbeitung des vier-
fachen Schriftsinns sind in ihrer Substanz vom seelischen Erlebnis her geprägt.
Die scholastischen Kategorien sind nur Beiwerk, von dem sich Luther noch
nicht gelöst hat.

Aber unter Systematiker versteht man gemeinhin mehr, als jene Definition
ausspricht; dies nämlich, daß die ‚erschauten‘ Zusammenhänge im einzelnen
einigermaßen klar umschrieben, ausgebaut und ihr Verhältnis zueinander in
Unter- und Überordnung und im Ausgleich etwaiger Spannungen klar ausgesprochen werde. Das fehlt bei Luther. Und es fehlt notwendigerweise. S e i n e
Kraft hätte mit wahrer Systematisierung nicht bestehen können. Er m u ß die
Grenzen überfluten.

Freilich nicht in dünnem, rhetorischem Zerfließen! Er hat im Gegenteil auch
eine ganz ungewöhnliche Kraft der Konzentration. Er hat das unwiderstehliche Bedürfnis, alles auf wenige Grundlehren, auf einen Punkt zurückzuführen. Aber er hat diese Kraft und dieses Bedürfnis nicht wie ein zucht-
voller Denker, er hat beides als ‚doctor hyperbolicus‘. Er kennt die scholastischen Distinktionen, aber er liebt sie nicht. Seine theologischen Begriffe,
so scharf er sie in seiner Frühzeit manchmal untersucht, sind von einer ausgesprochenen Vieldeutigkeit. Von der Vieldeutigkeit neuen Lebens.

Die das leugnen, mögen die Frage beantworten, wie es sonst möglich sei,
daß Luther sein zentrales Erlebnis, das ihm nach wirklich erlebter Höllen-
qual Pforte des Paradieses wurde, mit weitgehend denselben Worten an so
verschiedene Begriffe knüpfen konnte, wie sie Buße des Menschen (an Staupitz 1518) und Gerechtigkeit Gottes sind! Er konnte es, weil er nicht theologisch dachte, sondern religiös-prophetisch empfand und verkündigte.

Am stärksten erlebt man das Ineinanderfließen und die Vieldeutigkeit
seiner theologischen Begriffe, wenn man versucht, die wichtigen Vorstellungs-
komplexe von ‚iudicium Dei‘, ‚iustitia Dei‘, ‚iustificatio‘, ‚timor Dei‘ und
‚Heilsgewißheit‘ gegeneinander abzugrenzen. Es gibt Stellen, die das erfordern und ermöglichen. Aber an entscheidenden Stellen fließen sie in-

einander über. Dann wird alles eins: Gottesfurcht, Erwählungsangst und Demut, Erniedrigung und Glaube und menschliche und göttliche Gerechtigkeit. Von daher allein wurde es ja auch möglich, daß ihm ein einziges Wort das Antlitz der ganzen Bibel änderte, sei es zum Heile (Bericht von 1545), sei es zur Konfusion (zu Psalm 77, 55; 1513/15).

In hohem Maße half die deutsche Mystik, mit ihrer innigeren, aber weniger bestimmten Terminologie, Luther das Lebensvolle seiner religiösen Erfahrungen in Worte zu kleiden. Daß Luther die abstrakten Formeln der Spät-Scholastik so gerne durch den Wort- und Bildschatz der neutestamentlichen Verkündigung ersetzt, ist eines seiner tief-christlichen Wirkgeheimnisse. Aber er vergißt zu sehr die genaue Um- und Abgrenzung; er setzt dafür eine amplifizierende, affektbetonte Ausdrucksweise.

Luther ist das Gegenteil des korrekten Maßhaltens. Er ist vielmehr eine Darstellung der Maß-losigkeit oder Form-losigkeit. Wie seine Klosterkämpfe zum großen Teil, trotz allen hineinspielenden, ja grundlegenden theologisch-scholastischen Begriffen, doch ein chaotisches Werden des Lebens waren und eben daraus ihre unverbrauchte Neukraft zogen (und deshalb auch von außen her so wenig zu beeinflussen waren), so äußert sich diese Kraft als hinreißender Strom, der kaum Ufer hat. Luther gibt Formulierungen, die den mittleren Tönen als Schwachheiten abhold sind, keinen systematischen Aufbau kennen, in keiner ruhigen Klarheit außerhalb stehende objektive Werte erfassen, deren Wirkung aber gerade in diesem strömenden Maßlosen liegt.

Das alles ist bei Luther Ausdruck des Wesens: subjektiv, gefühlsmäßig, eruptiv; sofortiger Ausdruck der eben jetzt sich vollziehenden innern Reibung.

Luther liebt nicht nur die Superlative. Er steigert sie zum Paradoxon. Und er liebt nicht nur das Paradoxon, seine Theologie lebt davon. Das soll nicht etwa eine verblüffende Formulierung sein; es rührt an Luthers Grundstruktur. Die Vorliebe für das Paradoxon ist nicht ein Ausfluß einer nebensächlichen Stimmung und nicht einmal nur seiner geistig-seelischen Grundhaltungen; sie hängt mit dem innersten Kern seiner Theologie zusammen, der theologia crucis, d. h. einer Theologie, bei welcher gerade das Widerspruchsvolle als Symptom der Wahrheit erscheint: der verfluchte Verbrecher am Schandpfahl, von Gott verlassen, ist Gottes Sohn.

Es ist für das Verständnis Luthers entscheidend, daß man sich dies klar mache und nicht durch eine allzu schnelle ‚Widerlegung' sich den Zugang zu den hier liegenden Untiefen verbaue. Der Widerspruch des Paradoxons ist Luthers Form der schöpferischen Aussprache geworden. Er trägt davon den Vorteil: den Vorteil des in weitestem Maße Unverbrauchten, des dunkel Schöpferischen; vielerlei Richtungen konnten daraus schöpfen und sich daraus rechtfertigen. Er trägt natürlich auch die Last: den drückenden und erdrückenden innern Widerspruch einerseits sowie Verwässerung und Vergröberung seiner Gedanken durch gegensätzlich zueinander stehende Epigonen, von denen einige konsequent bei der Auflösung seiner besten Inhalte endeten. Die Folgezeiten haben aus Luthers Fülle eine Reihe von entscheidenden oder praktischen Formeln ausgesondert, nach denen sie seine Gedanken und sein Glaubensleben schulmeisterlich, wenn auch mit mehr oder weniger Gefühl und Begeisterung für den teuern Gottesmann, darstellten und die sie für das eigene Leben fruchtbar machten. Es ist formal derselbe Prozeß, der, besonders seit der Reformation und mit wesentlicher Hilfe der verteidigenden und rational beweisenden Sätzescholastik, in der katholischen Theologie, auch ihrer Katechese und Erbauungsliteratur, die Fülle der religiös-prophetischen Verkündigung zu einer dürr-intellektualistischen Begriffsdarlegung machte. Eine, wenn nicht d i e Haupterkenntnis, welche es ermöglicht, über die konventionelle Oberflächlichkeit hinweg G ü l t i g e s über Luther zu sagen, ist gerade die Erkenntnis, daß seine religiös-theologischen Gedanken bewußt, gewollt und in logischer Konsequenz der Grundhaltung, W i d e r s p r e c h e n d e s in sich tragen. Bei Luther ist aus der katholischen Synthese, der organischen complexio oppositorum, ein harter Widerspruch im Sinne des wirklich gewordenen Unmöglichen geworden. Seine Fülle ist nicht die fruchtbare Spannungseinheit von Ja u n d Ja, sondern das erdrückende Mit- und Ineinander von Ja und Nein. Sünder — Gerechter: beides ist wirklich und bleibt gleichzeitig in derselben Seele und wird bis zur letzten Möglichkeit eindringlich durchgeführt. Das Miteinander aber wird nicht erreicht durch eine höhere Synthese oder durch irenische Harmonisierung, sondern durch ein trotziges ‚zugleich'. Der innere Widerspruch flößt Luther keine Furcht ein. Vielmehr sind Gottes Geheimnisse des Kreuzes dem Menschenverstand mit Notwendigkeit ein Ärgernis. Ihre Wahrheit erhellt aus ihrer Unmöglichkeit. Luther steht dem ‚credo quia absurdum' sehr nahe. Er schwärmt in seiner Erwählungslehre und in der Darstellung seines Heilsglaubens gerade im harten Aufeinanderstoßen. Das ist absolute Sicherheit, weil Glaube. Aber die Sicherheit der Erwählung besteht in der Ungewißheit des Sünders, ob er, wesenhaft Sünder seiend und bleibend, doch die Sünde lassen könne, also nicht gezwungen ins Verderben gehe, sondern vielmehr erwählt sei.

‚Paulus will im Römerbrief alle Weisheit und Gerechtigkeit des irdischen Menschen zerstören, dafür die Sünde pflegen und verherrlichen. Wie solche Gegensätze sich vertragen und nach welchem Urteil sie zu Recht bestehen, das, sage ich, werden wir im zukünftigen Leben sehen. Hier aber heißt es, glaubend darauf pochen, daß dies gerecht sei — denn der Glaube richtet sich auf das Unbegreifliche' (Vorlesung über den Römerbrief 1515/16).

Das Vorbild, der Urgrund und die Berechtigung dieser spannungsreichen Paradoxien liegen im Gottmenschen Jesus Christus und seinem Leben, von dem wiederum wir, die Christen, wirkliches Abbild sind. Gleich die erste Psalmenvorlesung hat das grundlegende Gesetz des Paradoxon von ihm aus illustriert: ‚Und deshalb ist Christus zugleich maledeit und gebenedeit, zugleich lebendig und tot, zugleich leidend und frohlockend, um in sich alle Schlechtigkeit zu verzehren und durch sich alle Güte darzubieten.'

II. 1. Martin Luther ist geboren am 10. November 1483 in Eisleben. Er entstammt einem Bauerngeschlecht, in dem der Hof, der Landessitte entsprechend, dem jüngsten Sohne zufiel. Das genaue Milieu seines Vaterhauses können wir trotz Scheels unermüdlich vorgetriebenen Forschungen nicht eindeutig rekonstruieren. Es gibt da Erscheinungen, für die uns der genau entsprechende Ausdruck fehlt; und es gibt Lücken, die wir nicht ausfüllen können. Wir wissen, daß Luthers Mutter das Brennholz im Walde selber sammelte, und daß sie den jungen Martin wegen einer Nuß einmal blutig stäupte. Man war also offenbar arm. Anderseits war oder blieb Luthers Vater nicht einfacher Bergarbeiter; er wurde selbständiger Teilhaber an einem kleinen Bergbauunternehmen. Welchen wirtschaftlichen Rang setzt das voraus? Luthers Vater wird selber in diesem ‚Betrieb' mitgearbeitet haben. Trotzdem bedeutet das keine Armut. Jedenfalls hat Luthers Vater, der als Ältester von der väterlichen Scholle fortgemußt, allmählich das soziale Niveau des gut situierten mittleren Bauern wieder erreicht. Sonst hätte er seinen Sohn kaum studieren lassen; sicherlich hätte er sich nicht in so stattlicher Weise an der Primiz seines Martin beteiligen können.

Luthers Jugend war also nicht ungewöhnlich hart. Der junge Martin erhielt eine stramme Erziehung, wie Millionen Menschen sie ohne seelischen Schaden ertragen, von denen aber dem einen oder andern, feinfühliger als der Durchschnitt, ein nachteiliger Eindruck zurückbleibt, so sehr er auch darüber hinauswächst. Mit seelischer Krankheit braucht das nichts gemein zu haben. Es ist durchaus wahrscheinlich, daß auch Luthers sensible und singuläre seelische Veranlagung zeitlebens an Spuren früher Jugendeindrücke zu tragen hatte. Seine Gewissens-, Sünden- und Gerichtsschrecken, kurz sein Zentralerlebnis der A n g s t, prägen so stark sein seelisches Gesicht, daß man bei seiner anderseits ungewöhnlich robusten seelischen Gesundheit mit solcher Belastung aus der Jugend sehr wohl rechnen darf.

Was gab das Elternhaus Martin Luther an r e l i g i ö s e m Besitz mit? Wir wissen es nicht, außer daß innerhalb des üblichen katholischen Lebens

und Glaubens Teufels- und Hexenglauben stark betont erscheinen. Die Werte
der spätscholastischen Erbauungsliteratur und der katholischen Liturgie geben
keine unmittelbar verwertbaren Maßstäbe. Es kommt alles darauf an, in
welcher Kraft und Fülle die Werte durch die Eltern, den Lehrer und den
Pfarrer vermittelt oder nicht vermittelt wurden. Wenn hier der Geist einer
engen, handfesten Christlichkeit der fertigen Gewohnheit herrschte, in der
man durchaus die Gebote und Verbote und die Hölle voranstellte, dann lag
trotz aller Verinnerlichung der Erbauungsliteratur der Reichtum der evangelischen Verkündigung und der Liturgie brach, und die Höllenangst stand
vorne an.

Vielleicht, daß das Gemüt des Knaben (das später, nach der Dürre der
Scholastik, so unmittelbar warm auf den deutschen Tauler und den ‚Frankfurter' reagiert) während des kurzen Besuches der Schule der Fraterherren
in Magdeburg zum ersten Mal persönlicher angesprochen wurde. In Magdeburg war es auch, wo er, ebenfalls wohl zum ersten Male, den Eindruck
heroischer Frömmigkeit erlebte: durch einen heiligmäßigen, in den Straßen der
Stadt als Mönch bettelnden Fürsten von Anhalt.

2. Eigentlich greifbar wird Luther für uns erst — und das ist tief symbolhaft — dort, wo er sein Leben unmittelbar an das Religiöse bindet: in Erfurt,
der Stadt des nachmals heidnischen deutschen Humanismus, einer Universität
und vieler Klöster. Er besucht seit dem Sommersemester 1501 die Universität,
macht abschließend Januar 1505 regulär seinen philosophischen Doktor und
kommt uns schnell mit einem dramatischen Auftritt:

Er hat nach des Vaters Wunsch das juristische Studium begonnen. Er gilt
als ein hurtiger und lustiger Geselle, der zur Laute zu singen versteht; und
zugleich ist er ein ernster junger Mann, den man den ‚philosophus' nennt.
Das Urteil stammt aus dem ausgelassenen Junghumanistenkreis. Doch haben
wir keine Belege dafür, daß der humanistisch interessierte und befähigte
Luther mit dem dort herrschenden Geist — noch nicht derjenige des zweiten
Jahrzehnts! — in nahe Berührung gekommen sei. Wie dem auch sei, etwas
scheint 1505 nicht zu stimmen mit ihm. Er nimmt Urlaub mitten im Semester.
Auf dem Rückmarsch von der Heimat (damals Mansfeld) zur Universität
überrascht ihn bei Stotternheim ein Gewitter. Als der Blitz neben ihm ein-
schlägt, schreit er auf: ‚Hilf, St. Anna, ich will ein Mönch werden!'

Daß Luther gerade die Mutter Anna anruft, ist erklärlich beim Sohn eines
Bergbauarbeiters jener Zeit. Aber wie kommt es zu diesem plötzlichen Gelübde? Die Auskunft, das Klosterversprechen sei dem mittelalterlichen Menschen etwas Naheliegendes gewesen, ist ebenso richtig wie nichtssagend, wenn
sie für sich allein erklären soll, warum ein lebensfroher Student der Juris-

prudenz plötzlich so radikal abschwenkt. Solider scheint es, anzunehmen, daß der Klostergedanke nicht jetzt zum ersten Mal in Luther wach wurde, sondern irgendwie vorbereitet war.

Gewiß, auch in diesem Punkte läßt sich der Kreis der Fragen nicht mit Sicherheit schließen, so nett man ihn behauptungsweise rekonstruieren kann. Wir können nicht apodiktisch nachweisen, daß das Klostergelübde im Gewitter (als ,ein Schreck vom Himmel' ihn befiel) nur den Kurzschluß in einem lange vorbereiteten Kreislauf darstellt, und daß es auf keinen Fall ein für uns unerklärlicher Ausbruch einer plötzlichen Willensregung war. Luther sagt einmal, er sei ins Kloster gegangen, weil er an sich verzweifelte. Aber wir können die Ängste und die Traurigkeit, die ihn in seiner Studentenzeit befallen haben, nicht in ihrer Art und Intensität und noch weniger nach dem Zeitpunkt ihres Auftretens genau bestimmen. Anderseits können wir angesichts der unzweifelhaften, sehr starken Depressionserscheinungen des Mönches und Primizianten Luther auch einen unvorbereiteten, plötzlichen Ausbruch keineswegs als unmöglich abtun. Sinnvoller nach allen Seiten erscheint der Klosterentschluß freilich, wenn er durch längere intensive Selbstbetrachtung im Zusammenhang mit Empfindungen der Gerichtsangst vorbereitet war.

Daß es ein ernstes Motiv war, das Luther ins Kloster trieb, wird von niemandem bezweifelt. Man spricht aber auch davon, daß ein innerer Zwang ihn dort festgehalten habe. Wenn das Wort seinen Sinn behalten soll, stehen der Auffassung die wichtigsten Einwände entgegen. Angenommen, Luther hätte jenes Gelübde bei Stotternheim in Angst, halb bewußtlos, halb unfreiwillig, in panischem Schreck getan, was dann? Wir dürfen leider nicht behaupten, daß ,man' ihn dann bestimmt nicht im Kloster behalten hätte! Die ,Weckung' des Klosterberufes ging ja damals, wie ab und zu noch heute, vielfach bis zu einer gewissen, allzu aufdringlichen Überredung, doch ja die angebotene Gnade zu ergreifen. Aber bestimmt würden der ernste Ordensvikar Staupitz, der eine so wichtige Rolle in Luthers Leben spielt, und andere ernste Seelenführer, von denen wir hören, Luther nicht unter der Bedingung eines ,gedrungenen' Gelübdes im Kloster behalten haben. Die Genannten gehörten nicht zu jenen Mönchen, die, der boshaften Skizze des Erasmus entsprechend, den talentvollen Studenten für den Eintritt ins Kloster moralisch ,fertig gemacht' oder ihn wider seinen Willen darin behalten hätten. Das angesehene Kloster der Augustiner-Eremiten, in das Luther eintrat, zählte so zahlreiche Aspiranten, daß es nicht auf Berufsfang angewiesen war.

Luther selbst hat erst später sein Gelübde als ,gezwungen und gedrungen' erklärt. In seiner ersten Klosterzeit finden sich keine Anzeichen dafür, daß er den neuen Beruf unter einem innern Druck, moralisch gezwungen, ergriffen hätte. Luther wußte damals so gut wie jeder seiner Art, daß ein ‚erzwungenes‘ Gelübde nicht band; er hätte von ihm nicht erst ‚Dispens‘ zu erbitten brauchen, von der man immer noch erzählt. Luther entschließt sich plötzlich zum Klostereintritt, aber er entschließt sich, seinem harten Willen und seiner religiös tief ernsten Art entsprechend, ganz.

3. An Luthers Klosterjahren erweist die von Ranke an die Geschichte gestellte Forderung, zu erzählen, wie es gewesen ist, die Grenze ihrer Berechtigung. Gewiß stellt das Wesentliche, das Eigentliche, um das allein es geht, sich auch dar in einem äußerlich sichtbaren und eindeutigen Zeichen, sei es Person oder Idee; aber immer liegt es auch hinter der sicht- und darum erzählbaren Oberfläche und muß deshalb betrachtend erschlossen werden. Für die Reformation ist nichts so sehr die tragende Kraft wie Martin Luther. Für das wiederum, was er eigentlich als unausschöpfbares Kraftzentrum war, als er anfing, in der Öffentlichkeit zu reden und zu handeln, sind aber jene Jahre der Stille im Kloster, von denen wir nur verhältnismäßig wenig wissen, schlechtweg das Entscheidende. Diese nicht erzählbaren Jahre des innern Ringens Luthers im Kloster sind für die Geschichte der Reformation wichtiger als alles Folgende, das sich unübersehbar ausbreitet und unablässig erzählt werden kann. Deshalb ist es also auch für die Kenntnis der Geschichte Deutschlands im Zeitalter der Reformation unentbehrlich, diese Jahre der Zurückgezogenheit Luthers vor und nach der Priesterweihe besonders eingehend zu betrachten.

Dies ist die innere Summe des Bildes (beileibe nicht das Ganze!), das sich uns darbietet:

Ganz zurückgeworfen auf sich selbst, — ohne selbstsüchtige Nebenabsicht um das Heil ringend, — das eigene Gewissen im Angesichte Gottes — bis zur Gefahr der seelischen Vernichtung umgetrieben.

Diese Mönchsjahre (zu denen auch die Jahre des Theologiestudenten gehören) waren Luthers große schöpferische Belastung. Er wird unbarmherzig auf seinen Kern zusammengepreßt. Das schmiedet, schafft so viel seelische Substanz, daß ein Leben im Angesicht der Welt (und entscheidend als ihr Gegner) davon leben konnte; es machte, daß das Wort dieser gekelterten Seele ein solches Echo weckte, so tief in die Gewissen griff. Dieses selbe Wort, dessen theologische Begründung oft gar nicht vor der Nachprüfung bestehen kann!

4. Luther trat am 17. Juli 1505 ins Kloster. Es war das gleiche Jahr, in dem Hutten dem Kloster entwich.

Das Kloster der barfüßigen Augustiner-Eremiten in Erfurt, das sich Luther unter den acht dortigen Mönchsklöstern auswählte, gehörte zur strengeren

Richtung — Observanz — des Ordens. Es war nicht reich, und es wurde dort
nicht gepraßt. Es paßte nicht übel zu jenen Klöstern, für die Luther später
im ‚christlichen Adel‘ (1520) forderte: ‚Man schlage zehn oder mehr auf einen
Haufen und mache eines daraus, das genügend versorgt wäre!‘ Zusammen
mit Luthers späteren, unhaltbaren Angaben über die tollen Kasteiungen
(besonders Hunger und Kälte), die dort vorgekommen seien, führt auch das
die These von der allgemeinen Verkommenheit der Klöster auf eine richtige
Linie zurück.

Fast die Hälfte der etwa siebzig Brüder waren Priester. Als Luther nach
einer Postulantenzeit von etwa zwei Monaten als Novize für ein Jahr aufgenommen wurde, sprach der Prior dieses Gebet über ihn: ‚Gott, der in dir
angefangen hat das gute Werk, möge es vollenden.‘ ‚Würdige, Herr, diesen
Knecht Deines Segens, damit er mit Deiner Hilfe in Deiner Kirche verharren
und das ewige Leben verdienen möge durch Christum, unsern Herrn . . .,
damit er durch die Heiligkeit, d i e D u i h m e i n g i e ß e s t, bewahrt bleibe. . . .‘
Über Luthers Klosterleben steht also trotz dem ‚verdienen möge‘ als Devise
nicht Werkheiligkeit, sondern die Absage an das eigene Werk und die Hingabe an die Kraft Gottes; das Gegenteil dessen, was er später wahrhaben
wollte. Sicherlich sind Theorie und Praxis etwas Verschiedenes. Aber so ernste
Abweichungen von der Regel in einem strengen Kloster müßten nachgewiesen
werden. Luthers Anschuldigungen hingegen sind derart, daß schon ihre maßlosen Übertreibungen sie v o l l widerlegen.

Als Luther dann definitiv aufgenommen wurde, bevor man ihn zuließ,
die Gelübde der ewigen Keuschheit, der Armut und des Gehorsams unter
einem geistlichen Oberen abzulegen, erklangen ihm so ernste Worte aus dem
Munde des Vertreters der Kirche entgegen wie diese: ‚Du hast die Rauheit
unseres Ordens erfahren. Denn du bist in allem unter uns wie einer der
Unserigen gewesen. . . . Jetzt mußt du eins von beiden wählen: entweder uns
verlassen — oder dieser Welt entsagen und dich ganz zuerst Gott, sodann
unserem Orden weihen und opfern. . . . Doch ich füge hinzu: Nachdem du
so dich wirst geopfert haben, darfst du aus keiner Ursache das Joch des
Gehorsams von deinem Nacken schütteln.‘

Und Luther bindet sich auf ewig: ‚Ich, Bruder Martin, tue Profeß und
verspreche Gehorsam dem allmächtigen Gott und der seligen Maria, immer
Jungfrau, und dir, Bruder Winand, Prior dieses Klosters, im Namen und
anstatt des Generalpriors des Ordens der Brüder Eremiten des heiligen Bischofs Augustinus und seiner rechtmäßigen Nachfolger, zu leben ohne Eigentum und in Keuschheit nach der Regel desselben seligen Augustinus bis an
den Tod.‘

Der Prior schloß: ‚Allmächtiger, ewiger Gott! In glühender Liebe zu Dir
ist dieser Dein Knecht Martin entbrannt. Er gelobt Dir Standhaftigkeit in
dieser Gemeinschaft und beugt seinen Nacken unter Dein Joch. Verleihe
gnädig, daß er am Jüngsten Tage Deines Gerichts, zu Deiner Rechten gestellt,
Freude haben werde darüber, daß er erfüllte, was er gelobte. Allmächtiger,
ewiger Gott, der Du unter dem seligen Augustinus, dem großen Vater, in
Deiner heiligen Kirche ein großes Heer von Söhnen gegen die unsichtbaren
Feinde vereinigt hast, entzünde unsern Bruder, der soeben den Nacken
Deinem Joche im Kriegsdienst eines so großen Vaters beugt, mit der Liebe
des Heiligen Geistes, daß er in Gehorsam, Armut und Keuschheit, die er
soeben gelobt hat, für Dich, den König aller Könige, Ritterdienste tuend, die
Laufbahn dieses Lebens durcheile und durch Deine Gabe den Kranz der
ewigen Belohnung empfange, nach völligem Sieg und Triumph über die
Welt mit ihrem Pomp. Bekenne Dich, Herr Jesu Christ, zu Deinem Knecht
unter Deinen Schafen, wie er selbst sich zu Dir bekennen möge und, sich
selbst verleugnend, keinem andern Hirten folge, auch nicht auf die Stimme
Fremder höre, sondern auf Deine Stimme, der Du sprichst: Wer mir dient,
soll mir folgen. Heiliger Geist, der Du als Herr und Gott Dich offenbart
hast, wir flehen um die unermeßliche Gnade Deiner Frömmigkeit, daß Du,
wie Du wehst, wo Du willst, auch diesen Deinen Knecht mit leidenschaftlicher
Frömmigkeit erfüllst, mit Deiner Weisheit erbaust, durch Deine Vorsehung
lenkst, in Deiner gewohnten Gnade erhältst und vermittelst Deiner Salbung
unterweisest. Laß ihn ... in solchem Eifer glühen, daß er in Trübsal und
Angst unter Deinem nie versagenden Trost wieder aufatme, daß er, gerecht
und fromm durch wahrhafte Demut und Gehorsam, in brüderlicher Liebe
gegründet, in glücklicher Ausdauer erfülle, was er im Vertrauen auf Deine
Gabe gelobt hat.... Gib diesem Deinem Knecht ... standhaftes Ausharren
und vollkommenen Sieg bis ans Ende. Durch Christum unsern Herrn. Amen!‘ —

‚Luther ist später vom Klosterleben abgefallen; durch sein Klosterleben ist
er zum Häretiker geworden: also hätte er niemals ins Kloster gehen dürfen;
er hatte keinen Beruf!‘ Eine reichlich nivellierende Beweisführung. Luthers
Klosterleben war ernst. Es war auch so, daß seinen ernsten Oberen der Gedanke gar nicht kam, er passe nicht in ihre Reihen. Im Gegenteil! Die Legende, Luther habe im Kloster sich störrisch und störend betragen, sich nur
widerwillig gefügt, ist ganz ohne Begründung. Außerdem hätte man ein so
wenig zuverlässiges Mitglied des Konvents nicht noch eigens für die Studien
und eine Professur bestimmt. Luthers Verhalten im Kloster blieb denn auch
bis 1517 (sei es als einfacher Mönch, sei es als Distriktsvikar, der andere erfolgreich in der Ordenszucht führte) korrekt.

5. Es kann keine Rede davon sein, daß man, oder etwa Luther besonders, im Erfurter Kloster in gesundheitsschädigender Weise Aszese im Übermaß hätte üben können. Es gab gewiß damals Fälle, wo etwa die Art der Ernährung und zu geringer Schlaf sich direkt gesundheitsschädigend bei Novizen auswirkten. Wir wissen es z. B. von dem kirchentreuen Ex-Dominikaner Petrus Sylvius, den aber ‚die Senioren nicht gern entließen, sondern zur Profession stärkten'. Danach litt er wieder ‚solche ängstliche Not und Qual wegen eigener Schwachheit, zu wenig Schlaf, langwierigem Chorgesang und Hunger'. Aber für Luther läßt sich Derartiges nicht beweisen. In seinem Kloster war jedenfalls die Ausübung der Aszese bei allem Ernst durch eine ausgesprochene Diskretion gekennzeichnet. Luther ist zudem in den Jahren 1505—1510 und folgenden im allgemeinen durchaus rüstig. Seine späteren Behauptungen über die gesundheitsmörderischen Abtötungen im Kloster sind einfach falsch.

Das für Luthers weltgeschichtliche Entwicklung Bedeutungsvollste seines ersten Klosterjahres liegt in dem Bekanntwerden mit der Bibel. Die Augustinerregel machte ihre eifrige Lektüre zur strengen Pflicht. Man gab dem Novizen ein Vollexemplar in die Hand. Hier begann das Eheverhältnis eines Menschen mit dem Buch der Bücher, wie es in dieser Intensität selten nachweisbar ist. Hier legte Luther den Grund zu seiner staunenswerten Kenntnis des Wortlautes der Bibel. In seinen Predigten und Vorlesungen, in der Polemik wie in seinen innern Kämpfen strömen ihm schon ein paar Jahre später die Stellen mühelos in Fülle zu, und der Tonfall der Bibel geht in den seinen wie in eine verwandte Form ein. Besonders ist es der Psalter, an dem Luther gewachsen ist. Dann traten hinzu der Römerbrief und der Galaterbrief, ‚mein Epistola, der ich mich vertraut habe, mein Kethe von Bora'.

Das, was Luther hier in seine Scheuer führt, lag dann, vor der Übernahme der theologischen Professur, scheinbar brach. Aber es war eine schöpferische Pause. Nach der Romreise, in Wittenberg, begann die sofort staunenerregende innere und äußere Auswertung.

Schon nach einem Jahr durfte Luther die Priesterweihe empfangen und zum ersten Male das heilige Opfer feiern. Er tat es zweifellos mit großem, wahrscheinlich größtem Ernst, entsprechend dem Urteil des P. Nathin, der ihn seinen Nonnen als einen neuen St. Paulus schilderte.

Leider tritt uns gerade in dieser heiligen Handlung, die für das Leben eines Priesters so wichtig ist, einigermaßen beunruhigend Luthers auffallende seelische und nervöse Erregung entgegen. Er hat sie uns so geschildert, daß man an der Tatsache nicht zweifeln kann. Sie war so stark, daß Luther

beinahe die heilige Messe gar nicht hätte durchführen können[1]. Anlaß soll
ihm gewesen sein der Gedanke der Nähe der furchtbaren göttlichen Majestät
Gottes, wie sie als der wahre und lebendige Gott im Kanon angerufen wird.
Es ist schlechterdings nicht zu zweifeln, daß Luther die heiligen Worte
weder leichthin noch halbernst nahm. Er ging offenbar mit ganzer Seele,
mit ganzem Gemüte, mit allen seinen Kräften daran. Er machte die Worte
und ihren Inhalt für sich neu.

Aber bereits hier machen wir eine für Luthers Art höchst wichtige Feststellung: Auf Luther wirkt nicht der ganze Text, den er liest, sondern nur
der Teil, der seiner starken, aber auch einseitigen Veranlagung und seiner
augenblicklichen innern Spannung entspricht und sie anspricht. Luther neigte
zum grübelnden, selbstquälerischen Ernst. Der Gedanke der Majestät Gottes
war ihm damals noch näher als das Bild des Erbarmungsreichen. So liest
er gerade über das erste Wort, mit dem der Kanon so erhaben trostvoll beginnt, hinweg: ‚Te igitur, clementissime Pater!‘ Gütigster Vater! Ganz
gewiß, dies ist nur Episode und Detail! Aber es besitzt symbolhafte Bedeutung für Luthers gesamte Veranlagung und Entwicklung: Luther wird nicht
auf den Gesamtbestand der heiligen Texte der Offenbarung reagieren, sondern in höchster Intensität nur auf bestimmte Ausschnitte.

Dasjenige aber, was trotz dieser Auswahl hier und in gewissem Grade
immer auf Luther wirkt mit der Kraft der Urgewalt, das ist das Besondere
des Religiösen; das tief innere Bewußtsein, daß Gott das ganz Andere ist,
die ‚Majestät‘: ‚Es bleibt etwas unsagbar Großes, daß der gebrechliche Mensch
zu Gott die Augen erhebt; die göttliche Majestät: die Erde zittert, Gottes
Majestät ist furchtbar.‘ Luther hat später in trotzigem Mut dieses Tremen-
dum nicht selten verwischt. Wir werden darin eine neue Seite seines Wesens
aufdecken. Aber dem großen Mittelpunkt seines Lebens, der nie schwinden
wird, sind wir nun ein für allemal begegnet: Gott, Gottes unvergleichliche
Größe, neben der der Mensch nichts sein kann, nichts in des Wortes letzter
Bedeutung: Gott allein — nichts Menschliches: das ganze Programm Luthers.

Jene Vorkommnisse bei der Primiz beweisen für die Zeit ihres Auftretens
eine beträchtliche seelische Labilität bei Luther. Man hat ihn ihretwegen —
zusammengenommen mit seiner Skrupulosität — für seelisch krank erklärt.
Nun sind sie gewiß kein besonderer Beweis für seelische Robustheit. Aber

---

[1] Die Erschütterung paßt zu der andern, die Luther einmal ergriff, als (bei der Konvents-
messe?) das Evangelium vom Besessenen verlesen wurde und er auffuhr: ‚Ich bin es nicht!‘
und zusammenfiel. — Luthers Vater, der beim Primiz-Essen zugegen war, fügte dem Mißton
der Primiz-Messe einen zweiten bei: Er blieb dem Lob des Klosterlebens gegenüber echt
bäuerlich kühl und meinte, hoffentlich sei die angebliche Stimme vom Himmel im Gewitter
bei Stotternheim nicht ein Gespenst des Teufels gewesen. Luthers Vater war nicht vom
Beruf des Sohnes überzeugt.

dieser Beweis wird von anderer Seite beigebracht: durch Luthers damalige und spätere ungeheure Arbeitsleistung. Es bedarf nicht eben besonderer Erfahrung auf dem Gebiet des geistlichen Seelenlebens und der geistlichen Seelenführung, um zu wissen und zu verstehen, wie selbst schwere depressive Einbrüche an einem bestimmten Punkt, an einem bestimmten Vorstellungskomplex bei sonst robuster seelischer Gesundheit möglich sind. Sie sind aber bei Luther Ausfluß einer tief im Subjektivistischen verankerten Skrupulosität: ‚Wir waren in dem Wahn, wir könnten nicht beten und würden nicht erhört, wir wären denn ganz rein und ohne Sünde wie die Heiligen im Himmel.'

6. Alles, was wir von Luther wissen, auch seine ersten Klosterjahre, zeigen mit Deutlichkeit, daß er nicht primär vom Verstand her, auch nicht mit einer gewissen ruhigen Sicherheit, sondern daß er gefühlsmäßig und erregt wächst. Seine Entwicklung beginnt nicht mit Erkenntnissen, sie beginnt mit religiösen Gefühlen und entsprechenden innern Erlebnissen. Luthers eigene Erfahrung ist bei seinem Wachstum das Primäre; das äußere Leben, Lehrer und Lehren, selbst die Bibel, sind das, was zu jenem Ersten erst hinzukommt (dann freilich als das Entscheidende). Luther sucht, wie schon gesagt, mit ganzer Kraft nur Gott, und ihm wird er ganz untertan sein; nachdem ihm Gott im Wort der Bibel offenbar geworden sein wird, wird er dem Wort untertan sein. Es ist seine Grundhaltung. Sein Werk selbst bezeugt es, und der Abschiedsbrief seines ehemaligen Lehrers, des katholisch gebliebenen Staupitz, bestätigt es in seiner übertreibenden Formulierung: ‚Du hast uns von den Trebern der Schweine zurückgeführt zu den Feldern des Lebens.'

Und trotzdem ist von Anfang an dieses Untertansein etwas vollkommen anderes als das einfache Hinnehmen des schlichten Christen. Es ist von Anfang an Aneignung durch den Sucher, Ringer, Kämpfer, durch den Giganten Luther. Das ist entscheidend: der sich so restlos gefangen geben wollte an Gottes Wort, ist doch nie im Vollsinn Hörer gewesen. Wir werden sehen, daß diese Tatsache Luthers Weg bis zum Ende überschattet. Luther ist von der Wurzel her subjektivistisch angelegt.

Wenn Luther später von seiner Klosterzeit sprach, dann tauchte immer wieder die Vorstellung auf von der Angst vor dem kommenden Gericht des strafenden Richters. Zitternde Angst, zusammen mit dem innigsten Herzenswunsch, doch Gnade zu finden vor diesem Gott durch Loswerden des ungewöhnlich drückenden Sündenbewußtseins.

In diesem Kampf versuchte Luther zunächst die ihm von der Klosterdisziplin im Auftrag der Kirche an die Hand gegebenen Mittel: Gebet, Abtötung, vor allem die Beicht. Die Beicht, so gestand er später, habe ihn vor der Verzweiflung bewahrt. Anderseits beklagt er sich bitter, daß sie seiner entsetzlichen Angst nicht die Ruhe gebracht habe, weder wenn er sie häufte, noch wenn er von seinem Novizenmeister, später seinem Seelenführer, und dann von dem vortrefflichen Staupitz ausdrücklich auf den Weg hingewiesen wurde, der sein eigener werden sollte: auf die Erlösung durch die Wunden Jesu Christi, welche die Gerechtigkeit Gottes für uns seien. Vielleicht nirgendwo sonst zeigt sich die Unmöglichkeit Luthers, Entscheidendes von außen anzunehmen, so sehr wie in diesem zentralen Anliegen seiner schmerzlich ringenden, wunden Seele. Er ist so sehr, nicht nur in seinen eigenen Vorstellungen, sondern in seiner Vorstellungsart, gefangen, daß er gar nicht verstehen kann, was der andere ihm sagt. So liest er jahrelang über die gesuchte befreiende Deutung von Röm. 1, 17 hinweg, um sie dann neu zu entdecken, dann allerdings in einem viel weiter reichenden, häretischen Sinne.

Das war ein Gesetz seines Werdens und wurde ein Geheimnis seiner Kraft: Er mußte jedesmal und überall allein und einsam die Last des Suchens, des Ringens, des Durchstoßens tragen. Es war ein unerhört leidvolles Ringen. Luther folgte damals dem Geheimnis des Kreuzes. Staupitz hat nicht nur psychologisch, sondern auch theologisch recht, wenn er dem ringenden Luther sagt: ‚Ihr wißt nicht, daß Euch solche Anfechtungen gut und not sind, sonst würde nichts Gutes aus Euch.‘

Und was war hier jene andere Vorstellungsart, die ihn hinderte, zu erreichen, was doch so vielen gelang? Denn es ist einigermaßen naiv, im Angesicht der gewaltigen Buß- und Heiligengestalten der mittelalterlichen Kirche einfach zu dekretieren, Luther habe es eben ernster genommen als sie alle und deshalb die Unkraft der Heilsmittel der Kirche erwiesen. Das Hemmnis ist vielmehr darin zu suchen, daß Luther sowohl den Begriff Sünde und den Zustand in ihr als den Vorgang der Sündenbefreiung falsch auffaßte. Falsch im Sinne der katholischen Lehre und, was den Vorgang der Sündenbefreiung angeht, auch im Sinne des späteren Reformators. Luther verstand beides nicht als Wirklichkeiten, die in ihrem Wesen nur dem Glauben zugänglich sind, sondern er faßte sie wesentlich als seelische Zuständlichkeiten, die durch menschliche Erfahrung, seelisches Erleben und Fühlen ergriffen werden können. Er verlangte von der Lossprechung eine so geartete Umwandlung seines Seins, daß er das Bessersein, die Heiligkeit, feststellbar fühlen würde. Sünde nannte er außerdem schon sehr früh jede Regung der Begierlichkeit zur Sünde hin. Da ihn selbstverständlich keine Absolution davon befreite, fühlte sich Luther seiner Sünden nicht los. Er brachte es nicht über sich, im Glauben den Spruch der Kirche zu hören und nur zu glauben: deine Sünden sind dir vergeben. Er mißdeutet die Beicht zu einem ‚Werk‘ seines eigenen Tuns; ähnlich wie er sich in gewissem

Umfang bemüht, einen gnädigen Gott durch Kasteiungen zu bekommen. An diesen Fehldeutungen mühte und härmte sich Luther erfolglos ab. Auch von hier aus werden die fürchterlichen späteren Übertreibungen gegen die angebliche katholische Werkheiligkeit um vieles verständlicher: Des Reformators eingewurzelter Haß wird zu einem guten Teil der aushöhlenden Qual gelten, womit ihm im Kloster das selbstgeschaffene Phantom das Leben verbitterte, von dem er aber sagen wird, es sei die katholische Lehre gewesen.

Als er in der Scholastik ,lernt', daß das Gutsein der Werke von Gottes eingegossener Gnade abhängt, stürzt ihn dies in neue Angst. Denn wieder nimmt er das nicht einfach gläubig hin, sondern er verlangt von sich — im Namen Gottes, des Tyrannen und Stockmeisters —, daß er das Gesetz in der Liebe erfülle. Nicht aber sagt er sich, daß Gottes Gnade für ihn jenes Entscheidende leisten wird, wenn er es vertrauensvoll glaubt.

Sein Beichtvater sagte ihm: ,Du bist ein Narr! Gott zürnt nicht dir, du zürnst ihm.' Er hat recht. Aber Luther vermag den erlösenden Sinn nicht zu erfassen. —

In diesem Verhalten Luthers offenbart sich ein weiteres Element, das ebenfalls seine Gesamtentwicklung maßgeblich beherrschen wird: das Reich des objektiven Geschehens der Kirche steht für ihn stark an der Peripherie des Interesses. Alles Bewußtsein ist gerichtet auf das eigene Heilserleben. Der Begriff der Kirche als des Organismus, aus dem heraus der einzelne Christ überhaupt erst glaubend lebt, die Auffassung, daß das Urteil und das Handeln der Kirche Voraussetzung sind für die Wahrheit des religiöstheologischen Urteils und die Heiligkeit des Handelns des einzelnen Christen: dieser Kirchenbegriff hatte für Luther in seinem ganzen Leben zu geringe Wirklichkeit. Das heißt wiederum: neben der seelischen Veranlagung sind es auch grundlegende theologische Haltungen, die Luther wurzelhaft vom Subjektivismus her kennzeichnen.

Die erste Psalmenvorlesung (1513—1515) stellt den Grundsatz auf, daß alles, was nach dem Literalsinn vom Herrn Jesus Christus gesagt wird, allegorisch gleicherweise von der Kirche zu verstehen sei, die ihm in allem konform sei. Man könnte daraus den Einwand gewinnen: Da alle Psalmen auf Jesus Christus gedeutet werden, ist die Kirche geradezu ein Hauptthema Luthers in dieser ersten Vorlesung. Die Schlußfolgerung stimmt deshalb nicht, weil jener Grundsatz nicht entsprechend ausgewertet und das Glaubensbewußtsein der Kirche nur wenig als Korrektiv der eigenen, unmittelbar aus dem Schriftwort gewonnenen Ansichten herangezogen wird. Der Schluß stimmt aber noch weniger für die schweren Jahre des Klosterkampfes. Die erste Psalmenvorlesung liegt bereits nach einem befreienden Durchbruch.

7. Wenn es nur darum ginge, meine Ansicht über diese Dinge vorzutragen, ohne weiteres Interesse daran, ob sie von Protestanten (nicht: d e n Prote- stanten) als diskutabel angenommen werden oder nicht, könnte ich mich mit dem Gesagten begnügen. Aber die Darstellung der Reformations- geschichte ist heute offenkundig zu einem Gegenstand vitaler Interessen inner- halb der ökumenischen Frage geworden. So sei es gestattet, noch weiter auf diese Dinge einzugehen.

Es gibt eine Fülle von Äußerungen Luthers, die sein Streben unter Beweis stellen, demütiger Hörer zu sein; andere, in denen er unaufhörlich den Glauben fordert, sind geradezu der Kern seiner Rede. Zu den Konfessionen Augustins notiert er sehr früh: ‚Sei ein demütiger Leser! Sei kein schneller und voreiliger Richter, denn es ist eine schwer auszumachende Sache!' In der ersten Psalmenvorlesung steht die ernste Warnung: ‚Alles bezweifelnd behandeln und auf eine neue Lehre ausgehen, ist die schlimmste Versuchung des Herrn. Hüte dich also wohl, Mensch! Lerne eher demütig urteilen, um nicht als ein Neuerer die Grenzen zu überschreiten, die deine Väter setzten ... Denn den Geist des Gesetzes hat Gott nicht in das auf Papier Geschriebene gesetzt, sondern in die den Ämtern vorgesetzten Menschen, damit es aus ihrem Munde vernommen werde. Was wäre sonst dem Teufel leichter, als den zu verführen, der in der Schrift sein eigener Lehrer sein will...? E i n e i n z i g e s f a l s c h v e r s t a n d e n e s W o r t k a n n d e n S i n n d e r g a n z e n S c h r i f t v e r d r e h e n' (von Luther unterstrichen).

Luther hat die hier ausgesprochenen Hemmungen, die wie eine Mahnung an sich selbst klingen, sehr bald b e d e u t e n d weniger stark empfunden. Aber unvermindert bleibt offenbar sein Wille, sich jeden Augenblick unter Gottes Gericht zu stellen.

Indes: nicht die Gesinnung und das Wollen sind das Entscheidende für die Konstituierung eines Menschen, sondern das Sein. Es kann keine Frage sein, daß Luther sich immer unter das Gesetz und Gericht Gottes beugen w o l l t e. Es fragt sich nur, ob ihm das gelang. Ob nicht vielmehr die gewal- tigen Kräfte des Menschen Martin Luther so ungestüm in das Wollen dessen, was Gott verlangt, einbrachen, daß das Eigenpersönliche dieses Menschen sich untergeordnet voranschob. Wir werden später darüber urteilen, wenn wir Luthers Persönlichkeit aus seinem ganzen Leben zu entwickeln versuchen. Wir werden finden, daß tatsächlich das eigene Ich die Grenzen des Eifers für Gottes Ehre überschritten hat.

Das setzt schon früh an, es liegt in Luthers Struktur begründet.

8. Ehe wir die volle Zuspitzung der Klosterkämpfe verfolgen können und damit den Rahmen schließen, in dem sich Luthers reformatorischer

Umschwung vollzieht, haben wir kurz seinen äußeren Lebenslauf zu verfolgen. Er bietet dem inneren Werden höchste Anregung.

1508 verläßt Luther Erfurt und kommt in das Kloster der Augustiner-
eremiten und an die Universität in Wittenberg. Die Universität — Paulus
war ihr Patron — ist neu im wahrsten Sinne des Wortes; sie wurde
gegründet 1502, als Luther schon ein Jahr seine akademischen Studien
begonnen hatte. Erst seit einem Jahr (1507) ist die päpstliche Bestätigung
eingegangen. Es ist eine Universität ohne Tradition. Und sie liegt in einem
armseligen, wirtschaftlich unbedeutenden, kulturell bäuerlich-kleinbürger-
lichen, sehr ungepflegten Städtchen von 2000 Einwohnern ‚am Rande der
zivilisierten Welt'. Noch 1521 spricht Cochläus mit Verachtung von dieser
außerhalb der Kultur liegenden Hochschule: ‚von da kann nichts Bedeutendes kommen ...' Gerade umgekehrt! Wichtig über die Maßen war diese
Traditionslosigkeit, die einem selbständigen Geist alle Chancen öffnete und
allein die Möglichkeit einer Gefolgschaft ohne Hemmungen bot, wie ein
Revolutionär sie brauchte. Für einen werdenden Häretiker von der gigantischen Unabhängigkeit Luthers ein Paradies, ohne daß er es ahnte. Die
Grundhaltung der Statuten war natürlich genau so selbstverständlich kirchlich wie die ganze Zeit und wie die Hochschätzung, die in den Satzungen
Paulus, Augustin und der Irrtumsfreiheit der Heiligen Schrift, die darin erwähnt wurden, entgegengebracht wurde. —

An dieser Universität hat Luther nun seinen theologischen Studien ob-
zuliegen und zugleich als Lehrer der Moralphilosophie den Aristoteles zu
erklären. Er ist fünfundzwanzig Jahre alt. Seine religiöse Welt, von der
Bibel grundgelegt, stößt auf den scholastisch-okhamistischen Überbau. Des
werdenden Lehrers Selbständigkeit empfindet sofort das Nichtchristliche in
Aristoteles. Näherhin: das Problem ‚Religion bzw. Theologie und Philosophie' steigt in aller Heftigkeit vor und in ihm auf. Wie Erasmus und
andere Neuerer schon längst, empfindet er das herrische Hineinwirken der
Philosophie in die Theologie als eine Gefährdung der Religion. Es beginnt
Luthers Fideismus und seine folgenreiche Absage an ‚die Hure Vernunft',
nicht an die Vernunft als solche, aber an ihre Vorherrschaft innerhalb der
christlichen Verkündigung und Theologie. Er löst die Frage der Gotteserkenntnis im negativen Sinne: Gott begreifen ist eine Verkleinerung Gottes.
Gott ist nicht zu erkennen. Natürliche Gotteserkenntnis ist Lüge, weil in
ihr der Mensch sich zu einem Maßstab Gottes macht. Gott ist der radikal
Ganz Andere. Das Mysterium Gottes kann uns nur von Gott selbst gelüftet
werden. ‚Die Vernunft muß wider ihren Willen bekennen, daß Gott ihr
zu hoch ist.'

Luthers Stellungnahme hängt an diesem Punkte der Entwicklung noch erst sehr bedingt zusammen mit einer Gegnerschaft zur Scholastik. Sie ist viel früher und eher ein Ausfluß seines umfassenden, nie im geringsten erschütterten Gottesglaubens und, wie wir sehen werden, des Okhamismus. Gott war für Luther eine unmittelbarste Selbstverständlichkeit. Aber der Mensch darf sich nicht vermessen, Gottes Wesen näher bestimmen zu wollen. Es gibt einen Gottesbeweis, aber er ist nicht zwingend. Ein paar Jahre später wird er den Mangel an Ehrfurcht in der disputierenden und distinguierenden Theologie noch schärfer empfinden. Er rügt dasjenige, was man später, etwas abgeändert, ihm selbst so schwer wird vorwerfen müssen: über Heiliges profan zu reden. ‚Wir Theologen gebrauchen den heiligen Namen Gottes beim Disputieren und beim Beten so unehrfürchtig, wir disputieren so frech über die Dreieinigkeit, über die formale und reale Distinktion ... Das ist ja Hochmut; es bringt den Theologen nicht mehr Schwierigkeiten und Scheu, als wenn ein armer Schuster über sein Leder urteilt.' Dafür wendet sich Luthers Gottesbegriff zum ‚deus absconditus' und seinem verborgenen, d. h. uns in jedem Sinn unerforschlichen Richterspruch: ‚Jedenfalls soll jeder vermessene Mund gestopft werden, damit nicht einer alsbald Gott eine Regel vorschreibt, nach der er sich zu richten habe, wenn er irgend eine Sünde bestraft!'

Wie man sieht, eine konsequente Entwicklung: das Erlebnismäßige fordert das Irrationale. In Gott kann gar nicht genug des Unbegreiflichen sein. Wir erkennen bereits s a c h l i c h e Unterlagen, die Luther prädestinieren für die Sprache des Paradoxen, für die Formulierungen der Kreuzestheologie, für die Lehre der willkürlichen Vorherbestimmung des Menschen zur Hölle. —

Dieser Antiphilosophus hat sich im folgenden Jahre 1509, als er als Sententiarius wieder in Erfurt weilte, im wesentlichen vollendet. Das soll keineswegs bedeuten, daß seitdem Luther das begriffliche Denken aus der Theologie ausgeschaltet hätte. Er bringt noch 1514 in einer tiefen Predigt über das ‚Wort' Gottes, das Fleisch ward, breite hochphilosophische, abstrakte Gedankengänge über das ewige Denken Gottes, die absolute Intelligenz, die das Wesen Gottes sei, auch eine lebendige Bewegung in Gott, Gott selbst. Zur Analogie-Erläuterung greift er gar zurück auf des Aristoteles Lehre von der Bewegung. Aristoteles habe allerdings seine Sätze (sofern sie nicht fremdes Eigentum seien) ebensowenig verstanden wie die Theologen. Man müsse sie nur richtig anwenden.

Aber solche Äußerungen sind seltene Rückstände aus früherer Lernzeit; sie sind nirgend der Kern.

Entscheidende Hilfe leistet ihm bei der Abwendung vom ratiozinierenden Denken Augustin, der anderseits eine entscheidende Rolle spielt bei der Ausdeutung und Auswirkung von Luthers Ringen um Sündenfreiheit, Rechtfertigung, freien Willen und Erbsünde.

Man weiß, wie weit die Gotteserkenntnis Augustins entfernt ist von einem diskursiv-systematischen Schlußfolgern. Gott ist ihm eine unmittelbar gegebene, ungeheure Wirklichkeit, aber doch steht die Unerkennbarkeit seiner Majestät dauernd im Bewußtsein des Philosophen wie des Beters Augustin. Anderseits hat Augustin die Ohnmacht des Willens und die Wirklichkeit der Sünde, jener Sünde, die auch den Gerechten erfaßt, ungewöhnlich stark betont. In gewissen späten Formulierungen endlich treten diese Gedanken mitsamt dem Gedanken von Gottes freier Vorherbestimmung des Menschen so überspitzt zu Tage, daß Luther aus ihnen herauslesen kann, Augustin kenne einen wurzelhaft verdorbenen Willen des Menschen und eine bleibende Erbsünde: genau das, was Luthers seelische Erfahrung seiner Meinung nach forderte und bewies!

Endlich der bereits genannte, weiter entscheidende Komplex: neben Bibel, Aristoteles und Augustin wurde Luther in diesen Jahren zwischen Priesterweihe und theologischem Doktor (1507—1513) genährt durch die Scholastik in ihrer damaligen ‚modernen' Form: den okhamistischen Nominalismus in der abgeschwächten Form des Gabriel Biel. Ich werde die hochwichtige Einwirkung dieser Gedankenwelt auf Luther des besseren Zusammenhanges wegen erst weiter unten besprechen. —

Im Jahre 1510/11 reiste Luther im Auftrage seines Ordens nach Rom. Wir stellen fest, daß der bewußt erfaßte Zusammenhang mit allen Einrichtungen der Kirche damals in keiner Weise geschwächt war. Das Rom und das Italien der Renaissance Julius' II. hat Luther nicht gesehen, geschweige denn genossen. Es war Winter. Im Schmutz der Straßen wirkten die ersten entstehenden Renaissancepaläste nicht stark. Aber Luther wohnte im Kloster an Santa Maria del Popolo. Wir haben jedoch keinen Beleg dafür, daß die Wunderwelt dieser Renaissancekunst aus dieser eben gebauten Kirche ihn angesprochen hätte. Luther s a h diese Formen nicht. Er war auf der Suche nach dem gnädigen Gott. Er verlangte, seinem Interesse entsprechend, durchaus nach dem h e i l i g e n Rom. Die dort lokalisierten besonderen Gnadenmöglichkeiten waren für ihn wie für jeden Christen eine der selbstverständlichen Realitäten und wünschenswerteste Ziele: es waren die besonderen Absolutionsvollmachten mancher Beichtväter, die besonderen Ablaßmöglichkeiten so vieler Reliquien, Kirchen und Altäre, die auf dem von Martyrerblut gesegneten Boden standen, nicht zuletzt die Scala Santa, die der Heiland selbst mit seinem Blut genetzt haben sollte.

Luthers Erwartungen wurden getäuscht. Die mehrmalige Generalbeicht lehrte ihn die Unwissenheit römischer Beichtväter kennen. Aus dem Messelesen römischer Priester trat ihm ein lästerlicher Unernst entgegen. Er meinte später: ‚Ich als ein Narr trug auch Zwiebeln gen Rom und brachte Knoblauch wieder.‘ Die Unterlagen, um diesen Satz genau abzugrenzen, fehlen, da Luthers hierher gehörende Aussagen aus späteren Jahren stammen. So viel dürfte stimmen: der ernst veranlagte Klostermann, der schon so schwere innere Kämpfe durchgemacht hatte, im Rom Alexanders VI. und Julius’ II. und im Rom der ‚mirabilia‘ mit der weitgehend massiven Frömmigkeit des Volkes und auch des Klerus; der Norddeutsche im so ganz anderen, leichteren, beweglichen Italien: es konnte sich leicht eine gewisse Abkühlung im Verhältnis zur Mutter der Kirchen ergeben. Vor allem konnte sehr wohl von hier aus ein Prozeß der Loslösung von der Kirche früher oder später gefördert werden, wenn er von einer anderen Seite her energisch ansetzte.

Freilich, absolut fest steht auch dies: irgend ein wesentlicher Einbruch in Luthers katholische Überzeugung vollzog sich d a m a l s nicht. Er hat noch Jahre später ganz korrekt über den Papst und seine Macht und deren Notwendigkeit für die Kirche, als einzigem Hort gegen die Spaltungen, gepredigt. Er hat es auch noch viel später, schon als Reformator, in seiner derb-groben Bildersprache bestätigt: damals habe er dem Papst noch ins Antlitz gesehen. . . .
Daß Luthers Kirchlichkeit damals in Rom keinerlei Schwächung erlitt, ist aufschlußreich. Denn dieser Luther hatte bereits ein Jahr als Sententiar in Vorlesungen den Lombarden erklärt. Er hatte bereits Augustin kritisch gelesen. Und mit welcher Unabhängigkeit hatte er die Philosophen einschließlich des Meisters aller Meister, des Aristoteles, abgelehnt! Das heißt also: der Kritiker in Luther vertrug sich damals noch vollkommen mit der kirchlichen Praxis. Die Kritik setzte an und galt nur der theologischen bzw. philosophisch-theologischen Theorie. Ein wertvoller Aufschluß über Luthers Art und Wachstum, und ein wichtiger Beitrag für die These, daß er ohne unedle Nebenabsicht der reformatorisch-häretischen Position zuwuchs.

9. Luther war nach Rom gegangen als Gegner eines großen Reformplanes des Ordensvikars Johannes Staupitz. Als er zurückkam, trat er auf die Seite dieses Mannes über. Diese Schwenkung ist die erste von mehreren, die in seinem Leben vorkommen werden: die Stellung zu den Bauern; die Stellung zu der Gemeinde und den Fürsten in der Neuformung des christlichen Lebens; die Stellung zur äußeren Kirchenzucht. Es ist nicht unnütz, zu fragen, ob diese erste Schwenkung ein Bruch war oder nicht. Die Antwort kann mangels Quellen nur bis zu einem kleinen Grad von Wahrscheinlichkeit kommen. Aber es ist doch wichtig, daß kein zwingender Grund vorliegt,

der nur einen Bruch als Erklärung zulassen würde. Daß Luther die Romreise als Gegner des Staupitz-Planes machte, stellt seinem Ernst ein gutes
Zeugnis aus; denn er glaubte, nur so für die Observanz kämpfen zu können.
Daß er, zurückgekehrt, nach der gemeinsamen Beratung unter Staupitz diesem zupflichtete, könnte sehr wohl darauf zurückzuführen sein, daß er nunmehr einsehen lernte, daß dessen Pläne n i c h t auf eine Minderung des
religiösen Ernstes hinausliefen, wie er es wohl gefürchtet hatte, sondern auf
dessen Sicherung.

An vielen Stellen und in mancherlei Formulierungen hat Luther es ausgesprochen, daß Staupitz für ihn der entscheidende Anstoß gewesen sei zur
Entdeckung seines Evangeliums. Leider sind wiederum die Angaben über
den I n h a l t der von Staupitz ausgegangenen Anregungen nicht eindeutig.
Für Staupitzens seelsorgerliche Art scheint sich aber wohl zweifelsfrei eine
gewisse ruhige Überlegenheit, die frei ist von engherziger Schultheologie
und geistlichem Prügelstock, festlegen zu lassen. Eine nicht nur irgendwie
verinnerlichte, sondern tief c h r i s t l i c h - religiöse Art, die sich zu bewähren
hatte gegenüber Luthers Gewissensängsten und Sündennot. Sie hatte also
ihre Kraft zu erweisen gegenüber einer seelischen Haltung, in die ein
religiöser Urwert hineinragte, die Anlage zum Heiligen, nämlich Luthers
gewaltige, ihm naturhaft eignende Empfindung für die über alles entscheidende Bosheit der Sünde. Das, was Staupitz den Martinus in vernünftiger, ruhiger Weise lehrte — das Hinweglenken vom ü b e r s t e i g e r t e n
eigenen Bemühen, vom Grübeln über seinen eigenen Zustand und die
Erwählung, vom inneren Disputieren darüber mit sich selbst und mit andern,
hin zu Gott und Jesus, zur objektiven Erlösung, also zur Gnade —, ist nichts
anderes als gut katholische Theologie des Doctor gratiae, des von Luther
so wenig gekannten Thomas von Aquin. Staupitz hat den Skrupulanten Luther
psychologisch und theologisch richtig behandelt. Die Wunden Christi und den
Gekreuzigten selbst solle er a n s e h e n. Dann ist die Erwählung schon im Werk.
Daraus leuchtet die Vorherbestimmung Gottes. ‚Gehe, glaube, häng dich an
Christus!' Nur, daß Luther unfähig war, das von außen anzunehmen!

10. Als Luther aus Rom zurückkehrt, wird er alsbald nach Wittenberg
zurückversetzt. Er macht 1513 seinen theologischen Doktor und übernimmt
an Stelle des Dr. Staupitz die Professur für Exegese, die er nun sein Leben
lang versehen wird. Er liest zuerst über die Psalmen 1513/15 und dann
über den Römerbrief. Wir stehen an der Stelle, wo wir dank reicher gleichzeitiger Quellen (eben jener beiden Vorlesungen) endlich die Entwicklung
selbst unmittelbar miterleben können. Indes, als Luther sein Amt als Professor der Exegese antrat und schnell zum Mittelpunkt der Universität und

zum Anziehungspunkt von vielen Hunderten und dann Tausenden von
Studenten wurde, da hatte er die katholische Basis bereits verlassen und
einen entscheidenden Schritt zu jener neuen Haltung getan, die man die
reformatorische nennt. In jener kurzen Zeit zwischen dem Ende der Romreise und dem Antritt der Professur in Wittenberg, scheint ein umwandeln-
des inneres Erlebnis zu liegen. Die damit ansetzende Entwicklung ist hier
zu schildern.

Vorher wollen wir nochmals dies ganz klar feststellen: nicht die Erringung einer neuen L e h r e gibt Luthers Entwicklung die weltgeschichtliche
Bedeutung. Die liegt vielmehr darin, daß er einen innern Vernichtungskampf
bestand. Luther hätte immerhin auf irgend einem Wege zu theologischen
Erkenntnissen kommen können, die denen, die wir als reformatorisch bezeichnen, nahegekommen wären; manche Theologen vor ihm waren zu
ähnlichen Resultaten gelangt. Ohne jenen innern Kampf und die allein in
ihm entbundene Kraft wäre Luther nie der Reformator geworden. Erst die
geheimnisvolle Einheit der reformatorischen P e r s ö n l i c h k e i t mit den aus
ihr entspringenden theologischen Erkenntnissen gab die Möglichkeit welt-
weiten Wirkens. —

Das erste, was uns um 1509/10 die frühesten theologischen Aufzeichnungen
Luthers in seinen Randbemerkungen zu Augustin und zum Lombarden über
seine geistige Art lehren, ist dies: es äußert sich von Anfang an ein ungewöhnlich kritisch sichtender, selbständig und selbstbewußt urteilender Kopf. Wenn
Luther einigemal seine Meinung vorsichtiger vorträgt — auch die ‚determi-
natio ecclesiae' vorbehält —, so sind das Ausnahmen. Meistens legt er sein
Urteil mit einer merklichen, ja auch schon auffallenden Überbetonung vor.
Sie äußert sich in der schon erwähnten scharfen Ablehnung des nichtchristlichen Aristoteles, ja aller Philosophie, die nur als Wortspielerei erscheint
und in den göttlichen Dingen nichts vermag. Des Menschen Erkenntniskraft
ist wenig mehr als die des Tieres. Mit Hilarius und aus eigener Wertschätzung erscheint Luther für die Gotteserkenntnis nur Gottes Wort brauch-
bar, eine Auffassung, die er bei den berufsmäßigen zeitgenössischen, subtilen,
theologischen Zweiflern durchaus vermißt. Es zeigt sich bereits das stark
Eigenwillige in Luther und dasjenige, was allein ihn von außen entscheidend
berührt und überwindet: das in sich selbst glaubhafte, ohne weiteres geglaubte
Wort der Heiligen Schrift.

Anderseits äußert sich, und zwar in voller Ruhe, die religiöse Überzeugung,
daß Christus durch den G l a u b e n an seine Fleischwerdung unser Leben,
unsere G e r e c h t i g k e i t, unsere Auferstehung ist. (Die Erklärung, die er in
der Römerbrief-Vorlesung von 1515/16 zu 1, 17 geben wird, ist inhaltlich
damit identisch.)

Luther befindet sich noch mitten in der Entwicklung, an deren Ende erst der reformatorische Umschwung stehen wird. Einstweilen gebraucht er noch mancherlei katholische Formeln als Selbstverständlichkeiten weiter, ohne zu merken, daß sie mit der Richtung des Neuen, das in ihm wird, streiten. — Eine außergewöhnliche Selbständigkeit von früh an, wie sie bei Luther in Erscheinung tritt, ist im Bereich der natürlichen Wissenschaften in jedem Falle von höchstem Wert. Sie kann das auch sein im Bereich der wissenschaftlichen Durchdringung der Offenbarung. Unter der einen, unentbehrlichen Voraussetzung allerdings, daß sie, der Unantastbarkeit der Offenbarung entsprechend, wesensmäßig ergänzt sei durch die Haltung des ‚Hörer sein‘. Gerade das aber fehlt bei Luther. Die tiefe Demut vor dem unbekannten Gott, die hinter seiner überheblichen Ablehnung des Aristoteles steht, und die wenigen erwähnten Vorbehalte besagen nicht viel gegenüber dem ungestümen Pochen auf die eigene Meinung, die so schnell und so früh zu einer geradezu verwegenen Kritikfreudigkeit im Umkreis der Glaubenslehren wird. Man merkt recht wenig davon, daß es für Luther eine dauernd ernste Angelegenheit gewesen wäre, seiner oben zitierten Forderung nachzukommen: pflichtmäßig demütige Sorge dafür zu tragen, daß der überlieferte Bestand des depositum fidei nicht gefährdet werde. —

Die Majestät des unbekannten Gottes ist für Luther von seiner Jugend her die des zürnenden Richters. Er wird nun durch die okhamistischen Lehren auch noch zum Gott der Willkür. Denn dies ist im Gottesbegriff des Okhamismus das Grundlegende: daß Gott von jeder irgendwie uns denkbaren und aussprechbaren Bestimmung oder Norm frei, absolut frei, bis zur Willkür frei sein müsse. Das bedeutet, daß Gott nicht aus ‚innern Gründen‘ die eine Tat gut, die andere böse genannt und dementsprechend gefordert oder verboten habe; vielmehr hätte er auch das Umgekehrte vollziehen können. Es ist der vollendete Nominalismus, der aus den Sakramenten n u r äußerliche Zeichen, aus der Gnade nur eine gnadenhafte B e n e n n u n g der begnadeten Seele macht und dazu fortschreitet, daß Gott in voller W i l l k ü r seiner Souveränität die einen zum Himmel, die andern zur Hölle v o r h e r b e s t i m m t.

Von dieser Seite her ist der Okhamismus die grandiose, aber zuchtlose Übersteigerung des Begriffs des ‚Ganz Andern‘. Zuchtlos, weil einseitig und innerlich widerspruchsvoll.

Der philosophische Ausdruck dieser okhamistischen Ansichten ist der berühmte Satz von der doppelten Wahrheit, ebenfalls ein Ausfluß der Idee des Ganz Andern, d. h. der radikal vollendeten Trennung des Göttlichen von allem Natürlichen. Beides sind so sehr getrennte Ordnungen, daß unmöglich die Kräfte der Natur — der Vernunft — das Recht haben können, über das Göttliche in irgend einer Weise gültig zu verhandeln. Die Wahrheit über das Göttliche ist allein durch die Offenbarung Gottes selbst dem Menschen mitgeteilt. Es kann sehr wohl sein, daß seine Vernunft ihn zu Schlüssen führt, die mit den Glaubenswahrheiten im Widerspruch stehen. Man sieht, in diesem System ist der Widerspruch systematisch anerkannt. Und ohne weiteren Nachweis wird klar, wieviel Verwandtschaft mit grundlegenden Haltungen des Antiphilosophen Luther, der sich noch spät als ‚aus Okhams Schule' bekannte, hier vorliegt: Luthers Lehre von der nicht umwandelnden Gnade, von der nur zugerechneten Rechtfertigung, von dem Sakrament nur als Verkündigung (nicht als opus operatum).

Aber nun der Widerspruch: derselbe Okhamismus, der den natürlichen Menschen so weit vom Göttlichen abgedrängt und ihn gleichzeitig der Willkür Gottes überantwortet hat, entnimmt der Bibel die summarische Verpflichtung an den Menschen, die Gebote Gottes zu erfüllen; und dies — so behauptet derselbe Okhamismus — könne der Mensch aus der Kraft seines eigenen Willens. Denn, tut er das, was an ihm liegt, wird Gott die notwendige Gnade nicht versagen. Eine phantastische Erhöhung der menschlichen Kraft bis zum praktischen Pelagianismus!

Dieses System des Okhamismus ist wurzelhaft unkatholisch. Man erkennt leicht, welche ungeheure Belastung es für den verängstigten, nach Sündenfreiheit ringenden Luther darstellen mußte.

Das Unkatholische: a) dieses System hat kein existentielles Verhältnis. zur Wahrheit; b) es macht die Gnade tatsächlich zu einem überflüssigen Anhängsel. — Luthers Belastung: es wird ihm gesagt, daß, wenn er alles tut, was an ihm liegt, Gott ihm die Gnade, also die Rechtfertigung nicht verweigern werde. Er aber müht sich ab und findet trotzdem in sich nicht das Bewußtsein der Sündenfreiheit. Die Schlußfolgerung kann nur lauten: Der Fehler liegt bei dir. Du tust eben nicht alles, was an dir ist.

Und sofort, eben an diesem Punkte, setzt für die skrupulös-labile Seelenlage Luthers die schlimmste Gefahr an: der Okhamismus lehrt, gemäß Gottes Willkür, die freie Vorausbestimmung des Menschen auch zur ewigen Verdammnis. Sätze Augustins und der Römerbrief kommen hinzu. Die Wogen der Verzweiflung schlagen über Luther zusammen: gehört er zu den Verdammten? — Man darf die Frage nicht rhetorisch nehmen; man muß sie hineinstellen in die zweifelsfrei vorliegende ungewöhnliche, unersättliche Begierde eines wurzelhaft religiösen Herzens nach Gottesnähe, nach Rechtfertigung, das aber in einem scharf skrupulösen Sündenbewußtsein befangen ist.

Luther hat uns seine furchtbaren Höllenanfechtungen mit ungewöhnlicher Eindringlichkeit und Anschaulichkeit geschildert. Ohne darin die Spuren seines Superlativismus, Einflüsse der deutschen Mystik, Anklänge an Paulus und etwas leicht Ungesundes zu übersehen, muß man feststellen, daß diese Schilderungen die Wahrscheinlichkeit der innern Wahrheit für sich haben: ,Ich kenne einen Menschen, der behauptet, diese Qualen der Hölle des öfteren erlitten zu haben. Es dauerte nur eine kürzeste Zeit, aber so groß und so höllisch waren die Leiden, wie sie keine Zunge aussprechen, keine Feder schreiben und der, der sie nicht erlebt, nicht glauben kann. Wenn diese Qualen sich vollendeten oder eine halbe Stunde oder auch nur den zehnten Teil einer Stunde dauerten, müßte der Mensch von Grund aus verderben. Alle Gebeine würden zu Asche verzehrt. Da erscheint Gott in schrecklichem Zorn und mit ihm gleicherweise die ganze Kreatur. Da ist keine Flucht, kein Trost, nicht innen, nicht außen; alles klagt dich an. Da jammert der Mensch diesen Vers: „Verworfen bin ich vom Angesicht Deines Blickes", und er wagt nicht einmal zu bitten: Herr, verwirf mich nicht in Deinem Grimme. In solchen Augenblicken — es klingt unglaublich — kann die Seele nicht glauben, daß sie irgendwann erhört werden könne. Nur, daß sie fühlt: die Strafe hat ihr Vollmaß noch nicht erreicht. Und doch ist sie ewig, und du kannst sie nicht als zeitliche dir vorstellen. Allein bleibt der nackte Ruf nach Hilfe und das schreckliche Seufzen, aber die Seele weiß nicht, von wo sie Hilfe erbitten soll. Hier ist die Seele ausgespannt mit Christus, daß alle ihre Knochen gezählt werden. Und kein Winkelchen ist in ihr, das nicht gefüllt wäre mit allerbitterster Bitternis, mit Schrecken, Angst und Traurigkeit; und alle von ewiger Dauer.... Es ist die dahingehende Überflutung des Ewigen ..., untragbarer und untröstbarer Schrecken' (1518)[1]. —

Dieser Okhamismus war, von der hochmittelalterlichen Schule her gesehen, kein ‚System‘, sondern dessen Leugnung. Er war eine Frage, keine Antwort. Und zwar — wegen der genannten Widersprüche — eine unlösbare Frage. Dieses Unlösbare hat Luther empfunden, entdeckt, in seiner ganzen seelenmordenden Unbarmherzigkeit durchlebt und für sich herausgestellt. Und dann riß er hindurch, indem er den Okhamismus sozusagen aus der Theologie löste und dessen einzelne Begriffe rein aus der Offenbarung aufzufassen versuchte, von dieser Seite also den Okhamismus abstieß. Das bedeutete: a) daß Luther den ‚Begriff‘ Gott zur Realität des biblischen Vaters Jesu Christi, des Verkünders der Frohbotschaft, zurückführte; und b) daß er das andere Element des Okhamismus zerstörte, indem er die Kraft des menschlichen Willens leugnete.

---

[1] Eine indirekte Bestätigung bieten schon Luthers Ausführungen zu Christi Gottverlassenheit am Kreuz: ‚Wenn du nicht so bewegt bist, daß du schon brennend in der Hölle und verdammt und sterbend warst, kannst du nicht würdig solche Worte sagen.‘ ‚Niemand begreift einen andern in geistlichen Schriften, wenn er nicht denselben Geist besitzt.‘ Dazu unten S. 177.

11. Der Okhamismus ist in seiner Überbetonung des Willens die klassische Formulierung dessen, was Luther Werkheiligkeit nannte und von dem er behauptete, es sei die katholische Doktrin. Wohlgemerkt, es handelt sich für Luther bei solcher Behauptung nicht etwa nur um die bekannten Mißstände und Auswüchse im kirchlichen Leben. Auch nicht um übertreibende Behauptungen der grobianistischen Polemik. Es handelt sich um Luthers eigentliche Überzeugung von dem, was katholisch sei.

Es will in der Tat schwer halten, Luthers innere Verzweiflung und Sündenangst im Zusammenhang mit der Errettung daraus durch das ‚gerecht aus Glauben‘ zu verstehen, wenn man nicht annehmen will, daß er durch eine seltsame Verkettung von Mißverständnissen und innern Erlebnissen in der pelagianischen Auffassung gefangen war, der Mensch müsse sich eine Gerechtigkeit vor Gott durch Werke wirklich im Vollsinn des Wortes verdienen. Man könnte dem nur entgehen, wenn man Luther als voll pathologisch oder seine gewaltig eindringlichen Seelenschilderungen als Phantastereien nähme.

Man setze dieser Schlußfolgerung nicht so und so viele vorreformatorische Äußerungen entgegen, wo erwiesenermaßen zu lesen steht, daß Luther es wußte, daß die katholische Lehre jenen Pelagianismus nicht vertrat! In solchen Fragen, die eine L e b e n s k r i s e entscheiden, bei einer so einseitig erlebnismäßig fortschreitenden Persönlichkeit wie Luther kommt es ganz ·ufs i n n e r l i c h e Wissen, auf das E r f a ß t s e i n an. Luther hat gleich zu Beginn seiner ersten Vorlesung den entscheidenden Unterschied zwischen Wissen und Besitzen unterstrichen; er ist nicht umsonst der Typ jener Geister, die mit gefährlicher Blindheit über gewisse Worte und Sätze hinweglesen, auch wenn sie sie mit dem Mund und der Feder wiederholen.

Daß das bei Luther der Fall gewesen sein müsse, scheinen spätere Texte zu bestätigen. Luther hat von der Koburg aus der altkirchlichen Geistlichkeit seine ‚Vermahnung‘ geschrieben. Er tritt im Geist vor die katholischen Stände hin, um sie zu bewegen, doch endlich auf seine Stimme und Lehre zu hören. Um sie dafür gefügig zu machen, weist er ihnen nach, welche Mißstände der Praxis und der Lehre er überwunden habe. Man muß annehmen, daß Luther sich in einem solchen Falle nicht ohne Not jede Möglichkeit einer Wirkung seiner Worte verbauen wollte, außer seine Überzeugung zwang ihn einfach dazu. Nun, sie zwang ihn. Denn so läßt sie Luther in der ‚Vermahnung‘, im Absatz ‚Von der Buße‘ schreiben: ‚So habt ihr uns gelehrt, daß man solle durch unser Werk genug tun für die Sünde, auch gegen Gott.‘ ‚Was ist nu das anders gesagt, du mußt für deine Sünden genugtun, denn so viel: du mußt Christum verleugnen...?‘ ‚Wie i s t ’ s aber m ö g l i c h, daß e i n e S e e l e n i c h t v e r z w e i f l e, so s i e k e i n a n d e r n T r o s t h a t w i d e r d i e S ü n d e d e n n i h r e e i g e n W e r k? Dies alles könnt ihr nicht leugnen. Eure

Bücher sind vorhanden, darin nichts vom Glauben ..., sondern eitel eigene Werk.'

Ist es denkbar, daß Luther derartiges behauptete?

Es war nur möglich, weil Luther in einem Kampf von ausgesprochen skrupulöser Hartnäckigkeit in diese grundfalsche Vorstellung sich selbst so gründlich verrannt hatte. Luthers Kampf gegen die Werkgerechtigkeit ist der Kampf gegen seine eigene, innerste vorreformatorische Auffassung. Er strebte vor seinem Umbruch in ganz ungewöhnlicher Vehemenz die Werkgerechtigkeit an. Nicht auf leichte äußere, sondern auf vorbildlich ernste Art.

Die vielleicht höchste Steigerung und zugleich die eklatanteste Sichtbarmachung der Falschdeutung der katholischen Lehre durch Luther ergibt sich an dem katholischen Satz, daß die guten Werke nur dann gut sind, wenn sie aus der von Gott eingegossenen Liebe getan werden. Denn dies bedeutete für Luther damals nicht eine Erleichterung, sondern eine fürchterliche Erschwernis: jetzt mußte ja er die Erfüllung in der vollkommenen Liebe, der eingegossenen, tun. Aber dazu reichen eben seine Kräfte nicht. Ist nicht Gott ein furchtbarer Tyrann?

Dies ist Luthers Lage bereits um 1508. Freilich darf man nicht voraussetzen, Luther habe damals oder später dauernd in diesen entsetzlichen Spannungen gelebt. Was hier sichtbar wird, sind äußerste Zuspitzungen, die als Hebel und Sprengmittel wirkten und zum reformatorischen Umbruch hinführten. Aber natürlich bestand Luthers geistig-geistliches Leben nicht nur aus Sprengungen.

Wir kennen bereits den Grundfehler jener Einstellung, der Luthers Kampf für ihn so ausweglos machte: er will vom Gnadenzustand erfahrungsmäßig überzeugt sein, er will ihn wissen, oder noch besser: fühlen. In seiner vorreformatorischen Zeit ist es ihm ungefähr dasselbe: nicht zu wissen, ob man in der Gnade sei, und wirklich nicht darin sein.

Niemand wird behaupten, das sei katholische Ansicht. Luther rang in sich selbst einen Katholizismus nieder, der nicht katholisch war.

Es ist unberechtigt, diesem Schluß die katholische Haltung so vieler Okhamisten um und vor Luther entgegenzustellen, besonders diejenigen seiner katholischen okhamistischen Lehrer Jodokus Trutvetter und Bartholomäus von Usingen, von denen er, entgegen seinen späteren Klagen, nachhaltige Eindrücke erhalten hat. Diese katholischen Okhamisten genießen lediglich die Früchte einer glücklichen Inkonsequenz. Okham war eine fundamental unkatholische Natur. Gabriel Biel († 1495) hatte ihn kirchlich korrekt zurechtgerückt. Luther war konsequenter als seine Vorgänger.

Das heißt nun aber in weiterer Sicht: in einer entscheidenden Tiefe liegt Mitwirkung der spätmittelalterlichen Theologie der Kirche an der häretischen Entwicklung Luthers vor. Gewiß nur möglich wegen der erwähnten falschen, unkirchlichen Voraussetzungen Luthers über Sünde und sichere Rechtfertigungserfahrung; aber doch auch wesentlich aus ,kirchlicher' Theologie befruchtet.

Und es will wohl beachtet sein: selbst jener Trieb Luthers nach Selbstsicherheit der Rechtfertigung, nach dem sicheren Fühlen, daß er der Sünden ledig sei, war durch die Art der spätmittelalterlichen Frömmigkeit vorbereitet. Wie wenig wußte diese Frömmigkeit doch um den objektiven Organismus des Corpus Christi mysticum, um die elementare Tatsache, daß primär das Leben jenes Organismus es ist, das den Christen übernatürlich belebt, und erst sekundär das Leben des Christen durch dessen Teil-nehmen besteht! Der Individualismus hatte schon einen Teil seines verhängnisvollen Sieges errungen. Luthers erlebnismäßige und extremistische Art geht diesen Weg — keiner Halblösung erliegend — bis zu Ende. Bis zur konsequenten Einseitigkeit.

Sein Durchbruch wird zum entscheidenden Maße darin bestehen, daß er die alte katholische Wahrheit für sich entdeckt, daß man die Sündenvergebung wie das Heil glauben müsse. Diese Entdeckung wird belastet sein mit unkatholischen Begriffen, die zum Durchbruch geführt haben, nun aber nicht mit ihm abgeworfen werden: die als Sünde bleibende Begierlichkeit und die Unfreiheit des verderbten Willens.

Aber so stark gehört das Verlangen des gefühlsmäßigen Erlebens zur Grundstruktur Luthers, daß es nicht einmal durch den reformatorischen Durchbruch beseitigt wird. Er sagt zwar: ,Wer den Frieden sucht durch die innere Erfahrung und Empfindung, der scheint fürwahr Gott zu versuchen, als ob er den Frieden in der Tat und nicht im Glauben haben wollte.' Aber er erhebt in den Anmerkungen zu Tauler doch durchaus die ,sapientia experimentalis' gegenüber der ,doctrinalis'. Er hat auch später nie einen ganz einfachen, objektiven, hinnehmenden Glauben gekannt. Er hat vielmehr den geheimnisvollen Vorgang, in dem der Sünder durch die Gnade beschenkt wird, immer unmittelbar mit dem gefühlsmäßigen Erleben verknüpft und mit dem ,Ergreifen' der Gnade, der Erwählung. Wenn ihm dieses ,Ergreifen' nicht gelingt, ist er in der umgekehrt gefühlten Anfechtung. Die in ,Verzweiflung' geratene Seele ,weiß vor Verwirrung nicht, ob sie verdammt oder selig ist, ja es kommt ihr vor, sie wäre schon verdammt und fahre schon in den Höllenpfuhl. Bei dieser Verzweiflung aber fängt die Seligkeit an. Denn der Weisheit Anfang ist die Furcht des Herrn. Das ist die wahre Zerknirschung des Herzens und die Demütigung des Geistes, die Gott das allerangenehmste Opfer ist. Da wird, wie man in der Schule

redet, die Gnade eingegossen. Allein der Mensch weiß zu der Zeit
gar nichts von seiner Rechtfertigung, sondern glaubt an die Ausschüttung
des Zornes Gottes über sich.'

12. Mit diesen Überlegungen und Feststellungen sind wir dem sehr ver-
zweigten Mechanismus des reformatorischen Umbruchs nahe genug gekommen, um nunmehr seine Darstellung wagen zu können.

Leider läßt sich der Weg chronologisch und sachlich nicht eindeutig rekonstruieren. Die späteren Rückblicke Luthers enthalten eine Menge von
Verschiebungen jeglicher und auch wesentlicher Art. Er hat durch diese
Rückblicke das Verständnis für seinen reformatorischen Umbruch nicht wenig
erschwert. Er hat darin vor allem den Vorgang zu sehr in einen, und zwar
definitiven Akt zusammengezogen. In Wirklichkeit verläuft der Umbruch
in mehreren Einbrüchen, die je wieder in weitläufiger Vorbereitung voneinander getrennt sind. Dabei wird die ungeheure Erleichterung des Hin-
durchreißens des öfteren durch böse Rückschläge der Verzweiflung abgelöst
und gestört. Es ist ein Bild, das die Seelenbeobachtung der Krisen wohl
kennt. Bei Luther äußert sich alles um so härter, wird aber auch wieder um
so verständlicher, je erlebnismäßiger und je singulärer sein geistiges Voranschreiten jeweils war. Je tiefer und sogar übersteigert ängstlich er die Gerichtsangst und Sündennot erlitt, um so heftiger warf er sich auf das eindringende
befreiende Licht, um so stärker empfand er jeweils eine Einzellösung als die
Befreiung. — Die gleichzeitigen Äußerungen Luthers reichen ebenfalls nicht
aus. Zudem werden in ihnen die für den Umschwung maßgeblichen Begriffe
der Sünde, Erbsünde, Gerechtigkeit Gottes, Heilssicherheit und des Glaubens
von Luther mehr lebensmäßig erfüllt, als klar gedacht. Dementsprechend
zeigt Luthers theologische Terminologie bedeutende Schwankungen.

Wir kennen bereits die meisten Grundthesen, an denen sich Luthers innere
Entwicklung von der Kirche fort darstellt: die Vernunft hat aus dem christlichen Glaubensgebiet auszuscheiden; die Konkupiszenz ist unüberwindlich,
der Mensch bleibt immer Sünde, seine Kraft im Heilsprozeß ist im Vollsinn
des Wortes null; also fallen die heilsverdienstlichen Werke dahin; es bleibt
nur Gottes Alleinwirksamkeit.

Das bedeutet, daß eine radikale Trennung aufgetan ist zwischen Natur
und Gnade; auch zwischen natürlich Gutem und der Erlösungsgnade. In
voller Schärfe empfindet Luther den Wesensunterschied der beiden Größen:
Moralismus und Christentum. Nicht nur, wie Erasmus meint, die Übungen
des Zeremonialgesetzes sind judaistische Gesetzesgerechtigkeit, sondern auch
die Tat-Erfüllung des Dekalogs. Christlich werden sie nur durch Glauben
allein in der reinen und in vollem Umfang geschenkten Gnade Gottes.

Am stärksten, jedenfalls für uns am sichtbarsten, haben als Hebel in dieser Entwicklung gewirkt die Begriffe Gerechtigkeit Gottes, Gerechtigkeit aus Glaube. Der Umschwung vollendet sich in der Erringung der Heilssicherheit. Immer und immer wieder muß es herausgestellt werden: Luthers Entwicklung ist in denkbar umfassendem Ausmaß ein persönlicher, höchst persönlicher Vorgang. Sie erfolgt zutiefst wie in einem Isolierraum. Die scholastische Literatur, die er heranzieht, vernimmt er eigentlich gar nicht. Das sind Worte. . . . Über wichtigste Aussagen selbst der Bibel liest er jahrelang hinweg, obschon er sie auswendig kann. Er sieht und vernimmt nur sich, alles andere schiebt er fort, oder er liest — wie 1515/16 — seine Gedanken in die Texte hinein[1].

Wir kennen auch den Inhalt dieser Erlebnislage: er ist umschrieben durch die Majestät Gottes, der gegenübersteht das Ohnmachtsgefühl eines sündigen Menschen, dessen ganzes Sein aber doch wiederum nur Sinn hat, wenn er von Gott aufgenommen ist; das darum im Innersten gestört ist, wenn diese Verbindung bedroht ist. Bedroht aber ist sie eben durch die furchtbare Majestät Gottes selbst, d. h. durch eine Gottesvorstellung, wie sie eine weit abgeleitete Theologie und vulgäre Kirchlichkeit herausgestellt hatten: einseitig losgelöst von der eigentlichen Form der Frohbotschaft. Luther wird bedrückt von ‚der Gottheit‘ und vom Richter; nicht aber lebt in ihm jener Gottesgedanke, den uns Jesus vor allem an die Hand gab: ‚Vater‘ und ‚Vater unser‘. Die Haltung, die Jesus lehrt und fordert, ist sicherlich von letzt erreichbarem Ernst des unnützen Knechtes vor Gott, und doch ist in ihr nichts von der gequälten Unsicherheit Luthers. Das ist bezeichnend, und es war verhängnisvoll. Es rächt sich, daß Luther nicht von den Evangelien herkam und daß er, der religiöse, der hyperreligiöse Luther, seinen Streit ganz einseitig, sozusagen bei sich allein, auf Grund der Sündentheologie des hl. Paulus und des hl. Augustinus ausmachte, statt die Anleitung des Herrn von außen, auch aus den Evangelien umfassend anzunehmen. Das rücksichtslos persönliche Ringen offenbart die Grenzen und die Gefahren seines Wertes. —

[1] Ich kann nur bitten, sich klarzumachen, daß dies auch nicht die Spur eines Vorwurfs der Böswilligkeit in sich schließt. — Sachlich freilich öffnet sich hierdurch die große Möglichkeit einer Kritik an Luther. Nämlich: Die Offenbarung Gottes an die Menschen im Alten und im Neuen Testament ist, wie gerade Luther es ja erkannt hat, nicht ein ‚theologisches Lehr‘-System. Sie ist in ihrer vieles umfassenden Ausbreitung lebendige Verkündigung Gottes, ausgesprochen unter den verschiedensten Gesichtspunkten an die verschiedensten konkreten Verhältnisse. So umfassend, daß wirklich alle Lagerungen des Menschlichen berücksichtigt und ergriffen sind. Solche umfassende Verkündigung kann aber kein einzelner Mensch rein bewahren. Auf sich allein gestellt, wird er einseitig auswählen. Nur ein Organismus, ein ebenso Werk Gottes ist wie die Offenbarung des Wortes, kann jenen umfassenden Besitz bewahren: die Kirche. Auf diesen Träger aber hat Luther wesentlich keine Rücksicht genommen. Er hat denn auch nicht den gesamten Umkreis der Offenbarung gleichmäßig bewahrt, sondern häretisch singulär reagiert.

Ehe Luther aus dieser Erlebnislage des verstört ringenden Sünders vor
Gottes Majestät durch einen innern Durchbruch entscheidend erlöst wird, hat
er bereits jenen wichtigen Ansatz dazu, wenn auch schwach, gehört, den wir
schon kennen: Staupitz und wahrscheinlich ein anderer Seelenführer haben
versucht, ihn in einfacher Anwendung katholischer Lehre von seinem übertriebenen, verkrampften eigenen Mühen um die Erringung des gnädigen Gottes
auf dessen freie, gnadenreiche Hilfe, dargestellt in dem für uns gekreuzigten
Jesus, zu verweisen (oben S. 170).

Das Wort der Bibel bringt endlich den Umschwung.

Statt ihm nur Förderung zu bringen, war das Bibelstudium bezeichnenderweise für den werkheiligen Fürchter der Gottheit auch zur starken Hemmung
geworden. Aber an der Bibel riß er schließlich doch hindurch. In einer
Entwicklung, die er selbst zusammengepreßt hat zu dem berühmten Erlebnis,
das er im ‚Turm' seines Wittenberger Klosters gehabt haben soll:

‚Ich war von einem hartnäckigen Drang gepackt worden, den Paulus des
Römerbriefes zu verstehen. Nicht mangelnde Herzensglut hatte mich bisher
daran gehindert, sondern ein einziges Wort im ersten Kapitel: „Die Gerechtigkeit Gottes wird in ihm (= im Evangelium) offenbart" (Röm. 1, 17). Denn
dieses Wort „Gerechtigkeit Gottes" haßte ich. Ich war nämlich nach Gebrauch
und Auslegung aller Doktoren gelehrt worden, dieses Wort philosophisch zu
verstehen von der sogenannten formalen oder aktiven Gerechtigkeit, kraft
welcher Gott in sich gerecht ist und deshalb die Sünder und Ungerechten straft.

Ich aber fühlte, daß ich trotz allem untadelhaften Mönchsleben vor Gott
ein Sünder sei mit unruhigstem Gewissen, und daß ich nicht darauf vertrauen
könnte, ihn durch mein genugtuendes Werk zu versöhnen. Und also liebte
ich nicht diesen gerechten und die Sünde strafenden Gott, vielmehr, ich haßte
ihn. Mit stummem und, wenn schon nicht blasphemischem, so doch sicher
ungeheurem Murren entsetzte ich mich über Gott: ob es denn noch nicht
genug sei, daß die armen Sünder und die durch die Erbsünde ewig Verdammten mit jeder Art Unglück durch das Zehn-Gebote-Gesetz bedrückt
seien, wenn auch Gott noch durch die Frohbotschaft dem Schmerz neuen
Schmerz hinzufüge und uns auch noch durch das Evangelium seine Gerechtigkeit und seinen Zorn auflade?! — So raste ich mit wildem und verstörtem
Gewissen. Aber ich pochte doch in meiner Not weiter an jener Stelle bei
Paulus an, in heißer Begierde zu wissen wünschend, was doch Sankt Paulus
meine.

Bis ich, grübelnd die Tage und Nächte, durch Gottes Barmherzigkeit auf
den Zusammenhang jener Stelle achtete, nämlich: „Die Gerechtigkeit Gottes
wird in ihm enthüllt wie geschrieben steht: Der Gerechte lebt
aus Glauben". Da fing ich an, die „Gerechtigkeit Gottes" zu verstehen

als eine solche, durch welche der Gerechte durch Gottes Geschenk (als Gerechter) lebt, nämlich aus dem Glauben. Und ich verstand, dies sei der Sinn: es werde durch das Evangelium die passive Gerechtigkeit Gottes enthüllt, durch welche der barmherzige Gott uns rechtfertigt durch den Glauben, wie geschrieben steht: Der Gerechte lebt aus Glauben.

Da fühlte ich mich wahrhaftig wie neu geboren und wie durch offene Pforten in den höchsten Himmel eingegangen. Und sofort erschien mir das Gesicht der ganzen Schrift als neu.

Ich durchlief die Schrift, wie ich sie im Gedächtnis hatte, und stellte Ähnliches bei andern Vokabeln fest, wie: „Werk Gottes" (d. h. das Gott in uns wirkt), „Kraft Gottes" (durch die er uns stark macht), „Weisheit Gottes" (durch die er uns weise macht), „Stärke Gottes, Heil Gottes, Ehre Gottes".

Und siehe da: so stark ich vordem das Wort „Gerechtigkeit Gottes" gehaßt hatte, mit so großer Liebe hob ich das mir nun übersüße Wort empor. So wurde mir jene Paulusstelle wahrhaft zur Pforte des Paradieses.'

Was der alte Luther hier 1545 rückblickend mit solcher Kraft der Zusammenfassung dramatisch aufgipfelt, wird illustriert durch wichtige Erläuterungen, die Luther im Jahre 1514 zum 71. Psalm in seiner ersten Vorlesungsreihe vorträgt. Freilich fehlt uns da Luthers lebendiger und an dieser Stelle bestimmt hinreißender Redefluß, der das mit staunenswerter Fülle und Verschwendung ausgebreitete, mit Leichtigkeit gehandhabte biblische Material ganz mit Leben füllen würde.

Ausgangspunkt und Grundthese zugleich ist der Satz: ‚Das Gericht (Urteil) der Menschen ist in der Schrift das, was dem Gericht (Urteil) Gottes konträr ist. Nach seinem (tropologischen) Hauptsinn ist „Gericht (Urteil) Gottes" dasjenige, wodurch er verdammt, was immer wir aus uns haben, den ganzen alten Menschen mit seinen Akten'; und Luther fügt eigens hinzu: ‚auch unsere Gerechtigkeiten' (Jes. 64, 6). Denn nur der ist gerecht, der sich für verwerflich und der Verdammung wert hält. Denn wer gestorben ist, ist gerechtfertigt (Röm. 6, 7). Dies ist der Sinn von „Gericht Gottes", wie auch von „Gerechtigkeit Gottes" oder „Kraft Gottes" oder „Weisheit Gottes", nämlich, wodurch wir zu Weisen, Starken, Gerechten und Demütigen oder zu Gerichteten werden …'

‚Überaus süß sind gewisse Bitten (orationes) in den Psalmen wie diese: „Richte mich (Ps. 42, 1), Herr, richte die Erde (Ps. 81, 8)! Er wird richten den Erdkreis (Ps. 95, 13)!" Denn dann ist immer „Gericht" gemeint in dieser Bedeutung: richte mich, Herr, d. h. gib mir wahre Demut und meines Fleisches Abtötung, meines Ich Verdammung, damit ich so durch Dich gerettet werde im Geist … Wenn sie aber prophetisch gemeint sind, sind es furchtbare und des Schreckens volle Worte, vom letzten Gericht gesprochen.'

‚Aber es ist doch zum verwundern, wie die Gnade oder das Gesetz der Gnade (was dasselbe ist, nämlich das Evangelium) zugleich Gericht und Gerechtigkeit sein soll. Das hat seinen Grund zweifellos darin, weil es den ihm Glaubenden richtet und rechtfertigt. In diesem Sinne ist jedes Wort Gottes Gericht.'

‚Und wieder richtet er in dreifachem Sinn: Er verdammt die Werke des Fleisches und der Welt. Er zeigt, daß, was in uns von der Welt ist, von Gott verworfen und verdammenswert ist. Und deshalb, wer ihm im Glauben anhängt, wird mit Notwendigkeit sich verwerflich und ein Nichts und der Verdammung wert. ... Deswegen sind Kasteiung und Kreuzigung des Fleisches und Verwerfung aller Dinge der Welt Gerichte Gottes: Gerichte, die er durch sein Gericht, d. h. durch das Evangelium und seine Gnade, in den Seinen wirkt. Und so ersteht die Gerechtigkeit. Denn wer sich als Ungerechtfertigter erachtet ..., dem gibt Gott seine Gnade ...; deswegen heißt das Evangelium Gericht Gottes, weil es entgegen ist dem Gericht der Menschen; es verurteilt, was die Menschen bejahen, und bejaht, was die Menschen verdammen. Und dieses Gericht ist uns im Kreuze Christi vorgestellt. Nämlich: wie er gestorben ist und der Auswurf des Volkes wurde, so müssen wir gleiches Gericht mit ihm tragen, geistlich gekreuzigt werden und sterben wie der Apostel es Röm. 6, 4f. und 8, 10f. dartut. ...'

‚Wer also den Paulus und die andern heiligen Schriften tief verstehen will, der muß diese Ausdrücke in dem dargelegten tropologischen Sinne nehmen: „Wahrheit, Weisheit, Kraft, Heil, GERECHTIGKEIT", nämlich so, daß Gott uns durch sie stark macht, rettet, zu GERECHTEN und Weisen macht. ...' —

Man darf mit Sicherheit schließen, daß sich Luther hier in einem Bezirk bewegt, in dem er am öftesten und ausdauerndsten gegraben hat. Es ergibt sich zweifellos, daß ‚Gerechtigkeit Gottes' für ihn einer der großen theologischen Mittelpunkte geworden ist, um den sein religiöses Interesse kreist. Gleichsam unmittelbar fassen wir seine Ehrfurcht, da er schließlich die beiden Hauptworte ganz in großen Buchstaben hinsetzt.

Davon freilich, daß diese Psalmenvorlesung der unmittelbare Niederschlag jenes ‚Turmerlebnisses' gewesen sein soll, das Luther uns 1545 gezeichnet hat, kann keine Rede sein. Wohl spüren wir deutlich das von ihm selbst lebendig empfundene stetige und substanzvolle Voranschreiten des jungen Dozenten. Aber nichts klingt nach einer unmittelbar vorangegangenen neuen Entdeckung in dieser vielmehr streng nach dem scholastischen Schema des mehrfachen Schriftsinnes verteilten und mit sonstigen schulmäßigen Distinktionen durchsetzten Ausführung. Nirgends eine Spur eines bis vor kurzem gequält, ja verzweifelt Suchenden! Auch keine Rede von einem Gebet, mit dem Luther erschüttert diesen Entdeckungserguß beschlossen hätte! Das, was Luther hier ausspricht, muß er sich schon länger erarbeitet haben. Und — das zeigt der vielfältig gefüllte Wortlaut deutlich —, weder damals noch zum Zeitpunkt dieser Niederschrift hat es entfernt jene abschließende Bedeutung der reformatorischen Wendung, von der Luther 1545 als Abkehr von der Meinung ‚aller Doktoren‘ redet.

Die ganz ungewöhnliche Eindringlichkeit des großen Rückblicks von 1545 macht es indes unmöglich, anzunehmen, es entspreche nichts Wesentliches des reformatorischen Umschwungs der dort gegebenen Darstellung. Dieses Wesentliche muß erstens, der ganzen Art Luthers entsprechend, von dem begrifflich klar distinguierenden Denken ab und zu einer lebendigen Erlebnisart hin liegen; zweitens sich trotzdem am Gedanklich-Theologischen, nicht in einem rein religiösen Empfangen vollziehen. Beides trifft zu auf die Beschreibung eines innern Umschwungs, die Luther, rückblickend auf die Wittenberger Klosterzeit (sicher vor der Übernahme der Exegese-Professur), 1518 an Staupitz richtet (= das Vorwort zu den Erklärungen der Ablaßthesen). Der hier beschriebene Umschwung soll sich vollzogen haben am theologischen Begriff der ‚paenitentia‘ = Buße, und Luther macht in einem lebensvollen Vorgang für sich die befreiende Entdeckung, daß er als metanoia = Sinnesänderung zu fassen sei. Bis in kleinste Details des seelischen Rhythmus klingt die Beschreibung mit dem Rückblick von 1545 zusammen. Aber dieser Bericht liegt der wirklichen Entwicklung um 28 Jahre näher!

13. Es stimmt nicht, daß Luther mit der Deutung der Gerechtigkeit Gottes als der uns gerechtmachenden Gnade etwas entdeckt hätte, was man bis dahin nicht gewußt hätte. Seine diesbezügliche Behauptung in der Vorrede von 1545 ist falsch. Alle Exegeten des Mittelalters hatten diese Deutung vorgetragen. Luther muß das auch gelesen haben, wenn er sich nur irgendwie um die Erklärung der Römerbriefstelle, die ihn doch so sehr beunruhigte, bemühte. Aber es war nicht in ihn eingegangen. Eine anders geartete religiös-geistige Struktur verhinderte ihn zunächst einfach, von der Vorstellung der strafenden Gerechtigkeit loszukommen. Er entdeckte die heilende Gerechtigkeit Gottes also neu. Neu für sich.

Aber seine Entdeckung ist mehr; sonst wäre sie ja — katholisch! Sie ist neu im viel weiter greifendem Sinne des Reformatorisch-Häretischen. Denn Luther verstand die ihm neue Deutung nicht wie die mittelalterlichen katholischen Exegeten aus einer katholischen Gesamthaltung heraus, sondern sie schloß in seiner Auffassung ein die Vernichtung der Willenskräfte des Menschen und die Statuierung des Menschen als Nur-Sünde.

Luthers passive Gerechtigkeit Gottes ist das Evangelium. Das Evangelium ist also nicht Verkündigung des Zornes Gottes, sondern der erbarmenden Barmherzigkeit. Das Turmerlebnis legt den Grund für Luthers Trosttheologie und für jene scharf betonte Gegenüberstellung von Evangelium und Gesetz, wie wir sie als für Luther charakteristisch kennen. — Luthers Trosttheologie hat aber nichts zu tun mit einer oberflächlichen Heilssicherheit, die der Glaube ein für allemal bieten würde. Es ist zuzugeben, daß Luthers Terminologie unklar ist und eine gefährliche quietistische Sicherheitsdeutung zuläßt. Aber dem eigentlichen Sinn Luthers entspricht das nicht. Seine Heilsgewißheit ist und bleibt gebunden an die Heilsunsicherheit. Sein Programm steckt in der ersten Ablaßthese: das g a n z e Leben des Christen muß Umkehr sein. ‚Wenn du zur Beichte gehst, darfst du nicht glauben, du könntest eine Last abschütteln, um ruhig weiter zu leben.‘ Das heißt: Luthers Trost- und Kreuztheologie sind nicht voneinander zu trennen. Die Epigonen erst haben sie auseinandergerissen oder vielmehr die profunde Kreuztheologie unterschlagen; sie haben dadurch Luthers Erbe für die Evangelischen kraftlos und seine Widerlegung für uns Katholiken zu einer Schülerübung gemacht. Im echten Luther — der freilich nicht ohne schwere Schwankungen ist — leben sie innigst verbunden. Und nur beides zusammen ergibt auch den vollen Sinn seiner Ansichten über die ‚Gerechtigkeit Gottes‘. Die ganze Schrift hat nur e i n e n Inhalt: Christus den Gekreuzigten, Gottes Sohn, der am Kreuz von Gott selbst verlassen, die Qualen der Hölle für uns erduldete und so uns erlöste. Aber diese schauerliche Tat der Kreuzigung Gottes offenbart uns also nicht nur die Erbarmung Gottes, sondern auch, daß dieser Erbarmungswille nötig war, daß also Gottes Zorn über uns allen war und ist, wir aber durch seine Gerechtigkeit, die im Evangelium enthüllt wird, nämlich Christus, davon befreit werden. So vereint sich für Luther Röm. 1, 17 mit 1, 18.

Luther entwickelt in diesen Gedanken zeit seines Lebens eine ungewöhnliche Kraft. Aber man sollte sie nicht dadurch verdächtig machen, daß man behauptet, ‚alle ehrfürchtigen mittelalterlichen Seelen hätten ein natürliches Widerstreben gegen die schauerliche Vorstellung von einem Gott am Schandpfahl gehabt‘. Das ist vor den Gestalten eines Bernhard von Clairvaux, Franz von Assisi, Bonaventura, Thomas, Seuse und der Fülle der Passionsdarstellungen einfach grotesk. —

Für sich allein genommen hat die Wendung von der ‚aktiven‘ zur ‚passiven‘ Gerechtigkeit nichts zu tun mit Subjektivismus. Gerade die erste Psalmenvorlesung, die bereits zum Teil mit der neuen Auffassung operiert, bietet eine richtige Gegeninstanz: Luther empfindet nicht nur mehr, er s c h a u t ; er schaut Jesus Christus wie einen Mann vor sich. Und doch kann man nicht übersehen, in welch grandioser Weise das Subjekt Mensch hier, wenn auch als Empfänger, in den Mittelpunkt des Heilsgeschehens gerückt wird. Die Erlösungsmitteilung an den Menschen ist in einer wunderbaren Fülle zum ganzen Sinn des neutestamentlichen Offenbarungstextes gemacht: die große Synthese Gott-Mensch des Neuen Testamentes! Aber diese Wendung wird von Luther vollzogen, dem Einseitigen und Subjektivistischen! Und sofort verliert auch die Synthese zu Gunsten der Einseitigkeit und des Subjektivismus: durch die Ausdehnung, die Luther dem Begriff des Sündhaften gibt und durch das Bekenntnis zur freien Vorherbestimmung auch zur Hölle.

14. Das wesentlich Erlebnismäßige der Lutherschen Theologie, wie es sich klassisch in den verschiedenen Stufen des reformatorischen Durchbruchs darstellt, hat darin eine entscheidende Ergänzung, daß es sich an theologischen Begriffen darstellt. Für den Klosterkampf trifft das unbedingt zu, für die Ausgestaltung mit gewissen Vorbehalten. Dem widerspricht nicht, daß Luthers Theologie, auch schon in der ersten Psalmen-Vorlesung und in der Römerbrief-Vorlesung, vom Geheimnis des Mensch gewordenen Gottes in Jesus Christus befruchtet ist. Luther bezieht alle Psalmen auf Christus. Wenn es in einem fruchtbaren Sinne richtig ist, daß die Theologie der beiden Vorlesungen in der Auseinanderfaltung der Rechtfertigung an den Begriffen der ,Gerechtigkeit Gottes' usw. als eigentliches Thema die Christologie voraussetzt (E. Seeberg), so sind einmal jene Begriffe doch nicht minder das Objekt, mit dem Luther ringt. Das, was in der Psalmen-Vorlesung an Grundlegendem über die Sinngebung des Lebens wie des Glaubens aus Christus und der Erniedrigung des Göttlichen in seiner Menschwerdung und seiner Kreuzigung abgelesen wird, ist nicht das erste Stadium des werdenden Luther. Dieses Stadium liegt vorher, und es kreist unübersehbar um den Rechtfertigungsakt des sündigen und skrupulös-erregten Menschen Luther. Zum andern sind jene Begriffe nicht vom historischen, viel bunteren, viel weniger gespannten Jesusbild der Synoptiker abgezogen. Der Christus, der im Mittelpunkt der Theologie Luthers steht, ist der auferstandene und erhöhte Herr des Paulus, der geopfert wurde. Die Sprache ist deshalb auch in dieser Frühzeit bei aller Eindringlichkeit nicht von jener konkreten Bildhaftigkeit, die Luther seit etwa 1520 so meisterhaft prägt und später ausdrücklich für sich in Anspruch genommen hat.

15. Das ,Turmerlebnis' ist in seiner ersten Form spätestens 1512 anzusetzen. Aber die hiermit schon erreichte Wendung braucht lange bis zur vollen Klärung.

Eine erste Vollendung im Sinne des Reformatorischen, des Nicht-mehr-Katholischen bringt die große Römerbrief-Vorlesung 1515/1516. Der schon zitierte Einleitungssatz zu den Scholien dieser Erklärung nennt in ungehemmter Kühnheit und echtlutherischer paradoxer Formulierung das gesamte Thema: ‚Paulus lehrt im Römerbrief die Wirklichkeit der Sünde in uns und Christi alleinige Gerechtigkeit'.

Worin besteht nach Luther das eigentliche Wesen der Sünde? In dem Versuch, irgendwie, gleichviel wo und in welchem Ausmaß, Menschliches im Heilsprozeß zur Geltung zu bringen. Die lasterhafte Begierde ist davon bereits eine nähere Ausdeutung, die nicht mehr das Wesentliche allein trifft und dies nicht wesentlich steigert. Dies hat Luther bereits früh in quietistischer Weise behauptet: Es ist unbillig gegen Gott, wenn einer die Gerechtigkeit Christi will und sucht. Die g a n z e menschliche Natur ist durch die Sünde der Ureltern gottwidrig geworden. Sie kann nur sündigen. (Schon bald [1518 auf der Heidelberger Disputation] wird er den Gedanken in voller Schärfe ausmünzen: ‚Es läßt sich beweisen, daß die Menschenwerke, wie gut sie auch immer sein oder scheinen mögen, doch T o d sünden sind … Die Werke der Gerechten sind Sünde; um so mehr die der Nichtgerechten. Des Menschen Werke sind Gesetzeswerk; nach Gal. Kap. 3 sind sie verflucht. Die Verfluchung gilt nicht läßlichen Sünden, also sind des Menschen Taten Todsünde.' Oder: ‚Gottes Werke, die durch den Menschen geschehen, sind nicht in dem Sinne Verdienst, daß sie nicht zugleich auch Sünde wären'.) —

Vor allem vertritt der Römerbriefkommentar die Annahme der unbedingten Prädestination. ‚Gott gibt nur denen die Gnade, denen er Gnade geben w i l l. Er will sie nicht allen geben, sondern er behält sich eine Auswahl aus ihrer Mitte vor.' Wenn Gott straft, dann nicht in gleicher Weise, auch wenn die gleiche Sünde vorliegt.

Luther hat sich schwankend über das Geheimnis der Prädestination ausgesprochen. Er meint im Römerbrief-Kommentar, sie sei nicht gar so voll Untiefen, wie man annehme, sondern den Erwählten überaus süß; bitter freilich und hart sei sie aller Fleischesweisheit. Er bietet den Schwachen Christi Wunden zum Trost, nur von den Starken verlangt er, daß sie sich mit der Bestimmung zur Hölle abfinden, wie denn auch Gott diese Last, diese ‚Anfechtung', nur wenigen starken Christen auferlege. Aber in derselben Vorlesungsreihe mahnt und warnt er auch ernst: er würde diese Materie nicht behandeln, wenn nicht die Notwendigkeit der Vorlesungsordnung ihn dazu zwänge. Denn dies sei kräftigster Wein und härteste Speise.

Jedenfalls wagt sich Luther in ungeheure Tiefen vor. Seine Ausführungen sind von einer großen Demut vor der fernen Majestät Gottes getragen, ohne dessen Willen nichts sein kann, auch nicht die Hölle. Und dessen Wille alles trägt, also auch die böse Tat. Luther sagt dann einfach: Gott will das Böse, sonst wäre es nicht, aber er liebt nicht das Böse. —

Das ist leider nur ein Zerbrechen der eigentlichen Schwierigkeit, nicht aber ihre Lösung. Wie kann Gottes Gerechtigkeit gerettet werden, wenn der Mensch in gar keiner Weise, in gar keinem Grade irgendwie an der Entscheidung für oder gegen Gott beteiligt ist? Hier ist der Punkt, wo Luther mit seiner Verwerfung des Theologisierens hätte Ernst machen müssen. Wenn er die freie Bestimmung des Menschen zum Himmel oder zur Hölle einfach bekennt, so bleibt dieses Bekenntnis im Zusammenhang seiner profunden Darlegungen über Kap. 9 des Römerbriefes von einer seltenen Eindringlichkeit. Aber wenn er dieses Bekenntnis beweisen will und Widersprüche aufstellt, widerlegt er sich selbst. Und es genügt uns durchaus nicht die schon zitierte Vertröstung: ‚Wie solche Gegensätze sich vertragen, und nach welchem Urteil sie zu Recht bestehen, das, sage ich, werden wir im zukünftigen Leben sehen. Hier aber heißt es, glaubend darauf pochen, daß dies gerecht sei — denn der Glaube richtet sich auf das Unbegreifliche'. Luther vergißt nämlich — um die Vernunft beiseite zu lassen und auf Luthers eigener Basis zu bleiben — die Evangelien, wo die Mitarbeit und die Belohnung des Knechtes so selbstverständlich ausgesprochen wird.

Das kann uns indes nicht hindern, jene Gedanken und ihre Folgerungen in ihrem Ernst zu vernehmen. Es wäre kleingläubig, nicht anzuerkennen die kühne Großartigkeit und die ungewöhnliche Kraft der Glaubenshaltung. Die hier von Luther verlangte Passivität des Willens, der geforderte vollständige Verzicht auf eigene Einsicht, auf eigenes Wollen, sind nicht damit abgetan, daß man sie als ‚verstiegen' etikettiert. Sie tragen unverkennbar in ihrer zweifellos vorhandenen, ja bis zum Widerspruch geführten Übersteigerung Kraft aus dem Evangelium an sich: ‚Wer sich nicht selbst verleugnet und wer nicht gelernt hat, seine Fragen in den Willen Gottes zu versenken und ihm zu unterwerfen, der wird immer fragen, warum Gott solches will, und niemals wird er eine Antwort finden; und mit Recht. Denn diese törichte Fleischesklugheit stellt sich über Gott und urteilt über seinen Willen wie über etwas Minderwertiges, während sie sich doch selber von ihm richten lassen müßte. Darum entkräftet der Apostel alle ihre Gründe kurz mit einem einzigen Wort: ... O Mensch, wer bist du denn, daß du mit Gott rechten willst? und gibt danach die ausdrückliche Begründung: Hat nicht ein Töpfer Macht über den Ton? Aber Gott will es so, und darum ist es nicht ungerecht; denn alles gehört ihm wie der Lehm dem Töpfer.' —

Die Römerbriefvorlesung kennt noch die Formel: ‚die Gnade schenkt neues Sein', aber es ist bereits nicht mehr an eine eingegossene Umwandlung gedacht, sondern an ein neues persönlich-rechtliches Verhältnis des Sünder bleibenden Menschen zu Gott; dessen Gnade ist nichts anderes als seine Barmherzigkeit, also das barmherzige Annehmen des Sünders.

Im übrigen ist diese Vorlesung (die bereits als Ausdruck von Luthers Amts-

pflicht und Amtsrecht als Professor der Theologie scharfe Kritik an kirchlichen Mißständen vorträgt) gekennzeichnet durch stärkste Unabhängigkeit
gegenüber dem Kirchlich-Klerikalen, mehr natürlich noch gegenüber dem
Pfäffischen. Es ist nicht unwichtig, daß sich umgekehrt eine gewisse Vorliebe
für die weltlichen Gewalten äußert.

16. Den letzten, klar abgrenzbaren Schritt der ,innertheologischen' Entwicklung vor der offiziellen Auseinandersetzung mit der Kirche tut Luther durch
die Erringung der ,Heilsgewißheit'. Was bedeutet sie? Wie kann sie mit der
Prädestination bestehen? Und wie kann sie anderseits dem Quietismus entgehen?

Die Heilsgewißheit bildet schon den Kern der Erkenntnis: ,aus dem Glauben allein'. So wie diese Formel antinomistisch, so ist diejenige von der
persönlichen Heilsgewißheit vom weitaus größten Teil der Anhänger Luthers
moralistisch mißdeutet und verflacht worden. Nicht ohne Luthers Schuld
(nämlich als Folge des inneren Widerspruchs seiner Paradoxien), aber doch
im Widerspruch zur gewaltigen Forderung, die er mit ihr stellen wollte.
Genau so wenig wie das ,allein aus Glauben' einem moralisch schlechten Leben
Vorschub leisten sollte, sollte auch die Heilsgewißheit die religiöse Anstrengung
des Christen lähmen. Luther hat später Agricola vorgehalten, was für viele
Lutheraner gemünzt war: durch Ausschaltung des Gesetzes mache er die neue
Lehre zu einer Predigt fleischlicher S i c h e r h e i t. Heilsgewißheit ist für Luther
keine Geruhsamkeit. Denn die Anfechtungen hören nicht auf, das Leben
lang — oder man trägt das sichere Zeichen der Verwerfung.

Wir sprachen schon davon: Luthers Lehre von der Heilsgewißheit ist ein
Gipfel seines paradoxalen Denkens. Das Ja und das Nein stehen darin in
letzter Härte nicht nur zusammen, sondern gegenseitig ist das eine die
alleinige Garantie für das andere. Wenn irgendwo, erreicht Luthers Lehre
hier das ,credo quia absurdum'. Denn Luther verlangt nicht etwa nur irgend
eine schwache Heilsgewißheit, er verlangt, daß sie ohne jedes Wanken sei.
Aber ebenso ist jede Sicherheit, daß einer nicht mehr von der Hölle bedroht
sei, teuflischste Versuchung. Es ist das Hauptziel des Antichrists — für Luther
der zentrale Träger aller Gottesgegnerschaft —, dem Menschen das Gefühl
fertiger Sicherheit zu geben. ,Dies ist nach dem Urteil und der Erfahrung
aller Frommen die größte Versuchung, keinerlei Versuchung zu erleiden'
(Psalmen-Vorlesung 1512/13). ,Wenn du also nach einem Zeichen der Gnade
suchst, und ob Christus in dir sei, siehe, es wird dir kein Zeichen gegeben
außer demjenigen des Propheten Jonas. Wenn du also drei Tage in der Hölle
warst: das ist ein Zeichen, daß Christus mit dir und du mit Christus bist ...
Wer aber sicher' ist, der ist nicht im geringsten gesichert' (ebd.). ,Wenn wir

auch fest überzeugt sind, daß wir uns gläubig an Christus hingeben, so sind
wir doch nicht gewiß, ob wir an jedes seiner Worte glauben. Und so bleibt
auch diese gläubige Hingebung ungewiß.' (Römerbrief-Vorlesung 1515/16).

Luther ist diesen Ansichten treu geblieben (wenn sie auch praktisch zu Gunsten einer handfesteren Leitung des Volkes und seiner Prediger zurücktraten).
Zu Beginn seines zweiten großen Kampfes (gegen die S c h w ä r m e r) stellt
er am Anfechtungsgedanken das Fehlen ihrer Berufung fest: ‚Damit du
ihren Geist erforschest, frage sie, ob sie erfahren haben die Angst des Herzens
und die göttliche Wiedergeburt, welche durch Tod und Hölle schreitet. Das
Kreuz ist die einzige Bewährung und der zuverlässige Prüfstein' (1522).

Die Heilsgewißheit hängt also unmittelbar zusammen mit der Heilsungewißheit. Hierzu gibt es nun in Luther einen großen, täglichen Widerspruch. Das ist sein maßloses Pochen auf die alleinige Wahrheit s e i n e s Verständnisses der Schrift. Denn hieran hängt nach seiner Lehre Tod oder Leben,
also wieder Rechtfertigung oder Verdammung. Und so kehrt auch von hier
der Widerspruch auf Umwegen in die eben gelöste Frage wieder zurück.

17. Zwischen diesen großen Klärungen liegt weiteres, ruhigeres Wachsen
des Theologen Luther. Er ist in diesen Jahren geistig ununterbrochen und
sehr stark ‚auf dem Weg'. Von vielen Seiten nimmt er befruchtende Elemente
in sich auf. Auch wenn er sie abstößt oder einseitig lutherisch deutet. Man
spürt das etwa deutlich am Überschwang der Begrüßung, die er an die ‚Theologia Deutsch', einen von ihm wieder entdeckten deutsch-mystischen Traktat
des 15. Jahrhunderts, wendet. Das, was er von Anfang an bei den scholastischen Wortklaubern, die sich um unwesentliche Dinge bemühen, vermißt
habe, findet er hier: religiöse Theologie, die unzünftig, ohne philosophischen
Apparat unmittelbar das Herz anspricht. Und sie ist obendrein noch deutsch
geschrieben, mehr wert als alle lateinischen Theologen! —

Eben dieses Unphilosophische ist es auch, das ihn neben anderem so eng mit
der Bibel zusammengeführt hat (oben S. 160 u. 167). Die Entwicklung Luthers
vom Katholischen zur reformatorischen Grundüberzeugung ist nicht zu denken
ohne sein besonderes Verhältnis zur Heiligen Schrift. Als er später (1518) dem
Freunde Spalatin den Zugang zur Bibel eröffnen will, da macht er ihn zunächst
darauf aufmerksam, daß hier etwas ‚ganz anderes' sei. Das könne man also
nicht erkennen mit den gewöhnlichen Mitteln, den philosophischen Kategorien.
Vielmehr gerade deshalb kämen die Dialektiker nicht dazu, den Sinn eines
einzigen Kapitels zu erfassen, weil sie dem Aristoteles und dem Porphyrius
verhaftet seien.

Luther hat sich durch diese Fehleinstellung durchgebissen. Eine allzu ‚scho-
lastizistische' Begriffsturnerei hatte den Reichtum, die Fülle, die Differenziert-

heit, das Lebendige der evangelischen Verkündung unfruchtbar gemacht. Diese
disputierenden Magister konnten das Wort ‚Gnade‘ bei Paulus nicht lesen,
ohne ihm sofort eine genaue Definition überzustülpen. Luther seufzt 1510/11:
‚Wir könnten vieles leicht begreifen, was jetzt unmöglich zu wissen ist, wenn
uns die Philosophie nicht so viele Begriffsungeheuer geboren hätte.‘ Diese
schiebt er zurück und versucht, die Bibel wieder ganz naiv zu lesen, das
lebendige Kolorit, den noch frischen Tonfall wieder zu erfassen. ‚Man muß
die Bibel lesen, wie wenn sie gestern geschrieben wäre‘, wird er
später (1521: Dolmetsch) sagen. Man muß sie erleben. Das erreicht Luther.
Er gewinnt ein ungewöhnliches Verhältnis zu ihr. Er kennt und weiß sie ganz.
Das gibt ihm für seinen theologischen Aufbau und in der Polemik jenes
staunenswerte Gefühl des Zuhause- und des Überlegenseins. So wie er die
Bibel faßt, antwortete etwas in ihr mit unbedingter Sicherheit auf seine
Nöte. Nicht im Sinne einer immer klaren und gleichbleibenden inhaltlichen
Deutung. Aber als Kraft ungewöhnlicher Autorität. Luther hat dafür den
Ausdruck ‚das Wort‘ neu geprägt und mit einer großen Majestät ausgestattet.
‚Das Wort‘ ist die große Macht und Kraft, das Leben zu deuten und zu
lenken nach Gottes Willen. Luther gesteht, daß seine sehr schweren Ver-
suchungen vor einem guten Schriftwort ohne weiteres zerstoben, Versuchungen,
von denen er seiner Art gemäß behauptet, daß er sie ohne solchen Schutz des
Wortes nicht eine kleine Weile hätte ertragen, geschweige denn besiegen
können.

Über die eigentliche Rolle der Bibel in Luthers Christentum ist wenig gesagt,
wenn Luthers falsche Behauptung zurückgewiesen wird, man habe im Papsttum die Bibel kaum gelesen. Darauf kommt es vielmehr an, wie man sie las.
Man las sie aber zweifellos katholisch, also durch das System hindurch. Nur,
daß dieses längst nicht immer dargestellt war in einer großen, mit Glauben,
Beten, Heiligkeit und Offenbarungsreichtum gefüllten Theologie, sondern vielfach durch ein dürres oder phantastisch verwirrendes Sätzesystem. Wie jahraus
jahrein die Priester und teilweise das Volk an den Sonntagen nur einen immer
gleichbleibenden kleinen Ausschnitt aus einem Kapitel der Schrift lasen oder
hörten, so lebte das Studium der Bibel in den Universitäten trotz der gepflegten kursorischen Lektüre weithin von diesem fragmentarischen Geist.
Luthers verhängnisvolle Großtat war es, wieder der unendlich differenzierten
Welt der biblischen Ausdrücke und Bilder, der biblischen Eigenart in ihrer
Verschiedenheit des Lokalkolorits und der Schriftsteller nahezukommen; die
Fülle der biblischen Offenbarung wieder unmittelbar zu lesen, wie wenn es
ein Schulsystem der Dogmatik nicht gäbe, und diese Lektüre dann noch zu
einer lebenslang dauernden, mit Inbrunst betriebenen Aufgabe zu machen:
das war Luthers ‚Entdeckung‘ der Bibel. Verhängnisvoll, weil Luther diese

an sich eminent katholische Tat von der Kirche trennte, weil er das verpflichtende lebendige Lehramt ausschied. Für niemanden war dieses lebendige und
fruchtbare und persönlichste Eindringen gefährlicher als für Luther, den ‚einseitigen‘. Die seelische Eigenschaft, die er am wenigsten entbehren konnte, war
seine Selbständigkeit. Im Theologischen äußerte sich das in einer ganz ungewöhnlichen Unabhängigkeit von der Tradition. Er isolierte die Bibel. Er
las sie allein, d. h. außerhalb des Organismus, zu dem sie gehört, der Kirche.

Hochwichtig blieb, um es zu wiederholen, daß der Punkt, an dem Luther
mit der Bibel seine Lebensgemeinschaft zuerst schloß, nicht im Neuen Testament lag. Es waren nicht die Berichte der Evangelien, die ihn zuerst packten
und in denen er Licht zur Erleuchtung seiner Seelennächte suchte. Es war der
Psalter, die theologisch-poetische, die e r l e b n i s s c h w e r e Darstellung des
nach Gott und mit Gott Ringenden, mit der Majestät Gottes, die Gerechtigkeit und Gericht ist. Und dann war es die Sünden-, Gnaden- und Erlösungs-
theologie Pauli.

18. Die geschilderte, grundlegende Entwicklung Luthers vor seinem öffentlichen Auftreten wird in vielem stets verschieden gedeutet werden. Aber e i n e n
Punkt gibt es, in dem alle einig sein müßten. Wenn Luthers Ringen im
Kloster überhaupt einen Sinn hat, dann beweist es, daß Luther der Kirche
entwachsen ist, ohne es zu wissen, ohne es zu wollen. In seinem Suchen des
gnädigen Gottes stand er außerhalb der Kirche, ehe er dies wußte. Und
keinerlei vorgefaßtes revolutionäres Programm und nicht unedle Triebe und
Begierden haben ihn den Bruch mit der Kirche wünschen und suchen lassen.

Der unumstößliche Beweis dafür ist Luthers Bewußtsein von seiner Sünden-
haftigkeit, gegen die er sich abmüht.

Freilich: mit diesem Begriff des Sündenbewußtseins und seiner Anwendung
auf Luther geht es wie mit vielen oft gebrauchten und oft gehörten Worten.
Man versteht sie zu schnell und legt sie zu den längst geübten Urteilen. Damit
kommt man aber an Luthers Wirklichkeit nicht heran. Und also kann man
weder ihn noch seine Rolle in der Entwicklung der Kirche verstehen, noch
ihn überwinden. Man muß auch hier die Formel immer wieder mit ihrem
wahren Gehalt füllen. ‚Sündenbewußtsein‘, das ist zwar gelegentlich auch für
Luther jenes etwas wässerige Gefühl einer gewissen Angst, einer gewissen
gefühlsmäßigen innern Regung vor Gott. Aber das ist nicht seine Tiefe. In
seinen Ausführungen über die Rechtfertigung und die Auserwählung und
Christi Gottverlassenheit am Kreuz kommt die Wirklichkeit der Sünde zur
Darstellung: das Ungeheuerliche, das so ohne Maßstab ist, daß es zu seiner
Heilung eben das Wunder verlangt, daß Gott als verfluchter Verbrecher am
Kreuz gehenkt wird. Luther übersteigert falsch den Herrschaftsbereich der

Sünde, indem er nur Sündhaftes am Menschen läßt. Aber welcher Ernst! Auch dann, wenn er den ‚Scheinheiligen‘ in seiner Verabsolutierungssucht so unrecht tut und durch das uneingeschränkte, gehässige und überhebliche Losdonnern gegen sie seinerseits gerade in das Laster der Selbstgerechtigkeit in einem ganz gefährlichen Maße zurückfällt. Ja, welcher Ernst! Luther hat das Ungeheuerliche der Sünde in ihrer zerstörenden Wucht erlebt wie wenige. Das Bewußtsein dieser Realität des Bösen in der Welt wird der Mittelpunkt seihes Denkens. Er hat damit zu Unrecht einen Teil der Stimme Gottes in der Offenbarung wie in der Natur, wozu auch der Mensch gehört, unterschlagen und also eine falsche Lösung gegeben. Aber welche Gewalt! Es ist weder wissenschaftlich gerecht, noch christlich, wenn man ihm dies wegen seiner dogmatisch falschen Haltung nicht ausdrücklich zuerkennt. Er schraubt die Gebote Gottes im Evangelium alle zur vernichtenden Höhe der Vollkommenheitsforderung und treibt damit den Menschen nur zu leicht und in Massen, wenn nicht der Verzweiflung, so doch der Laxheit in die Arme: aber welche Forderung! Wenn Luther hierbei je länger je mehr in einer unchristlichen Gehässigkeit und Verleumdung beharrt gegenüber allem, was nicht seiner Ansicht ist, man ist verpflichtet, an dies zu denken: daß er den Weg zu seiner theologischen Lösung in ebensolcher furchtbaren und furchtlosen Rücksichtslosigkeit gegen sich selbst gegangen ist.

Dies endlich müßten alle begreifen: wenn in Luther eine Fehldeutung der Offenbarung vorliegt, dann nicht aus Laxheit und Mangel an Tiefe, sondern — neben seinem Eigensinn — durchaus aus einer Übersteigerung des Ernstes, des Eifers, der Schwere. Das Unsagbare seines leidensvollen Entwicklungsganges hat ihn zu einer falschen Einseitigkeit getrieben: aber zu einer Einseitigkeit übertriebenen Ernstes und innerer Gewalt, nicht von Leichtfertigkeit. —

Wenn diese Einseitigkeit nun nicht unehrenhaft ist, sie ist verhängnisvoll bis zur Aufhebung ihres Kernes wie jede Einseitigkeit: Luthers eigene spätere Entwicklung deutet dies an. Die Wirkung seiner Lehre in seinen Gemeinden bewies es zum Teil. Die Rückschläge des Protestantismus seit dem 18. Jahrhundert ins Gegenteil des von Luther Gewollten vollendeten den Beweis.

Darf ich es ganz scharf formulieren, welche Methode hier abgelehnt wird: die Meinung jener, die da glauben, daß ein Häretiker nur überwunden werden könnte, wenn er von geringer geistiger und religiöser Tiefe ist. Schlechte Deuter der Geschichte sind das, die glauben, daß für den ungeheuren Schlag, der die Kirche zerreißt, ein oberflächlicher Geist ohne religiöse Tiefe genügt hätte. Es wäre eine schwere Anklage gegen die heilige Kirche, wenn das möglich wäre. Nein, nur die Bloßlegung ihres eigenen innersten Besitzes, dies aber in einseitiger und damit objektiv falscher Darstellung, vermochte ihr solche Wunde zu schlagen.

Zweites Kapitel

Die Anfänge des Lutheranismus

§ *1. Der öffentliche Aufbruch: 1517.*

1. Das Jahr 1517! Die Türken erobern Ägypten. Das 5. Laterankonzil geht zu Ende, eine ganz päpstliche Synode, aber voll von heftigsten Klagen über den schlimmen Zustand der Kirche an Haupt und Gliedern. Am 1. Juli findet auf ihm die große Kardinalskreation statt, die dem obersten Senat der Kirche die Zusammensetzung gibt, in der er der Reformation gegenübertreten wird: die Erhebungen aus persönlichen, verwandtschaftlichen, wirtschaftlichen und politischen Beweggründen wiegen vor, die Kirchen-Fürsten der Renaissance beherrschen das Bild. Daneben stehen einige, noch wenig einflußreiche Vertreter der kommenden katholischen Reform: der Lehrer Karls V., Adrian v. Utrecht, der große Dominikanertheologe Cajetan und Campeggio, der Diplomat. — In diesem Rom wird in diesem Jahre Cochläus, nächst Eck die stärkste katholisch-theologische Kraft im kommenden Abwehrkampf der deutschen Kirche gegen Luther, zum Priester geweiht und beginnt zu schreiben. — Der Kardinal, Staats- und Kirchenreformer Ximenes, der Vorbereiter des kommenden Katholizismus der Gegenreformation in Spanien, stirbt. — Sein Herr, Karl I. von Spanien, meldet bei seinem Großvater Maximilian unzweideutig seine Kandidatur für die römische Königswürde an. — Hutten veröffentlicht Lorenzo Vallas Nachweis, daß die ‚Konstantinische Schenkung‘, eine der Grundlagen mittelalterlich päpstlicher Macht, nicht authentisch ist. — Es erscheint der zweite Teil der Dunkelmännerbriefe, der sowohl das nationale Gefühl stärker anregt, als den Willen zur Revolution beträchtlich steigert. — In Mainz tagt ein Reichstag, der widerhallt von endlosen Klagen über die Mißstände im Reich und die Angst vor einer Erhebung des gemeinen Mannes und der Ritter erkennen läßt. — Der Herzog von Geldern führt einen offenen Raubkrieg durch ganz Holland. — Erasmus erlebt in Löwen (bis etwa 1521) den Höhepunkt seines Ruhmes. 1516 hat er das griechische Neue Testament herausgebracht. ‚Die Geister leben in Erwartung von etwas Großem, und mehr und mehr richten sich die Augen auf Erasmus: er wird der Mann sein!‘ (Huizinga.) Wie Hans Sachs im selben Jahr eine neue Zeit, so kündigt Erasmus im Brief an Leo X. das goldene Zeitalter an.

Aber erst L u t h e r enthüllt das eigentliche Gesicht der Zeit. Er hat im März dieses Jahres 1517 seine Galatervorlesung beendet, im September durch eine Disputation einen heftigen Angriff gegen die Scholastik gerichtet. Am 31. Oktober trifft der Blitz: Martin Luther, 34 Jahre alt, bereits unbedingter Führer der jungen Wittenberger Universität, veröffentlicht dort seine 95 Thesen über die Kraft des Ablasses.

2. Im Jahre 1505 hatte Papst Julius II. († 1513) mit dem Neubau von St. Peter in Rom unter Bramantes Leitung begonnen. Wie es so oft während des Mittelalters im Interesse gemeinnütziger Werke und insbesondere für Kirchenbauten geschehen war, schrieb er 1507 zu Gunsten dieses Neubaues einen ‚Jubiläumsablaß' aus, der später von seinem Nachfolger Leo X. erneuert wurde. Zur Gewinnung dieses Ablasses wurden die üblichen Bedingungen gestellt: die Verrichtung eines guten Werkes, das in diesem Falle, wie oft, in einer Geldspende bestehen sollte. Außerdem wurden den Ablaßpredigern besondere Beichtvollmachten erteilt. Dadurch wurde es den Erwerbern eines Beichtbriefes (gegen Entrichtung einer Summe, die je nach der wirtschaftlichen und sozialen Lage stark gestaffelt war) möglich, überall, wo der Ablaß verkündigt wurde, im Sakrament der Buße auch von Sünden losgesprochen zu werden, die sonst dem Papst vorbehalten wären, also an sich eine Reise nach Rom nötig gemacht hätten. Selbstverständlich war für die Lossprechung dieser Sünden wie aller andern wahre Reue Vorbedingung; sie wurde auch in allen Ausschreiben des Ablasses ausdrücklich verlangt.

Eine gerechte Beurteilung des ganzen Ablaßstreites 1517 und damit eine vernünftige Deutung der bestehenden Schwierigkeiten beruht auf einer den Tatsachen entsprechenden vernünftigen Unterscheidung von Theorie und Praxis; besser gesagt, von reiner Theologie einerseits, der kirchlichen und volkstümlichen Praxis anderseits. Wobei denn zur kirchlichen Praxis jene gröbere Art der Theologie gehört, wie sie in den Formeln, ja im ganzen Stil der Kanzleien der Kurie und der Bischöfe und zum guten Teil auch auf den Predigtstühlen zu Hause war.

Das Neben- und Auseinander dieser beiden Faktoren ist durch das Spätmittelalter hindurch am Vorabend der Reformation zu einem G r u n d z u g der gesamten theologischen Lage geworden. Es ist weniger wichtig, ob die theologische Theorie den Unterschied zwischen Todsünden und läßlichen Sünden richtig darstellte und begründete, als daß durch die kasuistisch-juristische Art der Fragenbehandlung die Vorstellung des Ausrechnens, des Aushandelns gegenüber Gott zu sehr in den Vordergrund gerückt wird, oder auch des genauen Wissens darum, was man im Einzelfall tun dürfe, um noch ohne Sünde zu sein, das andere Mal, um sie los zu werden, oder um den Armen Seelen zu helfen, oder wie viel von den Fegfeuerstrafen man von sich fernhalten könne. Der zentrale Gedanke des unnützen Knechtes, der in der Theologie selbstverständlich weiterlebte (wenn auch im Okhamismus falsch gedeutet), unnütz auch dann, wenn er alles getan hat, trat unbedingt zurück, wenn die Praxis so stark von jenen andern angeführten Kategorien geleitet wurde. — Man kann auch über den Ablaß nicht reden, ohne ihn zu kennen. Viele haben das vergessen. Wenn man über die Auswüchse des Ablaßwesens mit Recht Klage führen will, muß man wissen, wo der Kern aufhört und der Mißwuchs beginnt. Zeitgenössische heftigste Gegner der Auswüchse haben hierin längst das gute Beispiel gegeben: Wimpfeling, Erzbischof Fisher von Rochester, Cochläus, Ulrich Kraft (Professor der Rechte, dann Pfarrer in Ulm 1501—1516), der Dominikaner Petrus von Luxemburg (,Wer Ablaß gewinnen will, muß im Stande des Glaubens und der Liebe sein').

Der Ablaß ist Nachlaß von (zeitlicher) Sünden s t r a f e, nicht und niemals von Sünden s c h u l d. Der Nachlaß vollzieht sich entweder hier oder im Fegfeuer. Er ruht auf der stellvertretenden Genugtuung. Eine seiner wesentlichen Voraussetzungen ist daher die Kirche als mystischer Leib des Herrn mit Christus als Haupt, die Gemeinschaft der Heiligen.

Die Zuwendung des Ablasses an Verstorbene, die besondere Schwierigkeiten bereitet, erfolgte nach der allgemein üblichen theologischen Auffassung zu Beginn des 16. Jahrhunderts nur fürbittweise, nicht durch einen Akt päpstlicher Gerichtsbarkeit. Für die unbedingt sichere Zuwendung traten nur wenige Theologen ein (etwa zwei so verschiedene Köpfe wie Eck und der Dominikaner Johann Faber von Augsburg) und eben die Träger der erwähnten gröberen ,praktischen Theorie' der Kanzleien oder die Ablaßprediger. Merken wir nur, daß auch diese Theorie nicht etwa ohne weiteres als falsch angesprochen werden kann.

Das was überhaupt den Seelen im Fegfeuer nach damaliger Anschauung Hilfe bringen konnte, war nichts anderes als die Vorbedingung, die für jeden Ablaß gestellt war, die Leistung einer guten Tat, also in der Grundhaltung ein Opfer, ein Gebet, das von einem Glied am mystischen Leibe unseres Herrn nach Paulus einem andern Gliede zugute kommen kann; wobei die selbstverständliche Voraussetzung ist, daß die Darstellung dieses mystischen Leibes, also die Kirche, für seine Pflege das vom Herrn bestellte Organ ist; daß also die Kirche die überfließenden Verdienste Christi und der Heiligen im Rahmen ihrer priesterlichen Schlüsselgewalt ihren Gliedern zuwendet. Der Kauf von Ablaßzetteln (nicht von Beichtbriefen!) war in seinem reinen Sinn letzlich ein solches Opfer. Er ist also an sich noch keineswegs ,die äußerste Verdinglichung der Leistung, da der Tote ja durch keine Form der Reue oder des Opfers mehr an dem Vorgang beteiligt ist'. Der apostolische Glaubens-

artikel von der Gemeinschaft der Heiligen durchbricht radikal die Verdinglichung. Und eine Beweisführung wie die eben zitierte müßte, wenn sie konsequent sein will, überhaupt auf diesen Glaubensartikel verzichten.

Einfacher liegt der Fall beim Kauf von Beichtbriefen. Da ein solcher selbstverständlich in keiner Weise die unabdingbare Reue erleichtert oder ersetzt,
ist er nichts als die Gewährung eines Privilegs durch den Papst oder dessen
Stellvertreter, wofür man üblicherweise eine Taxe entrichtet.

Weder Ablaß noch viel weniger Sündenerlaß wurden also von der Kirche
eigentlich zum Kauf angeboten und gegen Bezahlung verteilt.

Die Entrichtung einer dinglichen Leistung für eine geistliche Gnade war an
sich korrekt. Freilich lag darin ein Abgehen von den urchristlichen Gewohnheiten und auch Vorstellungen. Sie war aber keine römische Erfindung. Sie
entsprach vielmehr einer spezifisch keltisch-germanischen Auffassung, wie es
die Entwicklung der abendländisch-mittelalterlichen Bußdisziplin beweist. Sie
war eine Vergröberung des Christlichen, aber nicht seine Verneinung. Die
Gefahr dieser Verneinung tauchte erst auf, als der Ablaß zu einer Minderung
des sittlich-christlichen Ernstes führte. —

Dieser Fall trat ein. Zwei Ursachen vor allem wirkten dabei mit. Einmal:
die Erleichterung der strengen altchristlichen Bußpraxis durch den Ablaß
ließ, wie jede Erleichterung, nach immer größeren Vergünstigungen verlangen.
Die Kurie gab diesem Gesetz voll nach. Dadurch nämlich, und das ist die
zweite Ursache, daß der Ablaß, über die korrekte Entrichtung eines pekuniären
Opfers hinaus in die unselige Entwicklung des kurialen Fiskalismus, also in
eine unchristliche Verweltlichung, hineingezogen wurde. Beide Momente hingen
wiederum eng zusammen mit der spezifisch spätmittelalterlichen Frömmigkeit,
soweit sie sich an Wallfahrten und an Reliquien knüpft. Die unmäßige Vermehrung der Ablässe und ihre fiskalistische Funktion, beides im Zusammenhang mit der gefährlichen Veräußerlichung der spätmittelalterlichen Frömmigkeit, haben den tiefen Gedanken des Ablasses religiös stark entleert und
ihn sogar öfters p r a k t i s c h ins Unchristliche verkehrt.

Hier genüge zunächst einmal e i n Hinweis: als Folge der m a s s e n h a f t e n
Verbreitung des Ablasses beherrschte durchaus der Gedanke der abzubüßenden
Buß s t r a f e das christliche Bewußtsein der Zeit. So korrekt das in die Theorie
eingebaut werden kann, es verschiebt das Schwergewicht stark nach der Peripherie. Die von der Erbauungsliteratur als korrekter Ausdruck der Theologie
gepredigte vollkommene Reue mit der Liebe tritt weit zurück. Leben und
Theorie trennen sich.

Die eigentliche Gefahr wurde Wirklichkeit, als die korrekte, zurückhaltende
Theologie von der vergröbernden Theorie der Kanzleien und der Ablaß-

prediger praktisch verdrängt wurde. Die Auswüchse des Ablasses am Ausgang des Mittelalters sind mit ein Ausfluß des überspitzten, einseitig auf die zeitliche Macht gerichteten Kurialismus. —

Diese Auswüchse hatten in der Tat einen gefährlichen Umfang erreicht. Zwar — dies steht durchaus fest — die Ablaßtheorie der Theologie war korrekt geblieben. Die angegebenen Tendenzen berechtigen in keinem Fall zur Behauptung, in der damaligen katholischen Theologie habe sich so etwas wie ein weiteres, ein Ablaß-Sakrament entwickelt. Diese tiefsinnig gemeinte Auskunft beruht auf massiver Verwechslung.

Niemals auch wurde von der Kirche Nachlaß ohne Reue versprochen. Es gab in der Zeit des abendländischen Schismas zuchtlose Betrüger, die solches versprachen. Sie taten das nicht anders, als wie sie päpstliche Bullen fälschten und gegen Geld verkauften: als Betrüger. Sie taten es in krassem Gegensatz zur kirchlichen Lehre. Daß derartiges nur möglich war im Umkreis des von Skrupeln allzu wenig beschwerten Fiskalismus nach der Art eines Bonifatius IX. und seinesgleichen, ist einleuchtend. Aber alles darüber hinaus früher Kolportierte oder neuerdings Vorgetragene beruht auf Unkenntnis oder Verdrehung, wie man sie für diese und ähnliche Dinge nur in Büchern vom Unterniveau des ‚Pfaffenspiegels', des antichristlichen Handbuches aller Freimaurer und Kommunisten, finden sollte. Nikolaus Paulus behält mit seinen peinlich genauen Nachweisen trotz ihrer kleinscholastischen Art absolut recht. Und das gilt auch für die Ausführungen, die von katholischer Seite im Ablaßstreit 1517 gemacht wurden.

Aber damit ist das Urteil mitnichten fertig. Die eigentliche Bewertung beginnt erst. Denn nicht darum geht es, ob man, abstrakt gesehen, die Worte noch korrekt deuten könne; es fragt sich, welche Bedeutung die Worte praktisch haben und nach welcher Richtung hin sie sich mit dialektischer Notwendigkeit entwickeln. Man kann auch die Theorien von Tetzel als korrekt erweisen. Aber die von ihm vertretene und kirchlich approbierte Praxis war weithin zu einem unterchristlichen Geschehen geworden. Man kann nicht nachweisen, daß seine extreme Ansicht, es könne einer bestimmten Seele der Ablaß mit Bestimmtheit zugewendet werden, der christlichen Lehre auf alle Fälle zuwider und also wesenhaft falsch sei. Aber wenn diese Zuwendung möglich wird auch durch einen Sünder ohne Reue?! Wenn also jemand, der sich im Zustande der Feindschaft Gottes befindet, befähigt sein soll, durch bloße Entrichtung eines Geldstückes in die geheimen jenseitigen Richtersprüche der göttlichen Majestät einzugreifen, dann spürt jedes christliche Empfinden ohne weiteres die Gefahr; es droht die Umkehrung des Christlichen. Die Bagatellisierung der Reue, die in diesem einen Punkte, im Erwerb des Ablasses für Abgestorbene, unverhüllt hervortritt, gab auch der übrigen, theoretisch so korrekt begründbaren Praxis der berufsmäßigen Ablaßvertreiber das Gepräge. Das Ziel für den Auftraggeber solcher Prediger hieß Geschäft. Um es zu erreichen, wurde — durchaus nicht in unehrlicher Absicht! — dem Publikum als lockendes Ziel ein herrlich leichter Weg zur Sicherung des Heiles gezeigt. Die vieldeutige Terminologie, die für die Ablaßmaterie im Gebrauch war, ließ sich dazu besonders gut ausnützen. Sie hatte sich im engen Zusammenhang mit der Tendenz zu immer reichlicherer Gewährung des Ablasses und seiner fiskalischen Ausnutzung seit Bonifaz IX. entwickelt. Der bewußt zurückhaltende Ernst des Kardinals von Cues bei der Verkündigung des Jubiläumsablasses von 1450 hatte nur wenig Schule gemacht. Die gewollte, salbungsvolle Übersteigerung der anzupreisenden Ablaßgnaden hatte sich durchgesetzt. Der vollkommene ‚Ablaß von Strafe u n d S c h u l d‘ war eine durchaus korrekte Sache, da Reue und Beicht vorausgesetzt wurden. Aber wie leicht konnte es scheinen, als sei der Nachlaß der Sünde in den Erwerb des Ablasses eingeschlossen! Besonders dann, wenn die Verkündigung weitaus den größeren Nachdruck auf den Vertrieb des Ablasses, nicht aber auf den Bußernst legte. Oder wenn der Jubiläumsablaß als ‚größte Gnade und Versöhnung des Menschengeschlechtes mit Gott‘ verkündet wurde, so kam für die Wirkung alles darauf an, ob aus christlich ernstem Bußgeist oder aus Mangel an solchem Ernst gepredigt und die Verkündigung aufgenommen wurde. Das Volk war damals so wenig wie heute theologisch gebildet und am wenigsten an Haarspaltereien gewöhnt. Es dachte massiv. Es fiel also leicht der Vergröberung zum Opfer. Die gerade für Deutschland zu Beginn des 16. Jahrhunderts nachweisbaren absolut korrekten Darstellungen der Ablaßlehre für wenig Gebildete vermochten nicht die glanzvollere und lautere Konkurrenz der Ablaßverkündigung mit Glockengeläute, feierlicher Prozession, Kreuzaufrichtung, päpstlichen Bullen und zahllosen übersteigernden Predigten zu bestehen.

3. In ihrer vollen Zersetzungsgewalt zeigen sich die Auswüchse des Ablasses in jenem Handel, der Anlaß wurde zu Luthers erstem öffentlich-reformatorischen Auftreten.

Im Jahre 1513 war der 23jährige Brandenburger Albrecht, der jüngste Bruder des Kurfürsten Joachim, vom Magdeburger Domkapitel zum Erzbischof dieses bedeutenden Sprengels gewählt worden. (Vor Albrecht saß dort und in Mainz ein Sachse auf dem bischöflichen Thron.) Nach alter Überlieferung wurde der gleiche junge Herr vom Stift Halberstadt zu seinem Administrator postuliert. Und endlich 1514 wurde Albrecht noch vom Mainzer Domkapitel zum dortigen Erzbischof und Kurfürsten gewählt; er hatte sich verpflichtet, das Stift auf eigene Kosten zu beschirmen. Wir wissen auch bereits, daß

Mainz eine Verminderung seiner Ausgaben in der Tat nötig hatte. Innerhalb zehn Jahren war der Erzbischofsstuhl zum dritten Male neu zu besetzen gewesen, wobei die Konfirmationsgebühren nach Rom für den erzbischöflichen Stuhl und für das Pallium des Erzbischofs jeweils 14 000 Dukaten betrugen.

Der Bestätigung Albrechts als Erzbischofs von Mainz durch den Papst stand nun das Verlangen des Brandenburgers entgegen, zugleich mit Mainz auch Magdeburg und Halberstadt zu behalten. Das war eine wenigstens für Deutschland unerhörte und vom kanonischen Recht streng verbotene Kumulierung. Jedoch Leo X. war wenig von kirchenrechtlichen Bedenken gehemmt, wenn es um politische und finanzielle Vorteile ging. Unter seiner maßgeblichen Beteiligung wurde den Gesandten des Brandenburgers die Bestätigung der Mainzer Wünsche angeboten gegen eine weitere Zahlung von 10 000 Dukaten. Die Kurie war es außerdem, die den Gesandten diesen Vorschlag annehmbar machte. Sie zeigte einen Weg, wie Albrecht die zu zahlenden Summen ganz oder teilweise wieder hereinbringen könne: man würde dem Mainzer den Vertrieb des Petersablasses (oben S. 194) für seine Sprengel und für die brandenburgischen Länder übertragen, dergestalt, daß nach Abzug der Kosten die eingekommenen Ablaßgelder zur Hälfte St. Peter, zur andern Hälfte dem Erzbischof zukommen sollten. Die Abmachung wurde perfekt. Ein Pakt mit den Fuggern, die dem Erzbischof das Geld — 29 000 rheinische Gulden — vorstreckten und dafür an den eingehenden Ablaßgeldern mitbeteiligt wurden, vollendete diesen schmählichen Handel.

Daß aus ihm der reformatorische Sturm losbrach, ist in höchstem Sinn symbolhaft und Ausdruck historischer Vergeltung. Denn die Zersetzung in der damaligen Kirche hatte einen Hauptgrund im Fiskalismus der Kurie, die ihn gründlich mit Simonie befleckt hatte. Hier bietet die Kurie gegen Geld eine kanonisch verbotene, religiös-seelsorgerlich unverantwortliche Kumulierung einem jungen, wenig geistlichen Menschen in der Hoffnung auf politische Vorteile; sie macht außerdem den Ablaß zum Tauschobjekt in einem Großhandelsgeschäft. Ausführendes Organ dieses Handels zwischen dem Verwalter der durch Christi Blut erworbenen Verdienste und einem weltlichen Kirchenfürsten ist eine Bank: schroffer konnte die Verkehrung sich selbst nicht darstellen. Man darf sich höchstens wundern, daß katholische Theologen noch heute genügend in formalistisches Denken verstrickt sind, um darüber zu diskutieren, ob dieser Handel nach dem strengen Buchstaben des kanonischen Rechtes wirklich Simonie gewesen sei. Es kann nur religiös verwirrend wirken, wenn eine solche Frage überhaupt erhoben wird. Sie vor Jesus Christus stellen, genügt, um aus ihr eine allerschärfste Verurteilung zu machen. —

Durch verschiedene Verzögerungen ergab sich, daß die dergestalt vom

Mainzer Kurfürsten übernommene Ablaßverkündigung erst zu Anfang eben
des Jahres 1517 begann. Der Geldertrag blieb übrigens minimal.

Die Ablaßprediger des Mainzer Kurfürsten arbeiteten auf Grund von
dessen ‚instructio summaria‘.

Diese ‚kurze Anweisung‘ ist eine genaue Illustration zu dem oben über die
Auswüchse des Ablaßwesens Gesagten. Man kann ihre Theorie rechtfertigen.
Man muß ihre Tendenz schärfstens zurückweisen. Denn diese drängt, unter
Verwendung von frommen Formeln, durchaus darauf hin, aus der Ablaßpredigt eine marktschreierische Anpreisung zu machen, bei der die Nebensache, das Geld, schamlos zur Hauptsache gemacht und der Vertrieb von der
pompös feierlichen Eröffnung bis zum billigeren Ausverkauf durchgeführt
wird.

Und Tetzel, der Dominikaner, der Generalsubkommissar des Mainzer Erzbischofs, hielt sich gründlich an den Geist seiner Instruktion. Es steht unzweifelhaft fest, daß er dem Sinn nach lehrte: Sobald das Geld im Kasten
klingt, die Seele aus dem Fegfeuer springt. Freilich steht ebenso fest, daß er nie
Ablaß angepriesen hat, durch den auch zukünftige Sünden schon nachgelassen
sein sollten. Luther hat diese Verleumdung erst 1541 in seinem Pamphlet
‚Wider Hans Worst‘ aufgegriffen.

Tetzel war sehr gut bezahlt. Aber man kann ihm keine groben Vergehen
in seinem Leben nachweisen. Er gehörte nicht zu jener Sorte von Ablaßpredigern, von denen Eck sagt, daß sie ihre Buhlen mit Beicht- und Ablaßzetteln bezahlten. Wohl aber gehörte er zu denen, die Emser anprangert:
daß ihnen Reu und Leid hinter dem Geld zurückgetreten sei. Tatsächlich
betonte er um des Geldgeschäftes willen die Erleichterung des Heilsgeschäftes
in gefährlicher Weise.

1516 hatte Aleander warnend die Lage in Deutschland dahin gekennzeichnet, daß viele, viele nur auf den richtigen Mann warteten, um das Maul
gegen Rom aufzutun. Es ist selbstverständlich, daß der gekennzeichnete Ablaß-
vertrieb, wenn er Luther bekannt wurde, diesen aufs höchste herausfordern
mußte.

Als Tetzel in Jüterbog predigte, erhielt er starken Zulauf durch Leute aus
dem nahen kursächsischen Wittenberg, wo die Gnade — aus politischem und
fiskalischem Gegensatz zu Brandenburg — nicht verkündet werden durfte.
Luther wurde durch seine Beichtkinder mit der Sache befaßt. Er lernte die
‚instructio summaria‘ kennen. Welch ein Gegensatz zu dem ernsten Ringen,
das er einst gegen die Sünde, gegen die Hölle im Kloster ausgehalten hatte
mit dem Aufgebot aller Kräfte, um dem Zorn Gottes zu entgehen, war diese
Welt des leichten Handelns um die ‚unerhörtesten und vollsten Gnaden‘ gegen

Geld! Man muß diese Spannung überdenken, um richtig bewerten zu können, welche Rolle der an sich nicht so wichtige Gegensatz zur Ablaßverkündigung in der Fortentwicklung Luthers bedeutet.

Man kann die Art von Luthers Kämpfen, seine Thesen wie seine Repliken, in den Jahren 1516—1519 in ihrem Eigentlichen nicht verstehen, wenn man sich nicht ganz tief von der Tatsache des gewaltigen Zeugungsvorgangs durchdrungen hält, den Luther in dem vergangenen Jahrzehnt durchgemacht hat. Luther hat sich in Methode und Inhalt unendlich weit von dem Bestehenden entfernt. Er hat, wie man sie auch bewerten mag, eine neue Welt aufgebaut. Sie ist weitestgehend entstanden unter Ausschluß der störenden, irgendwie wichtig eingreifenden Öffentlichkeit. Als er 1517 auf den Ablaß stößt, vielmehr auf eine scholastische Theorie, die in ausgesprochen kurialistisch-säkularistischer Weise vorgetragen und realisiert wird, stößt er auf eine fremde Welt. Er hatte sie theoretisch bekämpft. Aber ihr eigentliches, wirkliches Dasein hatte er nicht gekannt. Seine Ablaßthesen und die anknüpfende Ablehnung durch Eck sind der Beweis dafür: ‚das ist aristotelische Wissenschaft, keine Theologie.‘

Luther reagierte also durch die Abfassung der bekannten 95 lateinisch geschriebenen Thesen ‚über die Kraft der Ablässe‘; er heftete sie nach damaliger Sitte an die Türe der Schloßkapelle und forderte, wie es im Text hieß, die Gelehrten zu einer Disputation über sie auf. Es fügte sich, ohne dramatische Absicht Luthers, daß dies geschah am 31. Oktober, also an der Vigil des Patronatsfestes des Wittenberger Allerheiligenstiftes, in welchem der Kurfürst seine berühmte, mit über 1 Million Jahren Ablaß ausgestattete Reliquiensammlung bewahrte. Luthers Ziel war nicht, die Thesen ins Volk zu bringen, sonst hätte er sie deutsch verfaßt. Das Ziel war aber gleichfalls nicht etwa, nur vorsichtige Fragen zu stellen. Luther ist in diesen Thesen in noch stärkerem Grade beherrscht von der selbstbewußten Stimmung, aus der er im September des gleichen Jahres die Disputationsthesen gegen die Scholastik hatte ausgehen lassen (‚damit man nicht glaubt, ich wolle diese Sätze nur im Winkel flüstern, wenn unsere Universität auch verächtlich ist‘). Höchstens daß sie vielleicht da und dort absichtlich überspitzt und insofern ‚ziemlich dunkel und rätselhaft waren, wie es Sitte ist‘ (so versuchte Luther später im Brief an den Papst sich zu salvieren). —

Aber das scharfe, superlativistische Zuspitzen war ja bei Luther keine Ausnahme, es war die ihm gemäße Form des Denkens und Sprechens. Gewiß, er will noch nicht den Ablaß einfach verurteilen (s. These 71). Noch 1518 (Sermon von Ablaß und Gnade: Zum 14.) wird er den Ablaß einigermaßen gelten lassen: ‚darum soll man nit wider das Ablaß reden, man soll aber auch niemand darzureden.‘ Aber die Thesen waren doch ein wirklicher

Angriff. Und zwar nicht nur gegen die vielberufenen Mißstände der Ablaß-verkündigung. Es geht schon gegen den Kern jener Gewalt, welche den Ablaß verleiht.

Luther wollte das freilich in seiner letzten autobiographischen Skizze von 1545 nicht wahrhaben. Aber er widerspricht sich selbst. In seiner Erinnerung waren früher keineswegs etwa die Vorbehalte der Thesen lebendig geblieben (etwa jene These 71), sondern nur der Eindruck, daß er damit ,den Ablaß zertreten' habe. Am 1. November 1527 wird er das Jubiläum ,mit einem gar köstlichen Trunk' feiern. Wenn es ihm nur darum gegangen wäre, wie er 1545 behauptet, die wahre Meinung des Papstes über den Ablaß gegen die Krämer und Klamanten zu vertreten, dann hätte er schwerlich die persön-lichen Anwürfe gegen den Reichtum des Papstes und etwa die Bemerkung einfließen lassen, warum eigentlich der Papst nicht das ganze Fegfeuer aus-leere. Ohne es zu merken, gesteht Luther das in seinem Rückblick selber zu. Er meint, bis in die Leipziger Disputation 1519 hinein habe ihn die Ehre des Papstes geleitet. Und zugleich sagt er, daß er dem Papst sein göttliches Recht schon damals 1517—1519 nicht mehr zugestanden habe.

Dr. Johannes Eck, der Ingolstädter Theologe, der sofort mit dem öffentlich auftretenden Luther die Arena betritt, sah durchaus richtig, als er den Angriff gegen das Papsttum als die Quintessenz der Ablaßthesen bezeichnete. Mochte vielleicht die Gefahr einer wirtschaftlichen Schädigung die Kurie am unmittel-barsten den Feind in Luther ahnen lassen, sein Angriff ging in deutlich sicht-barer Tendenz auch auf die wesentliche Struktur der sichtbaren Kirche, insbesondere gegen den Papst (Thesen 25 37). Von verschiedenen Seiten her kündigt sich eine einseitige Tendenz zum allgemeinen Priestertum an (The-sen 37 90).

Als innerste Triebfeder der Kritik tritt wieder heraus jene überbetonte Tren-nung des Göttlichen von angeblich rein Menschlichem, die wir als Zentral-konzeption Luthers anzusprechen haben und die wir für den ganzen Fort-gang der Reformation als entscheidend feststellen werden. Hier tritt sie vor allem in der Form auf, daß die Schlüsselgewalt schroff aus der Sphäre des Jenseits hinausgewiesen wird (Thesen 5 6 8 20 21 22 34 38). Die päpstlichen Canones können nur den Lebenden treffen und machen halt vor dem Tod. Nicht der Papst erläßt die Schuld, sondern nur Gott. Der Papst erklärt nur, daß Gott sie nachgelassen hat (Thesen 10 11 13).

Wenn Luther klagt (Thesen 81 ff.), daß die Ablaßkrämer es einem tüch-tigen Theologen so schwer machen, die Autorität des Papstes gegen die spitzigen Bemerkungen der Laien zu verteidigen, so macht das seine Aus-führungen um nichts harmloser. Zu deutlich spürt man Luthers kecke Angriffs-lust. Nur zu gern beruft er sich auf das Aufmucken der Laien. Er wittert die entscheidende von dieser Seite heranrückende Möglichkeit: wenn die rumorenden Einwände der Laien etwa nur durch Macht unterdrückt, nicht aber mit einleuchtenden Gründen gelöst werden, so wird diese Methode Kirche und Papst ihren Feinden und der Lächerlichkeit preisgeben (These 90). Das Machtwort schafft es nicht mehr. Die Revolution der Laien ist im Kommen. Luther wird ihr Prophet.

Tatsächlich zielen die Thesen zutiefst doch — auf das Volk. Luther spricht es eindringlich und unzweideutig aus in seinem Brief an Albrecht von Mainz am 31. Oktober 1517: sein Ziel ist seelsorgerlich. Ihn rührt ‚nicht so sehr der Ablaßprediger groß Geschrei, das ich nicht gehört habe, als die falsche Auffassung, welche das einfältige, arme, grobe Volk daraus schöpft. Sie glauben, wenn sie Ablaßbriefe gekauft haben, s e i e n   s i e   g e w i ß   u n d   s i c h e r   i h r e r   S e l i g k e i t. . . . Der Mensch aber kann durch keines Bischofs Werk seiner Seligkeit versichert werden, da er es nicht einmal durch die eingegossene Gnade Gottes wird; sondern der Apostel verlangt, das Heil zu wirken in Furcht und Zittern. . . . Warum macht man also durch jene falschen Fabeln und Versprechungen von Vergebung das Volk furchtlos und sicher? . . . Denn in jener Anweisung wird behauptet, der Mensch werde durch die Ablaßgnade Gott versöhnt.‘

Das heißt also: die Ablaßthesen sind ein Ausdruck von Luthers Heilsunsicherheitstheorie, also seiner Kreuztheologie (Thesen 1 63 64 68). Sie kommt am klarsten zum Ausdruck in dem mächtigen Auftakt der Thesen: ‚Als unser Herr Jesus Christus sagte, tuet Buße, wollte er, daß unser ganzes Leben Buße sei.¹ Also ist das Christenleben nicht Friede, Friede, sondern Kreuz und wieder Kreuz. Und es ist ein Wandern mit Christus durch Leid, Tod und Hölle. Also vertraut der Christ vielmehr darauf, durch viele Heimsuchungen in den Himmel einzugehen, als durch geruhsame Sicherheit‘ (These 1 mit 92—95). Es ist die ‚heilsame Pein, die man billiger sollt erwählen, dann erlassen‘ (Sermon vom Ablaß 1518). Das Angenehme ist das Verderben, das Beschwerliche das Heil (These 63 f.). Das Angenehme, das sind die wahllos gespendeten und weit über ihren Wert angepriesenen Ablaßgnaden. Dadurch werde der größere Teil des Volkes (praktisch) getäuscht. Und sie lernen ‚die Strafe fürchten statt die Sünde‘.

In summa: das zum Wesen aufgebauschte gefährliche Beiwerk wird unwirsch in seiner geringen Bedeutung zurückgewiesen, dafür sollen wahre Buße, Liebe, Gottes Wort und Gottes Gnade in die Mitte gerückt werden (Thesen 53 55 62). —

---

¹ Das ist lediglich gut katholisch. Thomas von Kempen hatte seine ‚Nachfolge Christi‘ mit diesem Gedanken eröffnet: Wer Christi Worte voll verstehen will, der muß sein ganzes Leben ihm gleich gestalten.

Wir sahen früher, daß Luthers theologische Entwicklung zum reformatorischen Umschwung entscheidend gefördert wurde durch den im Grunde unkatholischen Okhamismus, der in der Kirche Geltung erlangt hatte. Wir stellen jetzt fest, daß auch die Grundlegung des ö f f e n t l i c h e n Reformators entscheidend veranlaßt wurde durch eine ‚unkatholische' Realisierung katholischer Grundsätze: durch die fiskalisierte Ablaßpraxis. Beide Anstöße wirkten dauernd fort. Ihr Resultat war die (Luthers gesamte Lebensarbeit maßgeblich beeinflussende) unselige Verwechslung extremistischer Schulmeinungen und falscher Praxen in der Kirche mit der Kirche selbst und ihrer echten Lehre.

Was wir bisher von den Ablaßthesen hörten, hätte wohl auch innerhalb der Theologie und ihrer Streitigkeiten verbleiben können. Epochemachend wurde es erst dadurch, daß Luther über die Kreise der Theologen hinaustrat, also durch das Echo, das die Nation ihm gab. Das will sagen: die weltgeschichtliche Situation, insbesondere in Deutschland, war so, daß dieser Ruf des Mönches aussprach, was ein Teil der Nation bewußt, ein Großteil dumpf und unbewußt erwartete; daß eine grundstürzende europäische, besonders deutsche Volksbewegung, die nach dem Licht drängte, an diesem Ruf erwachte; kurz, daß das Anliegen des Mönches ohne weiteres, mit jener inneren Berührungsmöglichkeit und Kraft, die den großen historischen Moment ausmachen, das Anliegen großer Schichten des Volkes sowohl war als auch wurde. D a ß die Nation antwortete, machte Luther zum Reformator. In einer beinahe rätselhaften Weise rasen die Thesen durch Deutschland. Und wie ist das äußere Bild der Erregung gleich so viel umfassender und das Interesse so viel unmittelbarer an die Existenz greifend, als in den doch so wichtig genommenen Streitigkeiten des Erasmus mit den Theologen und der gesamten angeblich antiquierten Frömmigkeit! Selbst Luther scheint der unerwartete Lärm etwas Unbehagen bereitet zu haben. Wird er da nicht in eine üble Versuchung hineingeführt? Seine Demut kämpft mit seinem Sendungsbewußtsein: ‚Willst du ein Spiel mit mir anfangen, so tue es für dich allein und bewahre mich davor, daß meine Weisheit nicht hineingerät.'
Daß aber ‚die Nation' in einer schon einigermaßen elementaren Weise auf dieses theologische Dokument antwortete, daran waren nicht Theologie und Dogma schuld. Das bewirkte vielmehr wesentlich der Druck, den die Übersteigerung der ‚päpstlichen Vollgewalt in zeitlichen Dingen' mit allem, was an Beschwerlichem für Deutschland am kurialen Fiskalismus hing, ausübte. Ohne die ‚Gravamina der deutschen Nation' hätte die Nation jenem ersten Ruf Luthers nicht geantwortet, wäre Luther nicht zum Reformator geworden, wäre die Reformation nicht gekommen.

Luther ist an dieser Verbindung nicht unbeteiligt. Seine Ablaßthesen sind nicht nur von einem Seelsorger geschrieben. Sie sind auch von einem Volksführer und Volksredner verfaßt, der instinktiv in der Unzufriedenheit der Nation eine Hilfskraft für sich ahnt und von Anfang an auf sie Bezug nimmt. Wie weit hier Erkenntnis und Berechnung reichten, ist nicht wesentlich. Wesentlich aber ist, daß Luther schon mit Bewußtsein irgendwie in Verbindung mit den antirömischen Regungen der Nation spricht. Noch wichtiger vielleicht auch, daß Luther mit seiner religiösen Unzufriedenheit eine echt deutsche Note angeschlagen hatte. Die schweifende Unruhe, die mit der ersten These als Generalthema des ganzen christlichen Lebens aufgestellt war und der satten Sicherheit erbitterten Kampf bis zum Tod ansagte, gab deutscher Sehnsucht gebieterischen Ausdruck. Auch das machte aufhorchen.

Was aber hier über die Begegnung Luthers mit der Nation gesagt ist, ist nur ein Anfang. Dafür sorgt schon die lateinische Sprache der Ablaßthesen. Indes, diese Grundlegung wird nun ununterbrochen wachsen bis zu den entscheidenden Aufgipfelungen des Dramas 1520 und 1521.

4. Die unmittelbare wie die entferntere Wirkung der Ablaßthesen, die nun einsetzenden theologischen und kirchenpolitisch-theologischen Auseinandersetzungen um Luther, also das Entstehen und nächste Fortschreiten dessen, was wir ‚Reformation‘ nennen, ist insgesamt abhängig von der weitreichenden Unklarheit in der damaligen Theologie, besser gesagt, im kirchlichen Bewußtsein der Zeit. Diese Unklarheit ist, wie wir sahen, sowohl Ausdruck als Folge der allgemeinen kirchlichen Verwirrung, wie sie dargestellt ist durch ‚Avignon‘, das abendländische Schisma, den gesamten spätmittelalterlichen staatlichen und innerkirchlichen Kampf gegen das Papsttum mit der Konziliaridee als Zentrum, durch die Widersprüche des Okhamismus und anderseits durch die erschreckende Aufspaltung der christlichen und priesterlichen Idee in der Verweltlichung der Kurie und des Klerus.

Ohne diese theologische Unklarheit — wir sagten es schon — bleibt die Reformation unverständlich. Ohne sie hätten die radikalen Ideen, die Luther schon 1517 äußerte, sofort eine allgemeine Abwehrfront der Theologen und der erdrückenden Mehrzahl aller öffentlichen Mächte gefunden, und sie wäre abgestorben, ehe sie Wurzel gefaßt hätte. Nun aber beherrschte Unklarheit über die Tragweite der lutherischen Ideen auch beste Katholiken, Laien und Geistliche und Mönche, Theologen und sogar Kanonisten, bis in die späten zwanziger, dreißiger, ja, wie die Religionsgespräche zeigen, bis in die vierziger Jahre hinein! Hier ist die Stelle, wo man sich gründlich bewußt wird des gewaltigen Unterschiedes des nachtridentinischen vom vortridentinischen Katholizismus, und zweitens wiederum der Bedeutung der praktischen Theologie und der Praxis der Kurie im Unterschied zur eigentlichen Theologie. — Schon der Streit um den Ablaß ist zum großen Teil Ausdruck dieser Unklarheit. Die päpstliche Kurie hat das empfunden, als sie 1518, nach dem ergebnislosen Verhör Luthers durch Cajetan (unten S. 217 ff.), dessen Ablaßauffassungen in einer eigenen Ablaßdekretale zur offiziellen Lehre der Kirche erhob.

Leider reagierte sie nicht durchweg mit der gleichen Entschiedenheit. Sie erlag zu sehr den humanistischen Kräften, die wir in besonderem Maße als Träger und Verbreiter jener Unklarheit erkannten (den undogmatischen Erasmus vor allem): Männer, die nicht eine eigentlich religiöse Frage plagte, die sich vielmehr um die Bildung, um die Kulturblüte sorgten, als deren Träger sie sich fühlten. Deshalb rüttelten auch die Entscheidungsjahre der Reformation sie nicht wach, nicht in Deutschland und nicht in Rom. Daher auch ihr Lob auf den regierenden Papst Leo X., der selber so stark humanistisch interessiert war. Seine gefährliche Uninteressiertheit in Sachen des Dogmas wurde von ihnen entsprechend als die angeborene Sanftmut und Milde des Stellvertreters des sanftmütigen Jesus gepriesen, die höchstens von einigen eigennützigen mönchischen Streithähnen gegen Luther mißbraucht werde!

Aber auch die zünftige Theologie trägt maßgebliche Schuld an der herrschenden Unklarheit. Der philosophisch-theologische wie der kirchenpolitische Okhamismus ist in tiefstem Grunde eine Auflösung, eine Bejahung der Willkür, des Je-nachdem. Er neigt außerdem gefährlich zum Individualismus; der Begriff der objektiven Kirche ist in ihm außerordentlich schwach entwickelt. Okhamismus wie der deutsche Thomismus sind damals überhaupt ohne bedeutende geistige und religiöse Kraft. Sie sind belastet durch den bekannten Leerlauf, durch die übermäßige Sorge um nebensächliche Spitzfindigkeiten. Sie leiden an Vertrocknung. Nun ist es aber im höchsten Grade abwegig, zu glauben, theologische Klarheit und Sicherheit könnten auf die Dauer in ausgelaugten Formeln bewahrt werden. Man kann sie allenfalls so gestalten und schützen, daß positiv Falsches ihnen fernbleibt: negative Korrektheit. Aber theologische Klarheit besagt Wahrheit. Wahrheit ist Fülle. Nur sie hat Kraft. Und eben diese Fülle der theologischen Wahrheit und damit wahre Kraft der Theologie waren damals weithin nicht mehr vorhanden.

Die Tragweite der theologischen Unklarheit erschöpfte sich nicht im Bereich der Theorie. Jene ungenügende Funktion der Idee der Kirche innerhalb der Theologie war Ausdruck eines ebensolchen Mangels im praktisch-kirchlichen Bewußtsein, und sie wirkte ebenso wieder darauf zurück. Eine gewaltige zentrifugale Bewegung hatte das christliche Einheitsbewußtsein entscheidend geschwächt. Unmittelbar im Bewußtsein der Völker und insbesondere ihrer

Führer stand jeweils unvergleichlich stärker das Interesse der französischen, der spanischen, der deutschen als dasjenige der allgemeinen Kirche. —

Der Kernpunkt dieser theologischen Unklarheit ist zweifellos die Unsicherheit über die Art und Tragweite des päpstlichen Primates. Die schrankenlose und oft mehr als törichte Übertreibung der zeitgebundenen, spezifisch mittelalterlichen Papsthoheit und ihre — wenn auch unklar formulierte — Gleichsetzung mit dem Jurisdiktionsprimat durch die Kurialisten gewährten den Angreifern der päpstlichen Macht leichtes Spiel; es wurde mit der berechtigten Kritik am Kurialismus auch der Jurisdiktionsprimat getroffen. Durch die Konziliartheorie und ihre verschiedenen, die ganze Christenheit erfassenden Darstellungen vor, während und auf den großen Reformkonzilien war schließlich diese Kritik zu einem allgemeinen Anliegen geworden. Ganz abgesehen von der Lehre Wiclifs und der böhmischen Revolution, war tatsächlich der römische Primat in einem beträchtlichen Teil des christlichen Bewußtseins zu der umstrittensten Sache der Welt geworden. Was nichts weniger bedeutet, als daß die Idee des Katholischen, des Unantastbaren in einem wesentlichen Punkte verdunkelt, ja im Wesen angegriffen war.

Wenn man das richtig in seiner Schwerkraft wägen will, muß man sich klarmachen, in welchem ungeheuren Umfang der Kampf gegen den Kurialismus a l l e n t h a l b e n als berechtigt und notwendig empfunden wurde: sei es gegenüber seiner verweltlicht-fiskalisierten Art, sei es gegenüber seiner das Recht dauernd durchbrechenden Willkür, die wiederum ihrerseits alles Feste veränderlich zu machen schien. —

Zu dieser praktischen Seite der theologischen Unklarheit gehört auch die theologische U n i n t e r e s s i e r t h e i t solcher Kräfte, denen tatsächlich die kirchliche Regelung einer Landschaft anvertraut war. Wenn theologisch uninteressierte, nur juristisch geformte Räte eines geistlichen Fürsten oder eines Laienfürsten, der die Kirche seines Territoriums fest in der Hand hatte, die päpstliche Kurie wirtschaftlich geradezu als d e n Feind ihres Territoriums betrachteten, dann wurde die Versuchung groß, daß sie etwa auftretender theologischer Opposition gegen das Papsttum von vornherein Berechtigung zuerkannten und sie unterstützten. —

Endlich muß man hierher ziehen eine gewisse allgemeine geistige Unbestimmtheit, wie sie weit über die Theologie hinaus wirksam geworden ist. Es ist der Ausdruck des starken Suchens der Zeit, der psychologisierenden Einstellung, des radikalen Verlangens nach Freiheit und Gleichheit. Es ist die Zeit, die das Thema der Utopie behandelt. Einer ihrer Bearbeiter, More, wurde von der Kirche heiliggesprochen. Aber in seiner Utopie preist man den Freitod unheilbarer Kranker; man preist ebenfalls die absolute Gleichheit aller Religionen als Mittel religiösen Friedens. —

Wir haben bereits (oben S. 137) die geradezu schicksalhafte Bedeutung der theologischen Unklarheit für den Durchstoß der Reformation ausgesprochen. Die Reformationsgeschichte bietet in der Tat auf Schritt und Tritt den Beweis hierfür. (Nicht zuletzt lassen sich verhängnisvolle Fehler der Päpste nur von hier aus verstehen und an entscheidenden Punkten noch einigermaßen rechtfertigen.) Nur ein paar Belege zur vorläufigen Beleuchtung!

An Einzelheiten sticht vielleicht am grellsten hervor, daß nach den Ablaß- thesen und allen grundstürzenden Äußerungen Luthers die Leipziger Dis- putation 1519 überhaupt noch möglich war, sei es daß man die Frage des Heilsweges ohne jegliche Mitwirkung des Willens in Betracht zieht, oder daß man an die berühmte 13. These Luthers denkt, nach welcher der Primat des Papstes lediglich nichtsbeweisende Dekretalen aus den Jahren 1100—1500 für sich anführen könne. Aber der naive Ausspruch des kirchentreuen Herzogs Georg von Sachsen zu seinem Tischgast Luther 1519 erklärt vieles: er meint, es sei unwesentlich, ob die Macht des Papstes auf göttlichem oder weltlichem Rechte gründe; er bleibe doch Papst! So weit war also die theologische Un- sicherheit gediehen, daß man die Hauptfrage für belanglos erklärte.

1518 bittet der Bischof von Brandenburg, Luther möge seinen deutschen Ablaßsermon zurückhalten, obschon alles darin gut katholisch sei; er erlaubt dann aber schließlich trotzdem die Drucklegung, und die der wichtigen Re- solutionen zu den Ablaßthesen obendrein.

1530 schreibt der Theologe Cochläus rückblickend für die Zeit um 1519, daß die Katholiken damals Luthers Lehre noch mit höchster Gunst, ohne jed- wedes Schwanken und ohne Verdacht aufgenommen hätten. Damals war Cochläus noch vor allem Humanist gewesen, der echt erasmianisch an Luther schreibt, er möge ‚den Wissenschaften [sie stellt er voran!], der Religion und dem Staat die Ruhe wiedergeben‘! Tatsächlich urteilen die beiden Franziskaner Quiñones und Glapion (der kaiserliche Beichtvater) noch 1520 sehr günstig über Luther; erst die ‚Babylonische Gefangenschaft‘ erschütterte ihr Vertrauen. Ein gleiches ist von Johann Faber aus Augsburg zu sagen, bei dem die optimistische Einschätzung Luthers besonders zäh haftete.

Friedrich der Weise schützt seit 1518 Luther, den Zerstörer des Ablasses. Aber 1520, nachdem der fortschreitende Angriff Luthers bereits zweieinhalb Jahre dauerte, bot er abermals seinen vom Papst eben so sehr vermehrten Ablaßschatz der Reliquien den Gläubigen mit besonderem Nachdruck an. Und zugleich regt er wiederum Luther an, ein Predigtbuch für die Feiertage zu schreiben.

In den Nachverhandlungen mit Luther in Worms 1521, nach den berühmten Verhören im Reichstag, war von des Papstes Autorität keine Rede, sondern nur von der der Kirche und der Konzilien. Vehus nannte sogar in seiner Rede unter den für die Kirche nützlichen Werken Luthers, die er doch nicht durch Hartnäckigkeit in ihrer Frucht schädigen solle, den Sermon von den guten Werken und von der zweifachen Gerechtigkeit, welche doch beide zu seinen klarsten Zeugnissen von der reformatorischen Glaubensgerechtigkeit gehören.

Als Eck als apostolischer Nuntius die Wiener Universität aufforderte, den beigefügten Litterae Apostolicae entsprechend gegen Luther vorzugehen und seine Bücher zu verbrennen, erhob sie mit Ausnahme der theologischen Fakultät, die sich ausschloß, Protest. Die Universität ließ zwar keinen Zweifel darüber, daß sie keine Häresie begünstigen wolle. Trotzdem kann man die Weigerung eine Stellungnahme für Luther nennen; aus den Verhandlungen zu Worms wird nur das für Luther nicht Ungünstige angeführt, und etwa, daß Paris Luther noch nicht verurteilt habe....

Noch 1530 waren in Augsburg einige treukirchliche Bischöfe nach der Verlesung der Confessio Augustana Melanchthons mit dem Inhalt recht zufrieden. Und wenn Cochläus auch damals mit Eck und Fabri dogmatisch klar sah, zehn Jahre später hatte ihn der Kampf und die Sehnsucht, doch noch eine Einigung zu erreichen, so weit gebracht, daß er sich mit einer Erklärung der Neugläubigen zufrieden geben wollte, daß sie außer dem Augsburger Bekenntnis nicht noch andere von der Kirche abweichende Dogmen hätten! 1532 in Regensburg erhielten die päpstlichen Legaten Campeggio und Aleander Nachricht, daß die Confessio Augustana sogar an der Kurie Eindruck gemacht habe.

Luther hatte diese theologische Unklarheit am eigenen Leibe erfahren, als er seinen theologischen Entwicklungsgang bis zum reformatorischen Umschwung durch den Okhamismus vollzogen hatte. Nur trat er ihm auch in der literarischen Polemik immer wieder entgegen. Es ist markant lutherisch und übertrieben, aber es hat doch für den Katholiken einen bittern Beigeschmack, wenn Luther es wagen darf, dem päpstlichen Nuntius Vergerio 1535 zu antworten: ‚Wir brauchen kein Konzil, aber eure armen Leute brauchen es; denn ihr wisset nicht, was ihr glaubet.‘ —

Derartige sehr weit und tief reichende theologische Unklarheit hatte für das Bewußtsein der Zeit natürlich wichtigste Folgen: das Volk, die Nation, wußte sich zunächst und noch auf lange hinaus nicht annähernd so klar in feindliche Lager getrennt, als man heute geneigt ist anzunehmen. Es gab noch nicht einfach ‚katholisch‘ und ‚lutherisch‘. Die Reformationsgeschichte ist nicht, vor allem nicht von Anfang an und dann in den zwanziger, dreißiger, ja vierziger Jahren, einfachhin ein Kampf zweier in sich fest gekennzeichneter und voneinander klar geschiedener Einheiten. Selbst als die Trennung immer klarer wurde, empfand man den Riß noch lange nicht als definitiv und unheilbar. In der konkreten Situation wußte der einzelne noch lange nicht immer, zu welcher Gruppe er gehörte, wo die Grenze zwischen diesen und jenen Lehren und Lebensordnungen verlief. Wie Luther unabsichtlich aus der Kirche herausgewachsen war und auch nachher seine Lehre als die katholische verkündete, so erschien sie auch vielen Zeitgenossen sehr lange nicht als von der echt katholischen radikal getrennt, sondern als ihre reine Darstellung, der sich die Priester noch anschließen könnten, wenn sie sich ,reformieren‘ ließen. ,Reformieren‘ trug noch nicht den häretischen Stempel. Die Lager wechselten auch lange ihren Bestand nicht unwesentlich. Was war lutherische Lehre? Sie entwickelte sich ja erst. Wenn sie früh dogmatisch scharf von der alten Kirchenlehre getrennt war, so wurde eben dies nicht erkannt. Zwar lagen bereits viele und entscheidende Schriften Luthers vor. Aber selbst ihre ungewöhnlich große Leserschar machte nur einen winzigen Teil der Nation aus. Aus Luthers Schriften mußte auch noch erst ein verpflichtendes kurzes Programm, ein neugläubiges Bekenntnis entwickelt werden. In der Praxis des täglichen Lebens und des Gottesdienstes mußte die Anwendung der neuen Lehren erst gesucht werden: Wie weit war der Weg zu all dem! Und wie vielfältig waren die Kräfte, die sich auf das neu entdeckte Evangelium beriefen! wie vielartig dementsprechend die Lehransichten! Und als dann die obrigkeitliche Macht entscheidend mit in die neue Gestaltung eingriff: was war es jeweils, das ihr Vorgehen leitete? was bekannte Philipp von Hessen, als er sich zur Neuerung schlug, was die sächsischen Kurfürsten, was später der Brandenburger, was Nürnberg, was Straßburg?

Und eben auch umgekehrt: was hieß katholisch? Es gab noch kein Tridentinum! Die spätscholastische Entwicklung, so sahen wir, beschloß seltsam starke Gegensätze in sich. Wie wenig mußten sich die ungebildeten, im wahrsten Sinne theologisch unwissenden Messepriester in diesem Labyrinth zurechtfinden! Sie, die außerdem kein Bewußtsein irgend einer Unabhängigkeit hatten, sondern Angestellte eines oder auch mehrerer Patrone waren und sich auch durchaus als solche, und nur als solche, empfanden? Diese Geistlichen waren — besonders in den beginnenden zwanziger Jahren — gar nicht in der Lage, auch nur annähernd genau zwischen alt- und neugläubig zu unterscheiden und entsprechend zu lehren, — soweit sie dies überhaupt selbständig taten. Sie waren, um einen entscheidenden Punkt zu nennen, in keiner Weise in der Lage, die katholische Doktrin vom heiligen Meßopfer gegenüber Luthers Darlegungen, ich sage nicht, zu verteidigen, sondern nur den Unterschied als wesentlich zu erkennen.

§ 2. Luther als Deuter und Beweger der Zeit: der werdende Reformator

1. Für das Schicksal eines jeden neuen Gedankens ist entscheidend, daß er sich einen Körper schaffe, der ihn trägt und ausbreitet; daß sich also um den Sprecher Hörer sammeln, die zu Mitsprechern und Mitverkündigern werden; daß zum Führer die Kampfgenossen stoßen.

Luther fand und formte sich zunächst einen solchen Kreis im Hörsaal, darüber hinaus unter seinen Kollegen der Universität Wittenberg; dann in seinem Orden.

Sein gesamter innerer theologischer Umbruch war schon begleitet gewesen von der tiefen Überzeugung, daß die Theologie einer Neugestaltung im Sinne einer Verlebendigung bedürfe. Die Bibel, Augustin und die Mystik hatten diese Seiten seines Umschwungs gelenkt und erfüllt. Schon an den ganz frühen Äußerungen Luthers spürt man, wie stark er sich gegen den Leerlauf des theologischen Betriebes auflehnt. Wie er sich weigert, die Formeln unbesehen zu übernehmen, wie er ein Gefühl hat für das Überwuchernde, und wie er demgegenüber zurück zum Mark will: in der Exegese über die Kommentatoren hinaus zum Wortlaut und Zusammenhang der Bibel, in der Kirchengeschichte durch die Legenden und Fälschungen hindurch. Das alles verletzt ihn, sagt er, ,beleidigt ihn'. Er liest die Quellen. Neben Augustin auch Hieronymus, den er dem ersten, wie er sagt, ebensoweit nachsetzt, als ihn Erasmus bevorzugt. Wenn er sich spürbar immer mehr von Erasmus entfernt, das Bewußtsein, daß man in einem besondern Tempo neuen, entscheidenden Erkenntnissen entgegengehe und die klerikale Unwissenheit bei Ordens- und Weltgeistlichkeit bekämpfen müsse, teilt er mit ihm und läßt ihn den großen Humanisten als Bundesgenossen begrüßen.

Um die lebendige Gesamthaltung zu umreißen: dieses Voranschreiten geht, im klaren Unterschied zu den Humanisten, nicht vom geistigen Eifer und vom Ingenium aus (1518), nicht von einer ,toten, intellektualistischen', philosophischen Erkenntnis, wie bei fast allen nach Augustin (1516), sondern sie steht im Zusammenhang mit einem Anliegen des strebenden Christen: daß am Anfang des Bibelstudiums das Gebet stehen müsse; daß etwa vielleicht Gott es gebe, daß er, Luther, dem Spalatin den Sinn seiner Worte aufschließe: ,denn niemand ist der göttlichen Worte Lehrer außer dem Urheber des Wortes selbst'. —

Aus diesem Geist heraus hat er seine Vorlesungen gestaltet, die ihn schnell zum Mittelpunkt der Universität machen. Welchen Auftrieb gibt es ihm, zu beobachten, wie er immer mehr Bresche legt in den bisherigen Betrieb der Hochschule! ,Unsere Theologie und St. Augustin wachsen und regieren in unserer Universität durch Gottes Wirken. Die Studenten haben kein Verständnis mehr für die Erklärungen der „Sentenzen". Nur mehr die Bibel und Augustin bringen Hörer.' Es hat sich eine Umwälzung vollzogen, die den Geist der Jungen trennt von den abtretenden alten Lehrern. Dies ist Luthers Hoffnung: daß die von den scholastischen Magistern nicht verstandene wahre christliche Theologie bei der Jugend eine Heimstatt finde. Denn seine Theologie sei ja nur, was ihn Christus gelehrt — ‚Warum hat er mich nicht anders zu reden gelehrt?'

Welch gespanntes Warten, ob wohl die dem Kurfürsten vorgeschlagene Umgestaltung der Universität durchgehen werde! ‚Was für eine Gelegenheit, alle Universitäten zu reformieren und die allgemeine Barbarei zu beseitigen!'

Dieses Gefühl des geistigen Aufbruches ist gerade in diesem Jahre 1518 so stark, daß es sogar gegenüber dem drohenden römischen Prozeß durchhält. Die Vorladung nach Rom schloß eine schwere Drohung ein: es ging um den Kopf. Und doch kann Luther am 1. September 1518 an Staupitz seine innere Ruhe darüber melden. Ihn plagen ganz andere Anfechtungen. Seine Sicherheit ist außerordentlich: mit Begeisterung berichtet er vom Steigen des Ansehens des Wittenberger Studiums, das offenbar einem merkbaren ‚öffentlichen' Bedürfnis entspricht, wo sich eine ‚wittenbergische Theologie' entwickelt. Und mitten im Bericht seine Begeisterung für die Professur des Griechischen: ‚Wir alle machen begeistert in Griechisch.' Beinahe wird ihm selber bang ob seiner Sicherheit: ‚Bete für mich', so schließt er, ‚daß ich in dieser Anfechtung nicht allzu viel Freude und Zuversicht habe!'

Man muß sich klarmachen, was es bedeutet, daß in Wittenberg eine lutherische Universität entsteht. Nicht ist, sondern wird; mit all den starken Kräften der sich schöpferisch entwickelnden Jugend. Hier wurde ein bedeutender Kräftequell geschaffen, der bald unaufhaltsam die Scharen der von Luther Gepackten als Künder der neuen kirchenfeindlichen Theorien in alle Gegenden des Reiches und darüber hinaus senden wird. 1521 wird Cochläus die Tragweite erfaßt haben. Und dann schreibt er an Aleander, daß der Kirchenfriede erst gesichert sei, wenn das ganze Wittenberger Nest ausgehoben sein werde. Der Kampf gegen Wittenberg wird von seinem Programm und demjenigen Ecks nicht mehr verschwinden. —

Der Kreis um Luther erweiterte sich über Schule und Orden hinaus; und erst dies war eigentlich entscheidend. Nur daß man sich hüten muß, all diese Anhänger lutherisch im dogmengeschichtlichen Sinne zu nennen. Gerade hier wirkte sich die theologische Unklarheit für die Kirche verheerend zu Gunsten der Neuerung aus.

Als Pirkheimer im Reuchlinschen Streit den kommenden neuen Geist abzuschätzen suchte, nannte er ebenso Erasmus, Reuchlin und Mutian wie Eck, Cochläus, Murner, Emser, Ökolampad. Und wie einen unter vielen nannte

er neben ihnen auch Luther. Die allgemeine geistige Situation war noch ganz
ungeklärt. Kaum einige wenige erkannten, worum es bei Luther ging. Auch
etwa Mutian wußte nicht mehr von ihm, als daß der ehemalige Musikus und
Philosoph aus Erfurt nach humanistischer Formel die ‚wahre Frömmigkeit'
(recta pietas) wieder herstellen wolle. Allgemein füllte sich ringsum die öffentliche Meinung mit seinem Bild, seiner Stimme, seiner Stimmung und Haltung
weit über den Kreis jener hinaus, die mit ihm bis ans Ende zu gehen bereit
waren. Erst durch diesen weiteren Kreis also wurde Luther eigentlich
öffentlich. Für seine Zusammensetzung sind die Humanisten entscheidend
geworden. Sie waren — neben und unter Luther, versteht sich — die Propagandisten der Zeit, bis ihnen die Prediger die Rolle abnahmen. Dem rücksichtslosen und hinreißenden Rufer für vertieftes Christentum und gegen die
verkommene Kirche, der endlich eine wirkliche Besserung anzubahnen schien,
fielen die Sympathien wie eine reife Ernte zu; die lebendigsten Interessen
und heißen Hoffnungen des nationalen und kirchlichen (und zunächst auch des
neuen geistigen) Lebens schienen bei Luther so sehr gesichert, daß leicht der
mit seiner Kritik und seinem Protest verbundene dogmatische Bruch unbeachtet
blieb. Man jubelte dem Protestler und dem religiösen Reformer zu, man
übersah den Revolutionär. Wie schwer, wie hin und her geworfen zwischen
dem einen und dem andern hat ein Mann wie Cochläus sich durchgerungen!

2. Luthers theologische Weiterentwicklung knüpft naturgemäß zunächst an
den Ablaßstreit an. Von selbst tritt der eigentliche Entwicklungskeim der
95 Thesen klarer heraus. Das heißt, es geht um die Macht des Papstes, des
eigentlichen Lehramtes; es geht um die Idee der Kirche. Das Recht dieser
Kirche mißt Luther an der Heiligen Schrift. Das war nichts Neues. Aber er
mißt sie an der Heiligen Schrift so wie er sie versteht. Er fühlt sich in fester
Überzeugung an sie, so wie er sie versteht, als an die Stimme Gottes gebunden.
Und dies ist schon jetzt der springende Punkt, daß er, der einzelne, das
Recht beansprucht, den Inhalt der Schrift zu bestimmen.

Die innere Dynamik und zugleich Tragik dieser Entwicklung liegt darin,
daß man an offizieller Stelle, in der Theologie wie in Rom, nur ungenügend
unterschied zwischen dem klar und wesentlich zum Glaubensgut Gehörenden
und allem Peripherischen; daß der Umkreis der geistig-geistlichen Gewalt
nicht festgelegt war, weder ihre Ausdehnung noch ihre Begrenzung. Nicht
oder nicht so sehr handelte es sich darum, ob es außer der Heiligen Schrift
noch eine andere Glaubensquelle gebe; hier stand vielmehr die Behauptung
auf, daß von Rom Dinge gepredigt würden, die mit der Schrift im Widerspruch stünden.

Das Jahr 1518 ist wie das Öffnen lang gesperrter Schleusen. Luther ist sich bereits einigermaßen bewußt, in welchen Kampf er hineingeraten ist. Man mag einige Rhetorik aus seinen Formulierungen ausscheiden, sein Gottvertrauen ist doch groß: ‚Der eine, nichtige Leib, durch viel und stete Beschwerde geschwächt, ist noch übrig; richten sie den hin, so machen sie mich ärmer um eine Stund oder zwei meines Lebens. Mir genügt mein freundlicher Erlöser, der Herr Christus; dem will ich singen, solange ich lebe. Ich habe weder um Ruhm noch um Schande angefangen und werde nicht deswegen aufhören. Gott wird sehen‘ (1518 an Staupitz). Es erschienen die Gegenthesen Tetzels, die Luthers Studenten in Wittenberg verbrennen. Die Dominikaner predigen gegen die neue Ketzerei. Ecks ‚Obelisci‘ zu den Ablaßthesen erregen Luthers Unwillen. Eck richte ja die Ablaßthesen, ohne sie überhaupt verstanden zu haben; ist etwa Eck allein Theologe? ‚In seinem ganzen Gemengsel ist nichts von Theologie, das heißt, von der Bibel; alles sind wissenschaftliche Grillen, lauter Traum und Dünkel. Ich gestehe, daß das alles wahr ist, wenn die Schultheorien wahr sind, — was Eck bejaht, ich aber leugne. Er ertrinkt in Schulweisheit, stinkt nach seinem Bock Aristoteles. . . .‘ Luther erfaßt die grundverschiedene Denk a r t hüben und drüben. Die Augustiner hatten im Mai in Heidelberg ihr Generalkapitel, und Luther war es, der disputierte: über Sünde und Gnade und Unfreiheit des Willens. Wir sahen schon, mit welcher Radikalität er dort das Gute aus dem menschlichen Handeln ausstreicht (oben S. 186). Dabei ging er auch wieder gegen Aristoteles an für eine lebensvollere, willens- und gemütsbetontere Hingabe wie bei Plato und Pythagoras.

3. In dieses Jahr 1518 fällt auch das Verhör Luthers vor dem Kardinal Thomas Vio de Cajetano, der als päpstlicher Legat zum Reichstag nach Augsburg gekommen war.

Als der Erzbischof von Mainz durch Luthers Auftreten gegen den Ablaß sein beträchtliches Geldgeschäft gefährdet sah, ließ er — übrigens, wie es scheint, ohne besondere Hast und persönliche Anteilnahme — Bericht nach Rom erstatten. Noch im Februar hatte Leo X. den Zank für eine kleine Angelegenheit erachtet: er hatte dem neuen General der Augustiner den Auftrag gegeben, seinen Untertan, den Bruder Martin, zu verwarnen. Nun wurde im Juni ein Prozeß wegen Häresieverdacht gegen Luther eröffnet. Im Juli erging die Vorladung an ihn, sich binnen 60 Tagen in Rom zu stellen.

Am 7. August hatte Luther die Vorladung in Händen. Schon am nächsten Tag wandte er sich an seinen Freund Spalatin (Georg Burkhard aus Spalt, 1484—1545), den sehr einflußreichen geistlichen Sekretär des Kurfürsten Friedrich von Sachsen. Er sondierte, ob man die Gerichtssache nicht im Lande zu behalten vermöchte.

Inzwischen aber war man in Rom schon radikal vorangeschritten. Im August hatte Maximilian vom Reichstag aus den Papst um ein Einschreiten gegen Luther ersucht. Auf welchen Einfluß hin immer, Luther war im geheimen in einem summarischen Prozeß als Häretiker erklärt worden. Als Ergebnis daraus war ein Breve vom 23. August an Cajetan ergangen mit der Anweisung, Luther als Ketzer zu behandeln, sich seiner Person zu bemächtigen, den Bann über alle Anhänger und das Interdikt über seinen Aufenthaltsort auszusprechen. Der Kurfürst wurde aufgefordert, Luther auszuliefern.

Die Haltung zeigt nichts Erstaunliches. Man mußte sie erwarten. Gründe hatte man genug. Luther hatte scharf revolutionär über die Unkraft des Bannes gepredigt: Der Bann ist etwas Menschliches, wie der ganze weltliche Machtanspruch des Papstes der Hölle entsprungen. Er gehört mit zur allgemeinen Zersetzung in der Kirche, die Luther jetzt ganz anders umfassend herausstellte. ‚Wenn du ungerecht gebannt wirst, sollst du nicht nachgeben! Stirbst du darüber ohne Sakrament, wohl dir! Selig bist du, und du wirst die Krone des Lebens haben!‘ Das war an sich ein alter katholischer Gedanke. Lazarus Spengler übertrieb gewaltig, wenn er meinte, durch den Bann werde der Mensch ‚strack zur ewigen Verdammnis geschickt‘. Freilich ließ die kurialistische Kanzleisprache in ihrer gewollten Undeutlichkeit nicht ungern dieses abschreckende Bild aufsteigen. Und Luthers Satz wirkte in dem Umkreis kirchlich-revolutionärer Gedanken und durch den Tonfall, in dem er vorgetragen wurde, nichts weniger als katholisch.

Und doch geschah das Erstaunliche: es erfolgte der große Umschwung. Der Prozeß in Rom wird abgestoppt. Der Kurfürst, der auf Luthers Anregung eingegangen war, dringt mit seinem Vorschlag durch: die Sache bleibt in Deutschland. Noch mehr: Cajetan erhält den Auftrag, Luther väterlich zu verhören und ihn ungehindert nach Wittenberg zurück zu entlassen. Das war eine folgenschwere Inkonsequenz. Die theologische Unsicherheit der Zeit und die zersetzende Willkür, die dereinst von den Reformkardinälen Pauls III. als die eigentliche kuriale Wurzel des Übels erklärt werden sollte, traten kraß hervor. Und diesmal sollten die Folgen das Leben der Kirche bedrohen.

Was war geschehen? Es ging um die Wahl eines neuen römischen Königs, die noch zu Lebzeiten des Kaisers vorgenommen werden sollte. Der Papst ist gegen die von Maximilian jetzt vertretene Kandidatur Karls I. von Spanien. Damit wird er der natürliche Verbündete des sächsischen Kurfürsten, der außerdem noch auf dem Reichstag für die Bewilligung der Türkensteuer eintritt. —

Wir stehen an dem Punkte der Entwicklung, der radikal über Sein oder Nichtsein der Reformation entscheiden konnte, und insofern vor einem der bedeutsamsten Augenblicke der gesamten Kirchengeschichte und der deutschen Geschichte.

Noch weniger als in Deutschland konnte man damals in Rom auch nur annähernd die schädlichen Folgen voraussehen, welche die Verschleppung eines Prozesses gegen einen deutschen Mönch haben würde. Leider ändert das nichts an der sich tatsächlich aus der Verschleppung ergebenden kirchlichen Schädigung. Auch nicht daran, daß die Tatsache der Verschleppung und damit jener Schädigung ursächlich mit zurückgeht auf eine gewisse, längst von treuesten, auch von heiligmäßigen Dienern der Kirche gerügte Verweltlichung der Kirchenverwaltung. Weltliche Belange gegenüber den religiös-kirchlichen in den Vordergrund zu rücken, war für die meisten Renaissance-Päpste nichts Ungewohntes. Aber nun, inmitten des radikalen Angriffs, enthüllte sich die verhängnisvolle Tragweite solcher Verschiebung des Schwergewichts erst ganz.

Das ‚väterliche Verhör‘ Luthers durch Cajetan in Augsburg war ergebnislos verlaufen. Luther hatte den Widerruf verweigert. Und trotz dieser Weigerung, trotz Luthers Appellation an den besser zu unterrichtenden Papst, trotz seiner Flucht aus Augsburg, sogar trotz seinem Appell an ein Konzil, blieb Luthers Prozeß unterbrochen, ruhte — auf die Wirkung angesehen — vom November 1518 bis zum September 1520; denn erst an diesem Zeitpunkt wird Eck mit der Bannbulle in Deutschland eintreffen. Die Verhandlungen in Rom wurden zwar nach der Kaiserwahl im September 1519 wieder aufgenommen; aber die vorandrängenden Sitzungen fanden erst im Mai 1520 statt; erst am 15. Juni 1520 erging die Bannandrohungsbulle ‚Exsurge‘.

Beinahe zwei Jahre Verzögerung, an denen der Papst persönlich beteiligt war. Gewiß erschien nach dem Verhör Luthers in Augsburg die päpstliche Ablaßdekretale, die Luther ins Unrecht setzte, und Cajetan richtete an Friedrich das Ansinnen, Luther auszuliefern. Ende 1518 sandte die Kurie dann den sächsischen päpstlichen Kammerherrn Miltiz nach Deutschland, um für die Auslieferung Luthers zu wirken. Aber das war durchaus ein Auftrag zweiter Ordnung. Sein anderes Ziel, den Kurfürsten durch zeitliche Gnaden zu gewinnen, war das wichtigere und jenem erstgenannten zum guten Teil entgegengesetzt. Diese Miltiziade, die 1519/20 noch einmal auflebte, ist wichtig höchstens insofern, als sie zeigt, wie eine für die Kirche lebenswichtige Angelegenheit in die Hände eines eingebildeten, untergeordneten Kurialisten geraten und dort als Mittel zur Befriedigung der Eitelkeit und der Geldbedürftigkeit eines kleinen Gernegroß mißbraucht werden konnte. Im Oktober 1519 verlangte dann der neue päpstliche Gesandte Hieronymus Aleander vom Kurfürsten wiederum die Auslieferung Luthers an den Papst und das sonst übliche Vorgehen gegen die Bücher und die Anhänger eines Ketzers. Aber nichts wurde energisch betrieben.

Gewiß hatte das übersteigerte römische Selbstbewußtsein keinen genauen Einblick in die ungeheure Gefahr. Die räumliche Entfernung erschwerte das Verständnis für das vielfältig gemischte Geschehen im fernen, deutschen Raum. Aber wer will dem Lenker der Kirche, dem verantwortlichen Lehrer ihrer unantastbaren Wahrheit, dem Vertreter des gegen Irrlehrer sehr eindeutigen kanonischen Rechtes daraus eine wirkliche Entschuldigung machen? Die Erklärung zum Ketzer (der dadurch seinen Kopf und seine Seele verspielt), ist gewiß keine modulierbare Angelegenheit.

Das Gesamtergebnis bleibt: dem bereits (wenn auch nicht öffentlich) zum notorischen Ketzer Erklärten und seiner die Öffentlichkeit durchdringenden Sache gab die Kurie zwei Jahre Zeit, Wurzel zu schlagen und zu wachsen. Wer Verständnis hat für das im großen Sinne Entscheidungsvolle des ungestörten Einwurzelns, der wird die Wichtigkeit dieses zweijährigen Aufschubs zu ermessen wissen.

Dies gilt noch in stärkerem Maße, weil diese beiden Jahre zu denen gehören, in denen sich jener gewaltige Kreis von nationalen, religiösen, humanistischen und politischen Kräften um Luther sammelte, die sein Werk erst zu einer Bedrohung der Existenz der Kirche machten. Nur diese ersten Jahre, wo Luther noch in der Vollkraft seiner religiösen Leistung und seines religiösen Eifers steht, und wo die Reformation als größtenteils religiöse und antikuriale Bewegung sich einwurzelt, ohne mit Konsequenz und genügenden Mitteln am Wachsen bedroht zu werden: die Jahre 1517—1521, mit dem gewaltigen Eindruck auf die Phantasie des Volkes durch Luthers ‚Nein‘ in Worms sind die Entscheidungsjahre der Reformation; sie bringen die Entscheidung für die Reformation.

Es ist schon richtig gesehen, wenn man gesagt hat, daß vielleicht durch nichts das Vorgehen Luthers so sehr gerechtfertigt erscheinen konnte als dadurch, daß die Kurie es fertigbrachte, seine energische Verfolgung zurückzustellen vor den augenblicklichen italienisch-politischen Sorgen des Papststaates(Stadelmann).

Luther war also nach Augsburg bestellt worden. Er verbrachte dort die Tage vom 7. bis zum 20./21. Oktober.

Es fanden drei Verhöre durch den Kardinal statt, die nach Luthers Darstellung zu Unterredungen und Disputationen auswuchsen. Sie wurden ergänzt durch mehrere Briefe Luthers an den Kardinal.

Auch diese Verhöre machten wiederum klar, daß Luther theologisch von der Kirche als einem objektiv Gegebenen und Wirksamen abrückte und eine exklusive Betonung des persönlichen Glaubens vertrat. Wiederum sah Luther, ausgehend von der bekämpften Veräußerlichung und Verdinglichung, nur den Gegensatz, wo allein die Kraft der Synthese eine gerechte Beurteilung hätte erreichen können: den Mißbrauch verwerfen und den persönlichen Glauben steigern, ohne diesen dem schließlichen Subjektivismus auszuliefern. Das, was Cajetan unter ‚Kirche‘ versteht und in deren Namen fordert, ist bedeutend mehr, als was protestantische Darstellungen wohl daraus machen: es geht nicht nur um die hierarchische Machtverfassung, es geht im Grunde um die sakramentale Objektivität. —

Die Unterredungen mit Cajetan waren Luthers erste unmittelbare Berührung mit der offiziellen römischen Kurie. Das große Erlebnis ist dies: der Kardinal erscheint als identisch mit jener scholastischen Theologie, die Luther nun schon so lange ohne jeden Respekt und aus einem so gut wie hemmungslosen Gefühl der eigenen ‚biblischen‘ Überlegenheit als Gegenteil der christlichen Lehre mit den schlimmsten Ausdrücken wegwerfender Verachtung bedacht hat. So verfährt er nun auch mit dem Kardinal, noch in einem nach Wittenberg gesandten Brief aus Augsburg: der Kardinal versteht von Luthers Theologie nichts. Vielmehr: Luther sagt die Wahrheit; aber das bedeutet nach dem Kardinal, daß er die Kirche ruiniert, während die Sophistereien des Kardinals, die doch Christum verleugnen (!), die Kirche ehren sollen.

In Augsburg wurde Luthers Bruch mit der Kurie zum ersten Mal öffentlich. Die Appellation an den besser zu informierenden Papst, die er noch in Augsburg ausspricht (16. Oktober), ist schon ein Protest gegen den Papst. Mit innerer Logik folgt (nach der heimlichen Flucht) in Wittenberg alsbald die Appellation vom Papst an ein Konzil (28. November).

Am wichtigsten freilich ist die ungeheure Keckheit des Tons, die unbändige Unabhängigkeit Luthers gegenüber den päpstlichen Dekreten, die sich in Augsburg äußern. Er beschuldigt sie ebenso glatt der Verdrehung der Schrift wie den Kardinal, daß er das Christentum verleugne. Das ist alles Menschenwort, vor dem er nicht erschrickt. Die Theorie vollends von des Papstes Oberhoheit über das Konzil ist einfach verderbliche Schmeichelei. Bereits in der ersten Unterredung mit Miltiz (noch aus demselben Jahr) stellt er sich dann ganz wie gleich zu gleich dem Papst gegenüber, als ob sie beide über die Bibel disputierten: ‚Ich sorge, der Papst wird keinen Richter leiden wollen, so werde ich des Papstes Urteil auch nicht leiden.‘ Ja bald darauf (1519) bescheinigt er dem Miltiz, daß ihm der Verdacht kommt, der Kardinal habe ihn in Augsburg vom christlichen Glauben abziehen wollen. Verständlich genug, nachdem Luther nicht sicher ist, ob Cajetan überhaupt ein katholischer Christ sei. Die zweifelnde Frage ist stark am Werden: Ist die römische Kirche christlich? Der dogmatische Bruch mit der Kirche war theoretisch längst

da. Er wurde aber durch das Treffen mit dem Kardinal eigentlich realisiert:
es ergeben sich für Luther die kirchlichen Konsequenzen aus seinen Grund-
überzeugungen.

Wie schon die Ablaßthesen, so wachsen seitdem alle Einzelereignisse um
Luther durch geheime Ansteckung über ihre ‚planmäßige‘ Bedeutung weit
hinaus; das Verhör in Augsburg vor Cajetan wird Darstellung und Kräftigung des
Widerstandes gegen Rom; Luther gibt dem aufgespeicherten antirömischen Affekt
der Deutschen Ausdruck. Daß das rein Theologische hier als Nebensache erscheinen konnte, jedenfalls für die vielen nur unklar in die Erscheinung trat,
ließ das Verhör und die Weigerung Luthers zu einem Hebel der deutsch-
lutherischen Erhebung werden. Luther steht nicht allein vor Cajetan. Eine
breite Welle tiefgreifender Sympathie strebt zu ihm und bereitet bereits in
wichtiger Weise den Boden für die Aufnahme des dogmatischen Umsturzes.
Bereitet ihn zum allergrößten Teil, ohne die Konsequenzen zu ahnen, ohne
sie nach der theologischen und kirchenpolitischen Entwicklung der vergangenen
zwei Jahrhunderte ahnen zu können. Nochmals: Wie Luther persönlich ab-
sichtslos aus der Kirche herausgewachsen war, wie er außerhalb ihres Dogmas
stand, ehe er es wußte, so hat die Reformation sich durchgesetzt, ehe sie als
Glaubensneuerung erkannt wurde, und w e i l sie nicht als solche erkannt wurde.

Dieses Jahr 1518 zieht sogar bereits die antipäpstliche Linie zu Ende, die
Luther mit der Bekämpfung der päpstlichen Schlüsselgewalt in den Ablaßthesen angesetzt hatte. Sie war durch die Resolutionen zu den Thesen, durch
die Ablehnung des Bannes, durch den Appell an den besser zu informierenden
Papst fortgesetzt worden. In der Auseinandersetzung mit Cajetan war bereits
die drohende Notwendigkeit, sich von der römischen Kirche trennen zu
müssen, aufgestanden. Nun, im Dezember 1518, meint Luther zu ahnen, daß
‚die Sache noch nicht eigentlich angefangen habe‘. Und zum ersten Male fällt
das Stichwort, das bei ihm nur mehr den Bruch offen läßt: der Papst scheint
der Antichrist zu sein. Die den Bruch entscheidende These 13 der Leipziger
Disputation wird nichts sein als die kirchengeschichtliche Einkleidung dieses
Gedankens.

4. All diese Jahre haben ihren Höhepunkt. 1519 ist es die Disputation in
Leipzig zwischen Karlstadt, Luther und Eck in den Tagen der Kaiserwahl
(Juni/Juli). Sie unterbricht jene Zeit relativ äußerlicher Ruhe im Streit, die
gekennzeichnet ist durch Miltiz, die Verleihung der Goldenen Rose an Friedrich
den Weisen und Luthers mäßigenden ‚Unterricht auf etliche Artikel, die ihm
von seinen Abgönnern aufgelegt und zugemessen werden‘ (1519). Sie bringt
die Feuersbrunst. Denn einmal ist die ganze geistige Welt mit der Angelegen-

heit befaßt, und diesmal geht es nun wirklich direkt auf das Ziel los: Papsttum oder nicht?

In seinen Erklärungen zu den Ablaßthesen hatte Luther von einer Zeit gesprochen, da, wie noch unter Papst Gregor I. (590—604), Rom noch nicht über allen Kirchen, wenigstens nicht denjenigen Griechenlands, gestanden hätte. In seinem veröffentlichten Bericht über seine Verhandlungen mit Kardinal Cajetan in Augsburg hatte er die gleiche Aussage gestützt durch die Behauptung, die Bibel bringe keinen Beweis für die Oberhoheit Roms über die Kirche. Eck, der seit den Ablaßthesen in Luther den radikalen Gegner des Papsttums witterte, war inzwischen mit Luthers Kollegen Andreas Bodenstein aus Karlstadt zusammengestoßen. Unter teilweiser Vermittlung Luthers wurde eine Disputation verabredet. Und siehe, als Eck seine Thesen veröffentlichte, war darunter (besonders) die Hauptthese (12, später 13) gegen Luther gerichtet. Sie lautete: ‚Wir leugnen, daß die römische Kirche vor den Zeiten Silvesters [314—335] nicht über den andern Kirchen gestanden habe; wir haben vielmehr den, welcher auf Petri Stuhl saß, jederzeit für den Nachfolger Petri und den allgemeinen Nachfolger Christi erkannt.'

Die auf dieser Disputation verhandelten Einzelheiten interessieren heute nur mehr die Geschichte der Theologie. Aber in die große Geschichte ragt sie durch ein Doppeltes hinein: sie macht uns wichtige Kräfte im Kampf um die Reformation sichtbar, und sie zwingt Luther zu einer Konsequenz, die Epoche macht.

Die Kräfte offenbaren sich in den agierenden Persönlichkeiten. Es sind nicht nur die Disputierenden, es ist auch die humanistisch-theologische Öffentlichkeit, welche die Disputation mit Spannung erwartete und begleitete, und die nachher mit einer Fülle erregter, gezeichneter und anonymer Schriften Stellung nahm. Die Leipziger Disputation ist ein weiterer Schritt Luthers, ein entscheidender, in die Öffentlichkeit hinein. Diese Disputation wächst über die Schule und ihren Disputationskomment hinaus und wird zu einer Angelegenheit des großen kirchlichen und geistigen Interesses. Dies ganz einfach darum, weil aus dem verdeckenden Schutt der aufgeplusterten Nebensächlichkeiten wieder Fragen herausgeholt sind, die den innersten Menschen angehen: Wo ist die Stelle des Menschen im Heilsprozeß? Leistet er in ihm einen Beitrag, wie Eck will, oder ist der Wille ganz ohne Kraft, wie Karlstadt behauptet? Steht der Mensch also aktiv oder passiv im Heilsprozeß? Und steht er dabei seinem Herrgott unmittelbar gegenüber, wie Luther will, oder ist das Papsttum durch göttliches Recht des Menschen Mittler, wie die Kirche und Eck als ihr Vertreter es wollen? Wenn auch Luther und Karlstadt im Umkreis dieser Disputation ihren Anteil an rein theologischer Arbeit beanspruchen dürfen, es geht hier letztlich um einen Streit zwischen religiöser und theologisch-spekulativer Einstellung.

Andreas Bodenstein von Karlstadt hatte in Köln bei den Dominikanern studiert und seit 1507 ihre Methode in Wittenberg eingeführt. Er und Luther kommen also philosophisch-theologisch von zwei ganz entgegengesetzten Schulen. Eine Romreise 1514 hatte bei ihm viel stärkere antikurialistische Wirkungen gehabt als diejenige Luthers. Unter ihm hatte Luther zum Doktor der Theologie promoviert.

Karlstadt ist im Kreise der Lutherischen Mitarbeiter der wichtige Typ des nicht überragenden Lehrers, der verhältnismäßig spät zu Eigenem erwacht, seinen Weg in starken Schwankungen geht, bis er schließlich an der Arbeit seiner Jugend und seiner letzten Jahre verzweifelt und die Theologie für überflüssig und Unsinn erklärt. Aber der Typ, der es trotz seinem Ehrgeiz immer ehrlich meint.

Dr. Johannes Eck, der schon als frühreifer Knabe mit elf Jahren die heiligen Schriften so ziemlich auswendig kannte, ist der Scholastizist mit dem Riesengedächtnis; eine typische Magisternatur mit einem beträchtlichen Ehrgeiz. Das bedeutet: er beherrscht das gesamte Wissen der Zeit, insbesondere das theologische, mit unfehlbarer, spielender Leichtigkeit. Er kennt die erschlossenen Quellen und alle irgendwo und irgendwie vertretenen Thesen mit allen Möglichkeiten der Lösungen. Er distinguiert wie kein zweiter. Aber das alles besitzt und tut er intellektualistisch, nicht im Innersten davon in Anspruch genommen. Er besitzt nicht die Leichtigkeit des Genies, sondern diejenige eines sehr hoch begabten Magisters. Man weiß eben selbstverständlich alles. Aber es gibt kein Problem, das auf den Fingern brennt, es gibt also nicht die immer irgendwie schmerzliche innere Berührung des schöpferischen Vorgangs.

Eck hat eine volle Stimme und ist ein Meister jener Kunst, die wie die Dichterkrönung so etwas wie eine Feststellung der Weltbesten auf dem Gebiet der Wissenschaft ermöglicht: des Disputierens. Er hat an den bedeutendsten Universitäten, auch in Italien, sich Ruhm geholt. Es wäre ihm eine Wonne, nun auch den schon neben Erasmus fast berühmtesten Zeitgenossen Luther aus dem Sattel zu heben. Noch dazu, wo es jetzt um den Kern der Dinge geht.

Und Eck erreicht sein Ziel. Er hebt in der Disputation Luther aus dem Sattel. Die meisten, und halbwegs sogar Luther, geben es zu. (Freilich schwanken dessen Äußerungen stark. In einer Schrift gegen den kirchentreuen Humanisten bei Herzog Georg, Hieronymus Emser, wird sein Bericht über die Disputation zu wahren Orgien des Stolzes.) Er weiß mehr als Luther, von dem stammelnden und mühsam aus Büchern ablesenden Karlstadt zu schweigen.

Und doch täuscht sich Eck. Er ist nicht der Gewinner. Von ihm selbst aus gesehen: die Leipziger Disputation ist für Eck keine verantwortungsreiche Sache; er setzt keine religiöse Kraft ein. Briefe von ihm aus diesen Tagen verraten eine peinliche religiös-sittliche Uninteressiertheit, offenbaren dafür stärkstens den Ehrgeiz. Und ihn voll auszukosten, nimmt er ganz unnützerweise eine kleine Fälschung auf sich und muß sie sich von Karlstadt vorrücken lassen. Weil er also keine religiöse Kraft und auch keine hohe Verantwortlichkeit einsetzt, wirken seine Worte nicht als ein Lebendiges. Sie versehen nur die Funktion einer korrekten Formel, von der den Zuhörern kein lebendiger Besitz blieb.

Von Luther aus gesehen genau das Gegenteil: er weiß weniger als Eck; er wiederholt sich. Aber die ganze Person kämpft um eine für sie unmittelbar entscheidende Lebenserkenntnis. Die alten Worte, die er zitiert, sind neu, weil er sie für sich neu entdeckt und schmerzlich errungen hat. Die Leipziger Disputation wird zu einem ernsten Beweis für die Ohnmacht unlebendiger Korrektheit gegenüber lebendiger Fülle, selbst wenn sie eine so unmögliche Aufgabe unternimmt wie hier die Erhärtung jener 13. These.

Diese 13. These Luthers zeigt wiederum, wie maßgeblich er alles Kirchliche des Papsttums von der Peripherie her sah. Nur, weil Luther unter Papsttum vor allem die Vollgewalt in Weltlichem faßte, konnte er seine These aufstellen, die doch viel weiter reichte, nämlich auch den Jurisdiktionsprimat traf. —

Im Kampf um diese 13. These erfolgte der kirchen- und welthistorische Fortschritt des Kampfes, kraft dessen die Leipziger Diputation von 1519 zu den Entscheidungsstunden der Reformation zu zählen ist.

Vor der Disputation hatte Luther noch selber das Ziel nur unklar gesehen: ‚Gott zieht mich, ich folge nicht mit Widerwillen.' Aber: ‚die Disputation geht ja nur die Gelehrten an ...!' Luthers Stellung auf der Disputation zeigt dann ein eigenartiges Nebeneinander oder vielmehr Ineinander ruckweisen kühnen Vorstoßens und ängstlichen Zurückweichens vor den Folgerungen, die sich vor ihm auftun. Es enthüllt sich ein ihm bisher verborgenes Entweder— Oder, das ihn zu wählen zwingt zwischen seiner Heilstheorie, von der er bis dahin angenommen hatte, daß sie mit dem Kern der Kirchenlehre einig gehe, und dem Primat. Eck zwang ihn zur Konsequenz. Luther ist der Meinung, kein Christ könne gehalten werden, etwas außerhalb der Heiligen Schrift zu glauben. Das sei vielmehr direkt verboten. Man kommt auf Hus und die Husiten. Luther schreckt zurück: er verwerfe die Husiten; es könne n i e, selbst nicht aus göttlichem Recht, eine Berechtigung zur Abspaltung von der römischen Kirche geben. Freilich — er geht wieder vor — unter den Artikeln des Hus, die das Konstanzer Konzil verurteilte, habe es einige sehr christliche gegeben. . . . Da hat ihn nun Eck in der Zange, und zugleich hat Luther sich gerade in der Form gegen die Konzilien exponiert, die ihm in Deutschland seinen Ruhm kosten kann: er hat Konstanz angegriffen, den Stolz der Deutschen, das Konzil, auf dem Deutschland die Einheit der Kirche rettete. Er ist also doch ein Husit! Wenn das Konstanzer Konzil, ein allgemeines Konzil, christliche Sätze verurteilte, hat es geirrt!?

Gefangen, äußert Luther das Bekenntnis: auch Konzilien können irren.

Luther hatte nicht nur das göttliche Recht des Papsttums geleugnet, er war weit darüber hinausgegangen. Der katholische Kirchenbegriff war von ihm radikal preisgegeben.

Und abermals enthüllte sich erschütternd die theologische Unklarheit dieser Zeit. Man hatte sich vor der Disputation auf die Universitäten Erfurt und Paris als Richter im Streit geeinigt. Sie sollten entscheiden, wer gesiegt hätte. Das heißt, man war der Ansicht, daß es sich um eine reine Schulmeinung gegen die bisherige opinio communis handle; in der Tat finden wir die Disputation in der gleichzeitigen Literatur auch auf diese Formel gebracht. Aber der Richterspruch unterblieb. Und das eben war ein Ausdruck dafür, daß diese Disputation den Schulkomment gesprengt hatte. Es gab keine gemeinsame Basis mehr. Die Fragestellung: Wer war der Sieger? — sie wurde noch bis in unsere Zeit hinein wiederholt —, war falsch. Aber daß keine der theologischen Fakultäten unzweideutig Luther ins Unrecht setzte, daß auch nicht einmal Ecks Universität, Ingolstadt, zu richten wagte, zeigt die unentschlossene Kopflosigkeit der kirchlichen Partei und die Unklarheit ihrer Stellung. Noch 1521 beruft sich die Wiener theologische Fakultät auf das Schweigen von Paris, um selbst an einer Entscheidung vorbeizukommen.

Der ausbleibende Richterspruch der Universitäten fand den gemäßen Ersatz: es war die Unsumme von Äußerungen beider Seiten, von Teilnehmern und von Unbeteiligten, in Traktaten und anonymen Flugschriften. Das entscheidende Thema war angeschlagen, und Luthers Lösung war die revolutionäre Antwort. Man sah da noch nicht klar. Aber die Zeit spürte instinktiv das Entscheidungsvolle.

Auch Luthers eigene Entwicklung ist nun ganz beherrscht von dem in Leipzig gemachten Geständnisse, daß Papst und Konzil irren können und geirrt haben. Wenn er schon bisher seine Erkenntnisse nur ganz nebensächlich an der Kirche gemessen hatte (so wie sie die Theologie bis dahin verstand), jetzt hatte er sie abgelehnt. Die Konsequenz war die Leugnung der Sichtbarkeit der Kirche und damit die grundsätzliche Trennung von der Tradition als bindender Glaubensmacht, also auch z. B. von allen Vätern,

Augustin nicht aus-, sondern bewußt mit eingeschlossen. Damit aber war auch das gesamte Leben und die Geschichte der Christenheit desorientiert und in Frage gestellt. Das Haus, in dem die Christenheit bisher gewohnt, war nicht mehr. Es galt, das Leben neu aufzubauen. Das Programm dazu wird in den großen Reformschriften von 1520 vorgelegt.

5. In diesem Jahre 1520 erfolgt auch der eigentliche, siegreiche Durchstoß Luthers zur Nation.

Trotz dem ungeheuren Streit, in dessen Mitte er schon 1519 steht, ist er nämlich noch lange nicht der Mittelpunkt der Zeit. Noch 1519 ist es Erasmus, der — allerdings zum letzten Mal — das kommende goldene Zeitalter verkündigen kann. Luther dagegen steht noch als eigentlich öffentliche Kraft ,allein‘, trotz den humanistischen Kreisen, die zu ihm halten und ihn sogar jubelnd begrüßen. Aber 1520 wird Luther zum Herrn eines großen Teils der Nation, während gleichzeitig die Entscheidung der offiziellen Kirche und des aktiven Teils ihrer theologisch-publizistischen Mitarbeiter gegen ihn fällt.

Der Ablauf ist einerseits gekennzeichnet durch Luthers römischen Prozeß, andererseits durch sein persönliches Fortschreiten in den großen Programmschriften des Jahres 1520.

In diesen Schriften kommt theologisch alles auf einen Punkt hinaus: der Glaube ist das ganze christliche Leben; also gibt es kein besonderes, sondern nur ein allgemeines Priestertum. Ein Grundprinzip der mittelalterlichen Gesellschaft, die Aufteilung in Geistlich und Weltlich, fällt dahin. Die Konsequenzen ergeben sich vielfältigst nach allen Seiten.

Aber hier ist viel mehr als theologische Äußerung. Die Linie der Leipziger Disputation setzt sich fort. Das heißt, gerade das gehört mit zur weltgeschichtlichen Bedeutung der Programmschriften von 1520, daß sie über theologische Interessen, und erst recht über den engen theologischen Fachkreis hinaus vordringen. Luther steht mitten im allgemeinen, flutenden Leben der Öffentlichkeit, der gärenden und in vielfacher Hinsicht elementar nach Neuem suchenden Öffentlichkeit. Er wird nun voll und ganz Träger wie Erreger jener gewaltigen Gesamtgärung, welche die alte Welt zerschlägt und eine neue in Schmerzen und Tumult heraufführt. Er steht nicht mehr in der Klosterzelle noch in der Studierstube, sondern in jener Welt, die sich wandelt, die er wandelt.

Deshalb schreibt Luther nun (seit der Leipziger Disputation) in wachsendem Maße deutsch. Von den Zunfttheologen fühlt er sich immer stärker getrennt, er wendet sich an die Laien. Dem entspricht auch die innere, geistige Form seiner Schriften, die nichtfachmännische Sprache. Dem entspricht auch die äußere Form, das kleine, handliche Format. Das können viele um wenige Groschen kaufen, denen die dicken Wälzer unerschwinglich blieben. Soweit die katholische Gegenwehr mitzählt, vollzieht sie einen ähnlichen Wandel. Die weiterhin nur dicke Bände schreiben, leben an der Zeit vorbei. Luthers Programmschriften des Jahres 1520 stellen denn auch nach Inhalt wie nach Form seine geschichtlich bedeutsamste Äußerung als Reformator dar. Sie geben ihn sowohl am reinsten wie am wirksamsten, und dies bis heute. Ihnen eignet auch für die Ausweitung des entfachten Brandes zu einer deutschen Volksbewegung höchste Bedeutung.

Luther hat zu vielen, auch zentralen Fragen erst später eingehend Stellung genommen, sei es gegen Erasmus über den unfreien Willen, sei es gegen die Schwärmer und die Bauern, sei es 1529 gegenüber Zwingli, sei es in seinen späteren christologischen Äußerungen, die zweifellos das Tiefste seiner theologischen Leistung darstellen. Aber all diese Fragen fallen aus dem 1520 festgelegten Rahmen nur unwesentlich heraus. An Eindringlichkeit der Formulierung, an unmittelbarem Zusammenhang mit der sich vollziehenden Revolution reichen sie an die Programmschriften nicht heran. Zudem sind sie mit Ausnahme der legendären Rückblicke der Tischreden, die von der katholischen Zeit eine Karikatur lieferten, nicht in das breite Bewußtsein des Protestantismus eingegangen. Was wirklich in die Breite gewirkt hat, sind zum größten Teil außer dem Katechismus und den Liedern die Schriften von 1520. (Die Bibel kann man in diesen Zusammenhang nicht miteinbeziehen.) —

Über den Inhalt hinaus, aber natürlich mit ihm zusammen, kennzeichnen sich diese Schriften dadurch, daß sie in subjektiver Notwendigkeit, mit Gedanken und Bildern und hinreißendem Anruf vollgepackt, mühelos erstehen und sich ausschütten; daß sie das Charisma der Berufenheit für die verhängnisvollen Möglichkeiten der Stunde an sich tragen, daß sie genau auf die angesprochene Zeit passen.

Der Ausdruck ,Programmschrift' darf nicht so gedeutet werden, als ob Luther hier theoretisch-konstruktiv vorgegangen wäre. Es sind vielmehr wiederum unmittelbar aus der lebendigen Auseinandersetzung mit der Zeit geborene Bekenntnisse. Aber daß Luther sich mit solcher Sicherheit auf wesentliche Punkte warf und so ein wirkliches Programm schuf, zeigt die innere Folgerichtigkeit seiner einmal häretisch grundgelegten Entwicklung.

Es handelt sich um drei Schriften, die von Mitte August bis Mitte November, also innerhalb von nur drei knappen Monaten, erschienen: I. An den christlichen Adel deutscher Nation, von des christlichen Standes Besserung. — II. Von der babylonischen Gefangenschaft der Kirche (lateinisch). — III. Von der Freiheit eines Christenmenschen.

I. Der Titel der ersten Schrift ist aufschlußreich. Das nationale Thema ist klar miteinbegriffen, und der zu behandelnden Besserung ist keine Grenze gezogen. Sie soll allseitig sein.

Es geht also nicht hauptsächlich um eine Aufforderung an den Adel zur Reformierung in den eigenen Reihen. Der Adel soll vielmehr aufgeboten werden zur Besserung der Christenheit, die im argen liegt. Und weil der geistliche Stand so sehr versagt, soll das Laientum der Arzt werden. Das mächtige Vorrücken des Laienelements seit dem 13. Jahrhundert und seine wachsende innere Verflechtung in das Kirchliche, sein Wettlauf mit der gleichzeitig genau entgegengesetzt sich entwickelnden, einseitig klerikalisierten Kirche erreichen einen abschließenden Höhepunkt. Das Laientum greift allen haßerfüllten Zorn gegen Rom zusammen, um sein eigenes Recht innerhalb der Kirche revolutionär zu proklamieren. Die Überbetonung dieses Rechtes war seit Wiclif nicht neu. Aber dies war neu, daß die ungeheure Abneigung vieler Deutschen gegen Rom, katholisch gesinnter wie zur Häresie bereiter, in dieser, sehr verschieden verstandenen laikalen Selbsthilfe den einzigen Ausweg sah.

Die geistige Lage hat sehr viel Ähnlichkeit mit derjenigen im abendländischen Schisma seit den neunziger Jahren des 14. Jahrhunderts, als aus der unendlichen, allenthalben eingestandenen Not der Zeit die Gedanken des Notrechts und der Selbsthilfe gegenüber der versagenden Kurie durchstießen. Nur daß damals eine Fülle von wohlgemeinten Vorschlägen verschiedenster Abstufung durcheinander wirbelten und kein unbedingt Führender sich erhob. Dieser unbedingt Führende und unvergleichliche Sprecher des größten Teils der Deutschen war nun Luther. Zum größten Teil noch immer deshalb, weil so viele den Bruch im Glauben nicht sahen, weil beinahe alle nur die unsäglichen Mißstände und besonders den Mißbrauch der päpstlichen Macht mit dem allerbesten Recht der Welt zu treffen gewillt waren; aber er war es. Und er zog daraus für seine Sache den entscheidenden Vorteil.

Luther brachte die ganze Frage auf eine denkbar einfache und angesichts der ungeheuren antirömischen Opposition nur zu verlockende Formel: das allgemeine Priestertum. ‚Alle Christen sind wahrhaft geistlichen Standes und ist unter ihnen kein Unterschied als der des Berufes. Das kommt daher, daß wir eine Taufe, einen Glauben, ein Evangelium haben und sind gleiche Christen. Was aus der Taufe gekrochen ist, das mag sich rühmen, schon geweiht zu sein als Priester, Bischof, Papst, wenn auch nicht jeglichem geziemt, ein solches Amt auszuüben. So soll sich denn jede Gemeinde einen frommen Bürger zum Priester wählen.' — Es bedarf keiner langen Erklärung, wie unbestimmt dieser Begriff ‚Priester' nun geworden ist und wie notwendig er unklar bleiben muß.

Hier war die radikale Einlösung der Mündigkeits- und Verantwortlichkeitserklärung des Kirchenvolkes. Eine Menge Selbständigkeitsbedürfnisse aus allen Gebieten des Lebens, vor allem sozialer, allgemein geistiger (humanistischer) und religiös-kirchlicher Art füllten die Atmosphäre; sie empfanden Luthers Ruf wie die endliche Erfüllung lang verwehrten Rechtes.

Dieses Buch zeigt, wie unheilvoll die einseitige Verwaltung der Kirche zu Gunsten des Klerus sich ausgewirkt hatte. Nicht etwa nur zu Recht! Aber tatsächlich. Von der Neuerung selbst aus gesehen, kann man die ganze Reformation zutreffend einen Protest gegen diesen Klerikalismus nennen. Einen Protest des gemeinen Christenmenschen gegen seine kirchliche Benachteiligung. Nicht nur im Sinne des Fiskalismus. Tiefer reicht bei dem Zerstörer der Fundamente, Luther, die Auffassung, daß man den gemeinen Christen an seinen christlichen Rechten gekränkt habe. Mindestens seit dem 13. Jahrhundert war die aktive Hereinnahme der Laien zur Mitarbeit am hierarchischen Apostolat als Frucht der kirchlichen Erziehungsarbeit an den nun selbständig gewordenen Völkern fällig. Aber Avignon und Renaissance, d. h. die gewaltige Säkularisierung des päpstlichen Machtuniversalismus, hatten die Linie, die Franz von Assisi in wahrhaft providentieller, kirchenrettender Art angesetzt hatte (durch den Dritten Orden im Zusammenhang mit der laikalen und freien Persönlichkeit Franzens), nicht fortgesetzt, sondern im Gegenteil in einen hocharistokratischen Egoismus abgebogen. Von der innern, streng kirchlichen Freiheit gegenüber Bann und Interdikt, wie sie etwa das 12. Jahrhundert noch gekannt und in einer Gestalt wie der hl. Hildegard dargestellt hatte, war kaum eine Spur mehr übrig geblieben. Die Reformation empfand sich als revolutionären Protest gegen kirchliche Unterdrückung.

Dieses Urteil kann nicht hinfällig gemacht werden durch den Hinweis auf die gesteigerte und offenbar in freier Gefolgschaft geleistete Kirchlichkeit vor, in und nach der Reformation. Die Kirchentreue der Zeit hebt die Kirchenkritik nicht auf.

Aus jener Grundüberzeugung, daß es zwei gesonderte Stände in der Christenheit nicht gebe, sondern nur einen einzigen, erfließt von selbst, daß der Vorrang Roms nicht mehr bestehen kann: weder kann es allein die Heilige Schrift richtig auslegen, noch ist es allein berechtigt, ein allgemeines Konzil zu berufen. Dieses Recht steht vielmehr jedem Christen zu. — Man muß sich diese Proklamierung wohl merken, wenn man die Wucht und die Selbstverständlichkeit verstehen will, mit der auf den kommenden Reichstagen die Laien nach einem deutschen Konzil riefen. Die Kirchenverfassung ist eine menschliche Einrichtung geworden. Die radikale Entklerikalisierung des Kirchenbegriffs einerseits, seine ,Demokratisierung' anderseits war vollzogen. Und da die kirchliche Obrigkeit nur mehr menschliche Autorität hat, ist sie für die meisten natürlich tödlich getroffen.

Dafür tritt juristisch, wirtschaftlich und religiös-kirchlich der Gedanke der nationalen Eigenart in den Vordergrund. Wie man wirtschaftlich weitgehend Autarkie üben soll (fort mit dem Luxus! weg mit den teuren fremden Spezereien, dem wenig tugendhaften Kaufmannsstand und dem fressenden Zins!), so soll jedes Land nach seiner besondern Art sein Landrecht haben. (Welch eine fürchterliche Auflösung des Reiches war damit legitimiert!) Vor allem muß an die Spitze der deutschen Kirche ein deutscher Erzbischof mit eigenem Kirchengericht. Da wird der Papst nicht mehr dreinzureden haben. Und die Annaten sollen von den Fürsten im Lande behalten werden wie in Frankreich.

Geht man die Anwürfe und Forderungen durch, die Luther dann als Materie des künftigen Konzils programmatisch aufstellt, so stößt man immer wieder auf ein entwaffnendes Unverständnis für historisch gewordene Formen. Das Bild der römischen Mißstände in Leben und Verwaltungspraxis und rechtlichen Vorschriften wird einseitigst zusammengehäuft. Es ist bitter, diese Dinge in so eindringlicher Sprache zu lesen als Ausdruck der These: Das ist nun das ganze Papsttum! Wir werden uns mit Luthers Grobianismus noch zu befassen haben. An seinem zügellosen Überwuchern wird die Grenze des Reformators am deutlichsten.

Aber zunächst müssen wir uns auch hier wieder klarmachen, was diese Anwürfe für das Wachsen der reformatorischen Haltung bedeuteten. Von der Stimmung der deutschen Gravamina war das Bewußtsein aller Deutschen voll. Sie fanden ihren Grimm hier deutlich formuliert wieder. Sollten sie dem nicht recht geben? Wir erinnern uns, daß die Klagen aus kirchentreuen Kreisen unzählig geworden waren. Der kirchentreue Karl v. Bodmann faßt zusammen: ,In Klagen dieser Art sind in Deutschland alle eines Sinnes, vom Kaiser angefangen durch alle Stände bis auf den letzten Mann.' Was bedeutet das anders, als daß Luthers Darstellung des unheiligen römischen Fiskalismus, aufs Ganze gesehen, recht hat?!

Und doch auch wieder anderseits: wie furchtbar klingt es dem Katholiken ins Ohr, wenn in Aufgipfelung des ungeheuren Aufruhrs so kraß verzeichnend zum Ausdruck kommt, daß all dieser Zorn, all diese Züchtigungsreden ihr Recht ziehen aus der Überzeugung, das Regiment der Römer sei teuflisch, es führe die unsterblichen Seelen ins ewige Verderben!

Für die Beurteilung Luthers aber kommt alles auf die Frage an: Welches ist seine Grundüberzeugung und wie weit steht er zu ihr? Wenn man (wie oben S. 219) festgestellt hat, daß in religiösem Ernst der Papst als Antichrist geglaubt wird, daß also kein Wort zu scharf sein kann, um ihn zurückzuweisen, dann erscheinen Luthers entsetzlich verzerrende Übertreibungen als die konsequenten Vereinseitigungen des echten Revolutionärs, der blind ist gegen die das Unrecht der Gegenseite aufhebenden Tatsachen. Er sieht nur Mißstand. Sähe er auch nur zehn Prozent Gutes, so wäre die Kraft seiner Verurteilung, die eine Kraft nicht für die Theologen, sondern für die Masse sein muß, gebrochen. Der Revolutionär Luther ist ganz in seiner eigenen Sicht der Dinge befangen. Er identifiziert seine Sache ganz mit derjenigen Gottes. Zwar sagt er, sein Werk und seine Lehre würden durch die Verfolgung bekräftigt, und er fürchte nur, daß das nicht geschehe. Aber das ist nur die eine Seite. Sein Selbstgefühl stößt reichlich ungezügelt im Behaupten vor. Und der Übermut spielt peinlich herein. Als der Gedanke der nachmaligen ,Babylonischen Gefangenschaft' auftaucht, schreibt er an Spalatin, ,er wolle das römische Otterngezücht noch ganz anders reizen'. —

In einem wahren Sturm zog dieser Aufruf durch das Land. Wir würdigen nicht mehr genügend, was es heißt, daß damals in wenigen Tagen viertausend Exemplare verkauft waren und Auflage um Auflage sich folgten! ,Zum ersten Male in der deutschen Geistesgeschichte beherrschen die Anschauungen eines Mannes die Gemüter der Nation' (G. Wolf). Umgekehrt wächst in Luther das Bewußtsein, daß ,das Volk' auf ihn wartet, daß er zu ihm sprechen soll, daß er berufen ist, das Volk zu führen.

II. Unmittelbar nach der eben besprochenen Schrift erschien die für einen engeren Kreis bestimmte lateinische ,Von der babylonischen Gefangenschaft der Kirche'. Sie ist von allem, was Luther schrieb, der theologisch radikalste Angriff: die Kirche wird in Gefangenschaft gehalten durch die bisherige Sakramentenlehre. Das bedeutet viel mehr als einen Angriff nur gegen die Siebenzahl der Sakramente; es geht gegen den überlieferten Sakramentsbegriff, d. h. also gegen die Objektivität des in der Liturgie der Kirche tätigen göttlichen Lebens. Hier wird die Auflösung des Christentums in eine Gesinnungsreligiosität gerade an dem Punkt vollendet, der am stärksten deren Überwindung bedeuten sollte. Hier wird jenes geheimnisvolle Zentrum angetastet, aus dem die Einheit der Kirche über die häretische Meinung des einzelnen oder vieler hinweg sich selbst durch das Gesetz des Wachstums hätte wiederherstellen können. Nicht der Kampf gegen den Papst ist für die katholische Kirche das Verhängnisvollste am reformatorischen Vorgang, sondern die Entleerung der objektiven Kraftquelle, des eigentlichen Mysteriums.

Auch an diesem Punkte, wie an so vielen andern, wird deutlich, daß die Grundwurzel der reformatorischen Haltung die individualistische, singulärpersonelle Einstellung Luthers ist, d. h. die Tatsache, daß er radikal denkt und empfindet nur aus seinem persönlichen Gewissen, nicht aber aus der lebenden, objektiv seienden Gemeinschaft der Kirche. Dem entspricht auch die theologische Argumentation, wo er gegen die kirchliche Auffassung der Eucharistie und die Verweigerung des Kelches redet. Nirgends die Spur einer Vorstellung davon, daß die von Christus gegründete Kirche die Besitzerin der Offenbarung sei, daß die Offenbarung außer in der Schrift notwendigerweise auch im Leben der Kirche sich aussprechen müsse, wobei es denn eben nicht genügen könne, dieses Leben in den mit Recht getadelten Veräußerlichungen zu sehen.

Man darf freilich unter keinen Umständen übersehen, in welcher Tiefe Luther anderseits auch in diesem Protest an das einfach dastehende unverrückbare Wort des Evangeliums gebunden erscheint, und welche Kraft er durch diese Überbetonung den Christen seiner Konfession gerettet hat! Wenn er auch selbst hier nach seiner ganz persönlichen Entscheidung sich Eingriffe erlaubt, aufs Große gesehen ist er in bedeutender Weise im Wort gefangen. Und das war ja zweifellos nicht nur die Kraft, die seinen Kampf am aussichtsreichsten machte und seiner häretischen Stellung ihr Recht zu geben schien, es war auch ein machtvoller, nicht überhörbarer und nicht überhörter Protest gegen die Veräußerlichung in der Verwaltung der Offenbarungsgüter.

Und weiter: Luther schritt in seiner Aufhebung des objektiv Sakramentalen nicht bis ans Ende fort. Das überließ er Zwingli und den Schwärmern. Es war ein Glück für die Christenheit. Wie in Marburg 1529, so besteht er hier fest auf dem ‚Dies ist mein Leib‘.

Außerdem bleibt die Kindertaufe die objektive Voraussetzung der Heilsmöglichkeit. Also sind alle Getauften noch eine Einheit. Zusammen mit der realen Gegenwart des Herrn im heiligen Abendmahl ist hier der Punkt, an dem eine neue sakramentale Gemeinschaft in Christus die Einheit der Kirche vielleicht dereinst wird wiederherstellen können.

Dieses Bekenntnis zu einer beschränkten objektiven Kraft (des opus operatum) erscheint freilich theologisch außerordentlich schwach fundiert. Auch hier noch dringt Luthers Subjektivismus radikal durch: ‚Glaube und du hast schon genossen.‘ Der Glaube des Empfangenden bewirkt die wirkliche Gegenwart Jesu Christi; denn die Substanz des Brotes und des Weines bleiben unangetastet, ohne Verwandlung.

Man sieht die Tragweite: das eigentliche sakramentale Amt des Priesters ist aufgehoben, ohne daß ein Wort darüber gesagt wäre. Es ist überflüssig geworden. Der Spiritualismus setzt sich durch. Ein besonderes priesterliches Amt behält höchstens Wert im Sinne einer pädagogischen Seelen-Sorge und dadurch, daß besondere Kenner der Schrift da sein müssen, um das Wort zu predigen.

Für die theologische wie polemische Technik Luthers ist der Abschnitt über die Ehe besonders instruktiv: er vereinfacht. Er kommt auf die tatsächlich sehr, sehr ausgeklügelten Ehehindernisse zu sprechen. Er verlangt, die Sache mit einem ruhigen und freien Blick zu betrachten, vom Glauben und von einer natürlichen Klugheit geführt. Dann stellt er neben die multiplizierten Bestimmungen einfach den Schriftsatz: Was Gott verbunden, soll der Mensch nicht trennen[1]. Manche der angegriffenen Bestimmungen erscheinen so unmöglich, daß nur ein freies Wort ihre Gültigkeit in Frage zu ziehen braucht, damit sie auch schon fragwürdig erscheinen und die meisten Leser nicht daran denken, sich zu erkundigen, mit welchem Recht, ohne Einschränkungen, diese Bestimmungen der Kirche als menschliche Willkür schlechthin bezeichnet werden. Sicher liegt hier wie sonst der schwache Punkt von Luthers Theologie darin, daß er nicht aus der Realität der Kirche denkt, sondern aus seiner singulären, individuellen Persönlichkeit, die für sich die Bibel liest und aus ihr schöpft. Es ist die fundamentale Fehleinstellung aller Häresie. Aber, wie viele Leser konnten und wollten angesichts des u n mittelbaren Rechtes seiner Kritik diese entscheidenden Vorfragen stellen?

Es kommt hinzu, daß Luthers herbe Kritik immer und immer wieder aus der religiösen Sorge aufsteht, sei es daß sie immer wieder die von Christus geschenkte Freiheit anruft, sei es daß sie sich ereifert gegen die menschliche Multiplizierung der Sündengefahren und damit der Sünden infolge des gehäuften Vielerlei der Vorschriften.

Ihnen gegenüber beruft er sich schon als auf etwas Unverlierbares auf seine Freiheit. Aber in welch gefährlich unbekümmerter Form tut er es, allen Antinomisten ein unwiderstehlicher Anreiz zur subjektivischen Willkür: ,Meinetwegen! Es mögen heilige und fromme Menschen gewesen sein, die diese vielen Ehehindernisse aufgestellt haben. Was drückt anderer Leute Heiligkeit meine Freiheit? Was soll mich der Eifer eines andern hemmen? Möge doch heilig und eifrig sein wer will und soviel er mag, meine Freiheit soll er mir nicht rauben!'

Dieselbe Schrift führt anderseits den Kampf gegen die Selbstgerechtigkeit des Menschen (etwa insbesondere der Mönche) auch in jener Richtung weiter, die bereits in den 95 Thesen angelegt ist: die geistlichen Schätze und das Himmelreich gehören unterschiedslos a l l e n guten Christen. So geht es nicht an, daß (wie Luther behauptet) die Mönche durch ihre beliebig wiederholbare Mönchstaufe sich allein Gerechtigkeit zuweisen, den einfach Getauften aber nichts übrig lassen!!

Zur Widerlegung dieser bis zum Radikalismus gesteigerten Anklagen braucht man nur auf die Luther bekannten durchgängigen theologischen Ansichten und die geltenden kanonischen Bestimmungen hinzuweisen. Aber man darf ander-

---

[1] Hier ist es auch, wo er die revolutionäre These von der rechtmäßigen Ehe der Geistlichen gemäß göttlichem Recht aufstellt.

seits nicht übersehen, daß sich die Kurie an diese Ansichten nicht streng genug
band, und daß Luther (wie in der ,Vermahnung' 1530, ,An seine lieben Deutschen' 1531 und sonst so oft) eben diese Art Selbstwiderlegung ausnützte. Der
simonistische Gnadenverkauf war an der Kurie weithin herrschende Praxis
geworden. Alle neueren Nachweise, die etwa die behauptete Höhe der er-
zielten Geldsummen als erheblich übertrieben und die Ausnützung deutscher
Pfründen durch Italiener als geringer nachweisen, vermögen nichts gegen die
offiziellen Feststellungen etwa der Reformdenkschrift der vom Papst be-
stellten Kardinäle von 1537 und des persönlichen Gutachtens des Kardinals
Contarini von 1538 über die Reformierung der Datarie bzw. des Benefizienwesens. Hier wird ausdrücklich festgestellt, daß die kuriale Praxis abhängig
sei von den extremsten Übertreibungen servíler Kurialisten, die die Macht
des Papstes bis zum willkürlichen Verkauf der Benefizien steigern und ihre
unchristliche Theorie krönen durch die unerhörte These, ein Papst könne
überhaupt nie Simonie begehen. Contarini hebt eigens hervor: ,Diese simonistischen Mißbräuche haben die Freiheit der Christen zerstört und Bücher
wie die „Babylonische Gefangenschaft" entstehen lassen.'

III. ,Von der Freiheit eines Christenmenschen' ist die frömmste aller
Schriften des Reformators[1]. Sie ist wieder deutsch geschrieben und besitzt für
die Ausbreitung der Anhängerschaft Luthers eine besondere Bedeutung. Sie
traf die ganze Christenheit, sogar Gegner Luthers, durch die gefühlvolle Einfachheit einer sympathischen Frömmigkeit. Luther steht hier der katholischen
Atmosphäre noch am nächsten. Reformatorisch wird das Büchlein eigentlich
nur durch die einseitigen Auffassungen, die in den beiden vorangegangenen
Programmschriften entwickelt worden waren. Eine seiner Grundauffassungen
ist die Lehre vom allgemeinen Priestertum aus der Schrift an den Adel. Mit
außerordentlicher evangelischer Tiefe und volksnaher Innigkeit predigt Luther
die freie Hingabe an den Vater in den Himmeln und den daraus erwachsenden
freien christlichen Bruderdienst.

Ein neues Element: mit ungewöhnlicher Erfühlung auch der s y n o p t i s c h e n
Welt und Sprechart wird das Evangelium von Christus und der Sündenvergebung durch den Glauben an ihn vorgetragen. Die Rechtfertigung wird
des öfteren in einer durchaus katholisch interpretierenden Art als eine wirkliche dargestellt, genau wie die Lehre von der Notwendigkeit der guten
Werke zur Zucht des eigenen Körpers und zur Ermöglichung eines christlichen
Gemeinschaftslebens sichergestellt wird.

---

[1] Diese Beurteilung trennt natürlich, wie es allein dem Inhalt und dem geschichtlichen
Entstehungsprozeß entspricht, scharf zwischen dem Buch selbst und dem ihm vorangesetzten
Brief Luthers an Papst Leo X.

Christliche Freiheit, so hatte Luther schon in der ‚Babylonischen Gefangenschaft‘ gelehrt, ist nicht ein kostbarer Nebenbesitz, sie ist die Quintessenz des erlösten Menschen. ‚Christen‘ ist nur ein anderer Name für das Volk der christlichen Freiheit, das gegenübersteht dem Volk der Gesetzesknechtschaft. Gewiß führt erst die Polemik gegen die Vielheit römischer Vorschriften und gegen die daraus gefolgerte Häufung der Sündenmöglichkeit und die Gefahr der Gesetzesfrömmigkeit eigentlich dazu, diesen Begriff so scharf herauszustellen. Aber man muß sich hüten, ihn nur von dieser Polemik aus verstehen zu wollen. Er ist ausschließlich positiv gewendet und eine Folge des Rechtfertigungsdogmas: durch den alleinigen Glauben ist der Mensch ganz befreit.

Dieses Büchlein nähert sich von allen Schriften Luthers am meisten auch einem christlich-religiösen Humanismus. Es gibt unter Luthers Schriften wohl auch keine, die den Katholiken wehmütiger stimmt. Denn hier zeigt sich am deutlichsten, was die ganz ungewöhnliche christliche Kraft Luthers für die Reform der Kirche in der Kirche hätte erreichen können.

Angesichts einer solchen Schrift fällt es schwer, zurückzufinden zu dem beinahe unbesorgt kühn zerstörenden und hemmungslos die römische Kirche schmähenden Luther, der auch in dieser Schrift nicht fehlt (wenn er über ‚die stinkende Mordgrube in Rom‘ massive Äußerungen vorträgt). Eingeleitet ist sie durch einen Brief an den Papst (‚Dem allerheiligsten in Gott Vater Leo, dem zehnten, Papst zu Rom, alle Seligkeit in Christo Jesu unserem Herrn‘), der in seinen demütigen Beteuerungen seltsam absticht von jenen und andern gleichzeitigen Radikalismen gegen das Papsttum. Die Maßlosigkeit entwaffnet ebenso, wie der Widerspruch unbegreiflich bleibt, und beides ist für Luther schwer belastend. Doch sollte man hier nicht auf Lüge erkennen. Ein Lügner hätte nicht gar so grobe Widersprüche unmittelbar nebeneinandergestellt. Luther ist in Gärung, in einer Wesenswandlung. Er trägt das Vergangene noch in sich. Er sieht sein eigenes Bild nicht klar.

Gewiß ist diese Schrift auch der Versuch, dem Bann das Recht von der Wurzel her zu nehmen und damit die Gefahr zu beschwören — ‚Ein Christenmensch ist ein freier Herr über alle Dinge und niemand untertan‘! — und es ist nur zu verständlich, daß Luther angesichts der nun unmittelbar drohenden Lebensgefahr ‚Mäßigung‘ zu bewahren suchte. Aber daß diese Mäßigung nicht Berechnung ist, sondern einer harmonischen Synthese zustrebt, daß gerade die nahe Lebensgefahr weder Luthers Grobianismus besonders aufreizt, noch seine Freiheit in Zaghaftigkeit auflöst, das ist eindrucksvoll.

5. In dieses unausschöpfbar fruchtbare Jahr 1520 fällt auch (vor den Programmschriften und neben einer Reihe pastoral-religiöser Schriften) der von

Luther selbst sehr hoch geschätzte ‚Sermon' von den guten Werken, die volkstümlichste Darstellung seiner Glaubenstheologie, seines spiritualistischen Kirchenbegriffs (eine geistliche Gemeinschaft der Seelen in einem Glauben, zu erkennen an Taufe, Sakrament und Evangelium) und seiner Sündentheologie (die sowohl die Wirklichkeit der Sünde übersteigert, als die Möglichkeit des Sündigens für den Glaubenden leugnet).

Luther wird aber noch in anderer Weise vorwärts getrieben. Seinen historisch ungenügenden Vorstellungen vom päpstlichen Primat, die er sich durch seine Vorbereitung auf die Leipziger Disputation angeeignet hatte, brachte das Jahr 1520 eine außerordentlich wichtige Stütze: Luther las die von Hutten herausgegebene Schrift des Lorenzo Valla über die Konstantinische Schenkung. Es war ein starker Stoß. Die Grundlage ‚der' päpstlichen Macht eine große Fälschung! Das war zwar eine falsche Schlußfolgerung; aber sie gewann wieder Wahrscheinlichkeit aus den Übertreibungen und Unklarheiten des Kurialismus, der die weltliche Macht des Papsttums mit dem Wesen des Primats verquickte.

Wenn also die Macht des Papstes auf einer Lüge beruht, muß er der Antichrist sein! Im gleichen Jahre liest Luther die Schriften des Hus, des verbrannten Ketzers, und erkennt darin seine eigene Lehre.

Inzwischen war der große Schlag aus Rom erfolgt. Während der Arbeit an der ‚Babylonischen Gefangenschaft' erfuhr Luther definitiv, daß Eck mit einer Bulle gegen ihn in Deutschland eingetroffen sei. Es war die Bulle ‚Exsurge Domine' vom 15. Juni, die den Bann gegen Luther noch nicht aussprach, sondern androhte: ‚Mache Dich auf, Herr, und richte Deine Sache; gedenke der Schmach, die Dir von den Toren widerfährt den ganzen Tag!' (Ps. 74, 22.) In hochfeierlicher Weise werden weiter unter Verwendung von Psalmenworten Petrus und Paulus, die ganze Schar der Heiligen, die ganze Kirche apostrophiert, aufzustehen gegen ‚den Fuchs, den Eber aus dem Wald' (Ps. 80, 4), der den Weinberg Petri verwüstet, die Bibelerklärung der Kirche verachtet, aber, wie alle Ketzer, aus Eigensucht und um dem Volk zu schmeicheln die Schrift nach seinem eigenen Sinn dreht. Die von Luther vorgetragenen neuen Auffassungen sind längst von der Kirche verurteilt worden, besonders gegen Hus. Luther hat aus Trotz an ihnen festgehalten, obschon der Papst versucht hat, ihn durch Cajetan zu belehren, und ihm freies Geleit und kostenfreie Reise nach Rom angeboten hat, damit er dort eindeutig über seinen Irrtum aufgeklärt würde[1]. Als besonders wichtig wird die einzigartige, von Liebe getragene Beziehung des Heiligen Stuhles zu Deutschland

---

[1] Luther hat die Wahrheit dieses Angebotes bestritten; Spuren davon haben sich jedenfalls nicht erhalten.

herausgehoben, dem der Papst das römische Kaisertum geschenkt habe, dessen
Kaiser ihrerseits stets Beschützer der Kirche gewesen seien.
Durchaus richtig greift die Bulle aus Luthers Lehren auch diejenigen heraus
(vgl. aber dazu unten S. 284 Anm. 1), die seinen Bruch am offensichtlichsten
machten, jene nämlich, in denen er die Macht der Kirche und des Priesters
leugnet. Im ganzen werden 41 Sätze verworfen und teilweise als häretisch
bezeichnet. Wer an diesen Lehren festhält, soll dem großen Bann und seinen
weitreichenden geistlichen und weltlich-rechtlichen Nachteilen verfallen. Luther
und seine Anhänger werden beschworen, zur Kirche zurückzukehren. Es werden
ihnen 60 Tage Frist gestellt. Sollte die Frist ohne Widerruf verstreichen,
werden sie als notorische Ketzer gelten und alle darauf stehenden Strafen des
kirchlichen Rechtes zu tragen haben.

Die Anhänger Luthers waren nicht namentlich genannt. Es blieb Eck, der
die Bulle als päpstlicher Legat nach Deutschland brachte, überlassen, sie nach
eigenem Ermessen einzufügen. Seine Wahl fiel u. a. auf Karlstadt, den Humanisten Pirkheimer, den Stadtschreiber Spengler aus Nürnberg und einen
adeligen Augsburger Domherrn, Bernhard Adelmann v. Adelmannsfelden.
Hier spielte allerlei persönliche Ranküne mit. Da man außerdem wußte, daß
Eck an der Abfassung der Bulle beteiligt war, sahen viele in ihr überhaupt
eine Äußerung der persönlichen Feindschaft, was die Wirkung natürlich nicht
erhöhte, wohl aber angesichts des hochfeierlichen Einsatzes der Bulle dem
Ansehen der römischen Kurie weiter schaden mußte.

Die Wirkung der Bulle blieb nicht nur weit hinter den gehegten Erwartungen zurück, sie wirkte, kann man sagen, überhaupt nicht. Sonst wäre
weder das nachmalige Verhör Luthers in Worms noch das indolente Benehmen der deutschen Bischöfe in einer so ernsten Angelegenheit möglich
gewesen. Die Aufnahme der Bulle enthüllt einmal mehr, wie stark das
Ansehen päpstlicher Entscheidungen bereits erschüttert war. Auch in treukirchlichen Kreisen faßte man allgemein diese Bulle nicht etwa als eine
unabänderliche Entscheidung auf. Die Konziliaridee mit all ihren demo-
kratisierenden und dogmatisch auflösenden Nebenkräften wirkte sich wieder
einmal aus.

Luther reagierte in trotzigstem Aufbegehren. Nun weiß er es aus der Bulle
selbst: der Papst ist der Antichrist. Schon dem Prierias, dessen ‚Antwort‘
Luther selbst mit Vorwort, Randglossen und Schluß herausgegeben hatte,
hatte er angemerkt: ‚Lehrt man frei öffentlich so in Rom, so sage und bekenne
ich mit dieser Schrift frei öffentlich, daß der wahrhaftige Antchrist sitzt im
Tempel Gottes.‘ Dem Papst und den Kardinälen tritt er entgegen in der
Vollmacht seiner Taufe als Gottes Kind und Erbe Christi, und er gebietet
ihnen, Buße zu tun und diese teuflischen Gotteslästerungen einzustellen, und

dies schnell. ‚Wenn nicht, dann verdamme ich euch im Namen Christi, unseres Herrn, den ihr verfolgt!'

Am 10. Dezember gibt Luther dieser Haltung auch den äußern, revolutionären Ausdruck: er verbrennt öffentlich, vor dem Elstertor in Wittenberg, das päpstliche Gesetzbuch, theologisch-scholastische Werke und die Bannbulle. Die Tat machte einen gewaltigen Eindruck. Schon mit der Aufforderung ‚An den christlichen Adel' hatte sich unter den bisherigen Anhängern Luthers eine Klärung und Trennung zu vollziehen begonnen. Viele fingen an, neben dem Protestler Luther den dogmatischen Revolutionär, die verheerende Tragweite seiner Alarmrufe und den unkirchlichen Kern seiner Lehren zu erkennen. ‚Von der babylonischen Gefangenschaft' hatte die Entwicklung beschleunigt. Eine ganze Reihe von Schriftstellern, wie Erasmus, der Dominikaner Johann Faber aus Augsburg, die Franziskaner Franziskus Quiñones und Johann Glapion, geben der Erschütterung Ausdruck, welche diese Schrift bei vielen Katholiken verursacht habe, die bis dahin, wenn auch mit einigen Hemmungen, Luther begeistert gefolgt seien, und wie man nach dieser Schrift kaum mehr an die Möglichkeit einer Beilegung des Streites hätte glauben können.

Staupitz, Luthers Ordensoberer, war in einer besondern Art mit Luthers Schicksal verknüpft. Er hatte den ringenden jungen Mönch zum Teil seelsorgerlich betreut. Er hatte ihn auf die Bibelprofessur nach Wittenberg gebracht. Er besaß Verständnis für Luthers Gegnerschaft zur Scholastik und zu vielem Veräußerlichten in der Kirche. Aber er war katholisch. Er mußte unter der Entwicklung leiden. Er erkannte auch die Gefahr. Der Tumult ist schon so groß, Luthers Thesen so radikal: da löst er Luther vom Ordensgehorsam. Eine Entlastung für den Orden und für seinen Kapitelvikar Staupitz. Aber auch eine Loslösung für Luther von nicht zu überschätzender psychologischer Wirkung.

Die Bannung und Luthers Verbrennungsakt brachten eine noch stärkere Erschütterung. Humanisten fallen vom Reformator ab. Ein Mann wie Cochläus, Humanist und Theologe, bis dahin Luther geneigt, wird sein Gegner. Die theologische Abwehrarbeit wächst. Die Fronten beginnen sich zu scheiden. Sehr verständlich! Denn die Verbrennung der Bulle war eine revolutionäre Tat, auch im sozialen Sinn: sie zeigte grell, wie weit der theologisch-kirchliche Streit bereits zu einem Angriff auf die Grundlagen der bisherigen Ordnungen des Lebens geworden war. Sonst hätte ein solcher Versuch ja gar nicht gedacht werden können. Die Wirkung ist sofort auch politisch da: der kaiserliche Hof hatte bereits seine Zustimmung dazu gegeben, daß Luther auf dem kommenden Reichstag erscheinen dürfe; er zog die Zusage zurück.

§ 3. *Wie die Zeit reagiert*

Alle Regungen des Reformatorischen bleiben vor 1521, also vor der entscheidenden reichsrechtlichen Stellungnahme, einigermaßen im Dunkel, werden nicht definitiv und sind schwer genau zu erfassen. Deshalb können Analysen der Jahre 1518—1520, soweit sie versuchen, zu den tragenden Kräften vorzustoßen, nur die Bedeutung vorläufiger Orientierung und nicht abschließender Beurteilung beanspruchen. Trotzdem sind sie unentbehrlich, wenn das ungemein differenzierte, höchst bewegliche, lebendige Gewebe sichtbar werden soll, aus dem die eigentliche Reformationsgeschichte ihre Kräfte zog.

1. Der Aufenthalt Luthers in Augsburg 1518 hatte bereits die neue Verteilung der Kräfte veranschaulicht. Luther war ein Bettelmönch. Also einer aus jenem verachteten und verhaßten Stande, der ein Hauptobjekt der antikirchlichen Kritik bildete. Und doch war er bereits einer der bekanntesten und am meisten bewunderten Männer Deutschlands, den der berühmte Peutinger zum Abendessen bittet. Schon auf der Reise nach Heidelberg hatte ihn ein fürstlicher Herr, der Würzburger Bischof Lorenz v. Bibra, einer langen Unterredung gewürdigt und von ihm einen tiefen Eindruck empfangen. ‚Laßt euch ja den frommen Mann, den Doktor Martin, nicht fortnehmen. Man tut ihm unrecht!‘ schrieb er dem Kurfürsten Friedrich. In Heidelberg gewann Luther durch die Disputation zwei so bedeutende und für den Fortgang seines Werkes so wichtige Köpfe wie Martin Butzer, den Dominikaner, und Johannes Brenz († 1570), den späteren Reformator Württembergs. In diesem selben Jahre studierte Nikolaus v. Amsdorf auf Luthers Anregung Augustinus und Paulus. In ihm gewann der Reformator einen der Treuesten der Treuen, der mit zur Leipziger Disputation und (ohne freies Geleit) 1521 nach Worms ging, einer der wenigen, die um Luthers Verbleib auf der Wartburg wußten: der starre Lutheraner, der Typ des lutherischen Streittheologen, wie Flaccius Illyricus voll Unduldsamkeit und Verketzerungssucht. Auch Agricola (Johannes Schneider aus Eisleben) tritt bereits als Künder lutherischer Ansichten hervor (er war es, der erstmalig Luthers Auslegung des Vaterunser herausgab, Anfang 1518).

Und wiederum ein ganz anderer Kopf: bei der Disputation in Leipzig 1519 hört Müntzer zu, der schon 1520 Prediger in Zwickau wird, einer der führenden Gestalter des Schwärmertums, von dem wir noch hören werden.

Im selben Jahr finden wir bereits einen Wittenberger Studenten (Hektor Pömer) als Propst an St. Lorenz in Nürnberg. Der junge Nesen, ein Schüler des Erasmus, wird Stadtschulmeister in Frankfurt am Main, das er zum Protestantismus führen wird. Urban Rhegius wird zum Kampf gegen die Neuerung nach Augsburg gerufen, wo Luther von 1518 her Anhang hatte;

man hatte den Bock zum Gärtner gemacht, denn Rhegius war damals bereits innerlich für Doktor Martinus gewonnen.

An der Universität in Wittenberg steht neben Luther Karlstadt, der mit ihm in Leipzig einzog und sich nun schnell zu einer radikalen Haltung fortentwickeln wird. Wir wissen bereits, wie sehr Luther dort überhaupt der Mittelpunkt geworden war. Seit Jahren gibt es schon eine eigentümliche ‚wittenbergische' Theologie. Bereits 1518, in der Vorrede zur Ausgabe der ‚Theologia deutsch', muß sich Luther gegen die Verdächtigung dieser neuen Schule wehren: sie täten, sagt man, ‚als ob nit vordem und anderswo auch Leut gewesen'.

Seit Ende August 1518 weilte Melanchthon als Professor in Wittenberg, erst 21 Jahre alt, ein von Erasmus bewunderter Kenner der klassischen Sprachen, eine Hauptfigur der Reformation, und mehr als das.

Zu ihnen allen kommt noch, als eifriger und wichtiger Anhänger, Luthers Freund Lang im Erfurter Augustinerkloster.

Man sieht bereits: auch die Kräfte, die sich am engsten an Luther anschließen, sind alles andere als streng einheitlich. Eine Fülle persönlicher Werte steht bereit. Allerdings entspricht die Vielartigkeit auch der in Luthers Grundsätzen angelegten Aufspaltungsgefahr. Besonders wichtig ist es, auf die mit Butzer—Melanchthon ansetzende ‚humanistische' Linie zu achten, die die Verbindung zu Zwingli anbahnt und die spätere relativistische Haltung des Acontius und damit die Auflösung vorbereitet.

Die Humanisten, unter ihnen auch die Vornehmen, hatten sich, wie wir hörten, schon in Augsburg um Luther beworben. Aus ihren Kreisen wird dem Reformator vor allem jene breite Front Sukkurs leisten, die sowohl seinen Kampf gegen Rom, Scholastik und Mönchtum mitmacht, als positiv für ein gereinigtes Christentum, wie sie es bei Luther zu finden glaubt, zu haben ist. Seit man gar auf den unbeliebten, ja gehaßten Eck als Verbreiter der Bannbulle stößt (seit September 1520 in den Bistümern um Kursachsen; am 3. Oktober schickt er sie an die Universität Wittenberg), setzt man sich noch aktiver für den Verfemten ein. Auch hier ist die Artung sehr verschieden: von Cochläus über Erasmus-Pirkheimer zu Hutten und wieder zu Melanchthon. Wir werden darauf zurückzukommen haben, wenn wir die Kräftelagerung nach Worms und dem Aufenthalt auf der Wartburg besprechen werden.

Vom Adel in Bayern und Österreich wissen wir, daß er sich sehr früh für Luther erklärte. Die weltlichen wie die geistlichen Fürsten benahmen sich allesamt höchst zurückhaltend und abwartend.

Soweit es sich um die sich bildende a k t i v e Anhängerschar Luthers handelt, gibt es wohl e i n e aufschlußreiche Formel für sie: d i e J u n g e n sind für Luther; sie stehen gegen die Alten, die für die Tradition eintreten. Es liegt in der Natur der Sache, daß solche Formeln immer nur a parte potiori zu nehmen sind. Aber sie können doch sehr erhellend sein. H. Schöffler hat kürzlich, wenn auch mit einiger Überspitzung, gezeigt, welch erstaunliche Konsequenzen sich aus jenem alten Gedanken ‚Jugend gegen Tradition‘ für die Geschichte der Reformation ergeben.

Und um eine weitere wichtige Einzelheit nicht zu übergehen: in Augsburg scheint sich bereits die hohe Politik der Sache Luthers nähern zu wollen. Es ist nur ein schwacher Hinweis; immerhin, der französische Gesandte hatte sich Luther empfehlen lassen. Das ist nicht so nebensächlich, wie es sich ansehen und auch damals gewirkt haben mag. Denn es liegt auf der sich anbahnenden großen Linie Frankreich—politischer Protestantismus, die den gesamten Verlauf der Reformation entscheidend beeinflussen sollte. Ein Ansatzpunkt zu einer politischen Wendung und Auswertung des ganzen Handels war übrigens schon vorhanden: Luthers Landesherr. Kurfürst Friedrich hatte schon seit 1501 dafür gesorgt, daß das in seinen Territorien aufkommende Kirchengeld nicht mehr nach Rom wanderte. Er hatte es schließlich für die Gründung seiner Universität benützt. Politischer Gegensatz zum Brandenburger Kardinal in Mainz wie geldliche Interessen ließen ihn die Verkündigung des neuen Jubelablasses in seinem Hoheitsgebiet untersagen. Es ist unschwer begreiflich, daß ihm Luthers Attacke sympathisch war. Schon stand Luther gewissermaßen unter kurfürstlichem Schutz!

2. Im Unterschied zu den westlichen Monarchien war Deutschland im 15. Jahrhundert, wie wir sahen, nur recht unvollkommen zum Bewußtsein seiner nationalen Eigenart gekommen. Dieses Versäumnis wurde in einer tragischen Art durch die Reformation nachgeholt. Zwar weiß der englische Gesandte aus der Zeit der Kaiserwahlvorbereitungen von einem ungewöhnlich starken, gegen Frankreich gerichteten deutschen Patriotismus zu melden. Man kann dementsprechend mit Ranke die Wahl Karls von Spanien als ausgesprochene Äußerung deutschen Nationalgefühls verstehen. Recht eigentlich erstarkt das deutsche Nationalbewußtsein aber erst an der Reformation; leider, um auch sofort von der Wurzel her gespalten zu werden. —

Bei der Analyse dieses nationalen Bewußtseins und seines Wachsens müssen eine Reihe wichtiger Fragen auseinandergehalten werden. Zuallererst darf man nicht dem Mißverständnis verfallen, Luther zu einem bewußt politisch-national Führenden zu machen. Man könnte den Reformator kaum schlimmer mißverstehen. Er arbeitet für seine Deutschen, er fühlt für das Wohl und Wehe Deutschlands und bekennt dies in höchst eindringlichen und weitreichenden Äußerungen; er begrüßt, stärkt und nutzt aus den antirömischen Affekt der Nation. Der Überschwang, mit dem er die in seinem Mutterlaut geschriebene Theologie des Tauler und des ‚Frankforter‘ begrüßt, ‚die mehr Solides enthalten als die allein gekannten lateinischen Werke aller scholastischen Doktoren‘, zeigt eindringlich, wie stark sein Deutschtum in ihm zur Bewußtheit erwacht. Seine Bibelübersetzung wirkte durch die Jahrhunderte als eine der bedeutendsten Einheitskräfte der Nation. Aber: er ist und bleibt in erster und letzter Linie Verkünder des Wortes, das gleichmäßig allen Menschen gilt und über alles Menschliche, also auch Nationale, absolut erhaben ist. Er ist ‚Evangelist‘ und Prophet. Sein Nationalbewußtsein ist nicht ohne Grund so stark negativ orientiert, nämlich antirömisch.

Es gab in den Entscheidungsjahren der Reformation von Hutten zu Sickingen eine ganze Phalanx von Kräften, die versuchten, Luther unmittelbar in die politisch-revolutionäre Abrechnung mit den ‚Pfaffen‘ einzuspannen; er lehnte konsequent ab. Es fehlte sogar Ende 1518 nicht viel daran, daß er seine Tätigkeit aus Deutschland weg nach Frankreich verlegt hätte.

Was man selbstverständlich n i c h t für diese Distanzierung in Anrechnung bringen darf, sind die bittern Worte, die Luther so oft darüber findet, daß seine Deutschen die neue Botschaft nicht hören wollen, oder die Anklagen, die er häufig gegen die m o r a l i s c h e n Mängel der Deutschen schleuderte (‚Es muß ein iglich Land seinen eigen Teufel haben. Unser deutscher Teufel wird ein guter W e i n s c h l a u c h sein und muß S a u f heißen, daß er so dürstig und hellig ist, der mit so großem Saufen Weins und Biers nicht kann gekühlt werden. Und wird solcher ewiger Durst Deutschlands Plage bleiben bis an den Jüngsten Tag. Der Sauf bleibt ein allmächtiger Abgott bei uns Deutschen und tut wie das Meer und die Wassersucht!‘); denn offenkundig spricht Luther als deutscher Seelsorger zu seinen Deutschen, und solchen Stellen stehen andere gegenüber, wie jenes bedeutsame Wort: Bei uns Deutschen ist ja — ja, und nein — nein.

Und radikal trennen muß man ferner von der Frage des nationalen Wachwerdens dieser Tage die kurfürstlichen und fürstlichen Führer der Länder des Reiches. Der größte Teil von ihnen war aus einem geradezu erbärmlichen Egoismus heraus unerhört leicht bereit, für einige zehntausend Gulden mehr das Reich dem Franzosen statt dem Habsburger zu übertragen; ihre territoriale Eigensucht schloß Opfer für das Ganze so gut wie überhaupt aus.

Der ganze Kampf um eine Reform in der deutschen Kirche ist seit dem Konstanzer Konzil (um das weiter Zurückliegende einmal unberücksichtigt zu lassen) erfüllt mit nationalen Überlegungen, genau so wie es in den außerdeutschen Kirchen des Abendlandes der Fall war. Und wie hier, vollzog sich auch dort der Prozeß wesentlich in der Form eines antipäpstlichen, also antirömischen Kampfes. Deutschland erscheint, wir sahen es bereits, in starker

Übersteigerung als das von Rom ausgebeutete, hauptsächlich finanziell ausgebeutete, Objekt. Was gleichzeitig über Beeinträchtigung der Ehre, des Rechts und der Freiheit geklagt wird, ist eindringlich, aber weniger gut begründet. Die gesamten deutschen Gravamina seit den fünfziger Jahren, so egoistisch sie (auch gegen die einheimische weltliche Gewalt) im einzelnen sein mögen, so egoistisch sie noch in dem besonders wichtigen Reichstag von 1521 gefaßt sind, sie alle steigern ohne Unterlaß das Gefühl, daß Rom der Feind sei, und eben vor allem der Bedrücker der Deutschen. In diesen Jahrzehnten des aufsteigenden Kapitalismus, des Landesfürstentums wie des Landeskirchentums, empfanden es die meisten Kreise, empfand es auch der national erwachende Klerus (die Gestalten des Mainzer Erzbischofs Berthold v. Henneberg und Cochläus illustrieren) als unrecht und teilweise als unmöglich, daß man in Deutschland finanziell so abhängig von einer ausländischen Macht sei. Es war ein längst bekanntes Motiv, wenn der Ausschuß des Reichstages von Mainz im Jahre der Lutherischen Ablaßthesen klagte, der Reichtum gehe in fremde Lande, vor allem nach Rom, wo man täglich neue Lasten erfinde. So übertrieben die Klagen über die finanzielle Ausnutzung Deutschlands durch Rom waren, der Kern der Sache stimmte. Und selbst die ungerechtfertigten Übertreibungen wirkten.

Anstatt dem Kaiser und dem Papst den Türkenzehnten zu bewilligen, breitete auch der Reichstag von Augsburg 1518 die Klagen über früher nicht übliche oder nun ungerecht gesteigerte Geldforderungen Roms, über Verletzung deutscher Rechte und Verleihung deutscher Benefizien an Fremde in unangenehmster Weise aus. Solche Gedanken wurden dann durch die verschiedenen Stände- und Landtage Anfang 1519 in allen Ländern dem allgemeinen Bewußtsein erst recht eingeprägt. —

Dieses Ferment erfuhr eine bedeutsame Stärkung durch den Humanismus, den treukirchlichen wie den radikalen. Sein nationales Interesse war im Unterschied zu dem national aktiveren italienischen vorwiegend im Gebiet der Bildung verblieben. Herauszutreten beginnt es erst mit dem antirömischen Affekt. Den Höhepunkt, von dem aus die Entwicklung durch Hutten den Zusammenhang mit der reformatorischen Bewegung aufnehmen wird, bildet der zweite Teil der Dunkelmännerbriefe. An ihnen war ja überwiegend Hutten selbst beteiligt, der Romhasser, Humanist und Nationalist. Des Erasmus Satire beherrschte noch Europa, aber doch in der bekannten unverbindlichen Form. Die Dunkelmännerbriefe aber waren stark zur nationalen Forderung geworden. Sie sind viel unmittelbarer ein Auftakt zu der von nationalen Affekten untrennbaren reformatorischen Erhebung als Erasmus, der seinerseits geistig als Wegbereiter der religiösen Revolution unendlich wichtiger ist.

Hutten ist zugleich einigermaßen Sprecher des streitbaren und unzufriedenen deutschen Rittertums, das aber dann nicht von ihm, sondern von Sickingen in das Verderben geführt wurde (unten S. 320). Er ist jedoch durch diesen Zusammenhang wie Sickingen Repräsentant einer zu Ende gehenden Zeit; nur daß er mit außerordentlicher Entschlossenheit die alte Zeit verlassen und sich dem Neuen verbinden wollte. Nachdem er noch 1518 für die Betätigung der chaotisch sich regenden Kräfte der Nation einen Kreuzzug gewünscht hatte, bricht im folgenden Jahr die antirömische Stimmung ganz durch. Im Februar erscheint sein erster satirischer Dialog, der die Romanisten direkt aufs Korn nimmt. 1520 tritt er in die Reihe der deutschen Volksschriftsteller ein, er beginnt deutsch zu schreiben und seine lateinischen Schriften zu übersetzen. Er sucht den Kontakt mit den Massen. Es erscheint seine erste antikirchliche Dialogsammlung, die wieder alle Schuld an jeglichem Übel, an der finanziellen Belastung wie an der zerrütteten Religion, wie an der politischen deutschen Ohnmacht, Rom aufbürdet. Die deutsche Freiheit ist nur im Kampf gegen Rom, gegen die Geistlichkeit überhaupt, zu erringen. Auf d i e s e m Weg kommt er zu Luther, nicht auf dem religiösen: ‚Mich hast du zum Helfer, wie es auch kommt....‘ Mit Gott, der mit von der Partie ist, will er das lang geknechtete Vaterland befreien. Das Titelbild seines ‚Gesprächbüchleins‘ von 1521 ist symbolhaft. Man sieht neben dem Titel auf der einen Seite Luther, auf der andern Hutten. Unter seinem Bilde steht der trotzige Entschluß, der seine sonstige Devise (Alea iacta est) auf die besondere Lage anwendet: ‚Perrumpendum est tandem, perrumpendum est: nun ist’s genug! nun wird durchgestoßen!‘ Der beigefügte Spruch und das den Rest der Titelseite füllende Bild machen jedes Mißverständnis unmöglich: ‚Ich hasse die K i r c h e der Übeltäter.‘ Und man sieht, wie Ritter und Landsknechte anstürmen gegen Papst, Kardinal, Bischof und die ganze Klerisei. In der Tat, es droht eine allgemeine Umwälzung. ‚Alle stehen hinter Hutten und Sickingen, der jetzt allein in Deutschland König ist‘ (Aleander in einer Meldung nach Rom). Herbst 1520 (erst!) verläßt Hutten den Hof des Mainzer Kardinals, und es bildet sich auf Sickingens Ebernburg ein richtiger Kreis, der stark lutherisch (im angegebenen Sinn) bewegt ist.

Erst Hutten hat das deutsche nationale Bewußtsein s c h ö p f e r i s c h aktiviert. Freilich ist dieses ‚schöpferisch‘ sehr einzuschränken, wenn es nicht mißverstanden, wenn Hutten nicht überschätzt werden soll. Denn, wie hoch man auch seine aufreißende Arbeit bewerten und von seiner unflätig verletzenden Art absehen mag, er ist der Typ der f o r m l o s e n K r a f t, der aufrüttelnden Leidenschaft, dem ein eigentlich klares und fruchtbares Programm fehlt, dessen Unruhe nicht durch klare Gedanken und klare Zielsetzung in einem großen Gleise gehalten wird. Die Tatsache, daß seine Wut sich immer einseitiger gegen das päpstliche Rom wandte, hat die Anhänger der Reformation seine Kraft und die Reinheit seines Ideals stark übertreiben lassen. Er hat für die Weckung der deutschen Selbsterkenntnis enorm viel geleistet. Aber ebenso ist gerade er es, der vor andern dies Bewußtsein von der Wurzel her mit dem negativen Akzent, dem Antirom-Affekt, belastet und dadurch schwer geschädigt hat.

Man sollte wirklich über der Wucht seines Zornes und über der bestechenden Satire nicht so häufig die entsetzliche Einseitigkeit seiner antirömischen Verdikte übersehen. Daß er die Bedrohung deutscher Freiheit durch die Kurie ohne jede Einschränkung als Erwürgung und Beraubung jeder Einspruchsmöglichkeit so eindringlich hinausruft, genügt noch nicht, um seinem Fluch das Recht der Wahrheit zu geben. Und daß seine Sache, gestützt durch Luthers Reformation, trotz seinem eigenen Untergang schließlich doch zum Siege kam, kann nur für den entscheidend die Wertung des Mannes beeinflussen, der dem historischen Relativismus verfallen ist.

Huttens Schriftstellerei macht uns bekannt mit einer der wichtigsten Waffen der Zeit: mit der Flugschriftenliteratur. Ihre Hauptblüte geht von 1518 bis 1525. Mit dem Ausgang des Bauernkrieges fehlt ihr der nötige Auftrieb. Anonym oder mit Namen gezeichnet, hatten sich solche Schriften schon im Spätmittelalter stark vermehrt. Alles Reformbedürftige war darin verhandelt und verspottet, alle Unzufriedenheit darin drohend ausgesprochen worden. Die Gravamina wie apokalyptische Weissagungen waren aus ihnen vielfältig unters Volk gekommen. Ihr massenhaftes Aufschießen in einer volkstümlichen, leichter bewegten Form und in antischolastischer Haltung, Äußerungen einer Art Laientheologie, Forderungen der Bauern und der Einfältigen und sonst der verschiedensten Stände, alles bewies: die ‚Masse‘ begann zu sprechen. Das will nicht sagen, daß das ungebildete Volk zu schriftstellern begonnen hätte. Die Verfasser der Flugschriften sind mehr oder weniger gebildet. Aber sie kennen das Volk, sie sprechen für die breitere Masse, und diese spricht aus ihnen. Gleichzeitig trieben diese Kundgebungen — einer allgemeinen Entwicklung der Zeit entsprechend — zu einer erregten Radikalisierung. Ihre Sprüche (und Holzschnitte!) drangen auch in ungebildete Kreise. Insofern erweiterten sich wieder die Möglichkeiten für das Wachsen umstürzlerischer Ideen auch bei den des Lesens Unkundigen.

Weit über diese Flugschriftenliteratur hinauswachsend, aus vielen Quellen, zusammen mit den Reichstagen, der humanistischen Brief- und Buchschreiberei und ihren Zirkeln, bildete sich eine hochwichtige ö f f e n t l i c h e M e i n u n g. Hutten spielte dieses Instrument hervorragend.

Luther hat die Art der volkstümlichen Flugschriften instinkthaft sicher aufgegriffen und für sein Teil meisterhaft fortgebildet und ausgenutzt; freilich, wie wir noch sehen werden, seine Sache innerlich dadurch auch schwer belastet. Aber zunächst hat er durch sie seinen Sieg zweifellos beschleunigt. Welch ein Unterschied offenbart sich, wenn man die zwischen ihm und seinen Gegnern gewechselten polemischen Schriften nebeneinander liest! Er gegenüber Prierias, Hoogstraeten, Alfeld: selbst seine ungenügendsten Argumente wurden durch seinen Tonfall, seine geistige Wendigkeit siegreich gegenüber den allzu trockenen Korrektheiten und Langsamkeiten der altkirchlichen Gelehrten.

Inhaltlich entwickeln sich die Flugschriften der Reformationszeit parallel zum allgemeinen Kampf. Zunächst und am stärksten geht es gegen die römische und klerikale Habsucht. Luthers religiöse Ideen werden langsam aufgenommen, aber außer in den einprägsamen Formeln wenig ausgewertet. In gewissen Gegenden, wie in Westfalen, treten neben die sozialen Forderungen überhaupt ganz vorwiegend nur die religiös-praktischen Anliegen: Gestaltung des Gottesdienstes, Laienkelch, Priesterehe.

Diese öffentliche Meinung, die sich auch auf dem Predigtstuhl aussprach, beherrschte allmählich Deutschland, fühlte sich als deutsch, und zwar immer wieder dadurch, daß sie antirömisch war. Es stimmt schon, was Ranke von den verschiedensten, 1519/1520 in Deutschland spielenden politischen, humanistischen und ausgesprochen kirchlich-reformatorischen Bewegungen sagt: ‚Es ist ein innerer Zusammenhang in diesen Tendenzen. Man wollte die Einwirkungen von Rom nicht mehr.‘ Und es ist nicht daran zu denken, daß diese Stimmung sich nur auf die geistig radikalen Kreise um Hutten oder den religiös-kirchlich revolutionären Kreis um Luther beschränkt hätte. Ohne wesentliche Überspitzung kann man mit Aleander sagen: das ganze Deutschland von 1520 war antirömisch.

Man war das übrigens in Rom so sehr gewöhnt, daß man sorglos darüber hinwegging, es allenfalls noch durch den Staatssekretär Kardinal Giulio Medici (März 1521) eine ‚bestialische Undankbarkeit‘ nennen ließ. In der Tat: man erkannte in Rom nicht die Tiefe des deutschen antirömischen Affekts, ja des antirömischen Hasses! Aber ein Römer, auf dem deutschen Schauplatz, hat es gründlich (auch infolge persönlicher Anpöbeleien und durch die anonyme Lästerlitanei) empfunden und es in aller Deutlichkeit hundertfach in seinen Depeschen nach Rom gemeldet: der eben erwähnte Hieronymus Aleander. Er nennt Deutschland einfach ‚anti-italienisch‘. Die Haltung der Deutschen ist so feindselig für alles Römische, daß für die päpstlichen Legaten (!), Aleander selbst und Carraccioli, die Gefahr besteht, ermordet zu werden. Die Fürsten bitten den Kaiser, sie von der römischen Tyrannei zu befreien, und entledigen sich dabei all ihres Giftes gegen die Kurie. ‚Alle Welt und gerade die Mächtigsten sind der Kurie feindlich.‘ Nach der Erkenntnis von Luthers Häresie haben sich zwar, meint er, viele von ihm abgewandt. Aber alles überwiegt doch

‚der Haß, der in ihnen gegen Rom brennt‘ und der auch die gegen Luthers Irrlehre stehenden Kaiserlichen sich leidenschaftlich gern entschließen ließe, den Papst zu hintergehen. Denn auch ohne Luthers Ansichten zu teilen, halten viele an ihm fest, ‚allein um Rom zu trotzen und sich der deutschen Kirchengüter unter den von Luther dargebotenen Vorwänden zu bemächtigen‘.

Die Stärke dieser antikurialen Stimmung ist in der Tat zum guten Teil nackter Eigennutz. Und nicht nur 1521! Auch ein volles Jahrzehnt später, als die furchtbare Lage in aller Deutlichkeit offenbar geworden war, überwog noch immer auch bei kirchentreuen Fürsten jene habgierige Selbstsucht. Eigentlich verschwand sie überhaupt nicht. Nach der langen Abwesenheit des Kaisers und einem starken Voranschreiten der religiösen Neuerung war es auf dem Reichstag 1530 endlich, so schien es, zur Entscheidung gekommen: man würde den Protest der Länder und der Städte gewaltsam niederbrechen. Anderseits drohte der Türke. In dieser Lage brachte es die katholische Mehrheit fertig (die geistlichen Stände vorab, denen sich die andern dann anschlossen), zu erklären, daß sie die Türkenhilfe nur gewähren wollte, wenn man die päpstliche Bulle fallen lasse, die Ferdinand in Deutschland und Österreich Zugeständnisse gebracht hatte. Denn ‚sie wollen dieser Art in keiner Weise Untertanen des Papstes sein‘.

Wir hörten bereits von Aleander selbst, woraus diese Abneigung gegen Rom ihr R e c h t zog: aus den r e c h t s w i d r i g e n N e u e r u n g e n der Kurie. Das war die Ursache, daß der Primat des Papstes vielfach zu einer diskutabeln Sache geworden war. Und es ist für diesen Tatbestand so bezeichnend, daß selbst ein derartig kirchentreuer Fürst wie Kaiser Karl V. gemäß den Angaben Aleanders ausdrücklich Wert auf eine weit ausholende Begründung des gegen Luther gerichteten Wormser Edikts legte, ‚wegen seiner Völker, damit sie nicht glaubten, er habe ohne weiteres den Spruch des Papstes vollzogen‘! —

Ist man nun berechtigt, diesen antirömischen Affekt ein deutsches Nationalbewußtsein zu nennen? Sicherlich ist es zunächst notwendig, sehr genau festzuhalten, daß dieses Nationalgefühl so stark n e g a t i v und eine Regung zweiter Hand, also antipathischer Art ist. Der erwähnte Egoismus deutscher Fürsten, der zu gleicher Zeit in so starker und manchmal skrupelloser Hinneigung zu Frankreich sich äußert, muß voll beachtet werden.

Aber das erwachende Nationalgefühl ist eine Angelegenheit der Nation, nicht der Fürsten. Fürsten und Untertanen waren bei weitem keine Einheit. Land und Leute gingen mit größter Leichtigkeit von einem Haus zum andern. Macht und Stellung des Fürsten waren noch sehr stark einseitig dynastische Angelegenheit, privater Besitz und Genuß. Die eigentliche, erst kommende Einheit wurde gerade gegen die zentrifugalen Regungen der Fürsten vorbereitet und gefördert. Um ganz gerecht zu sein: selbst dieser fürstliche

Egoismus, der das Kirchengeld im Lande behalten wollte, statt es nach Rom abfließen zu lassen, stärkte das Zusammengehörigkeitsgefühl der Deutschen. Freilich, die entscheidende Antwort erhalten wir nur dort, wo die deutsche antirömische Spannung sich in der schärfsten Form äußert, und wo sich dann zugleich die hochwichtige Frage stellt nach dem Verhältnis von National-bewußtsein und Reformation, also bei Luther und etwa bei Hutten.

Und da ist nun ganz allgemein zu sagen, daß der antirömische Affekt bei ihnen einem solchen Gegensatz des Wesens entsteigt, daß er zu einer bei weitem nicht nur negativen, sondern auch national aufbauenden, schöpfe-rischen Kraft wurde. In Augsburg bekannte Herzog Wilhelm von Bayern zu Contarini: ‚Luther wäre von ganz Deutschland nicht bloß begünstigt, sondern angebetet worden, hätte er sich auf seine ersten Positionen be-schränkt und sich nicht in offenbare Glaubensirrtümer verwickelt.‘ Aleander ist bestätigt.

In solchem Maße stand also Deutschland nach kirchlichem Urteil zu Luther. War er mithin der Heros der Nation, wie es so unzählige Male ohne Ein-schränkung verkündet wird, oder war er es nicht?

Man kann den Ernst dieser Frage für Deutschland schlechterdings nicht übertreiben. Sie rührt uns alle tief an; sie bedeutet nichts anderes als dies: ob und inwieweit die Bejahung der Lutherischen Reformation eine An-gelegenheit aller Deutschen sei; ob und inwieweit Karls Lacherächtung 1521 undeutsch war.

Für alles, was in diesen Fragen beschlossen ist, bleibt vorab ausschlaggebend die Feststellung, ob der gewaltigen Erregung, die tatsächlich im Zusammen-hang mit Luther und seiner Lehre die ganze Nation durchbrauste, ein einiger Wille entsprach. Wir haben dafür das glatte Nein der Geschichte. Der diver-gierenden Antriebe gibt es die Menge. Entscheidend spricht die weithin durch-haltende Treue zur alten Kirche.

Es ist ungeschichtlich, wenn man die anfängliche und noch lange dauernde allgemeine Erregung gegen Rom, deren stärkster Exponent, Vertiefer und Förderer Luther war, als ein allgemeines Zusammengehen mit dem versteht, was wir heute als ‚Luther‘ ansehen. Vielmehr ist so scharf wie möglich zu trennen zwischen dem Kampf gegen die römischen Übergriffe und sonstige kirchliche Mißstände und dem dogmatischen Glauben. Das eine Beispiel des der Kirche so restlos ergebenen deutschen Herzogs Georg von Sachsen, der dem Reichstag von Worms 1521 die Gravamina gegen Rom zuleitet, illustriert und belegt die Unterscheidung. Und seiner Haltung entsprach aus allen Kreisen des Klerus und der Laien, der Bischöfe und Theologen ein beachtlicher Teil.

Es ist auch nicht etwa so, als ob das nationale Erwachen nur bei den Kirchenstürmern zu finden gewesen wäre. Janssen hat, bis heute unwiderlegt, die stark positiv nationalen Impulse aufgezeigt, die gerade aus dem alten kirchlichen deutschen Humanismus gekommen waren. Ein hochwichtiger Vertreter dieser Haltung aus der Reformationszeit selbst ist der streng-katholische Cochläus. Wenn die Größe der nationalen Aufgabe, der nationalen Möglichkeiten und der ihnen drohenden Gefahr aufsteigt, dann bildet der universale Reichsgedanke den Rahmen seiner Äußerungen. Er wünscht der Idee des Reiches wieder die Realität der verschwundenen besten Zeiten nationaler Größe. Der römische Papst wird ihm zusammen mit dem römischen Kaiser Garant deutscher Größe. Es ist für die damalige Zeit (trotz einer gewissen innern Unwirklichkeit) schon eine großartige Konzeption, die er 1523 entwickelt, als er den Umkreis der deutschen Geschichte abmißt, an deren Anfang er Karl den Großen und Hadrian I., auf deren nun erreichter Stufe er Karl V. und Hadrian VI. sieht, verlangend, daß nun diese beiden ein schöpferisches Paar werden müßten, wie jene es gewesen. Werden müßten gegen den Bedroher deutscher Größe, den er in Martin Luther sieht.

So fehlt auch diesem katholischen Nationalbewußtsein nicht sein gefährlicher Antiaffekt. Und er ist zweifellos mit ausschlaggebend. Auch hier hat der Haß den eigentlichen Schwung mit gefördert und das Wachsen der nationalen Idee begünstigt. Es kann weiter auch keinem Zweifel unterliegen, daß sich hier nicht nur das allgemeine nationale Wachwerden der Zeit äußerte, sondern daß auch Cochläus seinerseits Nutznießer war der besondern Befruchtung dieses Wachwerdens durch die Reformation. Allerdings ist sein Haß nicht ein Affekt, der sich an einem andern Nationalen (wie bei Luther: Rom) entzündete; das Gesamtobjekt ist Deutschland. Insofern ist seine nationale Haltung positiver und weniger durch ein gefährliches ‚entgegen‘ belastet.

Trotzdem müssen wir zu jener andern Grundtatsache zurückkehren: eine gemeindeutsche tiefe Gegnerschaft gegen Rom bestand und war zu einem sehr lebendigen und lauten Anliegen der Nation geworden. Und diese Gegnerschaft war es, die zunächst Luther zujubelte, ehe seine Häresie offenbar geworden war. In diesem Sinne wurde schon gesagt, daß ‚die Nation‘ sich erhob. In dem Sinne, wie Hutten das Wort und den Begriff vertritt, und wie er 1520 meint, ‚Deutschland‘ werde es nicht dulden, daß Luther nach Rom ausgeliefert werde, oder in dem Sinne, in dem wir Herzog Wilhelm von Bayern von ‚Deutschland‘ reden hörten. In diesen ersten Entscheidungsjahren, als die dogmatische Sache Luthers von der Angelegenheit der allgemein erwarteten katholischen Kirchenreform noch nicht klar getrennt schien, stand nach dem Urteil auch Aleanders wirklich der aktive Teil der

Nation, bis weit in die Reihen der Kirchenträger hinein, bei Luther. ‚Die Nation‘ stand zu Luther, dem Kritiker Roms und dem, den man als einen Reformator innerhalb der alten Kirche ansah.

Eine eindrucksvolle Illustrierung der Lage ergibt sich noch aus der Aufnahme oder vielmehr der Nichtaufnahme der Bannbulle Luthers. Es ist eine geschichtliche Tatsache erster Ordnung, daß inmitten eines politisch ruhigen Landes, das nicht mit dem Papst im Krieg steht, eine so hochbedeutsame Bulle, in der es um Grundlagen der Kirche und des Reiches geht, kaum an ein paar Kirchen ordnungsmäßig angeschlagen wird, angeschlagen werden kann. Es zeigt sich, wie stark auch diejenigen kirchlichen Stellen, die offenbar nicht zu Luthers Glaubenssätzen stehen, mit seiner Sache verbunden sind. Denn diese Sache ist nicht Theologie für die Schule, sondern ist Leben und ist nach ihrer dogmatischen Tragweite noch nicht in das Bewußtsein der Nation eingedrungen.

Wenn aber in den Entscheidungsjahren der Reformation die Verbundenheit ‚aller Deutschen‘ mit Luther, wenigstens in dem angegebenen Sinn, so stark war, bestand dann nicht doch die Möglichkeit eines Zusammengehens der gesamten Nation auch mit dem kirchlichen Revolutionär? Wurde nicht die Möglichkeit einer Einheit der Nation eigentlich durch den Luther ächtenden Kaiser zerstört?

Nun, die politisch in jedem Sinn ausschlaggebenden Kräfte waren die Landesherren. Diese Territorialfürsten aber waren mitnichten einig, weder unter sich noch gegenüber dem Kaiser. Vielmehr war ihr politischer Egoismus wesentlich hemmungslos und eben partikularistisch. Es ist eine Utopie, zu meinen, daß, wenn der Kaiser — per impossibile — Luthers Sache zu seiner eigenen gemacht hätte, dann alle Fürsten gefolgt wären. Das wäre bestimmt nicht der Fall gewesen für die bayerischen Herzöge und nicht für Joachim I. von Brandenburg und Herzog Georg von Sachsen. Der hier vorliegende Gegensatz (politisch und religiös), wie der zwischen Kaiser und protestantischen Landesfürsten, hätte die reformatorische Einheit der Nation doch verhindert. Außerdem müßte noch erst der Beweis erbracht werden, daß die erdrückende Mehrheit der geistlichen Kurfürsten und Fürsten bereit gewesen wäre, der Kirche die Treue zu brechen. Der Beweis kann nicht geführt werden.

Und ganz konkret: Gab es die als Wunschtraum berufene Möglichkeit eines lutherischen Kaisers damals überhaupt? Wer hätte Kaiser sein können? Karl, Franz I. oder ein deutscher Fürst. Bei Karl konnte in jedem Fall Deutschland nur ein Teilobjekt sein. Ganz abgesehen von seiner religiösen Einstellung, war der politische Gegensatz zwischen seinen universalen Tendenzen, denen er nicht entsagen durfte, und den Ansprüchen der deutschen Stände ein notwendiger. Eine religiös lutherische Einheit aber war von seiner Seite aus politisch schon unmöglich wegen Spanien und Italien. Unter Franz von Frankreich als Kaiser wäre die Wahrscheinlichkeit eines Zusammengehens mit den Protestanten wegen französisch-nationaler Erwägungen noch geringer gewesen. Jeder deutsche Fürst außer einem Habsburger aber hätte mit der unbedingten schärfsten Gegnerschaft der Habsburger rechnen müssen, und wiederum wäre der religiöse Gegensatz als Stütze für den politischen benützt und gestärkt worden.

Und endlich kommt hinzu d i e Fragestellung, die allein bis zur letzten Wurzel reicht: die religiöse. Die katholische Kirche und ihre Lehre waren trotz der großen religiösen Unklarheit in ihrer Unantastbarkeit noch lebendig genug, um eine Einheit der Nation gegen sie von vornherein undenkbar zu machen. (Die einheitliche Durchführung der Reformation in England und den skandinavischen Ländern ist kein Gegenbeweis. Denn dort handelte es sich nicht um Volksbewegungen. Außerdem war die politische Struktur von der des so wenig einheitlichen Reiches vollkommen verschieden.)

Wenn also eine große Anzahl deutscher Fürsten, Städte und Menschen es als heilige Angelegenheit betrachtete, bei der alten Kirche zu bleiben, kann man es dann wünschenswert nennen, ihren Glauben um der konfessionellen Einheit wegen zu vergewaltigen, jener konfessionellen Neuerung, welche die bis dahin vorhandene Einheit erst zerriß? — Solche hypothetische Erörterungen über unabänderliche Vergangenheit sind immer mißlich. Werden sie aber aufgeworfen, muß man den Mut haben, sie zu Ende zu denken. —

Die letzte Antwort auf das ganze Problem kann naturgemäß nur aus einer grundsätzlichen religiös-christlichen Betrachtung kommen. Man wird wohl zugeben müssen, daß es viel für sich hat, wenn man die Frage von dem grundsätzlichen Boden aus behandelt, auf dem Luther selbst stand. Ist also für ihn ‚Nation‘ ein Höchstwert im a b s o l u t e n Sinn, oder kann das Höchste nur in der Übernatur liegen? Luther selbst b e j a h t e o h n e Z w e i f e l und ohne das geringste Schwanken das letztere. Gerade von seinem Standpunkt aus kann darum auch jenes Problem nur gelöst werden, indem man nach der Berechtigung seiner dogmatischen Ansichten fragt. Wer diese verwarf, mußte Luther als deren Vertreter verwerfen.

3. Nicht identisch mit dem eben behandelten Problem ist dieses andere: Hat die reformatorische Bewegung a l s h ä r e t i s c h e Glaubenslehre im Volke, in einem Großteil des Volkes Wurzel gefaßt? Einigermaßen erschöpfend werden wir die Frage nur für einen größeren Zeitraum und von Fall zu Fall gemäß dem Fortschreiten der Reformation behandeln können. Ganz wird sie sich überhaupt nicht lösen lassen; denn es gibt kein Mittel, den Umfang

der freien Entschließung der Massen zweifelsfrei festzustellen. Es sollen deshalb hier nur einige Hinweise gegeben werden, die notwendig sind, um die religiöse Lage des Volkes um 1518 bis 1520 noch genauer zu erfassen.

Man hat sich oft katholischerseits auf das im Volk unangetastete katholische L e b e n , das Glaubensleben, berufen, um die Stärke der Kirche gegenüber dem Reformationssturm zu erklären. Unsere Analyse der spätmittelalterlichen Volksfrömmigkeit hat uns jedoch gezeigt, wie weit hier tiefreichende Risse festzustellen sind. Eine Menge Vorfälle aus der Reformation selbst und aus der Gegenreformation zeigen außerdem, wie manche Kreise nur durch das Reformationsrecht der Fürsten dem alten Glauben erhalten blieben. (Für die Ergänzung dieses Tatbestandes von der Gegenseite her vgl. S. 362.)

Umgekehrt lassen schon die ersten Jahre der Reformation keinen Zweifel daran, daß auch der h ä r e t i s c h e Luther und der mit ihm gegen den Primat des Papstes rebellierende Hutten auch ,das Volk' unmittelbar angesprochen und mitgerissen haben. Wieder ist es Aleander, der uns beides bestätigt, dabei aber richtig sieht, wie ungleich tiefer Luthers Stimme dringt.

Vor allem fühlt Luther selbst, wie weite Schichten des Volkes religiös bedrängt sind, und daß viele mit ihm gehen. Er fühlt, ,wie das Volk nach der Stimme seines guten Hirten Christus verlangt und wie die Jungen mit bewundernswertem Eifer zur Heiligen Schrift hindrängen' (Frühjahr 1518). Die Sorge um das eigentliche Volk war bei den Ablaßthesen sein Hauptanliegen. Um die Erregung nicht in falsche Bahnen kommen zu lassen, ließ er den kurzen ,Sermon von Ablaß und Gnade' 1518 ausgehen, der die Thesen denn auch tatsächlich verdrängte. Sein ,Unterricht auf etlich Artikel' (1519) versuchte eine ähnliche Einschränkung. Aber natürlich blieb die Unterbewertung des Kirchlichen: ,Gottes Gebot soll man über der Kirche Gebot achten wie Gold und Edelstein über Holz und Stroh.'

Schon allein die Tatsache von Luthers gewaltiger literarischer Produktion mit den hohen Auflagen läßt den Schluß zu, daß es sich um eine Volksbewegung handelt. Indes wird das Problem schnell sehr viel komplizierter, und zwar in dem Augenblick, als in Worms die Reichsstände sich für und gegen Luther zu teilen beginnen, und weiter, als die entfachte Unruhe sich selbsttätig in Wittenberg, in Zwickau, Allstedt und dann im Bauernkrieg tumultuarisch äußert.

Eines darf man freilich auch dann nicht außeracht lassen: die ungewöhnliche Unkenntnis der damaligen ,Massen' in religiösen Dingen, auf die bereits hingewiesen wurde. Das Fehlen einer geordneten Unterrichtung der Kinder in der Religion, der Mangel an elementarer Bildung bei den meisten, der sie verhinderte, aus der religiösen Literatur Nutzen zu ziehen, die religiöse Schwäche des niederen Klerus und seine erstaunliche Unkenntnis in den grundlegenden

Lehren der Kirche: das alles konnte keine andere Frucht zeitigen. Die protestantischen Visitationen der zwanziger Jahre und die Erfahrungen aller katholischen Reformer erbringen den Tatsachenbeleg in umfassender Weise.

§ 4. Katholische Kräfte

1. Welchen Platz nehmen in diesem Ringen die Kräfte der alten Kirche ein und welche Kraft offenbaren sie? Welches Bewußtsein erfüllt die Katholiken? Erkennen sie die Gefahr? Schließen sie sich zusammen? Erfolgt ihre Gegenwehr rechtzeitig, energievoll, nach einheitlichem Plan? Gibt es überhaupt noch eine katholische Front?

Mit diesen Fragen ist das große Thema der katholischen Reform im 16. Jahrhundert angeschnitten. Es ist nicht meine Absicht, eine erschöpfende Darstellung der damit zusammenhängenden Dinge an dieser Stelle unserer Betrachtungen zu geben, wo die Situation in erdrückendem Maße durch den Aufbruch und Vormarsch der religiösen Neuerung beherrscht ist. Ich werde in eigenem Zusammenhang im zweiten Bande darauf eingehen.

Hier handelt es sich vorzüglich darum, die Bewußtseinslage des Katholizismus entsprechend den eben formulierten Fragen deutlich zu machen.

Es gab einen großen Aktivposten katholischer Werte, dessen Dasein wir nachweisen können, der aber im einzelnen nur wenig in Erscheinung tritt. Das ist der fortbestehende gemeinsame katholische Glaube mit seinem Gebet und seinen Sakramenten in der Selbstverständlichkeit des Alltags, in allen Städten, Klöstern und Dörfern, bis und soweit sie freiwillig oder gezwungen zur Neuerung überschwenkten. Die wesenhafte Objektivität des Katholischen, die objektive Heiligkeit der Kirche, das opus operatum ihrer Sakramente bewirken, daß diesem Katholizismus im Gesamtbestand der Kräfte des damaligen Deutschlands eine große Bedeutung zukommt, mag er auch durch die erörterten zahllosen Mißstände noch so sehr geschwächt sein.

Aber eine Größe, die wir als ‚die‘ Katholiken, als einheitliche und einheitlich gelenkte Kampfgemeinschaft ansprechen könnten, gibt es nicht. Die entsetzliche Aufspaltung der christlichen und der kirchlichen Idee seit dem Spätmittelalter hat auch hier in bedeutendem Umfange zentrifugal und verwirrend gewirkt. Luthers Rebellion war zunächst zweifellos religiös gemeint. Die Kurie aber und viele Bischöfe waren in ihrem sichtbaren Tun vielfältigst nicht primär religiös orientiert. Auch das Heer der k i r c h l i c h e n Humanisten war von sehr verschiedenen Interessen bewegt. Die Theologie wiederum war zu einem großen Prozentsatz in den zu wichtig genommenen Schulstreitigkeiten befangen und in sich durch den tiefgreifenden Zwist zwischen Nominalismus und Realismus gespalten. Daraus ergibt sich für die Lage und die

Aussichten der Kirche in Deutschland ein zweites, nicht sehr ermutigendes Kennzeichen: Uneinheitlichkeit der Auffassung der Lage und also auch der Reaktion, was unzweifelhaft eine Kräfteminderung darstellt. Drittens: allenthalben, entscheidend aber an der römischen Kurie, findet sich eine verhängnisvolle Unterschätzung der Gefahr.

2. Das Selbstbewußtsein der römischen Kurie hatte sich während des Spätmittelalters seltsam unklar entwickelt. Aus den sich mehrenden Angriffen war das Papsttum anscheinend gestärkt hervorgegangen. Aber die nun schon Jahrhunderte alten Reformforderungen waren durch das ganze 15. Jahrhundert immer stärker, anonym und offiziell, aus Deutschland nach Rom hinübergeklungen; Frankreich und Deutschland hatten sogar eben noch ein separatistisches Konzil in Pisa-Mailand versucht; das päpstliche Konzil vom Lateran hatte die schärfsten Verurteilungen der Lage und düstere Drohungen für die Zukunft gehört. ,Viele waren der Meinung, es stehe schlecht um die Kirche, da das Haupt derselben sich an Spiel, Musik, Jagd und Narrenpossen erfreut, statt weise an die Not der Herde zu denken und das Unglück derselben zu beweinen. Das Salz der Erde ist schal geworden, und nichts anderes bleibt übrig, als daß es hinausgeworfen und von den Menschen zertreten werde.' Aber nichts Schlimmes war passiert. Im Gegenteil: Savonarola war Alexander VI. erlegen. Julius II. hatte das drohende Schisma gebannt und die päpstliche politische Macht zu noch nie erreichter Kraft gesteigert. Nun war der Sohn des Lorenzo Medici, des Prächtigen, der schon mit 14 Jahren Kardinal gewesen, in der Blüte seiner 37 Jahre als Leo X. auf den Thron der Welt erhoben worden.

Derartig weittragende Erfolge inmitten der Säkularisierung der christlichen, priesterlichen und kirchlichen Idee, der Umdeutung des Hirtenamtes zu einem Recht auf Genuß und Macht, der weitgehenden Unterdrückung einer ernsten Auffassung von der Ecclesia crucis hatten unausweichlich zu einer sorglosen Übersteigerung des kurialen Machtbewußtseins geführt; umgekehrt wurde eine wirklichkeitsnahe Einschätzung der von innen und nunmehr von Luther drohenden Gefahr beinahe unmöglich. Man überschätzt die eigene, man unterschätzt die feindliche Kraft.

Man darf die erwähnten düstern Schilderungen aus den eigenen Kreisen der Kurialisten nicht eigentlich als Gegeninstanz anführen. Wenigstens entscheiden sie nichts. Es wird noch bis zum Sacco di Roma 1527, ja darnach noch beinahe ein Jahrzehnt dauern, bis solche klagende Drohungen an der Kurie angenommen und zur harten Richtschnur des Handelns gemacht werden. Vorläufig war man vollkommen unfähig, zu sehen, was gespielt wurde. Der entscheidende Beweis dafür ist die Art, wie man Luthers Prozeß führte, wie also Politik gegen Religion stand und diese besiegte. Wenn die Kaiserlichen ihrerseits aus politischen Gründen die Lutherische Sache politisch auszunutzen suchten, so war das schlimm genug, blieb aber immerhin das Tun einer politisch-weltlichen Macht. Zur Entschuldigung des Stellvertreters Christi kann das nicht verwandt werden, um so weniger, als der fiskalistische Benefizienbetrieb der Kurie solche berechnenden Überlegungen zu Ungunsten der christlichen Sache bis in lächerliche Kleinigkeiten hinein beibehielt und dies mitten im Sturm der Entscheidungsschlacht, wie uns Aleanders Depeschen aus Worms zeigen.

Der Bericht Cajetans über seine Unterredung mit Luther erreicht Leo etwa am 19. Oktober 1518 in Corneto. Er vermag sein Interesse kaum zu fesseln. In den beiden Konsistorien, die eben damals dort gehalten wurden, kommt Luthers Sache überhaupt nicht zur Sprache. Dagegen sind die Tage gefüllt von Jagd und Komödien.

Das entspricht ganz der Art, wie Leo X. am 3. Februar desselben Jahres dem neuernannten General der Augustiner-Eremiten auferlegt hatte, Luther von seinen Ideen abzubringen. Es geschieht ohne ernsten Nachdruck, mehr so nebenbei. Darüber kann auch die Aufforderung zur Eile nicht hinwegtäuschen: ‚Zögere aber nicht, denn das Übel nimmt von Tag zu Tag zu.‘ Man findet diese Gelassenheit noch in Leos Auftragschreiben für Aleander in Worms. Er ist wohl an der Oberfläche bewegt von der neuen, ungewohnten Sorge wegen der Häresie in Deutschland. Leider sieht man nicht, daß diese Bewegung über den Wortlaut der oft gehörten kurialen Formeln und Bibelworte hinaus (nicht den Tod des Sünders wollen; viele Schafe zurücklassen, um eines zu suchen; mehr Freude der Engel über einen Sünder, der Buße tut ...) zu einer wirklichen Erkenntnis des Übels und seiner Verursachungen geworden sei. Die Abschwörung Luthers erscheint als das gar nicht so weit Abliegende, eigentlich unschwer zu Erreichende, und dann wird alles wieder gut, d. h. wie gestern, sein. ‚Wir werden denselben Martin in Gnade wie einen lieben Sohn aufnehmen und ihn mit Ehren belohnen!‘ ... Die von Leo X. eigenhändig dem Breve vom 25. Februar 1521 an Karl V. zugefügten Zeilen offenbaren in ihrer oberflächlichen Bildersprache denselben Geist: der Papst erkennt nicht eine wirklich tiefe Gefahr für die Kirche. Der Zusatz zeigt das Interesse an der Intervention des Kaisers, also an einer Machtfrage, nicht mehr. ‚Karl soll Schwert und Schild ergreifen ... damit nach Ausrottung des Unkrautes der Weizen gedeihe und nach Zerstreuung der Nebel die Sonne wieder in ruhiger Heiterkeit über Deutschland scheine ...‘

Wir wollen demgegenüber gewiß nicht die Anzeichen dafür übersehen, daß einzelne Personen und einzelne Kreise auch in Rom und an der Kurie den

Zustand der Kirche vor Luther und nun durch ihn als lebenbedrohend empfanden und verkündeten! Aber diese Kreise waren nicht die amtlich maßgebenden. Überdies, viele massive Drohungen wurden von den eigenen Urhebern nur halb geglaubt. Wir sagten es schon: die Multiplizierung der Klagen ist kein Beweis für sich mehrende Einsicht, sie waren irgendwie Gewohnheit und damit leer geworden. Was bedeutet es schon, wenn Antonio Pucci in der neunten Sitzung des Laterankonzils droht: ,Wenn wir während des Konzils unsern guten Ruf, der fast verloren ist, sowie unsere Gesundheit, die schon schwächlich und in äußerster Gefahr ist, nicht wieder erlangen, so gibt es keinen Ausweg, keine Zuflucht und keine Hoffnung mehr'? Was bedeutet Derartiges, wenn niemand auf den genußreichen Ertrag der Mißstände verzichten will?

Man muß den Kurialisten zugute halten, daß sie weit vom Schuß saßen. Die tiefe Volkserregung, die Deutschland aufwühlte, spürte man in Rom nicht; dort mußte sich der ganze Streit, abgesehen von der offiziell-politischen Seite, viel akademischer ausnehmen. Um so mehr, als man ja selbst in Deutschland durchaus noch nicht über diese Auffassung ganz hinaus war. Es kann ja keinem Zweifel unterliegen, daß sich selbst in Ecks Arbeit auf der Leipziger Disputation diese Haltung noch äußerte. Eck sah die Gegnerschaft zum Dogma. Aber das soll eine Gefahr für die Weltkirche sein? Bei den eigentlichen Erasmianern hielt sich diese Sorglosigkeit noch viel länger. Erasmus hat noch Ende 1519 keine Zeit gefunden, Luthers Schriften zu lesen. Cochläus steht noch 1521 in Worms (als Gegner Luthers!) an diesem Punkt, und 1523 wiederholt er dieses Bekenntnis im Druck.

Auch dies ist ohne weiteres verständlich: im Medici-Rom mit den vielen Gesandten und Gesandtschaften, mit Prozessen gegen meuternde Kardinäle, mit den Theateraufführungen, dem Getriebe der Maler, Bildhauer und Architekten, wo die genialen Meisterwerke Raffaels und so vieler anderer jeden Tag zu neuem, begeistertem Staunen hinrissen, zwischen den Ausgrabungen antiker Schätze und der Entdeckung wertvoller Handschriften, in dieser politisch und kulturell ungewöhnlich reich bewegten Atmosphäre, vom Mittelpunkt einer gewaltigen, die Erde beherrschenden Kurie aus konnten die Klagen eines einzelnen fernen Mönches nur viel schwerer eine Resonanz finden.

Aber daß diese Schwierigkeit oder gar Unmöglichkeit vorlag, das gerade ist das Übel und zeigt die Schuld.

Ganz richtig: das Unvermögen der Kurie, den christlichen Ernst Luthers und damit die der Kirche drohende Lebensgefahr zu sehen, hatte auch sein Gutes für die Kirche. So blieb die Treue zur Kirche, selbst wo die Treue nur mehr oberflächlich christlich war, selbst wo sie nur Anhängsel an Genuß und Politik (also Macht) zu sein schien, in einer großartigen Weise ungebrochen und unerschüttert. An das Selbstbewußtsein der Kurie kam in den entscheidenden Jahren, und das waren die ersten, auch nicht der Schatten eines Schwankens heran.

Doch das ist keine christliche Bewertung. Von dieser aus muß gesagt werden, daß jenes Nichtverstehen der Gefahr nicht aus einer großen Reinheit und Fülle des Christlichen kam. Es liegt ihm eine Unwahrheit zu Grunde und damit etwas, was die christliche Substanz schwächen mußte.

Was man dann zuerst in Rom sah, war, aber zu einseitig, Luthers Angriff auf die päpstliche Macht. Man achtete durchaus ungenügend auf den bedeutsamen religiösen Kern. So fehlte denn der einsetzenden kurialen Abwehr die unbedingte Hingabe mit Leib und Seele an das, was als Entscheidungskampf empfunden worden wäre. Solche Hingabe setzte sich erst durch, als eine religiöse ‚Besessenheit‘, als ein religiöser Heroismus den Gegner erkannte und sich nun auf Sein oder Nichtsein ihm entgegenwarf: das war die große Leistung der Jesuiten. Aber auf sie mußte man noch drei Jahrzehnte warten.

3. In ihrer vielfältig bedingten innern Unklarheit wird uns jene Haltung durch Aleander auf dem Reichstag in Worms 1521 anschaulich gemacht. Wir können sie hier beschreiben, ohne befürchten zu müssen, dadurch die Lage ungenau wiederzugeben. Aleander gehört zweifellos zu den Kurialen, die die drohende Gefahr am deutlichsten sahen. Er hat sie in seinen Berichten nach Rom sehr stark herausgehoben und gelegentlich die politisch zögernden Kaiserlichen angetrieben: Es handle sich um etwas, dem man überhaupt keine Parallele zur Seite stellen könne. ‚Die Gefahr ist so groß, daß, wenn der gute Kaiser ... nur die geringste Nachgiebigkeit zeigt, ganz Deutschland vom Römischen Stuhle abfallen wird.‘ ‚Es könnte auch der schlimmste Fall eintreten... Die (häretische) Wunde hat sich in der übelsten Weise verschlimmert, so daß alle an ihrer augenblicklichen Heilung verzweifeln.‘ ‚Wenn die Kaiserlichen nicht ganz energisch gegen Luther vorgehen, wird bald ein solches Feuer entstehen, daß das Wasser der Flandrischen See nicht zum Löschen reichen wird.‘ ‚Die römische Geringschätzung der lutherischen Sache ist höchst gefährlich, schon weil diese Art, sich über Luther lustig zu machen und seine Sache nicht ernst zu nehmen, auf die Deutschen gefährlich erbitternd wirkt.‘

Aber selbst Aleander unterschlägt gelegentlich die Gefahr. Auch er leidet am römischen Grundübel; seine Berichterstattung ist politisch und diplomatisch berechnet (‚Die Kurie möge ein bißchen zurückhaltend sein mit den Reservationen, dem cumulus, besonders gegenüber deutschen Kurtisanen, — bis dieser Sturm vorüber ist‘). Denn auch er hat die eigentliche Kraft dieses Ansturms nicht erkannt; er faßt ihn recht äußerlich und unterschätzt ihn damit gefährlich. Er sieht zwar, daß ‚fast der ganze Klerus außer den Pfarrern über die Maßen von der Irrlehre angesteckt‘ ist, aber er versteht nicht, daß sogar solche Kleriker, die doch von der Kurie so gut mit Pfründen bedacht werden, mit einem antirömischen Konzil einverstanden sind. Er kann sich nicht ‚genug darüber wundern, daß auch Mönche von anderer Ordensregel als derjenigen Luthers diesem mit solcher Hingabe anhängen‘! Er möchte ‚den Mönch durch den Mönch schlagen‘. Er rät immer wieder, durch dieses oder jenes Privileg, diese oder jene Pfründen einen unruhigen Kopf zu beschwichtigen und bei der Stange zu halten. Man muß gute Worte geben, goldene Berge, Kardinalshüte und Kardinalshütchen versprechen.... Es mag noch hingehen, wenn der päpstliche Nuntius Belohnungen an kaiserliche Beamte zweckdienlich findet. Aber dasselbe Mittel wünscht er angewandt, um Lutherisch Gesinnte zu beeinflussen, etwa den Doktor Burchard: ‚ein etwas neuerungssüchtiger Mann, den die Lutheraner für sich gewinnen wollen, den ich zu berücksichtigen bitte.‘ Mit Capito wurde dieses Verfahren versucht. Er bekam seine Propstei zu St. Thomas in Straßburg, und von dort aus — diente er bis zu seinem Tode 1541 der Reformation. Aleander freilich meinte: ‚Wenn wir ihn uns auch durch diesen Köder nicht ganz zu eigen machen, so wird er doch der katholischen Sache weniger schaden, denn sein Interesse erheischt dann die Erhaltung der Propstei.‘ Und dies alles, obschon Aleander melden muß, daß diese Methode auf der Gegenseite bereits durchschaut ist, und daß diese ‚schwerste und gefährlichste Verleumdung‘ die Päpstlichen dem Hasse des Volkes und die kaiserlichen Mandate der Mißachtung preisgebe, als beruhte sie auf Bestechung.

Welch kleinliche Mittel angesichts dieses aus solchen Tiefen aufstehenden Sturmes! Welches Verkennen des religiösen Problems! Man überschätzt auch sonst an der Kurie die Wirkung äußerer Akte, besonders die Verbrennung häretischer Bücher. Nach Aleander glaubt Rom wirklich ‚den Lutherischen Aufruhr durch einen derartigen Akt zu ersticken und sich völlig in Sicherheit wiegen zu können. Denn sonst verstehe ich nicht, wie man so lange Zeit die eigene Ehre und den eigenen Vorteil, ja eine Lebensfrage der Christenheit und des Papsttums gänzlich vernachlässigen konnte.‘ Aber Aleanders eigene Kurzsichtigkeit ist dem gelegentlich durchaus gleich; sie offenbart sich vielleicht am stärksten (und hier wirkt sie eigentlich grotesk) angesichts des endlich perfekt gewordenen Wormser Edikts gegen Luther. Mit diesem einen rechtlichen Akt — das ist seine Auffassung — ist die Sache erledigt: ‚Nun hat Luther allen Kredit verloren; von ihm ist kaum mehr die Rede, ausgenommen bei ein paar rabiaten Bösewichtern, die nur aus Raublust zu ihm halten.‘ Die Kurie wiederum hält genau diese Linie: das Dankschreiben des päpstlichen Vizekanzlers an Aleander vom 6. Juni 1521 schwelgt in einer kaum mehr zu steigernden Überbewertung des gleichen Ediktes.

Und dies blieb die Stimmung der Kurie in großem Umfang die ganze Reformationszeit hindurch.

Es gibt unendlich viele Belege. Immer wieder arbeitete man mit kleinen und unsachlichen Mitteln und mit diplomatischem Hinauszögern. Verständlich, wenn man noch 1524 an der Kurie so schlecht orientiert ist, daß man meint, nur Sachsen stehe aufseiten Luthers. Die Beratungen Klemens' VII. mit den Kardinälen Anfang Mai 1524 enthalten ein bißchen Ernst, ein Teil Wichtigtuerei und Versteckspiel. Nach einigen Gutachten beschloß man, ,die Forderung eines allgemeinen Konzils nicht grundsätzlich abzulehnen; allerdings sollte man auf die demselben infolge der kriegerischen Verwicklungen entgegenstehenden Hindernisse aufmerksam machen, aber zugleich Verhandlungen in Aussicht stellen! Hinsichtlich der Beschwerden: man werde versprechen, die Bestimmungen des Laterankonzils einzuhalten und . . . weiter zu beraten'. . . .

Das Wichtigste bleibt der Mangel an religiösem Ernst.

Schon Aleander scheut davor zurück, am religiösen Ende anzupacken. Nicht nur ,mit Exkommunikationen mache man bei den Deutschen keinen Eindruck mehr', auch ,mit dem Hinweis auf Glauben, Religion, Seelenheil richtet man so wenig aus wie mit Segen oder Fluch, denn alle Welt ist hier lau im Glauben und spöttelt darüber'. Das, was man Kraft des Glaubens in Aleanders eigener Haltung und Arbeit nennen könnte, ist nicht gerade bedeutend: ,Ich suche nicht meinen Vorteil, sondern den Christi, wie er allein mir bezeugen mag.' Gottes Hilfe ist ihm gegen Huttens Anschläge vonnöten. ,Gott wird in dieser Sache schon eines Tages beweisen, daß er der Mächtigere ist.' Er gedenkt ein paarmal der Gefährdung der Seelen.

Er sieht gelegentlich auch tiefer. Er äußert, daß die Lutherische Bewegung eigentlich — außer dem fälligen kirchlichen Gericht — nur durch positives katholisches Wachstum beschworen werden könne, und also nur in einer Arbeit auf lange Sicht (Hebung des Priesteramtes; dadurch Überbrückung des furchtbaren Hasses der Laien gegen die verkommenen Geistlichen; positive pastorale Arbeit; solideste literarische Abwehr ohne Grobianismus). Einmal rührt er auch noch an einen andern entscheidenden Punkt: Man darf die Hoffnung haben, mit Gottes Hilfe doch noch zu siegen, ,wenn wir uns in Rom eines Gott wohlgefälligen Wandels befleißigen'. Er bringt es auch noch einmal zu einem deutlichen Eingeständnis der kirchlichen Schuld. Aber das alles ist nicht Leitmotiv. Die Korrektheit wird nicht zur Kraft. Vieles bleibt Formel. Und wie verflüchtigt sich die drohende Gefahr!: ,Um unserer Sünden wegen mag diese fluchwürdige Sekte noch eine Zeit lang bestehen!'

Im Lichte des Evangeliums und aller religiösen Äußerungen der Kirchengeschichte von Anfang an sollte es scheinen, als ob die Arbeit, die Aleander im Dienste der Kirche gegen die Häresie leistete, von einem mindestens ebenso ausdauernden und sogar organisierten Gebetssturm um Gottes Schutz hätte gestützt sein müssen. (Vielleicht wirkt schon diese Feststellung auf die offizielle Geschichtsforschung seltsam: das beste Zeichen, wie weit man von religiöser Betrachtung der Kirchengeschichte abgekommen ist.) Nun, von einem eigentlichen Gebetsleben ist so gut wie nichts beim Aleander des Wormser Reichstages zu spüren. Er erwähnt gerade, daß er sich ,gestern und heute (am Gründonnerstag und Karfreitag) ein wenig mit Gott und seinem Gewissen beschäftigt habe'. Man fühlt sich nicht veranlaßt, diese Sprache gegenüber den so überwiegend ganz andern Interessen für bescheidene Demut zu halten.

Im Umkreis des Christlichen und Kirchlichen muß man diese Dinge viel schärfer betonen, als es gemeinhin geschieht. Der Sieg konnte auf die Dauer nur von der Substanz, nicht von Taktik und Akkommodation kommen. Der reformatorische Sturm der entscheidenden Anfangsjahre war zumeist ein Kampf um die Substanz. Soweit die erwähnte Haltung den katholischen Besitz kennzeichnet, hätte die Kirche unterliegen müssen. Die Rettung kam aus andern Tiefen.

Als das Gerücht in Worms umging, Luther sei auf der Heimreise von Worms ermordet worden, und die tumultuarische Erregung unmittelbar lebenbedrohend für die päpstlichen Vertreter zu werden schien, bescheinigte Aleander sich selbst die Bereitschaft zur Pflichterfüllung bis in den Tod. Denn ,des Herrn Wille geschehe; seine Sache ist es, die wir verteidigen'. Zweifellos ist es ihm mit diesem Vorsatz ernst gewesen. Es ist eine Pflichterfüllung ohne Wanken im Dienste der römischen Kirche. Aber sie ist gepaart mit einer nur korrekten, nicht schöpferisch tiefen Frömmigkeit, nicht gesegnet durch heroische Tugend. Und eben dieses Bild ist typisch für die gesamte Arbeit, die damals im Kampf gegen die Neuerung von Katholiken geleistet wurde. Vorab, wie wir noch sehen werden, für die literarische Arbeit.

4. Welche Auskunft über die katholische Bewußtseinslage gibt ein Überblick über den deutschen Katholizismus?

Wir werden die Kräfte wie das Bewußtsein der Gefahr natürlich mit den Jahren stark wechseln sehen. Nach zwölf Jahren etwa, 1532, wird die Lage so verzweifelt erscheinen, daß man geneigt ist, Hilfe anzunehmen, von wo sie immer kommen mag. Besser verheiratete Priester als keine, besser heimlich getraute als keine! Noch ein paar Jahre später wird der vordem so aktive Weihbischof Augustinus Marius an Nausea schreiben (11. März 1538): ,Ich habe keine Hoffnung mehr, daß die Schäden der Zeit und der Kirche und die Sekten noch einmal getilgt werden, wenn sich auch nun die Päpste alle Mühe geben, besonders durch Berufung eines Konzils', das ja doch nicht zustande kommen wird.

Und dies ist denn nun bei dem aktiven Teil der deutschen Katholiken überhaupt ein, wenn nicht das Kennzeichen; im Unterschied zu der Haltung jenseits der Alpen ist hier das Bewußtsein der Gefahr stark. Aleander kennzeichnet die Lage im wesentlichen richtig, wenn auch in zu scharfer Akzentuierung: ,ein tödliches Entsetzen hat alle gepackt'.

> „Der Hirt, der ist geschlagen,
> Die Schäflein sein zerstreut,
> Der Papst, der ist verjagen...." (Murner 1522.)

Das Bewußtsein der Gefahr wird sich bei den wirklichen Kämpfern sogar noch steigern bis zur Furcht, daß das Reich von den Deutschen genommen werden könnte, und bis, angesichts der Unverbesserlichkeit und Apathie der Katholiken, Cochläus und der junge (1509/10 geborene) Johannes Hoffmeister ihnen die wesentlich stärkere Hingabe auf protestantischer Seite entgegenhalten werden. —

Und zunächst die bischöflichen Herren! Sie sind keine Führer. Alles Wesentliche ergibt sich für diese ersten Jahre aus ihrem Schweigen und ihrer Apathie. Ihr Verhalten gegenüber der Bannbulle wird das offenbar machen. Wir kennen das allgemein gültige Bild der Adels- und Fürstensöhne, denen bischöfliche Macht anvertraut wurde. Die Signatur ist zum mindesten religiöse Kraftlosigkeit, wenn nicht auf schlimmere Zweideutigkeit zu erkennen ist. Weder sehen sie die Gefahr, noch geben sie sich Mühe, sie zu erkennen, noch sind sie bereit, denen, die sich dem Sturm entgegenwerfen, ausgiebig und konsequent, sei es auch nur durch Bereitstellung materieller Hilfsmittel, ihre Unterstützung zu leihen. Wenn ein trefflicher Bischof (wir werden deren mehrere kennen lernen) wie Gabriel von Eichstätt das Luthertum als eine Gottesstrafe ernstlich erkennt, so als Strafe für die Untätigkeit der Bischöfe: ,Ich habe zu Augsburg mit den und den Bischöfen darüber geredet, aber es haftet nichts, es geht nicht zu Herzen.'

Sie überlassen die Arbeit lieber ihren Räten. Aber schon hier, in den Anfangsjahren der Reformation, macht sich der Krebsschaden unheilvoll für die Kirche bemerkbar, daß viele Bischöfe, wie etwa auch Albrecht von Mainz, Mitarbeiter hatten, die mit der lutherischen Sache sympathisierten, ja direkt lutherisch waren oder es wurden. Es ist die Parallele zu der von Aleander beklagten unbegreiflichen Tatsache, daß es an der Kurie selbst eine Art lutherfreundlicher Partei gab, die etwa die deutschen Lutheraner schleunigst von den Vorgängen in Rom unterrichteten. Konnte doch die Bannandrohungsbulle in Deutschland noch vor ihrer Publikation gedruckt werden!

Den Bischöfen entsprachen, wie nicht anders erwartet werden kann, die Domkapitel, ,die fetten Kanoniker ohne Frömmigkeit', wie Eck sie nennt:

dieselbe Unkenntnis und Indolenz und Schlimmeres. In demselben spärlichen Ausmaß Opferfreudigkeit und Treue.

Die Hauptergänzung des Bildes nach dieser Seite bieten die Klosterinsassen und Weltgeistliche, die, noch schwankend oder bereits entschieden, zu Luther halten. Wir hörten Aleanders Behauptung: ‚so gut wie der ganze Klerus mit Ausnahme der Pfarrer sympathisiert mit der Neuerung.' ‚Unter den Gelehrten gibt es viele erleuchtete und rechtschaffene Männer, die an den Schriften Luthers um so weniger Anstoß nehmen, je aufrichtiger und inniger sie der evangelischen Wahrheit zugetan sind. Wir sehen, daß er sich durch sein unsträfliches Leben bei jedermann empfiehlt, daß jeder, dessen Urteil unbestechlich ist, ihm sehr wohl will. Jedermann gesteht, er sei durch die Schriften dieses Mannes besser geworden.' So der oft erwähnte Dominikaner Johannes Faber aus Augsburg im Jahre 1520. —

Eine der kennzeichnendsten Äußerungen des 16. Jahrhunderts ist zweifellos das gedruckte Wort. Das gilt auch für die katholische Seite. Ihre literarische Leistung, auf die wir noch zurückkommen, wird uns die ganze Reformationszeit hindurch am genauesten einen Einblick in die Eigenart, in die Stärke wie die Mängel der katholischen Kräfte vermitteln.

In der vordersten Front der ersten Jahre treffen wir zwei uns schon bekannte Männer, deren Arbeit für das katholische Bewußtsein typisch ist. Beide hatten ihre Autorität bereits stark kompromittiert, als sie in nicht sehr glücklicher und geistesstarker Weise in den Kampf gegen Luther eingriffen. Es sind die beiden Dominikaner Prierias und Van Hoogstraeten.

Ich weise gleich hier darauf hin, daß eine etwaige Unterbewertung der polemischen Leistung dieser Männer noch nicht eine Verneinung ihrer Gelehrsamkeit und ihrer sonstigen theologischen Arbeit einschließt. Wir werden in dieser Beziehung Korrekturen anzubringen haben. Aber es war durchaus eine Belastung für die kirchliche Sache, daß ausgerechnet zu den ersten Verurteilern Luthers diese zwei Männer gehörten, die durch die Reuchlin-Affäre die Sympathie der gebildeten Welt in solchem Maße verloren hatten. Außerdem machten die Büchlein des Prierias dem werdenden Reformator das Abschütteln außerordentlich leicht. Luther gab sie, wie schon erwähnt, selbst heraus. Und sofort erlebte man, was frische, bewegte Kraft gegenüber lebensfremdem Traktat bedeutet. Des Prierias erstes Schriftchen ist der genaue Ausdruck des zu sorglosen kurialen Selbstbewußtseins, von dem wir sprachen. Es ist ein mutiges Eingreifen, aber ungenügend unterbaut. Der Ordensbruder des Prierias, Johannes Faber aus Augsburg, hatte schon recht, wenn er verlangte, daß man Luthers Schriften wirklich lesen müsse, ehe man ihn als Ketzer verschreien oder gar ihn widerlegen wolle.

Von ganz anderer Prägung ist nun freilich etwa Dr. Johannes Eck. Wir kennen ihn schon einigermaßen von der Leipziger Disputation her. Auch ihm hat es nicht an Selbstbewußtsein gefehlt. Er ist hierin in Deutschland der treue Repräsentant der päpstlichen Kurie, im Wertvollen wie im Gefährlichen. Aber seine Leistung ragt in jedem Bezug ins Große, wenn auch freilich nicht von Anfang an.

Ecks unermüdliche Gegenarbeit und die rücksichtslose Art, mit der er sie in den ersten entscheidenden Jahren betrieb, trug wesentlich dazu bei, den theologischen Streit gründlich aus der Atmosphäre der Schule herauszuheben und, was das Entscheidende für die Reformation war, ihn zu einem lebendigen Interesse des öffentlichen Lebens zu machen. Wieviel Egoismus und Ruhmsucht bei Eck auch mit hereinspielen mochte, er war es, wie wir sahen, der Luther zwang, seine unkatholische Basis zu enthüllen. Er machte dadurch der Öffentlichkeit klar, daß es hier um letzte Werte ging, nicht um mehr oder weniger interessantes, aber letztlich unverbindliches Disputieren.

Freilich ist gerade gegenüber dieser Arbeit Ecks (nicht zuletzt gegenüber seiner Art, die Bannbulle zu kolportieren) die ernste Frage zu stellen, ob diese rücksichtslose Schärfe nicht zu wenig durch r e l i g i ö s e Kraft und entsprechendes Verantwortungsbewußtsein geweiht gewesen sei, und ob sie nicht Luther unnötig vorwärts getrieben habe? Es ist nicht unnütz, zu überlegen, ob man nicht überhaupt stärker um den F r i e d e n der Kirche hätte besorgt sein sollen? Nicht durch relativistische Bagatellisierung oder Apathie; das dürfte nach dem bisher Gesagten klar genug sein. Aber hätte man nicht mit den verbitternden Anklagen so ganz von oben herunter, ohne den geringsten Versuch, das Neue und seinen Träger zu ,verstehen', zurückhaltender sein können? Hätte man nicht Luther vor der Verketzerung brüderlich warnen sollen? Die Aussicht auf Erfolg war null: das wissen wir heute. Aber damals konnte das niemand wissen. Es vermag also auch nicht als Entlastung zu dienen.

Geistig dem Ingolstädter Theologieprofessor nicht gewachsen, übertrifft ihn wohl an praktischer Leistung für die Kirche Johannes Cochläus, der Frankfurter Pfarrherr und spätere Breslauer Domherr, der Mann, dem allein aus der katholischen Garde die ganze Reformationszeit durchzuhalten bestimmt war (er starb 1552).

Cochläus kommt aus dem stark antirömischen Nürnberger Pirkheimer-Kreis. Schon in Köln waren seine Bekannten neben den scholastischen Theologen (darunter auch Ortwin, der Adressat der Dunkelmännerbriefe) besonders Humanisten, unter ihnen Hutten. Er hatte das theologische Studium nicht aus innerem Beruf gewählt wie Eck, oder etwa aus Liebe zur Kirche. Es ging ihm, wie so vielen, um die Pfründen.

Aber das seelisch Wichtigste vollzog sich: im Unterschied zu Eck machte er eine innere Wandlung durch. Sie kam in Frankfurt 1520 zum Durchbruch. Bis dahin war er Luther wohl gewogen. Nun löst er sich von ihm. Er ist der erste bedeutende Humanist, der sich zur Kirche zurückwendet und offen gegen Luther auftritt. Und sofort tobt die Hetze einer zügellosen, ungerecht verdächtigenden Polemik gegen ihn los.

Cochläus war nicht ganz blind für die positiven Werte Luthers. Noch 1537 sprach er dem Reformator der Jahre 1518—20 katholische Werte zu. Um so seltsamer zu sehen, wie er zum Antilutheraner wurde. Er, der Humanist aus dem kulturkämpferischen Kreise Pirkheimers, konnte sich ungeheuer schwer trennen von dem so freudig begrüßten deutschen Reformator Dr. Martinus, dem Bekämpfer der Papstkirche und ihrer Lehre. Und was hat ihm dann zur Entscheidung verholfen? Törichte Gerüchte über Luthers Ausgangspunkt: ‚das Ding ist nicht in Gottes Namen angefangen, so wird es auch nicht in Gottes Namen ausgehen‘; und: der Augustiner bekämpfe den Dominikaner Tetzel, weil dessen Orden die Ablaßverkündigung übertragen worden sei. Das wagte Cochläus noch 1549 zu wiederholen. ‚Luthers Verstummen einer solchen Anklage gegenüber hat meinen Geist so völlig von dem Mönch abgewendet, daß mir seitdem all sein Tun verdächtig und abscheulich war.‘ Auf solch nichtigen Zufälligkeiten ruhte also das Werden einer der Hauptkräfte der um ihr Leben ringenden alten Kirche!

Natürlich wirkte zutiefst noch anderes mit. Aber, wenn man des Cochläus katholischen Glauben dabei auch nicht ausschalten kann, letztlich war es, in echt erasmianischer Haltung, die Sorge um die aufblühenden Wissenschaften, die ihn gegen Luther führte, die Angst vor Luthers rücksichtslosem, Unruhe stiftendem Beginnen. Es ist sicher wiederum nicht nebensächlich, daß die Arbeit auch dieses treuesten katholischen Kämpen zunächst durchaus nicht einer eigentlichen oder gar bedeutenden religiösen Begründung entsprang.

Die Polemik gegen die Neuerung mußte notwendig unter jenen falschen Voraussetzungen leiden. Sie machte es sich auch von Anfang an reichlich leicht: an Luther ist nichts Neues als seine Gabe des Schmähens, er hat die deutsche Kirche in Brand gesteckt, nur um sich an dem einzigen Eck zu rächen. In seinem Lutherkommentar legt Cochläus das katholische Lutherbild der kommenden Jahrhunderte fest. Er rühmt sich, daß dieses Werk der bis dahin verbreiteten falschen katholischen Meinung über Luther ein Ende gemacht habe, nämlich ‚dem groben Irrtum, daß Luther ein guter, frommer und heiligmäßiger Mann gewesen sei, der in die Heilige Schrift mehr als alle andern eingedrungen sei‘. Überdies hat er hier als grober Keil auf den gröberen Klotz den schlimmen Grobianismus der lutherischen Polemik übernommen: ‚Luther ist ein Kind des Teufels, vom Teufel besessen, voll Falschheit

und Hoffart. Mönchischer Neid gegen den Dominikaner Tetzel hat sein Aufbegehren veranlaßt; er ist wein- und weiblüstern, gewissenlos, und alle Mittel
sind ihm recht. Es geht ihm immer nur um seine Person; den Thesenanschlag
hat er um 42 Gulden, die er für eine neue Kutte brauchte, verbrochen; er ist
ein Lügner und Heuchler und feige und zänkisch. Kein Tropfen deutsches
Blut ist in ihm. . . .'

Gegenüber solchen Entgleisungen hatten die antikatholischen Schriftsteller
der Folgezeit leichtes Spiel. Wir sehen heute genauer und damit tiefer.

Die unverzeihlichen Fehlurteile sind aber nicht der ganze Cochläus. Man wird
an seinem ,Willen, der Wahrheit zu dienen, an seiner subjektiven Überzeugung, der wahren Erkenntnis Luthers ehrlich nachgetrachtet zu haben,
trotz all seinen Irrungen und Fehlschlüssen und seinem Haß ernstlich nicht
zweifeln können' (Herte). Und mehr als das: sein Leben ist ein Leben des
Opfers. Und dies sowohl für die Kirche, wie, mit aller Bewußtheit, für das
Vaterland. Jene so dünne Polemik ist dauernd mit einem großen Einsatz bezahlt: Immer wieder gilt seine große, tätige, mühevolle und kostspielige Sorge
der Förderung der literarisch-theologischen Arbeit der Katholiken und der Möglichkeit, sie an die Öffentlichkeit zu bringen. In allen möglichen Formen hat
er sich dafür eingesetzt. Vor allem hat er unter schwersten materiellen Opfern
sein Leben lang Buchdruckereien errichtet, sie erhalten, bis sie schließlich doch
der lutherischen Übermacht erlagen oder aufgekauft wurden, und dann wieder eine
andere aufgebaut. Und unter solchen Umständen schlägt er eine einträgliche Stelle
in Rom aus, um bei der Kontroverstheologie in Deutschland zu bleiben. . . .

Auch Aleander hatte richtig die Notwendigkeit einer geistigen Mobilmachung der Katholiken erkannt und für eine gesteigerte polemische theologische Leistung plädiert. Er hatte verlangt, daß der Papst diese literarische
Gegnerschaft und das Bibelstudium fördere. (Dabei hatte er als Humanist
sehr richtig erkannt, daß es nicht auf die Korrektheit der Lehre allein an-
komme: man brauche Schriftsteller!) Aber Rom reagierte schlecht. Cochläus,
der so ungeheuer vieles und dies so uneigennützig für Rom leistete, mußte
für die ihm vom Papst angebotene Pfründe bei St. Viktor in Mainz noch
obendrein 300 Goldgulden entrichten, obschon er nicht wußte, woher er das
Geld nehmen sollte. 1535 ließ dieselbe Kurie den finanziell abgekämpften
Mann abermals im Stich, und auch sein flehentliches Bitten um bestimmte Maßnahmen gegen die Neuerung zeitigte nur einige Versprechen statt Taten.

Drittes Kapitel

Die Entscheidung für die Reformation
(1521 — 1525)

§ 1. Die politische und kirchenpolitische Lage

1. Kaiser Maximilian hatte seine letzten Jahre noch einmal darangesetzt, seine Auffassung vom Reich (und seiner Einheit) zur Geltung zu bringen. Er wollte dafür sorgen, daß die gewaltige Übermacht des Hauses Habsburg-Burgund erhalten bliebe. Er betrieb die Wahl seines Enkels Karl zum römischen König. Nachdem bereits er selbst zu Lebzeiten seines Vaters diese Würde erlangt hatte, würde eine Wiederholung zweifellos eine bedeutende Verstärkung des monarchischen Gedankens und der Entwicklung des Reiches zu einer Erbdynastie bedeutet haben.

Die fürstliche bzw. die kurfürstliche Opposition erhob sich wieder. Das war verständlich. Wenig erhebend bleibt nur die Art des Widerstandes. Mit Ausnahme Friedrichs des Weisen, des Kurfürsten von Sachsen, der eifersüchtig über das vollständig unabhängige Wahlrecht der Kurfürsten wachte, waren alle Stimmen um Geld zu haben. Der Handel wurde von Maximilian auf dem Reichstag in Augsburg 1518 mit Brandenburg, Mainz, Pfalz und Köln abgeschlossen; da aber das spanische Geld ausblieb, kam es nicht zur Ausführung.

Darüber starb der Kaiser Anfang 1519. Alles war neu zu beginnen, und nun im größeren Rahmen der Kaiserwahl. Mit ungleich größerem Gewicht traten jetzt die großen Weltmächte mit in die Entscheidung ein. Aber es blieb derselbe Handel um die kurfürstlichen Stimmen mit Bestechung, diplomatischem und militärischem Druck.

Der Kandidat der Habsburger war nicht Erzherzog Ferdinand, sondern Karl I. von Kastilien-Aragon-Burgund-Sizilien. Nicht die Macht seiner Kronen, sondern, zusammen mit dem Recht des Vorgeborenen, die schwer definierbare Kraft seiner jungen Persönlichkeit, sein Geheimnis, befehlend fordern zu können war die Ursache.

Mit einer gewissen Notwendigkeit mußte diese Kandidatur zwei Gegner haben: den Papst und Frankreich.

Den Papst, weil er es möglichst verhindern mußte, daß der Kirchenstaat von einer Macht umfaßt würde, was zu befürchten stand, wenn der Inhaber der Krone von Neapel und Sizilien als Kaiser das Reichslehen Mailand in die Hand bekam. Der Papst entschied sich also für die Kandidatur des französischen Königs. Er überzeugte ihn mit sehr gewichtigen diplomatischen und auch mit jenen Mitteln der ‚Belohnung‘, die damals an der Kurie so selbstverständlich waren, daß sie sogar, wie wir sahen, als mitentscheidend im Kampf um Luther angesprochen wurden. Den geistlichen Kurfürsten von Trier und Köln wurde der Kardinalshut in Aussicht gestellt, wenn sie dem französischen König ihre Stimme geben würden. Es kamen ihnen von der Kurie freilich auch Weisungen zu, die einen gemessenen Befehl enthielten, den Franzosen zu wählen: eine Unklugheit, da sie bei den rheinischen Herren Opposition und so etwas wie Nationalbewußtsein weckte.

Daß der französische König — der leichtsinnig lebenslustige Franz I. — sich um die ‚deutsche‘ Kaiserkrone bewarb, war nichts Unerhörtes. Maximilian hatte eine Zeit lang (ob ganz aufrichtig?) für die Kandidatur des englischen Königs gearbeitet. Die Art, wie die Kurfürsten sich von Franz I. umwerben ließen, beweist, daß auch sie weit davon entfernt waren, einen französischen Kaiser für eine beleidigende Zumutung zu halten. Der Plan war auch nicht Ausfluß eines unsinnigen Machtgelüstes. Natürlich spielte die uralte Rivalität Frankreich—Deutschland mit. Aber es ging auch um das Schicksal Frankreichs, das bereits von Habsburg-Burgund-Spanien eingeschlossen war. Würde der Herr von Spanien Kaiser, dann war der Ring ganz geschlossen und auch die einzige Möglichkeit der Beweglichkeit nach außen, der Besitz Mailands, bedroht. Und gerade die Erwerbungen in Norditalien konnten gar nicht besser zu Gunsten Franz’ I. geschützt werden als durch ein französisches Kaisertum. Umgekehrt stand zu befürchten, daß unter einem habsburgischen Kaiser die Forderung ‚Burgund‘ statt nach Deutschland hin, nach Frankreich gestellt würde.

Der französische Kaiserplan ist zudem nur die konsequente Fortsetzung oder Wiederaufnahme universal-politischer Tendenzen des französischen Königtums über ein im Sinne Karls des Großen geeintes Abendland. Schon am Ende des 13. Jahrhunderts sah der Kölner Kanonikus Alexander von Roes die Gefahr, daß Papst Martin IV. einen Franzosen zum Kaiser machen könnte. Jetzt, 1518, vergessen die Gesandten Franz’ I. nicht, bei ihrer Werbung vor den deutschen Fürsten einen Rechtsanspruch ihres Königs auf die Krone des großen Frankenkaisers anzumelden.

Das französische Geld floß zunächst reichlicher. Aber in Deutschland gab es die Fugger. Dieses Haus, eine europäische Großmacht, hat die habsburgische Politik schon seit 1490 finanziert. Es wird es weiter bis zum

Schmalkaldener Krieg tun. Von dem Augenblick an, als die Habsburg-Spanischen sich entschlossen, mit ihm, mit einem deutschen Haus, abzuschließen, war die beste Geldsicherheit der damaligen Welt auf ihrer Seite, und sie gewannen die Partie. Etwa 850 000 Goldgulden hat die Wahl Habsburg-Spanien gekostet. Rund die Hälfte kommen auf reine Bestechungsgelder. Die detaillierten Fuggerschen Rechnungen über die Verwendung sind höchst lehrreich. Sie laufen von den Kurfürsten (der Mainzer erhielt z. B. seine 103 000 Gulden) bis zu den Räten und Dienern, die im Falle Mainz zusammen noch 10 200 Gulden bekamen. Es war ein offenes Feilschen mit öfterem Umfallen von einer Seite auf die andere (der Brandenburger!).

Nur e i n Kurfürst ließ sich auch diesmal nicht kaufen: Luthers Landesherr, ganz erfüllt von dem Gedanken, nichts gegen seine Pflicht zu tun, aber auch nichts von seiner Unabhängigkeit dranzugeben. Indes, auch er ging nicht leer aus.

Jakob Fugger hat später einmal Karl V. gegenüber aufgetrumpft, ohne seine Mitwirkung wäre er nicht Kaiser geworden. Das stimmt. Aber es stimmt nicht, daß e r den Kaiser gemacht habe. Es kamen doch noch andere Kräfte hinzu. Das rudimentäre ‚Nationalbewußtsein‘ war doch schon eine Kraft, selbst bei den käuflichen Kurfürsten; immerhin war Karl der Enkel Maximilians! Außerdem war die Servitut des französischen Absolutismus bei den deutschen Ständen eine verhaßte Sache. Die Selbständigkeit der Territorien, die sie unter Maximilian so erfolgreich verteidigt und ausgebaut hatten, konnte durch die höchst tatkräftigen französischen Räte ernstlich bedroht werden. Die Schweizer waren 1515 von den Franzosen bei Marignano geschlagen worden; Franz hatte nunmehr Mailand genommen: sie wollten nicht eingekreist werden. Sie wurden tüchtig vom kaiserlichen Rat Van Zevenberghe mit Geld und Versprechen traktiert; sie gaben klipp und klar bekannt, daß sie einen andern als einen deutschstämmigen Kaiser nicht anerkennen würden.

Und endlich: die habsburgische Diplomatie war diesmal die bessere. Sie verstand, daß diese Machtprobe Machtmittel zur Verfügung haben müsse. Sie übernahm das Heer des Schwäbischen Bundes, das eben unter Führung Habsburgs den Herzog Ulrich von Württemberg aus seinem Lande verjagt hatte[1], und band Sickingen und seine Reiter an sich: das ergab einen heilsamen Druck, dem sich die gekauften Kurfürsten bei Ausübung ihres Wahlrechts in Frankfurt nicht widersetzten.

Als Papst Leo X. die Unmöglichkeit erkannt hatte, die von ihm offen unterstützte Kandidatur des Franzosen zum Erfolg zu führen, versuchte er die Kandidatur Karls auf andere Weise auszuschalten; er lancierte die Kan-

---

[1] Dieser Ulrich hatte sofort nach Maximilians Tod unter Bruch des Landfriedens die Reichsstadt Reutlingen überfallen. Frankreich stand dahinter.

didatur des Reichsverwesers, des Kurfürsten Friedrich von Sachsen. Acht Tage vor der Wahl ließ er ihm durch den sächsischen Kammerherrn v. Miltiz die päpstliche Unterstützung für seine Bewerbung antragen[1]. Der Papst hoffte, auf diese Weise immerhin noch zu verhindern, daß der politische Fremdeneinfluß in Italien, in eine Hand gerate. Und am Ende konnte er durch ein ‚divide‘ vielleicht noch ein ‚impera‘ erreichen.

Der Plan war eine Unmöglichkeit. Weder die geistig-moralische Kraft des Sachsen, noch die realpolitische seiner Hausmacht hätten im entferntesten ausgereicht, die ‚Brut der deutschen Fürsten‘ zu bändigen. Er hätte insbesondere mit der unversöhnlichen und überlegen starken Gegnerschaft des gewaltigen habsburgisch-spanisch-burgundischen Hauses rechnen müssen. Nicht auszudenken, was geschehen wäre, wenn, in richtiger Erkenntnis seiner Chancen, Frankreich sich dann mit den Habsburgern zusammengetan hätte. Das Reich wäre auseinandergebrochen. Außer der kommenden konfessionellen Spaltung wäre die nationale Deutschlands Schicksal geworden. Auch Friedrich selbst war nüchtern genug, einzusehen, daß sein landesväterliches Pflichtbewußtsein den Rahmen der kaiserlichen Macht und Aufgabe nicht auszufüllen imstande wäre; er lehnte ab.

Der Papst stellte fest, daß Karls Wahl unvermeidlich sei. Er war wendig genug, sich der Macht der Verhältnisse zu beugen.

Während die Theologen in Leipzig zur Disputation zusammenkamen, versammelten sich die Kurfürsten zur Wahl in Frankfurt. Es war im Juni. Mit allen sechs Stimmen der Kurfürsten und der Botschaft des Königs von Böhmen wurde Karl I. von Spanien und Burgund zum Kaiser des Heiligen Römischen Reiches gewählt; als erster durch Albrecht von Mainz, dem außer den Bestechungsgeldern versprochen worden war: volle Gewalt über die Reichskanzlei, Fürsprache beim Papst, daß er ein viertes Bistum in Deutschland erhalte, und daß er des Papstes Legat im Reich werde.

Nur der Kurfürst von Brandenburg war bis zuletzt der französischen Kandidatur treu geblieben, weil sich ihm durch Franz I. ganz ungewöhnliche Möglichkeiten für eine Machtsteigerung seines Hauses im Reiche darzubieten schienen: sollte er doch Statthalter für Franz im Reich, und sein Bruder, der Mainzer Erzbischof, päpstlicher Legat werden. Durch den französischen Kaiser hätte Brandenburg das Reich in gewisser Hinsicht kirchlich und politisch in die Hand bekommen. Aber nun gab auch er seine Stimme dem neunzehnjährigen Erben des Weltreiches, gegen den allein anzugehen er nicht für

---

[1] Die Details des Antrages sind einigermaßen unklar wegen der eigenmächtigen Erweiterung, die Miltiz seinem Auftrag gab. Aber es scheint, daß dem Kurfürsten eröffnet wurde, der Papst werde bereit sein, einen der Freunde des Kurfürsten zum Kardinal zu machen. Friedrich deutete das auf Luther.

ratsam hielt. Wohl aber hielt er es mit seiner Ehre und Würde für vereinbar, einen geheimen Protest niederzulegen, des Inhalts: er wähle aus Furcht, nicht aus rechtem Wissen.

Die wichtige Wahl wurde ergänzt durch eine wichtigere Wahlkapitulation, aufgelegt, nicht wie bisher von jedem Kurfürsten besonders, sondern zum erstenmal durch ein gemeinsames Vorgehen. Man durfte mit Recht erwarten (was ja dann auch das Schicksal des Reiches wurde), daß der neue Herr oft außerhalb des Reiches weilen würde. Ließ er dann seine Vertreter im Reich, konnte es geschehen, daß Deutschland ausländischen Kräften in die Hand geriet. Dagegen schützte man sich. Der deutsche Charakter des Reiches wurde — natürlich neben den kurfürstlichen Privilegien — gesichert: nur geborene Deutsche darf der Kaiser zu Reichsämtern erheben; keinen Reichstag darf er außerhalb des Reiches halten; keine andere als die deutsche oder lateinische Sprache in seinen Erlassen im Reich verwenden. Und, er muß ein Reichsregiment aufrichten: die alten ständischen Pläne treten wieder hervor, diesmal gestärkt durch nationale Interessen.

Die Kapitulation wurde von Karls Bevollmächtigten unterschrieben. Als er selbst nach Deutschland kam, beschwor er sie in Aachen. Aber er konnte sie unmöglich ganz halten. Zu verschieden war seine Auffassung von dem Wesen eines Fürsten, besonders eines Kaisers, von derjenigen der Kurfürsten. Nach ihrer Idee sollte der Kaiser das Reich mit den Ständen führen; oder: die Stände würden das Reich bilden, und dazu träte der Kaiser. Karl hingegen faßte Begriff und Wirklichkeit eines deutschen Kaisers als ‚Herr' des Reiches. Er wird es schon 1521 dem Reichstag in Worms klar sagen lassen: ‚es sei sein Wille, daß Deutschland nicht viele Herren, sondern einen Herrn habe'. In seinem Vorstellungskreis, der durchaus nicht im Bereich der Theorie blieb, sondern politische Kraft entband, lebte die Idee der einen Christenheit, deren eines wirkliches Haupt, das weltliche, der Kaiser war, weitgehend koordiniert dem geistlichen Haupt. Man muß sich dieses Bewußtsein klarmachen, wenn man Karls politisches und religiös-kirchliches Handeln sein Leben hindurch verstehen will, nicht zum wenigsten in jenen vierziger Jahren, als er so selbständig in die dogmatisch-kirchliche Bewegung eingriff.

Karl V. ist dem Blute nach Burgunder und Spanier und zu einem geringen Teil Habsburger. Seiner Erziehung nach in den Niederlanden (Regentin war seit 1507 Margarete, Tochter von Maximilian) ist er Burgunder französischer Sprache und Kultur. Wohl war der Niederländer Adrian von Utrecht, also ein Deutscher, sein Lehrer. Aber der Beeinflussung in einem deutschen Sinne waren schon deswegen sehr enge Grenzen gezogen, weil das Hauptinstrument dazu, die deutsche Sprache, ausgeschlossen war; Karl beherrschte sie noch nicht. Anderseits war Adrian selbst, der spätere Großinquisitor und dann

Papst, durchaus Vertreter einer universalen, mittelalterlich-kirchlichen Kultur. Er steht auf ganz anderem Plane als die ersten hochwichtigen politischen Erzieher und Ratgeber Karls, die burgundische Kultur französischer Prägung repräsentierten und, wie all die vielen fürstlichen Räte in Frankreich und Deutschland, in steigendem Maße Einfluß auf die national oder landesherrlich geführten Staatsgeschäfte nehmen.

Wie das Herzstück von Karls politischer Macht die Niederlande waren, so ist er seiner Erziehung entsprechend wohl noch am besten zu bezeichnen als burgundischer Niederländer, wobei dann der eine Begriff die kulturellen Kräfte, der andere mehr den geographischen Raum andeuten würde.

Aber auch das trifft noch nicht das Letzte. Sicher besteht die Negation zu Recht: Karl war dem Blute nach nicht ein Deutscher, und nach Gesinnung und Haltung nicht nur deutsch. Aber ebenso falsch ist es, wenn man ihn Spanier nennt. Er galt in Spanien zunächst als Fremder. Schon die Herkunft aus Burgund, das nie eine ,Nation' war, sondern viel eher eine eigentümlich modern verkürzte Spielart des vergangenen Universalistischen, deutet an, wo Karls tiefste Eigenart zu suchen ist. Sie besteht darin, daß er nicht national war. Seine Weltpolitik wird es beweisen. Der letzte Grund liegt darin, daß er den einen Glauben in der einen Kirche kompromißlos als die allein mögliche (vor Gott bzw. dem Gewissen, aber auch politisch) Form des Daseins der einen Christenheit faßte; daß er im Gegensatz zu allen Machiavellisten in Rom, Frankreich, Holland, und an seinem eigenen Hofe den katholischen Kirchenglauben für etwas auch in der Politik Unantastbares hielt: weil er nämlich ein wirklicher Christ war.

Wenn also Karl nicht ein Deutscher war und nicht ein Spanier, stand er deswegen den deutschen Dingen undeutsch gegenüber? War es so schwer, besser für die gesamtdeutschen Interessen zu sorgen, d. h. vor allem sie weniger eigennützig zu betreuen, als der von Frankreich gekaufte Kurfürst Joachim I. von Brandenburg es tat? Hierin war Karl gottlob nicht ,deutsch'; er war nicht von klein-partikularistischen Gesichtspunkten bewegt wie die meisten der deutschen Fürsten, die wesentlich nur innerhalb ihrer engen Grenzpfähle dachten und für ihre eigenen Taschen errafften.

Für Karl war immer die deutsche Kaiserwürde Hauptfaktor seines Denkens und Handelns. Die Ideen hochzuhalten und ihrer Verwirklichung mit tiefem und arbeitsamem Gewissensernst dienen, durch die die Weltherrlichkeit des deutschen Kaisertums im Mittelalter gelebt hatte, wäre das undeutsch?

Es war nicht ein Widerspruch zum universal-kaiserlichen Programm, wenn der Kaiser zugleich für die Erhöhung seines Hauses arbeitete. Gewiß verschieben sich die Akzente. Aber dieses Haus war und sollte eben Träger jener Aufgabe, jenes Berufes größten Formats sein. Je unabhängiger die kaiserliche

Hausmacht stand, desto besser konnte das universale Programm zum Heile der e i n e n Christenheit ausgeführt werden. Ganz anders lagen die Dinge beim Papsttum. Wenn etwa Klemens VII. vor allem als Medici dachte und operierte, so wurde das zuzeiten geradezu eine unmittelbare Bedrohung der Einheit der Christenheit und eine flagrante Verletzung seiner universalen Pflichten.

Eine äußere Illustration für Karls universalistische Haltung gibt die Reihe seiner obersten Ratgeber, denen er so schnell und sicher zur klassischen Form des unnahbaren Weltherrschers entrückt: sie gehören nacheinander den verschiedensten Nationen an. Keinerlei konsequente nationale Linie ist in diesen wechselnden Tendenzen von niederländisch, französisch — das seine Muttersprache war! —, italienisch oder spanisch zu finden. Freilich, auch dies ist wichtig: die deutschen Kräfte fehlen. Man kann wohl sagen, daß das, was man als persönliches Heimatgefühl bei Karl ansprechen könnte, mehr und mehr nach Spanien weist; hier freilich nicht zuletzt gebunden durch die Liebe zu seiner Frau, der portugiesischen Prinzessin. Dem entspricht auch die Art seiner Religiosität; sie wendet sich mit seinen später ausnahmslos spanischen Beichtvätern einer erasmianisch gefärbten Frömmigkeit zu. Aber Karl blieb doch der Herr der Nationen, nicht ihr Glied.

Dies war die einzig mögliche Art, seine Länder zu regieren. Denn was war eigentlich sein ungeheueres Reich? Es war vor allem keine Einheit. Die Einheit bestand nur in der Person des Herrschers. Die realpolitische Aufspaltung aber nach Herkommen wie nach der zeitgeschichtlichen Lagerung begann schon in Spanien, das von einer Einheit, wie sie etwa Frankreich erreicht hatte, noch weit entfernt war. Und die Einheit von Burgund! Die Freigrafschaft im Süden und die Niederlande im Norden: nach Landschaft, Kultur, wirtschaftlichen und politischen Bedürfnissen sehr divergierend. Und erst all diese Teile in der Verbindung gesehen! Österreich an der Grenze der Ungläubigen und das immer wieder zu sichernde Oberitalien waren nicht ohne weiteres eine solide Brücke vom Osten zum spanischen Westen, selbst wenn das gesicherte Süditalien in die Rechnung einbezogen wurde. Vor allem aber die letzte Belastung! Deutsche Territorien fühlten vielfach gegensätzlich zu Reich und Kaiser, und der Kaiser selbst war Territorialfürst: eine Unsumme schwer zu meisternder Spannungen standen einem einheitlichen Vorgehen entgegen; und ihre Sprengkraft wurde eben jetzt weiter vergiftet durch die vielfältig sich erhebende kirchliche und sektenmäßige religiöse Neuerung.

Für eine fruchtbare Bewältigung der Aufgabe, soweit Deutschland in Frage kam, hätte nur e i n Mittel ausreichen können: ein umfassendes Nationalgefühl. Nicht ein solches, wie es von den Humanisten und von Luther gegen Rom erweckt wurde, sondern dieses Nationalgefühl als Bewußtsein einer gemeinsamen Pflicht gegenüber dem Reich in den Herzen derer, die die Macht besaßen: bei den Fürsten. Aber so etwas kannten sie wenig. Die dynastisch-egoistische Haltung, die wir in den unsympathischen Bestechungsaffären 1518 und 1519 sich so ungeniert breitmachen sahen, begleitet die deutsche Reformationsgeschichte treulich über so manche unwürdige Szene eines Reichstags bis an ihr Ende, das in dem schmählichen Verrat deutschen Bodens an Frankreich durch den doppelzüngigen Moritz von Sachsen erreicht wird.

Man darf dabei freilich nicht nur von Schuld sprechen. Den Fürsten war von Renaissance-Päpsten durch Abmachungen mit den Türken ein denkbar schlechtes Beispiel geboten worden. Auch war es durchaus die Politik des Kaisers, die den Gegensatz zum Franzosen, also auch die französische Gefahr, wachhielt. Gegen diesen aber war etwa Trier, allein auf sich gestellt, durchaus ungenügend geschützt und deshalb auf Frieden mit ihm einigermaßen angewiesen. Auf der entgegengesetzten Front stand ein zweiter Erzfeind: der Türke. Aber dessen Druck spürten umgekehrt vor allem Österreich und Ungarn, die Länder Ferdinands. Verbündete sich aber Frankreich mit dem Ungläubigen, dann wurde dadurch sofort der Druck der Türken auf die Territorien Ferdinands stärker und der Wunsch dieser Länder nach gutem Einvernehmen des Reiches mit den Franzosen lebendiger. Das heißt aber wiederum: die Überlegungen des aus Burgund stammenden und von Spanien kommenden Kaisers, des zweifach mit einem gefühlsmäßigen Antagonismus gegen Frankreich beladenen, waren durchaus nicht einfach konform den Bedürfnissen der einzelnen Teile seines Reiches.

In Karls Person und Arbeit stellt sich in hochbedeutsamer Weise der schicksalhafte Riß dar, der sich auftat zwischen der universalen Kirche-Reich-Idee und dem unaufhaltsam vordrängenden Nationalen. Eben dieses Nationale war es, was sich trotz allem Mißwuchs und Egoismus in der Reichsreform regte und nach Gestaltung rang, und das sich in Humanisten, im Rittertum Sickingens und vor allem Huttens und dann auch in der zur Volksbewegung angeschwollenen Reformation Luthers höchst ungeregelt darstellte. Karl und dieses Deutschland konnten — rein politisch gesehen — schlecht zusammenkommen. Und dieser Zwiespalt zwischen universal und national, zwischen deutsch und europäisch, empfing gerade jetzt seine harte Vollendung durch den Gegensatz katholisch—neugläubig. Von Beginn an war die Regierung Karls V. in Deutschland aus der objektiven Lagerung der Kräfte heraus auf einen Zusammenstoß angelegt. Die Zeit bis zum Westfälischen Frieden gibt die Fülle der verhängnisvollen Antworten auf die gestellte Frage. Und selbst dieser Friede von 1648 war ja nichts anderes als das Bekenntnis eines erschöpften Landes, daß eine Lösung nicht durchzusetzen sei. Damals wurde der Kompromiß legalisiert.

Man hat gefragt, warum Karl nicht aus den vielen, sich aus seinen Ländern
aufdrängenden Aufgaben einige ausgewählt und diese v o l l k o m m e n gelöst
habe, statt sich eine unmöglich großartige, viel zu umfassende Aufgabe zu
stellen? Das klingt vernünftig und hat doch alle Realpolitik gegen sich. Die
traditionsmäßige Auffassung des Universalen entsprach durchaus den Anforderungen der Gesamtlage. Sobald man daran geht, die einzelnen vom
Kaiser der Reihe nach in Angriff genommenen Aufgaben zu prüfen, sieht
man: keine durfte er beiseite lassen, ohne das Ganze seiner Macht in Frage
zu stellen. Für die innere Ordnung Spaniens, für die Gegnerschaft gegen die
Mohammedaner in Nordafrika, die Bedroher der Kornkammer Siziliens, die
gleichzeitig eine hochwichtige innere Verbindungslinie im habsburgischen
Staatensystem darstellte; endlich für die Gegnerschaft gegen die Türken in
Ungarn ist das nicht schwer zu erweisen. Durfte Karl etwa seine spanischen
Länder dem Chaos überlassen und dafür die zwanziger Jahre hindurch in
Deutschland bleiben? Utopie! Ohne die stets greifbare finanzielle (und auch
militärische) Kraft eines geordneten und fest besessenen Spaniens wäre es trotz
Flandern mit der Macht des Kaisers bald vorbei gewesen, in Italien wie in
Burgund. Es wäre ein Schattenkaiser übrig geblieben.

Von der Notwendigkeit der Auseinandersetzung mit Frankreich um Norditalien war schon die Rede. Am meisten werden sich Wortführer finden, die
den Kampf gegen die religiösen Neuerer als selbstmörderisch abtun wollen.
Das ist aber doch nur eine Fata Morgana. Der Kaiser hätte dazu seiner
tiefsten Überzeugung widersprechen und also seine Pflicht verletzen müssen.
Er konnte unmöglich einwilligen in das, worin er durchaus mit Recht auch
eine Spaltung des Reiches erkannte. Er konnte endlich in den Bereich seiner
katholischen Länder nicht freiwillig einen Fremdkörper einfügen. Es bleibt
freilich dabei, daß das Schicksal dem Kaiser eine unlösbare Aufgabe
vorgegeben. Aber auch, daß er dem Anruf würdig entsprach. Wir werden
es sehen.

Mit all dem ist auch einigermaßen erkennbar, warum alle d e u t s c h e n
Angelegenheiten und Pläne Karls V. uneinheitlich verlaufen, unvollendet
bleiben, ja im Mißerfolg enden m u ß t e n : weil das Reich immer nur ein Teil
seiner Anliegen war und sein durfte, weil er immer nur vorübergehend und
kaum je einmal ganz seine Gedanken und seine Kräfte ihm zuwenden konnte.
Zum Jahre 1530 notiert er in seinen Memoiren: ‚Zu dieser Zeit gab es so
viel Unstimmigkeiten mit den Kurfürsten. Da der Kaiser einsah, daß es ihm
wegen der großen Königreiche und Territorien, die ihm von Gott anvertraut
waren, nicht möglich sei, soviel im Reiche zu residieren, wie er es wünschte
und wie es hätte sein sollen, beschloß er, die Wahl seines Bruders zum
römischen König zu betreiben.‘ Die Z e r s p l i t t e r u n g d e r A u f g a b e n und

der Kräfte, das innerdeutsche Schicksal überhaupt, ist auch das Schicksal der deutschen Kaiser (eigentlich ihrer aller das Mittelalter hindurch) gewesen. Und damit das Schicksal der deutschen Kirche. — Karl hatte die Nachricht seiner Wahl in Spanien erhalten. Dieses Spanien, das Erbe des Ferdinand von Aragonien vor allem, gehörte ihm vorerst auch nur als Anspruch. Aber erst — oder schon — im Februar des nächsten Jahres 1520 öffnete sich vor ihm die ganze Ungewißheit seiner Lage; sie schien alle Möglichkeiten des höchsten Ruhmes in sich zu schließen, aber zunächst war sie vor allem voll von Gefahren. Franz I. meldete in aggressiver Betonung seine Ansprüche auf Mailand an. Karl sollte ihn von Reichs wegen damit belehnen; er sollte außerdem das Versprechen geben, keine Heeresmacht nach Italien zu führen: die große Auseinandersetzung mit Frankreich, die den größten Teil der Regierung Karls durchziehen und entscheiden, die Entwicklung innerhalb Deutschlands wie an dessen Ostgrenze (im Kampf gegen die Türken) tief beeinflussen sollte, ist angemeldet. Die Erwerbung Württembergs, das Habsburg gegen Erstattung der Kriegskosten vom Schwäbischen Bund im Sommer 1520 übernahm, war gewiß ein bedeutsamer Machtzuwachs; sie beschwerte aber auch anderseits Karls Lage mit weiteren Gefahrenmomenten, die Philipp von Hessen dereinst ausnützen sollte.

Karls Räte parierten den Schachzug Frankreichs durch eine scharfe Hinwendung zu England, dessen große europäische Lavierungspolitik unter dem Kanzler-Kardinal Wolsey nun ihre Triumphe feierte. Aber während Karl auf dem Seeweg, Frankreich meidend, nach den Niederlanden fuhr und sein doppeltes Treffen mit Heinrich VIII. durchführte, brach in Spanien der Aufruhr der ‚comunidades‘, der Stände, gegen den Monarchen los.

Das ist die wahrhaftig wenig eindeutige Lage Karls V., als er am 21. Oktober 1520 zum ersten Male deutschen Boden betritt, nach dem alten Zeremoniell von den Kurfürsten begrüßt. Er ist zwanzig Jahre alt, bleich, etwas schwächlich. Man hat keine sehr hohe Meinung von seinen geistigen Fähigkeiten. In vollständigem Schweigen nimmt er die Begrüßung entgegen. Das ist für ihn symbolisch. So gut er es fertig bringen wird, wenn der Moment es zu fordern scheint, auch gegen die Etikette vor den Fürsten oder vor Papst und Kardinälen höchst beredt seine Sache zu vertreten — er ist von Anfang an der große Schweiger. Es mag 1520 noch Unentschiedenheit oder Verlegenheit mitgesprochen haben. Aber es war auch hier bereits das Schweigen des unnahbaren Herrschers, der sich als der auserwählte Einzige weiß: ein Weihebewußtsein stark objektiver Prägung, das mit persönlicher Überheblichkeit nichts zu tun hat. Es war ein immenser Abstand zu der Liebenswürdigkeit seines Großvaters.

Wir besitzen von Karl V. Memoiren, die er in französischer Sprache verfaßte. Sie lassen sein seelisch-geistiges Bild, so wie es uns in den ersten Szenen auf deutschem Boden, wenigstens andeutungsweise, aufleuchtet, trefflich durchscheinen: eine ungewöhnliche Gehaltenheit, große Sparsamkeit des Werturteils, bemerkenswerte Nüchternheit und ein dementsprechender Gerechtigkeitssinn in der Beurteilung der politisch-militärischen Lage auch dort, wo sie zu seinen Ungunsten stand, oder in der Beurteilung der Hilfe, die ihm von andern kam (z. B. beim rettenden Übertritt des Admirals Andreas Doria 1528). Mit einer beinahe puritanischen Strenge des spanischen Zeremoniells tauchen die Gestalten der Königin-Mutter, des Bruders Ferdinand, tauchen die einzelnen Länder auf und tauchen unter . . ., ohne daß der innere Kontakt des Herrn der Welt mit ihnen sichtbar würde.

§ 2. Der Reichstag zu Worms

1. Am 23. Oktober 1520 fand die Königskrönung Karls zu Aachen statt. Es erging das feierliche Krönungsgelöbnis zu den Grundrechten der Kirche und des Staates als Antwort auf die sechs großen Fragen, unter denen folgende stehen: Willst du den heiligen katholischen, uns überlieferten Glauben halten und fördern? Willst du treuer Beschützer der Kirchen und der Diener der Kirche sein? Willst du das Reich in Gerechtigkeit regieren? Willst du dem heiligsten Vater, dem römischen Papst, und seiner Kirche die schuldige Ergebenheit bewahren?

Bereits am 26. Oktober konnte der Mainzer Erzbischof Kardinal Albrecht von Brandenburg verkünden, daß der Papst dem neuen König zugestanden habe, den Titel ,erwählter römischer Kaiser' zu führen. Die deutschen Fürsten fanden sich sehr zahlreich am Hofe ein. Der junge Herr erwies sich allen gnädig, sogar dem Brandenburger. Es schien, als ob die große Welle der vertrauenden Begeisterung, die aus dem ganzen Volk dem Kaiser entgegenwallte, die auch Luther seine Hoffnung setzen ließ auf ,das edle junge Blut', eine wirkliche innere Einheit anbahnen sollte.

Aber schon wurde in der harten Wirklichkeit jene Schicksalsfrage aus dem Krönungakt wiederholt: ,Willst du den heiligen katholischen, uns überlieferten Glauben halten und fördern?'

Noch in den Niederlanden (am 28. September) hatte Karl die Verbrennung der Schriften Luthers und seiner Anhänger angeordnet. Nun war der Kurfürst von Sachsen bei ihm, vom Kaiser vor allen ausgezeichnet. Und eben jetzt erhielt derselbe Kurfürst die Bannbulle gegen Luther. Mit dem Versteckspiel über ihre Echtheit oder Nichtechtheit war es vorbei. Rom verlangte durch seine Nuntien Aleander und Caraccioli sofortiges Einschreiten gegen Luther als einen notorischen Häretiker durch die Achterklärung mit allen anschließenden Folgen.

Es setzt das Ringen ein zwischen Kursachsen und den päpstlichen Nuntien um die Entscheidung des Kaisers. Friedrichs des Weisen zähe Beharrlichkeit zusammen mit den realpolitischen innerdeutschen Hemmungen ließen die Ansprüche des Territorialkirchentums siegen gegenüber den Wünschen des Kaisers und des Papstes. Der Kurfürst betont, Luther dürfe nicht von Reichs wegen verurteilt werden, ehe er nicht in Deutschland verhört sei. Das Spiel geht hin und her. ‚Unsere Angelegenheiten', meldet Aleander nach Rom, ‚gehen ihren schwankenden und stündlich wechselnden Gang ... auf allen Seiten nur Hindernisse und persönliche Leidenschaften, so daß wir ohne Kaiser verloren wären.' Aber am 28. November sagt der Kaiser dem Sachsen zu, daß Luther nochmals verhört werden solle. Er fordert ihn auf, seinen Wittenberger Professor mit auf den kommenden Reichstag zu bringen. Ende Dezember hingegen ist der Kurfürst selbst unschlüssig geworden. Er bittet den Kaiser, es möge ihm, dem Kurfürsten, die Verlegenheit eines Verhörs vor dem Reichstag erspart bleiben.

Inzwischen hatte der Verbrennungsakt vor dem Elstertor in Wittenberg stattgefunden, und Luther hatte seine Appellation an ein allgemeines Konzil erneuert. Die ihm in der Androhungsbulle gestellte Frist war abgelaufen, Luther dem Banne verfallen. Das gab der kaiserlichen Kanzlei Veranlassung, energischer vorzustoßen. Am 29. Dezember erging ein scharfes kaiserliches Mandat gegen Luther. Aber es wurde nicht vollzogen.

Hinter diesem Mandat steht als Verfasser der päpstliche Nuntius Aleander. Er ist viel hellsichtiger als die kaiserlichen Räte. Er weiß, oder er ahnt — aber dann mit instinktiver Sicherheit —, was es bedeuten kann, wenn der deutsche antirömische Affekt sich in der feierlichsten Kundgebung der deutschen Nation, auf einem Reichstag, eine letzte, symbolhafte Darstellung durch einen dogmatischen Gegensatz geben würde. Er merkt es ja tagtäglich, wie sich die Zeiten seit den Tagen des Hus in Konstanz geändert haben. Seinem Einfluß gelingt es denn auch, daß der Kaiser seine Zusage an Friedrich wieder einschränkt: Luther darf nur zum Widerruf erscheinen. In Worms, am 5. Januar 1521, stimmt Friedrich den Kaiser abermals um; von jenem Mandat ist keine Rede mehr. Anfangs Februar hat wieder Aleander die Oberhand. Aber nun machen sich die realpolitischen Schwierigkeiten auf dem Reichstag stärker bemerkbar. Die kaiserlichen Räte beziehen den lutherischen Handel in ihre politischen Berechnungen ein, um ihn gegen die Kurie zu verwerten. Das ist, kirchlich gesehen, gefährlich. Denn auch am kaiserlichen Hofe gibt es wie bei so manchem geistlichen Fürsten lutheranisierende, ja schlankweg lutherisch gesinnte Räte, die geheime Pensionen vom sächsischen Hofe beziehen. Um so gefährlicher, wenn der Leiter der kaiserlichen Politik, Chièvres, so gründlich gelernt hat, den Papst als politische Macht zu betrachten und zu behandeln: ,Sorgt nur dafür', sagt er zu Aleander, ,daß euer Papst nicht unsere Pläne durchkreuzt, so soll Seine Heiligkeit alles erlangen; widrigenfalls wird man ihn in eine solche Verlegenheit stürzen. . . .' Der Kaiser, klagt jetzt Aleander, nimmt Rücksicht auf die deutsche ,Vorliebe für Luther', um die Bewilligung des Römerzuges zu erreichen. Seit der Plan bekannt wird, daß der Brandenburger seinen Ältesten mit der Schwester der französischen Königin vermählen will, nimmt das kaiserliche Werben um den Kurfürsten von Sachsen noch zu.

Die beweglichen Klagen Aleanders können angesichts seiner eigenen doppelsinnigen Haltung keinen tiefen Eindruck machen. Er ist überzeugt, daß ohne das Einschreiten des Kaisers ganz Deutschland abzufallen droht; er weiß, daß die Kirchentreue des Kaisers (er gebraucht den Ausdruck ,Gewissen') von Natur fester sei, als er es jemals an einem Menschen beobachtet hat. Um so mehr muß es Verwunderung erregen, daß er selbst zu einer äußerlichberechnenden Auffassung und Behandlung der Dinge gegenüber dem Kaiser rät. Etwa: die Kurie solle die Sache Luthers vor dem Kaiser als nicht zu wichtig behandeln, damit dieser ,für seine Hilfe nicht übertriebene Gegenforderungen erheben könne'!

Der Kurfürst von Sachsen macht das Rennen. Und es ergeht, nachdem die Reichsstände zugestimmt haben, am 6. März 1521 das berühmte Vorladungsschreiben des römischen Kaisers für den vom römischen Papst formell verurteilten Ketzer, der die gestellte Frist von 60 Tagen längst ohne Widerruf verstreichen ließ und obendrein öffentlich sich als trotzigen Revolutionär durch die Verbrennung des kirchlich-päpstlichen Rechtes bekannt hat; gegen den außerdem am 3. Januar eine Bulle ergangen ist, die den früher angedrohten Bann nun ausgesprochen und jeden Aufenthaltsort Luthers mit dem Interdikt belegt hat. Ein päpstlicher Brief an den Kaiser eiferte ihn an: ,Laß einen Befehl allerorten in Deutschland veröffentlichen . . . Die Bürgermeister der Städte und die Regenten Deiner Länder samt ihren Beamten und Dienern mögen durch öffentlichen Erlaß jedermann verkündigen, daß Du gegen jenen Martinus nach Unserer Bulle einschreiten werdest.' — Diese Vorladung war ein unerhörtes Geschehen, das schon für sich allein zeigt, wie die gewaltige innere Kräfteverlagerung zur Umgestaltung auch des äußeren Lebens drängt. Sie war unterschrieben von Karl und vom Erzkanzler Kardinal Albrecht von Mainz. So reden sie den Häretiker an: ,Ehrsamer, Lieber, Andächtiger! Nachdem Wir und des Heiligen Reiches Stände, jetzt hier versammelt, fürgenommen und entschlossen, der Lehren und Bücher halber, so eine Zeit her von Dir ausgegangen sind, Erkundigung von Dir zu empfangen, haben Wir Dir her zukommen und von dannen wiederum an Dein sicher Gewahrsam Unser und des Reiches frei gestrack Sicherheit und Geleit gegeben, das Wir Dir hieneben zusenden. Mit Begehr, Du wollest Dich fürderlich erheben, also daß Du in den einundzwanzig Tagen, in solchem Unsern Geleit bestimmt und gewißlich hier bei Uns seiest und nicht ausbleibest, Dich auch keiner Gewalt oder Unrechts besorgen . . .'

Ein ausführlicher Geleitbrief lag bei, der die notwendigen Sicherheiten für Hin- und Rückreise umfassend garantierte. Luther durfte ruhig reisen. Wenn er bereits 1524 behauptet, er habe in Worms vor dem Kaiser und dem ganzen Reich gestanden, obschon er zuvor gewußt, daß ihm das Geleit gebrochen sei, so stimmt das nicht. Es ist nur ein weiterer Beweis dafür, eine wie große Fehlerquelle seine Phantasie für eine objektive Wiedergabe seines eigenen, so leidenschaftlichen Erlebens war.

2. Der Reichstag zu Worms 1521 ist eine Parallele zu demjenigen von 1495. Wieder stand im Mittelpunkt die Aufgabe, einen verfassungsmäßigen Ausgleich herzustellen zwischen dem Reich bzw. dem Kaiser und den Ständen durch Errichtung eines Reichsregiments. Der Unterschied: was 1495 Erfolg verheißender Anfang war, wurde hier als Kompromiß zum Scheitern verurteilt. Kompromiß, weil der monarchisch denkende Karl sich eine wirkliche ständische Beschränkung nicht gefallen lassen wollte. Also wurde lediglich eine Einrichtung für die Zeit seiner Abwesenheit aus dem Reich geschaffen, und der Vorsitzende war ein Statthalter des Kaisers, nicht der Stände: ‚Kaiserlicher Majestät Regiment im Reich' (Sitz Nürnberg, wie für das Kammergericht). Resultatlos, weil die Fürsten nicht daran dachten, in eine wirkliche Servitut zu willigen. Sie gaben die Vollstreckungsgewalt, die allein in den Territorien wurzelte, nicht an das Reich oder den Kaiser ab. Das Ringen um den Ausgleich dieser Kräftespannung, jeweils von der Lage der Weltpolitik abhängig, d. h. in der Hauptsache von dem Druck der Franzosen und der Türken auf die West- und Ostgrenze des Reiches, füllt die Zeit der Reformation. Es erhält freilich erst seinen ganzen Inhalt und seine Tragweite durch die Religionsfehde, und zwar in diesem Sinne: So sehr und so rücksichtslos auch das politische Interesse der Fürsten das eigentlich Religiöse immer wieder trübte, es kann kaum bezweifelt werden, daß letztlich die Kraft des Religionsinteresses es war, die die fürstliche Selbständigkeit davor bewahrte, von Karl zu einer von ihm abhängigen Stellung gebracht zu werden.

Den Reichstag beschäftigte die Religionsfrage zunächst wieder in Gestalt der Gravamina. Höchst bezeichnend, daß sie in scharfer Formulierung von dem besonders kirchentreuen Herzog Georg von Sachsen stammten.

3. Eben jetzt schwollen die Äußerungen des Romhasses in Deutschland zum Orkan an. Am 2. April hatte sich Luther von Wittenberg aufgemacht, begleitet von einigen Bekannten, geleitet vom kaiserlichen Herold Sturm, genannt Deutschland, dessen verwegenen Kopf uns Dürer überliefert hat. Er fährt auf einem Rollwägelchen, das ihm der Wittenberger Rat zur Verfügung gestellt hat.

Seit Aleander hat man so oft wiederholt, daß seine Reise einem Triumphzug glich, daß man nicht mehr genügend die Wucht der Tatsachen bedenkt: noch immer herrschte überall im Reich selbstverständlich die alte Religion mit all den wesentlichen Rechten zur Gestaltung des öffentlichen Lebens und zum Genuß seiner Einrichtungen, die nur ihren Bekennern vorbehalten waren; überall war noch der alte Kultus in voller Übung, wurde die heilige Messe gefeiert. Kaum eine Handvoll Leute dachten an einen wirklichen Bruch mit der Kirche. Und nun zieht einer der im wahrsten Sinne des Wortes ungezählten und so verhaßten Bettelmönche — denn ein Mönch ist Luther immer noch nach Kleidung, Gewohnheit und Leben — als feierlich vom geistlichen Oberhaupt der Christenheit verurteilter Ketzer durch Deutschland, und es ist wirklich ein Triumphzug! In mehreren Städten empfängt ihn die gelehrte Welt in feierlicher Huldigung. Auch Stadträte und Großteile der Bevölkerung jubeln ihm wie einem Befreier zu, mit einem Enthusiasmus, der über die reichliche Neugierde beträchtlich hinausgeht. Aleander machte für den Triumphzug den romfeindlichen Herold verantwortlich. Das braucht natürlich nicht widerlegt zu werden, wenn schon Sturm in der Lage war, die Begeisterung mehr oder weniger zu Wort kommen zu lassen.

In Worms verfolgte man die Reise mit Spannung. Würde der große Ketzer kommen oder nicht? Es war die starke und gefährliche Stimmung vor einer großen Entscheidung. Vom Beginn des Reichstages an hatte sich in Worms selbst, unter den Augen des Kaisers, der Fürsten und der päpstlichen Gesandten, die antirömische Stimmung Ausdruck verschafft in Formen, die bereits den Weg zu tumultuarischen Unruhen zu öffnen schienen. Schon in Köln war Aleander ein übler Empfang zuteil geworden. In Worms wurde er beinahe gesteinigt; er konnte kaum Unterkunft finden. Man löscht seinen Namen von der Türe und spielt ihm — dem päpstlichen Gesandten! — tausend andere Streiche. Er erhält schwere Drohungen. Überhaupt zeigt sich allgemein eine schlimme Erregung. Ungewöhnlich viele Morde kommen vor. Hutten schürt gewalttätig: ‚Hinaus mit euch (ihr Nuntien)! Seht ihr nicht, daß die Luft der Freiheit weht, daß die Menschen, überdrüssig der vorhandenen Zustände, Neues wollen?‘

Die Päpstlichen suchten noch immer die kommende Szene vor dem Reichstag zu verhindern. Der kaiserliche Beichtvater wagt den Ritt auf die Ebernburg, die als ‚Herberge der Gerechtigkeit‘ bereits einen Kreis von Lutheranern birgt, und disputiert mit Hutten und Sickingen (der sich in den deutschen Schriften Luthers beschlagen zeigt) und dann auch mit Butzer, dem früheren Dominikaner. Man einigt sich darauf, Luther solle, statt nach Worms, zur Ebernburg kommen, damit dort die Sache in freundschaftlicher Unterredung beigelegt werde. Aber als Butzer den Vorschlag überbringt, lehnt Luther ab. Schon im Dezember hatte er auf eine Anfrage Spalatins mit aller Bestimmtheit seine Bereitschaft, zu kommen, erklärt: ‚Denn man darf nicht zweifeln, daß ich vom Herrn gerufen werde, wenn der Kaiser mich ruft. Noch lebt und regiert, der die drei Knaben im Feuerofen des Königs von Babylon erhalten hat. Man darf hier nicht nach Gefahr oder Rettung fragen, sondern muß dafür sorgen, daß das Evangelium, das wir begonnen, den Gottlosen nicht zum Spott werde.‘ Jetzt ist er der Meinung, der Beichtvater des Kaisers könne ihn, wenn er möge, in Worms sprechen. Er will auf den Reichstag. Ein gewaltiger Bekenntnismut spricht aus ihm. Aber zweifellos auch ein Trotz, in dem ein stolzes Selbstbewußtsein lebt, das bei Heiligen nirgends zu finden ist. ‚Und wenn sie gleich ein Feuer machten zwischen Worms und Wittenberg, so will ich doch erscheinen im Namen meines Herrn und dem Bohemoth ins Maul zwischen die großen Zähne treten‘, ‚zum Trotz aller Höllengewalten‘. ‚Ich will nach Worms‘, und wenn dort soviel Teufel wie Ziegel auf den Dächern.‘ Auch daß der Kurfürst ihm schreibt, er möge nicht kommen, er könne ihn nicht schützen, hat ihn nicht berührt. Er geht seinen Weg in großartiger Selbstsicherheit zu Ende.

Am 16. April 1521, morgens 10 Uhr, trifft Luther in Worms ein. Die Erregung in der Stadt steigert sich. Die Anhänger Luthers sind mißtrauisch. Wird man an Luther das ‚Schicksal Christi‘ wiederholen? Am folgenden Nachmittag soll Luther vor dem Reichstag erscheinen. Das Gedränge ist so groß, daß er auf Umwegen hingebracht werden muß.

Luther wird vor Kaiser und Reich verhört! Dies ist zweifellos das Bedeutsamste am gesamten ‚Prozeß‘ in Worms, daß er überhaupt eröffnet wurde, daß man gegen den in feierlicher Bulle als Ketzer Verurteilten nicht einfach von Reichs wegen einschritt, sondern die Frage ventilierte, ob man gegen ihn vorgehen müsse und solle, und dann ihn anhörte. Daß Kaiser und Reich dies auch nur in aller Form erwogen und dann durchführten, war die Bedrohung, wenn nicht die Leugnung der Grundlagen, auf denen die abendländische Welt ruhte. Dieses Schwanken schon macht offenkundig, daß die Struktur des Abendlandes daran ist, auseinanderzubrechen. Daß hier auch Reichsrecht ungenügend geachtet worden sei, und auch, daß sich das in der Folgezeit reichsrechtlich ‚gerächt‘ hätte, ist demgegenüber Bagatelle.

Vollendet wird die Bedeutung dadurch, daß bereits das Volk den Struktur-
wandel mitmacht und sich dessen sogar zum Teil bewußt ist. Worms ist 1521
von einer wirklichen, breiten volksmäßigen öffentlichen Meinung beherrscht.
Wir haben die Berichte Aleanders. In ihnen stellen wir für einen fest um-
schriebenen kleinen Raum, der Mittelpunkt des Weltgeschehens war, fest, was
die öffentliche Volksmeinung damals war und bedeutete, weiterhin, in welchem Ausmaße die Luthersche Sache eine Volksbewegung geworden war.
Und dies unter den Augen der Kaiserlichen Majestät und aller Stände des
Reiches. ,So weit ist es mit der Welt gekommen, daß ein elender Bösewicht
und Mörder, ein lasterhafter Lump und armer Schlucker wie Hutten sich als
Staatsverbesserer gebärdet und die Stirn hat, dem Kaiser ins Gesicht hinein
solche Dinge zu sagen und zu treiben. Würde man ihn bestrafen, so gäbe
es eine gewaltige Aufregung‘ (Aleander). Ein ausgesprochener Antiklerikalis-
mus schlimmster Art beherrscht die Stadt. Aleander bescheinigt allerdings,
das sei seit alten Zeiten und von Natur die übliche Haltung der Deutschen ...!
Die Bischöfe waren unvorsichtig genug, inmitten dieser Stimmung durch ihre
üppige Lebensweise den Haß gegen die gesamte Geistlichkeit noch zu steigern.
,Es droht ein Volksaufstand, oder vielmehr ganz Deutschland ist in hellem
Aufruhr. Neun Zehntel sind für Luther, das letzte Zehntel schreit zum
mindesten: Tod dem römischen Hofe! Sie verehren Luther in religiöser
Inbrunst, nennen ihn sündenlos, kaufen und küssen sein Bild. Nein, das ist
nicht mehr das katholische Deutschland von ehemals!‘ Einmal findet Aleander die erschöpfende Formel für das Gesamtproblem; er übersteigert sie,
als ob es sich bereits um einen endgültigen Zustand handle: ,Die Deutschen
haben die Überzeugung gewonnen, daß sie auch im Widerspruch mit dem
Papst gute Christen sein könnten und daß auch der katholische Glauben
dabei bestehen könne.‘

In der Tat war das Bild so grotesk, daß die römischen Adressaten, an die
diese Schilderungen Aleanders gingen, es für eine rhetorische Übertreibung des
Humanisten und Diplomaten Aleander nahmen. Aber das Bild stimmte.
Daß dabei die lutherfreundliche und papstfeindliche Stimmung zum größten
Teil keine Ahnung hatte von der grundlegenden Tragweite der Ideen Luthers
und der eigenen Sympathie für ihn, läßt zwar den Weg zur späteren Reaktion
offen, vermehrt aber zunächst ebenso die Gefahr.

Die kürzeste Begründung, in der sich für alle Lutherfreunde die Berechtigung des Lutherverhörs aussprach, war die des sächsischen Kurfürsten:
,Es sei nur billig, Luther die Möglichkeit zu geben, sich zu verteidigen. Eine
Verurteilung eines Deutschen ohne vorangegangenes Verhör sei ohne gründ-
liches Ärgernis unmöglich.‘ Diese Forderung hatte zu viel Gewicht für sich,
um ignoriert werden zu können. Sie war Ausdruck des Verlangens nach

Freiheit, wie es von allen Seiten her, geistig-humanistisch, politisch in der Innen- wie Außenpolitik und erst recht, durch Wut und Haß verstärkt, kirchenpolitisch sich längst erhoben hatte.

4. Die Einzelheiten von Luthers Verhör in Worms sind bekannt. Seine Sache war überschattet von den Anliegen der großen Politik: den Bedürfnissen des Kaisers nach Soldaten und Geld, der Reichsreform und den Gravamina gegen Rom; trotzdem nahm sie ihren Lauf nach ihrem eigenen Rhythmus.

An jenem 17. April, dem Tag nach seiner Ankunft in Worms, erkannte Luther die ihm vorgelegten Bücher als die seinen an, erbat sich aber Bedenkzeit wegen des Widerrufs. Eine gewisse Beklemmung des Mönches mag mitgespielt haben. Im wesentlichen handelte es sich wohl um eine vorbereitete Maßnahme. Wenn Aleander damals triumphierte, so war das eine kurze Freude. Bei der Gewährung der Frist ließ der Kaiser Luther zu bedenken geben ‚die große Gefahr, Zwietracht, Aufruhr, Empörung und Blutvergießen, das von Eurer Lehr in der Welt erwachsen, aber durch Unterdrückung Eurer Bücher gestillt werden könnte‘: ein zukunftsträchtiger Gedanke, und ein Motiv, das in der antireformatorischen Polemik immer wiederkehren wird.

Am folgenden Tag, dem 18. April, kam es zu jener Szene, die Weltgeschichte machte. Luther lehnte den Widerruf ab. Er tat es erst deutsch, dann lateinisch, in wohlabgewogener, genau festgelegter Rede, die gleichwohl Stil und Haltung des Reformators deutlich bekundet. Nicht ohne Bedacht hatte er (doch wohl auf Veranlassung der sächsischen Räte) in die Einleitung seiner Rede eine antizipierte Entschuldigung eingefügt wegen etwaiger zu starker Impulsivität, die sich in Wort oder Gebärde äußern könnte.

Er teilte seine Bücher zur Beantwortung in drei Gruppen. Die Entscheidung lag bei denen der zweiten, die sich gegen päpstliche Macht und Lehre richteten. Hier wurde Luther bei aller Wohlüberlegtheit massiv. Und kein sonstiger Vorgang und keine andere Äußerung der Zeit zeigt mit derselben Eindringlichkeit, wie weit der Haß gegen Rom in Deutschland gediehen und zu einer beinahe offiziellen Selbstverständlichkeit geworden war, wie dieser Teil der Rede Luthers, daß nämlich der feierlich verurteilte Irrlehrer es wagen konnte, vor den Vertretern des ganzen Reichs, des Gegenstückes der Kirche, vor dem Kaiser und der Gesamtheit christlicher Fürsten geistlichen und weltlichen Standes so ungehemmt zu sprechen: ‚Der Papst ist die Macht, die mit ihren allerbösesten Lehren und ihrem schlechten Beispiel die christliche Welt mit beiden Übeln des Geistes und des Leibes verheert, verwüstet und verderbt hat; denn dies vermag niemand weder zu verneinen noch zu verhehlen, weil die Erfahrung aller Menschen und die Klage von allen Zeugen sind, daß durch die Gesetze des Papstes und seine Menschenlehren die Gewissen der Christgläubigen aufs allerjämmerlichst gefangen, beschwert, gemartert und gepeinigt sind.‘

Der Trierer Kanzler Johannes v. Eck verlangte schließlich eine klare, einfache Antwort, ob Luther widerrufen wolle oder nicht. Und es fällt die Entscheidung zur Rebellion gegen die alte Kirche und für die Neuerung: ‚Es sei denn, daß ich durch Zeugnis der Schrift oder aber durch klare Vernunftgründe überwunden würde, so bleibe ich überwunden durch die von mir angeführten Schriftstellen und mein Gewissen im Worte Gottes gefangen, und weder kann noch will ich widerrufen, da gegen das Gewissen handeln beschwerlich, unheilsam und gefährlich ist. Gott helfe mir. Amen!‘ Die letzten Worte sagte er beide Male auf Deutsch.

Die Szene war voll ungeheurer Spannung. Man erlebt bei der Lektüre der Texte das Schreiten der Weltgeschichte. Eine neue Welt steht im Angesicht der alten.

Auf einen Wink des Kaisers wird Luther hinausgeschickt. Es entsteht Tumult. Will man Luther ans Leben? Es gibt Verwünschungen gegen den Ketzer. Der aber, so wird berichtet, reckte die Arme nach Landsknechtsart und rief erleichtert: ‚Ich bin hindurch!‘ In der folgenden Nacht wurde an öffentlichen Gebäuden ein Zettel angeschlagen: ‚400 Edelleute haben sich verschworen, Luther zu beschützen. Sie sagen Fehde an den Römlingen und Fürsten. Schlecht schreib ich, einen großen Schaden mein ich. Mit 8000 Mann will ich kriegen. Bundschuh, Bundschuh, Bundschuh.‘

Wie antwortete die alte Welt? Nur einer ihrer anwesenden fürstlichen Vertreter spürte die drohende Spannung ganz und reagierte für seine Person in einer ebenbürtigen, unbedingten Weise, durch kompromißlose Kampfansage: der Kaiser. Ihn hat die Hartnäckigkeit des Irrlehrers im Angesicht des Reiches wach gemacht. Er war in den Wochen der Krankheit Chièvres' gewachsen (auch Aleander hat das gespürt). Nun sagt er, schon am folgenden Tag, in einer eigenhändig geschriebenen französischen Erklärung, den unentschlossenen Ständen eindeutig seine Meinung: ‚Meine Vorgänger, die allerchristlichsten Kaiser germanischer Rasse, die österreichischen Erzherzöge und die Herzöge von Burgund sind bis zu ihrem Tode treue Söhne der katholischen Kirche gewesen, ihren Glauben verteidigend und ausbreitend zur Ehre Gottes, für das Heil ihrer Seelen. Sie haben die heilige katholische Religion hinterlassen, damit ich in ihr lebe und sterbe. Bis heute bin ich mit Gottes Gnade in dieser Religion erzogen worden, wie es einem Kaiser geziemt. Was meine Vorgänger in Konstanz erreicht haben, das festzuhalten ist mein Vorzug. Ein einfacher Mönch, geleitet von seinem privaten Urteil, hat sich erhoben gegen den Glauben, den alle Christen seit mehr als tausend Jahren bewahrten, und er behauptet dreist, daß alle Christen sich bis heute geirrt hätten. Ich habe also beschlossen, in dieser Sache alle meine Staaten, meine Freunde, meinen Leib und mein Blut, mein Leben und meine Seele einzusetzen. Und ich erkläre Euch, daß es mich gereut, daß ich es so lange aufschob, gegen Luther und seine falsche Lehre vorzugehen. Ich will ihn nicht mehr hören. Ich bin entschlossen, mich zu halten und vorzugehen gegen ihn wie gegen einen notorischen Häretiker, und von Euch verlange ich, daß Ihr euch in dieser Sache als gute Christen erweist.' —

Aber so trostlos unklar war die theologische, so kraftlos die kirchliche Lage, und so stark schien bereits Luthers Sache mit dem Schicksal des Landes — Ruhe oder Aufruhr — verknüpft, daß kirchentreue Fürsten an einen Bruch Luthers mit der Kirche noch nicht glauben mochten und abermals auf den Ausweg eines weiteren Verhörs verfielen. Der Kaiser machte nicht mit, gab aber seine Zustimmung. Es folgt eine Reihe von Verhandlungen wechselnder Teilnahme mit dem Kurfürsten von Trier und dem badischen Kanzler Hieronymus Vehus als Leiter, die versuchten, Luther wenigstens an die Unfehlbarkeit der Konzilien, zum mindesten an das von Konstanz, zu binden. Nach allem Bisherigen ein geradezu naiver Versuch. Er mißlang natürlich. Der Kurfürst von Trier machte Luther vier wirklich phantastische Vorschläge. Luther zog sich immer wieder auf jenen einen Punkt zurück, der schon in seinem ,Nein' vor dem Kaiser sein Hauptstützpunkt gewesen, in den hinein er in den namenlosen Kämpfen der Klosterzeit alle Kraft zusammengehäuft und den er dadurch unausschöpfbar und unerschütterlich gemacht hatte: sein Gewissen.

Schließlich zeigte sich die ganze Ratlosigkeit der alten Partei: ,Wie soll denn aber der Handel beigelegt werden?' Luther antwortet mit der Apostelgeschichte: ,Ist das Werk aus Menschen, so wird's untergehen, ist es aus Gott, so werdet ihr es nicht dämpfen können.'

In dieser Zeit spielt eine Szene, die tiefer greift als jenes offizielle Nachspiel. Cochläus ist von dem Ehrgeiz besessen, Luther in einer Disputation zu besiegen. Er übersteigert sich, dringt in Luther, auf das freie Geleit zu verzichten und um den Kopf mit ihm zu disputieren. Die Zumutung erregt Luthers Genossen so, daß es den Cochläus das Leben hätte kosten können. Aber dann stehen sich beide allein in Luthers Schlafstube gegenüber. Und hier zeigt Luther, tief bewegt, daß er nicht nur die Unausweichlichkeit des Risses sieht, sondern daß er auch seine Tragik mit erleidet.

Am 26. April reist Luther ab. Zwanzig Ritter nehmen ihn am Tor in Empfang. Nach vier Tagen schickt er den Herold zurück. Er schreibt an den Kaiser, die Kurfürsten, die Fürsten und Stände des Reiches. Außerordentlich geschickt, wie er nochmals seine Haltung dahin bestimmt, daß er zu aller Prüfung, Verhandlung und Widerruf gewillt gewesen und noch jetzt sei, wenn er aus dem klaren Wort Gottes widerlegt werde. Ebenso geschickt, wie er eindringlich voraussetzt, dann heraushebt, belegt, verlangt, daß das einzige ‚christliche Maß‘ sein müsse, ‚daß Gottes Wort frei und unverbunden wäre über alle Ding‘, da ‚die Würd und Gewalt der heiligen und göttlichen Schrift ist größer, denn das Vermögen des ganzen menschlichen Verstandes‘. Wie er schließlich eindringlich dahin steuert, es ginge ihm nicht um sich, ‚an dem nichts gelegen‘, sondern um das Wohl der Christenheit, des Kaisers, des Reiches, der deutschen Nation. . . .

In Eisenach, wo er trotz dem Verbote predigt, läßt er die ihn begleitenden Doktoren zurück. Hinter Möhra wird er überfallen und zur Wartburg gebracht. Dort bleibt er vom 4. Mai abends bis zum 1. März 1522, mit Ausnahme der Tage vom 2. bis 12. Dezember, die er heimlich in Wittenberg verbringt.

Schon vierzehn Tage nach Luthers Abzug erscheinen die Akten über die Verhandlungen in Worms: Luther ist der Held.

Und die reichsrechtliche Auswirkung? Vom 29. April bis zum 8. Mai erfolgt die Ausarbeitung und Umänderung eines Ediktes gegen Luther. Immer wieder wirken politische Berechnungen hemmend ein: bis endlich Karl das Schriftstück unterzeichnet. Aleander beweist sofort, wie wenig er trotz allem die Lage begriffen hat: er glaubt die Kirche gerettet. Er spricht von Ausrottung und völliger Vernichtung der lutherischen Lehre, die schon jetzt zum größten Teil beseitigt sei und von Tag zu Tag sich verringere. Er gerät in geradezu ausgelassene Stimmung über dieses ‚gebenedeite Mandat‘, ‚dieses letzte Mittel, das menschliche Kunst für dieses Übel erfinden kann und das die heilige Dreifaltigkeit uns an ihrem Feste beschert hat‘.

Das ‚Wormser Edikt‘ gegen Luther ist ein reichlich umständliches und schwerfälliges Schriftstück. Dogmatisch ruht es hauptsächlich auf der ‚Babylonischen Gefangenschaft‘ und zählt die Irrtümer Luthers größtenteils auf wie die Bannandrohungsbulle[1] und Aleanders Aschermittwochsrede. An zwei verschiedenen Stellen wird geklagt: Luther habe unter den Konzilien besonders das von Konstanz schwer angetastet und es, der deutschen Nation zur Schmach, Synagoge des Teufels geschimpft; die Teilnehmer aber, ‚unsern Vorfahren Sigismund, und des heiligen Reiches Fürsten nenne er Antichrist und des Teufels Apostel. Luther sei nicht ein Mensch, sondern der böse Feind in Gestalt eines Menschen mit angenommener Mönchskutte: weil also nun Luther verstockt ist, haben wir, der Kaiser, zu ewigem Gedächtnis dieses

---

[1] Da aber Dr. Eck an der Abfassung der Bulle beteiligt war und sich für ihre Verbreitung aufs höchste einsetzte, ist es interessant, daß er die Fassung der Irrtümer Luthers im Edikt scharf kritisierte.

Handels, den gedachten Martin Luther für ein von Gottes Kirche abgetrenntes Glied, für einen verstockten Zerstörer und offenbaren Ketzer erkannt und entlarvt'. — Es folgt das Verbot, ihn zu hausen, die Acht über Luthers Anhänger, das Verbot, Luthers Bücher zu kaufen, zu verkaufen, zu halten. Für alle Bücher, die ‚den christlichen Glauben wenig oder viel anrühren', wird das Imprimatur des Ortsbischofs verlangt.

Erlassen ist das Edikt ‚in Kraft des Amtes Unser kaiserlichen Würdigkeit, Hoheit, Autorität, darzu mit einhelligem Rat und Willen Unserer und des Heiligen Reiches Kurfürsten, Fürsten und Stände jetzo hier versammelt'. Aber die Stände waren längst nicht mehr alle beisammen. Tatsächlich hat nur Kurfürst Joachim im Namen aller dem Edikt nach Verlesung zugestimmt. Trotzdem ist das Edikt nicht nur juristisch haltbar aus kaiserlichem Recht, nämlich gemäß der Pflicht des Kaisers, gegen Irrlehrer vorzugehen, sondern auch als Reichsgesetz der Stände. Denn die Stände hatten bei den Verhandlungen über Luthers Zitation ausdrücklich erklärt, daß der Kaiser gegen Luther vorgehen könne, wenn dieser den verlangten Widerruf nicht leiste. Hingegen war das Edikt nicht in den Reichsabschied aufgenommen, was seiner Autorität (auch bei dem treukirchlichen Herzog Georg von Sachsen) schadete.

Luther ist also fürderhin gleichermaßen gebannt vom Papst, vom Kaiser und gemäß Reichsrecht.

Bezold nannte das Wormser Edikt den Absagebrief Karls V. an die deutsche Nation. Stimmt das?

Die Begeisterung für Luther entsprach der Wut der Deutschen gegen Rom. Wir wissen, daß diese ungeheuer war. Aber es wurde auch schon zur Genüge gesagt, daß in der Begeisterung für Luther noch ungeklärt die verschiedensten und innerlich widerspruchsvollen Richtungen zusammenstanden. Das Wormser Edikt ist der Ausdruck der Treue zur angestammten Kirche und zu den Grundgesetzen des Reiches. Der Abfall von Luther in weiteren Kreisen setzte automatisch ein, als sein Protest als Abfall vom angestammten Glauben erkannt wurde. Die bei Luther Verbleibenden können nicht beanspruchen, allein ‚die Nation' darzustellen. Es ist vielmehr unmöglich, über die erdrückende katholische Mehrheit der Stände des Reichstages von Worms 1521 einfach hinwegzusehen.

Anderseits: darf man die unbezweifelbar bezeugte Tatsache des drohenden politischen und sozialen Aufruhrs aus dieser Frage ausschalten? Wenn er drohte, war es dann nicht Pflicht derer, die ihn kommen sahen, eine der großen Störungsursachen zu beseitigen?

Luther war revolutionär. In der ungewöhnlichen Erhitzung dieser Monate und Jahre konnten seine hinreißenden Worte gegen die korrupte Geistlichkeit, gegen die guten Werke, seine Meinung über die schnelle Tilgung einer Sünde (die er eben auf dem Weg nach Worms in einer Predigt in Erfurt verkündet hatte) sehr wohl umstürzlerisch wirken. Die Ereignisse in Erfurt gleich nach Luthers Abreise geben eine kleine Illustration. Wir haben uns allzu sehr daran gewöhnt, die sozial-politische Sprengkraft in Luthers Rede nicht gar so ernst zu nehmen. Und doch gehört das zu ihrem Kern. Das Vorstürmen gegen alles Geistliche konnte dem Reformator ja zeitlebens nicht radikal genug sein. Aber er schlug alsbald ähnlich revolutionäre Töne an gegenüber Inhabern der ,weltlichen Oberheit' (1523). Es ist schlecht zu verstehen, wie Luther seine Worte so ohne alle Zucht und Sicherungen ausgehen lassen konnte wie dort! Aber noch schlechter zu verstehen, daß man das aufrührerisch Revolutionäre dieser Schrift glaubt zudecken zu sollen durch die Stellen, die vom Gehorsam gegenüber der Obrigkeit reden. Nein, vielmehr werden diese durch die Flut der Hetzworte hinweggefegt: über den verkehrten Sinn der Fürsten, die seinem Evangelium widerstehen, diese mit fremden Sünden beladenen ,Christusmörder, diese großen Hansen, von denen schon immer selten einer klug oder gar fromm war, sondern meistens die größten Buben und Narren sind'. Luther droht den kommenden Umsturz offen an: ,so seid ihr verloren'; ,man wird nicht, man kann nicht, man will nicht eure Tyrannei und Mutwillen die Länge leiden. Liebe Fürsten und Herren, da wisset Euch noch zu retten, Gott will's nicht länger haben. Es ist jetzt nicht mehr eine Welt wie vorgestern, da ihr die Leut wie das Wild jaged und triebet'.

Das ändert nun allerdings nichts daran, daß trotz dem Wormser Edikt die Kirche in Worms verlieren mußte. Die unmittelbare Ursache liegt darin, daß die fürstlichen Räte, von denen der tüchtigste Kopf, Johann von Schwarzenberg, durchaus lutherisch gesinnt war, die eigentliche Arbeit leiteten und leisteten: wie zur Stärkung der Reichsgewalt und zur Schaffung neuer Reichseinnahmen, so in der lutherischen Angelegenheit. (In diesem Zusammenhang ist es der Beachtung wert, daß sich in der Umgebung des Kaisers mehrere Erasmianer befanden.) Der tiefere Grund aber liegt darin, daß bei dieser Partie Kaiser-Stände-Kurie (eine Partie, in der es um das Christentum ging!) viel zu stark praktisch-äußere Mittel, politisch-diplomatische Berechnungen das Feld beherrschten. Wir kennen die hierher gehörigen Ansichten Aleanders und besonders seine geringe religiöse Interessiertheit. Wenn er in seinen Depeschen auch einmal um ein paar gute Vaterunser bittet, damit Gott alles zum Besten lenke, so steht das so sehr an der Peripherie seiner und der meisten römischen Mitkämpfer Sorgen, daß es beinahe unernst klingt. Wenn

es ihm kurz vor Luthers Ankunft in Worms klar wird, daß ,bei der lutherischen Frage das Seelenheil der Christenheit auf dem Spiele steht', und er
fürchtet, daß ,die allgemeine Auflösung hereinbreche', so erhöht das nicht den
Eindruck religiösen Ernstes, sondern macht im Gesamtzusammenhang eher
den Kontrast zwischen der Aufgabe und den dafür verwandten Mitteln noch
fühlbarer. Es wirkt peinlich, neben der Gewissenshaltung Luthers beim Vertreter der Kurie so viel diplomatische Berechnung zu finden. Das gehörte gewiß
zu seiner Aufgabe, und, in eine Atmosphäre von Feindseligkeit und Lüge
hineingestellt, mußte er versuchen, so gut es ging, seine Aufgabe zu erledigen.
Er ,bedient sich also, ohne ihm wirklich Vertrauen zu schenken, unbedenklich
des kaiserlichen Sekretärs Spiegel'. Er nimmt vieles unerwidert hin, was Butzer
vorbringt, und zeigt sich ganz vertrauensvoll und übt weiter seine Betriebsam-
keit und Verschlagenheit.

Leider war dies aber eben nicht die Einkleidung einer zwingenden religiösen
Haltung! Aleander berichtet etwa folgenden moralisch üblen Versuch: ,Luther
habe dem Erzbischof von Trier gewisse Aussagen unter dem Beichtgeheimnis
gemacht, deshalb wolle dieser sie dem Kaiser nicht anvertrauen; dessen-
ungeachtet will ich im Vertrauen auf mein intimes Verhältnis zum Erzbischof
ihn zu bestimmen suchen, daß er zur Ehre Gottes und zur Beförderung
kirchlichen Friedens in geheimem Briefe dem Papste Mitteilung mache, da er
nicht gehalten ist, das Sakrament der Beichte zu beobachten gegen den Zerstörer der Beichte, einen offenkundigen Ketzer, der aus der Kirche ausgestoßen
ist!' — Oder man stellt in einer seiner Depeschen (26. Mai) schmerzlich eine
ausgelassene Stimmung fest, die mit ihrem Durcheinander von frommen
Versen und solchen aus Ovids ,Ars amatoria' an den unwürdigen Brief erinnert,
den Eck von der Leipziger Disputation an Hauer und Burchard richtete:
beide Male fehlt in einem bedrückenden Umfang das Gefühl für den Ernst
der Stunde.

Aleander der Gegenspieler Luthers! Der Humanist gegenüber dem revolutionären homo religiosus! Die ganze Tragik der katholischen Lage spricht
sich in diesem Gegenüber aus! Man muß sich erinnern an die religiös-
kirchliche, die sakramentale Unkraft des Humanismus erasmianischer Prägung,
um zu ermessen, in welch lebenbedrohender Schwäche die alte Kirche hier
zum offiziellen Kampf mit dem Herausforderer antrat! Das Papsttum, das
gegen den erasmianischen Relativismus, d. h. den Geist des Undogmatischen,
nicht eingeschritten war, schickt nun als seinen Feldherrn einen Vertreter eben
dieses Geistes.

Der Kampfansage des Kaisers nach Luthers Verhör und der Wichtigkeit
der Sache hätte es entsprochen, wenn er die Durchführung des Wormser

Ediktes für eine unmittelbare, drängende Angelegenheit gehalten hätte. Tat er es nicht? Jedenfalls wandte er sein Interesse nach Spanien und Frankreich. Die politischen Verhältnisse zwangen ihn dazu. Er läßt Ferdinand als seinen Vertreter in Deutschland und geht über die Niederlande nach Spanien. Er bleibt neun Jahre fort. Die katholischen Kräfte in Deutschland sind ohne ihren mächtigsten und aktivsten Vertreter, ohne eigentlichen Führer.

§ 3. Auf der Wartburg

1. Der Kurfürst Friedrich von Sachsen war es, der Luther auf die Wartburg in Sicherheit hatte bringen lassen. Er trotzte der Reichsacht wegen seines Professors. Was band ihn an Luther? Er hatte Luther kaum persönlich gesehen. Er stand auch später nie persönlich im Banne des Übermenschen.

Welche Überlegungen auch für Friedrich wirksam gewesen sein mögen, die Tatsache steht fest: er wurde der Retter der Reformation. Ohne ihn wäre schon 1518 und wiederum jetzt 1521 Luther verloren gewesen. Und damit, in jenen frühen Jahren, die Reformation. Seit 1518 hat der Kurfürst dauernd die Hand über Luther gehalten, mit Beständigkeit ohne Hast und mit Bedächtigkeit ohne Erlahmung. Eine treue Haltung, die ohne ein gewisses positives Verhältnis zu den religiösen und kirchlichen Auffassungen Luthers nicht wohl denkbar ist.

Die Universität Wittenberg war eine Lieblingsschöpfung des Kurfürsten, und Luther war ein bedeutender Professor, allmählich sogar eine europäische Berühmtheit mit einer in jedem Bezug höchst wichtigen Anziehungskraft auf die internationale studierende Jugend. Es kann aber im Ernst nicht die Rede davon sein, daß der pflichttreue Landesherr und Kurfürst Friedrich der Weise der Reichsacht getrotzt hätte, um eine Berühmtheit an seiner Universität zu halten. Stärker dürften alle die Regungen mitgewirkt haben, die dem aufstrebenden Territorialfürstentum dienten. Als Luther 1518, einen Tag nach dem Eintreffen der Vorladung nach Rom, sich an seinen Landesherrn wandte, war das eine schöne Gelegenheit, einmal mehr dem eigenen kirchlichen Machtzuwachs zu dienen.

Eine entscheidende Figur auf dem politischen Schachbrett war dann Luther durch die politischen Wünsche der Kurie betreffs der Königs- und Kaiserwahl geworden: das Eintreten für ihn wurde dem Fürsten noch selbstverständlicher. Nach der Kaiserwahl wiederum war die öffentliche Eigenkraft Luthers durch die tiefreichende Wirkung seiner religiös-kirchlichen Gedanken bereits so stark geworden, daß der Kurfürst sich auf die drohende Volksstimmung berufen konnte.

Vielleicht das Wichtigste ist aber dies: so selbständig der Kurfürst war, er war nicht der alleinige Urheber seiner Entschlüsse. An seinem Verhältnis zu Luther und zur Reformation erleben wir unmittelbar, was die Ausbildung eines geistig hochstehenden und rechtskundigen Beamtenkreises für den weltgeschichtlichen Fortgang bedeutete. Man braucht nur an das genau geregelte Vorgehen Luthers in Worms zu denken, wo er dauernd von Friedrichs Räten unterstützt war, um diese Kraft an der Arbeit zu sehen, die sich dann bei der Durchführung der Reformation einschließlich der Säkularisation so sehr zum Nachteil der alten Kirche in den Vordergrund schob. Dieser Kreis hatte in unserem Falle besonders starken Einfluß. An Friedrichs Seite steht sein Sekretär Spalatin, Georg Burchard aus Spalt. Wir können seine Bekanntschaft mit Luther schon 1514 belegen. Er war recht eigentlich die rechte Hand des Kurfürsten. Er stand aber innerlich ganz und gar zu Luther. Man kann die Wichtigkeit Spalatins für die Ausbreitung der Reformation nicht übertreiben. Er gehört zu ihren eigentlichen Vätern.

Luther hat dem Kurfürsten den Schutz, den er ihm gewährte, nicht eben erleichtert. Gleich in der Ablaßfrage. Der Kurfürst hätte damals in Luther auch einen lästigen Gegner sehen dürfen. Zerschlug er ihm, dem passionierten und erfolgreichen Reliquienfreund, doch eigentlich den Wert seiner ganzen Sammlung und beschuldigte ihn, wenigstens indirekt, eines massiv unchristlichen Sinnes! In seinen Briefen an den Kurfürsten drehte Luther außerdem manchmal recht stark einen eigenwilligen Trotz heraus, der leicht zu einer Belastung der guten Beziehungen hätte werden können. Luther wird bald gegen den Willen seines Fürsten von der Wartburg nach Wittenberg ziehen; und mit welchen Worten meldet er seinen Entschluß! Wahrlich, hier ist Luther das Gegenteil eines Fürstenschmeichlers.

2. Die Wartburgzeit Luthers bietet vielleicht die beste Darstellung seiner seelischen Konstitution: ein singulär-labiles, anfälliges Gewissen, dessen gefährliche Unausgeglichenheit von einer robusten Gesundheit und einer gewaltigen Schöpferkraft gebändigt wird. Die plötzliche Einsamkeit nach dem brausenden Geschehen, das ihn bis vor kurzem umgab, der natürliche Rückschlag nach der gewaltigen Anspannung, Regungen des Fleisches, der Wein, den er reichlich genoß, die schwere Verstopfung, unter der er litt: das alles hätte genügt, um auch eine ausgeglichenere, weniger exzentrische Seele in Gefahr zu bringen. Es ist nicht zu verwundern, daß schwere Anfechtungen ihn anfallen. Man versteht, daß seine erregten Nerven ihn zu superlativistischer Sprache hetzen. Man wäge den Unterschied zwischen dem mit Weltgeschehen gefüllten Worms, wo die Nation um Luther als ihren Führer kreist, und die entlegene und anonyme Waldeinsamkeit der Wartburg!

Luther mußte wie auf einem andern Stern erwachen. Und hinter ihm die
Acht des Reiches! Das war keine Kleinigkeit. Sehr verständlich die Depression,
die neue Sündenangst wegen unwichtiger Dinge, die Qual ob des entzündeten
Brandes, wegen dessen ihn nun der Teufel packt. Umgekehrt das Gefühl, als
ob er in Worms vor den Richtern Schwäche gezeigt habe, der Wunsch, er
möchte ihnen viel Schärferes entgegengeschleudert haben.... Der Teufelsglaube
ist für ihn zweifellos zentral. Der Teufel besitzt nach Gottes Willen eine
umfassende Bedeutung im Heilsplane. Auch diese Gedanken hat Luther aus
persönlicher Erfahrung und aus Bibelglaube neu geformt. Die Welt ist also
w i r k l i c h voller Teufel, und sie springen Luther eben nun auf der Wartburg
ordentlich an.

Man kann das Unausgeglichene einer schlecht gebändigten Erregung nicht
übersehen. Daneben — wie immer in Luthers Bedrängnissen — steht jener
gewaltige Zorn Gottes, der in der Anfechtung auf Luther eindringt. Vor
allem: die Anfechtungen sind sozusagen nur seine Privatangelegenheit. Gegenüber allen Faktoren des großen Lebens wird er binnen kurzem von seinem
Patmos aus mehr oder weniger der Herr der Lage trotz seiner erzwungenen
Anonymität. Er hat 1520 der Nation ein umfassendes Programm vorgelegt,
er ist in feindlichem Widerspruch gegen Papst und Kaiser und Reich für
dieses Programm mit seinem Leben eingestanden. Nachdem die erste gewaltige
Erschütterung überwunden ist, steht er wieder in jener Haltung vor uns.
Jetzt geschieht es, daß er die letzten Hemmungen seiner vermeintlichen
Demut, die er so oft berufen hat, von sich tut. So wenig fühlt er sich als
der Unterlegene, daß er wild loszieht, als er bei seinem heimlichen Aufenthalt
in Wittenberg feststellt, daß Spalatin (offenbar aus notwendiger Vorsicht)
seine Briefe nicht an die Adressaten abgeliefert, seine Manuskripte nicht
zum Druck befördert hat: ‚Was ich schreibe, wird veröffentlicht!' Er schreibt
ebenso gegen seinen eigenen Lebensretter, den Kurfürsten, und dessen zweite
Lieblingsstiftung, das Allerheiligenstift in Wittenberg, wie gegen des Mainzer
Kardinals ‚Abgott in Halle'.

Und auch das ist ja nur eine, und vielleicht die wenigst wichtige Äußerung
seiner innern Kraft. Wesentlicher spricht sie aus den literarischen Arbeiten. Sie
sind vor allem eine Fortsetzung seiner mündlichen und schriftlichen Seelsorge-
arbeit seit 1518. Das ist von hoher Bedeutung und zeigt an Luther einen Wert,
der bei überstürzt vorstoßenden Revolutionären stets zu den Seltenheiten
gehörte: daß sie wohl siegen, aber nicht aufbauen konnten, und dies, weil
sie keinen Sinn für das W a c h s e n l a s s e n hatten. Der Revolutionär Luther,
der ungeschichtlich Denkende, hatte diesen Sinn in eminentem Maße. Ohne
seine überschäumenden und maßlosen Angriffe (gegen Latomus, gegen
Ambrosius Catharinus, gegen die Pariser) einzustellen, baute er in wichtiger

Weise positiv weiter. Die neue Zusammenstellung der Predigten in der Kirchenpostille und die Übersetzung des Neuen Testamentes sind der Kern dieser Arbeit. Man sieht ohne weiteres, wohin sie zielen und was sie erreichen: eine regelmäßig wiederkehrende, dauernde Beeinflussung seiner Anhänger durch jene Gedanken und jene Heilserkenntnis, an denen sein eigener Umschwung sich vollzogen hatte.

3. Die Übersetzung der Bibel ins Deutsche ist die religiöse Haupttat Luthers. Nachdem er am 12. Dezember von seinem heimlichen Abstecher nach Wittenberg wieder auf der Wartburg angekommen war, vollbrachte er sie für das Neue Testament in nicht mehr als zehn Wochen.

Wir sind heute über die gewaltige Übersetzungsarbeit an der Bibel vor Luther gut orientiert. Wir wissen, wie töricht es ist, von einer Schöpfung ex nihilo durch Luther zu sprechen. Wir haben auch wieder die Organe, um die objektive Gewalt der ganz frühen Übersetzungen zu würdigen. Es ist für das religiöse wie für das sprachliche Werden der Deutschen eine Fehlbehauptung, zu sagen: Luther hat ihnen überhaupt erst die Bibel und die Sprache gegeben. Es wäre besser, differenzierter zu sprechen. Um so eher, je leichter man das kann, ohne Luthers Ruhm im geringsten zu schmälern! Luther hatte sich mit einem beneidenswerten Durst in das göttliche Wort hineingelesen, er lebte und webte darin. Er war durch seine Augustinerregel dazu angehalten worden, und — er war dieser Aufforderung über die Beschäftigung mit den Sentenzen des Lombarden hinüber treu geblieben.

Die Bibel ist dann für Luther bewußt zum eigentlichen Kraftzentrum des Christentums geworden; nicht nur ein Bericht von der Kraft, sondern die Kraft selbst, das Sakrament, das umwandelt. Nur daß es zugleich umwandelt und nicht umwandelt, und daß also die als höchst real behauptete Umwandlung letztlich doch nur ein Wandel der Gesinnung ist, nicht des Seins. Wohl versteht Luther diese Gesinnung als den von Gott geschenkten übernatürlichen Glauben, also ein Objektives. Dieser Glaube ist zugleich auch die persönlichste Hingabe an den Vater. Aber diese Hingabe wird nicht geschaffen durch die Eingießung einer umwandelnden Erhebung der menschlichen Substanz. Sondern das Wort zeitigt sie, und die Substanz des Menschen ist und bleibt verdorben. Nun kann wohl die Fülle des ‚Wortes‘ gesteigert werden in der machtvollen Weise, wie es Luther getan hat: es bleibt doch an der Wurzel der Unterschied zurück zwischen Gesinnung und Sein, der Spalt, und auch der Spaltpilz, für die folgenden Jahrhunderte.

Luther war an der Bibel gewachsen. Als er diesen innern, innersten Besitz in deutscher Zunge wieder sprach, entstand etwas Lebendiges. Niemand vor ihm hatte das so stürmend lebendig vermocht.

Der Erfolg ist unbestritten. Er hängt ebenso an dem religiösen Ungestüm, den Luther entfesselt und aufs Wort gegründet hatte, als an der Sprachgewalt, die seine Übersetzung allen Vorläufern weit voranstellt. Luther hat einen unnachahmlichen Tonfall gefunden, der die fremden Worte in schönster Vermählung mit dem deutschen Idiom zusammengewachsen zeigt und in erstaunlicher Art sich dem Gedächtnis und dem Ohr einprägt. Sogar ein Cochläus gab unumwunden zu, daß durch Luthers Verdeutschung des Neuen Testamentes das religiöse Empfinden des Volkes aufgerüttelt und ein wahrer Heißhunger nach dem Worte Gottes beim gemeinen Mann wachgerufen wurde. Hier liegt das Zentrum des Religiösen, das Luther seiner so weitgehend auf Abfall gestellten Bewegung mitgab.

Bei der dogmatischen Beurteilung von Luthers Bibelübersetzung ist es nicht entscheidend, daß einzelne Änderungen des Wortlautes (Röm. 3, 28; 4, 15; 8, 24) vorliegen. Sie aufzuzählen war die Methode der allzu geschäftigen, kleinformatigen Abwehrpolemik des 16. Jahrhunderts; sie übersah, daß auch der hl. Thomas Röm. 3, 28 mit ‚Glaube allein‘ übersetzt. Viel wichtiger ist, daß hier die Vermählung der spezifisch lutherischen Sprache und ihres Geistes mit dem Wort Gottes vollzogen ist. In der von Luther angestrebten Eindeutschung, die viel mehr ist als eine philologisch genaue Übersetzung, ist ihm zwar zweifellos das gegebene Wort die Hauptsache; er will nicht seine Lehre vortragen, sondern die Lehre Christi. Trotzdem: in dem hier vorgelegten innern Rhythmus und äußern Tonfall kommt das Deutsche, so wie es subjektiv und einmalig in Luther lebt, individualistisch und auswählend in der Übersetzung zum Durchbruch (ganz anders also als etwa das Latein der Vulgata gegenüber dem Griechischen). In diesem Sinne kann man sagen, daß Luther das Überzeitliche und Überrationale der heiligen Offenbarung zu nahe an ein Naturhaftes, an eine Sprache gebunden habe. Luthers ebenso reicher wie gefährlicher Subjektivismus ist in diese Übersetzung eingegangen. Auch hier ist das geplante restlose Dienen dem Giganten nicht gelungen.

Das war nur konsequent. Eröffnet doch auch die Vorrede zur Übersetzung die radikalsten Wege zur Zerstörung des Kanons. Nicht daß Luther selbst bereits radikal eingegriffen hätte! Aber das verhängnisvolle Entscheidende ist dies (und es ist nur ein getreues Spiegelbild von Luthers dogmatischem Besitz und seiner theologischen Arbeitsweise überhaupt), daß er nicht die gesamte Offenbarung gleichmäßig annimmt, sondern grundsätzlich nach dem sucht, was ‚wesentlich‘ in der Lehre sei. Der Begriff ruft aber aus seinem Wesen nach dem andern: ‚unwesentlich‘. Und so erhebt sich aus dem Ganzen als Kern: das Johannesevangelium (aber einseitig als Parallele zum Römerbrief verstanden), der erste Johannesbrief, die Paulusbriefe an die Römer,

Galater und Epheser und der erste Petrusbrief. Notwendig stuft sich der Wert der andern Teile ab bis zu denen, die Luther ablehnen möchte oder mit denen er nichts anfangen kann, da sie ihn nicht ansprechen: Jakobusbrief und Johannesapokalypse.

Man muß staunen. Ist das derselbe Luther, der immer wieder gegen das Papsttum den Vorwurf erhob, daß es unbefugter, menschlicher Weise in das Wort eingreife; der seinerseits immer wieder sich auf das nicht schwankende Wort stützen will? Ein massiver Selbstwiderspruch, der nicht dadurch geringer wird, daß die protestantische Forschung, den Grundsatz des Wesenskomplexes weithin bejahend und den wundervollen, schier unausschöpfbaren Besitz dieser deutschen Bibel genießend, dieser Seite der Frage kaum Beachtung schenkt.

Das gleiche Resultat läßt sich an Einzelheiten gewinnen. Nach Luthers Erklärung gibt es eine absolute, im sublimen Sinne willkürliche Vorherbestimmung des Menschen zur Hölle. Nun aber sagt 1 Tim. 2, 4: Gott will, daß alle Menschen gerettet werden. Luther deutet das einfach auf die Auserwählten. Da ist nun einfach der Text in sein Gegenteil verkehrt. Woher nimmt er das Recht dazu? Aus seiner Gesamtauffassung. Er hat das unwiderstehliche Bedürfnis, alles auf wenige Punkte, ja auf einen einzigen zu beziehen. Aber er widerspricht mit dieser Methode dem, was er als Grundlage all seiner Gedanken ansetzt: daß die Bibel selbst, deren Wort, nackt und naiv so zu nehmen sei, wie es dasteht. —

Es ist nicht weiter verwunderlich, wenn dieses eminent religiöse und seelsorgerliche Werk über das Gesagte hinaus Spuren der polemischen Auseinandersetzung mit den verschiedenen Gegnern der Reformation an sich trägt. Aber es kommt auf den Ton der Musik an. In der Apokalypse — also 1522 — trägt bereits die ,große Hure' die dreifache päpstliche Krone, das päpstliche Rom geht in Flammen auf und stürzt zusammen. Immerhin erst ein schwacher Vorgeschmack der Massivität der späteren Kampfbilder gegen das Papsttum.

Das gewaltige Werk der Verdeutschung der gesamten Bibel zog sich bis 1534 hin. Dann erst erfolgte, nach einer abermaligen Durchsicht der bisherigen Arbeit und unter Hinzuziehung (wie schon teilweise vorher) von Mitarbeitern, die Gesamtausgabe bis 1541.

4. Von der Wartburg erging ein Wort, das für Luther vor vielen andern kennzeichnend ist, das aber auch vielfach mißverstanden und zu Unrecht oder doch zu einseitig gegen ihn ausgeschlachtet wurde. Luther schrieb dem geängstigten Melanchthon, der, ohne den stärkeren Meister neben sich, den Unruhen in und außerhalb der Universität nicht gewachsen

war und der, von allerhand Anfechtungen bestürmt, Luther sein Leid
geklagt hatte: ‚Sündige tapfer, aber glaube noch tapferer!‘
In seiner paradoxalen Verwegenheit ein echt Lutherischer Satz. Ausdruck
seiner Überzeugung von der Unüberwindlichkeit der Konkupiszenz einerseits,
der alles besiegenden Kraft des Glaubens anderseits. Es ist die Überzeugung
vom guten Baum, das ist der Glaube, der nur gute Früchte bringen kann,
belastet freilich mit dem unlösbaren innern Widerspruch der bleibenden
Sünde. Luther hatte schon früh gepredigt: ‚Wir dürfen nicht befürchten, daß
Christus müßig wäre, nein, er ist der tätigste und geschäftigste von allen.‘
Später (1523) sagt er: ‚Unmöglich ist es, daß da nicht echte Christen sein
sollten, da das Evangelium gehet, wie wenig ihrer immer seien und wie
sündlich und gebrechlich sie auch seien.‘

Luther sah in dem praktisch übertreibenden Moralismus der Prediger, die
(so wettert er gegen Latomus) von nichts anderem als von den Sitten und
den Werken reden, eine Zerstörung des Glaubens. Er setzt der Reihenfolge
Moralismus—Glauben die richtige Umkehr entgegen; aber er macht sie falsch,
indem er sie radikalisiert: der Glaube allein triumphiert auch über die
bleibende Sünde.

Besonders die radikalen Schwärmer haben sehr stark empfunden, wie
ungenügend die Moral in einem solchen System gesichert ist. Ludwig Haetzer,
der 1523 der Führer der Bilderstürmer gegen Zwingli war, hat diese Überzeugung in einen Vers gebracht und die nominalistische Veräußerlichung des
Rechtfertigungsvorgangs scharf gefaßt:

> ‚Ja, spricht die Welt, es ist nicht not,
> Daß ich mit Christo leide,
> Er litt ja selbst für mich den Tod,
> Nun zech ich auf sein Kreide. — — —
> O Bruder mein,
> Es ist ein Schein,
> Der Teufel hat's erdichtet.‘

Nun ist es eine schwere Ungerechtigkeit gegen Luther, wenn man den Satz
an Melanchthon als bewußt antinomistisch, als Befürwortung sittlicher Laxheit faßt. Es dürfte schwer halten, auch nur nachzuweisen, daß Sorglosigkeit
Luther in seiner heroischen Zeit gepackt hätte. In seinem Alter schrieb er dem
alten Spalatin: ‚Du wirst bisher ein allzu zärtlicher Sünder gewesen sein und
Dir nur über schlechte, geringe Sünde ein Gewissen gemacht haben. Darum
ist meine treue Bitte, halte Dich zu uns, die rechte große verdammte Sünder
sind, und achte Christus nicht so klein und so schwach, als ob er nur von
schlechten, kindischen, gedichteten Sünden könnte helfen.‘ Das will sagen:

es geht um die Erkenntnis der eigentlichen Sündhaftigkeit im Menschen. Sie
besteht in der Urtrennung des Menschen von Gott durch die Erbsünde. So
reicht sie also unendlich tiefer als ein einzelner Fehltritt oder viele Fehltritte
des einzelnen Menschen.

Im Grunde spricht Luther mit seiner Auffassung etwas Ähnliches aus wie
Augustinus mit seinem ,Liebe, und tue was du willst!'

Freilich nur ähnlich! Denn gerade der Unterschied der beiden Sätze
ist besonders aufschlußreich, ja er macht ein Wesentliches in Luther sichtbar:
seine verhängnisvolle, hemmungslose Verantwortungsfreudigkeit. Augustin
spricht positiv: Wenn du die Liebe hast, wirst du nicht sündigen.
Luther dagegen sagt: Auch wenn du kräftig sündigst, der Glaube wird
dich retten! Es ist derselbe Geist der waghalsigen Kühnheit, der sich in den
Sätzen des gleichen Briefes an Melanchthon ausspricht, die dem zitierten
Wort vorangehen: ,Von der verzeihenden Güte des Gotteslammes wird uns
nichts losreißen, auch wenn wir tausendmal an einem Tag huren und morden.'
Oder ein anderer böser Satz, der in krassem Gegensatz zu Luthers gewöhnlicher Auffassung von der Sündenschwere steht: ,Was ist es schon, wenn
wir eine Sünde tun!' Oder später: ,Man muß bisweilen auch reichlicher
trinken, spielen, scherzen, ja eine Sünde tun dem Teufel zu Trotz, damit
wir ihm keinen Raum lassen, uns über geringfügigste Dinge ein Gewissen zu
machen' (1530 an den von Schwermut geplagten Hieronymus Weller).

Die gewaltsame und widerspruchsvolle Übertreibung des Faktors ,Glauben'
bringt das andere Element ,Sittlichkeit' in Lebensgefahr. Luther hat, weiß
Gott, ein Gefühl für das Ungeheuerliche der Sünde. Und doch: hier wird
der Sünde das Schreckhafte genommen, und sie selbst dadurch, ob Luther
will oder nicht, als nicht gar so schlimm gekennzeichnet. Eine solche Haltung
führt die breiten Massen mit logischer Konsequenz zu einer Unterbetonung
des Sittlichen. Luther hat später mit eindeutigen Worten die sinkende Sittlichkeit in seinen Gemeinden beklagt, und zwar mit ähnlichen Superlativen,
wie er sie gegen die Papisten gebraucht. Die Nachprüfungen belegen diese beklagenswerte Entwicklung für alle Landschaften Deutschlands ziemlich gleichmäßig. Gewiß finden sich in seinen Klagen die für Luther typischen Übersteigerungen. Aber daß bei Luther eine eigentliche Morallehre unmöglich sei,
erkennt auch die protestantische Theologie um so stärker, je tiefer sie wieder zu
Luther selbst zurückkehrt und den pastoralen Moralismus seit Ende der zwanziger Jahre des 16. Jahrhunderts und aller folgenden Generationen als Verflachung der reformatorischen Theologie erkennt.

Übrigens auch bei Luther selbst stellen wir ein Sinken des Eifers in den
späteren Jahren fest. Je länger je mehr wächst er in seine eigene Lehre
hinein; obschon er die Ungewißheit des Heils nie konsequent durch die

Heilsgewißheit verdrängt, er ruht doch mehr und mehr in seiner Überzeugung als in einem gesicherten Besitz, er zittert weniger für das Kommende,
also um die Seligkeit, er wird viel weniger skrupelhaft und ist viel weniger
ängstlich besorgt, alles zu tun, was er nur kann, um Gottes Zorn abzuwenden.
Darin aber offenbart sich konsequent auch die Gefährlichkeit der Überspitzung des hier aufgezeigten Ausgangspunktes.

§ 4. Die Wirkung auf den Humanismus

1. Die Reformschriften des Jahres 1520 mit ihren radikalen Angriffen auf
die kirchliche Lehrsubstanz; die päpstliche Bannandrohungsbulle gegen Luther;
die Verbrennung der päpstlichen Rechtsbücher durch ihn; seine Weigerung des
Widerrufs in Worms; die Achterklärung: alles ebenso viele Tatsachen, die den
radikalen Bruch Luthers mit der Kirche, d. h. auch mit dem alten Glauben,
deutlich machten und die bisherigen Anhänger und Mitläufer Luthers in
immer stärkerem Maße zur Entscheidung zwangen. Die theologische Fragestellung trat immer unerbittlicher heraus. Sie mußte am stärksten dort wirken, wo einerseits Luther am lautesten als Mitstreiter und Führer begrüßt
worden war, andererseits die theologische Grundlage am unklarsten gewesen war,
im Humanismus. Die Wirkung Luthers auf den Humanismus war allerdings
auch dementsprechend sehr verschieden, ja gegensätzlich.

Wie stand Luther selbst zum Humanismus?

Luther hat der Philologie des Humanismus sehr viel zu verdanken. Seine
fortschreitende Kritik an der Kirche ist zum Teil an ihn gebunden, die
Auswirkung seines Werkes sogar grundlegend von der durch die Humanisten
geleisteten Vorarbeit abhängig.

Dagegen ist es falsch, zu behaupten, Luthers persönlicher reformatorischer
Umbruch sei durch den Humanismus wesentlich mitbestimmt. Diese Feststellung
ist wichtig. Je freier Luthers innerer Umbruch von Zufallsingredienzien ist,
und je reiner er sich als persönlicher Akt des ringenden und erkennenden Gewissens darstellt, desto mehr erklärt sich die Gewalt des Reformators, die Fülle
seiner Kraftreserve, auf die er sich immer wieder zurückziehen konnte. Zu seinem Umschwung genügte es, daß er aus seinem (vom Humanismus sicher unabhängigen) innern Wesen heraus die Heilige Schrift in seiner singulären Art
neu las. Der lateinische Text, daß der Gerechte aus dem Glauben lebt, genügte.
Es brauchte nicht einmal der aus der Kenntnis des Griechischen geschöpften
neuen Deutung der Buße als *metanoia*, d. h. Sinnesänderung.

Luther konnte gar kein inneres Verhältnis zum Humanismus haben. Luther
vernichtet ja gerade das Menschliche, also das Humanistische, den freien
Menschenwillen und seine Kraft; die Gnade allein besteht. Für ihn sind

außerdem die Anliegen der Seele bzw. des Glaubens so ungeheuer viel ernster, verpflichtender als für jene Kreise. Für Luther ist die Polemik so gar kein lustiges Spottspiel wie für den Kreis um die Dunkelmännerbriefe. Luther hat diesen Gegensatz zum Humanismus nicht sofort erkannt. Es war ganz natürlich, daß er sich zunächst noch einigermaßen als ein Glied in der breiten Gesamtfront empfand, die gegen die Auswüchse in Kirche und Scholastik stand. Seit November 1517 unterschreibt er oft humanistisch ,Eleutherius‘, und in den Erklärungen zu den Ablaßthesen rückt er in die Nähe von humanistischen Theologen (Pico della Mirandola, Reuchlin).

Allein dies bedeutet sachlich nicht viel mehr, als daß er in der Heidelberger Disputation Plato und Pythagoras dem Aristoteles vorzieht. Es gehört etwa auch noch in eine Linie mit der Bevorzugung der ,Theologia deutsch‘ gegen die Scholastik: es ist der Gegensatz zu jedem Versuch oder gar Anspruch, das Christentum intellektualistisch zu bewältigen und damit das Mysterium zu zerstören. Es war auch einfach die Bevorzugung einer lebensvolleren, gefühlvolleren, irrationaleren Behandlung der christlichen Fragen. An dem Punkt aber, wo dieses Lebensvollere sich als humanistisch erwies, als auf menschlichen Kräften aufbauend, erfolgte sofort die Abwehr. Luther war nie humanistisch außer in einigen Randbemerkungen.

2. Ganz anders war das Verhältnis der Humanisten zu Luther. Ihre Begeisterung für ihn besagt noch nicht, daß sie seine Gedanken verstanden hätten. Als Luther auf der Reise nach Worms 1521 in Erfurt einzog, da lautete die Aufforderung des Eobanus Hessus an Erfurt so: ,Frohlocke, erhabenes Erfurt, kränze dich ... denn sieh, er kommt, der dich befreien will aus Schmach.‘ Und doch kam dieser Hessus selbst erst nach 1524 zu Luther! Und wurde dann wieder katholisch, um sich endlich zum evangelischen Professor in Marburg zu entwickeln. Als Luther in Erfurt eintraf, stand seinem Empfang an der Spitze von vierzig Mitgliedern der Universität Crotus Rubeanus, damals Rektor, vor. Luther war für ihn ,der Richter der Bosheit, dessen Züge schauen zu dürfen gleich einer göttlichen Erscheinung ist‘. Aber derselbe Crotus Rubeanus nennt gut humanistisch-optimistisch Luthers Glaubenswerk die Reinigung der ,rechten Frömmigkeit‘. Als das Häretische an Luthers Lehre ihm offenbar und die Entscheidung für oder gegen die Kirche notwendig wurde, da entschied er sich ,mit der Hilfe Gottes für die Gemeinschaft der heiligen, christlichen Kirche‘. Eck, an dem man den Einschlag des Humanistischen zu leicht übersieht, war der erste, der klar gegen Luther Stellung nahm. Die Absage des Cochläus, des allgemein anerkannten Humanisten, kennen wir. Neben ihm steht als markanter Vertreter des neuen Geistes Hieronymus Emser, der Hofkaplan des Herzogs Georg von Sachsen;

er wurde einer der ersten polemischen Gegner Luthers. Ihnen folgt später der Führer des Nürnberger Humanistenkreises Willibald Pirkheimer, der, erschüttert über die tumultuarischen Äußerungen des neuen Glaubens und seine Intoleranz, zur Kirche zurückfand. Bald nach Worms erkannte der Dominikaner Johann Faber aus Augsburg, daß er Luther in seinem Gutachten von 1520 viel zu günstig beurteilt habe, trat gegen ihn auf und trennte sich auch von der Humanistenpartei. Viele andere gingen denselben Weg zurück: Zasius, der Luther geradezu als den Mann begrüßt hatte, Billick, Haner, Egranus, Glareanus, Jodokus Clichtoveus. ‚Von solchen sind alle Lande voll, bei den Gelehrten und Ungelehrten, welche die Sache etwas tiefer behandelt haben und fanden, daß sie auf Sand steht.‘ So Witzel, der selber als wichtigster Repräsentant in diese Reihe gehört. Solange die kirchenstürzenden Konsequenzen aus Luthers Lehre nicht erkannt sind, gehen die erasmianischen Patrizier mit Luther, wie etwa schon 1518 in Augsburg. Als die Entscheidung sich abzeichnete, wurden in den Städten allenthalben gerade die Geschlechter das retardierende und opponierende Element gegenüber den mitgehenden Zünften.

Das eigentliche Problem ‚Humanismus und Reformation‘ stellte sich verständlicherweise nur, wo die humanistischen Interessen das Bestimmende geworden waren, nicht aber bei jenen Gelehrten, denen sie nur wertvolle Anregung oder auch nur unbedeutende Floskel am Rande des geistigen Lebens waren. Ebensowenig stellte es sich bei der humanistischen Schar der wahrhaft innerlich Freien und Ausgeglichenen wie Thomas More, John Fisher oder auch Contarini und seinen humanistischen Mitkämpfern um die katholische Reform, denen das Humanistische von Anfang an in absoluter Unterordnung unter die Kirche gestanden hatte, die den Faktor ‚Mensch‘ an seinem rechten Platz in der Wertskala belassen hatten.

Jene erste Gruppe nun wurde von dem reformatorischen Vorstoß in doppelter Weise aufgespalten. Ein erster Teil stellte unter der Einwirkung des religiös-christlichen Appells der Erlösungsreligion des Kreuzes den Humanismus aus dem Mittelpunkt des Interesses heraus; seine Vertreter wurden evangelische Theologen, wie Melanchthon, Zwingli, Butzer, Ökolampad, Capito. Ein zweiter Teil blieb zunächst oder überhaupt der humanistischen Weltanschauung treu; er wurde von Luther und seiner turbulenten Revolution abgestoßen, weil die eigentlichen Ziele auf dieser Seite nicht primär-religiöser Natur waren, sondern solche der Bildung und nicht zuletzt der friedlichen Entwicklung. Zu ihnen gehört der repräsentativste Geist des Humanismus: Erasmus. Man kann das nicht als besondern Erfolg der Kirche buchen. Wir sahen bereits, warum. Aber auch diese Art des Humanismus wurde von der

Reformation besiegt: sie lenkte mit so gebieterischer Forderung die Interessen
des Lebens zurück auf das Religiöse, daß für eine Schicht adogmatischen
Humanismus wie von selbst innerhalb der Kirche ein Platz nicht mehr
verblieb.

Von beiden Seiten her gab es ein gemeinsames, höchst betrübliches Resultat:
den schnellen Niedergang der humanistischen Studien an den Universitäten
und der Universitäten selbst. Die Besuchsziffern fallen erschütternd schnell;
viele Universitäten sehen von 1520 bis 1525 ihren Bestand an Immatrikulierten
auf etwa ein Zwanzigstel bis ein Fünfundzwanzigstel sinken: Erfurt, Leipzig,
Frankfurt, Rostock, Greifswald. Wien kam von 600 Immatrikulationen, die
es im Jahre 1515 hatte, auf 20—30 in den zwanziger Jahren.

3. Der Anschluß Melanchthons an Luther (oben S. 238) war für den
Reformator wohl der größte Einzelgewinn, den er Zeit seines Lebens für die
Ausbreitung seiner Lehre verzeichnen konnte. Das liegt ebenso an der Fülle
der geistigen und systematisierenden Kraft des zum Theologen werdenden
Philologen, wie darin, daß er, als anerkannte Leuchte der humanistischen Welt,
einen bedeutenden Teil der Humanisten hinter sich hatte und ihren Haß
gegen Rom durch das Bekenntnis zur Sola-fides-Lehre erst für Luthers Sache
positiv fruchtbar machte.

Als Melanchthon einundzwanzigjährig in Wittenberg Professor wird, erliegt
er sofort und in stärkstem Maße der Persönlichkeit Luthers; schnell erkennt er
im Dienst an dessen Werk seine Lebensaufgabe. Er will nicht nach dem
deutschen Süden zurückkehren, wie sein Onkel Reuchlin es wünscht, um ihn
von der Ketzerei fortzuziehen: ‚Ich muß dahin schauen, wohin mich Christus
ruft, nicht wohin mich mein Verlangen zieht.‘ Er wurde nach einer schönen
Formulierung Spahns ‚der ruhige Werkmeister Luthers‘. Er hat das un-
gebändigt Überschäumende und das widerspruchsvoll Paradoxe der lutherischen Bekenntnisse in einen überschaubaren Rahmen und in eine lehr- und
lernbare Form gebracht. In Luther war neben der Kraft der unmittelbar
lebendigen Berührung die Gefahr chaotischer, revolutionärer Verwirrung und
Ansteckung. Auch hier war Melanchthon, der ausgesprochene Vermittler, der
Nachgiebige, für Luthers Sache von kaum zu überschätzendem Wert. Er entzog zwar Luthers grandioser Einseitigkeit viel von ihrer originalen Kraft
und trug mit dazu bei, daß gerade fruchtbarste Ansätze von Luthers Theologie, etwa der Christologie, zugedeckt wurden. Aber das merkten, außer
Luther, nur ganz wenige, und diese erst später. Zunächst war Melanchthon
derjenige, der den Bruch mit der Kirche immer wieder als nicht gar so radikal
erscheinen ließ.

Auf katholischer Seite war es der humanistische Schulmann Cochläus, der die ganze Bedeutung dieser Lutherischen Eroberung fühlte: ‚Wenn mein Zorn gegen Luther, den Verderber des Vaterlandes, nur zu viel gerechteste und tiefe Ursachen hat, nichts erregt meinen Grimm mehr, als daß er den Philippus in seine husitische Barbarei und Gottlosigkeit verstrickt hat.‘ Das steigerte sich so weit, daß für den Kämpfer Cochläus später sogar Luther zurücktrat und Melanchthon als der Gefährlichere erschien: ‚Je geschickter Melanchthon durch sein angenehmes Auftreten Luther bei den Gelehrten den Rang abläuft, je maßvoller er in seiner Lehre ist, desto gefährlicher bedroht er die Sache der Kirche.‘ Denn ‚Melanchthon ist begabter, sittenreiner als Luther, kein Apostat, kein beweibter Mönch‘.

Es gibt in der Tat stärkste Verschiedenheiten zwischen diesen beiden Persönlichkeiten. Sie sind eigentlich gegensätzlich gebaut: Luther ist von der Wurzel her irrational, Melanchthon durchaus nicht, vielmehr harmonisiert er die Gegensätze; und dies so sehr, daß es bereits einigermaßen mißlich ist. Luther ist primär gläubig, so stark, daß daneben das Interesse für das Moralische ungebührlich zurücktritt. Melanchthon aber vertritt den Lutheranismus in einer mehr moralistisch-humanistischen Form. Er kann sagen: nur dazu habe er Theologie getrieben, um die Menschen sittlich zu machen. Auch der evangelische T h e o l o g e Melanchthon ist in vielen Eigenarten, einschließlich natürlich der philologischen Betätigung, erasmianischen Gepräges, d. h. letztlich vermittelnd. Diese seelische Haltung prägt auch das Bild seiner Polemik: Wenn Luther ‚mit der Bauernaxt dreinschlägt‘, dann geht Magister Philippus allenfalls ‚mit dem Hobel drüber‘. Er nannte zwar schon in seiner Wittenberger Antrittsrede den Doktor Eck einen typischen Sophisten. Aber es fehlte ihm der Haß. Er hat noch im Jahre 1535 (!) seine Freundschaft mit Cochläus erneuert, was dieser allerdings nicht ein ganzes Jahr aushielt. Oder er hatte Verständnis für Charitas Pirkheimer und ihre Nonnen. Als er feststellte, daß sie durchaus nicht in einer Werkheiligkeit befangen seien, sondern ganz der Gnade vertrauten, meinte er, ‚dann möchten sie ebensowohl im Kloster selig werden wie in der Welt‘. Auffallend ist nur die unduldsame Gesinnung, die er sogar gegenüber k l e i n e n Unterschieden der Lehre bei den Straßburger-Zürichern bekundet, und das zur selben Zeit, wo er den Katholiken Entgegenkommen zeigt.

Sicher hängt es mit dieser schwankenden Mittelstellung zusammen, wenn sich 1527/28 das Gerücht verbreitete, Melanchthon werde sich von der lutherischen Sache trennen. 1530 versuchten die Vertreter der Kurie, ihn herüberzuziehen. Es war nur konsequent, daß er später der Vertreter der ‚adiaphora‘ wurde und mit den radikalen Lutheranern Flaccius, Amsdorf, Wigand, Gallus u. a. zusammenstieß.

Weltgeschichtliche Bedeutung gewann diese Art des humanistischen Protestantismus durch das Augsburgische Bekenntnis, das erste offizielle lutherische
Bekenntnisbuch, von dem noch zu reden sein wird, und in Zwingli.

4. Huldreich Zwingli (1484—1531) ist humanistischer Protestant, bei
dem das Rationale und das Rationalistische dem Glauben das Gepräge gibt;
bei dem zweitens die reformatorisch-kirchliche Arbeit stark an die politische
Arbeit für das heimatliche Gemeinwesen gebunden ist. Sein Porträt von
Hans Asper (Zürich, Zentralbibliothek) charakterisiert ihn gut: ‚Des Vaterlandes Wohl stützend durch Lehren, falle ich durch des Vaterlands undank-
bares Schwert.‘

Er ist religiöser Reformator wie Luther, aber in einer kennzeichnenden
Eigenart. Das Religiöse war bei Luther, wie immer zu wiederholen ist, in umfassendem Sinn primär; das heißt, wenn auch die Durchbildung engstens mit einer
gewissen Theologie verbunden war, so erfloß diese doch unmittelbar aus einem
direkten und unbedingten Verhältnis zur Göttlichkeit der Offenbarung. Was
er ständig einsetzte, war religiöser Subjektivismus. Bei Zwingli wirkt
dagegen eine viel stärkere kritisch-humanistische Überlegung. Am klarsten
wird der Unterschied immer wieder an der Deutung der Abendmahlsworte.
Das Lutherische ‚dies ist‘ steht gegen Zwinglis ‚dies bedeutet‘. Luther sucht
nicht das Irrationale im Christentum (Teufel, Hölle, Erbschuld) zu verdecken,
sondern rückt es in den Mittelpunkt. Zwingli ist unendlich rationaler als
Luther. Er vollendet die erasmianische Gefahr. Das Paradoxe Luthers und
sein Dauerkampf Gott—Teufel treten zurück zu Gunsten eines geregelten
Zustandes, der, wenn einmal erreicht, ein Schwanken über die persönliche Auserwählung nicht mehr zuläßt. Die Erbsünde als Schuld wird geleugnet. —
Luther wird in der Politik nie selbständig und will es nicht werden. Die
eigentliche Propaganda, die er treibt, bleibt innerhalb der Verkündigung
durch das Wort. Trotz der ungeheuren Exzesse seines rohen Polterns und
gefährlichen Hetzens gegen Rom und die Schwärmer, ist seine Predigerarbeit
wesentlich der innern Kraft des Geistes überlassen und getragen von einem
großartigen Vertrauen in die immanente Kraft der für sich selbst streitenden
Wahrheit. Darüber hinaus begnügt er sich mit Verwaltung und hausväter-
licher Anordnung, zunächst persönlich und dann als Berater der kursächsischen
Regierung und anderer obrigkeitlicher Mächte. Politik an sich war ihm ein
weltlich Ding. Ihre Bedeutung ging ihm wie Melanchthon nicht auf. Er blieb
in das Patriarchalische und Ländliche eingeschlossen. Das Großartige ist freilich, daß darin zugleich die geheime Kraft zur nicht gesuchten Weltgeltung lag.

Zwingli dagegen war selbständig und selbstherrlich führender Politiker,
und zwar auch Außenpolitiker. Und dies als Vertreter einer sehr rührigen

Stadt, die ihrerseits eine war von den vielen süddeutschen Städten, in denen sich Ähnliches vollzog: die stadtpolitische Reformation als Einheit der Neugestaltung des städtischen Gemeinwesens in all seinen Sparten, die Religion und das Kirchentum eingeschlossen. Bei ihm ist darum mehr Bewegtheit. Freiheit nach außen, Vorstürmen für die Ausbreitung. Seine religiöse Kraft ist nicht mit der von Luther zu messen. Es war zu viel Aufklärung in ihm. Siegkraft aber hat doch nur das Unbedingte. Aus dem, was als Zwinglis Eigentümlichkeit angesprochen werden kann, lebt heute, religiös genommen, kein großer Teil des Protestantismus mehr.

Er war jedoch eine bedeutende Persönlichkeit. Er hat den Weg zum ‚Evangelium‘ selbständig gefunden. Es steht anderseits außer Zweifel, daß er viel von Luther gelernt hat und daß sein Werk wesentlich aus Luthers Arbeit Nutzen zog.

Die protestantisch-humanistische Kraft war durch Melanchthon in Luthers Werk einigermaßen eingeschmolzen. Es war eine für die Weiterentwicklung des Lutheranismus lebenswichtige Frage, ob das allgemein geschehen würde, oder ob der Humanismus in ihm etwa eine selbständige Bedeutung erlangen sollte. Eben dies war die These, die Zwingli und seine Kirchengemeinde, die energisch über die Schweiz nach Deutschland hinübergriff, aufstellte. Und wie der Abendmahlsstreit zeigte, ging es dabei um den Kern der Religion.

5. Zwingli erkannte die Notwendigkeit einer politischen Einigung zwischen Süd und Nord für den Sieg der Reformation. In dieser politisch-religiösen Auseinandersetzung wurde Straßburg ein wichtiges Bindeglied. Dort wirkte Martin Butzer (1491—1551). Er war Humanist. Seine politischen Ausgleichstendenzen entsprachen seinen kirchlich-theologischen Vermittlungsgedanken. Der theologische Humanismus erstrebte von Haus aus eine starke Vereinfachung. Er war in irgend einem Sinn relativistisch. Die theologischen Unterschiede verloren ihren Wert. Er war ein Verhängnis für den Protestantismus, daß es ihm nicht, wie der katholischen Kirche im Tridentinum, gelang, diesen Relativismus abzustoßen. So setzte sich die Auffassung von der Belanglosigkeit dogmatischer Verschiedenheiten immer mehr durch. Aus der Fruchtlosigkeit der konfessionellen und der innerprotestantischen Verketzerungen entwickelte sich jene Atmosphäre, welche die humanistischen Ansätze Zwingli-Butzers und später Capitos in Jakob Acontius durchentwickelte und damit die Offenbarung unmittelbar und grundsätzlich schädigte.

6. Das Verhältnis Luthers zum Hauptvertreter des deutschen Humanismus, Erasmus, kennen wir bereits. Es ist hier bis zum feindlichen Bruch weiter zu verfolgen.

Trotz dem wesentlichen Gegensatz ihrer Naturen und Gedanken war Erasmus für Luther und die Reformation von eminenter Bedeutung geworden. Auch wenn man die Reformation als d a s Bezeichnende des Jahrhunderts anspricht, bleibt die Gestalt des großen Humanisten von tiefer Symbolik und Kraft der Wegbereitung für diese Epoche. Denn nicht der Einzelinhalt des Gewollten bestimmt allein die innere Zielstrebigkeit einer Zeit, sondern auch die geistig-seelischen Formalhaltungen. Und unter diesen sind etliche, die Erasmus wie Luther zugleich zum Exponenten des 16. Jahrhunderts machen: die revolutionäre und tätige Erkenntnis, daß in Theologie und Kirche eine tiefgreifende Änderung fällig sei, und zwar eine solche, die sowohl eine größere Freiheit als eine größere Einfachheit und damit eine wesensmäßigere Reinheit (des Lebens und der Lehre) bringen müsse. Wie stark Erasmus dem sächsischen Reformator in dieser Beziehung die Bahn bereitete durch seine antikirchliche Polemik und durch seine individualistisch-subjektivistische Geisteshaltung, wurde zur Genüge ausgeführt.

Umgekehrt mußte er gerade als Humanist, d. h. Betoner der menschlichen Kräfte, sein Widerpart sein. Schon 1517 hatte Luther das knapp formuliert: ‚Die menschlichen Dinge bedeuten ihm mehr als die göttlichen.‘ Indes: Erasmus wollte weder Freund noch Feind sein. Wie er in der Öffentlichkeit auf Luther und die Reformation reagiert, ist ein klassischer Beweis seiner charakterlosen Unbestimmtheit. Nach keiner Seite hin mochte er sich entscheiden. Er hätte lieber als Zuschauer der Tragödie, sagt er, die Auseinandersetzung beider Lager genossen. Er wurde schließlich zur Entscheidung beinahe genötigt; sie entbehrt deshalb der notwendigen Größe.

Einerseits: ‚Wenn Gott, wie aus dem mächtigen Aufstieg der Sache Luthers hervorgeht, dies alles so will und er vielleicht für die Verdorbenheit dieser Zeiten einen so rauhen Wundarzt wie Luther nötig hat, dann ist es nicht meine Sache, ihm zu widerstreben.‘ Den Kurfürsten von Sachsen bittet er, doch ja Luther nicht auszuliefern (1519). Im folgenden Jahr spricht er sich in Köln, nach der Königskrönung, in 22 Axiomen für Luthers Lehre aus und faßt sein Urteil über Luthers kirchliche Stellung zusammen in eine leichtfertig-gescheite Kritik: ‚Luther hat gesündigt in zwei Stücken. Er hat dem Papst an die Krone und den Mönchen an die Bäuche gegriffen. Luthers Sache ist die der Wissenschaften.‘

Andererseits: Erasmus betont immer wieder, er habe Luthers Schriften gar nicht gelesen. Im Mai 1519 bescheinigt er dem Reformator sogar ausdrücklich, daß er ‚nichts von dessen Lehre billige und nichts verwerfe.... Ich suche nach Kräften mich zu erhalten, um für die w i e d e r a u f b l ü h e n d e n Studien (!) von Nutzen zu sein. Mir scheint, durch gewinnende Bescheidenheit werde mehr erreicht als durch Ungestüm. So hat Christus die Welt unterworfen.‘ Erasmus wird von Katholiken und insbesondere von Aleander als Lutheraner bezeichnet. Prompt erscheint er bei diesem, um sich vom Verdacht zu reinigen. Er versucht auch seine Position in Rom zu stärken. In Worms entschuldigt er sich, er sei nicht der Autor gewisser lutherischer Bücher, gibt aber gerade dadurch dem Gerücht Nahrung.

Aleander behandelt ihn freundlich, aber er hat ihn erkannt und meldet seine wahre Auffassung nach Rom: Erasmus sei der große Eckstein dieser Ketzerei, und er habe schlimmere Dinge gegen unsern Glauben geschrieben als Luther. Dem entspreche ja auch, daß er alle Leute an der Echtheit der Bannbulle irre mache.

Als der Streit schärfer wird, werden des Erasmus Beteuerungen, nicht mit der Neuerung zu gehen, eindringlich. Den Luther selber bittet er, doch seinen Namen nicht für sich in Anspruch zu nehmen, was dieser verspricht. Inzwischen wird auch die Forderung der Katholiken, er möge sich gegen Luther erklären, mit größerem Nachdruck vertreten; Heinrich VIII., Herzog Georg von Sachsen und Adrian VI. (noch kurz vor seinem Tode) sind unter den Mahnern. Erasmus selbst ist längst angewidert von dem tumultuarischen Treiben. In der Sache selbst ist es bezeichnenderweise die moralische Besserung, die er vermißt. ‚Bisweilen sah ich die Zuhörer ihrer Predigten herauskommen wie Besessene: in Zorn und Wut, was den Aufruhr nährt.‘ Im Gegensatz hierzu ist er sympathisch berührt durch den Abscheu vor der Gewalt und durch die Unschuld des Lebens, die er bei den Sanften unter den Wiedertäufern findet.

Als sich im April 1524 das Gerücht verstärkte, der große Gelehrte werde nun doch gegen Luther schreiben, wandte sich Luther an ihn: ‚Bleibe nun, wenn es Dir beliebt, was Du immer behauptetest sein zu wollen: ein bloßer Zuschauer unserer Tragödie.‘ Luther wußte sehr wohl, welchen Schlag es für seine Sache bedeuten konnte, wenn der Fürst der Humanisten ihm endgültig den Rücken kehrte. Und schließlich brachte es Erasmus doch zum Entschluß und zur Tat. Er schrieb gegen Luther. Groß an seiner Schrift ist vor allem die Treffsicherheit des Themas; es behandelt den intimsten Gegensatz Luther—Humanismus: den freien oder den unfreien Willen. Er trifft damit auch einen Kerngegensatz lutherisch—katholisch: Einbeziehung der Natur als Anknüpfungspunkt der Gnade gegenüber dem radikalen Zerstörer des Natürlichen im Heilsprozeß. Aber es kann keine Rede davon sein, daß Erasmus hier eine vollgültige katholische Darstellung des in der Offenbarungs- und Erlösungsreligion verankerten menschlichen Heilsstrebens gegeben habe.

Luther nahm den Handschuh auf. Er verfaßte sein am meisten systematisches Werk und widmete es seinem Vater: ‚Von dem geknechteten Willen‘. Es war im Jahre 1525, und dies ist das erste Werk, das Luther als junger Ehemann schrieb. Kurz vorher hatte er sich mit der ausgesprungenen Nonne Katharina v. Bora verheiratet.

§ 5. *Wittenberg, Unruhen und Täufer*

1. Luther hatte Sturm gesät. Er erntete Sturm. Wenn man die radikalen, nicht kirchenbildenden evangelischen Bewegungen in ihrem Sinn erfassen und in ihrer Kraft wägen will, muß man sie sich bedeutend ausführlicher aussprechen lassen, als es gemeinhin geschieht. Sie sind mehr als nur interessante Episoden. Sie gehören zu den sprengenden Gewalten, aus denen die Neuzeit wird.

Zu allererst, bedeutsamerweise, am Stammsitz von Luthers Wirken, in Wittenberg. Dies freilich durchaus nicht in der von ihm gewünschten Richtung und in dem ihm sympathischen Tempo. Luther war viel stärker an die Vergangenheit gebunden, als sein hetzerischer Tonfall oft anzudeuten scheint. Er war ein im höchsten Grade konservativer Revolutionär. Seine enorme Verachtung der päpstlich-kirchlichen Tradition fand ihr bedeutsames Gegengewicht in einem ausgeprägten Haß gegen äußeren, tumultuarischen Umsturz. Und ohne daß er es wußte — und zum Teil wissen konnte —, war ihm Katholisches verblieben.

Aber freilich, dies war nur Luthers höchst-persönliche, singuläre Doppelhaltung. Auf seine Anhänger konnte sein Haß sehr wohl viel ungebändigter wirken, als er es beabsichtigte. Das hinausgeschleuderte Wort stand nicht mehr in seiner Gewalt. Es konnte vielmehr gerade ganz ernsten Menschen die schleunige Beseitigung alles Katholischen als das einzig Richtige erscheinen.

Die Abwesenheit des Meisters aus Wittenberg erbrachte den Beweis. Sofort äußerte sich jene Grundgefahr des Protestantismus, die durch Luthers Lehre wurzelhaft angelegt war: die Gefahr der Aufspaltung. Sie äußerte sich 1. tumultuarisch und 2. als ,mystische' Schwärmerei.

Das erste Weiterschreiten der religiösen Neuerung in Wittenberg war durchaus noch nach Luthers Sinn gewesen, wenn er auch nicht alles billigte. Teils vom Rat, teils von der Universität, teils auch von den Klöstern her setzte ein Prozeß der praktischen Entkatholisierung ein. Wittenberger Geistliche begannen zu heiraten und das Chorgebet wie die stille Messe zu beseitigen. Der Kurfürst, auch einige Professoren und sogar Karlstadt wendeten sich zunächst noch mit Nachdruck gegen die Auflösung der Ordnung, die sich anbahnte. Luther freilich war empört darüber, daß selbst Juristen seiner Partei in Wittenberg in ihren Vorlesungen Ehen der Priester als ungültig und die daraus entsprießenden Kinder als unehelich erklärten. Dann aber erfolgt die bedeutsame Schwenkung: die sozial-wirtschaftlichen Möglichkeiten einer Reformation und einer eventuellen Säkularisation der Klöster im Dienste der Stadtobrigkeit treten zum erstenmal in Deutschland praktisch ins Bewußtsein und werden vom Wittenberger Rat bejaht. Das Klostergut wird zu einer willkommenen Hilfe beim Ausbau einer behördlich geregelten Armenpflege (24. Januar 1522 ‚Ordnung der Stadt Wittenberg'; Hauptbearbeiter Karlstadt). Ein neues, von der Stadtobrigkeit geleitetes christliches Gemeinschaftsleben beginnt sich zu bilden, das den Bettel und die öffentliche Unsittlichkeit zu unterdrücken versucht.

Aber ein ernstes Problem, das man bei der bisherigen Kritikfreudigkeit nur ungenügend beachtet hatte, drängte nun nach vorn. Die meisten Anhänger Luthers empfanden es immer noch als einen gewaltigen Unterschied, ob ein Weltgeistlicher eine Frau nahm oder ein Mönch. Die innere Konsequenz der einmal gesetzten Grundlagen machte es indes unmöglich, daß die praktische Auflösung just vor der Institution haltgemacht hätte, die schon die vorreformatorische Kritik am rücksichtslosesten angegriffen hatte. Das Ausspringen aus dem Kloster war bereits im 15. Jahrhundert weit verbreitet gewesen. Es mußte nach Luthers revolutionären Schriften größten Umfang annehmen. Und nach Luthers Lehre durfte und mußte die Heirat die weitere, berechtigte Schlußfolgerung sein. Tatsächlich kam es in Wittenberg bald dazu, daß auch die Klosterinsassen die Kutte abwarfen und heirateten. Im Januar des Jahres 1522 fand dort der folgenschwere Generalkonvent der deutschen Augustinerkongregation statt. Er gestattet den Mönchen den Austritt. Sie sollen sich als Prediger oder Lehrer betätigen oder aber ihr Brot durch Handarbeit verdienen. Der Bettel wird jedenfalls abgeschafft. Aber auch dies war ein untauglicher Versuch, die Entwicklung abzubremsen und das Mönchtum in irgend einer Form zu retten[1]. Luther hatte die Grundlagen des Mönchtums zu radikal zerstört. Der Geist der Rebellion ließ sich nicht mehr in geordnete Bahnen bringen. Vielmehr, nicht zuletzt im Zusammenhang mit dieser Aufkündigung schwerster und intimer Fesseln, bemächtigt sich ein tumultuarischer Geist des Reformationseifers und beginnt in den Laizierungsprozeß einzugreifen. Das Ausspringen der Mönche wird eine turbulente Angelegenheit, an der Luther keine reine Freude zu haben bescheinigt. Auch die von Luther so heftig entfachte Gegnerschaft zur Messe — ‚Abgötterei' — beginnt sich tumultuarischen Ausdruck zu verschaffen. Das Eingreifen des Kurfürsten gegen die Messestörer hat keine nachhaltige Wirkung; dazu ist der seelische Grund viel zu tief aufgewühlt. Die Kritik, die Reformwünsche und der praktische Abbau lassen nicht nach, sondern werden weiter gesteigert. Die Kritik Luthers, vorbereitet wie verdoppelt durch diejenige vieler Humanisten, hatte sich radikal gegen den ‚Judaismus' der ‚Werke' gewandt und darunter auch Zeremonien und den Großteil der Sakramente begriffen. Daraus zog man nun in Wittenberg die Konsequenzen: das Öl zur letzten heiligen Ölung

---

[1] So hatten ja auch Martin Butzer (Dominikaner) und Ambrosius Blarer (Benediktiner) erst noch mit kirchlicher Dispens das Kloster verlassen.

wird verbrannt, die Nebenaltäre im Augustinerkloster werden beseitigt. Und mit dem Beseitigen der frommen Gemälde und Statuen bildet sich die erregte Neuerung zum Kulturkampf aus. Karlstadt ist mit dabei.

Es war nun nicht mehr verwunderlich, daß von verschiedenen Seiten her die alte Versuchung eines großen ‚Pfaffensturms‘ akut wurde und daß mancherlei Kreise ihr erlagen. Die ungewöhnliche Erregung dieser Jahre zwischen 1517 und 1525 ist ja nicht episodenhafte, zufällige Einzelerscheinung, sondern nur der Höhepunkt einer viele Jahrzehnte alten, auf breiter geistiger, sozialer und religiöser Basis ruhenden, verhetzenden Entwicklung. Sie hatte sich in Luther eine denkbar machtvolle revolutionäre Darstellung verschafft. Mußte diese revolutionäre Kraft nicht auch zu tumultuarischen Entladungen führen? Seit langem hatte man auf den Reichstagen die Gefahr des Aufruhrs mit in Anschlag gebracht. Immer, wenn allgemeine Auflagen bewilligt werden sollten, war die Gefahr beschworen worden. Die endlosen Klagen auf dem Mainzer Reichstag 1517 faßten die Möglichkeit ins Auge, daß es vielleicht nicht gelingen würde, die Mißstände zu beheben, und ‚dann helf uns Gott!‘ Im Jahre 1518 hatte ein junger Student die neuen Thesen Luthers quittiert mit der Bemerkung: ‚Wenn das die Bauern hören, werden sie euch steinigen.‘ 1520 kritisierte Latomus (wie rings um ihn so gut wie alle katholischen Vorkämpfer) so: ‚Die neue Freiheitspredigt vom Glauben allein wird Tumult ergeben, aber keine Besserung.‘

Das hatte damals Luther nicht beunruhigt: ‚So redeten auch die Juden und besserten sich nicht. Hätte vielleicht Christus deswegen schweigen sollen?‘ Aber Luther ist in keinem Fall für den Tumult. Wie er 1520 im Unterschied zum schwachen Stadtrat mutig Front machte gegen die Exzesse seiner Studenten und denen gar nicht etwa nach dem Munde redete, so lehnte er im gleichen Jahr Huttens Angebot bewaffneter Hilfe ab. Das Evangelium solle nicht mit Gewalt und durch Blut verbreitet werden. Das schöpferische und reinigende Wort Gottes allein soll das Werkzeug sein! Als Luther im Dezember 1521 heimlich in Wittenberg war, schrieb er, was er sehe und höre, gefalle ihm. Aber er erfaßte doch die unruhige Stimmung in der Stadt klarer und er hörte von den Befürchtungen für die Zukunft. Er sah sich veranlaßt, ‚eine treue Vermahnung zu allen Christen, sich zu hüten vor Aufruhr und Empörung‘, ausgehen zu lassen. Er ist beunruhigt durch allerlei Gerüchte über einen kommenden Sturm des gemeinen Mannes mit Flegel und Kolben, um die Pfaffen, Mönche, Bischöfe und den ganzen geistlichen Stand zu erschlagen. Und eben Gewalt will er nicht, außer der der Fürsten im eigenen Land. Gewalt der Untertanen ist gegen Gott. ‚Aufruhr bringt nimmer die Besserung, die man damit sucht, denn der Aufruhr hat keine Vernunft und geht gemeinlich mehr über die Unschuldigen ... darum ist auch kein Aufruhr

recht, wie rechte Sach er immer haben mag. Ich halt und will's allzeit halten
mit dem Teil, der Aufruhr l e i d e t, wie unrechte Sach es immer habe, und
wider sein dem Teil, das Aufruhr macht, wie recht Sach es immer habe,
darum, daß Aufruhr nit kann ohne unschuldig Blut oder Schaden ergehen.
Die Aufruhrmacher haben's nicht von mir gelernt, sie müssen meine Lehre
recht lesen und verstehen. Dem gemeinen Mann ist sein Gemüt zu stillen und
zu sagen, daß er sich enthält auch der Begierden und Wort, so zum Aufruhr
treiben.... Man kann den Pfaffen mit Worten und Briefen mehr denn genug
tun, daß es weder Hauens noch Stechens bedarf.'

Aber daneben stand, sehr stark betont, eine andere Idee, die mit der
erwähnten Haltung leicht streitet: das Evangelium ist nicht Friede, sondern
Krieg. Sogar in seiner Wormser Rede vor Kaiser und Reich hatte Luther
diesen Gedanken nicht etwa abgeschwächt, sondern erstaunlich scharf betont:
‚Ich habe die Gefahr, den Streit, den Aufruhr, der aus meiner Lehre kommt,
wie man mir gestern sagte, wohl genug bedacht. Ja, es ist mir recht, daß
über Gottes Wort Eifersucht und Streit entsteht, denn Christus ist nicht gekommen, den Frieden zu bringen, sondern das Schwert: Sohn wider Vater,
Tochter wider Mutter ...‘. Und neben und vor jenen besorgten Mahnungen
spricht Luthers bohrende Eindringlichkeit aus Eigenem und mit Worten
der Schrift von dem notwendig kommenden, dem Papst drohenden, unendlichen Zorn Gottes! Luther mag noch so sehr vom Aufruhr abraten. Die
glühende Schilderung der Bosheit des Papsttums und der Mönche (und der
ihnen gebührenden übermenschlichen Strafe), gegen die sich grob zu wehren
man an sich übergenug Grund habe, das konnte auf erregte und empörte
Gemüter leicht aufreizend wirken. Erst recht dann, wenn er zu einer solch
gefährlichen Formulierung greift: Tumult gegen die Pfaffen wäre viel zu
mild, wäre eine ‚gnädigliche‘ Strafe in dem zu erwartenden eigentlichen
Gottesgericht. Wenn außerdem Luther die Fürsten auffordert, gegen die
Pfaffen aufzustehn, so kann sein allzu hemmungsloses Losbrechen die Glut
nur weiter schüren. Denn das Gefährliche seiner Worte wurde immer wieder
noch wesentlich verstärkt durch seinen aufreizenden Ton, den Ausdruck wild
auflodernden Affektes. Zu Fastnacht 1522 treiben die Studenten schlimmsten
Hohn mit einer als Papst verkleideten Puppe. Luther findet das angebracht.
Schon im Juni 1521 hatte man in Erfurt einen Pfaffensturm erlebt, und nun
hatte es am 3. Dezember in Wittenberg Studentenunruhen gegeben. Ihr Führer
war Luthers Kollege Karlstadt.

Man hat diesen Mann lange verkannt. Die Überschätzung, die wir dann
(durch Hermann Barge) erlebten, gehört in die Reihe verdienstvoller Reaktionen, die unsern Blick mehr als bisher auf die Männer zweiten und
dritten Ranges und auf die Regungen der ungebildeten Massen lenkten.

Karlstadt hatte auf der Leipziger Disputation als Grundsatz aufgestellt, man müsse die Heilige Schrift ex integro, vom Wesentlichen her, behandeln. Das bedeute: nicht gelehrte Autoritäten über die Schrift zitieren, sondern den im Buchstaben eingeschlossenen Geist suchen und schmecken. Er selbst hatte dort einen ansprechenden religiösen Ernst gezeigt. Er suchte. Seine wegwerfende Überheblichkeit über die Philosophie in der Theologie spricht nur teilweise dagegen.

1520 hatte sein Suchen den Wandlungsfähigen dann zur Forderung geführt, die weit über Luther hinaus revolutionär war: die Bibel müsse Richtschnur für alle Ordnungen des Lebens sein.

Eben jetzt, im Dezember 1521, heiratete er (41 Jahre alt). An Weihnachten hielt er zum ersten Mal in der Öffentlichkeit (Wittenberger Stiftskirche), in weltlicher Kleidung, ohne vorherige Beichte, eine Abendmahlfeier ohne Meßkanon, also ohne Wandlung, wobei das Sakrament unter beiden Gestalten ausgeteilt wurde.

2. Es ist also nicht verwunderlich, daß die Entwicklung in Wittenberg durch Luthers literarische Warnung nicht beschworen werden konnte. Sie ging ihren Weg der tumultuarischen und der schwärmerischen Selbsthilfe weiter.

Inzwischen waren nämlich revolutionäre Kräfte besonderer religiöser und sozialer Prägung von außen nach Wittenberg zugezogen. Mit ihnen tritt die Aufspaltung innerhalb der neuen religiösen Haltung und Gestaltung offiziell auf den Plan: es sind die Weihnachten 1521 aus Zwickau kommenden Prediger Nikolaus Storch, Markus Thomae (Stübner) und Thomas Drechsel. Noch viel stärker als bisher Karlstadt, der Gewaltanwendung ablehnte, zogen sie radikale Folgerungen aus Luthers Thesen. Insbesondere denken sie Luthers subjektivistische Grundlage zu Ende. Sie berufen sich zwar auf Luther, wollen aber in frei erleuchteter Entscheidung alles unmittelbar aus dem ‚Geist‘ tun. Das war eine gefährlich sprengkräftige Lehre in dieser Stadt, die seit dem Verschwinden Luthers sich so wie so in fiebriger Erregung befand. Auch rings im Lande schuf sich die Erregung unter der traditionsbrechenden reformatorischen Lehre Äußerungen, welche die neue Predigt zwar für sich in Anspruch nahmen, aber, wie Luther meint, nur Liederlichkeiten waren, die für die Religion nichts Gutes bringen könnten. Aber es wäre höchst erstaunlich gewesen, wenn Luthers singuläre Haltung, welche die Trennung von geistlich-weltlich, von religiös und nichtreligiös so eigenwillig vornahm, von selbständig reformerisch Veranlagten nicht zu anderen Lösungen als seinen eigenen fortentwickelt worden wäre. Und ebenso erstaunlich, wenn nicht der Radikalismus mit unerbittlichen wie mit willkürlichen Konsequenzen grobe Folgerungen gezogen hätte, die Luther sehr fern lagen.

Aus dem Befehl des Wittenberger Rates vom Januar 1521 macht das Volk, an dem nun die Predigt der Geisterleuchteten ihre Wirkung tut, sofort eine Stürmerei. Luther aber erkennt seinen neuen großen Feind, ‚die Rotten‘, ‚die Schwärmer‘, wie er sie zusammenfassend und verschwommen tauft, und die ihm allmählich geradezu feindlicher erscheinen werden als das Papsttum.

Gerade ihnen gegenüber allerdings erweist Luther auch, wie ernst es ihm mit seiner Ablehnung der Gewalt noch ist. Als der Kurfürst bei ihm anfragt, was er gegen den Tumult tun soll, man wisse nicht mehr, was Koch, was Kelle sei, antwortet ihm Luther, es habe sich schon zu viel menschliches Vorsorgen und Sichern in diesen Handel gemischt. Das wolle Gott nicht. Luther blieb dieser Haltung zunächst in einer überraschend ‚toleranten‘ Haltung treu. Er verwirklicht im Ernstfall, was er theoretisch 1520 in der Programmschrift ‚An den christlichen Adel‘ (im Anschluß an den Fall Hus) gefordert hatte: ‚Man solle die Ketzer mit Schriften, nicht mit Feuer, überwinden, wie die alten Väter getan.‘ Auch im Kampf gegen Karlstadt um die Neugestaltung der Messe war er zunächst für die Gewissensfreiheit und gegen den Zwang[1]. Ja noch 1524, in dem erbitterten Ringen gegen Müntzer, wird er sich zur Freiheit der Meinungsäußerung bekennen: ‚Durch das Fechten mit dem Wort wird die Lehre bewährt. Also soll der Kurfürst nicht wehren dem Amt des Wortes. Man lasse die Geister aufeinander platzen und treffen! Werden etliche dann verführt, wohlan, so geht's nach rechtem Kriegslauf.‘

Von dieser Freiheit des Wortes machte nun der eben von der Wartburg her Erschienene zunächst einmal selbst entschiedenen und entscheidenden Gebrauch. Melanchthon hatte sich keinen Rat mehr gewußt inmitten der steigenden Flut. Luther war seinem Ruf gefolgt. Gegen den Willen des Kurfürsten war er in Wittenberg erschienen, in einem großen Selbstbewußtsein und im Vertrauen auf Gottes Führung: ‚So wisse denn Euer Kurfürstliche Gnaden, daß ich in eines viel Höheren Schutz komme!‘ Vom 9. bis zum 16. April donnert er in Wittenberg die Unruhestörer zusammen, die er die ‚Zwickauer Propheten‘ nennt. Am 1. Mai steht er in Zwickau selbst auf dem Markt und predigt gegen den ‚Geist‘ und vom wahren Weg zu Gott. Theologisch wie massenpsychologisch höchst bemerkenswert, wie er auch hier die Glaubensüberzeugung völlig frei haben will von jedem Druck und Zwang.

Freilich war das ebenso gefährlich. Jene zitierte spätere Formulierung: ‚Man lasse die Geister aufeinander platzen‘, offenbart jenen Lutherischen

---

[1] 1525 freilich wird er die Messe als Gotteslästerung geradezu an die weltliche Gewalt denunzieren und verlangen, daß sie wie jede andere Gotteslästerung von der Obrigkeit bestraft und unterdrückt werde.

Trotz, der auch dem göttlichen Gnadenwirken gegenüber nicht ganz weicht. Ein offenkundiges Abrücken von dem Geist des gesamten alten Christentums, das es mit der Gefahr der sündhaften Ansteckung so ernst nahm und nie die Gnade des Glaubens leichtfertig aufs Spiel zu setzen erlaubte. Es ist die Haltung, die in tieferem Sinne Luthers trotzigem Separatismus gegenüber der alten Kirche entspricht. Ganz ungehemmt kommt das subjektivistische Element und dadurch die Gefahr der weiteren Aufspaltung zu Tage.

3. Immer wieder ist das Kennzeichen der deutschen Geschichte ihre Mannigfaltigkeit. Bei der Vielfalt der gegebenen geographischen, politischen und damit geistig-kulturellen Ausprägungen oder doch Veranlagungen mußte die ungeheure Entbindung, welche Luthers Absage an die alte Kirche darstellte, eine Fülle von Eigenarten auch im Religiösen ans Licht treten lassen. Der deutsche Partikularismus äußerte sich, gesteigert durch das Subjektivistische des Lutherischen Grundprinzips, auch in einer Fülle von religiösen Differenzierungen.

Nach den außerordentlich verschiedenartigen Gestaltungen der spätmittelalterlichen spiritualistisch-apokalyptisch-sozialistischen Bewegungen und dem nach entgegengesetzten Extremen auseinander tretenden Husitismus brachte Luthers Reformation in schneller Folge bereits sehr früh beträchtliche Aufspaltungen: das Wittenberg Karlstadts seit 1522, und dann Karlstadts eigenartig zugespitzter Laizismus; Zwingli; die vielfach eigenwilligen Prägungen des Kirchenwesens, die in den Städten ansetzten; das für die Fortentwicklung doppelt wichtige Hereinwirken der relativierenden Vorläufer des Jakob Acontius (Straßburg: Butzer, Capito) einerseits, die abglättende Durchschnittsdogmatik Melanchthons anderseits; endlich die radikalen Schwärmer (siehe unten). Luther hatte zweifellos eine gewaltige Vereinfachung und ‚Zentralisierung‘ der Frömmigkeit gebracht. Mit unermüdlichem Sarkasmus hebt er die ihm nicht nur lächerliche, sondern ärgernisgebende Vervielfältigung der äußern Formen im katholischen Kirchentum hervor. Er übertreibt dabei buchstäblich maßlos; man steht so oft ratlos den unmöglichen Behauptungen gegenüber, diese Häufung der Ablässe und Prozessionen und des Fastens und der Dispense um Geld usw. sei die Kirche. Nun zeigte sich das Verfehlte der einseitigen Kritik: es warf sich die vielgestaltige individuelle Kraft der Deutschen eben auf jenes von Luther allein betonte Zentrale. Und es entstand mit innerer Notwendigkeit jene Vielheit von protestantischen Denominationen in Deutschland, die sich teils selbst gegenseitig scharf ablehnten, zum großen Teil aber von einem Gefühl der Zusammengehörigkeit unter dem reinen Wort lebten. Nur daß die inhaltliche Auslegung dieser

Schriftgrundlage immer zu starken und wesentlichen dogmatischen Differenzen führte.

Die schärfste Folgerichtigkeit der Absplitterungstendenz verkörpert sich in der wiederum vielfältigen Gruppe der Schwärmer oder der Täufer oder der Wiedertäufer. Wir sind über diese Bewegungen mangelhaft unterrichtet, und deshalb bleiben auch die Bezeichnungen schwankend. Ihre Anschauungen, die meist unter Ungebildeten zirkulierten, wurden von Anfang an vielfach nur von Mund zu Mund weitergegeben. Das begünstigte Unklarheiten und Widersprüche. Außerdem wurde mit den Sekten selbst auch ihre Literatur vernichtet.

Alle Schwärmer zeigen eine Radikalisierung des neugläubigen religiösen Spiritualismus auf kommunistischer Grundlage. Kommunismus kann dabei je nachdem sowohl die restlos gebende Liebe wie die revolutionäre Forderung bedeuten. Die späteren Münsterischen Schwärmer z. B. werden nacheinander beides vertreten.

Man tut diese Schwärmerei noch immer allzu schnell als nur ungesunde, nicht ernst zu nehmende, mehr oder weniger chaotische Bewegungen ab. Luther äußerte sich wohl auch in dieser Weise. Aber die Wut, die diese Art neuen Christentums in ihm entfachte, zeigt deutlich, wen er hier instinktiv erkannte: den eigentlichen Gegner aus der eigenen protestantischen Mitte heraus. Er wittert die Gefahr des kompromißlosen Radikalismus. Die Schwärmer haben tatsächlich die Härte der größeren Konsequenz für sich, und dies nicht nur in der Auswertung des von Luther noch zurückgedrückten Subjektivismus, sondern auch in der Verwirklichung des lutherisch-religiösen Ernstes in einer stärkeren Sittlichkeit. Es war nicht nur Mangel an Einblick in das praktische kirchliche Leben, wenn Melanchthon von den Zwickauer Wiedertäufern so beeindruckt war, daß er sich fragte, ob sie von Gottes oder des Teufels Geist seien. Ihn packte zu Recht das unmittelbar Aufbrechende und Radikale. Diese Propheten machten in einer naiven Art ganz Ernst mit Luthers Forderung, das ganze Leben der Christen unter das Wort zu stellen; d. h. es gibt für sie überhaupt nur noch geistliches, kein weltliches Leben. Das Evangelium ist unmittelbar verbindlich für die Struktur des gesamten, auch des wirtschaftlichen und sozialen Lebens. Nur das ist als christlich zuzulassen, was ausdrücklich in der Schrift anerkannt ist. Das neue Leben soll in einer ‚kleinen Herde‘, in einer Gemeinde der Heiligen, als neues Zion, verwirklicht werden und ganz von der Welt getrennt sein. Sie wollen in allem wirklich christlich leben. Daher dann die große Enttäuschung bei Hans Denk, als er feststellen mußte, daß die Früchte eines heiligen Lebens bei den Täufern ausblieben. Aus diesem religiös-moralischen Ernst wie aus jenem zu Ende gedachten Bibelprinzip ergibt sich auch die Ablehnung der Kindertaufe und deshalb die Einführung der ‚Wieder‘-taufe. Die Taufe, als der entscheidende Akt der

Eingliederung in das übernatürliche Reich, kann und darf nur von einem persönlich-verantwortlichen Entschluß übernommen werden. Die Kindertaufe ist unzulässiges Menschenwerk.

Das Wesen einer Zeit kann man nicht nur aus ihren formgewordenen Kräften erkennen. Zu ihrem Wesen gehört auch der befruchtende Untergrund. Im 16. Jahrhundert ist gerade die formlose Art des Christseins der Schwärmer eine wichtige Komponente im Gesamthaushalt der reformatorischen Faktoren; es gehört zu jenem geheimnisvollen Anonymen, ohne das eine große geistige Bewegung überhaupt nicht, und am wenigsten innerhalb des Christentums, gedeihen kann. So unerhört scharf die lutherischen Kirchen die Täufer verfolgten (am auffallendsten ist das beim späteren Melanchthon, der doch eine Menge Verwandtschaften zu ihnen hin hatte), und so wenig die Täufer in der politischen und kirchengeschichtlichen Gestaltung der Zeit zur Geltung kamen, sie gehören in eminentem Maße zur Kraftreserve biblisch-reformatorischen Christentums, die in der offiziellen Reformation der Territorien und der Städte oft allzu wenig zu ihrem religiösen Recht kam. Am stärksten hat sich diese Kraft an ·den Punkten gezeigt, die für das Leben einer Bewegung immer entscheidend sein werden: im radikalen In-eins-setzen von Lehre und Leben, von Ideal und Wirklichkeit, und deshalb zweitens im Martyrium (was allerdings Luther so wenig bei ihnen wie bei Zwingli gelten läßt).

Die Schwärmer sind im geistigen Raum des 16. Jahrhunderts der in der Geschichte der Kirche immer wiederkehrende Versuch, das christliche Gesetz unter radikaler Zurückdrängung erstens der äußern Gliederung (also auch des festen Amtes, der festen einzelnen Lehrsätze) und zweitens der großen Masse in einer kleinen Gemeinde allein aus dem Geist darzustellen. Die Gegnerschaft zum historischen Werden des Christentums und das Pochen auf das mystisch-charismatische Erleben sind das Zentrale. Wie so manches Mal, schlägt auch d i e s e r Spiritualismus um in massive Gesetzesreligion oder trägt diese auch direkt in sich. Was aber über alle Verworrenheit hinaus ihre Bedeutung eindeutig heraushebt, ist ein Zweifaches: einmal ihre wirkliche religiöse Kraft und damit die bedeutende Fernwirkung; zweitens: sie wenden sich mit Betonung, wenn auch manchmal mit aufreizender Gehässigkeit, an die sozial und geistig Entrechteten, die von den andern christlichen Denominationen nicht immer genügend berücksichtigt worden waren. Der reiche, prassende Klerus und die veräußerlichte Religiosität sind für die schwärmerischen proletarischen Versuche eine höchst bedeutsame innere Legitimation. Beide Male kam die Wirksamkeit zu einem großen Teil aus den Armutsworten der Bibel.

Daß diese Elemente vielfach nach außen so zerstörend wirkten, widerlegt das Gesagte nicht. Daß sie so oft der sinnlichen Zügellosigkeit erlagen, belegt nur die Unentbehrlichkeit der festen Form. Für sich allein genommen wären die Täufer nur eine zerstörende Kraft gewesen, wie sie es in Münster wurden, als sie ihr bindungsloses Prinzip zum bindenden Gesetz verfälschten und aus ihrem Spiritualismus heraus Geschichte sichtbar machen wollten. Aber im Gesamtbestand des katholischen wie des reformatorischen Deutschlands war dieser Gefahr genügend gewehrt; und deshalb blieb den mystischen Schwärmern ihre wichtige Funktion des still nährenden Untergrundes. Denn das sind die Schwärmer vor allem: die Stillen im Lande. Die Radikalen und Wüteriche sind Auswuchs. Aber ihretwegen wurden auch die Friedliebenden so blutig verfolgt.

Freilich, die Schwärmer machen unerbittlich Ernst mit Luthers Angriff gegen die kirchliche Lehre. Die Täufer sind innerhalb der Reformation die Repräsentanten des undogmatischen Christentums. Aber dieses Undogmatische schließt sie mitnichten aus dem Kreis der reformatorisch-christlichen Gebilde aus. Zwar Luther widerspricht hier, da sie Christum nicht bekennten (ebensowenig wie Zwingli, Ökolampad, Butzer)! Aber ihr Bibelchristentum und ihre strikt antipäpstliche Haltung beseitigen jeden Zweifel. Es gehen manche ihrer Wurzeln auf Luthers humanistischen Widerpart, Erasmus, zurück; ihr starker Moralismus und damit die Bekämpfung der Rechtfertigung allein aus dem Glauben und der Behauptung vom unfreien Willen (weil beides keine sittlich treibende Kraft entwickelt), ihre extreme Friedensliebe, ihre undogmatische Neigung zur Toleranz und eine gewisse Mystik gehören hierher. Aber es gibt ja doch unbezweifelte reformatorische Kräfte, die das Erasmianische sicherlich noch stärker beibehalten haben: Zwingli, Ökolampad, Zürich und Straßburg. ‚Das sind mir meine Kinder und Brüderlein, die Rottengeister und Schwärmer, welche, als mich dünkt, weder von Christo noch vom Evangelio etwas Solides hätten gewußt, wo der Luther nicht zuvor hätte geschrieben.‘

Anderseits ist es auch ein Kennzeichen des Täufertums, daß es sich nicht streng geistesgeschichtlich einordnen läßt. Die Grenzen sind recht fließend, die genannten Merkmale treten in vielfacher Mischung auf. Das gehört zum Wesen. Das Täufertum ist Entbindung der spiritualistischen Elemente der reformatorischen Lehre und jeweils eine Reaktion gegen die feste Bindung reformatorischer Kräfte, wie sie sich darstellte im bald verschiedenartig ‚verbürgerlichten‘ neuen Kirchentum der Territorien und Städte.

Wir erinnern uns der ungewöhnlich weit verbreiteten erregten Apokalyptik, des Spiritualismus und des christlichen Sozialismus mit ihren Forderungen nach dem ursprünglichen Naturrecht der Freiheit, Gleichheit und der kirchlichen Armut: Forderungen, die naturgemäß vor allem aus den sozial tiefer stehenden Schichten kamen. Eben diese Schichten bildeten, als sie von der Predigt Luthers über die Freiheit des geistlichen Menschen, von der Idee der innern Kirche erfaßt wurden, das aus, was Luther Schwärmertum nennt.

4. Unter dem wie epidemisch aufstoßenden Schwärmertum der reformatorischen Frühzeit bildet Zwickau ein besonders wichtiges Zentrum. Zwickau liegt in der Nähe Böhmens. Das läßt uns an eine Wirkung der husitischen Schwärmerei denken, die nach- und nebeneinander die Extreme der kriegerisch gewalttätigen Taboriten und der alles Unrecht still tragenden Brüder entwickelt hatte. Die Tuchwirkerei wie die Welt der Bergarbeit in Zwickau boten in mancher Beziehung einen besonders günstigen Nährboden für apokalyptische und ‚mystische‘ Gedanken. Es fanden sich aber hier auch jene Kräfte, die allein jeweils eine allgemeine, aber anonyme Möglichkeit zur nötigen Einheit, Eindeutigkeit und Stoßkraft aktivieren: die schöpferischen Persönlichkeiten.

Unter ihnen ragt der dortige Prediger Thomas Müntzer (1489—1525) hoch heraus. Er ist voll Mißtrauen gegen das große reformatorische Schlagwort vom ‚Glauben‘: ‚Die Lutherischen klecksen alle Bücher voll und schwatzen je länger je mehr Glaube, Glaube.‘ Er, der Mystiker, denkt hier sehr nüchtern; und er, der extreme Spiritualist, fordert wie ein strenger Moralist. Er fragt nach dem seelischen Vorgang des Glaubensaktes; er zeigt, daß bei höchsten Vorbildern der Bibel, etwa bei Maria, der Glaubende durch seine Gegenfragen an das erste Anklopfen der Offenbarung durchaus seine berechtigte Selbständigkeit wahrt und erst durch die innere Überwindung der Einwände zum Glauben kommt; dies geschieht durch das direkte Zeugnis des Geistes, durch das ‚innere Wort‘, das geradezu der Gegensatz ist zum toten Wort der Bibel. ‚Sie reden direkt mit Gott!‘ spottet Luther. Was zur entscheidenden Ablehnung Wittenbergs, ‚des gefährlichen Winkels‘, führt, ist der fundamentale Unterschied des Geistgerechten vom zünftigen Theologen. Müntzer ist ganz sozial-revolutionärer Typ; sein Streben gilt ganz dem armen, gemeinen Mann, den er zahllose Male anspricht. Seine Rede geht an ‚die arme Christenheit‘.... ‚Die Laien müssen Prälaten und Pfarrer werden.‘ Wittenberg hat er wegen der natterzüchtigen Schriftgelehrten geflohen. Jesus gibt dem Johannes keine andere Rechenschaft seiner Lehre, als daß er ‚aufs gemeine Volk weiset‘. ‚Unsere Gelehrten aber wollten gern das Zeugnis des Geistes Jesu auf die hohe Schul bringen; sie wollen allein den Glauben beurteilen mit ihrer gestohlenen Schrift, wo sie doch ganz und gar keinen Glauben haben, weder bei Gott noch vor den Menschen. Denn es siehet und greifet ein jeder, daß sie nach Ehren und Gütern streben. Deshalb mußt du, gemeiner Mann, gelehrt werden.‘ Das wahre Evangelium ist nur für die

Mühseligen und Beladenen und für die von der Bildung Ausgeschlossenen. Die Enterbten sind die Auserwählten; sie müssen sich von Welt und Kirche absondern als kleine Herde. In ihr kann aber niemand sein, der nicht in eigenem Ernst und selbständig zum Glauben kam. Das Evangelium hat nicht das Gesetz aufgehoben, sondern es mit allerhöchstem Ernst vollzogen.

Dieser unzünftige Theologe hat einen tiefen Einblick gewonnen in Grunderfordernisse der Bibelexegese, die Luther weithin verloren gegangen waren. Er geht aus von der elementaren Tatsache der Komplexität der Wahrheit und also auch der mehrfachen Deutfähigkeit des Wortes: ‚Es haben alle Urteil das höchste Gegenteil bei sich selber. Wo sie aber nicht zusammengefaßt werden, kann keins ganz und gar verstanden werden, wie helle und klar es sei. Das ist die Grundsuppe aller böswilligen Zertrennung.' Wenn Müntzer auch, in Ermangelung eines lebendigen Lehramtes, genau so wie Luther (nur von einer andern Grundhaltung her) der Vereinseitigung erliegen mußte, so macht das den aufgestellten Grundsatz an sich doch nicht minder richtig und wichtig. Er enthält eine der stärksten Kritiken der reformatorischen Grundhaltung überhaupt.

Müntzer ist eine bedeutsame Ausgestaltung des religiösen Subjektivismus. Er löst die Synthese Dogmatismus-Subjektivismus, die Luther sein Gepräge gibt, zu Gunsten des beinahe rein auf sich gestellten innern Zeugnisses des einzelnen Menschen. Einzig das Innewerden des Glaubens im Abgrund der Seele schafft den rechten Glauben. Freilich ist es, im Widerspruch zu jener Grundansicht, doch die Bibel, die dem ‚Geist' die äußere Bestätigung gibt. Aber doch erscheint der Glaube nicht eigentlich an das Christentum des Gekreuzigten gebunden. Oder besser gesagt, er ist nur daran gebunden in der grundsätzlich relativistischen Art des Erasmus. Denn ‚der Christglauben stimmt überein mit allen Auserwählten, er wäre Jude oder Türke, unter allen Zertrennungen oder Geschlechtern allerlei Glaubens.' Überhaupt ist nach dieser Seite Erasmus wohl die klarste Parallele zu Müntzer, ein geistiger Vater des Schwärmertums. In der Übereinstimmung (Relativismus, Moralismus) liegen freilich auch die stärksten Unterscheidungen. Erasmus ist primär philosophisch-humanistisch, Träger der Bildung, Verfechter der Ruhe, sein Moralismus hat eine sanfte Tendenz zur spiritualistischen Verflüchtigung. Müntzer ist durch und durch religiöse und stark kämpferische Potenz; er bekämpft die Bildung und weiß sich als ihr Widerpart, da er zu den Ungebildeten, zu der armen, elenden Gemeinde redet; sein Moralismus ist alttestamentlich, das Drohen des Gesetzes und die Furcht haben innerhalb des Glaubenslebens und in der äußern Lebensweise bis zur Lust am Würgen ihren vollen Akzent; er ist gar nicht gegen, sondern für den tobenden

Aufruhr. Das Prinzip der Vereinfachung, das zu den Grundkräften der Zeit gehört, äußert sich bei ihm in der radikalen Form der Gleichmacherei.

Die einfache Überlegung, daß an vielen Stellen der katholischen Kirche Zeremonien der Messe nicht übereinstimmten und daß manche Völker oder Völkergruppen in ihrer eigenen Sprache die Messe hielten, gab Müntzer den Anstoß, als erster deutschen Gottesdienst (in Allstedt) einzurichten. Denn dem Knecht Gottes ist gegeben ,offenbarlich Amt zu treiben, nit unter dem hinterlistigen Deckel zu verbergen, sondern der ganzen Christenheit und dazu der ganzen Welt nichts zu verstecken'. ,Paulus ließ seine Sendbriefe öffentlich lesen vor aller Gemeine, und Christus, unser Heiland, hat das Evangelium einer jeden Kreatur befohlen zu predigen unverwikkelt und unverblümt weder in Latein oder irgend einer Zulage, sondern wie es ein jeder in seiner Sprache verstehen kann.' Wie mußte nach der vorhergegangenen, engen klerikal-kirchlichen Führung, und auch nach der klerikalen Ausnutzung der Laien und inmitten ihrer sozialen Unzufriedenheit, ein solches Prinzip wirken: allen alles mitteilen!

Müntzer redet nicht sehr abwechslungsreich in seinen Thesen. Es sind einige wenige Gedanken, zu denen er in seinen Predigten wie in seinen Schriften in erregter Sprache unermüdlich greift und die er eindringlich bildhaft abwandelt. Er versteht es, gewaltigen Eindruck zu machen. Er dichtet volkstümliche Lieder, die seine Erregung durch das ganze 16. Jahrhundert tragen. Immer wieder kehrt er zurück zur strengen Verpflichtung des Gesetzes Gottes, das er mehr im Alten Testament als im Neuen sucht. Wenn Luther seit der ersten Ablaßthese im Papsttum die falsche Sicherheit und Bequemlichkeit des Heilsweges bekämpft hatte, so findet Müntzer Luthers Reformation seinerseits viel zu unernst; er mache es den Menschen zu leicht. Luther predigt nur den ,honigsüßen, halben Christus'. Aber ,wer den bittern Christum nit will haben, wird sich am Honig totfressen'. Luther ist ihm ,der Vater Leisetritt', ,des Teufels sicherlicher Erzkanzler'. Man erkennt, Müntzer hat Luthers theologia crucis ebenso vollkommen übersehen wie dessen christlichen Lebensernst. Oder spricht es nicht stark für Luther, daß er in seiner Eingabe an den Kurfürsten 1524 keine falsche Apologie bezüglich der Moralität in seinen Reihen versucht? ,Wir bekennen, daß wir leider nicht alles tun, was wir sollten, weil Geist und Fleisch beieinander und widereinander.'

Müntzer ist nicht nur Exponent der schwärmerischen Aufspaltung der Bibelreligion. Er wird ebenso ein Vollender der sozialen Revolution und der tumultuarischen Selbsthilfe. Er predigt den Bildersturm und macht auch vor den Rechten der Fürsten nicht ganz Halt. ,Die Fürsten sind nicht Herren, sondern Diener des Schwertes. Darum muß auch das Volk daneben sein,

wenn einer recht gerichtet wird nach dem Gesetz Gottes.' ,Sieh zu, die
Grundsuppe des Wuchers, der Dieberei und Räuberei sind unsere Herren
und Fürsten, nehmen alle Kreatur zum Eigentum: Fisch, Vögel, Gewächs,
den armen Ackersmann, Handwerksmann zu schinden.' Mit Jeremias predigt
er das ,Auswurzeln, Zerstreuen wider die Könige, Fürsten und Pfaffen. Der
Sieg wird sein wunderlich zum Untergang der starken, gottlosen Tyrannen.'
Man vernimmt deutlich genug die Töne und Wünsche, die den Aufmarsch
der Bauern begleiten, denen sich Müntzer zur Verfügung stellen wird, um
mit ihrer Sache unterzugehen. Es ist der Demagoge, der sich etwas lächerlich,
aber doch symbolhaft richtig unterzeichnet als ,Thomas Müntzer mit dem
Schwerte Gideonis' oder ,mit dem Hammer'.

Müntzers Forderung und Förderung der Revolution wird für Luther das
Zeichen zum Einschwenken. Er reagiert mit dem schon angeführten ,Send-
brief an den Fürsten zu Sachsen vom aufrührerischen Geist', worin er nunmehr gegenüber der Gewalt die Gewalt fordert. Die Obrigkeit muß eintreten;
,denn das sind nicht Christen, die über das Wort hinaus auch noch mit
Fäusten dran wollen und nicht vielmehr alles zu leiden bereit sind'.

Das Eingreifen des Zwickauer Rates gegen die entstandenen Unruhen hatte
Müntzer zum heimatlosen Wanderprediger gemacht. In Allstedt hatte er
dann eine neue Stätte intensiveren Arbeitens gefunden. Von hier wird er vom
Kurfürsten vertrieben. Er kommt nach Mühlhausen, wo er den Rat ganz
nach seinen Wünschen zum ,ewigen Rat' umgestaltet, dann freilich auch im
Bauernkrieg seinen Untergang erlebt.

5. Inzwischen hatte Karlstadt in Wittenberg, durch Luthers Rückkehr
entthront, seine nunmehr mit Schwärmereien vermengten Ideen fortentwickelt.
Besonders wirkt auf ihn der Gedanke des ernsten christlichen Lebens, in
dem Theorie und Tat eins sein müssen, und das Bild des kleinen, ungebildeten
Mannes. Aus Luthers paradoxer Kritik der Hure Vernunft macht er in
konsequentester Zuspitzung, die sich dabei selbst aufhebt, die Verurteilung
aller Theologie. Für sich selbst verzichtet er auf alle äußern Zeichen des
Theologen: den Doktortitel und die Gelehrtenkleidung. Er will ein neuer
Laie werden. Seinen Studenten empfiehlt er, das Studium dranzugeben.
Nach dem Sündenfall ist das Bebauen des Bodens das allein von Gott
Gewünschte. Er wird selbst Bauer. Und da der Herr den Unweisen geoffen-
bart hat, was den Weisen verborgen bleibt, läßt er sich den Sinn der Schrift
durch die Ungebildeten erschließen. So zeigen das Bibelprinzip und der
Glaubens-Spiritualismus bereits in den Anfangsjahren der Reformation die
verhängnisvolle aufspaltende Kraft ihrer Einseitigkeit. Sie wurde durch
Luther in ihrer Auswirkung vorübergehend gehemmt, aber nicht überwunden.

Auch Karlstadt wurde des Landes verwiesen. Wie zwischen Müntzer und Luther, so hatte sich auch zwischen ihm und Luther eine erregte Feindschaft entwickelt. Karlstadt schrieb heimlich gegen den Reformator. 1522, ein paar Tage nach seinem Triumph über die erregten Massen in Wittenberg, quittierte das Luther noch so: ‚Ich fürchte keinen Satan und keinen Engel vom Himmel und erst recht keinen Karlstadt.‘ Aber 1525 gab er seiner Gegnerschaft wider den einstigen Kampfgenossen und Kollegen heftigen Ausdruck (‚Gegen die himmlischen Propheten‘). Karlstadt war bereits zum unstäten Wanderer geworden. 1541 starb er an der Pest.

§ 6. Ritter und Bauern

I. 1. Die reformatorische Bewegung war eine Angelegenheit aller Schichten geworden. Zunächst war die Frage noch durchaus offen, welche von ihnen die Gewinner sein würden. Nicht einmal das schien sicher, daß es nicht die absterbende Ritterschaft sein werde. Seit 1520 und besonders seit 1521 hatte Hutten durch seine unermüdliche Aktivität, seine erregende literarische Polemik einerseits und die Bearbeitung der Ritterschaft anderseits großen Einfluß auf die vorantreibende öffentliche Meinung gewonnen. 1521 war sein Gesprächbüchlein mit einer Verdeutschung seiner Dialoge erschienen. 1522 — ehe das Glück sich von Sickingen zu wenden beginnt — ist er vollkommen unversöhnlich geworden; er läßt seine Fehdebriefe an die Papisten, insbesondere an die Dominikaner öffentlich anschlagen (z. B. in Frankfurt an die Pforte des Liebfrauenstiftes, der Wirkstätte seines früheren Studiengenossen Cochläus). Immerhin blieb Hutten vorwiegend der literarische Streiter. Sein Einfluß auf die Ritter (um sie zum Einsatz ihrer Waffen zu bewegen) entsprach nicht seinem propagandistischen Erfolg im Reich des Geistes.

Aber neben ihm stand Sickingen. Er war dem vagabundierenden Dichterritter in der Kunst wie in der Kraft der Manifeste weit unterlegen. Der nationale Gedanke hatte in ihm kaum einen Funken der flammenden Gewalt, die manchmal in Hutten brannte. Anderseits war er etwas stärker religiös von Luther berührt als Hutten, der im Reformator eigentlich nur den Feind Roms und den Erreger der Nation schätzte. Wir hörten schon, daß er 1521 Luthers Gedanken in jener Unterredung mit dem kaiserlichen Beichtvater auf der Ebernburg (oben S. 279) verteidigen konnte.

Aber das Religiöse war natürlich auch bei ihm nicht die eigentliche Form. Sein skrupelloser Eigennutz, den wir bereits als für ihn charakteristisch erkannten (oben S. 45), ließ überhaupt keine einheitliche Linie zur Entwicklung kommen. Er schwankte hin und her zwischen Habsburg und Frankreich; er zog mit dem Herzog Ulrich von Württemberg und gegen ihn. Er stand im Waffendienst des Kaisers im ersten Krieg gegen Frankreich. Aber er versagte schon im September vor Mézières, und die Ungnade des Kaisers erleichterte ihm die Rückkehr in sein selbstherrliches Rebellentum. Wenn Cochläus meint, Luther setze mehr Vertrauen auf Sickingen als auf irgend einen der Fürsten, so dürfte er wohl ebenso übertreiben wie Aleander, der Sickingen einfachhin den Schrecken Deutschlands nennt. Doch stellte Sickingen sicherlich eine bedeutsame militärische Kraft dar, und deren Form war nichts anderes als das Raubrittertum großen Stils, das sich gern zur Fürstenmacht aufgeschwungen hätte. Den eindeutigen Beweis erbringt sein Zug gegen Kur-Trier.

2. Im August 1522 sagt die ‚brüderliche Vereinigung‘ der Reichsritterschaft vom Mittel- und Oberrhein unter Sickingens Führung dem Kurfürsten von Trier, Bischof Richard v. Greiffenclau, Fehde an. Im September liegen sie vor Trier. Aber die Stadt hält sich unter ihrem kriegstüchtigen Bischof. Sie wird dann durch Hessen und Pfalz entsetzt.

Das Vorgehen Sickingens war ein besonders schwerer Fall von Landfriedensbruch. Wenn solches Vorpreschen wieder zu Ehren kam, waren alle Anstrengungen zu Gunsten des Landfriedens, besonders die Wormser Erlasse, umsonst vertan. Sickingen wurde am 1. Oktober als Landfriedensbrecher in die Acht erklärt. Seine Anhänger wurden von den Fürsten überwältigt, deren Burgen zerstört. Im April 1523 ist Sickingen auf der Feste Landstuhl westlich von Kaiserslautern eingeschlossen. Er wird schwer verwundet. Die Burg wird zusammengeschossen. Er stirbt in den Ruinen, in die die siegreichen Fürsten noch persönlich gestiegen waren.

Die Episode wie ihr Mißlingen besitzen tiefere, symbolische Bedeutung. Diese Fehde des von dem Rittertag zu Landau erwählten Hauptmannes war der überhaupt letzte Versuch der sich selbst schützenden Ritter, ihre Macht innerhalb des Reichsverbandes gegen die Fürsten zurückzuerobern. Der Untergang des Ritterstandes wurde im Zug des Schwäbischen Bundes gegen die fränkische Ritterschaft bestätigt.

Zweitens illustriert diese Fehde bedeutsam, wie dünn manchmal das Religiöse in dem war, was als evangelische Reformation verkündet wurde; sie zeigt, zu was alles die religiöse Bewegung Luthers den Deckmantel abgeben konnte. Denn dies war die Hauptmotivierung von Sickingens Fehde gewesen: daß er, endlich eingehend auf den älteren Gedanken Huttens, mit den Waffen dem Evangelium eine Öffnung machen wolle. Als Heereszug für Christus und gegen die Feinde der evangelischen Wahrheit zog man los, zu einem einfachen, wenn auch großen Raub.

Drittens zeigt Sickingens Vernichtung 1523 die wirkliche Lagerung der

Kräfte auch bei den Fürsten. Das Religiös-Kirchliche mag ihnen in diesen Jahren allenfalls dienen, wenn es materiellen bzw. politischen Vorteil bringt. Sonst ist der handfeste fürstliche Egoismus durchaus ausschlaggebend. So wird auch Philipp von Hessen mit Herzog Georg von Sachsen 1525 gegen die Bauern zusammenstehen, und Katholiken und Protestanten gegen die Meuterei in Münster 1535.

II. 1. Die alte Warnung der Kurie, Aleanders und aller deutschen Bekämpfer Luthers von Anfang an, daß die religiöse Unbotmäßigkeit notwendig auch die staatliche und soziale Ordnung stürzen müsse (wie in Böhmen), gewann infolge der Sickingenschen Fehde an innerer Kraft. Weite Kreise horchten auf, nicht am wenigsten die Fürsten. Die schon lange berufene Angst vor einer Erhebung des gemeinen Mannes wuchs.

Mit Recht. Denn die gewaltige Erregung, die wir als einen Grundzug der Zeit erkannten, hatte nicht abgenommen. Die drohende Feststellung wurzelhafter Unordnung in Kirche, Staat und Gesellschaft war noch immer alltäglich. Man hörte sie ebensogut auf den Reichstagen und in den Predigten, wie man sie in der Literatur las. Und durch das Schwärmertum wurde sie immer wieder in den sozial niedern Schichten neu und verhetzend vorgetragen. Dort gärte es seit langem. 1523 war die Furcht vor revolutionären Unruhen im Reich allgemein geworden. Cochläus kündigte den schlimmsten Bürgerkrieg an.

2. Der Beginn des 16. Jahrhunderts bildet für die wirtschaftlichen Verhältnisse in Deutschland keinen bedeutenden Einschnitt. Die Entdeckung Amerikas und der Zustrom von Edelmetall von dorther sowie aus den deutschen Silbergruben wurden erst in den vierziger Jahren eine Belastung der deutschen Wirtschaft. Aber es gab andere wirtschaftlich-soziale Beunruhigungen. Sie kamen von zwei ganz verschiedenen Seiten.

Die eine Quelle war der aus Groß- und Fernhandel entstehende Frühkapitalismus. Es bildeten sich die phantastisch schnell anschwellenden, ganz großen Vermögen eines halben Dutzends deutscher Häuser. Für die Fugger errechnete man für die sechs Jahre unmittelbar vor der Reformation (1511—1517) über 54% Gewinn, für Haug & Co. 47%. Das Vermögen der Fugger stieg nach dem Tode Jakob Fuggers, des Reichen, bis 1527 auf 2 Millionen, und bis 1546 zum Höchststand von 4³/₄ Millionen Goldgulden, was etwa einem Stand von annähernd 300 Millionen Goldmark entsprechen würde und das Zehnfache des Betrages bedeutet, den in Italien das große Bankhaus der Medici 1450 mit etwa 30 Millionen Mark erreicht hatte.

Eine so gewaltige Kapitalkraft mußte der Versuchung zum Monopol erliegen. Ein praktisch ergiebiges Vorgehen gegen solche Tendenzen wurde nicht erreicht. Die Erregung der Fürsten, des verarmten Adels und der armen Gebildeten brachte zwar allerhand Projekte zutage, um die überwuchernden Vermögen zu ‚köpfen‘, aber es geschah nichts. Beispiele wie die Übertragung des St.-Peter-Ablasses an Albrecht von Mainz oder die Wahl Karls V. zum Kaiser zeigen deutlich, warum: man brauchte das Kapital der Banken. Zudem vergrößerte der Aufschwung der Städte den Kreis der wohlhabend werdenden Bürger ganz beträchtlich.

Um so sicherer blieb und wuchs die neidvolle Erbitterung gegen die zu reich Gewordenen wie gegen die reich gebliebenen Prälaten, deren ungeistliches Wohlleben der Mißstimmung noch besondere Nahrung bot. —

Die zweite Gefährdung des sozialen Gleichgewichts kam von der Haltung, die der kleine Adel zu seinen bäuerlichen Hintersassen einnahm.

Die wirtschaftliche Lage der Bauern um 1500 war eine beachtlich gute. Wir sagten schon einmal, daß das uneingeschränkte Wort vom ‚armen‘ Bauern für die Zeit des beginnenden 16. Jahrhunderts nicht mehr stimmte. Sebastian Brand meldet, daß zu seiner Zeit die Bauern, die früher nur Wasser gekannt, Wein trinken, voll Geld stecken, Fleisch essen und am allgemeinen Kleiderluxus teilhaben. Wenn das ebenso übertrieben ist wie das summarische Verdikt, daß ‚all Beschiß jetzt von den Buren kommt‘, so zeigen jedenfalls die Bauerntrachten auf den Schnitten und Stichen Dürers und seiner deutschen Zeitgenossen, daß viele von ihnen gut situiert gewesen sein müssen. Der Ausgang des Bauernkrieges führt zur gleichen Erkenntnis: viele Bauern waren imstande, die als Strafe auferlegten Summen bis zu mehreren hundert Gulden aufzubringen.

Daneben muß das teilweise gesteigerte Selbstbewußtsein der Bauern in Rechnung gesetzt werden. Die Landsknechtbauern hatten vor kurzem die berühmten Schweizer Söldner geschlagen. Mit der Forderung des Naturrechtes im spätmittelalterlichen Sozialismus hatte das aus der Bibel tönende Lob der Armut unmittelbare Anwendung auf den Bauern gefunden: ‚Ich lobe dich, du edler Bauer, für alle Kreatur, für all Herrn auf Erden, der Kayser muß dir gley werden‘. Die vorreformatorische Scholastik Biels kannte ebenfalls das göttliche Recht der Armen. Auch die thomistische Tradition der Dominikaner zeigte sozialistischen Einschlag: Cajetan und Konrad Köllin sprechen dem Bauern das Recht des Selbstschutzes gegen Wildschaden zu. Die Fürsten sind verpflichtet, Schadenersatz zu zahlen. Kommen sie dieser Pflicht nicht nach, sollen sie nicht absolviert werden. Ein Freund Luthers, der frühere Franziskaner Eberlin von Günzburg (1470—1533), wollte den Bauern

als Stand neben den Adel setzen und beiden nur eine Beschäftigung lassen:
den Ackerbau [1].

Anderseits nimmt der Bauernstand reichlich teil an der allgemeinen Unzufriedenheit. Es war noch genügend und übergenügend Armut in seinen
Reihen zu finden. Die kleineren Herren versuchten seit langem die Abhängigkeit der Bauern zu steigern bzw. sie zur eigentlichen Hörigkeit zu machen.
Die Soziallasten waren drückender, die Handhabung der Herrenrechte zu
willkürlich geworden. Entwürfe der Kurfürsten und der Reichsreform von
1502 sprechen von den sehr großen Beschwerungen des gemeinen Mannes
durch ‚Frone, Dienste, Abzüge, Steuern‘. Balthasar Hubmaier, der einst der
Muttergottesverehrung in Regensburg gedient hatte, forderte vom Gedanken
der naturrechtlichen Gleichheit aus, daß die Nutzung an Wasser, Weide,
Wald, Wild und Wein, die herrschaftlicher Besitz geworden war, dem gemeinen Mann wieder geöffnet werde. Er wollte das ‚alte Recht‘ wieder;
die Hauptstütze zur Begründung seiner Forderungen war das ‚göttliche
Recht‘ des allgemeinen Naturrechtes und der Offenbarung.

3. Diese Unzufriedenheit wie jenes Selbstbewußtsein (beides untrennbar
verschmolzen in der unklaren Schicht der spätmittelalterlichen religiös-sozialen
Erregung) schafften sich Ausdruck in einer Reihe Bauernerhebungen, die am
sozialen Bestand der deutschen Gesellschaft rüttelten und eine so bedeutungsvolle und eigenartige Rolle beim Durchbruch wie in der Ablenkung der
religiösen Reformation spielten. —

Neben den Unruhen, die unter dem Namen ‚Bundschuh‘ (seit den neunziger Jahren in verschiedenen Stößen von der Abtei Kempten aus nach dem
Elsaß, nach Baden und Thüringen übergreifend) und ‚Armer Kunz‘ bekannt
sind, deuteten schon die religiös-bäuerlich-proletarischen Unternehmungen des
Schwärmertums (etwa die Bewegungen um Hans Böhm) die kommenden Erschütterungen an. Das erste sozialistisch-politische Reformprogramm waren ‚die
15 Bundesgenossen‘ des vorhin genannten Eberlin von Günzburg. Es stammt
bereits aus dem Jahre 1521. Über Karlstadts Erregungen und Seltsamkeiten
mündet dann die Aktion des Thomas Müntzer (oben S. 315 ff.) im Jahre 1524
durch seinen Kampf ‚gegen das sanftlebende Fleisch von Wittenberg‘ in die
umfassendere soziale Revolution ein, die wir Bauernkrieg nennen. —

Zu den Schriften, die gerade in den zwanziger Jahren weiteste Verbreitung
fanden und Unzufriedenheit und Bereitschaft zu revolutionären Erschütterungen begünstigten, gehört auch die ‚Reformation Kaiser Sigismunds‘. Sie

---

[1] Daß er schon sehr früh (1522) das Gefährliche seiner Ansichten am zügellosen Losbrechen der Volksinstinkte beim Wittenberger Bildersturm erkennen mußte, beseitigte nicht
mehr die Stärkung, die er dem radikalen Sozialismus gebracht hatte.

weissagte einen Befreier, wie auch der sogenannte ‚Oberrheinische Revolutionär'. Von dessen Ursprungsgebiet — Schwaben war der Mittelpunkt; hier wurde auch im Dezember 1524 zuerst das ‚göttliche Recht' aufgestellt — breiteten sich seit der Hälfte des Jahres 1524 Bauernerhebungen aus in Oberschwaben, Württemberg, Elsaß, Thüringen, Franken, um im Frühjahr 1525 ihre größte Ausdehnung und ihre stärkste Intensität zu erreichen. Ganz Oberdeutschland zwischen Vogesen, Harz und Alpen bis weit in den österreichischen Osten hinein wurde erfaßt. Die Kraft war so stark, daß nicht nur kleinere Herren, sondern auch bedeutende Äbte und Bischöfe (Fulda, Hersfeld, Bamberg, Speyer) und mächtige Fürsten, wie die beiden Kurfürsten von Mainz und der Pfalz, sich einigermaßen anschließen mußten. Nicht so, als ob die tatsächliche Macht der Haufen gar so gewaltig gewesen wäre! Zum vielleicht größeren Teil wirkte sich aus die weitverbreitete Überzeugung, daß eine umstürzende Erhebung kommen werde. Die Weissagungen waren lange genug wiederholt worden. Die Apokalyptik erfüllte das Zeitbewußtsein. Nun schien die Zeit reif, der Umschwung unausweichlich.

Es gab auch Teile des Adels, die die Sache der Bauern zu der ihrigen machten (wie auch in den Hussitenkriegen Adel und Bauern gemeinsam gekämpft hatten). Florian Geyer, Götz von Berlichingen und Herzog Ulrich von Württemberg gehören hierher.

Die den Bauernerhebungen parallel laufende kleinbürgerliche Revolution in den Städten hingegen, in Süddeutschland und am Rhein, scheint, von einigen Ausnahmen, wie Würzburg, Bamberg und Augsburg, abgesehen, keine direkte Beziehung zu den Bauernerhebungen zu haben. Zum guten Teil ging es dort einfach gegen den Klerus. In Frankfurt mußte Cochläus fliehen. In Augsburg wurde Johann Fabri, der Antireformationsprediger aus Heilbronn, vom Rat ausgewiesen.

Die eigentlichen Haufen sind auch nicht homogen nur aus Bauern zusammengesetzt. Wie Karlstadt und Eberlin von Günzburg die Rückkehr zum Bauerntum als das Ideal schlechthin predigten, so fanden unter den Aufständischen ausgesprungene Mönche, Schwärmer und fahrendes Volk ihren Platz. Unter den Bauern aber waren nicht die Armen die eigentlichen Träger der Bewegung, sondern die Bessersituierten. —

Geographisch gesehen, sind die Bauernerhebungen eine ausschließlich süddeutsche Angelegenheit. Nur dieser kulturell sehr differenzierte wie quantitativ stark parzellierte und dichter bevölkerte Boden der zahlreichen kleinen Territorien im Umkreis des römischen Limes hatte die notwendige Unzufriedenheit erzeugt und bot anderseits die Möglichkeit zum Zusammenschluß und zum aktiven Eingriff einer genügend großen Anzahl Bauern. Auf den dünn besiedelten, weit ausgedehnten Gebieten jüngerer Kultur im Norden und Nordosten fehlten die Voraussetzungen für Bauernerhebungen[1]. Vor allem fehlte im Norden, wo wenige Herren in großen Territorien den Adel und die Kirche in der Hand hatten, zum beträchtlichen Teil jene regellose W i l l k ü r der Rechtsbeschneidung, die als die zentrale Ursache der bäuerlichen Unzufriedenheit anzusprechen ist. Günther F r a n z hat außerdem darauf aufmerksam gemacht, daß die Ausbreitung der Bauernkriege ziemlich genau mit den Werbegebieten der Landsknechte zusammenfällt: ‚der Süden war reif für den Bauernkrieg, der Norden war es nicht'.

Der angegebene Bereich wurde nicht lückenlos vom Aufruhr erfaßt. Es gab Bauern, die sich ausschlossen. E i n großes Gebiet in Oberdeutschland, das einzige wirklich bedeutende geschlossene Territorium dort, blieb sogar ganz unberührt: Bayern, in dem zwar die Bauern nicht weniger hart lebten, wo aber ihre rechtliche Situation geordneter war und sie nicht jener regellosen und persönlich erbitternden Willkür des kleinen Adels ausgesetzt waren (weil dieser fest in der Hand der Herzöge war), und das sich außerdem der Ansteckung der kirchlichen Revolution verschlossen hatte.

4. Was wollten die Bauern? Der Bauernkrieg ist eine soziale, aber auch eine geistige und religiöse Auseinandersetzung mit den Besitzenden. Er ist dies wesentlich als Fortsetzung und reformatorische Erneuerung von spätmittelalterlichen Bewegungen, die versucht hatten, die Lebensbedingungen einzelner Schichten eigenmächtig umzugestalten, und die sich gegen alle wandten, welche die ‚alten Rechte' an sich rissen. Mit dem Widerstand gegen die unmittelbar fühlbare Beschneidung vermeintlicher oder wirklicher Rechte hatten sich allgemeine Ansichten oder gar Theorien über das, was in den Lebensbedingungen des Bauern Rechtens sein müßte, verknüpft. Sie verdichteten sich zu bestimmten Forderungen. Das heißt, die zu besprechenden Bewegungen beruhen auf einem konservativ-historischen und einem fortschrittlich-abstrakten Prinzip. Alte Rechte sollen wiedergewonnen, neue Rechte dazu erobert werden. Das Ideal von der Gleichheit aller Menschen war (in sehr verschiedener Abstufung) wirksam geworden. Naturrechtliche Begründungen und solche aus der Offenbarung, also aus dem ‚göttlichen Recht', wurden zur Begründung beigezogen. Träger dieser Wünsche ist ‚der gemeine Mann', wie er in der populären Apokalyptik von Hans Böhm und der entsprechenden Literatur und von den Schwärmern immer wieder apostrophiert wird. Die Formen, in denen sich die Wünsche äußerten, stellten deutlich die Einheit des in der Religion wurzelnden mittelalterlichen Lebens heraus: die

---

[1] Die Auseinandersetzungen in Thüringen, die sogar einen Höhepunkt des Dramas bilden, besagen nichts hiergegen. Die dortigen Erhebungen sind eine Folge der nach Norden vordringenden Ansteckung und des Wirkens eines einzelnen selbständigen Kopfes, des Thomas Müntzer.

vielfältigen sozialistischen Ansichten und Strebungen sind ganz mit Religion verflochten. Die Inschrift der ‚Bundschuh'-Fahne forderte: ‚Nichts denn die Gerechtigkeit Gottes!' Ihr Bild zeigte den Gekreuzigten, umgeben von Johannes und Maria; ein kniender Bauer sah zum Kreuz auf. Die Mitgliedschaft im Bunde war an bestimmte Gebetsverpflichtungen geknüpft (fünf Vaterunser und Ave). Ausschlaggebend war der Gedanke der gemeinsamen Christenwürde des Erlöstseins. Also sollten die bedrückenden Zwischengewalten, gegen die es geht, die Herren, als wahre Christen, die Bauern zu Freien machen. — Dieses Ineinander von Christlich und Weltlich blieb auch in den Bauernaufständen der Reformationszeit.

5. Für die Ereignisse der zwanziger Jahre des 16. Jahrhunderts muß man zunächst die zu weit verbreitete Vorstellung verbannen, als ob eigentlich kommunistisch-wirtschaftliche Forderungen im Zentrum gestanden hätten. Daran hatten die vorantreibenden Bauernschichten nicht genügend Interesse. Ein radikalisierter Bauer ist immer in gewissem Sinn ein Unding. In ihren Ursprungsgebieten waren und blieben die Bauernerhebungen an den Boden und seine Bedürfnisse gebunden. Das machte dort einen allgemeinen Radikalismus unmöglich.

Anderseits darf man auftretende Radikalismen nicht zu gering anschlagen, noch übersehen, daß es auch, und nicht nur nebenbei, um sehr reale wirtschaftliche Erleichterungen ging. Sicher ist es ganz falsch, im Streit um das wirtschaftliche Minimum den Kern des Kampfes zu sehen. Es ging vielmehr um Grundrechte der sozialpolitischen Lebensordnung. Es ging um Recht gegen Willkür und Rechtlosigkeit. Aber wenn die angestrebte Freiheit sich etwa in der Beseitigung der Zehntpflicht darstellen sollte (der Zehnte stehe nicht im Neuen Testament, sondern sei jüdisches Gesetz), so wäre das natürlich eine auch wirtschaftlich recht einträgliche Änderung gewesen. Sogar bei der sehr weit und überaus schnell sich vollziehenden Verbreitung der so religiös begründeten ‚Zwölf Artikel' (s. unten) zeigt sich, daß recht vielen nicht das Religiös-Soziale als Hauptziel vorschwebte, sondern daß sie unter diesem Deckmantel sozial viel weiter und revolutionärer vorstoßen wollten. Schon als es zum Zusammenschluß in der ‚Christlichen Vereinigung' kam, äußerte sich in den Verhandlungen Radikalismus. Manche wollten die Obrigkeiten zur völligen Machtlosigkeit degradieren und die Bauern sollten den Herren gleich sein.

Freilich behielt im Hauptgebiet, in Süddeutschland, der Wille, ohne Gewaltanwendung durchzukommen, zunächst die Oberhand. Die ‚Christliche Vereinigung' teilte nicht nur ihre Konstituierung dem Schwäbischen Bund mit, sie rückte auch gleichzeitig von allen Gewaltanwendungen ausdrücklich ab.

Leider waren die Gegenforderungen des Bundes so unnachgiebig hart, daß es den radikalen Elementen unter den Bauern gelingen konnte, die Enttäuschten zur Gewalt fortzureißen. Damals erst kam es dort zu jenen rohen Plünderungen aller möglichen Kulturwerte in Burgen und Klöstern, die in ihrer Plötzlichkeit wirklich unbegreiflich erscheinen und die für Um- und Nachwelt das Bild der Bauernrevolutionäre prägten. Ein allgemeiner Vorgang der innern Reformationsgeschichte wiederholte sich hier auf sozialem Gebiet: was bis gestern heilig war an Personen, Einrichtungen, Idealen, wurde plötzlich anstößig und hassenswert und deshalb mit blinder Wut verfolgt und möglichst ausgerottet. Man kann wahrhaftig nicht sagen, daß bei den Bauern die Entfesselung der niederen Instinkte zu unnachgiebigem Haß und zu starker Zerstörungswut vor Heiligem und kulturell Wertvollem haltgemacht hätte.

Aber diese Radikalisierung setzte sich nicht durch in den Heimatgebieten der Erhebungen. Sie zeigte sich vielmehr als ‚System‘ in Thüringen, und sie kam in erster Linie von einer spiritualistisch-schwärmerischen und wirtschaftlich radikalisierten Frömmigkeit her. Eben von Thomas Müntzer, dessen umstürzlerische Reformen 1523 bei den Allstedtern schon einen Anfang der ganzen Erschütterung darstellen. Keiner der verschiedenen ‚Führer‘gestalten — Florian Geyer, der halb biedere, halb unaufrichtige Götz von Berlichingen, Friedrich Weigand, Wendel Hipler, Balthasar Hubmaier oder der anarchistische Jäklein Rohrbach — reicht an Stärke der Gedanken und an Kraft, die Masse zu fanatisieren, an ihn heran.

6. Der Name Bauernkrieg deckt eine Fülle von Einzelaktionen bis zu vollständig abgegrenzten kleinsten Erhebungen, verschieden nach Landschaft und ‚Idee‘. Die Bauernhaufen bilden weder innerlich noch organisatorisch eine Einheit. Das ist Ausdruck des Wesens: der Masse der Bauern fehlte ein klar erfaßtes Ziel. Immer wieder waren es örtliche Beschwerden, deretwegen man sich erregte und deren Abstellung man erstrebte. Es fand sich auch kein Führer, der das Ganze wirklich überblickt und die Vielheit der Wünsche zur Einheit hätte zusammenzwingen können. Das vermochte auch Müntzer nicht. So blieb die ungeheure, dumpfe Kraft in der Zersplitterung und wurde leicht eine Beute der besser organisierten und raffinierter operierenden Herren. Die Bauern, die eine wirkliche Macht waren, denen, wie gesagt, sogar mächtige Herren und Städte sich entgegenkommend hatten zeigen müssen, die genügend Waffen und sogar Geschütze hatten, die das Waffenrecht besaßen und als erfahrene Landsknechte mit den Waffen wohl umzugehen wußten, denen so viele Schlösser und Klöster sich gebeugt hatten: sie wurden leicht überwunden. Der Schwäbische Bund konnte die einzelnen Haufen der

Reihe nach vernichten: die Oberschwaben, die Württemberger und die Franken (durch Georg Truchseß von Waldburg, den ‚Bauernjörg'), die Thüringer und die Elsässer. Schon Ende Juni war die Widerstandskraft und noch mehr der Widerstandsmut der Bauern gebrochen. Der eigentliche Bauernkrieg dauerte ‚kaum länger als ein Vierteljahr' (Franz). Bemerkenswert bleibt dabei das in unregelmäßigen Zuckungen verlaufende Niederwerfen: am 15. und 17. Mai kommt es bereits zu den Schlachten bei Frankenhausen und bei Zabern. Aber noch am 24. Mai ergibt sich Freiburg den Bauern. Am 25. wird Mühlhausen in Thüringen eingenommen und am 27. Müntzer hingerichtet; aber noch den ganzen Juni und Juli, ja noch im September und November 1525 kommt es zu blutigen Auseinandersetzungen und sogar zu einem Bauernsieg (3. Juli bei Schladming in Steiermark)[1].

Die Gegnerschaft in diesem Ringen war ganz eindeutig die der Herren gegen die Knechte. Zwar, bei den Unzufriedenen waren ausschließlich Anhänger der religiösen Neuerung die Aktiven. Aber bei den Herren war eine Abgrenzung nach altem und neuem Glauben nicht festzustellen. Wie der Schwäbische Bund konfessionell gemischt war, so wurde die entscheidende Schlacht gegen die von Müntzer angetriebenen Thüringer bei Frankenhausen (15. Mai 1525) gemeinsam von Kurfürst Johann und Herzog Georg von Sachsen und Landgraf Philipp von Hessen geschlagen.

Von rund 100 000 Toten wird glaubwürdig als Blutopfern des Krieges aufseiten der Bauern berichtet. Besonders hart, ja aufreizend und unwürdig, empfinden wir die nach der Niederwerfung verfügten Hinrichtungen, etwa durch den Bischof von Würzburg, der von seinem Henker begleitet durch sein ‚befriedetes' Gebiet zog[2].

7. Wenn in der Geschichte nur das bewußt Erfaßte wichtig und nur das sichtbar zum Erfolg Kommende ausschlaggebend wäre, müßte man die Bedeutung des Bauernkrieges gering anschlagen. Da aber das anonyme Opfer immer zu den stärksten Kräften der Geschichte gehört und das tragische Mißlingen großer, berechtigter Ansprüche würdigster Gegenstand der Betrachtung ist, bleibt der Bauernkrieg eines der großen Themen der deutschen Geschichte. Seine Bedeutung geht weit hinaus über das schnell beschriebene, zeitlich so kurze äußere Geschehen.

Trotz dem Mangel an großer Einheit erschöpfen sich die Auseinandersetzungen nicht in ihren episodenhaften Erscheinungsformen. Man muß ver-

---

[1] Für Österreich liegt die Entscheidung sogar um ein Jahrhundert später (Schlacht bei Gmunden/Pinsdorf 15. November 1626).
[2] Eine eigentliche Judenhetze war mit den Bauernerhebungen nur im Elsaß verbunden, wo der jüdische Einfluß besonders stark war. Wohl aber wurden überall einzelne Juden ausgeplündert.

suchen, die grollende Stimme des deutschen Bauern zu vernehmen als Ausdruck der erwachenden und ihr Recht fordernden Nation; die Stimme, die bewußt oder nur dunkel ahnend protestiert gegen eine in ihrer Tendenz ungerechte soziale Schichtung: gegen den legitimierten Zustand der Aussaugung bzw. der Unterdrückung des gemeinen Mannes durch privilegierte Klassen.

Zwischen diesem Aufbegehren der Bauern und der Reformation besteht eine vielfältige, manchmal verwickelte Abhängigkeit. Mehr äußerlich, aber schon entscheidend: die ‚Christliche Vereinigung' bestellte zur Regelung der kirchlich-geistlichen Dinge ausdrücklich die Reformatoren (Luther, Melanchthon, Zwingli, Osiander); die Thüringer wurden direkt von einem Mann der religiösen Neuerung geführt (Müntzer). — Tiefer: Die Reformation als Ganzes war eine Revolutionserscheinung, die über jahrhundertealte Ordnungen und Rechte hinwegschritt und sich dafür auf das eigene Bewußtsein als hinreichende Legitimation berief. Dadurch und durch die Predigt von der Freiheit des Christenmenschen, auch durch den spiritualistischen Charakter ihres Kirchenbegriffes, den Kampf gegen die guten Werke und die Privilegien des geistlichen Standes, brachte die reformatorische Lehre gewissen Grundlagen j e d e n revolutionären Aufbegehrens die willkommene Begründung. Mit innerer Konsequenz wurde Luther, den man für den Befreier schlechthin hielt, der große Vertrauensmann, auf den auch die Bauern erst so naiv-sehnsüchtig blickten; wurde die revolutionäre Reiferklärung des K i r c h e n - v o l k e s gegenüber den herrschenden Kirchenhierarchen zu einer Stärkung des Versuchs, die s o z i a l e Selbständigkeit der Bauern gegenüber ihren Herren zu erreichen. Die Reformation ist letztlich die Gewährung gleicher Anteile am gesamten kirchlich-christlichen Dasein für alle. Wenn nun das Streben nach Befreiung von allen Bevormundungen überall vorhanden war, so war doch keine Schicht so bedrückt und so ohne einigermaßen genügenden Anteil an den allgemeinen Rechten wie die Bauern. Was alle anzog, konnte also sehr wohl bei ihnen besonders überzeugend wirken.

Die bedeutendste Einzeldarstellung des Zusammenhangs zwischen Bauernerhebung und Reformation bilden die ‚Zwölf Artikel der Bauernschaft in Schwaben', die ‚gründlichen und rechten Hauptartikel aller Bauernschaft und Hintersassen der geistlichen und weltlichen Obrigkeiten, von welchen sie sich beschwert vermeinen'. In ihnen fand das bäuerliche Verlangen unter Weglassung aller örtlichen Sonderforderungen einen einheitlichen Ausdruck. Sie sind ein sehr ernst zu nehmendes Programm, das sich des Radikalismus vollkommen entschlägt, weithin bäuerliche Pflichten gegenüber der Obrigkeit anerkennt und in seinen als Bitten vorgetragenen Forderungen nichts enthält, was bestehende Rechte allzu tief und in unerträglicher Weise angegriffen hätte: ,Nicht, daß wir gar frei wöllen sein, kein Oberkeit haben wollen'. Aber welch machtvolle innere Berechtigung steckt in verschiedenen dieser Klagen: daß die Willkür der Strafen abgestellt werde; daß die Abgabe des Beststückes im Todesfall verschwinde, und man nicht mehr leide, daß man Witwen und Waisen das Ihre wider Gott und Ehre also schändlich nehme.

Dieses Programm konnte sehr wohl dahin führen, das bäuerliche Drängen auf vernünftige Art zu befriedigen, dadurch aber auch die Einordnung der Bauernkraft in den Bestand und die Arbeit der Nation zu sichern. Es war wesentlich religiös, und zwar aus der Bibel, begründet. Mit Belegstellen versehen, deren Beziehung zur aufgestellten Forderung allerdings entweder gar nicht oder nur sehr schwer herzustellen war. Für die äußere Propaganda und auch die innere Wirkung war das allein wesentlich, daß alle Forderungen als von höheren christlichen Gedanken geweiht erschienen: alle Hoffnung ist gestellt ,auf Gott den Herrn, der uns dasselbig geben kann und sonst niemand'. Das erwähnte Zusammenklingen von religiösen und sozialen Tönen, das schon im 15. Jahrhundert so stark gewirkt, zeigte abermals seine Stärke.

Das hier vertretene Christentum war eindeutig religiöse Neuerung. Jede Gemeinde sollte selbst ihren Pfarrer wählen und auch absetzen dürfen. ,Derselbig erwählt Pfarrer soll uns das heilig Evangeli lauter und klar predigen ohne allen menschlichen Zusatz, Lehr und Gebot, da wir allein durch den wahren Glauben zu Gott kommen können.' Sollte, so heißt es im zwölften Artikel, einer oder mehrere Artikel unter den zwölf sein, die dem Wort Gottes nicht gemäß seien, so wollen sie, wenn das mit Grund der Schrift nachgewiesen wird, davon abstehen. Und wenn man schon jetzt ihnen etwa etliche Artikel bewilligen wolle, so sollen auch die von Stund an tot und ab sein, wenn sich finden sollte, daß sie nicht mit der Schrift übereinstimmen. Anderseits wird vorbehalten, weitere Anträge zu stellen, wenn sich solche aus der Schrift ergeben sollten. Eine rührend naive, weltfremde Zuversicht!

Der Rückschlag erfolgte am stärksten durch die grenzenlose Enttäuschung, die Luther den Bauern bereitete. So läuft die weitere, selbständige kirchliche Linie des Bauerntums entweder zurück zur alten Kirche oder hin zum außerlutherischen, nichtkirchlichen Neuerertum, zum Sektenwesen schwärmerischer Prägung. Es kann nicht wohl bezweifelt werden, daß dadurch dem Luthertum Teile seiner besten, zeugfähigen Kraft, die Berührung mit dem eigentlichen Volksboden, genommen wurden.

Wie kam es zur Absage Luthers an die Bauern? Die Antwort ergibt sich mit aller wünschenswerten Deutlichkeit aus Luthers beiden Schriften zu dem

Thema aus dem Jahre 1525. In der Vorrede zur ersten Schrift formuliert er seine methodische Einstellung; sie ist christlich und (wenn man so sagen darf) wissenschaftlich tadellos: aufgeschlossen und doch vorsichtig kritisch. Es ist für Luther erstens von vornherein klar, daß die Verbrämung der zwölf Artikel mit Bibelsprüchen nicht von allen Bauern ernst genommen wird, ,weil es nicht möglich ist, daß so große Hauffen alle sampt rechte Christen seien, sondern ein groß Teil der andern guter Meinung zu ihrem Mut wollen brauchen'. Zweitens erkennt er der Angelegenheit hohe Bedeutung zu, weil sie für die Existenz von Staat und Kirche, besonders in deutschen Landen, entscheidend werden könnte. Drittens gehe es auch darum, sich einmal angesichts des drohenden Zornes Gottes, der unsere harten Köpfe doch noch einmal weich machen wird, die Wahrheit sagen zu lassen.

Dann freilich setzt im ersten Teil die kurzschließende Theologie des Propheten ein, die zwar voll von Ernst, aber auch voll von Willkür ist. Er wendet sich ,an die Fürsten und Herren'. Sie (dazu gehören insbesondere die, welche dem neuen Glauben nicht anhangen) sind einfach schuld an diesem Aufruhr. Und ,es sind nicht Bauern, liebe Herren, die sich wider Euch setzen, Gott ist's selber. Ist Euch nu noch zu raten, so weicht ein wenig um Gottes Willen dem Zorn. Einem betrunkenen Mann soll ein Fuder Heu weichen. Wieviel mehr sollt Ihr das Toben und störrische Tyrannei lassen und mit Vernunft an den Bauern handeln als an den Trunkenen oder Irrenden. Fanget nicht Streit mit ihnen an, denn Ihr wißt nicht, wo das Ende bleiben wird; sucht's zuvor gütlich!' Denn alles in allem, meint er, seien die wirtschaftlich-sozialen Forderungen als billig anzusprechen [1].

Auch der zweite Teil, ,An die Bauernschaft', gibt immer wieder das greuliche Unrecht der Obrigkeiten zu, aber in der Bewertung irgend welcher Selbsthilfe ist er auffallend zurückhaltend, wenn man den milden Ausdruck gebrauchen darf. Eine Zurückhaltung, die sich aus der theologia crucis ergibt, die ihrerseits nur eine prägnante Form des Vertrauens auf die Vorsehung ist. Dies ist die These: Der Christ mag noch so sehr das Recht haben, zu fordern, ihm gebührt nur, Unrecht zu leiden. Matthäus 5, 39 f. und Christi Beispiel am Kreuz verbieten, daß er sich selber Recht verschaffe. Was Luther am meisten bewegt, ist die Sorge um sein Evangelium: das darf nur von Gotteskraft, nicht von Menschensorge und Menschenhilfe getragen sein. Er, Luther, habe sich immer nur auf Gott verlassen; ,nu fallet Ihr mir drein, wollet dem Evangelio helfen und sehet nicht, daß ihr's damit aufs allerhöchst hindert und verdruckt'; es entsteht die Gefahr, daß die Bauern das Evangelium schwerer

---

[1] Auch hier bleibt Luther noch seinem Standpunkt treu, der die weltliche Obrigkeit aus dem Gebiet der Wortverkündigung fernhält; es geht die weltliche Gewalt nichts an, ob die Predigt Wahrheit oder Lüge sei.

schädigen, als Papst und Kaiser es vermocht haben: ‚dann wäret Ihr meine Feinde!'

Dabei unterschiebt Luther den Bauern einen Radikalismus, den Willen zur Selbsthilfe um jeden Preis, der sie keineswegs allgemein, und am wenigsten nach den zwölf Artikeln beseelte. ‚Ja, sprecht Ihr, wir wollen ihnen Leib und Gut genug lassen. Das glaube, wer da will, ich nicht.' Der zweite Artikel ist nach ihm ‚eitel Raub und öffentliche Strauchdieberei', die Führer der Bauern sind hinterhältige Mordpropheten und Rottengeister.

‚Hieraus ist nun leichtlich auf alle Euer Artikel geantwortet; denn ob sie gleich alle n a t ü r l i c h recht und billig waren, so habt ihr doch das c h r i s t - l i c h Recht vergessen, daß ihr sie nicht mit Geduld und Gebet gegen Gott, wie christlichen Leuten gebührt, erobert und ausgeführt, sondern mit eigner Ungeduld und Frevel fürgenommen, der Obrigkeit abzudingen und mit Gewalt zu erzwingen.' Man sieht, Luthers ganze Stellungnahme hängt an der strikten Trennung des weltlichen Menschen vom geistlichen. Die Bauern aber — so heißt es schon in dieser ersten Schrift — drohen die ‚christliche Freiheit ganz flüchtig zu machen'. Unrecht haben beide Parteien, und über beiden steht der Zorn Gottes. Alle, die in diesen unchristlichen Streit fallen, fahren zur Hölle. —

Als dann die Bauern sich zur Gewalt hinreißen ließen, schrieb Luther sein hartes Pamphlet ‚Wider die räuberischen und mörderischen Rotten der Bauern'. ‚Drum soll hie zuschmeißen, würgen und stechen heimlich oder öffentlich, wer da kann, und gedenken, daß nichts Giftigeres, Schädlicheres, Teuflischeres sein kann denn ein aufrührerischer Mensch, gleich als wenn man einen tollen Hund totschlagen muß; schlägst Du nicht, so schlägt er Dich und ein ganzes Land mit Dir. Steche, schlage, würge sie, wer da kann. Bleibst Du darüber tot, wohl Dir; seligeren Tod kannst Du nimmermehr überkommen, denn Du stirbst im Gehorsam des göttlichen Wortes'. Luther schien das gar nicht übertrieben. Zu verschiedenen Malen bekennt er sich brieflich zum gleichen Geist: ‚Die Bauern (obgleich sie viele tausend sind) sind allzumal Räuber und Mörder.' ‚Wer diese Schrift (wider die Rotten) verdammt, der verrät, was er bislang im Evangelium gesucht hat.' Über die harte Bestrafung der geschlagenen Aufständischen meint er: ‚Ist ja erbärmlich, aber nötig, daß Furcht und Scheu in die Leute gebracht werde.... Laßt's Euch nicht so hart bekümmern; denn es wird vielen Seelen zugute kommen, die dadurch abgeschreckt werden.' ‚Sind bei den Bauern Unschuldige darunter, wird sie Gott schon erretten. Wenn sie nicht gehorchen, so gilt's hie nicht viel Erbarmens. Laßt nur die Buchsen unter sie sausen'...

Eine furchtbar harte Sprache! Aber gefühlsmäßig wie grundsätzlich nichts anderes als eine konsequente Durchführung jener ersten Thesen. Und wie man auch Luthers Ansichten beurteilen mag, man wird nicht sagen können, daß er um des propagandistischen Vorteils wegen auch nur in der Form von seiner Strenge abgegangen sei. Man muß die Absolutheit der Forderung anerkennen. Die Obrigkeit ist nach Luther wesentlich dazu eingesetzt, die Bösen zu bestrafen, die Frommen zu schützen, Aufruhr zu verhüten. Dem entspricht, daß der Gehorsam des Untertans sich auch im Verzicht auf Selbsthilfe äußern muß, und zwar ‚mit Hand, Mund und Herz‘, das heißt, auch der Gesinnung nach. Die christliche Freiheit ist eine geistliche, nicht eine fleischliche. Wie Luther selbst um keinen Preis dem Kaiser, als der rechten Obrigkeit, Revolution, ja auch nur Widerstand entgegensetzen wollte, so konnte er Derartiges auch nicht bei andern billigen. Besonders nicht in dieser furchtbaren Verzerrung von Blut und Verwüstung und Zerstörung auch aller inneren Zucht. Die Wut gegen alles Schwärmertum war seit 1522 bei ihm gewachsen; sie entlud sich jetzt 1525. Sein Kampf gegen die Bauern wurde auch deshalb von dieser Raserei erfüllt, weil er die Schwärmer treffen wollte. Wie er schon 1524 Friedrich den Weisen an seine Obrigkeitspflicht gegenüber dem Friedensbrecher Müntzer gemahnt hatte: ‚Darum Euer Kurfürstlichen Gnaden hier nicht zu schlafen noch zu säumen ist, denn Gott wird's fordern und Antwort haben wollen um solch hinlässigen Brauch und Ernst des anvertrauten Schwertes.‘

Aber die Gegenfrage! Gewiß, die Bauern beriefen sich zu Unrecht auf Luther. Die Rechtfertigung ihrer Forderungen aus der reformatorischen Lehre sind die erste weltgeschichtlich bedeutsame Fehldeutung der Ansichten Luthers. Aber die Fehldeutung ergab sich mit einer gewissen Zwangsläufigkeit. Luther war revolutionär gegen die Ausnahmestellung des Klerus losgestürmt. Er hatte am lautesten darauf gepocht, daß soviel drückende Rechte zu Unrecht usurpiert waren. Hatte er nicht die Laien zur Selbsthilfe aufgerufen? War er nicht in der Aufrichtung seiner Lehre und Gemeinde oft mit zuchtloser Wut gegen das Papsttum vorgegangen? Hatte er nicht die Atmosphäre mit diesem rücksichtslosen Ton gefüllt? Die jetzt von ihm so hart Verurteilten meinten gelegentlich (wie in Zürich im Streit mit Zwingli), die kirchlichen Neuerer verdrehten die Schrift mehr als früher der Papst! Es war eben praktisch gar nicht möglich, zugleich die Begründung des Sittlichen so radikal vom Glauben zu trennen und die Freiheit des Christen von äußern Bindungen so hinreißend zu predigen, man konnte nicht so trotzig kühn die alte Kirche zusammenreißen mit aufreizender Gewalt, ohne daß der Großteil der sozial Bedrückten die Schlußfolgerung nach Art der Bauern zog. Diese Lehren mußten vielmehr in der Atmosphäre des vollen Hasses, der zügellosen

Kritik und der demagogischen Aufstachelung ein Anreiz zum Aufruhr werden.
Vom Bildersturm war es nicht weit zum Klostersturm:

> Martinus hat geraten,
> Man soll die Pfaffen braten,
> Die Mönche unterschüren,
> Die Nonn ins Freihaus führen. Kyrioleis!

Es kommen hinzu die furchtbaren Angriffe gegen die Fürsten, die sich Luther
in Schriften von 1523 und 1524 herausgenommen hatte. Sie werden derart als
rasende, tolle Narren gemalt und so wird Gottes Zorn über ihnen gezeigt,
daß das Volk nicht Volk hätte sein müssen, wenn es seine berechtigten Beschwerden nicht zu energischem und sogar tumultuarischem Aufbegehren hätte
steigern sollen. Luthers Haßausbrüche — auch wahllos in den Predigten —
gegen jegliche, auch weltliche Autorität, die ihm nicht zu Willen war, konnten
nur das Ergebnis haben, die Autorität überhaupt zu schwächen. Das neue
Evangelium hatte eine Art des Gemeinbewußtseins aller F o r d e r n d e n geschaffen; wenn auch eine weitgehende allgemeine Lockerung der Ordnung
(Sickingens Fehde; die fränkischen Ritter durch den Schwäbischen Bund vernichtet; das Reichsregiment ohnmächtig) den Aufruhr erleichterte, ohne jenes
Gemeinbewußtsein wären die Bauern kaum zu der, wenn auch noch so
geringen Gemeinsamkeit zusammengewachsen, die ihnen erst die Macht und
in bedeutendem Umfang auch die Möglichkeit ihres Mißbrauches gab. In
hemmungsloser Kritik und im Namen des ewigen Heiles die Masse gegen
bestehende Grundordnungen aufreizen und sie doch in der Bahn einer bestimmten, zuchtvollen Ordnung halten, die doch wieder als ungerecht
anerkannt wird, ist eine Kunst, die Luther nicht meisterte, in seiner Unbekümmertheit auch gar nicht anstrebte. Freilich, als es so weit war, hätte
dies ihm in der Verurteilung der Bauern Zurückhaltung auferlegen können.

Wenn auch die eigentliche Welle der Erhebung so schnell zusammenbrach,
die Wirkungen reichten doch tief. Der Ausgang des Bauernkrieges entschied
für sein Teil mit darüber, daß die Reformation nicht Sache des ganzen
Reiches werden würde[1]. Der vom Bauernkrieg wirklich erfaßte Teil, Süddeutschland, blieb (neben dem unberührten Bayern) überwiegend katholisch.

Freilich, wiederum täuschte sich die Kurie und mit ihr ein großer Teil der
Katholiken in und außerhalb Deutschlands, als sie die Meinung vertraten, mit
den Bauern sei auch die Häresie Luthers erledigt. Es wird vielmehr gerade
hier die Kraft der lutherischen Reformation wieder offenbar. Einmal mehr

---

[1] Anderseits hat der Bauernkrieg der weiteren reformatorischen Entwicklung vorgearbeitet. Viele Klöster waren geplündert worden. Sie verwaisten; und sie standen dem
säkularisierenden Zugriff der Obrigkeiten offen.

zeigt sich ihre zentral-religiöse Grundlage, die trotz allem weder an das Soziale noch an das Politische wesentlich gebunden war. Der Aufstand der Bauern war im Namen des Evangeliums erfolgt, und der einzige unter den Machthabern, der den Bauern entgegenzukommen geneigt war, Friedrich der Weise, war mitten im Sturm, im Mai 1525, gestorben. Die Reaktion der siegreichen Herren war restlos. Erasmus und seine Anhänger und alle Katholischen standen auf dieser Seite. Auf der Seite der Reformation scheint in diesem Augenblick nichts mehr an Macht vorhanden zu sein. Und nicht viel an Einfluß. Das Ansehen Luthers hatte einen ungeheuren Stoß erlitten. Wenn die reformatorische Bewegung diesen Zusammenbruch überstand, zunächst verlorene Posten (Reichsstädte) sogar zurückeroberte, dann mußte sie damals tiefe Wurzeln im Volksboden und im geistigen Leben haben, Wurzeln religöser Überzeugung, denen mit äußerer Macht nicht beizukommen war. Das bleibt bestehen, auch wenn man die Stärkung mit in Rechnung setzt, die den reformatorischen Kräften in Deutschland gerade damals aus der Außenpolitik im Kampf um Italien erwuchs.

8. Die Befreiung der Bauern mißlang, wie die Reformation als Ganzes mißlingen sollte. Beide Male hatte ein Versuch radikalen Umsturzes ein ähnliches Resultat: die dem Anschlag sich entgegensetzende ‚alte' Macht drückte die früher gewährte Freiheit noch weiter herunter. Bei der alten Kirche war diese Operation unvergleichlich tief angelegt und hatte mit Egoismus wenig zu tun: in der Existenz bedroht, mußte sie die Eigenrechte der Persönlichkeit wie der einzelnen Lebenszellen der kirchlichen Organisation zurückschneiden. Aber das war der große Weg der Vorsehung zur Einheit; das Tridentinum führte zum Vatikanum. Anders im sozialen Bezirk! Die Niederlage brachte den Bauern einen bedeutenden Verlust an wirtschaftlichen Werten. Die aufgezwungenen Natural- und Geldleistungen waren beträchtlich. Die Gefahr war vorbei, die Sieger lernten aus der gewaltsamen Erschütterung nichts oder nicht viel. Sie versuchten keine wirklich tiefe, allseitige Behandlung des Krankheitsfalles. Der wichtige Antrag auf dem Protest-Reichstag von Speyer 1526, der den Anlaß der Mißstände beseitigen wollte, kam nicht zur Ausführung. Die Fürsten und Herren hielten sich (mit der einzigen Ausnahme Nürnbergs) nicht einmal an die während der Erhebungen gegebenen Zusicherungen. Sie führten zwar keine allgemeine Verschlechterung der Lage der Bauern herbei (am entgegenkommendsten war der Schwäbische Bund im Allgäu). Aber, was sie in und außerhalb der reformatorischen Bewegung doch allein interessierte, war dies: Wie kann die fürstliche Macht gesichert werden? Schließlich war es allein die Macht der Fürsten gewesen, welche die Rebellion niedergeworfen hatte. Weder der fernweilende Kaiser noch sein ohnmächtiges

Reichsregiment unter Ferdinand hatten eingegriffen. Die Fürsten hatten sich selbst geholfen. Ein starker Anreiz für die Zukunft! Zentralismus, Untertanentum und Absolutismus wachsen oder bahnen sich an. Der Aufstieg der Bauern und des ‚Volkes‘ ist zum Schaden der Nation um Jahrhunderte zurückgedrängt.

Für die innere Gestaltung der Reformation bedeutet das die epochemachende Ablenkung des Luthertums der selbständigen Gemeinde mit freier Pfarrerwahl zur Fürstenreformation, in der letzten Endes der weltliche Herr an die Stelle des Bischofs tritt: die Auslieferung der Kirche an die weltliche Obrigkeit, praktisch die Preisgabe wichtiger Grundauffassungen Luthers!

Vor allen Feinden der öffentlichen Ordnung war die Angst gewaltig gestiegen. Die Schwärmer hatten die Kosten zu zahlen. Sie wurden noch stärker verfolgt, und oft genug auch da (etwa in Zürich), wo sie sich kompromißlos von allem Tumultuarischen freihielten. Luther wurde für sein Teil besonders von dem Gespenst Müntzer beunruhigt. Noch fünf Jahre nach dessen Hinrichtung fürchtete er, es könne abermals ‚eine Rute kommen wie die des Müntzer, dessen Geist noch lebt‘.

§ 7. Ergebnis: Stand und Kräfte der Ausbreitung

Das Werk Luthers und seiner Mitarbeiter wurde auch nach 1525 noch mehrere Male am Leben bedroht. Trotzdem, die Jahre bis 1525 sind die heroischen der Reformation und diejenigen, die im tieferen Sinne über ihre Lebensfähigkeit entschieden. Sie beanspruchen deshalb eine besonders erschöpfende Darstellung, und wir müssen noch näher auf sie eingehen.

Wir sahen bereits, wie die neue Lehre sich in bestimmten Zentren und Schichten ausbreitete: unter den Humanisten und den Bauern und in der Form der Schwärmerei. Schon diese neugläubigen Äußerungen setzen eine solche Verbreitung evangelischer Gedanken voraus, daß man nicht mehr von vereinzelten antikirchlichen Erscheinungen sprechen kann; schon in ihnen erscheint ‚die‘ Reformation als ein entscheidendes Kennzeichen der Zeit.

Aber keine jener Schichten ist als vollgültiger Repräsentant der Welt Luthers anzusprechen. Es bleiben die Fragen: Welchen Weg ging die Reformation in jenen Personen, Kreisen und Schichten, die für das Leben der Städte und Territorien maßgeblich waren? Bis zu welchem Grad der Ausdehnung und Verwurzelung kam sie in Stadt und Land, und welche Methoden waren ihr dabei hauptsächlich behilflich?

Eine erschöpfende Beantwortung dieser Fragen ist hier nicht beabsichtigt. Das würde viel zu ausführliche Mitteilungen erfordern. Der Tatbestand und die Mittel, die ihn verwirklichten, sollen aber so beschrieben werden, daß

der Umschwung in seinen kennzeichnenden Merkmalen sichtbar wird. Dabei
scheint es empfehlenswert, je nach Bedarf auch über die angegebene Jahres-
grenze hinauszugehen, und je nachdem sogar die ganze Reformationszeit
einzubeziehen, weil gewisse Methoden später nicht anders das Voranschreiten
der Reformation begleiten als in den Anfangsjahren. — Das große Gebiet der
Politik, der Reichstage und der konfessionellen Bündnisse wird nur gelegentlich herangezogen und bleibt im übrigen für den notwendigen besonderen Zusammenhang zurückgestellt.

I. 1. Die Tatsache der Ausbreitung Lutherischer Gedanken und ihr viel-
faches Eindringen in die Gestaltung des gesamten Lebens liegt offen vor
unsern Augen. Wir sehen eine staunenswert schnell, ja stürmisch voran-
drängende Eroberung. Unbegreiflich, wie plötzlich in vielen Städten, Territorien und Klöstern, bei Fürsten, Juristen und im Weltklerus der alte Glaube
und das aus ihm strömende Leben fragwürdig wird und hinfällt.

Wir betonten bereits nachdrücklich, daß die Zustimmungen, die 1521 den
nach Worms ziehenden Luther umbrausten, bei weitem nicht alle ein Bekenntnis
zu seinen dogmatischen Ansichten waren. Aber welches Bild beschreiben trotzdem Aleanders Depeschen selbst für diese Seite des Aufbruchs! ,Unzählige
haben aufgehört zu beichten. Studenten und sogar Frauen trotzen offen der
kirchlichen Verkündigung und erlauben sich Gewalttätigkeiten gegen katholische Prediger. Ein Franziskaner in Ulm predigt streng kirchlich: kein
Zuhörer. Die Predigt wird lutherisch: schon läuft ihm die ganze Stadt zu.‘
Die Welt scheint aus den Fugen zu gehen, so unbegreiflich verwandelt ist
dieses ganze Deutschland. ,Da ist niemand, weder Prälat noch Fürst, der nicht
entweder ganz gegen uns wäre, oder, wenn für uns, offen hervorzutreten
wagte: ein so tödliches Entsetzen hat alle gepackt. Alle Welt, Knaben und
Mädchen, Alte und Junge, laufen Luther zu. Das Volk ist von einer so tollen
Leidenschaft für den Mönch besessen, daß sie selbst dem Teufel, der sie
übrigens schon alle reitet, glaubten, wenn er nur von diesem Luther Gutes
spräche.‘ Bei Luthers Einzug in Worms umgibt ihn richtige religiöse Verehrung. So schwer es auch Aleander fällt, er muß doch zugestehen, daß ,viele
von Luther glauben, er sei voll des Heiligen Geistes‘. Täglich regnet es
lutherische Schriften. In Worms werden nur sie verkauft und gelesen. Der
kaiserliche Hof macht keine Ausnahme.

Und Aleander gibt eine wichtige Erklärung, die wir nun immer wieder
hören werden: den Eifer der Neuerer. Und: ,Die Leute halten ganz erstaunlich zusammen.‘ Ist es nicht instruktiv, daß ein nichtpolitischer Mann wie der
fromme Cochläus in Frankfurt am Main sozusagen plötzlich auf der Straße

nicht mehr gegrüßt wird, als er von Worms, wo er sich als Gegner Luthers bekannt hatte, zurückkehrt?

Man darf Aleanders Superlativismen beschneiden. Aber für ihren wesentlichen Inhalt haben wir Bestätigungen die Fülle. Daß Kurfürst Friedrich der Weise sich in seinen Verhandlungen mit Aleander so stark auf die Stimmung des V o l k e s zurückzieht, ist sicher stark berechnet, aber doch nur möglich wegen der wirklichen Erregung der Massen. Die in Worms nach Luthers Weigerung des Widerrufs angeschlagenen Drohzettel bezeugen die Verbindung des unruhigen Adels mit dem Volk. Die Bayernherzöge lehnten ebenso wie manche Bischöfe das von der Bannbulle verlangte strenge Vorgehen ab aus Furcht vor Unruhen im Volk, die dann ja auch wirklich entstanden. Ähnlich argumentiert die Wiener Universität, als sie sich weigert, gegen Luther vorzugehen.

Die Masse der F l u g s c h r i f t e n enthüllt uns für die folgenden Jahre eine überraschend starke und selbständige Stellungnahme von Mitgliedern aller Bevölkerungsschichten zu Gunsten Luthers. Man hat richtig darauf hingewiesen, daß der Adel (Hartmut v. Kronberg) wie das Bürgertum (Lazarus Spengler) und das frühere Mönchtum (Eberlin von Günzburg, Heinrich von Kettenbach), daß der Bauer (‚Karsthans‘ 1521) wie der Student sich mit diesem überaus eindrucksvollen Mittel zu einem wichtigen Teil zur Reformation und als ihre Wegbereiter bekannten. Das Bekenntnis wiegt noch mehr, als ihm nach der Zahl der eigentlichen Gesinnungsgenossen zukommen müßte, weil weithin das Gegenbekenntnis fehlt: das ‚kirchliche‘ Bürgertum (im weitesten Sinne) verharrt untätig mit seinen bischöflichen Herren, von denen Herzog Georg sagt, daß sie schlafen.

Es ist das Wahrzeichen jeder Revolution, daß sie die bis dahin geltenden Rahmen der gesellschaftlichen Schichtung und damit der abgegrenzten Berufe sprengt. So erwachen auch in der Reformation eine Menge Menschen, sind erfüllt von einem Neuen, lernen neu sehen und besitzen plötzlich, ohne vorangegangene ordentliche Schulung, die Gabe zu reden. Oft in einer entsetzlichen Einseitigkeit. Aber beseelt von einem fanatischen Glauben und dadurch begabt mit der Kunst der Überredung. In vielen Städten konnte das große Spiel Luthers mühelos eine Wiederholung im kleinen feiern. Einem oder auch mehreren agitatorisch-rednerisch begabten Predigern gelingt es, den zündenden Funken in die Volksmassen zu werfen und dadurch die vorhandenen Sprengmöglichkeiten für die Reformation auszunutzen. Treu zur Kirche Stehende, wie Murner, sahen es mit Unmut: ‚Die Mindsten sein jetzt all gelehrt; der vor nie lesen kund ... die widerfechten alle die Zierd der Christenheit.‘ Diese Nichttheologen, die aus allen handwerklichen Tätigkeiten kommen und die überall zu den Bahnbereitern der religiösen Neuerung gehörten[1], sind besonders wichtig; sie zeigen, daß alle sozialen Schichten religiös-kirchlich in Wallung gekommen waren, und daß in ihnen allen die Reformation wichtige Erfolge zu verzeichnen hatte. Anfang 1523 meldete Erzherzog Ferdinand an den Kaiser: ‚Die Lehre Luthers ist im ganzen Reich so eingewurzelt, daß unter tausend Personen heute nicht eine davon ganz frei ist; es könnte nicht schlimmer sein.‘ Ende 1523: ‚Die lutherische Sekte herrscht in diesem ganzen Lande so, daß die guten Christen sich fürchten, dagegen aufzutreten.‘

2. Diese Volksbewegung blieb nicht formlos. Sie wurde, wiederum erstaunlich früh, aufgenommen, ausgenützt und gestärkt von den geistig und politisch maßgebenden Faktoren. An vielen andern Stellen wurde sie freilich auch ersetzt durch das eigenmächtige Vorgehen der Fürsten oder auch der Stadträte. Die größere und frühere Initiative liegt bei den Städten.

Beispiele aus allen Teilen des Reiches und aus verschiedenen Jahrzehnten werden uns ins Bild setzen.

Schon 1521 emanzipiert sich das wichtige Basel (als Krönung der Anstrengungen, die 1501 mit dem Anschluß an die Eidgenossen begonnen hatten) von seinem Bischof, und der Rat ist nicht mehr ausschließlich altgläubig. Die Stadt wird bereits zu einem Zentrum lutherischen Buchdrucks. Schon 1522 predigt Ökolampad als Lutheraner. Der Rat benützt die Appellation mehrerer Geistlicher gegen die Reformen des Bischofs, um sich einzuschalten. 1525 kommt es zu öffentlichen Tumulten gegen die Altgläubigen, was den Rat und Ökolampad zu einem behutsameren Vorgehen veranlaßt, aber an der allgemein neugläubigen Linie der Entwicklung nichts ändert. 1526 wird ein neuer Festkalender eingeführt, der schon die katholische Prägung des täglichen Lebens vermindert. Basel hatte damals noch etwa 200 Geistliche. Sie werden nun zu städtischen Abgaben herangezogen, und die wirtschaftliche Betätigung der Klöster wird eingeschränkt. Die Geistlichkeit wird also in die gemeinsame volkswirtschaftliche Front eingereiht, eines ihrer wichtigsten Privilegien, das der Immunität, angetastet. Mit dem Tod des Bischofs Christoph v. Uttenheim 1527 macht die Reformierung entschiedenere Fortschritte. 1528/29 werden die katholischen Ratsmitglieder durch einen Volkstumult verjagt. Im Februar 1529 ergeht das Verbot katholischen Gottesdienstes, die Klöster werden aufgehoben, die Bilder, Statuen, Kruzifixe und Altäre von der Menge sinnlos zerstört.

In Bern war die Entwicklung seit 1523 reichlich widerspruchsvoll verlaufen. Aber natürlich siegte die radikal-konsequente Richtung; der vermittelnde

---

[1] Auch sonst sind die Verbreiter der neuen Lehre oft Handwerker, etwa in Venedig ein Schreiner und ein französischer Handschuhmacher, die in der Signorie mächtige Beschützer fanden, weil diese gegen den Papst stand.

Rat vermochte nichts gegen sie. 1523 durfte man es dort schon wagen, das aggressive Fastnachtsspiel ‚Vom Papst und seiner Priesterschar‘ aufzuführen. Die reformatorischen Lehren dringen allmählich in die Gesellschaft ein, erobern dann auch den Rat. Nach einem großen Religionsgespräch 1528 war die Reformation Siegerin. — In Graubünden wurde der Reformation der Weg gebahnt durch einen ausgesprochen antiklerikalen Vorgang: Die Geistlichen wurden unter die allgemeinen Rechte und Pflichten eingeordnet; die Gemeinden erhielten das Recht, ihre Pfarrer selbst ein- und abzusetzen. — In Glarus herrschte eine Zeitlang vollendeter Wirrwarr: Valentin Tschudi las die Messe und predigte zugleich evangelisch. — In St. Gallen, wo der humanistisch-evangelische Arzt Joachim Vadian seit 1526 Bürgermeister war, hetzten Prädikanten (der vielgereiste Theologe und Sattler Johann Keßler!) das Volk gegen den Prediger der Stiftskirche auf (den Dominikaner Oswald Wendelin), so daß er sich jahrelang nicht auf der Straße zeigen konnte.

Auf die Entwicklung in Zürich (schon seit 1523 reformiert) werden wir wegen ihrer bedeutenden Ausstrahlung in die Politik später eingehen. An ihr kommt ein Kennzeichen der schweizerischen Reformation besonders gut zur Darstellung, ihre patriotische Note: es geht gegen die Fremdherrschaft für die Freiheit.

In Konstanz war der Domprediger Johann Wanner der Neuerung zugewandt. Außer ihm gab es noch drei evangelische Prediger in der Stadt. Der Bischof übergab die Domkanzel dem tüchtigen Dominikaner Antonius Pirata. Aber der Rat benutzte (1524) den Kampf der Prediger, um einzugreifen. Er befahl, nichts zu predigen ‚als das heilige Evangelium hell, klar und nach wahrem christlichem Verstand, ohne Einmischung menschlichen Zusatzes‘. Da Pirata eine Disputation vor dem Rat beharrlich ablehnte, mußte er mit seinem Konvent die Stadt verlassen (1526).

In Straßburg war seit langem scharfe antiklerikale Kritik zu Hause. Der nachmals reformatorische Führer der Stadt, Sturm, hat gestanden, durch die Geiler, Brant und Wimpfeling der Kirche entfremdet worden zu sein. 1521 gab es bereits Anhänger der neuen Lehren im Rat, und seit 1522 den ersten evangelischen Prediger im Münster. 1523 erschienen Wolfgang Capito und bald der schon verheiratete Martin Butzer. Im selben Jahr begann auch hier der Rat durch eine Reihe wohl abgestimmter Polizeiverordnungen das Religionswesen in die Hand zu bekommen und im Sinne der Neuerung umzubilden. 1524 erging eine neue Almosenordnung, aber auch schon ein Mandat gegen die Bilder und die Messe.

Der eigentliche Schöpfer des neugläubigen Kirchentums in Straßburg wurde Butzer. Von der Gemeinde, die er gewaltsam dort aufbaute, lernte Calvin;

sie wurde Anregung für die folgenreiche Gestaltung in Genf. Sie verlor freilich bis in die vierziger Jahre hinein so wesentlich an Kraft und Anhang, daß 1546—1550 eine ‚zweite Reformation‘ (‚Christliche Gemeinschaft‘) versucht werden mußte.

Augsburg, wo wir bereits für 1520 lutherische Predigt und schon seit 1518 eine der Neuerung besonders günstige Stimmung feststellen (oben S. 237 ff.), versuchte seit 1522 in ähnlicher Weise durch soziale Verordnungen, etwa durch die neue Bettelordnung, der religiös-kirchlichen Neuerung den Weg zu öffnen. — Auch in Memmingen predigte bereits seit 1520 Christoph Schappeler, Zwinglis Freund. 1525 wurde die Stadt reformiert und seit 1528 von Ambrosius Blarer (siehe unten) betreut. — In Eßlingen beanspruchte der Rat 1531, jeden Prediger zu prüfen. Dem amtierenden Dominikaner Johann Burchard, der sich darum nicht kümmerte, schloß man die Kanzel zu und hinderte ihn am Messelesen. Er mußte auswandern. — In Ulm reformierte Heinrich v. Kettenbach. Als 1530 der von hier gebürtige Kölner Dominikaner Konrad Köllin mit dem Kardinal Erhard von der Mark, Bischof von Lüttich, auf der Reise nach Augsburg in seine Vaterstadt kam, verbot der Rat den Dominikanern, Ordensbrüder aus Köln zu beherbergen.

1522 wird Albrecht von Preußen, als er auf einer Reise durch Deutschland nach Hilfe gegen Polen Umschau hielt, von Osiander in Nürnberg für die Reformation gewonnen. 1523 ist er bei Luther in Wittenberg, und im selben Jahr schon, noch zwei Jahre vor dem öffentlichen Abfall, beruft er Johannes Briesmann als evangelischen Prediger nach Königsberg.

Auch 1522 verläßt Ambrosius Blarer (geb. 1492 in Konstanz), durch Melanchthon gewonnen, das Kloster. Er wurde Reformator in Konstanz, Lindau, Memmingen und Ulm. Im selben Jahr reformiert Brenz in Schwäbisch Hall und bringt dort den ersten evangelischen Katechismus ans Licht.

1523 bringt Hans Sachs seine ‚Wittenbergisch Nachtigall‘ heraus. Sie trägt das Motto Luk. 19: ‚Ich sage euch, wenn diese schweigen, werden die Steine reden‘, und bewirkt eine starke Steigerung der Volkstümlichkeit der reformatorischen Neuerung. Im selben Jahr fällt Georg Polenz, Bischof von Samland, zur Reformation ab. Zu gleicher Zeit beginnt die Reformation in Schweden unter Gustav Wasa. — Die bei Karl V. in Spanien gegen den Zollbeschluß des verflossenen Reichstages protestierenden Städte müssen sich bereits gegen die Klage verteidigen, Augsburg, Nürnberg und Straßburg seien lutherisch geworden. Aber sie dürfen es auch schon wagen, sich auf den gemeinen Mann zu beziehen, der nach dem Evangelium dürste.

Jener Vorwurf hatte recht. Um 1523/24 sind es die Städte, die als am stärksten evangelisch-reformfreundlich angesprochen werden dürfen. Die Versammlung von Reichsstädten in Speyer im Juli ist offen lutherisch; das gleiche gilt von

derjenigen in Ulm im Dezember, wo man sich gegenseitig Hilfe gegen die
Ausführung des Wormser Edikts zusagte.

In Gent verkündet schon 1521 ein Augustiner-Eremit Luthers Lehre auf
allen Gassen als Lehre Pauli und Christi. Die Diözesen Utrecht und Münster
erscheinen Aleander ebenso von der häretischen Fäulnis angesteckt wie die
niederdeutschen Sprengel überhaupt, nicht am wenigsten in Holland, das
nicht umsonst das Geburtsland des Erasmus sei.

In Nürnberg tagte das neue Reichsregiment. Es hatte die Aufgabe, das
Wormser Edikt durchzuführen. Man hätte annehmen sollen, daß es wenigstens
an seinem Stammsitz die Ausbreitung der Neuerung hätte verhindern können.
Im Gegenteil! Man hat genau verfolgt, wie in Nürnberg von verschiedenen
Kreisen her die Atmosphäre für die Neuerung bereitet wurde, und wie das
vom Rat (und von den Reichstagen 1522/23 und 1524) ausgenutzt wird.
Der Humanist Pirkheimer führt 1521 im ‚Gehobelten Eck‘ Krieg gegen den
Bringer der päpstlichen Bannbulle; seit 1522 predigt der humanistische
Osiander vom Antichrist in Rom; das Augustinerkloster öffnet sich der
Neuerung; der Stadtschreiber Spengler, eine erste Kraft, schreibt bereits 1521
eine Verteidigungsschrift für Luther und beeinflußt im gleichen Sinn den Rat,
wo man trotz den Verboten Luthers Bücher liest (wie überall); Dürer wartet
auf die christliche Neugeburt, die Luther bringen soll; von Hans Sachs war
eben schon die Rede. 1524 findet der päpstliche Legat Campeggio, der schon
unter Maximilian ins Reich gekommen war, ein anderes Deutschland vor.
Er, der päpstliche Legat, war in Augsburg vom Pöbel beschimpft worden. Man
hatte ein Schmähbild von ihm gesehen. Nun hält Nürnberg bei seinem Einzug
keine kirchliche Feier mehr ab; es läßt ihm sogar melden, er möge davon absehen,
seinen Segen zu erteilen, ‚angesehen, wie es derhalb jetzund stehe‘. Man hat festgestellt, daß das offizielle Hinübergleiten der Stadt, d. h. des Rates, zur Neuerung
ungewöhnlich weit vorbereitet war: es offenbart sich das Verhängnis der
ersten Versäumnisse. Der Rat dehnt nun seine spätmittelalterliche ‚Oberhoheit‘
über die Kirche (teilweise durch direkte Verhandlungen mit Rom) so weit
aus, daß er nach dem von Scheurl geleiteten Religionsgespräch von 1525 Herr
der Lage ist. Es erfolgt die Übergabe der meisten Klöster. Freilich erfolgte
auch die harte Verurteilung zum Aussterben für jene Konvente, die nicht
nachgaben (siehe unten S. 365 ff.).

1524 haben Magdeburg, Breslau, Memmingen, Nürnberg und Straßburg
die Messe offiziell aufgehoben und sind mit der Reformierung und Säkularisierung des Kirchengutes bereits im Gang. Philipp von Hessen wird von
Melanchthon gewonnen. Und schon der Reichsabschied dieses Jahres erklärt:
die Stände werden das Wormser Edikt ausführen, ‚soviel als ihnen möglich‘.
Die niederösterreichischen Stände geloben ihrem Landesherrn Ferdinand Ge-

horsam an Gut und Leib; nur ‚mit dem, so ihre Seele berühre, möge er sie nicht beladen, Gebot oder Verbot zu tun'. Und die grellste Illustration zu alledem ist es, wenn im gleichen Jahr der in der Reichsacht und im Bann stehende Luther es wagen darf, mit Zustimmung des Landesherrn seine Vorlesungen an der Universität Wittenberg wieder aufzunehmen. (Im Dezember legt er dann die Ordenstracht ab.)

1525 wird der preußische Ordensstaat durch den Hochmeister Albrecht von Brandenburg unter Bruch seines Ordensgelübdes zu einem weltlichen Herzogtum gemacht. Der katholische polnische König steht dabei, um politischer Vorteile willen, Pate.

In diesem Jahre erscheint bereits eine englische neugläubige Übersetzung des Neuen Testaments. Wie ja überhaupt außerhalb des Reiches die Neuerung allenthalben Ansätze der Verbreitung zeigt. Aleander meldet 1521 von einer spanischen Übersetzung der Schriften Luthers in Antwerpen ‚auf Betreiben der dortigen maurischen Kaufleute'. Im April desselben Jahres hatte Adrian von Utrecht, damals noch Regent und Generalinquisitor in Spanien, mit den spanischen Ständen Karl aufgefordert, die Lutherische Lehre, die in Übersetzungen in Spanien eindringe, zu unterdrücken.

Eigenartige Verhältnisse entwickelten sich in Regensburg. Ziemlich allgemein hatten sich natürlich die Domfreiheiten als wirksame Hindernisse für die Ausbreitung der neuen Kirchlichkeit erwiesen. Sie entzogen die Kanoniker, ihre Wohnungen und ihre Schule dem Zugriff des Rates. Deshalb war es stets ein Schritt von so großer Tragweite, wenn es dem Rat gelang, die Domherren zum Verlassen der Stadt zu bringen. In Konstanz gelang das, in Breslau scheint man den Versuch gemacht zu haben, den Domherren den Wohnraum auf der Dominsel so zu beschneiden, daß sie gezwungen wären, Wohnung in der Stadt zu nehmen. In Regensburg aber gab es nicht eine, sondern fünf reichsunmittelbare Immunitäten (Bischof, Domkapitel, Herzog, Äbtissin von Obermünster, Äbtissin von Niedermünster). So kam es, daß große Komplexe der Stadt vor der religiösen Neuerung frei blieben. Daneben aber machte ihre Ausbreitung, wenn auch erst später, erhebliche Fortschritte, da der Rat hier dieselben gefährlichen, lutheranisierenden Neigungen zeigte wie anderswo. Vor der Einführung der Neuerung hatten viele Einwohner im benachbarten Beratzhausen die neuen Predigten besucht. Zunächst· mußte der Rat unter bayerischem Druck einen protestantischen Prediger ausweisen; aber dafür ging eine Petition vieler Regensburger bei ihm ein, einen Prediger zu berufen. Adelige ließen in ihren Höfen in der Stadt evangelischen Gottesdienst halten. Nachdem dann der Laienkelch bereits einige Jahre in zwei Kirchen gereicht worden war, wurde er durch einen förmlichen Beschluß des Rates 1542 eingeführt. Damals verwies

man den Jesuitenpater Jajus aus der Stadt, drohte, ihn in die Donau zu werfen.
(Er erwiderte: er hoffe auch auf dem Wasserweg in den Himmel zu kommen.)
Alle scharfen Gegenbemühungen der bayerischen Herzöge blieben erfolglos.
Überhaupt entwickelten sich die Zustände in Bayern in einer eigenartigen
Weise. Das Land als Ganzes wurde, wie gesagt, der Neuerung ferngehalten.
Aber ein beachtlicher Teil des Adels war (wie in Österreich) für Luther;
die Bischöfe waren indolent wie fast überall; die Gegnerschaft der Herzöge
bzw. ihres Kanzlers, des überragenden Leonhard v. Eck, war allzu sehr
politisch motiviert. Und die Bürger! Hubmaier kann 1523 behaupten, daß es
,bei uns in Bayern viele gibt, die mit Begeisterung das Evangelium verkündigen'. In München selbst wagen sich einzelne Menschen bis zur öffentlichen
Verkündigung häretischer Ansichten vor. Der Münchener Arsacius Seehofer,
der für die Rechtfertigung aus dem Glauben allein eintritt und die Freiheit
des Willens leugnet, ist Magister an der Universität Ingolstadt und lehrt im
Anschluß an Melanchthon. In der gleichen Stadt gibt es mehrere Geistliche,
die den Weg früh zu Luther gefunden haben. In Straubing ist die Neuerung
rührig. Stephan Kastenpauer (Agricola) lutheranisiert schon 1520 (1522 verhaftet und an Kardinal Lang ausgeliefert, wirkt und heiratet in Augsburg).
Man hört von mehreren Orten, daß die Schulmeister im Gottesdienst protestantische Lieder anstimmten und daß die Gemeinde mitsang. Die Ansätze der
Neuerung in Augsburg, wo der Zwinglianer Dr. Gereon Seiler (in diplomatischen Diensten des Landgrafen von Hessen) Stadtarzt war, kennen wir schon.
Von Käser aus Raab, der bei Schärding am Inn zu Tode gebracht wurde, werden wir noch hören. — Sodann gab es als wichtige Ansteckungsherde in Bayern
verschiedene kleine, reichsunmittelbare Herrschaften: die Grafschaften Orten-
burg und Haag, die Herrschaft Hohenwaldeck.

Als eingehenderes Beispiel für die Reformierung einer Reichsstadt nenne
ich noch kurz die entsprechenden Etappen aus Frankfurt am Main!
Der junge Wilhelm Nesen, ein Schüler des Erasmus, wurde 1520 Schulmeister. Über den geistreichen Spott der Humanisten hinaus war es ihm um
eine Neugeburt des religiös-sittlichen Lebens zu tun. Er unterrichtete die
Kinder dementsprechend. Auf der Reise nach Worms besuchte Luther die
Schule seines Anhängers. Schon im gleichen Jahre wurden der Dompfarrer —
der sich scharf gegen die neue Lehre wehrte — und der Dominikaner Dietenberger aus der Stadt vertrieben. Dafür verschafften 1522 zwei Patrizier mit
Zustimmung der Bürgermeister die Kirche des Katharinenklosters einem
lutherischen Prediger, der dann gegen den altkirchlichen Klerus hetzte. Ritter
aus der Nachbarschaft forderten die Bürgerschaft auf, die Prediger zu schützen.
Der Untergang Sickingens und Huttens brachte einen Rückschlag. Aber die
Katharinenkanzel wurde abermals einem Prädikanten geöffnet.

1524 kam es zu Straßenunruhen, die sich 1525 zu einer städtischen Parallele der bäuerlichen Erhebungen auswuchsen. Die Zünfte übergaben dem Rat 46 Artikel, die in ihrer Verbindung von religiös-kirchlichen mit sozialen Forderungen und dem Preis auf das Wort Gottes Ähnlichkeiten mit den 12 Artikeln der Bauern aufwiesen. Es kommt zum Sturm auf die Klöster; deren Keller werden geleert. Der Rat ist ohnmächtig. Er muß die Artikel bewilligen. Das Ende des Bauernkrieges bringt zwar wieder einen Rückschlag, aber der Wandel in den kirchlichen Verhältnissen im Sinne der Neuerung geht weiter. Zwei zwinglianische Prediger halten ihre radikalen Verkündigungen, ein Prädikant heiratet.

1527 reicht man in der Barfüßerkirche, deren Guardian Peter Comberger mit Brüdern seines Konvents übergetreten war, das Abendmahl unter beiden Gestalten. Die Fronleichnamsprozession der Katholiken aber darf unter Mitwirkung von Ratsherren verhöhnt werden. Und zwei Jahre später bestellt der Rat schon den vierten evangelischen Prediger.

1530 wurde die Ratskirche geschlossen, so daß den Ratssitzungen keine Messe mehr vorausging. Die Unterschrift unter den Protest von 1529 hat man sich erspart und setzte sie auch 1530 nicht unter das Augsburger Bekenntnis. So lehnten die Frankfurter auch den Beitritt zum Schmalkaldischen Bund ab, mit der echt Lutherischen Begründung, ‚der Herr lehre in seinen heiligen Worten nicht fechten, sondern leiden‘.

1531 wird der Dom zwischen den Konfessionen geteilt. Aber die Evangelischen wissen ein Mittel, die Katholischen gelegentlich in den Nachteil zu setzen: eine übermäßig lange protestantische Predigt verhindert z. B. an Weihnachten 1531 die erste Messe.

Der Urheber dieses Stückchens, der Prediger Melander, forderte immer ungestümer die Beseitigung des katholischen Gottesdienstes. Unter dem Einfluß seiner Hetzreden kam es zu tumultuarischen Unruhen, Einbruch in die Kirchen, Verletzung der Altäre und Reliquien. Luther schrieb gegen diese blinden ‚zwinglianischen‘ Führer, aber Melander sprach über Papst und Katholiken den angekündigten Bann aus.

Eine Abstimmung der Zünfte 1533 für die Abschaffung der Messe zeigt nebeneinander echte Überzeugung und pure Berechnung. Die Kürschner behalten nur vor, daß nichts gegen den Kaiser geschehe; sonst gelte es ihnen gleich. Der Rat schaffte die Messe ab, der Dom wurde geschlossen, aber noch im selben Jahre den Protestanten zugewiesen. 1535 wurde er zur Benutzung abermals unter sie und die Katholiken geteilt, im Interim 1549 wurde er wieder katholisch und blieb es bis heute.

In den wenigen Städten des Nordens setzt sich die Ausbreitung später durch, vollzieht sich aber dann in ähnlichen Formen wie im Süden. In

Rostock etwa ist der Syndikus der Stadt, ein Rechtsprofessor, Führer im Kampf gegen die alte Kirche. Der katholische Herzog will sich seiner bemächtigen. Der Rat bestraft zwei Fraterherren, die von dem Plan gewußt, aber nichts gemeldet haben. Er verbietet den Brüdern, ihre Tracht außerhalb ihres Hauses zu tragen (1531). Er legt den Rektor in Haft, um die Herausgabe der Wertsachen zu erzwingen. Nachdem der Rat sich nach und nach in den Besitz des Eigentums und der Rechte der Brüder gesetzt hatte, bezeichnete er sein Vorgehen noch als besonders milde gegenüber dem, was sonst in vielen Fürstentümern geschehen sei. Mit Recht, wie wir sehen werden.

3. Entscheidende Bedeutung für Sieg oder Untergang der Reformation kam auf alle Fälle der Haltung der Landesherren zu. Die Mehrzahl folgte dem Neuen langsamer als die Städte. Und gerade dies macht vieles an der politischen Geschichte des Werkes Luthers so rätselhaft, daß es trotz der katholischen Majorität auf den Reichstagen sich auch dort eigentlich konsequent siegreich durchsetzt. Zum Beispiel der Reichstag in Speyer 1526! Der Beschluß des Fürstenrates, mit der Abstellung der Mißstände nicht auf ein Konzil zu warten, sondern die Sache selbst in die Hand zu nehmen, verrät ein gefährliches kirchliches Selbstbewußtsein. Vollends der Vorschlag des weltlich-geistlichen Ausschusses zeigt, wie weit man stimmungsmäßig und auch dogmatisch den Neuerungen geöffnet war, bzw. wie stark man das Gemeinchristliche der neuen Lehre als katholisch empfand. Nicht dies ist dafür bezeichnend, daß Laienkelch, Priesterehe und Muttersprache bei Taufe und Kommunion gewünscht wurden. Aber man wollte auch die Privatmesse beseitigt und die Schrift ausschließlich durch die Schrift erklärt wissen. Man merkt die politische Ohnmacht des Kaisers, dem der Umfall des Papstes zu Frankreich es unmöglich machte, auf die Stände einen genügend starken Druck zu Gunsten der alten Lehre auszuüben. Alles, daß die Stände sich zu der bekannten ausweichenden Formel verstanden, die dann ja aber doch tatsächlich die offizielle Begründung des protestantischen Landeskirchentums wurde! Aber noch eine andere Kraft ist hier am Werk: die Räte, besonders der kursächsische Hans von der Planitz. Er war es, der sich gegenüber dem Kurbrandenburger der Ausführung des Wormser Ediktes widersetzte. Er sei ,gleich dem Luther', sagte man. Immerhin, er handelte als kursächsischer Rat seinem Auftrag entsprechend. Viel schlimmer liegt der Fall bei vielen fürstbischöflichen Räten. Carlowitz, der 1539 den treukirchlichen Herzog Georg von Sachsen vertrat, brachte es fertig, zu äußern, daß ihn die römische Kirche, die ja von den Aposteln abgewichen sei, nichts kümmere.

Die Stellungnahme Friedrichs des Weisen kennen wir. Sein Nachfolger Johann und wieder dessen Nachfolger Johann Friedrich standen ohne Wanken und sehr aktiv auf der Seite Luthers. Sie sind das fürstliche Hauptfundament der deutschen Reformation. Bis Juni 1526 war in Kursachsen einheitlich die deutsche Messe eingeführt, für die Luther die Unterlagen geschaffen hatte. 1527 setzt dort die erste Visitation ein, die begleitet und gefolgt ist von Lehranweisungen an die Pfarrer. Diesem Vorbild folgen dann in den nächsten Jahren die vielerlei neuen Kirchenordnungen.

Dem Sachsen trat zur Seite Philipp von Hessen, der als einziger Fürst in Worms 1521 es gewagt hatte, Luther persönlich zu besuchen. Aleander rechnete ihn damals noch nicht zu den Gegnern. Eck stellte ihn sogar noch 1523 in seinem für die Kurie geschriebenen Überblick über die deutschen Kräfte zu den guten Elementen; man solle ihn freilich mahnen. Aber schon im nächsten Jahr bekannte Philipp sich definitiv zur Neuerung. Er wurde unter den Fürsten ihre zweite große Stütze, und zweifelsohne muß man ihm die größere Initiativkraft zuschreiben.

Auch in solchen fürstlichen Kreisen, die später der Reformation den Rücken kehrten, machte die Neuerung zunächst nicht unwichtige Eroberungen. Oder aber sie fand wenigstens Zeit zum Einwurzeln. Denn wie wenig entsprach doch echt christlicher, verantwortungsbewußter Eifer bei vielen katholischen Fürsten ihrem offiziellen, überkommenen Bekenntnis!

Die eigene Schwester des Kaisers, Maria, die Frau des bei Mohács gefallenen böhmischen Königs Ludwig, ist ein Beispiel. Nach dem Tode ihres Mannes schrieb ihr Luther, dessen Schriften sie las und den sie um Gewissensrat anging. Nach 1530, als sie nach Augsburg kam, ließ sie sich von einem lutherischen Prediger begleiten. Seit sie 1531 als Regentin nach den Niederlanden ging, war sie wieder ganz katholisch.

Oder eine andere Schwester des Kaisers, die Gemahlin Christians II., Königs von Dänemark, Norwegen, Schweden! Sie nahm den Laienkelch, während ihr Mann, dessen Gegensatz zur Geistlichkeit bis zu seiner Vertreibung vom Thron nur eine politische Machtfrage gewesen war, 1523 in Deutschland durch Melanchthon tief unter den Einfluß evangelischer Lehre kam. Er berief sogar für eine Zeit Karlstadt als Reformator nach Dänemark. 1530 freilich schwor er der Neuerung ab, um durch seinen kaiserlichen Schwager sein Land wieder zu gewinnen. Inzwischen hatte der neue König von Dänemark, Friedrich I., Herzog von Holstein, der Onkel des vertriebenen Christian II., eine ähnliche Schwenkung nach der anderen Seite vollzogen: er hatte sich in einer Wahlkapitulation zwar gegen die lutherische Neuerung verpflichtet, er ließ sie aber wachsen und gab seine Tochter dem neugläubigen Herzog Albrecht von Preußen zur Frau (1526). —

Die weitere Reformierung der Territorien von Württemberg (1534) über das Herzogtum Sachsen (1539) zu Naumburg-Zeitz, Hildesheim, Herzogtum Braunschweig-Wolfenbüttel, Pfalz-Neuburg (1543) ist zum entscheidenden Teil ein Werk des schon politisch organisierten Protestantismus und wird im Zusammenhang mit diesem darzustellen sein. In ihm spricht sich auch die Hauptbedeutung der Fürsten für die Ausbreitung der Reformation aus.

Zwei Gebiete mehr oder weniger reformatorischer Gestaltung haben sich auf diese Art bis etwa 1525/27 bereits herausgebildet: die S t ä d t e im Süden, vorwiegend im Südwesten, einschließlich der Schweiz; als T e r r i t o r i e n Sachsen und Hessen. 1527 wurde für die Ausbreitung das entscheidende Jahr. Es ist der Höhepunkt in der höchst bedeutsamen Spanne 1524—1529. Nämlich: die Reichstagsabschiede von 1524 und 1526, zusammengenommen mit dem allgemeinen Vordrängen der Neuerung, mußten mit großer innerer Wahrscheinlichkeit eine gewaltige Ausbreitung und quasi-rechtliche Befestigung der Evangelisierung herbeiführen. Tatsächlich wurde diese Zeitspanne über den tiefen Rückschlag des Bauernkrieges hinüber die Zeit des großen extensiven Wachsens der Reformation, was ihre nun bald folgende politische Durchsetzung im konfessionellen Bündnis möglich macht. (Eben diese Entwicklung brachte ja dann die geistlichen Herren endlich zur Erkenntnis, um was es eigentlich ging; daher die erdrückende Majorität der Kirchentreuen im Rat der Kurfürsten und Fürsten auf dem Reichstag 1529.)

4. Es kann keine Rede davon sein, daß die katholischen Kräfte jede Initiative verloren gehabt hätten. Wir hörten gelegentlich bereits Wichtiges hierüber. Wir werden später ausführlich darauf zu sprechen kommen.

Indes, so erfreulich es für den Katholiken, ja für jeden Christen sein muß, daß die neueren Forschungen nachwiesen, daß Quantität und Qualität des damaligen katholischen Lebens viel größer und besser waren, als man bis dahin angenommen hatte: an der allgemeinen Entwicklung ändert sich nichts; der Sieg stand offenkundig bei den Neuerern.

Das liegt sowohl an katholischer Nachlässigkeit wie an der neukirchlichen eifrigen Initiative, die sich wiederum zum guten Teil am Bewußtsein des fortschreitenden Sieges stärkte.

Nehmen wir zuerst das katholische Versagen! Das literarische Werk des Cochläus ist voll von Anklagen dieser Art, und sie gehen nicht zuletzt gegen die Bischöfe. Es ist das Thema, das nicht mehr ausfällt, seit Johann Eck es im Auftrage seiner Herzöge 1523 (speziell gegen die bayerischen Bischöfe) in Rom angeschlagen hatte.

Die B i s c h ö f e waren zum großen Teil, wie schon ausgeführt wurde, unwissende und kraftlose Führer. Ob es sich um die deutschen oder die skandinavischen Bischöfe handelte, im allgemeinen fühlten sie sich gegenüber der neuen Predigt religiös wie theologisch machtlos. Sie zeigen beinahe nur Interesse für die Erhaltung ihres weltlichen Besitzes, aber nicht für die Tausende der ihnen anvertrauten Seelen. Dem stand der Opfersinn der Neuerer schroff entgegen: ‚Der eine abgefallene Kölner Erzbischof v. Wied hat in zwei Jahren mehr Geld und Mühe daran gewagt als in 25 Jahren alle deutschen Bischöfe zusammen. Und die Bischöfe werden ihr irdisch Gut doch verlieren‘ (Cochläus).

Die wichtigsten Mittel für eine Stärkung des kirchlichen Lebens waren Schule, Presse und Predigt, also auch ein wertvoller Priesternachwuchs. In allen drei Punkten zeigten die berufenen Hirten — Bischöfe wie Ordensobere — eine ausgesprochene Gleichgültigkeit. Des Cochläus lautes Bitten trifft auf der ganzen Linie auf ‚schlaftrunkene Hirten‘, ein Urteil, das wir gleichermaßen von Eck, Herzog Georg, von Carafa und vielen andern vernehmen. Der erste Kirchenmann Deutschlands, der Mainzer Kardinal, tat bis 1524 aus eigener Initiative nichts gegen den aufkommenden Brand. Als viel später die Reformierung Kurbrandenburgs seine Diözesen Magdeburg und Halberstadt trifft, überläßt er sie kampf- und interesselos der Neuerung.

Luther stellt mit Behagen fest, wie manchem Bischof anfänglich sein Vorgehen gegen päpstliche Macht und Mönchsablaß sehr wohl gefiel. Sie besaßen nicht Ecks theologischen Scharfblick und Eifer, und sie hatten nicht gelernt, was Cochläus am Ende seiner Lutherkommentare als der Weisheit letzten Schluß verkündet: ‚man solle die Füchse fangen, solange sie noch jung sind‘.

Das Versagen der Priester war eine unmittelbare Folge des geistlichen Proletariats am Beginn des 16. Jahrhunderts. Solche ‚Geistliche‘ konnten keine Kraft der Treue aufbringen. Der Sturm fegte sie mit Recht hinweg. (Nur daß sie anscheinend zumeist nicht von dem religiösen Ernst der Neuerung ergriffen wurden, sondern von der Möglichkeit eines freieren Lebens Gebrauch machten.) Es kommt hinzu der Rückgang der katholischen Domschulen und die Lutheranisierung vieler Pfarrschulen. Die Katholiken können mit den neuen, aus säkularisiertem Gut wohldotierten Schulen nicht mehr mitkommen. So verfällt z. B. die humanistische Domschule in Breslau, aus der tüchtige Lehrer zu den protestantischen Schulen übergehen. Es entstand schnell ein so entsetzlicher Priestermangel, daß schon wenige Jahre später das Domkapitel gestehen mußte, von ungefähr 50 Pfarreien besitze kaum eine mehr einen katholischen Pfarrer. Klöster und Konvente gingen durch Ausfall der Einkünfte und Mangel an Nachwuchs zu Grunde. Der Priestermangel wurde so stark, daß selbst ein Cochläus (allerdings erst Ende der dreißiger Jahre) zur Ausflucht kam, man möge denn in Gottes Namen den Zölibat aufheben. Und doch lernte er die ganze Ausdehnung der Kraftlosigkeit erst richtig 1543 in Eichstätt

kennen! Luther bezog sich in der Vorrede zu den Schmalkaldischen Artikeln
1538 geschickt, wenn auch nicht ganz zu Recht, auf diesen empörenden Priestermangel, um den sich ‚weder Bischöfe noch Fürsten' kümmerten.

Die geringe Aktivität zahlreicher Bischöfe gegenüber der Neuerung wurde
durch ihre erasmianisch gerichteten Räte gefördert. Anderseits wissen wir
auch von protestantisch gerichteten Geistlichen, die bis weit in die Reformationszeit ihre Helfershelfer an der römischen Kurie sitzen hatten und sich
von dort einträgliche Vergünstigungen verschafften.

Wie verschieden nun auch dieses katholische Versagen begründet werden
mag, immer wieder offenbart sich ein gleicher Fehler: das Ausbleiben
einer rechtmäßigen Entscheidung zur rechten Zeit. Das war so
in der hochwichtigen Periode des ersten Wachsens der Neuerung bei den
Bischöfen und an der Kurie; es war nach dem päpstlichen Bannspruch das
Fernbleiben des Kaisers aus Deutschland und damit das Ausbleiben einer
wirklichen Entscheidung durch einen der Reichstage; es war das Zustandekommen
der Reichsabschiede von 1524 und 1526 in Speyer, mit ihrem ‚so viel als möglich'; abermals zeigte sich dasselbe Versagen darin, daß das notwendige allgemeine Konzil nicht alsbald nach dem Reichstag von Speyer zusammentrat,
vielmehr immer wieder hinausgeschoben wurde. Es wirkt in derselben Richtung, daß 1525—1527 Karl in Italien und 1526—1527 Ferdinand in Ungarn
und Böhmen durch den Papst, Frankreich und England geradezu gezwungen
wurden, die deutschen Angelegenheiten zunächst sich selbst zu überlassen. So
wurde praktisch jenes ‚so weit als möglich' der wahre Exponent der Lage.

5. Alle Feststellungen über die wachsende reformatorische Bewegung, so
tief sie das Ringen der damaligen Zeit kennzeichnen, sinken zu nüchternen
Angaben herunter, wenn man das Vollgefühl des Siegers daneben stellt, das
sich gewaltig, hinreißend und überheblich in Luthers Worten und Wirken
äußert. Der Kampf war ihm zum Lebenselement geworden. Er stürzte sich
geradezu auf seine Gegner. Und in gefährlicher Steigerung wird er sich der
geleisteten Arbeit und der errungenen Erfolge bewußt.

Eine ganz vergleichslose Feststellung voran: Luthers Schriften, denen an
erregender, das Volk erfüllender Kraft so weniges zur Seite gestellt werden
kann, wurden in den Jahren 1517—1525 in nahezu zweitausend Ausgaben verbreitet. Man muß diese geradezu ungeheure Zahl wägen! Zweitausend Auflagen in der damaligen Zeit, angesichts der geringen Bevölkerungszahl und
noch am Beginn des Buchdrucks, als die Tatsache eines Buches noch eine so
ganz andere Eindrucksfähigkeit besaß als später, geschweige denn heute! Und
diese Büchermasse wurde nicht nur als Ware verkauft, sondern als Bekenntnis
angepriesen. Die reisenden Buchverkäufer, die auch die neuen reformatorischen

Lieder mitbrachten, waren neben den fahrenden Prädikanten geradezu die Propagandisten Luthers.

Schon 1522 weiß Luther genau: Wenn der Papst alle meine Anhänger angreift, wird es nicht ohne Lärm in Deutschland abgehen. ‚Sieh mein Tun an! Hab ich nicht dem Papst, Bischöfen, Pfaffen und Mönchen allein mit dem Mund ohn allen Schwertschlag mehr abgebrochen, denn ihnen bisher alle Kaiser und Könige und Fürsten mit all ihrer Gewalt haben abgebrochen?' Mit einer unerhörten Selbstverständlichkeit kommt es ihm in die Feder, gewisse Leute wollten sich vorschnell als ‚gut Lutherisch' ausgeben. Daneben tritt das andere und siegreichere Bewußtsein: man soll seinen Namen nicht als Bezeichnung wählen, sondern sich Christ nennen. ‚Was ist Luther? Ist doch die Lehre nit mein! Ich bin und will keines Meister sein; allein Christus ist unser Meister. Es ist nit unser Werk, das jetzt geht in der Welt; unmöglich, daß ein Mensch so etwas anfängt. Es ist auch ohn mein Überlegen und Ratschlagen so weit gekommen. Es soll auch ohne meinen Rat wohl hinausgehen, und die Pforten der Hölle sollen's nit hindern. Ein ander Mann ist, der das Rad treibt, den sehen die Papisten nit und geben uns Schuld.' ‚Der Teufel hat sich lange Zeit vor diesen Lehren gefürchtet, hat auch viele Prophezeiungen dawider ausgeben lassen, die etliche auf mich deuten.'

1524, im Kampf mit Müntzer, mißt er die geleistete Arbeit, und er bringt es fertig, so zu sprechen, als ob es seit Worms überhaupt nur mehr Luthertum gegeben hätte: ‚Also nachdem der ausgetriebene Satan jetzt ein Jahr oder drei ist umher gelaufen durch diese Städte...' Er erlebt es tief, daß Gott seinen Haufen immer größer und den der Gegner immer kleiner gemacht hat. Der Erfolg trägt ihn. Er rechnet zwar mit der noch größeren lügnerischen Bekämpfung seiner Lehre durch falsche Brüder nach seinem Tode, aber das wiegt für ihn nicht schwer. ‚Das ganze Geschwurm und Gewurm ist dem Untergang geweiht! Wie ist den Papisten die Decke so kurz und schmal worden!' Noch zwei Jahre so, ‚so tötet Christus durch uns das Papsttum. Schier wird's heißen: expiravit' (1522).

Auch später, in den Tischreden und in den verschiedenen sonstigen Rückblicken, kommt das Bewußtsein des errungenen Sieges, einer vollkommen neuen Zeit, eines Zeitalters Luthers, volltönend zum Ausdruck. Dies Bewußtsein ist zwar nicht einheitlich und wird immer wieder durch die Notwendigkeit der Abwehr eingeengt. Aber die Gegenkräfte wiegen schließlich immer nur wenig in Luthers Berechnung. Es ist jedenfalls erschütternd, auf welch unhaltbare Unterbewertung der Scholastik sich sein Bewußtsein des Triumphes über die Theologen stützt, die einmal, so unglaublich das klingen mag, die Zeit beherrschten, wo die ‚gescheitesten Männer' sich mit Lächerlichkeiten und Sophistereien abgaben, die jetzt unbekannt, barbarisch und unmöglich geworden sind. Das geht nicht nur gegen die Spätscholastik! Denn Luther fährt fort: ‚Unter diesen Theologen ist das größte Schwatzmaul Thomas.' Erschütternd auch, wir werden es noch zur Genüge sehen, wie entwaffnend falsch er klarste und wesentlichste Dinge katholischer Glaubenslehre darstellt, im Gefühl, diesen Götzendienst überwunden zu haben.

II. 1. Die Ausbreitung der reformatorischen Neuerung vollzog sich schnell, und sie reicht bald überraschend weit; das ist also die Tatsache. Für eine Angelegenheit der Politik, der Macht wäre damit die Hauptfrage beantwortet; denn sie kann dort nur lauten: Sieg oder Niederlage? Erfolg oder Mißerfolg? Für die Reformation aber ist die Frage unerläßlich, ob ihr Sieg jeweils durch eine das Gewissen zwingende innere Überzeugung erreicht wurde. Wurde die Wandlung also innerlich vollzogen, oder ist sie das Resultat äußeren Druckes? Wirken nur oder vorzugsweise reine Motive der Erkenntnis, des Glaubens, des Eifers für das Haus Gottes mit, oder mischt sich Selbstsucht, Gewalt und Täuschung hinein? Sehen wir eine Konversion vor uns oder skrupellosen Lagerwechsel?

Nur viele abgestufte Antworten können zu einer befriedigenden Erklärung hinführen.

In manchen Einzelfällen tritt der plötzliche Bruch mit der bisher s e h r t r e u gepflegten katholischen Frömmigkeit geradezu verwirrend hervor, wie bei den Ebner in Nürnberg oder bei den Ratsherren in Straßburg, denen es so peinlich schnell einging, daß sie auch in Glaubensdingen mitzureden das Recht hätten. Wie schnell vergaßen sie doch ihre noch jüngst ausgesprochene entgegengesetzte Auffassung! Oder wir denken an die erstaunliche Tatsache, daß nach dem Ableben des Herzogs Georg von Sachsen sein Land so außerordentlich schnell zur Reformation überging. Genügt es etwa, an die befehlsmäßig durchgeführte Reformation der neuen Herrscher oder an die ‚leicht für die neue Lehre begeisterten Volksmassen' zu appellieren? Es stimmt gewiß, daß das Mißtrauen gegen alle Obrigkeit tief im Volke sitzt, und daß seine Liebe sehr leicht in Haß umschlägt. Aber dieser weithin aufhellende Hinweis (Eder) genügt nicht. Mir scheint, man muß die Dinge wieder einmal genauer betrachten und differenzierter beschreiben.

Wir wissen, wie sehr die konfessionelle Polemik von Anfang an bemüht war, die Ehrlichkeit der Überzeugung beim Gegner anzuzweifeln; wie die Katholiken Luthers und seiner Parteigänger Motive in den persönlichsten Regionen suchten, und wie umgekehrt Neuerer die Verteidiger der alten Kirche skrupellos mit Verdächtigungen angingen. — Wie hat man Cochläus, der sich so schwer durchgerungen hatte und dann seine Treue durch ein ganzes Leben hindurch so teuer bezahlte, verdächtigt, als ob die Kurie ihn bestochen hätte! Man erkannte sehr wohl die für jeden geistigen Kampf zentrale Bedeutung der Frage nach der persönlichen Überzeugung des Gesprächspartners. Zu einem beträchtlichen Teil sind die gestellten Fragen beantwortet durch den ernsten, innerlichen Werdegang Luthers, durch die Tatsache, daß er zunächst allein stand, daß er nur mit dem Worte des Evangeliums und seinem eigenen wirkte, daß seine Verkündigung von großem religiösen Ernst getragen war und daß er schwere Glaubensanforderungen stellte.

Außerdem kennen wir die geistige und religiöse Atmosphäre zu Beginn der Reformation: neben der zersetzenden und frivolen Kritik ein großes Suchen in der Welt, viel innerliches Streben nach der Wahrheit, nach einer gereinigten Kirche. Wir wissen, wie Luthers Worte in überraschender Schnelligkeit durch die Lande flogen, wie man sie verschlang, als ob man gerade auf sie gewartet hätte. Wir wissen in gewissem Umfang, wie Luthers Disputationen, wie sein Briefwechsel, wie seine Vorlesungen und Predigten, dann, wie einige seiner Schüler gewirkt haben. Wir wissen, in welch überraschender Weise viele Laien auf einmal die Bibel nicht nur eifriger lasen, sondern sie kannten und die neue Auslegung verbreiteten. Die Flugschriften von Adeligen und nicht schulmäßig gebildeten Handwerkern sind in dieser Beziehung voll unerwarteter Überraschungen. ‚Das Haus des weisen und des unweisen Mannes' von Hans Sachs (1524) hat 80 Verse und vermerkt dazu 56 Bibelstellen am Rande. Briefe der Argula von Grumbach sind geradezu unerhört in der Fülle ihrer Bibelkenntnis, mit der sie so selbstverständlich schaltet und aus der ungesucht scharf zugreifende Lebensdeutung spricht.

2. Die ideengeschichtliche und hierin insbesondere die theologische Analyse der Reformation und ihrer Ausbreitung birgt eine große Gefahr in sich: es kann der Eindruck entstehen, als ob es sich bei ihrem Ablauf um ein verhältnismäßig säuberlich beschreibbares Vielerlei von Einzelkräften handle. Indes ist es ja gerade das Geheimnis dieser Zeit in ihren entscheidenden Jahren gewesen, Revolution zu sein. Nicht nur in dem Sinne, daß umwälzende theologische Gedanken in einem und dann mehreren Köpfen gedacht und mit Siegeskraft ausgebreitet wurden; sondern in dem viel weiter tragenden Sinn, daß eine revolutionäre Stimmung größten Umkreises und stärkster Intensität alle Lebensgebiete erfaßt hatte, daß die revolutionäre Bereitschaft und das revolutionäre Begehren in allen Kreisen so stark lebte, daß die bestehende soziale Schichtung des Lebens wie von selbst nach einer Umschichtung drängte, daß also notwendig jeder religiös-revolutionäre Gedanke seine umgestaltenden Konsequenzen auch auf sozialem und wirtschaftlichem und politischem Gebiet haben mußte. Das Revolutionäre in seiner vielfältigen Art ist nicht Begleiterscheinung am Rande eines großen reforma-

torischen Geschehens, sondern die lebendige Form, in der sich jenes umfassend
Entscheidende reformatorisch darstellte. Das Chaotische und geistig Ansteckende, auch das heimlich Unterirdische mancher Strömungen, die die Zeit
begleiten, das Tumultuarische und die Mitwirkung der unteren Volksmassen
bei der Ausbreitung der neuen Haltungen, überhaupt das Erregte der Jahre bis
1525, all das gehört zum Wesen des reformatorischen Durchbruchs. Das gleiche
gilt von dem unmittelbaren Ergriffensein weiter Volksschichten von Ängsten
und Aufbegehren, von dem offenen und versteckten Auf und Ab der öffentlichen
Meinung. Es offenbart sich in der Tatsache, daß die neugläubigen Bücher den
Markt wie selbstverständlich beherrschten, daß aber die katholischen Schriften,
Verfasser und Drucker — wenn sie überhaupt in Erscheinung treten —
ebenso selbstverständlich als die Zurückgebliebenen und Unterlegenen
erschienen. Die Begeisterung für das Neureligiöse offenbarte sich auch durch
hinreißenden Missionseifer. Das Wort des neuen Evangeliums zündete oft
mit wahrhaft magischer Gewalt bis tief in die Reihen der Ungebildeten und
erzeugte jenes Heer von gebildeten und ungebildeten Kennern des Wortlautes
der Heiligen Schrift, die jederzeit bereit und gewillt waren, für das neue
Verständnis zu arbeiten. All das ist nicht Anhängsel, es gehört zum Kern
des reformatorischen Geschehens. Es gibt ein einfaches Mittel, sich dieses
durcheinander wogende Werden unmittelbar vor Augen zu führen: es ist
die Lektüre größerer Partien aus des Cochläus ,Kommentar', die eben jetzt
Herte neu ins Licht gerückt hat.

Dabei bleibt es so, daß die religiöse Frage den Kern aller innersten Sorgen
und Wünsche in sich trug. Diese Frage aber war ja nicht eine ,rein' religiöse,
sondern in eminentem Maße eine real kirchliche. Ihr lebendiger Ausdruck
war etwa die Trennung des Volkes vom Klerus bis zum unbändigen Haß
gegen ihn. Das heißt also: die Auseinandersetzung war nicht nur eine theologische und auch nicht nur eine politisch-diplomatische (wenn auch diese
beiden Seiten die Form der Gestaltung schließlich festlegten), sondern eine
volkstümliche. Das stellte die theologische Neuerung revolutionär in die
lebendigste und breiteste Wirklichkeit hinein. Der Haß gegen den Klerus
wirkte sich umgekehrt in lebendig gefühltem Anschluß an die Neuerung aus.
Von hier aus wurde für viele das Bekenntnis zur selbst nur mangelhaft erkannten neuen Lehre ohne weiteres Angelegenheit des Herzens.

Die innerprotestantische Aufspaltung war für diese Einwurzelung natürlich
eine schwere Hemmung. Aber man darf über den Verschiedenheiten nicht übersehen, daß das Gemeinsame tief reichte, und auch, daß die Fülle der in dieser
Gemeinsamkeit sich auswirkenden Selbständigkeiten wiederum eine wichtige
Hilfe war für die Durchsetzung der reformatorischen Gedanken in den so
verschieden abgestimmten Räumen der deutschen Landschaft.

3. Die Eroberung Wittenbergs durch die Schwärmer blieb Episode. Wittenberg ist Luthers Stadt. Ihre Bedeutung als Mittelpunkt der reformatorischen Arbeit kann nicht wohl überschätzt werden. Während Luther gegen ,die' Universitäten losbricht, strömt ihm, seiner jungen, traditionslosen Lehrstätte und seinen jungen Kollegen die Jugend Deutschlands zu. Die Ziffern schwellen bis zu Tausenden an, so daß Wittenberg als ein Anhängsel seiner Universität erscheint. Hier lebt Luthers ,System'. Von hier gehen die Hörer in alle deutschsprechenden Lande hinaus. Unnütz, zu beweisen, daß wir hier — trotz dem sich den Studentenmassen bald anhängenden Mittelmäßigen und Konjunkturellen — ganz vorwiegend vor einem Zentrum geistigen Werdens stehen. Wie hat Melanchthon durch Wort und Schrift die Jugend hierher gelockt! Und er hat sie zu Predigern und Lehrern des Luthertums gemacht. An vielen, vielen Einzelfällen läßt sich nachweisen, daß der erste Träger der neuen Lehre in einer Ortschaft ein Prediger war, dem sich dann etwa einer oder zwei andere zugesellten. Das waren die Schüler Luthers, sei es als Leser seiner Schriften, sei es als Hörer seines Wortes. Von da kamen dann die neuen Parolen ins Volk.

Als einer der ersten erkannte Cochläus die Bedeutung des Wittenberger Seminariums für die nationale und internationale Propaganda des Protestantismus. Aber wie Cochläus umsonst nach katholischen Druckereien rief, so verlangte er auch umsonst einen durchgreifenden Kampf gegen die Universität Wittenberg. Er erreichte durch polnische Bischöfe, daß König Sigismund II. den Besuch untersagte. Die bayerischen Herzogtümer und das Herzogtum Sachsen kannten ein ähnliches Verbot. Aber noch in den vierziger Jahren ist Johann Eck der Ansicht, daß man in Rom die Möglichkeiten gegen diese ,Brutstätte' der Neuerung durchaus nicht ausgeschöpft habe. Auch hier zeigte sich die katholische Apathie, gegen die der Augustinereremit Hoffmeister so energisch losziehen mußte.

Die Katholiken waren die beati possidentes und schliefen; die Neuerer mußten sich erst ihren Besitz erobern und waren auf dem Posten. So griffen sie instinktiv nach den lebendigsten Waffen, oder sie handhaben die alten Waffen in lebendiger Form: das Wort, den Druck, die Schule.

Es ist Ausdruck einer allgemeinen Ermüdung auf katholischer Seite, daß das Bündnis zwischen kirchlichem Glauben und humanistisch-pädagogischer Lebendigkeit, wie es den Ausklang des 15. Jahrhunderts gekennzeichnet hatte, nicht durchgehalten wurde. Der Verfall katholischer Schulen als Resultat der bischöflichen Indolenz, der Unwissenheit, Nachlässigkeit und Unsittlichkeit des niederen Klerus war eine Tatsache, ehe die Reformation den neugläubigen Schulen so reiche Mittel zur Verfügung stellte, sie so vermehrte, ihnen so neue Impulse gab, daß die alten Schulen die Konkurrenz nicht mehr würdig durchhalten konnten. So bemächtigte sich nicht nur ein viel freierer und dann kirchenfeindlicher Humanismus der Schulen in der vorreformatorischen Zeit des 16. Jahrhunderts, sondern es gelang der Reformation selbst, sogar diese humanistische Kraft für sich zu gewinnen, und eben in der entscheidenden Form der Schule! Durch die bedeutsame Regsamkeit der lutherfreundlichen Humanisten wurde, Jahre bevor der reformatorisch-dogmatische Bruch klar zu erkennen war, kostbares Terrain der Kirche entrissen und für die Neuerung gewonnen. Dann aber wurde der neue Glaubensinhalt gerade durch die Schule und ihren Religionsunterricht ins Volk getragen. Die einzige Leistung Sturms (mit mittelalterlich-humanistischen Grundlagen!) in Straßburg, der von den Fraterherren herkam, und die überragende Leistung Melanchthons bedeuten hier unendlichen Gewinn für die Neuerung. Die alten Kräfte blieben zurück. Konservativ u n d erneuernd zu sein, stärkste Bindung mit innerer Freiheit des schöpferischen Vorwärtsstürmens zu verbinden, war zu aller Zeit schwere und seltene Kunst. Selbst der Mann, der vor allen andern für diese Seite der katholischen Gegenwehr einen Blick hätte haben müssen, der Schulmann Cochläus, erwähnt die Erneuerung und Ausnützung des Schulwesens nicht in seinem Reformprogramm, das er 1523 an die Kurie gab. Ein besser entsprechender katholischer Plan kam trotz gelegentlicher großer Opferwilligkeit von Bischöfen und Prälaten im Herrschaftsgebiet des Herzogs Georg nicht zur Ausführung: es fanden sich keine zuverlässigen katholischen Lehrer; und auf die Dauer siegte — die Gleichgültigkeit der (meisten) Bischöfe.

Das Ergebnis war der Sieg der Neuerer bei den Jungen: ‚Der Glaube ist unter unserer deutschen katholischen Jugend eine Seltenheit geworden‘ (Cochläus).

4. Bei der Mehrzahl derer, die als Teilnehmer am g e i s t i g e n Ringen für die Reformation gewonnen werden, ist die subjektive Ehrlichkeit beim Eintreten für die neuen Lehren gesichert. Schon der Tenor ihrer Schriften und Predigten und die durch sie immer wieder verlangten Disputationen belegen es. Eine beträchtliche Anzahl tüchtiger Mönche — die meisten übrigens anscheinend aus nicht-observanten Klöstern — traten aus innerer Umwandlung heraus zur Neuerung über und wurden die wertvollsten Stützen in der Polemik wie im Aufbau. Einige lernten wir schon kennen. Während zu Beginn der zwanziger Jahre solche austretenden Mönche (wie Butzer und Blarer) noch versuchten, den Zusammenhang mit der Kirche zu wahren, wuchs die revolutionäre Unabhängigkeit bald ungewöhnlich schnell.

Ein paar Namen zur Illustrierung: Von den Augustinern Kaspar Güttel in Eisleben, Wenzel Link (Staupitzens Vertrauter, dann sein Nachfolger als

Generalvikar) in Altenburg und Nürnberg, Johann Lang in Erfurt; von den Franziskanern Friedrich Mykonius (Gotha), Stephan Kempen (Hamburg), Heinrich von Kettenbach (Ulm), Eberlin von Günzburg (ebd.), der übrigens den observanten Franziskanern ein famoses Zeugnis ausstellte, ein Kalixtus, der in Steiermark predigte (1525); von den Dominikanern der hochwichtige Martin Butzer und Osiander; von den Benediktinern Ambrosius Blarer und der Prior des Nürnberger Konvents; von den Zisterziensern Johann Brenz, der durch Luther in Heidelberg beeindruckt worden war; von den Prämonstratensern Johannes Bugenhagen: er wehrte sich in einem schweren innern Kampf gegen Luthers Lehren und verfiel ihm nach der nochmaligen Lektüre der ‚Babylonischen Gefangenschaft': ‚Die ganze Welt ist blind gewesen!'

Ähnliches gilt für die Bewertung derjenigen, die Blutzeugen oder durch schwere Opfer Bekenner des neuen Glaubens wurden, etwa für die jungen Franziskaner Heinrich Voes und Johannes von Eschen, die bereits 1523 in den Niederlanden hingerichtet wurden und die anscheinend Luther zum Liederdichter machten (‚Ein neues Lied wir heben an'). Der 1527 hingerichtete, früher etwas wankelmütige Leonhard Käser zeigte eine starkmütige christliche Haltung vor dem Feuertod. Zu seiner Verurteilung meinte er: ‚Eine andere Botschaft wäre besser; doch geschehe der Wille Gottes!' Sein Testament ist ganz auf die Ermahnung zu Liebe, Gehorsam, Friede, Obsorge für seine Mutter und Mildtätigkeit gegen die Armen abgestellt. Luther hatte ihm einen Trostbrief geschrieben: ‚Es tut not, daß du mit ganzer Zuversicht zu Gott schreist im Gebet und mit den Trostpsalmen dich aufrichtest. Bruder, stärk dich in dem Herrn und sei getröstet seiner großmächtigen Kraft ..., du werdest ledig oder nicht.' Dem entsprach Käser. Auf dem letzten Gang sind lateinische Psalmen seine Stärkung. Über die auf die Hinrichtung wartende umherstehende Menge blickend, ruft er: ‚Da wäre die Ernte, für die man Arbeiter haben sollte. Bittet den Hausvater, daß er Schnitter in seine Ernte schicke.' Er bittet um Verzeihung und um Gebet, daß er im rechten Glauben sterbe, und: ‚Christus, du mußt mit mir leiden, du mußt mich tragen, mit mir ist es umsonst.'

Ein weniger erhebendes Beispiel gibt der im September 1529 in Köln hingerichtete Adolf Clarenbach. Einerseits weigert er sich standhaft, sich durch einen Eid Leben und Freiheit zu erkaufen, anderseits nimmt er Zuflucht zu verschiedenen Lügen. Doch beim Abschied von seinem Disputationsgegner, dem Dominikaner Host, sagt er: ‚Betet für mich, im Himmel werde ich für Euch beten.' Und er zahlte mutig mit seinem Leben.

Aber alle diese, wie viele ihrer auch sein mögen, gehören zur Elite. Die Reformation jedoch errang den Sieg nur dadurch, daß Massen zu ihr geführt wurden. Wieviel ist dieser Massenabfall von der alten Kirche innerlich wert?

Auch hier wollen wir das Positive an die Spitze stellen. Von der Ansteckung des Revolutionären war schon die Rede (oben S. 354). Machen wir uns jetzt klar, welche religiöse Kraft die Hauptformeln Luthers, unter denen er seinen Kampf führte und mit denen er ‚alle‘ anredete, besaßen! Für religiöse Menschen und darüber hinaus für die gesamte damalige ‚öffentliche Meinung‘ konnte es nicht wohl eine zugkräftigere und in ihrem Wert unbestrittenere Parole geben als ‚Gottes Wort allein‘, ‚Gottes Wort gegen Menschensatzung‘. Angesichts des außerordentlichen, weit gediehenen A u s - b a u e s des Organismus der Kirche in Leben wie Lehre (und darin der vielen unberechtigten Wucherungen) war der Kampf für ‚das Gotteswort, das in Ewigkeit bleibt‘, gegen die Menschensatzungen, von nie nachlassender Anziehungskraft. Immer wieder, in unzähligen Erlassen, Verhandlungen, Bekenntnissen, Vorschriften, Liedern, Sprüchen und Bildern ertönt diese Forderung mit jener vollkommenen Selbstverständlichkeit, die die Kraft des Sieges in sich trägt, eine Forderung, die so tief katholisch schien. Eck bekennt einmal in seinen Reformvorschlägen (1523), daß anfangs ‚der Glanz des Lutherischen Evangeliums und der Paulinischen Doktrin viele gefangen genommen‘ hätten. Es ist wirklich höchst aufklärend, daß die Devise vom ‚Wort‘ auch, und zwar auf die Dauer, auf katholischer Seite wirkte. Nach drei Jahrzehnten des Kampfes gegen die Neuerung wird König Ferdinand nicht von der ‚rechten Lehre der Kirche‘ reden, die rechtzeitig dem klerikalen Nachwuchs beigebracht werden müsse, wenn die Kirche gerettet werden solle, sondern von ‚der unverfälschten Lehre der Heiligen Schrift‘. Keine andere Forderung als die der Schriftunterweisung wird für den Unterricht aufgestellt (1550 an Ignatius von Loyola).

Man muß es erleben, mit welchem Verdammungswillen die polemische Literatur der Neuerer jenen Gegensatz Gotteswort — Menschensatzung für sich ausschlachtet. Mit der Hemmungslosigkeit derer, die sich getäuscht glauben, wie derer, die nur ihrem tiefen Haß gegen Papst und Mönchtum freien Lauf lassen, wird den Lesern eingehämmert, wie der Papst das Wort Gottes schmählich gefälscht, ‚gekreuzigt‘ habe. Noch mehr: man preßt den Lesern die Vorstellung ein, es sei katholische Lehre, daß der Papst berechtigt sei, das Evangelium zu ändern. Wie siegreich hebt sich dann ohne weiteres von diesem Menschenwerk und dieser Menschenlehre das reine Gotteswerk und das lautere Gotteswort ab! Ein eindrucksvoller Beleg für Tausende ist Heinrich von Kettenbach. (Es ist freilich auch mehr als peinlich, daß er es wagt, als Unterlage für seine Behauptung anzugeben: ‚wie man mir gesagt hat [!], daß man öffentlich hier gepredigt hab‘.) Man sieht, wie (unabhängig von der ehrlichen Überzeugung des Schreibenden) die hingerissenen Leser auch einer falschen Darstellung zum Opfer fallen. Um in diesem Punkte einigermaßen vollständig zu sein, müßte man die gesamte Darstellung der katholischen Lehre bei Luther und in der gleichzeitigen protestantischen Theologie durchgehen. Wie oft steht man entwaffnet und entmutigt vor so viel Unverständnis, vor so krasser Verzeichnung der eigenen, katholischen Vergangenheit! Welche Verzerrung der Lehre vom heiligen Meßopfer! Und wie steigt die Kurve dieser Fehldeutungen bei Luther bis zum Ende seines Lebens! In dieser siegreichen Falschzeichnung des Katholischen durch den für ein reines Christentum eifernden Luther ist nichts Geringeres als die eigentliche Tragik der Reformation und der deutschen Reformationszeit bis heute grundgelegt. Denn es ist durchaus das gewaltige Wort Luthers, welches seiner aufgeregten und gegen Rom aufgebrachten Zeit das Bild der katholischen Lehre vermittelte. Und er vermittelte es Seelen, die eine Fülle berechtigter Entrüstung einerseits und rein christlichen Gottvertrauens anderseits in sich trugen.

Dabei waren die verschiedensten Mittel wirksam. Wenn w i r heute die über Luthers angebliche Wunder in Erfurt kolportierten Legenden durchschauen, so waren sie d a m a l s außerordentlich wirksam, um Luther ganz zum ‚Gottesmann‘ zu machen und um ihn mit jenem religiös-geheimnisvollen Schimmer zu umgeben, der den Gläubigen den Übergang zu ihm außerordentlich erleichterte. Dies vor allem im Zusammenhang mit seinem ebenso gewaltig-ernsten wie volkstümlich packenden Predigtwort und gegenüber so vielen versagenden katholischen Geistlichen!

Im Ablauf der Geschichte haben oft belanglos erscheinende Dinge ungeahnte Konsequenzen. Wie wichtig wurden Einzelheiten der Personalpolitik, längst ehe ihr Zusammenhang mit der Reformation erkannt war! Wie sehr lag gelegentlich in einer Stellenbesetzung zu einem großen Teil das kommende Schicksal einer Stadt und damit vielleicht der Kirche beschlossen! Im Jahre 1520 kandidierten für die wichtige Stelle eines Stadtschulmeisters in Frankfurt am Main der schon erwähnte Erasmusschüler Wilhelm Nesen und der dortige Stiftsdekan von Liebfrauen, Cochläus. Keine Rede davon, daß der Frankfurter Rat damals dogmatisch irgendwie hinter Luther gestanden hätte. Aber mit Recht hat man gefragt: ‚Was wäre das Schicksal der Reformation gewesen, wenn neben Köln das mächtige Frankfurt katholisch geblieben wäre?‘ (Spahn.) Den Weg zum Protestantismus aber fand es nicht zuletzt durch den Einfluß von Nesen auf Frankfurts Jugend und Stadtrat.

5. Aber nun mischen sich in die siegreiche Ausbreitung der Reformation auch unedlere Motive und Mittel. Wie weit wurden die Massen ohne

Täuschung, ohne Vertuschung der eingeführten Veränderungen und ohne obrigkeitlichen Druck aus der Kirche geführt?

Es kann keinem Zweifel unterliegen, daß auch die reformatorischen Massenbekehrungen viel Äußerliches mit sich schleppten. Es war geradezu ein ,Grundübel, daß die neue Kirche so viele umschloß, die Glieder derselben geworden waren ohne wahre innere Umkehr durch äußere Reform' (Köstlin-Kawerau). Das Problem stellt sich zuerst und gleich in voller Wucht für die massenhaft abfallenden Mönche und ,Meßpfaffen'. Luther meinte kraß, ,er kenne deren nicht viele, die ihren Mönch im Kloster gelassen; die um des Bauches willen hineingingen, springen jetzt des Fleisches willen heraus'.

Es kann auch kein Zweifel daran bestehen, daß noch 1525 und später weiteste Kreise des Volkes mit den Parolen ,Evangelium', ,das klare Gotteswort allein' nicht die Lehrvorstellung verbanden, die Luther ihnen gab. Dazu waren sie dogmatisch und überhaupt geistig gar nicht in der Lage. Außerdem wurden ihnen bis in die dreißiger, vierziger und späteren Jahre die (oder doch viele) katholischen Zeremonien belassen. Insbesondere beließ man vielfach die Elevation in der ,Messe', die ganz oder teilweise in den alten Meßgewändern (oder doch in Albe und Stola), mit den alten Gesängen und Zeremonien, vielfach lateinisch, in beinahe allen deutschen Gauen bei den Protestanten gefeiert wurde. Man tat also, als ob man Messe feiere. Dadurch wurde dem Volk die Vorstellung erhalten, es habe noch immer seinen alten Kirchenkult. In diesem Umkreis, zusammen mit der heftig antirömischen Stimmung, konnte die reformatorische Predigt von vielen als gut katholisch aufgenommen werden. — Sodann brachte das Volk für die neue Religion an verdächtig vielen Stellen recht wenig Opfergeist auf. Luther selbst vergleicht die frühere Freudigkeit des Gebens an die massenhaften Klöster, Stifte und Geistlichen mit der jetzigen Gleichgültigkeit: ,Der große Haufe verachtet das Evangelium; die Lutheraner selbst denken nur daran, ihre Taschen zu füllen.' ,Das Evangelium wird von jedermann verachtet.' Gewiß wird eine gerechte Beurteilung auch hier Luthers rhetorisch-demagogische Amplifizierung mit in Rechnung stellen. Aber es handelt sich nicht um wenige Einzelaussprüche. Die gleichen Klagen kehren bei ihm mit auffallender Hartnäckigkeit wieder seit 1525 bis 1545; kaum daß ein Jahr von ihnen frei wäre. Überdies kannte Luther die Unbeständigkeit der Masse gut: ,Der Pöbel ist leichtlich zu bereden, überdies lüstern, Neues zu hören'; so vermöge er wohl, mit ein paar Predigten alle wieder ins Papsttum und wieder zu Messen und Wallfahrten zu führen (1532). Schon in den Anfängen seiner Bewegung meinte er: Im wogenden Kampf zwischen Papisten, Rotten und Lutheranern geht ,das arme alberne Völklein dahin, schwebt zwischen Himmel und Erde, ist der Sachen unerfahren und ungewiß, und weiß nicht, welchem Teil es folgen solle'. Außerdem weiß er reichlich um die Klasse der Schwankenden, die sich darauf versteifen, daß die Kirche noch nicht bestimmt habe, wer von den beiden Parteien recht habe. Das werde das Konzil tun. So lange wollten sie warten. ,Dieser Leut ist die Welt voll!' (1537.) Es ist ja auch nicht etwa so, daß der spätere Luther für alle unentwegt der alles überwindende Anziehungspunkt geblieben wäre. Im Gegenteil: ,Auch bei vielen, die der Unsern sein wollen, mein Name stinket.'

Sobald das Wachsen einer neuen Überzeugung aus dem immer verhältnismäßig kleinen Kreis der Selbständigen heraustritt und zu einer Massenbewegung wird, tritt neben den Prozeß geistiger Bestimmung ein solcher der ansteckenden ,öffentlichen Meinung', der sich auswirkenden Ressentiments gegen das Alte. Ursprünglich rein religiöse Gedanken werden außerdem auf Grenzgebiete hinübergeführt; es ergibt sich eine Verquickung von religiösen und nichtreligiösen Kräften und Interessen, und damit jenes unermeßliche Gebiet des bewußten und unbewußten, direkten und indirekten Druckes. In der Erfassung dieser ungeheuer weiten und inhaltlich so differenzierten, durch mancherlei Schwankungen und Rückschläge reichlich gezeichneten Phase der reformatorischen Entwicklung liegt die eigentliche, enorme Schwierigkeit, wenn man abschließend über den moralisch-religiösen Wert der damaligen Masseneroberungen befinden will. War bei diesem Eingriff in christlich-kirchliche Substanz in genügendem Maße religiöser, reiner Eifer, religiöse Überzeugung treibend, oder mehr unreligiöser, materieller, wirtschaftlicher, fürstlicher Eigennutz? Schließt die Gestaltung des reformatorischen Durchbruchs, der entscheidend von der Gewalt der F ü r s t e n und der S t a d t r ä t e geleitet wird, in wichtigem oder gar in wesentlichem Umfang Vergewaltigung in sich? Ist das Endergebnis der reformatorischen Gestaltung ein a d ä q u a t e r Ausdruck der Wünsche und Überzeugungen der zum neuen Glauben geführten Bevölkerung oder nicht?

Einige Warnungen zuvor! Seit Aleander und andere neben ihm behaupteten, Luther und seine Lehre seien für die Fürsten nur Vorwand, die Erbeutung des Kirchengutes sei ihnen die Hauptsache, ist dieser massive Vorwurf allzu oft ohne genauere Umschreibung wiederholt und dadurch verbraucht worden. In jener verallgemeinerten und ausschließenden Form ist er falsch.

Wenn man zu einem richtigen Verständnis vordringen will, darf man den Begriff ,Eigennutz' nicht zu eng fassen. Insbesondere dann nicht, wenn man die Reformierung und Säkularisierung in den Städten bewertet. Man wird nicht plötzlich die Kämpfe der Bürgerschaft um ihre Freiheit, um ihre politisch-wirtschaftliche Unabhängigkeit vom Bischof und vom Domkapitel vergessen! Diese Kämpfe brauchten ihre tiefere Berechtigung nicht erst nachzuweisen! Wie dort, so mußte nun hier nicht immer ausschließlich ungeregelter

Eigennutz vorliegen, wenn eine Reichsstadt das Streben zeigte, in kirchliche
Stiftungen, zu denen ihr der Zugang durch das damalige enge, mittelalterliche
Ineinander von Kirchlich und Weltlich gewiesen war, stärker einzugreifen als
schon bisher. Allerlei andere bürgerlich-soziale Tendenzen nach Befreiung
von geistlicher Gerichtsbarkeit, päpstlicher und bischöflicher Steuerhoheit
und von klerikalen Vorrechten wirkten mit. Freilich kam dann doch alles
darauf an, welche Wichtigkeit man dem Religiösen beimaß. Hier hat nun
zwar bereits Melanchthon den Städten das gleiche bescheinigt wie Luther
den ausspringenden Mönchen: daß das Wirtschaftliche ihnen die Hauptsache sei, daß sie aber nach Lehre und Religion wenig fragten.... Dann
allerdings kommt man oft zur Schlußfolgerung: Als Triebkraft war bei
der Reformierung das Religiöse das am wenigsten Wichtige; entscheidend
war es häufig nur als Aushängeschild und als Rechtfertigung nach außen.
Wie oft schritt man doch unter dem Motto ‚Allein Gottes Wort und Gottes
Recht‘ bis zur regelrechten Täuschung des Volkes fort, indem man den
wesentlichen Bruch mit der alten Kirche durch Beibehaltung der liturgischen
Formen verdeckte!

Bis man dann beim harten Zwang landete! Butzer und Capito haben es
jedenfalls in Straßburg stark gefühlt, wie sehr sie ‚in dieser Auflösung, in
der wir uns befinden‘, auf den Zwang zum Predigtbesuch angewiesen waren!

Aber auch hier gilt es wieder, zu unterscheiden. Bild und Wert des Re-
formationsvorganges ist nicht in allen Städten gleich. Wie der Kaiser die
Fürsten, und Philipp von Hessen seine Kollegen an Kraft der politischen
Konzeption überragt, so gibt es auch Städte bzw. Ratsherren, die durchaus
in die erste oder doch zweite Besetzung des damaligen deutschen Dramas
gehören und die das von Luther ausgelöste Grunderleben durchaus selbständig
im Sinne einer gemeinsamen großen Sache durchfechten. Das bedeutet gewiß
keineswegs, daß allemal das Religiöse genügend positiv gewürdigt worden sei.
Es bedeutet aber eine Einschränkung oder gar Überwindung des Klein-
egoistischen. Die besten Köpfe unter diesen Ratsherren nehmen lebendigen
Anteil am entscheidenden Vorgang des deutschen Wachstums, der sich im
Selbstbewußtwerden des städtisch-bürgerlichen Gemeinwesens seit langem
ankündigt und schon darstellt. Sie stehen in der großen Tradition des
selbständig gefaßten weltlich-geistlichen (nicht mehr umgekehrt!) Gemeinwesens, wie sie neben dem autonomen Staatsgedanken als ein Ausdruck des
großen Säkularisierungsprozesses des Spätmittelalters sich entwickelt. Nur
darf man diesen Begriff weder als bloß antiklerikal noch umgekehrt so verstehen, als ob er für religiöse Auffassung keinen Raum gelassen hätte. Das
Bewußtwerden der eigenen Art und ihres Rechtes ist die Zentralkraft. Und
eben sie erhebt sich unter dem Einfluß der neuen, deutsch gepredigten, anti-

priesterlichen Religion, welche die Autorität der weltlichen Obrigkeit so sehr steigert, zu besonderer Aktivität. In solchem Umkreis vermindert sich die Versuchung zu kleinlicher Kirchturmspolitik. Freilich um so sicherer vermag dann solche Kirchenpolitik auch die Maßnahmen zu stufen, um langsam, schon lange ehe das Ziel erkannt wird, das katholische Kirchenwesen mit seinen vielen Reservaten zu unterdrücken. Basel bietet in den Jahren 1525/27 ein klassisches Beispiel.

Die Ausbreitungsmöglichkeiten der reformatorischen Lehre werden von Katholiken auch leicht zu einseitig unter die Frage nach der Möglichkeit des Abfalls vom Glauben gestellt. Diese Art der Fragestellung hemmt notwendigerweise das Verständnis für die bunte Vielheit des konkreten Ablaufs der Ereignisse. Man muß zunächst und vor allen Dingen diesen realen historischen Entwicklungsgang sehen. Dann wird man sich kaum zu der Ansicht bekennen, daß gerade die nächste Umgebung Luthers oder eine bestimmte Reichsstadt, wie Nürnberg — also überragend wichtige Zentren der Ausbreitung —, in ihrer Allgemeinheit aus besonders sündhaften Menschen bestanden hätten und aus diesem Grunde von der Kirche abgefallen wären; oder daß die treubleibenden Alten in ihrer Mehrzahl die Frommen gewesen wären gegenüber unfrommen Jungen, die dem Neuen zufielen. Tatsächlich bleibt dies eine der niederdrückendsten Erkenntnisse, die uns die Geschichte der Reformation in Deutschland vermittelt: In diesem Kampf, der von seinem opfermutigen Ursprung her (im Gewissenskampf Luthers) ein Kampf um die Reinheit des Christentums, der Religion des Geistes sein sollte, hat die Entscheidung, ob eine ganze Landschaft sich für oder gegen den alten Glauben einsetzte, in keinem einzigen Fall in einer wesentlichen Verschiedenheit der persönlichen sittlich-religiösen Verhältnisse ihre maßgebliche Ursache. Diese Verhältnisse waren im großen und ganzen überall die gleichen. Das kirchlich-religiöse Schicksal der Landschaften lag letztlich jeweils bei der Obrigkeit. Es fällt aber schwer, einen einzigen Landesherrn zu nennen, der seine Entscheidungen aus betont religiöser Stellung getroffen hätte. Der sächsische Kurfürst Friedrich der Weise auf der einen, Herzog Georg auf der andern Seite zeigen die reinste Absicht. Beide überragt der Kaiser. . . .

Man muß mit dem natürlichen Vorgang des Werdens aller Überzeugungen im Umkreis der harten, sicht- und fühlbaren Wirklichkeiten rechnen und sich nicht zu einseitig in die Gefilde der theologischen Tugenden flüchten. Denn auch das Werden dieser frei von der Gnade geschenkten theologischen Tugenden ist eingebettet in die Natur und insofern an deren Lebensprozesse gebunden.

Es gibt auch noch andere Entwicklungen, in denen die nackte Bindungs-

losigkeit hervortritt. Der Machiavellismus der Zeit, der in der Politik allgemein und im relativistischen Humanismus vielfach Ausdruck gewonnen
hatte, war durch den religiös-kirchlichen Streit bzw. durch die ihn begleitenden Zänkereien weiter gewachsen. Es kam so weit, daß die Frage des rechten
Bekenntnisses zu reiner Berechnung wurde. Das krasseste Beispiel zeigt
Biberach auf dem Reichstag zu Augsburg 1530; sein Vertreter hatte die Weisung, sich im Namen der Stadt für lutherisch oder katholisch oder zwinglianisch zu erklären, ganz einfach je nachdem der Bürgermeister von Ulm sich
entscheiden würde.

6. Verhältnismäßig am besten erkennbar ist der Fortgang des Erlöschens
des altkirchlichen Lebens in den geschlossenen Kreisen der Klöster. Auch
dieser Prozeß ist von einer außerordentlichen Buntheit, die weit über das
hinausgeht, was man nach den großen Entscheidungen erraten dürfte. Bunt
in allen Verschiedenheiten des Zeitpunktes, an dem die Reformierung oder
auch Säkularisierung ansetzt, des Tempos (oder der Rückschläge), in dem sie
durchgeführt werden, der Konsequenz, des Schwankens, der Mittel, die angewandt werden. Dicht nebeneinander sehen wir eine Stadt der Reformation
erliegen und ein Kloster sich jahrzehntelang weiter behaupten. Überreste katholischen Lebens in durchreformierten Städten oder Landschaften, wie Mecklenburg etwa, finden wir in den verschiedenartigsten Lebensumständen bis in
die siebziger Jahre hinein.

Wie immer ist die Praxis viel weniger ideal als die Ideen, denen sie dienen will.
Insbesondere, weil es sich damals um eine revolutionär-kirchliche Umschichtung handelte. Das Kapitel der praktischen Ausbreitung der neuen Religion ist
alles andere als nur ein Sieg des christlichen Idealismus. Sie ist weithin eine Kette
von Tragödien und von Härte. Es ist ja nicht etwa so, daß die alte Religion
nur noch dort Lebenskraft besessen hätte, wo sie durch die Macht der Territorialherren gehalten wurde. Wie es vielmehr in den katholisch bleibenden
Gebieten reformatorische Neigungen und Ansätze gab, die unterdrückt wurden,
so gab es in den protestantisch werdenden Gebieten alt-katholischen Glauben.
Ob man dabei dieses Festhalten Treue nennt oder Halsstarrigkeit, wird davon
abhängen, ob man für Treue und für Gewissensfreiheit wirkliches Verständnis
empfindet. Man sollte aber immerhin weniger oft vergessen, daß Luthers
gewaltiger Durchbruch im Namen des unerbittlich befehlenden Gewissens
geschah. Man muß diesen Befehl nicht minder, sondern stärker in Rechnung
stellen, wenn es sich um das Bewahren des Überkommenen handelt.

Das Bild der unter Hohn und Spott und durch Anwendung von roher
Gewalt aus dem Kloster vertriebenen kleinen Schar von Brüdern, die sich
einem ungewissen Dasein ausgeliefert sehen; die Gestalt des treuen Priors,

der über die Lande zieht, um trotz allem die Rechte seines Klosters zu wahren, die Existenz seiner verstreuten Mitbrüder einigermaßen zu sichern, ihnen die Orientierung in der neuen Lage zu erleichtern; der kleine Konvent, der innerhalb einer weithin reformierten Landschaft den Versuch macht, in sein Kloster zurückzukehren, da die Verhältnisse im Rat ihm wieder etwas günstiger geworden sind; die Nonnen, die entgegen allen sehr beschämenden Bedrückungen des Rates zu ihren Gelübden, ihren Tagzeiten im Chordienst stehen und sich mit Zähigkeit oder selbst mit den ihnen möglichen Mitteln der Gewalt wehren; oder die letzten Überbleibenden eines ehemals blühenden Konventes, die über die Landschaft hinweg die Verbindung der einst geschworenen Lebensgemeinschaft aufrecht erhalten; das regelrechte, langsame Verlöschen so mancher Konvente, das man nur erreichte, indem man den Alten, den unentwegt zur Kirche Stehenden einfach den Nachwuchs abschnitt: all das sind Bilder von wahrer innerer Größe, von wahrer Treue; und sie machen qualitativ wie quantitativ einen bedeutsamen Teil des Geschehens der Reformation aus. Es ist unrecht, diese Kraft zu übersehen, einfach weil sie doch schließlich zum großen Teil niedergezwungen wurde und deshalb das äußere Endbild zunächst nicht mehr mitbestimmen konnte.

Das Einzelgeschehen solcher Klosteraufhebungen ist manchmal von erschütternder Dramatik. Etwa diejenige des Dobbertiner Zisterzienserinnenklosters, die erst 1556 ansetzt und sich noch 22 Jahre durch ein vielfältiges Auf und Nieder hinzieht. Immer wieder werden Visitationen vorgenommen: die einzelnen Nonnen werden verhört; man entfernt die Heiligenbilder aus der Kirche; man gibt den Schwestern Frist, überzutreten; droht mit gewaltsamer Entfernung aus dem Kloster, wenn sie nicht zum ,Worte Gottes' sich bekehrten. Die Schwestern meinten, an dieses Wort hätten sie sich mit Augustin, Ambrosius, Hieronymus und Gregor auch bisher gehalten; die neue Lehre aber sei ihnen ,nur eitel erdichtet und erfundener Menschentand'. Schließlich greift man zur Gewalt; da die Nonnen den Zugang zum Chor standhaft verwehren und die Tür verschlossen haben, läßt man sie einschlagen. Man schickt aufgehetzte Bauern vor. Die Nonnen wehren sich mit Steinen und Wasser. Es kommt zu einer Wiederholung dieser wüsten Szenen, als man, um das Chorgebet ganz unmöglich zu machen, die Tür der Sakristei vermauert. Bei einer weiteren Visitation in Gegenwart der Herzöge verlangt man, daß die Schwestern die Kommunion unter beider Gestalt empfangen. Wer sich nicht fügt, soll mit Brachialgewalt aus dem Kloster entfernt und zu den Verwandten gesandt werden. Es nützt den Nonnen nichts, daß sie sich auf die Kniee werfen und beteuern, es sei ihnen im Gewissen unmöglich, dem Verlangen zu entsprechen. Allmählich zeigt sich dann bei weiteren Visitationen eine gewisse Zermürbung. Jüngere Nonnen geben nach; von einer kann man feststellen, daß sie unmittelbar von dem neuen Gedanken ergriffen ist und sich aktiv dafür einsetzt. Die ältere Generation bleibt standhaft. Im gleichen Jahre (1562) werden endlich die katholisch bleibenden Schwestern aus dem Kloster entfernt. Zehn Wagen sind da, die Schwestern ziehen es aber vor, zu Fuß zu gehen. Mit den elf Schwestern, die lutherisch werden, bleiben auch noch drei katholische zurück. Das neue Bekenntnis ist aber auch bei den lutherisch gewordenen offenbar alles andere als klar. Nicht nur verwahren sich die im Kloster Verbliebenen gegen den stereotypen Vorwurf, daß bei ihnen vordem Unzucht und Abgötterei getrieben worden sei, sie wollen auch nur einen unverheirateten Prediger annehmen, und sie wollen ihre sieben Tagzeiten wie bisher auf dem Chor singen. Es stimmt mit dieser katholisierenden Tendenz im Kloster zusammen, daß es durch Vermittlung der katholischen Mutter der Herzöge gelingt, die vertriebenen Nonnen in ihr Kloster zurückzubringen. Es kommt sogar zu Neuaufnahmen mit Ablegung der Gelübde. Endlich landet man, über neue Einzelprüfung der Insassen des Klosters auf lutherische Lehre hinweg, bei dem bequemen Ausweg: man läßt die Alten des Klosters aussterben, man beeinflußt die Jungen. Endlich 1578 ergeben sich die Nonnen mit dem Versprechen, die Tracht abzulegen.

Leider fehlen die intimeren Mitteilungen über die seelisch-geistige Haltung der Schwestern während dieser ganzen Vorgänge. Wir können nur vermuten, wieviel Martyrium hier dem aufstrebenden Neuen entgegensteht.

Diese Lücke wird in einem berühmten Einzelfall und in unmittelbarem Zusammenhang mit dem großen reformatorischen Geschehen ausgefüllt in der traurigen Geschichte vom Untergang des Klarissenklosters in Nürnberg, dem Pirkheimers seelisch-heldische und geistig große Schwester Charitas vorstand. Die katholische Frömmigkeit dieses Klosters war tadellos und im besten Sinne Ausdruck des Evangeliums. Melanchthon hatte dafür Verständnis. Nicht so die Stadtväter. Ein Brief der Charitas an Emser wurde gefälscht und hämisch glossiert; das Verhältnis der Nonnen zu den Franziskanern, die die Seelsorge in St. Clara ausübten, wurde grob verdächtigt, nachgewiesen wurde nichts. Aber der Kampf des Rates gegen dieses Kloster wurde immer mehr zu einer unwürdigen Brutalisierung des Gewissens: ‚Es ist doch ein jämmerlich Ding, daß sie uns zu einem Glauben drängen wollen, der uns nicht im Herzen ist.‘ Die Bitte der Schwestern, ihnen doch Freiheit des Gewissens zu lassen, beantwortet der Rat mit Zwang. Man hetzt sogar den Pöbel gegen das Kloster. Wie so viele Katholiken, wie ihr zur Kirche zurückgekehrter Bruder Willibald mußte auch Charitas unter der Herrschaft der religiösen Neuerung in Nürnberg ohne Sakramente sterben. Das alles war sicherlich das Gegenteil von Toleranz.

Dies ist übrigens eine der wichtigsten Feststellungen, welche die neuere

Ordensgeschichte der Reformationszeit zu machen hatte: standhafte Klosterinsassen wie die Erwähnten sind nicht verschwindende Ausnahmen. In allen
Gauen, in sehr vielen Städten fanden sich Klöster, die, zahlreich besetzt,
ihrer Regel und der Kirche die Treue hielten und nur durch verschiedenartigen, ganz überwiegend ungeistigen Druck, durch Zwang, zu Besiegten
wurden. Der Prior des Kartäuserklosters Marienehe liefert einen helden-
haften Kampf gegen den Rat von Rostock und den Herzog von Mecklenburg
vom Anfang der dreißiger Jahre bis zu seinem Tode 1576. Die 1534 aus
Rostock vertriebenen Dominikaner zogen später ̱ ̱rem Prior wieder in
Rostock ein und nahmen die noch lebend ̱ ̱en Kartäuser aus
Marienwerder bei sich auf. Die Z ̱ Heiligkreuz in
Rostock übertönen durch Singe ̱ aufgedrungenen
lutherischen Prediger, und ̱ angeordneten
Disputation standha ̱

In Nürnbe ̱r fest; die
Augustine ̱ Kloster.
Dann brach ̱n Prior
(Andreas Sto ̱ Wider-
standes) ausge ̱

In Sternberg ̱ und
wohnte mit seiner ̱s,
und man zwang ih ̱

In Mecklenburg b ̱
kanern, mehrere Fran ̱
Stephan Kempe in Ros ̱
heiten nach Hamburg und ̱
in Rostock setzte auch sein ̱
Recht hatte, nahm eine Auf ̱
einen apostasierten Guardian a ̱

Auch in Basel erleichterte der ̱ten.
der Klöster: man forschte, ob viell ̱ ̱ren. Der
Höchstens daß es die Basler besser ̱ ̱ Kosten der ein-
Rat hob die Klöster nicht auf. Er b ̱
zelnen Klosterinsassen. Diese wurden ̱ sie austraten, wirtschaftlich sichergestellt: die eingebrachte ̱ wurde zurückgezahlt; die
von Haus aus nichts hatten, bekamen di ̱ notwendigen Mittel, um sich ein
Leben aufbauen zu können. Auch hierzu gibt es im Norden Parallelen. Man
brachte den letzten Abt des Zisterzienserklosters Doberan, Nikolaus Peper-
korn, dahin, zu bescheinigen, daß er das Kloster freiwillig, ungezwungen und
ungedrungen ,übergeben' habe. Er bekam jährlich 1000 Gulden Pension

(die Mönche wurden abgefunden), blieb aber seinem Glauben treu, im Unterschied zu seinem Kollegen von Dargum, Jakob Baumann, der Pastor wurde, mit 71 Jahren heiratete und beim Visitationsexamen 1560 nichts wußte.

Gewisse standhafte Frauenklöster suchte man dadurch mürbe zu machen, daß man keinen Beichtvater zuließ oder aber treubleibende Klosterinsassen zwang, neugläubige Prädikanten anzuhören.

Ein anderes Mittel, das immer wieder vorkommt, ist die Ausweisung besonders aktiv-kirchlicher Mönche.

7. Es wurde klar genug gesagt, daß die Säkularisierung der Klöster durchaus nicht immer unedlem Eigennutz diente. Aber es gibt auch diese Seite. Mit aller nur wünschenswerten Deutlichkeit läßt sich nachweisen, daß egoistische, wirtschaftliche und politische Beweggründe in Fülle mitwirkten, ja auch maßgebend waren. Die Reformation wurde allzu oft zur Säkularisation im Interesse der eigenen Tasche. Und dies in ungeniertem Gegensatz zu den allmählich seit 1528 ans Licht tretenden Kirchenordnungen.

Der Gedanke der Säkularisation war alt. In irgend einer Form war er den meisten Fürsten das ganze Mittelalter hindurch vertraut gewesen. In der heraufziehenden Krise des späten Mittelalters war sie oft in radikaler Weise — so vom ,oberrheinischen Revolutionär' — verlangt worden. Das macht die harten und manchmal sehr häßlichen Vorkommnisse der praktischen Reformierung im 16. Jahrhundert verständlicher, aber es vermag nicht, sie zu entschuldigen.

Der Säkularisierungsprozeß durch die Fürsten vollzog sich etwa so, daß alsbald nach dem Übertritt des Territorialfürsten zur neuen Religion die Prälaten nicht mehr mit den Städten und der Ritterschaft zu den Landtagen eingeladen wurden. Der Kampf um die Landklöster konnte sich zwischen den Fürsten und den ländlichen Ständen abspielen, wobei dann letztere es nicht unterließen, ihren Fürsten (etwa in Mecklenburg) vorzuhalten, sie hätten die aufgehobenen Klöster zu ihrem eigenen Nutzen verbraucht.

Dabei befleißigen sich die Parteien einer durchaus frommen Sprache, die von religiösen Beweggründen und hohen christlichen und sittlichen, gemeinnützigen Zielen redet. Diese religiös-theologische Formulierung soll man nicht auf die Goldwage legen. Die diplomatische Tradition der Kanzleien forderte damals diese Einkleidung in jedem Fall. Man hatte darin seit undenklichen Zeiten gründliche Fertigkeit erlangt. Außerdem war noch immer, ja gerade jetzt, die religiös-theologische Begründung die autoritativste.

Aber so viel wird man von vornherein als selbstverständlich zubilligen: man darf den allzu uneingeschränkten religiösen Begründungen gegenüber mißtrauisch sein. Es hieße den protestierenden und in der Folgezeit gegen die Altgläubigen zusammenstehenden Fürsten eine schlechte politische Zensur erteilen, wollte man annehmen, sie hätten nicht erkannt, was die Trennung von der alten Kirche an Machtzuwachs bedeuten könnte. Die volle Unabhängigkeit von der Kurie, die in Aussicht stand, erhellte die vorliegenden ungewöhnlichen Möglichkeiten; denn sie bedeutete in Wirklichkeit, in der einen oder andern Form, oder in mehreren Formen, die Verfügung über den Reichtum und allerlei weittragende Rechte der Kirche.

Als der Kaiser zu Augsburg 1530 Restitution des säkularisierten Kirchengutes verlangte, lehnten die Fürsten ab: dazu seien sie nicht verpflichtet, weil dies ein Gewissensfall sei, worin ein Eigentumsrecht der Beraubten nicht in Frage komme. Der Kaiser hatte leichtes Spiel, sie zu widerlegen: ‚vermöge des göttlichen Wortes, des Evangeliums und auch aller päpstlichen und weltlichen Rechte dürfe niemand dem andern das Seine nehmen‘.

Der Fall liegt nicht immer so kraß wie bei dem Markgrafen Albrecht Alcibiades von Brandenburg. Er betrachtete Kaufleute und Geistliche und kirchliches Gut unter dem gleichen Gesichtswinkel: Gelegenheit zum Rauben. Seine Säkularisationen waren offener Diebstahl eines Raubritters. Daß er dabei vom Evangelium redete, war nichts als zynischer Mißbrauch.

Aber bis zu ihm hin gibt es vielfältige Zwischenstufen, auf denen ebenfalls die tatsächlich erfolgte Säkularisierung mit dem behaupteten Eifer für das reine Wort Gottes kaum in Einklang zu bringen ist. Markgraf Georg von Brandenburg-Kulmbach ließ wenige Monate vor dem Augsburger Reichstag 1530 aus den Kirchen und Klöstern seines Landes alle goldenen und silbernen Gefäße, Monstranzen, Bilder, Meßgewänder, Perlen und Edelsteine fortholen. Mit dem Erlös wurden die Spielschulden (50 000 Gulden!) und andere Verpflichtungen seines verstorbenen Bruders Kasimir gedeckt. — Georgs Sohn Friedrich bezog aus kirchlichen Pfründen die Summe von etwa 190 000 Gulden.

Nachdem 1550 Doberan und Dargum aufgelöst waren, wollte der Herzog von Mecklenburg auch Marienehe reformieren bzw. säkularisieren. Ihn trieb mindestens so stark reine Geldnot wie seine lutherische Gesinnung. Er ließ also die reiche Kartause durch Fußvolk und Reiter stürmen und plündern und die Insassen ins Elend jagen. Es befanden sich viele alte Männer unter ihnen. Der Prior kämpfte unentwegt weiter um das Bestehen seines Konvents. Der Herzog befahl, ihn ins Gefängnis zu stecken.

Zum Kapitel der eigennützigen Säkularisierung liegt übrigens ein ungeheuer belastendes Anklagematerial aus den Reihen der protestantischen Prediger selbst vor, vom hierin seltsam doppelzüngigen Melanchthon und von Luther an bis zu unbekannten Namen. Es genügt nicht, die Einseitigkeit Janssens mit Recht abzuweisen; man darf deswegen sein Material nicht übersehen,

ebensowenig wie dasjenige der drei Bände Döllingers. Gewiß übertreiben die
in beiden Werken zusammengetragenen zeitgenössischen, protestantischen
Klagen oft. Etwa so, wie die vorreformatorische katholische Literatur bei der
Schilderung der damaligen religiösen und sittlichen Mißstände. Es ist ebenfalls
zu berücksichtigen, daß es den Kirchendienern und Prädikanten auch ums
Brot ging. Trotzdem bleibt, nach kritischer Sichtung, das Material außerordentlich belastend. Viele der neuen Kirchenherren, die sehr oft ohne genügende Rechtstitel in den Besitz der Kirchengüter gekommen waren, mästeten
sich nicht anders aus diesem Gut, als es die unwürdige hohe Prälatur zu Ende
des Mittelalters getan hatte, und wie es ihr in einer so unbarmherzigen Weise,
ohne allen Zweifel übertreibend, von den religiösen Neuerern vorgerückt
wurde. Es ist durchaus von einem neuen simonistischen Fiskalismus zu reden,
der nicht selten die Bedürfnisse der Schulen und der Karitas hintansetzte
und nur an die Mehrung und Erhaltung von Gewalt und wirtschaftlichem
Gut zu eigenem Profit dachte. Vom Gelde der Vorfahren gebaute Kirchen
und ihre herrliche Ausstattung samt den Paramenten sieht man traurig verderben, verfaulen, zur Ruine werden oder zu höchst profanen Zwecken veräußert werden. Man darf nicht auf der einen Seite den gewaltigen religiös-
reformatorischen Ansturm des ersten Jahrzehnts so fest betonen, und dann
auffallende Zersetzungstendenzen der Folgezeiten beinahe ganz übergehen.
Es war eine peinlich überraschende Reaktion, wenn am Ende der Reformationszeit der Vergleich mit der früher so geschmähten katholischen Vorzeit sich
aufdrängte; wenn unter Protestanten die Frage auftauchte, ,was denn das
Evangelium Gutes gebracht habe? Aufruhr habe es entzündet und die Bilder
aus den Kirchen gestürmt'. Wenn diese Klagen häufig wurden, so war das
nicht einfach die bekannte Selbsttäuschung über die gute alte Zeit; es äußerte
sich vielmehr die bittere Erkenntnis, wie hart die Verwirklichung der Reformation hinter ihrem Ideal zurückgeblieben war, wieviel Werte sie unnütz
zerschlagen hatte. Luthers und Melanchthons eigene Äußerungen sind die
Garantie für die Richtigkeit des behaupteten Tatbestandes.

Es gab in der Reformationszeit Tumulte, und es gab noch viel mehr
Säkularisationen. Hat man schon Tumulte erlebt, in denen nicht auch
selbstverständlich egoistische Triebe Befriedigung gesucht hätten? Ist es
Regel oder ist es Ausnahme, daß die Möglichkeit, seine und seines Amtes
wirtschaftliche Mittel schnell, sehr schnell, stark und sehr stark zu mehren,
die Gesinnungsechtheit der Menschen einer schweren, einer oft erdrückenden
Belastung aussetzt? Wenn man für die Ausbreitung der reformatorischen
Lehre in diesen beiden Fällen allgemeinster menschlicher Gültigkeit eine Ausnahme zu statuieren wünscht, d. h. wenn man für die Reformierung ganzer
Territorien und Städte und der Masse der Klöster durch geldbedürftige

Fürsten und Räte den nackten Egoismus als mitentscheidende Ursache ausschalten will, dann muß man diese These ganz ungewöhnlich stark untermauern. Es ist nicht bekannt, daß das bisher gelungen wäre. — Durch die ganze deutsche Reformationsgeschichte zieht sich eine lange Reihe beschämender Beispiele dafür, wie neugläubige Stadträte sich mit den ordnungsfeindlichen Elementen des Pöbels verbanden, um den Klöstern das Leben sauer zu machen. Das Verhältnis vom Rat zur Menge wechselte dabei. Teils nützte der Rat die verschieden verursachte Erregung aus, teils war es die Menge, die den Rat vorwärtstrieb. Die aufreizende Kritik der Prädikanten steht gewissermaßen zwischendrin. Die tumultuarischen Äußerungen waren eine beinahe notwendige Folge der massiven, ungenau abgegrenzten Schmähungen in Predigt, volkstümlicher Flugschrift, Lied und Holzschnitt. Luther hatte bereits 1520 das Thema angeschlagen, als er den Waffenkampf der Kaiser, Könige und Fürsten gegen das alte Kirchentum forderte, in dessen Blut er und die Seinen ihre Hände waschen wollten. Das und vieles andere waren gefährliche Worte inmitten einer revolutionär gärenden Zeit, auch wenn sie Gedanken der Bibel wiedergaben.

In Breslau war die ‚Volksstimmung zeitweise so bedrohlich, daß Cochläus Plünderung und Zerstörung der Kirchen und Häuser auf der Dominsel befürchtete'. In Friedland (Mecklenburg) wurde 1525 einer von den vielen abgefallenen Augustinern von der Masse mit Gewalt auf die Kanzel geführt. In Rostock erzwang die drohende Haltung der Menge, daß der Rat der Neuerung freien Lauf ließ. In Ribnitz wurde die neue Lehre zuerst 1526 gepredigt: es geschah durch einen Schmiedeknecht, der zur Verweigerung von Zins und Zehnten an die Kirchen aufforderte. Er wurde aber auf Betreiben der herzoglichen Äbtissin Dorothea vertrieben. In Lübeck wurde die Reformation dem Rat durch Volkstumult abgezwungen. Sie nahm unter der Führung radikaler Elemente einen stürmischen Verlauf.

Die gewaltsamen Reformierungen von Klosterfrauen in Biberach mit den materiellen Benachteiligungen bis zur Ausweisung, der Zwang zur Reformierung der Geistlichen in Eßlingen in den zwanziger Jahren, die harten Strafen, mit denen Katholiken belegt werden, die außerhalb der Gebiete ihrer protestantischen Herren Messe hören, Kinder taufen lassen oder beichten, die Rücksichtslosigkeit, mit der den Sterbenden Beichte und heilige Wegzehrung verweigert werden, die Gewalt, mit der anderseits Geistliche gezwungen werden, Exkommunizierten die Sakramente zu reichen: all das ist oft viel mehr als Härte. Und solche Vorgänge sind an der Tagesordnung.

Bereits der Reichstagsabschied von Augsburg 1530 verlangte offiziell die Wiederaufrichtung der mit Gewalt verwüsteten Bistümer, Klöster und Kirchen und die Wiedereinsetzung der mit Gewalt verjagten Bischöfe, Geistlichen,

Mönche und Nonnen. In Rostock erklärt der Rat den Geistlichen 1531, er vermöge sie nicht mehr gegen die rohe Gewalt der Menge zu schützen. 1534, nach der ‚Aufhebung‘ aller Klöster in der Stadt, verbietet der Rat von Rostock allen Einwohnern, nach Marienehe und an andere katholische Orte zur Messe zu gehen. Die Masse bringt den Rat dazu, den Kartäusern in Marienehe die Beichte zu verbieten. In Wismar erzwingt die Menge durch gewaltsame Störungen des Gottesdienstes seine Einstellung. Der Rat verlangt Abstellung ‚gewisser Zeremonien‘, ‚damit keine Gewalt geschehe von dem losen Volk‘. Der Pöbel stört in tumultuarischer Weise die Predigt, am ersten Weihnachtsfeiertag die Vesper. Am zweiten Feiertag singt man in der Kirche schändliche Lieder, wirft Steine, Schneebälle und Eisschollen ins Chor, den Organisten verjagt man von der Orgel, man reißt die Altardecke weg. Der Rat macht die Messe für den Aufruhr verantwortlich und verlangt, daß ihm die Schlüssel zum Silber ausgeliefert würden. Er schließt die Klosterkirche, bis das Kloster sich entschlossen habe, die neue Lehre anzunehmen. Die Mönche berufen sich auf ihr Gewissen und ihre Pflicht vor Gott und den Menschen. Durch eine Verwarnung des Herzogs Albrecht tritt eine kurze Ruhepause ein. 1536 gibt es neuen Sturm: die langsame Kräfteentziehung dauerte bis 1575, in welchem Jahre der Prior als Katholik starb. Auch in Stralsund gab es grobe Ausschreitungen gegen die Altgläubigen.

Die Vertreibung der Franziskaner aus Altenburg und Zwickau, wo Luther persönlich die Reformierung leitete, ist mit Unduldsamkeit und Grausamkeit befleckt: ‚Luther gab die Parole, seine Jünger führten sie erbarmungslos durch.‘

Der Nachfolger des Herzogs Georg von Sachsen reformierte und säkularisierte ‚wie ein Türke oder Tartar‘.

In Soest setzt sich die Menge mehr als einmal durch. Im September 1531 sahen sich sogar gut Lutherische von ihr am Leben bedroht. Ende desselben Jahres gelang es einem ausgesprungenen, sittenlosen Minorit, Aufruhr zu erregen; die beiden Bürgermeister wurden gefangen gesetzt, der Pöbel war Herr der Lage.

Die Reformierung der Zisterzienserinnen von Heiligengrabe durch den brandenburgischen Kurfürsten ist eine einzige Folge von gewaltsamen Eingriffen.

Es gelang den Neugläubigen, auch die katholische Predigt in Kirchen zu verhindern, in die sie nicht eindringen konnten: in St. Gallen 1524 wiegelten sie das Volk gegen den Stiftsprediger Wendelin Oswald auf, so daß er sich nicht mehr auf den Straßen sehen lassen konnte.

Hildesheim war das letzte standhafte katholische Zentrum in Niedersachsen. Auch hier erfolgt die Entscheidung durch den Rat. 1533 wurde ein Vorstoß der Neugläubigen abgeschlagen. Es wurde ein katholischer Bürgermeister gewählt. Aber nach dessen Tod drängte man zum Anschluß an den Schmalkaldischen Bund. Ein Ausschuß von ‚Verordneten der Religionssachen' schritt zu einer Besitzaufnahme von Wertsachen und Dokumenten in den Klöstern. Der Rat veranstaltete unter Zuziehung der sechs Bauernschaften eine Abstimmung über die Religionsfrage. Das Ergebnis ist für die neue Lehre. Sofort, gleichen Tags, erfolgt die Beschlagnahme der Wertsachen. Im folgenden Monat folgt die Schließung aller Klöster. Dem Volk wird verboten, den Dom zur Zeit des Gottesdienstes zu betreten. Es kommt zu einer nochmaligen Ausplünderung der Kartause. Die Mönche werden fünf Tage gefangen gesetzt. Man zwingt sie, die Kutte auszuziehen und in der eigenen Kirche neugläubige Prediger anzuhören. Kein einziger tritt über. Also muß der Prior (Loher) weg. 1545 wurde er aus der Stadt verbannt.

Ähnlich wurde die Kartause Maria Saal bei Memmingen öfters ausgeraubt, der dorthin versetzte Loher und sein Klosterprokurator zum Fortziehen gezwungen. Die Messe wird gewaltsam (auch durch Anwendung von Waffen) beseitigt, die Kutte verboten; dreimal wöchentlich müssen die Brüder evangelische Predigten hören. Ein Lutheraner wird zum Vorsteher eingesetzt: mit Weib und Anhang wohnt er zwei Monate dort. Die Vorräte werden verzehrt, Wertsachen gestohlen und zu Geld gemacht, Höfe und schließlich die Klostergebäude selbst werden verpfändet. Die Mönche blieben auch hier treu.

Es ist utopisch, an die Bewertung auch s o l c h e r Vorgänge die Frage nach dem rechtmäßigen Besitztitel der Neugläubigen heranzutragen. Hier wurden unbestreitbare, juristische Rechte grob, nicht aus höherem Zweck, sondern aus massivem Eigennutz, verletzt. Reformierte benutzten hier das neue Bekenntnis als Vorwand für Diebstahl, materielle und moralische Gewaltanwendung und zum Prassen. —

Diese von der Obrigkeit oder mit ihrer Unterstützung durchgeführte Unterdrückung war nur möglich, weil sie einen ausgedehnten Katholikenhaß ausnutzen konnte. Nur von daher erklärt sich die Ausdehnung der tumultuarischen Gegnerschaft zum alten Kirchenwesen. Für diese Stimmung tragen viele Schuld. Die gesamte Erregung der vorreformatorischen und der reformatorischen Zeit ist ebenso hierherzuziehen, wie auch die robusten damaligen Ansichten über Ketzerbehandlung, die notwendigerweise ihre Wirkung über das Gebiet des strengen Rechtes hinaus zeigen mußten.

Für das eigentlich Ungeregelte und Tumultuarische muß man auch stark in Anschlag bringen die übeln Gewohnheiten der Selbsthilfe, die das Raubrittertum eingeführt hatte. Auch die utopistischen Reformprogramme wirken hier herein, etwa die Flugschriften des früheren Franziskaners Eberlin von Günzburg mit seinen radikalen Freiheits- und Gleichheitsforderungen. Die allgemeine Erwartung richtete sich ja gerade auf eine Erledigung der Feinde, zu denen vor allem der Klerus rechnete. Der kommende Kaiser-Retter sollte die Kleriker derart verfolgen, daß sie ihre Tonsur mit Mist verdecken würden. . . .

Aber eine Hauptkraft, die diese haßerfüllte Stimmung aktivierte, fehlt noch: Luther. Was für seine indirekte Mitschuld am Losbrechen der bäuerlichen Tumulte gesagt wurde, gehört in noch stärkerem Grade hierher, wo es direkt gegen die Klöster geht. Durch seinen hemmungslosen Ton hat er zweifellos unter der Bürgerschaft dem Triebhaften, dem Haß, der Unduldsamkeit und dem Tumult als ein Meister ohnegleichen die Gasse geöffnet. Luther weiß, daß man diesen Vorwurf gegen ihn erhebt: er sei ein böhmischer Aufrührer, oder wie Murner sagte, ein neuer Catilina. ‚Ja, das ist alles deine Schuld, du hast's angefangen, und das sind deiner Lehre Früchte.‘ Noch viel stärker muß er sich gegen diesen Vorwurf im Oktober desselben Jahres 1530 wenden, als der energische, nur von den Altkirchlichen verfaßte Abschied des Reichstages herausgekommen war und er bestimmt Krieg und Aufruhr kommen sieht. Aber er läßt nicht von seiner Art; vielmehr: ‚Sie sollen mich nicht verzagt machen, ich will s i e verzagt machen. Mein Leben soll ihr Herrscher sein. Mein Tod soll ihr Teufel sein.‘

Zur Illustration kann man auch Luthers Kampf gegen die Juden heranziehen. Weil er ihre Schriftauslegung als Lüge ansieht, und sie seinen zahmeren Angeboten nicht Gehör schenkten, fordert er, daß man ihre Synagogen und Häuser verbrenne, daß man ihnen ihre Bücher nehme und den Rabbinern das Lehren verbiete; man soll ihnen Geleit und Straße sperren, am besten aber sie ausweisen. In Sachsen und Hessen hat er scharfe Edikte gegen sie veranlaßt.

Vor allem sind die späten Kampfbilder Luthers schlimm aufreizender, ungeistiger Angriff, und das Gegenteil der Milde, deren er sich nach seinen Worten ausschließlich beim Volk bedient haben will.

Nein, auch in der Frage der gewaltsamen Ausbreitung seiner Lehre durch die Obrigkeit blieb Luther seinem ursprünglichen Ideal leider nicht treu. Im Reuchlinstreit hatte er sich energisch für die Freiheit der wissenschaftlichen Meinungsäußerung eingesetzt, weil sonst ‚diese Inquisitoren künftig Kamele verschlucken und Mücken seihen nach Belieben, und die Gläubigen trotz aller Bekenntnisse zu Ketzern machen würden‘. Im Mai 1521 schrieb er an Melanchthon, wenn es auch gut sei, die unbelehrbaren Gottlosen zu zwingen, so bringe doch Gewalt dem Evangelium Infamie und gerechten Widerstand. Die tapfere Zurückweisung obrigkeitlicher Zwangsmittel im Kampf gegen Müntzer und Luthers damaliges Eintreten für die Lehrfreiheit kennen wir. Auch als aus Anlaß der Packschen Fälschungen Krieg drohte, erklärten sich Luther und Melanchthon wieder entschieden gegen die Gewalt, die eine Schmach fürs Evangelium sei. Die gleiche Haltung zeigt Luther in der Frage des Bündnisses mit den Zwinglianern: ‚Der Kaiser bleibt Herr, auch wenn er verfolgt.‘

Aber schon seit 1521 gibt es auch die Gegenströmung! Als Luther von der Wartburg aus Sickingen zur blutigen Gewaltanwendung reizt, kann man feststellen, daß seine Stellung zur Frage des Religionskrieges sich ändert. Der Umschwung setzte sich nur langsam durch. Aber auch gegenüber den Wiedertäufern gelangte Luther schließlich zur unbedingten Forderung der Gewalt: ‚Daß weltliche Obrigkeit den Wiedertäufern mit leiblicher Strafe zu wehren schuldig sei.‘

Man faßt übrigens sowohl die Kräftelagerung wie die von ihr abzulesende Problematik nur ungenügend, wenn man ausschließlich von materieller Gewaltanwendung redet. Die vorgetragenen Beispiele belehren uns, daß die Benachteiligung der Katholiken zu Gunsten der Neugläubigen in Stadt und Territorium alle Möglichkeiten der materiellen wie der moralisch-geistigen Behinderung zeigt bis zur umfassenden und rücksichtslosen Anwendung des ‚cuius regio‘ in seiner ganzen Tragweite. Sie entspricht der unbegrenzten Ausdehnung des Anti-Rom-Affektes wie der alle Lebensgebiete umfassenden revolutionären Erregung der Zeit. Von der großen Not der Sakramentensperre selbst für Sterbende war schon die Rede. Für das Gebiet des Geistigen ist noch an die Beschwerung der katholischen Drucker zu erinnern. Herzog Heinrich ließ den katholischen Drucker Wolrab einfach verhaften; der arme Teufel war gezwungen, seine Druckerei den Protestanten zur Verfügung zu stellen.

In der Tat, wenn man die Frage der Reformierung und Säkularisation von der harten Praxis her anpackt, dann stellt man fest, daß sie in zahllosen Fällen eine schwere Belastung der evangelischen Sache darstellt. Unbedingt war es eine ernste Schädigung jener heiligen Autorität, die man immer wieder an- und ausrief, der Heiligen Schrift nämlich, wenn man in so ungenierter Weise aus ihr einen Deckmantel für die eigenen Gelüste machte. Das war tief unwürdige Heuchelei. Als in Augsburg 1548 der Frankfurter Gesandte Humbracht sich für das Festhalten am g a n z e n protestantischen Glauben gegenüber dem Interim auf das Gewissen berief, gab man ihm die bezeichnende Antwort: ‚Ihr habt Konszienzen wie Barfüßerärmel, die ganze Klöster verschlingen.‘

8. Die Frage der evangelischen Säkularisation muß aber auch von der theologischen und grundsätzlichen Seite betrachtet werden.

War der Übergang des alten Kirchengutes an die Neugläubigen gerechtfertigt? P o l i t i s c h ist das einfach ein Teil der umfassenden Frage nach den

Rechten des Landes- oder Territorialfürstentums über das Kirchengut. Diese Rechte waren mit und ohne päpstliche Zustimmung besonders seit dem Schisma und den Fürstenkonkordaten und deren Auswirkungen tatsächlich außerordentlich gestiegen. Durch die Exemtion der Orden und gewisser Pfarreien von der Jurisdiktion der Bischöfe war direkt der Weg gewiesen, auf dem sich korrekt kirchlich die Macht des Bischofs beschneiden, die der Stadt stärken ließ. Das Patronatsrecht über eine Kirche ließ sich erwerben oder ausdehnen; Pfarreien ließen sich selbständig machen durch Erhebung zur Propstei. Der Grundsatz ‚cuius regio, eius religio‘ war mehr als genügend vorbereitet. Nahm man ihn als gültig, ergab sich das Recht zur Überführung des Kirchengutes in den Besitz der dem Landesherrn in das neue Bekenntnis Folgenden ohne weiteres.

Kanonistisch war die Grundlage für die Überführung immer gegeben durch den Satz, daß die Kirche eigentlich Inhaberin aller frommen Stiftungen sei. Man weiß, bis zu welchen grotesken Auffassungen diese an sich große Konzeption durch die komplizierten realen Verhältnisse, besonders durch den in die Kurie eindringenden Geist der Säkularisation, sich im franziskanischen Armutsstreit entwickelt hatte. Sie war mit Unwahrhaftigem verquickt worden. Die sehr handfeste, nur allzu materielle Auffassung des Pfründewesens mit allen bekannten Mißständen des Fiskalismus war einfach dem Geist wahrer Armut zuwider und hatte mit der ursprünglichen Idee nichts mehr zu tun.

Nichtsdestoweniger war der angegebene Grundsatz herrschend. Und die Parteien hatten seit langem versucht, ihn jeweils in ihrem Interesse auszulegen: In den Gravamina, welche die Stände 1524 auf dem Reichstag in Nürnberg Campeggio übermittelten, beschwerten sie sich über die Erlaubnis des Papstes an Ferdinand, ein Drittel der geistlichen Einkünfte gegen die Türken verwenden zu dürfen. Das ginge nicht an, da die unbeweglichen Kirchengüter von Kaisern, Königen, Fürsten und andern Christgläubigen ‚zur Ehre Gottes gewidmet, beständig in der Kirche bleiben müßten, und ohne Einwilligung derer, welche sie zum kirchlichen Gebrauche gestiftet hatten, nicht veräußert werden sollten, noch könnten; in solchen unerlaubten Dingen seien sie dem Papste keinen Gehorsam schuldig‘.

Die Kurie hatte seit langem über aussterbende oder widerspenstige Klöster und deren Gut in ihrem Interesse verfügt. Dementsprechend schlug 1523 Eck dem Papst die Verwandlung der dem Wenzeslaus Link anhangenden Augustinereremiten-Klöster in Hospitäler oder zu andern guten Zwecken durch die weltliche Obrigkeit vor.

Die Neugläubigen wieder zogen aus denselben Grundsätzen die entgegengesetzten Folgerungen. Da es auch nach reformatorischer Lehre nur eine Kirche gab, die reformatorische aber ihrer Überzeugung gemäß nicht eine neue, sondern die wahre, alte apostolische Kirche war, bestand von ihrem Standpunkt aus die Forderung zu Recht, daß das Kirchengut ihrer kirchlichen Gemeinschaft zu übertragen sei. In diesem Sinne trifft es zu, daß die Übertragung des Kirchengutes von der Gemeinschaft der Altgläubigen auf die der Neugläubigen das Eigentumsverhältnis grundsätzlich unberührt ließ.

Indes, die Dinge hatten auch ihre zivilrechtliche Seite; und hier lagen die Fragen erheblich komplizierter. Die Pfründen an den Kirchen und die den Klöstern übermachten Güter waren zu einem größeren Teil an ganz bestimmte Frömmigkeitsverrichtungen geknüpft (wie Messe lesen, und dies an einem bestimmten Altar; Chorgebet; Brennen eines Ewigen Lichtes), oder einer bestimmten klösterlichen Familie (der Zisterzienser u. a.) übertragen, oder sonstwie an einen bestimmten Ort mit den Verrichtungen der katholischen Seelsorge geknüpft.

Es war durchaus nicht ohne weiteres gerechtfertigt, weder dem Buchstaben noch dem Geist der Stiftungsurkunden nach, daß man diese Güter etwa zentralisierte, oder statt für sakramental-kirchliche Verrichtungen für rein erzieherische oder karitative Zwecke einsetzte, für Schulen, Damenstifte, Krankenhäuser. Dies wieder um so mehr, als z. B. allgemein die rechtliche Bindung der Schulen an die Kirche gelöst wurde. Die Berechtigung der reformatorischen Lösung wird aber vollkommen zweifelhaft, wenn die rechtmäßigen Inhaber solcher kirchlichen Stiftungen sich weigerten, die neue Glaubensüberzeugung anzunehmen. Das gilt auch für den einzelnen oder die Minderheit, die etwa den neuen Kurs nicht mitmachen wollten.

Übrigens setzt der reformatorische Kirchenbegriff, soweit er lutherischer Prägung ist, jeder theologischen Begründung des Eigentumsübergangs grundsätzlichen Widerstand entgegen: für die Gemeinschaft der Glaubenden, der Erlösten, der geistlichen Menschen, konnte eine juristische Verfassung überhaupt nie zu ihrem Wesen gehören!

Erst recht gewinnt nun der ganze Vorgang der Übertragung des Kirchengutes ein anderes Gesicht, wenn die Machthaber bis zur eigentlichen Säkularisation fortschreiten. Hier stehen, wie oben gezeigt wurde, oft gewöhnlicher Eigennutz und Diebstahl, wie sie zu allen Zeiten überall vorkamen und immer wieder große Ideen beschmutzten. —

Luther war für die Beurteilung eigentlich rechtlicher Verhältnisse nicht zuständig. Sie lagen als ,weltlich Ding' zu weit ab von dem, was allein dem ,Evangelisten' wert schien. Seine Haltung konnte auch nicht wohl ohne Schwanken sein in der Frage der Überführung der alten Klöster, Stifte und Stiftungen zu neuen Zwecken. Die privaten wie die öffentlich-rechtlichen Lagerungen, die Bedürfnisse der Religion und die der weltlich-öffentlichen

Gemeinschaft waren zu verschieden; allzusehr stellten sich diese praktischen
Fragen zunächst auch nicht so sehr grundsätzlich als von Fall zu Fall.
Immerhin stößt Luther mit einer beinahe kindlich unbekümmerten Art bis
zu einem Kernpunkt der Frage vor. Und man kann seine Darlegungen nicht
einfach als unmögliche Phantasterei ablehnen, so sehr die Übertreibungen zu
unjuristischer Betrachtung und zu unhaltbaren Schlußfolgerungen führen. Er
sagt: Das Kirchengut ist gestiftet auf ganz bestimmte Voraussetzungen und
Verpflichtungen hin. Wenn die Inhaber die Stiftungen so behandeln, wie
es die Stifter niemals gebilligt hätten, dann wird das Recht hinfällig. Diesen
Fall sieht Luther als gegeben an: Die Entrichtung großer Geldsummen nach
Rom nennt er ein schändlich Plündern der Stifte und dem Willen der Stifter
entgegengesetzt. Er beruft sich nachdrücklich auf das geltende Kirchenrecht. Er
weiß, daß auf Simonie der Bann ruht. Wenn also die Inhaber der Stiftungen
‚irregulares‘ sind, dann sind gerade sie die ärgsten Kirchenguträuber, und
unter ihnen stehen Papst, Bischöfe usw. obenan; ‚denn sie halten und tun
nirgends das, warum sie gestiftet sind, sondern straks das Widerspiel‘. ‚Ihr
haltet nicht euer Stift, und damit habt ihr euch selbst abgesetzt; ihr habt
die Güter nach eurem eigenen Recht verloren.‘ Wenn die Stiftungen schon
unchristlich gebraucht werden, dann besser ‚die Kaiser, Könige, Fürsten und
Herren‘ hielten sie und legten sie besser an. ‚Ihr schreit, daß man die Klöster
und Stiftsgüter so raubt.... Wahr ist’s, gefällt mir auch nicht, daß man
solche Güter so zerreißt und zerstreut.... Und sonderlich gefällt es mir übel,
wo es böse Buben kriegen, wie ich wohl weiß, die es nicht verdienen. Denn
welche arbeiten und treulich dienen, da will ich kein Gewissen machen, ob
denen etwas davon wird. Aber offenbar sind zweierlei Stiftsdiebe und Kloster-
räuber: äußerliche und innerliche. Die äußerlichen: die bösen und unwürdigen . . .; die innerlichen sind die Bischöfe, Domherren, Mönche, nämlich
die solche Güter zu aller Untugend und Unzucht mißbrauchen und ihren
gestiften Stand übertreten und große Summen gen Rom noch größeren
Buben schicken, und die Stift damit so schändlich plündern.‘ Die Stifter haben
das nicht gewollt. Deren Ziel war vielmehr, fromme, züchtige Geistliche zu
schaffen, Studium, Lektüre, Gebet. ‚Die Pfründe soll dem Amt, nicht dem
Mißbrauch dienen.‘ ‚Das lehret euer eigen Recht und straft’s mit dem Bann
und nennt’s Simonie.‘

Sind solche Übertreibungen und ungenaue Formulierungen eine juristische
Diskussion wert? Waren die Stiftungen auf die Verhältnisse der römischen
Papstkirche und ihre Macht, auf das besondere sakramentale Priestertum hin
gestiftet oder nicht?

Aber solche grundlegenden Voraussetzungen wogen für Luther nicht mehr.
Als der Kaiser 1530 mit der Forderung an die Protestanten kommt, alles

wieder in den vorigen Stand zu restituieren, zieht sich Luther ganz unjuristisch, und eben deshalb gefährlich auf einen sprengfähigen religiösen Grundsatz zurück, der einfach die innere Berechtigung des früher katholischen Besitzes in Frage stellt: ,Ja, Papst und Papisten, gebt uns zuvor wieder Leonhard Kaiser und alle, die ihr unschuldig erwürgt habt, alle Seelen, die ihr mit Lügen verführt, alles Geld und Gut, das ihr mit Bescheißerei geraubt, all die Ehre, die ihr Gott mit Lästern gestohlen habt: so wollen wir von der Restitution handeln.' Es ist eine Auffassung, die von den Schmalkaldenern 1537 in ihrer Antwort an den kaiserlichen Vizekanzler Held so zusammengefaßt wird: ,Sie hätten sich genötigt gesehen, denen, welche sich der Kirchenbesserung so hartnäckig widersetzten, den Genuß der Kirchengüter nicht länger zu gestatten; sie könnten die katholischen Mönche und Geistlichen nicht unter sich dulden.' Es ist schließlich die unbeanstandete Überzeugung, daß die wahre Offenbarung, das wahre Wort, ohne weiteres alle andern Lebensnormen an Wert überragt und alle anderweitigen Ansprüche aus dem Felde schlägt. Aber eine Überzeugung, die man mit dem geltenden Recht eben nicht stützen konnte.

Luther wagte sich noch viel weiter vor. Wenn er 1524 in Sachen Müntzers an seinen Kurfürsten schreibt: ,Wenn die Herzen davon sind, daß Kirchen und Klöster wüst liegen, so lasse man dann die Landesherren damit machen, was sie wollen', so war das vernünftig. Aber der Bauernkrieg, der Eindruck der Visitationen und die politischen Verwickelungen brachten andere Ansätze in ihm zur Reife. Schon 1523 hatte er geraten: Bei der Beurteilung der Lehre und dem Ein- und Absetzen des Seelsorgers soll man sich ,gar nichts kehren an Menschen, Gesetz, Recht, Altherkommen, Brauch, Gewaltheit'. 1530 gibt er, ohne daß das Recht irgendwie mit herangezogen wurde, eine ähnlich revolutionäre Lösung: ,Man sollt um solch Greuel und lästerlichen Mißbrauchs willen der Messen mit Stiften und Klöstern umbgehen wie Josias der König Juda mit den Altären zu Bethel umbging, daß nicht ein Stein auf dem andern bliebe. Das wäre billig und recht, wo ihr euch hierin nicht bessern wollt.' Wieviele Bande wurden da bewußt und unbewußt zerrissen! Mußte nicht der Schnitt bei der innigen Verflechtung von allem damaligen Leben viel weiter gehen als gewollt, auch direkt zerstörend wirken? Und mußten nicht viele nur das Verneinen des Überkommenen heraushören? Sieht doch sogar Luther bei der Gemeinde Leisnig, daß immerhin die Gefahr bestehe, daß die aufgehobenen Kirchen und Klöster und Stifte und Güter ,nicht in die Beutemasse kämen und ein jeder zu sich reiße, was er erhascht'.

Aufs Ganze gesehen, ergeben sich folgende kennzeichnende Linien: Bei der fest werdenden Reformierung der Territorien, des Volkes, des Lebens bleibt

das eigentlich Religiöse als antreibende Kraft an letzter Stelle. Am stärksten
wird empfunden und ausgenützt die Gegnerschaft zu den alten kirchenrechtlichen Gewalten und allem, was daraus an wirtschaftlichen Rechten
(bzw. von den Vertretern der Neuerung aus gesehen: Lasten) floß. Selbst die
volkstümlichen Forderungen des Laienkelches (und der Priesterehe) treten
dagegen zurück. An diesen wirtschaftlichen Vorteilen (durchaus nicht
immer in klein egoistischem Sinne) entzündete sich überwiegend die
reformierende Bereitschaft der Magistrate und der Fürsten. Bei den letzteren
tritt als ebenso wichtig hinzu der politische Kampf um Erhaltung und
Steigerung der territorialen Selbständigkeit gegenüber dem katholischen Kaiser.

Es braucht nun eigentlich nicht weiter betont zu werden, daß im einzelnen
vielfach Zufälligkeiten mitsprachen, und dies ebenso bei der erfolgreichen
Ausbreitung wie bei Rückschlägen und unüberwindlichen altkirchlichen Hemmungen. Persönliche Verbindungen eines Bürgermeisters zu einem Abt, das
verpfändete Wort eines Herzogs an einen Prior, der fürstliche Charakter
einer Äbtissin haben manchmal das Schicksal von Klöstern durch eine ganze
Generation gelenkt. Viel wichtiger sind die radikalisierenden Mißverständnisse,
die bei dieser wie bei allen Revolutionen ihr erstes Einwurzeln, die Aufrichtung ihrer Macht über die Seelen weiter Volksschichten begleiten, sie
ermöglichen! Ungebildete Prediger wie deren ungebildete Zuhörer teilen sich
gleicherweise in diese Funktion. Sie fassen vor allem das Äußere, das ihnen
und ihren Trieben Vorteilhafte, dies aber radikal. Sie deuten die evangelische
Botschaft um. ‚Glaube allein' wird eine sehr bequeme Maxime. Und die
evangelische Freiheit wird außerdem noch ein Ende machen mit Zinsen und
Zehnten. Die vereinfachende Vorstellungsart der Masse hat der Reformation
stark den Weg geöffnet.

Ein eigenartiges Problem stellte sich für die Grenzbewohner. Der Grenz-
verkehr von Wittenberg nach Jüterbog hinüber zur lauten Ablaßpredigt
hatte einst beim Öffentlichwerden der Lehre Luthers entscheidend mitgewirkt.
Später lebten etwa die Untertanen des sächsischen Kurfürsten und die des
sächsischen Herzogs Georg religiös-kirchlich in vollkommen verschiedener
Atmosphäre. Für Grenzbewohner Bayerns gab es ähnliche Situationen. Die
Zufälligkeit eines Grenzflüßchens bestimmte die Religion, der diese und viele
folgende Generationen angehören würden. Aber es gab wieder den Grenz-
verkehr, der die obrigkeitlichen Bestimmungen des Kirchenwesens durchbrach.
Julius Pflug nahm ihn als Rat des Herzogs Georg sehr ernst. Dörfer des
Herzogtums hatten noch vielfach ihre Kirchspiele drüben, wie umgekehrt
diejenigen des Kurfürsten die ihren herüben im Herzogtum. Auch sonst, bei
allen möglichen Gelegenheiten wechselt man herüber, hinüber: bei Kindstaufe,

Kirmes und Jahrmärkten. So lernen Katholiken des Herzogtums das protestantische Wesen kennen und nehmen es teilweise in sich auf. Es entsteht eine
Ausbreitung der Neuerung und Unsicherheit im Religiösen überhaupt. Hier
und in den Städten zuerst stellte sich jene verhängnisvolle Frage, die praktisch
dem Relativismus des modernen Lebens so stark vorarbeitete: Menschen die
einen wie die andern, hüben und drüben. Nicht besser hier, nicht schlechter
dort! Wo ist das wahre Christentum? Es gibt wohl auch umgekehrt Belege
für einen mehr als massiven, untoleranten Dogmatismus, der geradezu in
nachbarlichen Haß umschlug und sich durch die Jahrhunderte erhielt, und je
das katholische und das evangelische Christentum stärkte. Es sind aber,
gegenüber jenem Normalfall, doch eher die Ausnahmen.

§ 8. Luther

Wir kehren zu einem unserer Ausgangspunkte zurück. Luther ist die deutsche
Reformation; die deutsche Reformation ist Luther. In dem Sinne: daß sie
von Luther die entscheidenden und sie fort und fort nährenden Kräfte erhielt.
Sie erhielt sie aber ganz wesentlich in den allerersten Jahren. Gewiß ist es
nicht so, als ob der Luther der zweiten Hälfte der zwanziger, der dreißiger
und vierziger Jahre nichts Wichtiges mehr zu sagen hätte. Auch der schon
ältere Luther besaß noch das Geheimnis allen geistigen Wachsens: von neuem
anfangen zu können: ‚Ich bin hier ein neuer Schüler der Zehn Gebote geworden‘, schrieb er 1530 von der Koburg, ‚lerne sie wieder wie ein Knabe
von Wort zu Wort und sehe, wie wahr es ist, daß ihre Weisheit ohne Zahl
und Maß sei.‘ Aber seine eigentlich schöpferische Zeit liegt vor 1530. In diesem
Jahre übernimmt zwar nicht etwa Melanchthon die Führung, aber in der
vermittelnden Augsburger Konfession erringt das Bedürfnis, das neukirchliche
Leben der Massen auf einer mittleren Linie zu regeln, den Vorantritt. Schon
früher, mit dem Jahre 1525, als Luther sich von der Sache der Bauern
trennte und das einigermaßen zusammenfassende Buch vom unfreien Willen
schrieb, kann man das ‚Ende‘ des heroischen Luther ansetzen. Die späteren
Jahre der Reformation sind für Luthers Werk wesentlich mehr Durchführung
(manchmal auch nur Verlängerung) des Begonnenen als eine Neuschöpfung.

Es ist deshalb berechtigt, an diesem Punkt unserer Darstellung, Luther
und seine Arbeit zusammenfassend zu kennzeichnen. Ich beziehe dabei den
älteren Reformator mit ein. Man kann manches am Luther der Entscheidungsjahre nicht richtig zeichnen, ohne zu sehen, zu welchen Formen die frühen
Ansätze sich später fortentwickelt haben.

Natürlich handelt es sich in einem Buch wie diesem nicht um eine erschöpfende
Darstellung. Es kommt mir nur darauf an, das, was man Luthers G r u n d -

haltungen, seine Art und die innere Tendenz seiner Kräfte nennen kann, durch einige Streiflichter herauszuheben. Und dies hauptsächlich in jenem Umkreis, der für die Reformation und ihre Geschichte in bestimmterer, unmittelbarer Weise wirksam wurde. Wir werden dabei in auffallendem Umfang immer wieder auf gleichgeartete Elemente stoßen. Die gewaltige Vielseitigkeit des Lebenswerkes Luthers ruht auf wenigen Grundkonzeptionen. Der Gegenstand selbst erfordert also ein mehrmaliges Zurückkehren zu denselben Gedanken, nicht selten auch zu solchen, die wir bereits bei Betrachtung des jungen Luthers auszusprechen hatten; er macht Wiederholungen unvermeidlich. Um sie zu beschränken, wird die Betrachtung nicht chronologisch vorgehen, sondern mehr systematisierend ordnen.

Der erste und letzte Eindruck, den Luther hinterläßt, ist der der strömenden Fülle. Er ist ein Lebensphänomen und vor allem kein Schulmeister. Die Fülle des Lebens aber ist immer komplex. Es ist unmöglich, sie in ein kleines Sätzesystem zu fassen.

Notwendig stoßen wir also auch auf starke Spannungen. Und selbst diese Formel genügt nicht, um den Tatbestand erschöpfend zu kennzeichnen. Die Spannungen werden bei Luther wirkliche Widersprüche. Widersprüche freilich, die sich längst nicht einfach aufheben, sondern in gefährliche Untiefen hinabreichen und gefüllt sind von erregenden und uns bedrängenden Wirklichkeiten.

Es ist sehr verständlich, daß der evangelische Christ mit Beklemmung vor der Behauptung tiefgreifender Mängel in Luthers Lebensbild steht; und daß er solcher Behauptung mit Mißtrauen begegnet. Mit denjenigen Lutherverehrern, die glauben, die Fehler Luthers, des Genies, a priori als belanglos abtun zu müssen, ist nicht zu rechten. Aber man darf ihnen zum mindesten sagen, daß sie dann, gerade als Christen, das erschütternde Schicksal Deutschlands in und durch die Reformation zu einem entscheidenden Teil unverständlich machen, da sie aus der von vielen Seiten aufgehäuften Schuld irregeleiteter Kräfte den gewaltigen Komplex Luther ganz ausschalten. Man kann mit Ehrfurcht vor Luther stehen, aber man darf nicht blind sein vor seinen Mängeln. Und dies wegen der Wahrheit, wegen des Christentums, aber auch wegen Luther selbst.

Dies ist vielmehr eine Grundvoraussetzung, um an den wirklichen Luther heranzukommen: daß man fähig sei, zugleich und mit Eindringlichkeit seine Werte und mit Eindringlichkeit die ihnen oft in der gleichen Frage entgegenstehenden und widerstrebenden Schatten zu sehen. Nur eine vielfältig in ‚Ja‘ und ‚Nein‘ und ‚Aber‘ und ‚Trotzdem‘ differenzierende Beschreibung, die

jedoch die Wirklichkeit fest packt, kann das innerlich widerstreitend ich aufbauende Gesamtkräftespiel dieses Lebens fassen.

1. Über eine Tatsache sollten sich alle Darstellungen Luthers hüben wie
drüben einig sein: daß er vor allen andern Inhalten, die ihn kennzeichnen
mögen, ein r e l i g i ö s e r Mensch war.

Eine allseitig befriedigende Deutung dieses Begriffs ist ungewöhnlich schwer
zu geben. Man kann ihr aber nahekommen durch Ausscheiden dessen, was
Luther im Tiefsten n i c h t war. Er war kein Politiker und kein juristischer
Kopf. Und er war auch kein Mystiker. Auch kein theologischer Systematiker.
Es bleibt: das Gewissen, das in der absolut bindenden Norm des ‚Wortes'
gefangen sein will; und es bleibt das Prophetisch-Bekenntnismäßige: Luther
der Verkünder und Bekenner seines Evangeliums. Dieses Evangelium aber
ist der am Kreuz angeschaute Gottmensch Jesus Christus, die Offenbarung
des Vaters.

Es stellt sich zuerst die Frage nach dem E r n s t und damit nach der K r a f t
dieser christlichen Religiosität.

Luther verstärkt den guten Eindruck, den seine Klosterkämpfe machten,
durch das, was wir seine Kreuztheologie nennen. Da das Christentum und
der Christ wesentlich zu messen seien an ihrer Konformität mit Christus,
gehöre die harte Anfechtung zu ihrem Wesen. Das Christentum wird nicht
erwiesen durch seinen Sieg, sondern durch die Bedrohung, die ihm zuteil
werden muß. Was aus Gott ist, muß redlich angefochten werden (1523).
‚Weißt du oder erkennt der Christ seine Not und Anfechtung nicht, so möge
er wissen, daß er am allerübelsten daran ist.' Wie in der Not Jesu am Öl-
berg und am Kreuz die Gottheit sich von ihm wandte (‚Mein Gott, warum
hast Du mich v e r l a s s e n'), so wird in der Anfechtung, die das Leben hindurch dauert, wenn sie ‚akut' auftritt, Christus hinweggenommen; es quält die
Unsicherheit der Erwählung, wie Luther es auf der Wartburg erlebte. So muß
auch die rechte Kirche um das Wort Gottes leiden (1530). Daß den Reformatoren dieses Leid aufgeladen ist, erscheint als die Rechtfertigung ihres Tuns. Die
Belastung Roms sei, daß es den christlichen Heilsweg zu l e i c h t mache. Luther
sträubt sich nicht gegen das Kreuz, im Gegenteil, gegen die Kreuzmilderung. Er
v e r s c h ä r f t die Lage des Christenlebens. (Vgl. jedoch S. 427!)

Zweifellos liegt hier ein bedeutendes Kraftzentrum der reformatorischen
Verkündigung; nicht einmal die radikale Sündentheorie, die doch allen Wert
des Natürlichen grundsätzlich vernichtet und also die Kräfte lähmt, war
stark genug, es mattzusetzen. Man kann es gar nicht nachdrücklich genug
aussprechen, wie ernst Luthers Sätze der Kreuztheologie es meinen, wie sehr

sie sich gegen das satte Sichersein wenden, wie erbarmungslos und ohne Ausweichen sie den Menschen in die Entscheidung hineinstoßen. Freilich, dies ist Theorie, wenn schon mit Kraft gefüllt. Es bleibt abzuwarten, ob wir das praktische Leben des Reformators mit diesem Ideal in Übereinstimmung finden werden, und wie weit dieses Ideal der Kreuztheologie von der breiten Reformation aufgenommen wurde. Der Ichsucht in ihren verschiedenen feinen und groben Formeln kann man nach Luthers eigenen Warnungen nur sehr schwer entgehen, und das Ideal, so erkannte er gleichfalls, ist nur für eine kleine Zahl der Erwählten.

2. Der Kern von Luthers religiöser Substanz heißt Gott. Wir sahen schon: Luther erahnte die Majestät Gottes tief genug, um zu gestehen: das vermag kein Mensch zu fassen. Aber kein Schatten eines Zweifels am Dasein Gottes ging über ihn hinweg. Der Glaube an Gottes Dasein war ihm von seiner Jugend her für sein Leben ein für allemal vorgegeben. Als Folge seines Grunderlebnisses, das die Angst war, kam es zu verzweifelndem Kampf, beinahe zur Blasphemie gegenüber diesem unerbittlich fordernden, den Menschen ins Dasein rufenden Gott, der uns mit Geboten beschwert und außerdem noch den und den, die vielen, für die Hölle bestimmt: aber kein Zweifel stand dadurch in Luther auf gegen diesen Gott. ‚Ein ungläubiges Herz findet immer neues Ärgernis.' Auf Luther selbst fand dieses sein Wort keine Anwendung. Gott war ihm für und für die große Kraft, die alles gibt, der Alleinwirksame, dem gegenüber des Menschen eigene Kraft gar nicht existiert, also auch nicht zur Geltung kommen kann, am wenigsten im Heilsprozeß, der restlos an Gottes größte Liebestat gebunden ist: an die Hingabe des eigenen Sohnes ans Kreuz für uns. Der Mensch erfüllt seinen Daseinszweck, Gottes Willen zu tun, wenn er seine eigenen Kräfte im Erkennen und Können vernichtet. Wenn er nicht achtet, was ihm wertvoll scheint, sondern umgekehrt, was ihm niedrig dünkt. Denn Gott ist in der Offenbarung durch den Sohn in der Niedrigkeit ein verborgener Gott, und seine Werke sind gerade dort, wo sie für die Göttlichkeit zeugen, Niedrigkeit und Verachtung. Das Umgekehrte des Scheinenden und das Fortschreiten in Gegensätzen (die ‚contraria species') sind das Zeichen des Göttlichen. Luther faßt das Menschliche nicht nur als untergöttlich, sondern als eigentlich widergöttlich. Gott und Mensch sind Widersprüche. Die Spannung zwischen Gott und dem Sündhaften wird zur Spannung zwischen Gott und Mensch. Das Urteil Gottes ist ohne weiteres schärfster Gegensatz zum Menschen, der Mensch also immer an sich Widersacher Gottes. Der Unterschied zwischen göttlich und menschlich scheint Luther so lange nicht gewahrt zu sein, als dieser Unterschied nicht zum Gegensatz des Widerspruchs wird. Wiederum: Luther muß

bis zur letztmöglichen Härte übertreiben und die Gegensätze auseinander-
reißen.

Wir wissen bereits, wie wenig oder gar nichts die natürliche Gotteserkenntnis, die Luther aus Röm. 1, 19 kennt und in der Römer-Vorlesung
erklärt, für ihn bedeutet. Die Heiden ahnen zwar Gott, aber sie gehen in
die Irre, sobald sie über Gott eine bestimmte Aussage machen wollen. Nur
in der Heiligen Schrift sind die Bedingungen für das einzig Wichtige des
Menschen, den Heilsprozeß, ausgesprochen. Sie erschöpfen sich in der vertrauenden Hingabe des Menschen an den himmlischen Vater durch den
Gekreuzigten. Die Formalformel lautet auf den ‚Glauben allein'. Und dessen
letzter Extrakt ist wieder vertrauende Hingabe an Gott. Von ihr ist Luthers
Leben bis zum Rande gefüllt. Nicht selten in einer menschlich erschütternden
Weise. Und auch in einer beglückenden kindlichen Ruhe und Reinheit. Wenn
nicht das triebhaft Ungeregelte des stürmischen Menschen Luther so zerstörend in diese Hingabe hineingewirkt hätte, der Mönch hätte zur Heiligkeit emporwachsen können. Welche Fülle und Kraft des Ruhens in Gott,
des Sprechens und Betens in und aus seiner Fülle! Welche Unbekümmertheit gegenüber allem, was nicht Gott und Gottes ist! Von da ersteht die
vollkommene Überlegenheit des innern Menschen, des geistlichen Menschen, über den äußern und weltlichen. Weder die Angst noch das Wohl-
ergehen des äußern vermögen irgend etwas über den geistlichen, den
wahren Menschen. Neben vielen andern Stellen hat Luther das in der ‚Freiheit des Christenmenschen' tief empfunden und ergreifend zum Ausdruck
gebracht. Das unmittelbare Resultat ist eine große Uninteressiertheit am
materiellen Besitz und das Streben, die Mitarbeiter zu einer ähnlichen Frömmigkeit des Alltags zu bringen. Etwa an seinem Freund Eberhard Brisger
versucht er das in einer besonders netten und unaufdringlichen Weise. In
diesem Punkte duldet Luthers scharfe Attacke gegen die verweltlichten
Kirchenfürsten keine Zurückwendung auf ihn.

Auch die furchtbare Verwegenheit Luthers, die wir noch besprechen werden,
mindert eines nicht: sein Bewußtsein, unnützer Knecht zu sein des Herrn,
der alles gibt, den Beginn und das Vollenden. Luther nimmt es mit dem
Christentum ernst! Wenn er das aber tut, dann hat er recht, wo er die
Sorgen der Kardinäle und Bischöfe um ihre verschiedenen weltlichen Vorteile
und das Streiten darum auf einem kommenden Konzil für so erbärmlich
klein hält. (Das ändert natürlich nichts daran, daß Luther das Interessen-
gebiet eines Konzils jämmerlich einengt und verzeichnet: ‚Wenn man solche
Hauptstücke des geistlichen und weltlichen Standes, die wider Gott sind
[= Unreinigkeit, Wucher, Geiz, Unzucht, Pracht, Spielen, Ungehorsam, Un-
botmäßigkeit], im Concilio würde handeln, so würde man wohl zu tun

kriegen alle Hände voll, daß man dieweil wohl würde vergessen des Kinder-
spiels und Narrenwerks von langen Röcken, großen Platten, breiten Gürteln,
Bischofs- und Kardinalshüten oder Stäben und dergleichen Gaukelei'.)

Man darf bei Luther nicht eigentlich von einem Vorsehungsgedanken
sprechen. Es handelt sich ihm um eine wunderbare Wirklichkeit, kraft welcher
er weder Tod noch Teufel fürchtet. Es ist auch eine großartige Vertrauens-
seligkeit, eine, wie neuerdings gesagt wurde, verantwortungslose Sorglosigkeit.
Mit welcher hinreißenden Wucht eines gebieterischen Prophetenbewußtseins
kam sie doch zum Ausdruck, als er Anfang März 1522 entgegen dem Wunsch
des Kurfürsten als Gebannter in das brodelnde Wittenberg ritt: ,Dieser
Sachen soll noch kann kein Schwert raten noch helfen. Gott muß hier allein
schaffen, ohne alles menschliche Sorgen und Zutun'! Man muß wägen, was
diese Worte inmitten der Umstände bedeuten, und wie die kommende gewaltige Predigttätigkeit in Wittenberg auch aus Gottvertrauen herauswächst.
Wir werden noch näher sehen, wie sehr dieses Prophetenbewußtsein, d. h.
die Überzeugung, im Namen Gottes zu reden und zu streiten, diese Gleichsetzung seiner Arbeit mit Gottes Befehl, sein Tun bis an das Lebensende
trug. Die wesentlichen Lücken und die zunehmende Schwäche werden dieses
Bild ändernd ergänzen, nicht auslöschen.

Auch in Überlegungen, die Luther bis zum letzten in Anspruch nehmen,
dringt es immer wieder durch, daß ,Gottes Gedanken sind weit über unsere
Gedanken und sein Erhören über unser Bitten und Verstehen, denn wir wissen
nicht, wie wir bitten sollen' (Röm. 8, 26). Nicht auf unserer Einsicht beruht
die Sicherheit der göttlichen Hilfe, sondern sie kommt gegen unser Nicht-
fassenkönnen.

Das gilt auch für die Ausbreitung seines (Luthers) Evangeliums, die ihm
wundervoll erscheint. Immer wird die Kraft Gottes und das Vertrauen auf sie
als das einzig Feste genannt. In den bewegten entscheidenden Wochen des
Reichstages von Augsburg 1530, als Luther auf der Koburg sitzt und Melanchthon in Augsburg vor Aufregung und Angst um den Fortgang der Sache
,sich kreuzigt', stärkt er den Zaghaften mit mächtigen Worten: ,Und ob die
Sache des Evangeliums noch so groß wäre, groß ist doch auch der, welcher sie
führt und angefangen hat, denn sie ist nicht unser. Ist sie unrecht, so
wollen wir widerrufen, ist sie recht, was machen wir ihn in seinen Verheißungen zum Lügner, der da will, daß wir guter Dinge seien, ja wie
Schlafende? Denn so spricht er: Wirf deine Sorge auf den Herrn! Spricht er
das etwa in den Wind oder wirft er's den Tieren vor? Christus ist für unsere
Sünden einmal gestorben; für die Gerechtigkeit und Wahrheit wird er
nimmer sterben, sondern lebt und regiert. So das wahr ist, was fürchten
wir für die Wahrheit? Gott ist mächtig, Tote zu erwecken, mächtig auch,

seine Sache zu erhalten, wenn sie dahinfällt; sie aufzurichten, wenn sie gefallen ist; sie zu fördern, wenn sie steht. Sind w i r dazu nicht würdig, so geschehe es durch andere!' ,Der Ausgang der Sache quält dich, weil du ihn nicht begreifen kannst. Aber Gott hat diese Sache unter einen Grundbegriff gestellt, den du in deiner Rhetorik und Philosophie nicht hast: derselbe heißt Glaube; darein ist alles gesetzt, was man nicht siehet (Hebr. 11, 1). Der Herr hat geredet, er wolle im Dunkeln wohnen. Das Ich ist zu gering; es heißt: Ich werde sein, der ich sein werde (2 Mos. 3, 14); man siehet nicht, wer er ist, aber er wird's sein, so werden wir sehen.' ,Es muß also sein, daß wir nicht wissen, wo aus und ein.'

Die Verwerfung der Vernunft steht am Anfang und am Ende der Arbeit Luthers. Er, der so früh überheblich gegen sie und Aristoteles und die Scholastik gewettert hat, verkündet noch in seiner letzten Wittenberger Predigt: ,Der Teufel wird das Licht der Vernunft anzünden und euch bringen vom Glauben.' Die Scholastik habe zu viel gefragt und zu vielerlei antworten wollen in ,erdichteten, überkünstlichen Fragen'. Die Theologen sind ihm viel zu unehrerbietig gegen die göttliche Majestät. Er selbst dagegen zieht dem Verstandesmäßig-Theologischen eine unschulmäßige, biblische, religiöse Art vor. Kennzeichnend dafür ist sein dogmatisches Bekenntnis zu Christus als Gott. Jedes Ratiozinieren über das Wie und Warum des Ineinander der zwei Naturen fehlt. Solches ist nach Luther lediglich Arbeit der Sophisten, die eben keine Christen sind.

Dagegen spricht nicht die Tatsache, daß Luther sich von seinem intensiven Universitätsstudium her eine bedeutende Fähigkeit formal-scholastischen Denkens und Disputierens bewahrt hat. Die ersten Proben, die wir vom jungen Sententiarius 1509 in der Auslegung Augustins haben, zeigen sogar ein ungewöhnliches, architektonisches, gliedernd-begriffliches Denken. Er kannte zeitlebens ganze Seiten seiner Schulautoren auswendig. Und er vergaß nicht, gelegentlich seinen Gegnern entgegenzuhalten: ,daß der Luther eure Philosophie und Theologie auch kennt, mit denen er sich mit nicht schlechtem Kopf und Fleiß über zwölf Jahre abgegeben'.

Luther war kein Theologe, sondern ein Prediger des Evangeliums. Wir identifizieren uns durch diese Feststellung nicht mit dem reichlich oberflächlichen Urteil Aleanders, der noch einigermaßen glaubte, der Ausgang der lutherischen Bewegung werde sich nach Recht oder Versagen der alten theologischen, d. h. scholastischen Kategorien richten. Aber die Frage, ob Luther ein Theologe war oder nicht, ist beileibe keine leere Doktorfrage. Sie ist vielmehr ein Hauptthema sowohl für die Würdigung Luthers an sich wie für eine fruchtbare Auseinandersetzung der Konfessionen. Die Verneinung der

Frage allein führt voll an die Quellstube, aus der Luthers Worte und Bilder
kommen, wo sie also in ihrer genuinen Art gesehen werden: nämlich an die
A r t seines seelisch-geistigen Arbeitens. Weil Luther kein Theologe war,
d e s w e g e n die Möglichkeit krasser innerer Widersprüche in seinen Grund-
theorien, o h n e d a ß j e d o c h d a m i t eine Unaufrichtigkeit gegeben wäre,
oder daß die Aussagen sich gegenseitig völlig wertlos machen würden. Daß die
protestantische Forschung dieses Untheologische nicht genügend in Rechnung
setzt, bringt es mit sich, daß sie katholisch-theologische Nachweise von Wider-
sprüchen Luthers so leicht als ,formale Konstruktionen' ablehnt. —

In Luther war eine große Kraft des Betens. Er wurzelt so in Gott, er kennt
Gottes Gedanken, die E r uns in der Offenbarung zugänglich machte, in
solcher Fülle, er trägt sie so sehr als lebendigen, errungenen Besitz in sich,
daß er nie einen Graben zu überspringen hat, um mit Ihm und über Ihn zu
reden. Gegen eines vor allem wendet sich sein gläubiger Sinn in Verwirklichung eines höchsten Zieles des Meisters: gegen den Mechanismus in der
Religion; den will er zerschlagen. Da er sich dabei auf sich allein verließ,
zerschlug er leider auch Wesentliches des geoffenbarten Inhalts; er verletzte
das unantastbar Objektive der Religion. Welche Reinigungsaktion hätte von
diesem Mann i n n e r h a l b der Kirche ausgehen können, und welche Neugeburt,
wenn er es vermocht hätte, der ,una sancta' die Treue zu halten!

Schon in der Römer-Vorlesung hatte er sich gegen das veräußerlichte Beten
erhoben. In trefflichster Weise entwickelt er daraus 1534 gesunde Grundsätze
in dem Schriftchen, durch das er seinem Barbier das Beten beibringen will, und
macht sie unmittelbar lebendig durch eine tiefreligiöse Auffassung. Wie fein
z. B. dies, daß er erst die trockene und gebetsunlustige Seele ,erwärmt', den
Menschen als Sünder vor Gott führt und das Ganze ausmünden läßt in den
,größten Märtyrer', das Vaterunser!

Luthers Beten hat derbe Festigkeit. Er weiß, daß Gott beeinflußbar ist
durch unsere Buße. Nichts ist ihm fremder als eine relativistische und de-
istische Auffassung. Er deutet vieles in der Bibel in einer unzulässig singulären
Art. Aber er spielt nicht mit dem Christentum. —

Denn dem Christentum eignet Absolutheit; es gibt nach Luther keinen Wert
außer ihm. Er meint natürlich das biblische Christentum, so wie es einmalig
und unwandelbar hereingebrochen sei ins Diesseits der Sünde. An dieser Sünde
nehmen radikal teil a l l e Völker, also auch die Heiden. Sie sind a b s o l u t im
Irrtum und darum absolut von Christus getrennt. Einzig jene verhängnisvolle
philosophische Deutung der Offenbarung hat diese Absolutheit des Christentums durchbrochen zu Gunsten der Heiden, die sich angeblich zum Christentum hin entwickelt haben sollen. — Aber zu Luthers Thesen muß der ge-

wissenhafte Berichterstatter immer wieder Einbuchungen und Widersprüche notieren. So auch hier: nicht allein gab es ‚von Gott selbst gelehrte und erweckte Leute unter seinem Volk, sondern auch unter den Gottlosen und Heiden ... von Gott getriebene'. Anderseits gehört auch dies zu den religiösen Grundgedanken Luthers: es besteht die vollkommene Gleichheit aller erlösten und getauften Menschen. Das erlaubt z. B., alle Aussprüche, die der Apostel von sich tut, ohne weiteres für alle Christen in Anspruch zu nehmen. (Man sieht die breite Basis der Lehre vom allgemeinen Priestertum!) Und da Christus uns in allem gleich wurde, die Sünde ausgenommen, ist der Christ ‚gleich' Christus. Deshalb ‚wird Christus bis heute verachtet, getötet, gegeißelt, gekreuzigt in uns selbst'.

Luthers Frömmigkeit ist auf vielen Wegen in die Kreise seiner Anhänger gedrungen und dort zur Wirkung gekommen. Eine Anzahl seiner Bücher müssen mit besonderem Nachdruck genannt werden. Etwa: ‚Von den guten Werken' und ‚Von der Freiheit eines Christenmenschen'. Viel unmittelbare Erziehungsarbeit leisteten seine Katechismen.

Nicht nur Gemeinschaft bildend, sondern Gemeinschaft bereits darstellend ist seine ausgedehnte Arbeit an der Neugestaltung der Liturgie. Luther ging sorgfältiger an die gewaltige Arbeit heran als manche Stürmer neben ihm. Gegenüber dem Kind ‚Volk' und seinem Gemeinschaftsbeten verlor er immerhin ein beachtliches Stück seiner verwegenen Sorglosigkeit im Niederreißen. Er zerstörte das Herzstück der Liturgie, die Messe mit Kanon und Wandlung (und brachte dadurch im Laufe der Zeit so viele Millionen Christen um die Eucharistie). Aber daneben vermochte er doch auch im Umkreis des alten katholischen Betens zu bleiben. Die Realpräsenz des Herrn im Abendmahl ist die objektive Wurzel.

Nicht zum wenigsten findet Luthers Gemeinschaftsbeten seinen Niederschlag in dem neuen Kirchenlied. Luther war musikalisch. Seine Vorliebe wie seine Begabung für die Musik gehören in das anziehende Bild einer natürlichen Fülle, die den Reformator auch Aufgaben an der Peripherie seiner Berufsarbeit oft so überlegen sicher erledigen ließ. Außerdem spielt die Musik eine nicht unbedeutende Rolle in Luthers Kampf gegen seine seelisch-körperlichen Depressionen.

Luthers Anteil am protestantischen Kirchenlied der Reformationszeit ist sehr bedeutend, sprachlich wie musikalisch. Das von ihm geförderte oder geschaffene (27 an der Zahl) Kirchenlied erfüllt zu einem bedeutenden Teil die Funktion einer zugkräftigen Parole (den Ausdruck im edelsten Sinn genommen). Es ist nicht nur, kraft seiner Melodie, von einer allerersten, sozial wirkenden Kraft; es ist seiner ganzen Auffassung nach Ausdruck des religiösen

Gemeinschaftsbetens. Luthers Subjektivismus empfängt auch von hier aus eine hochbedeutsame Einschränkung. Bei der praktischen Ausbreitung seiner Lehre geht er ganz aus von dem natürlichen Gebilde religiösen Gemeinschaftslebens, von der Gemeinde. Sie stellt ihm die Kirche dar. Sie macht er, der persönlich Ringende, zum betend Ringenden, wie es Israel in den Psalmen ist. Er aktiviert kaum den Gedanken des Organismus der Kirche; aber er lebt im Gottesdienst noch von der Objektivität der liturgischen Gesänge der katholischen Vorzeit. In diesem Sinne singt die Gemeinde die verdeutschten Psalmen und Hymnen als Choräle. Luthers Kirchenlied steht weit ab von den Ich-Liedern des Pietismus. Es lebt wie Luthers Glaube noch aus der Fülle der Heilstatsachen, wie sie im unberührt bewahrten alten Symbolum formuliert sind. Nicht unwichtig ist freilich, daß den geistlichen Liedern schon seit dem ersten Liederbuch 1524 auch ein ausgesprochen moralistisches Ziel gestellt wird[1].

3. Luther hat von menschlicher Kraft eine geringe Meinung: ‚So nimmt alles in der Natur einen schwachen Anfang und wird zuletzt doch stark. Dagegen fängt das vom Menschen Begonnene stark an, wie es scheint, und hört schwach auf.‘ Diese Ohnmacht nimmt der Mensch — so lehrt es Luther die eigene Erfahrung wie sein Seelsorgerberuf — mit in den Glauben hinein. Luther mißtraut deshalb der Stärke christlichen Glaubens. Der ungebändigten Glaubensfreudigkeit und Heilsgewißheit, ja der Vermessenheit, stellt er die Sorge zur Seite (Ps. 127): Ausdruck jener Erwählungsungewißheit, die das Leben hindurch die Wesenskomponente für den Erwählungsglauben sein muß.

Die menschliche Unkraft auf moralischem Gebiet findet ihren Ausdruck und hat ihre Wurzel in der unbesiegbaren Konkupiszenz. Daß der Satz nicht antinomistisch verstanden werden sollte, wissen wir. Luther hat ausdrücklich den Ernst des religiös-sittlichen Lebens zu retten gesucht auch für den Fall mangelnder Sittlichkeit. Vor allen Dingen hat er den Primat des Glaubens so sehr gegenüber dem Moralismus (der Schwärmer) gesichert, daß er sich dagegen wehren darf, ‚daß man jemands Lehre um des gebrechlichen Lebens willen tadelt; das ist nicht der Heilige Geist. Denn der Heilige Geist tadelt falsche Lehre und duldet die Schwachen im Glauben und Leben, wie Röm. 14 und 15 und Paulus an allen Orten (1 Kor. 9, 22; Gal. 6, 1) lehret. Ich hätte mit den Papisten wenig zu tun, wenn sie nur recht lehreten; ihr böses Leben würde nicht großen Schaden tun. Weil denn dieser Geist (der Schwärmer) sich an unserem kranken Leben ärgert und so recht frech verurteilt die Lehre um des Lebens willen, so hat er genugsam bewiesen, wer er ist.‘ Kein

---

[1] ‚Und sind die Lieder auch in vier Stimmen bracht, weil ich wollte, daß die Jugend etwas hätte, womit sie der Buhllieder und fleischlichen Gesänge los würde und an deren Stelle etwas Heilsames lernte‘ (Vorrede).

Kenner Luthers wird bestreiten, daß er in seinem Kampf gegen die Papisten tatsächlich erheblich, ja wesentlich anders operierte. Die theoretische Grundlegung bleibt trotzdem, und sie behält entscheidenden Wert.

Anderseits wissen wir auch, daß die Formel von der unbesiegbaren Konkupiszenz ihrem Wortlaut nach und in ihrem Gegensatz zur bisherigen Praxis der guten Werke sehr vielen eine Auslegung dahin möglich und leicht machte, daß man weniger ‚wirken‘ solle, also dem Trieb mehr nachgeben könne. Hier war ein Absinken der Sittlichkeit grundgelegt. Die Klagen Luthers[1] und anderer Führer über das ‚fleischliche Leben‘ bei den Reformierten, die Döllinger in breiter Front vorführte, zeigen den tatsächlichen Verlauf. Eine Hauptursache hat Melanchthon in der sächsischen Visitationsordnung von 1528 erkannt: ‚Fast alle lassen ein Stück christlicher Lehre aus, die Buße. Auf diese Weise werden die Leute sicher und furchtlos. Welches denn größer Irrtum und Sünde ist, denn alle Irrtümer vor dieser Zeit gewesen sind.‘ Luther drückt das so aus: ‚Der größere Teil versteht Lehre und Glaube fleischlich.‘

Luther hat dieses Mißverständnis schon in der ‚Freiheit des Christenmenschen‘ in einem bekannten Passus zurückgewiesen: ‚Ei, so denn der Glaube alle Ding ist, und gilt genugsam fromm zu machen, warum sein dann die guten Werk geboten? So wollen wir guter Ding sein und nichts tun!‘ ‚Nein, lieber Mensch, nicht also! Der Mensch muß seinen eigen Leib regieren und mit Leuten umgehen; da heben sich nun die Werke an; hie muß der Leib mit Fasten, Wachen, Arbeiten und aller Zucht getrieben und geübt sein, daß er dem innerlichen Menschen und dem Glauben gehorsam und gleichförmig werde, nicht hindere noch widerstreb.‘ ‚Wir müssen auch leben, wie wir lehren.‘

Aber leider ‚unserer sind viele, die da sagen: Herr, Herr!‘ Diese Erkenntnis führte seit 1527 zu einer stärkeren Betonung der ‚Werke‘ und der ‚Abtötung‘. Aber für eine eigentliche Morallehre war in Luthers System kein Platz. —

Bedeutend mehr in der Grundrichtung seiner Gedanken lag vielmehr doch der auf einem schlimmen Mißverständnis beruhende Kampf gegen die ‚Werkheiligkeit‘, gegen das ‚Genugtun‘ und die ‚Verdienste‘. Erst Luther und die nachfolgenden protestantischen Generationen haben diesen Ausdrücken das Utilitaristisch-Odiose gegeben, in dem sie dann von evangelischer Seite dauernd den Altkirchlichen vorgehalten wurden. An sich, d. h. aus katholischer Sicht heraus (in der sie geboren wurden), haftet ihnen irgend welche Selbstgerechtigkeit nicht an. Der dogmengeschichtliche Beweis dafür kann in erdrückender Stärke bis in den Nominalismus hinein erbracht werden, ob-

---

[1] Dazu etwa sein ‚schwerer Mut‘ wegen der ‚schrecklichen Zeichen und Wunder, so diese Zeit her geschehen sind‘, seine geringe Arbeitslust oder -leistung 1534, sein Pessimismus.

wohl dieser zweifellos eine unchristliche Überbetonung des menschlichen Willens im Heilsprozeß einleitete oder auch schon brachte. Eindrucksvoller ist der Erfahrungsbeweis, den man noch heute beliebig aus frommen katholischen Volkskreisen erbringen kann. Wenn meine Mutter mit letztem christlichem Ernst uns aufforderte, fleißig ‚Verdienste für den Himmel‘ zu sammeln, dann war dabei das unbedingte Eingefügtsein in Gottes Hand, dessen Barmherzigkeit und Gnade allein uns retten kann, auch nicht um ein Kleinstes geschwächt. Und je tiefer Katholiken dieser Art das Leben des Evangeliums lebten, um so eifriger waren sie dabei, ‚Verdienste zu sammeln‘. Es war nichts anderes als das Streben nach dem Bewußtsein des guten und getreuen Knechtes, der weiß, daß er trotz allem ein unnützer Knecht bleibt. —

Veit Dietrich meldete 1530 von der Koburg an Melanchthon in Augsburg, daß Luther reichlich drei Stunden am Tag dem Gebet widme, voll großer Ehrfurcht und zugleich von starkem Vertrauen. Wenn man hinzunimmt die vielfältige, in manchem Bezug dauernde Beschäftigung mit der Heiligen Schrift, so ergibt sich für diese Zeit ein sehr intensives Gebetsleben. Es war eine besondere Zeit. Luther reagierte auf den äußern Druck durch stärkere innere Ausformung des geistlichen Lebens. Seine vielen Predigten, seine Muttergottesverehrung und seine zahlreichen erbaulichen Auslegungen stellen ein gewisses Gebetsleben für sein ganzes Leben sicher. Luther kennt auch sehr wohl eine fortschreitende Heiligung des Lebens; er weiß um ein ‚Anheben und Zunehmen‘. Aber es ist sehr schwer, aus seinem Beispiel und aus seinen Vorschriften darzustellen, wie solcher Fortschritt im einzelnen verwirklicht werden soll. Er hat die Gedanken des Christentums auf wenige große Linien zusammengedrängt, die zwar von großer Fruchtbarkeit sein können, deren Anwendung in einer Technik des Fortschreitens aber nicht festgelegt wurde. Luther selbst hat hier einen eigentümlichen Abstand zu seiner katholischen Zeit empfunden: ‚Aber das fühle ich gleichwohl, daß ich jetzt mit dem Ernst und Fleiß zu Gott nicht bete als vorzeiten zu den Heiligen‘ (1537). Er hat auch die kleinen Mittel der täglichen Übungen zu sehr bagatellisiert. Und die ihm folgenden Generationen, die von Luthers katholischem Restbesitz (etwa der Beichte[1], der Marien- und Heiligenverehrung) so gründlich abrückten, haben diesen Prozeß in betrüblicher Art vollendet.

4. Durch seine Lehre hat Luther die Kirche gespalten. Er tat das im Widerspruch zu nachdrücklichen Äußerungen, in denen er sich für die Einheit der römischen Kirche festgelegt und ihrer Spaltung von vornherein jede Berechtigung genommen hatte. Schon in den Streitigkeiten um die Observanz

---

[1] Vgl. 1522: ‚Ich wäre längst vom Teufel erwürgt, wenn nicht die heimliche Beicht mich erhalten hätte.‘ Bugenhagen war Luthers Beichtvater bis zum Tode.

hatte er den Grundsatz aufgestellt: ‚Gebet Raum dem Zorne und laßt das Unkraut mit dem Weizen wachsen! Es ist besser, wenige in Frieden zum Heil zu führen, als alle in Unruhe zu bringen um der Mehrheit willen und damit die Wenigen zu Grunde richten. . . .‘ Im ‚Unterricht auf etlich Artikel‘ (1519) räumt er noch ausdrücklich ein, daß weder die römischen Mißstände noch i r g e n d e i n e Ursache ‚so groß noch werden mag‘, berechtigen, die Einheit zu zerreißen. ‚Ja, je übeler es da zugeht, je mehr man zulauffen und anhangen soll; denn durch Abreißen und Verachten wird es nicht besser. Ja, um keinerlei Sünd oder Übel, des man gedenken oder nennen mag, die Lieb zertrennen und die geistliche Einigkeit teilen, dann die Lieb vermag alle Ding.‘

Gewiß folgen dann an der gleichen Stelle Ausführungen, die den Kirchenbegriff einigermaßen spiritualisieren und damit das Äußere der Kirche und die ‚potestas clavium‘ bagatellisieren. Aber der Grundgedanke bleibt doch, daß es eine bare Unmöglichkeit sein müsse, sich von der r ö m i s c h e n Kirche, die Gott offenbar vor allen andern gesegnet habe, zu trennen: ‚Mir hat nie eine Kirchenspaltung gefallen und wird mir nie gefallen. Die Böhmen tun übel, daß sie sich aus der Kirche losreißen, w e n n g l e i c h d a s g ö t t l i c h e R e c h t f ü r s i e w ä r e‘ (1519).

Es waren dieselben Jahre, in denen Luther trotz und mitten in seinen schärfsten Angriffen gegen Rom oft und auch feierlich protestiert, nichts sagen oder festhalten zu wollen, was sich nicht in den heiligen Schriften u n d i n d e n v o n d e r R ö m i s c h e n K i r c h e r e z i p i e r t e n V ä t e r n u n d i n d e n C a n o n e s u n d D e k r e t e n d e r P ä p s t e finde. ‚Ich mag irren, ein Häretiker werde ich nicht.‘

Zu Augsburg hatte er 1518 vor dem Zusammentreffen mit Cajetan zu dessen Abgesandten geäußert: ‚Wenn man mich lehrt, daß ich etwas anderes gesagt habe, als was der heiligen Römischen Kirche Meinung ist, will ich mein eigener Richter sein und widerrufen.‘

Luther hat seinen Vorsatz schlecht gehalten. Seine innere Entwicklung und äußere Anstöße haben ihn davon ab- und darüber hinausgeführt. Er hält sich lieber an Auffassungen, die in dieser Frage (wie es auch in andern der Fall war) sein theologisches Schwanken offenbaren. Denn zur selben Zeit, da er sein Festhalten an der Römischen Kirche betont, ist er sich des Revolutionären seiner Ansichten bewußt. Er schreibt an Staupitz schon am 1.9.1518: ‚Es ist wie im Leibe der Rebekka; die Kindlein müssen sich darin stoßen, und wenn es um das Leben der Mutter gehen sollte.‘ Im Januar 1519 lehnt er im Brief an den Kurfürsten eine Revokation rundweg ab. Das entsprach lediglich dem Verlauf der Unterredungen mit Cajetan und der neuen Definition, die er eben seit Ende 1518 von Papst und Papstkirche gibt: sie seien der Antichrist und dessen Reich. Indes: die Idee der einen, allein wahren Kirche hat er nie aufgeben wollen: ‚Ich danke meinem lieben Gott, daß ich keine neue Lehre erfunden und geführt habe, sondern bei der alten wahren Lehre geblieben.‘

Aber welche Realität besitzt dieser Kirchenbegriff? Jedenfalls spielt das Bewußtsein von der eigentümlichen Größe ‚Kirche‘ als einer dem Einzelmenschen Martin Luther vor- und übergeordneten Macht, von dem Organismus, aus dem heraus der einzelne Christ glaubt und betet, bei Luther nur eine geringe Rolle. Wenn er in den Jahren 1517—1519, wie erwähnt, so oft erklärt, nichts lehren zu wollen, was die Kirche nicht lehrt, so ist dies stärkstens apologetisch gemeint. Die Wirklichkeit ‚Kirche‘ entgeht ihm. Das, was er, Luther, entdeckt hat und vorträgt, ist schlechthin das Ganze. Und eben dieser Mangel ist Voraussetzung wie stärkster Ausdruck für Luthers Gewissens-Subjektivismus.

Das haben schon mit Nachdruck die zeitgenössischen Gegner Luthers festgestellt. Witzel erklärt, wenn auch von Ressentiment belastet und in mangelhafter Motivierung, die Ursachen seiner Abwendung von Luther so: ‚Ich habe erkannt, daß wie derselbig Mönch diese seine Sache allein aufgebracht hat, also erhält, fördert und treibt er sich auch allein und nach seinem einzigen Hirn, macht und zerbricht, kehrt und verkehrt, sagt und widersagt … alles allein, nach seinem Lust und Gefallen.‘ Luther hat den Vorwurf verstanden. Er hatte einmal geantwortet mit einer allgemeinen Definition der rechten Kirche, die die Katholiken ohne weiteres annehmen konnten: ‚Die rechte Kirche muß ja die sein, die sich an Gottes Wort hält und darüber leidet, wie wir (gottlob) tun. Drum solltet ihr uns nicht viel sagen Kirche, Kirche, Kirche! Ihr sollt uns gewiß machen, daß ihr die Kirche seid.‘ Leider war dieser von Luther geforderte Nachweis von ihm selbst unmöglich gemacht, seitdem er das lebendige Lehramt und die Tradition entthront hatte und nur mehr sein eigenes Verständnis der Schrift anerkannte. Damit eben war der alte Begriff ‚Kirche‘ zerstört und ihre Unsichtbarkeit im lutherischen Sinne statuiert.

Auch die von der Sichtbarkeit nicht ohne weiteres abhängige heilspendende Substanz der Kirche tritt erschreckend weit zurück. Wenn die Kirche geheimnisvoller Leib des Herrn ist, hat sie und spendet sie göttliches Leben. Aber Luther war bereits 1519 zu diesem Gegensatz gekommen: ‚Gottes Gebot und Kirche sind wie Gold oder Edelstein gegenüber Holz oder Stroh.‘ Das war nicht mehr eine Abwehr des ‚Menschlichen‘, das als überspitzter Kurialismus in das Heiligtum eindringt, nicht die immer wieder von Luther gepflegte Verwechslung extremster Spitzfindigkeiten oder Mißstände mit der Kirche selbst: es war eine wesentliche Entleerung des Kirchenbegriffs selbst.

Wenn man einen unmittelbaren Eindruck davon haben will, daß der eigentliche Kirchenbegriff aus Luthers Theologie verschwunden ist, dann muß man, aber man braucht auch nur die großen Schriften von 1520 zu lesen: man greift mit Händen, wie selbstherrlich, ganz allein aus eigener Kenntnis und Deutung der Bibel, Luther über die Kirche hinwegschreitet. Man stellt fest, wie er ausdrücklich sein eigenes, höchst persönliches Suchen, Erkennen und Schwanken als Maßstab herausstellt. Er nennt beispielsweise unter den Ehehindernissen, die er als göttlichen Rechts beibehalten will, auch das Gelübde der Keuschheit. Er fügt aber naiv bei, daß er hier noch nicht ganz klar sehe. Was bedeutet das anders, als daß die Lehre der Kirche von der größeren oder geringeren Einsicht der Theologen abhängig wird? Denn diese Frage der Ehehindernisse wird genau so unter dem Stichwort und mit demselben schweren Ernst behandelt, den römischen Antichristus zu entlarven, wie irgend ein anderer Punkt[1].

Wir stehen vor einer vollendeten theologischen Unhaltbarkeit. Luther sagt etwa: ,In noch nicht definitiv festgelegten Fragen möchte ich nichts durch die Autorität des Papstes oder der Bischöfe definiert sehen. Aber wenn zwei gelehrte und treffliche Männer im Namen Christi in einer Lehre übereinstimmten und sie in Christi Geist vortrügen, deren Urteil würde ich sogar den Konzilien vorziehen.' Was sollte man wohl mit solcher Vieldeutigkeit und Unbestimmtheit anfangen?

Es wurde schon gesagt, daß die Rolle, die Luther der christlichen Gemeinde zuweist, den Subjektivismus ins Objektive ausweitet. ,Das Wort des Evangeliums hat der Herr seiner Gemeinde anbefohlen. Durch die Kirche, d. h. auch durch den Dienst der Brüder wird den Gläubigen das Wort von der Vergebung der Sünden zugesprochen. Die Gemeinde muß mit Richter sein, aber' — und dieses Aber ist für die Analyse zu unterstreichen — ,sie bestätige nur als ein Untertan, nicht wie ein Herr und Richter, das Evangelium und die Heilige Schrift' (1530).

Aber aus demselben Jahre 1530 stammt wieder eine andere Umschreibung des Kirchenbegriffs, deren erster Teil deutlich auf die Gedankengänge der Kreise um die Konziliaridee zurückweist und die objektive Größe ,Kirche' ganz undeutlich macht: ,Haben wir keinen Glauben, warum wollen wir uns des Glaubens anderer nicht trösten? Denn geben muß es unbedingt andere, die glauben, wenn wir nicht glauben, es müßte denn keine Kirche mehr geben auf Erden und Christus vor der Welt Ende aufgehört haben, bei uns zu sein. Ist er nicht bei uns, wo ist er denn sonst in der ganzen Welt? Sind wir nicht

---

[1] Wenn Luther dann gelegentlich zugibt, daß er als alleiniger in solchen Sachen nichts gegen alle festlegen könne, so soll das ganz offensichtlich nur für gewisse untergeordnete Einzelfragen gelten.

die Kirche oder doch ein Teil der Kirche, wo ist dann die Kirche? Wenn wir das Wort Gottes nicht haben, wer hat es denn?' —

Luther trägt die Schuld für diese theologische Mangelhaftigkeit nicht allein: im ganzen Material, das zu seiner theologischen Ausbildung im Kloster und an der Universität Verwendung fand, gab es keinen eigentlichen Traktat über die Kirche. An die Stelle der grundkatholischen Vorstellung, daß alles Theologisieren des einzelnen nur Darstellung des Denkens und Betens der Kirche sein und nur aus ihnen heraus erfolgen kann, also auch an der Kirche gemessen werden muß, war das zerredende Diskutieren mit einer Unzahl Privatmeinungen getreten. Luther steigerte diese Auffassung bereits ganz früh dahin, daß er so gut wie alle Lehren des Thomas — soweit er ihn kannte — als einfache ,Meinungen' ansprach und es als sein gutes Recht in Anspruch nahm, das genau so einfach abzulehnen wie andere Meinungen auch.

Nur einmal in Luthers Frühentwicklung begegnen wir Ausführungen, die den fehlenden Traktat über die Kirche hätten einigermaßen ersetzen können. Es ist das ziemlich reiche, vollkommen unokhamistische und genügend papalistische Material in Biels Erklärung des Meßkanons. Leider muß man sofort feststellen, daß die Wirkung dieser Schrift auf Luther nicht tief ging und nicht tief gehen konnte. Die Beschäftigung mit ihr dauerte nur wenige Monate: die Zeit zwischen Profeß und Priesterweihe. Ihre Wirkung wurde völlig zugedeckt durch die dann folgenden theologischen Studien nach dem Okhamismus. Vor allem: sie änderte nichts an dem subjektivistischen Erlebnischarakter Luthers. Und dies eben ist die eigentliche Ursache für Luthers unentwickeltes Verständnis der Kirche: sein wurzelhafter Subjektivismus. ,Einzelpersönlichkeit', ,Einzelgewissen' gegen ,Kirche', das ist Luther und der Kern seines „Programms".

5. Jede Massenbewegung braucht zugkräftige Parolen. Es war für den Durchbruch des reformatorischen Bewußtseins in breitere Schichten hinein außerordentlich wichtig, daß Luther ein Stichwort fand, das die ungeheure und so vielartig verursachte und abgestuft wogende Unzufriedenheit gegen Rom auf eine Formel brachte, sie so gewissermaßen zur Einheit band, sie zugleich deutete und sie außerdem verstärkte, indem es ihr die höchst denkbare Berechtigung zuerkannte. Ein Stichwort, dem an seiner Entstehung nichts anhaftet von gemachter Propaganda, das vielmehr adäquater Ausdruck des ernsten Ringens um letzte weltentscheidende Werte war.

Dieses Stichwort war enthalten in jenem endlos wiederholten Vorwurf vom römischen M e n s c h e n werk, dem mit ebensolcher Zähigkeit und ge-

waltigem Selbstbewußtsein die fordernde Devise entgegengesetzt wurde: Nur
Gotteswort! ‚Das Wort sie sollen lassen stan!‘
Die Devise war von ungeheurer Wucht. Sie tat um so größere Wirkung,
als ja auch ein großer Teil der Kirchentreuen den Vorwurf vom Menschenwerk für so manche Praxen und Anweisungen der Kurie und Wucherungen
der Theologie und Liturgie gelten lassen mußte. Außerdem haftete ihr jene
weltgeschichtlich verhängnisvolle Zweideutigkeit an, an deren Aufkommen
der spätmittelalterliche Kurialismus Mitschuld trug, und die nun das Hinübergleiten peripherer Kritik zu dogmatischer Bestreitung so sehr erleichterte.
So tönte sie denn aus allen Kreisen der sich bildenden Anhängerschaft Luthers
wider. Die theologischen Traktate wie die Flugschriften und die Holzschnitte
füllten sich damit, und das Gefolge des sächsischen Kurfürsten und des Landgrafen von Hessen trugen sie aufgestickt auf dem Ärmel. Man braucht nur
den Erguß Dürers im Tagebuch seiner Niederländer Reise zu lesen, um die
Kraft nachzuerleben, mit der jenes Wort Luthers das Bewußtsein der Mitwelt
traf und aufrüttelte. Aber auch, um zu sehen, mit welcher unglaublichen
Leichtigkeit, um nicht zu sagen Leichtfertigkeit — freilich auch handgreif-
lichen Unklarheit! (vgl. S. 115 u. 205 ff.) —, sozusagen plötzlich, das Papst-
regiment und die bisherige Kirche mit ‚weltlich‘ und ‚menschlich‘ gleichgesetzt
wurden. An diesem Punkte erlebt man den gewaltigen Zusammenbruch des
bis gestern noch als heilig Geltenden vielleicht am stärksten: ‚ihre falsche
blinde Lehre, die doch die Menschen, die sie Väter nennen, erdichtet haben‘!
‚Gott will nichts zu seinem Wort getan und davon genommen haben!‘

Für Luther gibt die Formel die Deutung all seiner Angriffe, gleichviel,
auf welchem Gebiet er sie vorträgt. In der Scholastik will Luther n i c h t s
vom elementarsten Christentum gelernt haben. Im Gegenteil, er meinte da nur
Falsches, dem göttlichen Wort Entgegengesetztes zu sehen. Christum hat er
dort geradezu verloren (1519). Das ist die Todsünde und das Antichristentum der Scholastik, daß sie aus menschlich Philosophischem so vielerlei am
Wort herumdeutelte, aus einem einzigen biblischen Wort so viele Bedeutungen
schnitzelte. Während die Offenbarung doch klar verlangt, daß man die
Worte Christi bleiben lassen muß, wie er sie selbst gesprochen hat!

Etwa Luthers tragischer, haßerfüllter Kampf gegen die Messe ist nur von
hier aus ganz zu verstehen. Die programmatische Stelle der ‚Babylonischen
Gefangenschaft‘ spricht es deutlich aus. Luther sieht in der Messe einfach
ein ‚gutes Werk‘, ein Werk des Menschen, ein Menschenopfer: ‚fast den ergist
Mißbrauch‘ der Kirche. ‚Da wir sollten dankbar sein wegen der empfangenen
Verheißung, kommen wir hoffärtig und wollen Gott ein gut Werk tun, indem
wir geben, was wir nehmen sollen.‘

Aber freilich bleibt es rätselhaft, wie Luther solchen Trugschlüssen zum Opfer fallen konnte. Ich bitte, genau den Fragepunkt zu beachten! Man soll die ernste Sorge Luthers um die vollkommen ausschließliche Einmaligkeit des Kreuzesopfers ganz anerkennen. Und dies um so freudiger, je stärker wir die Objektivität des Altarssakramentes gegenüber der psychologisierenden Gesinnungstheorie gerade heute bei ihm neu erkennen und schätzen lernen. All das ist — tief katholisch. Man muß weiter einräumen, daß das, was man allenfalls zeitgenössische Opfertheorie nennen kann, mangelhaft war. Ihre vielfach unklaren Auskünfte klangen nicht nur anthropozentrisch und moralistisch, nicht eben selten waren sie es auch (darüber Buch III im 2. Band). Trotzdem ist eindeutig festzustellen: nie hat weder ,die Kirche' noch ein einzelner katholischer Theologe behauptet, daß der Kern der Messe ein Opfer des Menschen sei. Nikolaus von Lyra und Faber Stapulensis, die Luther kannte und benützte, und noch deutlicher sein ,Lehrer' Gabriel Biel haben ebenso die Einmaligkeit des neutestamentlichen Opfers wie die Identität von Kreuzesopfer und Messe klar betont. Sie lehren, daß, wenn ,wir' das Meßopfer Gott darbringen, der eigentliche Opferer Christus ist. Luther behauptet kühn das Gegenteil: menschlich Werk sei an die Stelle des göttlichen getreten, ,das Werk soll es tun'. Für die wahrhaft ehrwürdige Tradition, die sich im Kanon ausspricht, bringt er peinlicherweise gar kein Verständnis auf: ,es hat ihn irgend ein ungelarter Munch gemacht'.

So bleibt ihm auch nicht das geringste Verständnis für die ,Papisten' überhaupt. Sie lehren nicht nur tatsächlich groben Götzendienst, es ist für Luther ausgemachte Sache, daß sie aus Verstocktheit seine klaren Gründe und Lehren von sich weisen und ,beharren mutwilliglich in ihrem Greuel'. Höchstens, daß sie 1530 unter dem Druck der Verhältnisse und taktisch das Opfer der Messe abschwächen zu einem ,Deutopfer'! ,Wer könnte auch nur wissen, ob die Priester die Worte der Einsetzung überhaupt wirklich sprechen? Sie sollen lieber ihre gesalbten Finger mit Seife und Lauge abreiben und des Antichristen Malzeichen vernichten.'

Es war unklug von Luther, jene Vertrauensfrage zu stellen. Man denkt zurück an die Äußerungen über die heilige Messe in der ,Babylonischen Gefangenschaft'. Gewiß, so viel wird dort klar, daß es Luther mit seiner Gegnerschaft um Zentrales geht, das mit seinem Kernsatz vom Glauben allein zusammenhängt; er entkleidet dort ·die Messe ihres besondern Charakters und drückt sie zu einer einfachen Kommunion des Priesters herab. Aber er tut das, ohne an dem, was man allgemein ,Messe' nannte, nach außen zunächst etwas zu ändern. Der Geistliche, bei dem die Gläubigen eine Messe bestellen, soll sich vielmehr nur vor der innern Intention des Opfers hüten. Das bedeutet aber doch nichts Geringeres als eine Anleitung zu geistlichem

Betrug! Der Geistliche wird tatsächlich angewiesen, die Meßbestellungen in wesentlich anderem Sinne entgegenzunehmen und auszuführen, als die Gläubigen es voraussetzen. Es bleibt nur ein Beten für diesen oder jenen bei dieser Kommunion, und dieses u n s e r Beten, Loben, Opfern könnte man allenfalls Opfer nennen; es mag ,Christus reizen, daß er sich im Himmel für uns opfere'. Das Opfer im objektiven Sinn ist radikal ausgeschaltet.

Auch wenn Luther an der Messe seiner Zeit das Hauptstück, das Gedächtnis des Todes des Herrn und die Vergebung der Sünde, unter den menschlichen Zusätzen schier untergegangen glaubt, so setzt er wieder einmal die vielfältige Veräußerlichung bei der Messefeier und beim Messehören für das Ganze bzw. für die katholische Lehre. Er erliegt wiederum der Verwechslung des katholischen Glaubens mit einer sehr verbreiteten vulgärkatholischen Praxis. Er handelt pflichtgemäß, wenn er loszieht gegen die Habsucht, die sich so vielfältig in den Vollzug des heiligen Opfers eingemischt hatte. In der Darbringung unzähliger, gehäufter, in Eile hingebeteter, unandächtiger Messen hatten tatsächlich viele einzelne Priester ,den Altar des Allerhöchsten zu einem Baal-Altar gemacht'. Die Auffassung der Gläubigen war auch vielfach praktisch zu der eines Zauberers geworden. ,Etlich lassen Meß halten, daß sie reich werden..., etlich darum, daß sie meinen, wo sie des Morgens Meß hören, sein des Tags sicher für alle Not und Fährlichkeit.' Und sicherlich haben manche Geistliche mit zu zäher Begierde nach Meßstiftungen gedrängt, wo das Geld der Witwe oder der Familie nötig gewesen wäre. Falsch und gründlich falsch wird das aber natürlich, sobald Luther behauptet, Bereicherung des Klerus sei der A n l a ß zur Einführung der Zeremonien usf. gewesen. Vor allem: subjektive Würde oder Nachlässigkeit oder Schuld des Spenders oder Empfängers entscheiden nicht über den objektiven Tatbestand des Sakramentes. Gerade hier kann man Luther aus seinen eigenen Worten richten, aus der ,Babylonischen Gefangenschaft' wie vor allem aus den einschlägigen Schriften der Jahre 1527—1529, welche die objektive Art und Wirkweise des Altarssakramentes so katholisch verkünden.

6. Die Hochschätzung des ,Wortes' hat Luther bereits 1519 bis zu seiner alleinigen Geltung, d. h. zum S c h r i f t p r i n z i p, gesteigert: es ist uns verboten, etwas außer der Heiligen Schrift zu glauben; ,was nicht in der Heiligen Schrift steht, ist des Teufels Zusatz'.

Auf diesem Schriftprinzip ruhen Luthers Aussichten im Kampf gegen die Kirche und das Reich. Von diesem Boden aus war eine eigentliche Widerlegung unmöglich. Denn alles kam ja auf die Auslegung der Texte, also auf die Disputation an. Man sah damals nicht, daß sich eben hierin, im Schriftprinzip, das eigentlich Revolutionäre formulierte. Denn mit ihm war mit einem

Schlag Wesentliches des ganzen kirchlich-staatlichen Gefüges geleugnet und zerstört, ehe noch davon gesprochen worden war. Tatsächlich beruht die Haltung Luthers und des sächsischen Kurfürsten und der ganzen ihm wohlgesinnten öffentlichen Meinung im Kampf so gut wie ganz auf der immer wiederholten Beteuerung: kein Wort Luthers soll bestehen, kein Vorschlag durchgehen, wenn man ihn, was er gerne annehmen wird, aus der Schrift widerlegt und seine eigenen Schriftbeweise überwindet. Das rückt Luther selbst unermüdlich vor, seit er anfängt, zu schreiben, und dann in immer steigendem Maße, seit er mit den historischen Gewalten in Kirche und Staat zusammenprallt. Er stößt die Welt dadurch auf die Frage nach dem Wert des Historisch-Gewordenen, nach dem ‚Menschlichen‘ in der Kirche. Das Wichtigere dabei ist nicht die Verneinung der Frage, sondern daß sie gestellt wurde. Gottes Wort gegen menschliche Entwicklung: konnte ein Zweifel über die Antwort aufkommen? Nicht viele sahen die falsche Fragestellung. Etwa sah sie Herzog Georg von Sachsen nicht in jenem entscheidenden Augenblick der Leipziger Disputation, als über das göttliche Recht des Primats gestritten wurde (oben S. 208). Da sah Luther beträchtlich klarer, und darauf baut er sein Spiel mit dem Antichristen auf. Wie schon einmal gesagt: außerordentlich geschickt und eindringlich, wie er nach seiner Abreise aus Worms nochmals schriftlich diesen einseitigen Standpunkt fixiert, wie er es eindringlich voraussetzt, dann heraushebt, belegt und verlangt, daß das einzige ‚christliche Maß‘ sein müsse, ‚daß Gottes Wort frei und unverbunden wäre über alle Ding‘, da ‚die Würd und Gewalt der heiligen und göttlichen Schrift ist größer, dann das Vermögen des ganzen menschlichen Verstandes‘.

7. Zum ‚Wort‘ rechnet Luther auch die Sakramente. Er stellt abschließend fest, daß ‚unsere Kirche durch Gottes Gnaden mit dem reinen Wort und rechten Brauch der Sakrament‘ ausgestattet ist. Wir wissen, wie die Katholiken diesen rechten Brauch empfanden: als eine fürchterliche Amputation. ‚Das tut mir nichts wirscher in der Lutherey, denn daß sie die heilige Sakrament so peinlich zerreißen‘ (Charitas Pirkheimer). ‚Fünf hon sie gar vernichtet, Die andern lon sie ston, dermaßen zugerichtet, daß sie auch bald zergon‘ (Murner).

Immerhin: es blieb nicht nur die Kindertaufe (eine unverkennbare Anerkennung des ‚opus operatum‘!), es blieb auch die wahre Gegenwart Jesu Christi im allerheiligsten Altarssakrament.

Hier ist Luthers Glauben und Predigt nochmals gegen ein zu häufiges Mißverständnis zu verteidigen. Luthers Lehre vom Abendmahl enthält eine gerade heute hochbedeutsame Durchbrechung seines Subjektivismus. Die Worte: ‚Dies i s t mein Leib‘, haben bei ihm noch wirklich o b j e k t i v e Kraft.

Denn diese wahre Gegenwart des Herrn im Sakrament ist nach Luther nicht abhängig vom Glauben des einzelnen, sondern vom Vollzug des Abendmahls durch die Gemeinde der im Herrn Versammelten, denen Seine Verheißungen gelten. Christus ist dann wirklich im Brot zugegen auch ohne den Glauben des einzelnen, so zwar, daß ein unwürdiger Genuß des wirklichen Leibes und Blutes Christi erfolgen kann. Der Glaube des einzelnen ist jeweils nur Vorbedingung zum heilmachenden Empfang. —

Auch die Auffassung vom Wort selbst, und die andere von der Gewissensreligion, waren im Geist und Mund Luthers nicht das, was seine Epigonen oder gar die Aufklärung und die moderne liberale protestantische Theologie daraus gemacht haben: subjektivistische Willkür. Das Wort Gottes, so wie es befehlend vor den Menschen hingesetzt ist, ist für Luther zweifellos jene gewaltige göttliche Autorität, die aller Normen Norm sein soll. Keinerlei Zweifel möglich, daß Luther sich durch alle harten Forderungen, durch alle Schwierigkeiten des Verständnisses hindurch, ohne das mindeste Recht irgend welchen eigenen Wunsches und Wähnens, an das Wort, an das unwandelbar göttliche, voll und ganz gebunden wußte. Ein starker Dogmatismus im Subjektivismus, ein subjektiver Dogmatismus! Er wollte seine und aller Lehrer Erklärungen daran geben, wenn nur jeder Christ die bloße Schrift, das lautere Wort Gottes nähme. ‚Darum hinein, hinein, liebe Christen, denn da wohnt Gott allein in Zion. Amen!‘

An zahllosen Stellen spricht sich das mit stärkster Eindringlichkeit aus. In der ‚Freiheit eines Christenmenschen‘ steht eine stark spiritualistisch und damit subjektivistisch gewendete, sogar schon etwas einseitig zugespitzte Schilderung der Unabhängigkeit des Frommseins von allem Äußern, vielmehr seines Abhängigseins vom Innern allein. Aber dann bricht im fünften Punkt das Objektive durch, die unverrückbar gesetzte Norm: ‚Hat die liebe Seele kein ander Ding weder im Himmel noch auf Erden, darinnen sie leben, fromm, frei und Christ sei, denn das heilig Evangelii, das Wort Gottes von Christus gepredigt.‘ —

Der tiefste Grund und die letzte Quelle der Kraft für Luther persönlich und für seine Lehre ist nicht sein persönlicher Glaube. Sondern es ist die machtvolle, objektive Wirklichkeit, an die er glaubt und aus der er glaubt. Und dies ist, über jede theoretische Bestimmung hinaus, oder vielmehr vor ihr, Jesus Christus, der Sohn Gottes, der Gekreuzigte, der Erlöser der Welt. Daß diese Persönlichkeit von Luther Besitz ergriffen, und daß er weit stärker sie gepredigt hat als eine Lehre, ist seine Kraft bis heute; und nur hieraus erklärt sich der Widerstand des Protestantismus gegen seine eigenen fundamentalen Auflösungskeime. In seiner Christologie hat Luther diesem Objektivismus eine fruchtbare Unterlage gegeben dadurch, daß er Christus als unser

Beispiel im Sinne eines ‚Sakraments‘ faßt. Hier ist Luther tief berührt von
dem Geist des Spruches, der für sich dem Reformator die Überwindung der
Gesinnungsreligiosität hätte ermöglichen können: ‚Ich bin der Weg‘, und der
so viel tiefere Wirklichkeiten birgt, als wenn er lautete: Ich zeige euch
den Weg.

Als einen der stärksten Beweise für Luthers Objektivismus und Dogmatismus muß man nachdrücklicher, als es gemeinhin geschieht, seinen so unerhört
scharfen Kampf gegen die Schwärmer ansprechen. Man spürt in seinen Auslassungen einen geradezu existentiellen Haß gegen eine Wesensverschiedenheit.
Dieser schwärmerische Subjektivismus macht sich zum Herrn des Wortes.
Luther will sein Diener sein.

Daß diese Elemente so stark von der Kritik übersehen werden, hat sehr
tiefe Ursachen: Luthers Objektivismus ist eine Selbsttäuschung und eine
Inkonsequenz. Eine Täuschung, weil kein religiöser Objektivismus möglich ist,
der nicht immer wieder von Fall zu Fall durch einen lebendigen Deuter, also
durch ein unfehlbares, lebendiges Lehramt gesichert werden kann. Nur auf
persönliche Einsicht und Begründung hin kann keine objektive Norm gebaut
werden. Um so weniger dann, wenn diese eigene Einsicht so singulär persönlich, subjektivistisch und schwankend ist, wie wir das für Luther überreichlich
belegen konnten und können. Und hier liegt Luthers Inkonsequenz. Er war
der Diener des Wortes, aber weithin in seinem eigenen, höchst persönlichen Sinne.
Durch die verabsolutierende Veralleinigung des Wortes durchbrach er dieses
‚Diener sein‘ und war nicht mehr reiner Hörer. Es ist eine der gangbarsten
Schwächen beinahe aller protestantischen Darstellungen, daß sie trotz ihrer
widerspruchsvollen Verschiedenheit in der Auslegung Luthers seine Deutung
doch immer einfachhin als das reine Wort bezeichnen.

8. Durchaus mit Recht wendet sich heute ein beachtlicher Teil der protestantischen Theologie gegen die Auffassung des Wortes bei Luther als einer
spiritualistischen Größe. Sie empfindet den intimen Gegensatz Luthers zum
Spiritualismus der Schwärmer, die der Meinung waren, Gottes Geist ohne das
‚Wort‘ und vor ihm zu besitzen. Aber geschichtlich ist das nicht ganz entscheidend. Hier liegt vielmehr die größere Wichtigkeit bei der Frage: Wie
weit erfolgte die spiritualistische Deutung, die man Luthers Worten gab, zu
Recht? — Tatsächlich enthalten die gewaltigen Konzeptionen Luthers schwerste
innere Paradoxien, ja wir erkannten das Wesen seiner christlichen Ver-
kündigung geradezu als Paradoxie. Aus ihr wurde von den unmittelbar
Angesprochenen als das Entscheidende vernommen, was in der polemischen
Situation als das Neue erschien. Das war aber unbedingt alles, was vom
Sichtbaren, von der Institution, vom lebendig-priesterlichen Lehramt weg-

führte. Es blieb eigentlich nur das Wort und das Innere. Wenn es kein lebendiges Lehramt gibt, wohl aber das allgemeine Priesteramt, dann kann eben ich
das Wort deuten, vielmehr ich muß es deuten; oder auch diese Gemeinde oder
jene muß die Deutung vollziehen. Das Grundproblem aller Lutherdeutung ist
das Zusammensehen und das Zusammensein von Subjektivistischem und Objektivismus. Hier trennen sich die Wege der Beurteilung. Luther selbst stand
noch im mittelalterlichen Kirchenbegriff oder vielmehr noch (im angegebenen
Umfang) in der machtvollen Objektivität der Kirche. Weder wurde die ‚Unsichtbarkeit' der Kirche bei ihm absolut, noch wurde die kirchliche Autorität
über die Seelen ganz vernichtet. Aber sowohl sein persönlicher Entwicklungsgang zum Reformator (den wir ja auch durch Skrupulosität — eine Grund-
form des Subjektivismus, da sie praktisch nur die eigene Einsicht gelten läßt —
tief gekennzeichnet fanden) wie, dem engst entsprechend, seine Lehre sind primär subjektivistisch und wissen von jener Objektivität nur mehr im besprochenen engen Umkreis. Das große Ganze konnte mit Recht subjektivistisch
verstanden und noch mehr: weiterentwickelt werden. Mit innerer Konsequenz tauchten sofort die stärksten Meinungsverschiedenheiten auf und boten
sich in kirchlichen Absplitterungen dar.

Die Variationen im Protestantismus begannen bei Luther selbst. Die Wandlungen und Widersprüche des ‚vielköpfigen' Luther wurden von Anfang der
Auseinandersetzungen an ein Grundmotiv der katholischen Gegenwehr.

Aleander schlägt es ziemlich dürftig an. Der kaiserliche Beichtvater nützt
Luthers Selbstwidersprüche aus, als er Sickingen bearbeitet. Johannes Faber
schreibt 1523 über die ‚Widersprüche Luthers'; 1525 verbreitet sich Dungers-
heim in Leipzig über den gleichen Gegenstand. Eck und Hoffmeister und Ambrosius Catharinus und der Franziskaner Johann Findling und mit ihnen
alle Gegner Luthers spinnen das Thema weiter.

Besonders Cochläus ging mit pedantischer Gründlichkeit den Schwankungen
Luthers nach und notierte sie sorgfältig. 1521, 1522 und 1525 hatte er
darüber geschrieben. Dann aber war 1528 der Unterricht der Visitatoren mit
Luthers Vorwort erschienen. Cochläus glaubte eine Zurückwendung Luthers
in ein dogmatisch festes und kirchlich geordnetes System angebahnt zu sehen:
das schien der Widerspruch in Luthers Lehre und der Bruch! Nicht mehr von
der Kirche weg, sondern zur Kirche zurück! So stellt Cochläus in seinem
‚Siebenköpfigen Luther' des Reformators Entwicklung in sieben stark voneinander abweichenden Stufen dar. Die sich widersprechenden Äußerungen
Luthers über die einzelnen kirchlichen Lehren führt er wörtlich an.

Meine bisherigen Ausführungen dürften nicht den geringsten Zweifel daran
lassen, daß ich keinerlei Lust verspüre, die Verzeichnungen, die Cochläus

dem katholischen Lutherbild bis in die Gegenwart hinein eingeprägt hat, weiter am Leben zu erhalten. Von seinen zusammenaddierten 91, dann 132 und endlich 500 Schwankungen Luthers sind viele Quisquilien oder auch einfach Fehldeutungen. Aber das beweist gar nichts gegen seine Grundthese von der starken theologischen Wandelbarkeit Luthers, für die sich später Kardinal Stanislaus Hosius so ausgiebig auf protestantische Zeugen berufen konnte.

Angesichts dieses Schwankens, das die Verwegenheit besaß, das säkulare System der Kirche ersetzen zu wollen, prophezeite Cochläus, ‚daß wir Deutsche durch Luther viel verwirrter im Glauben sein werden als jetzt über hundert Jahre die Böhmen‘. —

Gegenüber der schneidenden Exklusive, die Luther so sehr liebt, wirken schon manche Schwankungen der Entwicklungsjahre 1518—1520 und dann wieder von 1530, die man immerhin als Vertuschungen aus taktischen Rücksichten erklären könnte, peinlich. (Etwa: Luthers Unterricht auf etliche Artikel nach der Unterredung mit Miltiz.) Sie gehen offensichtlich mit Fleiß an den eigentlichen Streitfragen vorbei.

Mitten in der stürmischen Offensive 1518, als Luther schon den Gegensatz des reinen Wortes Gottes gegen den Antichrist-Papst aufzustellen begann, ist seine Position so wenig definitiv, daß er die Wandelbarkeit seiner theologischen Ansichten eingesteht: ‚Ich sehe einiges, was Augustin nicht sah, und weiß doch, daß Künftige mehr erkennen werden als ich.‘ Er hat sich das bei der Aufstellung seiner neuen revolutionierenden Thesen leider viel zu wenig eine heilsame Hemmung sein lassen.

Wir sahen schon, wie unbedingt Luther jede Trennung von der römischen Kirche verwarf, und wie er doch in diesem fundamentalen Punkt zu gleicher Zeit schwankte und schnell und radikal anderer Meinung wurde.

Für die Feststellung des verpflichtenden Wortes Gottes ist der Begriff der Inspiration entscheidend. Luther verweigerte einerseits dem Jakobusbrief das eigentliche kanonische Ansehen, kann ihn nicht zu den rechten Hauptstücken rechnen; anderseits will er doch niemand wehren, ihn zu stellen, wie er mag!

Wir haben die Prädestinationslehre Luthers oben zu definieren versucht. Aber niemand wird behaupten wollen, daß alle Äußerungen Luthers zu diesem Thema sich genau deckten. Es gibt hier zweifellos Schwankungen, die bis zum Widerspruch gehen.

Wie schwer ist es bis heute, Luthers Ansichten über das Abendmahl einheitlich und im Detail genau festzulegen! Man hat mit Recht aufmerksam gemacht auf die vielen Korrekturen, die Luther in seinem Manuskript von ‚Daß diese Worte ... noch fest stehen‘ anbrachte. Die Schwabacher Artikel, die mit dem Anspruch des verpflichtenden Bekenntnisses auftreten, sind das Resultat der so weitgehend opportunistisch beeinflußten Verhandlungen der weltlichen und kirchlichen sächsischen Räte! Und die viel stärkere Betonung des Gemeinsamen zwischen lutherischer und zwinglianischer Auffassung in Marburg ist ganz offenbar der politischen Abzweckung des dortigen Gesprächs entsprungen. Noch bedenklicher scheint, daß Luther anfangs der vierziger Jahre bereit war, sich mit der Kurbrandenburgischen Kirchenordnung abzufinden, die doch in ihrer Ausbalancierung (im Sinne des geschmeidigen, eigentlich un-religiösen Joachim II.) ganz erheblich von seinen Forderungen abwich.

Unter diesen Dingen, die stark zu vermehren wären, gibt es vieles, das einem Geschichtsschreiber der Theologie heute ganz natürlich erscheinen mag. Aber Luther trat nicht auf als Theologe, der über Thesen disputiert. Luther erhob den Anspruch, die 1500 Jahre alte Kirche, die das Leben der ganzen bekannten Welt grundlegend gebildet hatte und noch beherrschte, des wesent-lichen und radikalen Irrtums im heiligsten Bezirk, ja des offenen Betrugs zu zeihen. Er kam mit dem Anspruch, durch die Gnade Gottes allein endlich das wahre Licht des Evangeliums, endlich das wahre Christentum zu bringen, endlich den Antichrist zu entlarven. Und er tat das mit einer maßlosen Steigerung dieses Gegensatzes: Reines Wort gegen Teufels Trug; er identi-fizierte seine Lehre mit dem alleinigen engen Weg der Wahrheit zum Himmel, und jedes Abweichen mit dem Weg zur Hölle!

In einer solchen Atmosphäre verlieren selbst weniger wichtige Schwankungen alles Harmlose. Ein Religionsstifter (das Wort im angegebenen Sinn verstanden), in dem das Unbedingte der christ-lichen Forderungen so hart und unnachgiebig fordernd auftritt, darf keine und darf am wenigsten so starke Schwankungen in seiner Lehre haben. Sie sind für seinen Anspruch tödlich.

Und endlich, dieses Schwanken war eine notwendige Konsequenz aus Luthers Grundansichten: Wenn die Schrift die alleinige Norm ist, wer hat deren richtiges Verständnis? Luther sagt in der ersten Psalmenerklärung eindeutig: ‚Wenn nicht im Lehramt durch einen lebendigen Menschen die Lehre verbindlich verkündet wird, wird es so viele Lehren als Köpfe geben.‘ Wiederum heißt es dort richtig: ‚es wird nur den Gebeugten und Demütigen geschenkt‘. Aber das ist ein vielfältig deutbares Merkmal. Wir werden sehen, wie stark die Kritik von hier aus gerade an Luthers Auslegung ansetzen darf.

Luther sagt: ‚Die Schrift versteht keiner, sie komme ihm denn ins Haus, d. h. er erfahre sie.‘ Und er fügt hinzu: ‚Man muß die Worte nicht anders achten, als wären sie gestern geschrieben.‘ Und für wen geschrieben? ‚Gottes Wort hin, Gottes Wort her, ich muß wissen und achthaben, zu wem das Wort Gottes geredet werde.‘ ‚Man muß wohl unterscheiden, ob das Wort e i n e n trifft oder alle zumal.' Und wer wird schließlich diese Unterscheidung treffen? Der Schriftgelehrte, der ‚durch Lesen, Forschen, Grübeln (über die Bibel) in Erkenntnis der Wahrheit sich übt und also mächtig wird, die Heilige Schrift auszulegen und zu unterrichten'. Luther war ein solcher Liebhaber der Bibel, Melanchthon war es, Zwingli, Calvin und Osiander und Butzer waren es. Wessen Entscheidung trifft nun den rechten Sinn? Und Thomas von Aquin und Eckehard waren Schriftgelehrte und — Cajetan war es! Wer hat den rechten Sinn, wenn der Schriftgelehrte den Ausschlag gibt?

Wenn Luther der Prophet Gottes ist, wie darf er dann sich der Entscheidung entziehen? Aber wir sahen, daß er es tut. Betreffs der Geheimen Offenbarung (1522) salviert er sich ähnlich wie gegenüber dem Jakobusbrief, der ‚strohern Epistel': ‚Ich sage, was ich fühle. Mir mangelt.... Ich ... kann nicht spüren, daß das Buch vom Heiligen Geist gestellet sei.... Mein Geist kann sich in das Buch nicht schicken.'

Und erst das weite Feld der allegorischen Exegese! Luther hat sie zwar grundsätzlich abgelehnt; aber ebenso war er ja ein Gegner der Literalexegese. Und so gelang es ihm doch sein Leben lang nicht, sich von der Allegorese freizuhalten. Wer wird hier den Schiedsrichter machen? Nein, es läßt sich schlecht leugnen: alle angeführten Aussprüche räumen der subjektiven und damit schwankenden Auslegung unmittelbare Möglichkeiten ein oder zeigen sie bereits in der Anwendung. Luthers Werk kann unmöglich den notwendigen, in die Substanz des Evangeliums greifenden Folgen seines Subjektivismus entgehen.

Ein stärkster und wahrhaftig ein großartiger Beweis, den wir bereits kennen, ist seine Bibelverdeutschung. Er g e b i e r t wirklich, wie Hirsch es ausdrückte, das uns aufgetragene Wort noch einmal auf deutsch. Das ist eine gewaltige Tat, und niemand hat soviel Eindringlichkeit dem ‚Wort' in einer neuen Sprache mitgegeben wie Luther. Nur schaffte er auch hier in jener Weise, die wir als das große Charakteristikum all seines innern Werdens erkannten: eine geniale Hemmungslosigkeit erlebt das eigene Fühlen und gießt es hinreißend aus. Das trägt er hier so sehr in das deutsche Wort hinein, daß oftmals nicht eine Synthese zwischen Offenbarung und natürlicher Sprache das Ergebnis ist, sondern daß vielmehr das Natürliche, die deutsche Sprache, das Geoffenbarte umstrickt. Nicht jenes herrliche Wiedergebären des Werkes ist der Fehler, sondern dieses ‚Z u v i e l'.

Man müßte Luthers ganze gewaltige Arbeit unter diesem Gesichtspunkt durchsprechen, um einen Begriff davon zu bekommen, wie weit die tief singuläre Art Luthers sich aufwirft zum eigenmächtigen Richter über eine Fülle objektiver Werte. Wie prinzipiell subjektiv gebunden erscheint bei ihm z. B., um nur noch dieses Beispiel zu nennen, die Gültigkeit des Gottesbeweises! Er hängt völlig ab von der Beschaffenheit des Menschen. ‚Wenn der Mensch gerecht ist, ist Gott (= erscheint Gott) gerecht. ... Darum wird er den Verdammten in alle Ewigkeit als ungerecht erscheinen.'

Erinnern wir uns noch daran, daß eines der Kennzeichen lutherischer theologischer Arbeit ist, das Christentum aus dem Vielerlei der Gebote[1] auf wenige wesentliche Punkte zurückzuführen. Luther setzt damit den Versuch fort, der mit dem platonischen Humanismus in Florenz aufkam. Luther ist nicht Hörer des Ganzen, er wählt aus. —

Die nicht radikalen Strömungen im Protestantismus (also die kirchlich gebundenen Denominationen) lehnen häufig die Kennzeichnung Luthers und seiner Schöpfung als grundsätzlich subjektivistisch mit einer unverkennbaren Animosität ab. Ist das nicht ein Widerspruch gegenüber der stolzen Betonung, daß der Protestantismus g a n z Gewissensreligion sei, g a n z dem Menschen die eigene Verantwortung zur Entscheidung aufgebe? Die Berufung auf das eigene Gewissen ist in Luthers skrupulös-radikaler Art der Klosterjahre die Kraftquelle und ist in den Tagen von Worms das Wahrzeichen Lutherischer Haltung geworden. Man kann nicht dies mit Stolz in Anspruch nehmen und zugleich die Folgerung, die Gefahr und Belastung durch den Subjektivismus, ablehnen, sobald das einzig mögliche Korrektiv fehlt, das die Gewissensentscheidung durch ein Objektives korrigieren könnte: das unfehlbare Lehramt. Nur darin hat jener protestantische Protest recht, daß er als Reaktion es sich verbitten darf, daß man Luthers Subjektivismus zur Willkür mache, wie es nach der Aufklärung die modern-liberale Theologie und katholische Lutherexegeten taten. Bei Luther heißt es letztlich: ‚Glaubst du, so hast du; glaubst du nicht, so hast du nicht.' Aber dieser Glaube ist nicht freigestellt, sondern unerbittlich gefordert. Und Luther ist der festen Meinung, daß er diese Forderungen objektiv im Wort gesichert habe.

Die sofort neben Luther mit Karlstadt und Melanchthon ansetzenden, sich schnellstens mehrenden, sich dauernd unterteilenden, und aller Religionsgespräche und Konkordienformeln spottenden innerprotestantischen Auflösungen bis heute, waren nicht Zufall; sie sind der folgerichtige Ausdruck der Fruchtbarkeit der Spaltpilze, die in Luthers Worten und Taten, vor allem in seiner Grundhaltung, saßen. Luther selbst hatte diese kommende Entwicklung noch zu seinen Lebzeiten angekündigt: ‚Noch bin ich am Leben, und schon sind falsche Brüder, die meine Lehre stark wider mich führen. Was nach meinem Tod!'

---

[1] In den ‚Schmalkaldener Artikeln': ‚Darum hab ich w e n i g Artikel gestellet, denn wir on das von Gott so viel befehl haben, in den Kirchen, in der Oberkeit, im Hause zu tun, daß wir sie nimmer ausrichten können.'

Die Schwankungen Melanchthons in den verschiedenen Ausgaben seiner Loci communes kann man nicht wohl übersehen; etwa, wie er 1534 die natürlichen Kräfte und die Bildungsfähigkeit der Menschen herausstellt. Den auflösenden Relativismus bei Butzer und dessen Vertuschungen etwa gegenüber der Wittenberger Konkordie noch weniger! Den Schwärmern kann man von der protestantischen Plattform aus grundsätzlich ihr Dasein nicht verbieten. Hier sah Luther damals klarer, als er noch keinerlei obrigkeitliches Einschreiten gegen sie wollte. Aber auch, wenn man ihre Deutung des Christentums als mißbräuchliche Willkür des Schriftprinzips und der Gewissensreligion ausscheiden wollte: welch beschämendes Durcheinander bleibt selbst unter den Anhängern der Confessio Augustana!

Gewiß, Luther lehnte die Verantwortung für diese Entwicklung ab. Er nennt die abweichenden Thesen einfach ,wider seine k l a r e   L e h r e gerichtete Lügen durch vom Teufel angestiftete falsche Brüder'. Man wird das schwerlich als eine genügende Begründung hinnehmen. Der geführte Gegenbeweis ist auf diese Art nicht zu entkräften. Um so weniger, als Luthers ganze geistige und seelische Struktur, nämlich sein erlebnismäßiges Arbeiten, sein Mangel an systematisch klarer Kraft den besten Nährboden für ungleichmäßiges Voranschreiten, für Rückschläge nach hemmungslosem Vorandrängen boten, und nach Schwankungen in seinen Formulierungen geradezu zu verlangen scheinen. Luthers Superlativismus wird uns hierin noch tiefer führen.

Der große Fehlschluß Luthers bei der Aufstellung seiner Lehre liegt darin, daß er seine aus singulärstem Werdegang einer denkbar persönlichen Veranlagung entstandenen, höchst persönlichen Überzeugungen zum bindenden Befehl für die Gesamtheit machte.

Manche Einzelheiten der hier etwas erhellten theologischen Vorstellungswelt Luthers können als für eine deutsche Geschichte im Zeitalter der Reformation unwichtig erscheinen. Es soll nicht geleugnet werden.

Und doch: Auch aus diesen unwichtigen Einzelheiten wie aus allem, was wir von Luther wissen, bezeugt sich jene Geisteshaltung, die nicht weniger als das Schicksal der modernen Welt wurde, und dies weithin durch Luther: der Subjektivismus. Nicht Luther hat den Subjektivismus als allgemein wirkende Potenz in das Abendland eingeführt. Aber er tat — trotz seinen dogmatischen Bindungen — für seinen Triumph mehr als irgend ein anderer. Denn er führte ihn zum Sieg im Bereich des Unantastbarsten, das es gab. Wenn auch gegen seinen Willen.

Der Subjektivismus ist die Spaltung der Einheit. Der Einheit der Kirche, des Christentums, der Welt, mit dem Chaos des modernen, bindungslosen Daseins. Die Spaltung Deutschlands.

Luthers Mitschuld an der verhängnisvollen Herrschaft des Subjektivismus in der neuen und neuesten Geschichte zu erkennen, ist die Hälfte seiner Erkenntnis und seiner Bewertung.

9. Der Subjektivismus ist also in Luthers Struktur kein Beiwerk, sondern Grundelement. Eine Folge davon und ebenso ein weiterer Beweis dafür ist die Tatsache, daß Luthers Art und Werk eine ganze Anzahl von kennzeichnenden Eigentümlichkeiten aufweisen, die alle dem Singulären, Persönlichen verwandt, dem objektiv Universalen fremd sind. Sie hängen samt und sonders mit jener Eigenschaft zusammen, auf die wir immer wieder stießen: daß Luther kein ausgesprochener Denker, dafür um so mehr Temperament und Erleber war, und in unerhörter Weise die zusammengeballten Erregungen der Stunde durch sein Wort den andern (und sich selbst) hinreißend und dadurch steigernd und übersteigernd einzubrennen die Kraft hatte.

Am Eingang zu den hier vorzubringenden Hinweisen müßte eine Studie über Luthers Einfühlungsvermögen überhaupt stehen. Es genügt, auf früher Gesagtes zurückzuverweisen. Die verblüffende Art, mit der diese für einen Professor und Seelsorger so kostbare Gabe sich schon in seiner ‚Antrittsvorlesung‘ zeigt[1], blieb ihm durch all die wechselnden Situationen der folgenden Jahre zur Verfügung. Oft bewies sie eine ganz außerordentliche Treffsicherheit. Im übrigen wird so gut wie alles, was wir noch in diesem Kapitel zu besprechen haben, zu einer Illustration jener Einfühlungsgewalt.

Ich beginne mit dem, was von jeher das Bild Luthers nach außen am stärksten kennzeichnete, mit seiner Polemik.

Wir sprachen bereits von Luthers Heftigkeit, als wir seine Toleranz und seine Meinung über die Anwendung von Gewalt bei der Ausbreitung des Evangeliums untersuchten. Aber auch an diesem Punkte ist einem wirklichen Verständnis der verwirrend reichen, lebendig-irrationalen Gestalt Luthers nur gedient, wenn man sie intim und in ihrer ganzen und auch so widerspruchsvollen Differenziertheit erfaßt. Dabei ist es dringend notwendig, Luthers rein sachliche Stellungnahme zu dem, was er Antichristentum nennt, zu scheiden von dem Triebhaften, das ihn ohne genügende christliche Zucht und aus Haß vorwärtsstürmen läßt oder doch wenigstens seine Worte formt.

Um die Fehlerquellen möglichst auszuschalten, wollen wir unser Augenmerk zuerst dem zuwenden, was Luther an Maßhalten, Milde und Demutshaltung kennzeichnet.

Luther hat die Demut zu einem Fundament seiner Lehre gemacht, insofern er die Kraft des Menschen vollkommen zerschlägt. Alles im Heilsweg, ohne

---

[1] Vorrede zur Psalmen-Vorlesung von 1513: über die Art, wie David im Unterschied zu den andern Propheten sein Inspiriertsein bezeichnet.

jede Ausnahme, geschieht durch Gott allein. Noch mehr: Der Mensch bleibt aktiver Sünder, auch als Gerechter. Für irgend ein Pochen auf die eigene Kraft bleibt kein Platz. Das Bekenntnis des unnützen Knechtes ist bis zum Exzeß gesteigert und gefordert. Die Eigensucht in all ihren Formen, besonders in den feineren und also gefährlicheren, wird geradezu als das Wesen des Sündhaften statuiert, die Absage an den ‚sensus proprius‘ bis zum widerspruchsvollen Quietismus verlangt.

Luther hat diese Auffassung auch persönlich geübt. Sowohl die Art, w i e er darüber schreibt, wie sein häufig wiederholtes Bekenntnis, daß alle Ehre Gott zukomme, daß etwa all sein eigenes Denken und Suchen im Kloster nichts bedeute, sondern daß Gott die Erleuchtung gnädig gegeben habe; die Fülle ähnlicher, tief selbstverständlicher, ernstester Äußerungen, die seinen Kampf und Sieg und seine Schwierigkeiten restlos Gott zuweisen, erheben das über jeden Zweifel. Auch das Bekenntnis zur eigenen Schuld, etwa, daß die Verwirklichung der reformatorischen Lehre im Leben, das Streben der Neugläubigen nach Reinheit, weit hinter dem Ideal zurückbleibe, gehört hierher, und Luther bezieht seine eigene Person, ‚die die geringst und sündlichste ist‘, ausdrücklich mit ein.

Der Kampf gegen den revolutionären Müntzer soll, wie wir schon sahen, seine Grenze finden an dem Geist, den er (Luther) predige: Liebe, Freude, Friede, Geduld, Gütigkeit, Treue, Sanftmut, Mäßigkeit (Gal. 5, 21). Das neue Evangelium sei — auch gegen den Aufruhr — sanft und geistlich, als Dienst am Wort zu verkünden. Luther hat es nachdrücklich abgelehnt, daß man seine Anhänger nach seinem Namen — er ein ‚armseliger Madensack‘! — Lutheraner statt Christen nenne. ‚Was ist Luther? Ist doch die Lehre nit mein. So bin ich auch für niemand gekreuzigt.‘ Er will auch, daß man Rücksicht nehme auf die Haltung und Fassungskraft derer, denen man predigt, und ihnen das Evangelium nicht mit Gewalttätigkeit vorrücke, oder gelegentlich sogar, daß man die noch Altgläubigen nicht überheblich abkanzle.

Bis ans Ende seines Lebens finden sich bei dem Reformator bedeutungsvolle Äußerungen dieser Demutshaltung, eines christlichen Hingegebenseins in den Willen des Vaters. Sogar in einem der Bücher, die für eine wirklich christliche Demut eine geradezu furchtbare Belastung bilden (‚Wider Hans Worst‘), finden sich Sätze wie diese: ‚... weil wir's ernstlich glauben, Gottes Wort sei so ein herrlich, majestätisch Ding, des wir uns allzu unwirdig erkennen, daß durch uns solch groß Ding sollt geredet und getan werden, die wir noch im Fleisch und Blut leben.‘ Im selben Buch brandmarkt er sogar den Grobianismus bei andern, nämlich dem angeredeten Heinrich von Braunschweig-Wolfenbüttel, gründlich als Äußerung eines Besessenen.

Das ist echt, und es ist wahrer Luther. Unter Katholiken muß das viel

stärker bekannt werden als bisher. Aber daneben steht ebenso wirklich, ja
herausfordernd, ein ganz anderer Luther! Die entscheidende Prüfung hat
jede Demut am Selbstbewußtsein und dessen praktischer Darstellung zu
bestehen. Wie liegt der Fall bei Luther? —

Um Luther nicht unrecht zu tun, wollen wir uns daran erinnern, in welchem
Umfang dieses Zeitalter an einen rüpelhaften Ton gewöhnt war. Die Ver-
ächtlichmachung, ja die Vernichtung um jeden Preis und mit allen Mitteln
war wirklich der Grundakkord der Polemik des 16. Jahrhunderts (Eder).
Der Streit um letzte Fragen, wie sie Luther so radikal stellte, konnte sehr
leicht, ja mit einer gewissen innern Notwendigkeit, den Kampf und seinen
Ton verschärfen.

Wir kennen bereits die massiven Anwürfe Aleanders gegen Luther, ‚den
Arius, den Schuft, den Basilisk, den Hund, den Mahomet, den Satan, den
Spitzbuben, den Mordgesellen, die Bestie'. Cochläus, Eck, noch stärker Augu-
stinus Marius usf. usf., und nicht zuletzt kirchliche Aktenstücke hatten sich
nicht selten einer ähnlichen Sprache bedient. Von der andern Seite hatte etwa
Müntzer den Reformator mit Schimpfnamen geradezu zugedeckt: ‚geistloses
Fleisch, tobender Neid, schmeichelnder Schelm, Doktor ludibrii, gottloses Fleisch,
tückischer Kolkrabe, gottloser Schelm, Doktor Lügner, Vater Leisetritt, des
Teufels Erzkanzler, tückischer Fuchs'. Die weiteren Spaltungen der neuen
Lehre haben dann eine innerprotestantische Polemik häßlichsten Tones und
unchristlicher Verfemung erweckt, in der man sich gegenseitig geradezu
mit Wollust als Teufelskinder der Hölle würdig erklärte. Etwa der seit
1536 neu auflebende Antinomistenstreit (Agricola gegen Melanchthon-Luther)
ist von beiden Seiten mit Gehässigkeit gefüllt.

Dieses Zeitalter konnte nicht anders, als in heftigen Gebärden sich äußern.
Und es ist nicht an dem, daß die genialen Vertreter diese Heftigkeit nur in
große Gebärden gekleidet hätten. Der Ton wurde auch bei ihnen entsetzlich
oft zänkisch und kleinlich und ebenso unerhört grob. Selbst in der Humanisten-
zunft erasmischen Gepräges wußte man meist nur theoretisch um das Schöne
einer großen Ruhe. Angegriffen, antworteten sie polternd, und ihre Gegner,
die Mönche, besudelten sie mit häßlichster, rücksichtslos verletzender Grobheit. Hat doch selbst Pirkheimer zum Totschlagen, Aufhängen und Ertränken
seiner Gegner, wenn auch in Versen, aufgefordert; seinen Preis der maßvollen
Polemik hat er nicht wahrgemacht, wenn ein Streich ihn selber traf. Es
bessert die Qualität dieses Grobianismus auch nicht, wenn katholische Bestreiter Luther erklären, daß sie dem Grobian mit gleicher Münze heimzahlen
müßten, wie Cochläus, Dietenberger, Paul Bachmann und all die andern.

Mit Recht durfte diesem Zeitalter der ‚Grobianus' als Patron verkündet
und geschildert werden. Das grob unwürdige, unflätige, maßlos unmäßige

Benehmen vieler Herren und Fürsten — auch inmitten der Lebenskämpfe des
Christentums und der Nation auf den Reichstagen, über das etwa Argula
von Grumbach klagt — liefern die wahrhaft abstoßende Illustration dazu. —
Luther macht keine Ausnahme im allgemeinen Bild. Er proklamierte zwar
und bekannte sich lange Zeit praktisch zum Prinzip des duldenden Leidens
gegenüber der rechtmäßigen Autorität; und er nahm es Zwingli, ,dem wilden
Schweizer', sehr übel, daß er die ,Sache Christi mit schweizerischer Grobheit
zu machen versucht'. Aber im Grobianismus ist er doch der andern Meister
geworden. Niemand hat ihn übertroffen. Wohl aber übertrifft er die andern,
und der Fehler wiegt bei ihm schwerer.

Wir kennen schon zur Genüge Luthers hemmungslose Kritisierfreudigkeit
und überhebliche Beurteilung seiner Pfunde in Fragen, wo es ums ewige
Heil ging, und wie er immer radikaler gegen ein Jahrtausend und gegen eine
ganze Welt aufstand. Im selben Jahre 1520 erklärt er dem Papst, er sei dem
Hader feind, und bald danach an Spalatin (nach Eintreffen der Bannbulle):
,Ein Ende soll haben meine bislang so lange bewiesene Demut.' Wenn man
die Masse der kühnen Anwürfe Luthers gegen Rom auch schon vor dem
Eintreffen der Bannbulle sammelt, wirkt dieses Wort einigermaßen falsch.
Luther selbst sah den Widerspruch nicht; er log nicht. Man konstatiert nur
einmal mehr, wie sehr er unfähig war, sich von seinen eigenen innern Bildern
loszumachen. Noch 1530 bringt er es fertig, die Dinge so darzustellen, als ob
er den Mantel der Liebe über die Vergehen der Gegenseite gebreitet hätte,
daß aber andere kommen würden, um rücksichtslos die Unsauberkeiten der
Bischöfe unsauber zu behandeln. Und doch hatte er selber schon 1521 zugegeben, daß er ,nie danach getrachtet habe, daß ihn jemand für bescheiden
oder heilig halte', und dies nur allzu sehr durch sein Reden und Sprechen
bewiesen. —

Das eben gestreifte Kapitel der ,Mißstände' erinnert nun zuerst daran, wie
berechtigt ein scharfes Aufbegehren und ein rücksichtsloser Kampf gegen sie
sein konnte und für ein radikales Gemüt christlicher Substanz sein mußte.
Wenn man Luther nicht unrecht tun will, muß man dies zuerst klar und
dauernd im Bewußtsein behalten. Manche seiner Vernichtungsurteile waren
sachlich weithin berechtigt. Es gibt, wenn man die Formulierung wagen darf,
bei Luther einen sachlichen Grobianismus.

Das gilt zunächst für den Kampf gegen die eigentlichen Mißstände in
der Kirche, also gegen das, was auch die heilige Kirche selbst mißbilligt. Die
nur gelegentliche (nicht grundsätzliche) Kritik in der Psalmenvorlesung
1513/15 und besonders die heftigen Ausfälle gegen die verkommene Kurie
in der Römerbrief-Vorlesung zeigen, daß es Luther unzweifelhaft religiös
ernst gemeint ist: ,Alle Sünden darfst du tun, noch immer bist du ein guter

Christ, wenn du die Rechte der Kirche (insbesondere über die zeitlichen Güter) bejahst! Geld und Macht ist Hauptsache. Die Führer der Kirche verurteilen das, kümmern sich aber nicht darum, selbst christlich zu leben.' Ironisch höhnt er: ,Aber natürlich sind dieser ganzen Kurie durch und durch verderbte Schande und die monströse Zusammenhäufung aller Unsittlichkeiten, äußerlicher Pracht, Habsucht, Ehrgeiz, Sakrilegien keine Sünde!' Stark empfindet er den Unterschied zwischen der Gegenwart und den reinen apostolischen Zeiten: ,Als die Prälaten aller Gaben würdig und würdigste Priester waren, zahlten sie selbst Steuern und waren den Obrigkeiten untertan.' Seine Kritik wiegt hier um so schwerer, als er sie noch vor grundsätzlicher Übertreibung zu bewahren weiß: ,Nicht, als ob jene Rechte in sich schlecht wären . . ., aber weil sie heute schlechten Menschen und Gottlosen ausgeliefert sind, die nur für die Guten gestiftet wurden.' Sogar zu einer Zeit, wo er längst zur vollen Verwerfung des Papsttums fortgeschritten war, vermochte er noch gelegentlich seiner Kritik diese Tiefe zu geben: ,Du sollst erkennen deine Sünde, welche Gottes strenge Gerechtigkeit mit solchem endchristlichen Regiment geplagt hat wie St. Paulus 2. Tess. 2 verkündigt: Gott wird ihnen senden einige Lehrer. . . . Es ist eitel unser Schuld alles, was der Papst mit den Seinen an unserm Gut, Leib und Seel getan hat.'

Was den Luther also von früh an hier treibt, ist auch die wirkliche Reformbedürftigkeit der Kirche. Allmählich kommt er zur Ansicht, daß nicht ein einzelner, etwa der Papst, auch nicht viele Kardinäle, sondern nur die ganze Welt, oder vielmehr Gott allein die allgemeine Reformbedürftigkeit befriedigen kann. Selbst gute Hirten können nichts Gutes wirken. Es muß der zürnende Grimm des Herrn erscheinen. Und als dieses rächenden Zornes Medium hat Luther sich gefühlt [1]. —

Ganz früh hat Luther auch noch in anderer Weise die Sachlichkeit seines Kampfes sicherzustellen versucht: ,Ich weiß, nicht die Menschen, die mir anscheinend entgegenstehen, sind die eigentlichen Urheber der Schandtaten, auch hasse ich nicht sie: aber jener Behemoth, der Fürst des Übels, der möchte meinen Fall zum Anlaß nehmen, um die Wahrheit aus seinem Reich zu vertreiben.'

Das ist richtig und wichtig. Leider bleibt es zu oft nur schöne Theorie, über welche das lebendige Ressentiment hinausträgt. Denn Luther bleibt nicht bei den Mißständen stehen, noch begnügt er sich, diese sachlich zu

---

[1] Man darf aus diesen Darlegungen nicht schließen, die kirchlichen Mißstände seien maßgeblich beteiligt an der Grundlegung des reformatorischen Umschwungs. Wohl aber sind sie sehr maßgeblich beteiligt am Ausbau der reformatorischen Lehre, und zwar, wie wir sahen und gleich sehen werden, nicht nur als ein Anreiz, der den antikurialen Affekt steigerte, sondern leider auch in dem Sinne, daß Luther in wichtigen Fällen die Veräußerlichungen für das Wesen des Kirchlichen nahm.

bekämpfen. Er greift das Wesen an, und er eifert gegen die Personen. Und
er tut es in wilder Leidenschaftlichkeit. Hat er recht? Ehe wir auf triebhaften
Haß und auf schuldhafte Verzerrung schließen, müssen wir erst nach seiner
Grundüberzeugung fragen. Wir müssen uns den Weg offen halten, objektiven
Irrtum und den auf ihn gründenden Haß von dem, was Lüge und niedrige
Gehässigkeit ist, zu scheiden.

Nun kann Luther zunächst subjektiv eine wertvolle Generalrechtfertigung
für die Schärfe seiner Attacke vorweisen: es ist die Aufrichtigkeit seines
reformatorischen Umbruchs. Dieser Umbruch ist die Grundlage für seine
folgende Entwicklung, die sich mit ziemlicher Konsequenz aus ihr ergibt. Also
hat auch diese ganze Entwicklung in vernünftiger Proportion teil am Schutz
jener Aufrichtigkeit. Tatsächlich unterliegt es keinem Zweifel: Luthers scharfer,
ja gehässiger Kampf gegen alles Katholische und Römische nimmt seinen
Ausgang von einer ernsten Gewissensüberzeugung. Schon in einer sehr frühen
Predigt hat er verkündigt: ‚Heiden sind, die niemand vor den Kopf
stoßen wollen, und mit schönen Worten die Menschen ein-
nehmen.‘ Aus dieser Überzeugung heraus stand er auf gegen diejenigen, von
denen er meinte, daß sie immer riefen ‚Friede, Friede‘, wo er nur faule Sorglosigkeit sah. Wie er als Zentrum des Glaubens das Kreuz predigte, so blieb
ihm die Gewissensforderung: ‚Den Wölfen kannst du nicht zu hart sein.‘

An dieser Stelle ist es besonders wichtig, daß man subjektives Meinen und
objektives Sein und Gelten in klarer Weise auseinanderhalte. Eine Gestalt
wie der Gegenreformator Hosius liefert den Beweis, bis zu welcher letzten
Härte der Verdammung eine rein sachliche, gar nicht triebhafte Polemik geführt werden kann. (Vgl. Band II, S. 194.) Je ausschlaggebender der Unterschied ist, auf den es ankommt, um so stärker muß sich die Aufmerksamkeit
des Betrachters auf ihn einstellen. Was nun aber Hosius recht ist, soll Luther
billig sein. Wenn er so oft Papst und Papisten Antichrist und Teufel und
Götzen nennt, so darf man nicht übersehen, daß er dabei in ähnlicher Weise
subjektiv guten Glaubens sein konnte wie Kardinal Hosius, wenn er den
Evangelischen in letzter Unbeugsamkeit den Namen Christ verweigert und sie
Teufelskinder nennt. Wenn man einmal als Ausgangspunkt annimmt, daß
Luther zu der subjektiven Gewissensüberzeugung gekommen war, daß das
Papsttum eine Verkehrung des Christlichen sei, dann wird es leichter verständlich, daß er sich immer wieder zu den überscharfen Formulierungen
treiben ließ. Das, was man Luthers Grobianismus im weitesten Sinne nennen
kann, sein revolutionäres Angehen gegen ehrwürdige Überlieferungen in
einem oft rauhen und schmähenden Ton, ist also auch getragen von dem ernsten
Bewußtsein der Verpflichtung in jenem höchsten Sinn, daß an ihrer Erfüllung
sich die Ewigkeit entscheidet. Die Schrift verlangte: ‚Das Wort Gottes ist

Schwert, ist Krieg, ist Zerstörung, ist Ärgernis, ist Verderben, ist Gift, und wie der Bär auf dem Wege und die Löwin im Walde, so begegnet es den Söhnen Ephraims.'

Freilich, alles, was wir über Luther hörten, verkündet laut, daß er bei weitem nicht auf dieser Linie der Sachlichkeit haltmachen wird. Er kann das einfach nicht. Sein Temperament reißt ihn tiefer.

In seiner frühen Zeit, als der öffentliche Kampf seinen Eifer noch nicht vergiftet hatte, wirft er den böhmischen Pikharden vor, daß sie sich des römischen Gestanks freuen wie der Gleisner über einen offenen Sünder, statt mit ihm zu leiden. Leider verschwindet auch bei Luther sehr schnell dieses Mit-Leiden und die ihm entsprechende seelsorgerliche Behandlung dessen, was er Verderb des Christentums nennt. —

Damit evangelische Leser den folgenden Ausführungen nicht von vornherein mit unberechtigten Hemmungen begegnen, erinnere ich zunächst daran, daß ein unsachlicher Grobianismus, eine heftige, triebhafte Erregtheit dem Reformator nicht etwa erst oder nur von katholischer Kurzsichtigkeit und Empfindlichkeit vorgeworfen wurde.

Zwar Melanchthon, den die Unbeherrschtheit seines Gottesmannes drückte, hat sich in der Leichenrede auf Luther mit dessen Sachradikalismus zu helfen versucht; von ihm aus sei das ganze scharfe Poltern Luthers, des sonst immer Gütigen, zu erklären. Petrus Mosellanus sah 1519 schon deutlicher. Er schließt seine außerordentlich günstige Schilderung Luthers mit der Feststellung: ,Den einen Fehler tadeln alle an ihm, daß er im Schelten etwas zu heftig und beißend sei, mehr als es für einen, der in der Theologie neue Pfade finden will, sicher und für einen Gottesgelehrten schicklich ist.' Der Kanzler Brück nennt das etwas deutlicher ,des Doktoris Martini r u m o r e n d e n G e i s t' und seine ,Baumaxt-Manier', ,dazu er durch die Gnade Gottes einen höheren Geist hat denn andere Menschen'. Capito schreibt Luthers übereiltem Zufahren und seiner unbesonnenen Heftigkeit einen Großteil der schrecklichen Dekadenz des Christentums in der Reformation zu.

Das alles kann den nicht überraschen, der weiß, bis zu welchem hemmungslosen Haß herab die verschiedenen Richtungen des Protestantismus selbst sich schon zu Lebzeiten Luthers und erst recht nach seinem Tode verfolgten. Man kann mit den hierher gehörenden Ausbrüchen eine wüste Schandlitanei füllen, als deren Quintessenz das Verdikt ,Teufelskind' sich ergeben würde. Das hat begonnen mit Luthers Haß, nicht nur gegen die Teufelskinder, die Schwärmer, sondern gegen Zwingli, von dem man sich nicht anders als vor des Teufels Gift hüten müsse, dessen Schriften giftiger seien als die Otter, dessen Buch den gegen Luther unsinnig rasend gewordenen Teufel zum Vater habe.

Genau so klingt es im Streit der Rivalen und dann der Epigonen untereinander: Osiander vergleicht den biegsamen Melanchthon ganz einfach mit dem Verräter Judas. Osiander seinerseits wird von den Gegnern mit einer Flut von Schimpfwörtern zugedeckt: Häretiker, Antichrist, Jud, schwarzer Teufel, Drache, schlechter Kerl, Verbrecher, Feind Christi. Unter der Gestalt zweier Hunde folgen ihm zwei Teufel auf Schritt und Tritt. Selbst seine Hörer sollen exkommuniziert sein und ohne christliches Begräbnis bleiben. . . . Wie Luther gegen Andersdenkende, so mucken diese, etwa Butzer, Ökolampad und die Züricher, auf gegen Luthers unerträgliche Arroganz. Oder Protestanten erheben sich ebenso scharf wie die Katholiken gegen Luthers ‚detractationes‘ in der Bibelübersetzung.

Das gibt die Folie für Luthers Wüten gegen die Papstkirche. Es wurde schon gesagt, daß seine übertreibende Kritik Ausdruck einer bei ihm allgemeinen Eigentümlichkeit war: Wie fällt er schon als junger Sententiarius über Wimpfeling her! Wie kanzelt er als junger Mann Aristoteles ab! Später macht er aus ihm (wie Kettenbach den Narrestoltile) den Archistultilis und den Erzstultus. Bereits 1515, in der Eröffnungspredigt der Generalversammlung der Augustiner in Gotha unter Staupitz, zieht er in auffallend oder eher erschreckend hemmungsloser Art los gegen die Klatschsucht der ‚kleinen Heiligen‘, und dies unter Heranziehung der derbsten Vergleiche.

1520 setzt er eine gewalttätige und entsetzlich kühne Suada gegen den päpstlichen Palastmeister Prierias hin: ‚Wo ihr rasend Wüten weitergeht, so wäre schier kein besserer Rat und Arznei, als daß Kaiser, Könige und Fürsten sich rüsteten, dem Spiel ein Ende machten, mit Waffen, nicht mit Worten . . ., und waschen unsere Hände in ihrem Blut, um uns und unsere Nachkommen aus dem schlimmsten Feuer zu erretten.‘

Prophetische Wucht von letzter Schärfe, aber noch nicht triebhaft niedrig ist diese Stelle von 1521: ‚Hörst du es, Papst, nicht der Allerchristlichste, sondern der Allersündigste, daß Gott deinen Stuhl vom Himmel schier zerstöre und in den Abgrund der Hölle senke! Wer hat dir Gewalt gegeben, dich zu erheben über deinen Gott, das zu brechen und zu lösen, was er geboten hat (Freispruch von Gelübde und Eiden), und die Christen lehren, unbeständig, meineidig, Verräter, Bösewicht, treulos zu sein, sonderlich die deutsche Nation, die in allen Historien gelobt wird als beständig und treu, von edler Natur!‘

Das alles ist hoch bezeichnend für Luthers selbstsichern und sicherlich der Überheblichkeit gefährlich ausgesetzten Trotz. Aber was Luthers Wert viel stärker angreift, liegt niedriger; es ist eine unfeine, rohe bis häßliche Art des Tones und damit eine Leidenschaftlichkeit, die die Ehrfurcht und die Liebe vernichtet, einen persönlichen Haß züchtet und das rein und fein Religiöse tief schädigt; es ist die Zügellosigkeit, die aus Luthers Kritik eine triebhafte Explosion macht, die aus Haß geboren ist; die endlich eine gierige Selbstbefriedigung durch Wühlen im Schimpfen und auch im Schmutz niedriger Bilder erreicht. Und dies außerdem auch unmittelbar im heiligen Bezirk.

Einzelbelege für dieses wertmindernde Triebhafte liefert Luthers Werk die Fülle. Es ist nur gewöhnliche Grobheit, wenn er nach der Leipziger Disputation sich gegen einen armen Franziskaner entrüstet, daß nun seine Lehre ,im Probierofen eures geringen Ordens von ein paar schnarchenden Brüdern, die von ungefähr einmal einen Doktor gesehen haben, als ketzerisch verdammt werden!' 1520 schreibt er zischend an Spalatin: ,daß du es nochmals weißt: Ich habe mich nie vor etwas anderem gefürchtet, als daß ich schriebe, was den Leuten wohlgefällt'. Während der Niederschrift der Vermahnung an die Geistlichen auf dem Reichstag zu Augsburg 1530 bezeugt er sich selbst, wie ihm die Galle steigt und er den Rüpel, der ungerufen sich meldet, mit Gewalt zurückdrängen muß. Wenn er damals von der Koburg seine denkbar überheblichen Behauptungen an Melanchthon schickt und doch zugleich seine reine Hingabe an die Sache allein betont, und wenn er in einer direkt unflätigen Art wiederholt die Vermittlungsversuche der Kurie ablehnt (Wir scheißen dem Papst in seine Dispens; der Papst soll uns im Arsch lecken), so wirkt das schon mehr als peinlich. Es ist, als ob ein furchtbares inneres Gequältsein sich gewalttätig und so gar nicht dem Geiste Jesu entsprechend entlade.

1531 gibt er einer Schrift gegen den Herzog Georg von Sachsen den Titel ,Wider den Meuchler von Dresden'. Gegen diesen kirchentreuen Fürsten hatte er bereits 1522 (in dem Brief vor der Abreise von der Wartburg an den Kurfürsten) reichlich herausfordernd geschrieben. Nun steht er trotzig zu seinem Beten und Fluchen gegen ihn trotz des Versöhnungstages von Grimma: ,Laßt doch sehen, ob ich's verteidige mit meinem Halse; laßt sie kommen!'

Immer wieder reißt ihn seine Sucht des Superlativismus zum Extrem. Der Papstkirche wird in einer unmöglichen, krassen Weise jedes Gute abgesprochen; in der herrischsten und zornmütigsten Weise wird der Angriff und werden die schlimmsten Anpöbelungen vorgetragen.

Gegen das Mönchtum und seine eigene Mönchsvergangenheit hat er sich allmählich in eine regelrechte Wut hineingesteigert. Er behauptet entsprechend von sich selbst: er, der früher vom Mönchtum Gefangene, sei so sehr verändert, daß, wenn seine leiblichen Augen einen Mönch sehen, er ein monstrum schaue. Ein verräterisches Bekenntnis, das deutlich macht, welche Fehlerquelle solche Stimmung für seine rückblickenden Berichte über die Mönchszeit war!

Nirgends ist Luthers Haß so tief, als wenn es gegen das Papsttum geht und gegen die Messe, die er des Papsttums Bollwerk nennt. Nicht die sachliche Verdammung ist dabei das Kennzeichnendste. Aber die Häufung der Schimpfwörter, der groben Bilder, die hemmungslose Überheblichkeit, die Durcheinandermischung von Heiligem und grob Profanem. Die bekannten Schandbilder gegen das Papsttum sind mit ‚Wider Hans Worst‘ der Tiefpunkt dieser Leidenschaftlichkeit. Luther hat sie ausdrücklich ganz für sich in Anspruch genommen, ja er hat diese Häufung von massiven Gemeinheiten als sein ‚Testament‘ bezeichnet. Hier ist nichts getan, wenn man diese Unmöglichkeiten als ‚treffenden Ausdruck der erregten Volksstimmung‘ etikettiert oder die richtige Bezeichnung ‚Schandgemälde‘ dadurch abschwächt, daß man erklärt, ‚ein mutwilliger alter Narr habe sie gephantasiert‘. Nein, diese Bilder sind eine Schande in der Geschichte des Protestantismus, wie die Ehebrüche des als Nachfolger Christi amtierenden Alexander VI. eine solche in der Geschichte der katholischen Kirche sind. Es gibt nur eine Möglichkeit: von solcher Schande unzweideutig abzurücken. —

Ehe wir den innern Triebkräften dieses Grobianismus nachgehen, eine wichtige Erinnerung: Luther hat in seinen schweren Anklagen gegen die Kirche Katholisches in einer hoffnungslosen Weise sachlich verzeichnet. Es ist nicht anders als erschütternd, zu sehen, wie blind er für das Katholische geworden ist und wie er sich in die Auffassung von der Kirche als dem Götzentum des Antichristen hineingesteigert hat. Er bringt es fertig, in voller Seelenruhe die haarsträubendsten Massivitäten für die Wirklichkeit der Kirche zu nehmen. In einer rein sachlichen, brieflichen Disputation zwischen ihm und Melanchthon, ohne also einen persönlichen Gegner oder gar einen Papisten vor sich zu haben, deutet er den Inhalt der katholischen Gelübde wie selbstverständlich so: ‚Sieh, mein Gott, ich gelobe Dir Untreue und Götzendienst mein Leben lang. ... Und sicherlich geloben solche nicht dem lebendigen Gott, sondern ihrer eigenen Lüge und dem Götzen ihres Herzens.‘ Die Darstellung der katholischen Heiligenverehrung in ‚Wider Hans Worst‘ ist ganz dilettantenhaft verzeichnet.

Es wurde bisher nicht genügend bemerkt, daß Luther bei der Beicht und Buße sich ganz entscheidend gestoßen hat an jenen Übertreibungen, die sie ‚wie ein Werk‘ hinzustellen schienen. Von der Beicht: ‚Denn ihr habt uns gar nichts vom Trost der Absolution gesagt ..., die auch den Glauben und das Vertrauen an Christo stärket.‘ Von der Buße: ‚Der Reu und Beicht habt ihr nirgend so viel gegeben‘ (wie dem Genugtun durch unsere Werke). ‚Was ist nur das anders gesagt: Du mußt für deine Sünden genug tun, denn so viel: du mußt Christum verleugnen, deine Taufe widerrufen, das Evangelium lästern, Gott Lügen strafen, die Vergebung der Sünden nicht glauben, Christi Blut und Tod mit Füßen treten, den Heiligen Geist schänden, durch dich selbst mit solchen Tugenden zum Himmel fahren? Wie ist's eben möglich, daß eine Seele nicht verzweifle, so sie kein andern Trost hat wider die Sünde denn ihr eigen Werk?' — Wie vollkommen unsinnig mußten solche Worte selbst einem ‚werkeifrigen' Katholiken erscheinen!

‚Wer zu Christus sagen darf: Du bist ein Ketzer, und Deine Lehre ist des Teufels, und weiß doch für wahr, daß es Christus der Herr und Gott ist, den er so schändlich ins Angesicht lästert, der muß nicht mit sieben, sondern mit siebenundsiebenzig Tonnen voll Teufel besessen sein. Solches tut die päpstliche Kirche wissentlich und böswilliglich.'

Eine solche Blindheit für das genuin Katholische brachte es auch nicht fertig, ehrliche Reformanstrengungen der altkirchlichen Gegner anzuerkennen. Seine Glossen von 1538 zum berühmten Reformlibell der Kardinäle, denen er schlechtweg jede ernste Besserungsabsicht abspricht, ist eine glatte Verzeichnung. Offenbar ist die nur verneinende Kritik dem Reformator längst zur zweiten Natur geworden. Sonst hätte er unmöglich diese massive Fehldeutung in einem wie selbstverständlichen Ton niederschreiben können: die Päpstlichen merkten mit Ärger, ‚daß der Papst lieber wollt die ganze Christenheit verloren und alle Seelen verdammt sehen, ehe er sich oder die seinen wollt ein wenig reformieren'!!

Vom Mönchtum behauptet Luther vor einer Öffentlichkeit, die doch Bescheid wußte, schlankweg, dessen letztes Ziel sei Haß gegen die schönen Wissenschaften und das Studium. Die Kritik an der kirchlichen Frömmigkeit in ‚An den christlichen Adel' hält sich in einer ganz schlimmen Weise an Äußerliches und ganz Äußerliches. Die Darstellung katholischer Wallfahrten in der Vermahnung 1530 (mit dem ‚meisterlichen Beschiß' durch Unseres Herrn Rock zu Trier) beruht wesentlich auf Übertreibung. Diese Vermahnung enthält überhaupt eine ganze Reihe von Illustrationen zu unserer These. Die wesentliche Fehlzeichnung seines eigenen Klosterlebens und der im Kloster ihm übermittelten offiziellen Anweisungen über Gebet, Fasten, Demut ist ebenso bekannt wie entwaffnend in ihrem radikalen Widerspruch zur genau nachprüfbaren Wirklichkeit.

Wir nennen das alles nicht mehr Lüge wie Denifle, und wir tun es mit gutem Grunde nicht. Aber es ist erschütternd, zu sehen, wie der Großteil der damaligen Welt, einschließlich der Gebildeten, der überredenden Gewalt des mächtigen Zauberers verfiel. Wie sie in ihrem katholischen Besitz so unklar und unsicher waren und wurden, daß sie sozusagen von heute auf morgen vergaßen, was sie gestern noch praktiziert und als heilsam Heiliges verehrt hatten. Mit andern Worten: es ist geradezu unheimlich, wie vollständig der Sieg der Lutherlegende war. Je und je erhebt Luther seine Stimme, um seine Schilderung der gebrandmarkten Vermenschlichung des

reinen Wortes im Katholizismus als wahr zu garantieren: ‚Ich hab's ja so
gelernt; ich bin so aufgezogen; ich bin auf euern Schulen aufgewachsen!'
Und derartiges ohne Einschränkung neben den unsinnigsten Verallgemeinerungen! Murner hat das Ungerechte des Sieges, den Luther auf diese Weise errang,
empfunden. Nach den Neuerern haben die kirchlichen Lehrer ‚Uns alles vor-
erlogen, — Was sie hont je geseit, — Aus ihren Fingern gezogen, — Verführt
die Christenheit'. Daß er selber umgekehrt dem gleichen Fehler verfällt
(‚wer jetzt zumal kann lügen, dem läuft man zu mit Schalle', 1522), beweist
nur die Verrottung der öffentlichen Aussprache, widerlegt aber nicht Murners
erste Behauptung.

Und eben die so festgestellte Tatsache stellt die Reformationsforschung, ja
stellt den Protestantismus vor eine ernste Entscheidung: Es ist außer Zweifel,
daß der Sieg Luthers zum bedeutenden Teil davon abhing, daß es ihm
gelang, das Papsttum als den Widerpart des reinen Wortes glaubhaft zu
schildern. Selbst so tiefe, positiv religiöse Kräfte wie die Luthers ergreifen
als Hebel einer machtvollen Neugestaltung große Massen in so kurzer Zeit
nur durch Hilfe eines gefühls-, also haßgeladenen Angriffs. Dieser Affekt
wurde aber nicht ausgelöst durch eine sachliche Kritik, sondern durch Übersteigerung der Mißstände bis zur Verzeichnung des Wesentlichen, zu einer
Verzeichnung, die die Zustände in der Kirche wie eine eigensüchtig verlogene
Herausforderung auf das bisher den Priestern folgende Kirchenvolk wirken ließ.

Tatsächlich hat nun aber jene wesentlich verzeichnende Lutherlegende so
gut wie das gesamte protestantische Bewußtsein bis in unser Jahrhundert herein,
bis auf Otto Scheel beherrscht. Es ist auch heute leider noch nicht an dem,
daß seine Preisgabe auf das protestantische Gemeinbewußtsein in umfassender Weise einen wesentlich reinigenden Einfluß ausübte. Anderseits ist
es durchaus nicht so, daß die Lutherlegende erst durch Melanchthon geschaffen
worden wäre. Sie stammt wesentlich von Luther selbst. Und dies nicht nur
in den Tischreden, sondern in seinen authentischen, genau kontrollierbaren,
gedruckten Werken. Also: Wenn Luthers eigener Weg, und wenn der Übergang großer Kreise zu ihm auf wesentlich falschen Voraussetzungen beruhen,
so muß man diesen Fehlschluß zu diesem Teil wieder gutmachen. Das bedeutet zum wenigsten, daß die Fehlzeichnungen Luthers aus der Literatur
verschwinden müßten. Es bedeutet aber damit zugleich, daß das, was Luther
und seine Anhänger als Katholizismus verfolgten oder ablehnten, in manchem
gar nicht der katholische Glaube war. Also stehen sich die tiefsten Ideale

der beiden Konfessionen in manchem durchaus nicht in jener ausschließlichen Gegnerschaft gegenüber, die sie erst durch Luthers Fehlzeichnung gewannen.

Der innerste Impuls, der Luther trieb, sich in der angegebenen übertreibenden Weise zu äußern, ist sein Stolz vielfacher Form, beginnend mit dem frühen Selbstbewußtsein, das wir kennen, gesteigert bis zum mystischen Sendungsbewußtsein, beides ohne gewisse unentbehrliche christliche Sicherungen.

Vor dem Stolz steht die innere Freiheit. Luther hat die große und grundlegende Idee der christlichen Freiheit nicht als freiheitsdurstiger Revolutionär gefunden und gelehrt. Er gelangte vielmehr als Gefangener der Pflicht des Gehorsams zu seiner leider einseitigen Entdeckung. Aber ein tiefes Bedürfnis nach innerster Unabhängigkeit, nach Freiheit des eigenen Urteilens kam hier doch zur Erfüllung. Seit seinen ersten rücksichtslos selbstsichern Kritiken an Aristoteles und den Scholastikern, ebenso — umgekehrt! — als Folge seiner skrupelhaften Art, nur die eigene Ansicht gelten zu lassen, aus seinem ganzen Subjektivismus heraus: überall dieses Bedürfnis. Und hier entdeckt man unschwer doch wieder den Revolutionär: ‚Meinetwegen, sie mögen heilig gewesen sein und voll frommen Eifers (die jene Ehehindernisse aufstellten), was soll fremde Heiligkeit meine Freiheit beengen? Wie soll fremder Eifer mich verpflichten? Heilig und fanatisch mag sein, wer immer, und mit aller Macht, aber die Freiheit soll er mir nicht antasten!'

Dieses Bedürfnis innerer Freiheit ist bei Luther Grundzug des Wesens. Sie dokumentiert sich sein Leben hindurch immer wieder und oft genug in recht unbequemer Art. Am stärksten vielleicht in der beinahe völligen Unabhängigkeit von den Menschen, die seine engsten Mitarbeiter waren. Melanchthon, Bugenhagen, Jonas, Spalatin, Käte, die Kurfürsten: welche Fülle von engen und engsten Bindungen! Aber kein Beleg ist in all dem, daß er irgendwo ihr Gefangener geworden wäre. Besonders in den großen Fragen und Kämpfen bewahrt er beinahe immer seine volle Unabhängigkeit. Klassischer Zeuge ist etwa Augsburg-Koburg 1530, wo er so nachhaltig mit den Augsburger Freunden und um sie ringt: keinen Augenblick läßt er sie im Zweifel darüber, daß er gegebenenfalls von sich aus nach seiner ureigensten Meinung dreinfahren werde!

Das gleiche Gefühl gegenüber der Obrigkeit! Er mag ihr allzu eifriges Dreinreden nicht. Das Häufen der Gesetze soll eingedämmt werden; göttliches Gesetz mit natürlicher Klugheit der Verwalter genügt, um die Leute zu lenken.

Luther blieb nicht bei der gelassenen Ruhe. Wenn es ihn etwas reizt, daß man sagt, er ‚mach nur kleine Sexternlein und deutsche Predigten für die ungelehrten Laien', so ist das noch unwichtig; er weiß sich zu wehren: ‚Ich acht aber, so ich Lust hätt, ihrer Kunst nach groß Bücher zu machen, es sollt vielleicht mir schleuniger folgen, dann ihnen nach meiner Art einen Sermon zu machen.‘ Aber es reißt ihn ganz anders empor.

Neben der hochbedeutsamen und für jede Verlebendigung des religiösen Lebens einfach notwendigen innern Unabhängigkeit, die versucht, mit freiem Auge die Texte zu lesen und die Dinge zu sehen, kam er sehr früh zum kecken Stolz. Er bejaht ihn schon 1517 ausdrücklich: ‚Wer weiß, daß ohne Stolz oder wenigstens den Schein des Stolzes niemals etwas Neues produziert wird? Sie sollen also von mir nicht die Sorte Demut (d. h. Heuchelei) erwarten, daß sie sich einbilden, ich müsse sie erst um Rat und Meinung fragen, bevor ich etwas veröffentliche.‘ — So weit geht es anscheinend nur gegen die Scholastiker. Aber dann kommt eine aufschlußreiche Fortsetzung, die die geheime Tendenz verrät: ‚Mein Werk soll nicht durch Menschenrat und Klugheit, sondern durch Gottes Rat geschehen. Denn wenn das Werk aus Gott kommt, wer will's hindern?‘ Und zum ersten Mal unterschreibt er: Martinus Eleutherius (= der Freie)!

Das geht sachlich bereits weit hinaus über die heftige Ablehnung des ‚Schlangengezüchts‘, der ‚Larvengesichter‘ und der ‚Sautheologen‘[1], oder wie er es z. B. 1522 ausdrücken wird, ‚der Lügenmäuler und Verführer und Vergifter Papst, Eck, Emser, etliche unserer Bischöfe, Pfaffen und Mönche. . . . Laßt sie Hund und Säu bleiben (Matth. 7, 6); es ist doch verloren.‘

Das Selbstbewußtsein Luthers wird so herrisch und ungeduldig, daß es sich ungebührlich oder vielmehr revolutionär sprengend in den Vordergrund drängt. Es ist schon ein starkes Stück, wenn man im gleichen Atemzug sich rühmt, durch Gottes Gnade gewiß zu sein, in der Schrift die Gelehrsamkeit aller Sophisten und Papisten zu übertreffen, und die Behauptung wagt: ‚Vor dem Hochmut hat mich Gott bisher gnädiglich behütet und wird mich auch behüten‘ (1524). Unmittelbar vorher setzt er seinen Mut in Worms ins rechte Licht: ‚Wie schwach und arm ich da auch war; wenn ich gewußt hätte, daß so viel Teufel auf mich gezielt hätten, als Ziegel auf den Dächern waren zu Worms, wäre ich dennoch eingeritten.‘

Als Butzer den Reformator 1530 auf der Koburg besuchte, machte ihm Luthers Starrköpfigkeit besondern Eindruck: Gottes Ehre von Herzen suchend; aber von einem einmal eingeschlagenen Weg weicht er nicht ab; je mehr Ermahnungen und Vorwürfe an ihn kommen, desto gereizter wird er: ‚So hat ihn der Herr uns geschenkt, so müssen wir ihn gebrauchen.‘

---

[1] Eröffnungspredigt Gotha 1515: vergiftete Schlangen, Verräter, verloffen, Mörder, Diebe, Ströter, Tyrannen, Teufel, verzweifelt, Neidhart und Hasser, Teufelsdreck; sie beschäftigen sich sogar mit Menschenkot. . . .

Zur selben Zeit, als sich die Auseinandersetzungen in Augsburg immer mehr hinzogen, ist Luther selbst davon überzeugt, daß er nicht nur ‚die Sache Gottes befohlen, sondern sie auch so fein in seiner Hand gehalten hat, daß ihm kein Mensch etwas drinnen vergeben werde... —, solange Christus und ich eins bleiben‘.

Seit 1517 (aber auch schon in jener Gothaer Predigt von 1515!) findet sich diese Gleichsetzung der eigenen Angelegenheit mit der Sache Gottes, und in den sein Schicksal entscheidenden Jahren 1518, 1519, 1520, 1521 sind Luthers Briefe damit gefüllt. Mit einer verblüffenden Selbstverständlichkeit fließt es ihm in den verzwicktesten und verzweifeltsten Situationen in die Feder, daß seine Pläne aus Gott kommen, daß selbstverständlich Christus es ist, der seine Sache führt, da er sonst längst zu Grunde gegangen wäre bei jedem einzelnen der seit den Ablaßthesen unternommenen Schritte; daß Gott ihn zieht, ja ihn vorwärtsjagt; daß es ihm nun einmal nicht besser gehen kann nach Gottes Willen, als mit den Sophisten und den Schmeichlern Roms zu tun zu haben.... Wenn die Wittenberger Studenten Aufruhr machen, so ist's der Teufel, der Luthers Werk bedroht, der mitten in die Gotteskinder Wittenbergs einbricht. 1520 nach dem Empfang der Bannbulle verkündet er: ‚Gottes Sache ist verborgen, steht im Geist. Sie werden seiner Zeit erkennen, wen sie verworfen und verfolgt haben.‘ An Staupitz schreibt er im selben Jahr: ‚Es ist nicht Zeit, zu zittern, da unser Herr Jesus Christus verdammt, ausgezogen und verlästert wird. Du hast zu viel Demut, ich zu viel Stolz. Wenn es bisher zu schweigen galt und demütig zu sein...

Die Behauptung Luthers, er habe erst wieder das wahre Christentum entdeckt, ist bei ihm denkbar real zu verstehen. Er will seinem Vater nicht rhetorisch, sondern in allem Ernst der buchstäblichen Auffassung beweisen, daß er, der Vater, wie Luther selbst und wie alle, es vordem nicht wußten, daß nichts uns mehr verpflichtet als das göttliche Gebot! 1535 in Wittenberg an der gemeinsamen Tafel mit Bugenhagen bei dem einladenden päpstlichen Gesandten P. P. Vergerio, der für das Konzil werben sollte, gibt er den erstaunlichen Bescheid: ‚Wir sind durch den Heiligen Geist der Dinge aller gewiß und bedürfen gar keiner Concilii, aber die Christenheit hat es nötig, damit sie die Irrtümer erkenne, in welchen sie sich so lange befunden hat.‘ ‚Ich will doch hinkommen aufs Concilium, und ich will meinen Kopf verlieren, wenn ich nicht meine Sätze gegen die ganze Welt verteidige; was aus meinem Munde geht, ist nicht mein Zorn, sondern der Zorn Gottes!‘

Durch alle Peripetien seines bewegten Lebens erhält er sich dieses Bewußtsein von ‚seinem Evangelium‘ in derartiger Stärke, daß er seinen letzten Willen 1542 so formulieren kann: er habe für sein Testament keinen Notarius nötig;

er sei ‚Doktor Martinus Luther, Gottes Notarius und Zeuge in seinem Evangelio, bekannt im Himmel, auf Erden und in der Hölle‘; ihm habe Gott das Evangelium seines heiligen Sohnes vertraut und habe ihn treu und wahrhaftig darinnen gemacht, weshalb ihn ‚ungeachtet aller Teufel Zorn‘ viele ‚in der Welt für einen Lehrer der Wahrheit halten‘. —

Bei dem kochenden Zorn, der Luther in vielen Wochen des Jahres 1518/19 durchwühlt, bei seinen gereizten und überreizten Nerven kommt es gelegentlich zu einer abstoßenden Überheblichkeit (z. B. in seinem Drohbrief an die armen Franziskaner in Jüterbog). Aber auch in weniger beißenden Äußerungen der folgenden Jahre und Jahrzehnte kommt eine Anmaßung durch, die man nicht gut anders als ungesund nennen kann.

Doch ist damit nicht hinweggenommen, daß der so übersteigert sprechende und sich selbst in den Vordergrund stellende Luther tief in der Wirklichkeit ‚Gott‘ lebt und webt und aus ihm heraus und für ihn streitet. Es ist schon einiges, wenn einer so zart fühlt, daß ihm der Gedanke kommen kann, die Anerkennung seiner Arbeit durch ein armseliges Vermächtnis von 150 Gulden könne ein Anzeichen dafür sein, daß Gott ihn auf Erden entlohnen wolle statt im Jenseits.

Es ist vollkommen ungenügend und ungerecht zugleich, alle übersteigerten und wutschnaubenden Ausbrüche Luthers lediglich als religiös und sittlich unterwertig abzutun. Es gibt auch solche, die mitsamt ihrer erregten und maßlosen Form ergreifender Ausdruck eines uneigennützigen, religiösen ‚Prophetenzornes‘ sind. Sie sind zu Beginn der Laufbahn nicht selten. Damals nämlich, als sich für Luther allmählich das ihm Unbegreifliche offenbarte, daß die Kirche in Praxis und Theorie für seine Gedanken keinen Platz haben, sich nicht zu ihm reformieren sollte. Man darf das Positive in Luthers Gottvertrauen, das wir in anderem Zusammenhang gebührend herausarbeiteten, nicht aus den Augen verlieren und nicht seine rücksichtslos-harte Bindung an sein Gewissen, seine Offenheit! Er sagt es oft, daß er nur durch Gottes Kraft siegte. ‚Wie großartig das Evangelium fortschritt, trotz Papst und Kaisers Wüten: ich hab kein Schwert genommen und keine Rache begehrt; daß ich Gott gar heim gestellet.‘ —

Denn es braucht auch ein ungewöhnlich stark betontes Selbstbewußtsein die Demutshaltung nicht zu verletzen. Das Sendungsbewußtsein ist für den Berufenen zunächst Kraft und Pflicht zugleich. Das wagemutige Vertrauen in die immanente Kraft der Wahrheit gehört zu den großen Kräften der Geschichte, auch des Christentums. Die gewaltige und ergreifende Synthese von Demut und höchstem Selbstbewußtsein mit der entsprechenden Verantwortungslast

bei Paulus, aber auch bei dem heftigen Gregor VII. beweist es in lehr-
reicher Art. Es kommt auf die Art und die Verwirklichung des Selbst- und
Sendungsbewußtseins an.

Nun, auch bei Luther ist man immer von neuem gepackt und manchmal
erschüttert von dem Selbstbewußtsein, das aus seinen Worten spricht: dem
Selbstbewußtsein eines ganz Großen. Die Art, wie er sich und seine Sache ohne
weiteres auf die Seite Gottes stellt, als einer, der wie Jeremias (Kap. 7 u. 15)
von Gott aufgefordert wird, nicht mehr zu beten für dieses Volk der Papisten; die Unbeschwertheit, mit der er immer wieder souverän über die drohende Gefahr des Aufruhrs und des Todes hinwegsieht: ‚Es kann mir doch
niemand Schaden tun‘; selbst die polternde, gewaltsame Weise, mit der
sein Trotz auftrumpft: ‚Aber so böse sollen sie es nicht machen, ich will's noch
ärger ..., so harte Köpfe ..., ich noch härteren. Sie sollen mich nicht verzagt
noch erschrocken machen, sondern ich will sie verzagt und erschrocken machen.
Ich will bleiben, sie sollen untergehen. Mein Leben soll ihr Henker sein.
Mein Tod soll ihr Teufel sein. Das und kein anders! Das sollen sie erfahren.
Und laß sie nur jetzt des getrost lachen!‘ Als Luther am Ende seines Lebens
das zurückliegende reformatorische Geschehen überblickte, glaubte er wieder
einmal das Geheimnis der Bosheit im Ablauf des Weltgeschehens zu durchschauen. Er sieht in all den mächtigen Widersachern gegen seine Lehre immer
neues gewaltiges Dräuen des Teufels. Dadurch hatte er aber umgekehrt
gegenüber allen Zweifeln an seiner Sache, die ihm von außen, und noch mehr,
die ihm von innen kamen, eine nie versagende Sicherung zur Hand. Was sich
seinem Werk entgegenstellte, sei es der Papst, Bischöfe oder ein Reichstag,
sei es eine Zusammenkunft katholischer Vorkämpfer oder katholischer Schriften oder Predigten, sei es die Umgebung des Kaisers; sei es eigene körperliche
Müdigkeit, sei es seelische Depression, Unfähigkeit zum Lesen, Schreiben oder
Beten; seien es Sorgen besonders am Morgen oder besonders am Abend, sei es
der Kampf um das Bekenntnis in Augsburg oder der unchristliche Streit der
Mansfelder Grafen, sei es der Widerspruch Zwinglis, ja dessen ganzes Programm: stets ist Satan am Werk. Aber ebenso sicher ist damit für ihn jede
dieser Belastungen nur Lüge und Unrecht. So bleibt der Glaube an seine
Sache, die Zuversicht im großen und ganzen so unerschüttert und (etwa
gegenüber Melanchthon) auch so erhaben über die gewissenhaftere Unsicherheit mancher Kampfgenossen.

Luther sieht den großen Widerstand, den er all diesen ‚Rotten‘ entgegensetzte, die er siegreich bestand. Er kennt seine Kraft. Aber es war
Gotteskraft: ‚Gott war es, der half immer wieder seinem elenden Windlicht
und erhielt's, daß es nicht verlosch.‘ ‚Wir sind es doch nicht, die da können die
Kirche erhalten, unsere Vorfahren sind's nicht gewesen, unsere Nachkommen

werden's auch nicht sein. Sondern der ist's gewesen, ist's noch, wird's sein, der da spricht: Ich bin bei Euch bis an der Welt Ende.' Und das letzte schriftliche Wort, das wir von dem Reformator haben, gibt in echt Lutherscher Diktion eine ergreifende Formulierung der Demut als des Wesens des Christseins: ‚Wir sind Bettler, das ist wahr.'

Die höchst reale Selbstverzweiflung der Klosterjahre hat zwar mit Luthers Durchbruch allmählich eine mehr theoretische Gestalt angenommen, sie eint sich auch mit einer stark bürgerlichen Lebensauffassung, deren Begründung Luthers Trosttheologie abgibt. Aber die Verzweiflung ist nicht verschwunden. In Gestalt der Kreuztheologie, der Heilsungewißheit im Glauben, bleibt sie sein Leben lang und steht unmittelbar neben Luthers ungebrochenem Selbstbewußtsein. Eine gewaltige Lebensfülle und Lebenskraft muß der Mann besitzen, der diese Gegensätze trägt. Wohlgemerkt: trägt, nicht zur Synthese einigt.

Aber eben hier allein würde die ganz große Bewährung liegen. Denn diese Synthese ist immer das schwierigste aller Meisterstücke gewesen. Sie wird zur Probe letzter Genialität, nämlich der Heiligkeit, wenn gigantische Kräfte des Geistes und der Seele im Bereich des Heilsprozesses, also auch der Heilsverkündigung, in Tätigkeit treten. Luthers Arbeit ist von gigantischen Kräften bewegt. Außerdem kennt er schon seit 1521 (in den Nachverhandlungen in Worms) die gefährliche Formel: ‚es ist mir offenbart worden'. Nur eine heroische Demut hätte jene hier notwendige Synthese garantieren können.

Aber eben die Aktivierung der Demut des Systems in einer wesentlichen Demutshaltung der eigenen Persönlichkeit ist dem Reformator nicht durchweg und im notwendigen Ausmaß gelungen. Jene notwendige heroische, also heiligmäßige, ausgeglichene Demut fehlt ihm. Wie das Heiligmäßige überhaupt. Was Luther an Demut in sich trägt, durchdringt nicht das Ganze seines Lebens. Vor allem: es beseitigt aus seinem Selbstbewußtsein nicht dasjenige Element, ohne dessen Zerstörung die erforderliche Synthese unmöglich war: das Selbstische und Herrische. Sein Vertrauen in die immanente Kraft der Wahrheit ist so maßlos, ‚seine strahlende Heilsgewißheit machen aus ihm einen so übermütigen Helden', ‚seine überschäumende Lust, Gottes Streiter zu sein', wirken so stark; seine innere Unabhängigkeit gegenüber der Tradition, ja gegenüber einer jeden außer ihm liegenden Instanz, ist so unvergleichlich, daß sie auswachsen zu einer gefährlichen Sorglosigkeit im Niederreißen, zu waghalsiger Kühnheit, zu Verwegenheit und Vermessenheit. Als Gesamthaltung kommt diese Überheblichkeit zu einer maximalen Betonung in ‚Wider Hans Worst'.

Es ging in diesem Kampf nicht um Menschending, sondern um unabänderliche Offenbarung. Gerade der Reformator hat es immer und immer wieder betont. Wie das Luthers Ernst und Verpflichtung belegt, so wird es durch jenes ungeheure Draufgängertum auch zu einer gewaltigen Belastung für ihn, der, im Entscheidendsten der Welt, eine Tradition von 1400 Jahren, die Weltkirche, vernichten will!

Das Schlußurteil über das Zusammenstehen von Demut und Selbstbewußtsein in Luthers Leben kann nur lauten, daß der feine Strich, der den gewaltigen Eifer für das Haus des Herrn trennt vom zornmütigen Streit für das eigene Rechthaben, und das ausnahmslose Vertrauen auf den Vater in den Himmeln von der Verwegenheit, bei Luther schon sehr früh fehlt, und daß die beiden Haltungen sich dann manchmal bis zu aufreizendem Widerspruch gegeneinanderstellen. Auch die wertvollsten Äußerungen religiöser Demut, die wir von Luther reichlich besitzen, können diese Lücken nicht schließen. —

Und eine letzte und besondere Belastung: Luthers kecke Verantwortungsfreudigkeit — die durch das ihr innewohnende Hemmungslose an die Verantwortungslosigkeit heranrückt — äußert sich auch unmittelbar im heiligsten Bezirk und ergibt (bereits bei Luther selbst!) den schon erwähnten Rückschlag in Naturalismus und Säkularisierung.

Die waghalsige Kühnheit des allzu negativ gefaßten ,pecca fortiter‘, die wir schon kennen lernten, wäre hier zuerst zu nennen.

Es ist der Geist, der durch seinen ungezügelten Schwung wider seinen Willen das Schreckhafte von der Sünde nimmt und sie, der eigenen Überzeugung stracks entgegenwirkend, als nicht gar so schlimm hinstellt: ,Manchmal spricht Luther so, als ob z. B. die Enthaltsamkeit von Werken des Fleisches nicht etwas Gutes, sondern eine Auflehnung gegen Gottes Wille und Gebot sei‘ (Paulsen).

Die Zuversicht ist im Christentum ebenso unabdingbar wie die heilsame Furcht. Niemand hat sie stärker gefordert als Luther. Aber jede Überbetonung eines Elementes bringt das andere in Lebensgefahr. Luther hat je nach Lage der Dinge beide Elemente überbetont und oft tatsächlich auseinandergerissen. Hier schädigt die Überbetonung der wagenden Zuversicht die Furcht. Die Heilssicherheit zerstört die Heilsunsicherheit. Luther hat nun seine Theorie von der Heilsunsicherheit nicht konsequent durchgehalten. In seinem praktischen Verhalten wächst die kecke Verwegenheit nicht selten so, daß sie das ,tremendum‘ vor der Gottheit ernstlich bedroht, alle heilsame Unsicherheit als Teufelswerk von sich weist und den Menschen als frischen, fröhlichen, trotzigen Helden Gott gegenüberstellt: ,Was ist's schon, daß wir eine frische Sünde tun?!‘

Die ungeheuer schwere Synthese zwischen offener Freiheit und unberührter Feinheit ist Luther bei weitem nicht immer geglückt. Es gibt zwar auch beim

späteren Luther — wie schon ausgeführt — die Demut des Glaubens an die
Alleinherrschaft der Erlösungsgnade im Unvermögen des sündigen Willens.
Es gibt sie in Fülle. Und diese Demut ist grundlegend. Damit sie aber ihren
ganzen Sinn erfülle, müßte sie auch im lebendigen Gefühl erfaßt und praktisch
in der Art so dargestellt sein, wie diese Demut sich beim ringenden jungen Luther
findet. Beim späteren Luther hat man aber oft den Eindruck des Arrivierten.
Da scheint er viel stärker beherrscht von der Sicherheit, ein für allemal durchgestoßen zu sein zu einer entscheidend festen Position, deren Zentrum und
Ganzes die Heilsgewißheit ist. Der ,fröhliche Trotz des Helden' Luther, den
man so oft gefeiert hat, kann anziehend sein. Er liegt nicht auf der Linie
der froh gelösten Sicherheit, die einen Franziskus und Philipp Neri auszeichnen. Die Sicherheit des späteren Luther ist zu oft entblößt von dem
immer erneuten Versuch, tiefer in Gott hineinzuwachsen.

Der Kern der Frömmigkeit ist das Stehen vor Gott, d. h. die praktisch
geübte Anerkennung des absolut Überlegenen, des ,ganz Andern'. Daraus
ergibt sich beim Frommen die Demut. Sie ist absolut nicht dasselbe wie
Kraftlosigkeit. Aber sie ist wesentlich mitgekennzeichnet durch eine gewisse
ehrfürchtige Scheu vor dem Heiligen. Die Frömmigkeit muß Spiegelbild des
objektiv Heiligen, des Unantastbaren sein. Sie darf das Heilige nicht profan
berühren. Hier aber stehen wir an dem Punkt, der die Beschreibung und
Bewertung der Frömmigkeit Luthers vielleicht am schwersten macht. Denn
Luther mischt das Heilige mit dem Profanen in einer Weise, daß man bei
weitem nicht immer sagen kann, das Alltägliche werde geheiligt, wohl aber
zu oft, daß der religiöse Schmelz gefährdet wird. In gewissem Sinne muß
der Fromme immer gesenkten Blickes vor dem Heiligen stehen. Wenn aber
mit erhobenem Blick, dann muß Kraft und Trotz ganz Kraft Gottes sein
und ganz zusammenstehen mit wurzelhafter Demut.

Als besonderes Beispiel des Grobianismus wurde bereits ,Wider Hans
Worst' herangezogen. Das Wühlen im Schimpfen und in Bildern aus dem
Gebiet der körperlichen Entleerung wird hier wirklich übermäßig, unmäßig.
Luthers Sucht zur Überbetonung, sein oft radikaler Mangel an nüchternem
Abwägen und an Ausgeglichensein tritt hier besonders grob hervor. Die innere
Erregung und Bewegung hält ihn unfrei gefangen. Luther ist in seinem
Grobianismus nicht Herr seiner Stimmungen. Vielmehr: sie beherrschen ihn.

Luther häuft nicht nur die groben Bemerkungen, er häuft sie in vollendeter
Unbekümmertheit in unmittelbarster Nachbarschaft heiligster Erörterungen.
Die Erlösung durch den Herrn steht neben Ausfällen, die sich in einem solchen
Unmaß, mit solcher Unbeherrschtheit in das Schelten über Huren, Lügen,
Tollsein, Saufen und anderes Niedere hineinwühlen, daß man bestürzt vor

einem Rätsel steht. Es offenbart sich hier gewiß eine stupende Vitalität, die man je nach dem Geschmack sogar bewundern kann. Und sicherlich eine ungewöhnliche, grobe Geradheit! Aber ebenso sicher nicht eine Steigerung, sondern eine Minderung des religiösen Feingehalts.

Der Eindruck verstärkt sich, wenn man Luther zum Vergleich in die Nähe der großen Heiligen stellt. Keiner von ihnen kennt dieses unerträgliche Nebeneinander oder vielmehr Ineinander von Heiligem und Niedrigem.

Man hat zur Entlastung Luthers auf gewisse Derbheiten der Offenbarungsgeschichte und deren Ausbreitung im Alten Testament hingewiesen. Aber wenn die Propheten (auf die sich Luther beruft) derbe Bilder gebrauchen, welch ein Unterschied der Höhenlage! Das Bild des Hurens des auserwählten Volkes wirkt auch bei ihnen kraß, aber der religiöse Umkreis läßt es nur als eindringliches ‚Gegenbeispiel' wirken. Man lese nebeneinander Hoseas und ‚Wider Hans Worst'! Man sucht vergebens in der Schrift nach dem ungehemmt heftigen Fluchen, Zetern, Verhuren, an das uns Luther gewöhnt hat.

Das Triebhafte aber ist das eigentlich Sündhafte, ist der Gegensatz zur vom Geist gewirkten Gotteskindschaft im Reiche des Logos.

In gefährlicher Weise setzt sich Luther hier auch weg über die Grenzen, welche die Gefahr des Ärgernisses jeder Rede vor breiter Öffentlichkeit zieht, also über den Unterschied zwischen dem, was im Gewissensbereich des einzelnen bleibt, und dem, was öffentlich wird. Man hat auch darin durchaus richtig den Beweis einer bemerkenswerten Offenheit gesehen. Aber das kann nur im individualistischen Denken ein letzter Maßstab sein.

Wir stoßen hier wieder auf einen tiefgehenden Widerspruch bei Luther. Seine Theorie der Nutzlüge, auf die man uns so gern verweist, baut ganz auf dem auf, was dem Nächsten, dem Schwachen schaden oder nicht schaden kann. Wir fragen mit Recht: Wo bleibt diese von Luther geforderte Rücksicht an den vielen Stellen seiner ungezügelt naturalistischen Äußerungen? —

Als der Wiederbringer des wahren Evangeliums, der er zu sein behauptete, mußte Luther dem Geist dieser Religion so verbunden sein, daß er ihn nie (geschweige denn so gründlich und oft!) verletzte, so etwa, wie das gewaltige Eifern des hl. Paulus das vermochte. Das Wort Gottes ist Schwert und insofern nicht Friede. Und doch: es bringt Frieden. Aber Luther brachte nicht Frieden. Er zertrennte die Einheit. Er trug in sich und entband auch triebhaften Haß. Viele haben das herausgestellt und den von Luther notwendig ausgehenden Aufruhr angesagt. Wenige haben aber den innern Widerspruch mit dem Wesen des Evangeliums so empfunden und die Fehlschilderung, die Luther von der katholischen Auffassung des Evangeliums gab, so heraus-

gestellt wie Murner, der vom ,Wort des ewigen Lebens, Von Christo uns
gegeben aus Lieb' also klagt:

> ,Das Evangeli frone (= heilig) — Das was ein fröhlich Mär,
> Von Gott eröffnet schone — Zu Fried vom Himmel her;
> Das hont sie jetz vergiftet — In Mord und Bitterkeit.
> Es was zu Freud erstiftet, — Jetzt bringt es Herzenleid.' Nicht der

Türke hätte uns so ,zerbrochen unser Heiligkeit, als w i r sie hont zerstochen
selbst in der Christenheit'.

Es ist natürlich möglich, daß man vor Luthers niederschmetternder Gewalt
so begeistert steht, daß man von seinem maßlosen Haß und erregenden Stolz
nichts sieht.

So brachte es etwa Luther selber fertig, mitten in schärfster und gehässigster
Polemik auch noch zu behaupten, er habe sich selbst bezwungen und zurück-
gehalten. Aber das ist Blindheit. Und nichts kann eine für alle heute fruchtbare Versenkung in das Tun und Wollen Luthers mehr erschweren oder gar
unmöglich machen als solche Blindheit. Nur derjenige kann das Z e r s t ö r e n d e
in Luther nicht sehen, der in unchristlicher Weise das Wort der Bergpredigt
vergißt, das die Milde lobt und das Luther sehr gut kennt und preist, es aber
zu oft in der Praxis vergißt: Selig sind die Sanftmütigen!

10. Für die Eigenart einer jeden Kraft ist mit ausschlaggebend nicht nur,
was sie ist, sondern wohin sie strebt. Die Zeit des jungen Luther ist — immer
abgesehen von den Fragen des Dogmas — so groß, weil sie sich in Schwierigkeiten bewährt und er durch den Wagemut des Durchbruchs eine neue Ebene
für sich erkämpft.

Aber diese Höhenlage des subjektiven Strebens vermochte Luther nicht zu
halten. Das schon erwähnte gewisse Ausruhen in der einmal gewonnenen
Heilssicherheit gehört hierher. Die religiöse Unruhe zu Gott nimmt beim älteren
Luther zweifellos ab. Die Schwenkung vom Christentum der kleinen Schar,
der wirklich christlichen Gemeinde, zur Landeskirche der Fürstenreformation
kann man unmöglich als Fortschritt bezeichnen. Ihr entspricht die Verhärtung,
die sich ausprägt in einer zunehmenden Unduldsamkeit. 1520 will Luther, im
Unterschied zu Karlstadt, nicht, daß man mit Gewalt gegen die Messe
vorgehe (vgl. noch oben S. 310); 1525 denunziert er sie an die Obrigkeit
als zu v e r f o l g e n d e Abgötterei. Die wichtigen Schriften zum Augsburger
Reichstag 1530 und die Schmalkaldener Artikel sind theologisch und religiös
ungewöhnlich dürftig; die Widerlegung der Kirchenlehre macht er sich ebenso
ungewöhnlich leicht. Die wahren Kernsprüche, in denen dann doch, neben
dem sich wiederholenden Doktor, der frühere markige Mann Gottes sich
äußert, werden seltener.

Der jugendliche, heldische Sturm wird, wie schon gesagt, mehr und mehr zur gesättigten oder routinierten Selbstsicherheit auf der einen Seite, zu verhärtetem Haß gegen die Kirche und Blindheit gegenüber der eigenen frühen Vergangenheit anderseits. Von einem vermehrten Streben nach Gebetsleben oder sittlicher Vervollkommnung, das man als Ausgleich in Anschlag bringen könnte, kann man nichts feststellen.

Am deutlichsten zeigt sich diese absteigende Linie in dem eben behandelten Grobianismus. Nicht ohne innern Sinn stehen ‚Wider Hans Worst‘ und die Kampfbilder gegen das Papsttum am Ende seines Lebens.

11. Immer wieder wird man bei der Lektüre Luthers angerührt von der geheimen Wucht seines Wortes. Wo liegt eigentlich sein Wirkgeheimnis?

Eine erste Kraft in jeder Bewegung ist das Selbstbewußtsein, das sie von ihrer Aufgabe und von ihrer Fähigkeit, sie zu lösen, besitzt. Bei Luther war die Aufgabe die höchste, die überhaupt gestellt werden konnte: das angeblich verderbte, reine Wort der Offenbarung wiederherzustellen. Das Bewußtsein seiner Kraft wuchs ihm, außer durch die schon oft berufene Veranlagung, durch die strömende Fülle seiner Schöpfungen und die sichtbaren Erfolge seiner Arbeit. Es trat hinzu ein eigentümliches Gemeinschaftsbewußtsein zwischen ihm und ‚der Nation‘, mit all denen, wenigstens den Deutschen, die vom Papst an Gut, Leib und Seele sich belastet fühlten.

Wenn man dieses Erfassen und Aktivieren des historischen Moments als eine Art Geschichtsbewußtsein Luthers ansprechen kann, so fehlt ihm dieses Bewußtsein freilich in anderem Sinne ganz. Für ihn ist das Christentum eine feste, einmal fertig geschenkte Größe, die keinerlei Entwicklung im Laufe der Jahrhunderte zugänglich ist. Jede andere Auffassung ist nach Luther eine Beeinträchtigung der alleinigen Macht Gottes und eine Verfälschung der menschlichen Existenz. Oder vielmehr, dies ist der ganze Unterbau der Heilsgeschichte, daß des Menschen Existenz im tiefsten seit den Stammeltern durch die immer bleibende Sünde vernichtet ist. Das gibt zwar auch der Größe ‚Christentum‘ jene Robustheit des Unantastbaren, die Luther so oft und stark ausspricht, aber zugleich werden die elementarsten Gesetze des Lebens, eben der organischen Entwicklung und Entwicklungsmöglichkeiten, so verletzt, daß jene Unantastbarkeit durch einen notwendigen Rückschlag in Gefahr kommen mußte. Reichste Kräfte des Volkstums, der natürlichen Inkarnierung des Wortes im zeitlichen, organisch-natürlichen Wachstumsvorgang wurden ausgeschaltet: ein Prozeß der Einseitigkeit, der sich durch Verkümmerung und durch schlimme Rückschläge ins Gegenteil rächen mußte und im Verlust naiven Volkstums und religiösen Brauchtums, auch eines aktiveren religiösen Lebens in sehr weiten Schichten des neueren Protestantismus seinen Ausdruck fand.

Das letzte Wirkgeheimnis Luthers ist seine eigene Lebendigkeit. Seine Arbeit entbehrt in weitestem Maße der Schwerfälligkeit. Man stellt das auch an unerwarteten und fernliegenden Aufgaben fest. Es ist geradezu erstaunlich, mit welcher natürlichen Freiheit der Theologe und Mönch Luther, der nur seine seelischen und theologischen Kämpfe zu kennen scheint, vollkommen treffsichere wirtschaftliche und verwaltungstechnische Anweisungen gibt, als ihm 1516 das Bezirksverwalteramt der Klöster zugefallen war; mit welch treffender Beurteilung des Verdienstes und Versagens zugleich er den Prior vom Kloster Neustadt absetzt; mit welcher Sorge er einen nicht geratenen Bruder aus Mainz zurückholt; und bemerkenswert, wie er die objektive Strafgewalt und deren Äußerung mit der eigenen Sündhaftigkeit in Einklang bringt: ,Wir müssen auf Erden fast immer Sünder strafen, die besser sind als wir. . . . Also behaltet gegen ihn die Demut und Milde eures Herzens, gebraucht aber alle Schärfe eurer Hand und eures Amtes, weil das Amt nicht euer, sondern Gottes ist.'

In seinem eigentlichen Bereich, der Theologie und der Seelsorge, kennen wir Luthers Tonfall. Seine Polemik ist schnell und wendig, nicht nur robust, sondern keck bis zum Übermut. Mit sicherstem Instinkt für die Wirkmöglichkeiten gibt er selbst Angriffsschriften der Katholiken gegen sich mit Glossen, Vor- und Nachrede heraus. Er verachtet und verhöhnt die Gegner und übertrumpft sie, nimmt ihnen durch die Replik alle Wirkmöglichkeiten, noch ehe ihr eigenes Wort eigentlich vernommen werden konnte. Er kennt keine Furcht, liebt vielmehr die sehr selbstbewußten Drohungen. Er repliziert Alfeld und schreibt, es sollten sich das aber auch die großen Fähnriche zu Herzen nehmen, die nicht herauskommen. Ein Höhepunkt dieser ganzen Art bildet die literarische Produktion von 1520, die von einer ungeheuren Angriffswut belebt ist, und in ihr etwa der trotzige Schluß der ,Babylonischen Gefangenschaft' gegen die kommenden neuen Bullen: ,Nun, dieser Angriff soll meines Widerrufs ein Teil sein!'

Um den ungeheuren Erfolg von Luthers Polemik zu verstehen, darf man nicht den nackten theoretischen Gedanken herausdestillieren. Man muß die Polemik als lebendiges Ganzes nehmen, mitsamt ihrer Form, ihrem Tonfall und der überlegenen Meisterung einer bestimmten Situation. Luthers Ironie wird reichlich oft massiv, aber der Sprecher bleibt über der Situation. Seine Widerlegung ist auch in sehr wichtigen Dingen oft nur möglich durch eine mehr als eigenwillige Deutung der von dem kirchlichen Gesprächspartner vertretenen Lehre, oder durch eine demagogisch geschickte Vereinzelung der gegnerischen Gedanken; aber dies eben macht nun Eindruck. Er kommt dem Gegner zuvor. Er bringt mit Geist und Witz die Lacher auf seine Seite. Die Lacher, die durch vielerlei Ursachen, die nicht von Luther herrühren, dahin gebracht worden sind, mit Ingrimm darauf zu warten, eine siegreiche Attacke gegen Rom zu erleben. —

Wohl das Wichtigste ist aber dies: daß Luther so selten in der Defensive erscheint. Er schreibt das Gesetz des Handelns vor. Und dies auch, wenn er sich verteidigen muß: er folgt dem Gegner nie so weit, daß er ganz auf dessen Boden träte. Das bringt er überhaupt in seiner Singularität nicht fertig. Er trägt dauernd auch in die Replik seine Auffassung hinein. Die tiefere Erklärung dafür liegt in dem Neubau, mit dem er seit seiner radikalen Gehorsamsaufkündigung an die alte Kirche notwendig beschäftigt ist, und der ihn dauernd daran hindert, im Widerlegen stecken zu bleiben. Er spottet zwar: ,Ich werde von Tag zu Tag gelehrter, da so viele groß geachtete Magister haufenweis auf mich eindringen. . . . Weil ich sehe, daß sie Zeit und Papier genug haben, will ich Fleiß ankehren, daß sie genug zu schreiben bekommen.' Aber dann kommt eine ernste Wendung, die für die Lagerung der Kampfkräfte eine entscheidende Feststellung trifft: ,Doch will ich voranlaufen, damit ich, während diese ruhmbedeckten Überwinder über eine meiner Ketzereien triumphieren, mittlerweile eine neue hervorbringe.'

Er wirkt auch durch die Schnelligkeit seiner Produktion. Seine unvorstellbare Arbeitskraft und die schöpferische Spannung des Geistes, die in den großen Jahren dauernd in ihm ist, ohne daß er die Kraft mühsam aufzurufen brauchte, vernichten die Schwerfälligkeit der Gegner, etwa des Prierias, der zwar von einem großen Werk gegen Luther spricht, aber damit nicht zu Ende kommt. Oder er druckt schon im März 1520 seine Antwort auf die kaum erschienene Verurteilung seiner Sätze durch die Universitäten Köln und Löwen.

Cochläus beklagte sich darüber, daß die Neuerer so gar nicht systematisch schrieben, sondern ihre Expektorationen in einem großen Zug hinsetzten, ohne Absätze und Ordnung. Er wollte lieber Abhandlungen lesen, Theologen vor sich haben wie den, den Aleander an Luther vermißte. . . . Und gerade jene getadelte Art war eine besondere Stärke der Neuerer! Luther hatte darüber mit Emser eine Auseinandersetzung. Er wußte, wo er anzusetzen hatte: beim Volk. Und derweilen verachtete er zwar seine literarischen Gegner, nutzte sie aber weidlich aus.

Luther war ganz wesentlich Angreifer, sagten wir. Und doch wurde er auch in maßgeblicher Weise durch die Angriffe der Gegner vorwärts getrieben. Wie Ecks Angriffe in Leipzig ihn wesentlich weiter zwangen, wissen wir. Und man hat sehr richtig beobachtet, daß ,bei der unumstößlichen Erlebnisgewißheit Luthers kirchlich autoritärer Widerstand ein Faktum der schwer-

wiegendsten Bedeutung war'. Man darf sich mit Recht fragen, ob Luther ohne
seine Gegner zum Kirchengründer geworden wäre. Denn aus sich selbst
heraus war Luther zwar mitteilsam, aber nicht geneigt zu rein wissenschaftlicher Schriftstellerei. Tatsächlich hat er wichtigste Teile seiner Lehre erst im
Widerstreit zu andern entwickelt. Die Frage nach der Zweckmäßigkeit oder
Unzweckmäßigkeit der Art des römischen Vorgehens und der literarischen
Gegner gegen den Neuerer erhält von hier aus eine große Bedeutung. —

Leben ist nur da, wo Unverbrauchtes, wo Neues ist. Alles aber, was der
Geschöpflichkeit angehört, welkt. Dazu gehört auch die Form, in der Gottes
Wort uns Gottes nie alternde Offenbarung kündet. Ihr gegenüber muß die
Kirche immer wieder dies verwirklichen: ,Siehe, ich mache alles neu.'

Kein Zweifel, daß das Christentum des Spätmittelalters im angegebenen
Sinne sehr alt geworden war. Die Formeln waren in unerhörtem Maße
gebraucht und also verbraucht worden, oder aber es waren neue, nicht aus
dem Worte Gottes selbst, sondern aus schon abgeleiteten Formeln herausdestilliert worden, seltsam fern dem Kern des Bibelwortes und dem der
Liturgie, seltsam kompliziert, notwendig unfruchtbar.

Luther spürte das in einem Maße, wie um ihn niemand. Er fühlte es mit
wachsendem Grimm, um so mehr, als diese Formeln zum guten Teil es waren, die
ihn in jenen schmerzlichen innern Zermürbungsprozeß hineinführten, der ihm
eine Lösung immer wieder versagte. Daß er diese unfruchtbare, altgewordene,
zerspaltene Begriffssprache durchstieß und neu zu Wurzeln der Verkündigung
drang, macht das Geheimnis seines Erfolgs. Er macht neu. Er spricht neu.

Und dies nun nicht in einer nur formalen Haltung des Sprechens und
Fühlens, so im allgemeinen, sondern in einem gewissen Neuentdecken,
d. h. in einem neuen Lebendigmachen des Begriffs oder vielmehr der Wirklichkeit des ,Vaters' und der Wirklichkeit des Gekreuzigten. In einer bedeutungsvollen, nahen Art, ohne Umwege, ohne philosophische Zerkleinerung;
Christus als Sinn und Ziel der ganzen Schrift; Christus, Gott, der Verfluchte
am Schandpfahl des Kreuzes. Denn das ist nun die völlige Umkehrung in
Luthers Bewußtseinshalten: seinen Weg zum gnädigen Gott hat er auf Umwegen gesucht, auf allgemeinen Erlebnissen und theoretischen Überlegungen:
der Begriff ,Gott', die Vorstellung vom ,sündenfrei werden', die Idee ,Gott als
Richter' oder noch allenfalls ,Christus als Richter' erfüllten ihn: nun — seit
dem reformatorischen Umschwung — steht konkret die Persönlichkeit und
der historische Akt des gekreuzigten Gottmenschen predigend und erlösend
im Mittelpunkt seines Glaubens. Er hatte den katholischen Zentralbesitz häretisch entdeckt. —

Wir mußten in Luthers Erregbarkeit und Skrupulosität eine sehr labile
Gewissenslage feststellen. Tatsache bleibt doch auch, daß er in wissenschaft-

licher wie seelsorgerlicher und verwaltender Arbeit ein solches Übermaß von
wichtiger Leistung vollbrachte, daß er seine seelische Gesundheit unter einen
Beweis gestellt hat, der ungewöhnlich genannt werden muß. Das heißt: Luther
hat genügend gesunde Kräfte in sich, um einen jahrelangen Ansturm dunkler,
gefährlichster Kräfte zu bestehen. Er bewies den Besitz genialer Kräfte. Und
darin liegt wieder eine bedeutende Kraft seines Wortes: es war die Äußerung
eines riesigen Gegenstoßes und Durchbruchs. Luthers Seele und Geist wurden
durch seine Kämpfe jahrelang immer wieder zusammengepreßt. Man darf
ihm, trotz jener überspitzten Formulierungen, die er sich, vielleicht nicht ganz
zu Recht, aus Tauler aneignete, glauben, daß er sich manchmal der Vernichtung nahe fühlte. Da er den Sturm bestand, da er stärker war als die
Vernichtung, die ihn bedrohte, wuchs seine Kraft im selben Umfang. Und
so wurden die Jahre des Kampfes bis etwa 1516 die Brunnenstube seiner
späteren Kraft. Das Entscheidende der Reformationsgeschichte wurde von
Luther geleistet. Und dies in den Jahren, da die breitere Öffentlichkeit nichts
von ihm wußte. Die Sammelstelle der Kraft wurde sein Gewissen. Und dessen
Inhalt: Christus, der Gekreuzigte, als Offenbarung des Zornes über den
Sünder und dessen Erlösung.

Es heißt nun aber eine gute These törichterweise belasten, wenn man gegenüber dem leidend mit dem Schriftsinn ringenden und verzweifelt an ihm bohrenden Luther es sich herausnimmt, die früheren Ausleger der Schrift aus krasser
Unkenntnis als ‚diese Zufriedenen, Sicheren und Selbstgerechten‘, als ‚alle diese
gemütsruhigen Spekulierer‘ zu bezeichnen! Man sollte gegenüber Bernard und
Franz und Bonaventura und Thomas etwas mehr Augenmaß besitzen.

Luthers natürliches Wirkgeheimnis liegt also letztlich darin, daß er seine
Erkenntnisse, Bekenntnisse und Lebensformung erkämpft hat durch die Gefahr des Untergangs hindurch. Seine Klosterkämpfe führen durch die Gefahr
des vollen innern Zerbrechens. Hier hat er Todesgefahr bestanden, und diese
stärkste Stärke lebt in seinen Worten.

Diese innere Errungenschaft, ureigenster Besitz in einem nicht mehr zu
steigernden Sinn, wird dann gehärtet durch das Wagnis des äußern Untergangs auf dem Scheiterhaufen. Wir sind an die Tatsachen zu sehr gewöhnt,
zählen sie her und wägen sie zu wenig; es ist aber eine Leistung von seltenster
menschlicher Kraft, so in seinem Trotz zu stehen, daß man dafür die
unmittelbare Gefahr des Scheiterhaufens auf sich nimmt. 1518 und 1521 war
das (in verschiedenem Grad) der Fall. Damals bedeutete aber solche Festigkeit
etwas anderes als im 20. Jahrhundert. Auch hat Luther in ganz anderer
Weise die persönlich-feindseligen Instinkte der Gegner gereizt als etwa Hus.

Luthers Worte haben die Weihe und die Kraft des Todesmutes. Diesen Weg
durch die Todesgefahr — er wußte noch nicht, daß er außerhalb der Kirche stand

— ist er gegangen im gutgläubigen Dienste des Evangeliums. Luthers hochmütiger, revolutionärer Trotz ist dann im äußern Kampf leider nicht verzehrt worden von dem reinen Feuer des Dienstes; seine einseitige Deutung des Evangeliums vermochte den Gesamtbestand der Offenbarung nicht zu bewahren; die Zerspaltung der Christenheit wird durch keinen persönlichen Eifer aufgewogen und wieder gutgemacht. Sein Haß und Trotz sind schwere Verletzungen der von ihm selbst immer wieder geforderten Demut.... Aber diese für die dogmatische Beurteilung ausschlaggebenden, die Verurteilung als Häretiker voll rechtfertigenden und für die religiöse Schätzung höchst wichtigen Tatsachen brauchen und sollen keinen Katholiken davon abhalten, die Wucht der Rede Luthers zuzugeben und aus dem Geheimnis ihrer Wirkkraft zu lernen: wie entscheidend wichtig für die Auswirkung der Offenbarung es ist, daß das Wort, das die Diener der Kirche verkünden, ihr innerstes Eigentum geworden sei. Die Wahrheit wirkt durch sich. Aber im natürlichen, gewordenen Lauf der Dinge, nicht durch sich allein. Die Wahrheit braucht zu ihrer Aussprache ein lebendiges Instrument.

Luthers Werk wird letztlich immer gemessen werden müssen am Recht oder Unrecht eines Aufstandes gegen die Kirche. Hier aber ist es notwendiger denn je, und es ist auch endlich möglich, daß wir Luther ganz sehen, also auch seinen katholischen Besitz.

Es wurde schon gesagt: Luther greift in seinem entscheidenden Werden (und in seinen späteren Jahren wiederholt sich das immer wieder) nicht die katholische Glaubenslehre an, sondern eine vermeintlich katholische These. Auf Grund dieser falschen Voraussetzung kommt er zur Ablehnung der Kirche und zu seinen häretischen Lehren. Er bekennt etwa 1535: ,Wenn der Papst uns zugeben würde, daß Gott allein aus Gnade durch Christus die Sünder rechtfertigt, dann wollen wir ihn nicht nur auf den Händen tragen, sondern ihm sogar die Füße küssen.' Wie nahe scheint hier Luther dem Katholischen zu stehen! Aber er scheitert an seiner Einseitigkeit, oder umgekehrt betrachtet, an der katholischen Synthese. Freilich hatte er diese in ihrer ungeheuren Schwierigkeit erkannt. Und dies dadurch, daß er mit der einen These dieser Synthese — daß nichts selbständig neben Gott stehen kann, daß es nichts gibt, das nicht von ihm kommt — restlos Ernst zu machen versuchte. Was Luther hier ausspricht, ist die eine Seite der katholischen Lehre, er lehrt sie für und für in einer religiösen Tiefe, die einen bedeutenden Reichtum der Geheimnisse, der Bilder, der Kraft des Wortes Gottes umschließt. Aber er sagt zugleich, daß diese eine Seite das Ganze sei. Luthers katholische These wird falsch, weil er sie einseitig macht, weil er ihre Ergänzung — Natur, Wille, Priester, Papst — streicht.

Freilich muß das alles wieder ergänzt werden: es bleibt in keiner Weise im Raume der reinen Idee. Sowohl bei Luther selbst, dem gewalttätig erregten, so oft hemmungslos losbrechenden, wie bei der Überführung seiner und anderer reformatorischen Pläne in die Wirklichkeit des Lebens mischten sich für und für Kräfte ein, die dem programmatisch verkündeten Religiösen gegenüber als peripher, ja sogar als gegensätzlich empfunden werden.

Wir sagten oben: Luther ist die deutsche Reformation. Man darf keinesfalls über diesem Satz die wesentlichen Einschränkungen vergessen, die ebendort verzeichnet wurden: Luther wurde zum Reformator dadurch, daß die Nation ihm antwortete (vgl. S. 204). Wiederum aber ‚antwortete' sie nicht entfernt nur als freie Zustimmung aus Glauben. Das Landeskirchentum, das wir als grundlegend erkannten für die Möglichkeit der Reformation (S. 144), wird sich uns im weiteren Verlauf geradezu als die Macht erweisen, die — oft genug in unreligiöser, in egoistischer Weise, in der Art des Zwanges oder in der Form der tumultuarischen Revolution (Bd. II, S. 353 u. 373) — die anhebende oder entstandene Reformation zum Siege führen wird. Die Mittel der Propaganda und die entsprechend berechnete Mobilisierung der jungen Großmacht der Buchdruckerkunst stehen oft genug weit von dem ab, was man Wachsen einer religiösen Überzeugung nennen könnte. Luther selbst und Melanchthon werden uns dafür Zeugen sein.

Manche dieser Einschränkungen gelten schon für die Frühzeit der Reformation. Sie gelten noch viel stärker für die Periode, der wir uns nunmehr zuzuwenden haben.

ZWEITER BAND

AUSBAU DER FRONTEN
UNIONSVERSUCHE · ERGEBNIS

Zweites Buch

Die neue politische und kirchenpolitische Gestaltung

Erstes Kapitel

Grundkräfte. Außenpolitik

I. 1. Der vorzüglich kirchengeschichtlich interessierte Beobachter der Reformationszeit muß sich davor hüten, die damalige Gesamtlage zu einseitig als nur religiös-kirchlich oder gar als nur theologisch bestimmt zu sehen. Sicherlich war in jenen Jahrzehnten das Religiöse die stärkste, weil die am tiefsten reichende Kraft. Sie wirkte aus den angegebenen Ursachen mit außergewöhnlicher Wucht. Letztlich lag in ihr das treibende Element der Reformationsgeschichte. Es war eine religiöse Zeit.

Aber die religiöse Kraft kam im Geschehen der Zeit zu unreiner Darstellung. Die vielen lauten und leidenschaftlichen Erörterungen über Religiöses und Kirchliches geben nicht den ganzen Inhalt jener Jahre wieder. Die Deutschen beschäftigten sich auch damals nicht überwiegend mit ihnen. Die politischen, sozialen und wirtschaftlichen Bedürfnisse und Kräfte, in vielfältigster Weise abgestuft und gegeneinander gestellt, trieben, wie immer, das Leben voran. In den ganzen zwanziger Jahren stand Deutschland nie in gefährlicher Nähe eines Religionskrieges, auch nicht im Bauernkrieg. Selbst die für die öffentlich-rechtliche, kirchliche Neugestaltung revolutionären Reichstage von Speyer 1526 und 1529 sind in ihrem Gesamtbestand nicht vom Religiösen her bestimmt. Oder etwa die politisch leitenden Männer! Gattinara, ,Großkanzler aller Reiche und Länder des Königs', in dessen universal-politischen Plänen Kirche und Einheit der Christenheit wahrhaftig eine Rolle spielten, kann etwa im Sommer 1523 tiefgrabende und umfassende Erörterungen über die gesamte innen- und außenpolitische Lage in grundsätzlichen und angewendeten Betrachtungen niederlegen, ohne auch nur der lutherischen Sache zu gedenken.

Unter solchem Aspekt stand auch der Wormser Reichstag von 1521. Durch die geschichtlichen Auswirkungen wurde der Religionshandel Luthers zu seinem Hauptinhalt. Aber im Gesamtbestand dieser Zusammenkunft, auf der sich die fürstlichen Herren mit ,Rennen und Stechen' ergötzten, war er nur eine

Angelegenheit unter vielen andern. Manche von ihnen erschienen den Fürsten und Räten durchaus vordringlicher. Das konnte damals nicht wohl anders sein: das politische Spiel ‚Kaiser — deutsche Territorialfürsten und Kaiser — Papst — Frankreich — England' hatte zu einer neuen Phase angesetzt und drängte zu hochwichtigen Entscheidungen. Das war es, was sie vor sich sahen, was sie am meisten bewegte; und was in sichtbarem Geschehen die Zukunft aufbauen sollte.

Die Lage des jungen Kaisers, auf dem die Würde über allen Würden lag, war nicht rosig. Alles war eigentlich erst zu erringen, dann zu ordnen, dann zu großen Gestaltungen zu nutzen.

In Spanien hatte es bereits Unruhen gegeben, ehe er das erste Mal von den Niederlanden aus als Karl I. 1517 dort landete. Trotz der einzigartigen Arbeit des Regenten Kardinal Ximenez de Cisneros entgingen die spanischen Reiche nicht den Folgen einer tiefinnern Störung der Ordnung. Die schon bald wieder erfolgende Abfahrt des zum Kaiser Gewählten zeigte es erst recht. Revolutionäre Unruhen brachen los. Und die Vielfältigkeit derer, die aus allen Ständen an den Verwüstungen und Plünderungen teilnahmen, machte offenbar, wie tief die Störung reichte.

Im Verhältnis zu Frankreich war seit der Rivalität um die Kaiserwürde von jener oberflächlichen Verbrüderung, die 1516 in Noyon Karl mit Franz I. verbunden hatte, nichts mehr übrig. Frankreich hatte die Aufständischen in Spanien unterstützt. Es hatte versucht, Navarra, auch das jenseits der Pyrenäen gelegene, zu nehmen. Der spanische Sieg aber änderte wiederum nichts an den Ansprüchen Franz' I. auf Neapel. Das italienische Problem erhob sich in aller Deutlichkeit und Schärfe. Karl muß mit dem Papst ins reine kommen, der eben noch vor der Kaiserwahl sein stärkster Gegner war. Aber die deutschen Fürsten hatten ihre harten Beschwerden gegen Rom, die wir diesmal besonders scharf formuliert fanden. Wir sahen außerdem, welch energische Wünsche sie betreffs des Reichsregiments hatten. Die Kurfürsten hatten aus der Kaiserwahl ein Geschäft gemacht. Sie hatten Karl eine ihn reichlich hemmende Wahlkapitulation aufgelegt. Sie gedachten jetzt in Worms und weiterhin, die kaiserlichen Wünsche gegen die eigenen auszuhandeln und Karls Nöte gründlich für sich zu nutzen. Sie haben es tatsächlich die ganze uns beschäftigende Zeit hindurch getan. Rücksichtslose Eigensucht der deutschen Territorialherren beherrscht den Ablauf der deutschen Reformation. Sie ist für die politische und kirchenpolitische Gestaltung durchaus d i e bedeutende Kraft geworden.

Der Kaiser kam nun trotz allem auf diesem Wormser Reichstag vorläufig ans Ziel. Aber es war ein ausgefeiltes Provisorium. Auch das wird nun so bleiben bei allen Abmachungen zwischen ihm und den Ständen bis zum Jahre 1544. Erst dort wird er, nach vielerlei Versuchen, Umwegen und vorläufigen Lösungen, die weitgespannten Voraussetzungen zu einer definitiven Abrechnung für gegeben erachten und solche einleiten.

Denn auf eine Machtprobe, nach der es nicht ein ewig schwankendes Gleichgewicht, nicht viele Herren im Reich, sondern einen Herrn geben würde, war die ganze innen- und außenpolitische Situation des Reiches angelegt. Durch eine Unzahl gefährlichster und zermürbender Schwankungen hindurch hat Karl V. dieses Ziel im Auge behalten. Er hat es zwar 1530 und dann bis zu seinem Religionsgespräch in Regensburg 1541 bewußt zurücktreten lassen, um ehrlich und mit dem Ernst höchster Verantwortung eine friedliche Lösung zu erringen. Er ging diesem Ziel nach mit jener erstaunlichen, hartnäckigen Zähigkeit, in der er Meister war wie kein anderer. Aber wie von außen her, so lautete auch die Frage, die in seinem Innern aufstand, immer wiederkehrend: Verhandlung oder Gewalt? Die schließliche Antwort sollte ‚Gewalt‘ lauten — und doch nicht ans Ziel führen.

2. Die große europäische Geschichte der Reformationszeit hat einen besonderen Reiz darin, daß an beinahe allen entscheidenden Stellen die gleichen Gestalten am Ende des Dramas handeln, die an seinem Beginn schon auf der Bühne standen: Karl V. ist deutscher Kaiser von 1519 bis 1556, Franz I. König von Frankreich von 1515 bis 1547, Heinrich VIII. König von England von 1509 bis 1547, Soliman II. türkischer Großsultan von 1520 bis 1566. (Nur die Partner auf dem römischen Thron wechseln.) Das bedeutet natürlich für den intimen politischen Mechanismus jener Jahrzehnte sehr viel: bei den immer wieder ansetzenden Forderungen, Verhandlungen, Verträgen, Eheprojekten, persönlichen Treffen und kriegerischen Auseinandersetzungen sind es in letzter Linie immer dieselben Persönlichkeiten, die sich gegenüberstehen. —

Die außenpolitische Gestaltung der deutschen Geschichte im Zeitalter der Glaubensspaltung beruht auf der Verflechtung des Reichs in das spanisch-habsburgische Machtsystem. Dessen Schicksal war stark, ja wesentlich bedingt durch folgende drei Tatsachen: seine geographisch außerordentlich weitgespannte, aber disparate und daher leicht verwundbare Struktur; die europäische Spannung zwischen diesem Machtsystem und dem national schon geeinteren und nach Osten vordrängenden Frankreich; das energische Vorstoßen des Islam von Osten und Süden gegen das Herz des Abendlandes. Die gesamte politische Problematik ist also von zwei großen außenpolitischen Gegensätzen beherrscht, die ihrerseits eine Fülle von politischen Kräften und Kräftekombinationen erzeugen: ‚Christenheit‘ — Türken; Reich bzw. Kaiser — Frankreich.

Diese zweite Spannung und ihre Auswirkungen spielen die wichtigere Rolle. Schon deshalb, weil in den dreißiger und vierziger Jahren die Türken zu einer unmittelbaren Stütze Frankreichs gegen den Kaiser wurden. Außerdem wurde der französische Druck auf die habsburgischen Stellungen auch noch aus dem deutschen Raum selbst und vom Papsttum unterstützt.

Um den Ablauf zu verstehen, ist vor allem eine kurze Erläuterung der geographisch aufgelockerten Struktur des Reiches Karls V. notwendig. Dieses Reich bedeutete einerseits durch seinen gewaltigen Umfang und seine Machtfülle geographisch und politisch eine gefährliche Umklammerung Frankreichs; anderseits stellte die riesige Ausdehnung seiner höchst labilen Fronten eine dauernde Versuchung für Frankreich dar, in sie einzubrechen. Dieses Frankreich war in seinem Aufbau von dem habsburgischen Gegner in jeder Beziehung zu seinem Vorteil verschieden. Es hatte zwar seine natürliche Abrundung noch nicht ganz, aber doch in der Hauptsache erreicht (zuletzt Ludwigs XI. Erwerbungen 1477 und 1481). Und es war eine im Innern doch schon einigermaßen konzentrierte königliche Macht, die weithin über die wirtschaftlichen Kräfte des Landes befahl und dank einer fortgeschrittenen Verwaltung in der Lage war, sie verhältnismäßig schnell verfügbar zu machen. Die Gewalt Karls hingegen beruhte nicht nur, wie eben gesagt, auf weit auseinanderliegenden und gar nicht gleichstämmigen Ländern, diese Länder selbst waren außerdem innerlich noch reichlich unfertig. Karls riesiges zusammengeerbtes Reich war durch eine Personalunion zusammengebunden, es war aber keine Einheit. Man muß sich viel eher wundern über die gewaltigen Leistungen, etwa Spaniens, für Interessen, die ihm reichlich fremd erscheinen durften, oder über den opferbereiten Stolz, mit dem wiederum Spanier sich als Vollzieher der Pläne ihres kaiserlichen Herrn empfanden, ihres Königs, den sie nicht auf Dauer im Lande zu halten vermochten, als über mangelndes Einheitsgefühl.

Die Stelle, an der ein Angriff gegen die spanisch-habsburgische Kombination anzusetzen hatte, war geographisch und historisch eindeutig festgelegt: Norditalien. Hier war der geographische Knotenpunkt des Imperiums Karls V. und seine verwundbarste Stelle. Eben dies war auch das Territorium, das Frankreich besitzen mußte, um zur Weltmacht zu avancieren. Die Funktion Oberitaliens als des Knotenpunktes des ganzen spanisch-habsburgischen Machtsystems ergibt sich ohne weiteres aus der Notwendigkeit, die weit verstreuten Länder des Imperiums in Verbindung untereinander zu halten. Ohne Oberitalien fehlte die Verbindung von Spanien-Neapel zu den österreichischen und niederländischen Besitzungen; es klaffte eine wesentliche Lücke im Ring, und der Ring selbst schien leicht gesprengt werden zu können. Der Ring heißt: Spanien — Neapel-Sizilien — Oberitalien — österreichische Erblande einschließlich der Besitzungen am Oberrhein — (deutsches Reich) — Burgund — Niederlande.

Der Gegensatz Frankreich—Reich hatte sich außerdem auch historisch als Kampf um die Macht in Süd- und Norditalien entwickelt und war tief in jenen jahrhundertealten Bestrebungen verankert, die darauf abgestellt waren, das aufstrebende Frankreich zum Inhaber der universalen Kaisermacht zu machen. Dieser Gegensatz war kurz vor der Reformation neu aufgelebt seit dem Zuge Karls VIII. im Jahre 1494, als dieser in Süditalien seine Ansprüche auf das Erbe der Anjou gegen Aragon durchsetzen wollte. Von einer andern Seite ergaben sich Reibungsflächen wegen des seit dem 14. Jahrhundert neu entstandenen Staatengebildes Burgund (das sowohl Reichslehen als französische Kronlehen umschloß), als dieses Land durch die Heirat Maximilians in den Kräftebezirk Habsburg—Reich geriet. Die Schwierigkeiten drängten naturgemäß nach einem Entscheidungskampf, seit durch die Heirat des burgundischen Erben auch noch Spanien in die habsburgische Macht einbezogen wurde und Karls V. Riesenreich entstand, und dann eben dieser Kaiser in einer betonten Weise sich als Burgunder fühlte und führte, wie wir das noch sehen werden.

Der Kampf um Nord- und Süditalien (Sizilien und seine Verbindung mit Spanien war lebenswichtig auch wegen der Getreidezufuhr) setzt ohne weiteres die politische und moralische Kraft des Papsttums und der andern fürstlichen und städtischen Gewalten Italiens ins Spiel und stellt die ewige Frage, zu wem die Kurie halten werde, zum Kaiser oder zu Frankreich. Die reichen Niederlande wiederum — mit den Geldleistungen Spaniens durchaus die wirtschaftlich stärkste Grundlage von Karls Macht — weisen durch die Quelle ihres Wohlstandes, nämlich ihren Handel, sowohl nach England hinüber als zur konkurrierenden deutschen Hanse. Sie waren ein noch sehr unfertiges Gebilde mit leicht verwundbaren Grenzen: verwundbar vom Westen her durch die Franzosen, von der Küste durch Engländer und Dänen, von Osten durch den französenfreundlichen Herzog von Geldern. —

Der Ablauf des gegenseitigen Ringens, wie er aus diesen verschiedenen Faktoren, unlöslich mit der Religionsfrage verstrickt, erwuchs, ist von einer verwirrenden Fülle. Die Konstellationen ändern fortwährend mit einer geradezu sinnlosen Schnelligkeit. Der Verlauf bietet eine Anzahl von Einzelentwicklungen und Einzelvorgängen, die zu einem intimen Verständnis der Reformationsgeschichte unumgänglich notwendig sind. Wir werden sie am gegebenen Ort erzählen. Aber eine größere Anzahl dieses unruhigen und erschreckend oft skrupellos oder auch leichtfertig verursachten Hin und Her hat nur Interesse für die Spezialisten. Denn zuletzt fanden sich doch (nach einer der feinen Formulierungen von Karl Brandi) ,am politischen Himmel Europas die Verhältnisse fast mit der Präzision der Gestirne wieder in die gewohnten Bahnen zurück'. Es ist aber notwendig, aus dem verwirrenden

Vielerlei die Grundlinien der Entwicklung herauszuheben und das Typische des ewigen Wechsels sich einzuprägen.

Die wichtigsten Feststellungen sind diese: a) So oft auch Frankreich zur Gewinnung Italiens ansetzte, um den spanisch-habsburgischen Ring zu durchstoßen, so oft es auch Mailand gewann, immer wieder unterlag es, und immer wieder wurde doch Karl V. Sieger. Aber am Ende aller Siege sieht sich Karl wieder denselben Aufgaben gegenüber wie 1521; im Jahre 1556 hätte er sein politisches Lebenswerk, soweit es Deutschland, die Niederlande und Italien betraf, wieder von vorne beginnen müssen. — b) Alle feierlichen Friedensschlüsse und Absprechungen wurden von den Beteiligten mit einer entwaffnenden Selbstverständlichkeit als kaum verbindlich betrachtet, so daß dem Frieden immer wieder — manchmal unmittelbar — eine neue machtpolitische Auseinandersetzung folgte.

Der erste Versuch Frankreichs in unserem Zeitraum, der drohenden spanisch-habsburgischen Umklammerung zu entgehen, war das Streben Franz' I. nach der deutschen Kaiserkrone gewesen. Dem Sieg Karls V. in dieser Sache folgte beinahe unmittelbar ein erster Krieg zwischen den beiden Herrschern um Norditalien (1521—1525). Er endigt mit der Gefangenschaft Franz' I. und der Gewinnung Oberitaliens für Karl. Sofort beginnt Frankreich, unterstützt von einer europäischen Koalition (die ‚Heilige Liga von Cognac‘ mit Papst, Mailand, Venedig [und England]), den Kampf aufs neue. Der Sieger ist wieder Karl (Frieden von Cambrai 1529), und Franz verzichtet zum zweiten Mal auf Italien. Karl kann aber seinen Sieg nicht für die Gestaltung der deutschen Lage ausnützen, da im Osten die Türken bis vor Wien vorgedrungen sind und in der Folge (nach ihrem Zurückweichen) erneut vorrücken. Diese Notlage nützen wieder die Franzosen zum Kriege aus. Und so muß Spanien-Habsburg von 1536 bis 1544 in doppeltem Ansatz (1536—1538 und 1542 bis 1544) einen Zweifrontenkrieg führen: gegen den Angriff der Franzosen im Westen und gegen den Angriff der Türken im Osten. Auch dieser Waffengang endigt im Westen mit dem Siege Karls; Franz verzichtet im Frieden von Crépy 1544 endgültig auf Italien.

Dieses verwirrend schnelle Hin und Her der Kombinationen, welches jeden Sieg sozusagen sofort entwertete, dem Friedensversprechen eine neue feindliche Vereinigung folgen ließ, war tief in den Mängeln der Kriegführung begründet. Allzu viel Phantastisches, Plötzliches durchsetzte das, was sich an planmäßigem Aufbau der Feldzüge finden mag. Große Anläufe blieben immer wieder stecken, weil nicht für Nachschub gesorgt war, weil aus schuldhaftem Zaudern der Feldzug einen oder einige Monate zu spät begonnen wurde und also in Regen, Kälte und Krankheiten erstickte. Vor allem aber, und besonders auf des Kaisers Seite, stand e i n e Klage endlos immer wieder auf: Geldmangel! Im großen und ganzen lebte man recht von der Hand in den Mund. Den großen politischen Konzeptionen Karls, die er mit so unglaublicher, oft sturer Zähigkeit verfolgte, stand nicht entfernt eine technisch gleichwertige Vorbereitung seiner Unternehmungen zur Seite. Das Geld für seine Kriege sammelte er nicht planmäßig, er konnte also auch eigentlich nie auf einen sicheren Vorrat zurückgreifen.

So mußte sich mit innerer Folgerichtigkeit eine Kräfte verzehrende Zusammenhanglosigkeit der militärischen Auseinandersetzungen ergeben. Selbst die Kriegführung der einzigen Macht, die über ein großes stehendes Heer verfügte, der Türken, hat daran ihren Teil. Oder hätten sie sonst etwa 1526, als sie die ungarische Macht bei Mohacs vernichtet hatten und der König tot war, das Land wieder bis zur Donau preisgegeben, um im folgenden Jahre ihren Zug zu wiederholen?

Für die Franzosen wie für den Kaiser kommt hinzu die Frage der Mannschaftsbeschaffung. Geradezu eine Komödie oder eher noch ein Satyrspiel ist manchmal die Beteiligung der schweizerischen Söldner an diesen Kriegen. Sie wechseln dauernd zwischen Frankreich, dem Kaiser und dem Papst — der selbst bald zu der einen, bald zu der andern Seite steht — hin und her für nichts anderes als für ihren Sold. Es kämpfen aber auch Schweizer auf beiden Seiten. Indes, sollte man sich als Landsleute gegenseitig umbringen? ‚Hundert Jahre Krieg, aber keinen Tag Schlacht!‘ Dafür ausgiebige Möglichkeit zum Plündern! Und, wenn es angeht, zur rechten Zeit zur Feldarbeit wieder daheim! Es kam vor, daß sich die Stimme des Blutes durchsetzte und man aus einer gewissen Überzeugung heraus für Deutsch-Habsburgisch gegen den Franzosen war. Im allgemeinen verkaufte man sich um Geld. Kam der Sold nicht regelmäßig, drohte man überzulaufen, oder man zog nach Hause.

Mit solchen Soldaten mußte Karl Krieg führen. Denn auch die angeworbenen deutschen Landsknechte dienten natürlich nur ums Geld. Sie dienten sogar als Protestanten gegen Geld dem Papst.

Freilich, es gab da eine Kraft, die selbst diesen Söldnern so etwas wie ein Gemeinschaftsgefühl gegeben hat. Die Kaiseridee wirkte so, sie wirkte sogar stark. Aber stärker wirkte der echte Landsknechtsführer: Frundsberg zum Beispiel. Er hat seine Kinder, die Landsknechte, manchmal auch ohne Geld beieinandergehalten und vorwärtsgerissen. Ähnliches gilt von der erfahrenen Feldherrnkunst einzelner Generäle, etwa der kaiserlichen Pescara und Leywa, die man mehr fürchtete als ihre Heere. Aber solche Persönlichkeiten waren selten. Was blieb, wenn sie wegfielen? Das schauerliche Schicksal des 1527 geplünderten Roms und die dortige Selbstauflösung der Heereshaufen gibt die eindeutigste Antwort.

Man braucht bloß die Einzelereignisse auch nur eines einzigen solchen Krieges

aneinanderzureihen, um die innere Sinnlosigkeit konkret anzuschauen. Etwa
1527! Der Sacco di Roma durchbricht die antikaiserliche Bedrohungsfront.
Aber nun liegt das kaiserliche Heer monatelang in Rom. Norditalien geht
wieder verloren. Die Franzosen machen sich mit den Genuesen sogar zum Herrn
von Neapel. Des Kaisers Macht ist bereits wieder dahin — aber schon fällt
Admiral Andrea Doria zum Kaiser ab, und die Franzosen werden in Oberitalien am 21. Juni 1529 geschlagen.

Überhaupt das Schicksal Mailands! 1494 französisch, 1495 in einheimischem
Besitz, 1499 französisch, 1512 wieder ‚italienisch‘, 1514 französisch, 1521/22 für
das Reich zurückgewonnen, 1524 französisch, 1525 kaiserlich, 1526 in der Liga
von Cognac, 1528 kaiserlich; 1534/35/36 erhebt Franz wieder Ansprüche auf sein
‚ererbtes Recht‘; 1540 belehnt Karl seinen Sohn Philipp mit dem Herzogtum; aber
seit 1549, offen seit 1555 stellt Frankreich wieder seine alten Forderungen. . . .
Man sieht leicht, wie wenig innere Kraft Friedensschlüsse haben mußten,
die das Resultat so wenig eindeutiger Kriege, also auch so wenig eindeutiger
Machtverhältnisse waren, und wie wenig sie von den augenblicklich Unterlegenen oder vorübergehend Erschöpften als ein Definitivum empfunden und
geachtet wurden. Es waren immer wieder Provisorien. Alle Zugeständnisse
der Friedensverträge und alle Eroberungen stehen so gut wie dauernd zur
Revision.

Als Provisorien faßte sie (aus Leichtsinn und liederlicher Lebenslust) Franz
von Frankreich; so faßte sie (aus früher Einsicht und schweigender Überlegenheit) Karl V. Zwar die ersten großen, so ganz unerwarteten Erfolge
1521 und 1525 rissen sein Bewußtsein noch berauschend empor: schon glaubt
er an dem Punkt zu stehen, wo er die Arbeit für die Christenheit nach innen
und nach außen ganz als universaler Kaiser nach seinen Ideen leisten kann. . . .
Aber bald wußte er um den weiten Weg, den er noch werde gehen müssen,
um die Einheit im Innern und die Sicherheit nach außen für dauernd herstellen zu können. Allerdings, er verzichtete nicht auf das Definitivum. Im Gegenteil. Mehr und mehr lernte er praktisch-taktisch scheinbar nachgeben, verzichten, um den endgültigen Sieg der restlosen Ansprüche zu sichern.

3. Welche Rückwirkungen hatten jene außenpolitischen Verwicklungen auf
den Verlauf der innerdeutschen Geschichte? Diese Geschichte ist beherrscht
von dem Vordringen der reformatorischen Neuerung gegenüber dem altkirchlichen Besitzstand, wie er im Wormser Edikt und in der Folge von den katholisch bleibenden Fürsten, entscheidend von Karl, verteidigt wurde. Beides,
die große Politik wie die Sorge um und für die alte Kirche, vermochte der
Kaiser in Deutschland nur durchzuführen mit den Territorialmächten, Fürsten, Grafen, Rittern, Städten, oder gegen sie. Die Auswirkung der außenpolitischen Lage auf die Religionshändel in Deutschland läuft nun einfach so,

daß jene Verwicklungen den Kaiser je und je auf die Hilfe der deutschen Territorialmächte, also auch der lutherischen, dann protestantischen, anwiesen. Diese Territorialmächte, politisch-dynastisch und dann religiös-konfessionell vielfältig gespalten und sich verändernd, wurden durch die außenpolitische Lage der Hebel, der den Ablauf der Reformation in Deutschland zum großen Teil, und seit etwa 1527 entscheidend, bestimmte. Immer wieder zwang die außenpolitische Lage Karl, mit den Protestanten in Deutschland zu paktieren und ihnen Zugeständnisse zu machen, die in Widerspruch zu seinen politischen und religiösen Überzeugungen oder Wünschen standen. Und dies wiederum bot den altkirchlichen Ständen die Möglichkeit, auch ihre Forderungen lauter anzumelden. Die kaiserlichen Propositionen zu den Reichstagen dieser Zeit und die Reichstagsabschiede beweisen das ohne weiteres. Sie stehen sämtlich in engster Beziehung zu der außenpolitischen Lage. Wenn sie manchmal unmittelbarer Ausdruck der erreichten kaiserlichen Machtstellung waren, so spiegeln andere den von den Ständen ausgenutzten außenpolitischen Druck auf den Kaiser wider; oder die Abmachungen eines folgenden Reichstages löschen in Jahresfrist die eben noch erhobenen strengeren Forderungen Karls durch nachgiebigere Zugeständnisse aus. Die politische Geschichte des deutschen Protestantismus der Reformationszeit ist das unmittelbare Spiegelbild der außenpolitischen Bewegungsfreiheit oder Bewegungsbehinderung des katholischen Kaisers. —

Der politische Ablauf der Reformationsgeschichte (und damit in wichtigster Weise auch ihre religiös-kirchliche Entwicklung) hing auch davon ab, daß es in Deutschland keine zentrale, jederzeit verfügbare Exekutive gab. Das Fehlschlagen der Reichsreformpläne unter Maximilian entschied schon über das deutsche 16. Jahrhundert. Das Auf und Ab der Bündnisse, das dauernde Feilschen und Paktieren der Stände mit dem Kaiser, der Fürsten und Städte untereinander, das Schwanken jeglicher Macht: all das hängt entscheidend auch davon ab, daß keine dieser Gewalten ein stehendes Heer hatte. Wo sich so etwas wie eine schlagfertige militärische Macht zeigt, wie etwa im Schwäbischen Bund oder bei Sickingen mit seinen Söldnern, da gewann sie sofort ein Übergewicht, das eigentlich in keinem Verhältnis stand zu den ihr verfügbaren realen Machtmitteln und zu der Zahl, der Ausdehnung und dem Gewicht der Kräfte, die in Schach zu halten waren.

4. Eine besonders interessante Bereicherung des Kräftespiels, die zugleich eine Hilfsstellung und eine Belastung für die Sache des Kaisers bedeutete, bildet die Person seines Bruders, des in Spanien erzogenen Erzherzogs Ferdinand. Die deutsche Politik des Kaisers war tief beeinflußt durch seine öfters notwendige Abwesenheit aus dem Reich. Für diesen Fall war das Reichsregiment vorgesehen. Karl hatte ihm von vornherein eine ausgesprochen

kaiserliche Prägung zu geben gewußt; Ferdinand war sein gegebener Vertreter. Schon 1519 sah der Kaiser in der Doppelfunktion Karl—Ferdinand
große Möglichkeiten. Schon damals äußerte er zu seinem Bruder: nur die
ungeteilte E i n h e i t unserer Länder wird dem Kaisertum die Möglichkeit bieten,
seine Aufgaben zu erfüllen. In diesem Sinne begann er bereits 1521 mit jener
allmählichen Ausstattung des Bruders mit Land und Würden, die seiner
Rolle entsprach. Der Kaiser blieb dabei durchaus der eigentlich maßgebende
Mann, der es liebte, seinen Gaben an den Bruder einen Vorbehalt beizufügen,
die Bindung des Erzherzogs an den Kaiser zu betonen. Als Leiter des Reichsregiments, durch seine Beteiligung an der Ausarbeitung der Propositionen
der anzuberaumenden Reichstage oder durch deren selbständige Abfassung
und durch die Leitung von Reichstagen wurde Ferdinands Einfluß auf die
deutsche Reichspolitik hochbedeutend. Es ist verständlich, daß er aus dem
kaiserlichen Schatten herausstrebte. Ein bedeutsamer Schritt dazu war seine
Wahl zum König von Böhmen und von Ungarn 1526, der Sieg über den
Konkurrenten Zapolya und die Zurückschlagung der Türken vor Wien 1529
und schließlich 1531 seine Wahl zum römischen König. Die Erhöhung Ferdinands zum König gehörte freilich auch in den Ausbau der kaiserlichen
Machtstellung, als dessen Ziel Karl das in Spanien-Habsburg erbliche Kaisertum sah. So blieb auch Ferdinand als König viel mehr ausführendes Instrument als selbständiger Gestalter im Reich. Regelmäßige wie außerordentliche
Gesandtschaften und Botschaften des Kaisers und seine eingehenden brieflichen Instruktionen sorgten dafür.

Der steigende türkische Druck auf die Ostflanke des Reiches, d. h. gerade
auf die Lande Ferdinands, sammelte aber dessen Interessen immer mehr um
den Kampf gegen die Ungläubigen. Schließlich trennten sich sogar die Wege
der beiden Brüder. Es war begreiflich, daß Ferdinand den Plänen des Kaisers,
die spanische Sukzession im Reich zu sichern, nicht freundlich gegenüberstand.
Jedoch bewährte sich die Lehenstreue, als 1552 das Unglück über den Kaiser
hereinbrach: Ferdinand teilte freiwillig seine Flucht.

5. Die gesamte innerdeutsche Entwicklung der Reformation hing am Schicksal des Wormser Edikts. Wurde es ausgeführt, wie es reichsrechtlich hätte
geschehen sollen, dann war es um die Reformation im großen geschehen.
Aber eben das Schicksal dieses Ediktes beleuchtet grell die ganze Verworrenheit der politischen und der kirchenpolitischen Lage, die geradezu unvorstellbare Schwäche des Reichs. Eigentlichen Erfolg im Sinne einer umfassenden inquisitorischen Verfolgung der neuen Lehre, ihrer Verkünder,
Anhänger und Bücher hatte das Dekret nur in den habsburgischen und
niederländisch-burgundischen Ländern (in denen durch strenge Verordnungen
Karls schon vorgearbeitet war). Denn die Arbeit des kirchlich treuen Herzogs

Georg von Sachsen oder des Kurfürsten Joachim I. von Brandenburg oder des Herzogs von Braunschweig hat im Gesamtbestand nur ungenügendes Gewicht; und Bayern ist weit entfernt davon, eine eigentliche Ausführung des Wormser Ediktes zu erreichen. Das Edikt wurde in Bayern verkündet, und es erging am 5. März 1522 ein herzogliches Religionsmandat, das Luthers Lehre verbot. Indes, Leonhard v. Eck, der dort die Geschicke lenkte, wollte nur eines: das Land politisch stark machen und deshalb vor dem Umsturz bewahren. Das erreichte er die ganze Reformationszeit hindurch ohne blutiges Vorgehen. Aber weder war noch wurde Bayern vorläufig eine eigentliche Reserve katholischer kirchenpolitischer Kraft. Die bayrischen fürstlichen Bischöfe boten das gleiche Bild pflichtvergessener Trägheit oder feiger Angst wie ihre Kollegen der andern Landschaften. Der Haltung der Herren entsprach diejenige ihrer Räte, wenn diese nicht gar heimlich lutherisch waren.

Übrigens, schon die Art der Entstehung dieses Ediktes kündigte an, daß sich erhebliche politische Kräfte gegen seine Durchführung wenden würden. Dieser Kampf hat eine doppelte Wurzel, eine kirchlich-religiöse und eine politische. Die kirchlich-religiöse begreift in sich die entstehenden neuen kirchenrechtlichen Anschauungen, die mit dem Landeskirchentum und dessen Ausbildung zum protestantischen Landeskirchentum zusammenhängen („cuius regio'; Reformationsrecht; Säkularisation) und seit dem Entscheidungsjahr 1525 den Übergang von der Gemeindereformation zur Fürstenreformation herbeiführen. Die zweite, die politische Wurzel ist das entstehende protestantisch-konfessionelle Prinzip, das sich eine entsprechende politische Ausdrucksform sucht.

Sowohl der Kampf um das Wormser Edikt wie die Ausbildung der neuen evangelischen kirchenrechtlichen Anschauungen, wie auch die Ausbildung des konfessionellen Prinzips stellen sich zum entscheidenden Teil dar in den damaligen Reichstagen. Das gibt uns die Grundlage für die Anordnung unserer weiteren Darlegungen.

Jedoch ist zunächst die große Doppelauseinandersetzung mit Frankreich zu betrachten. Sie enthüllt viel vom innern Rhythmus aller kommenden Auseinandersetzungen. Und sie scheint ja außerdem zunächst die Plattform schaffen zu sollen, von der aus der siegreiche Kaiser auch zur innerdeutschen Frage ansetzen wird.

II. Am 29. April 1521 erfuhr man in Worms, daß die Comuneros in Spanien bezwungen seien. Das eröffnete zwei große Aussichten: Karl konnte sein Erbe in Spanien wirklich in die Hand nehmen und organisieren; und das Geplänkel mit Frankreich an der niederländischen Grenze, das seit März angesetzt hatte, konnte zu einem regelrechten Vorstoß ausgestaltet werden.

Daß Karl und seine Räte die erste Aufgabe allen andern voransetzten, zeigt eine klare Abwägung des zu einem organischen Aufbau einer universalen Politik Notwendigen. Freilich nahm der Kaiser dafür jene siebenjährige Abwesenheit von Deutschland in Kauf. Dies möglicherweise nur deshalb, weil er die kirchliche und politische Tragweite der lutherischen Revolution — notgedrungen! — noch nicht richtig einschätzte. Noch in seinen Denkwürdigkeiten, also unter dem vollen Eindruck eines dreißigjährigen Kirchenkampfes, stellt er den Aufstand der Comuneros und die lutherische Bewegung auf eine Ebene. Und doch war dieses langjährige Fernsein des Kaisers aus Deutschland, das sich im folgenden Jahrzehnt mit ähnlicher Wirkung wiederholte, eine der wichtigsten Ursachen für die Einwurzelung des neuen Evangeliums. An dieser Tatsache ist aber dann schließlich Karls Gesamtwerk gescheitert. —

Die Auseinandersetzung mit Frankreich, so erkannten wir, war aus verschiedenen Ursachen unausweichlich. Die deutsche Kaiserkrone in der Hand eines Spaniers war nicht nur tatsächlich eine Bedrohung Frankreichs, sie wurde dort auch so aufgefaßt. Franz I. hat dem mehr als einmal Ausdruck gegeben.

Umgekehrt konnten die Expansionsgelüste Frankreichs in Deutschland auf mancherlei Unterstützung rechnen. Schutz- und Trutzbündnis eines deutschen Fürsten mit dem König von Frankreich (ein gut bezahltes Verhältnis übrigens) brauchte nicht zum ersten Mal Wirklichkeit zu werden. Wir werden Wiederholungen genug erleben. Noch eben hatte in die Kaiserwahl bedrohlich die Hildesheimer Fehde hereingewirkt, wobei das siegreiche Heer zum franzosenfreundlichen Karl von Geldern stand, einem intimen Gegner der Habsburger sein Leben lang. Der Gedanke eines französischen Kaisers war für die Zeit nicht absurd. Viele hätten ihn nicht einfach als eine Fremdherrschaft empfunden, die vom Kaisertum des burgundisch-spanischen Karl V. wesentlich verschieden gewesen wäre.

Aus solcher Atmosphäre muß man die uns seltsam arrogant anmutenden Schreiben Franz' I. verstehen, die er (und sein Nachfolger) an die deutschen Fürsten richtete, um sich wegen des Krieges mit dem Kaiser zu entschuldigen. Wie eben jetzt am 11. Mai 1521: Krieg führe er nicht gegen das Reich, ‚dessen Verbündeter er als König von Frankreich, dessen Vasall er als Herzog von Mailand sei'.

Im Grunde ging es Franz um Italien. Und eben dies wirkte sich für den Kaiser günstig aus. Vielleicht im Zusammenhang mit der steigenden lutherischen Gefahr, sicherlich aber auch wegen des Verlangens Frankreichs nach Neapel wurde Leo X. kaiserfreundlicher. Ja er drängte geradezu auf ein antifranzösisches Offensivbündnis mit dem Kaiser. Ende Mai, zur selben Zeit, als in Worms das Edikt gegen Luther ausgefertigt wurde, kam es tatsächlich zu einer Abmachung der beiden universalen Mächte, die Mailand dem Sforza,

Genua dem Dogen Adorno, Parma und Piacenza dem Papst garantierte. Eine ähnliche Annäherung führte Karl zu Heinrich VIII. von England; aus ihr entwickelte sich im November 1521 durch den allmächtigen Kardinal Wolsey (Heinrichs Minister, der sich so großkapitalistisch honorieren ließ) ein Geheimvertrag und im Juni 1522 ein Bündnis gegen Frankreich. (Jener enthielt eines der Heiratsprojekte, in denen der junge Karl, wie seit seiner frühesten Kindheit so oft, verlobt wurde: ein diplomatisches Mittel, das er zeit seines Lebens geradezu mit Virtuosität, aber auch bis zum Überdruß und in allen erdenkbar verklausulierten Kombinationen verbrauchen sollte. Diesmal sollte Maria, Heinrichs Tochter, die Auserwählte sein.) Im folgenden Jahr kam es zu Bündnissen zwischen dem Kaiser, England, Ferdinand, Venedig, und zwischen Kaiser, England, Ferdinand mit dem Papst, Mailand, Florenz. Es war für den Kaiser eine Flankendeckung ganz großen Stils, die sich da erhob. Realpolitisch sicherlich ungenügend unterbaut. Aber schon getragen von den großen europäischen Konzeptionen, die Karl von seinem ersten Minister Gattinara übernahm, die sein politisches Denken bis zu seinem Tode beherrschten und die ihn so weit über die kleinen Interessen der Territorialherren herausheben sollten.

Die ungenügende realpolitische Unterbauung offenbarte sich schnell. Die meisten Eidgenossen schlugen sich diesmal zu Franz. Der Großsultan Soliman drang nach der Einnahme von Belgrad gegen Ungarn vor. Die Abmachungen mit England waren nur ein Wechsel auf die Zukunft. Am 1. Dezember 1521 starb Leo X., und unendlich viel hing ab von dem erst zu wählenden Nachfolger. Die Lage war für den Kaiser ungünstig. Trotzdem war der Erfolg bei seinen Fahnen: im November, noch vor dem Tode Leos X., nahmen päpstliche und kaiserliche Truppen Mailand. Und im folgenden April gelang den spanischen Truppen und den deutschen Landsknechten unter Frundsberg die große Tat: sie bestanden die berühmten schweizer Söldner und die Franzosen bei Bicocca. Die Franzosen räumten Norditalien.

Diesen Siegen folgte ein breit angelegter Angriff auf Frankreich im nächsten Jahre 1523. Aber schon zeigte sich die nationale Erstarkung dieses Landes. Der zum Kaiser abfallende Karl von Bourbon, dem ein bedeutendes, zusammenhängendes Gebiet im Süden des Landes gehörte, vermochte nicht, wie versprochen und erhofft, andere wichtige Herren dem Königreich abspenstig zu machen. Im Gegenteil war Franz stark genug, um den Vorstoß der Kaiserlichen bis Marseille zurückzutreiben und in erfolgreichem Gegenstoß (wenn auch erst nach vergeblichem Ringen und kaiserlichem Vermittlungsangebot) Norditalien, d. h. die Lombardei, zurückzugewinnen (Herbst 1524) und — zu einem Bündnis mit dem neuen Papst Klemens VII. zu gelangen.

Freilich, Pavia hatte er nicht bezwungen. Und hier, vor Pavia, in der großen Entscheidung des Jahrhunderts, war es, daß zum ersten Mal das Waffenglück des Kaisers seine Sache so lenkte, wie es dem gewaltigen Umfang seines Reiches zu entsprechen schien. Ein Waffenglück freilich, das sich nicht den militärischen Aussichten gemäß, sondern im Gegensatz zu ihnen entwickelte. Wohl hatte es Frundsberg fertiggebracht, mitten im Winter Landsknechte über die Alpen zu führen; aber die Aussichten der kaiserlichen Sache waren dennoch sehr schlecht. Der Kaiser in Spanien war auf einen schlimmen Ausgang des Feldzugs gefaßt. Die Nachricht von dem großartigen Sieg, der am 24. Februar 1525 (seinem Geburtstag) die französische Armee vernichtete und den französischen König als Gefangenen in seine Hand gab, kam ihm vollkommen überraschend. Sie wirkte wahrhaft erschütternd und dann berauschend auf ihn. Der Kaiser war der Herr der Welt! Der französische König wurde nach Spanien gebracht. Ein neues Bündnis vereinigte — äußerlich — Kaiser, Papst und England (April 1525).

Alle bisherigen Kämpfe um Norditalien und sogar Südfrankreich waren nur ein provisorisches Hin und Her gewesen; Pavia war eine erste wirkliche Entscheidung. Es war für den Kaiser, gemäß Lannoys Zuruf, die einmalige von Gott gesandte Erntezeit, ‚Eure Gelegenheit‘. Freilich, nur ein der wirklichen Kräfteverteilung entsprechender Friede konnte aus ihr eine Dauerentscheidung machen. Der Kampf gegen Frankreich war eine unausweichliche Notwendigkeit gewesen. Jetzt war der Zeitpunkt zu einer vernünftigen Neugestaltung da. Und hier versagte Karl, wie er später durch die übermäßig lange und demütigende Gefangenschaft Philipps von Hessen und Friedrichs von Sachsen seinen Sieg über die Protestanten ganz unnötigerweise aufs Spiel setzen sollte. Die durchaus übertriebenen Friedensforderungen des Kaisers, zu denen er sich erst nach einem vollen Jahr des Überlegens entschloß, bedeuten eine weltgeschichtliche verpaßte Gelegenheit. Man kann in einem gewissen Sinn behaupten, daß der Friede von Madrid, in dem diese Forderungen ihren Niederschlag fanden, es war, der Karls V. Lebensarbeit zum Scheitern verurteilte. In der großen europäischen wie in der innerdeutschen Politik. Denn das ungeheure Übergewicht, das der Kaiser durch den Sieg und den gefangenen König der Franzosen besaß, weckte sogleich die Gegenkräfte Englands (das trotz dem Bündnis mit dem Kaiser schon im August mit Frankreich Frieden schloß) und Italiens. Außerdem erwies sich gerade jetzt Frankreich abermals, aber viel eindringlicher, als eine innerlich außerordentlich widerstandsfähige Nation. Immer wieder vergleicht man dieses Frankreich mit dem Deutschland der käuflichen Fürsten und stellt schon hier, lange vor dem gallikanischen 17. Jahrhundert, eine ungeheure nationale Überlegenheit Frankreichs fest. Die territorialen Forderungen Karls an die Mutter des französischen Königs, Louise von Savoyen, die die Verhandlungen führte,

wurden ohne Schwanken mit imponierender Selbstsicherheit abgewiesen. Den
Bestimmungen des Madrider Friedens aber, der am 14. Januar 1526 zwischen
Karl und Franz abgeschlossen wurde (Heiratsabsprache Franz—Eleonore,
Schwester Karls, der Königin-Witwe von Portugal; französischer Verzicht
auf Italien, Flandern und Burgund; gemeinsamer Kreuzzug), entzog sich
Franz durch einen Wortbruch, den er in einer zweimaligen geheimen und
beschworenen Erklärung vor seinen Räten vor der Unterzeichnung des Frie-
dens antizipiert hatte. Die Nation machte sich diesen Wortbruch, den der
Kaiser öffentlich feige und unehrenhaft nannte, mit kühler Selbstverständlich-
keit zu eigen: der Vertrag von Madrid sei erzwungen und binde deshalb
nicht! Der König ersetzte alsbald sein Schutz- und Trutzbündnis mit dem
Kaiser durch seinen Beitritt zur Heiligen Liga von Cognac: Frankreich, der
Kirchenstaat, Venedig, Mailand, Florenz (im geheimen) und, als stiller Teil-
haber im Hintergrund, England standen in breitester Phalanx gegen Karl.
Wie urplötzlich schien das erdrückende Übergewicht des Kaisers in sein
Gegenteil gewandelt und seine Stellung geradezu in ihrer Existenz bedroht.
In Deutschland hatten sich im Februar desselben Jahres 1525 Kursachsen und
Hessen in Gotha-Torgau verbunden. Am 29. August brach die ungarische
Macht bei Mohacs unter dem Ansturm der Türken zusammen. . . .

Und wieder rettete das Kriegsglück dem Kaiser auch den zweiten Waffengang gegen Frankreich. Durch einen gewaltigen Umweg, der wider des Kaisers
Willen eingeschlagen wurde: durch die Einnahme, vielmehr durch die Verwüstung Roms 1527.

Die anti-mediceischen Colonna hatten sich plötzlich gegen Klemens VII.
erhoben und waren im September 1526 in Rom eingebrochen: eine gewaltige
Chance für den Kaiser, die er übrigens nur äußersten Falles ausnutzen wollte.
Lieber versuchte er, unter allen Umständen mit dem Papst auszukommen.
Aber im Juni war die entscheidende Absage des Papstes an den Kaiser er-
gangen. Karl reagierte in einem heftigen Schreiben, das mit dem Appell
vom Papst (,Wolf, nicht Hirt') an ein Konzil droht, und in einem zweiten
Schreiben, das die Kardinäle auffordert, ihrerseits ein Konzil einzuberufen. . . .
Inzwischen vollzog sich der militärische Ablauf. Frundsberg hatte neue Söldner über die Alpen gebracht. Vor allem: die militärische Leitung des Liga-
Heeres zauderte. Die demoralisierten, unbesoldeten, durch Kälte und Hunger
heruntergekommenen kaiserlichen Truppen wiederum parierten nicht mehr.
Selbst Frundsberg vermochte die Soldateska nicht zu zügeln. Die Aufregung
brachte ihm den tödlichen Schlaganfall. Die nur mehr von Lannoy und Karl
von Bourbon ,befehligten' Truppen drängten unaufhaltsam gierig dem schätze-
reichen Rom zu, gegen den Feind ihres Kaisers, den Papst. Beim Sturm auf
die Stadt fiel Bourbon. Die Söldnerhaufen waren ohne Leitung. Der Sacco

di Roma brach über die unglückliche Renaissancestadt herein. Die Renaissance wurde in einem Meer italienischer, spanischer und deutscher Grausamkeiten begraben. Durch Monate hindurch. Das so lange und oft vorhergesagte göttliche Strafgericht war gewaltig über die sündige Stadt gekommen. Die Reformation hat an ihm durch die deutsch-lutherischen Söldner ihren Anteil. Der Papst, in der Engelsburg belagert, von der Liga im Stich gelassen, ergab sich. Der Kaiser hielt genügend feste Plätze im Kirchenstaat in der Hand. Ein neuer, siegreicher Vorstoß der Franzosen und Engländer bis nach Neapel drohte indes wieder alles in Frage zu stellen; aber er kam infolge des Abfalls des genuesischen Admirals Andrea Doria zum Kaiser nicht zum Ziel. Der Krieg flackerte abermals im Norden Italiens auf. Doria nahm Genua. Aber auf kaiserlicher Seite meutern nun die Truppen des Herzogs von Braunschweig-Wolfenbüttel. Die Franzosen werfen ein neues Heer nach der Lombardei. Die Kaiserlichen bleiben Sieger. Der Kampf um Italien ist ein zweites Mal zu Ende. Am 29. Juni schließt Karl Frieden mit dem Papst (Barcelona). Am 3. August 1529 kommt es zum Damenfrieden in Cambrai (zwischen der Tante des Kaisers, Margarete, der Regentin in den Niederlanden und der Mutter des Königs): Franz verzichtet auf Italien, Eleonore wird nun wirklich den französischen Thron besteigen.

Eine denkbar starke Garantie des Friedens schien gegeben zu sein. Karl war sich bewußt, daß er die große Voraussetzung wirklich imperialer Politik, die ihm Gattinara vorzeichnete, die Zusammenfassung der Christenheit gegen Häretiker und Ungläubige, geleistet hatte. Noch mehr! Er führte nun endlich die lang erwogene Reise nach Italien durch; als er in Bologna, wo er vom Papst zum Kaiser gekrönt werden wird, einritt, kam die große Kunde, daß auch die Türkengefahr gewendet sei: Wien hatte den Ungläubigen widerstanden.

Konnte es für Karl bessere Vorzeichen geben für die Arbeit, die er in Deutschland nun zu leisten gedachte?

Wohl! Aber dort hatte sich eine Entwicklung der reformatorischen Angelegenheit vollzogen, die dem Kaiser nur recht unvollkommen bewußt geworden war. Wir müssen uns zunächst mit ihr bekannt machen.

Zweites Kapitel

Neugläubige Obrigkeiten und kirchliche Rechte

1. Das Thema dieses Kapitels ist nicht abgezogene Theorie. Es gehört unmittelbar zum konkreten Ablauf der Reformationsgeschichte. Jedoch ist auch seine Entwicklung im einzelnen so uneinheitlich, daß es sich empfiehlt, einige Grundlinien herauszuheben und sie hier im Zusammenhang zu besprechen.

Es handelt sich um eine Entwicklung aus doppelter Wurzel: a) aus dem vorreformatorischen Territorialkirchentum, das sich b) auf Grund der neuen theologischen Ansichten der Reformatoren radikal fortentwickelte.

Die Lösung der fürstlichen und städtischen obrigkeitlichen Gewalten von der bisherigen kirchlichen Ordnung erfolgte, der Sache und den Reichstagsabschieden entsprechend, uneinheitlich. Nur das Ziel, für ,Luther' und seine ,Reform' einzutreten und in dem bereits besprochenen Sinn Vorteile für die eigene Machtausübung daraus zu ziehen, wurde in Territorien und Städten nach und nach klarer erfaßt. Anderseits hatte sich sehr bald auch die Notwendigkeit als höchst dringlich erwiesen, innerhalb der vielfältigen kirchlichen Änderungen die Ordnung vor dem Umsturz zu bewahren. Luthers liturgische Schriften von 1523 an sind auch nach diesem Ziel orientiert. Nicht zuletzt wirkte sich die Angst vor dem gewalttätigen Tumult der Bauern und Schwärmer bei ihm aus. Ein irgendwelches Eingreifen der Obrigkeit in die Regelung kirchlicher Belange war schon von hier aus selbstverständlich. Durch die Zerschlagung des geistlichen Standes rückte außerdem die weltliche Autorität einigermaßen auf die Ebene, die früher der geistlichen Gewalt vorbehalten war. Am schnellsten mußte man sich in den Städten zu einer wenigstens praktischen Lösung zusammenfinden. Hier gingen am stärksten die sozialen Aufgaben der Armen- und der Schulpflege von den Kirchen an den Rat über. Aber eine klare grundsätzlich ausgerichtete Anschauung von neuen Lebensformen, ihren Rechten und gegenseitigen Abgrenzungen war nicht vorhanden.

Die reformatorische Fragestellung war in ihrem Kern und am Anfang durchaus religiös. Von selbst setzten die ersten Neugestaltungen im eigentlich sakralen Raum, also beim Gottesdienst, an; Karlstadt, Zwingli und Müntzer hielten es ebenso wie Luther. Diese Arbeit warf aber sofort Fragen des kirchlichen Rechtes auf bis hin zu den Fragen des Kirchengutes, sobald es sich um die Verwirklichung der neuen dogmatisch-liturgischen Anschauungen in den bestehenden, mit Einkünften und mit ganz realen Verpflichtungen behafteten Gotteshäusern und um Abschaffung früherer Formen gottesdienstlichen Lebens handelte, die ihrerseits mit dinglichen Lasten verbunden waren, denen aber auch wieder allein die Einkünfte zustanden.

Es stellte sich also, unklar zunächst, aber praktisch sehr drängend, die Frage der rechtlichen Nachfolgerschaft gegenüber der alten Kirche, näherhin dem Papste, den Bischöfen, den Klöstern und Pfarrgemeinden. Wem gehörte nun das Gotteshaus, wem der Altar, dessen Einkünfte ausdrücklich mit der Feier des Meßopfers verbunden waren? Wer hatte über die Gottesdienstordnung zu befinden? Nachdem es kein besonderes Priestertum, also auch keinen Bischof im alten sakramentalen Sinne mehr gab, wer hatte den Pfarrer zu ernennen? Wem war er Rechenschaft schuldig? Denn das war ja der Zustand, mit dem Luther rechnete: kein Bischof sollte über den Pfarrern stehen. Wenn er später gelegentlich meint, er wolle sich gern der Bischöfe Regiment und Weihen gefallen lassen, wenn sie nur seine rechte Lehre anerkennten, so ist das trotz seinem nach 1525 erfolgten Umschwung nur eine unverbindliche und unklar abgegrenzte Behauptung am äußersten Rande seiner eigentlichen Gedanken. An der vollen Verwerfung des speziellen Priestertums, also auch des sakramentalen Bischofsamtes, wollen solche Beteuerungen nichts ändern.

Es stellte sich also die Frage: Ist mit dem neuen Lehrbekenntnis eine Eingriffsmöglichkeit in die bestehenden kirchlichen Besitzverhältnisse gegeben? Die Antwort wandelte sich naturgemäß ab nach dem Prozentsatz, den die Bekenner des Neuen in einer Gemeinde oder in einem Kloster ausmachten, öfter freilich auch nach dem Maß des zugreifenden Aktivismus der Neuerer und der Indolenz der Altgläubigen. Sie wurde besonders kompliziert dort, wo der Sieg des Neuen wegen des katholischen Widerstandes unmöglich schien. Sie wurde erleichtert, wenn die neue evangelische Obrigkeit schon vordem zugleich über die weltliche und die geistliche Gewalt verfügt hatte. Das war in besonders zugespitzter Form der Fall für Preußen, wo der Herzog früher Hochmeister des Deutschordens gewesen und als solcher kirchliche Rechte ausgeübt hatte. Außerdem dankten die Bischöfe von Samland und von Pomesanien zu Gunsten des neuen Herzogs ab und übten im neuen Glauben das Kirchenregiment in Übereinstimmung mit ihm. Es ergab sich ohne weiteres, daß der Herzog beim Tode eines Bischofs den Nachfolger ernannte.

Aber wie sollte die Entscheidung lauten in den vielen verwickelten Fällen, wo der persönliche Träger unbezweifelbarer Rechte auf das Kirchengut, etwa der Bischof, das Domkapitel, das Kloster, dem alten Glauben treu blieb, das Volk oder der Rat aber zur reformatorischen Lehre überging? Oder wenn kirchliche Besitztitel treu bleibender auswärtiger Bischöfe und Klöster in einer Landschaft, in einer Gemeinde vorhanden waren, an einer Kirche hafteten, die zur Neuerung übertraten? Die Frage ging hier längst nicht mehr allein nach dem Wahrheitsgehalt der neuen Lehre. Sie lautete vielmehr: Auf Grund welchen Rechtes wird die neue Lehre als Neuerung in die öffentliche Ordnung des Lebens eingeführt?

Zweifellos hat diese Frage ihre große grundsätzliche Bedeutung; die Vertreter der alten Kirche betonten pflichtgemäß ihr Recht, sie wehrten sich zu Recht, als man ihnen das Ihre wegnahm. Und doch sinkt das zu einer Frage zweiten Grades herab gegenüber der ersten: Wo ist die göttliche Wahrheit? Denn bei ihr ist zweifellos auch das göttliche Recht. Dieselbe Einstellung lag allem altkirchlichen Recht zu Grunde. Sie war dann, aus der Kritik am Bestande der Papstkirche heraus, von Wiklif erstaunlich scharf formuliert und als Gesetz Gottes gegen die alten Rechte der Kirche gewendet worden. Die gleiche Frage und dieselbe Lösung mit gleicher Begründung war ferner durch das späteste Mittelalter hindurch vielfältig in den spiritualistischen und naturrechtlichen Bewegungen vorgetragen worden, bis sie in der Umbiegung der sozialen Forderungen ‚alten Rechtes‘ in diejenigen ‚göttlichen Rechtes‘ in den Bauernunruhen ihren schärfsten Ausdruck finden sollte.

In ähnlicher Form und ähnlicher religiöser Besorgnis wurde dieselbe Begründung herangezogen bei der Einführung der neuen evangelischen Kirchenordnungen. Sowohl bei den tumultuarischen Vorgängen in Wittenberg oder Allstedt als bei ruhiger Hinüberleitung des altkirchlichen Regiments in neue Bahnen trat dieselbe Auffassung zu Tage, daß altes göttliches Recht neues ‚menschliches‘ Recht breche. In der kursächsischen Stadt Leisnig, die sich früh und umfassend der Lehre Luthers geöffnet hatte, setzte man nach eigener Überlegung und nach ‚treuem Rat göttlicher Schriftgelehrter‘, darunter auch Luther, einen evangelischen Pfarrer und Prediger ein. Zwar besaß das Zisterzienserkloster Buch das Patronatsrecht über die Pfarrkirche. ‚Man berief sich aber demgegenüber auf das viel ältere, alle irdische und menschliche Gewalt, Vernunft und Gesetz aus dem Felde schlagende, von Christo stammende Recht‘.

Luthers Ideal ruhte in der ersten Gründerzeit durchaus auf dem Gedanken der radikalen Trennung von Weltlich und Geistlich, wobei das Weltliche, das Organisatorische, gegenüber dem Inwendigen und Geistlichen als etwas vollkommen Belangloses erscheint. Die Freiheit des Christenmenschen und das allgemeine Priestertum überdecken alles. Der große Träger des Christentums als sozialer Erscheinung ist und bleibt ihm die christliche Gemeinde.

Sie ist der Garant, daß Christus spricht und wirkt. ‚Eine christliche Versammlung oder Gemeinde haben Recht oder Macht, alle Lehre zu urteilen oder Lehrer zu berufen, ein- und abzusetzen aus Grund und Ursach aus der Schrift‘ (1523). In seinen Ausführungen über dieses Thema trennt Luther vom ersten Satz an die christliche Gemeinde von dem, wo ‚Menschen menschlichen Handel fürnehmen‘. Christentum ist nur, ‚wo das Evangelium geht‘. ‚Bei den Bischöfen, Stift, Klöstern und was des Volks (mehr) ist, ist das Evangelium vertrieben, sie stehen auf ihren Menschenlehren. Also ist ihr Tun heidnisch und weltlich Ding. Also muß man sich in Bezug auf Lehre und Ein- und Absetzen des Seelsorgers garnichts kehren an Menschengesetz, Recht, Altherkommen, Brauch, Gewohnheit‘. Ob Gewohnheiten von einem Jahr oder von tausend Jahren entgegenstehen, die Seele des Menschen ist ein ewig Ding. —

Es ist uns heute nicht mehr überraschend, daß solch allgemeine, man darf sagen spiritualistische Grundsätze nicht die Kraft hatten, die so tief und vielseitig verwurzelten kirchlichen Rechtsverhältnisse reibungslos wegzuräumen und eine neue Ordnung dauerhaft aufzubauen. Luthers Grundsätze waren nicht ohne Unklarheit. Schon die Vorstellung des allgemeinen Priestertums einerseits, des besondern Rechtes des theologischen Predigers und des Pfarrers anderseits und wiederum der christlichen weltlichen Obrigkeit bergen in seiner Lehre unlösbare, widerspruchsvolle Spannungen. Die Bestimmung der Gemeinde zum Träger des neuen christlichen Lebens hatte z. B. in den Städten, wo die Leitung der christlichen Gemeinde auch die Leitung des so komplizierten politischen Gemeindewesens war, die wichtige Folge, daß die politische Obrigkeit als solche beinahe sicher oder auch ohne weiteres Leiterin der christlichen Gemeinde werden mußte. Im Kirchenwesen Zwinglis, das der Stadt entsprungen war, hatte sich diese Form am klarsten dargestellt. Die Gemeinschaftsregelung in Straßburg durch Butzer wurde wiederum Vorbild oder Anregung für Calvin.

Nur die Auffassung der Kirche als einer Gemeinschaft der Auserwählten, also die Auffassung, daß die eigentliche christliche Gemeinde nur eine kleine Herde sei und sein könne, erlaubte hier eine Harmonisierung.

2. Die Entwicklung hat diese Auffassung mit ziemlich harter Hand zur Seite geschoben. Eine erste organisierte lutherische Kirchenvisitation wurde in den Jahren 1527—1529 in Kursachsen von Organen des Kurfürsten durchgeführt. Solches Vorgehen konnte, wie wir sahen, an eine nie unterbrochene Fülle von altgläubigen Fürstenvisitationen anknüpfen, die von der Kirche entweder geduldet worden oder direkt erbeten worden waren. Es liegt aber auf der Hand, daß der Kurfürst inmitten der sich bildenden evangelischen

Ordnung zwar mit viel umfassenderen Ansprüchen auftreten konnte, daß ihm aber gerade aus jenen altgläubigen Gewohnheiten ein bedeutender Zuwachs an kirchlicher Macht werden mußte.

Bei diesen Visitationen wurde nun alsbald die Fülle der neu zu lösenden Fragen erst recht sichtbar. Man stieß auch auf die Menge ungebildeter Seelsorger, deren Unwissenheit allerdings insofern das beste Hilfsmittel für die Reformation gewesen war, als sie gar nicht begriffen, um was es ging, noch eigentlich merkten, daß ihnen z. B. bei der Reform des Gottesdienstes etwas Wesentliches genommen, daß in ihrem tiefsten Christentum etwas verändert wurde. Für die Behandlung jener Fragen und dieser Seelsorger schrieb der vorsichtige und pädagogisch-moralistische Melanchthon seinen Unterricht der Visitatoren an die Pfarrherren im Kurfürstentum Sachsen 1528. Bei den Visitationen selbst wie bei der Planlegung wirkte die Wittenberger theologische Fakultät mit. Als Rechtsquelle galt in immer größerer Ausschließlichkeit (die Landstände wurden mehr und mehr zurückgedrängt) der Befehl des Landesherrn. Es durchdringen sich überall reine Verwaltungsangelegenheiten (Pfründenverwaltung; Einkommen der Prediger), Dinge der gemischten Sphäre (Vorbildung der Geistlichen und Anstellung) und Fragen des Lehrbezirks (Ordnung der Sakramentenspendung, der Gottesdienst überhaupt, Schutz gegen Irrlehrer).

Wie in Sachsen, so entwickelte sich die Lage in allen Territorien, die für die Reformation gewonnen wurden. Es entstanden dabei zwar unendlich verschiedene Kirchenordnungen, den ungleichen Bedürfnissen und verschiedenen Meinungen der Obrigkeiten und Theologen entsprechend. Aber diese Verschiedenheit wurde gemildert: alle Kirchenordnungen, mit Ausnahme der pfälzischen, die calvinische Einflüsse zeigt, sind lutherisch und gehen zunächst auf jenen Unterricht Melanchthons (1528) und die Visitationsordnung des Markgrafen von Brandenburg (1528) zurück. Das gilt auch für Hessen, wo die Neugestaltung zunächst unter dem Einfluß des aus Straßburg gekommenen Ex-Franziskaners Lambert gestanden hatte. Bei den dann folgenden Kirchenordnungen wurde einer der einflußreichsten Mitarbeiter Johannes Bugenhagen, Luthers Vertrautester, sein Trauzeuge, Beichtvater und Leichenredner. Seine Kirchenordnungen wurden wieder für andere Vorbild.

Uneinheitlicher verlief die Entwicklung in den Städten. Schon die gewöhnlichen Parteiungen brachten allerhand Abbiegungen. Die religiösen Spaltungen äußerten sich in den süddeutschen Reichsstädten. Zwinglianisches und Schwärmertum verschiedener Prägung machten sich geltend (Straßburg war um 1530 eines der wichtigsten Sektenzentren Deutschlands!). Daneben stehen auch hier Kirchenordnungen, die auf Sachsen zurückgehen.

3. Luther hat an dieser Entwicklung mitgearbeitet. Sein stärkster Beitrag war freilich die Beseitigung der alten Ordnung. Die Revolution begünstigte Revolution; dies um so mehr, als sie, wie wir sahen, ein im Grunde subjektivistisches Ideal zur Herrschaft brachte. Da ferner die alte Ordnung kirchlich-politisch gewesen war, konnte sie im Vollsinn und auf dem Wege einer konservativen Revolution (wie sie Luther vorschwebte) nur durch eine kirchlich-politische Gewalt ersetzt werden. Selbst, wenn es nicht den sehr kräftigen Egoismus der weltlichen Obrigkeiten gegeben hätte. Und hier erlebte Luther schwere Enttäuschungen. Sein Kampf war von 1517 an, steigend 1520 und 1521, in einer großen Kühnheit aufgebaut auf das Vertrauen in die immanente Kraft der Wahrheit. Das hatte er in Worms und durch seinen Ritt nach Wittenberg 1522 und in anderer Weise in seinem Zusammenstoß mit Müntzer — als er die gewaltsame Unterdrückung der für ihn häretischen Predigt ablehnte — unter starken Beweis gestellt. Aber nun wurde die so einfache Grundlinie unter dem Druck äußerer Ereignisse und der Komplexität der Verhältnisse aufgegeben. Und wiederum verläuft sie seitdem uneinheitlich. Und auch aus diesem Grunde ist Luthers Stellung zur Obrigkeit, und im besondern zum Staat, so schwer zu schildern. Außerdem: so lebenswichtig diese Fragen für das Wachsen und die Ausgestaltung von Luthers Werk wurden, für ihn selbst gehörten sie nicht zu den zentralen Anliegen, die vielmehr ausschließlich um das Religiöse, d. h. die Rechtfertigung der Einzelseele kreisten. So kam es, daß diese Fragen erst nach und nach und von Fall zu Fall behandelt wurden. Behandelt, aber nicht gelöst!

Ein Grundsatz war mit der christlichen Lehre klar und unzweideutig gegeben und blieb unberührt: der rechtmäßigen Obrigkeit hat man — die Sünde ausgenommen — unter allen Umständen Gehorsam zu leisten. Luther hat diesen Grundsatz in besonderer Härte gegenüber vielen von ihm als berechtigt anerkannten Wünschen der Bauern 1525 dahin ausgesprochen, daß der Christ sich sein Recht nie nehmen dürfe, sondern daß es zum christlichen Wesen gehöre, das Unrecht der Obrigkeit zu dulden. Seine zweite damalige Schrift, die wider die Bauern ging, hat unbarmherzig die Schlußfolgerungen gezogen. Trotzdem kann Luther in diesen grundlegenden Fragen nicht in den Verdacht kommen, den politischen Machthabern zu schmeicheln. Seine gewisse Vorliebe für den Staat gegenüber der verhaßten Kurie hatte schon 1515/16 den sehr jungen Professor nicht gehindert, gleichzeitig (und ohne daß der Text seiner Vorlage es verlangt hätte) sogar in grob demokratischer Haltung sich ungeniert gegen die großen Herren zu wenden, ,die kräftig rauben und stehlen, so, daß man kaum einen findet, der nicht mitmache'. Das sind bereits dieselben ,großen Hansen', denen später (etwa 1525 und 1529) ihr Toben gegen die Untertanen vorgerückt wird, oder denen gegenüber sich Luther z. B. 1517, 1522 (Brief

bei der Rückkehr von der Wartburg an seinen Kurfürsten) und 1523 so großartig unabhängig gab.

4. Wohl aber vollzog sich dies: Die tumultuarische Ausdehnung der Täufer-
bewegung und der Bauernkrieg einerseits und anderseits die wenig ermutigen-
den Früchte, die das freie Evangelium bei vielen zeitigte, schwächten Luthers
Wagemut. Er verlor den Glauben an die freie, sich selbst regierende Gemeinde
der wirklichen Christen[1]. Er sah allmählich klar, daß es nur wenige ganze
Christen geben könne: ,Es ist ein seltsamer Vogel um einen Christen. Woll
Gott, wir wären das mehrer Teil gute fromme Heiden, die das natürlich
Recht hielten, ich schweige des Christlichen' (Ermahnung zum Frieden 1525).
Er erkannte immer eindringlicher, daß der Christ und noch mehr die ganze
Gemeinde in Zucht gehalten werden müßten. Er bekehrte sich zur Einsicht,
daß der Wahrheit und der Gnade nachgeholfen werden müsse, daß ein
Regiment und feste Lehrvorschriften vonnöten seien, wenn Aufruhr ver-
mieden werden solle.

Mindestens seit 1526 aber ist Luther gar nicht mehr Herr der kirchlichen
und noch weniger der kirchenpolitischen Lage. Ganz abgesehen von dem sich
mehrenden Einfluß anderer Theologen (auch Melanchthons), wuchs das kirchliche Machtbewußtsein der Fürsten, die immer mehr die Leitung der Religionssache nach politischen und politisch-wirtschaftlichen Gesichtspunkten in eigene
Regie nahmen. Eine besonders wichtige Stärkung dieses Landeskirchentums
hatte sich durch den Ausgang des Bauernkrieges ergeben. Die Landesfürsten
waren die Sieger. Nicht nur gegenüber den Bauern, sondern auch einigermaßen gegenüber Kaiser und Reichsregiment, die in diesem gefährlichen
Ringen nichts getan oder nichts vermocht hatten.

Schon 1524 hatte Luther einer freien Säkularisation der ,ausgestorbenen'
Kirchen und Klöster durch die Fürsten zugestimmt; er hatte dabei in wenig ge-
schmackvoller Art als Früchte der neuen Lehre zusammengekoppelt: das
Seelenheil des Kurfürsten und den täglich steigenden erklecklichen Reichtum
an Gütern. Nach Ansätzen im Jahre 1525 und nach dem Reichstag in Speyer
1526 empfahl er dann jene Kirchenvisitationen, wozu er dem Kurfürsten
zunächst das Notrecht zuerkannte. Er erklärte 1527/28 (zu Melanchthons
Unterricht) ausdrücklich, daß man ohne ,eine tapfere Ordnung' des Kurfürsten nichts ausrichten könne. Über die Einrichtung von Schulen im Dienst
der neuen Lehre (An die Ratsherren 1524) hilft Luther persönlich dieser Entwicklung weiter durch die definitive Gestaltung seines ,großen' Katechismus

---

[1] Der heutige Leser ist immer in Gefahr, die Begriffe ,frei', ,freie Gemeinde' von der
modernen Autonomie her zu verstehen. Luther hat aber von vornherein nicht an eine
formlose, irgendwie ,kommunistische' Gemeinde gedacht, sondern die natürliche Gliederung
mit einer leitenden Obrigkeit in seine Auffassung mit hereingenommen.

1529: es bilden sich feste Bindungen heraus, an welche die Geistlichen wie die Gläubigen, jene für Predigt und Sakramentenausspendung, diese für deren Empfang, gebunden werden. Und dies nicht mehr nur für den privaten Bereich des Gewissens, sondern für das öffentlich-bürgerlich-christliche Leben. Es erfolgt eine Stufung der Gewalten des Amtes vom Pfarrer zum Superintendenten, zum Landesfürsten. Gegen Ende des Reichstages von Augsburg 1530 erklären die kursächsischen Theologen mit Melanchthon deutlich genug, daß Lehrer und Prediger gegen die Messe nichts ausrichten würden, wenn nicht auch die Fürsten sie verbieten wollten.

Dieses Zurückweichen Luthers von der Gemeindeverfassung auf die Reformation durch die christliche Obrigkeit, insbesondere durch die Fürsten, war eine schwere Trübung seines frühen, eigentlichen reformatorischen Ideals. Aber es ist keine Inkonsequenz gegenüber der realen Lage der Kräfte, nämlich gegenüber jener lebendigen Entwicklung, die im Landeskirchentum vorreformatorischer Zeit angesetzt war. Man darf auch nicht übersehen, daß Luthers Bejahung des fürstlichen Reformationsrechtes nicht ohne gewichtige Vorbehalte war. Auch in jener Vorrede von 1528 zum Unterricht der Visitatoren protestiert er gegen die Übergriffe der Obrigkeit in kirchlichen Dingen. Er will nicht leiden, daß sie in der Kirche seien und die Gewissen mit regieren. 1534 in der Vorrede zur Auslegung von Psalm 101 lehnt er die Einmischung der politischen Gewalt in geistliche Dinge besonders scharf ab: ‚Ich muß immer solch Unterschied dieser zweier Reiche einbleuen und einkäuen, eintreiben und einkeilen, obs wohl so oft geschrieben und gesagt ist. Denn der leidige Teufel hörte auch nicht auf, diese zwei Reich ineinander zu kochen und zu bräuen. Die weltlichen Herren wollen in Teufels Namen immer Christum lehren und meistern. . . . So wollen die falschen Pfaffen und Rottengeister . . . immer lehren und ordnen, wie man solle das weltlich Regiment ordnen. . . .‘

5. Beträchtliche Teile des eingezogenen Kirchengutes wurden zur Einrichtung von Schulen oder Neudotierung und Neuorganisierung bestehender verwandt. Hierin hat das reformatorische Landesfürstentum Bedeutendes geleistet. Aus diesen Schulen erstand zum guten Teil eine neue protestantische Bildung. Von hier aus setzten protestantische Frömmigkeit und protestantisches Leben immer wieder neu an. Es kam freilich auch sehr oft vor, daß diese und andere, besonders karitative Verwendungszwecke nur vorgeschoben, aber nicht wirklich angestrebt wurden. In der Mecklenburger Kirchenordnung von 1552 heißt es: ‚denn dieses ist christlich und den geschriebenen Rechten gemäß, daß diese Gaben, die vor Zeiten zur Erhaltung der christlichen Ämter gedacht sind, noch zur Erhaltung christlicher Lehre, Kirchen, Schulen und Hospitälern angewandt werden.‘ Die Landtags-

verhandlungen des gleichen Jahres und die Landtagspropositionen der Herzöge von 1555 sprachen sich ebenso aus. Aber die Praxis gestaltete anders. Sie entwickelte sich auf Grund eines ausgesprochenen Egoismus, sei es der Herzöge, sei es der Stände, die sich verschiedener Taktik bedienten. Die Einziehung der Kirchengüter 1552 zu Gunsten der Universität, der Studierenden und Armen in Mecklenburg wurde zu einer Säkularisation, die den lutherischen Professor David Chyträus von den ,Raubvögeln bei Hofe' reden ließ.

Unter den Fürsten war in dieser säkularisierenden Reform übrigens derselbe Mann Schrittmacher, der auch im Politischen am meisten Initiative entwickelte, der Landgraf Philipp von Hessen. Er war außerordentlich geschickt, jedoch auch doppeldeutig, so daß die Altgläubigen in seinem Territorium sich zunächst beruhigt finden konnten; wer durfte nicht einverstanden sein, wenn man gegen Mißstände vorging? Weitaus nicht alle durchschauten die Täuschung so wie der Marburger Guardian auf der Hessischen Synode 1526!

Nicht von ungefähr wird freilich der große kirchenpolitische Fortschritt der Reformation in Deutschland durch die zweite Fürstengeneration bezeichnet, bei der die politischen und wirtschaftlichen Instinkte so gut wie überall die religiös-evangelischen Triebkräfte weit überwogen. Auch in ihr gehörte übrigens der Hesse noch zu den Jungen.

Drittes Kapitel

Die Entstehung des konfessionellen und des politisch-konfessionellen Prinzips (1521—1529)

I. Die erwähnte, von Luther unbedingt geforderte Gehorsamspflicht gegenüber der Obrigkeit führte in Deutschland zu besonderen Schwierigkeiten durch die ständische Struktur des Reiches. Was die verschiedenen weltlichen Obrigkeiten in ihren eigenen Territorien in Sachen der Religion tun durften und zu tun verpflichtet waren, wurde allmählich einigermaßen festgelegt. Aber in Worms hatte sich 1521 die rechtmäßige Reichsobrigkeit gegen die von Luther als allein christlich bezeichnete Lehre gewandt. Die Drohung der Reichsacht und vielleicht militärische Gewalt standen gegen das neue Evangelium. Was war hier Recht und Pflicht der Untertanen? Was besagte dieser Begriff ,Untertanen'? Es war Luther zunächst durchaus unzweifelhaft, daß der Christ der Obrigkeit auch dann weiterhin gehorsamen müsse, wenn sie ihn um des Glaubens willen angreift. Man braucht zwar dem Kaiser nicht Folge zu leisten zum Kriege gegen Glaubensbrüder, wohl aber muß man das Unrecht der angreifenden Obrigkeit über sich geduldig ergehen lassen. Denn die rechtmäßige Obrigkeit ist von Gott gesetzt. Allenfalls könne man es Notwehr heißen, wenn ein um des Glaubens willen Angegriffener sich verteidige.

Diese Auffassung war am lutherisch-kursächsischen Hof herrschend. Sie erklärt, warum die politische Ausbildung des protestantisch-konfessionellen Prinzips, soweit das Verhältnis zum Kaiser in Frage kam, von dort aus so lange mit so wenig Aktivität und Offensivgeist betrieben wurde.

Sehr viel anders eingestellt war Philipp von Hessen. Er war dem Zwinglischen Geist verwandt, für den die Predigt des Wortes und seine Ausbreitung durch Politik und Schwert wesentlich zusammengehörten. Er fühlte sich frei gegenüber jedermann. Längst vor den andern Fürsten sah er im Kaiser nicht eine Obrigkeit, sondern den Gegner, den er mit allen Mitteln bekämpfen dürfe. Er wurde in der Ausbildung des politischen protestantisch-konfessionellen Prinzips das vorantreibende Element. Er riß dann den Sachsen, wenn auch nur langsam, mit. Die ihm eingeborene Defensive hat das politische protestantische Prinzip (dem Kaiser gegenüber) schließlich erst im Rebellen Moritz von Sachsen ganz überwunden.

Luther persönlich hat jene Passivität noch 1530 vertreten (Warnung an seine lieben Deutschen. Gutachten an den Kurfürsten), als bereits Osiander in Augsburg ein Widerstandsrecht gegen den Kaiser behauptete. Seine Wittenberger Kollegen waren derselben Meinung. Nur, daß die etwas freieren Juristen den in diesem Falle anwendbaren Begriff der Obrigkeit nur dem erblichen Landesfürstentum und den städtischen Obrigkeiten zusprachen, dem Kaiser aber verweigerten. Übrigens ist Luthers Haltung nicht ganz gleichmäßig. In jener selben ‚Warnung‘ von 1530 faßt er auch einen handfesten Zusammenprall ins Auge: ‚So laßt fröhlich hergehen und aufs ärgste geraten, es sei Krieg oder Aufruhr‘. Aber erst 1532/34 wird ihm das Bild des Türkenfeindes Karl blasser, und er folgt mit seinen theologischen Kollegen auch in der Frage des duldenden oder widerstehenden Gehorsams der Dynamik des äußeren wie des inneren Bruchs mit der alten Ordnung, und er bekennt sich zur Lehre von der Erlaubtheit des Widerstandes gegen die das Evangelium verfolgende kaiserliche Obrigkeit. Die Fürsten seien nicht einfach Untertanen des Kaisers; außerdem hätten dessen Zusagen im Nürnberger Religionsfrieden eine neue Lage geschaffen, durch die der Kaiser gebunden sei und auf das Recht zu Zwangsmaßnahmen in Sachen des Glaubens verzichtet habe.

II. A. Das Wormser Edikt war der Ausdruck der bislang reichsgesetzlich geltenden Besitzverhältnisse in Staat und Kirche. Der Versuch, es zu Fall zu bringen, bedeutete den Kampf für das Recht einer neuen Einzelmeinung in Grundfragen der Kirche und des Reiches gegenüber den bisherigen Autoritäten. Das Wormser Edikt ist Ausdruck der bindenden Autorität der Kirche und des Reiches. Der Kampf gegen diesen Erlaß ist Ausdruck des Selbstbestimmungsrechtes des — kirchlich gesehen — revolutionären Einzelgewissens. Nicht etwa des privaten Einzelgewissens — so tief drang die Erkenntnis des Geschehens nicht —, wohl aber der einzelnen territorialen, politischen, auch städtischen Macht, die sehr bald den Eingriff in die Sphäre des Gewissens als ihr Recht proklamierte.

Der Sieg dieser Auffassung war der Sieg der Reformation Luthers. Die allmähliche Ausgestaltung dieser Auffassung, ihre Darstellung nach außen, ihre Erfolge und Rückschläge kennzeichnen den Weg der deutschen Reformation, den wir bereits in seinen mehr innerlichen Kräften für die zwanziger Jahre kennen lernten. Wir haben nunmehr vorzugsweise dem politischen Aspekt dieser Entwicklung nachzugehen.

Nach teilweise schon sehr scharfen, aber in ihrem Wollen noch unklaren und in ihrer Tragweite ungenügend erkannten Gegenwirkungen gegen das Wormser Edikt (die sich zum andern Teil auch nur in passiver Resistenz äußerten) brachte der Reichstagsabschied von Speyer 1526 zum ersten Mal eine grundsätzliche Formulierung des neuen, des protestantisch-konfessionellen Prinzips. Ranke hat durchaus recht, wenn er von da ab eine neue Epoche in der Geschichte der Deutschen datiert. Es besagt demgegenüber nichts, daß mit jenem Reichstagsabschied das partikularistische protestantische Prinzip noch nicht in die Verfassung eingegangen war. Der Anspruch war erhoben. Und er wurde siegreich.

Seit 1526 ist es denn auch (in den verschiedenen Abschattierungen der größeren oder geringeren Rücksichtslosigkeit, des Streitens um gewisse Einzelrechte usw.) der Kampf um dieses Prinzip, der die Reformationsgeschichte zeichnet. Dieses Prinzip aber ist im Grunde nichts als die Übertragung des zentralen Stichwortes der Reformation ‚Nichts Menschliches!‘ auf die Frage der politischen Gewalt: kein Majoritätsbeschluß kann das Gewissen binden oder befreien. Bittere Tragik! Denn dieses selbe Prinzip führte zu seiner direkten Umkehr im ‚cuius regio, illius religio‘!

Das Wormser Edikt drohte mit der Reichsacht. Ihre Durchführung war eine Frage der Macht. Widerstand gegen sie war eine Frage der Macht. Die Ausgestaltung des protestantischen Prinzips im politischen Raum wurde also notwendig ebenfalls eine Machtfrage und eine Machtprobe. Wer Träger dieser Entwicklung würde, mußte also davon abhängen, welche politische Gewalt sich Luthers Evangelium am stärksten oder auch am frühesten anschloß, und welche politische, wirtschaftliche, militärische Macht ihr zur Verfügung stand.

Die erste Durchbildung und öffentlich rechtliche Darstellung des protestantischen Prinzips erfolgte außerhalb des Reiches durch Zwingli in und bei den Eidgenossen (schon seit 1519 in Zürich). Keine der politischen Kräfte, die die reformatorische Lehre in Deutschland annahmen, hat das Ineinander von religiösem Bekenntnis und politischem Einsatz in dieser Intensität erreicht. Vielmehr fanden wir hier die Entwicklung ganz wesentlich getragen von zwei Territorien und Territorialherren, von denen für den einen das religiöse Bekenntnis, für den andern die politische Initiative im Vordergrund steht: Kursachsen und Hessen; Friedrich der Weise, sein Bruder Johann, der Beständige, dessen Sohn Johann Friedrich und Landgraf Philipp. Die Teilung ist nicht so zu verstehen, als ob das Bekenntnis zum Wort für Philipp belanglos, der Einsatz der politischen Gewalt von Kursachsen nicht zu erreichen gewesen und der politische Gewinn hier wenig geschätzt worden wäre; sie nennt aber das am meisten Kennzeichnende.

Die Richtigkeit der These läßt sich in Kürze genügend erhärten. Wir wissen, unabhängig vom Religionshandel Luthers, daß Friedrich der Weise ein Mann von ziemlich ausgesprochenen religiösen Interessen war. Die Bemühungen um seine Reliquien- und Ablaßsammlung sind da nicht so wichtig wie etwa die Tatsache, daß er die Karwoche in einem Kloster mit frommer Lektüre zu verbringen pflegte. Dazu paßt durchaus die Art, in der er sich Luther näherte, in der er sich 1518 bei ihm über Ablaß und Rechtfertigung unterrichtete. Er wurde früh überzeugter Lutheraner. Wenn auch zurückhaltend formuliert, liegt das doch schon in Aleanders Kennzeichnung vom Wormser Reichstag 1521: die Lutheraner haben ihm den Kopf dermaßen verdreht, daß er anscheinend glaubt, die lutherische Lehre sei der richtige katholische Glaube. So vorsichtig zurückhaltend auch Friedrich bis zu seinem Tode seine Stellung wählte, sie erklärt sich weitaus am besten aus persönlicher reformatorischer Überzeugung. Die zurückhaltende Art, in der er die Ausbreitung der neuen Lehre patronisierte, entspricht ganz der frühen Auffassung Luthers: keine Unterdrückung der Predigtfreiheit durch Fürstengewalt! kein Widerstand auch gegen ungerechte obrigkeitliche Gewalt! Diese Art ging auf die Nachfolger über. Die größere Aktivität verschiebt das Bild nur dem Grade, nicht dem Wesen nach. Die Geschichte des Schmalkaldener Bundes erbringt den Beweis.

Das politisch aktive Element, Philipp von Hessen, ist in keiner Weise primär religiös bewegt. Er lebt ungezügelt seinen Sinnen und seiner Politik. Man hat von ihm sagen hören, gegen Verzicht Ferdinands auf das beschlagnahmte Württemberg wäre er zum Frieden und zu religiösen Zugeständnissen bereit gewesen. Die so viel spätere Drohung, er werde zu den Kaiserlichen abschwenken, wenn ihm die Reformatoren die Nebenehe nicht erlaubten, hat von vornherein die innere Wahrscheinlichkeit für sich. Philipp ist in allem für ein freies, wagemutiges Gewissen, aber besonders dann, wenn es zu seinem privaten oder öffentlichen Vorteil dient. Eine so eminent religiöse Angelegenheit wie das Marburger Gespräch hat er nur aus weitschauenden politischen Perspektiven heraus eingeleitet. Am meisten kennzeichnend ist vielleicht, daß die erste Ausbreitung des Evangeliums mit bewaffneter Hand und im Angriff von ihm vollzogen wurde (Packsche Händel).

Die katholische Gegenseite besaß in Karl V. eine Vereinigung religiöser Treue und politischer Einsatzbereitschaft. Sein Manifest in Worms am Tage nach Luthers großer Erklärung beweist in dieser Richtung erschöpfend. Es blieb trotz taktischen Schwankungen für ihn sein Leben lang maßgebend. Es war ihm höchst ernst gemeint, der ganzen Christenheit Frieden und Einheit des Glaubens wiederzugeben und die Gewalt der Waffen daranzuwenden. Er war von jener klassischen spanischen Einheit des Politisch-Religiösen und Religiös-Politischen, in der jedes Element jeweils dem andern zu dienen hat, aber keines deswegen weniger ursprünglich bejaht wird; in der vor allem das Religiöse nichts an Ernst und Ungebrochenheit verliert dadurch, daß es im Dienst der Politik erscheint. Wir werden dieser Frage später noch nachgehen müssen. Diese innere Einheit machte Karl den protestierenden Gegnern unbedingt überlegen. Aber ihn lähmte anderseits die schwankende und schwache Masse jener deutschen Territorialherren, die als katholische sein Werk zu unterstützen bestimmt gewesen wären.

B. 1. Mit der Wahl des neuen Papstes am 9. Januar 1522 konnte Karl mehr als zufrieden sein: der Erhobene war Adrian aus Utrecht, sein früherer Erzieher, dann sein Regent in Spanien. Seine Gestalt macht Epoche in der Geschichte der innerkatholischen Reform. Wir werden davon im dritten Buch dieser Darstellung reden. Politisch gehörte er nicht zu jenen Päpsten, die auf dem Kirchenstaat so etwas wie eine päpstliche Dynastie aufbauen wollten. Jeder Macchiavellismus lag ihm fern. Aber sein religiöses Verantwortungsbewußtsein fühlte sich auch a l l e n Gliedern der universalen Kirche gleichmäßig verpflichtet. Und so kam es, daß dieser deutsche und Karl so eng verbundene Mann weit davon entfernt war, als Papst eigentlich Diener der kaiserlichen Politik zu sein und also den Wünschen Karls voll zu entsprechen.

Der erste Reichstag seit Worms 1521[1] und auch der erste im Pontifikat des neuen Papstes (Nürnberg November 1522 bis Februar 1523) zeigte schon deutlich die Stärke jener Kräfte, die dem Kaiser bzw. der Ausführung des Wormser Ediktes entgegenstanden. Der päpstliche Nuntius Chieregati bot für die Ausführung des Wormser Edikts ein nie gekanntes Lösegeld: ein Sündenbekenntnis der Kurie und Reformangebote, die einem wahrhaft großmütigen Christentum entsprungen waren. Die Antwort war denkbar entmutigend: die Ausführung des Edikts wurde abgelehnt, angeblich, weil sie zu Unruhen führen könnte. Für die Beilegung des Religionsstreites wurde v o r h e r i g e Beseitigung der Gravamina verlangt. Außerdem schlug man eine ganz neue Verhandlungsbasis vor: ein allgemeines Konzil, und dies auf deutschem Boden. Bis dahin aber sollte nichts anderes gepredigt werden als ‚das wahre, reine, lautere und heilige Evangelium und die bewährte Schrift'. Der Sinn dieser Formulierung konnte nicht zweifelhaft sein. Die Aufforderung des Reichstags an Friedrich den Weisen, seinen Professor und dessen Anhänger vorläufig von weiteren Veröffentlichungen abzuhalten, war demgegenüber ohne besonderes Gewicht.

In der lutherischen Sache nach der Bannbulle und nach der

---

[1] Der Reichstag in Nürnberg im März 1522 war so schlecht besucht, daß ein zweiter für November angesetzt wurde.

Reichsacht ein Konzil: das bedeutete volle Entwertung der höchsten Richtersprüche in Kirche und Reich. Der Konzilsgedanke, dem wir nun immer wieder begegnen werden, erhielt hier sofort eine revolutionäre Färbung, die wesentlich über allen bis dahin erlebten katholischen Konziliarismus hinausführen mußte. Diese Tendenz verblieb ihm fortan in allen kommenden verwandten Propositionen der Neuerer. Das ist grundlegend. Man darf es nie aus dem Auge verlieren, wenn man die Unionsmöglichkeiten und Unionsverhandlungen nicht gründlich mißdeuten will. Es war aber ein Verhängnis, daß ein Großteil der katholischen Kräfte lange Zeit diese Mißdeutung nicht durchschaute, sondern mit vollzog.

Die Beschlüsse dieses Reichstags waren in einem starken Sinn eigentlich unglaublich. Wie wurden sie möglich? Die Anhänger Luthers waren in den Reichsständen in einer ohnmächtigen Minderheit; und doch kam ein Ausschußantrag zustande, der unzweifelhaft lutherfreundlich und unkirchlich war und es auch dann blieb, als im Abschied selbst die Forderung gefallen war, daß auf dem zukünftigen Konzil auch die Weltlichen ihre Stimme haben müßten. Sprach man doch offen von Luthers Angelegenheit als von der ‚evangelischen Wahrheit‘, die man nicht durch Ausführung des Wormser Ediktes mit Tyrannei unterdrücken und dafür unchristliche „Mißstände" dulden könne‘.

Nun, jene wenigen Anhänger Luthers in den Reichsständen nützten die Lage eifriger und zielbewußter aus als die Kirchentreuen; sie besetzten die Schlüsselstellungen, die Reichstagsausschüsse. Unter den gelehrten Räten, denen ein so großer Teil an der Gestaltung der Neuzeit zukommt, die so oft ihre Fürsten leiteten, sie gar gegen ihren Willen mitrissen, oder auch ganz an ihrer Stelle und für sie dachten und handelten, herrschten die Neugläubigen vor. Die Tätigkeit eines Johann v. Schwarzenberg und eines Planitz wurde entscheidend. Ihnen stand gegenüber jene geradezu ungeheuerliche Unsicherheit, Lauheit und Unklarheit der Katholiken, die Cochläus so zornig gerügt hat, und jene sträfliche Selbstsucht katholischer Herren, die sich aus dem lutherischen Angriff gegen Rom wirtschaftliche Vorteile versprach. Die bischöflichen Herren waren von einer sündhaften Sorglosigkeit und förderten tatsächlich die verheerende Verquickung von antirömischen Gravamina und antirömischer lutherischer Lehre. Bei den städtischen Vertretern zeigte sich bereits hier jene kompromißlerische Nachgiebigkeit, die, ohne klare Glaubensgrundsätze, nur dem Gesetz des geringsten Widerstandes zu folgen suchte; das scharfe Vorgehen, meinten sie ausweichend, habe die Sache nur verschlimmert. Wie unklar und unentschieden die ganze Schuldfrage für maßgebende Kreise war, zeigt auch die gleichzeitig von den Reichsständen erlassene Mahnung an das Volk (sie sollte jeden Sonntag von der Kanzel verkündet werden),

worin ganz offen nebeneinander von ‚Irrtum' bei geistlichen und weltlichen
Obrigkeiten und andern christlichen Menschen gesprochen wurde, ohne daß
dieser ‚Irrtum' etwa auf Mißstände eingeschränkt gewesen wäre.
So gewannen die Lutheraner das für ihre Sache Wichtigste: Zeit. Mit jedem
Monat, in dem das Wormser Edikt nicht ausgeführt wurde, in dem Luther
und seine Anhänger ungehindert predigten und druckten, verlor es an Stärke,
gewann umgekehrt Luthers Sache an Daseinskraft und damit praktisch an
Daseinsrecht. —

Anderseits setzt der Verlauf dieses Reichstages voraus eine weitgehende
Ohnmacht des Kaisers und des Reiches gegenüber der einzelnen Territorial-
macht, und entsprechend das Gefühl der Unabhängigkeit sogar einzelner Teile
dieser Territorien gegenüber dem Reich und seiner Acht und Aberacht. Das
hatte sich ja in eben diesem Jahr 1522 schon einmal in besonders greller
Weise gezeigt: als Luther Anfang März ohne und gegen den Willen des
Kurfürsten nach Wittenberg gezogen war, unterwegs und in Wittenberg und
danach auf kleineren Reisen gepredigt hatte und öffentlich gefeiert worden
war — und nichts dem durch die Acht Verfemten geschehen war. Und jetzt,
nach dem Nürnberger Abschied 1523, darf er es sogar wagen, in einer hemm-
mungslosen Erregtheit den ‚trunkenen und vollen Fürsten' zu drohen, für die
Gottes Gericht vor der Türe stehe.

Es offenbart sich eine tiefe Verwirrung aller Verhältnisse. Die lutherische
Bewegung hatte die Grundlagen des altkirchlichen öffentlichen Daseins bereits
stark erschüttert oder die Tatsache ihrer Erschütterung aufgedeckt.

2. Schon im folgenden Jahr treiben die Dinge mit unheimlicher Schnelligkeit zur Katastrophe. Das, was 1523 noch erstaunlich schien, wird von denselben Kräften auf dem neuen Reichstag in Nürnberg trotz scheinbar größerem Entgegenkommen weit überboten. Zum ersten Mal findet sich in diesem
Reichstagsabschied jene Formulierung des ‚soviel als möglich', das der subjektiven Willkür, dem protestantischen Prinzip, so sehr entsprach: die Stände
versprechen nach dem Wormser Edikt ‚soviel ihnen möglich zu geleben'.

Auch diesmal wurde die Hauptarbeit von den juristisch (römisch-juristisch!)
gebildeten Räten getragen, und zwar vor allem jetzt von Vertretern der
Städte. Sie beriefen sich abermals auf die Revolutionsgefahr beim gemeinen
Mann, der — wie sie es in ihrer Gesandtschaft beim Kaiser in Spanien ausgesprochen hatten — nach dem Evangelium dürste. Sie schlugen ganz offen
vor, von Reichs wegen über die Religion ratschlagen zu lassen und für die
Predigt nicht das Wormser Edikt, sondern nur die Schrift als Richtschnur
zu wählen. Es wurde noch um einiges deutlicher als im vergangenen Jahr,
daß die bisher autoritären Entscheidungen von Papst und Kaiser nicht mehr

als endgültige gelten sollten: die einzelnen Stände, namentlich die, ‚so hohe Schule haben‘, sollen einen Auszug aller neuen Lehren und Bücher, ‚was darin disputierlich gefunden‘, machen lassen.

Die Städte waren es auch, die eine abermalige Forderung eines allgemeinen Konzils durchsetzten, damit doch ‚endlich erörtert werden möge, wie sich hinfüro in dem ein jeder halten solle‘! Bis dahin solle eine ‚gemeine Versammlung deutscher Nation‘ (im November) über die einstweilige Haltung beschließen. Man wundert sich erst ganz über diese Forderungen, wenn man erfährt, daß auch Bayern mit von der Partie war, und daß sogar eine Fürsten- und eine Kurfürstenversammlung sich für die Nationalversammlung ausgesprochen, ja daß zunächst sogar Ferdinand dem Plan zugestimmt hatte.

Luther ließ sich die Gelegenheit nicht entgehen, die offenkundigen Widersprüche des Reichstagsabschieds auszunutzen. Er tut es nicht, ohne in seiner hemmungslosen Art durch unbesorgtes Anprangern der Fürsten jede Art von Autorität schwer zu schädigen: ‚da bin ich zugleich verdammt und aufs künftig Gericht gespart … das müssen mir ja trunken und tolle Fürsten sein. Wohlan, wir Deutsche müssen Deutsche und des Papstes Esel und Märtyrer bleiben, ob man uns gleich in Mörsern zerstieße.… Was wollt ihr, liebe Herren? Gott ist euch zu klug … er hat euch bald umbracht. Nicht gegen die Türken ziehen, da der Türke zehnmal klüger und frommer ist als unsere Fürsten … tolle törichte unsinnige, rasende, wahnsinnige Narren.… Gott erlöse uns von ihnen und gebe uns, aus Gnaden, andere Regenten. Amen!‘ —

Dieser Reichstag hat für die Kräfteverteilung noch eine andere Bedeutung. Das Reichsregiment verursachte Kosten. Die Stände aber wollten keine Opfer bringen. So übernahm Habsburg die Bezahlung, gestaltete und verwandte aber natürlich fortan das Reichsorgan mehr nach habsburgischen Wünschen als nach solchen der Allgemeinheit. Das wurde besonders wichtig für die Entwicklung der Säkularisierungen in den dreißiger Jahren.

3. Bereits der Reichstag von Speyer 1526 wurde das Definitivum. Er war wirklich die Einlösung der reformatorisch-lutherischen Möglichkeiten, die Nürnberg 1523 und 1524 gegeben hatte.

Daß die Entwicklung in der dort angebahnten Richtung gerade jetzt voranschritt, offenbart abermals und mit besonderem Nachdruck die außerordentliche Verlagerung der Reichskräfte. Viel eher hätte man einen Rückschlag erwarten sollen. Denn inzwischen hatten Karls Truppen den säkularen Sieg vor Pavia gewonnen; der Sieg über die Bauernaufstände hatte die konservativen Kräfte gestärkt, die Furcht vor Neuerungen vermehrt, der Sache des neuen Evangeliums geschadet. Der mächtige Sieger von 1525 war es, der die Proposition für den neuen Reichstag stellte: ‚nachdem der Aufruhr der Bauern niedergeschlagen ist, soll nun das Wormser Edikt durchgeführt werden.…‘

Tatsächlich hatten nicht viele Vertreter der Reichsstände den Mut, sich persönlich zu stellen. Aber die aktivsten erschienen: der Kurfürst von Sachsen und der Hesse. Und die Devise, die ihr besonders zahlreiches Gefolge auf dem einheitlichen Wams trug: ‚Gottes Wort bleibt in Ewigkeit‘, kündigte ihr Selbst- und Zielbewußtsein ebenso wie die Ungeniertheit, mit der sich Philipp von Hessen öffentlich als Lutheraner aufführte. Und sie wurden die Sieger, trotzdem auch jetzt ihre Vertreter in den Ausschüssen in hoffnungsloser Minderheit waren.

Eine Beschwerdeschrift wagte es bereits, einfachhin die Forderung aufzustellen, das Bekenntnis und die Einziehung der Kirchengüter freizugeben. Als dies, wie natürlich, mit der Forderung beantwortet wurde, das Wormser Edikt durchzuführen, erfolgte ein Vorstoß der Städte, bei denen das Streben, die Vorrechte der Geistlichkeit zu brechen und diese unter das einheitliche weltliche Regiment zu bringen, zwar nicht stärker als bei den Landesfürsten war, aber sich schärfer äußerte. Es zeigte sich, daß in den Städten die säkularisierende und insofern reformatorische Kirchenpolitik am bewußtesten und kühnsten betrieben wurde. Wieder war der unklare Gedanke an das Generalkonzil zur Hand. Anderseits war Ferdinand wegen der Türkengefahr einfach auf die Hilfe der Stände angewiesen. So wurde der Reichstag ein Kompromiß, der das protestantische Prinzip tatsächlich zum Siege führte: bis zu dem Konzil sollte in Sachen des Wormser Edikts ein jeder Stand sich halten, wie er das gegen Gott, auch kaiserliche Majestät und das Reich getraute zu verantworten. Es war dasselbe Prinzip, in dem sich Hessen und Kursachsen im Oktober 1525 gefunden hatten: in Glaubenssachen nur Gott direkt verpflichtet zu sein.

Durch die Verhandlungen hatten die Begriffe ‚kirchliche Mißstände‘ und ‚Menschensatzung‘ abermals (wie schon 1524) eine gefährlich unklare Auslegung erfahren. Es vollzog sich ein Eindringen reichsständischer Macht in die innerkirchliche Lehrsphäre. Das Wichtigste und Verhängnisvollste freilich blieb der Abschied selbst. Vorab dadurch, daß er nicht entschieden Front machte gegen den Grundsatz der erwähnten Beschwerdeschrift. Dadurch wurde er zu einer jener verhängnisvollen, doppeldeutigen Halbheiten, wie sie in Zeiten eines starken Umbruchs stets nur zu Gunsten des Neuen sich auswirken, und wie sie damals in Deutschland den Sieg der Reformation dadurch sicherten, daß sie ihr das Wachsen ermöglichten.

Tatsächlich hat man die Speyerer Formel gründlich zur Ausgestaltung eines neuen Kirchenregiments ausgenutzt. Selbstverständlich wirkte dazu auch der wieder erfolgte Umschwung der außenpolitischen Kräftelagerung erheblich mit: die umfassende Liga von Cognac stand gegen den eben noch allmächtigen Kaiser. Gerade in den Tagen von Speyer (23. Juni 1526) erhielt er in Spanien des Papstes Absage.

4. Will man den Papst nach seinem ihn wirklich verpflichtenden Gesetz, dem der Kirche Jesu Christi, messen, muß man diese Absage vom Juni 1526 an Karl vor allem in den Zusammenhang der kirchlichen Lage in Deutschland stellen. Seit Jahren hatte die Ausbreitung der religiösen Neuerung stark zugenommen. Insbesondere hatten die Versuche der juristischen Räte, die innerkirchliche Reformierung in die Hände der weltlichen Obrigkeiten zu bringen, offenkundig Erfolg gehabt. Durch die Forderung nach einem unabhängigen Konzil in Deutschland hatte die Gefahr sich in der in Rom am stärksten gefürchteten, ja gehaßten Form ausgesprochen. Die Kurie hatte gegen die Entwicklung mit Nachdruck und in verschiedenen Formen protestiert. Anderseits: Karl steht zur Kirche. Er verbietet das Nationalkonzil. Er verlangt die Durchführung des Wormser Ediktes. Er kann das, weil er politisch mächtig dasteht. In dieser Lage trennt sich der Papst von ihm, stellt sich ihm offen als Feind gegenüber. Er schwächt Karls politische Position, stärkt dadurch die politische Kraft der Lutheranisierenden, also die Reformation selbst, und begünstigt außerdem notwendigerweise in der Umgebung des Kaisers weitgehende staatskirchliche und erasmianisch-relativistische Tendenzen. Aus politischen Gründen schädigt der Papst die kirchlich-religiösen Belange, wie sein Vorgänger Leo X. es seinerseits getan hatte. Sein Stellungswechsel bedeutet tatsächlich eine Hilfe für die Häresie. Diese schwerbelastende Tatsache würde selbst dann nicht beseitigt, wenn es gelänge, einwandfrei festzustellen, daß Karl sich dem Papst gegenüber in politischen Fragen nicht korrekt benommen habe, etwa in doppelzüngiger Unaufrichtigkeit am ‚Piratenstreich' der Colonna beteiligt gewesen sei.

Dieser Papst, Klemens VII. (1523—1534), ein Medici, war überhaupt eine große Enttäuschung für den Kaiser. Als Kardinal mustergültig prokaiserlich und deshalb von Karl stärkstens als Papstkandidat gefördert, wurde er als Papst ein schwankendes Rohr (‚Wollen des Nichtwollens'). Beinahe schon unwürdig sein unrühmliches Hinüberschwenken zu Franz I., dem Eroberer Mailands, dann sein Zurückgehen zur kaiserlichen Partei nach dem Fall von Pavia, darauf sein Anschluß an die Liga von Cognac, bis endlich der Sacco di Roma den Papst zur Besinnung zwang, ihm aber keineswegs die Kraft zu einer konsequenten Haltung gab. Entmutigend, wie inmitten des Kampfes der Kirche auf Leben und Tod dieser Papst sich immer wieder von kleinen und kleinlichen Sorgen seiner Hauspolitik bewegt zeigt!

Karl war nie so empört wie damals 1526, als er zum ersten Mal erlebte, daß das priesterliche Haupt der Christenheit aus solchen klein-politischen

Gründen die kirchliche Sache in Deutschland, die zugleich des Kaisers politische Machtfrage war, im Stiche ließ. In einem berühmten, wenn auch einseitigen Staatsschreiben hat er in der Sprache der allgemeinen deutschen Erbitterung die Treulosigkeit des Papstes gebrandmarkt. Er hat mit dem von Klemens über die Maßen gefürchteten Konzil gedroht, und dies, wie etwas spätere Äußerungen beweisen, im konziliaristischen Sinn. Aber in diesem Schreiben war auch, teils andeutungsweise, teils offen, ein Zusammenhang herausgehoben, der für die kirchlich-religiöse Beurteilung in der Tat der entscheidende ist. Wenn einmal zögernd bemerkt wird, der Papst habe eigentlich nur Skandal und Zerstörung des christlichen Gemeinwesens hervorgerufen, so ist das in seiner groben Verallgemeinerung mehr eine Übertreibung in der Art, wie sie die lutherische Polemik liebte und wie sie dem Geiste des Verfassers (des für Erasmus begeisterten Alfonso Valdés, des Bruders des später neugläubigen Juan Valdés) konform war. Aber es wird gefragt, ob es dem Papst erlaubt sei, die Kräfte der Christenheit zu schwächen und die Häretiker zu stärken, und geantwortet: wenn der Papst die Waffen nicht gegen den Kaiser führe, werde es leicht sein, die Irrtümer der Lutheraner und anderer Neuerer zu bekämpfen.

Im Grunde setzte Klemens nur eine alte Tradition der Renaissance-Kurie fort, die vor allem politisch-italienisch, sogar eigendynastisch dachte. Wir sahen schon, wie verhängnisvoll Leo X. aus politischen Motiven in den Prozeß Luthers eingriff. Auch sein erstes Bündnis mit dem Kaiser Ende Mai 1521 zeigte ihn nur als Politiker, und zwar hauptsächlich im Sinne des Nepotismus. Wenn man die damalige Verquickung der Religionssache mit Politik und anderem Weltlichen geringeren Wertes noch konkreter und mehr in kleinen bis kleinlichen Einzelheiten (auch aufseiten der Kaiserlichen) sehen will, genügt es, die Depeschen Aleanders aus Worms zu lesen. Durch seine Hinwendung zu Franz I. zeigte Papst Klemens diese Verquickung nur auf einem gefährlichen Höhepunkt. Wenn Ranke und Pastor sein Pontifikat das verhängnisvollste der Papstgeschichte nannten, dann gilt diese Bewertung vor allem auf Grund jenes Frontwechsels. ‚Indem er sich zum Mittelpunkt des Widerstandes gegen Karl V. machte, gewann im deutschen Reich die politisch-kirchliche Umwälzung freien Spielraum‘ (Pastor).

Man muß wahrheitsgetreu hervorheben, daß der schwankende Klemens auch ein Opfer der Täuschungsmanöver Franz’ I. wurde. Auch daß kein Mensch der damaligen Zeit imstande war, die Tragweite jenes Fehlers annähernd so zu ahnen, wie wir sie heute überschauen. Aber diese verhängnisvoll getrübte Sicht hat zum sehr großen Teil ihre Verursachung eben in jener zu einer Gewohnheit gewordenen, übertriebenen Vermischung von Politik, bzw. Wirtschaft, Familie und Religion.

Nicht zum wenigsten hat das Papsttum Klemens' VII. zur Stärkung des Protestantismus auch beigetragen durch seinen hartnäckigen Widerstand gegen das Zustandekommen eines Konzils. Vom Konzil erwartete man allgemein die Einigung der Christenheit. Wenn es rechtzeitig zusammengetreten wäre, hätte ihm diese Aufgabe sehr wohl zu einem beträchtlichen Teile gelingen können. Aber ,dank der beständigen Hinausschiebung und Störung des Konzils durch die päpstliche Politik wurde dem Protestantismus immer wieder eine Frist zu tieferer Einwurzelung und weiterer Ausbreitung gegeben' (Merkle). Demgegenüber wiegt die Verzögerung einer klaren Entscheidung in der englischen Ehescheidungssache weniger schwer; aber sie paßt ins allgemeine Bild.

Diese Dinge werden nicht dadurch weniger wahr und minder bedrängend, daß man sie seltener ausspricht. Sie zu verschleiern, ist eher unchristlich. Denn es ist ein Verstoß gegen eine für das Christentum grundlegende Forderung: die eigene Schuld zu bekennen. Jene Schuld ist unsere Schuld. Wir bekennen sie mit Trauer.

In der Tat: in dieser Schädigung, die vorwiegend politisch-eigendynastisch denkende Päpste der religiösen Sache zufügten, offenbart sich weit über die sogenannte Verweltlichung der Führer der Kirche hinaus die Verschiebung des Schwergewichtes kirchlicher Sorge bis zu dem Punkte, wo, natürlich gesprochen, eine Verkehrung des Wesens sich drohend anzukündigen scheint; und es offenbart sich deshalb hier zweitens — wenn der Ausdruck gestattet ist — ein ,Recht' der Reformation. Nicht die Rechtfertigung der Glaubensspaltung und der Häresie. Dafür kann es vom kirchlichen Standpunkt aus keine Rechtfertigung geben. Aber dies: so wie der Mensch ist, und wie auch innerhalb des Glaubenslebens seine natürlichen Kräfte spielen, mußte nach allen Erfahrungen der Geschichte, mit und ohne schuldbaren Abfall vom Glauben, ein grundstürzender Angriff gegen die Kirche tatsächlich erwartet werden, wie denn viele der kirchlichsten Christen ihn damals erwarteten.

Es genügt für keinen echten Christen, dies nur auszusprechen oder zu lesen; man muß die ungeheure, vollkommen ungewöhnliche Schwere der Schuld wägen und mittragen, wenn für die noch immer ungelöste Aufgabe der Reformation — denn der Riß besteht ja weiter — christlich-religiös etwas gewonnen werden soll.

Nirgends kann diese Umkehrung der Werte so brennender Makel sein wie am Stellvertreter Christi. Aber ebenso klar muß denen, die unter der Devise ,Nur Gotteswort!' die Reformation brachten, gesagt werden, daß sich die gleiche Verkehrung sehr oft auch in ihren Reihen fand. Wir hörten darüber bereits das Nötige.

Hier interessiert mehr die Frage nach der Bewährung der katholischen Mächte. Vor allem Frankreich! Der Widerspruch seiner innen- und außenpolitischen Haltung in der lutherischen Angelegenheit ist so klar, daß es längerer Belege dafür nicht bedarf. Frankreich verbrannte die Protestanten im eigenen Lande und unterstützte sie in Deutschland. Und es wurde ihnen eine wesentliche Hilfe, verdoppelt durch die Türkenbündnisse. Ganz offen setzt übrigens Papst Klemens diese Tatsache in seine Berechnungen ein, — um den Kaiser von seiner Konzilsforderung abzudrängen. Man kann es nachfühlen, daß der treugläubige Karl V. es nicht zu fassen vermochte, daß er behandelt werden sollte wie Franz I., der Verräter an der kirchlichen Sache.

Die Politik des katholisch bleibenden Bayern zeigt bedenklich stimmende Ähnlichkeiten: Bayerns Unterstützung einer Nationalversammlung 1524; sein Widerstand gegen eine energische Unterdrückung der Neuerung auf dem Reichstag in Augsburg 1530 (weil es Ferdinand nicht zum römischen König wollte); sein Bündnis mit den Schmalkaldenern und mit Frankreich in einer seit 1534 beinahe schamlos doppelgesichtigen Politik; sein Zusammenschluß mit protestantischen Mächten gegen kaiserlichen Machtzuwachs 1548: dies alles von dem gleichen Bayern, das am schärfsten vom ‚schwächlichen Kaiser‘ die Anwendung von Gewalt gegen die Protestanten zu fordern beliebt!

Diese Dinge sind nicht nebensächlich in der Geschichte der deutschen Reformation. Am wenigsten für eine christliche Betrachtung. Sie helfen die wesentliche Schwäche des katholischen Widerstandes in Deutschland erklären und zeigen insofern, wie der eigentlich unvorstellbar breite Einbruch der religiösen Neuerung in den kirchlichen Bereich möglich wurde.

5. Wenn die katholischen Kräfte in Deutschland und der Kaiser als ihr stärkster Vertreter überhaupt ernstlich um ihre Position zu kämpfen gewillt waren, mußten sie gegen den Abschied von 1526 angehen. Die kaiserliche Proposition zum Reichstag von Speyer 1529 entsprach dieser Erkenntnis. Sie verwarf kraft kaiserlicher Vollmacht jenen Abschied, ‚der zu so viel Unrat und Mißverstand wider den Glauben‘ gedient habe und ‚zur Entschuldigung allerlei erschrecklicher neuer Lehren und Sekten ausgelegt worden‘. Sie versuchte zu verhindern, daß das tatsächliche Anwachsen der Reformation einfach als juristischer Rechtstitel genommen würde.

Der Besuch des Reichstags war diesmal ungewöhnlich stark. Alle sieben Kurfürsten waren anwesend. Die Altgläubigen waren wieder in unbedingter Überlegenheit. Auch zeigte sich bei den geistlichen Herren eine entschlossenere Haltung. Die tatsächliche, für die Kirche und für die geistliche Machtstellung bereits katastrophale Entwicklung hatte sie nun doch etwas wachgerüttelt. Sie kämpften allerdings in erheblichstem Maße um ihre höchst persönliche Macht. Aber deren Ausdruck waren immerhin innerhalb wie besonders auch außerhalb ihres fürstlichen Territoriums die bischöfliche Jurisdiktion und die heilige Messe. Der Beschluß des Ausschusses wurde infolgedessen streng kirchlich: die alte Religion hat überall uneingeschränkte Geltung zu beanspruchen.

Irgend welche eingeführte Neuerungen haben nur Geltungsrecht bis zum Konzil. Von dieser rückwirkenden vorläufigen Duldung sind Zwinglianer und Täufer ohne Einschränkung auszunehmen. Der Abschied des Reichstags (er stammte von Ferdinand) entsprach diesem Vorschlag. Er war fester ausgefallen, als die Ratgeber des Kaisers ihn gewünscht hätten. Allerdings taucht auch in ihm wieder jene verhängnisvoll unklare Formulierung auf, daß (dort, wo die Neuerung Eingang gefunden) alle weitere Änderung hinfüro ,so viel möglich und menschlich verhütet' werden solle. Außerdem war noch Wert darauf gelegt, daß eine Macht nicht fremde Untertanen wider ihre Obrigkeit unterstützen dürfe.

Gegen diesen Reichstagsabschied erfolgte der berühmte Protest, von dem die Anhänger der Reformation ihren Namen Protestanten erhielten; der Protest, der dem Beschluß des Reiches eine Minorität aus eigener Machtvollkommenheit entgegensetzte, der die politisch-ständische Einheit des Reiches spaltete. In ihm wird der subjektivistische Standpunkt der Reformation zum ersten Mal in aller Form als reichsrechtliche Forderung vorgetragen: der Abschied wird zurückgewiesen, ,da in den Sachen Gottes Ehr und unser Seelen Seligkeit belangend ein jeglicher für sich selbst vor Gott stehen und Rechenschaft geben muß, also daß sich des Ortes keiner auf anderer Minderer oder Mehrer Machen oder Beschließen entschuldigen kann'[1]. Es wird gefordert, daß man dem Abschied von 1526 treu bleibe. Er sei einstimmig gefaßt. Er könne nur einstimmig aufgehoben werden. Es war die Wiederholung des Grundsatzes jener vom Konzil nach Basel eingeladenen Husiten: Glaubenssachen könne man nicht durch Stimmenmehrheit entscheiden. Da er hier von Reichsständen gegen den Beschluß der Reichstagsmehrheit vertreten wurde, war fortan ,jede Möglichkeit beseitigt, auf reichsverfassungsmäßigem Wege die Einheit wiederherzustellen' '(Mentz). Blieben die Opponenten bei ihrer Haltung, gab es im Grunde fürderhin zur Verhütung der Spaltung nur mehr die Gewalt.

Die Ausrichtung nach dieser ultima ratio hin war durch die Anbahnung der konfessionellen Bündnisse der Territorien längst im Werden.

III. Die Einsetzung der Waffengewalt für die Entscheidung der reformatorischen Religionsfrage unterlag an sich gemäß aller mittelalterlichen Tradition und Verfassung keinerlei Bedenken. Jede Angelegenheit der Religion war kirchlich und staatlich-weltlich. Die Ankündigung Karls in Worms, Leben und

---

[1] Den Einspruch gegen den Vorschlag des Ausschusses hatte wieder Philipp von Hessen als erster eingebracht; ihm hatte sich Kursachsen angeschlossen. Beide führten nun die Partei der Opponenten. Es waren außer ihnen der Markgraf von Brandenburg, der Fürst von Anhalt, der von Lüneburg; Straßburg, Nürnberg, Ulm, Konstanz, Lindau, Memmingen, Kempten, Nördlingen, Heilbronn, Reutlingen, Isny, St. Gallen, Weißenburg a. Sand, Windsheim.

Krone an die Niederringung des lutherischen Wesens zu wenden, war der klare Ausdruck dieser Anschauung, die dann in der Reichsacht gegen Luther konkreten Ausdruck gefunden hatte. Bereits vorher war umgekehrt auf reformatorischer Seite die Ansicht, der religiösen Neuerung durch die Waffen, bzw. allgemein durch obrigkeitliche Gewalt, den Weg zu erzwingen, in die Tat umgesetzt worden: durch Zwingli in Zürich.

Die eine und die andere Äußerung — im Prinzip einander gleich — wurden von Reichsständen aufgenommen. Das Ergebnis mußte sein, daß sich die religiös-kirchliche Spaltung auch politisch darstellte; nichts lag näher, als daß die Anhänger der einen und der andern Richtung sich zusammenschlossen; es entstanden konfessionelle Bündnisse.

1. Diese Entstehung geht naturgemäß parallel mit den Entwicklungen, die wir in den eben abgeschlossenen Abschnitten zu betrachten hatten. Die Undurchsichtigkeit der Lage und die Unklarheit der Ziele, aus denen erst allmählich unter beträchtlichen Schwankungen sich feste Linien herausbilden, tritt nur hier noch krasser hervor als dort. Der Grund liegt im territorialen Eigennutz, dem der Primat der Religion durchaus nicht feststand; wenigstens nicht praktisch und nicht durchgängig. Noch in späteren Jahren, bei weit fortgeschrittener politisch-konfessioneller Gruppierung und Absonderung, erweist sich dieser politische Eigennutz oft stärker als die konfessionelle Bindung. Noch 1538 wendet sich etwa der Erzbischof von Trier, der Nachfolger des Richard v. Greiffenklau, an Hessen mit dem Vorschlag, zusammenzuhalten, ,als ob wir einicherlei Glaubens wären'. Mit andern Worten: es war durchaus nicht allen Mächten klar, daß sie, und zwar unter allen Umständen, ihre politisch-militärische Macht parallel ihrer religiösen Überzeugung einzusetzen hätten. Die bereits oben erwähnten widerspruchsvollen Haltungen bei Philipp von Hessen, den bayrischen Herzögen, Frankreich, an der Kurie, sind eine leider viel zu reiche Illustration hierfür. Hinzu kommt zunächst die uns zur Genüge bekannte Lauheit der katholischen, nicht zuletzt der geistlichen Herren. Freilich wirkt auch immer wieder hinein die Unklarheit über das, was eigentlich vor sich ging. Es kann keine Rede davon sein, daß man in der politischen Sphäre und unter den regierenden Herren das so oft gehörte Wort von einer kirchlichen S p a l t u n g in den zwanziger und auch in den dreißiger Jahren nach seiner wahren Tragweite erschöpfend erfaßt hätte. Für ·nendlich viele Menschen war sie ja noch 1555 nichts anderes als eine Episode, die demnächst irgendwie zu Ende gehen müsse.

Dasselbe Jahr 1524, in dem im Nürnberger Reichstag das Schicksal des Wormser Edikts durch die verhängnisvolle Formel des ,so viel ihnen möglich' entschieden wurde, brachte einen ersten Ansatz zu einer gegenseitigen Hilfe der katholischen Stände. Die Versammlung, die damals im Juli in Regensburg unter Leitung von Ferdinand und dem Nuntius Campeggi die bayrischen Herzöge und die süddeutschen Bischöfe vereinigte, war zwar vor allem kirchlich-religiös orientiert. Bestehende Bündnisse wurden sogar ausdrücklich ausgenommen. Immerhin versprach man sich gleichfalls Unterstützung bei etwaigen Unruhen. Zuwiderhandlungen gegen das Wormser Edikt wollte man als Ketzerei bestrafen, durch eine Zensur die Verbreitung der lutherischen Lehre unterbinden und den Besuch der Universität Wittenberg verbieten.

Aber selbst diese geringen Abreden waren einer starken innern Belastung ausgesetzt. Gab es doch keinen stärkeren innerdeutschen Gegensatz als den zwischen Österreich und Bayern! Dieser Antagonismus nahm dem Zusammen-stehen denn auch seine Kraft. Und immer wieder im kommenden Jahrzehnt wird Bayern das große Hemmnis sein für die Herausbildung einer geschlosse-nen katholischen politischen Front.

Derselbe Monat Juli 1524 sah in Speyer und dann der Dezember in Ulm auch den ersten Ansatz zu einer politischen neugläubigen Frontbildung. Träger sind Städte, die ja am aktivsten und am ersten die neuen Lehren in die Ge-staltung des öffentlichen Lebens überführten. Hier bekennen sie sich offen zum Luthertum und sagen sich gegenseitige Hilfe zu beim Widerstand gegen die Ausführung des Wormser Edikts. —

Von Anfang der literarischen Polemik an war es einer der Gemeinplätze der Katholiken gewesen, auf das Aufrührerische in der religiösen Neuerung hinzuweisen; die Auflehnung gegen die Autorität der Kirche werde vor der-jenigen der weltlichen Obrigkeiten nicht haltmachen; die Lehre Luthers von der Freiheit des Christen werde zur Anarchie führen. Besonders die kurialen Warnungen hatten sich diese Argumente zu eigen gemacht. Die Bauern-unruhen in Süddeutschland wie besonders die radikalen Aufstände in Mittel-deutschland hatten 1525 den Fürsten die Berechtigung dieser Warnung deut-lich vor Augen geführt. Und nachdem man sich zuerst über die Verschieden-heit der religiös-kirchlichen Ansichten hinweg zur Niederwerfung des Auf-ruhrs unterstützt hatte (wie schon 1522 gegen Sickingen und noch 1535 gegen die Münsterschen Wiedertäufer), lag es nahe, daß die Überzeugung, die reli-giöse Neuerung trage Schuld am Aufruhr, zu einem Zusammenschluß alt-kirchlicher Fürsten zu gemeinsamer Abwehr führte. Man versammelte sich noch im gleichen Jahr 1525 in Dessau, um ,die verdammte lutherische Sekte als die Wurzel dieses Aufruhrs' auszurotten. Herzog Georg von Sachsen, Kurfürst Joachim von Brandenburg, Kurfürst Albrecht von Mainz, Herzog Heinrich von Braunschweig-Wolfenbüttel und Herzog Erich von Calenberg fanden sich zusammen.

Es war das Jahr des kaiserlichen Sieges von Pavia. Die Lage schien den Neuerern mit Recht nicht ungefährlich. Der katholische Zusammenschluß von

Dessau erzeugte eine ähnliche neugläubige Bildung. Aber diesmal war es ein Reis von stärkerer Lebenskraft. Allen sehr schlimmen Kinderkrankheiten zum Trotz. Auch hier will vorab die r e l i g i ö s e Grundlegung beachtet sein. Die neugläubige Forderung: ‚keinerlei menschliche Satzung, nur das ewig bleibende Wort Gottes!‘, die in ihrer radikalen Einseitigkeit eine so wunderbare Anziehungskraft auf weite Schichten ausübte, regierte schließlich auch das kirchenp o l i t i s c h e Geschehen der Reformation. Nicht allein, oder auch nur immer als erste Kraft, aber doch als ausschlaggebende Wurzel. Wie Luther in Worms sein Gewissen als letztes, unantastbar Zwingendes hingestellt hatte, so stellte sich dem Wormser Edikt, das ja eben gegen diesen Gewissenstrotz erlassen war, der Gedanke entgegen, daß in Gewissens- und Religionssachen jeder für sich stehen müsse, daß keine äußere Macht in das Gewissen hineinreiche, sondern nur allein Gott. Da der gegenteilige Standpunkt sich auf die M a c h t des Reiches stützte, konnte er letztlich nur durch entsprechende Macht zurückgedrängt werden. Dieser Auffassung zum Durchbruch zu verhelfen, ist der Inhalt der Absprachen zwischen Hessen und Kursachsen, die im Oktober 1525 auf dem Jagdschloß Friedewald zwischen dem jungen Hessen und dem neuen Kurfürsten von Sachsen gepflogen wurden. Die Abmachungen sahen lediglich eine gegenseitige Unterstützung auf dem kommenden Reichstag vor. Zur Anwendung kam der Zusammenschluß erst, nachdem er sich inzwischen innerlich gefestigt und aus Norddeutschland Zuzug erhalten hatte, in Speyer 1526. Hier wurde die reformatorische Sache bereits durch ein regelrechtes Bündnis, das erste protestantische, auf Grund der Torgauer Abmachungen vom Februar 1526 vertreten. Und eben dieses Zusammenstehen war nicht zuletzt der Grund für den berühmten Abschied dieses Reichstages, der praktisch das protestantische Prinzip formulierte und der Reformation das außerordentliche Wachstum der nächsten Jahre via facti brachte; Jahre jener entscheidenden neukirchlichen Gestaltung des Lebens in Sachsen, Hessen, einigen kleinen Territorien und einer Anzahl Städte, die wir früher besprachen.

Um die Bedeutung dieses ersten protestantischen Bündnisses richtig abzuschätzen, muß man sich daran erinnern, daß inzwischen die katholische Einigung von Regensburg ihre Kraft bereits erschöpft hatte. Und man muß die außenpolitische Lage, besonders den Druck der Türken auf die Länder des katholischen Ferdinand, hinzunehmen.

2. Im Grunde waren trotzdem jene Abmachungen von 1525 und 1526 verhältnismäßig unbedeutende Angelegenheiten, da kriegerische Auseinandersetzungen nicht ins Auge gefaßt waren. Wie hoch jedoch das Pulver bereits aufgehäuft war, und wie wenig harmlos die tiefsten, noch unausgesprochenen Absichten mindestens des Landgrafen waren, zeigte sich bereits 1527 durch

jenen eigenartigen Vorfall, der unter dem Namen der Packschen Händel bekannt ist.

Ein Rat des Herzogs Georg von Sachsen, Otto v. Pack, meldete unter Vorlegung einer gefälschten Urkunde Besprechungen, die zwischen Georg und Ferdinand stattgefunden hatten, an Philipp von Hessen als Abmachungen zu einem Angriffsbündnis, dem noch der Kurfürst von Mainz und der von Brandenburg, der Erzbischof von Salzburg, die bayrischen Herzöge und die Bischöfe von Würzburg und Bamberg angehören sollten. Man wolle, wenn nötig, bis zur Vertreibung der Herren von Kursachsen und von Hessen gehen. Philipp fiel auf die Fälschung herein. Er tat es nicht ungern, entsprechend seiner steten Theorie, der von der Gegenseite drohenden Gefahr müsse man zuvorkommen. Er entfaltet alsbald eine höchst energievolle Tätigkeit. Er rüstet zum Krieg, zieht den Kurfürsten von Sachsen auf seine Seite, nimmt Verbindung auf mit Frankreich, mit Ferdinands Gegner Zapolya, mit Dänemark. Zum ersten Mal wird die religiös-reformatorische Erregung in Deutschland auf dem Gebiet der Politik in ihrer ganzen Härte sichtbar. Man erlebt den ersten Ansatz eines Religionskrieges. (Daß es nicht zum großen Krieg kam, ist mit Luthers Verdienst, der mäßigend auf den Kurfürsten einwirkte.)

Zusammen mit dem Reichstagsabschied 1526 und der hochgesteigerten innerterritorialen, reformatorischen Arbeit in Hessen und Sachsen (zu den schon erwähnten planmäßigen Visitationen seit 1527 ist die Gründung der Universität Marburg 1527 hinzuzunehmen) macht dieser entschlossene Einsatz der Waffen den gewaltigen Auftrieb der Neuerung in diesen Jahren sichtbar, ebenso wie anderseits die steigende Furcht der katholischen Herren. Gelang es doch Philipp, von den Fürstbischöfen Würzburgs und Bambergs den Verzicht auf ihre bischöfliche Jurisdiktion in hessischen Landen zu erzwingen und außerdem noch Geldentschädigungen für seine durchaus ungerechtfertigten Rüstungen herauszuschlagen! — Auf katholischer Seite weckte der Schreckschuß wenigstens etwas größere Wachsamkeit und stärkere Bereitschaft zur Abwehr.

Die konfessionellen Kräfte standen 1529 so hart gegeneinander, der Reichstagsabschied bedeutete ein solch entschlossenes ,Nein!' gegenüber der mächtigen Erstarkung der Neuerung, daß der erfolgte Protest unmittelbar nach einem entsprechenden Bündnis rief. Bis dahin hatte sich das Voranschreiten der religiösen Neuerung in der Gestaltung des öffentlichen Lebens in Sachsen, Hessen, Lüneburg und den süddeutschen Reichsstädten auf Grund einer tatsächlich und gewollt undeutlichen kirchenpolitischen Lage entwickelt; man hatte klare Formulierungen vermieden und die unklaren ausgenutzt. Nunmehr, nach dem offiziellen Protest einer Reichsständegruppe, lag eine klar erkennbare Loslösung vor. Es fragte sich, ob das kaiserliche Regiment diese

Loslösung anerkennen würde. Und wenn nicht, ob es die Macht besäße, die Abgesonderten zur Idee des Reiches als der politischen Form der universalen Kirche, zu deren alleinigem Glauben alle Fürsten mit ihren Untertanen zu stehen hatten, zurückzuführen. Jedenfalls war nun eine offensichtliche Konfliktsgefahr gegeben und damit ohne weiteres bei den sich isoliert oder gar bedroht Fühlenden der Wunsch nach einem sichernden Konfessionsbündnis verständlich. Am Tage der Unterzeichnung des Reichstagsabschiedes, am 22. April 1529, wurde ein Defensivbündnis, ,ein sonderliches Verständnis', gegen kommende Angriffe zwischen Sachsen, Hessen, Nürnberg, Straßburg, Ulm geschlossen.

3. Auch dieses Bündnis war von innen her belastet, und zwar vom Dogmatisch-Lutherischen her, da der Reformator mit den zwinglianischen Süddeutschen nichts zu tun haben wollte. Es drohte nach der schon längst wachsenden religiös-kirchlichen Spaltung des Protestantismus auch seine politische, und damit anscheinend der Untergang.

Es ist verständlich, daß es der Politiker Philipp von Hessen war, der die Gefahr zuerst erkannte und sie am stärksten empfand. Ein dauerhaftes politisches Bündnis des gesamten Protestantismus war damals nur möglich auf Grund einer religiös-dogmatischen Einigung. Es ist wiederum verständlich, daß dieses Ziel am ehesten einem humanistisch-relativistischen ,Zwinglianer', eben Philipp von Hessen, verwirklichbar schien, nicht einem unnachgiebigen echten Lutheraner. Am selben eben erwähnten 22. April ging denn auch der erste Brief des Landgrafen an Zwingli ab, um ihn mit Luther und Melanchthon zusammenzubringen. Zwingli erkannte gleichfalls die dem Protestantismus drohende Gefahr (ebenso Straßburg). Er erstrebte leidenschaftlich eine Einigung zwischen Nord und Süd. Die Schwierigkeiten lagen bei Luther, der nur durch nachdrückliches Drängen Philipps zu einer Zusammenkunft bestimmt wurde.

Das Resultat der Bemühungen war das berühmte Marburger Gespräch vom 1. bis 3. Oktober 1529. Man kennt den Verlauf und das Resultat. Am Artikel des Abendmahls trat der geistige und religiöse Wesensunterschied der beiden protestantischen Richtungen kraß heraus: der Unterschied zwischen dem rationalen bis rationalistischen Zwinglianismus humanistisch-relativistischer Prägung und der robusten, intolerant-dogmatischen Religiosität des ans Wort ohne Deuteln gebundenen Luthertums. Das bleibt bestehen, obschon Luther sich einer Verständigung nicht ganz verschloß und die von den Wittenbergern aufgestellten ,Schwabacher Artikel' in die den Gegensatz abschwächenden ,Marburger' umgearbeitet hatte. Ihre Gültigkeit überdauerte freilich das Marburger Gespräch nicht. Luther hatte vor Beginn der Disputation mit Kreide auf den Tisch die Einsetzungsworte geschrieben: Dies i s t mein Leib. Während des Streites lüftete er die Decke und wies auf das Wort hin. Dieses ‚ist‘ gegenüber dem von Honius übernommenen Zwinglischen ‚bedeutet‘ illustriert den Gegensatz. Man fertigte eine Reihe Artikel, in denen man eine Verständigung erreicht hatte oder sie erreicht zu haben glaubte. Aber den wahren Sachverhalt mitsamt der vorherrschenden Stimmung zeichnen Luthers Worte: sie haben einen andern Geist als wir. Dieser Satz gibt die Lage richtiger wieder als desselben Luthers Meldung an seine Frau am Tage nach der letzten Sitzung: ‚Unser freundlich Gespräch zu Marburg hat ein Ende und sind wir fast in allen Stücken eins.‘ Das stimmt offenbar nicht. Man muß daran erinnern, daß Luthers Urteile über Zwingli überhaupt weit davon entfernt sind, sich durch Einheitlichkeit auszuzeichnen. Man kann auch nur mit Gewaltsamkeit eine einheitliche E n t w i c k l u n g in sie hineininterpretieren. Aufs Ganze gesehen, hätte Luther seiner Natur Gewalt antun müssen, sollte er hier nicht verdammen diesen ‚wilden Schweizer‘ mit seinem menschlich selbstsicheren ‚Perrumpamus‘, ‚Wir schaffen es‘, den Mann, der ‚eigene Ehr und Menschenwerk sucht‘, ‚vom Teufel verleitet‘ ist, ‚statt einen zerknirschten Geist zu zeigen‘. Die Rückkehr zu den Schwabacher Artikeln noch im gleichen Monat und der Versuch, auf ihnen das Bündnis ohne Hessen aufzubauen; die dem Kaiser entgegenziehende kursächsische Gesandtschaft, die mit dem Plan kam, sich eventuell von den andern Protestanten zu trennen; bzw. das zornige Gegeneinander auf den Schmalkaldener Verhandlungen im Dezember, wo man die Oberdeutschen als Sakramentierer ablehnte, reden deutlich. Dem dogmatischen Luther galt das Politische nichts. Zwingli aber konnte gerade wegen seiner politischen Ansichten seinen vorreligiösen, vorbiblischen Rationalismus nicht preisgeben.

Also kam auch das politische Bündnis, die Union zwischen Süden—Stadt und Norden—Land, nicht zustande. Die Schweizer konnten übrigens nicht einmal im eigenen südlichen Raum ein Bündnis gestalten. Sie schieden dann bald durch die Niederlage der Züricher bei Kappel am 11. Oktober 1531 aus. Als Zwingli damals fiel, war der persönliche, kirchlich-politische Mittelpunkt den oberdeutschen Städten genommen; ihr Anschluß nach Norden, und damit eine Einigung des gesamtdeutschen Protestantismus, war erleichtert.

Aber einstweilen war der Riß da. Kursachsen stellte dogmatische Bedingungen für einen politischen Pakt, durchaus im Sinne des Totalitätsanspruchs des kirchlichen Mittelalters. So wenig überschaute man noch die Tragweite der Neuerung.

4. Die konfessionell-protestantischen Bündnisse oder Bündnisansätze waren also bis zum Ende des Jahres 1529 wieder so gut wie ganz vernichtet. Die Gegensätze im Protestantismus waren gewachsen. Aber eben dies vermittelt

eine neue Erkenntnis von der Kraft des reformatorischen Aufbruchs. Denn das reformatorische Bekenntnis wuchs trotz dieser Spaltung. Wir werden das sogar feststellen können für die von Melanchthon religiös so sehr geschwächte Form des Luthertums in der Confessio Augustana. Daß die religiöse Trennung Luther—Zwingli auch das politische Bündnis spaltete, war nicht das Bleibende. Der Gedanke und das Bewußtsein des Zusammenstehens aller neugläubigen Christen (außer den Schwärmern) überwog doch das Trennende, wenn die Zusammenfügung sich auch schließlich ohne die Schweizer vollziehen mußte. Die Kraft der Idee zeigte sich nicht wenig gerade darin, daß trotz der engen lutherischen Unduldsamkeit, die den Zwinglianern das Bündnis weigerte, das protestantische Prinzip sich durchsetzte und also die große Gefahr, in die man geraten war, überwand.

Noch mehr! In einem gewissen Sinne war das damalige Scheitern der Union auf Grund der lutherischen Unduldsamkeit eine religiöse Rettung des Protestantismus. Damals wäre ein Bündnis ja nur zu erreichen gewesen auf Kosten der dogmatischen Festigkeit in einem zentralen Punkte. Das aber hätte eine so frühzeitige innere Verflachung des deutschen Protestantismus überhaupt bedeutet, daß das Ergebnis wohl nur eine weitere, gewaltige Minderung christlicher Kraft in Deutschland hätte sein können.

Fortschritte der Reformation und Sieg des konfessionell-politischen Prinzips (1530—1539)

Die Jahre 1530 bis zum Beginn des Schmalkaldischen Krieges, bzw. bis zur endgültigen Zurückdrängung Franz' I. durch den Kaiser 1544, zeigen neben der Fortwirkung und weiteren Ausbildung der uns bekannten religiösen, kirchlichen und politischen Kräfte eine Reihe eigenartiger, neuer Züge. Diese Jahre zeigen anderseits neben der deutlich weiterschreitenden Zuspitzung der Gegensätze auch ein gewisses Ausruhen nach einem vorläufig erreichten Durchbruch.

Wenn man die Frage nach dem stellt, was eigentlich den Menschen der Reformationszeit bewegt, sind diese Jahre nicht besonders geeignet, eine eindeutige Antwort zu geben. Zwar sterben gerade zu Beginn dieses Jahrzehnts mit Riemenschneider und Burkmair (1531) und Veit Stoß (1533) die letzten Repräsentanten der großen Kunstepoche dahin, ohne daß irgendwie Nachwuchs vorhanden wäre. Aber wir sehen anderseits gerade jetzt wieder in größerem Umfang nichtreligiöse Fragestellungen in der Literatur auftauchen. Können wir doch sogar in Luthers Schrifttum diese gewisse Erweichung gegenüber dem exklusiven ‚sola fide‘ feststellen. Derweilen setzt Melanchthon die moralisch-pädagogische Linie, die er in praktisch-öffentlicher Arbeit seit 1527 angelegt hatte, in weltgeschichtlich bedeutsamem Sinne fort. Die natürlichen Kräfte und etwas vom humanistischen Relativismus scheinen im Protestantismus wieder mächtig voranzudrängen. Die ‚Confessio Augustana‘ von 1530 und die vielfach bedeutsamen Variationen in Melanchthons Dogmatik (Loci communes; die Ausgabe von 1534!) sind bedeutsame Zeugen. 1535 gibt noch einmal Erasmus in seinem ‚Ecclesiastes‘ die Darstellung einer bis ins Innerste ‚bieder moralistischen Glaubensauffassung‘ (Huizinga). Und in Antwerpen wird zur gleichen Zeit als wichtiges Symbol die Börse gebaut.

Auch die Haltung des Kaisers setzt sich von derjenigen, die er bisher gegenüber der deutschen Frage gezeigt hat, ab. Es tritt bei ihm eine nachgiebigere, taktisch biegsamere Behandlung der Religionssache hervor, die in konsequenter Linie durch die Religionsgespräche und den neuen Gedanken der Religionsvergleichung (erstmals 1539) bis zum Schmalkaldischen Krieg, ja über den kaiserlichen Sieg hinaus ins Interim führt. Sie wird ergänzt durch auffallende Unionshoffnungen.

Endlich tritt als nicht ganz neues Element, aber mit neuer Kraft in die Auseinandersetzung ein die vielfältige positive katholische Reform, die in einem eigenen Abschnitt (Drittes Buch) zu behandeln sein wird. Ihr großes Stichwort wird nun das katholische Konzil.

I. 1. Am 29. Juni 1529 war in Barcelona der Friede zwischen Kaiser und Papst geschlossen worden. Karl kam nach Italien. Die beiden Häupter der Christenheit trafen sich in Bologna. Der Papst war jetzt leicht zu gewinnen; ihm lag vor allem die von Karl gewährte Wiedereinsetzung der Medici in Florenz am Herzen. Am folgenden 24. Februar 1530, am Geburtstag Karls und Jahrestag der Schlacht von Pavia, fand in Bologna die Kaiserkrönung durch den Papst statt. Es war die letzte Krönung eines deutschen Kaisers durch den Papst bis heute. Und sie bedeutete bereits recht wenig im Leben der deutschen Nation. Karls Kaisertum war nicht mehr ein deutsch-römisches; es war ein universales Reich, und dies in einem geographisch viel weiteren, ideengeschichtlich weit geringeren Sinn, als das original mittelalterliche Reich es gewesen war.

Karl war zu dieser Krönung in Bologna nicht von Deutschland, sondern von Spanien aus gekommen. In seiner Umgebung fehlten, entgegen seinem Wunsche, die deutschen Fürsten beinahe ganz, italienische und spanische Adelige waren seine Begleitung. Nur Pfalzgraf Philipp trug den Reichsapfel. Das kam auf die Kürze der Zeit. Aber man hat mit Recht auf die tief symbolische Bedeutung dieser Tatsachen hingewiesen. Das Deutschland dieser Jahre war nicht der Träger dieses Kaisertums, es stand ihm gegenüber. Es war sogar zu einem Teil sein Gegner. Jedoch stand nun voll hinter Karl seine Herrschaft über Spanien und Italien. Die Jahre 1522—1529, die er leider von Deutschland fern gewesen, und die anderseits mit dem Kampf um Italien und die burgundischen Ansprüche ausgefüllt gewesen waren, hatte er in Spanien erfolgreich verwandt, einen königlichen Absolutismus aufzurichten, in dessen Dienst der Adel in der Heimat wie in den schnell wachsenden riesigen Eroberungen in Übersee sich bewährte, und dem die wirtschaftliche Kraft in einem außerordentlichen Maße zur Verfügung stand. Diese neue Macht — in der Wirklichkeit und im Bewußtsein der europäischen Meinung — wie der Besitz Italiens auf Grund des doppelten Sieges über Franz I. waren die Grundlage, auf der er nun seine deutschen Unternehmungen aufbaute.

Als der Kaiser in der Proposition für den ‚Protest'-Reichstag Speyer 1529 sein demnächstiges Wiedererscheinen in Deutschland ankündigte, war endlich

dieses Land wieder in den Vordergrund seiner politischen Berechnungen
gerückt. Die historisch und menschlich große Entschlußkraft, mit der er allein
am 19. April 1521 klipp und klar mit all seinen Hilfsmitteln sich zum Gegner
der religiösen Neuerung erklärt hatte, war nicht geringer geworden. Wenn er
das Reich während sieben Jahren in seinem großen politischen Spiel hatte
zurücktreten lassen, so hatte damit auch er zur ‚Rettung‘ der Reformation
beigetragen. Aber er hatte mit diesem Verhalten dem Gesetz seines universalen
Reiches gehorcht, das ein politisches war, während die Päpste durch die gleiche
Art dem Gesetz ihres universalen Reiches, das ein religiös-kirchliches war,
widersprochen hatten. —

Auf der Reise nach Deutschland zum Augsburger Reichstag 1530 starb in
Innsbruck Gattinara, der eigentliche Former des Kaisers zum universal und
imperial denkenden Staatsmann. Ein halbes Jahr später starb Karls Tante
Margarete, die ihm in so meisterhafter Weise die Niederlande, den hochwichtigen Rest des burgundischen ‚Stammlandes‘, geleitet hatte. Zwar fand
sich für Margarete in der 26jährigen Königin-Witwe Maria, Karls Schwester,
eine ebenbürtige Nachfolgerin, aber das Verhältnis konnte nicht das gleiche
sein. In die für sein Lebenswerk entscheidende Zeit ging Karl allein.

2. Der Reichstag von Augsburg 1530 trägt in manchem auffallend
zwiespältige Züge. Durch Drohungen unterstützte Unnachgiebigkeit neben
erstaunlich weitem Entgegenkommen ist auf ihm für den Kaiser wie für
Luther und die Neugläubigen überhaupt kennzeichnend. Nach dem in Speyer
1529 erfolgten offenen Bruch zwischen Alt- und Neugläubigen sollte Augsburg 1530 der große Versuch sein, die volle Einheit endlich wiederherzustellen. Das gilt für die Arbeit beider Lager, und beide wandten Härte
und Milde an, um zum Ziel zu gelangen.

Die Ankündigung des Tages kam aus Bologna vom doppelt siegreichen Kaiser,
dem sich eben auch England anbot (wenn er dem König nur in der Scheidungs-
sache helfen wollte), und dem sich im Februar des vergangenen Jahres der
König von Dänemark vollkommen unterworfen hatte. Der Hauptteil des Ausschreibens handelte vorzugsweise von den politischen Fragen (Türken, Italien,
Spanien), und sicherlich waren hier Themen angeklungen, die zu Karls zentralen Interessen gehörten. Insbesondere weist die Türkenfrage, bzw. die
Frage nach dem Schutz der Länder Ferdinands, im Zusammenhang mit dessen
geplanter Erhöhung zum römischen König, auf die habsburgische Erbfolge
im Reich hin. Aber als Hauptziel tritt doch hervor, zu handeln gegen ‚Irrung
und Zwiespalt im heiligen Glauben; vergangene Irrsal unserm Seligmacher
ergeben und der christlichen Religion durch alle ains jeglichen Gutbedünken,
opinion und maynung zwischen uns selbs in Liebe und Gütlichkeit zu hören,
zu verstehen und zu erwägen, die zu einer einigen christlichen Wahr-

heit zu bringen und zu vergleichen ... und wie wir alle unter einem
Christo sind und streiten, also alle in einer Gemeinschaft Kirchen und Einigkeit zu leben.‘

Dieser Ton ist mehr als nur ‚über Erwarten friedlich‘. Er ist aber auch
in der Religionsfrage selbst nicht nur von religiöser Sorge getragen. Vielmehr wird auch hier einmal mehr sichtbar jene unselige dogmatisch-theologische
Unklarheit und damit Kompromißfreudigkeit, die eine der wichtigsten Voraussetzungen für die Ausbreitung des reformatorischen Glaubens gewesen
war und weiter gerade durch den Kaiser werden sollte. Diese Deutung behält
ihr Recht, auch wenn man die Formulierung des Ausschreibens weitgehend
als taktisch berechnet nimmt mit dem Ziel, die Anhänger der Neuerung zunächst einmal entgegenkommend zu stimmen.

Der große Konflikt, dessen Ausdruck der Protest von 1529 war, beruhte
zum entscheidenden Teil, wie schon ausgesprochen, auf der Forderung, in
Religionssachen nur durch das eigene Votum, nicht durch Majorisierung gebunden zu sein. Diesen Streitstoff sucht die Ausschreibung dadurch zu beseitigen, daß sie das Erscheinen zur Pflicht macht. Denn der Kaiser wird auf
alle Fälle ‚mit den anwesenden Ständen handeln und beschließen in aller-
maßen‘, als ob die Geladenen zugegen wären.

Der Besuch entsprach den Erwartungen. Der Kaiser kam mit Campeggi,
dem päpstlichen Legaten. Die Kurfürsten und sonstigen Stände waren gut
vertreten. Die Herren von Kursachsen und Hessen waren persönlich da.
Auf der verhältnismäßig nahen Koburg saß Luther als Beobachter und Berater. In Augsburg selbst erschien als theologischer Wortführer der Abgewichenen Melanchthon. Von den katholischen Theologen war beinahe alles
zugegen, was einen Namen hatte: Eck, Cochläus und Fabri an der Spitze.

3. Die erste und letzte persönliche Begegnung, die den Kaiser mit der
lutherisch-deutschen Bewegung zusammengeführt hatte, war Worms 1521
gewesen. Dort aber hatte Luther auf ihn keinen großen Eindruck gemacht,
und seine eigene feste, ja drohende Ankündigung war damals keinem aktiven
Widerstand begegnet. Die deutschen Fürsten hatte er seitdem nicht höher
einschätzen gelernt, und den Reichsstädten wird er gerade auf diesem Reichstag abermals seine Geringschätzung zeigen. So ist es verständlich, daß der
Kaiser versucht sein konnte, zu glauben, jetzt 1530 in Augsburg eine ähnliche
Lage anzutreffen wie damals in Worms, eine Lage, die man also ebenso wie
damals durch eine Verbindung von Festigkeit und klugem Hinhalten verhältnismäßig leicht würde meistern können. Aber daß die Lage sich seit
Worms gründlich geändert hatte, wurde dem Kaiser schnell und deutlich
durch die reichlich selbstsichere, sehr schroffe Haltung der protestantischen

Fürsten zum Bewußtsein gebracht. Der Kurfürst von Sachsen etwa ließ damals in Augsburg Münzen mit seinem Bilde schlagen, auf denen er als Beschützer des Evangeliums gepriesen wurde. Das war freilich etwas inkonsequent. Denn wie wir sahen, fühlte er nach dem Fehlschlag von Marburg und Philipps Beitritt zum Züricher Burgrecht Neigung zur Verständigung mit dem Kaiser. Melanchthons Vermittlungsaktion, von der wir gleich hören werden, war damals der genauere Ausdruck der politischen Einstellung des Sachsen. Ihm wäre eine Verständigung von Katholiken und Lutheranern gegen die Zwinglianer hoch erwünscht gewesen.

Wie dem auch sei, der Kaiser reagierte zunächst im Sinne der Proposition durch eine entgegenkommende Behandlung der Fürsten. Er hatte im Frieden von Barcelona dem Papst versprochen, die Protestanten durch Güte oder durch Gewalt zurückzuführen. Er behielt beides im Auge.

4. Um für den angekündigten theologischen Vergleich gerüstet zu sein, hatte der Kurfürst von Sachsen von seinen Theologen eine kurze Zusammenstellung der Hauptpunkte der christlichen Religion verlangt. Es war im März ein gemeinsamer Entwurf von Luther, Jonas, Bugerhagen und Melanchthon eingereicht worden. Auf Grund dieses Entwurfes, unter Zuhilfenahme der Schmalkaldener und der Marburger Artikel, hat Melanchthon eine ‚Rechtfertigungsschrift für die in sächsischen Landen vorgenommenen kirchlichen Verbesserungen‘ verfaßt. Auf der Gegenseite hatten die bayerischen Herzöge ihren Theologen Dr. Eck veranlaßt, die Irrtümer Luthers zusammenzustellen. Er tat es in seinen ‚404 Artikeln‘, die seiner und seiner Auftraggeber Art entsprechend wieder darauf ausgingen (er hatte ein bewaffnetes Vorgehen bereits 1524 in Nürnberg und in Regensburg verlangt), den Kaiser zu energischem Durchgreifen gegenüber der Revolution zu veranlassen. Unter dem Einfluß dieser Kampfschrift gestaltete Melanchthon seine Rechtfertigungsschrift um (Gußmann). Er schrieb die erste protestantische Bekenntnisschrift von weltgeschichtlicher Wirkung, die Confessio Augustana. Sie war ausdrücklich an den Kaiser gerichtet und wurde als Bekenntnis der unterzeichneten Neugläubigen am 25. Juni 1530 auf deutsch ‚vor dem ganzen Reich, den Fürsten und Ständen‘ (Luther) verlesen. Es war eine wichtige Stunde. Luther durfte sie mit Recht als solche empfinden. Er empfand sie außerdem, wie er sagte, als tröstlich.

Diese protestantisch-lutherische ‚Confessio‘ widerlegten die Katholiken in der ‚Confutatio‘ (Johann Faber, Eck, Cochläus, Wimpina). Nach vielem Hin und Her hatte der Kaiser selbst Einfluß auf ihre Formulierung genommen, mit dem Bestreben, Härten möglichst zu vermeiden. Gegen die ‚Confutatio‘ verteidigte wiederum Melanchthon seine Confessio in einer ‚Apologia‘, in der er leider abermals vieles als Kirchenlehre ausgab, was bereits als nicht katholisch von den Katholiken bezeichnet worden war. Der Kaiser lehnte sie ab; die ‚Confutatio‘ habe die ‚Confessio‘ aus der Heiligen Schrift und mit guten Gründen widerlegt.

Die ‚Confessio Augustana‘ war unterschrieben vom Kurfürsten von Sachsen, dem Markgrafen von Brandenburg, den Herzögen von Lüneburg und dem Fürsten von Anhalt; von Nürnberg und Reutlingen. Auch der Landgraf von Hessen war schließlich beigetreten. Vier zwinglianisch gerichtete süddeutsche Städte, denen man die Unterschrift unter die ‚Confessio‘ verweigert hatte, brachten offiziell ihr eigenes Bekenntnis in der ‚Tetrapolitana‘ vor (Straßburg, Konstanz, Memmingen, Lindau); sie wurde nicht öffentlich vor allen Ständen, sondern nur im Ausschuß den Katholischen vorgetragen.

Daneben die Menge der schwankenden Städte, die nicht wissen, was sie wollen und sollen, und die also von der großen Aktion um die ‚Confessio Augustana‘ gar nicht erfaßt, von ihr eher bewußt ausgeschlossen wurden.

Und endlich hatte auch noch Zwingli sein eigenes Bekenntnis geschickt (‚Ratio fidei‘), worin er andeutend den Protestanten vorwirft, sie sehnten sich nach den Fleischtöpfen Ägyptens zurück. Melanchthon quittierte das mit der Zensur, die ‚Ratio fidei‘ beweise, daß Zwingli verrückt geworden sei.

Neben jenem schriftstellerischen Duell zwischen Lutheranern und Katholiken gab es lang sich hinziehende mündliche Auseinandersetzungen zwischen Melanchthon, Brenz, Schnepf gegen Eck, Wimpina, Cochläus. Auch Fürsten und deren Juristen beteiligten sich. Eben hier wurde leicht klar, daß es mit einer leisetretenden Harmonisierung, wie sie die ‚Confessio‘ versuchte, nicht getan war. Selbst wenn Eck in der Frage der Heiligenverehrung nicht unnütz Schwierigkeiten gemacht hätte, im 12. Artikel über die Genugtuung und in der Frage des Opfercharakters der Messe konnte es keine Einigung geben; die Widersprüche ließen sich nicht wegdeuten.

5. Die ‚Confessio Augustana‘ wurde die berühmteste Bekenntnisschrift der Protestanten und blieb es bis heute. Eine Tatsache unermeßlicher Bedeutung! Nicht Luther, der Schöpfer und Blutspender der reformatorischen Lehre, ist der Gestalter eines Großteils des Protestantismus geworden, sondern Melanchthon, der zwar ein genialischer Kopf, aber doch wesentlich Schüler und Schulmeister und Humanist war. Es ist notwendig, sich eingehender mit diesem Schriftstück zu befassen. Man muß es von vielen Seiten betrachten, wenn man über den materiellen Inhalt seiner Artikel zu einer Erfassung seiner eigentlichen Bedeutung vordringen will.

Die ‚Confessio Augustana‘ ist der bedeutendste Versuch des Humanismus, in das Luthertum einzudringen, ohne es aufzuheben. Es ist für die große geschichtliche Entwicklung ohne entscheidende Bedeutung, daß Melanchthon gegen Ausgang des Reichstags unter der Einwirkung Luthers sturer wurde. Die Grundhaltung der ‚Confessio' wurde nicht geändert, und sie wirkte durch die Jahrhunderte. Das war für den Protestantismus verhängnisvoll. Denn so wurde das Abgründige und die gewaltsame, paradoxale Kraft der Lehre Luthers zu einem sehr viel dünneren und formelhafteren Lutheranismus der Mittelmäßigkeit geschwächt, der sich recht oft auf allzu glatte Formeln zurückzog. Die rauhen Knoten und inneren Widersprüche, dafür aber auch das Unverwüstliche an Luthers Aussprüchen, das ungebunden Wachsende, das Nicht-Lehrhafte, kurz das Urtümliche war angetastet. Luthers Freund Baumgärtner meinte, niemand habe in Augsburg dem Evangelium so viel geschadet wie Melanchthon.

Die Wendung war auch, so überraschend es klingen mag, ein Schaden für die katholische Kirche! Die ungeheure Schwächung des Christentums in der nachreformatorischen Epoche ist — über die Spaltung hinaus — klar gekennzeichnet durch das Vordringen aufklärerischen, relativistischen Geistes. Eine Wiedervereinigung der beiden Konfessionsgruppen — katholisch, evangelisch — wurde um so unmöglicher, je mehr die neue Religion ihrer tieferen Werte beraubt, das Dogmatische bagatellisiert und damit das Christliche relativiert, die Offenbarung zerstört wurde.

Der Einbruch dieses Bagatellisierens und Relativierens in das lutherische Christentum ist aber mit gekennzeichnet durch die ‚Confessio Augustana' Melanchthons, des Humanisten. Über den Tatbestand ist nicht zu diskutieren, wenngleich Melanchthon selbst seine Schrift als reichlich heftig bezeichnete. Wichtigste Unterscheidungslehren, wesentliche Abweichungen der neuen Lehre von der alten waren gar nicht behandelt. Die Unfreiheit des Willens war ebenso übergangen wie die grundsätzliche Bestreitung des päpstlichen Primates, ‚die Gewalt' der Bischöfe aber sollte beibehalten werden, wenn sie das Evangelium richtig verkündigen lassen. Was aber hieß das, wenn im Grunde die Dinge so dargestellt wurden, als ob sich der ganze Gegensatz auf jene ‚Mißstände' beschränkte, die zwar längst zum äußern Zeichen des Programms geworden, aber nicht unmittelbar zum Dogma gehörten: Kommunion unter beiderlei Gestalt; Priesterehe; Abstellung der Messeleserei, des Beichtzwangs, der Fastengebote oder auch der Gelübde? Der Gegensatz wurde verfälscht, und die katholische Polemik versäumte nicht, das alsbald festzunageln und der ‚Confessio' vorzuwerfen, sie trage den protestantischen Standpunkt nur unvollständig und unaufrichtig vor.

Es war Melanchthon heiliger Ernst mit seiner Arbeit. Es ging ihm um die Einheit, und wie hat er sich viele Wochen lang ängstlich darum gemüht und dafür gezittert! Er lebte damals besonders stark vom Missionseifer, wie er ihn bei Paulus zu finden glaubte, der auch den Juden ein Jude geworden sei! So sollten auch die freien Christen mancherlei aus den früheren, päpstlichen Übungen auf sich nehmen. Er sah auch, wie um ihn herum im Luthertum die christliche Zucht abnahm. So konzedierte er also die bischöfliche Jurisdiktion nicht nur, um den Katholiken entgegenzukommen; er suchte wieder nach einer festen Ordnung, die dem Mißbrauch der evangelischen Freiheit ringsum begegnen sollte. Indes, es ging ja doch um die Formulierung des Glaubens, nicht nur um moralischen Ernst, auch nicht nur um ernsten persönlichen Glauben an sich. Und hier hatte Melanchthon eine für ihn unmögliche Arbeit übernommen. Seine lavierende Haltung am Reichstag ist sogar mit dunkeln Flecken verunziert, die ihm schon Zeitgenossen als Unwahrhaftigkeit und das Evangelium schädigend vorgehalten haben. Die furchtsame, kleinlich-schlaue Unaufrichtigkeit des Erasmus, der in diesen Jahren noch einmal zu einem wahren Symbol wurde, verdunkelt auch das Bild des Melanchthon. Freilich, wenn Campeggi den protestantischen Wortführern vorwirft, sie antworteten, wie es die Häretiker zu tun pflegten, mit hinterlistigen und zweideutigen Worten, so vergröbert das den Tatbestand in unzulässiger Weise. Denn auch wenn Melanchthon die Ansicht äußerte, die Glaubensartikel müßten der augenblicklichen Lage angepaßt werden, kann man das nicht wohl als bewußte Irreführung ansprechen. Auch diese Formulierung ist Ausdruck der grundsätzlichen Vermittlerhaltung des Humanisten.

Und abermals ist auf die theologische Unklarheit und auf das jeder Revolution (als einem großen Zeugungsvorgang) notwendig anhaftende Dunkel zu verweisen. Man muß bedenken, wie lang es auch bei vielen Katholiken gedauert hat, bis sie die wirkliche Unvereinbarkeit der beiderseitigen Lehren, vielmehr der beiderseitigen Art, erkannten! Man hat doch so lange geglaubt, daß mit der Bekämpfung einzelner lutherischer Sätze das Entscheidende geleistet sei, während das absolut Trennende, die grundsätzlich unkatholische, weil subjektivistische, der Tradition und dem Organismus Kirche gegenüber wesentlich bindungslose Grundhaltung nur von wenigen klar erkannt wurde. Der bis heute nicht ausgefochtene Streit um Grundfragen lutherischen Gedankengutes könnte zur Vorsicht mahnen bei der Urteilfindung über Melanchthon. Von beiden Seiten erhoffte er noch eine Einigung: es schien ihm durchaus möglich, daß die erwähnten ‚Mißstände‘ abgeschafft würden, wie daß die Evangelischen gewisse katholische Auffassungen wieder mehr betonen könnten. In einer hochpolitisch so gespannten Situation wie 1530 und bei einer mit weltgeschichtlicher Verantwortung so belasteten Aufgabe wie der verpflichtenden Formulierung der neuen Lehre vor Kirche, Kaiser und Reich war es kaum möglich, daß eine unkämpferische Natur wie Melanchthon nicht der Versuchung erliegen sollte, für seine parteiamtliche Stellung durch einige starke Verbeugungen gegenüber dem Papst eine Entlastung zu gewinnen. Allerdings ist es eine starke Zumutung an die Adressaten, wenn er (an Kardinal Campeggi) von der ‚Ehrfurcht gegen die Autorität des Papstes und die ganze Kirchenregierung‘ redet. Aber die Hauptsache bleibt. Das Undogmatische war für ihn das Kennzeichnende. Jene Unterschiede konnten ihm leicht unwichtig erscheinen. Es war schon seine rechte Überzeugung, wenn er meinte, Laienkelch und Priesterehe ständen schließlich allein zwischen den Parteien. (Diesen Irrtum quittierte Luther mit einer seiner groben Einladungen an Kardinal und Papst nach ‚Götz von Berlichingen‘.) Man soll auch nicht vergessen, wie wichtig es theologisch, politisch, privatrechtlich und stimmungsmäßig für die Neuerung war, den rechtlichen Zusammenhang mit den Institutionen der alten Kirche aufrecht zu erhalten. Auch von hier aus ist Melanchthons Vermittlungsarbeit in Augsburg zu verstehen. Etwa gerade, wenn er mit Brenz die Autorität der Bischöfe so betonte. Vom göttlichen Recht war keine Rede. Aber welche Bedeutung für die Reform, wenn das äußere und weltlich-rechtliche Bild sich nicht änderte, die Bischöfe in die neue Kirche übergingen! Daß notwendig ihre ganze Existenz hätte umgestaltet werden müssen, sprach Melanchthon freilich nicht aus. Brenz ist offener: ‚Hauptsache ist, daß wir (durch scheinbares Nachgeben) zu einer Duldung unserer Lehre gelangen.‘

Erst an weiterer Stelle kann die ‚Confessio‘ an dem politischen Zweck gemessen werden, dem sie im Streit mit dem Kaiser um das Wormser Edikt und die gesamte Neuerung dienen sollte. Durchaus vornean steht diese Abzweckung allerdings für die Fürsten. Von Gesichtspunkten des politischen Gewinnes her nutzten sie alsbald die unfeste Haltung der ‚Confessio‘ je nach ihren Ansichten und Bedürfnissen stark aus.

Umgekehrt war zwar auch das Vorgehen des Kaisers stark politisch berechnet. Aber sein Schwanken zwischen der energischen Sprache der ersten Unterredung mit den Protestierenden (er werde als Vogt der Kirche gegen sie vorgehen) und dem zähen Bemühen, durch Beweis und Gegenbeweis zu einer Einigung zu kommen, ist auch starker Ausdruck der theologisch ungeklärten Lage und der daraus genährten Hoffnung wider die Hoffnung. Wenn man versucht sein könnte, das Verhandeln des Kaisers 1530 in Augsburg nur als Taktik anzusprechen, dann sind die kaiserlichen Religionsgespräche der vierziger Jahre da, um diese Auffassung als ungenügend einseitig zu erweisen. In diesem Umkreis verliert dann auch Melanchthons Schwanken wieder etwas von seiner Rätselhaftigkeit.

Es war schon des öfteren die Rede davon, wie wenig Luther die Kraft hatte, durch die wirklichen Mißstände in der Kirche hindurchzusehen und das wahre Gesicht der Kirche zu erkennen. Mit welchem Erfolg er sich und seine Gefolgschaft z. B. in die unglaubliche Theorie von der katholischen Werkheiligkeit hineingesteigert hatte und wie wenig man sich anstrengte, die alte Lehre wirklich noch so zu sehen, wie man sie doch selber gekannt und bekannt hatte, ergibt sich nun auch aus der ‚Confessio‘ und stärker noch aus der gegen die katholische ‚Refutatio‘ geschriebenen, schärferen und manchmal saftiggroben ‚Apologia‘, die später auch in die offiziellen Symbolbücher der lutherischen Kirche einging: die Sündenvergebung, so habe man in der Kirche bis auf Luther gelehrt, könne durch die menschlichen Werke allein verdient werden; die Notwendigkeit der Gnade sei erst jetzt wieder ans Licht gehoben worden. Das war der Zentralpunkt in der Auseinandersetzung überhaupt, und er beruht auf einem massiven Mißverständnis, das man oft eine Verleumdung nennen muß. Warum liest man das kaum irgendwo in einer evangelischen Darstellung? Luthers gewaltige Neuformung ist in die Geschichte eingegangen. Seine Anhänger sind an die Neuformung, nicht an die Art ihres Entstehens gebunden.

Die ‚Confessio Augustana‘ ist vielleicht das Schriftstück, das von den unzähligen privaten und offiziellen Darstellungen am deutlichsten macht, worum es in der religiösen Neuerung ging. Das scheint nach dem Gesagten eine erstaunliche Behauptung gegenüber einer Schrift, die in Leisetreterei, in Verschweigen und Verkleisterung sich so viel Mühe gab, die Ecken und Härten des Luthertums zu verbergen, und klar die Absicht verfolgt, zu beweisen, daß man noch innerhalb der alten christlichen Gemeinschaft stehe!

Aber eben hier liegt die Offenbarung. Das Wesen des Neuen lag nicht im dogmatischen Abweichen in einem oder in zehn oder in zwanzig Einzelartikeln. Das Wesen des Neuen lag in einer neuen Art des Glaubens. Blieb sie gewahrt, blieb das Neue gewahrt. Mochte man sonst noch so weit zur Kirche zurückgehen oder umgekehrt sich noch radikaler von ihr trennen. Das heißt: hier liegt das Geheimnis der Einheit des doch so wesentlich aufgespaltenen Protestantismus; und hier offenbart sich die verhältnismäßige Bedeutungslosigkeit der innerprotestantischen Aufspaltungen. Wir werden es noch des näheren sehen, wie stark man diese Aufspaltungen dem Protestantismus von Anfang an von katholischer Seite aus vorgerückt hat. Man hat scharfe ‚Variationen‘ und Widersprüche aufgedeckt. Und mit welchem Recht! Wenn man einmal die Schwankungen und Spannungen in Luther selbst und in Melanchthon und zwischen den Anhängern Luthers untereinander beiseite läßt: welche Fülle von leichteren bis schärfsten Gegensätzen auf dem Augsburger Reichstag selbst, wo es neben der ‚Confessio‘ die ‚Tetrapolitana‘ und das Bekenntnis Zwinglis gab! Erschütternd, diese Auswirkung des Subjektivismus schon damals! Erregend auch der gegenseitig geweckte Haß, nicht nur der

Lutheraner gegen die Wiedertäufer, sondern in heftigster Form auch gegen die Zwinglianer, wofür es etwa bei Sturm, Butzer und Melanchthon Belege in Fülle gibt. Aber die Folgerungen, welche die katholische Polemik zog, waren trotzdem nicht durchweg genau genug gefaßt. Sie gingen aus von der Voraussetzung eines solchen dogmatisch festen Gebäudes, in dem jede Abweichung Widerspruch zum Ganzen ist. Sie übertrugen aber diese katholische Auffassung nicht mit Recht auf eine wesentlich undogmatische Glaubenshaltung. Die katholische Kontroverstheologie wurde in dieser Auffassung bestärkt durch Luthers und seiner Anhänger radikale Intoleranz auch gegenüber Zwingli und den Täufern. Aber diese Intoleranz war offenbar eine fatale Inkonsequenz Luthers, der selbst nicht sah, wie unabhängig seine Grundposition vom Einzeldogma machen mußte.

6. Luthers Haltung gegenüber dem Geschehen all dieser Wochen war eigenartig. Wie Melanchthon in Augsburg, so war er auf der Koburg in einer starken innern Erregung. Seiner starken Art gemäß zwang er sie nach außen gewaltsam nieder, verfiel allerdings auch in eine übersteigerte Trotzhaltung. Er hatte zunächst die ‚Confessio‘, die ‚Leisetreterin‘, ‚die er nicht schicken würde, die er aber auch nicht hindern wollte‘, durch seine Generalreservation, ‚wenn nur das Evangelium uns frei bleibt‘, so eingeschränkt, daß ihm alles gesichert schien. Er las den Text wiederholt sorgfältig durch und stimmte freudig zu. Indes wurde ihm, wie vielen Neugläubigen, Melanchthons Spielchen doch zu gefährlich. Er begann zu bremsen: keinen Schritt zurückweichen! Und heraus aus der gefährlichen Atmosphäre in die Gesichertheit der Wittenbergischen Heimat! Sein absolutes Vertrauen in die Sache ‚seines‘ Evangeliums kommt zu drastischem, aber auch verräterischem Ausdruck: ‚Wenn wir fallen, fällt zugleich Christus. Nun denn, so falle er! Ich will lieber mit Christus fallen, als mit dem Kaiser stehen!‘ Eine gewaltige Kompromißlosigkeit! Freilich, daß er in diesem Zusammenhang eigens betont, ihm sei Waghalsigkeit fern, ‚der Geist selbst‘ bezeuge ihm das, zeigt, bis zu welchem Grade er sich selbst übersteigern konnte.

Trotzdem tut man Melanchthon unrecht, wenn man ihn zu dieser Zeit nur im Gegensatz zu Luthers Unnachgiebigkeit sieht. Denn, und das ist das Auffälligste, Luther selbst war in diesen Wochen nicht nur der sture Unnachgiebige. Er hatte sich außer in seinen sehr zahlreichen Briefen an seine Unterhändler in Augsburg auch durch eine öffentliche ‚Vermahnung an die Geistlichen, versammelt auf dem Reichstag zu Augsburg‘ an der Arbeit beteiligt. Er schickt dann in wiederholter, eindringlicher Formulierung sein fleißiges Gebet (das freilich nicht ohne Überheblichkeit und manchmal Vermessenheit ist) und schreibt aus Gewissensdrang.

Er beginnt sehr sänftiglich und mit viel Demut. Aber dann bewahrheitet sich auch, was er schon sechs Tage nach Beginn der Arbeit an Melanchthon gemeldet hatte: es wächst mir unter der Hand Stoff wie Grimm, ich muß mich wehren gegen die unaufgefordert sich aufdrängenden Grobheiten. Leider wehrt er sich ebenso ungenügend gegen den andrängenden Grobianismus wie gegen ganz unglaubliche und uns geradezu unverständliche Verzeichnungen der katholischen Lehre. Massive Grobheiten über ‚Greuel und Lästerung nach Türkenart‘ in ‚des Teufels Kirche‘, uneingeschränkte Anpöbeleien über Huren, Huren, Huren mit unerbittlicher Wollust, in deren Umkreis seit Hunderten von Jahren kein Bischof ein Glaubensbekenntnis gehabt habe (sie haben statt dessen nur gepraßt), stoßen immer wieder auf. Zwischenhinein folgen dann mehr oder weniger offene Drohungen an die Bischöfe, die doch ‚so feste nicht sitzen‘.

Sicherlich hat Luther dadurch seine Aussichten bei den Angeredeten t a t - s ä c h l i c h heillos verdorben. Trotzdem das Seltsame: es kann kein Zweifel darüber bestehen, daß das letzte Ziel dieses Sendschreibens das ist, in eindringlich werbender Sprache die Bischöfe doch endlich herüberzuziehen. Es will das auch durch Drohungen. Aber es will es. Das Ganze ist ein merkwürdig widerspruchsvolles Hin und Her zwischen wilder Verzerrung und traulicher Bitte. Ein aufgeregtes, ja verstörtes Gemüt spricht sich aus. Manchmal droht die Sprache sich zu überschlagen. Aber jenes Ziel bleibt: ‚wir wollen euch lassen bleiben, was ihr seid, und lehren, daß man euch solle Fürsten und Herren sein ums Frieden willen und eure Güter lassen, welchs doch die Husiten und Wiklefiten nicht getan.... Haltet doch Fried und verfolgt uns nicht.... Ihr könnt uns und wir euch zu Friede helfen.... Gebt uns das Evangelium frei zu lehren.‘ Wie sehr es Luthers Absicht war, die Bischöfe zu gewinnen, zeigt auch jene Schrift, in welcher er seiner furchtbaren Enttäuschung über das Ergebnis des Reichstags Ausdruck gab: ‚An seine lieben Deutschen‘.

Jenem Werben entspricht es nun, daß Luther seine eigene Lehre durchaus in einer solchen Form darbietet, daß so gut wie überall der Unterschied zum katholischen Dogma — nicht zum verhaßten Papst selbst — sich lediglich auf das zu starke Eindringen des Menschlichen in die Ausbildung der katholischen Lehre reduziert. Die Messe wird sogar zu ‚unserem einigen höchsten Schatz‘, was man hier durchaus nicht ironisch auffassen darf.

Dieses Ausglätten des eigentlichen lutherischen Paradoxon kommt nicht ohne Vorbereitung. Man kennt die Reaktion nach den furchtbaren Erscheinungen der nach evangelischer Freiheit schreienden Bauernerhebungen. Im Vollzug ihrer Auswirkungen waren die Visitationen in Gang gekommen, deren Feststellungen sehr schnell zu einer bestimmteren Lehre zwangen. 1528 war dann der ‚Unterricht der Visitatoren‘ erschienen, zu dem Luther das

Vorwort geliefert hatte. Cochläus hatte das gierig aufgegriffen: war hier nicht eine Wendung Luthers zu einem dogmatisch fester und kirchlich geordneten früheren System? Machte Luther kehrt? Zur Kirche zurück? Cochläus sah Luthers Entwicklung sich abermals wandeln, schrieb seinen ,Luther septiceps' und belegte die sieben Entwicklungsstufen mit genau aus Luther genommenen und sich widersprechenden Texten. In den Zusammenhang dieser Entwicklung ist jene ,Vermahnung' Luthers einzureihen[1]. Freilich hat sich dann diese Haltung unter dem Eindruck der verschiedenen Klagen über Melanchthons großes Entgegenkommen bald wieder gründlich zurückgewandelt. Aber erst nach dem strammen Reichstagsabschied redet nur mehr der zornentbrannte Gegner, der den Krieg kommen sieht, sein Selbstbewußtsein gewaltig emportreibt, die Deutschen vor die Wahl stellt, in diesen Dingen dem Kaiser oder Gott zu folgen, aber auch Veranlassung findet, sich gegen den Verdacht der Aufruhrstiftung zu wehren: ,sie sollen mich nicht verzagt noch erschrocken machen. Sondern ich will sie verzagt und erschrocken machen. Ich will bleiben — sie sollen untergehen. Sie habens zu weit versehen. Mein Leben soll ihr Henker sein. Mein Tod soll ihr Teufel sein.' —

In der Ablehnung der kaiserlichen Vorlage vom 22. September äußert der um ein Gutachten befragte Luther sich mit jener Übertreibung, die seine Position immer wieder so schwach macht: das Augsburger Bekenntnis müsse als das wahre Wort Gottes dauern bis zum Jüngsten Tag. Nicht ein Engel vom Himmel könne etwas daran ändern, sondern der müßte dann verflucht und verbannt sein. Die Messe sei der größte Greuel unter allen, die nur genannt werden können usw. In all diesen Artikeln dürfe man um kein Haar breit nachgeben, wenn auch ganz Deutschland darüber zu Grunde gehen würde.... Gewiß, die Unerschrockenheit, mit der Luther jedes kleine Abweichen von der Wahrheit ablehnt, wenngleich ,alle Welt darüber zu Trümmern gehen sollte', ist bewundernswert. Wie aber, wenn man die ,Confessio Augustana' vergleicht mit der ,Apologia' oder mit Luthers Urteil über ihre Leisetreterei? oder gar die von Butzer bei Luther und Zwingli zur Duldung gebrachte Bekenntnisformel mit heranzieht? Wenn man etwa Luthers gewöhnliches Urteil über die Messe als schrecklichsten Greuel neben sein eben angezogenes Wort von ,unserem einigen höchsten Schatz' und neben die Be-

---

[1] Die Atmosphäre war in diesem Jahr 1530 und den folgenden auch noch auf andere, seltsame Weise mit Verträglichkeit oder auch Anbiederung gefüllt: die Kurie setzte starke Hoffnungen auf Melanchthon; ihre Vertreter versuchten, ihn von Luther abzuziehen. Hatte er nicht in einem devoten Brief vom 6. Juni 1530 seine Anerkennung der römischen Kirche, selbst der ,Messe' gegen Gewährung des Kelches und der Priesterehe angeboten? — Im November 1531 glaubte Klemens VII. annehmen zu dürfen, der Kurfürst von Sachsen habe konvertiert. 1532 müssen Cochläus, Campeggi und Aleander Front machen gegen den guten Eindruck, den Melanchthon durch seine verschwommene Milde an der Kurie gemacht hatte.

teuerung der ‚Confessio Augustana' hält: man tue den Anhängern unrecht, wenn man behaupte, die Messe werde bei ihnen abgetan?

7. Fürsten wie Städte der Opposition lehnten den kaiserlichen Ausgleich ab ‚um Gottes und ihres Gewissens willen'. Die Verschiedenheit und Unsicherheit der Städte betreffs der Lehre war allerdings schon mehr grotesk. Der Kaiser hatte recht, wenn er ihnen bedeuten ließ, er wisse nicht, wes Glaubens eine jede von ihnen sei, sie möchten es klar zu erkennen geben. Nicht nur gab es die Trennung der Zwinglianischen von den Lutherischen, die Zwinglianischen waren auch unter sich uneins; die Bedächtigeren trennten sich von den radikaleren Messehassern, die Neutralen von den Schweizern. Ganz unglaublich die Anweisung Biberachs an seinen Gesandten, die wir schon kennen: ‚des Glaubens und der Sekten halber es so zu halten, wie der Bürgermeister Besserer von Ulm. Wolle Ulm wieder katholisch werden, dann auch Biberach; will Ulm zwinglianisch sein, dann auch Biberach!' Zum Überfluß war dieser Besserer selber zweideutig; er schimpft auf den Papst, versichert aber dem Sekretär Campeggis, er hasse nichts mehr als die Lutheraner, noch mehr freilich die Sakramentierer. ‚Die Reutlinger unterschrieben die „Confessio Augustana", obgleich sie eine eigene, wesentlich abweichende mitgebracht.' Das Bekenntnis war in diesen Kreisen in erschreckendem Umfang zur politischen Handelsware geworden. Man versteht, daß die geringe Meinung, die der Kaiser von den Städten hatte, durch solche Unklarheiten nicht gebessert wurde. Er ließ die Widerlegung der ‚Tetrapolitana' mit der D r o h u n g schließen: ‚wenn die Städte nicht umkehrten, werde der Kaiser alles tun, was seines Amtes sei'.

Aber bis dahin war's noch weit. Denn es fehlt ihm das Heer; es besteht die Möglichkeit eines Bürgerkrieges (so Karl zu Campeggi); die Unentschlossenheit der katholischen Fürsten wird durch offene Uneinigkeit übertrumpft; energische Zugeständnisse an den Kaiser werden durch matte oder unklare Einschränkungen ihres Wertes beraubt. Von den Katholiken sind nur Herzog Georg von Sachsen und der Kurfürst Joachim von Brandenburg für Anwendung der Gewalt. Die bayrischen Herzöge sind jetzt direkt dagegen; sie suchen auch eine Einigung des Kaisers mit den Protestanten zu hintertreiben; sie wünschen einen solchen habsburgischen Machtzuwachs ganz und gar nicht. Unter den geistlichen Herren sind die von Köln und Augsburg (Bischof Christoph v. Stadion) mehr lutherfreundlich als Gegner der Neuerung. Und der erste Mann der deutschen Kirche, der Erzbischof von Mainz, weiß nicht, was er will; er ist ein schwankendes Rohr. Er steht bald hier, bald dort. Er wird 1532 die Widmung von Melanchthons Römerbriefkommentar annehmen und belohnen. Er schickt sogar Geld an Katharina von

Bora, das aber Luther ablehnt (Luthers Freund Doktor Rübel aber behielt es). Des Kaisers eigener Beichtvater rät zum Kompromiß: warum soll schließlich Ferdinand nicht Protestanten zu Untertanen haben, ähnlich den Böhmen? Soll man, um sie zu unterdrücken, wirklich einen Krieg beginnen, dessen Ausgang so unsicher ist?

8. Man sieht: auf beiden Seiten ist die theologische Lage in erschreckendem und die politische Lage in reichlichem Maße unklar. Der Kaiser versuchte schließlich, sie energisch zu klären. Er wollte nicht zulassen, daß die Protestanten das Evangelium gegen alle Welt, gegen ihn selbst, nur für sich beanspruchten. Seine Drohungen und seine Zustimmung zur ‚Confutatio‘ hatten Philipp von Hessen zur Erkenntnis gebracht, hier sei weiteres Beraten Zeitvergeudung; er hatte den Reichstag verlassen und wollte sich auf ernsteren Waffengang vorbereiten. Als dann der kaiserliche Vorschlag zum Reichstagsabschied bekannt wurde, reiste auch der Kurfürst von Sachsen ab. So wurde der Abschied in der definitiven Form vom 19. November ein Werk des Kaisers nur mit den Katholischen. Die Neugläubigen blieben beim Protest von 1529. Aber ‚neben der staatspolitischen Gruppe der Protestanten standen nunmehr die dogmatisch vereinigten Augsburger Konfessionsverwandten‘ (Brandi).

Inhaltlich war dieser Abschied eine nachdrückliche Erneuerung des Wormser Edikts mit Aufhebung der späteren Abschwächungen. Und viel detaillierter. Es wurde stark Bezug genommen auf die gewaltsame Ausbreitung der Neuerung durch Zwang auf Laien und Klosterleute und auf die erfolgten Beraubungen der Klöster und das Verjagen der Insassen. Es wurde endlich öffentlich klar Front gemacht gegen die tödliche Verleumdung, als ob die Katholiken das Wort Gottes unterdrücken wollten. Es wurde der heillose Subjektivismus festgenagelt, mit dem die Prädikanten nach ihrem Gutdünken predigten. Und es ist durchaus nicht nebensächlich, daß im Grobianismus der Predigten eine besondere Gefahr erkannt war. Die gewaltsame Unterdrückung von Bistümern, Klöstern und Kirchen ist in vollem Umfang tatsächlich und rechtlich wieder gutzumachen. Widerstand wird als Landfriedensbruch erklärt und mit der Acht bedroht. Luthers Lehre darf nicht mehr verbreitet werden. Alle Abgefallenen haben zur Kirche zurückzukehren. Die zu haltenden Glaubensartikel sind festgelegt. Nur geprüfte und ehelose Geistliche dürfen amtieren. Alles Altkirchliche ist zu schützen. Eine Vereinigung des Kaisers mit den Altgläubigen soll insbesondere diesem Zwecke dienen. Für die Unterwerfung wird Termin auf den 15. April 1531 festgesetzt.

Freilich, man bildete sich nicht ein, daß auf diesen Abschied hin alsbald die alte Ordnung wiederhergestellt werde; man sicherte also den Untertanen neugläubiger Fürsten das Recht des Abzugs zu.

Überhaupt! Wie weit war dieser Abschied von den dafür Hauptverantwortlichen ganz ernst gemeint? Kein Zweifel, daß der Abschied Karls innerste Überzeugung wiedergab über das, was hätte sein sollen. Aber die Erinnerung an sein seltsames Schwanken zu Beginn des Reichstags von einer ungewöhnlichen Schroffheit zu sehr langem und entgegenkommendem Verhandeln macht mißtrauisch. Vor allem: den starken Drohungen folgte auf der altkirchlichen Seite — nichts. Der weitere Fortgang der Dinge von kaiserlicher Seite her entsprach jenem gütlichen Verhandeln während des Reichstags, nicht dem schroffen Fordern an seinem Anfang und Ende.

9. In allen Verhandlungen der Reformationszeit fordern die Protestanten neben der Priesterehe vor allem den Laienkelch. Oft schien es geradezu, als ob sich ihre praktischen Forderungen in diesen beiden Punkten erschöpften. Melanchthons Äußerungen hörten wir eben. Im Interim 1547 wird Karl V. durch Gewährung beider Forderungen den Riß zu schließen versuchen. Noch das Reformationslibell Ferdinands II. aus der letzten Periode des Konzils von Trient (1562) glaubte in der Gewährung dieser Forderung durch den Papst ein wirkliches Heilmittel gegen die Spaltung gefunden zu haben. Der negative Erfolg hat damals in Kürze die Annahme als irrig erwiesen. Das bedeutet aber nicht, daß die Gewährung drei und vier Dezennien früher den gleichen Mißerfolg hätte haben müssen. Es ist nicht müßig, die Frage zu stellen, ob die alte Kirche in der Verweigerung des Laienkelches nicht einen zu hohen Preis für die Treue zu ihr forderte, wo doch eine Gewährung keinerlei Einbruch in ihren unabdingbaren Besitz bedeutet hätte. Nicht müßig deshalb, weil die Antwort die innere Problematik des reformatorischen Wachsens und ihre katholische ,Verursachung' weiter klärt.

Gewiß kann man die katholische Bekämpfung des Laienkelches nicht gerecht beurteilen, ohne den husitischen Vorläufer mit in die Betrachtung einzubeziehen. Von hier aus war jenes Verlangen revolutionär schwer belastet. Auch scheint ,Kelch' auf protestantischer Seite oft die Verwerfung der Konsekration einzuschließen (Eder). Gleichwohl: eine genügende Aufklärung in diesem Punkte hätte deshalb gelingen können, weil zu Beginn der Reformation der Abscheu gegen die Husiten in Deutschland trotz dem wütenden Romhaß allgemein und die Ablehnung der Konsekration noch nicht durchgedrungen war; eine Mißdeutung des Kelches hätte also ausgeräumt werden können.

Stellen wir nun die Frage noch in die Nähe jener Definition, in welcher wir die Reformation als eine revolutionäre Reiferklärung des Kirchenvolkes erkannten! Was wäre geschehen, wenn die Kirche nicht so überstark Priesterkirche gewesen wäre, wenn vielmehr unter den Theologen und Prälaten auch Idee und Wirklichkeit eines mitverantwortlichen Kirchenvolkes lebendig gewesen wäre? Selbst angesichts der erwähnten husitischen Belastungen hätte die katholische Abwehr gegen die Forderung des Laienkelches positiver und verständnisvoller ausfallen können. Reichste religiöse Kräfte der Volksgemeinschaft hätte man in der alten Kirche binden können, wie einst Franziskus die aufbrechenden religiösen Kräfte des dritten Standes in sie hinein gebunden hatte. Selbst die Ablehnung des Verlangens brauchte nicht so ausschließlich die kirchlich-priesterliche Vorschrift in den Vordergrund zu stellen und in einer schon ,nominalistischen' Theologie ihr Heil nur in der ,negativen' Korrektheit zu suchen. Allzu sehr sprachen mangelnde innere Freiheit und kurzsichtige Furcht mit herein.

Die Kirche hat durch ihre Arbeit, die eben besprochene Ablehnung eingeschlossen, ihre Aufgabe im wesentlichen gelöst: sie hat die Substanz der Wahrheit und der Kraft ungeschmälert aufbewahrt bis in unsere Tage. Das besagt aber wahrhaftig nicht, daß ihre Rettungsaktion nicht hätte vollkommener sein können. Vollkommener wäre sie gewesen, nicht nur wenn es ihr gelungen wäre, den Riß zu überwinden, d. h. das mächtig aufbrechende Religiöse der Neuerung, dogmatisch gereinigt, in ihren Kreis aufzunehmen — das stand nicht in ihrer Macht —, sondern auch, wenn sie alles getan hätte, um dieses Ziel zu erreichen. —

Wir betrachten die Vergangenheit, weil sie noch lebendig ist, uns noch angeht, um daraus zu lernen. Katholischer Wagemut als Ausdruck der unverlierbaren objektiven Wahrheit und Heiligkeit der Kirche und der starken innern Freiheit des Christenmenschen vor drohenden Gefahren, also Überwindung des allzu einseitigen Nein-Sagens, der allzu negativen Korrektheit, ist der Kirche zu allen Zeiten nützlich.

II. 1. Luther hatte in seiner ,Vermahnung' 1530 die Lage sicherlich sehr einseitig gezeichnet. Er sah nur den Sieg seiner Sache. Dafür ist er Luther. Aber darin fühlt er ohne Zweifel richtig, daß die Lage allmählich reif geworden ist, daß ihre innere Spannung zu einem Austrag drängt. ,Es kann und mag lenger so nicht stehen, wie es jetzt stehet.' Luther wittert Morgenluft. Der gebannte Ketzer darf zwar nicht auf dem Reichstag erscheinen, aber wie ein höherer Richter sitzt er auf der Koburg; ungebeten, aus eigener Machtvollkommenheit, ermahnt er in aller Öffentlichkeit den Reichstag, endlich sich zu ihm zu bekennen. Er ist sich dieser Selbstherrlichkeit bewußt. Er hat sie christlich-demütig mit überlegener Gelassenheit in der Einleitung seines Briefes überwunden. Hat sie aber dann zu einem gewaltigen Selbstbewußtsein in Gott und Jesus Christus gesteigert. Luther sieht zwar die zu rügende Untreue in dem treuen Festhalten an der alten Kirche. Aber damit hat er recht: in all diesen wirren Bestrebungen seit zehn Jahren fehlte Eines allzu sehr: demütiges Gebet. ,Welcher ist aber unter Euch allen, der für solch erschreckliche Greuel

je einmal Buße getan, je einmal geseufzet oder je ein Auge naß gemacht
hätte?' Es ging um die Substanz des Christentums. Hätte das gewaltige
Ringen nicht in einem ganz andern Umfang in einer Atmosphäre der Frömmigkeit, des Gebetes sich vollziehen müssen? ,Wahrlich, wahrlich, die Sachen
sind zu groß. Menschliche Weisheit und Gewalt ist viel zu gering dazu,
Gott muß helfen ... sein Hülf und Gnade müßt ihr mit ernstlichem Gebet
sichern.'

Sowohl am Ende der ,Vermahnung' wie am Ende der ,Warnung' spricht
Luther offen vom kommenden Blutvergießen. Das deckt die Stimmung
dieses Jahres weiter auf, die durch die weitläufigen theologischen Verhandlungen auf dem Reichstag und nach Rom hin (Melanchthon) allerdings überdeckt war.

2. Der Reichstag von Augsburg hatte einen Ausgleich zwischen den beiden
konfessionellen Gruppen bringen sollen, er hatte in Wirklichkeit die Spaltung
vertieft. Den Neuerern brachte er vor allem die Erkenntnis der ihnen drohenden Gefahr. Dadurch trat das Trennende zwischen den einzelnen evangelischen
Gruppen, das sich eben noch so bedrohlich gezeigt hatte, zurück. Anderseits
wuchs ihr Selbstbewußtsein und die Unternehmungslust. Denn den Drohungen
des Kaisers folgte, wie wir schon sagten, keine Tat. Butzer und Sturm suchten
den Lutheranern ihre Auffassung vom duldenden Gehorsam auszureden.
Wittenberger Juristen kamen, wie wir hörten, zu ähnlichen Auffassungen,
die im übrigen auch in solchen Erkenntnissen, wie wir sie eben bei Luther
lasen, schon angelegt sind. Endlich kam es den Neuerern sehr gelegen, daß
die in Aussicht genommene und dann am 15. Januar 1531 in Köln (statt
Frankfurt) gegen den Protest des Kurfürsten von Sachsen vollzogene Wahl
Ferdinands zum römischen König den alten Haß Bayerns gegen Österreich
weiter steigerte und also die katholische Front direkt schwächte.

So gab Augsburg 1530 den Anstoß zu jenem politisch-evangelischen Zusammenschluß, der allmählich zum offiziellen politischen Träger des gesamtdeutschen Protestantismus wurde, zum Schmalkaldischen Bund.

Dieser Zusammenschluß ist in seinem wenig imponierenden, stockenden
Entwicklungsgang nur zu sehr ein Abbild der uneinheitlichen, partikularistisch-
egoistischen Wünsche seiner Mitglieder. In keiner Weise eine Parallele zu
dem geistig-religiösen Aufbruch, der die Anfänge der Reformation so
stark machte. Man wollte gewiß vor der drohenden kaiserlichen Gefahr geschützt sein. Aber über das ,Wie' war man im unklaren. Das blieb sogar so,
als man sich bereits auf eine feste Verfassung geeinigt hatte. Es fehlte vor
allem die klare Einsicht, daß ein großer Einsatz gewagt werden müßte. Man
hatte nicht die nötige Entschluß- und Opferkraft. Es zeigt sich wieder die
jammervolle Kleinheit der deutschen Territorialmächte.

Am aktivsten war abermals Philipp von Hessen. Mit Zwingli hat er sich bereits im November 1530 unter Zuziehung von Basel und Straßburg zu einem gemeinsamen Burgrecht zusammengetan. Philipp und Zwingli waren überhaupt die einzigen protestantischen Führer, die in größeren politischen Zusammenhängen zu denken fähig und geübt waren. Schon damals tauchte bei ihnen der Gedanke auf, mit Frankreich und Zapolya gegen den Kaiser zusammenzugehen. Dabei stand für Philipp ein egoistisch-politisches Ziel im Vordergrund: er wollte den Österreichern Württemberg entreißen. Es ging ihm nicht darum, der Reformation in Süddeutschland den Weg frei zu machen; er wollte ganz real Zuwachs eigener politischer Macht und Zurückdrängung des gefährlichen Rivalen Österreich.

Jedenfalls führten die Verhandlungen zwischen den Anhängern der ‚Confessio Augustana‘ bereits im Dezember 1530 zu einer Art Verteidigungsbündnis gegen den Kaiser zusammen: Kursachsen, Hessen, zwei Braunschweiger, den Fürsten von Anhalt, die zwei Grafen von Mansfeld, Magdeburg und Bremen. Trotz aller Schwäche ein bedeutsamer Vorgang. Denn es bildete sich nach Rankes treffendem Wort zunächst einmal ein ‚Kern des Widerstandes‘. Die Abmachungen wurden wieder in jenem Schmalkalden getroffen, in dem man sich 1529 so sehr auseinandergestritten hatte. Die Lage des Ortes ist symbolisch: zwischen Kursachsen und Hessen, auf denen zum besten Teil der Bund beruhen sollte, wie er denn auch in seiner Wurzel auf jene ersten Verabredungen von 1526 zwischen Sachsen und Hessen in Torgau zurückgeht.

Im Februar 1531 traten Straßburg und verschiedene süddeutsche Städte bei. Das ‚Verständnis‘ war geboren. Das Bekenntnismäßige begann zu Gunsten des Politischen zurückzutreten. Zwar waren die Zwinglianer im eigentlichen Sinne ausgeschlossen, aber es war doch eine politische Verbindung zum religiösen Zwinglianismus hergestellt. Durch Hessen, Straßburg, Konstanz, die dem Zürich-Baseler Burgrecht angehörten, wurde sie zu einer Verbindung auch mit dem politischen Zwinglianismus. Und als am 11. Oktober 1531 Zwingli untergegangen war, vollendete sich bald diese hochwichtige Tendenz: die süddeutschen Städte orientierten sich notgedrungen nach Norden. Die politische Einheit des lehrmäßig zersplitterten deutschen Protestantismus erfuhr eine bedeutende Stärkung.

Noch im gleichen Oktober 1531 erfuhr die Schmalkaldener Front durch den Beitritt des katholischen Bayern jene hochwichtige Rückendeckung, von der bereits die Rede war. —

Mit der Entwicklung dieses Schmalkaldischen Bundes fällt der definitive Aufstieg des Protestantismus zusammen. Sie vollzieht sich im vierten Jahrzehnt des Jahrhunderts. Das entscheidende Jahr wurde 1532. Am 27. Februar dieses Jahres wurde eine Verfassung des Schmalkaldischen Bundes unterzeichnet; im Dezember wurde die endgültige Redaktion („Entwurf zur Gegenwehr‘) fertiggestellt; in Schweinfurt wurde sie definitiv angenommen. Man hatte nun den gemeinsamen Widerstand gegen Angriffe auf die evangelische Lehre — unter Gehorsamsverweigerung gegen den Kaiser — beschlossen, das Widerstandsrecht ausdrücklich bejaht; man hatte einen Kriegsrat, sogar eine Kriegskasse. Freilich, man wußte noch immer nicht, wie man die Lasten und Pflichten verteilen sollte. Über die Lasten wurde man sich am ehesten schlüssig: man bürdete sie nach einem alten Rezept vor allem den Städten auf. Aber die große Frage blieb: Wer führt? Hessen oder Sachsen? Schließlich taten es beide. Man sieht leicht, wie wenig vorteilhaft das für die innere Einheit und damit die Schlagkraft des Bundes und also für die Aussichten der Reformation sein mußte. Trotzdem wird sich das geschaffene Widerstandszentrum alles in allem bewähren. Und dadurch die Einheit des Reiches stärkstens bedrohen.

2. Aber die Bedeutung des Jahres 1532, das wir das entscheidende nannten, erwächst aus breiterer Grundlage. Wieder einmal hatte sich einer der berüchtigt schnellen Wechsel der Kräftegruppierungen vollzogen. Außer der wachsenden Macht der Schmalkaldener selbst war es wieder die Entwicklung der außenpolitischen Lage, die bestimmend wurde. Sie führte zu etwas ganz Neuem: zum Nürnberger Religionsfrieden von 1532, um dessen Auslegung dann all die folgenden Jahre gerungen werden sollte.

Die Türkengefahr hatte diesmal das meiste Gewicht. Soliman II. war erneut von der Donau her vorgestoßen. Ferdinand und der Kaiser waren auf den Beistand der Protestanten einfach angewiesen. Außerdem neigte seit 1531 der unberechenbare Papst Klemens VII. wieder zu Frankreich hinüber. Sein Nepotismus überdeckt das allgemeine Interesse der Kirche: es geht um die Verlobung und später — 1533, nach abermaliger Rückkehr zum Kaiser und Entfernung von ihm — um die Verheiratung seiner Nichte Katharina von Medici mit dem Sohn Franz' I., dem späteren Heinrich II. Zur selben Zeit, 1531, trennt sich die englische Kirche von Rom und macht den König zu ihrem Oberhaupt: wiederum eine wichtige Hilfsstellung für das protestantische Selbstbewußtsein.

Kurz, 1531/32 ist die politische Lage gegenüber 1530 von ganz zu ganz verändert. Der Reichstag von Regensburg 1532 belegt es: er ist durchaus überschattet von Sonderverhandlungen mit dem Schmalkaldischen Bund in Schweinfurt und Nürnberg. ‚Sonderverhandlungen‘, das setzt in der Tat ein wesentlich verschiedenes Verhältnis zueinander voraus: man befindet sich nicht auf dem Reichstag, der, vom Kaiser einberufen, unter Reichsrecht steht. Zwei Parteien kommen auf gleichem Fuß in einem beiderseitig frei gewählten Ort zu Verhandlungen zusammen. Und schon geht es dem Bund nicht mehr nur um Anerkennung des schon Erreichten, um Niederschlagung aller kammergerichtlichen Prozesse oder um so wichtige Dinge wie die Zurücknahme der Wahl Ferdinands zum römischen König. Er drängt vielmehr auf eine allgemeine, grundsätzliche Regelung, er verlangt Bekenntnisfreiheit, aber nicht nur für sich, sondern auch für jeden, der heute oder morgen zu seinen Reihen stoßen würde. Zwar findet sich ein juristisches Mittelchen, um dem formellen Zugeständnis im verlangten Sinne auszuweichen; man gibt dem Reichstagsabschied, der jede Veränderung des Reichsrechtes ablehnt, Nebenurkunden bei, die eine rein provisorisch-politische Regelung für die jetzigen Mitglieder des Bundes bis zum nächsten Reichstag treffen: der größte Teil der am Kammergericht schwebenden Prozesse gegen neugläubige Stände soll ruhen; die Stände sollen einander ,der Religion und des Glaubens halber nicht bekriegen oder berauben, ... bis zum nächsten, gemeinen, freien, christlichen Konzil, wie solches auf dem Reichstag zu Nürnberg beschlossen'. Die Stände bewilligen ein großes Heer von 80 000 Mann. Der Erfolg zeigt die Kraft des geeinten deutschen Vorgehens. August/September bringt die großartige Überwindung der Türken, zu der freilich der siegreiche Widerstand der kleinen ungarischen Festung Güns die Vorbedingung geschaffen hatte. Karl konnte den Sieg persönlich in Wien feiern. —

Regensburg 1532, der Nürnberger Religionsfriede und der Sieg über die Türken bedeuteten einen Erfolg des Schmalkaldischen Bundes, der seiner Sache wiederum gewaltigen Auftrieb gab. Der Bundestag in Schmalkalden Dezember 1535 verlängerte den Bund um zehn Jahre bis Februar 1547; er nahm neu auf: Württemberg, Pommern, Anhalt, Dessau, Augsburg, Kempten, Frankfurt, Hannover, Hamburg. Allmählich sammelte sich in ihm der deutsche Aktivismus, es erfolgte jene große Zahl von Reformierungen und Säkularisierungen ganzer Territorien, die den Siegeszug des Protestantismus der dreißiger Jahre kennzeichnen. Währenddem versuchte das katholische ,Lager', ohne den Kaiser, eine typische Haltung des Konservierens und des Abwehrens.

Vielmehr, des katholischen Bayern antihabsburgische Politik im Bunde mit den Schmalkaldenern, also auch mit Hessen und Frankreich, führte 1534 zur Rückkehr des Herzogs Ulrich nach Württemberg[1]. Er selbst und der Landgraf, dem Franz I. das nötige Geld für die Ausrüstung des Heeres gegeben hatte, nahmen das Land durch eine vernichtende Niederlage der Österreicher. Nicht nur die habsburgische Macht, die sich als Ganzes damals so

---

[1] Es bleibt interessant, daß gerade nach dem Verlust Württembergs zum ersten Mal der Gedanke einer bayerisch-österreichischen Heirat auftauchte, die dann 1546 zur großen Wendung in der bayerischen Politik führen sollte.

merkwürdig unaktiv verhielt, erlitt einen schweren Verlust, den Verlust der
wichtigen Verbindung von Österreich nach dem Rhein und Burgund; schwerer
getroffen war die katholische Sache. Württemberg wurde noch im selben Jahre
der neuen Lehre zugeführt; der Protestantismus hatte in Süddeutschland einen
wichtigen Konzentrationsherd und dadurch neue Expansionskraft gewonnen.
Gerade hier vollzog sich die Verschmelzung des Lutheranismus mit dem
Zwinglianismus, die Verbindung der zwei großen evangelischen Richtungen
zu einem Konsolidierungsblock.

Im Jahre 1536 vollendete die Wittenberger Konkordie die religiöse Einheit
des Bundes für kurze Zeit. Die Formel entsprach zwar dem Geist ihres An-
regers, des relativistischen Butzer. Aber die lutherische Formel (über das
Abendmahl), die Melanchthon entworfen und Butzer abgeschwächt hatte,
erreichte doch wenigstens vorläufig ihren Zweck: die Sicherung des Schmalkaldischen Bundes.

3. Es besteht heute keine Meinungsverschiedenheit darüber, daß Kaiser
Karl nach Stellung, Absicht und Leistung ein Recht darauf hatte, in seinem
Kampf gegen die religiöse Neuerung das Haupt der Kirche an seiner Seite
zu sehen. Er, die ‚sacra Caesarea maiestas‘, mit Bewußtsein Vogt und Schützer
der Kirche und Führer der Christenheit gegen Häretiker und Ungläubige,
hatte die besondere Wichtigkeit dieses Zusammenstehens klar erkannt. Er
setzte deshalb in den dreißiger Jahren alles daran, den Papst an seine Sache
zu binden. Er war 1532/33 noch einmal bei Klemens in Bologna. Das Ergebnis war, aufs Ganze gesehen und auf die Dauer, null. Die Maßnahmen
des damaligen Papsttums müssen sicherlich auch im Lichte der politischen
Notwendigkeiten des Kirchenstaates betrachtet werden. Aber auch dann bleiben sie in vielem reichlich befremdend. Vor allem angesichts der Türkengefahr! So wenig man seit langem den Päpsten und Kaisern diese immer
wieder berufene Türkengefahr und noch weniger ihre Bereitschaft zum
Türkenkrieg unbesehen glaubte (‚die Türken, die man bekämpfen solle, seien
in Italien‘), die Auffassung, daß Türkenbekämpfung Christenpflicht sei,
war noch eine gewaltige Macht im Bewußtsein der Zeit. Die Kandidatur
Franz’ I. auf den Kaiserthron etwa war zum besten Teil von daher begründet worden, daß er Macht und Geld und Kühnheit genug habe, um
gegen die Türken anzugehen.

Gerade Franz I. hat diese Aufgabe allerdings skrupellos vergessen und
verraten. Er folgte dem schlechten Beispiel der Venezianer (die schon 1529
Soliman dauernd Spionagedienst leisteten) und einigermaßen demjenigen
Bayerns, das seit demselben Jahr mit dem gebannten Zapolya, dem Türken-
freund, in Beziehungen stand. Wohlgemerkt, es handelt sich nicht um die

Frage, die etwa auch Ferdinand damals dem Kaiser vorgelegt hatte, ob man, um die Gefahr zu beschwören, mit den Türken einen Frieden eingehen sollte (so wie er ihn 1533 tatsächlich schloß); es dreht sich um die Ausnützung der militärischen Kraft der Ungläubigen gegen Christen. Mindestens seit Ende der zwanziger Jahre pflegte Frankreich seine Beziehungen zur Türkei in diesem Sinne. 1535 ging die erste französische Gesandtschaft an den Sultanshof, die 1536 das Bündnis abschloß. Auch die muselmanischen Barbaresken im Mittelmeer, die in ausdrücklichem Einvernehmen mit dem Sultan Krieg gegen Karl führten, hatten Frankreichs Unterstützung. Im Jahre 1537 blieb eine türkischfranzösische Flotte im Mittelmeer siegreich über die Schiffe des Kaisers, den die Idee des Kreuzzuges als Wesensäußerung abendländischen Kaisertums wirklich erfüllte und zu Zeiten geradezu berauschte. Zugleich stand Franz I. weiter in enger Fühlung mit den Protestanten.

In rücksichtslosester und heuchlerischer Weise erscheinen durch diesen katholischen König die politischen Belange den religiös-kirchlichen vorangestellt. Sogar rücksichtsloser als bei den Schmalkaldenern, die im Dezember 1535 mit dem allerchristlichsten König ein Bündnis immerhin nur unter der Bedingung eingehen wollten, daß ihre Verpflichtungen gegen Kaiser und Reich nicht berührt würden.

Ähnliche Pervertierung der pflichtmäßig zu beachtenden Ordnung findet sich eben jetzt wieder bei der Kurie. In der großen, tatsächlich antihabsburgischen Front von 1533/34 stehen, nach dem gleichen Ziel ausgerichtet, Frankreich, die Türken, die deutschen Protestanten und der Papst.

Und 1535/36! Der Kaiser stand damals durch seinen die Welt bewegenden Sieg über den muselmanischen Seeräuber Chaireddin Barbarossa wieder einmal auf einem Höhepunkt seiner Macht. Sogar bei den Protestanten hatte er etwas vom Glanz des Beschirmers der Christenheit zurückgewonnen. Seit 1533 war Italien durch das Bündnis des Kaisers mit dem Papst und durch dasjenige der allgemeinen italienisch-kaiserlichen Liga befriedet; mit Frankreich galt der Friede von Cambrai, die Krönung des Friedens von Madrid; die Kurie hatte unter dem Druck des fordernden Kaisers durch Berufung der epochemachenden Kardinalskommission die Reform in Angriff genommen: es war die Situation, auf die der Kaiser durch anderthalb Jahrzehnte hingearbeitet hatte. Und eben jetzt 1536 brach der Allerchristlichste König skrupellos den Frieden. Er stieß nach Italien vor, um Mailand, das durch den Tod Francescos II. erledigt war, für seinen Sohn zu gewinnen. Er schloß mit den Türken ab, unterstützte den exkommunizierten König von England und pflegte seine Verbindungen mit den deutschen Protestanten.

Gewiß hatte Karl 1529 inmitten der überschwenglichen Verbrüderungsszenen mit Franz I. und inmitten des vollen Siegerbewußtseins an Ferdinand geschrieben, ‚es bleibe immer unsicher, ob Frankreich den Frieden halte‘. Sicherlich waren auch die Machenschaften der Franzosen im Württembergischen Handel kein Geheimnis. Am 1. Februar 1535 war vollends das Manifest des französischen Königs an die Deutschen ergangen.... Trotz alldem: dies war der ‚unerhörteste‘ Friedensbruch.

Unter dem Druck dieser gehäuften Perfidie erfolgte am Ostermontag früh vor dem Hochamt Karls unerwartete, leidenschaftlich anklagende Ansprache an den Papst und die Kardinäle, in der er Franz' I. unchristliches Verhalten anprangert und versucht, den Herrn des Vatikans zu seiner christlichen Pflicht, zum definitiven Entscheid für die kaiserlich-katholische Sache zu zwingen. Bei dem unausweichlich werdenden Krieg mit Frankreich sieht er den völligen Ruin der Christenheit vor sich wegen der Lutheraner und der Türken. Er bietet dem König einen Zweikampf als eine Art Gottesgericht an, um so den Bruderkampf der Christenheit zu vermeiden. Der Erfolg: der Papst wolle neutral bleiben....

Karl hatte die Frage am richtigen Ort und in der richtigen zentralen Form gestellt: vor dem christlichen Papst, also vor der christlichen Welt; die Christenheit von Häresie und von den Ungläubigen bedroht, der christliche Kaiser seiner christlichen Pflicht, sie zu retten, bewußt: der französische König, der sich der allerchristlichste nennt, fällt ihm in den Arm.

Die kriegerischen Auseinandersetzungen begannen für den Kaiser wenig verheißungsvoll. Er ließ sich zu einem Einfall gegen Savoyen verleiten, der zusammenbrach. Im folgenden Jahre blieb eine türkisch-französische Flotte im Mittelmeer gegen die Kaiserlichen siegreich. Im Frühjahr desselben Jahres war ein französisches Heer in mächtigem Ansturm in die Niederlande eingebrochen. Hier hatte in dem sich entwickelnden blutigen Ringen das Gleichgewicht wiederhergestellt werden können.

Karl hatte nicht nachgelassen, den Frieden mit Frankreich als das einzig Sinnvolle auch inmitten dieser Verwicklungen anzustreben. Aber es entwickelte sich aus der Waffenruhe auf dem südlichen und auf dem nördlichen Kriegsschauplatz diesmal kein Friede. Es kam in Nizza, wo sich gleichzeitig Papst, Kaiser und König aufhielten, nur zu einem Waffenstillstand auf zehn Jahre. Ein Notbehelf: Karl wird seine Aufgabe in Deutschland nicht mit freiem Rücken durchführen können, er wird bis ans Ende mit zwei Schwertern nach zwei Fronten kämpfen müssen.

Die protestantische Front hatte gerade damals innere Zersetzungserscheinungen zu überwinden. Paul III. hatte das Konzil wirklich anberaumt und die Protestanten zur Teilnahme eingeladen. Der Kurfürst von Sachsen forderte von Luther eine zusammenfassende Stellungnahme. Der Reformator lieferte sie in den Schmalkaldener Artikeln 1537. Sie waren, der Tendenz nach, das Gegenstück zur vermittelnden ‚Confessio Augustana' Melanchthons. Die Unversöhnlichkeit der Neuerung gegenüber der alten Kirche trat schroff zu Tage. Luther war auf der Schmalkaldener Versammlung auf den Tod krank. Unter starken Steinschmerzen, zwischen Gebeten und dem Wunsch, erlöst zu werden von seinen Qualen, predigte er (wie schon auf der Koburg und in Altenburg 1530) als sein Testament den Haß gegen das Papsttum in seinem Vers: ‚Pestis eram vivens, moriens ero mors tua, papa!' Wenn er doch nur noch — so wünscht er — bis Pfingsten am Leben bleibt, um den Papst noch ein letztes Mal ordentlich anzupacken!

Die sich damals offenbarende innerprotestantische Aufspaltung wirkte sich, wie wir sehen werden, durch Philipp von Hessen noch weiter aus, hinderte aber auch jetzt nicht, daß die Kraft des deutschen Protestantismus kirchlich und politisch wuchs. Ein Territorium nach dem andern fiel ihm zu. Seit 1537 gehörte auch bereits Herzog Heinrich von Sachsen zu den Schmalkaldenern. Er hatte noch nichts zu bedeuten; aber er war Bruder und, da der Thronfolger eben in diesem Jahre starb, Erbe des Herzogs Georg, der stärksten Stütze des Katholizismus unter den deutschen Fürsten. Als Georg am 17. April 1539 starb, wurde sein Herzogtum unter Mitwirkung Kursachsens reformiert. In Brandenburg war die Markgrafschaft Küstrin bereits 1535, gleich nach dem Tode des Kurfürsten Joachim I., der neuen Lehre zugeführt worden. Jetzt, 1539, ging das Kurfürstentum denselben Weg. Die Reformierung war dort ein stark äußerlicher Vorgang. Die Stimmung im Lande, die angeblich die Einführung einer neuen Kirchenordnung verlangte, war weit davon entfernt, nur oder auch nur vorwiegend religiös ausgerichtet zu sein. Der neue Herr, Joachim II., war eine ausgesprochen kompromißlerische Natur, den das Religiöse wenig interessierte und dem infolgedessen die starr lutherische Theologie in Wittenberg unsympathisch war. Es hätte kaum mehr bedurft, ihn bei der alten Kirche zu halten, als eine Gesamtlage, die dem alten Glauben bessere Zukunftsaussichten versprochen hätte. —

Unterdes machte die erneut wachsende Türkengefahr jedes katholische Unternehmen großen Stils gegen die Protestanten unmöglich. Vielmehr führte sie im Frankfurter Anstand vom 15. April 1539 geradezu einen Waffenstillstand zwischen Kaiser und Reformierten herbei, der eine regelrechte Anerkennung des Besitzstandes der Reformation bedeutete. Die Befristung auf 15 Monate änderte daran praktisch kaum etwas. Denn nach deren Ablauf sollte ja der Nürnberger Friede von 1532 wieder in Kraft treten, dessen Vorteile für die Neugläubigen sich nun schon zur Genüge erwiesen hatten: der Protestantismus gewinnt abermals Zeit zum Einwurzeln.

Wahrhaftig, ein den Evangelischen selbst unerwartet siegreiches Voranschreiten der Sache Luthers! Cochläus erscheint die Lage der Kirche Ende 1539 trostlos.

Und eben jetzt bot sich dem Protestantismus eine weitere und, wie es scheinen konnte, abschließende Gelegenheit, das letzte noch freie Gebiet Deutschlands (außer Bayern) in die Hände zu bekommen: es war die Vereinigung von Jülich-Kleve mit Geldern in der Person des Herzogs Wilhelm, den die Geldrischen Stände 1538 gewählt hatten, und der jetzt 1539 durch den Tod seines Vaters Gesamtinhaber wurde. Er war mit Kursachsen durch seine Schwester Sibylle, Gemahlin Johann Friedrichs, und mit England durch seine zweite Schwester, die vierte Frau Heinrichs VIII., verschwägert. Die Reformierung jener Territorien diesseits und jenseits des Rheins in der Nachbarschaft der kaiserlichen Niederlande, deren junger Inhaber über so weitreichende Familienverbindungen verfügte, konnte für die katholisch-kaiserliche Sache eine ungewöhnliche politische und religiöse Gefahr werden. Ein Hinübergreifen der Reformation auf das münsterische und kölnische Land wurde wahrscheinlich. Denn in Minden-Münster-Osnabrück amtierte als Fürstbischof Franz v. Waldeck, der auch nach den Täuferunruhen so merkwürdig mit dem neuen Glauben oder vielmehr mit den Säkularisierungsmöglichkeiten, die er bot, sympathisierte. Und in Köln saß als Kurfürst und Erzbischof immer noch Hermann v. Wied, der radikal zur Neuerung strebte. Ein protestantisches Jülich-Kleve-Berg-Geldern bedrohte überdies die Verbindungen der kaiserlichen Niederlande nach Süden, d. h. eine lebenswichtige innere Front des habsburgisch-spanischen Systems. Und nicht zuletzt: mit einem reformierten Gebiet Osnabrück-Münster-Köln waren die gesamten geistlichen Territorien des Westens von dem Protestantismus bedroht. Dessen Erfolge an dieser Stelle mußten das Ende des Katholizismus in Deutschland sein.

Die Lage war für die Sache des Kaisers wirklich lebenbedrohend geworden.

Und was war mit den katholischen Ständen in Deutschland? Hatten sie jede Kraft verloren? noch kein Bündnis zustande gebracht?

Man tut gut daran, sich Folgendes einzuprägen: Es ist falsch, die innerdeutschen katholischen Bündnisse oder Bündnisansätze als gleich zu gleich neben den protestantischen Zusammenschlüssen zu nennen. Letztere bedurften, um zu entstehen, einer größeren Energie, sind also auch, da sie doch wirklich ans Licht traten, Ausdruck solcher Kraft. Wir wissen zwar, daß es eine Menge Spannungen und Eifersüchteleien innerhalb der politischen Zusammenfassung der Protestanten gab. Das Mißtrauen der Herren gegeneinander und der

Städte gegen sie war zu groß. Aber aufs Ganze gesehen, war die verhältnismäßige Einheit des protestantischen Bundes unvergleichlich stärker als bei den
Katholiken, wo so viele beiseite standen, interesselos oder verängstigt, wo
wichtige Territorien, wie Köln und Westfalen, eine schwere Belastung der
katholischen Sache waren, und wo die stärkste Macht, Bayern, mit den
Schmalkaldenern und deren Freund, dem Franzosen, abschloß und eine über
die Maßen zwiespältige Politik trieb! Das Urteil, das der Kaiser am bittern
Ende fällen wird, gilt für die ganze Periode: ‚die gehorsamen Stände waren
ganz kleinmütig und trostlos'; ‚die altkirchlichen Fürsten denken nur an
sich selbst'.

Nun wurden allerdings, wie wir sahen, verschiedene katholische Zusammen-
schlüsse verwirklicht. Für sie gilt, was wir von den politischen Abmachungen der
Zeit überhaupt hörten: An und für sich hatten sie gar keinen Wert, sondern
nur, wenn sie jeweils unmittelbar in Aktion traten. Sie hatten nur so viel
Kraft, als ihnen durch eine Aktivierung Jahr für Jahr zugeleitet wurde.
Und eben das geschah nicht. Es gibt kein katholisches Gegenstück zu den
regelmäßigen und hoch aktiven Schmalkaldener Tagen.

Die Packschen Händel, so sahen wir, hatten die katholischen Stände etwas
aufgescheucht; in Augsburg 1530 war viel und energisch die Rede von einem
Bündnis mit dem Kaiser, aber man war nicht bereit, einen entsprechenden
finanziellen Beitrag auf sich zu nehmen. So wurde auch aus diesem Plan
vorerst nichts. Allesamt wünschten ja die Herren nicht, die habsburgische
Macht übermäßig zu steigern.

Als Ferdinand 1531 nach seiner Wahl zum römischen König den Kurfürsten die Kapitulation beschwor, die ihm die Durchführung des Reichstagsabschieds von 1530 auferlegte, kam es mit ihnen zu einem Defensivbündnis
auf zehn Jahre. Man findet keine Auswirkungen davon in der Geschichte.

Im November 1533 schloß Herzog Georg von Sachsen mit norddeutschen
Fürsten den ‚Halleschen Bund'. Aber er gewann keine Bedeutung, da der
Tod des Brandenburger Kurfürsten alsbald die ganze Konstellation von
Grund auf zu Gunsten der Protestanten verschob.

Der kaiserliche Vizekanzler Held, ein Luxemburger aus Arlon, der 1536
in so unnötig schroffer Weise mit den Schmalkaldischen verhandelte, erkannte
sehr wohl das Entscheidende: weitere Reichstage ohne Erledigung der Religionssache hatten keinen Sinn. Leider gelang es auch seinen Bemühungen
damals nicht, einen katholischen Bund zusammenzubringen. Wohl aber
war er die anregende Kraft bei der endlich am 10. Juni 1538 ins Leben
tretenden Nürnberger christlichen Einigung. Ein wesentlicher Mangel war
offenkundig: die Kurfürsten fehlten. Von den Bischöfen nahmen nur die
von Salzburg und Magdeburg teil. Selbst der Papst war nicht mit von der

Partie. Und der Kaiser — blieb bis zum Äußersten auf den Frieden mit der Gegenseite bedacht, war sich wohl auch der Schwäche der Veranstaltung genügend bewußt. Er trat erst viel später bei. Das Ganze blieb eine armselige Angelegenheit. Es fehlte wie an der Macht so am Wollen. Daß der Zusammenschluß (Herzog Georg, Braunschweig und Bayern waren die stärksten Mitglieder) auf die Gegner größeren Eindruck machte, als objektiv berechtigt war, geht auf deren Furcht und Unkenntnis zurück.

III. 1. Wir müssen noch einmal zurückgreifen. In den Bischofsstädten am Rhein hatte sich im 15. Jahrhundert die Gegnerschaft der Bürger zu ihrem Bischof (auch zur Gewerbetätigkeit der Geistlichkeit) im Widerspiel wirtschaftlicher und sozialer Interessen am kräftigsten geäußert. Dem entsprachen die kleinen Revolutionen in diesen Städten, welche im 16. Jahrhundert die Bauernunruhen begleiteten. Aber zu heftigen Entladungen war es hier nicht gekommen. Erst recht nicht am Niederrhein, in den habsburgischen Niederlanden.

Und doch wurde dieser Raum zum Mutterboden einer letzten spiritualistisch-kommunistischen Schwärmerbewegung. Sie fand ihren, man muß es schon so nennen, Tiefpunkt im Regiment der Wiedertäufer in Münster. Hier fand ein unruhig schweifender, missionaristischer Wandertrieb ‚geistbewegter‘ Einzelpersönlichkeiten (vor allem aus Handwerkerkreisen) das richtige Material und die günstige Konstellation, nach eigenem, nur zu oft freilich höchst selbstischem Schwärmer-Rezept das ‚Reich Gottes‘ aufzurichten. Es wurde ein Tiefpunkt phantastischer Verdrehung, eine akute soziale Erkrankung, ein Hexensabbat, den ein paar seltsam begabte und hemmungslose Gesellen anzuführen verstanden. Eine Explosion, die mit aller Eindringlichkeit andeutet, bis zu welchem Grade die altgewohnten Ordnungen der Menschen damals in der Tiefe erschüttert und im Umbruch begriffen waren.

Wichtige evangelisch-schwärmerische Bildungen im Reiche waren vorangegangen. Denn die protestantische Aufspaltungsgefahr hatte sich auch über den Zusammenbruch der Müntzerschen Schwärmerei hinaus in einer Fülle seltsamer und bedeutsamer Gestalten und Kreise von Schwärmern dargestellt, die allmählich der gefürchtete gemeinsame Feind der Alt- und Neugläubigen wurden, gegen den sie denn auch 1535 in Münster gemeinsam im Felde stehen sollten, nachdem schon vorher, besonders in der Schweiz und Süddeutschland, Schwert und Scheiterhaufen gegen sie eingesetzt worden, 1528 der Schwäbische Bund scharf gegen die Wiedertäufer in Süddeutschland eingeschritten war und dann der Reichstag 1529 und 1530 für die blutige Unterdrückung gestimmt hatte.

Diese Wiedertäufer kennzeichnet eine ausgesprochene Laienkirchlichkeit, die Gegnerschaft gegen das feste Dogma und deshalb auch gegen die offiziellen reformatorischen Kirchen, die sich immer stärker in eine Verfassung einschlossen. Mit innerer Folgerichtigkeit trat denn auch der Gegensatz schärfer hervor seit jenen Jahren 1527/28, in denen sich die Abwendung des Luthertums von der Gemeindereformation und die stärkere Hinwendung zum Kirchenregiment als endgültig erwies. Eben 1527 hatte der ehemalige Mönch Michael Sattler (geboren etwa 1500) auf der großen Täuferversammlung von Schlatt so etwas wie eine Einheit der milden, jede Gewalt ablehnenden, aber auch die Absonderung von der Welt fordernden Täufer, der ‚brüderlichen Kinder Gottes‘, geschaffen. Die seitdem einsetzende allgemeine Verfolgung der Taufgesinnten hatte, aufs Große gesehen, ein doppeltes Resultat; beide Grundrichtungen aller Schwärmerei betonten je ihre Eigenart nun noch stärker: es steigt sowohl die Erregtheit, die in phantastischer Apokalyptik und in aufrüttelnden Predigten wie in aufwühlenden Reden und Drohungen, auch etwa unmittelbar vor der Hinrichtung, sich Ausdruck verschafft; es steigt aber auch die demütige Verinnerlichung, die reinere und sanftere Ausprägung der Kindschaft Gottes, der Verzicht auf die Welt, ihre Ordnungen, ihr Schwert und ihren Eid, und die entsprechende Erwartung der Parusie.

Kaspar v. Schwenkfeld (1489—1561) gehörte zu den Ersten, auf die der verhängnisvolle Abstieg des Luthertums zu einer verflachten ‚fleischlichen Freiheit‘ Eindruck machte (1524). Von den Verfolgern zum ruhelosen Umherwandern gezwungen, wurde er ein frommes Vorbild für seine Gemeinde der Heiligen, der Prädestinierten, die ein Bestandteil sind der vollkommen unsichtbaren Kirche, denen Gott ohne jede Vermittlung — die Bibel ist nur Kontrolle — den ‚Geist‘ schenkt. Es gelang ihm, den ganzen Süden und Osten des Reiches mit seinem Ferment zu durchsetzen.

Sebastian Frank († 1542/43 zu Basel), mit seiner ungezügelten Kritik nach allen Seiten, die weltlichen Gewalten und die Täufer nicht ausgeschlossen (‚des Teufels liebstes Lästermaul‘ nennt ihn Luther), hatte 1528 als lutherischer Prediger in Nürnberg begonnen, verkündete seit 1531 eine pantheistisch-spiritualistische ‚Lehre‘ in Straßburg, wo schon Sattler seine Zwanzig Artikel vorgelegt hatte, und das für die Weiterwirkung nach den Niederlanden hin so bedeutungsvoll werden sollte. Seit 1534 wirkte er als Seifensieder in Ulm (wo Schwenkfeld später starb).

In Mähren, Ungarn und Siebenbürgen weit verbreitet, gelang den Täufern der sanften Richtung 1528 (Nikolsburg gegründet) sogar eine bedeutende Verwirklichung ihrer unrealen Ideale in einer Gemeinde strenger Arbeit ohne Eigentum: die Mährischen Brüder pflegten den Liebeskommunismus zusammen mit einem ausgesprochenen Quietismus, zu dem der orgiastische Radikalismus in Münster das schärfste und wüste Widerspiel sein wird.

Diese spiritualistisch-apokalyptisch-täuferischen Kräfte bleiben in entscheidendem Maße der weltgeschichtlichen Bühne des Handelns fern. Sie sind beinahe nur Strom und Bewegung, nicht Form, dazu von recht vielfältiger und auch gegensätzlicher Art. Es wäre trotzdem verkehrt, sie als nebensächlich im Gesamtbestand der Kräfte zu bezeichnen. Sie sind in einem staunenswerten Ausmaß vorhanden und entwickeln immerhin auch bemerkenswerte moralisch-religiöse Kräfte auf dem Untergrund beachtlicher Gedankenarbeit: Sie sind ein wichtiger Teil jener Allgemeinwirkung der Grundkräfte der Zeit, die mit der Humusbildung im Leben des Waldes verglichen werden könnte. Das Ungeordnete an ihnen ermöglichte und begünstigte zwar die Zerstörung und das schnelle Zerrinnen; aber das Phantastische oder gar das Schrullenhafte sind bei weitem nicht die Hauptsache an ihnen. Man erfaßt weder das Revolutionäre noch die geheimnisvoll zum Neuaufbruch innerhalb der Christenheit drängenden Kräfte dieser brausend chaotischen Zeit genügend, wenn man das Täufertum nicht als starke Erscheinung mit in das Bild einreiht. Die gewaltigen revolutionären Umschichtungen des 15. und des 16. Jahrhunderts ruhen wesentlich auch auf jenen dumpfen Regungen, die Luther zusammenfassend ‚Rotten und Schwärmer‘ nannte; sie waren nicht nur gelegentlicher Ausschlag an den großen offiziellen Gestaltungen.

2. Eine erste Andeutung für die Eigenart der münsterischen Wiedertäufer gibt die Zeit ihres Auftretens. Müntzer stand einst noch ganz in der Zeit des kraftvoll nach innen wachsenden Luthertums; man begann erst, den gewaltigen Aufbruch in kirchliche Formen zu fassen; noch war kaum durch Einmischung der weltlichen Gewalt die Entwicklung zum politischen Geschäft eingeschlagen. Aber seit dem Reichstag von Augsburg 1530 war, nach vielerlei Vorstufen, die Auseinandersetzung in großer Breite eine politische geworden. Die Gegner des Kaisers in Augsburg waren nicht mehr die Reformatoren, es waren die protestierenden Stände, und bald war es der Schmalkaldische Bund. Der extreme Widerpart dieser reformatorischen Gestaltung sind die münsterischen Wiedertäufer. Naturgemäß mit der Betonung des ‚Geistes‘ im Mittelpunkt, aber doch fordernd das Reich Gottes und sein Gesetz bis zur Durchführung der sicht- und kontrollierbaren kommunistischen ‚Stadt Gottes‘.

Die Ausbreitung der schwärmerischen Erregtheit am Niederrhein zog ihre Kraft ebenso aus einer Art schleichender Ansteckung wie aus der eindringlichen Erregtheit illuminierter Redner: ob sie in den kleinsten Spinnstuben den Geist kündeten und Zeugnis ablegten von der Gottkindschaft der Reinen und von den apokalyptisch drohenden Gefahren bei der Wiederkunft des Herrn, oder ob sie übersteigert fanatisch und erregend ihr Bekenntnis auf dem Richtplatz wiederholten, oder die Masse der Volksversammlung durch ihr Wort kneteten.

So wenig man die Jahre und Jahrzehnte der Reformation als eine allgemeine Erregung des Gesamtvolkes ansprechen darf, es war eben doch eine Welt aus den Fugen gegangen, oder im Begriff, auseinanderzubrechen. Und man spürte das. Die Donnerstimme Luthers war erklungen. Deutschland hatte die ungeheure Szene in Worms bewußt erlebt, die fürchterliche Drohung der Bauernkriege hatte über den Ländern gehangen und das Volk verängstigt, die große Schlacht von Pavia hatte die Phantasie des Abendlandes ergriffen, der Sacco di Roma hatte das Gefühl einer notwendigen Umkehr vor einem großen Zusammenbruch einigermaßen ins allgemeine Bewußtsein, auch der Kirchlichen, gehoben; die Türken hatten vor Wien gestanden ...: eine gewaltige Masse von Explosivstoff war in Deutschland angehäuft. Scheint es nicht begreiflich, daß diese Sprengkraft dort nach einer radikalen Entladung drängte, wo es bei bemerkenswerter Bevölkerungsdichte am meisten Proletariat und Industrie gab, und wo anderseits das strenge habsburgische Regiment die Entladung nach außen, die Abreaktion, am schärfsten verhinderte: in den Niederlanden!

In den Niederlanden finden sich denn auch gleich am Anfang der Bewegung Vertreter jener beiden genannten Extreme. Der duldenden christlichen Erwartung der Parusie war hingegeben der Kürschner Melchior Hofmann aus Schwaben, der dann zu verschiedenen Malen und lange in Straßburg wirkte und auch dort endete. Als seine extreme Ergänzung erschien seit 1530 der ‚Prophet‘ Matthyszoon, ein Bäcker aus Haarlem: das Reich Gottes, dessen Träger die Erleuchteten sind, muß mit Gewalt ausgebreitet, seine Feinde müssen mit Gewalt ausgerottet werden. Er war persönlich durchaus bereit, dies in blutiger Weise an Katholiken wie Protestanten in Münster zu vollziehen. Vor allem durch den redegewaltigen (später mehr rede- und schreibsüchtigen) Kaplan Bernd Rothmann war in den münsterischen Kirchen die reformatorische Lehre ein- und bis Sommer 1532 zum Sieg geführt worden. Die westfälische Land- und Stadtbevölkerung war seit Jahren in Gärung wegen sozialer und wirtschaftlicher Nöte. Im Verein mit dem durchaus selbstsüchtigen Tuchhändler Bernd Knipperdolling und dessen aufhetzender Tätigkeit in den Gilden, und wiederum beeinflußt und dann beherrscht von niederländischen wiedertäuferischen Predigern, verband Rothmann nun mit den sozialen die religiösrevolutionären Forderungen. Der städtische Rat wurde zurückgedrängt und das alte Ziel der Bürgerschaft, vom Bischof frei zu werden, wurde erreicht: der Bischof mußte weichen und vertraglich einer radikalen Reformation Raum geben. Die Entwicklung drängte zur Gewalttätigkeit. Die Führung fiel den Auswärtigen zu, dem erwähnten Bäcker Jan Matthys und nach seinem Tod dem Schneider Jan Bockelson aus Leyden. Als Auswärtigen wurde es ihnen leichter, in steigender Despotie ihr Regiment zu führen. Knipperdolling, der frühere Bürgermeister, wurde Gehilfe im Bunde und besonders Scharfrichter, der bald ohne Gericht und Verhör die in der ‚Sünde' Ertappten zu köpfen begann.

Das Urprogramm der ganzen Reformation ‚Nichts Menschliches!' wurde nun zugleich in extremstem Radikalismus und seltsamster Verdrehung ins Werk gesetzt. Man wollte zur allereinfachsten Ur-Menschlichkeit zurück, reichlich verbrämt und begründet mit alttestamentlichen Anschauungen, Vorschriften und den entsprechenden persönlichen Erleuchtungen der Propheten. Alle Ordnungen, die von Menschen in der Zeit geschaffen waren, sollten fallen. Es war die abstrus-extreme Ausbildung der reformatorischen Idee von der Geschichtslosigkeit des christlichen Gedankens. Innerhalb des konkreten Lebens! Man darf aber über dem Schwärmerisch-Verstiegenen, dem vollkommenen Wahnwitz einer elementar krankhaften Erschütterung nicht das Vernünftig-Gesunde ganz vergessen, das sich etwa bei dem zweiten Propheten, bei Jan von Leyden, neben seinen verbrecherischen Sinnlosigkeiten zeigt. Die Befestigung der Stadt, die militärische und wirtschaftliche Mobilmachung aller irgendwie vorhandenen Kräfte und Möglichkeiten zeugen von Scharfblick und zielsicherer Tatkraft. Nur so konnte die Stadt die Belagerung so lange aushalten und zwei blutige Generalstürme der Belagerungsarmee zurückschlagen.

Aber es ist auch selbstverständlich, daß jener gewaltsame, pseudo-natürliche Trieb in Widernatur und niedrigsten Naturalismus zurückschlug. Besonders als die gierig-unbeherrschte, grausam-genießerische Leidenschaft den jungen Bockelson, den gewalttätigen Beherrscher der Massen, packte und außerdem die Belagerung, bzw. die entsetzliche Hungersnot, ihn und seine fanatischen Anhänger aller Stände, die an ein Nachgeben nicht dachten, zu den letzten schaurigen Unsinnigkeiten zwangen. In der anderthalb Jahre währenden Abgeschlossenheit der belagerten Stadt wirkte sich der im niederrheinischen Raum besonders dicht geschichtete seelische Epidemiestoff, den wir aus dem Spätmittelalter kennen, zu einer akuten Vergiftung aus. In wunderlicher und spukhaft-schauerlicher, blutrünstiger Umkehrung entstand ein angebliches Reich Gottes, ‚Gottes allerchristlichste Stadt', ‚Christi gesamte Gemeinde und Bruderschaft', wo die gewaltsame Vernichtung aller Freiheit die Norm wurde; wo Jan Bockelson als König auf ‚Davids Stuhl' herrschte, aber nicht etwa über diese ‚höchste Stadt Gottes' allein, sondern über die ganze Welt und vorangesetzt allen Fürsten und dem Kaiser....

Vollendeter Kommunismus des Lebens, des Essens wie der Frauen (letzteres in einer geradezu fürchterlichen Ehegesetzgebung geregelt, die eine völlige Auflösung aller Bindungen bringen mußte) war seit dem 23. Juli 1534 eingeführt. Üppigster Hofprunk des Königs von Sion mit seinen 16 Frauen gab die Folie zu einer Massenhysterie mit ihrer sich häufenden Verrücktheit, Widerlichkeit und Grausamkeit. Drakonische Strenge, die alles und jedes zur Sünde, zum Staatsverbrechen machte und entsprechend ahndete, schlug einen Aufstand blutig nieder und hielt alles unter dumpfem Druck, nicht zuletzt durch die vergiftende und lähmende Angst vor dauernder Bespitzelung.

Dazwischen bis zur grotesken Lächerlichkeit gesteigerte unwahrscheinlichste Unsinnigkeiten, angebliche Prophezeiungen und als ihre Wirkung, allem Gesagten zum Trotz, der unzerstörbare, großartige und entsetzliche Glaubensfanatismus vieler vom ‚Geist‘ Ergriffener, robuster Männer und hysterischer Weiber. Eine unheimliche Zusammenkopplung von Führern und Verführten. Einzelne Stunden akuter Erregtheit (wo dann die Verantwortung getrübt gewesen sein mag) abgerechnet, fällt es schwer, bei den wenigen leitenden Personen, besonders aber bei Bockelson, einigermaßen guten Glauben anzunehmen. Sie waren nicht vom Schlag des gewalttätigen ersten Propheten Matthys und jener berauschten Wanderprediger, die aus dem belagerten Münster hinauszogen, um den Täuferglauben zu predigen und dafür zu sterben. Was auch immer bei Bockelson zu Beginn seiner ‚Erweckung‘ vielleicht zu einem kleinen Teil unklarer Glaube an das eigene Prophetenamt gewesen sein könnte, war längst und gründlich aufgesogen durch den hemmungslosen Trieb der Sinnlichkeit, der Gewalttätigkeit, des Geltungsbedürfnisses und dann, dem bittern Ende zu, der Notwendigkeit, sich am Leben zu halten. Dieser Prophet Gottes schlemmte, als seine Untertanen vor Hunger starben.

Dann gibt es die für die sehr eifrig betriebene Propaganda berechneten Traktate. Sie werden in Massen aus der Stadt geschmuggelt, um den Widerstand draußen zu brechen und um die weiterum vorhandenen täuferischen Regungen zu Gunsten Münsters zu aktivieren. Da hört man mit Biedermiene vorgetragene Sätze, die nur von Ordnung und Sündenlosigkeit und Liebeskommunismus wissen, und daß sie sich gerne aus der Schrift eines Bessern belehren ließen, wenn es nur leider nicht unmöglich wäre. Die schauerliche Wirklichkeit ist mit der Selbstverständlichkeit von Kindern, Narren und Verbrechern umgekehrt ins Gegenteil. Und selbstbewußt klingt die Drohung an die Verstockten draußen: ‚Unsere Erlösung säumt nicht, und das Feuer, das angesteckt ist, werden alle Wasser der Erde nicht auslöschen können.‘

Der münsterische Kommunismus wurde noch einmal der große, gemeinsame Feind der in Katholiken und Evangelische gespaltenen Deutschen. Als die Abwehrarbeit des Bischofs und der nächstgelegenen Kreise sich als ungenügend,

die Ansteckungsgefahr aber als bedeutend erwies, bewilligte im April 1535
ein allgemeiner Kreistag zu Worms die notwendigen Mittel zur Fortsetzung
der Belagerung. Köln, Kleve, Sachsen und Hessen unterstützten den Bischof
Franz v. Waldeck. Aber die Härte der fanatisierten Verteidiger war stärker.
Nur Verrat brach nach weiteren Monaten den Widerstand. In der Johannis-
nacht vom 23. auf den 24. Juni 1535 fiel die von den kulturkämpferischen
Täufern verwüstete Stadt, in der es nicht mehr viel zu holen gab, den
Belagerern in die Hände, um von den Söldnern in ein Meer von Blut getaucht
zu werden. Die Wiedertäufer wurden in der Stadt selbst schlechthin vernichtet. Die Führer hatten sich zuletzt wenig heroisch benommen. Sie waren
dem aussichtslosen Endkampf gegen die plötzlich im Innern der Stadt auf-
tauchenden Belagerer ausgewichen. Jan von Leyden, Knipperdolling und
Krechting wurden am 22. Januar 1536 vor dem Rathaus, derselben Stätte,
wo der ‚König‘ ehemals im Angesicht seiner Frauen prunkvoll mit dem Alten
Testament und dem Schwerte zu Gericht gesessen, auch in eigener Person
als Nachrichter fungiert hatte, mit glühenden Zangen und dem Dolch zu
Tode gebracht. Ihre Leichen wurden in den berühmten eisernen Käfigen am
Turm der Lambertikirche zum abschreckenden Beispiel aufgehängt.

Die grauenhafte Verirrung und Verführung eines tief angelegten, unruhigen
Suchens nach der Lösung aller Rätsel durch unmittelbaren Kontakt mit dem
Göttlichen war zu Ende. Die Zuchtlosigkeit hatte zur Selbstvernichtung geführt und abermals, durch ein Meer von Leid hindurch, die unbedingte Notwendigkeit einer festen Form für den Bestand des religiösen Lebens erwiesen.

Die Niederwerfung der revolutionären Gestaltung in Münster bedeutete in
letzter Auswirkung das Ende einer aussichtsreichen Ausbreitung der Reformation daselbst, trotzdem der Bischof sich ihr immer wieder näherte.
In diesem armseligen Franz v. Waldeck stellt sich der ganze Jammer der
katholischen Lage dar. Sein Vorgänger hatte im Kampf mit der Reformation
durch Abdankung kapituliert. Franz selbst hätte gerne aus seinen Territorien
ein erbliches Fürstentum gemacht. Noch nach 1535 schlug er für Osnabrück
ungeniert eine Reformierung nach der ‚Confessio Augustana‘ vor. Erst 1548
widerrief er unter starkem politischem Druck feierlich seine Neuerungen, ohne
sich länger an diese Äußerung zu binden, als die Macht des Kaisers dauerte. —

Die Täuferbewegung in Münster war schließlich zu einem Tyrannen-
regiment geworden. Das änderte aber nicht ihre Grundstruktur. Diese war
demokratisch, von der Masse getragen, Feind der waltenden Fürstenobrig-
keiten. So wurde durch den münsterischen Sieg der Fürsten abermals die
Reformation als Volksbewegung zu Grabe getragen, die Mündigkeit und
Selbständigkeit des Volkes überhaupt weiter zurückgedrückt. Auch Münster

wurde eine Etappe auf dem Weg zum Territorialkirchentum und zum Absolutismus.

3. Eine ähnliche Entscheidung fiel 1535/36 im Raum der norddeutschen Hansa. In Lübeck versuchte Jürgen Wullenweber, eine kirchlich-politische Demokratie unter Beseitigung des alten Rates aufzubauen. Sein erstes Ziel war, diese Demokratie über die Ostseeränder hin auszubreiten. Derartige Tendenzen in diesen Jahren mußten den mißtrauischen Hütern der Ordnung als Ableger des gefährlichen Münsteraner Rottengeistes erscheinen. Ein Krieg mit Dänemark verlief unglücklich. Der Holsteinische Adel und Gustav Wasa blieben Sieger über die Demokraten. Der alte Rat wurde wieder eingesetzt und Wullenweber hingerichtet.

Die Reformation ruhte nun auch im Norden endgültig auf dem Willen der Fürsten.

Drittes Buch

Katholisches Leben. Zerfall und Erneuerung

Erstes Kapitel

Fortbestand des katholischen Lebens in Deutschland

I. Es ist zu Beginn dieses dritten Buches nötig, daran zu erinnern, daß wir uns um eine Erkenntnis der Reformation in Deutschland bemühen. Das gewaltige Kapitel der innerkatholischen Reform, das einen so breiten Raum in der allgemeinen Kirchengeschichte des 16. Jahrhunderts neben der protestantischen Reformation und der katholischen Gegenreformation beansprucht (ohne daß dieser Anspruch schon gemeinhin erfüllt würde), ragt im Zeitraum, den wir hier betrachten, nur zum geringsten Teil nach Deutschland herein. Das bedeutet an sich, daß unsere Darstellung nur dann von den erwachenden katholischen Kräften in Deutschland einen der objektiven Lage entsprechenden Eindruck vermittelt, wenn sie gegenüber den andern Teilen dieser Reformationsgeschichte an Umfang spürbar zurücktritt.

Ich habe mich an diese objektiv geforderte Proportionierung nicht gehalten, sondern sie bewußt zu Gunsten dieses dritten Buches durchbrochen. Dies ist eine Reaktion gegen die zu geringe Beachtung, die dem katholischen deutschen Leben des 16. Jahrhunderts insgemein in den bisherigen Darstellungen der Reformation gewidmet wurde. Dadurch verfehlen diese Schilderungen sowohl die korrekte Wiedergabe des objektiven Bestandes als auch ein besonderes Ziel, das heute jeder deutschen Darstellung dieses Zeitalters gestellt ist. Nur wenn das allgemeine Bewußtsein den Gesamtbestand der damaligen Kräfte einigermaßen gleichmäßig in sich aufnimmt, können wir die Problematik des konfessionellen Risses, der Deutschland bis heute spaltet und uns bis heute so unmittelbar angeht, so erfassen, daß wir ihn innerlich und vielleicht auch einmal äußerlich überwinden können. Auseinandersetzung lohnt sich nur mit der Wirklichkeit. Es ist in der Tat bis heute für den Katholiken bedrückend, manche hervorragende, durchaus vornehm geschriebene protestantische Darstellung der Reformation zu lesen: es scheint doch im letzten so, als ob mit Ausnahme des politisch und politisch-religiös bewegten Kaisers und der geringen politisch-katholischen Ansätze der bei der Kirche verbleibenden Fürsten ein Katholizismus damals kaum mehr wirklich gelebt hätte. Eines einzelnen Katholiken oder einer katholischen Lebensäußerung in Deutschland wird höchstens ab und zu ganz nebenbei Erwähnung getan. Auf ein paar Seiten könnte man jeweils alles sammeln, was über katholisches Leben mitgeteilt wird.

Bei Gott, die Zersetzung des katholischen Lebens war entsetzlich weit gediehen. Unsere Darlegungen über die Ursachen der Reformation und über den katholischen Bestand zu Beginn der Reformation haben das kraß genug herausgestellt; wir werden auf diese Dinge auch für die Jahre der ansetzenden katholischen Reform eindringlich zurückkommen müssen; gelegentlich mit solchen Ausführungen, daß mancher auf den Gedanken kommen könnte, ich zerstöre meine eigene These. Und selbst die aufzuzeigenden positiv religiösen Äußerungen nehmen sich nur allzu oft dürftig, unschöpferisch aus neben dem packenden Ringen und Reden Luthers und dem gewalttätigen reformatorischen Geschehen. Da hoffe ich denn, daß man dieses Kapitel g a n z liest. Denn trotz allem ist jenes gemeinhin gezeichnete Bild falsch. Es fehlt ihm eine wichtige Ergänzung, ohne die außerdem die über das Politische hinausgreifende weitere Entwicklung nicht verstanden werden kann.

Denn Geschichte besteht nicht nur aus dem Genialen, auch nicht nur aus dem unmittelbar sichtbar Aktiven, geschweige denn nur aus dem Neuen. Es gibt einen tragenden Grund des Bleibenden und des Durchschnitts, ja des armselig Fortwuchernden, der für alle Geschichte mit wesentlich ist. Und es gibt eine i n n e r e Geschichte, ohne deren anonymes Wirken die große äußere weder entstehen, noch Bestand haben könnte. Dieses dritte Buch will zu einem Teil Spuren dieser allzu oft vergessenen innern Geschichte in die Erinnerung rufen, soweit das katholische Leben an ihr beteiligt ist.

Man kann freilich dieses Bild nicht in seiner ganzen Ausdehnung zeichnen. Dafür ist es zu eintönig[1]. Man müßte denn, den deutschen Raum abwandernd, tausendfach das gleiche wiederholen. Denn eine Messe in Königsberg unterscheidet sich im Wesen in nichts von einer Messe in Trier und auf den vielen tausenden dazwischen liegenden katholischen Altären. Hingegen der damalige Protestantismus ist neu, ist Bewegung, ist Vielfältigkeit; das kann man im einzelnen beschreiben, ohne sich zu oft wiederholen zu müssen. Der Katholizismus dagegen war, trotz allen zu machenden wichtigen Einschränkungen, gleichgeartete Einheit. — Aber man muß es nachdrücklich a u s s p r e c h e n

---

[1] Dieses Urteil wird noch zu differenzieren sein. Bis jetzt sind wir über die lebendige Fortdauer katholischen Lebens in Deutschland und seine Fortschritte noch schlecht unterrichtet. Eine Arbeit wie die Grevens über die Kölner Kartause läßt bei weiteren Untersuchungen angenehme Überraschungen erwarten.

und es dem Leser zum Bewußtsein bringen, daß es neben den aus dem Kloster
austretenden Mönchen sehr viele treue gab, die erst aus ihrem Heim und guten
Eigentum v e r t r i e b e n werden mußten; daß neben der verlotterten Geistlichkeit eine bemerkenswerte Zahl Pfarrer und eine Reihe Bischöfe in Treue
für ihre Herde weiter (oder sich bessernd) sorgten, in der Feier der Liturgie,
in der Predigt, in der Karitas; daß sich neben dem Schrifttum Luthers ein
antiprotestantisches katholisches entwickelte, dessen dogmatische, exegetische
und literarische Festigkeit immerhin bedeutend ist, eine literarische Leistung,
in der man neben der gehässigen Polemik und Verleumdung, die der protestantischen nichts nachgibt, auch echt christlichen Missionarsgeist findet.

II. 1. Gab es denn jenes wesentliche katholische Leben in genügendem Umfang im damaligen Deutschland?

Es gab es durchaus in den immer neu schöpferischen Formen des Gemeinschaftslebens: in den Pfarreien und in den Klöstern; und es gab es in einer
beträchtlichen Anzahl führender Einzelpersönlichkeiten.

Wir sind in der Lage, den Tag für Tag in vielfältigen Formen wie seit
undenklichen Zeiten gut funktionierenden Organismus eines katholischen Pfarr-
lebens wenigstens im äußeren Detail zu beobachten. Man vermag zu erkennen,
daß nicht nur alte Formen äußerlich weiterbestanden, sondern daß, von der
Mitwirkung der Geistlichkeit wie des Kirchenvolkes her, kirchlich-gläubiges
Dasein und Wirken lebendig war. Es zeigt sich auch nicht etwa ein krampf-
haftes Ringen um den Bestand. Dieser Bestand ist vielmehr in den katho-
lischen Gegenden nach wie vor eine g e s i c h e r t e S e l b s t v e r s t ä n d l i c h k e i t.
Das gilt gleichermaßen (wie für die Pfarreien) für eine s e h r g r o ß e Anzahl
von Klöstern.

Um beides zu verstehen, muß man sich einer der Fundamentaltatsachen
erinnern, die das damalige Leben prägten: trotz den Handelsbeziehungen
(die z. B. Luthers Schriften so schnell durch Deutschland eilen ließen) gab es
zwischen unendlich vielen Landschaften nur spärlichste Verbindungen, also
Beeinflussungsmöglichkeiten; die einzelnen Teile Deutschlands lagen damals
noch sehr weit auseinander.

2. Wir können das behauptete Fortbestehen katholischen Lebens nach-
prüfen etwa an der Pfarrei des Pfarrers May von Hilpoltstein, auch für die
des Pfarrers Diel in Mainz und für die des Dr. Johann Eck in Ingolstadt.
Diese Pfarrherren haben uns über das kirchliche Leben in ihren Pfarreien in
je einem Pfarrbuch eine Reihe Aufschlüsse vermittelt. Es handelt·sich vorzüglich um Handreichungen für die sonntäglichen Verkündigungen als Festlegung
der in der Pfarrei überlieferten Gewohnheiten und für die Kontrolle des

äußern kirchlichen Geschehens im Ablauf des Kirchenjahres. Dieser Bestim-
mung entsprechend behandeln sie allerdings gerade das am wenigsten, was
uns am meisten interessieren würde, das innere, betende Leben der Gemeinde.
Wenn man etwa das Material zusammenstellt, das Diel uns an die Hand
gibt, ist man zunächst enttäuscht. Er erwähnt Verdienste, Vermehrung des
Gnadenschatzes, Verehrung der Mutter Gottes, die eigenen Kirchenablässe der
Pfarrei, das Aschenkreuz, die Beicht vor Weihnachten, das Fasten an den
Quatembertagen, Meßstiftungen, Antonius- und Martinusstation, die dazu
gehörenden Reliquien und Bruderschaften; daß man in der Pfarrkirche beichten
müsse, damit ersichtlich werde, wer zur Pfarrfamilie gehört; auch solle man
sich nicht etwa einen unwissenden Beichtvater aussuchen! Es wird gesprochen
von den Bruderschaftsabgaben, und daß das einkommende Opfergeld, das
nicht dem Pfarrer gehört, unter Zuziehung von Zeugen gezählt werden soll.
Es finden sich auch die üblichen und nicht sehr sympathischen Zusammen-
rechnereien von Ablaßtagen.

Es gibt aber auch wärmere Partien. Der Pfarrer soll über das fromme
Kommunizieren unterrichten (das Opfergeld soll vorher entrichtet werden,
damit der Empfang der heiligen Kommunion nicht gestört werde durch
äußere Dinge). Die Gläubigen sollen ‚allein in innerer Betrachtung, Andacht
und Liebe in allem sich jenem hingeben, den sie in der Eucharistie wunderbar
verborgen glauben und empfangen wollen, den sie einstens in unausssprech-
licher Freude unverhüllt in seinem himmlischen Reiche zu sehen hoffen' [1].
Wenn ein Kranker die heilige Wegzehrung nicht empfangen kann, soll man
ihm doch den Leib des Herrn bringen, ihm ihn vorhalten mit der Auf-
munterung: ‚glaube, und du hast genossen!' Und dann finden sich Stellen,
die klarmachen, wie gut man die Gebote aus der Schrift unterbaute, oder
wie ernst man es mit der w a h r e n Reue nahm, die durch keine zusätzliche
andere Buße ersetzt werden kann, es sei Gebet, Fasten, Almosen oder Wallfahrt.

Übrigens ist das Schweigen über das intimere Frömmigkeitsleben der Pfarrei
auch beredt; man braucht sich nur in der Atmosphäre alter katholischer Land-
pfarreien etwas auszukennen, um das zu verstehen. Wie in hundert Sätzen
und zufälligen Bemerkungen deutscher Chroniken dieser Zeit spricht sich hier
die Selbstverständlichkeit des noch immer katholischen Daseins aus. Es ist
jenes bestimmte Leben, das, wie der Wechsel der Jahreszeiten, ganz allein
den Kreis des Jahres ausfüllen kann. Es vollzieht sich etwas sehr Altgewohntes,
aber in organisch lebendigen Formen, immer gespeist von dem Geheimnis der

---

[1] Da nach der heiligen Kommunion ein Kelch mit unkonsekriertem Wein den Gläubigen
gereicht wird, soll der Unterschied zum Kelch des Priesters erklärt werden.

Erlösung des Herrn in der Messe. In Formen, die recht konventionell erscheinen und oft genug, wie wir lasen, es sind. Aber in der Treue im Kleinen
und zum Hergebrachten bricht doch ab und zu eine wirkliche Kraft durch,
so daß man plötzlich merkt, wie hinter jenen mehr äußerlichen Dingen die
eigentliche Glaubenshaltung ununterbrochen lebendig ist.

3. Klarer erkennbar und greifbarer stehen Persönlichkeit und Arbeit Ecks,
des Pfarrers an ‚Unserer Lieben Frau‘ in Ingolstadt, vor uns. Wenn seine in-
ständige Bitte um das Gebet seiner Mitarbeiter im Weinberg des Herrn etwas
formelhaft klingen mag, so enthält das Pfarrbuch dieses unermüdlichen Mannes
doch übergenug Aufzeichnungen, die den Verfasser als soliden, treuen Pfarrherrn ausweisen. Er sorgt für ein ganz Wesentliches: daß der tägliche und
wöchentliche Ablauf des gottesdienstlichen Lebens in geregelter Weise sichergestellt sei. Auch die rechtzeitige Ausspendung der Sakramente an Kranke
und Sterbende muß unter allen Umständen garantiert sein. Für jede Woche
ist ein Pfarrgeistlicher dafür verantwortlich und hat gegebenenfalls für Ersatz
zu sorgen. Im Notfall aber muß u n b e d i n g t jeder Pfarrgeistliche einspringen.
Die Routine des Pfarrerlebens mit den immer wiederkehrenden Anliegen von
Taufe und Begräbnis hat dem robusten Eck das Empfinden für den Ernst des
Christenleids, etwa der Mutter, der ihr Kind stirbt, nicht genommen. Er unterliegt auch nicht dem Mechanismus des Betens. Er dringt wiederholt und mit
einer gewissen Strenge auf l a n g s a m e s Beten; die Quantität darf nicht die
Qualität schädigen. Für den Beginn der österlichen Zeit 1526 notiert er sich
für eine Predigt: ‚Daß man die Kommunion nicht so schnell abmachen soll!
Einmal im Jahr vollziehst Du ein so hohes Werk, nun willt (du) davoneilen.
Nicht also, meine Kinder, nicht also!‘ An diesem Palmsonntag und am Gründonnerstag gab Eck bereits von 3 Uhr morgens an Gelegenheit zur Beicht.

Als Hauptpflicht und Hauptamt des Pfarrers betrachtet Eck die Predigt.
Im Unterschied zu bedauerlichen Gewohnheiten der Zeit hat er die Koopera-
toren kaum dazu herangezogen. Nicht nur sein Studium, sondern auch das
Breviergebet, das er sehr hochschätzt und dessen Vernachlässigung er streng
verurteilt, waren ihm dafür eine theologische und religiös solide Grundlage.
Die Durchschnittszahlen seiner Predigten während seiner Pfarrzeit an ‚Unserer
Lieben Frau‘ (1525—1532) und auch nachher sind erstaunlich hoch. Es kommen
Monatszahlen von 10, 11, 12 und 15 vor. Bei der gerade damals auf Eck
lastenden enormen Arbeit bedeutet das eine ungewöhnliche, der Bewunderung
werte Leistung. Seinen Gläubigen schärft er ein: ‚Wer eine Predigt andächtig
hört, soll wissen, daß er ein ebenso gutes Werk tut, wie wenn er sich zu
Hause wie ein Kartäuser geißelt‘. Es berührt auch sympathisch, daß Eck nicht
zu den Predigern gehört, die nur von ‚euren‘ Sünden sprechen. Er schließt

sich ausdrücklich ein, nennt sich auch wohl zuerst. Der Ernst, mit dem er zugleich die Würde, Bürde und Verantwortung des Seelsorgsamtes schildert, und viele Einzelzüge seiner Pfarrtätigkeit erbringen den strikten Beweis dafür, daß Ecks Reformvorschläge und die frommen Gedanken seiner ausgearbeiteten Predigten für ihn nicht nur theoretische Angelegenheit waren. Er meinte es in seiner nüchtern praktischen, handfesten Art durchaus ernst. Er besaß den dafür wichtigen, sichern Instinkt, der ihn die rechte Mittelhaltung zwischen Rigorismus und Laxismus finden ließ. Seine dogmatische Starrheit hat keine Parallele in der Art seiner Seelenführung. Er hat Verständnis für die Freiheit des Gewissens, vorausgesetzt, daß man sich nicht dem Ernst des christlichen Gesetzes entziehen will.

Ecks Privatleben scheint jenem Tenor der Predigten an seine Gemeinde entsprochen zu haben. Die Jugendsünden lagen hinter ihm. Seit etwa 1528 trank er bei Tisch keinen Wein mehr, auch wenn er seinen Kooperatoren solchen reichen ließ, er begnügte sich mit einfachem Essen, er übte das Fasten über die kirchlichen Vorschriften hinaus (sogar bei Wasser und Brot), und dies kurz vor seinem Tod.

Ecks Feinde haben seine seelsorgerliche Arbeit allzu wahllos entwerten wollen, indem sie ihn eines habgierigen Strebens nach Pfründen bezichtigten. Nun, Eck war nicht gerade ärmlich versorgt. Als er seine Benefizien gegenüber einem Vorwurf Butzers als nicht bedeutend hinzustellen versuchte, erwähnte er sie nicht alle. Er besaß sogar zwei Pfarreien (die zweite in Günzburg), so daß in der einen ein Vertreter amtieren mußte.

Aber wenn Ecks Briefe nach Rom angefüllt sind mit Bitten in eigenen Pfründenangelegenheiten, so deshalb, weil er keine Antwort erhielt. Was ihm zuteil wurde, war wirklich nicht überwältigend. Als er in Ingolstadt seine bisherige Pfarrei St. Moritz (Mai 1525) gegen ‚Unsere Liebe Frau‘ mit seinem Kollegen Georg Hauer tauschte, machte er wirtschaftlich bewußt ein ausgesprochen schlechtes Geschäft. Auf keinen Fall kann man Eck mit dem Vorwurf des Mammonismus belasten. Es ist nachweislich ernst gemeint, wenn Eck bittet: ‚Also, beraubt mich nicht dessen, was mir rechtmäßig zukommt! Mehr will ich nicht. Sieh da einen Theologen, der sagt: Genug, ich verlange nicht mehr!‘ (1538.)

Wir sahen, daß sich früher, etwa zur Zeit der Leipziger Disputation, bei Eck so sympathische Züge wie die geschilderten nicht nachweisen lassen. Seine ‚Wende‘ scheint um 1525 zu liegen. Das Religiöse und das seelsorgerlich Aufbauende (in der Praxis und in seiner literarischen Produktion) wuchs. Er reihte sich ein in jene Arbeit, die einem katholischen Neubau zustrebte. Eck ist nie eine überragende Figur in diesem N e u b a u geworden. Aber durch seine bewahrende, stärkende Arbeit und dann durch seine Richtlinien hat er ihm hochbedeutsame Hilfe gebracht.

4. Den Grad dieser Hilfe zu messen, den Eck der katholischen Sache brachte, und ihren eigentlich religiösen Wert anzugeben, ist nicht leicht. Und doch kommt natürlich im Hinblick auf den Neubau beinahe alles auf die Qualität an.

Eine erste Andeutung: jede religiöse Kraft mußte sich damals am religiösen Gegenüber der Reformation erweisen. Hält man nun etwa Luthers Briefe gegen die von Eck und Cochläus, so sieht man unmittelbar diesen gewaltigen Abstand: beim frühen Luther fehlt das Verlangen nach irdischem Besitz vollkommen. Sehr bald kamen zwar Geschenke, und später war er auch durch regelmäßige Bezüge anständig versorgt. Aber Fragen des eigenen Besitzes berührten ihn zeitlebens nur wenig. Nach dieser Seite hat das religiöse Anliegen seiner Briefe ein Gegengewicht nicht zu tragen.

Das Gesamtwerk vollends auf der einen und auf der andern Seite läßt einen Vergleich gar nicht zu. —

Um zu einem präziseren Urteil vorzudringen, muß man sich vorab den Unterschied klarmachen zwischen Korrektheit der Lehre einerseits und Fülle, Reichtum der Wahrheit anderseits. Eck selbst kannte diesen Unterschied nur wenig. Er lebte stark von der Korrektheit der Lehre. Gerade damals besaß sie, zusammen mit einer entschiedenen Kirchlichkeit, gegenüber der verheerenden Unklarheit eine besondere, manchmal lebenrettende Bedeutung. Trotzdem ist sie, abgesetzt von der innern Fülle, auch einigermaßen Oberfläche, eine Art Nominalismus und theologischer Rationalismus statt apostolisch-religiöser Verkündigung des Geistes und der Kraft.

Eck hat einmal in seinen späteren Jahren (1540) in einer bemerkenswerten Kritik Witzels zu verstehen gegeben, was er von einem katholischen Vorkämpfer seiner Zeit verlangt. Es genügt nicht Haß oder gar Rachegefühl gegen die Neuerer. Es muß sich Glaubenseifer und Hingabe für die Religion als eine Herzensangelegenheit aussprechen, und die Aussprache muß die Kraft haben, aufzubauen. Nach den Mitteilungen seines Pfarrbuches müssen wir annehmen, daß Eck das Bedürfnis hatte, dem zu entsprechen.

Man würde aber Ecks Arbeit auch für den kommenden katholischen Neubau nur ungenügend erfassen, wenn man sie lediglich nach jenem Zentralwert, der unmittelbar religiösen Kraft, abschätzen wollte. Die Reformation war eine totale Auseinandersetzung. Jede Kraft, jede Lebendigkeit bildete für die Seite, auf der sie eingesetzt wurde, an sich einen Gewinn. Das moralisch-geistige Gewicht Ecks ist ganz bedeutend trotz seiner Unbeliebtheit auch auf katholischer Seite. Dieser Sohn eines schwäbischen Bauern hatte eine ungewöhnlich zähe Kraft der Beharrung. Aber er gehörte mitnichten zu den geistig Sturen. Sein Traditionalismus war in sich bewegt. Trotz seinem intellektualistischen Schulmeistertum, das vom schmerzlichen Erringen und deshalb vom fruchtbaren Gebären kaum etwas wußte. Eck war sich bewußt, daß die vorreformatorische Theologie — besonders ‚die mit Recht verlachte der Kuttenträger'! — weithin versagt, durch die Trägheit der Theologen das Lebendig-Ursprüngliche verloren und sich in leere und unfruchtbare Streitfragen über Relationen, Formalitäten und ähnliche Spreu verirrt habe. Mehr noch, er entdeckte sogar von hier aus die positive Rolle der Reformation für die Neugeburt der Kirche: wie immer in der Geschichte, benützt nun Gott die Häresie, um das Interesse wiederum auf den Kern der göttlichen Lehre zu lenken.

Er war auch außerordentlich vielseitig. Es gab kaum etwas, das ihn nicht interessierte: biblische Textkritik unter Zurückgehen auf die Urtexte, alte Handschriften, Geographie, Sitten fernster Völker, Kalenderverbesserung, Rechtswissenschaft, Mystik; vor allem der gesamte Bestand der alten, mittleren und neuesten Theologie, und als Stütze im entbrannten Kampf alles, was auf dem literarischen, politischen und kirchenpolitischen Felde vor sich ging. Er orientierte sich wie in der Vergangenheit so auch in der Gegenwart mit ungewöhnlicher Leichtigkeit.

Sein Zentrum blieb gewiß die A b w e h r der Häresie mit all den Schwächen, die dieser Haltung anhangen: ‚Dieweil ich leb, will ich allen Ketzern, Abtrünnigen, Zwiespaltigen in unserm heiligen Glauben wider sein und wider sie streben nach meinem höchsten Vermögen.' Aber wenn man Luthers Angriffswut bewundert, muß man auch für Ecks starre Unnachgiebigkeit und Unermüdlichkeit Verständnis aufzubringen versuchen.

Die ungewöhnliche Arbeitskraft Ecks im Dienste der Kirche wird ebenso beleuchtet durch den ungestümen Eifer, mit dem er sich seit 1517 auf jene (damals für ihn neue) polemische Aufgabe stürzte, wie durch die Unentwegtheit, mit der er ein Leben lang in diesem Eifer beharrte. Er war einer der wenigen, die das Tempo des Polemikers Luther einigermaßen mitzuhalten vermochten. Sozusagen das äußere Tempo; die geistige Wendigkeit, die überlegene Eleganz oder die überragende Wucht des Streites erreichte er aus den schon besprochenen Ursachen nicht. Seine Polemik heftet sich zu oft an Einzelheiten. Aber doch bleibt er nicht am Zufälligen und Episodenhaften des Kampfes hängen. Er hatte sofort bei Beginn der Auseinandersetzungen, gelegentlich der Ablaßthesen, erkannt, daß Luthers Angriff auf einen neuen Kirchenbegriff hinsteuerte. In bemerkenswerter Konsequenz galt daher sein erstes systematisches Werk dem päpstlichen Primat. Das Buch ist unmittelbar polemisch veranlaßt und bewußt antilutherisch konzipiert. Doch gehört es infolge seiner umfassenden Problemstellung auch bereits zu einer gründlicheren Darstellung und Begründung der eigenen katholischen Lehre.

Bemerkenswert ist dabei die Methode der Beweisführung, die dann allmählich mehr oder weniger für die literarischen Bestreiter Luthers maßgebend geworden ist: man verläßt die vordem als selbstverständlich vorausgesetzten scholastischen Positionen und geht größtenteils auf jene Beweisquellen zurück, die auch Luther anerkennt: die Heilige Schrift vor allem, einigermaßen die alten Konzilien, Dekrete und Väter.

Das Entscheidende ist dies: Eck empfindet deutlich, daß G r u n d l e g e n d e s durch Luther in Frage gestellt ist.

Was den Beweiswert von Ecks kirchengeschichtlichen Belegen angeht, so darf man die staunenswerte Fülle seiner Kenntnisse nicht verwechseln mit der kritischen Festigkeit seiner Position. In jenen ist er Luther unzweifelhaft überlegen. Aber von seiner dogmatischen Gebundenheit her konnte er damals, im allerfrühesten Anfang der entstehenden katholischen Dogmengeschichte, nicht jene Freiheit der Betrachtung haben, wie sie Luther infolge seiner revolutionären Unabhängigkeit besaß. Immerhin ist Eck infolge seiner gewaltigen Belesenheit unter den ersten Bauleuten oder Vorbereitern einer p o s i t i v e n katholischen Theologie als der wohl bedeutendste zu nennen.

Ein schwerwiegender Mangel der Eckschen Leistung, soweit wir ihre Funktion innerhalb der Reformation betrachten, liegt in Folgendem: Eck stand im Kampf, nicht in der Schule; jedenfalls mußte auch seine Schularbeit Kampf — in weitem Sinn — sein. Tatsächlich blieben aber seine systematischen Werke trotz allem zu sehr Literatur. Es handelte sich ja damals nur scheinbar darum, wer das bessere Recht für sich habe. In Wirklichkeit ging es um die Frage, wem es gelänge, die Herrschaft über die Seelen und Geister zu gewinnen. Hierbei aber hing der Ausgang wie immer, vorab in revolutionären Zeiten, mitentscheidend ab von der Form, der Wucht und Eindrucksfähigkeit der Aussprache. Mit seinen dicken Folianten erreichte Eck nur Gebildete. Er selbst empfand den Mangel. Er versuchte, außer durch seine schon erwähnten unmittelbaren Kampfbüchlein, auch an breitere Kreise heranzukommen. An breitere, nicht an die breitesten. Denn sein wichtigstes hierher gehöriges Buch, das Enchiridion, ist lateinisch geschrieben. Es wurde von kaum abschätzbarer Bedeutung. Es war eine Fundgrube für Polemiker, Prediger, gebildete katholische Laien, und insofern eine allererste Waffe im Kampf gegen die Neuerung. Aber es erreichte eben nicht die Massen und formte nur ganz wenig die eigentliche öffentliche Meinung. Selbst dieses Buch blieb zu stark innerhalb des Bezirks ‚Schule' und der Schultheologie.

Ecks Werke blieben unwiderlegt. Er beschwert sich darüber (etwa bei Butzer). Aber er erkennt nicht den tieferen Grund des gegnerischen Schweigens. Die Gegner nützten ihre Zeit, um das Volk oder die Stadträte zu bearbeiten. Wenn sie aber antworteten, dann geschah es nicht in genauen Einzelauseinandersetzungen und nicht vorzugsweise als Widerlegung. Instinktiv blieb die Grundhaltung aggressiv. Die Antwort kam vorwiegend in der Manier der rücksichtslos zubeißenden Verhöhnung, die schlecht ohne Verleumdung auskommt. Sie kam also auch in jenen vielfältigen Schmähungen und üblen Nachreden, die Ecks Bild bis in unsere Gegenwart hinein ganz verzerrt haben. Allerdings, auch an der Kraft des Hasses, mit dem die Gegner Eck verfolgten, kann man den Eindruck ablesen, den er auf sie machte. —

5. Wo liegt der Schlüssel zu dieser Leistung, ihren Vorzügen wie ihrem Versagen?

Eck hat selbst die Formel für die Analyse seiner Persönlichkeit gegeben: ‚Ich will mein Lebtag ein Schulmeister bleiben.‘ Freilich ist der Akzent in diesem Wort noch etwas anders zu legen, als er selbst es meinte.

Eck war der früh f e r t i g e Schulmeister, der alles wußte, aber nichts errungen hatte. Die Damaskusstunde, die reinigende, innere Katastrophe blieb ihm leider versagt. Das Temperament im schöpferischen Sinne fehlte ihm. Er wußte das Alte, aber er machte es nicht eigentlich neu. Er blieb auf der Bahn seiner frühreifen Jugend. Es fehlte bei ihm weithin das ‚Realisieren‘ des einfach Gewußten. Die Wahrheit wandelt sich nicht; aber ihre Wirksamkeit unter Menschen ist an die Eindruckskraft ihrer Form gebunden. Ecks geistige Kraft ist derjenigen aller katholischen Mitstreiter überlegen. Gerade deswegen ist er ein besonders eindrucksvoller Beleg dafür, wie wenig fruchtbar Wahrheiten im abgebrauchten Gewande sind.

Dogmatische Festigkeit und Klarheit ist sein Ruhm. Er hatte sich seiner innern Struktur entsprechend vom Nominalismus fern und zum ‚alten Weg‘ des Realismus gehalten. Aber dafür ist er auch an einer Überbrückung der neu entstandenen Gegensätze zu wenig interessiert. Noch der sterbende Eck soll beteuert haben, daß dieser kirchliche Riß nicht mit irgend welcher Verständigung, sondern nur mit Unnachgiebigkeit geschlossen werden könnte. ‚Seht, das ist Eck, immer Eck, immer unerschrocken, immer unbesiegt‘ (Leichenrede auf Eck). Ein Mann von unerschütterlicher Nüchternheit. Vertreter eines klaren, entschiedenen, dialektisch sieghaften, aber auch kalten Intellektualismus.

Die Festigkeit der Thesen Ecks ist echt. Ohne irgendwie die vielen schwachen und wissenschaftlich unhaltbaren Partien seiner weitschichtigen Werke zudecken zu wollen, kann man sagen: weder in Leipzig 1519 noch später war es durchgehends so, daß er skrupellos und geschickt seine Meinung derjenigen des Gegners angenähert habe, um gleichzeitig zu verkünden, er habe ja nie eine andere Meinung vertreten. Diese Behauptung geht an Ecks Kraft und am einfachen Tatbestand vorbei. Auf der Leipziger Disputation etwa war Eck einfachhin katholisch genug, um zu wissen, daß die Freiheit und Mittätigkeit des Willens im Heilsprozeß keinerlei irgendwie geartete Einschränkung des Satzes bedeutet, daß n i c h t s ohne Gnade heilsverdienstlich ist. Der formale Grundirrtum der Neuerer, und damit der Grund ihrer Bekämpfung des Katholischen überhaupt, lag in ihrer Einseitigkeit, in ihrer Auswahl, die sie als ‚verlogene Alleiner‘ mit Hilfe des ‚zankhaften Wörtleins allein‘ für die ganze Wahrheit erklären. Demgegenüber ist es der tiefste Sinn der katholischen Gegenwehr, auch der Arbeit Ecks, daß sie jenes einseitige Bild ergänzt und damit berichtigt: daß sie Gott u n d Mensch, Gnade u n d Wille zu einem harmonischen Zusammenwirken vereinigt. Diese Synthese ermöglichte es Eck schon im Jahre 1515 in Bologna, die These aufzustellen: ‚Alles, was nicht aus dem Glauben geschieht, ist Sünde.‘ Nicht diese auch Luther gehörende These war falsch bzw. unkatholisch, sondern nur die einseitige Geltung, die Luther für sie beanspruchte. —

Schon seine Zeitgenossen haben Ecks Starrheit nicht nur beklagt, sondern sie direkt für den Dauerriß durch die Christenheit verantwortlich gemacht. Ohne Eck wäre, so wurde kolportiert, der Religionsfriede längst wiederhergestellt. Aber Eck lebte geradezu von der Überzeugung — wie umgekehrt Luther —, daß in Glaubensfragen nur der Krieg den Frieden bedeuten könne. Es würde sehr schwer halten, Ecks Intransigenz für die vierziger Jahre wesentlich als verfehlt zu erweisen. Schwerer wiegt die Frage für die Anfangsjahre der Reformation. Man darf wirklich überlegen, ob nicht die Abspaltungsbewegung hätte aufgehalten werden können, wenn Luther und seine Mitstreiter lebendig erlebt hätten, in ihrer religiösen und seelsorgerlichen Not von den Vertretern der Kirche ‚verstanden‘ zu sein. Ehrfürchtige Scheu und kluge Taktik hätten jedenfalls die A r t der Bekämpfung leiten sollen. Äußere, unwiderrufliche (sachlich voll gerechtfertigte) Ketzergerichte haben tatsächlich oft viel zu verderbliche Wirkungen ausgelöst. Darf man sich nicht die Frage stellen, was geschehen wäre, wenn ein Contarini, innerlich frei und aufgeschlossen, sittlich ernst, seelsorgerlich auch um des Gegners Seele bemüht, 1518 auf Luther gestoßen wäre? Die Vermittlungstheologie der vierziger Jahre kam auf alle Fälle zu spät. Eck aber war 1519 nicht nur ein klärender, sondern auch ein gefährlicher Mann: er fühlte in keinem Belang die im Gewissen verpflichtende Verantwortung der Stunde. Er trieb in Leipzig am 5. Juli Luther kühlen, ja triumphierenden Herzens zu den sprengenden Folgerungen. Und ganz gewiß gab damals, wie überhaupt von 1517 bis 1521/25, auch dies dem werdenden Reformator die Überzeugung, auf dem rechten Weg zu sein, daß seiner tiefen Not und seinem ganzen Einsatz so wenig und oft gar kein religiöses Verständnis antwortete.

6. Die Chroniken der Städte wie die Berichte aus den Klöstern beweisen, daß wir es bei den Pfarreien von Diel und Eck nicht mit vereinzelten Ausnahmen zu tun haben. Anderseits kann man die durchhaltenden katholischen Kräfte nur richtig einschätzen, wenn man den Druck wägt, den sie aushielten. Ein Kloster, das entgegen dem zermürbenden geistigen, moralischen, politischen und wirtschaftlichen Druck, trotz allen intensiven Lockungen, trotz einem lähmenden Niedergang und einem entmutigenden Abfall ringsum dem angestammten Glauben treu blieb, besagt mehr für die Kraft der Kirche, als ein Dutzend, die jenem Druck nachgaben und verschwanden, für ihre Schwäche beweisen. Es stimmt aber, daß mit den voranschreitenden Jahren zunächst auch in katholischen Gegenden die kirchliche Zersetzung zunahm. Die Unkraft des Klerus selbst wie die allgemeine Mißachtung, in die er mehr und mehr geriet, erzeugten allmählich einen entsetzlichen Priestermangel. Sehr viele Pfarreien wurde nicht mehr besetzt; es unterblieb also in ihnen das heilige Opfer, die Sakramente wurden nicht gespendet; die Katholiken lasen, da katholische Literatur fehlte, oft protestantische Predigten und Erörterungen der christlichen Lehre. Wir müssen dieses Bild jetzt in den Zusammenhang mit den aktiven Kräften des katholischen Aufbaues, freilich noch mehr der katholischen Gegenwehr, stellen. Das Material bietet uns wieder Eck mit seinen Reformvorschlägen aus dem Jahre 1523 und den folgenden.

Diese Reformvorschläge sind durchaus nicht rein religiös. Sie stehen stark im Dienst politischer Berechnung zu Gunsten des bayrischen Landeskirchentums. Was Eck in diesem Bezug verlangt, ist nicht etwa unbillig. Aber es bringt uns wieder eindringlich nahe, wie tief die Verstrickung des Kirchlich-Religiösen ins Politische gediehen und jenes dadurch gehindert war, sich ganz nach seinem innersten Gesetz auszurichten.

Die Einzelheiten, die beliebig aus den Reformgutachten Aleanders und Cochläus' aus diesen selben Jahren vermehrt werden könnten, interessieren hier zum guten Teil weniger, da sie nur uns Bekanntes enthalten. Sie kreisen um die altbekannten Gravamina: Auswüchse oder Lasten des kurialistischen Benefizien- und Taxenwesens, Überschreitungen des Geltungsbereiches der geistlich-römischen Gerichtsbarkeit, Exemption der Bettelorden von der Jurisdiktion der Bischöfe. ‚Leitet der Papst nicht eine Reformierung der Kurie sofort ein durch eine Bulle gegen verschiedene offenkundige Mißstände, werden viele eine Wendung zum Besseren nur mehr durch den Türken oder den

Antichrist erwarten. Denn dann wird offenbar sein, daß Gott die Kirche züchtigen will wegen unserer Sünden.'

Man kann nicht übersehen, daß diese bei Eck oft vorkommende Mahnung etwas zu formelhaft klingt. Aber er spürt doch richtig, daß eine Hauptbelastung der Situation in der unseligen Zuspitzung des eigensüchtigen Klerikalismus liegt. Die Lasten müssen auf Laien und Geistliche gleichmäßig verteilt werden.

Wie die geistlichen Strafen, so hat die Kurie auch die geistlichen Gnaden durch allzu wahllosen Gebrauch verbraucht. Wie man den frommen Geldsammlern trotz ihren Beteuerungen und Anpreisungen nicht mehr glaubt, überzeugt, ein weiteres Mal betrogen zu werden, so ist auch der Gnadenschatz der Kirche durch die Ablaßkrämer in schlimmster Weise verschleudert und entwertet worden. Manche haben die Ablaßbriefe als Zahlungsmittel in der Herberge benutzt und als Buhllohn an Dirnen gegeben. Daran ist Rom mit schuld. Die Ablässe sind zu zahlreich geworden. Kaum war einer verkündet, folgte bereits ein anderer. Als gewiegte Geldschlucker feilschten gegenseitig Papst, Kaiser, Kardinäle, Bischöfe und deren Stellvertreter um Beteiligung an der Beute. Der Erfolg konnte nur sein: Verachtung des Ablasses. Statt eines Anreizes zur Frömmigkeit, ist er deren Vernichtung geworden. Das beste wäre, so meint Eck, man würde a l l e Ablässe abrufen und dann allenfalls mit Vorsicht neue gewähren.

Eine weit zurückliegende Wurzel dieser Mißstände erkennt Eck richtig in der Umwandlung geistlicher Bußwerke in Geldleistungen, die unter Gregor III. aufgekommen sei: die Heiligen und die gesamte alte Kirche wissen nichts von dieser ‚menschlichen Erfindung'! Hier wird Eck mit Recht radikal: ‚So blieb in der päpstlichen Pönitentiarie, die doch nur Heilmittel der Seele vermitteln sollte, nur Silber und Gold übrig. Wie kommt es, daß uns nicht jene Genugtuungen auferlegt werden, die in der Bibel empfohlen werden?' ‚Weil es in Rom nur ums Geld geht! Zahle, und du wirst bedient!' ‚Weil die Ämter der Pönitentiarie käuflich sind und daher ihre Inhaber weniger verstehen von der Theologie, von der Heiligen Schrift und den Canones als der Esel vom Gesang! Wie kommt es, daß niemand die großen Verbrecher, nämlich Wucherer, Sodomiten und Simonisten, ausschließt aus der Kirche, wohl aber den armen Schlucker, der 8 oder 10 Dukaten Zins nicht zahlen kann?' Die Beichtväter in St. Peter warten nur auf ihren Obolus, an den Sünden liegt ihnen nichts; daher muß denn auch die Beichte schnell erledigt werden, damit ja viele an die Reihe kommen! Oder: ‚Wie können Beamte der Pönitentiarie Mönche so leicht von Gelübde und Kleid lösen?' —

Man beachte, daß hier der kirchentreue Eck spricht, und daß er sich an den Papst wendet! Mag er der Sucht, zu übertreiben und zu verallgemeinern, so

wenig entgehen wie die Gegenseite, seine Schilderungen rücken in recht un-
gemütlicher Weise in die Nähe der Verdammungsurteile des Luther der
Ablaßthesen!

Sehr eingehend beschäftigt sich Eck mit der unerhörten Benefizienjagd
in Rom. Ihr Ergattern und Verkaufen vollzieht sich in unerhörter Leichtfertigkeit und mit offenkundigsten Lügen. Verdiente Männer werden zu
Gunsten unreifer Knaben zurückgesetzt. Eine Fülle juristisch verklausulierter
Praktiken und Vorbehalte, unehrliche Gerichtsführung, Unterteilung der Gefälle eines Benefiziums, Weiterverkauf der Erträgnisse, ohne daß der Inhaber
der Pfründe davon weiß, andauernde willkürliche Zitationen nach Rom unter
ganz allgemeiner Formel, die den Unverschämtesten und Unermüdlichen zum
Sieger macht, Übertragung von Benefizien an landfremde Elemente: all das
hat geradezu himmelschreiende Formen angenommen: ,es wäre kein Wunder,
wenn der Boden sich öffnete und jene Händler des Patrimoniums Christi ver-
schlänge'.

Sympathisch wirkt, daß Eck mit besonders starker Anteilnahme gegen die
Kumulierung der Benefizien in einer Hand loszieht. In diesem Krebsschaden
erkennt auch er eine der tiefsten Ursachen des religiösen Niedergangs.

Man sieht, Eck täuscht sich nicht über die Lage. Sein Eintreten für die Kirche
geschieht in vollem Bewußtsein der katholischen Schuld und der enormen
Schwierigkeit der zu leistenden Arbeit: so gewinnt er an innerer Größe.

Eck hat seine Reformgedanken in verschiedenen Jahren vorgelegt. Es ist
wichtig, daß die Empfindung für die Größe der Gefahr schnell wächst. Zwar
verliert Eck nie die Hoffnung auf Ausrottung der Häresie. Aber wenn die
Ausbreitung und die damit gegebene Gefahr ihm erst noch leicht umschreibbar
schien, dann sah er doch bald das ganze Volk von der Neuerung erfaßt und
den Bestand des Glaubens in Gefahr. Eile tut not. 1524 muß Eck den Römern
immer noch klarmachen, daß jedes Zuwarten der Kurie zersetzend wirke.
Es hat nichts genutzt, daß er dies schon Leo X. vorhielt. Es machte bisher
in Rom keinen Eindruck, daß Tausende von Seelen durch die Häresie verloren
gehen. Dies ist eine Versuchung des Teufels, die Neuerung lediglich zu verachten. Die Schrift lehrt uns ganz anderes: die Füchse zu fangen, solange sie
jung sind ...

Eine Forderung, die bei allen Kirchentreuen immer wieder auftaucht, ist
die nach Vernichtung der gegnerischen Literatur. Eck verlangt, daß sie einheitlich durchgeführt werde. Er erkennt leider nicht die Unmöglichkeit
seines Planes. Er weiß zwar, daß sehr großer Widerstand zu gewärtigen sein
wird. Aber die Art, wie er (1524) von den Inquisitionsmitteln redet, zeigt,
wie sehr noch die Hoffnung in ihm lebendig ist, verhältnismäßig leicht durch

strammes Vorgehen den Sturm beschwören zu können. Glaubt er ja auch noch, in der Lage zu sein, die Zentren, in die die Häresie eingedrungen ist, geographisch genau abgegrenzt angeben zu können.

Mit besonderer Unnachgiebigkeit ist gegen die der Häresie verdächtigen Geistlichen vorzugehen: denn ,dieser Teufel wird nicht ausgetrieben außer durch Pein und Folter'. Eigene Aufmerksamkeit im Klerus ist wiederum den hartnäckigen Bettelmönchen zu widmen, die als Träger der lutherischen Häresie so viel Schaden angerichtet haben.

Dann muß man auch gegen das Kräftereservoir der ganzen Neuerung vorgehen: die Universität Wittenberg muß erledigt werden. Noch scheint ihm auch hier die Zurückdrängung der Neuerung einfach. Wittenberg, wo man gegenwärtig noch ,auctoritate apostolica' promoviert, muß der Rechte eines Generalstudiums entkleidet werden, so daß kein von dort kommender Magister oder Doktor mehr anerkannt würde.

Und dann: man muß die besondere Lagerung der Verhältnisse in Deutschland kennen. Germanien ist groß und keineswegs eine Einheit. Da gibt es so viel Herzöge, Grafen usw. Anderseits ist die Häresie bereits sehr weit verbreitet, hat das ganze Volk ergriffen. Es handelt sich darum, zu verhindern, daß die ganze Nation zu Grunde gehe, da jetzt noch Hoffnung ist, viele zu retten, die noch nicht angesteckt sind. Die Einheit der Aktion ist das Wichtigste, und deshalb muß der Papst das Ganze leiten. Nach einer Methode muß der Kampf geführt werden. Nicht zuletzt von den Bischöfen. Es darf nicht sein, daß der eine bei Luther lieb Kind wird, der andere aber Angst bekommt. Die Rücksicht auf die adelige Verwandtschaft muß haltmachen vor dem Makel der Falschgläubigkeit. Man kann allerdings keinesfalls ihrer (der Bischöfe) Nachlässigkeit die Aufgabe anheimstellen. Sie sind ja in Wirklichkeit viel schuldiger am Abfall als die weltlichen Herren.

Das freilich erscheint Eck mit Recht eine Vorbedingung jeden Erfolges: daß die deutschen Kräfte eingesetzt werden, sowohl für den Kampf gegen die neuen Lehren als für die sittliche Reform des Klerus. Also ist es z. B. vonnöten, daß den Nuntien jeweils ein Mann beigegeben sei, der in den deutschen Verhältnissen intim Bescheid weiß. Eck mag dabei an sich selbst gedacht haben; er war aber mit seinem Vorschlag im Recht.

Anderseits kann es sich letztlich nur um ein allgemein wirkendes, dauerndes Mittel handeln, das auch funktioniert, wenn kein päpstlicher Nuntius da ist. Nun beweist aber die gesamte Geschichte für Deutschland die strikte Notwendigkeit von regelmäßigen Provinzial- und Diözesansynoden. Also müssen sie wieder eingeführt werden [1]. Freiheit der Rede soll allen gewährt werden,

---

[1] Damit die Aufgabe der Synoden ihrer überragenden Bedeutung entsprechend geleitet werden könne, schlägt Eck vor, der Papst möge eine Sammlung der Konzilien drucken lassen.

die dort für den Glauben sprechen wollen. Eck kommt hartnäckig oft auf seine These zurück: Ohne die Wiedereinführung dieser Konzilien wird es eine dauerhafte Reform einfach nicht geben. Wenn es auf den Synoden wachende Bischöfe gegeben hätte, hätten weder der Wiklifismus in Böhmen noch der Lutheranismus in Deutschland einwurzeln können. Bemerkenswert, wie stark Eck die Wirkmöglichkeit solcher Synoden einem Generalkonzil ausdrücklich voransetzt. Wenn auch Deutschland und die ganze Christenheit nach einem allgemeinen Konzil schreien, man soll sich nicht täuschen lassen: wird es überhaupt je dazu kommen? Kommt es aber zustande, wird man bestimmt protestieren, es sei nicht frei.

Natürlich müssen die Bischöfe sich auch selbst reformieren. Und Eck setzt genau am entscheidenden Punkt an. Denn als erste Forderung stellt er auf, daß die Bischöfe alle Lutheraner aus ihrer Umgebung entfernen, seien es Räte, Schreiber, Kapläne oder Dienerschaft, am Hofe oder außerhalb desselben. Zweitens: sie müssen sich in den Stand setzen, über den Glauben selbst richtig Bescheid geben, den Spitzfindigkeiten der Lutheraner begegnen und überhaupt sachgemäß die falsche Lehre bekämpfen zu können. Nun gibt es solche Bischöfe, die aus sich hierzu fähig wären, kaum. Es ist deshalb notwendig, sie zu veranlassen, wenigstens einen gelehrten Theologen — die übrigens seltene Vögel sind! (im großen Herzogtum Bayern, meint Eck, gäbe es nur drei) — an ihrer Kurie zu halten. Drittens: die Bischöfe müßten ihren Luxus einschränken. Das Bild, das Eck hier indirekt zeichnet, ist über die Maßen trüb: Bischöfe dulden gegen Geldabgabe notorischen Konkubinat ihrer Geistlichen; plündern arme Kirchen aus, an denen sie trotzdem die bischöflichen Funktionen nicht ausüben; besorgen sich unwissende und ‚billige‘ Vertreter, die ihrerseits schmutzigen Handel mit ihren Weihefunktionen, Segnungen und Konsekrationen treiben: unglaublich, wie sie die armen Leute brandschatzen, wenn sie eine armselige Glocke taufen oder einen Kirchhof vom Interdikt lösen sollen! ‚Der Bischof einer sehr großen deutschen Diözese befahl seinen Pfarrern, gewisse Sünden nur gegen bestimmte Taxen zu absolvieren, etwa Ehebruch gegen vier, Ehebruch unter Verheirateten gegen sechs, Unzucht mit einer Nonne gegen zehn Geldstücke‘ ...

Gewisse Dinge sind einfach nicht zu halten. Und es handelt sich darum, den Ablauf der Entwicklung durch konstruktive Initiative in die Hand zu bekommen. Je näher man dabei dem alten Recht kommt, desto besser. Die neuen Kanzleiregeln der Kurien taugen nichts, sie verletzen nur das gemeine Recht. Es ist besser, Rom gibt in gewissen Dingen nach, als schließlich gezwungen zu fallen. —

Das Bild vom Leben des niederen Klerus ist gleichfalls recht düster. Es gibt Geistliche mit Meßpfründen, die nicht zelebrieren. Bei der Austeilung der

Sakramente kümmern sie sich nicht um die Würdigkeit der Empfangenden. Vor allem: alles tun sie um Geld. Und erst ihr Privatleben! Fluchen, Streiten, Saufereien, Schlägereien, Jagen und Würfelspiel sind ihr Kennzeichen. Händler, Geldwechsler und Schenkwirte sind sie.

Aus all dem erwächst dem armen V o l k e endloses Ärgernis. Das praktische Leben verarmt an katholischer Haltung. Gerade diesen Punkt nimmt Eck tiefernst. Jene Übelstände müssen gerade um des Volkes willen beseitigt werden. Es muß wieder S e e l s o r g e wachsen. Deswegen muß dem Priesternachwuchs, der Qualität der Pfarrer und Prediger besondere Aufmerksamkeit gewidmet werden. —

Alle Reformvorschläge Ecks dringen offenbar auf ein gereinigtes Christentum. Er nimmt in dieser Hinsicht sowohl das Programm des Humanismus wie das der Reformation auf. In katholischer Weise, versteht sich. Aber nun erhebt sich mit Entschiedenheit wieder unsere Hauptfrage: welche religiöse Kraft spricht hier? Die Antwort ist nicht eben reichhaltig. Die Beichte wird als ,Nerv des christlichen tugendhaften Lebens' erkannt. Die Synoden sollen mit dreitägigen Prozessionen eingeleitet werden, um von Gott Frieden der Kirche zu erflehen. In allen päpstlichen Breven möge ,etwas Göttliches' zu finden sein, und sie sollen nach der Heiligen Schrift und dem Geiste Gottes schmecken, ,soweit es sich machen läßt'!...

Man ist erstaunt und verläßt die trefflichen Vorschläge mit wenig Hoffnung

Zweites Kapitel

Ansätze katholischer Reform in Deutschland

I. 1. Ich nehme den Begriff der katholischen Reform in umfassendem Sinn. Nimmt man ihn etwa nur als Fortdauer der gegen den Morast der Mißstände gerichteten Klagen, dann kommt man zu einer Unterbewertung. Man begeht dann formal denselben Fehler wie ein Katholik, der in der Reformation Luthers nur einen Kampf gegen kuriale Mißstärde sieht. Vielmehr, wie Luthers Leistung bis heute in seiner Verkündigung liegt, so beruht umgekehrt der Hauptwert der katholischen Reform darin, daß wieder intensiveres katholisches Leben entsteht und dieses wieder innigeren Anschluß gewinnt an die objektive Autorität und an die Sakramentsheiligkeit der Kirche. Wie wenig aber ein solcher Vorgang Unfruchtbarkeit bedeutet, bezeugen eindeutig jene Erscheinungen, die für das Entstehen der katholischen Reform in Italien und Spanien maßgebend wurden: das Oratorium der göttlichen Liebe, der Theatinerorden, die religiösen Kardinalsgestalten der dreißiger und vierziger Jahre, die Fülle der Heiligen seit der Mitte des Jahrhunderts mitsamt den entscheidenden Ordensgründungen.

2. Übrigens haben ja diese ausländischen Zentren katholischen Lebens ihre Funktion auch innerhalb der d e u t s c h e n Geschichte. Das hängt mit der Katholizität der Kirche zusammen. Grundlegende katholisch-kirchliche Bewegungen haben immer a u c h übernationales Gepräge und entsprechende Auswirkung. Die Grundbewegungen des Katholizismus des 16. Jahrhunderts sind sogar in einem besonders hohen Grad im romanischen Raum entstanden und ausgebaut worden. Anderseits beruht die deutsche Geschichte des 16. Jahrhunderts in ihrem Kern geradezu auf einer Auseinandersetzung mit den katholischen Kräften. Es ergibt sich daraus, daß man deutsche Geschichte dieses Jahrhunderts nicht ganz schreiben kann, wenn man nicht den neuen ,romanischen' Katholizismus als ausstrahlende Kraft einigermaßen mit in die Darstellung einbezieht. Es wäre aber ein kurzsichtiges Stehenbleiben bei den Symptomen, wenn man nur die A u s w i r k u n g der neuen katholischen Kräfte in Deutschland berücksichtigen wollte.

Für die Zeit des eigentlichen kirchlichen Aufforstens in Deutschland, etwa durch die damals vorwiegend romanischen Jesuiten (die ,spanischen Priester'),

oder für die Wirkung der Reformarbeit des hauptsächlich von Romanen be-
suchten Tridentinums, stellt sich außerdem die Frage, wie weit diese Arbeit
sich zu einem eigentlich d e u t s c h e n Nutzen ausgewirkt habe. Die vielfachen
und manchmal heiklen Details über romanische Frömmigkeitsformen sind hier
nicht zu untersuchen. Es kommt auf das Grundlegende an. Heute darf man
in der wissenschaftlichen Besprechung damit rechnen, daß die sture Auffassung,
welche ,von Rom geleitete Kräfte' ohne weiteres als ,undeutsch' ansprach
(wie in so vielen Abhandlungen etwa über Kanisius und das Tridentinum),
nicht mehr hoch im Kurs steht. Ein in dieser Frage besonders kompetenter
und sicher unverdächtiger Beurteiler, Sebastian Merkle, hat die Frage gerade
für das Tridentinum dahin beantwortet, daß die der Sache am besten dienende Arbeit geradezu dadurch an Wert gewann, daß sie vorzugsweise von
Leuten geleistet wurde, die dem unmittelbaren Religionskampf ferner standen,
deshalb weniger der Gefahr erlagen, die Kraft des Gegners zu überschätzen,
und auch die Übersicht besser zu wahren wußten, die außerdem weniger versucht waren, die Probleme zu sehr aus der mehr oder weniger zufälligen und
peripherisch-polemischen Zuspitzung heraus zu sehen. Aus der Qualität der
geleisteten Arbeit allein kann man ein sachliches Urteil gewinnen. Und da ist
es ja erfreulich, festzustellen, wie sehr sich die Bewertung der Tridentinischen
Arbeit in Deutschland bis in die ,liberale' protestantische Theologie hinein
gehoben hat. Merkle erinnert an Harnack, der zugibt, daß seit langem protestantische Gelehrte eingesehen hätten, daß die Schrift nicht von der Tradition
getrennt werden könne, und der selbst sich so äußert: ,Das Dekret über die
Rechtfertigung ist in vieler Hinsicht vortrefflich gearbeitet, ja man kann
zweifeln, ob die Reformation sich entwickelt hätte, wenn dieses Dekret z. B.
auf dem Laterankonzil erlassen und wirklich in Fleisch und Blut der Kirche
übergegangen wäre'. Man dürfte heute auch kaum mehr übersehen, welches
Verständnis gerade romanische Theologen, wie Contarini und Seripando, für
wichtige Gedankengänge des Reformators aufbrachten.

Die Größe katholischer Kraft offenbarte sich vielleicht am stärksten dort, wo
sich die Kraftlosigkeit der alten Kirche am uneingeschränktesten zu vollenden
schien. In England vollzog sich der Abfall von der Kirche beinahe allein
wegen der sinnlichen Leidenschaft eines Mannes, der König war, und er vollzog sich mit Hilfe eines schamlos willfährigen Klerus fast kampflos. Religiöse
Belange äußerten sich nicht. Aber Thomas More und Bischof Fisher von
Rochester, beide auf der Höhe der Kultur der Zeit, beide zum geistig Bedeutendsten in England gehörend, waren auch charakterlich und christlich
Heroen: sie starben für den alten Glauben.

Im Italien der Renaissance, als die Selbstvergiftung der Kirche den höchsten
Grad der Lebensbedrohung erreicht hatte, ertönte die gewaltige Propheten-

stimme Savonarolas; der Erfolg seines Mißerfolges offenbarte sich viel später; wiederum in einem der geistigen Heroen der Zeit: im Michelangelo des Jüngsten Gerichtes.

Beide Male aber stehen wir lediglich vor besonders hervorstechenden Einzelgestaltungen. Sie zeigen an, daß das katholische Leben, das damals überall durch die gleichen Wunden geschwächt war, noch zu höchsten Leistungen fähig war; sie beweisen freilich für sich allein noch nicht, daß es in seiner damaligen Aktivierung noch die ganze Breite aller Volksschichten zu erfassen und neu zu beleben imstande gewesen wäre. Diesen Beweis können nur durchgehende Bewegungen erbringen. Aber auch solche sind vorhanden und reichen erstaunlich tief.

Die Anklage der Reformation war zu einem entscheidenden Teil gegen das Papsttum gerichtet. An diesem Papsttum, und zum Teil gegen sein Widerstreben, mußten sich diese Bewegungen durchsetzen; sie haben das erreicht.

3. Wir wissen, daß die Angriffe Luthers, der andern religiösen Neuerer und des liberalen Humanismus an der religiösen Vertiefung katholischen Lebens in Deutschland erheblich beteiligt waren. Viele Katholiken gerieten unter die Räder, vieles im katholischen Leben aber kam in die Kelter und wurde zu einem echteren Kern zusammengepreßt. Das ist sogar etwa bei Eck feststellbar. Seine kaum überbietbare Selbstsicherheit wurde durch den Vernichtungskampf zu tieferer christlicher Einkehr gezwungen. Wie denn der Anstieg zur katholischen Reform allenthalben — für eine christliche Bewegung wesensentsprechend — zusammengeht mit dem wachsenden Gefühl der eigenen Schuld und der vom Gegner drohenden Gefahr. Wir werden noch mehr darüber hören. Mit wachsender religiöser Not wird etwa das Aufbegehren gegen die Mißstände auch bei treukirchlichen Fürsten schärfer; seit 1530 beteiligen sich auch die geistlichen Stände an diesen Protesten in Rom. So wenig selbstlos und eigentlich religiös das oft gemeint ist, man darf es doch im Prozeß der Läuterung mit in Ansatz bringen. Auch die aus Deutschland nach Rom gehenden Rufe päpstlicher Gesandten um Abstellung offenkundiger Mängel werden dringlicher. Wiederum: so wenig konsequent das geschah, und so wenig es durchdrang, es trug an der Kurie ein Weniges bei zum Wachstum der ansetzenden neuen Saat gereinigten kirchlichen Lebens, es mehrte in Deutschland etwas die Hoffnung, daß so manches doch noch gebessert würde.

Die Reformation wurde für die Kirche eine felix culpa. Es ist nicht nebensächlich, daß diese Wirkung damals auch schon bewußt erfaßt und formuliert wurde: ‚die Evangelischen machen die Katholischen fromm‘. Dieser Ausspruch Willibald Pirkheimers entspricht der Auffassung des von der Kirche heiliggesprochenen Klemens Maria Hofbauer zu Beginn des 19. Jahrhunderts: ‚Die

Spaltung kam, weil die Deutschen das Bedürfnis hatten und haben, fromm zu sein'.

Besonders tief zeigt sich der Augustinermönch Johannes Hoffmeister von diesen Zusammenhängen bewegt. Wie Cochläus sieht und beklagt er die katholische Indolenz, die Schwung- und Mutlosigkeit im Unterschied zum Eifer der Gegner, der ,so emsig ist, ihre falsche, verführerische Lehre dem gemeinen Mann mit Gewalt in den Hals zu stoßen: der schreibt latein, der dolmetscht, der druckt, da ist nimmer kein Aufhörens. Es mag Luther nicht ein Wort in einem Schlaftrunk reden, es muß eilends gedruckt werden ... Summa, was zu Aufrechterhaltung und Nachdruck ihres Fürnehmens in irgend einer Gestalt dienen mag, das wird gewiß nit gespart, ja es wird nit ein Tag aufgehoben. Was und wie wir? Ganz nichts, sondern tun, als ob Christus unser Gefangener sey, solle und müß tun, was wir wollen. Wahrlich, wahrlich, lieben Brüder, es ist nit ein kleine Sorg bei mir, es sage Christus zu uns: das Reich wird von Euch genommen und einem Volk gegeben, das Frucht bringt.' ,Dieweil wir aber die Rute, so sich im Zwiespalt der Religion erhoben, wohl verdient, so will uns die unvermeidliche Not zwingen, nach Besserem uns umzusehen.'

4. Eck hatte durchaus recht, und er sprach nur das gleiche aus wie hundert andere, wenn er 1523 nach Rom meldete, daß nur äußerst wenige Bischöfe in Deutschland sich zum Schutz der Kirche erhöben. Der weitere Fortgang der Reformation hat diese Feststellung, wie wir noch mehr sehen werden, fast nur bestätigt. Vielmehr erleben wir sogar die direkte Abwendung nicht weniger Bischöfe. Sogar im Westen sehen wir nicht nur die unmittelbar drohende Gefahr des Abfalls in Köln und in Münster-Osnabrück-Minden, auch in Mainz wäre bei einem religiös weithin gleichgültigen Kapitel bei der Neuwahl noch 1555 um ein Haar Pfalzgraf Richard Inhaber des erzbischöflichen Stuhles geworden. Überdies können wir durchaus nicht alle Bischöfe, die auf den Reichstagen auf der altkirchlichen Seite stehen, einfachhin als Beleg für die These in Anspruch nehmen, um die es uns in diesem Zusammenhang geht. Wir werden ihrem politisch-wirtschaftlichen Eigennutz zu oft auch weiterhin begegnen. Aber es gab doch, wie wir schon anmerken durften, einige bischöfliche Herren, die wir immerhin als eigentlich kirchlich-religiöse Kraft auf katholischer Seite buchen können.

Der Meißener Bischof, den Luther 1520 mit so viel Verachtung anredet, verwendet sich mit Eifer bei allen Äbten, Domherren und Pfarrern für den alten Glauben. Der hochfeudale Markgraf Philipp, Bischof von Freising (der Eck so unangenehm arrogant fand), nahm es mit seinem geistlichen Beruf ernst. Seinen Kampf gegen die reformatorische Neuerung führte er freilich aus politischen Erwägungen nicht mit sonderlichem Eifer. Christoph v. Uttenheim († 1527), Bischof von Basel, war ein tadelloser, priesterlicher Vertreter seines Standes. Er hatte sich schon in vorreformatorischer Zeit große Verdienste um eine moralisch-religiöse Neugeburt in seinem Klerus erworben. In den zwanziger Jahren obsiegte der evangelisch werdende Rat über ihn. Für die Schweiz ist noch der einflußreiche Kardinal Matthäus Schinner zu nennen, dem der Reformpapst Adrian VI. sogar im Vatikan Wohnung gab. Er starb leider schon im selben Jahr 1522. Bischof Christoph v. Stadion wurde 1523 wieder ganz kirchlich. Zu den treuen Bischöfen gehörte auch Bischof Dietrich von Lebus, ein Gönner und Freund Wimpinas, des Lehrers und Mitschülers Tetzels. Auch sein Nachfolger, Bischof Georg v. Blumenthal, ein früherer Kollege von Wimpina, trat treu für den alten Glauben ein.

Es kam sogar, wie wir sahen, bereits 1524 zum Versuch, im süddeutschen Raum die katholischen Bischöfe zu einem Aufbau- und Widerstandszentrum zusammenzufassen und eine Reform des Klerus durchzuführen. Es geschah in der wichtigen Aktion, die Campeggi, der von Cochläus, Eck und Faber gelernt hatte, 1524 in Regensburg in Szene setzte. Campeggi als päpstlicher Legat, Erzherzog Ferdinand, die Herzöge Wilhelm und Ludwig von Bayern, der Erzbischof von Salzburg, der Bischof von Trient, der Administrator von Regensburg und die Prokuratoren von neun süddeutschen Bischöfen einigten sich auf die ‚Reformation, wie es hinfüro die Priester halten sollen'. Sie wurde kraft apostolischer Autorität als für ganz Deutschland verpflichtend erklärt. Ihr Inhalt war stärkstens bestimmt durch die gegen Rom erhobenen Gravamina. Dementsprechend beschäftigte sie sich stark mit den vielfältigen kirchlichen Abgaben und suchte das Anstössige zu beseitigen. Der geistliche Charakter sollte wieder das Leben der Priester, besonders der Seelsorger prägen; es sollte die Simonie beseitigt, Ordnung in die Taxen gebracht, der Habsucht der Pfarrer und Ablaßverdiener gesteuert werden. Der Krebsschaden der Exemption sollte eingedämmt, alle Seelsorge den Bischöfen unterstellt, deren Zehntforderungen reduziert, die Zahl der Feiertage vermindert werden. Das leichtsinnige, selbstherrliche und streitende Disputieren über die Heilige Schrift soll verschwinden, dafür aber die Heilige Schrift von den Geistlichen wirklich studiert werden. Die in Wittenberg immatrikulierten Untertanen sollen zurückgerufen werden. Aus andern Territorien vertriebene Häretiker wird man nicht aufnehmen. Strenge Strafen sollen gegen ausgesprungene Nonnen und verheiratete Priester ergriffen, die häretischen Schriften vernichtet werden.

Keine Frage, dies war der Weg zu einem Neubau. Man versuchte einen neuen Klerus zu bilden, auch durch besondere Pflege des klerikalen Nachwuchses. Man bekannte sich sogar zu dem großen Qualitätsgrundsatz aller Neuformung: besser eine kleine Zahl würdiger und tüchtiger Vertreter als viele minderwertige.

Fehlte nur der neuschöpferische Geist. Weder in diesem bedeutenden und höchst ernsthaften Dokument war er enthalten: es blieb allzu sehr in Einzelheiten, an den Symptomen haften; noch fanden sich genügend von großem Seeleneifer entflammte Bischöfe, die es zum Leben hätten erwecken können; noch zu wenig Fürsten, die, wie Herzog Georg, es überhaupt veröffentlicht hätten. Dieses Programm bleibt nur deswegen von größerer Bedeutung, weil es den ersten offiziell-öffentlichen Schritt zu einer kirchlich katholischen Reform in Deutschland darstellt. —

Neben diesem süddeutschen katholischen Raum, in dem ja auch Eck als Professor und Pfarrer in Ingolstadt wirkt, zeigt bereits Mainz, das später als Zufluchtsort und Sammelpunkt bedeutender katholischer Kräfte eine wichtige Rolle spielen sollte, Ansätze einer Reform: 1525 versammelten sich dort die Domkapitel der zwölf Mainzer Suffraganbistümer, um Maßnahmen gegen die Neuerung zu beraten.

Aber was ist mit dem Mainzer Herrn selbst, dem ersten Kirchenmann Deutschlands? Wir trafen ihn bereits einige Male in religiös nicht sehr eindrucksvoller Haltung: im Ablaßhandel 1517 und im Anfang der dreißiger Jahre (in etwas auffallend engen Beziehungen zu Melanchthon). Der Lebenswandel des Fürstensohnes, der Erzbischof und Kardinal geworden und mit Pfründen überladen war, war wenig erbaulich, er besaß also nicht die dringend erforderliche sittliche Kraft. Wenn wir annehmen dürfen, daß die Ablaßinstruktion einigermaßen seine eigene religiöse Art kennzeichnet, ist das Resultat auch von dieser Seite her trüb. Tatsächlich schwankte er zunächst einigermaßen zwischen den Parteien. Kirchlich sehr verdächtige Männer waren in seinen Diensten. Noch 1525 sprach Luther die Hoffnung aus, der Kardinal werde vielleicht heiraten; und noch 1532 nahm Albrecht die Widmung von Melanchthons Römerbriefkommentar an, für die er dem Systematiker der neuen Lehre Geschenke sandte. Jedenfalls ist von aktivem Eingreifen für die Sache der Kirche wenig zu merken. Als er, ein Reliquienjäger wie der Kurfürst von Sachsen, seinen Ablaßschatz in Halle dem Publikum wieder zugänglich gemacht hatte, sandte ihm Luther eine auf vierzehn Tage befristete, ganz unglaubliche Drohung wegen dieses ‚Abgotts zu Halle‘ (Ende 1521). Die erzbischöflich-kurfürstliche Antwort zeichnete sich nicht eben durch besondere Würde aus: ‚Lieber Herr Doktor, ich habe Euren Brief gelesen und zu Gnaden und allem Guten angenommen, versehe mich aber gänzlich, die Ursache sei längst abgestellt, die Euch zu solchem Schreiben bewogen hat, und will mich halten, wie einem frommen und geistlichen Fürsten zusteht‘.

Später ging aber auch diesem Kardinal der Ernst der Situation stärker auf. Er blieb nicht nur der Kirche treu, er erfüllte auch aktiver die Pflichten seines Bischofsamtes, die Weihepflichten vor allem; und er zelebrierte fromm die heilige Messe, wenn wir den Aussagen des sehr untertänigen Augustinus Marius, selber ein tadelloser Weihbischof, glauben dürfen. In einer besonders wichtigen Art ragt Albrecht noch in die eigentliche, voll ansetzende katholische Reform hinein: 1543 holte er den ersten Jesuiten nach Deutschland, nach Mainz, den Peter Faber (unten S. 138 ff.). Der Ausgang seiner Bemühungen in Halle war freilich entmutigend: als die Marienkirche, als neues Zentrum katholischer Arbeit gedacht, fertig war, wurde sie — evangelisch eingeweiht.

Auch der spätere Bischof von Eichstätt, Moritz v. Hutten, versah sein Amt mit Würde und seelsorgerlichem Eifer. Leider blieben seine Versuche, seinen Klerus sittlich zu heben, unfruchtbar. Er setzte 1548 eine Diözesansynode durch. Er gehört außerdem zu den versöhnlich wirkenden Führern. 1546 präsidierte er dem Religionsgespräch in Regensburg. — In Regensburg selbst hatte in den zwanziger Jahren Berthold Pirstinger sich in strengem Eifer gegen die religiös-kirchliche Zersetzung gestemmt. Zugleich griff er — und zwar positiv aufbauend — in die literarischen Auseinandersetzungen ein. Auch Johann VII. v. Schleinitz, Bischof von Meißen, war kirchentreu und eifrig (1535). Sein Nachfolger, Johann VIII. v. Maltitz, versuchte nach dem Tode Herzog Georgs 1539 in der um so viel schlimmeren Lage durchzuhalten. Bischof Philipp von Speyer arbeitete in den vierziger Jahren heftig gegen die ungeheuerlichen Mißstände in seinem Welt- und Ordensklerus. · Eck lobt als guten Bischof noch Konrad v. Thüngen, den Herrn von Würzburg († 1540), und den Weihbischof von Konstanz, Melchior Vattli (Fattlin).

Seit der Mitte der dreißiger Jahre und im Zusammenhang mit den Religionsgesprächen der vierziger Jahre werden wir auf einflußreichere und in sich für den katholischen Neubau bedeutendere Persönlichkeiten stoßen, auf Faber von Wien, Nausea und Pflug etwa, und auf Contarini und Hosius.

Leider fehlt uns bis heute eine systematische Durcharbeitung des gesamten Materials. Es ist ja nicht ausgeschlossen, daß sie das Bild in der gleichen Weise aufhellen wird, wie es die Forschungen über die parallel liegenden Gebiete der zeitgenössischen Erbauungsliteratur, der Kloster- und Volksfrömmigkeit getan haben. Bis heute können wir damit nicht rechnen. Das erdrückende Urteil der katholischen Kämpfer über die Mehrzahl der bischöflichen Herren würde übrigens dadurch nicht geändert. Eine der gewaltigen Aufgabe wirklich gewachsene geniale Kraft fehlte jedenfalls. Wir hatten in Deutschland weder theologisch noch dem Charakter und der Heiligkeit nach Männer wie den Kardinal Fisher, Bischof von Rochester, und den Thomas More. —

Ganz ähnlich lautet das Ergebnis einer Durchmusterung für die Domkapitel. Auch unter diesen verweltlichten Herren gab es Hirtennaturen, die der Kirche treu dienten. Etwa Lorenz Truchseß v. Pommersfelden, Domdechant in Mainz, der 1524 den Kampf des Cochläus in Frankfurt unterstützte, oder

Cochläus selbst in Breslau, Eck in Ingolstadt-Eichstätt, Gropper in Köln. Eine Reihe Domherren in Meißen, in Trier, in Köln und in Breslau hielt tapfer durch. Freilich klärt jeweils nur die Feststellung der innern Motive die Frage, auf die es eigentlich ankommt. Selbst in den Domkapiteln, die sich als Ganzes der Neuerung widersetzten, waren es zu wenige, die ihre Sorge, ihre Kraft, ihr Geld oder gar das eigentlich Selbstverständlichste für einen Christen, ihr Gebet, wirklich einsetzten. Wie klein war die Zahl derer, die wenigstens dauernd und konsequent das unansehnliche Häuflein der unentwegt auf beinahe verlorenem Posten aktiv Kämpfenden unterstützte!

5. Unter den Kräftezentren katholischen Lebens ragt schon früh eines an Wert über die andern empor: Köln und der niederländische Raum. Das gilt, ob man nun an die konsequente Unterdrückung der Neuerung durch die Vertreter des Kaisers in den Niederlanden denkt, oder an die Löwener Universität mit ihren treu kirchlichen Theologen, oder an die hochwichtigen Ströme gemäßigt erasmianischen Geistes, die von der ‚devotio moderna‘ her im Zusammenhang mit echtem Kartäusergeist in Köln so starkes katholisches Aufblühen aus eigener Mitte einleitete (unten S. 132 ff.). Man muß die kirchliche Bewertung Kölns gründlich abrücken von den Lästerungen der funkelnden, aber unwissenschaftlichen Dunkelmännerbriefe. Selbst die dort direkt Angegriffenen waren ja längst nicht so minderwertig, wie das Pamphlet es hemmungslos behauptet. Arnold von Tongern, Rektor der Universität, wird von denen, die ihn kannten, gelobt. Er ist später an den ernsten Reformgutachten für den Erzbischof Adolf v. Schaumburg beteiligt. Der Dominikaner Johann Host von Romberg, selbst ein makelloser Priester, von einer erstaunlichen literarischen Produktion, schon von einem neuen, ansteckenden Eifer für die Kirche entflammt, ‚eine der Säulen der Kirche am Rhein‘, lobt den geschmähten Van Hoogstraeten, der in Rom sein Lehrer gewesen war: von allen der bescheidenste und liebenswürdigste. Sicherlich beseitigt dieses Lob nicht das Unsympathische, das dem Inquisitor immer anhaftet, aber es klingt gut zusammen mit dem, was die Schriften des Mannes uns beweisen; seiner kirchlichen Korrektheit entsprechen theologische Gründlichkeit und Sachlichkeit. Bei seiner weitschweifigen Widerlegung Luthers begnügte er sich nicht mit oberflächlicher Entscheidung gemäß den bis dahin selbstverständlich gewesenen Voraussetzungen der Scholastik. Er ging meist auf Augustin zurück. Das beweist, daß er etwas von der Tragweite von Luthers ersten öffentlichen Sätzen erkannt hatte. Er klagte bereits dem Kaiser, daß die meisten Katholiken die Auseinandersetzung zu harmlos nähmen. Er zeigte die gleiche innere Überlegenheit, die er schon im Reuchlinstreit bewiesen hatte: den Verlästerungen der Dunkelmännerbriefe über sein schlechtes Latein hatte er gelassen ge-

antwortet, nicht die Form, sondern die Sache sei das Ausschlaggebende. Wie er das sagt, klingt es durchaus menschlich freundlich und sympathisch; mit einem lächelnd verzeihenden: ‚diese Knaben wissen nicht, was sie tun‘! — Als bedeutender ist die k o l l e k t i v e religiös-kirchliche Kraft zu werten, die sich in der Abwehrarbeit der Universität und des Klerus von Köln gegen die Neuerung bekundete. Unter der Führung Groppers und mit der St.-Barbara-Kartause als fruchtbarem Mittelpunkt steht hier die Kölner Kirche bereits stark in der Arbeit des eigentlichen A u f b a u s, worüber wir bald im Zusammenhang reden werden. Hier haben wir nur über die vorbereitende, den niederrheinischen Raum stark beherrschende Grundlage zu berichten.

Die Aufbauzellen des ‚Oratoriums der göttlichen Liebe‘ in Italien haben im niederrheinischen Raum ihr Gegenstück in den Kreisen der ‚devotio moderna‘, der ‚neuen‘ Devotion, mit ihrer mystischen Frömmigkeit, ihrer humanistisch-religiösen Aussprache und seelsorgerlichen Betreuung im kleinen Kreise, sei es, daß die Interessierten im Beginenhof zusammenwohnten, sei es, daß getrennt Wohnende sich durch briefliche Botschaften aneinanderschlossen. Die ‚devotio moderna‘ bestand zu Beginn der Reformation nicht nur noch fort, sie lebte vielmehr kraftvoll und zeigte sich in ihrer Art sogar schöpferisch. Etwa in Herzogenbusch in den Niederlanden. Der Kölner Kartäuserprior meint einmal, dort lebe in Stadt und Land ‚eine so große Menge frommer Menschen beiderlei Geschlechts, und es sei dort eine solche Frömmigkeit, daß man dergleichen nicht mehr so leicht finden werde‘. Er spricht sogar von ‚hervorragender Heiligkeit‘. Diese humanistisch gebildeten Kartäuser lieben den humanistischen Superlativismus, der anderweit auch ihre Verdikte kennzeichnet. Man muß also einiges von jenem Lob abziehen. Aber der religiöse Eifer der Rede und die nachprüfbaren Unterlagen des Tuns machen es zur Pflicht, das Vorhandensein einer wirklichen religiösen Höhenlage anzuerkennen. Der Kölner Kartäuserprior Landsberg hatte solch fromme Gemeinschaft über die Grenzen des Klosters hinaus programmatisch gefordert. Über die zahlreichen geistlichen Verbindungen hinüber, die sein Kloster unter allen Prioren der Reformationszeit pflegte, wurde die Kölner Kartause Mittelpunkt eines bedeutsamen Kreises.

In diesem Raume haben wir bereits jenen kirchenfrommen Humanismus vor uns, dem ein entscheidender Teil der katholischen Zukunft im 16. und 17. Jahrhundert gehören sollte.

6. Endlich sind als wichtige, vorbereitende Grundkräfte für den kommenden Aufbau zwei große Ereignisse aus der Reformationsgeschichte der zwanziger Jahre in diesen Zusammenhang einzuordnen, die wir schon kennen: das Schuldbekenntnis Adrians VI. in Nürnberg 1523 durch Chieregati und

der Sacco di Roma 1527 durch die spanisch-deutschen Truppen. Auch Adriaan Floriszoon van Utrecht kam aus dem Kreis der ‚devotio moderna'. Er gehörte zu denen, die in ihr den Zukunftskatholizismus in Niederdeutschland vorbereiteten. Er hat sich als Papst wehmütig zurückgesehnt nach der Wirkstätte, wo ihre Kraft anerkannt war: ‚Dirk, wieviel besser wäre es, wenn wir noch friedlich in Löwen säßen'! Als er in Nürnberg die Schuld der Kurie bekennen ließ, benützten das die Neuerer und sogar die katholischen Stände nur zur Steigerung ihrer Angriffe und Forderungen. Man hat daher auch auf katholischer Seite dieses offene Schuldbekenntnis des Papstes nutzlos genannt. Man kann nicht unchristlicher urteilen. Hier wurde vielmehr in wagemutiger Weise ein Grundgebot des Christentums erfüllt, das ‚mea culpa' zu sprechen. Es wurde die längst fällige Schuld bezahlt und der innere, der geistliche Haushaltplan der Kirche einigermaßen in Ordnung gebracht. Es wurde überhaupt erst die Voraussetzung einer durchgreifenden christlich-kirchlichen Reform geschaffen, die ohne jenes Bekenntnis, dem Wesen des Christentums entsprechend, gar nicht hätte kommen können. Das Schuldbekenntnis Adrians VI. ist der eigentliche Beginn der katholischen Reform in Deutschland. —

Die Zerstörung Roms 1527 hat weltweite Bedeutung. Das Bewußtsein der Renaissancewelt, der leichtfertige wie der sündhafte Kulturoptimismus und die sträfliche Sorglosigkeit der Humanisten wurden erschüttert. ‚Wenn diese schrecklichen Strafen uns wieder den Weg öffnen zu besseren Sitten und Gesetzen, dann ist vielleicht unser Unglück doch nicht das größte gewesen' (Sadolet). Daß dieser Stoß, die von Savonarola angekündigte Züchtigung durch Gott, die italienisch-päpstlich-katholische Umkehr vorbereitete, ist offensichtlich. Die Elemente der neuen religiösen Reformgesinnung in Rom verbreiteten sich über Italien hin. Der Vormarsch der Auffassungen der Theatiner wurde intensiver. Die entscheidende katholisch-reformerische Wendung, die in den verschiedensten Weisen unter dem folgenden Papst so tief nach Deutschland hereinwirken sollte, konnte erfolgen. Aber auch in Deutschland selbst wurde der Fall Roms als Strafe Gottes verstanden und hat in katholischen Kreisen die lange geforderte Umkehr für sein Teil etwas beschleunigt.

Drittes Kapitel

Fortdauernde Zersetzung und neues Bewußtsein im deutschen Katholizismus

1. Sooft man auch den Aufbau der katholischen Reform des 16. Jahrhunderts betrachtet, immer ist man betroffen von der Zählebigkeit der eingefressenen Mißstände. Sogar auf dem Gipfel des Jahrhunderts der Heiligen, in der zweiten Hälfte des spanisch-italienischen 16. und in der ersten Hälfte des französischen 17. Jahrhunderts, überfällt den Betrachter das lähmende Gefühl der Unausrottbarkeit des Weltgeistes aus dem Heiligtum der Kirche.

Um wieviel mehr müssen wir uns gefaßt machen, schwere Belastungen zu finden im erst ansetzenden neukatholischen Wachstum!

Nehmen wir eine Schilderung von 1529 zum Ausgangspunkt! Der ernste und untadelige Wimpina aus Frankfurt an der Oder hat damals die allgemeine Heuchelei, Habsucht und Unwissenheit, kurz die Ungeistigkeit des Klerus mit bittersten Worten gebrandmarkt. ‚Diese Geistlichen haben mit dem erhabenen Berufe nichts als den Namen gemein; ohne Kenntnis jagen sie skrupellos nach Titeln, um dann ... nur der Trägheit, Habsucht und Lüsternheit zu leben.‘ Die Mönche: frech, überall vorwitzig vornean! ‚Wie wenn sie aus direkter Verbindung mit Gott — des Nachts halten sie Zwiesprache mit den Himmlischen! — genau wüßten, wieviel Strafe längst verstorbene Eltern für ihre Sünden in der Unterwelt noch abzubüßen hätten, machen sie daraus ihren Gewinn und prellen Reiche und Arme ohne Unterschied: schleppen das Vieh aus dem Stall, die Fische, den Honig, den Wein, das Korn, die Wolle und das Geld aus dem Beutel fort. Und — es muß einmal gesagt werden — Stück für Stück nehmen sie von des Lebens Notdurft, gehen bis auf die Haut, bis sie wie Blutegel vollgesogen sind; Verständnis für die elende Lage der Landleute haben sie nicht, selbst wenn sie sehen, daß eine arme Mutter, die ihr Kind stillt, von Hunger und Durst gänzlich abgezehrt ist. Ja, ihr Gebaren halten sie noch großspurig für ihr Recht!‘

Die hochwichtigen Einschränkungen desselben Wimpina, daß es genug Mönche gebe von wahrem Eifer nach Vollkommenheit, in Demut und Frömmigkeit Engel auf Erden, löschen das gezeichnete Bild leider nicht aus.

Derselbe Wimpina ist es, der um die gleiche Zeit wohl am grimmigsten und mit derber Anzüglichkeit das Versagen der Prälaten, der ‚faulen Dickwänste‘, in dem gerade ihnen pflichtmäßigen Kampf gegeißelt hat: Da Luthers Schwert ‚niemandem mehr als diesen fetten Stieren, den Pröpsten, Prälaten und Bischöfen, gegen den Nacken gezückt ist, so glaubte ich, diese würden zur Verteidigung ihrer Leckerschüsseln, ihrer Küche und ihres verwöhnten Magens die Federn rühren, was sie ja trefflich verstehen, diese Protonotare und Archidiakone und die Inhaber der „reservierten“ (wie sie sagen) Dignitäten, die Pröpste und Dekane; so hätten sie sich noch vor dem Untergange retten können, oder wenn sie dazu unfähig waren, so hätten sie, meine ich, ihren Platz und Rang unter den Kanonikern den Theologen überlassen können, von denen sie ja oft genug gemahnt wurden, sie sollten ihre stürzenden Tafeln ... durch Verteidigungsschriften aufhalten‘ (1523/28).

Wir werden sehen, daß sich diese Lage in den dreißiger Jahren ändert. Aber ebenso muß man feststellen, daß damals der Mut der Katholiken nicht eigentlich allgemein gewachsen war. Ihre Kräfte waren nicht organisiert. Die eigentlich führenden Kämpfer wurden überdies allmählich alt. Die Unsittlichkeit und die religiöse Schwäche des Klerus aller Grade hatte nicht abgenommen. Etwa anderthalbtausend Pfarreien sollen ohne Seelsorge gewesen sein. Die Domherren scheinen immer noch wenig davon zu wissen, daß die Kirche um ihr Dasein ringt. Als Morone 1542 mit ernsten Versprechen und weitgehenden Vollmachten des Papstes nach Deutschland kam, um mit den deutschen Bischöfen die Reform des Klerus durchzuführen, sagte ihm der alte Erzbischof von Augsburg: ‚Wenn sich Se. Heiligkeit oder deren Vorgänger vor zwanzig Jahren an diese Aufgabe gemacht hätten, dann wäre es viel nützlicher gewesen; jetzt wird alles fruchtlos sein, weil die Bischöfe auch beim besten Willen nichts mehr ausrichten können. Selbst von einem Konzil kann das Heilmittel für so große Unordnungen nicht mehr erhofft werden.‘ Das ist auch die gleichzeitige Meinung Albrechts von Mainz, der mit Resigniertheit die furchtbare Zersetzung innerhalb seines Klerus als ebenso selbstverständliche wie unabänderliche Tatsache hinnimmt. Es war selbst in den Reformkreisen der Optimismus weithin tot. Der Hoffnung Contarinis setzte Sadolet (13. 3. 1536) stärkere Zweifel entgegen: ‚Es verhält sich leider ganz anders, als Du meinst. Glaubst Du nicht, daß ich, wenn irgend eine Hoffnung vorhanden wäre, etwas Gutes und Heilsames durchzusetzen, mich selbst darbieten würde zu Kreuz und Tod? Der ausgezeichnete Papst ist nicht stärker als die Verkehrtheit der Zeit; denn es krankt der Körper der Christenheit an einer Krankheit, welche gegenwärtig eine Hilfe gar nicht zuläßt.‘ Mag man immerhin die Stärke der Akzente auf die Rechnung des humanistischen Rhetors Sadolet setzen, ebenso wie das echt renaissancemäßige Lob, das er dann doch den mustergültigen Christen in den einzelnen Berufen spendet, genügend andere Urteile bestätigen den Kern seiner Anschauungen. Dieser Pessimismus, der sich einigermaßen fatalistisch gibt, ist zunächst eine Minderung katholischer Kraft. Er lähmt den Aktivismus. Aber im Grunde ist er religiös wertvoll: dieser drohende Untergang ist Gottes Strafgericht, ist auch Strafe für unsere Sünden. Schon sind Deutschland und England für die Kirche verloren (1536!), und sogar Italien lehnt sich vielfach gegen Rom auf....

Nein, man kann absolut nicht sagen, daß das Bewußtsein der eigenen Kraft und Sicherheit noch so vorhanden wäre, wie es in den zwanziger Jahren sündhafterweise zur Schau getragen wurde. Man spürt jetzt die Gefahr bedeutend schärfer.

Selbst Paul III. gibt dieser Trostlosigkeit Ausdruck. Er ist sich bewußt, daß das christliche Gemeinwesen in die allergrößte und unmittelbarste Gefahr geraten ist und daß die christliche Sache täglich mehr dem Ruin entgegeneile. Er hatte recht. Denn die religiös-sittliche Lage war katastrophal; man möchte sagen, sie habe sich trotz der wichtigsten Neuansätze noch verschlechtert. Das gilt für das päpstliche Italien wie für Deutschland! Die Reformdekrete der Kommissionen von 1535, 1536, 1537 breiten den ganzen bekannten vorreformatorischen Sündenpfuhl, die verschiedensten Aufspaltungserscheinungen, das vielseitige religiöse, theologische, seelsorgerliche, menschliche Versagen, die trostlose theologische und moralische Verkehrung des Christlichen, Priesterlichen im niederen und höheren Klerus vor uns aus. Das Manifest der Reformkardinäle von 1537 sieht vor sich die wankende Kirche und die Strafe Gottes. Es nennt ganz offen als Grundursache aller kirchlichen Mißstände die maßlose Übertreibung der päpstlichen Macht bis zur offenen Willkür und bis zum simonistischen Verkauf geistlicher Gnaden um Geld. Die Kardinäle erkennen und nennen auch richtig und ungeschminkt die Quelle: es sind die schamlos übertreibenden Kurialisten. Im einzelnen sind sämtliche Zersetzungsursachen und Zersetzungserscheinungen des Benefizienwesens (auch in ihrer besondern Belastung Deutschlands), etwa die betrügerische Kanzleisprache mit ihren ausgeklügelten Kunstgriffen, die Exemption, die Appellation von den Bischöfen an die Pönitentiarie und Datarie (wo man leicht, leider oft für Geld, Straflosigkeit erlangt), der Dispensunfug (etwa die für Geld gestattete Ablegung der Ordenskleidung) zugegeben und ihre Beseitigung verlangt, so wie Eck das dreizehn, vierzehn Jahre früher vorgeschlagen hatte. Man weiß nicht nur um die Schuld, sondern man bekennt sie: Rom ist in der Sünde und gibt den Fremden Ärgernis; mit Recht stoßen sie sich an der Vernachlässigung des Gottesdienstes, selbst in St. Peter, oder an der Messeleserei unwissender Priester und an der öffentlichen Unsittlichkeit.

Leute dieses Schlages, wie Contarini und jetzt auch Aleander, Kenner der deutschen Verhältnisse, hatten an der Kurie auch der Erkenntnis Eingang verschafft, daß es sich bei dem häretischen Abfall in Deutschland keinesfalls um eine mehr oder weniger künstlich gemachte, sondern um eine V o l k s - bewegung handle. Freilich war das eine Sicht, der man sich in Rom am schwersten erschloß. —

Seit den erwähnten Klagen und Vorschlägen Ecks in den Jahren 1523 ff. hatte die reformatorische Entwicklung eine von den Kirchentreuen nicht er- wartete Kraft bewiesen. Entsprechend wandelte sich im schmerzlichen Erleben die Auffassung der kirchlichen Lage und ihrer Möglichkeiten. Man halte jene Reformgutachten Ecks neben seine Briefe aus dem Ende der dreißiger und Anfang der vierziger Jahre! In jenen frühen zwanziger Jahren noch die all- seitige Hoffnung, daß durch zielsicheres Zupacken mit handfesten Mitteln das Luthertum überwunden, einfach beseitigt werden könne. Die Welt der päpstlichen Macht, des päpstlichen Rechts steht noch. Von ihr erscheint etwa der Bestand der Universität Wittenberg noch ganz abhängig: man sperre jedem dort Studierenden einfach sein Benefizium! Man verlange von jedem Kanzler und Vizekanzler einer Universität einen Eid gegen Luthers Lehre! Man nehme einfach Wittenberg die Vorrechte einer Universität! Eine trockene Aufforderung an den Kurfürsten von Sachsen vorher mag der Höflichkeit genügen. Einzig die diffamierende und verfolgende Macht der hocheifrigen Lutheraner war es, die Eck damals hoch anschlug.

Wie hat sich diese Lage zum Schlimmern gewandelt! Der Weihbischof Marius sieht die innere Lage einfach als hoffnungslos an. 1536 findet Morone den alten Glauben in Deutschland in voller Auflösung. ‚Nicht nur in den Ländern der neugläubigen Fürsten, sondern auch in den katholischen Territo- rien ist das Volk so verwirrt, daß es gar nicht weiß, welcher Religionsrichtung es sich zuneigen soll.‘ Diese Verwirrung deutet 1536 Witzel, der allerdings den offiziellen Katholiken nur wenig Sympathie entgegenbringt, auf Lauheit und Kleinmut. Viele schämen sich ihres Glaubens. Nur im Dunkel wagen sie sich in die Kirche. Viele Hundert im Volk haben etliche Jahre her weder gebeichtet noch das Sakrament empfangen, viele, Mann wie Frau, sterben ohne Wegzehrung.

Aleander meldet 1538, ähnlich wie Morone 1536 und wieder 1540, wie Eck 1540, wie Johann Fabri O. P. aus Heilbronn 1550, einen katastrophalen Priestermangel. ‚Vor einigen Jahren war ein Mönch ein weißer Rabe; jetzt gibt es überhaupt keinen mehr. Die wenigen Priester sind verkommen und unwissend und deshalb selbst den wenigen Katholiken verhaßt. Weiß ein Priester etwas, so läuft er zu den Lutheranern über. Eine ungeheure Ver- wilderung!‘ Die Zahl der Klöster ist größer als die der Mönche, viele sind gänzlich verödet und säkularisiert. Als der erste Jesuit, Peter Faber, 1540 in Worms den ganzen Jammer der deutschen Verhältnisse kennen gelernt hatte, meldete er nach Rom, daß er nur darüber erstaunt sei, daß es nicht zwei- oder dreimal so viel Häretiker gebe. 1550 wundern sich ebenso Nadal und Kanisius, daß nicht ganz Wien lutherisch sei; ‚bei solch verkommenem Klerus könne man nichts anderes erwarten'. Aus Österreich schreibt der Jesuit Nadal 1550, daß die Schullehrer auch in katholischen Gegenden gewöhnlich Luthe- raner seien und nach lutherischen Katechismen die katholische Jugend unter- richteten.

Dem entspricht die Kirchenfrömmigkeit des Volkes. Ihr Herzstück, die Messe, ist weithin etwas Äußerliches geworden. Es ist allgemeine Übung, sie vor Schluß zu verlassen, sei es schon nach dem Evangelium (!) oder in der Predigt oder gleich nach der Wandlung. Daß man in die Kirche gehen soll, um zu beten, scheint sehr vielen aus dem Bewußtsein entschwunden zu sein. Man bringt Vögel und Hunde, wie zur Jagd, mit. Alles schwätzt und läuft herum, Domherren, Pfarrer, Mesner, Gläubige. Die Kirche ist zum Stell- dichein und zum Unterhaltungsort geworden.

Wir stoßen hier auf ein besonders heikles Gebiet. Die Frage nach dem eigentlichen Wert der regelmäßigen und gehäuften Gottesdienste ist wieder aufgeworfen. Selbst in dem kleinen Hilpoltstein des eifrigen Pfarrers May, wo sich eine besondere Verehrung des allerheiligsten Altarsakramentes in Form der Engelmesse und der theophorischen Prozession reichlich belegen läßt, besagt solcher regelmäßige Gottesdienst wenig über die persönliche Fröm- migkeit der Priester und Laien, von einer Opfergemeinschaft um das Herren- mahl gar nicht zu reden! Die einmalige jährliche Kommunion erscheint als das Normale. Zur selben Zeit, wo die Zahl der Messen so gesteigert wurde, daß sich Karl V. gleich 30 000 für seine Seelenruhe sicherte, konnte es wiederholt vorkommen, daß ein Visitator die konsekrierten Partikel von Würmern angefressen oder feucht aneinanderklebend oder von hohem Alter geschwärzt vorfand.

Solche religiösen Schwächeerscheinungen verblieben leider nicht nur innerhalb der Praxis. Die Glaubensvorstellungen selbst hatten gelitten. Man besaß nicht überall die korrekte Theologie über die Messe als Repräsentation des Herrn- opfers und die daraus den Gläubigen erfließenden Gnaden. Es hatte sich auch nicht nur praktisch eine massive Werkauffassung durchgesetzt. Eine solche war vielmehr auch liturgisch und populär-theologisch fixiert worden. Die verschiedenen Reformsynoden, wie sie besonders im Verfolg der kaiserlichen Reformationsformel von 1548 verhältnismäßig zahlreich abgehalten wurden, beklagen alle das Eindringen von unkorrekten Texten in die Meßformulare und abergläubische Vorstellungen über die Wirkkraft der Messe. Vielfach sah man in der Messe ein gewaltiges Mittel, das zauberartig alle möglichen sichtbaren und unsichtbaren Erfolge garantiere. Alte, übertriebene Lehren von den ‚Früchten der Messe‘, das heißt, aus dem bloßen A n h ö r e n der Messe erfließende Wirkungen, waren zu ziemlich stereotypen Reihen geworden: der Anblick der heiligen Hostie besitzt besondere Wunderkraft, darum drängt man sich dicht an den Altar, oder auch nur an den vom Altar kommenden Priester, um wenigstens vom Korporale, auf dem die Hostie geruht hat, angefächelt zu werden. Messebesuch schützt gegen plötzlichen Unglücksfall, besonders gegen plötzlichen Tod. Jede Messe erlöst eine Seele aus dem Fegfeuer, bekehrt einen Sünder, bewahrt einen Menschen vor einer Todsünde. Ein reuiger Sünder stirbt nach Anhörung der Messe, wie wenn er das Sakrament empfangen hätte. Die Messe sichert den Empfang der Sterbesakramente. Solange einer während der Messe für eine arme Seele im Fegfeuer betet, so lange ist deren Pein unterbrochen. Essen und Trinken nach der Messe haben mehr Kraft als vorher. Während des Messehörens altert man nicht. Die Messe hilft zu leichterer Entbindung und bringt Reichtum.

Wie bei der populär-theologischen Verkündigung des Ablasses werden diese Früchte mit einer erstaunlichen Sicherheit in Aussicht gestellt, aufdringlich angepriesen und gleichsam aufgedrängt. Die Aufmerksamkeit wird einseitig auf die Betonung und Steigerung der Wirkung gelenkt; die religiösen Bedingungen treten stark zurück. Der sittliche Ernst mußte leiden. Die Multiplizierung der Messen muß sehr stark auch von hier aus verstanden werden. Aber ebenso das Nachlassen des Zelebrierens, als einmal radikal, wenn auch mit verhängnisvoller Einseitigkeit, diese unterchristlichen Auffassungen in ihrer Leere von Luther entblößt wurden.

Die Möglichkeit dieser veräußerlichten Auffassung war im 16. Jahrhundert ohne weiteres gegeben. Ein regelmäßiger und systematischer Religionsunterricht der Kinder durch den Pfarrer war noch nicht bekannt, es gab ihn auch nicht in der Schule. Die religiöse Erziehung war durchaus Aufgabe der Eltern und Paten. Die Katechese für die Erwachsenen am Sonntag oder die eigens eingelegte Unterweisung über die heilige Kommunion zur österlichen Zeit mußte kümmerlich bleiben. So kommt es, daß die religiöse Kindererziehung am Ende unserer Epoche einem Mann wie Witzel trostlos erscheinen kann: Türken erzieht man, keine Christen! Eck stellt entsprechend 1540 starken Rückgang des Frömmigkeitslebens bei Laien und Geistlichen fest: die vordem in der Fastenzeit zweimal zur (Oster)beichte kamen, gehen jetzt meistenteils nur einmal. Die Fastengebote sind eine verachtete Kleinigkeit geworden. Das Zelebrieren hat abgenommen oder aufgehört wie das Breviergebet. Kurzum, die kirchlichen Vorschriften werden nicht mehr ernst genommen. Man mag keine Regel mehr leiden, hört begierig der Neuerung jener hinkenden Lehrer zu, die jetzt auf beiden Schultern tragen und Katholisches mit Häretischem mischen. Morone meldet 1540 nach Rom, daß die Bischöfe zu allen Konzessionen bereit seien. Ihnen würde es genügen, wenn die Neuerer nur keine weiteren Kirchengüter an sich reißen wollten. Das sind die Bischöfe, die das Gutachten der Kardinäle ganz allgemein für das Gebiet der ganzen Christenheit angeklagt hatte, daß sie fast alle von ihren Herden fern blieben und deren Hut Mietlingen anvertraut hätten; die Bischöfe, denen ihr Kollege Hosius von Ermland die alleinige Schuld zuschiebt, von deren Leben er ein erschütterndes Bild entwirft; die Bischöfe, deren hartnäckige Ausflüchte gegen das kommende Konzil Paul III. bekämpfen muß. Ist ein Bischof treu, wie Hosius, so hat er zeitweilig nicht einmal einen einzigen Helfer in seinem Domkapitel, und man läßt ihn im Kampf mit der Neuerung direkt im Stich.

Dem entspricht immer noch der unenthaltsame und theologisch vollkommen ahnungslose niedere Klerus. Cochläus klagt 1539, daß fast alle sächsischen Pfarrer, die aber noch viel besser seien als die rheinischen, im Konkubinat lebten. Er hält das Übel übrigens für unvermeidlich. Die Pfarrer kommen ohne Wirtschafterinnen nicht aus, sie wollen schließlich lieber auf die Pfründen verzichten als auf die Frau; die Laien aber wollen lieber verheiratete Priester als Konkubinarier.

Es gibt aber auch Geistliche, die so vollständig mit dem alten Glauben gebrochen haben, daß sie nur zum Scheine zelebrieren. Gegen andere wird über Häresie und öfters über Wahrsagerei Klage erhoben.

Nur sehr schwer wird man das klerikale Leben zur früheren Ehrbarkeit zurückführen können. Um so weniger, als noch immer die Kurie mit ihren Kurtisanen und deren Pfründenhandel das schlechte Beispiel gibt: ‚Leute, die nicht mit zwanzig, nicht mit dreißig Pfründen zufrieden sind, die Tag für Tag gegen bestimmte Pensionen auf Benefizien resignieren, sie mit dem Recht des Wiedererwerbs verkaufen, tags darauf wieder andere Benefizien erwerben, mit denen sie abermals Handel treiben.... Ich kannte‘, so fährt Eck fort, ‚zu Leos X. Zeit einen, der uns seine 39 Benefizien und eine Propststelle aufzählte.‘ Unter 24 oder 30 oder 40 adeligen Kanonikern gibt es kaum 5 oder 6 Priester. Eck kennt sogar einen Fall, wo es deren unter 54 Domherren nur 5 sind, obschon die Hochgeborenen natürlich die fettesten Pfründen haben. Als viel schlimmer empfindet er, daß von ihnen viele nie beten, andere ganz selten die Tageszeiten verrichten. Keiner studiert Theologie. Wie viele von ihnen sind Lutheraner, besitzen und lesen Luthers Bücher, studieren als Kanoniker in Wittenberg und fühlen sich als Freunde des Reformators! Selten halten sie Residenz, seltener kommen sie zur Kirche, am seltensten in den Chor. Wenn Präsenzgelder verteilt werden, kommen sie ihr Geld holen und verschwinden schleunigst ‚ut canis ex Nilo‘. Oft genug ist nicht einmal der Dekan Priester. ‚Vor einigen Tagen lernte ich eine Kirche kennen, an der weder der Bischof, noch der Propst, noch der Dechant Priester waren.‘

Noch von einer andern Seite her drohte Gefahr: ausgesprungene Mönche versuchten im Kirchendienst eine Anstellung zu bekommen. Die erteilten und vorgeschützten päpstlichen Dispense zum Leben außerhalb der Klostermauern machten den Versuch gefährlich.

Es war nur zu natürlich, daß einem solchen Versagen der Haß gegen alles Klerikale und dadurch dann ein katastrophaler Priestermangel folgen mußte. Alles zusammen wieder findet von zwei entgegengesetzten Wegen her seinen Ausdruck im erschreckenden Niedergang der katholischen S c h u l e n und der theologischen Fakultäten. Während auf protestantischer Seite der führende Pädagoge in Straßburg für seine neue Schulordnung mit dem Prinzip der Einheit an die Methode der Brüder vom gemeinsamen Leben, seiner Lehrer, anschließt und sich ausdrücklich auf sie beruft, war die Lage der katholischen Schulen selbst zum großen Teil geradezu verzweifelt. Es gab keine Neuordnungen oder Neugründungen. In Köln las in den vierziger Jahren zeitweise nur ein Magister, zeitweise waren die theologischen Vorlesungen ganz sistiert. Ingolstadt bedeutete etwas durch Eck. Nach seinem Tode blieb ein einziger Theologieprofessor übrig, nach dessen Tod gab es 1546—48 keinen Lehrer der Theologie. In Wien war die Lage ähnlich. In Freiburg hatte man seit 1531 Jahre hindurch nur zwei Professoren. ‚Die jetzigen Kirchendiener sterben weg, und es sind keine andern zu bekommen..., die Kirchen sind baufällig und unsauber, wie keiner seinen Pferdestall daheim so unrein hält; verstümmelte Heiligenbilder reizen zu Spott und Lachen....‘

Man möchte sagen: keine Möglichkeit des religiösen, des sittlichen, des kirchlichen Verfalls war in diesem riesigen Zersetzungsprozeß des Klerikalen übergangen. —

Dieser Zustand dauert in allem Wesentlichen bis zum Ende unserer Epoche. Der Jesuit Nadal schildert auch noch 1555 die Lage in katholischen Gegenden als geradezu hoffnungslos: Es gibt hier weder Ordensleute noch Theologen, so daß auch die katholischen Fürsten und Bischöfe nicht wissen, was zu tun ist. Gute Katholiken dulden aus Not verheiratete Pfarrer und halblutherische Prediger. Alle Herbergen fanden wir voll von den Schriften Luthers und anderer Häretiker; Kinder und Frauen lesen sie. Und wir waren doch in Gegenden, die sich katholisch nennen! Fast kein Katholik in Deutschland verfaßt (mehr) Kontroversschriften, die älteren katholischen Schriften werden nicht mehr aufgelegt und sind kaum zu finden, so daß auch die Katholiken sagen, sie hätten nichts anderes zu lesen als Häretisches. Auch die katholischen

Theologen lesen überall solche Bücher und geraten dadurch in einen wahren Mischmasch von Theologie hinein.

2. Nun muß man sehen, wie stark all diese verschiedenen Zersetzungserscheinungen sich noch weiter Jahrzehnte hindurch erhalten. Auch nachdem schon eine Fülle katholisch-reformatorischer Arbeit geleistet worden war, schildern Gutachten der siebziger Jahre, etwa des Kardinal-Erzbischofs von Augsburg, Otto Truchseß v. Waldburg, von dessen tiefem Pessimismus im Jahre 1542 wir oben hörten, die katholische Zerrüttung so, wie wenn einerseits der hemmungslos unchristliche Renaissancegeist ungeschwächt weiter bestünde, andererseits der Geist der häretischen Neuerung tief in den katholischen Reihen siegreich wohnte. Die Kurie gilt immer noch als der Feind und Aussauger Deutschlands. Ihr Name, vielmehr der Name der römischen Kirche, erweckt auch den Katholiken eine seltsame Wut. Das um so mehr, als das lasterhafte Leben des römischen Klerus weiter besteht und in Deutschland wohlbekannt ist.

Innerhalb des katholischen niederen und höheren Klerus hat der Protestantismus gefährlich breite Positionen bezogen: es gibt unter den Domherren nicht nur viel protestantisierende, sondern viele sind lutherische oder kalvinistische Häretiker. Die Gefahr ist unmittelbar gegeben: daß häretische Domherren einen häretischen Bischof wählen. ‚Das gilt, wie allgemein bekannt, für Mainz, Köln, Straßburg, Würzburg, Bamberg und noch sonst.'

Die Bischöfe vergessen nach wie vor ihre Herden. Köln ist abermals durch den heiratslustigen Gebhard Truchseß v. Waldburg bedroht; seine bayrischen katholischen Nachfolger empfangen ebensowenig höhere Weihen wie er; der erwählte Bamberger Bischof beschwört zwar das Tridentinum, aber er lebt nicht danach und erlaubt seinen Geistlichen die Ehe; in den Klöstern (besonders in Österreich und Böhmen) steht es durch eingeschmuggelte ‚Laienäbte' ähnlich, Männer, die nicht ordnungsgemäß gewählt, sondern als Laien einfach vom Fürsten eingesetzt wurden, alsbald in einer Art geistlichen Habits ‚Profeß ablegen', aber keinerlei Bestätigung oder Dispens von Rom begehren. Noch immer besteht jene allgemeine und so tief eingewurzelte öffentliche Korruption des deutschen Kloster- und Weltklerus. Ihr Leben ist schändlich über die Maßen; es kann nichts erwecken als Verachtung, Haß und Empörung. Das Volk aber verlangt einfach nach Priestern. Wenn katholische fehlen, nimmt es seine Zuflucht zu häretischen. Für Bayern werden für 1562 unter 100 Geistlichen kaum 3—4 ohne Konkubine gemeldet; Kanisius taxiert sie für 1568 auf kaum 10 in einer Diözese. Die Verantwortlichkeit des Berufes sei ganz aus dem Bewußtsein verschwunden. ‚Das schlechte Leben des deutschen katholischen Klerus und seine Ignoranz haben Deutschland die Pest der

Häresie gebracht.‘ So kommt es, daß auch die Reformaktion der eifrigen Bischöfe durch den Zwang der Zeitumstände gelähmt wird. Es gibt kaum e i n e n Bischof, der nicht mit vielen simonistischen, verkommenen, exkommunizierten, irregulären, verbrecherischen, konkubinarischen, dem Trunk ergebenen Apostaten unter seinen Priestern und Pfarrern zusammenzuarbeiten gezwungen wäre.

Dem Mönchsstande droht in Deutschland vollendeter Zusammenbruch. Die Zahl der Mönche ist stark zurückgegangen. Die übriggebliebenen leben nichts weniger als klösterlich, vielmehr in Ausschweifung und Genußsucht. Es gibt auch ganze Klöster, die dem Schwelgen und der Unzucht verfallen sind. Welch ein Ärgernis für das Volk! Wie notwendig muß da abermals der kirchliche Stand bei Katholiken wie Häretikern verhaßt werden! Hier kann nur harter Zwang helfen. Was Eck schon 1523 gegenüber den ganz oder zum Teil abgefallenen Augustinereremiten vorgeschlagen hatte: sie sollten wie ein zweiter Templerorden ausgerottet und ihre Klöster zu Hospitälern gemacht oder sonst für gute Zwecke verwandt werden, das erscheint in den siebziger Jahren als letztes Mittel gegenüber der innern Korruption nicht weniger katholischer Klöster.

Es kann nicht anders sein, als daß die Seelsorge solcher Pfarrer denkbar ungenügend ausfällt. Daher denn auch jetzt noch immer die ungeheuerlichste Unwissenheit der deutschen Katholiken in religiösen Dingen und also ihre religiöse Gleichgültigkeit oder vielmehr ihre Verachtung für das Kirchlich-Religiöse. Mit Recht stellt ein Gutachter dieser siebziger Jahre die Zustände als gleich gefährlich neben die lutherische Häresie.

Als schlimmste aller deutschen Krankheiten wird auch jetzt noch das Monopol des Adels auf die hohe Prälatur bezeichnet: hier sieht man — und mit welchem Recht! — die Quelle der meisten Übel. Wenn sie nicht verstopft wird, bleibt keine Hoffnung für Deutschland, gute Bischöfe zu erhalten, da man jetzt den Nachwuchs aus einem ganz verkommenen Adel nehmen muß. In diesen adeligen Kapiteln (die zudem in ewigen Zerwürfnissen zu ihren Bischöfen stehen) sieht man weder auf Sitten, noch Frömmigkeit, noch Wissen, noch Tugend; nur auf die Abstammung. Meist geht das Interesse dieser Herren nur nach Trinkereien, Jagd und Frauen. Sie geben ein denkbar schlechtes Beispiel. Sie werden selten oder so gut wie nie in den Kirchen gesehen. Kommen sie, dann nur wegen einer besonders einträglichen Verteilung von Abgaben, und sie verbringen dann die Zeit mit Herumspazieren außerhalb des Chores oder mit eitlem Geschwätz während der Messe, welche die Vikare schon unandächtig genug zelebrieren. Es gibt auch Kirchen, wo die Kanoniker — wenigstens werktags — während des Chordienstes im Kapitelsaal zur Unterhaltung sich zusammensetzen, damit sie wenigstens einen Vorwand simulieren, um an der Kirche vorbeizukommen.

,Außer den Kapitelstellen der hohen Domkirchen nehmen sie alle besseren Prälaturen, Pfründen, Pfarreien und andere Benefizien der ganzen Diözese in Beschlag. Jene Einkünfte geben sie für Hunde, Pferde, schlechte Weiber und luxuriösen Lebenswandel aus. Die mehr geizig gesinnten häufen dieselben zur Bereicherung ihrer Verwandten auf. So bleibt selbst einem sonst noch so guten gelehrten und frommen Priester (aus dem Bürgerstande) keine bessere Stelle übrig.' Nichts Selteneres als würdiges Priestertum unter den Prälaten! Eine Antiphon zu singen oder einen Versikel zu rezitieren, wie könnte man ihrem Adel derartiges zumuten! Das Geld für sie! Die Sorge des Gottesdienstes für die Bürgerlichen! Das ist die Devise, der das Sprichwort entspricht: ,Die Vikare gehen für die Domherren in die Kirche, dafür vertreten die Domherren ihre Kapläne in der Hölle!'

Und daß ihnen nichts von Visitationen oder Maßregelungen — denen die Bürgerlichen ausgesetzt sind — dazwischenkommen kann, haben sie die Wahlkapitulationen! ,Man soll uns nicht wie Mönche binden, nicht wie Bettelmönche zum Gehorsam des Papstes anhalten können!' Von allen Lasten wollen sie immun sein. Gegenseitig erlassen sie sich meistens die eidlichen Versprechen, sich innerhalb eines Jahres weihen zu lassen. Was für Bischöfe müssen aus solchen Reihen hervorgehen! Was dürfen und können sie wagen gegenüber den Schäden am Leben ihres Klerus und der Domherren!

Das sind ausnahmslos rein katholische Stimmen.

Freilich: man erkennt an diesen Schilderungen trotz der ehrlichen Sorge ohne weiteres eine peinliche Ungenauigkeit und einigermaßen hemmungslose Übertreibungssucht. Man kann ganz allgemein feststellen, daß in den Gutachten die den einseitig ungenauen Verdammungsurteilen angehängten Vorschläge zur Reform mit derselben Ungenauigkeit ein viel helleres Bild zeichnen.

Aber trotzdem: zweifellos stimmt das Fazit als Ganzes! Von allen Seiten, vom hohen und niederen, vom Welt- und Ordensklerus, vom deutschen und demjenigen der römischen Kurie, vom noch katholischen Volk wie von der Häresie her erscheint noch in den siebziger Jahren die Kirche direkt in ihrer Existenz bedroht, vom Wiedergewinn des Verlorenen nicht zu reden.

Als besonders nachteilig erscheint auch noch immer (ein halbes Jahrhundert nach dem Aufkommen des Sturmes!) das alte unselige Verschleiern und Verzögern. ,Man muß endlich entschlußkräftig wagen! Man muß anfangen (!) zu handeln und nicht unfruchtbar ohne Ende ratschlagen; es sollten vorsichtig langsam doch wenigstens die enormen klerikalen Skandale beseitigt werden. Eindringlich wird noch 1573 der Papst darauf hingewiesen, diese Dinge doch recht ernst, und zwar religiös zu nehmen. Gebet, Opfer, Messe, Fasten vorab! Nichts sinnend als das Heil der Seelen! Schluß mit dem Zaudern und den verpaßten Gelegenheiten! Endlich ist es Zeit, aufzuwachen und von der Sorge um das Werk Christi sich bewegen zu lassen....

Man mag hier Abstriche machen, wie man will: die kirchlich-religiöse Lage muß in den vierziger Jahren ungewöhnlich betrüblich gewesen sein, wenn sie in den siebziger Jahren, nach sehr vielen, ja unendlich vielen Aufbauleistungen noch so geschildert werden konnte! Beim katholischen Volk wie beim theologischen Nachwuchs war weithin das verschwunden, was man als jene schwer definierbare und doch so lebenswichtige, aus Kleinem und Großem gewachsene, traditionsgesättigte, gut katholische Atmosphäre ansprechen könnte.

Wo war das katholische Bewußtsein stark genug, hier kraftvoll und schöpferisch durchzustoßen?

Denn die unerwartete, für unmöglich gehaltene Ausbreitung der Neuerung und die Erkenntnis der anscheinend unheilbaren, wie zwangsläufig fortschreitenden innerkirchlichen Zersetzung hatten das Bewußtsein der Katholiken im tiefsten erschüttert. Es ist für die Erfassung des katholischen Neubaus nützlich, zu beobachten, wie dieser Einbruch heilsamer, aber auch lähmender Erkenntnis sich sogar bei ganz harten Kraftnaturen in eigenartiger Weise durchsetzte. Am schärfsten hebt sich diese Wirkung wohl ab bei einem so rücksichtslos fanatischen Antihäretiker und machtbewußten Manne wie Papst Paul IV. Selbst ihn machte die Angst vor den aufbrechenden reformatorischen Kräften in Spanien erbeben, und die noch größere, die Häresie könnte durch die Reihen der Kardinäle bis auf den Thron Petri vorstoßen. Dies ist ja doch wohl die schroffste Form der Furcht vor dem kirchlichen Untergange, die es für einen Katholiken geben kann. Von daher Pauls IV. unmenschlich hartes Mißtrauen, sein Verfolgungswahnsinn gegen Morone und Pole: ‚Um euch die Wahrheit zu sagen: wir wollten der Gefahr begegnen, die schon in den letzten Konklaven drohte, und zu unseren Lebzeiten Vorkehrungen treffen, damit nicht der Teufel künftig einen von den Seinen auf den Stuhl Petri setze.'

3. Widerlegen diese Eingeständnisse nicht gründlich unsere oben (S. 82 ff.) aufgestellten Behauptungen? Geben sie nicht den dort getadelten Darstellungen der Reformationsgeschichte recht? — Nein! Man muß nur die elementare Erkenntnis besitzen, daß Gesundung und Neugeburt in einer großen Gemeinschaft nur langsam, im demütigen Dunkel vieler kleiner Ansätze wachsen können. Und daß der Dauer der vorangegangenen schuldhaften Zersetzung die Dauer und die entmutigenden Mißerfolge des Aufbaus entsprechen müssen. Daß ein wirklicher und sehr kräftiger Aufbruch sich vollziehen und mächtig

wachsen kann, während ringsum in noch größerem Ausmaße die Zersetzung weiterfrißt. Und daß also der fürchterliche kirchliche Zusammenbruch die nachgewiesenen und noch zu belegenden positiven katholischen Kräfte nicht weniger wirklich macht. Man muß beides zusammen zu sehen und im Bewußtsein zu halten die Kraft haben!

Nicht nur gewohnheitsmäßige, sondern kräftig lebendige Anhänglichkeit an die Kirche und ihren Glauben begegnet uns die ganze Reformationszeit hindurch in so mancher Chronik. Viele Klöster haben als Ganzes in vorbildlich christlichem Leben ihren Gelübden die Treue gehalten. Einzelmönche in den verschiedenen Orden zeigen ein Frömmigkeitsstreben und ein mystisches Verständnis der Heilstatsachen, die zu einer sehr beachtlichen und quantitativ außerordentlichen Produktion erbaulicher Literatur führten. Wennschon nicht immer die schöpferische Eigenart dieser Erzeugnisse überragend ist, die Weite der Verbreitung ist erstaunlich. Man kann die intime, praktische und literarische Beschäftigung mit dieser betrachtenden Gebetsliteratur, die ein Beten im tiefen und manchmal sehr tiefen Sinne ist, nur mit Gewaltsamkeit als Veräußerlichung abtun.

Anderseits: gerade aus der geschilderten, unendlich bedrohten Lage hebt sich erst richtig heraus der unverzagte Mut der katholischen Kämpfer und Reformer, auch die Kraft der übertriebenen Zuversicht der ,Mittelpartei'. All diese Männer können nicht im Verdacht stehen, die wirkliche Lage und die harten Schwierigkeiten einer katholischen Reform nicht gekannt zu haben. Soweit es sich, wie bei den Jesuiten, um von auswärts kommende Hilfstruppen handelt, wurden sie schnellstens von jeder Unterschätzung der Schwierigkeiten bekehrt. Das heißt also: bei ihnen allen gehörte eine ganz besondere Kraft der glaubenden Hingabe dazu, ihr Programm überhaupt in Angriff zu nehmen und ihre Arbeit durchzuhalten. Die öffentliche Meinung war mit Skepsis geladen. Der Glaube an die Zukunft mußte erst wieder durchbrechen. Die Bewegung von der Kirche weg war das ,Moderne', das den Anspruch erhob, das Bessere, das Selbstverständliche zu sein. Das furchtbare Gewicht dieser öffentlichen Meinung mußte gebrochen, die Wertung der Dinge gewendet, die Menschenfurcht bezwungen werden. Es mußte allmählich entstehen eine ,Bewegung der Gemüter' zur katholischen Kirche zurück. Es mußte zu manchen, dann zu vielen Bekehrungen und zu neuem katholischen Wachstum aus der Jugend heraus kommen.

Wo sind die Zentren, die noch genügend katholisches Leben in sich bergen, um diese Riesenarbeit, ich sage nicht etwa durchzuführen, sondern in Angriff zu nehmen?

Nun, es sind naturgemäß die gleichen, die wir schon als katholisch konservierend und für ihr Teil aufbauend im vorigen Abschnitt dieses dritten

Buches betrachteten: einzelne Pfarreien, einzelne Klöster, die zum Mittelpunkt eines kräftigeren katholischen Lebens wurden, die literarischen Vorkämpfer, Diözesansynoden, die römischen Nuntien. Nur daß, wie schon gesagt, vielfach das Gefühl der sich nähernden Entscheidung gewachsen ist, die Arbeit intensiviert und auch sogar organisiert wurde. Es entstand jenes geheimnisvolle Etwas, das immer den Um- und Durchbruch bewältigt, und das wir einfach das ‚Neue‘ nennen. (Nicht von ungefähr ist das ‚Neuwerden‘ in vielfacher Gestalt eine Grundwirklichkeit des Evangeliums Jesu Christi.) Dieses Neue schuf sich neue Kräfte und neue Formen, oder war neue Kraft und neue Form, die umgekehrt das neue Bewußtsein schufen.

Der Aufbau des Lebens vollzieht sich immer von kleinen, wenigen Zellen aus. Aber das Wachstum wird jeweils der Hemmungen nur dann Herr, wenn sich die Kraftzellen zusammenschließen und einen Kern bilden. Der Neubau des katholischen Lebens in den vierziger und fünfziger Jahren, bzw. seine Grundlegung, erbringt dafür einen eindeutigen Beweis. Nur etwa die Leistung des Bischofs Hosius von Ermland ruht zu einem beachtenswerten Teil auf seinen Schultern allein. Alle andern bedeutsamen Ansätze, die eine Wende wirklich vorbereiteten, sind Leistung einer organisierten Zusammenfassung: devotio moderna, Jesuiten, Tridentinum.

Darüber hinaus gibt es noch eine spezifisch katholische Kraft, die alle Leistungen in ähnlicher Weise erhöht: das katholische Leben ist in seinem Fortbestand, im Neuansatz und im Aufblühen radikal abhängig von seiner Verbindung (d. h. von der Verbindung des katholischen Predigers, Schriftstellers, Seelsorgers, Menschen) mit der Kirche. Es wächst mit dieser Verbindung. Es ist daher eine Darstellung der Kraft des Anonymen, des Objektiven und der Treue. So war es denn auch im katholischen Neuaufbau des 16. Jahrhunderts nicht nur die oft genug mittelmäßige Leistung des einzelnen, die wirkte, sondern die vorgegebene Lehre und Kraft der Kirche. Man trat ein für eine grundsätzlich überkommene Größe, nicht wie Luther für eine errungene oder der Protestant für eine so gut wie nur· auf den eigenen Glauben gegründete Gesinnungserneuerung durch Neuentdeckung des Wortes. Dieser katholischen Haltung aber wohnt inne die irrationale Kraft der anonymen Leistung, des anonymen Gehorsams. Als Gegenstück zu der oft so schmerzlich rücksichtslosen, neugläubigen Ehrfurchtslosigkeit gegen die Tradition meldet sich mit schöner Kraft das Gefühl der Treue zu dem von den Vätern Ererbten. Es spielt eine bedeutende Rolle in der Auseinandersetzung.

Trotz dem fortschreitenden Zerfall der Kirche und mitten in ihm gab es noch (und begannen sich zu mehren) christlich-priesterliche Naturen im Kleriker- und Laienstand, wie die prachtvollen Kölner Kartäuser, ‚die sich quälen über den unwiederbringlichen Verlust der Seelen, die von Schmerz erfüllt sind über die Verachtung Gottes und die der Eifer für Gottes Haus verzehrt', die von Sorge erfüllt sind um die Rechtgläubigkeit ihrer guten Stadt Köln, und die nach neuen Heilmitteln gegen das alte Übel suchen. Es brannte noch der Eifer, daß doch die Kirche in ihrer alten Liebe und Unschuld erneuert werde, wie er sich bei einem dieser Kölner Kartäuser, Landsberg, zu einem eindringlichen Gebet verdichtet, damit besonders die zur ursprünglichen Strenge zurückgekehrten Orden wieder im Werke vollbringen möchten, was sie mit dem Munde lehren, statt sich nur durch die Kutte von den Mitmenschen zu unterscheiden. Es mehrten sich in wirksamem, wenn auch noch geringem Prozentsatz die Priester, denen es wieder innerstes Bedürfnis wurde, zu beten und für das Seelenheil der Gläubigen alle Kräfte daranzuwenden, die sich dagegen aufbäumten, daß das Heil der Seelen in solchem Umfang praktisch als eine Nebensächlichkeit betrachtet werde. ,Ich bitte, ich flehe, ich beschwöre Dich für Deine des Trostes bare Kirche.... Ja, das innerste Wesen Deiner Liebe bestürme ich.'

Wie weit sind wir hier weg von einer nur skeptisch kritisierenden Betrachtung der Zeitlage! Hier ist wieder religiöse Grundhaltung! Wenn vorher und nachher Mangel an christlichen Frömmigkeitswerten festgestellt werden muß, Lauheit, Schwäche: hier wächst wieder Hunger und Heißhunger nach der Gerechtigkeit. Das Christsein in seinem einzigen Vollsinn: ,in und wie Christus sein', nimmt zu, wird stark. Ein Teil der Arbeit, die im Dienste des Aufbaus geleistet wird, tritt mehr und mehr in direkten Kontakt mit dem Gebet. Wie die hl. Teresa in Spanien das Gebet für die Verteidiger der Kirche gegen die Häresie, für die Prediger und die Gebildeten ausdrücklich in ihr Programm einstellt, so halten es auch die Jesuiten, wie sie seit 1542 aus Regensburg melden.

Dieser Aufbau ist nun in seinem tatsächlichen Verlauf, in seiner Fülle und in seinem Versagen, zu schildern.

Viertes Kapitel

Katholischer Aufbau

Die kirchliche Reform im Großen war in Deutschland nicht durchzuführen ohne Hilfe aus dem Süden. Das ist eine Tatsache, die jeder noch so oberflächliche Blick über den katholischen Zusammenbruch und dann (etwa seit der Mitte der dreißiger Jahre) über die Ansätze des katholischen Aufbaus leider nur zu deutlich feststellt; sie ergab sich mit innerer Logik aus der kirchlichen Lage je in Deutschland und in Italien.

I. Die südlichen Kräfte blieben zwar in Deutschland nicht allein, aber sie überwogen unbedingt. Um ihr Eingreifen diesseits der Alpen richtig zu würdigen, ist es angebracht, die Ansätze kirchlicher Neugeburt in Rom und in Italien mit ein paar Strichen in die Erinnerung zu rufen.

1. Eine der großen Erkenntnisse der Kirchengeschichte lehrt, daß die wirklich umschaffenden katholischen Reformkräfte weit überwiegend nicht an der päpstlichen Zentrale entstanden, aber ebenso, daß sie ihre größte Fruchtbarkeit erst entfalteten, wenn die Kurie sie bejahte, einte und nach einheitlichem Plane in die Entwicklung einsetzte.

Das Werden der katholischen Reform des 16. Jahrhunderts ist dafür ein vielseitiger Beweis. Dieses Werden setzt, soweit es unmittelbar weltgeschichtliche Bedeutung erlangen sollte, in Spanien und in Italien an, und hier inmitten der akuten Vergiftung unter Alexander VI. In kleinen, unscheinbaren Kreisen, die, mehr abseits von den offiziellen Kreisen, mit Treue der Selbstheiligung dienten in den verschiedenen Formen des Oratoriums der Göttlichen Liebe, in die hinein noch die Stimme Savonarolas erklang. Welch große christliche und kirchliche Kraft dort lebendig war, zeigt vor allem der Theatinerorden, der aus diesem Geist (der ‚devotio moderna‘ verwandt und dem kirchentreuen Humanismus nahestehend) 1524 entstand. In zwei Mitgliedern, Giampietro Carafa, dem späteren Paul IV., und Gaetano da Tiene, zeigt sich die Weite der Gestaltungsmöglichkeiten, vom gewalttätigen Inquisitor bis zum franziskusähnlichen Beter; an mehreren offenbart sich die Fülle apostolischer Tugenden: sie schieden sich vollkommen vom Mammonismus und der

Unsittlichkeit der Zeit, waren als Bischöfe nicht genießende Herren, sondern wieder Hirten der Seelen.

2. Diese Kräfte vermochten bekanntlich nur sehr langsam an der Kurie Fuß zu fassen. Wir kennen bereits durch Aleander die dort herrschende religiöse Dürftigkeit. Zwar gab es an der Kurie einen hervorragenden Mann, den wir in Augsburg 1518 mit Luther verhandeln hörten: Kardinal Cajetan, den bedeutendsten katholischen Theologen der ersten Hälfte des 16. Jahrhunderts, dessen literarisch-polemische und kirchlich-reformatorische Kraft viel höher anzuschlagen sind als die Art, wie er (nach Luthers Angaben) dessen Angelegenheit 1518 in Augsburg führte. Es genügt nicht, seinen Kurialismus herauszuheben. Cajetan war es, dem die Wahl unseres deutschen Adrian VI. zum Papst gelang. Das allein müßte zu denken geben, wenn schon nicht seine unerschrockenen Reformvorschläge ihm die Sympathien gewinnen sollten. Er ist nicht der Lospolterer, als den ihn uns Luther in Augsburg schildert, er ist voller Bescheidenheit. Gerade deswegen ereilte ihn das Schicksal des deutschen Franziskaners Schatzgeyer: seine Stimme drang nicht durch in diesem Jahrhundert des Grobianismus, wenigstens nicht innerhalb der reformatorischen Polemik. Dabei war seine theologisch-thomistische Klarheit weit entfernt von einem traditionserstarrten Rigorismus (wie er etwa von Ambrosius Catharinus Politus und Wimpina vertreten wurde). Dieser Thomist und Kurienkardinal war ein aufgeschlossener Kopf; er bewahrte Erasmus die Freundschaft, fand die Vulgata ungenügend und schützte der freien Kritik ihr Recht auch gegenüber den Zeugnissen der Väter und der Tradition. —

Den Papst Klemens VII. lernten wir hauptsächlich als eine Belastung der kirchlichen Reform kennen. Immerhin, selbst an diesem verhängnisvollsten Pontifikat der Kirchengeschichte kann eine gerecht urteilende Berichterstattung Ansätze zur Reform finden. Als dieser Medici im November 1523 zur Herrschaft kam, behielt Carafa seine einflußreiche Stellung. Und eine solch eminent religiös-reformerische Potenz wie Giberti wurde Staatssekretär.

3. Der eigentliche Umschwung kam erst unter Paul III. (1533—1549). Dieser Farnese, der mit 67 Jahren Papst wird, kommt aus dem schlimmsten Renaissance-Rom; seine Erhebung zum Kardinal durch Alexander VI. rührt unmittelbar an anrüchigste Zersetzungserscheinungen innerhalb des Heiligtums. Und doch ist er es auch, der höchst persönlich in das Zeitalter der kirchlichen Reform im Vollsinn des Wortes hineinführt. Er verleugnete jene heidnische Herkunft leider nicht als etwa zum Heiligen gewandelter Sünder; er wurde doch ein Reformpapst. In einer typischen Übergangshaltung. Aber nicht etwa nur gegen seinen Willen oder in nur taktischer Berechnung zu kleinen Maßregeln voranschreitend! Die heftige Kritik, die man dieserhalb

gegen ihn richtet, operiert zu sehr mit indirekter Beweisführung, die durch
die Verschlossenheit des Papstes und seinen unbezähmbaren Nepotismus im
Dienste farnesischer Familienpolitik erleichtert wird. Aber direkte Beweise
fehlen. (Sogar für seine zweideutige Haltung in Sachen des Konzils hat er
eine wichtige Entlastung für sich: der Hauptwiderstand kam zweifelsohne
aus Frankreich.) Trotz allen späteren Rückfällen hat er die gute Meinung,
die man von seinem Reformwillen besaß, bestätigt, hat die aufsteigende Kraft
der inneren kirchlichen Verjüngung in ihren bedeutendsten Kräften aufgenommen und in die entscheidende Position, die Kurie, trotz enormen
Schwierigkeiten eingeführt und hat sie dort entgegen der Opposition durchgehalten. Die Berufung der Reformkardinäle, die Bestätigung des Jesuitenordens, die Berufung des Tridentinums sind drei Taten, die jede für sich
weltweite Wirkungen umschreiben, die das Bild der Welt wirklich wandelten.
Pauls III. unselige Rückfälle in die verhängnisvollste Politisierung der Kirchen-
führung (besonders am Ende der vierziger Jahre) konnten die Grundlegung
der kirchlichen Reform nicht mehr wesentlich stören. Daran ändert das beschämend geringe Verständnis, das der damalige Protestantismus dafür aufbrachte, nichts. Als 1537 das großartige Reformdekret der päpstlichen Kardinalskommission herauskam, wollte man den ernsten Willen zur Neugestaltung nicht wahrhaben. Es lief eine bissige Satire um: ‚Beelzebub an die heilige
päpstliche Kirche‘ (1537). Luther seinerseits höhnte über Männer wie Contarini und Carafa und Sadolet als ‚Lügner, verzweifelte Buben, die mit Fuchs-
schwänzen die Kirche reformieren‘. Man müsse beten, daß des Papstes Name
geschändet und verflucht werde samt seinem Gott, dem Teufel!‘ Es offenbarte sich damals in der evangelischen Polemik wenig wahrhaft christlicher
Geist, der jede Besserung zu begrüßen bereit gewesen wäre. Die verweltlichte
Opposition an der Kurie selbst steht mit ihrem Spott gegen die neuen Ansätze
auf dem gleichen Niveau. Aber der kompromißlose christliche Ernst hatte
sich nun doch in großem Stil auch wieder am Zentralsitz der Kirche geäußert.
Es vollendet sich das Schuldbekenntnis Adrians VI. und die innerkirchliche
Wende, die mit ihm angesetzt hatte.

Und überraschend: beinahe plötzlich ist eine Fülle von bedeutenden Persönlichkeiten da. Neben Carafa und Giberti stehen Morone, Cervini, Reginald
Pole und vor allem Kardinal Gasparo Contarini. Er hat Deutschland kennen
gelernt und Luthers Schriften gelesen. Dieser Laie ist eine der wertvollsten
Illustrationen für den weiten Interessentenkreis, der sich damals über die
berufsmäßigen Theologen hinaus um die Theologie scharte. Ein früh selbständiger Kopf, der ebensogut die lateinischen wie die griechischen Väter las
und Thomas studierte.

Als ihm die Kardinalswürde angeboten wurde, überlegte er, ob er ab-

lehnen sollte. Es ging dem vornehmen Venezianer wirklich nicht um weltliches
Ansehen und um Genuß. In seinem Kreise entdeckte man das Evangelium im
Geist der Kirche neu. Man ging auf das Zentrale des Christentums zurück
(das Buch De beneficio della morte di Christo!). Contarini, der wie Pole,
Giberti und Cortese für die Anwendung friedlicher Mittel gegen die Neuerer
plädierte und doch der Kirche aufhelfen wollte, war zutiefst von der Freiheit des Christenmenschen erfüllt: ‚Die von den extremen Kurialisten bis zur
Willkür übertriebene Gewalt des Papstes ist gegen das Gesetz Christi, welches
ein Gesetz der Freiheit ist. Die Herrschaft des Papstes ist eine Herrschaft
der Vernunft über frei geschaffene Menschen. ... Die Theorien der extremen
Kurialisten sind es, die Anlaß gegeben haben zu Büchern wie dem „Von der
babylonischen Gefangenschaft der Kirche“. ... Wenn Du (der Papst) im
Herrschen der Herrschaft der Vernunft folgst, wirst Du „im eminenten Sinne
frei“ sein.‘ —

Wenn man die Arbeit dieser Männer der Reform richtig einschätzen will,
muß man sich klarmachen, in welcher Tiefe sie allenthalben von Reformkreisen, von einer Atmosphäre ernstesten und sich mehrenden Schuld-
bekenntnisses und Reformwillens getragen sind. Die vielen Memoranden
über die notwendige Reform der Kirche, die man teilweise Klemens VII. gar
nicht vorzulegen gewagt hatte, die aber nun ans Licht traten, und vor allem
wieder der Contarini-Kreis, zu dem alles gehörte, was an großer Kraft in der
Reformkommission Pauls III. vertreten war: Carafa, Cortese, Giberti, Sadolet,
Fregoso, Reginald Pole, Aleander, Tommaso Badia, sind der Beleg dafür.
Das vollkommen Entscheidende für ihre kirchliche Haltung ist bei ihnen allen
dies: sie trennen das Wesen der Kirche von ihren menschlichen Trägern.
Wie tief die Zersetzung gedrungen sein mag, die Zerschundene bleibt in
Wirklichkeit unsere Mutter. ‚Ich sehe, wie unsere heilige Mutter, die Kirche,
von der unser Heil abhängt, so in eine andere Form umgewandelt ist, daß
sie kein Zeichen ihrer evangelischen Art zu haben scheint und keine Spur
von Demut, Sparsamkeit, Enthaltsamkeit, apostolischer Kraft an ihr gefunden
werden kann.‘

Besondere Aufmerksamkeit erheischt der Umstand, daß die Reformarbeit
in beachtenswertem Umfang von Laien geleistet wurde. Der eben zitierte Satz
stammt von einem Laien-Juristen, Giovan Battista Caccia aus Novara. Eine
Hauptkraft, Contarini, ‚der Einzigartige‘, wie Zeitgenossen ihn nannten, und
Reginald Pole wurden als Laien zum Kardinalat erhoben.

Aber was hat das mit der deutschen Lage zu tun?

Es steht außer Frage, daß bei den Reformmaßnahmen Pauls III. der Eindruck der deutschen Verhältnisse mitsprach. Der 1535 in Rom zur Bericht-

erstattung weilende Nuntius für Deutschland betonte die Notwendigkeit der
Reform. Desgleichen Aleander, Contarini und, in der ersten Reformkommission
für Rom, auch der Niederländer Peter van den Vorst.

Umgekehrt übten die italienischen Reformansätze in mannigfacher Hinsicht
eine Rückwirkung nach Deutschland aus. Schöneberg sandte die Denkschrift
der Kardinäle an einen Vertrauensmann nach Deutschland (Cochläus?). Ein
besonderer Fall ist die Wirkung auf den deutschen (wie den italienischen)
Humanismus. Paul III. stieß die Humanisten nicht vor den Kopf, wie es
leider unter Adrian VI. geschehen war. Es bahnte sich vielmehr die hochwichtige, wenn auch mit Gefahren beladene Schwenkung der heidnischen
Humanisten ins kirchliche Lager an. (Die Barockkultur wird dereinst daran
zu leiden haben.) Es vollzog sich etwa die langsame Wandlung des zum
Kardinal erhobenen unglaublich frivolen Pietro Bembo. Sein Fall ist typisch
für die Wandlung ähnlicher Kräfte und ihre Hereinnahme in die kirchliche
Arbeit; er wirkte anziehend auf Humanisten beiderseits der Alpen.

Ungewöhnlich wichtig ist das persönliche Herüberwirken bedeutender und
führender Männer aus Italien nach Deutschland. Namen wie Aleander, Cajetan,
Morone und Contarini umschreiben eine Fülle wichtiger Anregungen. Besonders Contarini gehört stärkstens mit in die katholisch-deutsche Entwicklung.
Sowenig er ohne seine Lutherlektüre zu verstehen ist, so unmöglich ist es,
ihn von den oben angeführten italienischen Grundlagen der katholischen
Reform zu lösen. Schon 1522 kam er als venezianischer Gesandter in Spanien
in Berührung mit dem jungen Karl V. Und 1541 in Regensburg ist er als der
eigentliche Vertreter des Geistes des Religionsgespräches so recht ein Mann
nach dem Herzen des Kaisers.

Außerdem reicht die gewichtige Einheit der katholischen Polemik von der
Theologie wie von der humanistischen Geistigkeit her natürlich über die einzelnen Landesgrenzen hinaus. Die ‚literarischen Gegner Luthers‘ in Italien
stehen (schon durch die Verbindungen zwischen den national verschiedenen
Mitgliedern eines Ordens) in vielfältiger Beziehung mit der deutschen Kontroverstheologie, wie umgekehrt; und immer wieder sahen sich die Theologen
beiderseits der Alpen durch den innern wie den äußern Kampf zurück-
verwiesen auf die römische Kurie und den Papst.

Die stärkste Dokumentierung aber der intimen Verbindungen zwischen
deutschen und römischen katholisch-reformerischen Bestrebungen wurde das
Konzil, dessen Idee gerade in Deutschland durch den Kaiser zu einem Mittelpunkt der Überlegungen werden sollte.

II. 1. Die pfarramtlichen Kreise in Ingolstadt, Hilpoltstein oder Mainz,
in denen ein tüchtiger Pfarrer die Katholiken zusammenhielt, sind uns nur

durch einen günstigen Zufall näher bekannt geworden. Sie dürfen aber mit Fug und Recht als Repräsentanten einer solchen Anzahl ähnlich gesunder kirchlich-gläubiger Pfarreien gelten, daß wir von einer bewahrenden und insofern aufbauenden Tätigkeit altkirchlicher Pfarreien in einem nennenswerten Umfang reden dürfen. Man müßte einmal die dieses Bild andeutenden Details systematisch sammeln. Es wäre doch sehr wichtig, genau zu wissen, an wieviel Stellen inmitten des gewaltig steigenden Abfalls ein eifriger Prediger Sonntag für Sonntag Tausende um die katholische Lehre sammelte, wie etwa in der Dompfarre in Regensburg, wo es deren regelmäßig zwischen zwei- und dreitausend waren, die dem Paul Hirschpeck lauschten.

2. In der immerhin nicht ganz kleinen Reihe der aktiv zur Kirche stehenden Bischöfe gibt es wenigstens zwei, die, zu einer überdurchschnittlichen Höhe heranwachsend, bedeutende Arbeit für die Neugestaltung des katholischen Klerus geleistet haben: Otto Truchseß v. Waldburg, der Bischof von Augsburg, und Stanislaus Hosius, der Bischof von Ermland, jener seit 1544, dieser seit 1561 Kardinal.

Die Leistung des Bischofs von Augsburg, der 1573 starb, fällt in ihren bedeutendsten Teilen erst außerhalb unserer Periode. Doch erheischt bereits die katholische Arbeit, die er seit Beginn der vierziger Jahre selber vollbrachte oder organisierte, unsere Beachtung. Die beiden Diözesansynoden 1543 und 1548 zusammen mit der Menge seiner pastoralen Anweisungen an seinen Klerus und seinen Visitationen haben aus seiner Diözese einen Herd praktisch katholischer Reform gemacht. Durch seine amtlichen Beziehungen zu Karl V. und zu Paul III. hatte er auch die Möglichkeit, in die Weite zu wirken, etwa auf den Reichstagen 1544, 1545, 1555. Er erhielt Anregungen von den bedeutendsten katholischen Männern seiner Zeit. Von dem Jesuiten Claudius Jajus gewann er durch die Exerzitien, die er bei ihm machte, eine wichtige Vertiefung seiner gesamten Lebensauffassung. Ihn zog er auch unmittelbar in seine Dienste. Kanisius machte er zum Domprediger in Augsburg. Er gründete ein Studienhaus für Priesteraspiranten, das 1554 zu einem ‚Generalstudium' wurde. Die eigentliche Fruchtbarkeit kam allerdings erst, seitdem die Universität 1563 an die Jesuiten übergegangen war. —

Die bedeutendste kirchliche Leistung einer Einzelpersönlichkeit stammt in dieser Zeit in Deutschland, wie schon gesagt, von Stanislaus Hosius. Auch seine Arbeit gehört über das Tridentinum hinaus zum wichtigen Teil nicht mehr unserer Epoche an. Doch bietet gerade sie die reinste Darstellung der katholischen Aufbauarbeit unserer Zeit, in ihrer Eigenart wie in ihrer Begrenzung. Seine Leistung in der Seelsorge, in der Organisierung des Neubauens und des Abwehrwillens, seine Frömmigkeit und sein persönliches Leben sind mustergültig. Seine literarisch-polemische, seine aszetisch-erbauliche und seine seelsorgerlich-theologische Schriftstellerei sind von erstaunlichem Umfang. Sie wird von keiner gleichzeitigen Arbeit in Deutschland erreicht. Auch nicht, das eine Enchiridium Ecks ausgenommen, in der Verbreitung! Hosius ist eine selbständige Persönlichkeit, und er ist ganz Funktion der glaubenstreuen Kirchlichkeit. Er bringt Neues und bildet Neues. Aber in all den genannten Sparten muß man den Ton des Lobes von jenem Superlativ, der nur dem wahrhaft Schöpferischen gehört, herabmindern. Seine Leistung auf literarischem Gebiet wird uns Gelegenheit geben, in anderem Zusammenhang auf ihn zurückzukommen.

3. Es kann keine Rede davon sein, hier die große Arbeit zu besprechen, welche die päpstlichen Nuntien an den katholisch-deutschen Aufbau in den vierziger und fünfziger Jahren gesetzt haben. Wir lernten Art und Arbeit von Aleander kennen. Aber bei einem Manne wie Morone erschöpfte sich die Anstrengung längst nicht mehr im Politisch-Diplomatischen; sie wurde vielmehr, dem Programm der neuen Kardinäle Pauls III. entsprechend, eine kirchlich-religiöse Reformleistung. Wir haben dafür eine Anzahl wichtiger Belege: seine Unterredung mit Albrecht von Mainz über die Reform des Klerus; seine Visitationsarbeit in den verschiedenen deutschen Städten, in Augsburg, Speyer ... Er hatte, man muß schon sagen, das Glück, Peter Faber in Worms kennen zu lernen, der in manchem Sinne als der Vater des ansetzenden katholischen Durchbruchs in Deutschland zu betrachten ist. Morone zögerte nicht, sich ihn und einige andere Jesuiten zu seiner freien Verwendung in Deutschland auszubitten. Seine Instruktion für Dr. Vauchop und P. Jajus S. J. beleuchtet die Zusammenarbeit.

Auch bei Morone offenbart diese Arbeit um so mehr Kraft, als er sie leistet unter der wachsenden Einsicht in die beinahe hoffnungslose religiöse Lage Deutschlands: ‚Deutschland neigt mehr denn je zum Luthertum und man möchte glauben, daß Gott selbst dies auf jede Weise fördere‘.

4. Auch auf die Beratungen und dann die viel schwierigere Frage nach der Wirkung der Diözesansynoden, wie sie nach dem Reichstag in Augsburg 1547/48 beinahe in allen Diözesen abgehalten wurden, können wir nur eben hinweisen. Die wichtigste Leistung dieser Art, die Synode in Köln, werden wir später besonders besprechen. Eine erschöpfende und zusammenfassende Darstellung über diesen Gegenstand würde zweifellos eine Fülle von kleinen Neuansätzen aufzeigen, die den seelischen Boden für die innerkatholische Neugeburt in mancher Hinsicht vorbereiteten.

III. Wir begnügen uns damit, jene Arbeit des kirchlichen Aufbaus etwas näher zu beschreiben, in der sich entweder die Zusammenfassung der Kräfte zu fruchtbaren Aufbaukreisen am entschiedensten zeigt, oder der Ablauf der Ansätze sich am lehrreichsten verfolgen läßt. Das erste ist der Fall bei den Jesuiten; das zweite bei der katholischen Kontroverstheologie der Zeit. Das Tridentinum wirkt in unserer Epoche mehr als Programm der Union und wird infolgedessen zweckmäßig in eigenem Zusammenhang behandelt.

1. Den Jesuiten kommt zweifellos das Hauptverdienst an der katholischen Neugestaltung zu. Auch in Deutschland. Sie erfolgt jedoch nicht in der Art, daß die ausländische Gesellschaft Jesu hier alle Fundamente ganz neu gelegt hätte. Es ist vielmehr so, daß die neue Kraft der Ignatiusschüler in deutsch-mittelalterlichen Elementen der Frömmigkeit wichtige Vorbereiter und in deren Trägern willkommenste Helfer fand. Es ist das Verdienst des früh verstorbenen Bonner Kirchenhistorikers Joseph Greven, auf diese wichtigen Zusammenhänge an einem entscheidenden Beispiel — den Kölner Kartäusern — mit genügender Deutlichkeit aufmerksam gemacht zu haben.

Man vergißt manchmal zu leicht, daß der humanistische Ruf nach neuem Christentum zunächst katholisch war; und in vielem blieb. Nach dem, was ich im ersten Band über das Unchristliche im Humanismus sagte, kann das nicht falsch verstanden werden. Aber man darf die mutigen Reformentwürfe der Geiler, Wimpfeling, Trithemius, Peutinger und Aleander nicht darum aus der Summe der historisch wirksamen Kräfte streichen, weil sie im Augenblick ohne Frucht blieben. Das zurückblickende Auge entdeckt in ihnen Ansätze zu später mächtigen Reformbewegungen. Selbst die Verinnerlichung des Erasmus, die vorwiegend als dogmatisch zerstörend angesehen werden muß, war auch nahe verwandt mit den entsprechenden Ansätzen in der katholischen ,devotio moderna'.

Auch die Begegnung der Jesuiten mit den katholischen Kräften der Zeit vollzieht sich durch den Humanismus. In Deutschland geschieht das in Köln. Genauer: durch Kräfte des niederrheinisch-niederländischen Raumes, also durch jene Form der humanistischen Frömmigkeit, die ihre fruchtbarste Wurzel und wertvollste Darstellung in der ,devotio moderna' besaß. Das bedeutet, daß die neue Frömmigkeit und die Seelsorgsarbeit des Jesuitenordens anschließen an die ältesten Ansätze neuzeitlicher kirchlicher Reformbewegungen, die wir überhaupt kennen, daß also die organische Wurzelverbindung aufs trefflichste gesichert ist, und dies in Deutschland.

Die Verbindung reicht gleichfalls in jene innerkirchlichen Reformkräfte und -versuche hinein, die unmittelbar mit der Reformation zusammenhängen. Diese Reformversuche begannen offiziell mit dem Niederländer Papst

Adrian VI. Sein eng vertrauter Mitarbeiter war der Niederländer van Heeze. Wie in Rom, so arbeitete dieser nach Adrians Tod in Lüttich für die strenge katholische Reform. Entwicklungsgeschichtlich am wichtigsten ist seine enge Verbindung zur Kölner Kartause. Denn diese ist für Köln und den nieder- rheinischen Raum der bedeutendste Mittelpunkt starker katholischer Frömmig- keit und bewußter katholischer Reformarbeit geworden. In ihr und durch sie wuchs erstmalig die Arbeit der Jesuiten in Deutschland zu bleibender Bedeutung.

Es ist kein Zufall, daß gerade die K ö l n e r Kartause eine besonders um- fassende Wirksamkeit entfalten konnte. Sie war nicht nur Bildnerin, sondern auch Frucht eines katholischen Raumes. Die Stadt Köln war und blieb katholisch. Ihre katholische Treue war berühmt; in Köln selbst hatte man ein stolzes Bewußtsein davon, die Kartäuser ließen sie in ihrer Dionysius- Ausgabe besingen.

Damit soll nicht verschleiert werden, daß diese ‚unerschütterlich katholische‘ Haltung weiter Kölner Kreise auch politisch bedingt war. Eine Säkulari- sierung des Stiftes hätte die Vernichtung der politischen Unabhängigkeit der Stadt bedeuten können. ‚Die Treue zur alten Kirche‘ brachte also den Kölnern nicht nur ‚Sicherung ihrer reichsstädtischen Freiheit‘, sie war ihnen auch ein Mittel hierzu.

2. Aus der Kölner Kartause selbst wissen wir, daß auch der Orden des hl. Bruno zu Beginn des 16. Jahrhunderts nicht mehr ganz auf der Höhe seiner ursprünglichen Strenge stand. Aber es gab in seinen Reihen nirgends — außer bei wenigen einzelnen Mitgliedern, die entsprechend bestraft wur- den — die sündhafte Zersetzung wie ringsum. Die Kartäuser waren noch allgemein untadelhafte Mönche, wenn sie ihr Ideal auch teilweise sehr viel anders auffaßten als ihre Ordensbrüder des Mittelalters.

Der Kartäuserorden befand sich sogar seit langem in einer aufsteigenden Bewegung. Seit dem ausgehenden Mittelalter hatte er ‚nicht nur Einzel- personen, sondern auch ganze Klöster anderer Orden reformiert; er hatte sogar Bewegungen geschaffen, die zu neuen Ordensbildungen führten‘. Er hatte im 14. und im 15. Jahrhundert eine erstaunliche Zahl von Schriftstellern hervorgebracht. Das Leben Christi des Ludolf von Sachsen ragt durch seine Wirkung auf den hl. Ignatius sogar noch unmittelbar und in weltgeschichtlich bedeutsamer Weise in die große kirchliche Neugeburt des 16. Jahrhunderts herein. Der frühere Kartäuser Johannes Rode hatte die Bildung der Bursfelder Reformkongregation veranlaßt. Von 1503 bis 1521 war Prior der Großen Kartause bei Grenoble und General des Ordens der bedeutende Franz Dupuy. Die Londoner Kartause ‚Zum englischen Gruß‘ war eines der Klöster, die sich gegenüber den Forderungen Heinrichs VIII. glänzend bewährten. Als Eck für den nach Deutschland zu sendenden päpstlichen Reformlegaten einen sachkundigen Adlatus nennen will, schlägt er Gregor Reisch vor, den Prior der Kartause St. Johann bei Freiburg im Breisgau.

Daß die Verehrung des weltflüchtigsten mittelalterlichen Aszeten, des hl. Bruno von Köln, im welttrunkenen Zeitalter der Renaissance einen Höhepunkt erlebte, ist sinnvoller, als es zunächst scheinen mag. Einmal lebt ja im Herzen des Kulturoptimismus der Renaissance ein gut Teil Enttäuschung. Auch Savonarola und Michelangelo sind echte Vertreter dieser Zeit. Umgekehrt vollzog sich damals wenigstens bei den Kölner Kartäusern eine Hinwendung zur Welt. In der doppelten Form, daß sie sich der humanistischen Denk- und Vorstellungsart öffneten, und daß sie sich von ihrem nur rein innerklösterlichen Frömmigkeitsstreben weg zu einer im höchsten Sinne seelsorgerlichen Arbeit mit größerem Wirkradius hinwandten. Beides in strengst katholischer und der Vollkommenheit zustrebender Form.

In einer Fülle kleiner Züge und weitreichender, grundsätzlicher Formulierungen vermögen wir diese Entwicklung an der Kölner Kartause zu verfolgen. Es ist die Entwicklung eines echt katholischen Kreises, in welchem das Erbe der Väter nicht nur bewahrt, sondern fruchtbar besessen wird, mit der Fähigkeit, aus dem Ererbten heraus das notwendige Neue zu gestalten. Der Ansatz zu dieser Wendung nach dem Seelsorgerlichen hin liegt in der Pflege der ‚devotio moderna‘, die ihrem Wesen nach über das Kloster hinausweist; und er ist zweitens bedingt durch den kirchlichen Zusammenbruch. Die Kartäuser erleben rings um sich die erschütternde innerkirchliche Zersetzung, besonders im ungeistlichen Leben des hohen und niederen Klerus. Und sie erleben den siegreichen Vormarsch der Neuerung. Von beiden Seiten her erwacht in ihnen ein ‚dringendes Verlangen nach einem großen kirchlichen Rettungsunternehmen‘. In wachsendem Maße leisten sie diese Arbeit selbst. Immer wieder stoßen wir bei ihnen auf die Überzeugung, daß es nicht genüge, die alte Frömmigkeit zu bewahren und zu mehren, sondern daß die christliche Botschaft den Menschen jeweils in seiner konkreten Situation, also auch mit andern Mitteln, also neu ansprechen müsse.

Offenbar hatten die Kartäuser eine gute Witterung für den Unterschied zwischen einem christlichen und einem unchristlichen oder christentumsfeindlichen Humanismus. Die Generalkapitel 1537 und 1538 verboten den Mitgliedern des Ordens, Erasmus zu lesen. Aber das bedeutete keine Zurückweisung des Humanismus. Dafür gibt es eine Fülle von Beweisen aus der Kölner Kartause, aus dem Gesamtorden und aus weltlichen Humanistenkreisen. Der Humanismus drang eben nicht als ein die christlichen Werte schwächendes Element in die Reihen der Kartäuser ein: das echt mittelalterlich Christliche meisterte hier das Neue, nicht umgekehrt!

Unter dem Prior Blomeveen vermehrte sich die Mitgliederzahl der Kartäusermönche in Köln von 14 Priestern auf ein Mehrfaches. Blomeveen selbst hatte um 1527 eine Reformschrift herausgegeben, in der die grundsätzliche Haltung jeder katholischen Reform gezeichnet ist: nicht die andern reformieren, sondern sich selbst! Dem entspricht der enge Anschluß an die Kirche, der die Kartäuser allezeit ihre Gefühle unterwerfen, ,unserer Mutter, der heiligen Kirche und ihrer Lehre'.

Nach außen wollten sie reformieren, indem sie ihren Gebetsgeist hinaustrugen. Zwei Kölner Theologieprofessoren unterstellten sich der Leitung Blomeveens, um sich von ihm in das betrachtende Gebet einführen zu lassen. Die dabei gemachten Erfahrungen fanden Niederschlag im lateinischen ,Handbüchlein für Priester', wodurch der Wirkkreis wiederum erheblich vergrößert wurde.

Blomeveen war vom Problem der religiösen Neugeburt stark gepackt. Sein erstes Kapitel fragt bezeichnenderweise ,wozu der Mensch erschaffen sei und wie er e r n e u e r t werde'. Das zweite Kapitel spricht von der Erneuerung des Willens und der Erneuerung des Verstandes. Und e i n e Voraussetzung für jede Art der frommen Erneuerung steht allen voran und wird gründlichst betont: jede Art von Mechanisierung des Betens muß beseitigt werden.

Blomeveen trägt seine Bemühungen auch in die offizielle Sphäre der Hierarchie. Aus seinem eindringlichen Brief an Klemens VII. (1532) merkt man, wie die Erkenntnis des Verfalls nur seinen Reformwillen stärkt. Die Art und Weise, wie er die Vorwürfe gegen das Papsttum vorbringt, zeigt, daß er ihr Gewicht wägt. Sie brennen ihm auf der Seele: ,Der Papst scheut sich, ein Konzil zu berufen! weigert sich, seinen Pomp und sein Puppenspiel aufzugeben! läßt die Ausschweifungen der Geistlichen ungestraft! dem Inhaber des Apostolischen Stuhles geht es nicht nahe, wenn Seelen verloren gehen!' Das Verderben sitzt in a l l e n Ständen; ,nie mehr wird die Kirche aufblühen, wenn man glaubt, nur dies und das, nicht aber das Ganze müsse e r n e u e r t werden. . . .'

Aber auch die alte Aszese lebte weiter oder lebte wieder auf. Johann Justus Landsberg, der als Kölner Student vom Geist der Kartause tief berührt worden und dann in sie eingetreten war, hat uns die Beschreibung des damaligen treu nach der Regel geformten Kartäuserlebens bei den Kölnern hinterlassen: ein erstaunlich strenger Büßergeist! Auch Landsberg ist erschüttert vom ungeheuren Zerfall in der Kirche. Er fühlt den befehlenden Anruf Gottes und sagt einfach: ,nicht zu versuchen, aus allen Kräften so großen Übeln sich entgegenzustemmen, wäre eines Christenmenschen unwürdig, und sollte man statt vielen auch nur einigen wenigen nützen'. Die Masse seiner literarischen Produktion, die auch die Flugschrift verwendet, enthält beinahe nur Seelsorgerliches, und zwar vor allem Erbauliches. Auch das Polemische geht darin zum großen Teil auf. Er steht ganz in der Tradition Bernhard—Franziskus; die Verehrung des gottmenschlichen, bitter leidenden Erlösers spricht er in allen nur möglichen Formen der Predigt und des Gebetes aus.

Es offenbart sich auch eine ungemein sympathische innere Freiheit. Ganz erstaunlich, mit welch unbefangener Sicherheit Landsberg die Idee vorträgt, daß die Ordensregeln (und die Orden selbst) nur Notmaßnahmen seien, welche die Zeit jeweils erzwingt. Er weiß und spricht es fruchtbar aus, daß die ‚eine Regel des Evangeliums' für alles genügt. ‚Diese erzieht zu jeglicher Vollkommenheit. Würde nach ihr gelebt, so bedürfte es keiner Mönchsregeln, keiner Bruderschaften, keiner Bünde. Da man aber das Evangelium verließ, wurden die Versuche der Ordensstifter nötig.' Landsberg zieht also aus dem Versagen der Menschen genau den entgegengesetzten Schluß wie Luther. —

Schon der Prior Blomeveen hatte sich auch polemisch gegen Luther betätigt. Es war keine Glanzleistung geworden. Aber wo diese Kartäuser, außerhalb Kölns, Gelegenheit bekamen, ihre Treue zur Kirche im praktischen Kampf zu beweisen, da zeigte sich die Kraft ihres religiösen Lebens. Ich habe schon bei der allgemeinen Bestandsaufnahme katholischer Kräfte (oben Bd. I S. 93) für Mecklenburg auf die mustergültige Haltung einiger Kartäuser hingewiesen. In das Detail solcher Leistung lassen uns die Schicksale von Dietrich Loher blicken.

Dieser Kartäuser war nacheinander durch die gewaltsame Säkularisierung zweier Kartausen vertrieben worden. Die größere Gefahr entband bei ihm nur größere Kraft. Er ließ sich 1546 vom Generalkapitel Vollmacht geben, ‚um die deutschen Kartäuser vor dem Untergang zu bewahren'. In Niederösterreich unternahm er den Versuch, die Kartäuser ‚von unzuverlässigen Mitgliedern zu säubern'. Seine bedeutendste Wirkung zeigte er auf dem Reichstage 1547/48 in Augsburg. Man darf sagen, daß er hier die deutschen Kartäuser für dauernd gerettet hat: zweifelsohne eine wichtige Hilfsaktion für die deutsche Kirche. Man muß die Mühen der Abwehr, der Festigung in der Treue zur alten Kirche, des Kampfes im politischen Bezirk des Reichstages um wohlverbriefte Rechte usf. etwas genauer verfolgen, um aus der aufgewandten Mühe die Kraft des Mannes ganz zu erkennen.

3. Loher war auch ein Jahr bei Kardinal Otto Truchseß in Augsburg: der Reformeifer der Kölner Kartause befruchtete also auch dieses wichtige Zentrum neukatholischen Aufbaues, das ebenso wie Köln seinen vollen Ausbau durch die Jesuiten erfuhr.

Denn darin vollendet sich nun erst die Bedeutung der Kölner Kartause, daß sie in bedeutsamster Weise unmittelbare Wegbereiterin für die Männer der Gesellschaft Jesu wurde und mit ihnen eine ‚einzigartige Arbeitsgemeinschaft' einging, in welcher der Anteil der Kartäuser nach den Nachweisen Grevens viel größer war, als bisher angenommen wurde. Die Kölner Kartause war ja nicht nur ‚in Ordnung' und nicht nur Herberge für die ersten nach Köln kommenden Jesuiten, sie war auch nicht nur ein mustergültiges, aber in sich abgeschlossenes Kloster, sie war ein bedeutender Herd ausstrahlender christlich-kirchlicher Kraft. Die Arbeitsgemeinschaft zwischen der Kölner Kartause und den ersten Jesuiten war eine Synthese mit zwei Aktionszentren. Die Kartause war aber zunächst der aktivere Teil. Der Weg der Entwicklung ist gezeichnet durch Kanisius, der, aus dem Kreis der Kartause kommend, in die Gesellschaft Jesu eintrat, aber dann als ihr Vertreter in Köln durchaus mit Unterstützung der Kartäuser den sehr langsamen Aufbau der dortigen Jesuitenarbeit leitete. —

Die Kölner Kartause war der Sammelpunkt mystischer Seelen aus dem geistigen Bannkreis der ‚devotio moderna' geworden, die ihren Sammelpunkt in dem Flecken Oisterwijk in einem Beginenhof hatten. Gründer war ein untadeliger, seeleneifriger Priester, Nikolaus von Esch, Leiterin eine bedeutende Frau von mystischem Gebetsleben und ‚brennendem Seeleneifer', Maria van Hout (oder van Oisterwijk). Durch Übersiedlung der Leiterin mit zwei Beginen und des Gründers nach Köln in den Schutz der Kartause wurde die Verbindung enger.

Ein für die humanistische ‚devotio moderna' typischer Kreis aus Mönchen, Priestern, Laien und Beginen bildet sich: starker Ansatz des allgemeinen Mönchtums und des allgemeinen Priestertums wie in den Bruderschaftsgründungen des italienischen Oratoriums der göttlichen Liebe, später des hl. Karl Borromäus und des hl. Philipp Neri. In diesem Kreis wird eine vorwiegend mystisch gerichtete Frömmigkeit gepflegt.

In ihn kam durch Esch gegen 1537 als etwa Siebzehnjähriger der junge Peter Canis, der Sohn des Bürgermeisters von Nymwegen. In ihm machte er seine erste bedeutsame ‚Bekehrung' durch zu Christus hin als einem neuen und eifrig ergriffenen Gewinn und Besitz. Angesichts so mancher Fehlzeichnungen der spätmittelalterlichen bzw. frühneuzeitlichen katholischen Frömmigkeit ist es aufschlußreich, daß auch ihm von seinem Seelenführer nicht irgendwelche peripherische Frömmigkeitsübungen anempfohlen wurden, sondern daß er, wie Luther von Staupitz, auf Christus den Herrn gewiesen wurde: ‚Wenn Du Christus recht verstehst, sagte ihm Esch, ist alles gut, magst Du auch das übrige nicht verstehen.'

Wie die Kölner Kartause, so waren im niederländischen Raume andere Kartausen (von denen zum Teil recht enge Verbindungen nach Köln bestanden) Mittelpunkte ähnlicher frommer Kreise. Petrus Kanisius stand mit ihnen nach dem Zeugnis seines Testaments in Verbindung.

Das Vorbild der Kölner Kartäuser waren die großen deutschen Mystiker, deren Schriften sie lasen und erklärten. Ähnlich wie Luther es getan, stürzte sich auch Kanisius mit Durst auf das Studium dieser Frömmigkeit. Er suchte nach den ungedruckten Werken Taulers. Die erste literarische Tat des späteren ersten deutschen Jesuiten wurde ein Dienst an der deutschen Frömmigkeit der Vergangenheit: er gab Taulers Werke heraus.

Dann kommen die ersten Nachrichten von den Jesuiten zu ihm. In ihnen scheint dem Gesinnungsgenossen der Kartäuser ein noch besseres Mittel für die Heiligung der Welt dargeboten. Er denkt wie seine Freunde: als er sich Anfang April 1543 aufmachte, um Peter Faber, den ersten Jesuiten auf deutschem Boden, aufzusuchen, nahm er vom Kartäuserprior Gerhard Kalkbrenner eine dringende Einladung an diesen mit, nach Köln zu kommen. Als Antwort kam von Faber jenes schöne Wort über die Bildner des jungen Kanisius, das den so seltenen Duft der ersten Liebe ausströmt: ,Gesegnet sei, der diesen edlen Baum pflanzte, gesegnet diejenigen, die ihn begossen haben'.

Bereits im folgenden Jahre 1544 spricht sich Kalkbrenner auf dem Generalkapitel in Grenoble ,für eine enge geistliche Verbindung mit den Jesuiten' aus. Und es erging jenes prächtige Anerkennungs- und Zustimmungsschreiben an Ignatius und die Seinen, ,wo immer in der Welt ihr seid', das, ganz von der Liebe zum gemeinsamen Ideal, der Wiedergeburt der Kirche, getragen, zustimmend, lobend, ermahnend, Gebetsgemeinschaft schenkt und fordert. Hier zeigt sich, daß die Ordensrivalität, die zu einem beträchtlichen Teil schuld war an der Verachtung des Ordenslebens (und bald in neuer Form zu einer tiefen Wunde am Leibe der Kirche werden sollte), bei den Kartäusern gegenüber der ganz neuen Kongregation, die sie freilich nur einseitig kannten, nicht zu Hause war, sondern daß sie uneigennützig für das Reich des Herrn sich verpflichtet fühlten. —

Auch diese Aufgeschlossenheit lag ganz in der bisherigen Haltung der Kölner Kartäuser. Der Kreis der Reformeifrigen, in deren Mittelpunkt ihre Gemeinschaft steht, umfaßte auch Teile anderer alter Orden. Der im Glaubenskampf ganz bedeutende und unermüdlich bereite Dominikaner Johann Host von Romberg, sittlich rein, literarisch erstaunlich produktiv als Verfasser neuer wie Herausgeber älterer Werke, eifriger Erasmus-Leser mit kultiviertem Latein, ein ungeschminkt tadelnder Kritiker der Zeit und darum viel angefeindet, ein Mann ungewöhnlicher Leistung, war Mitarbeiter an der Dionysius-Ausgabe

der Kartäuser; seinen Psalmen-Kommentar widmete er den Kartäusern
Blomeveen und Loher.

IV. 1. Bei den Reformberatungen unter Paul III. war 1538 auch vorgeschlagen worden, man solle ‚sämtlichen Klöstern die Aufnahme von Novizen
untersagen, um dann später eine ganz neue Generation zu bilden'. Dieser
Weg wurde nicht beschritten. Aber das, was der Kirche nottat, war hier
gefordert: eine neue priesterliche Generation. Zu ihrer Schaffung
genügte die Kraft der treugebliebenen Angehörigen der alten Orden nicht.
Abgesehen von der schwindenden Zahl ihrer Mitglieder konnte ihnen der
Neuaufbau schon deshalb kaum gelingen, weil ihnen der Zugang zum Vertrauen auch des katholischen Volkes durch dessen Mönchshaß weithin ver-
sperrt war. Auch wegen der allgemeinen Zersetzung in der Kirche konnte
die Reform in umfassender Weise nicht von den alten Orden getragen werden.
Der kirchliche Aufbruch in dieser Lage mußte schon in eminentem Maße ein
Neubau sein; er konnte sinngemäß nur von einer neuen Kraft kommen.

Diese neue kirchliche Kraft erstand in der Ordensgründung des Basken
Iñigo von Loyola (1495—1556).

Das religiöse Werden des großen Spaniers beherrscht durch die daraus
erwachsenen Früchte die gesamte katholische Neuzeit. Es ging vor sich ohne
Zusammenhang mit der Reformation. Man kann es aber als symbolhaft
nehmen, daß die religiöse Neugeburt des Iñigo eben in jenem Jahr ansetzte,
das durch Luthers Bekenntnis in Worms den unheilbaren Riß in die Christenheit sprengte. Mit einer großartigen inneren Sinnerfülltheit erscheint Ignatius
(und sein Werk) als der große Anti-Luther.

Aber: man versteht seine Eigenart und seine Kraft und die Möglichkeit
seiner Erfolge nicht, wenn man übersieht, wie wesentlich dieses Anti-Lutherische
eine positive Haltung ist: 1. ein tiefes Wurzeln in Gott, dessen größere
Ehre das immer wieder ausgesprochene und angestrebte Ziel ist; ein Wurzeln
voll mystischer Glut und unvergleichlicher praktischer Tatkraft zugleich;
2. ein unbändiger, zu allen Opfern bereiter Missionstrieb, der, koste es was
es wolle, jede einzelne Seele, aber auch alle Seelen, mit Gewalt für den
Himmel retten will.

Es ist wahr, daß schon die ersten Genossen des Heiligen nicht an seine
genial schöpferische Kraft heranreichen, die im mystischen Gebetsleben wie in
allen Sparten der religiösen Organisierung, sei es der Selbstheiligung, sei es
der Seelenführung, sei es in der Erfindung neuer Methoden der Heiligung,
im unbezähmbaren Streben nach Gewinnung der Seelen und in der Kraft
des Seelen weckenden Anrufs, eine Synthese unausschöpfbarer Fülle darstellt.
Immerhin waren unter den ersten Jesuiten, die nach Deutschland kamen

(und unter ihnen vorab Peter Faber aus dem Kreis der ersten Schildgenossen und Peter Kanisius), Männer von nicht gewöhnlichem Format.

Naturgemäß reicht die Mehrzahl der dann folgenden neuen Arbeiter auch an dieses Niveau nicht heran. Aber bei ihnen allen wirkt sich als Entscheidendes dies aus: wie Faber und Kanisius und Jajus, so war auch die Menge der ersten Arbeiter spürbarerweise Wirkung eines genial-neuen Anstoßes. Denn dies ist die weltgeschichtlich bedeutsame Tat des Ignatius, daß es ihm gelang, s e i n e n Aufbruch so in seine Institution und seine Methode einzufangen, daß er auf andere geeignete Persönlichkeiten neuschaffend übergreifen konnte. Sicherlich entscheidet über den Erfolg das Format der Männer, die sich Ignatius zur Verfügung stellten. Aber ebenso entscheidet auch die dauernde Zusammenbindung, Ausrichtung und Befruchtung der Kräfte zu einem konsequent verfolgten Ziel. In einem eminenten Maße gilt für die Jesuiten, was für alle echt katholische Arbeit gilt: sie muß aufsteigen aus der Gemeinschaft; und sie muß sein Funktion der Kirche.

Für die Jesuiten gilt dieses Funktionsgesetz in höchstem Maße: sie waren allesamt Funktion des Ordens. Dadurch eigentlich wurde die beispiellose Einheitlichkeit der Arbeit erreicht, Einheitlichkeit in der Fülle der innerhalb des Systems und des Schemas lebendig sich bewegenden Persönlichkeiten und ebenso der vielen, allmählich genauer und dann genauestens eingeordneten Hilfsarbeiter.

Das ist ein Grundgesetz jesuitischen Wirkens in der Frühzeit des Ordens. Ohne es zu beachten, ist ein Verständnis der Arbeit des hl. Kanisius in und für Deutschland unmöglich. Denn dies ist gerade sein Geheimnis, daß er nicht er selbst ist, sondern Funktion des Ordens. Diese anonyme Haltung hat manchmal recht seltsame Formen angenommen. Wer ihr aber im G r o ß e n den Wert abspricht, muß blind sein für die unschätzbare Kraft des heroischen Gehorsams und nichts kennen von den persönlichen Kraftelementen, die in Kanisius diesen Gehorsam geleistet haben.

Der kirchliche Umbruch wurde nicht von den Gelehrten gemacht, nicht von den Theologen und nicht von den Juristen. Er mußte vom lebendigen Leben her aufstehen, von der Fülle des gläubigen, opfernden Menschenherzens. Wenn P. Jajus meldet, daß es in Deutschland kaum anders möglich sei, die Menschen zu gewinnen, als auf dem Wege der Wissenschaft, so gilt das für den äußern Zugang und betrifft eine unentbehrliche Hilfsstellung, bedeutet aber nichts gegen das Gesagte, das sich um das Wesentliche bemüht. Die Theologie des Kanisius ist weit entfernt von allem schöpferischen Denkertum; das gilt für die andern Jesuiten der Frühzeit in Deutschland noch viel mehr. Aber er wie Peter Faber und P. Jajus haben andere Kräfte einzusetzen. Wir finden bei ihnen in den Sparten des Betens und der Abtötung und des aus dem Glauben für die Kirche seelsorgerlichen Vorandrängens jene strömende Fülle, die unmittelbar in die Nachbarschaft der großen Tatmenschen führt. Bei den sich mehrenden Jesuiten, die dann nach Deutschland kamen, ist immerhin der Anstoß zum frommen Ernst und zur seelsorgerlichen Aufopferung stark und unverbraucht genug, um die Arbeit jener wenigen Führergestalten zu einem mitbestimmenden Faktor der Zeit zu machen. Wenn man die vielen Mängel der Arbeit dieser oft ungenügend ausgebildeten, überlasteten, entsetzlich häufig Amt und Ort wechselnden Jesuiten in Anschlag bringt, so lernt man die einheitliche Ausprägung und Ausrichtung, fern dem Eigennutz und dem Wohlleben, lernt man den treuen Kärrnerdienst schätzen. Er münzt den großen Anstoß aus zum werdenden neuen katholischen Bewußtsein. ‚Wenn die Wahrheit durch Wort und Beispiel bekräftigt wird, so reißt sie, selbst wider Willen, zur Bewunderung, Liebe und Hingabe fort‘ (Jajus 1550). Jene Jesuiten besaßen die geheimnisvolle Kraft des Beispiels, d. h. der Einheit von Idee und Tat: genau das Gegenteil der immensen Aufspaltung der Idee des Christlichen, Kirchlichen, Priesterlichen, Apostolischen, die das Grundübel aller kirchlichen Mängel der Zeit war.

2. Was war nun eigentlich inhaltlich das Neue, das die Jesuiten nach Deutschland brachten? Was befähigte sie, die so oft als notwendig bezeichnete Reform umfassend (wenn auch nur sehr allmählich) in Angriff zu nehmen? Kanisius hat es an P. Faber empfunden und nach ihm geschildert: ‚er hat nichts anderes im Sinn, als mit Christus am Heil der Seelen zu arbeiten‘. Dies aber in einer Gesamthaltung, die diesen einfachen Satz im Sinne des Evangeliums des Gekreuzigten zur absoluten und ausnahmslosen Forderung des Lebens macht. Der Kölner Kartäuserprior Kalkbrenner geht mehr in die Einzelheiten: ‚Apostolische Männer, mit Gottes Geist und Kraft erfüllt, von neuem Mut und neuer Kraft. Ihre Worte sind wie sprühende Funken; sie entzünden die Herzen..., und das Ende ist eine reiche Ernte, welche der unsichtbare Sämann in den menschlichen Herzen zur Reife bringt.‘ Es drängt ihn selbst nach Mainz zu Faber und zu seinen Exerzitien: ‚einen solchen Schatz müßte der Mensch ja holen, selbst wenn er in Indien läge‘.

In diesen Jesuiten lebt wieder Fülle der Gottesliebe und des Seelenhungers, das Heroische der Hingabe an die Kirche, die das Leben ganz durchdringende Frömmigkeit: es ist das Aufleben des radikalen Ernstes des christlich-frommen Lebens. —

Und es ist sodann die Aktivierung dieses Neuen durch konsequent durchgebildete neue Methoden, die zunächst eine tiefe Umwandlung in einzelnen Männern schufen (Exerzitien), die danach diese Geisteserneuerungen zusammenfaßten, zielbewußt an der Wurzel des geistigen Werdens ansetzten (Erziehung) und das alles zielbewußt weiterleiteten (Kollegien; Seelsorge; Katechismus).

Mit den ‚Exerzitien‘ des hl. Ignatius ist eines der ganz großen Stichworte des katholischen Aufbaus genannt. Die Formen der ‚devotio moderna‘ mit ihren verschiedenen An- und Aussprachen und Frömmigkeitsbetätigungen drängten einigermaßen nach systematischer Zusammenfassung. Schon in der Kölner Kartause sprach man von ‚Übungen des Geistes‘. Über diese wichtigen Ansätze hinaus ist nun hier Neues; eines der fruchtbarsten Mittel zur Entbindung seelischer Kräfte, vorab des Willens, die es je gegeben hat. In diesem Zeichen siegten die Jesuiten.

Man mag die schwärmerische Begeisterung des zweiundzwanzigjährigen Kanisius genügend in Rechnung stellen, wenn man liest, er fühle förmlich die göttliche Gnade in seinen Körper überströmen; Tatsache bleibt, daß er durch die Exerzitien das Wunder einer starken, stark bleibenden und neue Kraft entwickelnden (zweiten) Neugeburt an sich erlebte. ‚Ich kann kaum ausdrücken, wie Herz und Sinn in mir durch diese geistlichen Exerzitien umgewandelt sind, ich mit wahrhaft neuer Kraft mich ausgerüstet fühle, ich in einen durch und durch andern Menschen umgewandelt zu sein scheine.‘

Das echte Leben wächst in der Stille. Das war das Geheimnis Luthers gewesen. Das war auch das Geheimnis der entscheidenden neuen katholischen Kräfte: der heiligen, der heiligmäßigen oder wenigstens der echt frommen und seeleneifrigen Menschen. Bei den Jesuiten ist es am sichtbarsten: sie gehen alle in den Exerzitien durch eine großartige Schule der Stille, wo nur ‚die Seele und Gott‘ einander gegenüberstehen.

Wie die ganze Sendung Ignatius’, so ist auch die Formung der Exerzitien in einem tiefen Sinn zeiterfüllend. Eindeutiger als in allen andern Mitteln der seelsorgerlichen Beeinflussung, und dazu in meisterlicher Eindringlichkeit, stellen diese Exerzitien den Versuch dar, den damaligen Menschen wieder vor seine religiös-christliche Existenzfrage zu stellen, ihm das Fragwürdige seiner religiösen Lage zum Bewußtsein zu bringen und ihn anzuleiten — beinahe zu zwingen —, durch den praktischen Relativismus der Zeit durchzustoßen zur klaren katholischen Bestimmtheit in Theorie und Tat. Diese Exerzitien bzw. auch ihre Grundlage, das Exerzitienbüchlein des hl. Ignatius, traf die Menschen wieder unmittelbar und ins Herz. Und es traf sie mit jener Kraft, die wie keine andere es vermochte, ‚im Geiste des Verfassers umzuwandeln‘ (Holl). Ignatius selbst ließ 1554 darauf hinweisen, daß, was die Gesellschaft an tüchtigen Mitgliedern besitze, zum größten Teil durch die Exerzitien gewonnen sei.

Die Exerzitien waren am Anfange (bis 1554) stärkstens auf Elitearbeit angelegt. Es handelte sich um Gewinnung kräftiger Einzelseelen, die für den Umschwung Ansatzmöglichkeiten boten, um Bildung von Einzelzellen für den Neubau. Selbst inmitten der sich erdrückend häufenden Seelsorgsarbeit gab Faber die Exerzitien immer nur je einem Einzelnen; sogar seelisch Verwandten, wie den Bischöfen Helding und Pflug, erteilte er sie nicht zusammen.

Wir haben hier keine Analyse der Struktur und der Technik der Exerzitien zu geben. Aber wir sind verpflichtet, zu fragen, warum diese katholische Kraft so viel stärker wirkte als so zahlreiche, gut gemeinte Anstrengungen vorher. Wir erinnern uns an die Gegenüberstellung Luthers und Ecks auf der Leipziger Disputation. Das Geheimnis der Wirkkraft Luthers wiederholt sich in Ignatius' Exerzitien: hier werden nicht gelernte, fertig übernommene Belehrungen (auch nicht geschenkte Offenbarungen) behauptet, sondern hier sprechen sich, wie es schon die erste Vorrede der ersten Ausgabe (im Unterschiede zu späteren flachen Legenden) mitteilt, mühevoll errungene Einsichten, tief persönliche, anstrengend überprüfte Erfahrungen aus. Die verhaltene, aber desto nachhaltiger wirkende innere Glut des bestandenen Kampfes und der Nähe der Gottheit brannte frisch in ihnen. Sicherlich, wenn das Wirkgeheimnis an Luther erinnern darf, die Wirkart ist so verschieden wie nur möglich. Das Subjektiv-Unruhige ist ganz und gar hindurchgeläutert zu einer großen objektiven Haltung des Preises Gottes. Das Vulkanisch-Eruptive ist aszetisch gemeistert.

Und wiederum: die Exerzitien waren wie eine konzentrierte Darstellung des ganzen christlichen Reformstrebens. Sie waren eine ganz ungewöhnliche Aktivierung des christlichen Seins und Strebens, vor allem seines Herzschlags: des Betens. Die katholische Dekadenz war insgesamt ein Schrumpfprozeß des Betens gewesen. Die katholische Reform wurde ein allmähliches, dann reiches Aufblühen des Gebetslebens. Ignatius und seine Exerzitien sind nicht nur der erste Gipfel der Genialität in dieser Entwicklung, sie sind außerdem mit dem Charisma der Anregung, des Schulemachens in besonderer Weise gesegnet. Sie sind die Schöpfer der modernen aktivistischen Seelsorge mit all ihren Vorteilen, freilich auch den schweren Nachteilen einer späteren moralistischen Haltung, die manchmal oder oft zu wenig abwarten kann, zu ungestüm die Seelen nach eigenem Rezept retten will, die dem Wachsen aus dem Mysterium und dem Glaubenswagnis manchmal die Zucht, den Moralismus, die Selbstsicherung voranstellt.

Und immer wieder: diese ersten Jesuiten in Deutschland — und nur an ihnen ist alles Gesagte abgelesen — waren vor allem Männer, denen es eingeboren war oder eingepflanzt wurde, Seelen zu suchen und zu retten. Sage man ruhig: Seelenfänger, aber in einem großen Sinn! Verbrechen aller Art, die sie an ihren Mitmenschen sahen, vermochten diese Priester nicht davon abzuhalten, Liebe zu ihren unsterblichen Seelen zu fassen. Und sie setzten viel daran, ihnen liebens- und vertrauenswürdig zu erscheinen, auch selber an sie nicht mit Mißtrauen, sondern mit Liebe zu denken, mit der ,von Herzen kommenden Liebe', die nichts verlangt — außer dem ganzen Menschen.

Und: sie wollten nichts für sich. Denn sie waren keine Prälaten, strebten nicht nach Würden und waren nicht reich. Der Verdacht, der von vornherein jede Reformforderung eines Mitgliedes des hohen Klerus belastete, als ginge es ihm ums Geld, fiel hier dahin. Bei diesen ersten Jesuiten war die Abneigung gegen die Prälatur und das tapfere Widerstreben gegen entsprechende Angebote von besonderem Reiz und eigener Fruchtbarkeit. Bei einem Manne wie Jajus gehört sie durchaus mit zur Wurzel seines Vollkommenheitsstrebens schon vor dem Eintritt in die Gesellschaft. Das ,furchtbare Wort' des Herrn hatte ihn getroffen: ,Wehe euch, die ihr die ersten Stellen liebt!' —

Nach dem Vorbild des Stifters haben sich die ersten Jesuiten in Deutschland auch als Krankenpfleger hervorgetan, wie sie denn auch sonst um die leiblichen Bedürfnisse ihrer Mitmenschen bemüht waren. Der Kalviner Seibert hat das übel vermerkt. Er erinnert sich in den siebziger Jahren an die Arbeit der ersten Jesuiten in Worms und sonst, ,wo sie viele vom Evangelium verführt; insbesondere eines, der ein gleißnerisches Leben hatte, halbe Tag und Nacht in den Kirchen oder Krankenhäusern lag, wenig aß und trank, wenig schlief und sich der Werke nicht rühmte, was vielen in die Augen stach'.

Der noch katholische Teil Deutschlands zeigte damals einen riesigen Mangel an priesterlichen Qualitäten. Teilweise litt man darunter. Ganz von selbst imponierte darum die priesterliche Art, als sie sich nun tüchtig und sogar überragend darbot. Besonders an den wenigen kirchlichen Stellen in Deutschland, wo man einen katholischen Neubau ernst forderte, empfand man instinktiv die Bedeutung der neuen Kraft. Wie sehr man um sie warb, beweist der Wettlauf um die wenigen zur Mitarbeit verfügbaren Patres, und ihre karge Zuteilung an die einzelnen Arbeitszentren nach Köln, Augsburg, Regensburg, den Bischof von Speyer, den von Passau, den Nuntius.

3. Die Arbeit der einzelnen Jesuiten in Deutschland während der hier zu betrachtenden Periode bestätigt diese allgemeine Kennzeichnung in allen Details.

Bereits im Bestätigungsjahr des Ordens, 1540, erscheint der erste Jesuit auf deutschem Boden, Peter Faber. Er kommt mit Peter Ortiz, dem spanischen Theologen des Kaisers, einem der ersten und eifrigsten Gönner der Jesuiten, nach Worms, zum kaiserlichen Religionsgespräch. Die Gelegenheit enthüllte dem kirchengläubigen Savoyarden schnell die Schwächen der katholischen Position: die Neigung zum ‚Kompromiß‘ findet er eigentlich nur auf katholischer Seite. Dabei sind die Vertreter der katholischen Sache noch in unerträglicher Weise unter sich gespalten; und drittens mangelt es bei ihnen an religiösem Eifer. Es gibt zu viel Laue! Und er zieht den Schluß: ‚Da die großen Mächte (Papst und Kaiser) und die Gelehrten so wenig vermögen, und je mehr die allgemeinen Mittel bei dem täglich wachsenden Übel versagen, um so mehr dürfen wir hoffen, daß der Herr der Ernte sich unser bedienen will.‘ Man spürt das neue Selbstbewußtsein! Er glaubt an die Kraft der neuen Art und ihre besondere Sendung. Und er glaubt an die Kraft des alten katholischen Erbes, an das fortdauernde katholische Leben in Deutschland. Den Kölner Kartäusern hat er in einer Art Reformvorschlag dies zu sagen: ‚Suchet umher in den Winkeln der Stadt, und ihr werdet noch verborgene Schätze finden, Schätze von gesunder Lehre und Frömmigkeit‘: der für allen Aktivismus typische Optimismus! P. Jajus kann die Auffassung bestätigen. Er meldet, daß auch in protestantischen Städten noch viele heimlich nach den Sakramenten, viele Protestanten auch nach Rückkehr zur Kirche verlangten.

In Worms und Regensburg hat Faber die zielbewußte Haltung der Protestanten festgestellt. Er mißt ihr große Bedeutung zu. Aber ihre Gedanken haben die seinen nicht einmal von ferne berührt. Unangetastet robust lebt in ihm das katholische Bewußtsein. Und katholischer Instinkt.

Das wirkte. Die Denkschrift vom 7. Juni 1541 für Paul III., die Raynald mitteilt, zeigt deutlich, wie die allgemeine und offenkundige Verzagtheit der Katholiken von Faber als ein schwerer Mißstand erkannt ist, gegen den man Front machen muß. Aber in welcher Tiefe! Immer wieder erlebt man es, wie stark Faber das Wirkgeheimnis des liebenden, rein religiösen Seelsorgeseifers sowohl bewußt erfaßt hat, als auch, wie dieser neue Funke zündet. In Regensburg drängten so viele zu den Exerzitien, daß er nicht alle befriedigen konnte. Die Angeleiteten gaben wieder andern Exerzitien. Die große Ansteckungskraft der christlichen Wahrheit und Liebe bewährte sich wieder einmal. Denn aus Faber sprach, wie er es verlangte, ‚ein in der Nachfolge Christi erstarktes Tugendleben‘. Das korrekt Fromme der vorangegangenen katholischen Bemühungen ist in die Sphäre des ‚Heiligmäßigen‘ gesteigert. Dies ist das Geheimnis: ‚sein Herz ist von einem beständigen und unerträglichen Schmerze gequält, wenn er sieht, wie Deutschland, die ehemalige Zierde der Religion und der Ruhm der Christenheit, in Gefahr ist‘.

Faber gehört auch zu jenen sympathischen Geistern, in denen die Schärfe des dogmatischen und moralischen Verdiktes nicht jene höhere Verantwortung zerstört, die sich verpflichtet fühlt, im Gebet für alle einzutreten. Faber betet mit Ausdauer auch für die Abgefallenen: für den König von England, für Luther, Butzer und Melanchthon. Vor allen Städten will er sein Leben lang für Wittenberg beten. — Wir sind gewohnt, nur von dem scharfen Widerspruch zu hören, den die Jesuiten bei den Protestanten fanden. Selbstverständlich überwog er. Aber sie fanden auf der Gegenseite auch Anklang. Gleich die irenische, selbstlose, aber für die christliche Sache glühende Natur Fabers erbringt den erfreulichen Beweis. Denn wohlgemerkt: wenn man die Wirkmöglichkeit der ersten Jesuiten in Deutschland richtig beurteilen will, muß man ihre Arbeit kräftig absetzen von den grobianistisch scheltenden Jesuitenepigonen der letzten Jahrzehnte des Jahrhunderts. Das menschlich-persönliche Niveau ist zunächst bei den wenigen Männern unvergleichlich höher und anziehender; nur wenig Gehässigkeit, aber viel Liebe ist in ihnen. ,Wer den Ungläubigen heutzutage nützlich sein will, muß sich vor allem durch große Liebe zu ihnen auszeichnen und alle Gedanken aus seiner Seele verbannen, welche irgendwie die Achtung für diese Menschen vermindern könnte. Auch sie sollen uns lieben.'

Morone nahm als päpstlicher Legat in Deutschland diese Methode auf. Die Vollmachten, die die Kurie ihm mitgab, ermöglichten ihre Verwirklichung. Seine Mitarbeiter Dr. Vauchop und P. Jajus weist er an, ,den glimmenden Docht nicht auszulöschen'. Liebe und Klugheit sollen leiten, nicht Ungestüm und Drohung! So hält es Jajus in Regensburg: ,ich gehe von Haus zu Haus und verkehre, ob lieb oder leid, mit Weltlich und Geistlich'.

4. Bei weitem die bedeutendste Kraft der katholischen Reform in Deutschland wurde in unserer Periode Peter Canis aus Nymwegen, seit er sich der Gesellschaft Jesu angeschlossen hatte. Das katholische Erbe, das er von Vater, Mutter und Stiefmutter und dann von den Kartäusern mitbekommen hatte, wurde durch die Jesuiten, insbesondere durch Faber, dann durch den Ordensstifter selbst, zum Höchstertrag gebracht.

Die Summe all seiner Kräfte ist wesentlich religiös. Man kann die beinahe unübersehbar vielgestaltige Arbeitsleistung dieses Mannes nur dann richtig schätzen, wenn man dies festhält. Vom Religiösen aus erfahren seine diplomatischen Bemühungen und seine Verwaltungsarbeit ihre richtige Beleuchtung, nicht umgekehrt. Das Religiös-Christliche steht für ihn ebenso kompromißlos und ausnahmslos und selbstverständlich vor allen andern Werten, die nationalen am wenigsten ausgenommen, wie bei Luther. Natürlich mit dem kennzeichnenden Unterschied des besorgten seelsorgerlichen Aktivismus bei Kanisius.

Diese religiöse Arbeit leistet Kanisius nicht als schöpferisches Genie. Wer das Eigenpersönliche für allein wertvoll hält, kann diesem Manne nicht gerecht werden. Kanisius war ungeheuer begabt, von jener umfassenden Leichtigkeit

des Begreifens, die ihn, weil ein ebenso großer Eifer ihn auszeichnete, für jede
Arbeit geeignet machte. Geeignet in der Auswertung eines nicht von ihm aufgestellten Programms und zum guten Teil mit übernommenen Kräften. Er ist,
wie schon oben gesagt, die r e i n e Darstellung jener Kraft, die wir geschwächt
und gemischt als größtes Verdienst der literarischen Gegner der Reformation
zu nennen haben: er ist ganz Funktion der Kirche. Dies aber ist er (auf Grund
seines Erbes und seiner Erziehung durch die Kartäuser) durch den Jesuitenorden. Die Gehorsamsleistung im umfassenden Sinn ist Inhalt a l l seiner
Arbeiten.

Deren treibende Kraft wiederum ist auch bei ihm — durch die Gottes-
liebe — der Seelenhunger. Von seiner inneren Verfassung zur Zeit seiner
Profeß in Rom schreibt er: ‚Ich empfand ein heißes Verlangen, Ströme von
Glaube, Hoffnung und Liebe möchten von Dir, Gott, in mich überfließen'.
Das Entsetzen über seine eigene Unwürdigkeit wurde durch Mut ersetzt,
‚so daß mir kein Zweifel blieb, ich würde die Sendung, die ich in Deinem
Namen übernommen, auch ausführen können' (1549). Das Gebet für Deutschland schwand nicht von seinen Lippen, kann man sagen, und immer wieder
forderte er andere zu solchem Gebet auf. Er bat Ignatius sogar darum, dieses
Beten allen Jesuiten aufzuerlegen, und der Ordensstifter hat diesem Wunsch
entsprochen.

Frömmigkeit und Seelsorgseifer des hl. Kanisius sind an sich nur Steigerung
längst vorhandener Ansätze. Aber die Steigerung ist derart, daß ein Neues daraus wird. Und zwar ist es nicht nur ein neuer Ton, es ist eine neue M e l o d i e,
über neuen, mächtigen Grundakkorden, die hier aufklingt, die aufhorchen
macht, die anzieht und viele überwältigt. Und es ist nichts anderes als die einfache Fülle eines neuen katholischen Glaubensbewußtseins und damit eines
neuen katholischen Kraft- und Selbstbewußtseins, ohne das leiseste Schwanken
von der Wahrheit der eigenen Position erfüllt, die katholische Sache als die
alleinige siegreiche hinstellend. Als Kanisius einmal sein Bekenntnis zur angestammten Kirche feierlich in der Öffentlichkeit formulieren will, da schreibt
er Sätze, deren einzelne Elemente selbstverständlich hunderte Male in der gesamten katholischen polemischen Literatur sich finden; aber die nun bei ihm
doch so neu klingen, daß man Mühe haben wird, aus der ersten Hälfte des
Jahrhunderts eine vollgültige Parallele in Deutschland nachzuweisen. Kanisius
schreibt: ‚Ich bekenne Dir, Vater, Herr des Himmels und der Erde, mein
Schöpfer und Erlöser, meine Kraft und mein Heil! Von meiner Kindheit an
hast Du nicht aufgehört, mit dem heiligen Brote Deines Wortes mich zu ernähren und mein Herz zu stärken. Damit ich nicht umherschweifte mit den
verirrten, hirtenlosen Schafen, hast Du mich in das Haus Deiner Kirche aufgenommen, darin erzogen, bewahrt und durch jene Lehrmeister und Hirten

unterwiesen, in welchen nach Deiner Vorschrift alle die Deinen Dich selbst hören und Deiner Stimme folgen müssen. ... Ich will bei dem Glauben und der Lehre bleiben, in der ich als Knabe unterrichtet, als Jüngling bestärkt wurde, die ich als Mann gelehrt und bis auf diesen Augenblick nach meinen schwachen Kräften verteidigt habe.... Was dieses Bekenntnis mir abzwingt, ist einzig und allein die Ehre Deines Namens, die Kraft der erkannten Wahrheit, die Weisung der Heiligen Schrift, die einhellige Lehre der Väter, die Pflicht, für den Glauben vor meinen Brüdern Zeugnis abzulegen, die Hoffnung auf den Himmel und die Aussicht auf die Seligkeit, die dem aufrichtigen Bekenntnisse verheißen ist. Werde ich solchen Bekenntnisses halber verachtet, angegriffen, lächerlich gemacht, so erkenne und preise ich darin einen besonderen Erweis Deiner Gnade, o Gott! Da sehe ich ja, daß Du mich um der Gerechtigkeit willen leiden läßt, was fürwahr der Anteil der Seligen ist. Anderseits versagst Du mir — und das ist als ein großer Gewinn zu erachten — die Zuneigung derer, die Deine Freunde nicht sein können, da sie Deiner Kirche und der katholischen Wahrheit offen widerstreben. Aber verzeihe ihnen, Vater, verzeihe ihnen! ... Du bist mir Anfang und Endziel alles Guten. Dir sei aus mir, durch mich und über mich Ehre und Verherrlichung in Ewigkeit.' —

Man darf die verwirrende Vielfältigkeit der Leistung dieses rastlosen Seeleneifers[1], die tausenderlei Einzelarbeiten an hundert verschiedenen Orten, in allen möglichen Arten der Betätigung, in Predigten, Schulstunden, Vorlesungen, Berichten, Besprechungen, im Beichtstuhl, als Diplomat, Volksmissionar, Gefangenenseelsorger, Disputator, Universitätsrektor und als theologisch-praktischer Schriftsteller, als Gründer oder Organisator von Schulen, Kollegien, Hochschulen — man darf das alles nicht mit Veräußerlichung zusammen nennen. Das innere Feuer zündete überall, gleich, auf welches Objekt es traf. Kanisius erstrebte durchaus Qualität. Er erkannte gut, daß der Verfall des religiösen Lebens in Deutschland nicht zuletzt von einer veräußerlichten Multiplizierung kam: ,man betet aus Gewohnheit, nit aus Andacht'. Das eilige Beichten muß durch ein ernstes, detailliertes Bekenntnis ersetzt werden. Wenn ein Priester von der sündhaften Weltlichkeit frei und ein guter Hirt seiner Herde ist (und schon nicht mehr ,die Schafe, von deren Wolle er lebt, nachlässig weidet') wie der Kardinal von Augsburg, so bleibt noch die feinere Verweltlichung abzutun, damit ,wir uns dem Ideal des wahren Oberhirten immer mehr nähern'. Wennschon der Priesternachwuchs d a s Schlüsselproblem für die gesamte kirchliche Reform geworden ist, Kanisius sieht klar genug, um scharf gegen den Unfug der unvorbereiteten Weihekandidaten Stellung zu nehmen.

---

[1] Manchmal war Kanisius so überlastet, daß ihm die Zeit zum Zelebrieren fehlte!

Nichts anderes als Qualität hätte diesem Manne genügen können, der aus Taulers, Fabers und Ignatius' Schule kam und sich seine Erfolge selbst so viel kosten ließ. Er besaß eine hinreißende Beredsamkeit fern aller hohlen Phrasenrhetorik, aus seiner großen Gottesliebe gewachsen und geweiht. Und welche Vorbereitung! Fast völlige Abstinenz; Betrachtung in ausgedehntem Nachtwachen vor jeder Predigt! Und so gar kein Egoismus: Verzicht auf sein Rektoratsgehalt zu Gunsten der Armen; ein wahrer Kampf, um den dreimal ihm angebotenen Bischofsstuhl von Wien nicht annehmen zu müssen. In Kanisius wirkte ungeschwächt der Geist der vollen Entsagung, wie er Ignatius jenen ‚jahrelangen Kampf eintrug um die Vereinigung des Armutsideals mit der immer dringlicher werdenden Erziehungsaufgabe des Ordens'. —

Die Art, wie sich Kanisius polemisch mit der religiösen Neuerung auseinandersetzt, interessiert uns naturgemäß besonders. Ein Vergleich mit Luther ist lehrreich. Der Jesuit hat die gegen ihn gerichteten Anwürfe von außen sehr oft ohne Erwiderung gelassen, hat sie oft nur in sich selbst verarbeitet; im Geiste der Liebe. Auch Luther antwortet auf unzählige Anwürfe nicht. Aber er unterläßt die Antwort durchweg aus dem stolzen Bewußtsein des Triumphes; er verachtet den Gegner. Daß er den Gegner in Liebe, in der Liebe des Gekreuzigten umfaßt hätte, kommt vor, aber es ist nur ein kleines Eckchen seiner Seele, das er dafür hergibt. Die liebend-demütige Haltung fehlt leider weithin. Sie liegt dem trotzigen Pochen auf Gottes Kraft nicht sehr.

Die unerbittlichen Forderungen, die Kanisius vertritt, verleiten ihn nicht zu ungerechtem Grobianismus. Zwar hat eine der nicht eben seltenen Einseitigkeiten katholisch-apologetischer Abglättung aus der Sprache des Heiligen nur die milden Töne heraushören und sie für das Ganze erklären wollen. Das war so töricht wie falsch. Kanisius konnte sehr hart über die Neuerer (wie über die Nachlässigen im eigenen Lager) urteilen. Er hat auch die Inquisition für Deutschland (im Unterschied zu Ignatius) empfohlen.

Aber seine tiefste Haltung war doch die des Missionars, der die Seelen sucht. Manchmal tadelt er die Heftigkeit katholischer Ketzerbestreitung (wie die des Lindanus): ‚die Wahrheit muß man beherzt, würdevoll, nüchtern verteidigen'. Er verlangt von Rom eine mildere Behandlung der Deutschen, ‚damit wir nicht den glimmenden Docht auslöschen'; denn ‚durch die scharfen Kuren ohne Liebe, wie die meisten antiprotestantischen Schriftsteller sie versuchen, reizen wir die Deutschen mehr, als wir sie heilen'. Er fordert den Geist der Milde: ‚denn bei uns in Deutschland sind die Leute der bisherigen Zänkereien überdrüssig'.

Man findet bei Kanisius auch nicht jene ‚superbia', jene Ordens-Herrschsucht, die die eigene Genossenschaft vor andern Äußerungen katholischen Lebens ungebührlich in den Vordergrund drängt. Man hat diesen jesuitischen

Standesfehler, als den ihn der Jesuit Cordara später erklärte, durchaus zu
Unrecht in Kanisius hineinprojiziert. Wenn man bis zur Übertreibung Ernst
macht mit der Feststellung, daß die katholischen Pfarrhäuser und Klöster
verkommen waren, dann müßte man konsequent zugeben, daß es eine Pflicht
für aszetisch lebende Priester wurde, sich an deren Stellen zu setzen — selbst
wenn diese Priester Jesuiten waren. Übrigens, Kanisius gehörte gar nicht
zu denen, die rücksichtslos sich die Güter älterer Orden anzueignen bereit
waren. Er scheint eher der Erregung der alten Orden gegen die Jesuiten
eine gewisse Berechtigung zuzusprechen.

In den Jahren 1545/46/47 reisten die führenden deutschen Jesuiten nach
Trient. Während bis dahin ihre Arbeit ganz überwiegend diejenige weg-
bereitender, den Stand schnell und zu schnell wechselnder Missionare war,
mit vorwiegend direkter Seelsorge, beginnt nach der ersten Periode des
Tridentinums das Einwurzeln und besonders die Organisierung der Arbeit.
Sie vollzieht sich in den drei Sparten der Volkserziehung, der Erziehung und
Ausbildung der Kinder aus sozial höher stehenden Schichten und durch die
Sorge für einen würdigen Priesternachwuchs.

Wir wissen aus vielen Quellen, wie sehr damals protestantische Ideen durch
protestantische Unterrichtsmittel in die katholische Jugend getragen wurden.
Gropper nennt noch 1547 die neueren katholischen Katechismen ungenügend.
Eben in diesem Punkte bewährte sich des Kanisius Können und offenbarte sich
am stärksten seine Sendung: die katholische Lehre einprägsam auszusprechen
und Ungezählten mitzuteilen. Sein Katechismus war noch nicht, was spätere
katholische Katechismen zu oft wurden: Sammlungen abstrakter Formeln
über die Offenbarung, in denen Gottes Wort selbst nur selten sprach. Der
erste Katechismus des hl. Kanisius von 1555 war ein Gewebe von Worten
der Heiligen Schrift und von Väterauslegungen. Eine positive Leistung,
in der z. B. Luther nie genannt war. Dieser ersten Fassung folgten zwei
andere, darunter auch der ‚kleinste'. In über 400 Auflagen gingen sie durch
die Generationen und Länder. Der deutsche Katholizismus ist seit 1555 ohne
den ‚Canisi' nicht mehr zu denken.

Diese Katechismen, sowohl diejenigen für die Pfarrer wie diejenigen für
das Volk, hatten zunächst ein elementares, rudimentäres Ziel: die Lehre der
Kirche und ihre Gebete überhaupt einmal wieder bekanntzumachen. Es ging
sowohl gegen das Grundübel der theologischen Unklarheit wie gegen die
krasse Ignoranz. Das gleiche gilt für die Predigten. Konnte man sie auf
Reichstagen halten oder in volkreichen Städten, dann hoffte man, daß die
Anwesenden durch Weitererzählen die Wirkung weit herumtragen würden.
Viele staunten, daß die Kirche so und nicht anders lehre! In besonders zu-

gespitzter Form wiederholte sich ein immer wiederkehrendes Erlebnis katholischer Kirchengeschichte.

Als Ignatius 1546 Laynez, Salmeron und Jajus nach Trient schickt, gibt er ihnen als Regel mit: bei den Predigten soll durchaus kein Punkt berührt werden, worin ˙die Protestanten mit der katholischen Kirche nicht übereinstimmen. Einfach soll zu einem sittlichen Leben und den Andachtsübungen der Kirche aufgemuntert werden, indem man die Leute zu gründlicher Selbstkenntnis und zu größerer Erkenntnis und Liebe ihres Herrn und Schöpfers bringt. Direkter Angriff verbittert und verhärtet; die Klarheit und Schönheit der Wahrheit gewinnt. —

Ignatius war vom Gedanken des religiösen Kreuzzuges ausgegangen. Aber die Schulfrage war in Deutschland allmählich d i e Vorbedingung jeder religiös-kirchlichen Reform geworden. Es bedurfte einer Neupflanzung. Die Erziehung eines katholischen Nachwuchses von Laien und von Geistlichen mußte mit innerer Konsequenz zum Programm des neuen Ordens werden. Sein ursprüngliches Programm forderte innerhalb der einmal gegebenen Zeitlage und mit Rücksicht auf sie einfach diese Ergänzung. Unter dem Druck der Verhältnisse widmeten denn auch schon die ersten Jesuiten in Deutschland, angefangen von Pater Jajus im Jahre 1545, den Schulen viel mehr Interesse, als ihnen Ignatius im ersten Entwurf der Konstitutionen entgegengebracht hatte, den Schulen in jedem Sinn, insbesondere denen, die als Vorbereitung zur Universität die Neubildung eines Klerus ermöglichten. Denn wie es diese Jesuiten schnell schmerzlich erkannten und immer wieder nach Rom meldeten, der geistliche Stand war in Deutschland so verachtet, verhaßt, verfolgt, daß beinahe niemand mehr Priester oder Mönch werden wollte. Die Folge war der Niedergang der Theologie. Und Wissenschaft, das erkannten die Jesuiten auch, war ebenfalls eine Voraussetzung für die Wiedereroberung des durch die neue Theologie gespaltenen Deutschlands. Zwar ausschlaggebend bleibe Frömmigkeit; aber Frömmigkeit wird in Deutschland, so meldet Jajus, nur gewertet, wenn sie mit Wissenschaft vereint auftritt.

Aus dieser Erkenntnis heraus wurden die Jesuiten zunächst die Retter verschiedener katholisch-theologischer Universitätsfakultäten (Ingolstadt 1544 vorübergehend; 1545 Köln, durch Kanisius). 1548 gab Ignatius endlich dem Drängen des bayerischen Herzogs Wilhelm IV. nach und bestimmte Jajus, Salmeron und Kanisius, der sich eben an der Errichtung des ersten Jesuitenkollegs in Messina beteiligt hatte, für die Ingolstädter Hochschule. Ein auserlesenes Kollegium, das 1549 dort antrat! Leider war es für Salmeron und Jajus nur ein kurzes Wirken. Kanisius blieb immerhin bis 1552. Die Lage war schwierig genug: untüchtige Professoren ohne Eifer, die meisten heimlich oder offen der religiösen Neuerung zugewandt. Kaum religiöses Leben in der Bürgerschaft! Da wurde Kanisius einfach Apostel im umfassenden Sinn. Studenten und Bürger wurden seine intimste Sorge Tag und Nacht. Er gibt ihnen seine ganze Kraft. Er tut alles für sie, und natürlich alles umsonst. Er schließt Studenten und Nichtstudenten in verschiedener Form zusammen. Er predigt in den Kirchen, auf den Kirchhöfen, auf den Straßen.

Diese Jesuiten ließen sich nicht durch den Schein des Erfolges täuschen und mit Wenigem abspeisen. ,Unsere Vorlesungen in Ingolstadt haben wenig oder nichts genützt, weil es ungenügend Hörer gab', heißt es 1550. Außerdem war, wie sonst auch, in diesem katholischen Ingolstadt die katholische Luft zu dünn geworden. Das Beten in der Kirche empfand man allgemein als seltsam, man unterließ es. Die Studenten der Theologie waren für die neuen Ideale der Frömmigkeit nicht vorbereitet, unfähig, sie aufzunehmen; es war eine ,trostlose Arbeit', für die Kanisius Geduld und Freudigkeit im Gebet erbittet und zu der ihn Ignatius immer tröstend stärken muß: ,die gering-fügigste Wirksamkeit in Deutschland ist wichtiger als noch so großartige in andern Ländern'.

Es bleibt nur ein Mittel: die Gründung von Kollegien für eine Anzahl armer begabter Studenten, die dort umsonst ihren Unterhalt haben. Das heißt, man muß den Aufbau von kleinen Zellen aus leisten und ihn materiell so leicht wie möglich machen.

In den Lehrmethoden der neuen Kollegien haben die ,Humaniora' (gegen-über der merkwürdig vernachlässigten theologischen Unterweisung in der Religion) oft alles andere (auch die Lehrer) erdrückt. Wegen des großen Mangels an Pfarrern wurden den Studenten allzuoft gleich nach Beendigung der humanistischen Ausbildung ohne jegliches Theologiestudium die Pfarreien übertragen. Immerhin: die ganze Atmosphäre in diesen Anstalten war kirch-lich-christlich. Und man erkennt die kirchlich neubildende Kraft der Jesuiten nicht zuletzt aus der ganz mächtig sich häufenden Arbeit an den Schulen, der Herausbildung der Lehr- und Lernmethoden. Man sieht auch, welch mühselige Kleinarbeit der seelsorgerlichen, aber stärkstens sachlich interessierenden und gemeisterten Praxis geleistet werden mußte, um die Schlüsselstellungen in die Hand zu bekommen.

Denn nachdem einmal der neue Weg der Kollegerziehung als notwendig erkannt und angenommen war, duldete die eiserne Konsequenz des Ordens-stifters keinen Rückfall in die Methoden früherer Jahre: den Kölnern setzt er scharf zu, daß sie nicht in der Missionierung der Bauern billige Erfolge suchen sollen, ,wir haben höhere Pflichten'. Gerade in Köln entwickelte sich dann ja das Drei-Kronen-Kolleg unter Leitung der Jesuiten derart, daß es schnell für Deutschland etwa das wurde, ,was das römische Kolleg für den ganzen Orden war: eine Pflanzschule, die überallhin Arbeiter aussandte'.

In Köln gewannen die Jesuiten zuerst und am meisten Aspiranten für den Orden. 1549 waren es schon vierzehn, fünf davon wurden nach Rom geschickt. —

Nicht zuletzt in dieser Neuweckung von Ordensberufen liegt eine weitere folgenschwere Tätigkeit der Jesuiten in Deutschland. Ihr Beispiel, ihre Lehre, das Leben und die Atmosphäre ihrer Schulen schufen für viele, viele Deutsche überhaupt erst einmal wieder die Voraussetzung für die Kenntnis und damit die Hochachtung eines gesunden, seiner Idee kräftig entsprechenden Ordenslebens. Auch alte Klöster empfingen durch Beispiel und Leitung, Beichthören, Exerzitien, Schulunterricht und Vorlesungen und durch Eintritt von Jesuitenschülern lebenswichtige Kraftzufuhr.

Der Jesuitenorden ist durch seinen Stifter, durch den Kreis seiner ersten Genossen und durch die Masse seiner Mitglieder in den ersten Zeiten seines Bestehens, also auch in den letzten fünfzehn Jahren, die uns zu beschäftigen haben, eine Leistung des romanischen Katholizismus. Auch die Jesuiten in Deutschland waren zunächst in überragender Zahl Romanen. Das stellt die Frage nach dem Wert der Arbeit der Jesuiten für Deutschland und für das deutsche Volk neu.

Daß durch die Jesuiten Elemente romanischer Frömmigkeit nach Deutschland gebracht wurden, die nicht ohne weiteres innerlichst mit der deutschen Seele harmonieren mußten, ist offenbar. Von hier aus erwächst geradezu entscheidend die religiöse Gesamtproblematik der Gegenreformation in Deutschland.

Man darf anderseits nicht heutige Fragestellungen in unhistorischer Weise in vergangene Jahrhunderte hineintragen. Wir haben das Erwachen des nationalen Bewußtseins vor und in der Reformation kennen gelernt. Trotzdem war bei den meisten Persönlichkeiten, die religiös und politisch wirklich mitzählen, der lebendige Eindruck einer christlichen Lehre in keiner Weise gehemmt durch die Frage, ob ihre Verkünder auch Deutsche seien. Luther dachte nicht daran, Calvins Verdienste etwa deshalb geringer anzuschlagen und weniger laut zu verkünden, weil er Romane war. Daß die Pflege des Lateinischen in den Schulen der Jesuiten im 16. Jahrhundert irgendwie einen antideutschen Chrakter an sich trage, kann nur von Ahnungslosen behauptet werden. Latein flüssig zu sprechen, war im 16. Jahrhundert Voraussetzung höherer Bildung für jedermann auch in Deutschland. Das Übernationale der kirchlichen Bindungen wurde freilich auch damals schon von den Jesuiten besonders betont.

Das konnte zu einer Belastung werden und wurde es viel später auch; aber es mindert für das 16. Jahrhundert in nichts die ungeheure Arbeitsleistung, welche diese Jesuiten für Deutschland, in Deutschland und an Deutschen uneigennützig geleistet haben (wie sie, die Ausländer, ja auch draußen, etwa in Messina, nicht nur Italiener, sondern auch Deutsche pflegten). Nur eine Auffassung, die es für unmöglich hält, daß eine von Rom aus und von einem Nichtdeutschen geleitete religiöse Arbeit Deutschland wirklich Nutzen bringen könne, kann das Gegenteil behaupten. Selbst wenn man geneigt wäre, viel von den Beteuerungen des P. Faber zu streichen, bleibt doch unbezweifelbar, daß diesem Mann die Arbeit unter den Deutschen und diese selbst am Rhein außerordentlich ans Herz gewachsen waren.

Vollends der Großteil der Arbeit des Peter Canis kann nur von Unverstand in diesem Punkte mißdeutet werden. ‚Du weißt es, Herr, wie sehr und wie oft Du mir Deutschland anempfohlen hast, für welches ich zu sorgen fortfahren, für welches ich mich gleich dem P. Faber gänzlich weihen, für welches ich leben und sterben sollte. Und so würde ich mit dem Engel Deutschlands (Michael) mitwirken.' 1545, als er 24 Jahre alt war, hatte er bekannt: ‚Wenn mich nicht der Gehorsam von Köln abruft, so will ich Körper, Seele, Zeit, Studien, meine ganze Person im Leben und Sterben für Köln hingeben.'

Nun könnte mancher versucht sein, das hier über die früheste Tätigkeit der Jesuiten in Deutschland Gesagte als unwichtig beiseitezuschieben, weil es sich nur um sporadische, dazu allzuwenig konsequent durchgeführte erste Sondierungen handle. Man könnte darauf hinweisen, daß sämtliche wichtigen Stützpunkt der Jesuiten in Deutschland d e f i n i t i v erst ganz am Ende unserer Epoche besetzt oder wieder besetzt wurden: Wien 1551, Ingolstadt 1556, Köln 1556, Trier 1560, Mainz 1561, Würzburg 1561 (1567), Braunsberg 1564. Aber doch waren jeweils die Pioniere einer großen Bewegung die besonders verdienstvollen Männer! Den Durchbruch neuen katholisch-kirchlichen Vertrauens zu schaffen, die e n t w i c k l u n g s f ä h i g e n ersten Institutionen zur Wachstumspflege in Klerus und Laienschaft zu gründen, das katholische Bewußtsein im deutschen Raume neu zu beleben: das war e n t -s c h e i d e n d wichtig. Die Jesuiten leisteten diese Arbeit seit 1540. Auf verschiedenen Wegen hat sie fortwuchernd ihre Wirkung im Religiösen, im Politischen, im Kulturellen getan.

Fünftes Kapitel

Die katholische Kontroverstheologie

Von den verschiedenen Kräftegruppen, die seit dem Beginn der religiösen Neuerung für die Erhaltung des alten katholischen Bestandes wirkten, war der anstürmenden neuen Glaubens l e h r e am direktesten gegenübergestellt die katholische Kontroverstheologie.

Wir wissen heute, nicht zuletzt durch die von Joseph Greving, dem Begründer des ‚Corpus Catholicorum', organisierte Arbeit, daß die literarische Leistung, die damals zu Gunsten der alten Kirche vollbracht wurde, bedeutend umfangreicher war, als man früher annahm. Es ist eine Pflicht der historischen Wahrhaftigkeit, das Bild der Reformationsgeschichte von der Vorstellung zu befreien, als ob Luther und die Seinen mit ihren Büchern das Feld ganz allein beherrscht hätten. Zudem wird eine genauere Darstellung der katholischen Gegenwehr die theologische wie die religiöse Auseinandersetzung der beiden Fronten in manchem erheblich klären, in manchem allerdings auch gewissen Anwürfen der Neuerung ein größeres Gewicht geben.

Nun ist es so, daß wir bis heute über die katholischen literarischen Kräfte der Zeit nur mangelhaft unterrichtet sind. Was wir von ihnen kennen, sind immer noch vor allem ihre unmittelbaren Streitäußerungen. Die tiefer liegenden Kräfte, die intimere Einstellung dieser Männer zum Religiösen, Kirchlichen, Christlichen, sodann die Aussonderung nach Übernommenem und Eigenem, die genauen Beweggründe, die sie bei der alten Kirche festhielten oder aus lauen und kompromißlerischen Kirchengliedern tüchtige oder auch begeisterte Verteidiger, aus ruhigen Humanisten und weltabgekehrten Mönchen scharfe Aktivisten für den alten Glauben machten, ihre innere Freiheit oder Unfreiheit den Gegnern gegenüber, ihre Kenntnis des reformatorischen Schrifttums und die Frage nach ihrer menschlichen Persönlichkeit: all das ist trotz einer seit langem erhobenen Forderung noch ungenügend untersucht. Nach der durch Paulus, Greving und ihre Kreise großartig gemehrten Materialkenntnis ist die Erhebung eines Gesamtbildes der geistigen und religiösen Kräfte im katholischen Schrifttum des ersten Halbjahrhunderts der Reformationszeit eine dringliche Angelegenheit. Sie muß zusammen mit der entsprechenden Behandlung der religiösen Kräfte des deutschen Humanismus durchgeführt werden.

Diese weitausschauende Arbeit, deren Organisierung hoffentlich gelingt, kann natürlich hier nicht sozusagen im Vorbeigehen geleistet werden. Es können nur Andeutungen und einzelne zusammenfassende Beobachtungen Platz finden.

Wir greifen dabei bis zum Beginn des reformatorischen Kampfes zurück, damit wir ein einigermaßen konkretes Bild einiger Hauptgestalten gewinnen und auch von dieser Seite her das ansetzende neue katholische Bewußtsein verstehen können.

I. Die bedeutendsten Repräsentanten der literarischen Abwehr waren zweifelsohne Dr. Johann Maier aus Egg, genannt Eck, und Johannes Cochläus. Mit Johann Fabri aus Konstanz und Nausea sehen wir sie zum ersten Male 1524 in Regensburg als d e n repräsentativen Kreis der katholisch-geistigen Arbeit in den über Deutschlands Zukunft entscheidenden Jahren.

Über Eck brauchen wir nichts mehr beizufügen. Wir wollen aber festhalten, daß sein schon genanntes Enchiridion, das in dem Entscheidungsjahr 1525 erschien, als ein Einschnitt in der katholischen polemischen Behandlung Luthers und seines Werkes betrachtet werden kann. Es faßt das bis dahin Erarbeitete zur bequemen Orientierung und Verwertung zusammen. Mit seinen 82 Auflagen (bis zum Jahre 1600) und verschiedenen Übersetzungen ist es eine der literarischen Hauptwaffen gegen die reformatorische Lehre geworden.

1. Als Mann ganz anderer Art erkannten wir bereits (Bd. I S. 261 f.) Johannes Cochläus, den Schullehrer, Philologen und Humanisten. Leider war er kein — Theologe. Es ist offenbar alles andere als nebensächlich, daß gerade einem solchen Mann plötzlich, mitten im losbrechenden Sturm und die ganze Reformationszeit hindurch, die Aufgabe zufiel, das theologische Steuer zu einem großen Teil zu lenken.

Es kann keine Rede davon sein, daß Cochläus in ruhigem Eindringen und mit Verständnis sich mit Luther auseinandergesetzt hätte. Schon seine geradezu phantastische Fülle an grobianistischen und unappetitlichen Schimpfwörtern [1], die so gar nicht zusammenstimmen wollen mit seiner Forderung, dem Volke ‚mit Milde und ohne Schmähungen' die reine Lehre zu bieten, und so gar nicht mehr mit seinem frühen Ziel, Luther zu überzeugen und zur Kirche zurückzuführen, schon diese allzu animose Art deutet an, daß ein echtes

---

[1] Verlogener, verräterischer Abtrünnig; schendliche Sau; Hundspriester einer Hundemesse; wilder, totschreiender Rab mit Gift und übel stinkenden Drecken; kriegsheulender Wolf; des Teufels unseligster und elendigster Knecht und Werkzeug.

Verständnis kaum vorliegen kann. Außerdem war Cochläus auch zu sehr der klassische Wort-für-Wort-Widerleger, der gar nicht einsah, daß das, was um ihn herum revolutionär aufstand, nicht Theorie war und nicht einfach mit den vorgebrachten theologischen Einzelbeweisen stand und fiel. Zwar hat er bereits 1522 die Nur-Defensivhaltung einigermaßen überwunden, und er verlangt auch sonst von der Kontroverstheologie den positiv-katholischen Aufbau, aber er wird selbst diesen Forderungen nur ganz wenig gerecht. Es findet sich auch viel Sophistisches.

Aber dies ist nicht der ganze Cochläus! Wenn am Beginn seiner ‚theologischen' Laufbahn das unbändige Verlangen eine Rolle spielte, mit dem berühmten Luther zu disputieren, so darf man dies Motiv nicht einseitig übertreiben. Sein Umgang mit Männern des römischen Oratoriums der göttlichen Liebe hatte ihn im Sinne der neukatholischen Innerlichkeit beeinflußt. Die Gottesliebe ohne Nebenabsichten, ‚wie Christus uns geliebt hat, um keines Reichtums willen', wurde früh und dauernd für ihn Zentralmotiv. Er hat den vollgültigen Beweis erbracht, daß es ihm damit Ernst war. In ihm war treue, selbstlose Liebe zur alten Kirche, zum alten Glauben. Nachdem er zeit seines Lebens immer wieder seine Groschen an die literarische Unterstützung der Katholiken gewandt hatte durch dauernde schwere Sorgen hindurch, verzichtete er (der Humanist!) am Ende seines Lebens auf die Herausgabe seines Gesamtwerkes, um Bücher eines Konrad Braun drucken zu lassen. Er durfte mit ganzem Recht 1547 feststellen, daß kein anderer Privatmann in den letzten 26 Jahren so viel Mühe und Geld auf die katholische Sache verwandt habe wie er mit seinen deutschen und lateinischen Büchern.

Die Verantwortung für die ‚uns alle bedrohende Not' hatte ihn gerufen. Von Stein müsse der sein, meinte er, der sich dieser Not entziehen könne. Der Gedanke der Einheit der Kirche wirkte in ihm. Innig kam das Gebet zu Christus um Wiedervereinigung der Getrennten in seiner Kirche und Wahrheit von seinen Lippen. ‚Denn wenn Er uns das nicht gewährt, so werden wir es durch unser Bücherschreiben wahrhaftig nicht erreichen.' Das war 1544! Er bekannte sich nun auch zur Einsicht, die zu lange von maßgebenden Stellen in der Kirche vergessen worden, aber nun kräftig auf dem Vormarsch war: ‚wenn es überhaupt noch eine Möglichkeit gibt, die von der Ketzerei Angesteckten zu heilen, dann nur durch das Beispiel eigenen tugendhaften Lebens'.

Darum wollte er auch, daß Luther in das Gebet eingeschlossen werde und man nicht an seiner Bekehrung verzweifle. ‚Wir sollen und wollen bitten den allmächtigen Gott, in welcher Hand des Menschen Wille ist, daß er sich über diesen verstockten Sünder erbarme.' Seine intime Art der Heiligenverehrung wächst aus dem Glauben an die Gemeinschaft der Heiligen. Vor allem: er hat ein tiefinniges Verhältnis zum Altarssakrament: hier ist der eigentliche Quell, aus dem er lebt.

Ganz groß ist sein Nationalbewußtsein, das große Gefühl der Verbundenheit mit der Heimat und der Verantwortung für sie und ihre Werte! In seinen früheren Briefen aus Italien an Hutten weist er es als lächerlich zurück, ihm das Nationalbewußtsein abzusprechen, weil er zur Kurie gehalten und viel mit den päpstlichen Nuntien und Kardinälen korrespondiert habe. Nein, umgekehrt, gerade aus nationalen Gründen, so weist er es schon 1523 und sonst so oft nach, muß die Neuerung unterdrückt werden. Nur so kann des Reiches Herrlichkeit, die er in einer großen Konzeption universalistisch im Zusammengehen des Kaisertums mit dem Papsttum sieht, wiedergewonnen und gegen Luthers Verderben gehalten werden. Um das Vaterland vor Schimpf und Schande auf dem kommenden Konzil zu bewahren, der deutschen ‚Nation zu Ehr‘, schreibt er gegen Luthers Schmalkaldische Artikel. Immer wieder fließen ihm die Gedanken an das Wohl des ‚Vaterlandes‘, ‚das heilige römische Reich‘, die ‚deutsche Nation‘ leicht und selbstverständlich und als inneres Anliegen in die Feder. Cochläus erlebte, wie schon in der Szene in Worms in Luthers Schlafstube, tief die Tragödie Deutschlands mit; er weint, wenn er an die herrliche Frömmigkeitsblüte im Reich vor Luthers Angriff denkt.

Cochläus gab viel auf, als er sich entschloß, für die Verteidigung der Kirche in die Schranken zu treten. Der diesen Entschluß ‚faßte, war ein Gelehrter, welcher in philologischer Arbeit leibte und lebte und keine Freude außer ihr kannte; seine Natur fürchtete sich vor dem Geräusche der Welt, bewegte sich in ihr linkisch und fühlte sich in ihr unwohl. Cochläus hatte seit kurzem sein stilles Heim, seine auskömmliche Pfründe und konnte in abgeschiedener Ruhe leben. Das alles aber warf er mit einem Rucke von sich und trat, woran er nie gedacht, worauf er sich niemals vorbereitet hatte, von Stund an vor die Öffentlichkeit in den Dienst seiner mit Tod und Verderben bedrohten Kirche. „Die schönen Wissenschaften habe ich immer hochgehalten", rief er den Lutheranern auf dem Wormser Reichstage zu, „und halte sie noch heute hoch, aber höher als sie steht mir doch der katholische Glaube." Durch diese Hingabe an seine Kirche nahm er ein geistiges Martyrium auf sich, er trug es mehr als dreißig Jahre, aber fast nie entschlüpfte seinen Lippen eine Klage über die seiner Neigung so widerstrebende theologische Tätigkeit und sein durch fremde Schuld verfehltes Leben' (Spahn).

Einer der unserer Achtung wertester Streiter für die alte Kirche! Trotz allen Unausstehlichkeiten, trotz seinem Hasse, trotz seiner gelegentlich tragikomischen Selbstüberschätzung. Er war ein wahrhaft Treuer! Ein echter Kämpfer!

2. Die literarische Abwehrarbeit der Katholiken blieb nicht ganz im Bereich des Theoretischen. Sie versuchte, Ansatzpunkte für eine praktische Auswirkung zu gewinnen. Auch hier ist die Arbeit des Cochläus von Bedeutung. Man mag sie wohl auch sympathischer finden als die hochoffizielle Arbeit Ecks im Dienste der Bannbulle.

Cochläus hatte einen gewissen Begriff davon, daß Entscheidendes ankam auf die eigentliche Propaganda, auf die O r g a n i s i e r u n g der Abwehr, und daß man Einfluß gewinne auf die offiziellen staatlichen und kirchlichen Stellen. Kaum ein Deutscher hat Ende der dreißiger Jahre so unermüdlich Berichte nach Rom dirigiert wie er, und niemand eifriger in den vierziger Jahren die Bemühungen der neuen Kampftruppen, der Jesuiten, unterstützt. Er läßt für die kommenden Konzilsväter, um sie zu orientieren, eine ganze Reihe eigener und anderer Werke drucken. Er beeinflußt die polnischen Bischöfe gegen Wittenberg und schickt eine Flut von Büchern nach Polen, er versucht, von Rom zu erreichen, daß das Privileg der Universität Wittenberg kassiert werde. In steigender Zahl finden die besten Italiener zu ihm: die einflußreichen Kardinäle und Bischöfe Contarini, Sadolet, Pole, Giberti, Madruzzo. Er schreibt an die drei Brüder-Fürsten von Anhalt, die sich dem Luthertum zuwenden, um sie bei der Kirche zu halten. Er übersetzt und schreibt eigene Werke für die Schotten und Engländer, widmet Engländern Schriften, weil Heinrich VIII. eine Gefahr für die Kirche zu werden beginnt, er schickt auf eigene Kosten zwei Neffen zur Prüfung der Lage hinüber. Er macht selbst Schulden, um Witzel, Haner und Mensing den Druck ihrer Kontroversschriften zu ermöglichen. Er setzt Himmel und Hölle in Bewegung, um Pirkheimer der Kirche zurückzugewinnen. Den Erasmus bearbeitet er immer wieder, in den Kampf gegen Luther einzugreifen, desgleichen den Erzbischof von Rochester John Fisher. Er widmet einige Bücher dem protestantischen Kurfürsten, um ihn doch vielleicht zurückzuholen; er schreibt an Städte, die vom Luthertum bedroht sind (Lübeck und Breslau); er sendet einen eigenen Boten nach Bern, um vor Zwinglis Lehre zu warnen. Er bereitet das Psalterium des hl. Bruno für den Neudruck vor, ‚um den minder gebildeten Geistlichen Ersatz für schwierigere Werke zu bieten‘. 1532 hilft er in Mainz dem Nausea, eine Visitationsordnung auszuarbeiten und die Visitation in Gang zu bringen.

Schon im Jahre 1523 hatte er in einem Gutachten für die Kurie seine Ansichten über die Dämpfung der Neuerung programmatisch dargelegt: gegenüber den Ständen und dem Volk soll man nur mit Milde operieren. Der Klerus müsse zu einem religiös vertieften Leben gebracht werden. Die Seelsorge müsse gründlicher arbeiten, z. B. für die Verbreitung von Erbauungsliteratur sorgen. Die literarische Darlegung müsse auch zeigen, daß das

Christentum den wirtschaftlichen Fortschritt nicht hindert, sondern seinem Wesen entsprechend notwendig fördert. Die Widerlegung der Irrlehre müsse aus Schrift und Vernunft geführt werden, damit den Gläubigen die Berechtigung des Verbotes einleuchte. Nicht nur müßten Luthers Bücher unterdrückt, es müßten auch gute verbreitet werden. Gegen lutherische Prediger müsse man einschreiten, aber nicht mit roher Gewalt, die solle nur gegen Luther selbst angewandt werden, da sein Ziel der gesamte Umsturz sei (1522).

In dieser heiklen Frage der Gewaltanwendung hat Cochläus wie so viele andere in der Folgezeit eine starke Wendung vollzogen. Nach der Zurückweisung des Konzils 1537 durch die Schmalkaldener und Luther bekennt er: die bisher gezeigte Milde gegen die Ketzer ist die Ursache ihres Trotzes. Niemand an der Kurie wage Heinrich VIII. ob seiner Wühlereien gegen das Konzil zu strafen, niemand Franz I. zu verurteilen wegen seines offenen Bundes mit den Türken; Kardinal Sadolet fleht Melanchthon um Freundschaft an; Morone und Giberti wollen Heinrich VIII. nur ja gelinde behandelt wissen! Der Papst geht so weit, den Lutheranern Nepoten als Geiseln anzubieten, wenn sie zum Konzil kämen.... Nein! nur durch Furcht und Gewalt kann man die Gegner zwingen.

Gegen Melanchthon wollte Cochläus eine regelrechte geistige Abwehr- und Angriffsfront organisieren: Usingen, Vehe, Alfeld, Neumann, Crotus Rubianus (der reuig zur Kirche zurückgekehrt war) und ein Dominikaner sollten mitmachen. Leider fehlte die notwendige finanzielle Unterstützung!

Und das ist nun gerade gegenüber dem Feuereifer dieses Mannes, übrigens auch gegenüber andern literarischen Mitkämpfern, eine rechte Tragik geworden. Ihre Arbeit stößt in katholischen Kreisen auf unbegreiflich hartnäckige Apathie. Kleinlichkeit, Egoismus, Ängstlichkeit und überhebliche Sorglosigkeit lassen auch offizielle kirchliche Stellen in beschämender Weise versagen. Der Katholizismus unterstützte mehr als mangelhaft, er ließ direkt im Stich. Er benutzte die Kämpfer, oder vielmehr, er tat nicht einmal das.

Schon 1521 stand die Arbeit des Cochläus unter diesem Unstern, als er, völlig vereinsamt, gegen Luther schrieb. Niemand traut ihm, er hat keinen Boten für seine Briefe, findet keinen Drucker für seine Bücher. Kein Freund ist um ihn, er kann sich kaum in seine Kirche wagen. Für wen arbeitet er? — Nach der Erhebung Adrians VI. besserte sich die Stimmung. Aber die Lage blieb eigentlich dieselbe: die Furcht vor den Lutheranern beherrschte zu viele. Des Cochläus Drucker weigerten sich manchmal, ihren Namen und Wohnort in seinen Büchern anzugeben. Und immer wieder bedrückte ihn die unsinnige Not, überhaupt einen Drucker zu finden. Das Domkapitel von Breslau war neuerungsfeindlich; es ließ auf seine Kosten katholische Schriften drucken. Aber im wichtigsten Fall, eben gegenüber der Arbeit des Cochläus, zeigten sich die Herren recht wenig unterstützungsfreudig, wohl aber knauserig. Der Breslauer Bischof Jakob von Salza landete bei müder Resignation (1539). Andere deutsche Bischöfe gar waren durchaus nicht immer erbaut von dem literarischen Kampf. Teilnahmslosigkeit genügte ihnen nicht; sie verhielten sich direkt ablehnend. Auch diese Enttäuschung gehört in den Leidensweg des treuen Cochläus. Ganz allgemein sind die Katholiken zu bequem. ,Statt zu kämpfen, sammeln sie Verdienste durch Stiftung immer neuer Meßaltäre, derweil man die Messe selbst nicht retten kann.'

3. Im Anfang des reformatorischen Streites spielte eine kurze Zeit Hieronymus Emser eine bedeutende Rolle, bekannter und anerkannter Humanist und Kaplan des Herzogs Georg von Sachsen. Der Zentralmangel des Cochläus belastet leider auch ihn: er soll einen theologischen Kampf führen und ist kein Theologe.

Seine Gegner, Luther vornean, haben ihm übel mitgespielt. Aber, wenn er persönlich von sittlichen Mängeln nicht frei ist, so bekennt er als guter Christ doch seine Schwäche und Strafwürdigkeit. Bewundernd sieht er auf des Cochläus Reinheit: ,O welch seltene Gnade!' Aber er kann auch mit gutem Gewissen die Übertreibungen der Gegenseite abweisen. Und er darf als Einundvierzigjähriger von sich sagen, daß ,wo die Sünde reichlich gewesen, mit den Jahren die Gnade noch reichlicher geworden sei'.

Auch sein Wollen ist groß. Er sieht den Zerfall der Kirche. Niemals und nirgends lag sie so darnieder. Wenn keine Besserung eintritt, ,dann muß der Jüngste Tag notwendig kommen!' Er hatte zunächst auf Luther als Reformator der Kirche gehofft. Am Kampf gegen die Messe merkt er, daß es um viel mehr geht als nur gegen die Mißstände. Da fühlt er sich für das Schicksal der Kirche verantwortlich. Mit den Jahren schwindet die Aussicht auf Erfolg. Auch er ist oft ganz ohne finanzielle Mittel. Auch er hat das müde Gefühl, allein zu stehen. Eine wahre Flut von Spottversen und Spottliedern geht über ihn nieder. Aber er hält aus.

Auch seine Art leidet stark unter jener unfruchtbaren Sucht, den Gegner Wort für Wort zu widerlegen. Er macht daraus sogar ein methodisches Prinzip und ist ungehalten, daß Luther ihm den Gefallen nicht tut, nach derselben Methode zu antworten: ,Ich habe Dir Dein Buch von Blatt zu Blatt, von einer Autorität zur andern vorgelegt, hatte mich versehen, Du solltest desgleichen auch getan haben.'

Mit fortschreitendem Kampfe mehrte sich sein theologisches Wissen, und auch eine Wendung zum Positiven kann man feststellen. Aber seine Leistung wurde doch theologisch nicht wesentlich tiefer (vgl. unten S. 180).

4. Und wiederum eine ganz andere Gestalt, und diesmal erster Größe, und eindrucksvoller als alle andern: der Franziskaner Dr. iur. et theol. Thomas Murner in Straßburg († 1537).

Auch er war, als er begann, sich am antireformatorischen Kampf zu beteiligen, ein bekannter Mann und einflußreicher Schriftsteller, der unbarmherzige Kritiker der kirchlichen Schäden seiner Zeit.

Auch ihm ging es, wie Cochläus und Emser, zunächst um die Rückgewinnung Luthers. Er weiß um des Reformators Erregbarkeit, der in Gefahr kommt, das Kind mit dem Bade auszuschütten. Deswegen wendet er sich außerordentlich versöhnlich mit einer ‚Christlichen und brüderlichen Ermahnung‘ (1520) an den ‚Ehrwürdigen, geistlichen in Gott liebsten Vater und Mitbruder in dem Glauben Jesu Christi unseres Herrn‘. Nur um die Wahrheit geht es. Er anerkennt furchtlos das Recht der Laien, für die Reform der Kirche zu sorgen, wenn die Geistlichen versagen. Aber nun steht gerade die Sorge um das Volk und um die Nation auf. Bei Luthers Art kann es nicht ausbleiben, daß die Ungebildeten beunruhigt und schließlich wie in Böhmen in den Aufstand hineingetrieben werden. Die Auslegung der Schrift kann eben nicht Sache des Einzelnen sein: ist sie doch ‚ein tiefes Meer, daraus sich etliche ernähren, etliche sich ertränken und verderben‘.

Nun, mit dieser Melodie erreichte er nichts. Das Echo wurde allmählich mehr als schlimm. ‚Wahre Kaskaden von Schmutz und Gift‘, eine Menge erfundener Skandalgeschichten gingen über den eben noch gefeierten Volksprediger nieder, den ‚groben bacchantischen Esel, Bluthund, elenden Gauch, den tollen Büffelkopf, die böse Katz, die vorne leckt und hinten kratzt‘. Manche haben sich aus diesen Ergüssen ein Bild des armen ‚Murnarr‘ zurechtgemacht, etwa Hausrath. Nun, Murner zahlte gründlich heim: ‚Ich bit alle welt um gotz willen mir der unzüchtigen wort, die ich mit dem kirchendieb gebraucht hab, zu verzeihen; ich weiß wol, das sy mir übel an ston. Schweigent wir aber stil, so fert der bösewicht furt mit seinen lügen, und glaubt ihm das der unverständig ley. Redent wir züchtig, so erschütt es nit, redent wir wie man wie mit schelmen reden sol, so geschicht uns wie dem, der mit dem dreck kempffen solt und sprach: Ich gewin oder verlüre, so wurd ich doch beschissen.‘

Aber dies ist wiederum nicht der Kern des Mannes und seiner Leistung, so meisterlich er sich aus angeborener Begabung in der Kampfrede aller Mittel der volkstümlichen Beeindruckung zu bedienen wußte. Ihn trieb nicht Leidenschaft und Geltungstrieb in den Streit. ‚Mich ruft und beauftragt, weiß Gott, niemand, kein Fürst und kein Bischof.‘ Aber wie vordem, so steht er auch jetzt in stärkster Verbundenheit mit dem Volk, dem er den Glauben nicht verwirren lassen will. Als Prediger und Doktor der Heiligen Schrift hat er die Pflicht, ‚die einfältige Christenheit in ihrem frommen Glauben zu erhalten'. Er kann es Luther nicht vergeben, daß er die Einheit der Kirche zerreißt. Denn die Einheit der Kirche, das ist gerade sein Leitgedanke.

Keine Frage, daß Murner alle seine Mitkämpfer bei weitem übertrifft an ‚geistiger Beweglichkeit, spezifisch-polemischer Begabung und tiefer Empfindung' (Pfeiffer-Belli). Religiöser Reichtum und Wärme sprechen sich bei ihm lebendig und auch sprühend aus. Er kann mit wirklicher Innigkeit beten. Zum Beispiel zur Mutter Gottes:

> Maria zart, man sagt von dir
> gros lob und eer, das gloubend wir.
> Du hast gemeine Christenheit
> Vor yrtum behiet und auch vor leid.
> Ach hilff auch uns zu einikeit
> Durch din sun Jhesum, reine Meyd!

Freilich, das Hinreißende seiner Polemik bediente sich anderer Akzente. Angesichts der steigenden Gegnerschaft in seinem Straßburg werden die ergreifenden Klagen und Mahnungen, die auf jeden Unvoreingenommenen wirken, bis zum Fanatismus und zu maßlosen Ausfällen, auch zu schonungslosem Hohn über den ‚großen lutherischen Narren' gesteigert. Wobei wohl zu merken ist, daß er, anders als Cochläus und Emser, nicht auf die persönlichen Anwürfe reagiert. Denn immer ist es die Sorge um die Seelen, die ihn treibt, nicht der Eifer für die eigene Ehre. Die Theologie kümmert ihn wenig, außer es gehe um die Grundtatsachen, das Papsttum etwa, das allein die Einheit der Kirche wahrt und ohne das es keinen Katholizismus gibt. Immer aber verabscheut er die trocken-langweilige und schwerfällige Magisterart. Seine Polemik ist immer bewegt und eindrucksvoll; und unermüdlich replizierend. Luther hat dem ‚schwatzigen Wortler' das einmal unwillig bestätigt: ‚Es ist möglicher, daß der Rhein versiegt, denn daß dir an Worten gebreche.'

Nun, jedenfalls ragt dieser Franziskaner unverkennbar aus der langweiligen Korrektheit so vieler katholischer Mitstreiter heraus. Sein Schreiben — wie sein Predigen — offenbart eine lebendige Persönlichkeit. Sein Bestreben, den Katholiken den Reichtum ihres Besitzes zu erschließen, zeigt die Polemik aufs beste ins Positive gewendet.

Fehlt nur, daß sich irgendwo eine neue Gesamtkonzeption des Christlichen abzeichne! Und doch lag ja gerade darin, wie schon gesagt, eine der großen Schwächen des damaligen katholischen Kämpfens, daß die neue Fragestellung Luthers bis zu dessen Tod keine neue Tiefenantwort, keine neue Gesamtansicht bei den katholischen Verteidigern auslöste.

5. Unter den katholischen Kontroversisten gibt es einen andern Franziskaner, der trotz seines oft fürchterlichen Küchenlateins besonders sympathisch ist: Kaspar Schatzgeyer († 1527). Ein echter Jünger des hl. Franz, soweit man das in der theologischen Schriftstellerei zeigen kann. Hier ist bei größter Festigkeit keinerlei Versuchung zum bösen Streit. Hier ist sachliche Haltung bis zuletzt und suchende Liebe. Hier ist sogar Kampf nach den Regeln des Gegners — Beschränkung der Beweisstellen auf die Heilige Schrift — und doch Fülle der Beweisführung. Schatzgeyer durfte jene Methode wagen. Er wahrt genügend Distanz, um das Wesentliche der Frage im Auge behalten zu können. Er bleibt genügend auf eigenem Boden, um seinen Widerlegungen selbständigen Wert geben zu können. Hier ist die Nur-Verteidigung und die Widerlegung von Wort zu Wort ausgeweitet und erfreulich zu positiverer Verkündigung geworden.

Schon in der Begründung der polemischen Arbeit spricht sich das aus; die pflichtmäßige Verantwortung für die Kirche, für die Seelen bedrängt ihn in spezifisch religiöser Art: ‚wehe mir, wenn ich nicht das Evangelium verkündete!'

Wenn er durch die neue Häresie die Hölle sich füllen sieht, so vergißt er darüber nicht die erfreulichen Früchte, die aus demselben Aufstand Luthers erwachsen: ‚Es hat mich lange Zeit sehr betrübt und übel verdrossen, daß dem Satan so viel Gewalt wider Gottes Wort zu üben soll verhängt und gestattet werden. Darum, daß ich dafür gehalten habe, es werde Gott dadurch aufs höchste verunehrt, die' armen Unverständigen verführt und die rechten Prediger der Heiligen Schrift mit Schmähung und Verfolgung unerträglich beschwert ... Aber ich sehe jetzt dabei, was mich erfreut (Gott sei Lob), und ich muß das Wort Augustins als wahr anerkennen, daß Gott so gut und allmächtig ist, daß nicht Übel geschehen, er wolle denn Besseres daraus ziehen. Denn ich sehe viele gute Früchte, die aus der lutherischen Irrsal entspringen.'

Wir werden noch bei einem Zentralthema des theologischen Kampfes, beim Streit über die Messe, sehen, bis zu welcher umfassenden Fülle sich diese positive Ausrichtung vollendete.

Leider ist Schatzgeyer — als Repräsentant einer kleinen Schicht — auch besonders aufschlußreicher Beleg für die geringe Eindrucksfähigkeit, die das lobenswerte, ja pflichtmäßige Streben nach Objektivität, also die Erfüllung einer höchsten Forderung, als tragische Konsequenz nach sich ziehen kann; tragisch, weil hier Wahr und Wirksam nicht, wie es sein müßte, zusammen-, sondern auseinanderfallen. Das Verhängnis Schatzgeyers und anderer kleiner Geister war es, daß sie in einer sturmdurchtosten und letztlich kämpferisch intoleranten Zeit lebten. Findet sich in solcher Zeit unter der Menge derer, die das Bild der Zeit bestimmen, ein weitherziger, innerlich freierer Kopf, dann muß er schon geniale Kraft haben, um sich durchzusetzen, um ins Weite zu wirken, um die Zeit bestimmend zu beeinflussen. Ist er das nicht, wird man ihn einen schwächlichen Ireniker nennen; die allzu Robusten werden vielleicht sogar von einem unehrlichen Kompromißler sprechen. Seine Stimme wird ungehört im Kampfe verhallen. Der da so milde nach rechts und links auf die Parteien einredet, den belächelt man. Man kann nur fragen: kam er zu spät oder zu früh? Zur Unzeit kam er, das ist gewiß. Das milde Feuer eines Irenikers kann eigentlich in der Polemik nicht zur Wirkung kommen; die Aufgabe ist ihm falsch gestellt. Er müßte die Herrlichkeiten seines Glaubens preisen, mit seinem verhaltenen Feuer die Kalten aus ihrer Erstarrung lösen dürfen. Statt dessen ist er in eine Zeit des Scheltens hineingestellt: er k a n n nicht durchdringen. Wenn dann noch, wie es bei Schatzgeyer leider der Fall war, die echte Volkstümlichkeit, die Lebendigkeit des Stils und der Form im weitesten Sinne des Wortes fehlen, dann ergibt das eine gewisse matte Gesamthaltung, der eine Wirkung in die Weite nicht gelingen kann.

Schatzgeyer ist ein außerordentlich sympathischer, edler, tief vom Geiste des Evangeliums durchdrungener Mensch und Ordensmann. Man kann noch heute allen Protestanten, die geneigt sind, mit Luther den Ordensstand des ausgehenden 15. und beginnenden 16. Jahrhunderts einfachhin als verkommen und degeneriert zu verdammen und der ganzen katholischen Frömmigkeit jener Zeit Innerlichkeit und echtes Christentum abzusprechen, nur raten, einmal aufmerksam die kurze Lebensregel für Ordensleute durchzulesen, die er im Jahre 1526 für seine Mönche verfaßt hat. Ein wahrhaft innerlicher und freier Geist spricht aus ihr. Auch sein Bemühen um die Vergleichung der widerstreitenden Dogmen der Alt- und Neugläubigen atmet christliche Nächstenliebe. Die grobianistische Note, die das Schrifttum der Zeit in so unerfreulicher Weise belastet, fehlt. In diesem Franziskaner, der gegen sich selbst so streng war, lebt der Geist des wahren Missionars, der in der Sache, die er verteidigt, nicht sich selbst sucht; dem es vielmehr um die Seele des Gegners und der eigenen Brüder geht. Es ist der Geist, der dem scheltenden Eifer der Gegner und der eigenen Parteigänger wirklich i n n e r l i c h überlegen ist.

Die gesamten religiösen Streitfragen der Zeit kommen im Schrifttum Schatzgeyers zur Erörterung: Gnade und freier Wille, Glaube und gute Werke; Verdienstlichkeit und gute Werke, Buße, Meßopfer, Priestertum und Zölibat, Kommunion unter beiden Gestalten, Taufe und christliche Freiheit, Gelübde und Ordensstand. Stets zeigt sich die gleiche vornehme Gesinnung, die dem Gegner mit der notwendigen Hochschätzung und seinen Problemstellungen mit dem notwendigen Verständnis entgegenkommt. Von äußerlicher Werkheiligkeit ist Schatzgeyer frei. Die innere Gesinnung und die Liebe zu Gott einerseits, der souveräne Wille Gottes anderseits geben den Ausschlag. Durch einen Akt freigebiger Liebe zu Gott verdient der Mensch mehr als durch zehntausend Werke, die nur den Lohn im Auge haben. Die Freiheit des Christenmenschen und das wahre christliche Reich kommen nicht oder bestehen nicht in der Betrachtung irgend welcher Zeremonien, Riten, Zeiten, Speiseunterschiede oder ähnlichem; sie sind im Innern.

6. Wir werden gleich noch den einen oder andern Namen aus der Schar der katholischen literarischen Vorkämpfer zu nennen haben, wenn wir ihre Arbeit nach den theologischen Inhalten — als Gegenstück zum großen Anstoß der Neuerer — befragen. Man müßte außer ihnen die weiteren dreihundert Männer, Franziskaner, Dominikaner, Augustiner, Weltgeistliche und Laien, durchmustern, die damals mehr oder weniger ausschließlich Jahre hindurch oder gar ein Leben lang für die Kirche schrieben und sprachen und also an so vielen, vielen Orten Deutschlands Träger katholischen Lebens waren und das Dasein dieses Lebens bezeugen, während sich der Siegeszug der Reformation vollzog. Wir wollen in keiner Weise zu luftigen Überwertungen unsere Zuflucht nehmen. Auch wenn wir die gesamte, riesige katholische Arbeit überblicken, ermuntert der Eindruck keineswegs zu einem Triumphgesang. Wir finden keinen Stern erster Größe. Die katholische literarische Front erhielt keinen vollkommen überragenden, genialen Führer, dessen Stimme für die andern alle gesprochen und ihren Worten den Weg gebahnt hätte, ähnlich wie auf der Gegenseite Luther wirkte, alle unbedingt überragend, wirklich neu schaffend. Es fand sich kein Katholik, dessen innerer Aufbruch auch bei den vielen treuen Kampfgenossen eine Neuschöpfung hervorgerufen hätte; keiner, der zündende, einprägsame Parolen, randvoll vom Reichtum der Offenbarung, geschaffen hätte.

Aber auch so wird man, schon nach den wenigen Andeutungen, zugestehen wollen, daß jene so selten gehörten Namen und ihre Arbeit moralische und religiöse Werte umschließen, die es fordern dürfen, innerhalb des allgemeinen geistigen Durchschnitts jener Jahrzehnte voll mit eingerechnet zu werden.

II. 1. In dieser Zeit der erwachenden Massen, der über Kirche, Theologie und Schule weit hinaus wirksam werdenden öffentlichen Meinung, der umfassenden revolutionären Umwälzung des Lebens überhaupt, genügte die Korrektheit der Lehre noch viel weniger als in ruhigen, gesicherten Zeiten. Das Volkstümliche in den Schriften der protestantischen Neuerer des 16. Jahrhunderts besaß eine sehr viel größere Tragweite, als ihm auch zu andern Zeiten zugekommen wäre. Dieses Volkstümliche in theologischen Schriften war nämlich damals die adäquate Form, in der das L a i k a l e angesprochen

werden mußte. Es ging um theologische Fragen; aber für Theologie interessierten sich damals weiteste Kreise. Wie der Inhalt der neuen Thesen das
Klerikale beseitigte, so mußte die Form, um zu wirken, ‚laikal‘, unzünftig
sein. Die Reformation wurde eine kirchlich-theologische Laienbewegung,
Volksbewegung; es war also für Sieg oder Niederlage einfach entscheidend, ob
man es verstand oder nicht, den theologischen Gehalt entsprechend, d. h. volks-
tümlich-zeitnahe auszusprechen. Der n u r korrekte Gedanke, noch innerhalb
eines kunstvollen, nur der Zunft zugänglichen ‚klerikalen‘ Systems mit seinen
Schulausdrücken, konnte nicht mehr genügend wirken. Was Hosius und ähnlich
Cochläus und Emser an den Neuerern tadeln, daß sie für das gewöhnliche
Volk ihre·Werke mit allem anfüllen, was den Affekt treibt, das gerade
öffnete den neuen Thesen den Weg zum Sieg. Die katholische Arbeit richtete
sich mit großer Zielsicherheit gegen die einzelnen neuen Lehren, widerlegte
sie und zeigte die üblen Folgen für den kirchlichen und politischen Bereich.
Es bildete sich sogar eine gewisse Masse von Agitationsmaterial heraus (der
drohende Aufruhr in Staat, Gesellschaft und Sittlichkeit; die Beleidigung der
deutschen Nation; Luther ein schon vordem tausendmal verurteilter Sammler
alter Häresien; seine widerspruchsvollen Wandlungen; die Gegensätze unter
den Protestanten). Aber die Schwerfälligkeit des scholastischen Traktates und
der intellektualistischen Widerlegung hing zu vielen dieser Darlegungen an.

Trotz ihrem Schelten! Denn dieser Grobianismus hatte — außer bei Murner — zu wenig Salz bei sich. Der Grobianismus wurde deshalb auch auf
katholischer Seite zu einem wahren Übel und zu einer Schädigung der christlichen Kraft. Er wurde so sehr zu einer Gewohnheit, daß man sein Fehlen
nur als Heuchelei glaubte auslegen zu können. So beurteilen etwa drei
protestantische Prediger in Konstanz den Dominikaner Pirata 1524. Ihrerseits
wollten sie jedenfalls, wie sie versichern, bei ihrer reichen Auswahl an
Schmähungen bleiben. Gewiß hatte der katholische Grobianismus dieser Zeit
— wie derjenige Luthers und überhaupt der Großteil des theologischen In-
grimms aller Zeiten — tiefere Wurzeln als nur persönliche Triebhaftigkeit.
Aber meist wurde doch die dogmatische Intoleranz durch das persönliche
Ressentiment verdorben und entwertet. Bei Cochläus z. B. ging das so weit,
daß er nicht nur ein höfliches Entgegenkommen gegen die Häretiker ausschloß, sondern solches nicht einmal erwiderte, also unbedingt die christliche
Liebe verletzte und die etwaigen, schon so geringen Aussichten, auf den
Gegner zu wirken, verdarb. Es ist das große Problem des christlichen Zornes,
des uneigennützigen Missionseifers gegenüber dem triebhaften Aufbegehren.
Bei heftigster Feindschaft gegen den Irrtum den Irrenden in Liebe nachzugehen, das versuchte man wenig.

Das Belastende und die Sache Schädigende dieses Scheltens wurde auch damals schon empfunden, in der kirchlichen Literatur allerdings öfters entschuldigt. ‚Was Wunder, daß wir schmähen, da wir uns täglich müssen schmähen lassen!‘ ‚Ich habe ihn (Luther) mit seiner eigenen Münze bezahlen und mit gleichem Maß wollen wieder messen‘ (Sylvius; Pirkheimer; Murner). Es wurde das Verdienst der ‚Vermittlungstheologen‘, die Polemik zu entgiften. Bei ihnen traf der humanistische Relativismus mit der verstehenden christlichen Liebe so zusammen, daß der schroffe Ton überwunden wurde. Aleander hatte gelegentlich den Cochläus an den Geist der Caritas erinnert. Mit ungleich größerem innerem Recht tat dies Contarini, das echte Vorbild einer geistig, sittlich und religiös hochstehenden Auseinandersetzung. Er schrieb herrliche Worte christlicher Friedfertigkeit. Er ist der streng kirchliche Mann, der den Mut zum offenen Bekenntnis eigener katholischer Schuld hat, und der nicht jede Leistung schon deshalb für wertvoll hielt, weil sie katholisch war. Vielmehr wünschte er, ‚viele Katholiken hätten nicht gegen die Neuerer geschrieben, da sie doch mehr schadeten, als nützten‘ (1541). Das war ein alter Gedanke von Aleander (1523), Erasmus und Johann Faber aus Augsburg: es drängten sich zur theologischen Polemik auch solche, die durch ihren verkehrten und sachlich ungenügend erleuchteten Eifer das Übel nur verschlimmerten. Auch Pighius und ähnlich Hoffmeister fanden, daß zu viel und zu wahllos polemisiert würde, und dies manchmal in einer Unzulänglichkeit, die sogar den Katholiken eher Glaubenszweifel als Glaubensstärkung brächte.

2. Aus dem Gesagten ergibt sich, daß die damalige katholische Kontroversliteratur auch positive Ziele anstrebte: Belehrung, Stärkung, Zurückgewinnung. Leider aber ist dies das geringste Element im Gesamtbestand. In der Hauptsache bietet man Verteidigung, also eine Prägung zweiter Hand. Dies aber ist und bleibt im großen Sinne — auch für sehr viel spätere theologische Entwicklungen — entscheidend: die Reformationszeit sieht auf katholischer Seite wesentlich Verteidigung gegenüber einer neugläubigen Offensive.

Die katholische Gegenwehr ist im Übermaß abhängig von der stürmisch fortschreitenden gegnerischen Produktion; sie hinkt hinter ihr drein. Das ist zunächst erklärlich, wird aber schnell zu einem Versager. Die Pariser und Löwener kommen mit ihrem Richterspruch ein halbes Jahr hinter der Entwicklung her. Cochläus widerlegt 1531/32 eine Schrift, die schon über ein Jahr zurückliegt, was in jener schnellen Zeit sehr viel bedeutete. Wimpina läßt seine Manuskripte jahrelang liegen, um sie post festum in ungeeigneter Form herauszugeben; Hoogstraeten braucht drei Jahre für eine Abfertigung, die sofort hätte erfolgen müssen.…

Allzuwenig gelingt es der katholischen Polemik, sich zu einer Apologie, geschweige denn zu einer solchen großen Stils, nach selbstgewählten großen Gesichtspunkten, durchzuringen und die Verteidigung dadurch zu einem großen Bekenntnis umzugestalten! Man sucht vergebens nach der durch den läuternden Druck geschaffenen neuen Erfassung der unwandelbaren alten Wahrheit. Das einfache Vortragen der katholischen Lehre in den üblichen Formen war gewiß wichtiger denn je. Es mußte aber in dieser Zeit des Umbruchs ungenügend bleiben. Denn es konnte ihm nur unvollkommen gelingen, im tönenden Durcheinander der Stimmen das Ohr und das Bewußtsein der so stark durch Neuartiges Gefesselten zu gewinnen oder festzuhalten. Das gleiche Wort und dieselbe Formel haben durchaus nicht zu allen Zeiten die gleichen Zugangsmöglichkeiten zu den Seelen. Dem revolutionären Geschehen hätte nur eine Neugeburt die Waagschale halten können. Aber man verzettelte die Kräfte zu sehr in der Behandlung von Einzelsorgen. Es war auch geistlose Konsequenzmacherei dabei, die an das Ursprüngliche, Differenzierte des Schriftwortes so schwer herankam. Zu viele maßen die dem Scholastischen so fremde, so entgegengesetzte Welt Luthers doch eben an dieser starr gewordenen Scholastik, bzw. mit scholastischer Methode. Wobei denn oftmals gerade die wichtigsten Voraussetzungen, die hüben und drüben wesensverschieden waren, aus der Diskussion fortblieben; man redete aneinander vorbei. Das galt für diejenigen, die in dieser Scholastik groß geworden, etwa Eck, wie für die, deren eigentliche Heimat mehr im Humanismus lag, wie Cochläus. Die Fülle der Geschichte und des Lebens wurde nicht selten in einer geradezu peinlichen Weise vereinfacht. Der weitaus größte Teil der von der Neuerung Bedrängten hatte keine Ahnung davon, daß vor ihnen eine ganz neue Deutung des Christentums aufgestanden war.

Umgekehrt folgte man dem Gegner methodisch-formal zu weit auf dessen eigenen Boden. Das Gesetz des Handelns wurde ganz von den Neuerern diktiert, und es gelang den Katholiken unsere ganze Periode hindurch nicht, es wieder zu gewinnen. Die Lutheraner schrieben die Methode und die Beweisarten vor. Sie verlangten den Schriftbeweis, sie stellten neue historische Gesichtspunkte heraus. Das verdienstvolle, aber von den meisten Katholiken nicht frei beherrschte Streben, diesen Forderungen gerecht zu werden und so etwa alles Mögliche und aus allen möglichen Texten der Schrift zu beweisen, führte zu nicht wenigen Ungeschicklichkeiten, die auf keiner Seite Eindruck machten, dem Gegner aber manchmal die Lacher und Spötter gewannen und das Vertrauen in die katholische Theologie erschütterten.

Ein feines Gefühl für die Gefahren der Defensive scheinen zunächst jene Katholiken zu offenbaren, die sich auf eine Disputation nicht einlassen wollten. Das war der Standpunkt Aleanders (in seinen Instruktionen für die nach Deutschland zu sendenden Legaten). Er lehnt dementsprechend schärfstens die Leipziger Disputation und Luthers Verhör in Worms ab. Cochläus muß ihm 1521 dort versprechen, nur Berichterstatter zu sein. Ebenso denkt Nikolaus Herborn auf der von Philipp von Hessen nach Homberg berufenen Synode 1526; er weigert sich, mit Lambert zu disputieren. Eck hat in seinem Enchiridion ein eigenes Kapitel über das Thema: ‚daß man mit den Neuerern nicht disputieren soll‘. Bischof Fisher lehnt Disputationen ebenfalls ab, Hosius sieht in ihnen recht eigentlich den Fallstrick des Teufels, denn sie scheinen die Vorstellung einzuschließen, daß man an der Kirche, bzw. an der Kirchenlehre, eventuell Wesentliches ändern könne: ‚die Disputationen blühen, es gedeiht die Spaltung‘. Ganz stark sieht auch Pighius die Gefahr: ‚wenn doch die meisten unserer katholischen Schriftsteller sich nicht in eine Diskussion über Schriftstellen eingelassen hätten!‘ Mit Tertullian sei vielmehr einfach festzustellen, daß die Häretiker an der Bibel kein Besitzrecht haben. Der Bischof von Konstanz ersuchte 1524 das Reichsregiment, gemäß dem kaiserlichen Verbot von Disputationen zu verfahren und das vom Konstanzer Rat vorbereitete ‚Gespräch‘ zu verbieten. Was auch geschah. Aber der Rat setzte das Gespräch 1526 doch durch.

Die Haltung der Katholiken, auch der genannten, war aber in diesem Punkte keineswegs einheitlich. Gerade die beiden deutschen Koryphäen, Eck und Cochläus, waren von einer wahren Disputiersucht besessen. In ihnen lebte mit seltsamer Gewalt die erasmische Meinung, man könne solch einen Sturm wie eine Frage des Wissens durch Schiedsrichter zu Ende bringen. Noch 1540 in der langen Unterredung mit König Ferdinand kann Cochläus behaupten, die Reformation wäre unterdrückt worden, wenn Luther 1521 mit ihm disputiert hätte! Denselben Fehler finden wir freilich auch bei Hosius. Wenn ihn auch die Sorge um die Seele der Abgewichenen oder Gefährdeten mächtig bedrängt, so lebt doch in ihm ein übertriebenes intellektualistisches Vertrauen in den Wert dialektischer Beweisführung in Religionsfragen.

So, wie nun die katholische Arbeit geleistet wurde, kam so gut wie alles darauf an, ob sie wenigstens nicht nur eine äußerliche Widerlegung bot, sondern ob man aus einer gründlichen Kenntnis der Schriften Luthers und seines eigentlichen Anliegens sprach. Wir sahen, welche Tiefen Luthers Person und Schriften bergen. Besaßen die Gegner einen genügenden Begriff davon, so daß ihre Widerlegung einigermaßen zu einer Überwindung werden konnte?

Es gab unter den literarischen Gegnern Luthers Männer, die seine Schriften gut gelesen hatten, die sich Mühe gaben, den Reformator kennen zu lernen, und die ihn überwinden wollten: Murner, Schatzgeyer, Hoffmeister, Contarini. Aber schon bei Eck und Cochläus würde dieses Urteil nicht durchgängig zu halten sein. Eck ‚wußte‘, wie sonst alles, Luthers Äußerungen, aber er kannte sie nicht. ,Diese Maulchristen (Leonhard Käser und Parteigänger) haben bisher immer wieder gelogen, daß mich oft verwundert, wie hochverständig Leut nit daraus entnommen haben, daß das lauter Büberei seien und aus dem Teufel, Erzlügen, die aus vorgesetzter Bosheit die Wahrheit umstürzen wollen.' Cochläus gibt zu, daß er 1526 die ,Babylonische Gefangenschaft' noch nicht ganz gelesen habe. Selbst eine materiell mangelhafte Kenntnis der gegnerischen Literatur ist überhaupt außerordentlich oft festzustellen. Nicht nur der junge Hosius, sondern noch der Bischof Hosius im Jahre 1545 ist von einer solchen Verachtung der reformatorischen Erzeugnisse erfüllt, daß er es nicht über sich bringt, solche ,spurcitias' zu lesen. (Ein Fehler, den er freilich alsbald gründlichst korrigierte.) Die literarische Abwehr ist auf einem breiten Abschnitt der Front gekennzeichnet durch eine auffallende Unterschätzung der entgegenstehenden Kraft. Auch dem damaligen deutschen Katholizismus fehlte eine umfassende und tiefgreifende Erkenntnis des reformatorischen Vorgangs. Die haßerfüllte tausendfache Ablehnung Luthers beweist nicht, daß man seine Ideen wirklich kannte. Wie hat doch gerade der uneigennützige und heroisch opferwillige Cochläus in seinem, ein ganzes langes Leben füllenden Kampf die Kraft des Gegners, gerade des religiösen Gegners Luther, verkannt!

3. Sicherlich mehrt sich mit den Jahren das Verständnis für die Welt der Neuerung. Fisher von Rochester ist wohl der früheste Vertreter dieser sympathischen Aufgeschlossenheit. Pighius schwankt; bald ist er verständnisvoll, bald stur verständnislos. Aber Bartholomäus Latomus gehört hierher, Contarini und Gropper. Und Hoffmeister operiert sogar korrekt mit den katholischen Begriffen des unverschuldeten Irrtums und der außerordentlichen Wege der Gnade. Aber alles in allem ist die literarische Auseinandersetzung zu einem sehr großen Teil — wie umgekehrt auch auf der Gegenseite — eine Kette von Mißverständnissen. Die katholischen Kontroverstheologen werden dem reformatorischen Anliegen nicht gerecht. In dem Augenblick, wo sie dem ungestümen, verletzenden, dogmatisch falschen und den Bestand der Kirche bedrohenden Angriff Luthers gegenüberstehen, vergessen sie, wie weit im Grunde genommen die katholischen Reformforderungen mit mancher Feststellung Luthers zusammengehen. Sie sahen, was notwendig und recht war, das Trennende. Aber sie sahen sehr oft nur mehr dies, nicht mehr das Gemeinsame.

Man sagt gelegentlich, im Kampf sei es das ungeschickteste der Welt, dem Gegner irgend etwas zuzugestehen. Das stimmt für den politischen und jeden materiellen Machtkampf. Es stimmt sogar überhaupt, wenn durch ein formal falsches Operieren (s. oben, besonders S. 168) die eigene Kraft geschädigt wird. Es ist aber in einem bestimmten Sinn radikal falsch für jeden Kampf um geistige und also auch religiöse Werte. Und am meisten falsch, wenn es um Christliches geht: da ist die Wahrheit alles. Hier wird der Unterschied zwischen Polemik und bleibender Apologie, zwischen Widerlegen und Überwinden zur Lebensfrage. Hier muß man verlieren können, um zu gewinnen. Hier kann man innerlich nur überwinden, wenn man das Recht und das Rechte des Gegners sieht und anerkennt. Dieser Wagemut ist Wesen des geistigen Kampfes und ist christliche Zentralforderung. Die literarischen Gegner der Reformation sind ihr im allgemeinen wenig gerecht geworden. So wurde durch bestes Wollen das Innerste der reformatorischen Lage verdunkelt, ihre Heilung also erschwert, vielmehr von hier aus unmöglich gemacht. —

In ganz verhängnisvollem Ausmaß fehlt entsprechend das Eingeständnis der eigenen Schuld. In solcher Offenheit hätte sich ein innerer Heroismus erwiesen, und es wäre einem Grundgebot des Christentums — der Wahrheit und dem Zöllnerphänomen — Genüge getan worden. Die Klagen über Mißstände im eigenen Hause, die man nach Rom richtete oder an die eigenen Glaubensgenossen, sind dafür kein Ersatz. Im Gegenteil: wenn dieselben Männer, die so offen gegen den moralisch und geistig ungenügenden Klerus und Episkopat, deren Indolenz und Mammonismus sich beklagten, ein andermal — nämlich vor dem Gegner — nichts von den offenkundigsten Zersetzungen wahr haben wollten; wenn sie vielmehr die aszetisch abgemagerten Gestalten als die Repräsentanten des Klerus darstellten; wenn sie finanzielle Übergriffe Roms in Deutschlands Verhältnisse überhaupt leugneten; oder ein andermal keinerlei Ausartung der Marienverehrung zugeben wollten, und ähnliches mehr, dann mußte das die katholische Position notwendig schwächen. Cochläus entscheidet durchaus richtig: ‚Die Kirche braucht jetzt Leute, die sie defendieren, und sollte sie dieselben vom Galgen holen.‘ Bleibt immerhin notwendig, daß die Verteidigung wirklich gelinge. Man verstehe recht! Das Bewußtsein eigener Schuld und ihr Eingeständnis ist nicht dasselbe wie mangelndes Selbstbewußtsein. Dieses muß man nicht geringer, sondern viel stärker wünschen, den Stolz auf den eigenen katholischen Besitz nicht matter, sondern flammender. Aber zusammen mit jener Freiheit des Christenmenschen, mit jener innern Tiefe, die den eigenen Reichtum kennt und ihn auszuschöpfen imstande ist, nicht nur sein Vorhandensein mit dünner Formel behauptet! Solcher Stolz über die geschenkte göttliche Wahrheit kann wahrhaftig mit dem Bewußtsein der eigenen Schuld sehr wohl zusammengehen. —

Leider wurde die Lage mit fortschreitender Zeit nicht durchwegs besser. Die volle Zersetzung des soliden Theologiestudiums durch die unterschiedslose Verwerfung der Scholastik und die wissenschaftlich wie religiös gleich verderbliche Bevorzugung des Erasmus einerseits, die Ruinierung des kirchlichen Besitzes anderseits lassen auch die Z a h l der katholischen Stimmen abnehmen. Seit 1537 stößt man sogar bei Eck ab und zu auf einen matteren Klang seiner angriffsfreudigen Stimme. Wiederholt stellt er den Abstieg fest: ‚Wir fangen langsam an, wenige zu werden. Und die neuen Männer sind nicht so zuverlässig.'

Mit dem Hingehen der ersten Generation bis etwa 1550 verstummt dann die Polemik weithin. Und dies ist, angesichts der vom Protestantismus eroberten Positionen, Ausdruck katholischer Schwäche. Unter den neuen Leuten gibt es, im Gegensatz zu Ecks Feststellung, Männer von Format. Aber noch drei Jahrzehnte später, inmitten einer schon so stark positiv gewandten katholischen Reformarbeit, stellt der dogmengeschichtlich erfreulich kritische, allerdings etwas schwarzseherische Jesuit Alfons Pisanus (langjähriger Professor in Ingolstadt und Dillingen) die Dinge immer noch so dar, als ob die Katholiken in der literarischen Abwehr der Neuerung die nachlässigen, die Protestanten in deren Verbreitung die eifrigen seien. Die Klage wie die festgestellten Folgen kennen wir schon von Eck und Cochläus: ‚immer noch gibt es nur arme katholische Buchdrucker und Binder'. ‚Wohin man sich wendet in seinen Studien, überall stößt man auf häretische Bücher. Die häretischen Drucker und Verleger triumphieren und sind reich, weil die Häretiker all ihre Einfälle gleich drucken lassen. Die Katholiken lesen gegen Willen und Wissen oft verbotene Bücher, weil sie keine andern haben. Unterdessen drucken die katholischen Pressen lügenhafte Wahrsagereien und andere unzählige Dummheiten.' ‚Gewiß haben schon viele Katholiken gegen die Neuerung geschrieben, aber nichts, was vollständig genügt! Es ist nicht so leicht, Kontroversen zu schreiben. Bisher hat noch n i e m a n d das ordentlich zuwegegebracht!'

Eine skeptische Beurteilung der katholisch-theologischen Leistung aus den eigenen Reihen heraus hat sich seit den späten dreißiger Jahren häufiger gemeldet. Man begann die Problematik der Zeit und darin die eigene Schuld klarer zu erkennen. Man erfaßte, wie wenig mit der bisherigen Polemik der Spaltungsprozeß aufzuhalten sei. Es waren die Jahre, als die Unterschiede der katholischen Arbeit anfingen, zu grundsätzlich verschiedenen Methoden sich auszuwachsen, als man auch von Rom aus der Lage in Deutschland und den Mitteln zu ihrer Meisterung konsequenter und eindringlicher nachging.

Daß manche Katholiken Eck nicht lobten, daß umgekehrt er selbst sich ungünstig gegen die Kontroversen des Pigghe äußerte, hörten wir schon. Ebenso war er unzufrieden mit Gropper und Pflug. Er selbst war so fest, daß ihm alles sich Wandelnde zutiefst unsympathisch wurde: ‚in Glaubenssachen traue ich ihnen nie ganz, denn ich weiß, wie sie früher dachten!' Dabei ist es nicht so, als ob Eck kein Lob hätte austeilen können. Er war der Ansicht, daß man den sittlich, theologisch und schriftstellerisch hervorragenden Dr. Melchior Fattlin, Weihbischof von Konstanz, zu Unrecht vernachlässigt habe. Er könne mehr leisten als vier oder fünf andere Theologen und sei überall beliebt (1541). Den Bischof Fabri von Wien bewundert er, und er zweifelt, daß es noch einen zweiten Mann am Hofe in Wien gebe, der so aufrichtig der Sache des Glaubens diene.

Ein starker Gegensatz zu Eck ist Contarini, dessen innerlich freiere Methode wir schon kennen. Über seine Kritik an manchen katholischen Unzulänglichkeiten hinaus schritt bis zu einem starken Pessimismus fort der ewig unzufriedene Witzel, von dem wir noch hören werden. Er verwarf die verderbliche katholische Schönfärberei, die schon damals in der katholischen Literatur ihr Unwesen trieb. Übrigens täusche sich, meinte er, diese ganze Kontroverstheologie. Ihre Bücher rufen nur immer neue Bücher hervor. (Pighius sagte uns bereits dasselbe.) Die Künste der Überredung können an ihrem Ort wirken; in der religiösen Streitfrage wird alle Mühe umsonst sein. Witzel tadelt auch, und sehr mit Recht, daß ‚die Katholiken leider nicht nur den Gebrauch, sondern auch den Mißbrauch verteidigen‘. Aber ‚alle jungen Gewohnheiten (der Kurie) rechtfertigen wollen, stärkt die Häresie und bringt der Kirche Abfall‘. —

Seit den vielen literarischen Fehden der Humanisten gegen Scholastik und Scholastiker (man denke an die Dunkelmännerbriefe) kannte man die Last, die ein von einer großen Partei Angegriffener auszuhalten hatte. Nun hatten die Rücksichtslosigkeit und die Siege Luthers und seiner Leute diese Erkenntnis und die daraus erfließende Angst noch gesteigert. Eck bestätigt schon 1523, daß ‚viele‘ gelehrte deutsche Katholiken nützliche Bücher gegen die Neuerung geschrieben haben, aber aus Angst vor den unverschämten gegnerischen Flugschriften nicht wagen, sie erscheinen zu lassen. Ein so tüchtiger und dazu humanistisch gebildeter Mann wie der unermüdliche Kölner Dominikaner Johann Host von Romberg, der Herausgeber so vieler Werke anderer Katholiken gegen Luther, gesteht, daß er aus Angst vor den wüsten Angriffen seine antireformatorischen Bücher bisher nicht veröffentlicht habe. Allgemeinste und radikale Verdächtigungen waren an der Tagesordnung. Ein Pasquill führt katholische Führer nebeneinander so vor: Murner ‚alle Zeit bereit, zu beschirmen Schand und Laster‘; er schreibt, von Heinrich VIII. bestochen, ums Geld. Auch Cochläus ist bestochen, aber vom Papst. Mit seiner kessen Anna lebt er im Konkubinat. Eck ist schlechter als alle andern, der unermüdlichste der Lügner und unersättlich in den Sünden wider das 6. Gebot....

Nicht alle ließen sich ins Bockshorn jagen. Die gedruckte literarische Produktion zeigt es. Für alle zu Unrecht persönlich beschimpften Katholiken antwortet am Ende unserer Epoche der famose Johann Fabri aus Heilbronn — den Luther einen Erznarren, Eselskopf und Hurentreiber, und Justus Jonas den ‚Patron der Huren‘ genannt hatte —, ein geistig beweglicher Dominikaner,

der vom Humanismus herkommt und in korrekter Weise zur Vermittlung
hinführt; ein Schriftsteller von anschaulicher Diktion, ein immer bereiter
Kämpfer und ein Mann kraftvoller Überlegenheit. Er gibt sich 1558 Rechenschaft über die bis dahin geleistete Arbeit der Katholiken. Er kennt sie nur zu
einem kleinen Teil. Immerhin erwähnt er, meist mit ein paar anerkennenden
Worten, die Namen von 35 Streitern für den alten Glauben. Da ihm Flacius
einen unsittlichen Lebenswandel vorgeworfen hatte, antwortet er ihm in trefflichster Weise mit natürlicher Demut und Offenheit zugleich. ,Daß ich ein sündiger
Mensch sei, verneine ich nicht, sondern bekenn's, hoffe auch, das mit Gottes
Hilfe mit demütigem Herzen zu bekennen an meinem letzten Ende. Daß aber
Illyricus sagt vom Baden mit Mägden, da darf ich, Gott und der Wahrheit
zu Ehren, mit gutem tröstlich Zeugnis meines Gewissens vor Gott und den
Menschen und mit Gott sagen, der zukünftig ist, zu urteilen die Lebendigen
und die Toten, daß Du, Illyrice, das auf mich redest und lügest als ein ehr-
loser, gottloser, meineidiger Bösewicht und verdammter Ketzer. Darüber will
ich Dir Fuß halten vor Gott und den Menschen.' Fabri besitzt die innere
Freiheit und äußere Gewandtheit, die wir zu selten bei katholischen Pole-
mikern der zwanziger, dreißiger Jahre finden.

Die mangelhafte Wirkmöglichkeit katholischer Polemik war aber auch sachlich begründet. Sie hängt bei manchen Schriftstellern eng mit jener Gesamthaltung zusammen, die wir als korrekt, aber als unfruchtbar schulmeisterlich
kennzeichnen mußten.

Ein wichtiger Beleg dafür blieb gleich seit den Anfangsjahren der Auseinandersetzung bis zu seinem Tode 1530 der persönlich unantastbare Wimpina
in Frankfurt a. d. Oder. Seine Korrektheit und Gewissenhaftigkeit sind mustergültig; er schreibt ganz sachlich ohne persönlichen Grobianismus. Aber er ist
zu starr konservativ; er will Väter und Scholastiker möglichst ganz kennen
lernen, aber er hat kein Bedürfnis, Neues zu erarbeiten. Er anerkennt n u r
die Tradition. Und dies eben war wieder eine kennzeichnende Schwäche an
der geistigen Haltung und Leistung vieler katholischer Kontroverstheologen
des 16. Jahrhunderts, die Kehrseite eines nicht voll bewältigten Objektivismus.
Nur als Nachfahren gebildet und sich als solche fühlend, ging ihnen die Tatsache, daß eine n e u e Zeit mit eigenen Rechten vor ihnen stand, und daß ihnen
die Aufgabe zugefallen war, für und mit der Kirche die Probleme selbst-
schöpferisch anzupacken, zu wenig auf.

Freilich darf man auch nicht vergessen, daß jede Arbeit, die sich der lutherischen Arbeit entgegenstemmte, zunächst überhaupt keine Erfolgsaussichten
haben konnte. Die tiefwurzelnde Unzufriedenheit mit Rom beherrschte die
öffentliche Meinung ganz. Dadurch war alle katholische Arbeit in ihrer

lebendigen Wirkung dauernd gehemmt. Es gab für sie nicht jene entgegenkommende und mittragende, fördernde Stimmung, die eine Predigt, eine Verkündigung, ein Losungswort tausendfach erhöht, ihm entgegenkommt, es sozusagen vorahnt. Für die katholische Verkündigung und Lehre war harter Boden und Dürre, für die religiöse Neuerung Tropenwachstum. Es ist eben immer erheblich schwieriger, die gesamte, naturgemäß bindende (und sogar belastende) Tradition ungeschmälert und doch lebendig zu Wort kommen zu lassen, als wagemutig selbst errungene Einseitigkeiten zu verkünden. (Vgl. dazu das oben S. 83, zweiter Absatz und folgende, Gesagte.) —

Wir müssen noch tiefer greifen: Luthers Angriff kam aus einem wesentlich religiösen Aufbruch. Es ging um die ernstesten Wahrheiten des Christentums. War es da nicht eigentlich eine wurzelhaft falsch angesetzte Leistung, wenn die katholische Antwort überwiegend nicht religiös-seelsorgerlich, sondern als eine literarisch-polemische, wissenschaftliche Angelegenheit begriffen wurde? Für diese Seite der Angelegenheit liegt in Deutschland symbolhaft klar ein Umbruch vor uns: der alte Kämpe Cochläus macht 1540/41 in Worms bei dem Jesuiten Faber Exerzitien. Cochläus ist damals zu der Erkenntnis durchgedrungen, daß die Rückkehr zu wahrer Frömmigkeit allein noch die Spaltung beseitigen könne. Es war eine Formulierung der für alle Zeiten des kirchlichen Zerfalls gültigen Devise: Heilige werden uns retten.

III. Man möge aus dem Vorstehenden nicht nur das Negative im Gedächtnis behalten! Die gewaltige Arbeit enthielt große Werte. Wir müssen sie noch näher bestimmen. Selbstverständlich, ohne sie aus ihrem lebendigen Zusammenhang mit den genannten Unzulänglichkeiten zu lösen.

1. Wir nennen zunächst die Hauptfunktionen. Zum ersten schützt die katholische Abwehr das Selbstbewußtsein der deutschen Katholiken vor dem vollen Zusammenbruch. Gegenüber dem rätselhaft weit ausgreifenden Vormarsch der Neuerung war diese Gefahr groß. Hier vollbrachte die Theologie so etwas wie den Schutz des katholischen Existenzminimums.

Und zweitens: diese Leistung war auch als persönliche Arbeit der Eck, Cochläus, Hoffmeister, Witzel, Faber, Gropper, Contarini usw. Funktion der Kirche. Sicherlich eine unvollkommene. Aber trotzdem, hier sprach die Kirche. Wie jede echte Revolution konnte die Reformation nur ihrer eigenen Leidenschaftlichkeit, ihrer Meinung hier und heute, ihrer zum Wunder gestempelten Gesinnung wahren Wert beimessen. Die Gebilde der Tradition mußten mit Notwendigkeit zurücktreten. Diese Versubjektivierung war um so gefährlicher, als sie sich in der religiösen Sphäre abspielte und die in der Offenbarung unantastbar vorgegebene Unterlage aller menschlichen Gestaltung angriff. Trotz Luthers unbedingter Bindung an das Wort drohte

eine uferlose Zersetzung, ein Versinken in zerstörerisch wirkende Ungebundenheit. Demgegenüber war die Arbeit der katholischen Theologen Teilnahme an
einer Rettung größten Stils, für die christliche Offenbarung wie für den geistig-
religiösen Gesamtbestand der Menschheit. Im Bewahren des Objektiven und
der Tradition beruht ein Hauptwert der katholischen Leistung. Inmitten
einer weit gediehenen theologischen Unklarheit wurde zu einem beachtlichen
Teil eine einheitliche katholische Basis vertreten, zum Teil sogar genau so,
wie sie das Tridentinum maßgeblich festlegen sollte.

Schon der Bischof von Chiemsee, Berthold Pirstinger, hat dies Problem
der theologischen Unsicherheit mit der gleichen Eindringlichkeit empfunden
wie später die Jesuiten. Deshalb eben will er durch seine ‚Deutsche Theologei‘
aus Augustin und der Schrift den Lesern zeigen, ‚was sie endlich für eine
gewisse Wahrheit nehmen sollen‘.

Der Franziskaner Johann Wild, ein aufrechter Mann, hielt, als die ganze
Geistlichkeit vor der Soldateska des Alcibiades von Brandenburg-Culmbach
aus Mainz floh, als einziger aus (so wie sein Ordensgenosse Konrad Kling
im allgemeinen Abfall Erfurts allein den katholischen Gottesdienst durchhielt).
Er wurde nur eine Zeit lang am Predigen gehindert. Als er seine Tätigkeit
wieder aufnehmen konnte, tat er es mit diesem Programm: ‚Gottes Gnade
und Barmherzigkeit, uns durch Christus erzeigt, habe ich gepredigt und will
es noch tun. Das Wort Gottes und das Evangelium Christi habe ich verkündigt.... Auf den Glauben in Christum habe ich alle Zeit vertröstet....
Solches zum neuen Anfang meiner Predigten, damit Ihr sehet, daß doch nicht
alles so bös, verführerisch, teuflisch ist, was Mönche und Pfaffen predigen‘
(1552).

Es ist dieselbe Melodie auf den gleichen Text, die schon viel früher von katholischen Theologen angestimmt worden war. 1527 wandte sich der Dominikaner
Hermann Rab († 1534), von dem wir drei Bände Predigten besitzen (1504
bis 1521), gegen die unterschiedslosen Gesamtverdikte der Protestanten.
Er findet warme, das Bewußtsein treffende Formulierungen: es ist doch bisher
nicht nur Menschenlehre und Menschentand verkündigt worden. Aber natürlich,
die Gegner, die Ablehner auswendiger Werke, ‚wandern allein im Geiste und
sind Übermenschen und vielleicht übermenschliche Engel, oder auch ganz
englisch und ganz Geist geworden ... und schweben allein im Geist und ist
ihnen eitel Menschenlehre und Menschentand, was ihnen nicht gefällt.‘ —
‚Was hilft mir Kappe, Kutte, Klosterleben?: Nun, was hilft es St. Johanni,
daß er in der Wüste war, dieweil ihn denn Christus um die Härtigkeit seines
Lebens so hoch belobt?...‘ — ‚Der Papst hat uns gezwungen!: Das ist ja frei
erlogen.... Es ist mein eigener, freier Wille gewesen.‘ — ‚Wir lesen das Alte
und Neue Testament, wiewohl das gelehrte Mönchlein meint, wir lesen

es nicht.' — Sollte eine abfallende Nonne ,einem Bauer so viel versprochen haben, als ihrem Gott und ihrem Prälaten, sie müßte es ihm, wollte sie anders nicht treulos gescholten werden, wahrlich halten. . . .' —

Solche Generalkorrekturen werden in erfreulichem Ausmaß ergänzt in der Behandlung der einzelnen kontroversen Thesen. Und immer wieder, wenn man sie liest, steigt die Frage auf, wie es möglich war, daß die katholische Position auf der protestantischen Seite allgemein so verzerrt dargestellt werden konnte, wie es geschah; und man sieht sich gestärkt in der traurigmachenden Feststellung, daß der reformatorische Riß nicht hätte zu kommen ,brauchen'.

2. Um mit dem Hauptvorwurf, der Werkheiligkeit, zu beginnen: 1523/24 hat Johann Dietenberger aus dem Dominikanerorden die alte katholische Lehre seines Ordensbruders Thomas von Aquino (als des typischen Repräsentanten der Katholiken) über die Ohnmacht des Menschen wiederholt: ,niemand darf auf sich selbst trösten..., sondern allein auf Gottes Barmherzigkeit, aus welcher wir unsere guten Werke, und nicht aus uns selbst haben, die wir auch in unserem Werk allein loben und preisen sollen'. Die guten Werke sind nur verdienstlich, sofern sie aus Gottes Gnade geschehen, und zwar aus dem Glauben, ohne den es keine guten Werke geben kann.

Peter Rauch, auch ein Dominikaner, schreibt 1530 über die Rechtfertigung: ,Wir sollen gelehrt haben, daß der Mensch außerhalb der Gnade und dem Glauben durch eigene Kraft und Werke gerechtfertigt würde, dieweil fromme Christen wohl wissen, daß sie ohne die vorhergehende und mitwirkende Gnade nichts zu ihrer Seligkeit mögen wirken. Und das ist gemeiner christlicher Glaube'.

Ein anderer Dominikaner, Michael Vehe, vertritt auf dem Religionsgespräch in Leipzig 1534 dieselbe Meinung in noch schärferer Form: ,Die Gerechtigkeit wird erlangt ohne vorhergehende Verdienste der Reue, des Glaubens, der Liebe, der Hoffnung oder anderer Werke, sondern widerfährt uns durch Gottes Gnade allein ... Es lehren diejenigen recht, die in diesem Verstande sprechen, daß der Glaube allein gerecht mache, nämlich, daß sie von der Gerechtmachung ausschließen Verdienst der Liebe und anderer Werke und sagen, daß allein Gnade und Barmherzigkeit uns gerecht mache.'

Konrad Köllin aus demselben Orden lehrt in seinem Kommentar zur Iª IIᵃᵉ (1512) des Aquinaten, daß zur Rechtfertigung ,vor allem der Glaube erforderlich sei, ein lebendiger Glaube mit Reue über die begangenen Sünden, Vertrauen auf Gottes Barmherzigkeit, Liebe und ernstlicher Besserungsvorsatz. Diesem lebendigen Glauben ist die Rechtfertigung zuzuschreiben. Verdienste gibt es nur in Abhängigkeit von der Gnade und dies nur, weil Gott aus lauter Güte uns dafür einen Lohn zugesichert hat.'

Unaufhörlich und unermüdlich wird diese Lehre in den verschiedensten Zusammenhängen vorgetragen. Für Katholiken eine Selbstverständlichkeit! Aber man vergesse darüber nicht die Verdikte der Gegenseite, die schlechthin das Gegenteil als katholische Lehre hinstellten. Und die auf diese Behauptungen zu einem wesentlichen Teil die Rechtfertigung des Bruches mit der Kirche gründeten. Steht nicht sogar in der ‚Confessio Augustana': ‚Die Scholastiker haben nicht ein Wort vom Glauben geschrieben, welches schrecklich ist zu hören...'!

3. Besonders gefährlich waren auch die Fehldeutungen der Neuerer über die katholische Lehre von der Messe, die ihnen Greuel des Götzentums und Schöpfung des Antichrists vor allem andern geworden war. Ökolampad und andere hatten etwa behauptet, die Messe sei nach katholischer Lehre dazu da, die aktuellen Todsünden zu tilgen, am Kreuz aber sei Christus nur für die Erbsünde gestorben. Nach Mensing übersteigerten abgefallene Geistliche ihre Wut so weit, daß sie auf der Kanzel erklärten, ‚es sei eine solch große Sünde, das Sakrament zu opfern in der Messe, daß sie lieber wollten so viel Jungfrauen geschändet haben, als sie Messen gehalten haben'. Mensing sagt ihnen mit Recht, daß sie da ‚gleichwie der Blinde von der Farbe' gesprochen hätten. Und natürlich lautet die Richtigstellung einmütig bei ihm, bei Rauch oder dem so wenig überragenden Basler Domprediger und Weihbischof Augustinus Marius korrekt dahin, daß ‚Christus' durch sein Opfer am Kreuz die Sünden der ganzen Welt ausgelöscht hat. Die Früchte dieses Kreuzesopfers empfangen wir durch ‚Mittel', als da sind der Glaube und die Taufe anfänglich und darnach Glaube und Bußfertigkeit und die Messe, die nichts anderes ist als eine ‚neue Repräsentation und gedächtliche Darstellung' des blutigen Kreuzesopfers. Die Austilgung der Sünden steht allein in dem Verdienst des Leidens unseres Herrn Jesu Christi als in dem genugsamen und Kraft gebenden allen andern noch dazu gehörigen Mittel.' ‚Die Messe ist nicht ein Opfer in dem Sinn, daß dadurch eine neue Genugtuung geschehe, gleich als hätte das Opfer am Kreuz einen Mangel, der durch die Messe sollte erstattet werden; auch nicht ein Werk, das durch sich selbst ohne Glauben derer, die opfern oder für die es geopfert wird, zur Seligkeit nützlich sei.'

Man fühlt freilich schnell, daß die versuchte Terminologie nicht immer von besonderer Klarheit und befriedigender Genauigkeit ist. Das bestätigt sich, sobald man die Polemik um Messe und Meßopfer etwas näher verfolgt. Cochläus, der doch selbst geradezu hemmungslos die Papalhoheit zu steigern sucht, stellt zunächst einmal fest, daß es kurzsichtig sei, wenn die meisten katholischen Theologen ihr ganzes Augenmerk auf den Primat konzentrieren. Der Ansturm wider das Altarssakrament und die Messe schien ihm viel wichtiger. Denn ,damit drohe Luther, der Kirche das Herz aus dem Leibe zu reißen' (Spahn).

Es wurde schon gesagt, daß Cochläus persönlich stärkstens aus der Eucharistie lebt. Dem entspricht seine Andacht in der Beschreibung des heiligen Geheimnisses: ,Wir glauben mit St. Gregor und der ganzen Christenheit, daß zu der Stunde des Opfers, wenn der Priester durch die Worte Christi Brot und Wein in den wahren Leib und das Blut Christi verwandelt, auf solche Stimm des Priesters die Himmel aufgehen, daß die englischen Chöre da sind bei dem Geheimnis Jesu Christi, daß sich die höchsten den niedersten zugesellen und die irdischen sich den himmlischen zufügen.' ,Sei gegrüßt, lebendiges Brot, das du die Wahrheit bist und das Leben. In dir sind alle Opfer vollendet, durch dich wird dem Vater unendlicher Ruhm bereitet, durch dich steht die Kirche immerdar unerschüttert.'

Das bedeutet leider nicht, daß seine Darlegung der katholischen Lehre von der Messe allseitig glücklich wäre. Es findet sich sowohl eine starke Verzeichnung der gegnerischen These als eine betrübliche Sophistik und Beweismacherei. Cochläus sieht ganz darüber weg, daß Luther an der Realpräsenz festhält. Ihm ist Luther ein Zwinglianer, voll von disputierendem Rationalismus.

Die Kontroverse spitzt sich aber erst ganz zu bei der Frage nach der heiligen Messe als Opfer. Die Meinungen, die Cochläus hierzu vorträgt, sind ihm selber nicht zu klarer Anschauung gediehen. Die einzelnen Elemente tauchen eher wie zufällig am Rand seiner Gedanken auf. Oder es wird eine außerordentlich kurz schließende Oberflächentheologie geboten. ,Die groben und unverständigen Leyen' werden gelegentlich zu bloßen Zuschauern degradiert, die die Worte der Wandlung gar nicht wissen oder hören sollen. Wo aber der Gedanke zum Ausdruck kommt, daß die Laien mitopfern, wird das ,wir opfern, wir geben zurück' verdächtig stark betont.

Immerhin lassen sich wenigstens die Elemente einer korrekten Meßopfertheorie bei Cochläus feststellen. Ein gültiges Opfer an Gott kann nur sein in der Gemeinschaft der Kirche (wie denn auch die Kommunion das Sakrament der Gemeinschaft ist). Der Opferer aber ist Christus. Christus ist es, der durch den Heiligen Geist seinen Leib hervorbringt und den Wein in sein Blut verwandelt. Wie er sich einmal für uns am Kreuz darbrachte, so ist er es, der das Opfer täglich für uns darbringt, und so ist er Priester in Ewigkeit. ,Wir glauben fest, daß unser Opfer in der Messe principaliter geschieht durch Christum den Herrn, daß der Priester aber nur Diener dabei ist.'

So kann denn auch keine Rede davon sein, daß der Priester die Macht habe, Gott zu befehlen; er hat das Amt, Gott demütig zu bitten für die verstorbenen Seelen, die nicht der Priester, sondern Gott in seiner Hand hält. —
Als erster hatte Murner die Bedeutung von Luthers Zentralangriff auf die Messe erkannt. Es ist das Thema, auf das er in all seinen Streitschriften immer wieder zurückkommt. Seine erste Äußerung ist von einem spürbaren persönlichen innern Ringen getragen, so daß Luther ihm wenigstens den Ernst der Auseinandersetzung zugestand: ,ich spür nicht Lügen von dir wie im Emser'.
Auch für Murner ist natürlich bei der Messe der Glaube unentbehrlich. Sie ist kein Zauber: ,Danke Gott, wenn du das wieder gefunden hast, daß der Glaube zur Messe gehört', sagt er zu Luther, ,die Katholiken haben daran nie einen Mangel gehabt.' ,Wir wissen genau so gut (wie Luther), daß die Messe nicht in unserm Werk und Verdienst besteht, desgleichen, daß es auch nicht unser Opfer ist, sondern Christi Jesu.' —
Emsers Auffassung hat die meisten Mängel. Auch für ihn sind Eucharistie und Messe ein Hauptthema. Aber der Nachweis des Opfercharakters der Messe fällt mehr als mäßig aus. Zwar zieht sich Emser richtig auf die Kirche und den Kirchenbegriff zurück, aber er kennt die Funktion dieser Wirklichkeit für sein Thema nicht. Das ,wir opfern' tritt stärkstens in den Vordergrund. Nichts findet sich davon, daß, wie am Kreuz, so auch in der Messe Christus der eigentliche Opferer ist. Auch die sakramentale Einheit Christus — Gläubige ist nicht gesehen.
Dieser geringen Theologie entspricht die populäre Auffassung von den Früchten der Messe: ,Wer hat es auch in seinen Tagen etwa erfahren, gehört und gesehen, daß die, so mit Andacht bei der Messe gestanden, denselben Tag ein Schaden empfangen hätten, oder ihr Schaden nicht wunderbarlich zum Besten geraten wäre?' —
Emser hätte Besseres lernen können aus dem Buch Heinrichs VIII. über die sieben Sakramente, das er doch selber 1522 übersetzte. Hier kommt zunächst die Objektivität der Messehandlung stark zum Ausdruck: was am Altar geschieht, geht so hoch über die Kraft des Menschen, daß es durch keinerlei Sünde des Priesters gemindert werden kann; natürlich ist der Glaube vorausgesetzt, wie ja auch Christus niemand ohne Glauben erlöst. Und eben Christus ist in der Messe selber Priester und Opfer. —
Es gab unter den damaligen Kontroversisten auch solche, die der hier gestellten Aufgabe ganz gewachsen waren, das große Thema groß anpackten und mit religiöser Tiefe behandelten. Wenigstens gilt das von Kaspar Schatzgeyer.

Mit aller wünschenswerten Klarheit kommt in all seinen Schriften eine Auffassung zu Tage, von der man nur wünschen möchte, die Katholiken hätten sie nicht so viele Jahrhunderte hindurch in ihrem Beten zurücktreten lassen. Die immer wieder vorgetragene Grundthese lautet: Messe und Kreuzopfer sind eins. Das Opfer der Messe ist die Opferung Christi, die er selbst am Kreuze dem Vater dargebracht hat. Das Opfer Christi am Kreuz wird für uns in der Messe gegenwärtig, nicht nur als Gedächtnis, geistig, sondern in wahrem Geschehen, ,eine herrliche, wahrliche Vergegenwärtigung'. Das Meßopfer ist mehr das Opfer Christi als das der Kirche oder des Priesters. Es ist nicht unser Werk, nicht unser Opfer dergestalt, wie wir sonst von dem Unsrigen opfern. Der Diener der christlichen Kirche tut das Werk nicht, als wollt er etwas Gott dem Herrn geben von dem Seinen oder als ein eigen Verdienst für sich oder die andern. ,Die Priester des Neuen Bundes treten nicht an Christi Stelle, bekennen auch kein anderes denn allein das Priestertum Christi, wie sie denn auch kein anderes Opfer bekennen.' ,Nur Christus ist Priester und Opferer, die andern sind schlechthin nur Diener.' ,Er ist aber auch Priester und Opfer.'

Und wiederum wird die Auffassung herrlich vertieft, indem Schatzgeyer seine Grundüberzeugung einfügt von der Einheit zwischen Christus und der Kirche: ,Wer opfert, ist der ganze Christus, nämlich Haupt und Leib', ,die Kirche mitsamt ihren Gliedern'. Denn diese Glieder sind alle ,Priester und ein königliches Priestertum, und so haben sie Macht zu opfern'. Aber ,was opfern die Glieder Christi in ihren Opfern anders als Christum, ihr Haupt, der in ihnen lebt und wirkt und in dem sie wiederum leben und wirken, in welchem all ihre Opfer angenehm sind?' Das Opfer wird ganz und gar auf Christus geleitet. In diesem tiefen Sinne ist die Messe ,ein Sakrament der Gemeinsamkeit aller Christen', und deshalb ,haben alle Glieder der Kirche daran teil, Lebende und Tote, denn auch die Toten sind in der Einheit des Leibes Christi.'

Man wird zugeben: wo der Gedanke der Messe aus dem Priestertum des Herrn und aus der Idee des mystischen Leibes des Herrn so fruchtbar tief vorgetragen wird, ist lebendiger Herd christkatholischen Lebens, und es ist für die Beurteilung der Kräftelagerung und der ganzen Zeit nicht gleichgültig, ob man davon Kunde hat oder nicht.

4. Wenn sich von Anbeginn der literarischen Auseinandersetzung katholische Theologen darangemacht hatten, ihre Methoden denjenigen der Gegner anzugleichen, indem sie ihre Thesen nur aus der Schrift (und den Vätern) zu beweisen suchten (oben S. 168), so bleibt es ebenso bemerkenswert, daß eine ansehnliche Anzahl von ihnen diesem taktischen Eingehen auf die Forderung

der Neuerer die klare sachliche Ablehnung der Alleinberechtigung der Schrift-
methode an die Seite setzen: diese Methode führe zu keinem klaren Resultat,
‚weil jede Partei die Schrift für sich in Anspruch nehme, die Katholiken wie
die Protestanten‘. Beispiele aus den Disputationen sind überreich vorhanden.
Den radikalen Wiedertäufern gegenüber berufen sich ja auch die Lutheraner
auf den althergebrachten Gebrauch der Kirche. In der Tat, wenn nichts gelten
soll, als was in der Schrift steht: welche Schrift beweist die Kanonizität der
Evangelien? ‚Wo steht geschrieben, daß wir dem Evangelium Matthäi, Johannis
oder der andern glauben müssen? Wenn aber nirgend geschrieben, wie glaubet
ihr dann dem Evangelium des Johannes?‘ (Mensing; Ambrosius Catharinus;
Pelargus.)

Von hier aus ergibt sich wiederum die Stärkung der Idee der Kirche und ihrer
Autorität: es gibt nur eine Möglichkeit, die wahre Lehre und damit die Einheit
zu bewahren, das ist der Anschluß an die Kirche. Derselbe Dietenberger, der
etwa 1530 sein ‚Fragestück‘ nur auf Schriftbeweise aufbaut, zeigt die grundsätzlich richtige Methode in seinem ‚Maulkorb für die Schriftlinge‘. Ehe er an
die einzelnen Streitpunkte herangeht, umschreibt er die Kirche und ihre Gewalt.
Das war in der Tat das Kernstück. Ohne eine Bereinigung der Ansichten
in diesem Punkte mußte alles andere letztlich für eine Verständigung unfruchtbar bleiben. Deshalb unterwirft etwa Hoffmeister, der, ohne Zweideutigkeiten zu dulden, die Wiedervereinigung der Parteien noch spät stark
anstrebt, der anderseits so offen die Übertreibungen des Kurialismus ablehnt,
ausdrücklich sein Buch über die ‚Confessio Augustana‘ (ob die Parteien
vereinbar seien) dem Urteil der Kirche: ‚Wir suchen die Eintracht der Kirche;
die Kirche lieben wir; der Kirche haben wir uns ganz und gar ergeben.‘ Zur
Zeit der anhebenden Religionsgespräche kommt Cochläus oft auf dieses Thema
zurück: alle Diskussionen über einzelne Glaubenssätze können keinen Nutzen
bringen, solange man sich nicht über den Kirchenbegriff geeinigt hat: gibt es
eine sichtbare Kirche mit dem als letzte Instanz entscheidenden lebendigen
Lehramt des Papstes und des Konzils oder nicht?

5. Die Sache selbst und die historische Entwicklung des Streites einschließlich
seiner langen Vorgeschichte brachten es mit sich, daß diese Frage des Primates
besonders heftig umkämpft wurde (s. S. 201). Hier möge es genügen, darauf
hinzuweisen, daß bei weitem nicht alle streng kirchlichen Theologen die Übertreibungen des Kurialismus mitmachten. Johann Heigerlin-Faber, der spätere
Bischof von Wien, trägt schon 1522 gerade durch seine offene Kritik am
Kurialismus bei gleichzeitiger treukirchlicher Haltung zur Klärung des katholischen Bewußtseins bei. Der Dominikaner Konrad Köllin erklärt mit vielen
andern 1523, daß der Papst sehr wohl persönlich irren und zum Häretiker

werden könne, freilich nicht als Lehrer der Kirche. Aleander war, wie wir
hörten, der Meinung, daß man Luthers frühe Thesen über den Papst durchaus diskutieren könne. Thomas More war der Auffassung, Heinrich VIII.
habe in seiner Verteidigung der sieben Sakramente die Macht des Primats
übertrieben.

Vor allem war es die mutige Haltung der Reformkardinäle unter Paul III.,
die mit ihrer offiziellen oder doch offiziösen Ablehnung des Überkurialismus
die Möglichkeit aufzeigten, den berechtigten und allgemein in Deutschland
vertretenen Antikurialismus mit dem ungeschwächten Bekenntnis zum Primat
des Papstes zu verbinden.

Im Grunde vollziehen in der Lehre von der Kirche und vom Primat die
katholischen Theologen einfach die allerdings grundlegende Unterscheidung
zwischen Person und Amt, jene Unterscheidung, die Luther leider nicht gelungen ist. ,Wenn er doch (so Johann Host von Romberg) nur in und durch
die Kirche die Reform angestrebt hätte!: die ganze Welt wäre ihm zugefallen.
Aber auch Luthers Häresie wird durch Gottes Güte und Allmacht der echten
Reform nach den Vorschriften der Apostel und Väter Hilfe bringen.'

6. Neben und in der eben besprochenen kirchlich-korrekten Theologie
bestand vielfältig die unheilvolle katholisch-theologische Unklarheit. Sie wurde
im Grundsatz (und das war auf dem Gebiet der Lehre beinahe alles!) durch
das Konzil von Trient überwunden. Die definierte Einheitsdoktrin begann
zu wirken: die schon vorhandene ,gemeinkatholische' Basis wurde g a n z
Wirklichkeit.

Für unsere Periode ist freilich die Auswirkung dieser neuen Lage gering.
Aber sie beginnt. Die Tatsache, daß ein allgemeines Konzil sich versammelt
hatte — d a s große, letzte Heilmittel! —, stärkte das katholische Bewußtsein in erheblichem Grade. Es bedeutete eine außergewöhnliche Kraft, zu
wissen, zu erleben, aus den feierlichen Dekreten neu zu schöpfen das Bewußtsein, daß man die alte apostolische Tradition besitze und mit dem göttlich-
apostolischen Anfang lückenlos verbunden sei. Die allgemeine Kirche sprach
viel, viel zu spät. Aber ihre Stimme hatte doch in vielem einen stärkeren
Klang als all die zahllosen Rufe der Streitenden aus beiden Lagern, sei es
auch nur deshalb, weil diese Stimme neu und ungewohnt war. Und: als diese
Stimme recht eigentlich diesseits der Alpen vernommen wurde und zu wirken
begann, war die mächtigste Zunge in Deutschland für immer verstummt.
Luther war nicht mehr.

Das Tridentinum förderte schon einfach durch die K e n n t n i s der katholischen Wahrheit in eminentem Maße das P o s i t i v e der katholischen Kontroverstheologie. Denn, was hier vermittelt wurde, war alles andere als Mit-

teilung trockener, nur-korrekter Formeln. Es wurden dargeboten überraschend tiefe, echt theo-logische Dekrete, die die Fragen bewältigten, aus der Fülle der Schrift, der Tradition und der allgemeinen Kirche sprechend.

7. Diese Wendung der so stark negativ und defensiv gebundenen Kontroverstheologie zum Positiven hatte seit langem angesetzt. Auch in jenem besonderen, über alles andere hinaus unerläßlichen Sinn des Religiösen und Religiös-Seelsorgerlichen.

Für Eck und Cochläus haben wir das schon aufgewiesen. Auch Wimpina wuchs langsam über seine sachliche Polemik hinaus zur Erkenntnis, daß es wichtiger sei, den Klerus und die Gebildeten positiv religiös zu erziehen. Die Gattung der dogmatischen Handbücher gehört insgesamt hierher. Für Berthold Pirstingers Dogmatik ist die religiöse Wärme besonders zu betonen. Am wichtigsten ist die Produktion an Predigten und an Katechismen. Eck schuf seine Predigtvorlagen im Auftrag der bayrischen Herzöge Wilhelm und Ludwig mit Zugrundelegung der Bibel. Er selbst wertete diese Leistung im Gesamtbestand seiner Arbeit besonders hoch. Mit Stolz weist er Aleander gerade auf die vier Foliobände seiner Predigten: ,da wirst Du sehen, was Eck in dieser Gattung der Rede vermag'. Tatsache ist, daß er durch die deutschen Vorlagen, die dann auch noch ins Lateinische übersetzt wurden, sehr nutzbringend gewirkt hat.

Wenig Erfolg hatte Eck hingegen, und zwar mit Recht, mit seiner entsetzlich holperigen Bibelübersetzung. Der Abstand zu Luthers Meistersprache ist niederdrückend. Dagegen hebt sich die Bibelübersetzung von Johann Dietenberger vorteilhaft vor manchen andern heraus. Es wurde die verbreitetste katholische deutsche Bibel der Zeit. Dietenberger hat an Luther, dessen Benutzung er offen zugibt, gelernt. Man kennt nicht weniger als 58 Ausgaben des ganzen Werkes und 14 des Neuen Testamentes. Von Dietenberger stammt auch ein Katechismus (1537), der rein positiv gehalten ist. Nikolaus Paulus fand darin ,keine Spur von Gehässigkeit', wohl aber ,die ruhigste und edelste Sprache, die liebevollste Unterweisung' und unter anderem eine ,vorzügliche Auseinandersetzung über den bloßen Glauben, daß Gott sei, und über den Glauben an oder in Gott'.

Von Dietenberger lernte Johann Fabri O. P. aus Heilbronn, als er 1551 seinen Katechismus schrieb, in den er übrigens auch ein paar Sätze aus Luthers Kleinem Katechismus herübernahm. Zur Unterstützung der Prediger stellte er (1549) eine Realkonkordanz der Bibel über Lehre und Sitten zusammen.

Damals wirkte bereits Friedrich Nausea als Prediger am Wiener Hof König Ferdinands und zugleich durch seine weit verbreiteten Predigtwerke. Er war eine religiös-aszetische Gestalt, sein Wort wirkte entsprechend tief.

Leider ist auch sein ,Großer' Katechismus (in Wirklichkeit eine umfassende Darstellung der katholischen Glaubenslehre) ein Zeugnis der geringen katholischen Opferfreudigkeit geworden: die Veröffentlichung verzögerte sich, weil das Geld für den Druck fehlte!

Eine Reihe von Beichtbüchlein, auch Liedersammlungen (das Gesangbuch des Dominikaners Michael Vehe: 52 Texte mit Noten zum Gebrauch in und außer der Kirche, das ,kein Schand- oder Schmachlied in sich schließt'), vollenden den Kranz dieser Literatur, die durch Hosius, Kanisius und den Tridentinischen Katechismus dann eine gewaltige Verbreitung und Vertiefung erfuhr.

8. Zweifelsohne die Hauptwirkung, die vom Trienter Konzil überhaupt ausging, war die Sammlung der Kräfte. Die katholischen Leistungen wurden aus der Vereinzelung gelöst. Der Ruf nach Organisierung und Konzentrierung, nach einheitlicher Ausrichtung und Leitung der katholischen Arbeit hatte in einem besonderen Sinne Erfüllung gefunden.

Diese Sammlung der Kräfte war allerdings nachgerade eine Notwendigkeit ersten Grades geworden, wie ihre Unterlassung bisher eine unverzeihliche Nachlässigkeit gewesen war. Ein Verschulden nicht zuletzt der Kurie, die sich viel, viel weniger der treuen kirchlichen Theologen in Deutschland annahm als zweifelhafter Pfründenjäger, selbst lutherischen Bekenntnisses.

Die Bemühungen und bitteren Enttäuschungen des unermüdlichen Cochläus, die er einmal, nach einer Erfahrung von zwanzig Jahren, in einem Brief an Pole zusammengestellt hat, kennen wir. Eck seinerseits hatte schon in seinem Reformvorschlag für Adrian VI. festgestellt: ,Die lutherische Sache wird mit Büchern gemacht. Deshalb, wenn man zwanzig der Gelehrtesten in Deutschland einigermaßen mit Benefizien versähe, damit sie nicht mehr so verachtet würden, wäre die Hälfte des Streites schon erledigt.' Er hatte auch verlangt, daß die wissenschaftliche Arbeit organisiert würde: der Papst soll eine Sammlung der alten Konzilien veranstalten und drucken lassen; Gelehrte sollten bestellt werden, die aus den alten Quellen (Schrift, Väter, Konzilien) die Grundlehren Luthers als falsch dartun sollten. Auch Fabri verlangte bereits 1525 von Klemens VII. die Widerlegung Luthers durch eine Gemeinschaftsarbeit von Theologen, die von deutschen Bischöfen ausgewählt werden sollten. Ähnlich wünschte 1524 Jakob von Salza, Bischof von Breslau, eine Zentralisierung der Kontroversarbeit. Ein Jahr vorher hatte sich auch (als erster Kurialer) Aleander grundsätzlich über die Erfordernisse einer katholischen Kontroverstheologie ausgesprochen: die bisherige Arbeit imponiert ihm nicht; sie hat wenig genützt und manchesmal mehr geschadet. Auch er findet Veranlassung (wie Bischof Jakob von Salza), von den katholischen

Streitern Sachkenntnis zu verlangen. Die Nuntien müssen Luthers Schriften wirklich lesen. Und er schlägt ein nach Diözesen gearbeitetes Verzeichnis der katholischen literarischen Gegner der Reformation vor. 1536 stellt Johann Heigerlin-Faber in seiner Konzilsgedenkschrift die gleiche Forderung: es ist notwendig, die Schriften der Gegner genau zu kennen; die Kurie muß die durchweg unbemittelten Vorkämpfer unterstützen.

Mehr oder weniger offiziell wurde die Organisierung der literarischen Gegenwehr in weitem Sinne erstmals beraten anläßlich der Wahl Ferdinands I. zum römischen König in Köln am 5. Januar 1531 in einer Zusammenkunft katholischer Fürsten, Bischöfe und Theologen.

Aber leider nützten, wie wir wissen, alle Vorschläge, Bitten und Forderungen nach Rom zunächst nichts, und dann wenig. Unter Klemens VII. und seinem Hof war das leider nicht anders zu erwarten. Hier galt nur die Diplomatie. Für die Wichtigkeit geistiger Auseinandersetzung hatte man kein Verständnis, sondern Verachtung. Selbst die Unterstützungen einzelner Theologen blieben beschämend gering. Sehr oft kamen sogar die wenigen ihnen zugesagten Benefizien nicht in ihren Besitz, weil Kuriale oder Lutheraner sie ihnen streitig machten. Die Klagen häuften sich. Der Ex-Dominikaner Peter Sylvius, von vorbildlicher Liebe zur Kirche erfüllt, klagte immer wieder, wie seine antilutherische Arbeit durch Not gehemmt sei: er hat weder Geld noch genügend Druckmöglichkeit.

Eck beklagt sich bereits 1525, daß die Kurie ihn in seinem Benefizienhandel gegen Gotthard Wackinger nicht unterstütze und dem Häretiker die Pfründe überlasse. Selbst wenn man diese und ähnliche Vorgänge als private Angelegenheiten ansprechen will, es bleibt doch die Tatsache, daß man an der Kurie für einen der ihr unentbehrlichsten Vorkämpfer in Deutschland kaum Interesse aufbrachte. Gewiß stimmt es nicht, daß ‚alle Gelehrten die etwaige Vernachlässigung Ecks als typisch ansehen würden‘. Es mag aber wohl sein, daß Eck wirklich, wie er behauptet, sich wegen der römischen Knauserigkeit keinen Sekretär und keinen Schreiber halten konnte. Wie dem aber auch sei, sicher wirkte es deprimierend, wenn die Gaben in Rom so ungleich, so ungerecht verteilt wurden. Das machte müde: ‚So gering stehen wir im Kurs, die wir uns für den Glauben mühen!‘ Keine Anerkennung für die ‚Disputationen, Bücher, Predigten und Leibesgefahren, die ich auf mich genommen habe für Ansehen und Ehre des Apostolischen Stuhles, während gleichzeitig die Ungelehrten so reichlich versorgt werden. Eck, der Glaubenskämpfer, wird dem unteren Küchen- und Stallpersonal des Papstes nachgesetzt.‘

Solche Ergüsse stammen noch aus den Jahren 1540 und 1542. Sie stimmen durchaus zu der Klage des Pighius an Paul III.: es sei eine Seltenheit, wenn der Papst einen Gelehrten bedenke.

Nun ist es wohl wahr, daß in Rom mit der Wendung zur Reform unter Paul III. auch eine höhere Wertschätzung der literarisch-theologischen Arbeit aufkam, bzw. aufgekommen war. Morone verlangte, man müsse die wenigen in Deutschland noch vorhandenen theologischen Gelehrten finanziell unterstützen (freilich fügt er hinzu: wie bisher!). Entsprechend weist seine Instruktion ihn an, Fabri, Eck, Cochläus, Nausea, Witzel, Hauer, Marstaller, Köllin, Herborn, Dietenberger, Bernhard von Luxemburg finanziell zu unterstützen. Aber schon die seltsame Mischung der Namen dieser Liste, vom treuest Kirchlichen bis zum zweifelhaften Witzel, von Cochläus und Eck bis zu dem vollkommen unbedeutenden Bernhard von Luxemburg, weckt wenig Vertrauen. Sie paßt gut zum praktischen Erfolg oder vielmehr Mißerfolg dieses Auftrags. Man muß feststellen, daß die Reformgutachten der siebziger Jahre auch in Bezug auf die literarische Abwehr- und Aufbauarbeit so lauten, als ob bisher nichts oder nur ganz weniges getan worden sei und man in Rom immer noch kein der Wirklichkeit entsprechendes Bild von den deutschen Verhältnissen habe: man möge doch die Wichtigkeit der katholischen Kontroverstheologen erkennen[1] und sie auszeichnen als Mitarbeiter der Wahrheit. Man solle in allen Ländern solche Theologen sammeln zur Unterstützung der deutschen Glaubensvorkämpfer. Es sollen wegen der großen protestantischen literarischen Tätigkeit und ihrer den Glauben gefährdenden Wirkung vom Apostolischen Stuhl hervorragende Männer bestellt werden, um die gegnerische Produktion planmäßig zu überwachen (welche Anstrengungen hatten je für sich Eck, Cochläus, Faber-Wien und Hosius in dieser Beziehung geleistet!), die schädlichsten Schriften zu widerlegen. Zu diesem Zweck müßte Rom eine Druckerei errichten....

Im Lichte dieser seltsam verständnislosen Haltung der gleichzeitigen offiziellen, besonders römischen Kirchenkreise erscheint freilich die Treue der katholischen Kontroverstheologen erst in ihrem ganzen Wert.

Bewunderungswürdig die Unerschütterlichkeit der Überzeugung wie die Unermüdlichkeit der Leistung! Es ist doch eine gewaltige Fülle von Arbeit, Hingabe, Treue, Gelehrsamkeit, gelegentlich auch von Leidenschaft der Überzeugung und Wucht der Rede, die sich bei genauem Zusehen vor uns ausbreitet. Und es ist packend und der ehrlichen Bewunderung wert, wenn arme Schlucker, verhöhnt und einsam, manchmal vertrieben oder sonst be-

---

[1] Entsprechend hatte Kanisius geurteilt: in Deutschland wiege ein Schriftsteller mehr als zehn Professoren. Deswegen hatte er die Errichtung eines besondern jesuitischen Schriftstellerkollegiums zur Herstellung deutschsprachiger Kontroversliteratur empfohlen.

lästigt, manche auch krank, mit zähester Ausdauer zehn, zwanzig und mehr
Jahre lang immer wieder ihr Letztes daransetzen, die alte Kirche zu verteidigen mit eigenen Büchern und mit fremden, die sie zum Druck befördern,
bis sie wieder einmal bettelarm dastehen. ,Trotz der zu erwartenden Gegnerschaft, ja trotzdem die Hoffnung auf die Zurückgewinnung der Häretiker
umsonst ist, wollen sie wie ein Knecht, der Gott, seinem Herrn, hundert Metzen
Weizen oder hundert Krug Öl schuldet, im Namen Gottes ihre hundert
Kapitel vorlegen' (Berthold Pirstinger). Und daneben die sorglosen, schla-
fenden Prälaten! ,Hätten solche reichen Prälaten denselben Eifer wie diese
armen Priester für die Kirche an den Tag gelegt, die Lage der deutschen
Katholiken würde sich ohne Zweifel ganz anders gestaltet haben.' ,Aber, wenn
nur so wenige Prälaten die Verteidigung der Kirche sich zu Herzen nehmen,
was kann ich oder meinesgleichen, mit Armut und Elend beschwert, dazu
tun?' (Petrus Sylvius.) —

Pessimistische Stimmung? In der Tat, dem festen Bewußtsein, die Wahrheit
in der Kirche zu besitzen, dem unermüdlichen Willen, Luther zu widerlegen,
und endlich der steigenden positiven religiösen Unterrichtung und Erziehung
der Katholiken entsprach keineswegs ein großes Siegerbewußtsein. Im Gegenteil, das Empfinden, auf verlorenem Posten zu stehen, beherrscht nicht wenige
der katholischen Kämpfer. Sogar ein Mann wie Kardinal Hosius spricht nicht
nur einmal von der ,untergehenden Kirche' schlechthin.

Freilich verdient dadurch abermals die Treue dieser Männer um so mehr
unsere Bewunderung. Schon 1528 verkündet Wimpina, daß er entgegen dem
Versagen so vieler Theologen seine Arbeit leisten wolle, wenn auch nicht mehr
daran zu denken sei, die Häresie auszurotten. Im gleichen Jahr gibt Berthold
Pirstinger zu, daß man die Hoffnung auf eine Zurückgewinnung der Häretiker
aufgeben müsse: die läßt der Teufel nicht mehr los. Als erster hatte Bischof
Fisher von Rochester diesen Gedanken ausgesprochen, Luther persönlich preiszugeben und alle Anstrengungen auf die von den Häresiarchen Verführten
aufzusparen: die wichtigste katholische Form des Unionsgedankens.

9. Die religiös-theologische Minderwertigkeit der deutschen Domkapitel
und des deutschen Episkopats brachte es mit sich, daß, — etwa mit der einen
Ausnahme des Berthold Pirstinger — bis in die vierziger Jahre hinein kein
Kontroversschriftsteller auf einem deutschen Bischofsstuhl zu finden ist, und
daß die Bischöfe ihrerseits nur in sehr beschränktem Maße solche Leute an
einflußreiche Stellen setzten [1].

---

[1] Weihbischöfe wie Marius Augustinus und Leonhard Haller (dieser in Eichstätt) —
schon an sich von bescheidenerem geistigem Format — wirkten ja nur, soweit sie ihren
Predigtstuhl auszunützen verstanden.

Ein Mann wie Gropper konnte weithin wirken, weil er Generalvikar für Köln war; für Johann Heigerlin-Faber als Rat des Erzherzogs Ferdinand, als Generalvikar in Konstanz, dann auch als Bischof der kleinen und armen Diözese Wien (seit 1539), und für Nausea gilt das gleiche; die Gegner wußten das und werteten ihren Einfluß dementsprechend. Die Arbeit der Eck, Emser, Cochläus, dann der Teilnehmer an den großen schriftlichen oder mündlichen Auseinandersetzungen in Augsburg 1530 und bei den Religionsgesprächen der vierziger Jahre, und selbst diejenige der Klosteroberen oder Ordensprovinziale wird nur in beschränktem Maße und nur vorübergehend aus der vorwiegend privaten Sphäre herausgehoben. Ein selbständiges, offizielles Wirken in einem größeren Bezirk durch Jahrzehnte ist keinem von ihnen eingeräumt worden. Was bedeutete schon Ecks Hörsaal für die damalige öffentliche Meinung? Wegen seiner unermüdlichen literarischen Produktion einiges. Aber seine Rede und seine Persönlichkeit besaßen keinesfalls die Wucht, einen lebendigen Strom von Jugend nach Ingolstadt zu leiten. Und nur selten hatte er amtliche Gewalt, die öffentliche Meinung durch direktes Eingreifen in die öffentlichen Ordnungen zu z w i n g e n. Seine dreimalige Mission nach Rom zusammen mit seinen Reformvorschlägen für die Kurie und seine Legation in Deutschland als Verkünder der Bannbulle gegen Luther und dessen Anhänger sind wichtig. Aber wie wenig selbständig hat man ihn arbeiten lassen, wie geringschätzig hat man von Rom aus seinen Bemühungen Echo gegeben! Sein Eingreifen in Memmingen und Konstanz (dort vom Klerus, hier vom Rat erbeten) bedeutet wenig. Die Empfehlung Aleanders nach Rom, er sei eines Bischofsstuhles wert, blieb platonisch. Und doch darf man überlegen, was Eck hätte wirken können, wenn ihm unmittelbare Macht zum Eingreifen zur Verfügung gestanden hätte. Ihm, der so genau die Bewegungen der Gegner in der politischen und literarischen Ausbreitung der Neuerung beobachtet, der die Wichtigkeit der Landschaften nach ihrer Bevölkerungsdichte abzuschätzen weiß und die Möglichkeiten, den Schwäbischen Bund wieder aufzubauen, mit genauen Angaben abwägt (1535). Er zeigt sich gut orientiert über mancherlei Kulissenarbeit. Er gibt dem Nuntius Vergerio Ratschläge, die von Überlegung zeugen und Menschenkenntnis und Übung in der Menschenbehandlung verraten. Er kann von sich sagen, daß er beinahe alle größeren und kleineren Persönlichkeiten, Geistliche wie Laien, bei den Lutheranern, Zwinglianern, Katholiken und Halbchristen kennt.

Wirklich: Eck und Cochläus und ein halbes Dutzend anderer Theologen ihrer Art seit 1520 auf einem deutschen Bischofsstuhl: der Verlauf der für die Nation so entscheidenden Auseinandersetzung wäre bestimmt weniger durch die so beklagenswerte katholische Indolenz belastet worden!

IV. Die fortschreitende oder auch nur ansetzende katholische Reform kam auch der katholischen Kontroverstheologie zugute. Sie wuchs in immerhin bemerkenswertem Ausmaß, geistig, religiös, und es weitete sich ihr Wirkradius. Sie eroberte nun auch Bischofsstühle. Es tauchten Gestalten größeren Gesamtformats auf, mit stärkerer Auswirkung in die große Geschichte.

Ein vorzüglicher Repräsentant dieser Wandlung ist in Deutschland Stanislaus Hosius, Kontroverstheologe von Rang, Bischof von untadelhaftem, religiös reichem Leben und seelsorgerlich mustergültiger Leistung. Da er außerdem Methoden, Zielsetzungen und geistige Einstellung eines sehr großen Teiles der katholischen Kontroverstheologie unserer Periode kennzeichnend darstellt und zusammenfaßt (teils nur konservierend, teils weiterbildend), lohnt es, ihn und seine Arbeit etwas eingehender zu betrachten. Seine Gedanken gehören, über sein eigenes literarisches Werk hinaus, zum gesamtkatholischen Bestand der Zeit.

Nach gelegentlicher, unbedeutender Polemik gegen die reformatorische Neuerung in den Jahren 1526 und 1527 stand er seit 1545 im vollen praktischen und bald auch theoretischen Kampf, um ‚den Glauben zu schützen'. Die maßgebliche Krisis seines Lebens — vom Humanismus zur Theologie, näherhin zu Augustin — war ihm Anlaß zu einer umfassenden Vorbereitung für diese Arbeit geworden.

Hosius gehört in die Linie der korrekt Kirchlichen, wie wir sie mit ihren Vorteilen und Nachteilen am eindeutigsten in Eck dargestellt fanden. Hosius ist die Vollendung dieser Linie in die eigentliche katholische Reform und in die Gegenreformation hinein. Vollendung einmal durch seinen religiösen Reichtum und das andere Mal durch seine bischöfliche und fürstbischöfliche Stellung.

Wie beurteilt Hosius die Lage? Er sieht die Kirche in unmittelbarer Lebensgefahr. Dementsprechend kann vernünftigerweise von Zuwarten keine Rede sein. Es gibt hier keine ungefährlichen Kleinigkeiten. Die Kirche ist mit all ihrer Lehre und ihrem Leben eine absolute Einheit. Nichts kann aus ihrem Bestande herausgebrochen werden, ohne daß das Ganze dahinfallen müßte.

Als starker Ausdruck dieser lebenbedrohenden Lage erscheinen auf katholischer Seite die bekannten Mißstände, die Uninteressiertheit der Bischöfe und die unerhört weit gediehene theologische Unsicherheit. Deren stärkster Exponent ist die schrankenlose Disputierwut. Nach Eck, Herborn, Catharinus Politus und Schatzgeyer wiederholt Hosius des Hieronymus Stoßseufzer, daß allein die Kunst der Bibelauslegung von allen als freie Domäne betrachtet werde, auf der man sich ohne Schulung tummeln dürfe: die verderbliche Auswirkung des für ihn unmöglichen Schriftprinzips!

Hosius kennt die ungeheure Zersetzung in den katholischen Reihen. Leider fehlt auch ihm die innere Freiheit, diesen Zustand gegebenenfalls in den für die Öffentlichkeit bestimmten Schriften als Schuldbekenntnis auszusprechen. Hier reicht er nicht an Hoffmeisters, nicht einmal an Schatzgeyers Offenheit heran. Es gibt bei ihm sogar regelrecht berechnete und abgezweckte Schilderungen. Das Vertrauen auf die immanente Kraft der Wahrheit in diesem Bezug ist gering. Hier urteilt und operiert er als Politiker: man steht im Kampf; da ist es unklug, schädlich, also unmöglich, dem Feinde irgend einen Vorteil durch das Eingeständnis eigener Schwäche zu verschaffen.

Freilich ist es auch nicht so, daß für Hosius persönlich diese Mißstände in den katholischen Reihen etwa eine wirkliche innere Belastung bedeuten würden, so sehr er sie auch verurteilt und so vollkommen fremd sie dem wahrhaft Priesterlichen dieses Mannes sind. Hosius lebt tief vom Gedanken der Vorsehung: diese Mißstände — Gottes Strafe für die Sünden des Volkes — sind nicht ohne Gottes Willen. Und was bedeuten sie schon gegenüber der Häresie! Die Wahrheit hat den absoluten Primat: eine einzige Häresie, ein einziger Fall von Schisma wiegen ihm schwerer als alle moralischen Abscheulichkeiten zusammengenommen. —

Hosius hat es nicht mehr mit Luther persönlich zu tun. Für ihn ist die Reformation bereits ein festes historisches Gebilde. Er kennt dessen literarische Darstellung besser als irgend ein anderer Katholik. Man kann aber wiederum nicht sagen, daß er dadurch zu einem größeren Verständnis des reformatorischen Anliegens und seiner Träger geführt worden sei.

Das Wesen der Reformation ist nach ihm Tumult, Aufkündigung der Autorität; mit dem besondern Priestertum ist auch das besondere Fürstentum, also der Staat, bedroht. Das Wesen der Kirche ist ihre Einheit. Damit ist die Reformation gerichtet. Um so mehr, als ihre Entstehungsmotive so wenig wertvoll sind. Hosius bringt es noch fertig, zu behaupten, der Augustinermönch Luther sei zu Anfang lediglich aus Neid gegen den in der Ablaßverkündigung bevorzugten Dominikaner Tetzel aufgestanden. Dieser Neid wurde dann zum unbändigen Stolz, der es wagte, auf seine Verantwortung hin die ganze christliche Vergangenheit, die Theologie, die Konzilien, die Päpste, die Heiligen, zu verwerfen. Die reformatorische Bewegung enthält also nichts Religiöses. Wenn dem Luther nicht vor seinem Tode eine bessere Erkenntnis kam, sitzt er in der Hölle.

Das Urteil gilt ähnlich für alle Protestanten. Mit Catharinus Politus ist Hosius der Meinung, daß so gut wie alle Häretiker schuldig seien. Der Gedanke eines ‚unverschuldeten Irrtums‘ klingt theoretisch bei ihm kaum an. Die Verurteilung wird meist ohne Einschränkung positiv ausgesprochen. Die Neuerer sind einfach keine Christen mehr. Es gibt nur ein Christentum, das katholische. Wer davon abfällt, ist Heide und darf sich nicht mehr

Christ nennen. Der Katholik darf die Neuerer auch nicht grüßen: er muß klipp, klar und restlos von ihnen geschieden sein. Dies ist für Hosius eine tragende Überzeugung. Denn immer wieder: Das Christentum ist ein unteilbares Ganze. Die Einheit ist Vorbedingung seines Lebens. ‚Nähmest Du auch alle Glaubensartikel und alle Worte der Schrift an, willst Dich aber nicht der Kirche unterwerfen, so hast Du keinerlei Gemeinschaft mit Christus.‘

Man kann bereits aus diesen wenigen Punkten das Wesentliche der geistig-religiösen Haltung des Hosius erkennen: ohne innern Bruch, aber auch ohne eigentliche g e i s t i g e Weite, ganz auf das Statische gestellt, ist er n u r H ö r e r des Wortes. Er nimmt die katholische Lehre entgegen und reicht sie weiter, eifersüchtig wachend, daß ihr Bestand in nichts geschädigt werde. Hosius ist im tiefsten für fremde Werte unaufgeschlossen. Das Verständnis für das, was man berechtigten Relativismus nennen könnte (etwa Anerkennung der Entwicklungsfähigkeit im unantastbar Gleichbleibenden, Anerkennung der subjektiv verschieden bedingten und der verschieden gearteten Realisierung des gleichen Objektiven), geht ihm ab. Für einen Humanisten auffallend genug. Nur an einem Punkte zeigt sich da ein Schwanken: ausgerechnet der strenge Kirchenmann Hosius hat in seiner Diözese den streng katholischen ‚Katechismus‘ des Filippo Archinto, den sein Vorgänger eingeführt hatte, ersetzt durch den Katechismus des — Erasmus.

Die Tragik des Suchens und des Festhaltens der Wahrheit blieb ihm unbekannt. Hosius lernte, lernte unaufhörlich — wie er beinahe ohne Unterbrechung las — bis in sein Alter. Aber entwicklungslos. Seine geistigen Anschauungsformen haben sich nicht verschoben. Er gestaltet auch die Ideale der Kirche nicht neu in irgend einem großen Sinn einer neuen Verkündigungsart. Wie er seinen geistigen Besitz nicht eigentlich ‚errungen‘, sondern ‚gelernt‘ hatte, so blieb er auch im Wesentlichen nur Bewahrer. Eine urkatholische Haltung. Hosius war das prädestinierte Gefäß, in welches das feste katholische System ohne nennenswerte Brechung rein objektiv eingehen und von dort aus das Bewußtsein der Katholiken der Zeit wesentlich bestimmen konnte.

Am Werk und an der Wirkung dieses Mannes erweist sich der unersetzliche Wert dieses Unkomplizierten, dieser gesunden Einfachheit, dieses Ungebrochenen. Zwar hat Hosius das christliche ‚Dienen‘ zum ‚Nur-Dienen‘ fortentwickelt. Aber das war es doch, was damals den Katholiken nottat: den Wert der vollkommenen Einheit und einer absolut festen Basis zu erfahren und zu ergreifen. In ihrer Fülle zu ergreifen jene Wirklichkeit, die das Katholische wesentlich tragen muß, ohne die es nicht ist: die Kirche. —

Entsprechend steht auch der Kirchenbegriff im Mittelpunkt nicht nur der Theologie des Hosius, sondern seines Bewußtseins überhaupt. Und damit — zusammen mit dem daraus entspringenden religiösen Reichtum — offenbart sich die eigentlich maßgebliche und die Zeit mitprägende Funktion dieses Mannes innerhalb des katholischen Neubaues.

In Hosius lebt zunächst machtvoll das Bewußtsein von der Eigenart und der heiligen Berechtigung des besondern geistlichen Amtes im Gegenüber zum Weltlich-Staatlichen und zum allgemein Christlichen. Es kann nicht sein, daß protestantisierende Fürsten oder Stadträte in Fragen der Lehre irgendwie sich einmischen. Hier gilt die geistliche Gewalt allein. Die bischöfliche vor allem. Hosius bäumt sich dagegen auf, daß das Bewußtsein der Bischöfe von ihrer geistlichen Macht so schwach geworden ist. ‚Einst hatten selbst die großen Herrscher Ehrfurcht und Angst vor dem Bischofswort. Heute scheint es, als ob wir Bischöfe Angst vor unserem eigenen Schatten hätten: die Bischöfe kennen ihre eigene Würde nicht mehr.‘

Die höchste Steigerung der bischöflichen Macht ist beim Papst. Über Contarini fortschreitend, der nicht ganz ohne Schwanken seine Lehre vom Primat vortrug, aber ohne den übertriebenen Kurialismus des antiepiskopalistischen Pigghe mitzumachen, steigert Hosius den Jurisdiktionsprimat des Papstes über die damalige gemeinkatholische Linie hinaus und macht den Papst im absoluten Sinn zum Mittelpunkt der Einheit, an der ihm alles liegt: wer nicht unter dem Papst steht, ist kein Katholik. Nur durch den Papst ist jene kirchliche Gemeinschaft garantiert, in der allein die Irrtumslosigkeit ruht. Im Gegensatz zum lutherischen oder überhaupt protestantischen Individualismus — der Feind des Hosius! — weiß er, daß der Besitz der Offenbarung in keiner Weise ein privater ist. Die Wahrheit ist nie beim Einzelnen, nur bei der Gesamtheit. In der Kirche verwurzelt sein, mit und aus ihr leben, ist nicht ein wichtiges Einzelnes, es ist das Ganze. ‚Wer das Wort der Schrift für sich allein ausspricht und nicht im Zusammenhang mit der Kirche, der verkündet seinen eigenen kleinen Besitz; auch wenn er in dieser Art ein Wort der Schrift gebraucht, lügt er; der Teufel öffnet seinen Mund.‘ Dies ist die fundamentale Selbstsucht, das große Ziel Satans, ‚das Sichhinabstürzen von der Höhe des Tempels‘.

Es stellt sich mit allem Nachdruck die Frage, was denn das von den Neuerern dauernd geforderte ‚klare Wort Gottes‘ sei. Und es folgt in einer unerschöpflichen Wiederholung der eindringliche Nachweis, daß ‚nicht sofort das Wort Gottes gegeben ist, wenn ein Satz der Schrift zitiert wird‘. Das wahre Wort Gottes ist nur mit dem rechten Sinn gegeben, also durch die Kirche. ‚Nicht jedes Gotteswort ist das Wort Gottes; nicht jeder, der ein Wort der göttlichen Schrift ausspricht, spricht aus, was Gottes ist.‘ Den Beweis liefert die Fülle der verschiedenartigen Auslegungen, vor allem seit dem Auftreten der Neuerer. Hat nicht Luther selbst die Bibel im Kampf gegen die Schwärmer das Buch der Häretiker nennen müssen? Wo, wenn nicht die

Kirche spräche, wäre die Unterscheidung von kanonischen und nichtkano-
nischen Büchern begründet?

Und deshalb führt ja Hosius, führen die Anhänger der alten Kirche diesen
ganzen riesigen Kampf: nicht, um ihre persönliche Meinung ans Licht zu
stellen, wie die Neuerer tun, sondern sie streiten für die Kirche. Hosius spricht
hier Wesen und Wert der katholischen Kontroverstheologie aus: sie ist Funktion der Kirche.

Begründet ist die Überlegenheit der Kirche in ihrem wesentlich objektiven und darum unantastbar heiligen, sakramentalen und lehrenden Amt.
Trennung von Amt und Person ist wesentlich für eine katholische Betrachtung. Wiederum ist die Geschichte die Apologie der Theorie. Über die
Feststellung, daß nie ein Papst Häretiker war, steigert Hosius mit Augustin
die Konsequenz bis zu diesem Bekenntnis: Wer Judas, den Verräter, den
Apostel des Herrn, nicht aufnahm, nahm den Herrn nicht auf. Und das gilt
auch für die heutige Lage: in seinen unwürdigen bischöflichen Stellvertretern
schläft der Herr.

Hosius hat in seinen Werken diese Forderung der Kirchlichkeit in einem
eminenten Sinn verwirklicht. Kaum ein anderer Kontroverstheologe des
16. Jahrhunderts hat das ‚ganz Andere‘ der Offenbarung, das Nichtberühr-
bare so ernst und gehaltvoll empfunden und zum Ausdruck gebracht. So ist
er auch in einer bis dahin nicht erreichten Ausnahmslosigkeit kirchlich korrekt.
Er behält den Gesamtinhalt der Schrift vor Augen. Er wird ganz Hörer:
die Anstalt Kirche rettete den Glauben. Nur eines ist berechtigt, nur eines
ist und steht fest: die römische Kirche. Das ‚sentire cum ecclesia‘ ist bei
Hosius in zeugungskräftiger Form Inhalt des Ganzen geworden. Nicht zuletzt
wächst es aus dem Bewußtsein der großen ererbten und also verpflichtenden
Tradition. Hochachtung gegen dieses Vätererbe und innere Begeisterung dafür
erfüllt ihn, und sie verlangt er, ebenso wie er in Empörung entbrennt über
die für ihn gotteslästerliche Selbstüberhebung der von gestern und heute
stammenden Neuerer. —

Aus dieser vollkommen ungebrochenen Kirchlichkeit umfassendster Forderung ergibt sich, daß die radikale Polemik gegen Luther und die Reformation,
die bis zu den härtesten Verdikten fortschreitet, sachlich fundiert ist. Es
läßt sich aber erweisen, daß sie nur sachlich gemeint ist. Dem oft massiven
‚Grobianismus‘ des Hosius und seiner oft wenig verständnisvollen Polemik fehlt
jede Spur eines persönlich Triebhaften, eines unedel Gehässigen. Zum Teil liegt
das darin, daß diesem Mann des ausgeglichenen Maßhaltens und der korrekten
Gehorsamshaltung Leidenschaftlichkeit überhaupt abgeht. Das Fanatische und
hinreißend Inbrünstige großen Stils besitzt er nicht. Die Wärme wird nicht
zur Glut. Das hat seine positiv aufbauende Arbeit nicht zur letzten Reife

kommen lassen. Anderseits hebt es seine Polemik an Wert über die seiner Gegner und vieler Mitkämpfer.

Es ist nun erstaunlich, in welchem Umfang diese Polemik sich in der Defensive gegenüber der Neuerung erschöpft. Hosius hat in seiner ‚Confessio‘ die umfassendste kirchliche Dogmatik vor dem Tridentinum geschrieben. Auch sie ist polemisch orientiert. Gelegentlich hat er sogar die g a n z e Arbeit auch des Tridentinums von hier aus gesehen und praktisch zu lenken versucht. Sogar sein Testament macht davon keine Ausnahme: Von Gebetsernst und Verantwortungsbewußtsein erfüllt, im Angesichte Gottes als feierliches Bekenntnis geschrieben, also aus einer vom Polemischen denkbar weit abliegenden Sphäre geboren, wächst dieser Monolog vor dem Dreieinigen doch wie von selbst aus zu einer polemischen Abgrenzung und mannigfachen Verteidigung des Katholischen gegenüber dem Protestantismus.

In dieser Polemik finden wir all die Motive wieder, die allmählich in der katholischen Abwehr der Reformationszeit stehendes Inventar geworden waren. Vor allem: die Tatsache der innerprotestantischen Aufspaltungen (für die dem Hosius in den fünfziger Jahren bereits eine erschütternde Fülle von Belegen zur Verfügung stand) wird nachdrücklichst betont, ja vorgerechnet mit Zahlen und genauen Textangaben und als Auswirkung des Schriftprinzips erwiesen, das sich selber aufheben muß. Ähnlich werden Luthers eigene Widersprüche ausgenützt.

Nach allem Gesagten ist indes ohne weiteres klar, daß wir über die vereinzelnde Polemik der reformatorischen Frühzeit hinaus sind. Die Art der Themenstellung ist gewachsen; umfassendere Zusammenhänge werden sichtbar, der Streit ist mehr an das Grundsätzliche herangerückt. Das besagt nicht ein Hinauswachsen zu einer hochgeistigen, schöpferischen Theologie. Diese Theologie ist primär pastoral, predigtartig, seelsorgerlich. Sie ist sogar w e s e n t l i c h rhetorisch. Freilich drückt Hosius sich in einer Latinität aus, deren Klarheit, Maßhalten, ‚theologische Majestät‘, aber auch variierte Eindringlichkeit den besten Kräften der Zeit ebenbürtig ist. —

Für die p r a k t i s c h e Arbeit hält Hosius mit Eck und Fisher die gewaltsame Unterdrückung der Neuerung für erlaubt und notwendig, ja für eine Liebespflicht. Angesichts der Lage gesteht er sogar, daß ohne den Druck des Zepters alle Arbeit umsonst sein werde. Er selbst hat das bei seinen Versuchen, die Städte, die nur seiner bischöflichen Jurisdiktion, nicht aber seiner fürstlichen Macht unterstanden, zum kirchlichen Gehorsam zurückzuführen, fühlen müssen: dieselben Argumente, die bei seinen politischen Untertanen s c h l i e ß l i c h wirkten, brachten bei den andern keinen Erfolg. Man soll also die Neuerer aus dem Lande weisen! Freilich nur, wenn man sie a l l e hinaus-

bringen kann. Sonst soll man sie alle im Lande lassen, damit sie sich gegenseitig umbringen: Der Häretiker Streit ist der Kirche Frieden! —
Aus dem erwähnten bischöflichen und priesterlichen Selbstbewußtsein, das wesentlich als Hirtenpflicht und schwere Verantwortung gefaßt wird, hat Hosius seinen zähen Kampf gegen die Neuerer immer wieder aufgenommen. Die ‚Organisierung‘ der Arbeit, die einheitliche Ausrichtung und konsequente Durchführung, die er von den Bischöfen forderte, hat er für sein Teil mustergültig durchgeführt.

Aus seinen Erfahrungen in der Kanzlei des Bischofs Tomicki und den dort angeknüpften Verbindungen kannte er die vielfältigen Wege der Beeinflussung bis zu derjenigen durch einen gesetzgeberischen Akt. Wie den Bischöfen, so wurde er dem Hofe ein unermüdlicher Mahner: ‚Vielleicht, daß doch einmal unter so viel verschwendeten Worten eines ins Herz dringt!‘ Unaufhörlich sandte er Briefe an die Gelehrten, Beamten, an den Arzt des Königs, an die Prediger, an den Papst, die Königin, den Legaten, an den sehr wankenden König selbst, unermüdlich auch dann, als er keine Antwort mehr bekam. Seit den fünfziger Jahren war Hosius ein lebendiger Mittelpunkt der katholisch-theologischen Kontroversarbeit über ganz Europa hin. Seine literarischen Werke vervielfältigen die Wirkung. Seine ‚Confessio‘ erlebte in dreißig Jahren ebensoviel Auflagen und mehrere Übersetzungen.

Trotzdem hat er, angesichts der jammervollen Schwäche seiner bischöflichen Kollegen, auch des Adels, und gegenüber den Siegen der Neuerung stark das Gefühl, allein zu stehen. Hier aber wächst er. Denn dieses Gefühl lähmt ihn nicht. Er hält durch. Er vollbringt nach Zeit und Inhalt unter widrigen Verhältnissen eine enorme Leistung, ohne daß seine Energie nachgelassen hätte: ein genialer Unermüdlicher. Was hätte er in einer günstigeren Atmosphäre erreichen können! Dieses Lebenswerk ist nicht die geniale Frucht eines kurzen schöpferischen Aufbruchs! Des Hosius ungewöhnliche Begabung wirkte in eiserner Konzentration und edler Hartnäckigkeit. Eine erstaunliche Spannkraft arbeitete bis in das hohe Alter: die Kirche muß bleiben! die Neuerung darf nicht siegen! —

Die ganze Persönlichkeit und das ganze Werk des Hosius ruhen letztlich in jenem Wert, der allein diese Zeit bewältigen und heilen konnte: im Religiösen. Seine Arbeit entstand und wuchs als Antwort auf den religiösen Appell; sie wurde durchgehalten nur aus dem innern religiösen Reichtum. Das Bemühen um äußere Macht und Besitz ist bei Hosius gering, angesichts der Gewohnheiten der Zeit mustergültig. Geldsucht ist ihm fremd. Sein Programm hat er bereits 1539 vorausverkündet und gefordert: Königsherrschaft Gottes! Christus! Und reiche Karitas! Der Bischof ist nur Verwalter seiner irdischen Güter, nicht ihr Herr. ‚Was wir haben, gehört den Armen.‘

Seine in prächtig plastischer Sprache geschriebenen Predigten — schon an sich leider eine große Ausnahme für einen Fürstbischof der damaligen Zeit! — bieten eine bedeutende Heilsverkündigung. Christus, der Gekreuzigte, ist in ihnen Anfang, Mitte und Schluß: das Kreuz allein ist unser Heil, die Gnade Gottes allein unsere Hoffnung. Die bessere Gerechtigkeit — die Verinnerlichung — läßt den Gedanken einer ,Werkheiligkeit' gar nicht aufkommen.

Sein Testament ist ein aus Schrift und Liturgie geborener, natürlich und reich fließender Strom der Hingabe eines echten Beters an den Vater der Barmherzigkeit durch den gekreuzigten Sohn, der allein unsere Gerechtigkeit ist. Bis auf das Krankenlager und in den Tod hinein hat Hosius diese innere Haltung in einer nicht gewöhnlichen Weise praktisch bewährt.

Sein g a n z e s Leben trägt diesen Stempel. Sogar des Hosius Polemik ist im Innersten gekennzeichnet durch den Gedanken, daß die Gnade alles sei, unsere Anstrengung und Überlegung aber nichts als die des unnützen Knechtes. Mitten im unentwegten, heißen Kampf kehrt dieses Bekenntnis immer wieder: Gott fordert unsere angestrengteste Mitarbeit. Aber alle Hoffnung ist nur Er.

Das behält seine Gültigkeit auch für die Leistung des Staatsmannes Hosius: sie ist energisch abzusetzen vom Machiavellistischen. Er ist ein Staatsmann mit streng gebundenem, sehr wachem, frommem Gewissen. Er bleibt auch da der seelsorgerliche Diener. —

Dieses zentrale Wachsen der Persönlichkeit aus der christlichen Frömmigkeit enthüllt uns nun auch die eigentlichen, die letzten Z i e l e der Arbeit: mit dem Widerlegen und Zurückweisen der Neuerung (was so sehr das Ganze der Arbeit durchdringt) ist doch nur ein Anfang gesetzt. Die Kirche ist im Bestande bedroht. Aber sie wird bestehen. Das darf nicht nur äußerlich sein. Des Hosius Polemik strebt immer die innere Umwandlung des Gegners an. Mit einer ungewöhnlichen Langmut geht sein Missionarsherz der Seele des Neugläubigen nach. Da will er nichts mehr wissen von übereilter oder heftiger Strenge. Da erweist sich die praktische Funktion seiner Zentraldevise von Friede und Liebe. Diesen Neuerern, denen er die Bezeichnung Christ und den Gruß verweigert, ruft er zu: Und ihr bleibt doch unsere Brüder! In euch, den Abgetrennten, erkennen wir unsere Brüder, ihr möget es wollen oder nicht. Erst, wenn ihr nicht mehr beten werdet ,Vater unser', werdet ihr nicht mehr unsere Brüder sein.

Soweit man die komplizierten Zielsetzungen aus der Undurchsichtigkeit der Lage herauslösen kann, erkennt man also, daß die harte E x k l u s i v e des Grundsätzlichen wesentlich ergänzt wird durch eine außerordentliche Arbeit im Dienste der U n i o n. Für sie kommen freilich die eigentlichen Häresiarchen, die nach seiner Meinung freiwillig blinden und verstockten Ketzer nicht in Frage. Wie Fisher von Rochester will er den schwächeren Seelen helfen, die schwanken und nicht wissen, wohin sie sich wenden sollen. Dem dient die Schaffung einer völlig klaren und umfassenden Lehrbasis. Die Polemik will im tiefsten eine seelsorgerliche Leistung sein. Auch für die Katholiken.

Über die Möglichkeit einer dauernden Spaltung hinüber — die nicht ganz ausgeschlossen wird — erfüllt tiefste Sehnsucht nach der Rückkehr der Abgefallenen und der Schwankenden den Bischof. Mit Paulus spricht er sie ergreifend aus. In seinem Hirtenbrief um die Einheit wird sie zu einem eindringlichen Gebet von packendem Ernst. Hosius hofft, die Christenheit noch selbst als eine zu sehen. Das Gegenteil erscheint ihm als Mangel an Glauben und Vertrauen auf die Barmherzigkeit Gottes.

Selbstverständlich ist diese Unionsarbeit bei Hosius in keinem Sinne als Vermittlung gemeint. Das Ziel kann nur sein: Rückkehr zur Mutter. Nur hartnäckige Festigkeit in der Glaubenswahrheit bewahrt davor, ein willkürlich hin und her gebogenes Rohr im Winde zu werden. Kompromisse sind immer vergeblich. Das Interim ist Verderben. Von daher droht der Zusammenbruch der Kirche. Das Glaubensbewußtsein und das Bewußtsein der Verantwortung für jede einzelne Seele — immer religiös tief ernst — macht den Bischof zu gleicher Zeit dogmatisch unnachgiebig und praktisch geduldig hoffend. Manchmal trübt ihm dabei sogar die Hoffnung den Blick: etwa, als er in Melanchthon einen jener Schwankenden zu erkennen glaubte, die langsam, Schritt für Schritt durch eine wertvolle Interimsarbeit dorthin zurückstreben, von wo die Trennung ausging.

So vollendet sich diese Arbeit, die so ganz und gar in der defensiven Polemik wurzelt, doch im Positiven. Die Defensive ganz zu überwinden, war damals unmöglich. Aber man konnte die ruhige Sicherheit des katholischen Glaubensbesitzes zurückgewinnen: ‚Nur nicht gleich in unsichere Bewegung geraten!' Denn diese Neuerung ist nicht neu, sie ist längst widerlegt. Die Reformation ist ja nur eine Wiederholung des für alle Zeiten symbolischen Versuchungskampfes des Satans gegen Christus; der Ausgang kann also nicht zweifelhaft sein. Und darüber erhebt sich das eigentlich Entscheidende, das Hosius in allem energisch angestrebt hat: der katholische Neubau. Kardinal Hosius gehört durch seine gewaltige, weltweite Arbeit zu den Geistern, die durch diesen Neubau das Gesicht der Zeit neu geprägt haben. Das letzte Jahrzehnt der eigentlichen Reformationsgeschichte hat daran bereits seinen wichtigen Anteil.

Sechstes Kapitel

Unionsbestrebungen: Das allgemeine Konzil

I. 1. Die Ziele und Wünsche der bei der Kirche Bleibenden, vor allem der für sie auf dem politischen oder theologischen Felde aktiv Kämpfenden lassen sich nicht so leicht auf einen gemeinsamen Nenner bringen, wie man das anzunehmen geneigt ist. Das tritt vielleicht am deutlichsten hervor bei den literarischen Vorkämpfern, die wir eben besprachen. Es hatte sich deutlich ein doppelter Typ herausgebildet. Der eine, mehr intellektualistisch, nicht nur fest, sondern manchmal auch stur und rechthaberisch. Man kann mit ziemlichem Recht sagen, es sind die Leute, die als Theologen innerlich gar nicht vom Humanismus berührt sind, also auch nicht befruchtet sind von seiner größeren Einsicht in die Verschiedenheit der subjektiven Bedingungen menschlichen Erkennens und Arbeitens. Die Belastung durch die sittlichen Defekte und die Verwaltungsmißstände in der Kirche abgerechnet, empfanden sie den reformatorischen Aufstand in keinerlei Weise als Problem. Zu dieser Kategorie gehören eine Menge kleiner Geister und von den führenden Köpfen Eck und — in der angegebenen Erweiterung — Hosius.

Ganz anders die vom Humanismus tiefer Berührten. Schon durch ihre Distanzierung von der Scholastik standen sie der Frage des innern Rechtes mancher kirchlicher Positionen unabhängiger gegenüber und damit dem Verständnis gegnerischer Behauptungen näher. Es ist kennzeichnend, daß eine Reihe wichtiger Vertreter dieser Art zunächst — ehe sie ganz zur Kirche zurückfanden — zur päpstlichen Kurie kritischer und jedenfalls zur katholischen Lehre theologisch weniger klar standen, als sich mit echter Kirchen- und Glaubenstreue vertragen konnte. Andere freilich, von bezeichnender innerer Freiheit und Weite, wie Contarini, brauchten diese Zurückentwicklung nicht durchzumachen. Noch andere, wie Witzel, kommen aus dem Schwanken nicht mehr heraus und halten schließlich eine Mittellinie, die nicht protestantisch sein will, aber auch nur mit Einschränkungen als katholisch gelten kann.

Den Typ des verständnisvollen und menschlich sympathischen Polemikers gibt es aber bei den kirchlich Korrekten auch in einer vom Humanismus nicht berührten Art. Es sind die scholastischen Ireniker. Es ist der eigentliche Missionarstyp des Apologeten und Polemikers, dem der Friede ein starkes inneres Bedürfnis ist, der den Gegner gewinnen möchte, der genügend innere Aufgeschlossenheit besitzt, um nicht dem Abgefallenen überschnell nur unwürdige Motive zu unterschieben. Eine der besten Darstellungen dieser Art fanden wir in unserem oft gelobten Franziskaner Schatzgeyer mit seiner sympathischen Menschlichkeit und seiner großen Besorgtheit um die Einheit der Christenheit.

Es ist einleuchtend, daß für Vertreter der zuletzt beschriebenen Art der Begriff einer ‚Reunion' seinen eigentlichen Sinn viel stärker behalten konnte als für die Vertreter der zuerst genannten Gruppe. Jedoch, wie wir immer das Ziel jener Männer umschreiben wollen, auch für sie war natürlich die Lage der Christenheit durch die Spaltung in dem Sinne unhaltbar geworden, daß ihnen die Beseitigung des Risses unbedingt gefordert schien.

Als Generalheilmittel schwebt allen Gruppen, wenige Einzelausnahmen abgerechnet, ein a l l g e m e i n e s K o n z i l vor.

Über das starke Hindrängen der Christenheit auf ein allgemeines Konzil seit den Zeiten von Basel sind wir orientiert (Bd. I S. 22 f.). Wir wissen auch, daß das Konzil vom Lateran 1512—1517 so gut wie keinen Eindruck hinterlassen hatte, nicht nur in Deutschland, sondern auch in Italien, während Frankreich förmlich dagegen appelliert hatte. Nun war die große R e f o r m aufgabe eines Konzils, die das gesamte abendländische Bewußtsein erfüllte, durch die lutherische Spaltung wieder um die G l a u b e n s frage vermehrt und verwickelt worden. Und so wurde tatsächlich nie ein Konzil so allseitig und mit solchem Ungestüm erwartet und gefordert wie in den Jahrzehnten seit dem Ausbruch der Reformation. Ein allgemeines Konzil hatte schon einmal eine, wie es vielen schien, schlimmere Entzweiung der Christenheit beendet, und dies unter Führung Deutschlands. Man vertraute, daß sich die gleiche Kraft abermals erweisen werde. Wenn nur der Egoismus der Kurie eliminiert würde, schien die alte, wahre Kirche sich selbst regenerieren zu können. Noch 1534, nach 16 Jahren tiefster Lehr- und schon wichtiger Lebens-Spaltungen, spricht ein Kenner der Lage wie Cochläus vom Konzil beinahe wie von einem Zaubermittel, das wie durch eine Art Beschwörung plötzlich den Frieden bringen könnte.

Man sieht allerdings an einem solchen Beispiel, wie stark sich die theologische Unklarheit auch auf die Vorstellung vom Konzil ausgewirkt hatte. (Und es ist für die Beurteilung aller kirchlichen Verhandlungen in Deutschland im vierten Jahrzehnt wichtig, sich das zu merken.) Entsprechend mußte sich diese Vorstellung bei den verschiedenen kirchlichen Parteien recht verschieden gestalten. Die Kernfrage war die nach dem Verhältnis von Papst und Konzil, bzw. nach Papalismus und Episkopalismus.

Aleander, als Vertreter der Kurie, hatte 1521 die Lage dahin definiert, daß der ganze lutherische Streit sich überhaupt nur um die Autorität des Papstes drehe. Während aber der Kaiser damals erklärte, ‚über die päpstliche Autorität und das Kirchenrecht der Dekretalien unter keinen Umständen eine Diskussion zulassen zu können‘, war sogar Aleander der Meinung, daß man mit Luther sehr wohl über seine Ansichten betreffs des Primates reden könne.

Die meisten Theologen der Zeit hatten sich für die Unfehlbarkeit des Papstes ausgesprochen. Freilich wieder in sehr verschiedener Art. Ausgangspunkt war das Laterankonzil 1512/17, bei dem die Gesandten von Spanien, Venedig, Florenz, später auch die des Kaisers, römische Adelige und Senatoren von Rom anwesend waren, und auf dem doch die Bulle ‚Unam sanctam‘ erneuert, die Pragmatische Sanktion von 1438 verurteilt, der Papst in rhetorischer Überspitzung zu einem ‚Gott auf Erden‘ gemacht worden war und das Pisaner Konziliabulum der abtrünnigen Kardinäle, und damit ihre Beschützer Ludwig XII. von Frankreich und Kaiser Maximilian, glatt unterlegen waren. Dort hatte die Ansicht wieder triumphiert: ‚Wie in der Bundeslade neben den Gesetzestafeln des Herrn die Rute und das Manna lagen, so ruhen in der Brust des Papstes mit der Wissenschaft des göttlichen Gesetzes die Schärfe der Zerstörung und die Süßigkeit der Gnade.‘

Reine Papalisten waren Silvester Prierias (er leitet sogar die Autorität der allgemeinen Konzilien vom Papste ab) und Cajetan, aber auch so viel aufgeschlossenere Naturen wie Fisher von Rochester und Contarini, letzterer freilich nicht ohne Schwankungen. Besonders scharf, aber auch am konsequentesten, äußerte sich Pigghe. Er schrieb dem Papst das Privileg der Indefektibilität und der Unfehlbarkeit zu. Er akzeptierte geradezu den Vorwurf, daß er hier den römischen Päpsten schmeichle und aus Menschen Götter mache. Denn er leugne, daß sie Häretiker werden könnten, was doch die ganze Schule der Juristen annehme. Nicht genug damit, lehrte er auch noch ausdrücklich die Irrtumsfähigkeit der allgemeinen Konzilien, wie die Geschichte es ja beweise.

Es waren indes nicht nur Juristen, die der Meinung Ausdruck gaben, ein Papst könne Häretiker werden. Alfons de Castro schließt: Ein jeder Mensch kann im Glauben irren, auch wenn er Papst ist. Er belegt das mit Hinweisen auf die Päpste Liberius, Anastasius, Cölestin, die nicht nur als Privatpersonen geirrt hätten. Unfehlbar ist ihm einzig die Kirche insgesamt. Auch Tetzel, Emser, a Gandavo, Köllin, Ambrosius Catharinus Politus und manche mehr nehmen von der Unfehlbarkeit den Fall aus, daß ein Papst zum Häretiker würde. Zwar habe der Papst alle Gewalt in der ganzen Kirche, auch über die Konzilien; aber wenn er zum Ketzer werde, habe das allgemeine Konzil die Macht, ihn abzusetzen. In diesem Zusammenhang muß man jene Angst

Pauls IV. sehen, der durchaus mit der Möglichkeit rechnete, es könne ein Ketzer Papst werden und die Häresie Macht über den Stuhl Petri gewinnen.

Das Bedenklichste und das für eine Verständigung mit den Protestanten Hemmendste waren die maßlosen Übertreibungen des Kurialismus. Sie waren schon an sich, vollends im 16. christlichen Jahrhundert, grotesk; angesichts des ausgebrochenen häretischen Anti-Rom-Affektes wurden sie für die Kirche geradezu lebensgefährlich. Prierias bekannte den Papst als ‚Vater aller zeitlichen Mächte, Haupt des Erdkreises und also virtualiter als den ganzen Erdkreis selbst; die Macht des Kaisers und aller irdischen Fürsten ist im Verhältnis zum Papst nur eine subdelegierte; er kann unmittelbar von sich aus einen Kaiser erwählen, woraus sich ergibt, daß er auch die Kurfürsten absetzen kann.…' Mehr für das Gebiet des Religiösen bestätigt uns Hoffmeister diesen Kurialismus. Er sagt geradeheraus, im Papsttum habe man mehr auf Menschengebot denn auf Gotteswort geachtet (1538). —

Wir sahen bereits, wie wenig davon die Rede sein kann, daß die Konziliaridee tot gewesen sei. Eben jene maßlosen Übersteigerungen mußten immer wieder nach einer Reaktion rufen, die ja dann jeweils nur von unten kommen konnte, da sie sich doch gegen die primatiale Spitze richtete. Erst recht konnten diese Übersteigerungen eine etwa vorhandene Geneigtheit der Protestanten zu einem Konzil vernichten oder wenigstens ihnen zum willkommenen Vorwand werden, ein päpstliches Konzil abzulehnen. Die Päpste ihrerseits waren von der Angst bedrückt, es möchte eine Wiederholung von Konstanz oder gar von Basel kommen.

So ist das Ringen um ein allgemeines Konzil, das die ganze Reformationszeit durchzieht, geprägt vom leidenschaftlichen Verlangen der Christenheit nach diesem Heilmittel auf der einen Seite und dem Widerstand zweier Extreme gegen sein Zustandekommen auf der andern: des Kurialismus und des Protestantismus. Da aber allmählich der Kaiser sich zum entschiedenen Anwalt des Konzils machte, wurde es auch noch zum Stein des Anstoßes aller politischen Gegner des Kaisers, also hauptsächlich Frankreichs, und dann auch Englands.

2. Ein mittelalterliches Konzil war nie eine nur theologische und dogmatische, sondern jeweils auch eine politische Angelegenheit. Für das Konzil, auf das sich jetzt Hoffnung und Furcht konzentrierten, galt das aus dem eben erwähnten Grund in einem besondern Grad. Es wurde geradezu zu einem Exponenten des Weltkampfes um die Macht zwischen Karl V. und Franz I.

Die Auffassung von der Gewalt des Kaisers in der Kirche war mit der Kaiseridee selbst seit dem Konzil von Konstanz (1414—1418) wieder merk-

lich gewachsen. Zur Berufung des Konzils von Pisa hatte sich Maximilian
1511 einmal mehr auf das Versagen der Kurie und auf sein Amt als Vogt
der Kirche berufen. Nach Pavia 1525 forderte Gattinara seinen kaiserlichen
Herrn auf, als Vogt der Kirche ein Generalkonzil zu berufen, das ja der
Papst versage. Als Klemens VII. in Cognac zum zweiten Mal vom Kaiser
abfiel, hörten wir Karl die Kardinäle auffordern, von sich aus das Konzil
zu versammeln. Bis 1530 (als selbst in seiner Umgebung manche für ein Nationalkonzil waren) hat sich dann bei Karl V. die Einsicht in die Notwendigkeit eines allgemeinen Konzils ganz durchgesetzt: das Konzil, das Konzil
und nochmals das Konzil allein könne die Rettung noch bringen, schreibt er
dem Papst, sonst sei Deutschland verloren. Diese Stimmung verläßt ihn von
da ab nicht mehr. Wohl aber sieht er sich durch die Indolenz des Papstes
gezwungen, zu untersuchen und untersuchen zu lassen, wie weit er bei der
Ausführung des Planes selbständig vorgehen könne. In der Instruktion für
Matthias Held, den er 1536 zu den deutschen Fürsten sandte, wird die Frage
des selbständigen kirchlichen Vorgehens des Kaisers aufgeworfen: soll etwa
ein Konzil ohne Papst und ohne Frankreich gehalten werden? — Im Januar
1538 ließ Heinrich VIII. Karl V. wissen, daß er zwar ein päpstliches Konzil
ablehne, nicht aber ein kaiserliches. 1545 stärkt der aktivistisch antiprotestantische Beichtvater Pedro de Soto das kirchliche Bewußtsein des Kaisers, indem
er auf die Möglichkeit eines Appells gegen den Papst an das Urteil der Gelehrten hinweist. 1547, in seiner doppelten Erregung über die Zurückziehung
der päpstlichen Truppen vom Kriegsschauplatz und über die Verlegung des
Konzils nach Bologna und die Weigerung des Papstes, es nach Trient zurück-
zuberufen, macht sich Karl diese Gedanken in schroffer Form zu eigen: er
werde schließlich von sich aus ein Konzil zusammenbringen, die bisher ergangenen Trienter Beschlüsse kassieren und die Reform der Kirche durchführen. Anklingende Ideen läßt er hochoffiziell in Bologna und Rom im
Januar 1548 vortragen.

Allein dies war vom Kaiser nicht bis zum letzten radikal gemeint. Karl
schrieb in diesem selben Jahr 1548 für seinen Sohn und Thronfolger Folgendes nieder: Es gibt nur eine allgemeine Regel inmitten der menschlichen
Wandelbarkeit, das ist ‚das Vertrauen auf die Hilfe des Allmächtigen‘, ‚die
zu gewinnen ist in der Verteidigung seines heiligen Glaubens. Nach all den
Mühen und Leistungen für die Zurückführung der Abgewichenen in Deutschland habe ich mehr und mehr als das einzige Mittel das Konzil erkannt....
An Paul III. kennt Ihr selbst seine Unzuverlässigkeit in Verträgen und seinen
Mangel an Eifer für die Christenheit, besonders in Sachen des Konzils. Trotz-
dem ehret seine Würde!‘

Daß ein Mann wie der Neapolitaner und Spanierhasser Paul IV., von krankhafter Häretikerfurcht geängstigt, aber den Protestanten- und Türkenfreunden in Frankreich blind vertrauend, die stärksten Bedenken gegen Karls Kirchlichkeit hatte, ist nicht weiter verwunderlich. Aber es ist kein objektiver Beweis, daß er mit seinem Urteil recht hatte. Man darf eben nie aus dem Bewußtsein verlieren die kirchliche Würde des römischen Kaisers und den lebenbedrohenden Notstand der Kirche, dem anderseits noch nicht eine dogmatisch abschließende Umschreibung päpstlicher Macht gegenüberstand. Es ist unhistorisch und oberflächlich, Karls Haltung nur machtpolitisch aufzufassen. Ein tiefer, auch kirchlich geformter Ernst großer Verantwortung vor Gott für die Christenheit in der Kirche leitete ihn. —

Der politische Widerstand Frankreichs und der politische wie kirchliche Widerstand der Kurie ließen den Kaiser nicht zum gewünschten Ziele kommen. Das wurde von höchster Bedeutung. Das Papsttum erreichte innerkirchlich eine Bewegungsfreiheit, die, zusammen mit der innerkirchlichen Reformbewegung und unter dem bestimmenden Druck der protestantischen Lehren und der kirchlichen Abspaltung, zu einer wesentlichen Umprägung des Konzils führte, als es dann wirklich zustande kam. So tief und vielfach auch der innere und äußere Verlauf des Konzils von Trient und dann seine Auswirkungen von Politik durchsetzt waren: Trient wurde vor allem ein dogmatisches Konzil; und es wurde eine der wichtigsten Etappen auf dem langen, langen Weg der Kirche von der Politik fort.

II. 1. Schon von Worms 1521 meldete Aleander, der kaiserliche Kanzler halte die Bekämpfung der Ketzerei ohne Konzil für aussichtslos; übrigens hätten in Deutschland alle, nicht nur die Anhänger Luthers, die Forderung eines Konzils auf ihre Fahne geschrieben. Der Reichstag von Nürnberg 1522/23 beantwortete die Forderungen Chieregatis mit der Gegenforderung nach einem Konzil auf deutschem Boden. Das klang konziliaristisch. Dasselbe gilt für den Reichstag 1524 in Nürnberg mit der Forderung einer Nationalversammlung im Zusammenhang mit dem Begehren, von Reichs wegen über die Religion zu ratschlagen. Der aufgestellten Forderung schien allerdings vielen durch den Gegenvorschlag Genüge getan: der Kaiser verbot die Nationalversammlung, schlug aber ein Konzil in der Stadt Trient vor, in Italien gelegen, aber doch als deutsch geltend. In Speyer 1526 erklärte Ferdinand in der kaiserlichen Nebeninstruktion, daß Karl ein Konzil mit dem Papst verabreden wolle; der Reichstagsabschied hoffte auf ein Konzil in deutschen Landen in einem oder in anderthalb Jahren. Die kaiserliche Proposition für Speyer 1529 meldete, das Konzil sei nunmehr gesichert.

Es war sinnvoll, daß die große Vermittlungsaktion, die der Reichstag 1530 darstellt, auch die Frage des allgemeinen Konzils heraushob. Der Kaiser war nicht blind für die entgegenstehenden Schwierigkeiten; aber er befürchtete, wie wir sahen mit vielen andern, daß ohne ein Konzil der allgemeine Abfall Deutschlands von der Kirche nicht verhindert werden könnte. Leider war sein Gegenspieler in Rom damals Klemens VII., der sich so seltsam von einem ‚kaiserlichen' Staatssekretär zu einem ‚französischen' Papst entwickelt hatte: ‚sollte er das Blut Christi gegen die Meinungen einiger deutscher Trunkenbolde einsetzen?!' Der Kaiser solle doch bedenken, ‚wie leicht die alte Frage des Konziliarismus wieder aufleben und ein Schisma veranlassen könne!' Mindestens müsse der Kaiser immer persönlich anwesend sein, wie die alten Kaiser auf den ersten ökumenischen Konzilien. Es dürfe auch keinerlei Gefahr eines Teil-Schismas entstehen. Dazu aber bedürfe es des Beitritts von Frankreich, England und Schottland. Aber gerade seine Verhandlungen mit Frankreich brachten den Papst mit Recht in den Verdacht, das Konzil überhaupt nicht zu wollen.

Indes war die Notwendigkeit der Reform schon zu weit ins allgemeine Bewußtsein gedrungen, als daß die Kurie es sich hätte leisten können, den Konzilsvorschlag einfach abzulehnen. So bleibt wenigstens diese Klemens VII. ehrende Tatsache, daß der erste offizielle Beschluß über das kommende Konzil noch in seinem Pontifikat erfolgte: am 28. Dezember eben des schicksalhaften Jahres 1530. Gleichfalls noch unter Klemens VII. unternahm 1533 Peter Paul Vergerio seine erste Reise in der Konzilsfrage durch Deutschland, wobei er auch Wittenberg besuchte. Anderseits spitzten sich die deutschen Forderungen doch so weit zu, daß 1532 auf dem Reichstag in Regensburg die katholischen Stände unter Führung des habsburgfeindlichen bayrischen Kanzlers Leonhard v. Eck dem Kaiser antrugen: ‚er solle, wenn der Papst nicht bald das allgemeine Konzil berufe, selbst aus kaiserlicher Gewalt ein solches oder wenigstens ein Nationalkonzil versammeln'. Im Februar 1533, bei dem zweiten Zusammentreffen des Kaisers mit Klemens in Bologna, einigten sich beide auch über eine Botschaft wegen des Konzils an Frankreich und die Protestanten.

2. Der Papstwechsel sollte endlich, wenn auch durch eine Fülle von Schwierigkeiten und Schwankungen hindurch, den Sieg des Konzilsgedankens bringen, einen Sieg, der dann auch behauptet wurde, so sehr kirchliche und politische Kräfte immer wieder dagegen angingen. Schon am 13. Oktober zog der neue Herr, Paul III., die besten Kräfte in seinen Dienst, von denen nun Morone jahrelang in Rom die Seele aller zum Konzil führenden Gedanken und Unternehmungen war.

Die Hoffnung auf Rettung stieg auch in Deutschland. Ein Mann wie
Cochläus öffnete sich ihr stärker als je. Er war (von einigen frühen Schwankungen abgesehen) immer für die Infallibilität des Papstes. Aber er erklärt
jetzt Paul III., daß bei diesem unentbehrlichen Konzil ein Streit über das
Verhältnis von Papst und Konzil, sei es im Sinne des Konziliarismus oder
des Kurialismus, unbedingt vermieden werden müsse. Das Haupt sei zwar
höher als alle, aber es sei doch auch ein Teil des Ganzen. Herzog Georg
und Witzel äußerten sich ähnlich; nur daß ihr Friedenswunsch zu weit
größerem Entgegenkommen bereit ist. Sie gehören zu einem Kreis, in dem
der Geist der eigentlichen Religionsvergleichung zu Hause ist. Wir werden
in besonderem Zusammenhang darauf zurückkommen.

Auch Eck ist jetzt mit von der Partie. Er hat seine Ansicht über die Heilkraft der Diözesan- und Provinzialsynoden revidiert. Die Erhebung Pauls
auf den Stuhl Petri hat die Hoffnung auf ein allgemeines Konzil belebt,
,dieses nach allgemeinem Urteil alleinige und unentbehrliche Heilmittel zur
Ausrottung der Häresie' (1535). Noch später drückt er sich sogar dahin aus,
daß ohne Konzil nur ein allgemeines ,Wehe!' übrigbleibe für Deutschland,
England, Dänemark, Schweden, Norwegen. Ja, und wann wird das Ende
dieses Abfalls erreicht sein? (1537.)

Der nüchterne Eck überläßt sich nämlich auch diesmal nicht einem leicht-
gebauten Optimismus. Er kennt die Kurie. Und er wagt es, Paul III. die
wortreiche Unaufrichtigkeit der verstorbenen Päpste in Erinnerung zu rufen:
,Seit 20 Jahren sind uns solche Botschaften zugekommen, mit Mandaten und
Artikeln und vielen verhüllenden Worten beschwert, mit Streitpunkten und
Bedingungen gefährlich durchsetzt, in zweideutigen Wendungen und labyrinth-
artigem Hin und Her, daß man deutlich sah, es war auf eine Verzögerung
des Handels angelegt, so daß die Deutschen über die großspurigen Konzils-
verheißungen längst spotten.' Diesmal muß Wort gehalten werden. Würden
die Deutschen merken, daß der Papst das Konzil nur um ein kleines weniger
ernst betreibe, wird alle Hoffnung dahin sein.

Diese Angst, das Konzil könnte vereitelt werden, wurde fortan Ecks ständiger Begleiter. Er äußert sie immer wieder. Er treibt Vergerio an, sich mit
Händen und Füßen dagegen zu wehren, daß das jetzige Vorhaben wieder
zerrinnen könnte. Er treibt Aleander an, ,denn nichts fürchten die Lutheraner
so sehr wie ein allgemeines Konzil'. Ein Herzogtum nach dem andern, eine
Reichsstadt nach der andern, ein Mitglied des Adels nach dem andern fällt
ab (1538): ,so hoch sind unsere Sünden gestiegen, daß die Welt eines Konzils
nicht mehr würdig ist, und also wird die ganze kirchliche Ordnung dahin-
sinken'. Derweil spotten die Lutheraner, dem Papst sei es nie Ernst gewesen
mit der Berufung eines Konzils, weder nach Mantua noch nach Vicenza, und

viele arme Katholiken nehmen Anstoß an dem geringen Eifer des obersten Hirten. Und doch, es ist das einzige Mittel; entweder setzt man es an, oder aller menschliche Rat wird umsonst sein.

3. Man sieht, das Schlagwort ‚Konzil‘ deckte damals verschiedene Zielsetzungen. Eck sprach zuerst von der Rückführung der Abgefallenen. Die Frage war aber: würde die Rückgewinnung der Neuerer auch wirklich gelingen? Noch immer war es selbstverständlich, daß die Protestanten einzuladen wären. Den großen Versuch dazu stellt die zweite Reise Vergerios durch Deutschland dar. Er war damals ein zweites Mal in Wittenberg, er herbergte im kurfürstlichen Schloß und lud sich Luther und Bugenhagen zu Tisch. Luthers ‚dämonische Augen‘ haben ihn damals gepackt, und der entgegenkommende Empfang durch die Abgewichenen hat ihn getäuscht. Sein Bericht deutet die ‚Zustimmung‘ der protestantischen Fürsten und der Reformatoren, unter gewissen Bedingungen am Konzil teilzunehmen, mit einer naiven Voreiligkeit. Man staunt über das Maß von Unklarheit, die das Urteil eines solchen Kurialen trübt.

Freilich brauchten die Unionsaussichten einem damaligen Betrachter nicht so hoffnungslos zu erscheinen, wie sie es in Wirklichkeit waren. Wir sehen heute, daß in Luthers Lehre der Trennungsstrich gegenüber der Kirche schon seit 1514/16 unheilbar war: weil die reformatorischen Grundstellungen in ihrer Konsequenz den katholischen Kirchenbegriff radikal ausschlossen. Trotzdem: in der lutherischen Auffassung vom Christentum waren festgehalten die unbedingte Einheit der Kirche und das Wesentliche des Sakraments. Die Unterschiede hingegen, so grundlegend und wesentlich trennend sie sind, waren auch sehr weitgehend theologische Bestimmungen von einer außerordentlichen Vieldeutigkeit. Jede Exegese Luthers erbringt dafür den Beweis. Erst diese Vieldeutigkeit macht überhaupt die vermittelnden Unionsbestrebungen auf evangelischer wie katholischer Seite verständlich, wie sie umgekehrt für die Vieldeutigkeit Luthers der unanfechtbare Beweis sind. Anderseits zeigen die vielen Unionsforderungen und Unionsversuche auf evangelischer Seite, wie stark das Bedürfnis nach Einheit der Kirche auch dort war. Viele glaubten manchmal ihretwegen auf beinahe alle theologischen Differenzen verzichten zu können. Ein Einzelbeispiel vor andern ist Melanchthon 1530 in Augsburg in seinen mündlichen Verhandlungen mit den Vertretern des Kaisers und des Papstes (Campeggi), wie er denn überhaupt die Hoffnung auf ein Unionskonzil noch lange festhielt. Der humanistische Vermittler Melanchthon ist gewiß nicht Luther. Aber 1530 war auch Luther schon nicht mehr der Protestantismus, nicht einmal mehr ganz der Lutheranismus. Luther hatte anderseits 1530 seinen Melanchthon so hoch gepriesen, dieser

war so sehr der klassische Dogmatiker des Protestantismus geworden, daß
man sein Urteil und seine Leistung zu einem hohen Prozentsatz als gültige
Darstellung des damaligen Protestantismus ansprechen darf. Wenn also
Melanchthon manchmal bis auf Priesterehe und Laienkelch fast alles preiszugeben schien, jedenfalls aus seiner ganzen Struktur heraus diesem Ziel
(wenn auch noch so unklar und schwankend) einigermaßen zustrebte, dann
konnte die Unionsmöglichkeit von der evangelischen Seite her recht beachtlich
erscheinen; eine Unionsmöglichkeit nicht mit Luther selbst, aber mit wichtigen
Teilen des Protestantismus.

Aufs Ganze gesehen, siegten dann freilich die vermittelnden Kräfte im
Protestantismus schließlich nur im Sinne einer Erweichung des Dogmatischen,
nicht aber wirkten sie für die Wiedergewinnung der Einheit. Nach erneuten
Verhandlungen, die der über die Mittelmeertürken siegreiche Kaiser 1536
in Rom führte, war am 2. Juli desselben Jahres die Bulle (Ad dominici gregis
curam) ergangen, die endlich das allgemeine Konzil zum 23. Mai 1537 nach
Mantua ausschrieb. Als Hauptziel war die Ausrottung der Häresie angegeben.
Es erfolgte alsbald eine vollständige Ablehnung vonseiten der Protestanten.
Der schwer erkrankte Luther ergoß sich in fürchterlichen Invektiven gegen
Papst und Konzil; die Vorreden zu den vielen Schriften des Jahres 1537/38
hallen alle vom gleichen Ton wider. Auch der politische Träger des Protestantismus, der Schmalkaldener Bund, reagierte negativ (auf den Bundes-
tagen von 1537 und 1538).

Das ergab für Kaiser und Papst eine grundsätzlich neue Lage. Das Konzil
wurde je 1537 und 1538 prorogiert, dann am 21. Mai 1539 auf unbestimmte
Zeit vertagt. Die Entscheidung erfolgte von beiden Seiten erst im nächsten
Jahrzehnt: der Kaiser versuchte die Religionsfrage erst durch die Religionsgespräche, dann durch den Krieg und das Interim zu lösen; die Päpste aber
hielten schließlich — bedeutungslose Episoden abgerechnet — ein rein katholisches Konzil ab ohne die Protestanten. Es wurde auf den 15. März 1545 nach
Trient berufen und dort am 13. Dezember eröffnet.

4. Daß es den Protestanten gelang, die Beschickung des Tridentinums zu
hintertreiben, bzw. wieder rückgängig zu machen, besagt nicht, daß man sich
bei ihnen um seinen Fortgang und um seine Beschlüsse nicht gekümmert hätte.
Ein allgemeines Konzil war noch immer eine europäische Macht, wenn schon
nicht mehr im Sinne des 15. Jahrhunderts. Man hatte nicht nur in England,
sondern auch im protestantischen Deutschland noch Furcht vor ihm. Mit
höchstem Interesse beobachteten daher protestantische Kreise die wichtigen
Sitzungen der ersten Periode des Konzils in Trient und diejenigen in Bologna.
Sie wollten ihre Ablehnung möglichst einwandfrei rechtfertigen können.

Eine andere Lage ergab sich für die Protestanten, als der siegreiche Kaiser seinen geharnischten Reichstag in Augsburg 1548 hielt und den Befehl gab, das Konzil zu beschicken. Indes, wenn das Vertrauen auf ihre politische Widerstandskraft den Schmalkaldnern damals gründlich verloren gegangen war, und wenn auch bis dicht vor den Verrat des Kurfürsten Moritz von Sachsen eine Fülle von protestantischen Verhandlungen der Beschickung des Konzils gewidmet wurden, wenn das vordem abgelehnte Konzil auf einmal (z. B. in den Antworten der Reichsstädte auf die Proposition des Kaisers) mit verdächtiger Geschäftigkeit begrüßt wird: das war zum beträchtlichen Teil nicht ernst gemeint. Das wahre Gesicht der protestantischen religiösen Kräfte zeigte sich in der Art, wie sie auf das Interim reagierten. Die politischen Korrespondenzen der Zeit beweisen, daß man nur bestrebt war, dem sofortigen Zugriff des Kaisers zu entgehen und Zeit zu gewinnen.

Neben der Ablehnung durch die Protestanten war für das Papsttum entscheidend die Ablehnung durch Frankreich und England. Beide hatten auf dem Schmalkaldener Bundestag 1538 mitgewirkt. Ohne sie, bzw. gegen sie, war ein ökumenisches Konzil nicht zustande zu bringen; Franz I. aber verband sich sogar mit dem schismatischen England gegen das Konzil und ließ sich selbst beim Waffenstillstand in Nizza 1538, als er sich mit Karl V. und Paul III. traf, nicht zu einer entgegenkommenderen Haltung bewegen. Die dann endlich doch erfolgte Berufung des so lange erwarteten Konzils nach Trient war umgekehrt auch eine Wirkung der 1544 in Crépy erreichten Versöhnung zwischen Frankreich und dem Kaiser, wobei sich ja beide für das Konzil und sogar für eventuelle Ausführung seiner Beschlüsse mit Waffengewalt ausgesprochen hatten. —

Ein weiterer Widerstand gegen das Konzil darf nicht übergangen werden, weil er besonders aufschlußreich für die Stimmung und die Lagerung der religiös-kirchlichen Kräfte in Deutschland ist: die deutschen Bischöfe begrüßten die Kirchenversammlung durchaus nicht alle mit Freuden; sie setzten ihm vielmehr zähen Widerstand entgegen.

5. Die Verhandlungen des Konzils von Trient sind hier nur so weit zu erwähnen, als sie noch in unserer Periode eine merkliche Reaktion in Deutschland auslösten.

Mit sicherem, echt römischem Instinkt für das Entscheidende wurden nicht die Fragen der Reform als Erstes behandelt, sondern die strittigen Glaubenssätze. Das entsprach dem Wunsche des Kaisers durchaus nicht. Er war vielmehr der Meinung, daß die Lehren der Kirche längst genügend festgestellt seien, daß die Irrlehre nur aus den Mißständen ihre Daseinsmöglichkeit zöge, und daß deshalb diese zuerst Gegenstand der Beratungen sein müßten.

Es steckt eine richtige Erkenntnis in dieser Auffassung, die übrigens theoretisch wie praktisch auch von kirchentreuesten Kräften bejaht worden ist. Gewiß waren die theologische Unklarheit innerhalb der katholischen Reihen und die durch die Reformation mächtig genährten Zweifel die Hauptgefahr. Aber die Wirkkraft dieser theologischen Unklarheit, ihre eigentliche Ansteckungsgefahr, beruhte doch zum großen, ja wohl zum größeren Teil auf der praktischen Aufspaltung der priesterlichen Idee, wie sie sich im unpriesterlichen Leben so vieler Geistlichen darstellte. Umgekehrt zeigt z. B. die Befreiung mancher damaliger Priester aus den Banden des Konkubinats, daß damit beinahe automatisch auch die Korrektheit ihrer Lehranschauungen gewann. Der erste und letzte Prüfstein des Christentums ist eben das christliche Gesamtleben. Man konnte der Ansicht sein, daß hier zuerst Besserung geschaffen werden müsse. Tatsächlich setzte — wie überall, so auch in Deutschland — die praktische Reformarbeit vor allem hier an. Als P. Claudius Jajus auf Wunsch des bayrischen Herzogs Wilhelm IV. mit Kanisius und Salmeron an die Universität Ingolstadt gesandt wurde, war ihnen als Aufgabe gesetzt, ‚durch gutes Beispiel und wissenschaftliche Vorlesungen zur Verbesserung der verdorbenen Sitten beizutragen'. Auch sonst wird das lebendige Beispiel stets als erste reformierende Kraft aufgewiesen. Schien es nicht sogar, als ob die Reformarbeiten unter Paul III. seit 1536, als ob manches in den Gutachten der Kardinäle und die in ihren Kreisen angestrebte Selbstheiligung dieser Haltung recht gegeben hätten? Für die breite deutsche Öffentlichkeit jedenfalls hing die Heilkraft des Konzils durchaus an der Reformfrage. Wenn diese Frage nicht zuerst berücksichtigt würde, schien umgekehrt das Konzil überhaupt die so oft wiederholten Enttäuschungen nur um eine weitere vermehren zu sollen. Die Protestanten benützten denn auch die Besprechungsreihenfolge ohne weiteres dazu, um von Täuschung zu sprechen.

Die Frage hatte auch ihre hochpolitische Seite. Ob der Kaiser 1545/46 noch an die Möglichkeit einer Einigung in der Lehre glaubte, mag dahingestellt bleiben. Es kann aber nicht übersehen werden, daß seine vorteilhafte Stellung zu den Protestanten wesentlich abhing von deren gutem Glauben an die Aufrichtigkeit des so irenisch sich gebenden Reichstages von 1544. Die dort in Aussicht genommene ‚christliche und freundliche Vergleichung' mußte aber durch dogmatische Entscheidungen des Papstkonzils in aller Form als unmöglich dokumentiert, die Protestanten notwendig vom Kaiser getrennt werden.

Die Folge dieser so tief verwurzelten gegensätzlichen Auffassung von der Aufgabe des Konzils war, daß die ganze erste Periode des Tridentinums von dem Gegensatz Papst—Kaiser überschattet war. Die kaiserliche Politik machte den Legaten in Trient zunächst viel zu schaffen. Der Kaiser war vertreten durch den rücksichtslos machtpolitisch denkenden Diego Hurtado Mendoza. Dessen Beurteilung des Konzils Ende 1546 zeigt deutlich genug, daß er an die übernatürliche Realität ‚dieser dürftigen Gesellschaft‘, wie er sagte, ‚die mehr Unheil stifte als Luther, wo alle nur für die Interessen der Kurie und jeder einzelne für die eigenen sorge‘, nicht glaubte. Man darf Karls Auffassung nicht mit ihr identifizieren. Wohl aber traf es den um die Einheit der Christenheit sich mühenden Kaiser schwer, daß man in Trient ohne Rücksicht auf seine Wünsche und seine Lage die wichtigsten dogmatischen Definitionen erließ. Da in sie hinein die unverständliche Zurücknahme der päpstlichen Truppen vom Schauplatz des schmalkaldischen Krieges fiel, kann man es Karl nicht verdenken, daß er hinter der päpstlichen Art, das Konzil zu leiten, nicht nur ideale Gründe vermutete.

Sei dem wie immer, die Spannung zum Kaiser wurde von der Kurie mit solchem Machtbewußtsein aufgenommen, daß sie es sogar riskierte, eine kleine ansteckende Krankheit zum Vorwand zu nehmen, das Konzil 1547 aus der Reichsstadt Trient und aus der Einflußsphäre des Kaisers heraus nach Bologna zu verlegen, wo dann die nichtkaiserlichen Väter bis 1549 tagten. Die Transferierung war nichts weniger als eine Sabotierung der Arbeit des Kaisers. Wenigstens tatsächlich. Sein erregter Protest gegen die Rechtmäßigkeit des ‚sogenannten Konzils von Bologna‘ ließ nicht auf sich warten. Praktische Wirkung zeitigte er auf den starren Paul III. allerdings nicht mehr.

Das für die deutsche Geschichte wichtigste Resultat einer solchen Lage ist unschwer zu erkennen: das Konzil konnte es im Zeichen dieses Gegensatzes nicht zu einer schnellen und stärkeren Beeinflussung deutscher Verhältnisse bringen. Im Gegenteil, der offene Zwiespalt der obersten katholischen Gewalten konnte die Stellung der Protestierenden moralisch nur stärken und den Kaiser in die Versuchung zu unklarem Nachgeben in der Religionssache führen.

Paul III. starb im November 1549, nachdem er noch im September das Konzil suspendiert hatte. Der von den ‚Franzosen‘ gewählte Nachfolger Julius III. (del Monte) wurde aber so kaiserlich, daß die zweite Phase des Konzils als eine kaiserliche bezeichnet werden kann. Am 14. November 1550 erneuerte der Papst das Konzil, und zwar auf den 1. Mai 1551 nach Trient. Im Herbst 1552 erschienen die ersten Deutschen: aus Mainz, Trier, später Köln. Es kamen sogar Prokuratoren protestantischer Fürsten und Reichsstädte. Indes war es nun — auch nach der Auffassung des Kaisers — zu spät: das Konzil hatte sich in seiner ersten Periode über grundlegendste Dinge in vollem Gegensatz zu allem Protestantismus ausgesprochen; auch nur eine neuerliche Vornahme derselben Materien hätte bedeutet, daß man dem Konzil seinen ureigensten Charakter abgesprochen hätte. Wir wollen dabei allerdings nicht vergessen, wieder einmal die uns so schwer vorstellbare, damalige theologische Unklarheit mit in Rechnung zu stellen. Auch ein so tief religiöser Mann wie der spanische Sekretär des Kaisers, Franz Vargas, war für die Reassumption der bereits behandelten Materien. Daß er ein scharfer Gegner der kurialen Mißstände war, dürfte noch nicht genügen, um ihn mit Pastor einen ‚so anti-päpstlich gesinnten Mann' zu nennen.

So kamen also die Protestanten nur zum Protestieren und mit unerfüllbaren Bedingungen. An der politisch und kirchenpolitisch unterbauten Religions-spaltung in Deutschland konnte das Konzil nichts mehr ändern. Seine Wirkung blieb ganz eine innerkatholische. Hier wurde sie freilich ungewöhnlich.

III. Bei der Eröffnung des Konzils 1545 waren nur 34 Prälaten anwesend, und zwar vorzugsweise Italiener. Außerdem, die päpstlichen Legaten waren von Anfang an auf dem Posten. Durch sie und die von ihnen geschaffene und mit überlegener Selbstverständlichkeit durchgesetzte und gehandhabte Ge-schäftsordnung wurde das Konzil in einer großen Darstellung Verkörperung der lehramtlichen Kirche und stärkster realer Gegensatz zum protestantischen Subjektivismus; wurde — entgegen aller kurialen Angst vor konziliaristischen Wünschen — im Endeffekt das päpstlichste aller bisherigen Konzilien, tat-sächliche Vorstufe zum Vatikanum, das ohne diese Vorstufe nicht einmal gedacht werden kann.

Aus bescheidenen Ansätzen wuchs das Konzil durch eine erstaunlich sich offenbarende theologische Leistungskraft schnell zu den großen und grund-legenden Dekreten der ersten Periode über die Rechtfertigung und die Glau-bensquellen. In der Folge gestaltete sich das Konzil sogar zum wichtigsten Ereignis der neueren Kirchengeschichte überhaupt. Es schuf ein neues katho-lisches Selbstbewußtsein, das von der ängstlichen Furcht und Zerfahrenheit zu Beginn stärkstens verschieden war. Aber der Durchbruch dieses neuen Lebensgefühls — ebenso wie der neuen dogmatischen Sicht — nach Deutsch-land brauchte Zeit. Noch 1559, also immerhin viele Jahre nach Beendigung der zweiten Periode des Konzils, urteilt Kanisius aus den deutschen Ver-hältnissen heraus so, wie wenn das Konzil für Deutschland eigentlich erst beginnen müsse. Die Hoffnungen der guten Katholiken in Deutschland sieht er noch unerfüllt und die sorglosen deutschen Bischöfe noch unbeeinflußt von der in Trient geleisteten Arbeit. Es scheint ihm — wie der päpstlichen Bulle, die das Konzil ansagte —, als ob die völlige Zersetzung der respublica christiana noch immer drohe, daß immer noch das allein helfende Konzil erst beginnen müsse, heilend einzugreifen.

Siebtes Kapitel

Unionsversuche: Die theologischen Lösungen

Unmittelbarer als das Tridentinische Konzil, und für die damalige Gegenwart meßbarer, ragen in die deutsche Geschichte Unionsversuche hinein, die von deutschen Theologen und vom Kaiser unternommen wurden. Sie setzen früher an als das Konzil; sie erleben aber ihren Höhepunkt erst im kaiserlichen Interim 1548 und in gewissem Sinn in der daran anschließenden kaiserlichen Reformarbeit.

I. 1. Eck hat gegen Ende seines Lebens die Forderung aufgestellt, daß Rom die Zuverlässigkeit der für die Kirche Streitenden darnach abmessen müsse, ob sie unbeirrt e i n e r Überzeugung treu geblieben seien. Er glaubte feststellen zu sollen, daß sowohl die ‚neuen‘ heraufkommenden katholischen Männer nicht in allem zuverlässig seien, als leider auch, daß die Kurie ‚Halbluttheranern‘ in nicht zu billigender Weise entgegenkomme. ‚Witzel, den der Apostolische Stuhl begünstigt, vertritt in Glaubensdingen verdächtige und offenkundig irrige Meinungen. Ist es nicht ein Skandal, daß die Kirche den Häretikern nachgibt? Kardinäle wie Sadolet schreiben trotz meines Abratens Briefe an Protestanten, welche diese zum Schaden des Glaubens ausnutzen. Derselben Schwäche macht sich der Kaiser schuldig. Sein zögerndes Nachsehen gab der Unehrlichkeit Gelegenheit zum Wachsen. Hätte er auf den alten Brandenburger, die Bayern und Herzog Georg gehört, statt auf die Lavierer und falschen Mittelparteiler, dann wäre es nicht so weit gekommen. Das Regensburger Buch, der Niederschlag solcher Vermittlungshaltung, hat keinen tragfähigen Grund.‘ ‚Religionsgespräche mit den lutherischen Fürsten sind unnütz. Diesen Klotz spaltet nur ein harter Keil: neben dem Konzil kann nur die Waffengewalt des Kaisers dienlich sein. Denn außer ihr fürchten die zahlreichen protestantischen Fürsten nichts‘ (1540).

So sah Eck die Lage. So sehen sie noch heute viele, deren initiativloses Wort zu oft feste Klarheit mit Starrheit verwechselt. Denn wenn wir die Festigkeit und Unnachgiebigkeit Ecks auch für die Katholiken unersetzlich nannten, und wenn auch seine Thesen siegten, die A r t seines Verhaltens war nicht allem förderlich. Es wäre traurig um die dogmatische Wahrheit und um die Möglichkeit geistiger Weite im Umkreise ihres Bereiches bestellt, wenn kritischere wie verständnisvollere Gedanken nur deshalb im Gesamtspiel der Kräfte ihren berechtigten Platz nicht haben sollten, weil zumeist die Nur-Festen den sichtbaren Sieg errangen. Denn, soweit wir auch Eck recht gaben, seine Einzelzensuren offenbaren deutlich eine gewisse unberechtigte Enge. Sicherlich wird in der Vermittlerhaltung, die Eck ablehnt, weitgehend jenes eine Grundkennzeichen der Epoche sichtbar, das wir in der uns kaum mehr vorstellbaren theologischen Unklarheit erkannten. Mit ihr ist nicht eben selten eine Blindheit gegeben, die für uns Rückblickende jenen späteren Versuchen der Verständigung mit den Neuerern etwas Tragisches gibt. Das ändert aber nichts daran, daß auch sie zu den damals wirksamen, sinnvollen geschichtlichen Kräften gehörten und außerdem in dem uns noch heute verpflichtenden Erbe stehen, trotzdem sie ihr Ziel, die Wiedervereinigung, nicht erreichten.

2. Vorab muß man feststellen, daß es viele Männer der Vermittlung und viele Gedanken zur Verwirklichung der Reunion gab, die von keiner Seite her das geringste mit Unkirchlichkeit zu tun hatten; in denen vielmehr bei strengster Kirchlichkeit einfach der Schmerz und der Unwille über die Tatsache der Spaltung sich bis zur ergriffenen Klage über den gefährlichen Zustand der Christenheit und bis zur brennenden Sehnsucht, jene zu beseitigen, steigerte; Männer, bei denen trotz unbeirrbarer dogmatischer Korrektheit doch nicht die Sorge um diese Korrektheit ihr Bewußtsein ganz oder auch nur überwiegend ausfüllte, sondern eben der Wunsch, doch ja nur diesen Riß zu schließen und alle Möglichkeiten, die vielleicht dahin führen könnten, auszunutzen.

Man darf nicht unbillige Anforderungen an die vortridentinische Korrektheit stellen. Es genügt, daran zu erinnern, daß wichtigste Glaubenssätze (wie die über die Rechtfertigung, den Bestand des Kanons, den Wert der Tradition) noch nicht definiert waren, und daß die theologische Sicherheit, besonders über den Kirchenbegriff, durch die Konziliartheorie und alle zahllosen mit ihr zusammenhängenden Diskussionen und praktischen Maßnahmen und wiederum durch den Überkurialismus geradezu von Grund auf geschwächt worden war. Besonders von hier aus muß man bei der Beurteilung berücksichtigen die uns beinahe unfaßliche Freiheit der dogmatischen Meinungsäußerung am Ende des Mittelalters, sei es im Wort der Predigt, des Professors oder des Schriftstellers.

Wenn also Gropper, Pighius, Contarini, Pflug, Seripando die Lehre von der doppelten Gerechtigkeit vortrugen — übrigens unter sich verschieden —, nämlich von einer umwandelnden und einer nur zugerechneten, so war das in keiner Weise unkirchlich, solange die Kirche noch nicht anders entschieden hatte. Wir haben vielmehr die genannten Männer in mancher Hinsicht als wahre Säulen der Kirche, auch der deutschen Kirche, zu betrachten.

Die wirkliche Problematik der Unionstheologie beginnt erst bei jenen, die man mit wirklichem Recht zu der eigentlichen ‚Expektanzpartei‘ rechnen kann: Männer aus der eigentlichen ‚Schule‘ des Erasmus, die irgendwie dessen Adogmatismus nahestehen. Zu ihnen gehören zunächst auch Vertreter der kirchlichen Hierarchie. Denn eine p r a k t i s c h e Unterbewertung des Dogmas fand sich leider nur zu oft gerade bei ihnen. Der Adogmatismus des Erasmus hat wichtige und verhängnisvolle Parallelen in der praktischen Haltung von Päpsten wie Leo X., Klemens VII. und noch Paul III. Ihnen wieder und ihren Beamten entspricht die Auffassung gewisser deutscher Männer, welche die Probleme des Kirchenstreites ganz vorzugsweise als Juristen und Politiker betrachteten, nur für die Einheit des Vaterlandes und seine Schlagkraft gegen die äußeren Feinde besorgt. Wir fanden sie in der Nähe des Kaisers und auf den Reichstagen.

Morone, der ja selber kein gelehrter Theologe war und doch so tief in die Versuche, die Reformation zu überwinden, eingriff, hat sich in einer schweren Lage an diesen Tatbestand erinnert. Aus dem Kerker heraus hat er in seiner Verteidigungsschrift das Inquisitionstribunal darauf aufmerksam gemacht, daß man sich ‚früher‘ (vor Errichtung der römischen Inquisition) mit so ganz anderer Freiheit über Glaubensdinge äußern durfte; ‚allenthalben wurde über die Dogmen diskutiert und wurden religiöse Bücher ohne weitere Einschränkung gekauft. Jeder konnte den Theologen spielen und reden, was ihm beliebte‘. —

Seelisch-methodisch (nicht dogmatisch) gehören in die Nähe der Mittelsmänner freilich alle Ireniker, von denen wir schon sprachen: Schatzgeyer, der Augustinereremit Hoffmeister (der als Generalvikar Seripandos für Deutschland die 1539 auf dem Generalkapitel beschlossene Reform des Ordens durchzuführen versuchte), der Franziskaner Wild in Mainz, der Dominikaner Matthias Sittardus (1522—1566), Johann Faber, alles Männer, die keine unnötige Schärfe wollten, sich vielmehr gegen verkehrten Übereifer wandten; wertvolle Köpfe, die versuchten, wenn es (ohne dem Glauben Abbruch zu tun) möglich wäre, den Gegner zu verstehen und ihn zu überwinden, nicht nur zu widerlegen. ‚Gegen den Abfall hilft keine Strenge, sondern nur Liebe.‘ ‚Den Gegner, auch den Häretiker, nicht ganz vernichten wollen, heißt nicht der Religion etwas vergeben‘ (Sittardus 1562).

Manche von ihnen unterschätzen allerdings durchaus die dogmatische Gefahr des Luthertums; sie mußten sich erst zur Klarheit durcharbeiten. Etwa der Franziskaner Quiñonez, später Kardinal, der 1520 die sächsische Ordensprovinz visitierte und dem dogmatisch so gefährdeten Basler Guardian Pellican gegenüber Luthers Sache mit der einen Ausnahme der ‚Babylonischen Ge-

fangenschaft' billigte. Ähnlich erschien etwa dem kaiserlichen Beichtvater
Johann Glapion, auch Franziskaner, die ,Babylonische Gefangenschaft' als
etwas ganz Neues, dem bisherigen Luther Widersprechendes. Die gleiche
Ernüchterung sahen wir den Dominikaner Johann Faber, den Freund des
Erasmus, durchmachen. —

Zu den Gestalten, an denen man am besten den k i r c h l i c h e n Wert
dieser aufgeschlossenen theologischen Haltung aufzeigen kann, gehört der
in Soest geborene Kölner Johann Gropper (1503—1559). Er war von Haus
aus Jurist. Das theologische Schwanken, das die Verhandlungen zu Augsburg
1530 zeigten, veranlaßte ihn, sich selber die Unterlagen zur Entscheidung
der Fragen anzueignen. Er erwarb sich in kurzer Zeit (ähnlich wie Hosius
und Pflug) staunenswerte theologische Kenntnisse. Er wurde der Mann des
Kölner Provinzialkonzils von 1536, wohl der wichtigsten deutschen vortridentinischen Synode. Er schrieb in seinem Enchiridion eine vollständige
Dogmatik. Er ging gegen die klerikalen Mißstände vor. Und wurde dann
ein Mittelpunkt im Kampf gegen den Versuch seines Herrn, des Hermann
v. Wied, das Kurfürstentum Köln zu protestantisieren. Später leistete er auch
katechetische Arbeit. Er erkannte die taktische Notwendigkeit, gegenüber der
Rührigkeit der Protestanten in populären Schriften, Katechismen, Postillen
und Agenden ein Ähnliches zu tun für die katholische Jugend und den gemeinen Mann. Er erkannte auch, worauf es bei dieser Arbeit wesentlich an-
komme: möglichst die Heilige Schrift reden lassen, nicht eigene Worte
machen! Entsprechend begrüßte und förderte er die großen neuen Kräfte
katholischer Neugeburt, die Jesuiten und das Konzil, in dem auch er schließlich
das alleinige Rettungsmittel erblickte. Dieser Mann gewann sogar die Achtung
des in Glaubensfragen so überempfindlichen und mißtrauischen Paul IV., der
ihm 1555 den Kardinalshut anbot und die Glaubenstreue des Verstorbenen
scharf gegen Verdächtigung in Schutz nahm.

Wenn also dieser unzünftige Theologe von der Hoffnung auf eine Wiedervereinigung so stark bewegt war, daß er zu einem Mittelpunkt der Religionsgespräche wurde, so zeigt seine Lebensarbeit (in welche die Anerkennung der
Trienter Definierung über die Rechtfertigung einzuschließen ist), welch ungewöhnliche kirchliche und religiöse Substanz in der ,Vermittlung' stecken
konnte. Oder vielmehr sie zeigt, wie berechtigt eine neuere Forderung ist,
den Begriff der Vermittlungstheologie genauer als bisher zu fassen. Jedenfalls
muß der Begriff für Gropper und seinesgleichen von der Beschuldigung irgend-
eines unsachlichen Kompromisses freigehalten werden. —

Ein ganzer Kreis von ,vermittelnden Köpfen' sehr unterschiedlicher Prägung
gruppiert sich um die stärkste Stütze, die der Katholizismus unter den Fürsten
hatte, um Herzog Georg von Sachsen. Er hatte schon durch seinen Ausspruch

1519 zu Luther beim Mittagessen seine theologisch unklare Weitherzigkeit bekundet. Bei ihm finden wir (nach Emser und Cochläus) mit Witzel eine ganze Reihe von Staatsmännern, Juristen und Humanisten bis zum herzoglichen Rat Cäsar Pflug, dem ‚treuen Ritter‘ des Herzogs, und dessen Sohn Julius, der erst später Theologe und Bischof wurde. Diese Herren sind — wie die ‚politisch motivierten Vermittler‘ Granvella, Seld, Zasius — nicht durchweg tief vom Dogmatischen gepackt. Sie wollen den Frieden, die Einheit der ganzen Christenheit. Was soll da schon der Unterschied einiger theologischer Formulierungen bedeuten? Besonders wenn in mancherlei Dingen ‚ein Teil der Meinung des andern nicht gründlicher Bericht und Verstand habe‘? Sie sehen das gehässige Mißtrauen aus der Religionsspaltung wachsen. ‚Wenn Leute, die zusammengehören, einander nicht allein nicht vertrauen, sondern sich auch voneinander besorgen, vielleicht auch jeglicher Teil den andern gern bedrückt sehe, wie sollten solche Leute sich ernstlich wider auswärtige Feinde zusammensetzen? ... Nur durch Einigkeit werde vom Reiche Unheil und Verderben abgewendet werden.‘

Freilich, auch unter diesen Männern gibt es gewichtige Unterschiede! Man tut auch Julius Pflug Unrecht, wenn man ihn der wirklichen Vermittlungstheologie zuweist. Julius Pflug ist zwar von humanistischer Verträglichkeit (ähnlich wie Helding und Billick), aber er hält das katholische Dogma fest, wenn es auch nicht zu seinem Hauptinteressenkreis gehört. Die Zugeständnisse, zu denen er bereit ist, berühren nicht das Dogma. Sein Zweck ist, die Kirche gegen den Feind Luther kräftiger zu machen. Daß er die Zugeständnisse von seinem Landesherrn erbittet, beweist nicht mangelnde Kirchlichkeit, sondern nur, wie sehr man auch an intime Eingriffe der katholischen weltlichen Mächte in die kirchliche Sphäre gewöhnt war. ‚Du bist der Mann Gottes. Du entbrennst für die Einheit der Kirche, Du schauderst vor ihrer Spaltung.‘ Das ist kirchlich gemeint, selbst wenn es Witzel ist, der so spricht.

Sogar ein Mann wie Cochläus hatte gelegentlich Grundsätze entwickelt, die denen von Gropper und Pflug entsprechen. Auch seine Tätigkeit war des öftern auf Vermittlung abgestellt.

Ihn wie die andern irenischen Theologen bewegt übrigens nicht etwa nur die Sorge um die Einheit der Kirche und den Glauben, sondern sie gilt auch dem Vaterland. Sie erbringen den Beweis, daß man nicht — wie die erwähnten Juristen der Zeit — ein schlechter Kirchenchrist zu sein braucht, um vollste Sorge für das Vaterland mitzutragen. Wenn wir auch meistens nur den an die Protestanten gerichteten Vorwurf zu hören bekommen, daß sie den Ruin des Landes und Volkes herbeiführen, so vertieft sich bei andern diese Klage nicht unwesentlich. Angesichts des Schmalkaldischen Krieges klagt der in Mainz wirkende Johann Wild über die ehemals stolzen und gefürchteten Deutschen, die nun unter dem Spott des Auslandes sich selbst verderben: ,Gott verzeihe es allen denen, die bisher eine Ursache gewesen sind, daß man sich nicht hat vergleichen wollen und können ... Nun aber will es mir nicht ein, daß ich Christen wider Christen (statt Türken) soll hetzen. ...' Das entspricht der Stimmung des oft genannten Dominikaners Johann Fabri aus Heilbronn, aus dessen weitverbreitetem Buch über die Messe vom Jahre 1555 diese Stelle stammt: ,Seht doch, ihr lieben Brüder, und erkennt es, mit welcher Lehre ihr diese schädliche, jämmerliche Verwüstung und Desolation fördert und pflanzt! Erbarmet euch doch über euer Vaterland, das zu dem Niederfall ganz bereit ist. Sehet, was durch irrige Lehre angerichtet worden sei. ... Fremde Herren, so bisher allen Frieden und alle Wohlfahrt deutscher Nation gehindert, die lieben wir ..., leihen und geben ihnen ...; wir werden zu einem Gespött bei allen Nationen ... Seht, o ihr Brüder, was ihr für einen babylonischen Turm gebaut ... Ich rate Euch aus Herzen, kehret wieder in das große Haus eures Vaters!'

3. Das eigentliche Problem der Vermittlungstheologie der Zeit gründet im Humanismus, näherhin in Erasmus, in seinem Relativismus, in der Bagatellisierung des Dogmatischen. In dem, was man im Ernst katholischen Neubau nennen darf, hat Erasmus keine Stelle. Wir haben seine Bemühungen um die Vertiefung der christlichen Frömmigkeit und die Reinigung der kirchlichen Verwaltung von manchen Mißständen anerkannt. Aber wir sahen auch, daß diese Bestrebungen derart in adogmatische und relativistische Grundhaltungen eingespannt sind, daß von einer katholischen Reform bei ihm eigentlich nicht die Rede sein kann. Insbesondere ist von diesen Grundhaltungen her alles vergiftet, was Erasmus für die friedliche Bereinigung des reformatorischen Streites vorbrachte. Sein Eifer für Friede und Ruhe ist nicht katholisch, nicht einmal mehr eigentlich religiös, sondern relativistisch. Er ist an der Vereinigung der beiden Parteien nur wenig von der Lehre her interessiert. Sein Ideal ist Bildung, nicht Religion. Er vertritt ein spannungsloses, nicht ein hartes ,Sowohl als auch'.

Nur an wenigen Stellen ist dieser Relativismus, und zwar meist als praktische Haltung, in den katholischen Glaubensbezirk in Deutschland eingedrungen. Einmal in der Form des teilweise politisch motivierten Staatskirchentums Karls V., das sich in den Religionsgesprächen, im Interim und bei den genannten Juristen aussprach; sodann in der entsetzlichen Schwäche jener der Theologie unkundigen Bischöfe, die nichts wollten, als ihre Ruhe und ihren Besitz retten. In ihrem Kreis gab es allerdings auch einige dogmatisch heiklere Fälle. Zu ihnen gehört der seltsame Tiedemann Giese, Domherr in Frauenburg, seit 1537 Bischof von Kulm, dann von Ermland († 1550). Seine

Schrift gegen den Zentralpunkt der Lehre Luthers, die Rechtfertigung, hat das Lob erhalten, am entschiedensten und klarsten in der Literatur die katholische These vertreten zu haben. Im Gegensatz dazu aber war er theoretisch und praktisch dergestalt ein wirklicher Mittelsmann, daß ihn Hosius, sein Nachfolger, haarsträubender Häresie beschuldigen konnte. Seinen Neffen hatte er bei Melanchthon studieren lassen, und 1536 hatte er durch diesen Neffen eines seiner Werke zur Durchsicht an Erasmus, dann an Melanchthon gesandt. Für einen katholischen, theologisch gebildeten Bischof in der Mitte der dreißiger Jahre doch wohl ein ungewöhnliches Zeichen dogmatischer Unsicherheit. —

Überall sonst, wo wir bei Bischöfen auf wirklichen Relativismus stoßen, ist die katholische Grundhaltung überhaupt verlassen. Es bedarf keines weiteren Beweises, daß Hermann v. Wied, der Erzbischof von Köln, hierher gehört; ebenso etwa der Brandenburger Bischof Matthias v. Jagow († 1545). Just 1539, in dem Jahr, in dem im Frankfurter Anstand das erste große Religionsgespräch für das nächste Jahr beschlossen war, hat dieser Bischof das Abendmahl unter beiden Gestalten gereicht.

Neben solchen offen übertretenden Männern haben wir die Fülle von ‚noch‘ katholischen Kräften, die aber nicht mehr fest in der Treue zur Kirche wurzeln und deshalb einen unsachlichen Kompromiß begünstigen, ausgesprochen schwankende Geister. Da viele, Laien wie Geistliche, auch Pfarrer, nicht oder nicht mehr klar wußten, welches die reine katholische Lehre sei, begaben sie sich tatsächlich theologisch wie praktisch im Kult und in der Sakramentenspendung in jene unklare Mittellage, die bis ans Ende unserer Epoche die Haltung so vieler kennzeichnet. Der eigentlich theologischen Vermittlung entsprach hier eine praktische derart, daß man viele Pfarrer weder einfach katholisch noch einfach protestantisch nennen kann. Eine Aufteilung nach diesem Schema (katholisch—protestantisch) erfaßt die Lage selbst am Ende der vierziger Jahre in manchen Gegenden nur höchst ungenau. —

Unter den Vermittlungstheologen gibt es solche, die mehrmals das Lager wechselten; wir haben auch einen Mann, wie Jakob Micyllus, der, das ‚cuius regio‘ mit seinen unsinnigsten Folgerungen vorwegnehmend, seine Religion mit dem Orte wechselte. Was wiederum gut paßt zu jenem schon angeführten unglaublichen religiösen Schwanken von Biberach, das geradezu zur Wahl stellte, daß nach rein äußerlichen Zufälligkeiten sein Bekenntnis bestimmt werde: lutherisch, zwinglianisch oder katholisch.

Andere wieder waren jene ausgesprochenen ‚Expektanten‘, die einfach die Bestimmungen des Konzils abwarten und sich erst demgemäß entscheiden wollten. Es gab sie in protestantischen, aber auch sehr zahlreich (nach Morones Zeugnis) in katholischen Gegenden.

Es gab sogar n o c h wendigere Naturen: sie glaubten zugleich Lutheraner und Katholiken sein zu können. 1536 war der Pfarrer des lutherischen Rod a. d. Weil zugleich Pfarrer des katholischen Hasselbach. Er suchte beiden zu genügen, dort durch Predigt, hier durch die Messe. Bei der lutherischen Visitation schob er die Schuld auf die Pfarrangehörigen: die hätten ihn zum Doppelspiel veranlaßt. Er wurde übrigens in seinem evangelischen Amt belassen.

Das überrascht weniger, wenn wir uns daran erinnern, mit welcher Verschleierung mancherorts der Abbau des katholischen Gottesdienstes vorgenommen wurde. Selbst bei der von radikalerem Geist getragenen Reformation in Hessen behielt man anfangs viele katholische Zeremonien bei, seien es lateinische Hymnen, seien es Chorrock und Stola für die Spendung der heiligen Kommunion. Die lateinische Sprache spielte ja zunächst noch allgemein eine große Rolle. Vielfach blieb auch die Ohrenbeichte; manchmal ließ man sogar den Zölibat, das Klosterleben und das kanonische Stundengebet fortdauern, ja auch die Kommunion unter einer Gestalt. (Man ließ auch den geistlichen Bann weiter funktionieren.) Ein junger Pole fand im Mai 1536 in Wittenberg in den Zeremonien nicht viel verändert. Die Elevation der Hostie wurde in Wittenberg erst allgemein 1542 abgeschafft. Ebensolange bestand sie in Thüringen. Melanchthon kam noch 1552 in die Lage, ein Gutachten über die Abschaffung abzugeben. In der Pfalz war man erst anfangs der sechziger Jahre so weit. Die sächsische Kirchenordnung von 1539 sieht für den sonntäglichen Gottesdienst ‚Kyrie eleison‘ und ‚Gloria‘ auf lateinisch vor. An Festtagen sollen auch Präfation, Sanktus und Agnus Dei lateinisch gebetet werden. Eine Meßordnung für Osnabrück 1543 hält sich noch enger an die lateinische Messe. Dazu werden eigens Albe und Meßgewand vorgeschrieben (‚um Anstoß beim Volk zu vermeiden‘), deren Weitergebrauch auch sonst bezeugt ist. Luther hat bei dieser Verschleierung mitgewirkt. Er nahm z. B. Rücksicht auf die Nachbarschaft geistlicher Territorien: da solle man die Zeremonien nicht allzu weit von den altgewohnten entfernen!

Solche Details sind wichtiger, als es zunächst den Anschein haben könnte. Denn das alles ergab, zusammen mit dem wachsenden Priestermangel, eine große Hilfs- und Orientierungslosigkeit; es entstand eine wahre Atmosphäre von praktischem ‚Relativismus‘. Man muß das wohl beachten, um die Vermittlungsaktionen der Fürsten, vorab des Kaisers, in ihrer ganzen Wirkmöglichkeit zu sehen. Ebenso ist erst aus diesem Rahmen heraus die Gefahr der eigentlichen Vermittlungstheologie ganz abzuschätzen. Als Repräsentant dieser Theologie ist eigentlich nur ein Mann zu nennen: Georg Witzel, der Wankelmütige. Er ist auf ‚katholischer‘ Seite das Gegenstück für Capito, wie jener eine Abspaltwirkung von Erasmus, durch Luther befruchtet.

4. Was immer Witzel († 1573) durch Kritik gegen die Neuerung und gegen Übertreibungen des Kurialismus, und was er durch sein Bekenntnis zur Grundstruktur der sakramentalen Papstkirche und durch Aufbauvorschläge und Mitarbeit für ihre Reinigung und für die Schließung des reformatorischen Risses getan haben mag: seine Mittelstellung steht gefährlich außerhalb des katholischen Bereiches. Aber dieses Urteil will genau abgewogen und inhaltlich ausgefüllt sein, wenn man dem Mann nicht Unrecht tun und die Vermittlungsaktionen der Zeit richtig verstehen will. Denn dieser Mann war zu Zeiten ebenso gewiß eine Säule der Kirche.

Georg Witzel hat eine gewaltige Lebensleistung aufzuweisen. Von stärkster Vaterlandsliebe und -sorge getrieben, gilt sein rastloses Arbeiten der Beseitigung des unglückseligen kirchlich-religiösen Zwiespaltes.

Er ist tief von Erasmus angerührt. Er kommt aus dem Erfurter Humanistenkreis. Er war Schüler von Luther und Melanchthon. Er wurde aber doch Priester. Er fiel zu Luther ab. Das Studium der Kirchenväter führte ihn wieder von Luther fort. Aber nur halb zur Kirche zurück. Er will durchaus nicht gemeinsam mit den kirchlichen Vorkämpfern arbeiten, er bleibt bewußt in der ‚Mitte‘; vielmehr er wird eigentlich die ‚Mitte‘.

Als Idealforderung vertritt er die alte Devise: ‚Zurück zur einfachen apostolischen Kirche‘! Darunter versteht er die Kirche etwa des 8. Jahrhunderts mit der Lehre der vier ersten Konzilien. Auf dieser Grundlage ist die Einheit der Parteien herbeizuführen und dann die Reform zu verwirklichen. Sein ganzes Leben gibt er die Hoffnung auf Einigung nicht auf. Von Karls V. Vermittlungsversuchen, besonders vom Interim, ist er begeistert; gegen das Tridentinum ist er erbittert: es macht ihm zu wenig Zugeständnisse.

Witzel illustriert, wie weit die theologische Unklarheit damals bei Katholiken gehen konnte. Er hat sich von Luther weggewandt, weil er in sich den Glauben trägt an die ‚gemeine, überallhin reichende Kirche Gottes (so wir glauben und nennen die katholische), die allweg über die Hunderte von Schismata gesiegt hat, also daß sie noch steht wider die Pforte der Hölle‘. Diese katholische Kirche ist nicht die lutherische. Es ist aber auch nicht einfachhin die römisch-päpstliche, auch da müssen Abstriche gemacht werden. Es liegt zu Grunde die Überzeugung, daß die echte katholische Kirche in sich wesentlich verderben könne, wie es die Theorien des Defensor pacis, Okhams und Gersons voraussetzen. Was denn auch bei Witzel sinngemäß wie bei jenen ergänzt wird durch die Lehre, daß allenfalls nur das allgemeine Konzil die Kirche retten könne. Nicht von ungefähr hat Witzel so nachdrücklich und in seiner besondern Formulierung nach dem allgemeinen Konzil gerufen. Er sah in ihm den ‚einzigen Zufluchtsort für die geschädigte Religion‘.

Er hoffte allen Ernstes, daß es die große Masse der Neugläubigen zur Kirche zurückführen werde.

Eck hat bereits damals Witzel richtig, aber bei weitem nicht voll erkannt. Eck sieht das Gefährliche und Schwächende dieser sachlich ungenügend gestützten Vermittlungsart. So wenig Verständnis er für eine Reihe heilsamer, kritischerer Thesen Witzels besitzt, so richtig signalisiert er die Gefährlichkeit dieses wankelmütigen Mannes. Er hat den erasmianischen Geist erkannt: gewissen Bischöfen gefallen, da sie von Theologie nichts verstehen, Witzels Schriften, und sie wollen ihn bei sich wirken lassen. Sie hören, ,jener halte sich sozusagen an einen mittleren Weg, sei weder entschlossener Papist, wie Faber, Cochläus und Eck, noch ganz ein Lutheraner, so halten sie ihn für den geeignetsten Mann für die Verständigung. Sie denken, man könne über den heiligen Glauben ähnlich verhandeln wie unter Nachbarn über ein Stück Land, wo schiedsrichterliche Ratgeber und freundschaftliche Zuredner ihre Dienste anbieten, diesem etwas absprechen, jenem etwas dazugeben....' Und einem solchen Menschen hat Rom von sich aus eine Pension ausgesetzt! Konnte doch auch erzählt werden, Rom habe ihm Dispens erteilt, verheiratet Priester bleiben zu dürfen. In den vielen Schriften, ,die dieser Mann öfter zur Welt bringt als die Kaninchen ihr Junges', vermeidet er gerade in den Hauptartikeln, in denen die Neuerer die Kirche bekämpfen, seine Meinung festzulegen, mit der einen Ausnahme, daß er den Glauben allein als ungenügend, die Werke als notwendig darstellt. Wenn er — Eck — die arroganten und theologisch ungenauen Schwätzereien, die der oft gewandte Witzel aus der Adagia-Geschwätzigkeit des Erasmus gelernt hat, liest, sieht, hört, ,entbrennt in ihm sein Geist, nicht aus Zorn — Gott ist mein Zeuge —, sondern aus Eifer für den Glauben, den jener ruiniert'. Der Papst darf also nicht nach irgend welchen taktischen Rücksichten entscheiden, sondern als treuer Hirt. Wenn Bischöfe irgend eine fadenscheinige Ausdeutung finden, um einen katholischen Geistlichen verheiratet sein zu lassen, dann werden die treu kirchlichen Fürsten sich fragen, ob die Bischöfe nicht morgen eine andere lutherische These ebenso plausibel finden werden? Würden aber nicht die Katholiken der Meinung zuneigen, jene Bischöfe seien lutherisch?

Eck wittert in Witzel die lutherische Selbstherrlichkeit, die sich um wichtige Bestimmungen der Kirche nicht kümmert. Er vermißt auch den eigentlichen religiösen Eifer bei ihm. Vor allem: die Zweideutigkeit! In seinem ,Gesprächbüchlein' stellt er die Unterredner so auf: Ein Papist, ein Lutheraner und er, der Rechtgläubige! Auf einem Bild sieht man rechts den Papst; aber darunter ist angegeben, worin der dem Luther nachgeben müsse; in die Mitte hat er seine eigene, zusammenkleisternde Meinung hingesetzt, der

Törichte oder vielmehr Arrogante, gemäß der ungenauen Schwatzhaftigkeit, die er bei Erasmus lernte. So etwas ist weder kalt noch warm!

Wenn Witzel als höchstes Ziel Frieden und Einigkeit aufstellt und dieses Ziel mit menschlich ansprechendem Feuer als das Ziel Christi, alter Väter und der Konzilien darstellt, so ist das etwas ganz anderes, als wenn etwa Hosius an demselben Stichwort Luthers Unrecht der Zerspaltung nachweist. Das Formale des Einswerdens steht für Witzel so stark im Vordergrund, daß die Festigkeit des Fundaments, auf dessen Grund die Einheit hergestellt werden soll, darunter leidet. —

Aber es muß ebenso gesagt werden, daß Eck weit davon entfernt ist, die ganze irenische Kraft Witzels und das, was an ihr echt christlich ist, zu begreifen. Eine einzige Einleitungsseite aus Witzels Gesprächbüchlein beweist es. Die Einheit der Kirche und die Einigkeit in ihr ist für Witzel ein wirklich großes Ideal. Mit ergreifender Eindringlichkeit predigt er seine und anderer Sehnsucht nach ihr; mit echtem Feuer kämpft er für ihre Verwirklichung.

Gewiß scheint er sich selbst zu jener Mittelgruppe zu rechnen, die den Papst, die Kardinäle und die Stifter der religiösen Neuerung in Bezug auf Irrtumsfähigkeit auf eine Linie setzen, die weder (wie die einen) in den Papst noch (wie die andern) in Luther verliebt sind, sondern sich an das Evangelium des Herrn halten möchten, in dessen Verständnis sie aber (mit starkem erasmianischem Relativismus!) immer klarer zu sehen gerne bereit sind. Aber wie sehr hat er recht mit der sarkastischen Ablehnung so mancher Übertreibungen des Kurialismus („wo der Papst wie ein Gott angebetet zu werden scheint'), oder gewisser Äußerlichkeiten der Heiligenverehrung oder des gräßlichen Übels der Scheinheiligkeit („diese Art enthält sich lieber vom Fleisch der Kuh als vom Fleisch der Magd'), oder wenn er als eine Wurzel der ganzen schlimmen Lage dies ansieht: „Niemand will sagen, ich hab' geirrt'! Witzel hat die Unabdingbarkeit des Sündenbekenntnisses gepredigt. Das allein schon war ein großes Verdienst um die Kirche und ein rechter Liebesdienst an ihr. Durch das Schuldbekenntnis hindurch hat er mit bedeutender Kraft der Einsicht und des Wollens den Neubau katholisch-kirchlichen Lebens gefordert. Belege sind seine Reformgutachten. Und sie gehören mit zum Wichtigsten, das die Zeit darin geleistet hat.

Denn der Wert eines Reformgutachtens und die Möglichkeit, daß es fruchtbar werden könne, sind noch keineswegs dadurch gesichert, daß es die Einzelheiten des Verderbens sieht und entsprechende Heilmittel vorschlägt. War es doch im 16. Jahrhundert, wie schon vorher oft, so, daß die Schäden sogar zu oft genannt und beklagt wurden; die Klagen waren stereotyp geworden; man wiederholte abgebrauchte Formeln, so daß man an den eigentlichen Sinn, an die traurige Wirklichkeit und Tragweite der Zersetzungen gar nicht mehr ganz herankam. Vielmehr entscheidend für die Qualität der Reformgutachten war jeweils, ob sie aus einem neuen, ursprünglichen Gesamteindruck erwuchsen. Insbesondere, ob der oder die Verfasser durch die Einzelheiten hindurch wirklich erkannten, daß die christliche Existenz fragwürdig geworden war.

Unter den Begutachtern der ersten Hälfte des 16. Jahrhunderts gibt es nun keinen, der hierin Witzel gleichkäme. Er besaß den dazu nötigen gesunden Menschenverstand und eine erfrischende Natürlichkeit, genug innere Freiheit und genügenden Einblick in die Relativität gewisser nicht absoluter Bestimmungen.

Sein Reformgutachten für die Fuldaer Kirche von 1541/42, das übrigens ein in Deutschland wie in Rom vielbeachtetes Reformmandat des damaligen Fuldaer Abtes bewirkte, zeigt gleichermaßen die Sorge, nichts von der Fülle der Lehre der Kirche verloren gehen zu lassen, als auch das tiefe Streben, die alten Werte neu zu sehen und sie wirklich fruchtbar anzusetzen.

Wie lebendig und einfach skizziert er eine Anweisung, der Messe mit Nutzen zu folgen! Er weiß ganz tief darum, daß alles darauf ankommt, den um seiner selbst willen weiter betriebenen religiös-kirchlichen Leerlauf zu unterdrücken. Immer wieder versucht er deshalb das Verständnis der Laien, des ‚gemeinen Christenvolkes‘, zu fördern und es in aller Einfachheit, doch ganz ernst, von innen zu packen und von der Veräußerlichung abzuziehen. Wobei er denn etwa sehr vernünftigerweise den deutschen Liedern und einer vernünftigen Verdeutschung der Messe eine wichtige Rolle zuweist, ‚auf daß die Leutlein doch etwas wüßten, was täglich gesungen, gelesen und gebetet wird‘. ‚Denn wahrlich, wahrlich ist die Not und der Mangel im katholischen Predigtamt so übertrefflich schwer und groß, daß man billig aus allen Stiften und Klöstern heranholen, berufen, senden und bestellen muß alles, was notdürftiglich gelehrt ist. Es soll alles predigen, was predigen kann.... Und sollten gleich etliche Verheiratete oder Laienbürger, die studiert haben, zu diesem sehr notwendigen Werk erwählet und geweihet werden‘ (1548). Das murrende Volk kennt ja einfach die trefflichen Lehren der Kirche nicht. Nicht zuletzt muß die ‚verfluchte Unsorge‘ am Religionsunterricht der Jugend verschwinden; ‚junge Türken zieht man jetzt auf und nicht Christen‘! Und das sind die, die nach uns die christlichen Kirchen führen sollen! Schulen sind die Pflanzstätten der wiedererstehenden Kirche; sie werden es ermöglichen, die Höhe dieses Berges (= die Reform) zu ersteigen. Also muß man begabte Bürgerskinder völlig kostenlos lehren, nähren, kleiden, um aus ihnen Seelsorger, Prediger, Diakone, Sänger, Schreiber zu machen. Nur dafür sorge man, daß sie später ihr Amt nur in ihrem Vaterlande ausüben. Ausgestorbene Klöster gibt es ja genug. Deren Güter finden hier eine würdige Verwendung. Um das Volk mit christlichem Geist zu erfüllen, muß es auch freigestellt sein (weil das ‚ohne Gefahr des Glaubens und der Kirchen ist‘), lateinisch oder deutsch zu taufen. Betet der Pfarrer deutsch (wie auch bei der Letzten Ölung und bei der Trauung), werden vielleicht die Mannspersonen, die jetzt draußen an der Mauer stehen und klaffen, hinein zum Taufbrunnen treten und mit dem Priester um Gnad und Geist bitten. ‚Aber der Satan hat das Eilen erdacht. Der Taufe eine Viertelstund, dem Saufen vier ganze! Darnach achtet man's dafür, es sei alles christlich und wohl ausgericht.‘

Das heilige Altarsakrament muß würdiger behandelt werden, als es jetzt geschieht. ‚Wider sein Gewissen Messe lesen ist schrecklich. Um Geld dasselbe tun, ist noch erschrecklicher. Das allergrausamst ist, mit öffentlicher Fornikation befleckt sein und dies tun.‘ Alle Geldabgaben, die mit kirchlichen Verrichtungen zusammenhängen, müssen freiwillig werden.

‚Des Laien Messe hat als Kern die Sündenerkenntnis vor Gott, Gebet für die großen Anliegen der Seele und der ganzen Christenheit, Christi Leiden und Sterben und Dank an Gott den Herrn, wobei ihm unbenommen sei, zum Altar zu treten und mit dem Priester der heiligen Speis und des heiligen Trankes zu genießen, wenn Du sein ja so sehr begierig bist.‘

Das unwürdige Gebeteplappern und das häßliche Ineinanderschieben der Worte beim Psalmodieren muß verschwinden.

Jahrgedächtnisse sollen für arm und reich gleichermaßen aus brüderlicher Liebe gehalten werden und eine erklärende Predigt haben über die Totenliturgie und den Tod selbst: keinerlei Geldschluckerei sei dabei, ‚auf daß die Spitzvögel nicht mehr schreien dürfen über die Totenfresserei‘.

Zu Grunde liegt hier letztlich eine bemerkenswert tiefe Auffassung von der Kirche. Es berührt so sympathisch, daß Witzel nicht nur den Geistlichen, sondern auch kräftig den Laien ihre Fehler vorrückt, dies aber ohne die Spur einer überheblich pfäffischen Art. Vielmehr erfaßt er die Kirche als das Ganze von Geistlichen und Laien[1], ohne dabei aber das besondere Priesteramt im geringsten anzutasten. Und um beider Heil, innig verbunden, geht es.

Wenn Witzel der Meinung ist, daß ‚in unserm heiligen Christentum fast alles so schrecklicher Weise darniederliegt, daß ihm schwerlich wieder aufzuhelfen sein werde‘, daß zugleich als zwei verdiente Gottesplagen Türkenkrieg und Peststerben die deutsche Christenheit bedrängen, so spürt man gerade durch dieses Bewußtsein hindurch die Unermüdlichkeit seines drängenden Appells, damit doch wenigstens ‚etwas in dem Haus Gottes gebessert und gesäubert werde‘.

---

[1] Für deren karitative Betreuung tritt er in vorbildlicher Weise ein. Er fordert Hospitäler, Siechenhäuser, auch für kranke Dienstboten und für fremde Kranke; für die Dienstboten sollen die Herrschaften testamentarisch sorgen, statt alles den Klöstern und Klausen zu vermachen.

II. 1. Seit Luthers frühen Disputationen im Orden, seit der Leipziger Disputation 1519, seit den vielen Religionsgesprächen der zwanziger Jahre, die je von einer einzelnen Stadt (Zürich, Baden, Nürnberg, Basel) veranstaltet wurden, haben die Versuche, durch theologische Wettkämpfe und einen sie beendenden Urteilsspruch, später durch theologische Konferenzen den Streit aus der Welt zu schaffen, die gesamte Reformationsgeschichte Deutschlands begleitet.

In Abwandlung jener Dispute hatte sich erstmals 1530 auf dem Reichstag in Augsburg und dann 1534 zu Leipzig auf einem Gespräche von Theologen und Staatsmännern des Kardinals Albrecht von Mainz, des Herzogs Georg von Sachsen und des sächsischen Kurfürsten der Versuch durchgesetzt, in größerem Rahmen eine theologische Vergleichung herbeizuführen. Eine Vergleichung will nicht mehr (nur) die abschließende Entscheidung, sondern eine Annäherung. Der Versuch wurde in Leipzig 1539 durch Abgeordnete der beiden Sachsen und des Landgrafen von Hessen erneuert. Butzer und Witzel waren damals beteiligt. Sie umgingen entscheidende Fragen und brachten es so zu einer Reihe von beiderseits gefallenden Formulierungen. Nur daß hier eben nicht die Kirche sprach. Ein Vertreter des kirchentreuen Herzogs Georg etwa durfte seinen Standpunkt so formulieren: ‚Die apostolische Kirche ist durch die Pfaffen und durch den Stuhl zu Rom zur Hure gemacht; an dieser römischen Kirche ist uns nichts gelegen, sie geht uns nichts an.‘ Er wiederholte damit im Grunde nur die Ansicht, die er ein Jahr früher dahin festgelegt hatte, daß des Papstes Macht nicht mehr als nur ein Aufsichtsrecht über die Bischöfe sei, und also entsprechend beschnitten werden müsse.

Eben in diesem Jahre 1539 wurde diesen Versuchen ihre größtmögliche Tragweite gegeben: durch den Kaiser. Wir werden gleich davon hören. —

Auf protestantischer Seite war das Religionsgespräch an sich etwas ganz Natürliches. Es entsprach durchaus dem Ansatzpunkt der Neuerung: der Inanspruchnahme des subjektiven Befindens des einzelnen über den Inhalt der Gewissensreligion. Ganz konsequent wurden auf dieser Seite die tragenden Zentren der Vermittlungsaktion jene Territorien, in denen der undogmatische Standpunkt, als Erbe des humanistischen Relativismus, am stärksten in die Erscheinung trat: das zwinglianistische Hessen. Dann Brandenburg. Für Philipp von Hessen, dem die Politik immer das weitaus Wichtigste gewesen, war dieser Weg längst vorgezeichnet. In Brandenburg wurde er eingeschlagen nach dem Tode Joachims I. 1535, der bis zum Ende im Verein mit den Bischöfen, den meisten Klöstern und der Universität des Landes der unentwegte Beschützer des Katholizismus gewesen war. Seine Arbeit hatte eine solche Tradition geschaffen, daß auch die nun unter dem unreligiösen und kompromißlerischen Joachim II. einsetzende Reformierung (zunächst unter merkwürdig unausgeglichenem, sogar unaufrichtigem Nebeneinander von katholischen Elementen und neuer Lehre) eine vermittelnde Stellung wahren und sie stärkstens im Sinne einer Vergleichung zwischen dem Kaiser und den evangelischen Fürsten ausnutzen konnte. Der Übergang wurde durch die Wahl des Enkels des Kurfürsten zum Bischof von Havelberg, Lebus und Brandenburg vollendet; er führte die Bistümer in die Hand des Landesherrn.

2. Die Religionsgespräche erscheinen historisch als ein gewisser Ersatz für das immer wieder hinausgeschobene und 1539 auf unbestimmte Zeit vertagte Konzil. Ein ‚Tausch‘ von immenser Bedeutung, eine wesentliche Verschiebung der Frage! Die objektive, aus Gott sprechende und befehlende kirchliche Autorität tritt zurück; die menschliche, die Wahrheit suchende, theologische Autorität tritt voran; oberster Leiter aber ist die politische Macht: der Kaiser. Man sieht schnell die entscheidende Konsequenz: die Wahrheit kann nicht mehr als absolut feststehend gelten; sie ist bewußt oder unbewußt in irgend einem Ausmaß Objekt des Verhandelns geworden. Typisch humanistisch-relativistischer Geist und menschlich-irenische Impulse werden vom Kaiser unter dem Beifall katholischer und protestantischer Theologen in die Auseinandersetzung über das Dogma eingeführt und sogar für ein paar Jahre einigermaßen zur Herrschaft geführt.

Was aber überwiegt? Religion oder Politik?

Die Antwort ist nicht leicht, und jede Antwort fordert eine einschränkende Ergänzung. Um den Religionsgesprächen gerecht zu werden, ist in der Tat nichts notwendiger, als daß man sich bewußt werde des vielgestaltigen, keineswegs immer klaren Kräftespiels, das sie trägt, und der verwickelten Problematik, die sie kennzeichnet.

Die Religionsgespräche sind auch Ausdruck des zwischen dem Schmalkaldischen und dem Nürnberger Bund einigermaßen erreichten kirchenpolitischen Gleichgewichts, wie es sich im Frankfurter Anstand vom 19. April 1539 darstellte, und das eine machtpolitische Entscheidung unwahrscheinlich zu machen schien. Man muß bedenken: die vielen Versuche und das vielfältige Geschehen der verflossenen zwei Jahrzehnte hatten die Aussicht auf eine volle, beiderseits genehme Schlichtung immer mehr zurücktreten lassen, sowenig man sich das auch eingestehen wollte. Die Aussicht auf das Konzil war geschwunden! Gewiß, es gab Fürsten, die an eine religiös-kirchliche Schlichtung des Streites noch weniger glaubten als andere, und die darum schon jetzt daran gingen, die Spaltung einfach als gegeben, aber als politisch nebensächlich zu betrachten und deshalb die politischen Abmachungen so zu treffen, ‚als ob wir einicherlei Glaubens weren‘. Anderseits waren die Religionsgespräche auch wieder wie ein letzter Versuch, dem definitiven macht-

politischen Austrag auszuweichen. Was aber nicht ausschließt, daß auch aufrichtig religiöses Suchen nach einer Einigung in ihnen stark zum Ausdruck
kommt. Im Gegenteil, die Religionsgespräche sind gerade von hier aus eine
wahrhaft erschütternde Erscheinung. Nicht in ihrem Einzelablauf, versteht
sich. Wohl aber in ihrem innern Sinn. Denn sie sind inmitten einer schon
unerhört fest gewordenen Zerspaltung der deutschen Kirche, nach einer Fülle
von erbitterten und erbitternden Kämpfen und nach einem mehrfachen Versagen Roms (am meisten durch das Ausbleiben des Konzils) der gegen die
Hoffnung hoffnungsvoll begrüßte Versuch, die unmögliche E i n h e i t doch
noch auf diesem einigermaßen privaten Weg zu retten.

Man muß sich immer wieder klarmachen, was es bedeutet, daß so absolut
kirchen- und papsttreue, religiös und sittlich so wertvolle, um eine durch-
greifendere Reform so verdiente Männer wie Kardinal Contarini und Gropper
(und verschiedene andere ihres Schlages) diesen Versuchen so viel Kraft widmeten. Die Genannten waren höchst bemerkenswerte kirchlich-päpstliche und
religiöse Potenzen, sie wurzelten im Christentum des Gekreuzigten und seiner
Sakramentskirche. Wenn sie offenbar aus innerster Überzeugung einen Ausgleich auf den Religionsgesprächen suchten, so gibt das diesen Versuchen auch
ein ernst zu nehmendes katholisches Gewicht. Es ist nicht an dem, als ob
nur Leute hier mitgemacht hätten, die den Lutheranismus nicht kannten oder
die laue Katholiken waren.

Noch ein anderes muß davon abhalten, die Religionsgespräche Karls V.,
die ihnen zu Grunde liegenden Tendenzen und die sie begleitenden praktischen Vorschläge für unkirchlich zu erklären: die Haltung der Kurie!
Wie wenig klar und einheitlich war sie doch! Man hatte in Rom durchaus
nicht etwa einfachhin die Unvereinbarkeit der beiden Lehrsysteme bereits
erkannt! Wir erinnern uns der Hoffnungen, die man 1530 dort auf eine
mögliche Konversion Melanchthons und des sächsischen Kurfürsten setzte.
Melanchthons schwankende Haltung um 1530/31 gab ja überhaupt Anlaß
zu vielerlei Nachrichten über eine Annäherung der Lutheraner an die Altkirchlichen. Es kamen auch aus den protestantischen Lagern, etwa aus Wittenberg, Berichte von allerhand katholisierenden Rückschlägen: daß etliche Christen nach rechtmäßig, nämlich von katholischen Bischöfen geweihten Priestern
verlangten, die päpstlich gebotenen Fast- und Feiertage hielten. Klemens VII.
selbst war 1531 der Ansicht, man könne den Häretikern sehr wohl Konzessionen machen, wenn sie dadurch zurückgewonnen würden. Er legte 1532 seinen
Theologen die ‚Confessio Augustana‘ zur Begutachtung vor. Eine Verständigung, hieß es, sei nicht unmöglich. Er ließ auch den Kaiser trotz der gefährlichen Haltung der Protestierenden in Regensburg 1532 ersuchen, die Verhandlungen mit ihnen nicht abzubrechen. ‚Wenn jene auch Lutheraner seien,

so seien sie doch immerhin Christen.' Man suchte damals in Rom nach einer
mittleren Linie (Pastor).

Gewiß war dort in diesen Dingen vieles taktisch gemeint. Das Markten war
man dort gewohnt. Klemens VII. bat etwa den Kaiser, bei der Gewährung von
Zugeständnissen deshalb zurückhaltend zu sein, damit der übrigen Christenheit kein Ärgernis entstehe, oder — nicht eventuell andere Nationen für sich
ähnliches verlangten. Immerhin gab die Kurie zu dem ersten Religionsgespräch
irgendwie ihre Zustimmung. Sie gab sie ausdrücklich für dasjenige in Regensburg durch die aktive Teilnahme Contarinis und durch die nachträgliche
Zustimmung zum Interim. Und sandte sie nicht 1542 Morone mit wichtigen,
bisher starr verweigerten Zugeständnissen über Laienkelch, Priesterehe und
Benefizien nach Deutschland, um so die Reunion vorzubereiten?

Die Religionsgespräche der vierziger Jahre sind also politisch motivierte
und orientierte theologische Ereignisse; auf ihnen äußern sich Religion
und Politik, aufrichtige Glaubensüberzeugung und berechnende Taktik. Sie
sind ein In- und Durcheinander, vielfach wechselnd, das einem Wesenszug
ihres eigentlichen Leiters, des Kaisers, entspricht. Was dessen Einstellung
zur Lehre der Kirche anlangt, so betrachtet und bewertet er sie als ein
wesentlich untheologischer Kopf. Sein Katholizismus ist eine Sache der einfach übernommenen Tradition. Trotzdem wird man wohl zugeben müssen,
daß dem Kaiser wenigstens in diesen Jahren der Religionsgespräche der
unersetzliche Wert des unnachgiebigen Dogmas weniger gegenwärtig war.
Die katholische Lehre scheint ihm so einfach und klar, daß sie einer Ergänzung durch Dogmatisierungen kaum bedarf; deshalb würde das Verhandeln auf den Religionsgesprächen über theologische Formeln keine Gefahr
bergen. Das war im Grunde genommen ein Ideal, das nahe an das Erasmianische herankommt, nur daß der Kaiser die Aufklärung des Erasmus nicht
annimmt, sondern durch einen festen Anschluß an die Kirche und ihre sakramentalen Ordnungen ihre Richtung umkehrt und zu einer katholischen
Reform machen will. Der apodiktische Beweis für diesen wesentlichen Vorbehalt liegt darin, daß der Kaiser bei seinen Abmachungen mit den Abgewichenen schließlich immer die Entscheidung des allgemeinen Konzils vor-
behielt.

Dieser Eindruck verstärkt sich, wenn man in Betracht zieht die neben und
mit dem Kaiser arbeitenden und auf ihn einwirkenden Mitarbeiter. Ihr Anteil
an den Religionsgesprächen (Granvella, dazu Naves und Lund) ist bedeutend.
Er reicht eigentlich bis 1526 zurück und wird zu Anfang der vierziger Jahre
so stark, daß man die damaligen Propositionen der kaiserlichen Partei bei
weitem nicht alle einfachhin als Ansichten des Kaisers ansprechen darf.

Als dem großartigen Sieg von Pavia die ‚tödliche' Drohung der Liga von Cognac gefolgt war, erwähnte Karl am 27. Juli 1526 in einem Brief an Ferdinand zum ersten Mal die Möglichkeit, den Protestanten — die Anerkennung des kommenden Konzils vorbehalten — in der Religionssache entgegenzukommen. Dieser Brief geht nach K. Brandi wörtlich zurück auf einen Entwurf Gattinaras. Gattinara aber ist durchaus Vertreter des großen Staatskirchentums. Wir kennen auch seine philosophisch-theologische Grundlage. Er ist Erasmianer und hält die Parteigänger des großen Humanisten für die einzig Vernünftigen, die einzigen, die nicht blind sind im gegenwärtigen Streit zwischen Papst und Luther. Und um ihn gibt es eine ganze Partei von einflußreichen Erasmianern, die auf verschiedenen Wegen das Ohr des Kaisers erreichen oder die Öffentlichkeit bearbeiten.

Eben der Empfänger jenes Briefes, Ferdinand, war es dann, der 1528 in den Verhandlungen mit dem Papst (vor dem Frieden von Barcelona) den Gedanken eines Religionsgespräches vorbringen ließ. S e i n e Theologen waren es, die auf den Religionsgesprächen der vierziger Jahre besonders hervortraten.

Das besagt also, daß die Idee der Religionsvergleichung von ihren Anfängen her stark von erasmianischem Geist (mit der angegebenen Wendung ins Politische) getragen war. Mit dem Religionsgespräch in Regensburg 1541, als Granvella, der Diplomat und Politiker, die Leitung übernahm, wurde diese Haltung zu einem der bestimmenden Elemente im Spiel. Vielleicht lag es am Einfluß Granvellas, wenn der Kaiser damals in theologisch ganz unklarer Weise Kirchenlehre und ‚Mißbräuche' durcheinanderwarf.

Granvella bot den Protestierenden unverblümt eine Religionsvergleichung an, auf Grund derer der Kaiser weder nach dem Papst noch nach den katholischen Ständen viel fragen sollte. Hier tritt jene Haltung nackt hervor, gegen die Eck unbarmherzig angeht: ‚Da ist kein Mittel und helfen keine Worte; wer sich vereinigen will im Glauben mit der römischen Kirche, muß den Papst annehmen und die Konzilien und glauben, was die römische Kirche glaubt. Alles andere ist Wind, und wenn man hundert Jahre disputieren würde.'

3. Ein paar Bemerkungen zum V e r l a u f der Religionsgespräche werden diese verwickelte Problematik noch deutlicher heraustreten lassen.

Bei den Versöhnungsverhandlungen zwischen dem Papst, dem Kaiser und dem König von Frankreich in Nizza 1538 hatte Karl keine Zusicherung über das Konzil von Franz I. erreichen können. Aber es kamen zu ihm eben damals Nachrichten über gewisse Unionsneigungen und Unionsregungen in Deutschland: er durfte sich berechtigt glauben, nun auch seinerseits von seinem anscheinend unfruchtbaren Drängen nach einem Konzil abzulassen und diesen andern Weg zu versuchen. Seine Friedensliebe war damals offenkundig und echt. Am 22. September 1538 schrieb er Ferdinand, ‚er wolle den Protestanten in einzelnen Punkten entgegenkommen, die nicht die Substanz des Glaubens betreffen und kein großes Ärgernis erregen'. Auch die Schmalkaldener kamen 1539 zur Ansicht, daß ein Religionsgespräch vielleicht der einzige Ausweg sein könnte. Zum Entsetzen des Papstes (der aber alsbald durch ein territoriales Entgegenkommen des Kaisers in der Frage von Camerino beruhigt wurde) und unter dem Unwillen der altgläubigen Fürsten bewilligte Karl damals jenen berühmten Frankfurter Anstand am 19. April 1539, den eigentlichen Ausgangspunkt der Religionsgespräche: im nächsten Jahre sollte eine Bereinigung der Religionsfrage durch die grundsätzlich neue Art der von versöhnlichen Theologen zu führenden Vergleichung stattfinden. Es war dasselbe Jahr, in dem in Deutschland Cochläus die Denkschrift der Reformkardinäle, den maßgeblichsten Beweis für den Reformwillen der Kurie, gegen den Unverstand protestantischen Übereifers verteidigte und zugleich in Verbindung trat mit Sadolet und Contarini, den Führern der römischen Reformpartei und Trägern römisch-katholischen Verständigungswillens.

Die Bewilligungen des Kaisers im Frankfurter Anstand lagen durchaus in der Linie seiner versöhnlichen Haltung seit dem Nürnberger Religionsfrieden 1532. Die Linie war lediglich durchbrochen durch das zwar dogmatisch korrektere, aber programmwidrige und eigenmächtige schroffe Fordern des kaiserlichen Vertreters Matthias Held, eines Luxemburgers aus Arlon, auf dem Schmalkaldener Bundestag 1537.

Die Reihe der Religionsgespräche wurde programmgemäß 1540 eröffnet, aber statt in Speyer (wohin das erste ausgeschrieben war) in Hagenau (im Juni). Der Erfolg blieb aus. Es kam im gleichen Jahr (November) zu einer Zusammenkunft in Worms. Die Führung hatte Granvella übernommen. Er sah, daß das politische Werk des Kaisers nach keiner Seite bestehen könne ohne eine Einheit der deutschen Fürsten. Er glaubte anderseits, daß es unmöglich sei, sie machtpolitisch restlos zu bezwingen. Den letzten Keim des Gegensatzes sah er richtig in der Religion. Daraus ergab sich für ihn, für den der Primat des Politischen selbstverständlich war, daß ein Religionsfrieden unbedingt erreicht werden müsse. Die Führung durch Granvella bedeutete mit ziemlicher Sicherheit theologische Unklarheit. Die Zusammensetzung der Deputationen wies nach derselben Richtung. Gab es doch in der katholischen Partei (an Theologen waren da Faber, Nausea, Cochläus, auch Eck) Vertreter von Kurbrandenburg, Kurpfalz und Jülich! Mit solchen ‚Katholiken', die es in Wirklichkeit kaum mehr waren, konnte eine theologisch haltbare Entscheidung nicht wohl erreicht werden. Dies um so weniger, als auch anwesende Fürsten beider Lager persönlich in die Disputation eingriffen.

Mitten in den Verhandlungen wurde das Gespräch nach Regensburg auf 1541 verlegt. Zum dortigen Reichstag erschien der Kaiser persönlich. Er befand sich nunmehr im Frieden mit Franz I. Bei ihm war Contarini als päpstlicher Legat. Karl hatte den protestantischen Städten offenkundige Beweise seines Entgegenkommens gegeben. Jetzt sagte er zum Landgrafen von Hessen, man habe doch ein und dasselbe Evangelium! Vollends das gleichzeitige Religionsgespräch sprach für einen nicht gewöhnlichen Verständigungswillen des Kaisers. Kurz, eine ganze Reihe beruhigender Tendenzen füllen das Bild.

Nur daß sich so viel geändert hatte, seit Karl das letzte Mal — 1530 in Augsburg — persönlich und unmittelbar mit derartigen Auseinandersetzungen bzw. mit den theologischen Auffassungen der Protestanten in Berührung gekommen war!

Die Verhandlungen in Worms hatten anscheinend wenigstens als geheime Nebenfrucht eine Art gemeinsamer Grundlage für Protestanten und Katholiken ergeben durch Verhandlungen zwischen Butzer—Capito einerseits und Gropper—Veltwyg (dem Sekretär Granvellas) anderseits. Als ‚Regensburger Buch‘ wurden jene Sätze nun teilweise Grundlage der Religionsverhandlungen. Es ist von höchster Bedeutung für die kirchliche Bewertung, daß, um es noch einmal zu sagen, die Kurie ihnen nicht fern blieb, sondern sich durch Contarini vertreten ließ. Als Vertreter der deutschen Theologie sehen wir Cochläus und Eck zusammen mit den im Vordergrund stehenden Gropper und Julius Pflug.

Es genügt, Eck anwesend zu wissen, um sich darüber klar zu sein, daß die Verständigungsversuche eine höchst fragwürdige Angelegenheit bleiben würden[1]. Er leistete tatsächlich (zum Ärger Contarinis) ebenso Widerstand wie auf evangelischer Seite Nikolaus v. Amsdorff, der die Vergleichung eitel Betrügerei nannte. Trotzdem kam man in manchen Punkten zu einer Einigung (Urzustand, Erbsünde, Wille). Besonders schien die Annahme der doppelten Rechtfertigung Aussicht auf eine tiefer reichende Verständigung zu gewähren. Aber in den Artikeln, die mit dem katholischen Kirchenbegriff unmittelbarer zusammenhängen (Sakramente, Transsubstantiation, Priestertum, Kirche), blieb man in schroffem Gegensatz zueinander. Es nutzte auch nichts, daß Karl so weit ging, eine Gesandtschaft an Luther zu erlauben, die diesen für die angenommenen Vergleiche gewinnen sollte, und daß man in allen nicht verglichenen Punkten bis zum Konzil sich vertragen sollte. Denn Luther blieb

---

[1] Für Melanchthon, der sich schon 1540 dogmatisch fester gezeigt hatte, genügte das Zusammentreffen mit dem in Regensburg anwesenden Calvin, um von diesem so beeinflußt zu werden, daß ihm seine lutherischen Gegner calvinistische Neigungen nachsagen konnten.

intolerant wie Rom. Beide lehnten ab wie auch die Stände auf dem gleichzeitigen Reichstag. Leider starb Contarini schon im nächsten Jahr.

In Deutschland spitzten sich die Verhältnisse dogmatisch zunächst gefährlich zu. Genau im Gegensatz zur römischen Entwicklung, die durch die 1542 unter Mitwirkung von Carafa und Ignatius eingesetzte römische Inquisition bezeichnet wird, verfügte der Abschied des Reichtages von Speyer 1544 geradezu, daß die Religionsfrage durch Religionsvergleichung auf einem freien deutschen Konzil geregelt werden sollte. Das war anscheinend die offene Drohung mit einem schismatischen Konzil. Bestehen bleibt freilich auch, daß die im Abschied gewählte Formel nicht eindeutig war. Was bedeutete das dort in Aussicht genommene ‚gemeine freie christliche Konzil in deutscher Nation'?

Nun, man scheint die Formulierung absichtlich undeutlich gewählt zu haben. Der Fehlschlag des Religionsgespräches von Regensburg 1541 hatte den Kaiser ernüchtert. Er verstand, daß er zum mindesten nicht mit Religionsgesprächen allein die Lage bereinigen könne. So ging er eben damals definitiv daran, sich machtpolitische Sicherungen zu schaffen.

Nachdem auf dem Reichstag zu Worms 1544/45 die Religionsvergleichung auf ein Jahr hinausgeschoben worden war, kam es 1546 noch einmal zu einem Religionsgespräch, wieder in Regensburg. Moritz v. Hutten, der Bischof von Eichstätt, präsidierte. Während es tagte, starb Luther. Von den katholischen Führern waren Eck und Fabri ebenfalls dahingegangen. Cochläus war von der alten Garde allein. Er saß nun mit dem jüngeren Hoffmeister, mit Billick und dem Spanier Malvenda zusammen. Er witterte Gefahr: wenn die Einigung zustande kam, war es um das Konzil geschehen. Er rückt also an die Stelle Ecks, er ist gegen die Vergleichung. Die Protestanten sind es übrigens, aus andern Gründen, auch; das Gespräch kommt gar nicht zur Entfaltung: der große Versuch der Religionsgespräche endet mit einem offenbaren Mißerfolg. Aus sich heraus, ohne eine in letzter Instanz befehlende Autorität, bleibt der menschliche Geist praktisch unfähig, die geistige Einheit zu bewahren.

Diese befehlende Autorität suchte Karl nun für sein Teil durch die Waffen zu gewinnen. Als Frucht seines Waffensieges wird er 1548 im Interim von sich aus den Religionsvergleich entscheidend durchführen — und abermals scheitern.

Und doch, als er später in Deutschland politisch so vollständig unterlegen war, nach Passau 1552, blieb er der Idee der Religionsvergleichung und Religionsannäherung treu. Sein Glaube, durch geduldige Besprechungen die Zahl der erst 13—14, dann (in Worms) 5—6 unverglichenen Artikel noch weiter herunterzudrücken, wurde nicht zerstört. Man muß auch für diese

letzen Jahre die Frage nicht theoretisch isoliert betrachten, sondern die
ungeheure Wucht des politischen Erlebens mit einsetzen. In dieser Sphäre
schien die volle Umkehrung der reformatorischen Revolution immer noch
möglich, schien die Erfüllung der kaiserlichen Wünsche doch noch kommen
zu wollen. Der Tod Eduards von England machte Maria zur Königin von
England, und Karls Sohn Philipp wurde ihr Gemahl. Stand nicht die volle
Rückkehr des Inselreiches zur Kirche bevor? Würde die nun vollkommene
und erdrückende Umklammerung Frankreichs und des Kirchenstaates nicht
Habsburg doch noch zum unumschränkten Gestalter der Schicksale der Christenheit machen?

Wir wissen, daß auch diese Hoffnung sich nicht erfüllte.

III. 1. Das Streben des Kaisers blieb gleichwohl nicht ganz ohne Frucht.
Konnten seine Religionsgespräche die Einheit der Parteien nicht herstellen,
so ergab sich wenigstens aus dem kaiserlichen Interim (unten S. 270 ff.) eine
hochbedeutsame Reformaktion im altkirchlichen Raume.

Die Forderung des Kaisers an den Papst, daß das Konzil zuerst die Reform
erledigen müsse, war alles andere als nur eine Frage der Geschäftsordnung.
Karl wollte den Neugläubigen den, wie er mit vielen fälschlich meinte, wichtigsten Grund ihrer Abspaltung nehmen. Er verlangte ihre Rückkehr nicht
zur Kirche einfachhin, sondern zur reformierten Kirche. Da das Tridentinum
dieser Notwendigkeit nach Ansicht des Kaisers nicht genügte, versuchte er
— nach seinem Sieg über die Schmalkaldener 1547 (s. unten S. 266/67) —
selbst die Lösung im Anschluß an das Interim mit seiner ,Kaiserlichen Reformationsformula‘, die am 9. Juli 1548 veröffentlicht wurde. In kürzester
Zeit sollte auf Diözesan- und Provinzialsynoden über die Reformschrift gehandelt und sollten ihre Forderungen in die Wirklichkeit überführt werden.
Zusammen mit den erfolgreichen Bemühungen des Kaisers, das siegreiche Vordringen der neuen Lehre am Rhein, in Geldern und Kleve zum Stehen zu
bringen (s. unten S. 251 f.), bildet dieses Reformprogramm einen weiteren beachtenswerten Bestandteil der sich anbahnenden katholischen Neugeburt. —

Wir wissen bereits von den protestantisierenden Tendenzen des Kölner
Kurfürsten und Erzbischofs Hermann v. Wied, der einst Karl V. und dann
Ferdinand gekrönt hatte. Als Anhänger des Wormser Edikts war er früher
ein Verfolger der Neuerung gewesen; katholische Theologen (auch Hoogstraeten) hatten ihm ihre Streitschriften gewidmet und ihn als eifrigen Ver-
ehrer der Heiligen gerühmt. Dann aber war er (theologisch ungebildet) über
eine erasmianische Erweichung zum Luthertum gekommen. Schon seit 1539/40,
also recht bald nach jener für den katholischen Neubau bedeutungsvollen
Kölner Reformsynode von 1536, stand er in Verbindung mit Melanchthon

und besonders mit Butzer. Übrigens war er nie ein geistlicher Mensch gewesen. Er hatte kaum mehr als dreimal zelebriert, — schon deshalb nicht, weil er das Latein nicht beherrschte.

Mit Gropper, der die umgekehrte Entwicklung wie sein Herr durchmachte, arbeiteten den Protestantisierungsplänen entgegen der seit 1535 zum Koadjutor des Erzbischofs ernannte Adolf v. Schaumburg, der trotz allen Umtrieben am Hofe der Kirche die Treue hielt, der für Aufkommen und Ausbau der Reform bedeutsame Karmeliterprovinzial Eberhard Billick[1] und der Kölner Weihbischof Johannes Nopel, der als Prediger in Köln segensreich wirkte und als erster dort gegen Butzer auftrat. Um sie gruppierte sich der Widerstand des Hauptteiles der städtischen Ratsherren, des Klerus und die Universität. Man sieht, was Köln als Zentrum altkirchlicher Kräfte über das schon Gesagte hinaus bedeutete.

Diese Abwehrarbeit wurde in wichtiger Weise ergänzt durch das politische Vorgehen des Kaisers gegen Geldern-Kleve 1543. Und schließlich wurde die Neuerungssucht des Erzbischofs, die diesem die Unterstützung der Schmalkaldener eintrug und ihn damit zu einer Gefahr für die Niederlande machte, auch zu einem Antrieb mehr für den Kaiser, mit Waffengewalt gegen den neugläubigen Fürstenbund vorzugehen (unten S. 252 u. 260).

Hermann wurde zur Abdankung gezwungen (1546), und der Nachfolger Adolf v. Schaumburg kassierte sofort alle Neuerungen; Melanchthon und Butzer mußten ihre Protestantisierungsversuche im Kurstift aufgeben.

Es fragte sich, wieviel Kraft zu neuem Aufbau in dieser Abwehr steckte. Für Gropper ist die Frage bereits beantwortet. Billick war ebenfalls eine wirkliche religiöse Potenz. Und eben diese beiden waren es, die vom Kaiser in Augsburg mit der Abfassung eines Reformvorschlags betraut wurden. Das Resultat war jene kaiserliche Reformationsformel. Was bedeutete sie? Wie wirkte sie?

2. Die kaiserliche Formel war (mit dem Interim zusammen) als grundsätzlich vorläufiger Reformversuch gedacht; vorläufig, d. h. bis das Konzil eine Lösung der Reformfrage von sich aus erreicht haben würde. (Der auf dem Reichstag in Augsburg 1547/48 anwesende päpstliche Gesandte hatte keinen Einspruch erhoben.) Dieser Vorschlag zur Besserung ist nicht zuletzt dadurch wertvoll, daß ihre Verfasser aus dem Versagen vieler bisheriger Ansätze gelernt hatten. Wir sagten es schon: die Klagen über die verschiedenartigen Mißstände waren seit über hundert Jahren eigentlich zu oft lediglich wiederholt, immer wieder nur ausgesprochen worden; sie gehörten zum be-

---

[1] Er hatte teilgenommen an den Religionsgesprächen zu Worms-Regensburg 1540/41, Regensburg 1545, an den Verhandlungen Augsburg 1548, erschien auf dem Trienter Konzil 1551/52, war seit 1556 Weihbischof von Köln, starb 1557.

kannten Bestand wie die Mißstände selbst, so sehr, daß man über sie hinweg-
hörte. Es fehlte zu oft der belebende neue Gedanke und die religiöse Energie.
Klagen wie Verbesserungsvorschläge, auch solche von Synoden und in Diözesan-
statuten, blieben überdies zu sehr an äußerlichen Einzelheiten haften.
Naturgemäß wiederholt auch der kaiserliche Reformentwurf viel Alt-
bekanntes. Angesichts der gleichgebliebenen Zersetzung konnte es nicht anders
sein. Er schloß sogar unmittelbar an die Forderungen des Fürstenausschusses
von Speyer 1526 an, wo nicht die Bischöfe und die geistlichen Stände, sondern
eben jener Ausschuß sich zum Versuch erhoben hatte, die Mißstände auszurotten.

Aber das Reformlibell war anderseits umfassender angelegt als irgend eine
bisherige Denkschrift; es stand auch eine größere, ja höchste Autorität hinter
seinen Bestimmungen, diejenige des Kaisers; und es enthielt mehr Energie
des Reformwillens, als bisher irgendwo in Deutschland offiziell geäußert
worden war. Weit über die Einzelbestimmungen hinaus ist es bedeutend durch
das sich aussprechende Bewußtsein der Gefahr; durch das Bewußtsein, daß
in manchem Katholischen der Sinn des Christlichen verloren und nur die
äußere Form geblieben sei; endlich durch den von da aus bewußt unternommenen Versuch, wieder zur eigentlichen, gesunden Substanz des Katholischen vorzustoßen[1].

Als erstes Ziel wird wiederum richtig angegeben die Besserung des Klerus.
Mit am tiefsten dringt die Frage nach den Beweggründen, die den Kandidaten
zum geistlichen Stande führen. Man findet auch das rechte Mittel gegen die
Übel: die strenge Prüfung vor der Zulassung zu einem Kirchenamt.

Fehlte nur — die Durchführung einer so heilsamen Vorschrift. Die Verfasser des Libells wußten nur zu gut, wie oft ähnliche Vorschläge nutzlos
gewesen waren, weil man die Durchführung zu äußerlich angefaßt hatte!
Es zeugt für die innere reformatorische Kraft, daß gerade darauf der Ton
gelegt wird, die Prüfungen nun wirklich, sachlich und streng durchzuführen.
Unter allen Umständen! So daß keinerlei Dispense oder in Rom käuflich
erworbene Rechtstitel davon befreien könnten!

Für den gesamten Klerus einschließlich der fürstlichen Bischöfe wird der
Begriff des Seelsorgers wieder zu Ehren gebracht, des Sorgers für die mit
göttlichem Blut erkaufte Kirche. Die Häufung von mehreren Pfründen in
einer Hand wird scharf unterbunden. Man ist aber zugleich verständig genug,
eine Aufwertung des Pfründeneinkommens anzustreben, damit der Geistliche
auch anständig von einer Pfründe leben könne: ein wichtiger Versuch zur

---

[1] Besonders erwähnenswert der Vorstoß gegen die Mechanisierung des Betens als Folge
der zu oft wiederholten gleichen Gebetsformeln.

Überwindung des geistlichen Proletariats, jenes großen, fortwuchernden Zersetzungsherdes im kirchlichen Organismus.

Der Befähigungsnachweis des Priesternachwuchses konnte so lange nicht erbracht werden, als der theologische Unterricht nicht wieder ein genügendes Niveau erreicht hatte. Diese Voraussetzung zu schaffen, versuchen weittragende Anregungen des Libells für den gesamten Welt- und Ordensklerus; besonders die Erneuerung des Schriftstudiums wird gefordert: ein Ansatz allergrößter Bedeutung!

Dem ganzen Tenor dieser Schrift entspricht die besondere Hochschätzung der Predigt, die bei jeder Gelegenheit eingeschärft wird. Auch hier werden ausdrücklich die Bischöfe mit einbezogen. Die Aufgabe der Predigt wird rein seelsorgerlich bestimmt. Verletzende Polemik hat zu unterbleiben; wie denn eine ernste Irenik überhaupt ein Kennzeichen der ,formula' ist.

Dagegen zeigen sich an anderer Stelle offenkundig die Grenzen des psychologischen Verständnisses wie der Theologie dieser Reformer: der Gebrauch der deutschen Sprache in der Liturgie wird nicht für nützlich erachtet. Die liturgischen Worte können einfach nicht von jedem verstanden werden. Und ,die Menschen haben im allgemeinen vor dem Unverstanden-Geheimnisvollen weit mehr Respekt als vor dem, was sie ohne Schwierigkeit begreifen'. Im Alltagsdeutsch gespendet, würden die Sakramente zu etwas Alltäglichem. Es genügt, wenn nach alter Gewohnheit bei Taufe und Ehe einiges und am Sonntag das Evangelium mit der Epistel deutsch gelesen werden, und vor allem volkstümlich gepredigt wird. In würdiger Zurückhaltung wird die belebende Wirkung der verschiedenen Segnungen auf das religiöse Leben, aber auch die Grenze ihres Wertes gezeigt.

Dieses seelsorgerlich aufgebaute Leben muß dauernd amtlich kontrolliert werden. Dazu sollen die Visitationen dienen. Und zu diesem Zweck die großartige Forderung: grundsätzlich soll keine Kirche von der bischöflichen Visitation exemt sein, auch die Domkirche nicht. Als noch wichtiger werden die Synoden angesprochen, ,das Heil der Kirche, der Schrecken der Gegner, die Säule des Glaubens'. Und man anerkennt einigermaßen das kirchliche Recht des gemeinen Mannes: es muß den Laien Gelegenheit gegeben werden, ihre Beschwerden anzumelden.

3. Alles kam darauf an, inwieweit diese Gedanken in die Wirklichkeit überführt wurden. Wir kennen die dahin zielenden Bemühungen besonders für den Kölner Bezirk, dem die beiden hauptsächlichen Verfasser angehörten, und in dem überdies die Frage ,Reformation oder Reform?' damals am schicksalhaftesten aufstand.

Es war in Köln nicht so leicht, die kaiserliche Reform klar von den reformatorischen Neuerungen abzusetzen, als es nach dem schon Gesagten den

Anschein haben könnte. Auch hier hatte die neue Lehre ernste, religiös bewegte
Anhänger. Als z. B. die neugläubigen Prädikanten wieder aus Bonn abgezogen
waren, pilgerten noch beträchtlich viele Einwohner der Stadt nach Buschhoven
zur protestantischen Predigt und zum Empfang des Laienkelches. Auch die
katholische Haltung des Kölner Klerus war nicht von vornherein gesichert.
Der Verlauf des Ringens zwischen dem protestantisch gewordenen Hermann
v. Wied und Adolf v. Schaumburg unter Beihilfe der Majorität des Domkapitels belegt das. Es gab im Dekanat Medebach Pfarreien, deren beweibte
Pfarrer mitsamt ihren Pfarrkindern sich schon längst von der Oberhoheit
des Erzbischofs freigemacht hatten. Dagegen stellten sich die s t a d t kölnischen
Pfarrer ausnahmslos hinter die kaiserliche und erzbischöfliche Reformarbeit;
sie gingen mit dem Rat, der Universität und der Majorität des Domkapitels
zusammen. Das bedeutet freilich wieder nicht im geringsten, daß in diesen verschiedenen kirchen- und reformtreuen Schichten des Kölner Klerus sich nicht
viel Bedenkliches gefunden hätte. —

Wie immer hing Entscheidendes von der geistlichen Kraft der Führung ab.
Gropper hatte seine Probe bereits bestanden. Über ihm stand nun auch ein
reformeifriger Erzbischof. Die kirchliche Treue des Adolf v. Schaumburg war
von jeher innerer Überzeugung entsprossen, nicht etwa nur Ausdruck einer
Gegnerschaft des Koadjutors zu seinem regierenden Fürsten und Erzbischof.
Seine antiprotestantische Tätigkeit (die allerdings stark durch seine Kaisertreue beeinflußt ist) wird wesentlich ergänzt durch eine positiv reformatorische,
katholisch aufbauende Tätigkeit.

Eine ernste und sympathische Note erhält seine Arbeit sofort dadurch,
daß er die Grenzen seiner Kraft erkennt. Er will nicht, daß die Reform auf
ihm allein ruhe. Er kennt die Erfolglosigkeit einseitig autoritärer Verordnungen. Demgemäß sollten die gesamten kirchlichen Instanzen der Kirchenprovinz Träger der Neubildung werden.

So berief er alsbald, noch im Herbst 1548, eine Kölner Diözesansynode
und veranlaßte seine Suffragane von Lüttich, Utrecht, Münster-Osnabrück-
Minden, ihrerseits auf Diözesansynoden auf Grund der kaiserlichen Formula
das Reformwerk in Angriff zu nehmen und für die Behandlung auf der
Provinzialsynode reif zu machen.

Die Arbeit des Erzbischofs auf der Kölner Diözesansynode war leicht.
Die Formula wurde einfachhin angenommen. Auch der Regularklerus zeigte
sich der Reform geneigt. Es bestätigt unsere bisherigen Erhebungen, daß sich
am entschiedensten der Prior der Kartäuser, Gerhard v. Hammer, dafür
einsetzte. Leider merkt man kaum etwas von einer schöpferischen Weiter-
bildung.

Selbständiger arbeitete die Synode von Lüttich, das allerdings politisch ganz von Karl abhing. Die Nachprüfung der Kandidaten für Subdiakonat und Priesterweihe wurde hier sofort energisch in die Hand genommen.
Sehr viel anders war man in Utrecht gesinnt. Im Grunde versuchte man dort eine zähe Verteidigung der in klerikalen Vorrechten wurzelnden Mißstände. Vor allem: kein bischöflicher Eingriff in die Exemtion! Nicht einmal zur Prüfung der Weihekandidaten! Hier wagte man es noch, als Grund anzugeben, man werde zu wenig Weihekandidaten finden, die den Sittenforderungen entsprächen. Mit e i n e r Reform ist man einverstanden: man will die pflichtmäßige Anwesenheit beim kanonischen Stundengebet steigern. Aber das Mittel? Die Präsenzgelder sollen erhöht, verdoppelt oder neu eingeführt werden.

Am gründlichsten versagte natürlich der charakterlich minderwertige Bischof von Münster-Osnabrück-Minden, Franz v. Waldeck (1491—1553). Ihn hatte die Schlacht bei Mühlberg und das energische Auftreten des Osnabrücker Domkapitels in Furcht versetzt. Prompt hatte er ,am 12. Mai 1548 vor den Landständen an der Hohen Linde zu Ösede der katholischen Religion Treue und Schutz gelobt'. Er sagte die von der Formula durch den Erzbischof von Köln verlangten Diözesansynoden an und erschien selbst in pontificalibus auf der Herbstsynode in Münster. Sein Ausschreiben wiederholt aber lediglich sklavisch die an ihn gelangten Reformschreiben: keinerlei noch so geringe eigene Anteilnahme läßt sich feststellen. Ganz natürlich bei diesem Mann, der selbst in offenkundigem Konkubinat lebte, dessen innerste Seele gespalten, dessen Wesen Wankelmut und bedenkenloser Kompromiß war, der würdelos zu betteln verstand und schließlich das fand, was er verdiente: die Verachtung beider Lager.

Der klägliche Erfolg seiner Diözesansynoden kann da nicht weiter wundernehmen. Der Bischof hatte so lange die Lutheranisierung geduldet und gefördert: nun machte der Landklerus, der sich schon länger zu den Evangelischen gerechnet hatte, direkte Opposition. Als Bedingung des Gehorsams forderte er Laienkelch und Beibehaltung der Frauen. Sonst würde man die Seelsorge drangeben und mit Weib und Kind auswandern. —

Die Schwierigkeiten der Reformierung äußerten sich erst recht auf dem Provinzialkonzil, das Adolf v. Schaumburg 1549 abhielt. Wie auf vielen Reichstagen die Fürsten, und wie schon auf dem Kölner Provinzialkonzil von 1536, war keines der fünf Kölner Suffraganbistümer durch seinen Ordinarius persönlich vertreten. Die fadenscheinigen Entschuldigungsschreiben wirken niederdrückend.

Es wurden eine Menge Beschlüsse gefaßt gegen den Verkauf geistlicher Jurisdiktion, gegen die Verpachtung inkorporierter Kirchen durch Klöster

und Stifte an Meistbietende, über die Residenzpflicht an Kollegiatstiften und
Abteien, über die Nonnenklöster und die Kanonissen, über die Abstellung
von Mißbräuchen bei der Messe, über die Predigt[1], über Verbesserung des
Breviergebetes, die Verwendung der Armengelder, die Überwachung der Schulmeister, der Spitäler, gegen den Laienkelch, über die pastorale Unterweisung
der Mönche, gegen Simonie.

Aber es meldete sich auch die Opposition. Die Utrechter vor allen. Die
ernsten Versuche, den theologischen Unterricht an der Universität zu heben,
stießen auf eine auffallende Verständnislosigkeit der maßgeblichen Kölner
Instanzen. Und die Stifte, die eigentlichen Gegner der Reform, pochten auf
ihre Exemtionsprivilegien. Sie wollten keine fremde Visitation.

An die Ausführung der Kölner Reformbeschlüsse ging man mit vernünftiger Zurückhaltung heran. Man sah ein, daß man auf längere Sicht arbeiten
müsse und daß die Reform teils kürzere, teils sehr langwierige Vorbereitung
erheische. Die zu haltenden Festtage etwa und die verbotenen oder die augenblicklich zu verwendenden Bücher waren leicht festzustellen und bekanntgegeben. Aber alles, was mit der Prüfung der Personen, Klöster, Kirchen und
Schulen zusammenhing, erforderte Zeit. Am 11. Januar 1550 hatte Gropper
auftragsgemäß ein Visitationsformular für die Äbte, Prälaten und Land-
dechanten als Visitatoren fertig: ‚eine völlig erschöpfende Zusammenstellung
von Einzelfragen über Welt- und Ordensklerus, Hospitäler, Schulen, Lebensweise der Laien, die in späterer Zeit in vielen Bistümern bei Diözesan-
visitationen zu Grunde gelegt wurde'.

Aber trotz allen Vorbereitungen kam die Visitation nicht allgemein in Gang.
Nicht zuletzt deswegen, weil auch hier sinngemäß der große Gegner des innerkirchlichen Lebens seine Forderungen anmeldete: das Landeskirchentum in der
Person des Herzogs Wilhelm von Jülich-Kleve-Berg, der erfolgreich die erzbischöfliche Jurisdiktion und Visitation in seinen Gebieten unterband, um
seinerseits die Kirche und ihre Gerichtsbarkeit ganz in die Hand zu bekommen.

Auch in den Teilen der Erzdiözese, die zum Kurstaat gehörten, kam die
Visitation nur langsam voran. Die Berichte der Dechanten gingen unregel-
mäßig ein; ihr Inhalt war teilweise recht bedenklich.

Der Erzbischof hatte sich auf dem Provinzialkonzil mit eindringlicher
Werbekraft und geschickt für die Ideale der Reform eingesetzt. Der lebendige
Reformtrieb der Kölner, bzw. des weiteren Teilnehmerkreises der Synode
hatte in würdiger Weise reagiert. Ernster Wille war an die Ausführung

---

[1] Die von jedem Pfarrer geforderte Anzahl der Predigten ist für die Städte ungewöhnlich
hoch: für Advent, Fastenzeit und außerdem noch während insgesamt sechs weiteren Wochen
des Jahres tägliche Predigt (auf dem Lande: Montags, Mittwochs und Freitags). — Die
Kontroverspredigten sollen besonderen Geistlichen vorbehalten sein.

gesetzt worden. Adolf v. Schaumburg hatte alles getan, um den Gesamt-
klerus in seine unbedingt religiös-kirchlich gemeinte Aktion einzuspannen,
der Klerus war zum größeren Teil gefolgt. Aber — es ging doch um eine
kaiserliche Reform! Die Arbeit des Erzbischofs sank mit der sinkenden
kaiserlichen Macht und angesichts des beharrlichen Widerstandes vom Niederrhein her. Die vorantreibende Kraft war nicht so stark vom rein Religiösen
her genährt, daß sie die juristisch-politischen Widerstände des Landeskirchentums hätte überwinden können. Nicht zu übersehen ist natürlich, daß außerdem auch diese Arbeit genau so geschädigt wurde, wie es den größeren
politischen Bemühungen des Kaisers so oft durch die Reichsstände ergangen
war: Adolfs Stände waren ohne Opferfreudigkeit, sie feilschten um den
eigenen, kleinen, naheliegenden Vorteil. Sie nutzten die finanzielle Ohnmacht
des Erzbischofs aus. Die Reformarbeit konnte sich nicht zu einem mitreißenden
Schwung entwickeln. —

Tragischerweise wurde außerdem der ernste Kölner Reformwille gerade
1549/50 von Rom aus empfindlich belastet durch die Entsendung dreier Bischöfe
(sie besaßen das Recht der Subdelegation in ganz Deutschland!) mit der so weitgehenden Indultbulle vom August 1549 für abgefallene oder ausgesprungene
und verheiratete Mönche, Nonnen und Weltgeistliche, für Laienkelch und
Fastendispens. Diese Dispense waren wieder einmal Ausdruck der schier unheilbar gewordenen Lage, die man immer noch mit äußeren Mitteln anzupacken versuchte; sie riefen nicht zu Unrecht das Entsetzen Adolfs v. Schaumburg und seiner Theologen hervor. Denn dieses ungewöhnlich weite Entgegenkommen war recht eigentlich eine Desavouierung der ernsten Kölner Reformarbeit. Nicht ohne Grund sprach Adolf dem Papst und seinen Legaten in
Deutschland die nötige Kenntnis deutscher Verhältnisse ab. Tatsächlich war
der Erfolg der Delegation gering. Die Dispense wurden von wenigen begehrt,
die Kirchen leerten sich weiter.

Das ungenügende Ergebnis der Kölner Reformation tritt am schärfsten
im Machtbereich Franz v. Waldecks zu Tage. Er hatte sich 1551, im Anschluß an die Kölner Beschlüsse von 1549, zu einem einschneidenden Reformmandat bequemt. Es war rein äußerliche Mache, der keinerlei innere Umwandlung entsprach, und die nur dauerte, solange die Macht des Kaisers
drohte.

Also wiederum nur Mißerfolg? Doch nicht. Eine eigentliche Wende konnte
von hier nicht kommen, weil der Reformeifer noch zu sehr ohne die genügend
stark brennende Flamme des heroisch Religiösen blieb. Trotzdem ist die
kaiserliche Reformformula von 1548, als Ganzes genommen, eine ungewöhnliche Leistung. Das gleiche gilt von der Kölner Provinzialsynode, dem Stoff

wie dem Ernst nach, der die Verhandlungen und die Auswirkungen beseelte. Der rückblickende Beschauer erkennt eines der Kräftezentren mehr, die vom damals fortdauernden und aufsteigenden katholischen Leben Zeugnis geben, von jenen sich mühsam, aber auch mutig regenden Kräften, die gegen die unendliche Zersetzung angingen und deren Treue schließlich doch belohnt wurde in einer neu werdenden Kirche.

Viertes Buch

Die Entscheidung durch den politisch-militärischen Machtkampf

Erstes Kapitel
Die Außenpolitik wird liquidiert

1. Die innerdeutsche politische Entwicklung hatte im Jahre 1539, so sahen wir, zu einer unmittelbaren Bedrohung der kaiserlichen Position durch den geldrischen Handel geführt (oben S. 72). Wenn den Protestanten dieser Zuwachs gelang, standen die rheinischen geistlichen Kurfürstentümer der kirchlichen Neuerung offen. Westfalen war bereits genügend durch seinen eigenen Bischof bedroht. Die Niederlande würden der Ansteckung unmittelbar ausgesetzt sein. Die Majorität des Kurkollegiums würde protestantisch werden. (Einige Jahre später zeigte sich die Größe dieser Gefahr erst ganz, als Mainz einen neuen Erzbischof und Kurfürsten bekam, dessen Kirchentreue zunächst gar nicht gesichert war.) Vielleicht würde in Deutschland überhaupt kein katholisches Land außer Bayern und dem habsburgischen Hausbesitz übrigbleiben. Denn auch der Herr der Kurpfalz näherte sich den Neugläubigen. Und 1542 fiel schließlich die letzte Stütze des Katholizismus in Norddeutschland: Braunschweig-Wolfenbüttel. Der Landgraf von Hessen und kursächsische Truppen vollzogen die Exekution. Der Herzog Heinrich floh nach Bayern, wo er vergebens auf tatkräftige Unterstützung durch den allmächtigen Leonhard v. Eck hoffte. Bugenhagen führte auch in Braunschweig die Reformierung durch. 1543 fiel endlich ein letzter katholischer Posten, der sich inmitten des allgemeinen protestantischen Vormarsches ringsum so tapfer gehalten hatte, Hildesheim.

Anderseits zeigte sich, daß der Waffenstillstand mit den Franzosen (Nizza 1538) keine sehr große Sicherung des Friedens bedeutete. Frankreich vermittelte zwar 1539 dem Kaiser einen Waffenstillstand mit den Türken, es wurden Heiratsprojekte Frankreich—Habsburg erwogen, die 1540 erneut auftauchten. Aber Karl erkannte schon 1539, daß er die Freundschaft mit Franz I. als gescheitert betrachten müsse. In diesem selben Jahre bereits geniert sich Franz nicht, einen schweren Einfall gegen das flandrische Artois zu inszenieren, und 1540 erneuert er seine Verbindungen in Deutschland an dem für den Kaiser gefährlichsten Punkt: er schließt sich gegen den Kaiser an Kleve an. Er verheiratet seine Nichte, die zwölfjährige Erbin von Navarra, gegen deren Willen, mit Herzog Wilhelm, dem nun Kleve, Jülich, Berg, Geldern gehören sollten.

Ein Hauptstreitobjekt zwischen dem Kaiser und Franz war gerade damals wieder die Lombardei. Und eben jetzt gab Karl dieser Affaire eine höchst gefährliche, abschließende Wendung: er belehnte am 11. Oktober seinen eigenen Sohn Philipp mit Mailand. Der Bruch mit Frankreich war nun ziemlich unvermeidlich. Die Ermordung des französischen Gesandten bei Soliman II. durch deutsche Söldner, das förmliche Bündnis Frankreichs mit Dänemark, Schweden, Schottland, Kleve, und die Unterstützungen, die Franz den Raubzügen angedeihen ließ, die aus Geldern in die Niederlande hinein erfolgten, waren nur die Vorboten. Noch 1541 brach der Krieg des allerchristlichsten Königs los: im Norden, unterstützt von den Dänen und dem geldrischen Kondottiere Martin van Rossem, im Süden gegen Navarra und Roussillon. Im Osten erreichten die Franzosen, daß die Türken nach Zapolyas Tod sich für dessen Sohn gegen König Ferdinand einsetzten; Ferdinands Heer wurde vernichtet, Ungarn türkisch bis zur Theiß, Wien war bedroht. Ein Sturm zerstörte Karls Flotte, als er einen zweiten Zug gegen die nordafrikanischen mohammedanischen Seeräuber wagte. Chaireddin Barbarossa konnte nach Nizza greifen.

Von Bedeutung für die innerdeutsche Lage war natürlich auch das Wachstum des neuen Glaubens außerhalb des Reiches. In Genf begann eben Calvin die Organisierung seines Kirchenregiments. In Schottland führte Knox die Reformation zum Sieg.

Die Fülle dieser letztlich das ganze Reich treffenden Schwierigkeiten stellt die Kurzsichtigkeit und das geringe nationale Interesse der deutschen Territorialfürsten ein weiteres Mal ans Licht. Denn eben diese Lage scheint ihnen gerade recht, um rücksichtslos und gefährlich sorglos eine ganze Reihe kleinerer und größerer Zänkereien unter sich auszutragen. (Teilweise waren Säkularisationen der Anlaß, wie zwischen den beiden Sachsen im Streit um die Bistümer Meißen, Merseburg und Naumburg.) Bayern drängte zwar wie die Kurie den Kaiser zu härterem Vorgehen gegen die Neugläubigen in Deutschland, aber dabei tatkräftig mitzuwirken war es nicht gesinnt.

In diesem Rahmen muß man all jene vielgestaltigen Unternehmungen politischer und theologischer Art sehen, die Karl V. seit dem Frankfurter Anstand 1539 über 1540 bis 1545 hin unternahm. Erst auf diesem Hintergrund wird das seltsame Ineinander von Politik, Religion und Theologie, von ehrlichem Ringen und machiavellistischer Täuschung, erasmianischer Weitherzigkeit und vielleicht großartigem Wagemut ganz sichtbar und einigermaßen verständlich.

2. Eben in jenen Jahren, seit 1539, entstand aber dem Kaiser aus der protestantisch-schmalkaldischen Front selbst eine wichtige Hilfe durch den Landgrafen Philipp von Hessen.

Als dieser Fürst 1537 zusammen mit Melanchthon die Vorlage der sogenannten ‚Schmalkaldener Artikel' sabotierte (oben S. 71), handelte es sich für ihn nicht nur um eine theologische Angelegenheit. Es kündete sich vielmehr eine tiefer greifende Umstellung bei ihm an, die, geschickt geleitet, zu den überraschendsten Ergebnissen, ja vielleicht zu einem völlig verschiedenen Verlauf der weiteren Reformationsgeschichte hätte führen können. Seine ausgesprochene Aktivität als Führer des Schmalkaldener Bundes begann nachzulassen. Mehr noch: er näherte sich dem Kaiser. Im Jahre 1538 hatte er Verbindungen zur Königin Maria in den Niederlanden, des Kaisers Regentin, aufgenommen. Er fühlte sich veranlaßt, zu beteuern, daß der Schmalkaldener Bund rein defensiv gemeint sei. Er erbrachte auch den Beweis, daß es ihm damit Ernst war: er lehnte eine kursächsische Anregung zum Präventivkrieg ab.

Hier liegt der Wendepunkt in der innerdeutschen Kräftegruppierung, die dem Kaiser überhaupt erst die Möglichkeit geben wird, die Lösung der deutschen Frage mit militärischen Mitteln zu versuchen. Denn Philipp hielt den eingeschlagenen Kurs, mit vielen Zweideutigkeiten zwar, durch. Auf dem Frankfurter Tag der Schmalkaldener 1539 war er es, der die Erörterungen über einen Präventivkrieg zu Fall brachte. Zur selben Zeit, da der Kaiser versuchte, Kursachsen von ihm zu trennen, wo die Anhänger des Augsburger Bekenntnisses dazu neigten, sich von dem hessischen Zwinglianer zu lösen, bot dieser sich dem Kaiser an gegen alle auswärtigen Feinde einschließlich Geldern; nur die Deutschen nahm er aus.

Der Kaiser verdarb sich die Möglichkeiten, die hier heranreiften, nicht durch übereifriges Zugreifen. Er ließ die Entwicklung ‚kommen'. Denn Philipp brauchte den Kaiser. Wegen seiner berüchtigten Doppelehe. Persönliche Leidenschaft war zu einer schweren Bedrohung der Reformation geworden. —

Philipp von Hessen war von Vater- wie Mutterseite her für geschlechtliche Ausschweifungen disponiert; sein Vater starb an der Syphilis, seine Mutter nannte man Frau Venus. Obschon er von seiner Frau, der Tochter des Herzogs Georg, zehn Kinder hatte, lebte er doch so gut wie ununterbrochen ein zügellos ausschweifendes Leben. Er gestand selbst, seiner Frau nie länger als drei Wochen die eheliche Treue bewahrt zu haben. Von Gewissensbedenken hierüber ist nichts zu entdecken. Sie werden erst, und zwar von Philipp selbst, in dem Augenblick erwähnt und dann urgiert, als sich seinem sinnlichen Begehren in einem Falle ernste Schwierigkeiten entgegenstellten. Die von Philipp begehrte Tochter einer Hofdame seiner Schwester, Margarete von der Saale, und deren Mutter verlangten eine regelrechte Trauung, also eine Doppelehe. Philipp ging auf den Plan ein. Er war nicht religiös. Seit 15 Jahren hing er nun der neuen Lehre an. Er hatte gelegentlich an den theologischen Auseinandersetzungen persönlichen Anteil genommen. Aber nur einmal hatte ihn Krankheit dazu gebracht, das Abendmahl zu empfangen. Jetzt aber tauchen prompt die frommen Erwägungen auf: die von Luther so vielfältig wiederholte Behauptung vom schlechten Gewissen der Mönche und Geistlichen, die in Sinnlichkeit verfielen, weil sie nicht heiraten dürften; oder das Wort, das Luther ihm 1526 geschrieben: jemand könne aus N o t mehrere Frauen halten; und das Wort Pauli: ,besser heiraten als brennen'. Luther hatte ja auch in der ,Babylonischen Gefangenschaft', als er über das Sakrament der Ehe schrieb, geurteilt, Bigamie sei besser als Scheidung. Ähnlich hatte Melanchthon 1531 den Fall des Königs Heinrich VIII. gedeutet: ,er könne, ohne sein Gewissen irgendwie zu belasten, sich Nachkommen verschaffen per polygamiam, d. h. er könne, ohne die andere Frau zu entlassen, eine zweite nehmen.' Butzer hatte ähnlich entschieden: die Nebenehe sei nirgends in der Bibel verboten. Übrigens, schon ganz früh, um 1522, scheint den sechzehnjährigen Philipp in Luthers Predigt die neue Auffassung über das Recht des Menschen, Befriedigung seines geschlechtlichen Triebes zu verlangen, besonders beeindruckt zu haben.

Margaretens Mutter hatte die Bedingung gestellt, daß die Eheschließung unter Beisein von gewichtigen Zeugen aus ihrer und des Fürsten Verwandtschaft und der führenden Theologen Luther, Melanchthon und Butzer geschlosssen würde. Butzer stand gesinnungsmäßig den Auffassungen des Landgrafen am nächsten. Er wurde für den Plan gewonnen und übernahm es, die Wittenberger Theologen herüberzuziehen. Man müsse aber die Sache geheim halten, des Ärgernisses wegen. Es wirkt widerlich, wie der schwache Butzer den peinlich unsauberen Freundschaftsdienst, den er dem Landgrafen erweist, mit den schon allzu geläufig gewordenen frommen Formeln zu begründen versucht. Warum soll die Sache geheim betrieben werden? ,Um Gottes Lob reichlich zu fördern. Der Herr Jesus gebe seine Gnade. Amen.' Ebenso heuchlerisch wirkt die Begründung Philipps in seinem Gesuch an die Wittenberger. Er, der sonst Skrupellose, bekommt es auf einmal mit der Angst, er könne in seinem jetzigen Ehebruch und seiner jetzigen Unzucht, die er bekennt, im Kriege fallen und also zum Teufel fahren. Das Heilmittel: eine zweite Ehefrau! Die Worte vom ,fröhlichen Gewissen' und dem ,Evangelium' sind damals skrupellos mißbraucht und besudelt worden. Was eine Kraft war, wurde tief verdächtigt und also entwertet. Man fragt sich, wo der größere Mangel an christlicher Haltung vorliegt: bei so vielen Fürsten der Zeit, die ohne Bedenken ihren Hurereien nachgingen, oder bei den vorgetäuschten Gewissensnöten des Landgrafen? Einen Betrug durch erheuchelte Frömmigkeit wird den ganzen Handel sehr bald auch der zunächst darauf hereinfallende Melanchthon nennen.

Philipp wollte von den Wittenbergern ein schriftliches Zeugnis, daß ihm die Doppelehe christlich erlaubt sei. Die Ehe solle heimlich sein, aber dann allmählich publiziert werden. Er würzte übrigens seine Bitte mit politischen Drohungen: er könnte sich eventuell veranlaßt sehen, sich an den Kaiser zu hängen. Was er ja bereits tüchtig vorbereitete, wie wir sahen.

Die Auskunft der Wittenberger, d. h. Melanchthons (dazu Luthers Zustimmung), die schon am Tage nach der Anfrage verfaßt wurde (10. 12. 1539), enthielt alle jene Unklarheiten und Unstimmigkeiten, die den Versuch, eine unmögliche Sache aus politischen Gründen mit christlichen Gedanken zu rechtfertigen, belasten mußten, und die bis heute so verschiedenen Auslegungen Anhaltspunkte bieten. Sie betont immerhin, es solle ,kein Gesetz' aufgestellt, sondern eine ,Dispens' erteilt werden. Wenn also Philipp nicht anders Hurerei und Ehebruch meiden könne, so möge er noch ein Eheweib nehmen; das aber müsse heimlich gehalten werden, ,nämlich daß Ew. Gnaden und dieselbige Person mit etlichen vertrauten Personen Ew. Gnaden Gemüt und Gewissen beichtweise kennen'.

Der Kurfürst von Sachsen, den Philipp gleichfalls durch Butzer um Unterstützung gebeten hatte, gab in seiner Antwort der Ermahnung, der ersten Gemahlin treu zu bleiben, etwas mehr Raum; aber schließlich wollte er doch der Meinung der Theologen beitreten, nur müsse die neue Ehe unbedingt der Öffentlichkeit verborgen bleiben.

Der würdelosen Doppelzüngigkeit von Luther und Melanchthon — der Männer, die oft genug den Gegensatz des Neuen Testamentes zum Alten so übertrieben betonten, aber nun einseitig auf das Alte Testament zurückgriffen, um die Polygamie zu erlauben — traten weitere Prädikanten in Hessen an die Seite. Einige andere freilich zeigten sich mutiger als die Führer. —

Die Landgräfin gab ihre Zustimmung, und die Trauung wurde am 5. März 1540 zu Rotenburg an der Fulda vollzogen. Butzer, Melanchthon und der Vertreter des Kurfürsten von Sachsen waren zugegen. Die Trauungsurkunde verkündet wieder, es solle durch diese Doppelehe ,Gottes Ehre gemehrt werden'. Butzer perorierte: ,Der Herr wird helfen, allein daß wir alles um seines Reiches willen tun und leiden.' Als Geschenk bekam Luther vom Landgrafen ein ,Fuder Weins rheinisch'.

Die Sache blieb aber natürlich nicht geheim. Sie bereitete dem Volk und manchen Theologen schweres Ärgernis. Den führenden Theologen brachte sie vor allem Sorgen.

Wie sollte man die Publizität verhindern? Butzer, Schnepf, Brenz und Osiander waren dafür, die Sache abzuleugnen. Butzer stellte diese Forderung ausdrücklich an den Landgrafen selbst. Seine alttestamentliche Begründung dafür und seine Korrekturvorschläge (z. B. Margarete soll sich notariell als Konkubine bekennen, ‚wie Gott solche seinen lieben Freunden nachgegeben habe‘) sind wieder ein übles Gemisch von frommen Redensarten, von Heuchelei und Sophistik bis zur unmittelbaren, gotteslästerlichen Lüge. Lüge?: ‚Die Welt muß oft von Erkenntnis der Wahrheit durch Engel und Heilige abgewandt werden. Des ist die Bibel voll‘.

Luther vertrat leider einen ähnlichen Standpunkt. Der schlaue Landgraf hatte um Luthers und Melanchthons Rat ersucht, was denn nun geschehen solle, da die Sache leider ruchbar geworden sei. Sie möchten wohl bedenken, daß er eventuell gezwungen sein könnte, ihren unterschriebenen Rat vorzuweisen. Luther verlangte die Ableugnung: ‚Was ein heimlich Ja ist, das kann kein öffentlich Ja werden, sonst wären heimlich und öffentlich einerlei, ohne Unterschied, was doch nicht sein soll, noch kann. Darum muß das heimlich Ja ein öffentlich Nein und wiederum bleiben.‘ Eine erschütternde Beweisführung im Munde des oft unerschrockenen Mönches, wie des Entdeckers des ‚reinen Wortes‘, das fordert: ja — ja; nein — nein. ‚Was wäre es, ob einer schon um Besseres und der christlichen Kirche willen eine gute starke Lüge täte?‘ Eventuell wäre er bereit, zu sagen, ‚der Luther habe (im Eherat) genarrt‘! Luthers Verhalten wird endlich in seiner ganzen Unwürdigkeit klar, wenn er behauptet, er wolle handeln, ‚wie Christus im Evangelium (der Sohn weiß nicht von dem Tage) und wie ein frommer Beichtvater; der soll und muß sagen öffentlich vor Gericht, er weiß nichts darum, was er von heimlicher Beicht gefragt wird‘. Als ob es sich um die Anklagen des Sünders Philipp gehandelt hätte, und nicht um die Rechtfertigung eines Schrittes, der eben nicht Sünde sein sollte.

Der, dem man geholfen, Philipp von Hessen, gab denn auch zur Schande der Theologen mit scharfen Nebenhieben auf die ‚heiligen Leute‘ zurück: ‚Hat die Sache im Gewissen vor dem allmächtigen, ewigen, unsterblichen Gott gar keine Not, was liegt dann an der verfluchten, sodomitischen, wucherischen und vollsoffigen Welt? ... Ist Euch so sehr um die Ärgernis des Evangeli zu tun, so fegt den Unflat mit Ernst aus, daß man sieht, daß es Ernst und kein Scherz sei‘. ‚Ich will nicht lügen, denn lügen lautet übel, hat's auch kein Apostel nie keinen Christen gelehrt, ja wohl Christus aufs höchst verboten.‘

3. Doppelehe war nach altem Recht wie nach der in Hessen von Philipp selbst veröffentlichten peinlichen Gerichtsordnung Karls V. ein schweres Verbrechen. Die Absage des Kurfürsten von Sachsen an Philipp für den Fall, daß dieser wegen der Sache vom Kaiser gefaßt werde, und die ungewöhnliche Opposition auch in evangelischen Kreisen zeigten dem Landgrafen die Gefahr, in der er schwebte. Die Annäherung an den Kaiser bot die Rettung, und sie gelang.

In einem Regensburger Vertrag vom 13. Juni 1541 versprach Philipp dem Kaiser Anhänglichkeit an ihn und König Ferdinand; er verpflichtete sich, kein Bündnis mit irgendeiner auswärtigen Macht zu schließen, insbesondere nicht mit Frankreich; vielmehr werde er sich gegen die französischen Abmachungen im Reiche, also im Schmalkaldener Bund, wenden und den Kaiser im Kriege gegen den Franzosen unterstützen; er wolle mitwirken, daß der Herzog von Kleve nicht Mitglied des Schmalkaldener Bundes werde; umgekehrt werde er dem Kaiser in seinen niederrheinischen Ansprüchen (Geldern) beistehen. Dafür sollte der Landgraf des Kaisers Freundschaft und Verzeihung für alles, was er öffentlich und heimlich gegen Kaiser, kaiserliche Rechte und Ferdinand getan hätte, gewinnen. Mit einem Generalvorbehalt, der nun allerdings die eigentlichen Absichten des Kaisers erahnen ließ: ‚es wäre denn, daß von wegen der Religion wider alle Protestanten in gemain Krieg bewegt würde‘. Seinerseits hatte auch der Hesse die Religionssache und die Deutschen ausgenommen.

Dieser Vertrag war nur ein Teil eines umfassenden Planes, den der Kaiser in den Jahren 1541—1544, parallel zur Nivellierungsarbeit der Religionsgespräche, durchführte. Er gewann nämlich nicht nur den Landgrafen von Hessen, sondern auch den Kurfürsten Joachim von Brandenburg und den Herzog Moritz von Sachsen, den Schwiegersohn Philipps, für sich. Auch Joachim sagte Hilfe gegen Frankreich und Kleve zu und wollte sich außerdem dem Schmalkaldener Bund versagen. Der streng katholische Kaiser zahlte allerdings ein hohes Lösegeld: er bestätigte dem protestantischen Kurfürsten die von ihm erlassene Kirchenordnung! — Außerdem gewann Karl noch den Pfalzgrafen Wolfgang, den Markgrafen Hans von Brandenburg-Küstrin (Bruder des Kurfürsten von Brandenburg) und den Markgrafen Albrecht Alcibiades von Brandenburg-Culmbach (1543), von dem wir noch viel hören werden.

Diese Abmachungen sind Ereignisse erster Ordnung. Sie waren geradezu eine Lahmlegung der Schmalkaldener und der Beginn der Liquidierung der Außenpolitik. In ihnen war nichts weniger als die Möglichkeit der späteren Niederlage des Schmalkaldener Bundes, also der Reformation, in Deutschland gegeben. Sie sind ein hoher Beweis für des Kaisers politisch-strategische Fähigkeiten. Politisch, kirchenpolitisch und theologisch hat er die kommende Schlußabrechnung mit den Neugläubigen in meisterlicher Weise auf breitester Basis vorbereitet. Freilich: das Meisterstück leistete er großartig; aber die Schüleraufgabe nach dem Sieg wird er verfehlen. Und damit den Sieg verlieren.

4. All diese Dinge mitsamt dem Spiel der Gegenkräfte fanden ihren sichtbarsten und für den Ablauf der Geschichte in Deutschland bedeutsamsten Ausdruck auf dem Reichstag des Jahres 1541 in Regensburg, auf dem jene Verträge mit dem Hessen und dem Brandenburger zustande kamen. Der Kaiser zeigte eine ganz ungewöhnliche Friedfertigkeit. Entgegen einem Vorschlag der bayrischen Herzöge erklärte er eine kriegerische Niederwerfung der Neuerung für unnötig. Die katholischen Stände drängten zwar mit Ungestüm auf eine Sanktionierung des Abschieds von Augsburg 1530, aber der Kaiser reagierte anders. Die schwere Türkennot, die Vermittlungsvorschläge seiner Räte und das Drängen des Kurfürsten von Brandenburg führten zu jener bisher unerhörten (und den katholischen Ständen nicht mitgeteilten) unklaren Geheimdeklaration vom 29. Juli, die den etwas festeren Abschied des Reichstages ganz zu Gunsten der Protestanten erweichte.

Der Abschied bestimmte: Der Nürnberger Friedstand solle gelten entweder bis zu einem Generalkonzil oder einem Nationalkonzil oder, wenn sie nicht zustande kämen, bis zu einem Reichstag. Das war bereits eine Aufhebung der Augsburger Bestimmungen. Die geheime Deklaration aber sagte den Anhängern der ‚Confessio Augustana‘ und ihren Predigern auch in altkirchlichen Gebieten Schutz zu; ihren Fürsten wurde nichts weniger als eine ‚Christliche Reform‘, d. h. protestantische Reformierung von noch katholischen Klöstern und Stiften, die ‚hinter gelegen‘, d. h. landsässig seien, versprochen. Selbst der Beitritt des Kaisers zum Nürnberger Bund der katholischen Stände, der nun endlich nach drei Jahren des Zögerns erfolgte, fügt sich diesem Bilde ein. Denn er brachte dieser Vereinigung keine eigentliche Stärkung zu; war doch festgesetzt worden, daß kein Mitglied einen der Protestierenden mit Krieg überziehen dürfe!

Für all jenes Entgegenkommen in der Deklaration wurde von den protestantischen Ständen die Türkenhilfe gewährt, die sich so schlecht bewährte. Schon im nächsten Jahre sah sich Ferdinand gezwungen, gegenüber der Opposition der protestantischen Fürsten, welche die unmittelbare Bedrohung Österreichs, und also Deutschlands, rücksichtslos ausnutzten, jene Deklaration auf fünf Jahre zu verlängern. Und 1543, auf dem Reichstag zu Nürnberg, lehnten die Protestanten die im Abschied bestimmte Türkenhilfe wieder in einem förmlichen Protest ab. —

Eben in diesem Jahre 1543 erachtete Karl die Vorbedingungen für eine definitive Bereinigung der politischen Lage als gegeben. Frankreich hatte seinen Sturm gegen die Niederlande entfesselt und sich mit Kleve verbunden. Aber die Rüstungen für den Kaiser waren längst und umfassend in Angriff genommen. Die politische Situation sollte sich binnen kurzem zum sovielten Male ändern. Diesmal wieder zu Gunsten Karls, der nun 1543 zum letzten Male, und jetzt für zwölf Jahre bis zum Ende seiner Regierung, nach Deutschland zurückkehrte. In sein Schicksal.

Der Knoten war geschürzt. Die überlegene Zähigkeit des Kaisers hatte seine und Ferdinands offenbare Machtlosigkeit durch die gierige Raffsucht der Fürsten hindurch überstanden. Die Entscheidung sollte endlich fallen. Mit der Niederwerfung Kleves fing der Kaiser an.

5. Die Vereinigung Gelderns mit der Kleveschen Erbschaft in der Hand des Herzogs Wilhelm wurde von deutschen Fürsten beider Lager unterstützt. Anderseits reichten die habsburgischen Bemühungen, Geldern mit den Niederlanden zu vereinigen, schon ins vorige Jahrhundert zurück; die Abtretung war dem Kaiser verschiedentlich durch Vertrag zugesichert worden; sie war geographisch, von den habsburgischen Niederlanden aus gesehen, eine unabweisbare Notwendigkeit (als Schließung einer offenen Einbruchstelle); am wenigsten konnte Karl, der konsequent den Ausbau der niederländischen Besitzungen zu einer abgerundeten Einheit anstrebte, auf diesen Punkt des habsburgischen Programms verzichten. Im Jahre 1541 hatte er durch eine jener ausgefallenen, aber für ihn kennzeichnenden Kombinationen die Lösung versucht. Durch eine politische Heirat sollte die klevesche Gefahr in eine Stärkung der kaiserlichen Position umgewandelt und dabei noch der Schmalkaldische Bund gesprengt werden: Kursachsen hatte eine Erbverbrüderung mit Jülich-Kleve, dessen Herzog ja Schwager des Kurfürsten war. Dadurch war Sachsen an der politischen Gestaltung am Unterrhein direkt interessiert, was, zusammen mit den Reformierungsgelüsten des Herzogs Wilhelm, der klevisch-geldrischen Frage erst ihre ganze Schwere gab. Karl hatte also 1541 an eine Heirat des kursächsischen Kronprinzen mit — einer Tochter Ferdinands gedacht. Die Anerkennung der sächsisch-klevischen Erbeinigung hätte dann bedenkenlos erfolgen können.

Natürlich hatte diese Kombination nicht genügende Tragkraft gehabt. Karl hatte sich noch im gleichen Jahr 1541 zu einer solideren Lösung entschlossen. Er hatte seiner Schwester Marie angekündigt, daß er in zwei Jahren nach den Niederlanden zurückkommen werde, um die geldrische Sache mit den Waffen zu lösen. Seine damalige Diagnose der Lage hatte sich nunmehr als richtig erwiesen. 1543 langte er, von Italien kommend, den Rhein hinunter über Bonn, vor Düren an. Der Herzog von Kleve hatte den furchtbaren Ansturm gegen die habsburgischen Niederlande durch den Franzosen von Westen und den geldrischen Van Rossem von Osten hereinbrechen sehen. Auf dem Reichstag von Nürnberg dieses Jahres war die kaiserlich-königliche Macht so ohnmächtig gewesen, daß gar nicht mehr von einer Einheit des Reichstages gesprochen werden konnte. Schon im Jahre vorher, auch in Nürnberg, hatte sich die politische Lösung der Protestanten aus dem nationalen Gesamtverband so weit vollzogen, daß der Vorschlag auftauchen konnte, ein eigenes protestantisches Heer gegen die Türken ins Feld zu stellen. Nun, 1543, hatten sich am Reichstag die zwei Parteien wie zwei fremde Mächte gegenübergestanden, mit denen König Ferdinand nur getrennt verhandeln konnte. Es begreift sich, daß der Herzog von Kleve seine Aussichten für trefflich gehalten und an ein Nachgeben gar nicht gedacht hatte.

Aber nun war der Kaiser zur Vollstreckung angetreten. Seine Abmachungen mit dem Brandenburger und dem Hessen hatten sich trotz Philipps Doppelzüngigkeit als stichhaltig erwiesen. Kleve war nicht in den Schmalkaldischen Bund aufgenommen worden und stand nun allein dem Kaiser gegenüber. Auch die Dänen und Franzosen ließen ihren Verbündeten im Stich. In zwei Wochen war seine Macht gebrochen. Er kam persönlich, sich dem Kaiser auszuliefern. Geldern fiel an Karl. Wilhelm gab seine Allianz mit Frankreich und Dänemark, Karls Feinden, auf. Er trat zur Kirche zurück — und heiratete nach einem Jahr, unter Lösung seiner französischen Verbindung, eine Tochter König Ferdinands.

Die Folgen dieses kleinen Feldzuges waren nicht nur politisch, sondern auch unmittelbar für die Religionsfrage außergewöhnlich: die Reformationsbestrebungen im Westen des Reiches empfingen, wenn nicht den tödlichen, so doch den entscheidenden Stoß. Diese Strebungen und ihre Aussichten hingen trotz der Niederwerfung der Wiedertäufer immer noch an dem heirats- und säkularisierungslüsternen Bischof Franz v. Waldeck, Bischof von Münster, Osnabrück und Minden, und an dem reformatorisch gesinnten Kurfürsten Hermann v. Wied, Erzbischof von Köln. Die Deklaration zum Reichstagsabschied 1541 schien den Weg zur Säkularisierung des Kölner Hochstiftes durch die dort freigestellte ‚christliche Ordnung und Reform‘ zu öffnen. Entgegen den Vorstellungen des Domkapitels[1] und des Stadtrates setzte er die Reformierung seit 1542 ins Werk. Die Predigten von Melanchthon und Butzer, eine von ihnen ausgefertigte Kirchenordnung, die Schlappheit der weltlichen Stände des Landtages und Unterstützungsversprechen von Kursachsen

---

[1] Hier war die Lage umgekehrt wie bei manchen katholischen Fürsten, die sich von lutheranisierenden Räten führen ließen. Die Leitung lag nämlich in Köln nicht bei den feudalen, vielfach protestantisierenden Kanonikern, sondern bei den die Arbeit leistenden kirchlichen Priester-Kanonikern unter Führung Groppers.

und Hessen, bzw. des ganzen Schmalkaldener Bundes, sollten die Sache zu Ende führen.

Eben diese Situation, verschärft durch die Fortschritte der Reformation in Jülich-Berg-Kleve, war durch Karls raschen Sieg zu Gunsten des Katholizismus geklärt worden.

6. Trotz der fürchterlichen Bedrängung Ferdinands durch die Türken und der lähmenden Ausnutzung dieser Not durch die allzu selbstsicheren protestantischen Stände in Nürnberg 1542 und 1543 wuchs die große Konzeption Karls ihrem logischen Ziele entgegen. Das Jahr 1544 brachte die Ernte. Es bedurfte dazu einer verschleiernden Taktik Karls, die von einem gewissen moralischen Makel kaum freizusprechen ist, die das Unmögliche möglich machte: als katholischer Kaiser noch über die Bewilligungen der geheimen Deklaration zum Abschied von 1542 hinauszugehen. Der Weg zum Sieg wurde durch den scheinbar restlosen Verzicht auf eben diesen Sieg erkauft. Karl mußte einfach, mit welchen Mitteln immer, die Hände frei bekommen, um die außenpolitischen Feinde zu binden. Es gelang ihm.

Der Schauplatz des Geschehens ist der Reichstag von Speyer 1544. Karl proklamierte und erwies Frankreich als den großen Feind, derselben Verachtung wert wie die Türken. Dieser Gedanke wog noch immer. Trotz Venedigs und des Papstes gelegentlicher und Frankreichs systematischer Skrupellosigkeit wurde ein Bund mit den Türken im christlichen Abendland immer noch als eine Widernatürlichkeit empfunden. Zwar verteidigte sich Franz I. schriftlich auf dem Reichstag wegen dieses Bündnisses. Aber seine Fadenscheinigkeiten zogen nicht mehr. Karl hatte bessere Waffen. Er konnte den Schmalkaldener Freunden des Franzosen durch einen aufgefangenen Brief dessen Doppelspiel nachweisen: Franz hatte — wenn ihm Mailand überlassen würde — seine Hilfe gegen die Protestanten angeboten. Vor allem: Karl bewilligte in der Religionsfrage einen Reichstagsabschied, der einer vollen Kapitulierung gleichzukommen schien; die protestantischen Fürsten erreichten ihr reformatorisches Säkularisierungsziel. Seinerzeit, als der Reichstagsabschied 1530 nicht ausgeführt wurde, hatte Karl mit den Prozessen vor dem Reichskammergericht geantwortet, die die Säkularisierungen juristisch anfochten. Das alles wurde nun wieder sistiert, die Säkularisierungen wurden anerkannt. Es war eine Preisgabe aller bisher grundsätzlich festgehaltenen Ansprüche. Die eigentliche religiöse Frage endlich, so stipulierte der Abschied, sollte nicht durch Gewalt, sondern durch wohlwollenden ,christlichen Vergleich‘ gelöst werden. Als Rettung erschienen wieder die alten Mittel: freies Konzil, Nationalversammlung oder Reichstag. Daß es ein f r e i e s Konzil sein soll, verdient besondere Beachtung. Nach dem Sprachgebrauch der Neuerer,

für die der Text offenbar berechnet ist, war damit ein päpstlich-altkirch-
liches Konzil nicht gemeint.

Diesen Abschied setzte der Kaiser aus seiner Machtvollkommenheit, weil
die Altgläubigen verständlicherweise dafür nicht zu haben waren. Es ist inhaltlich eine feierliche Wiederholung dessen, was 1541 nur die geheime Deklaration zugesagt hatte, in einer mehr grundsätzlichen Formulierung.

Diesmal zahlten die Stände für die Bewilligungen des Kaisers. Die ermuti-
gende Abkehr aller Stände von den Franzosen hielt durch. Selbst Bayern
versagte sich ihnen. Es wurden 24 000 Mann und 4000 Reiter auf sechs
Monate gegen die Türken bewilligt. Sie sollten als Defensive gleichfalls gegen
die Franzosen zur Verfügung stehen.

7. Es ist nur zu verständlich, daß der Papst diesen Abschied verwarf
(24. 8. 1544). Luther wiederum brauste gerade gegenüber diesem päpstlichen
Einspruch wie gegenüber dem im Dezember vom Papst neu berufenen Konzil
in unflätigstem Grobianismus los: ‚Wider das Papsttum in Rom vom Teufel
gestiftet‘ (1545). In tollem Wirbel folgen sich die Schmähworte über die
Mörder, Erzspitzbuben, Verräter, Lügner, die immerzu zum Teufel fahren
sollen. Dem Papste sein Land zu nehmen, scheint wenig; man müsse ihm
und seinem Hof die Zunge hinten zum Hals herausreißen und wie Siegel an
den Bullen der Reihe nach an den Galgen nageln. Dann könnten sie ein
Konzil halten am Galgen oder in der Hölle unter allen Teufeln. Und weil
das Wort allein Luthers ausbrechende Wut nicht mehr faßte, ließ er die
traurig gemeinen Bilder von der ‚Papstsau‘, der ‚Geburt des Papsttums‘ und
andern groben Verhöhnungen Roms ausgehen.

Es ist in einem bedeutenden Sinn symbolhaft, daß Luthers letzte Arbeiten
vorzüglich noch einmal zu diesem Angriff gegen das Papsttum zurückkehren.
Die Verneinung des Papsttums, d. h. des lebendigen, unfehlbaren Lehr- und
Hirtenamtes, als Ausdruck einer grundstürzend neuen Kirchenidee, war die
geheime, unbewußte Voraussetzung seines innern Umschwungs gewesen, war,
immer noch erst halb bewußt, das innerste Ziel der Ablaßthesen gewesen;
seit dem Juni der Leipziger Disputation war dann der zum Antichrist werdende Römische Stuhl das große und entscheidende Gegenüber geworden.

Aber in einem ebenso beklagenswerten Sinn symbolhaft ist der lebendige
Ausdruck, den Luther seiner Gegnerschaft gibt: es ist der kochende Haß,
der in allem Grobianismus der Zeit nicht seinesgleichen hat, der in seiner
unheimlich leichtfertigen Verzeichnung zur Verdrehung fortschreitet. Damit
hat Luther sein Werk schwer belastet, hat seine großen Ideen, die auch in
diesem Buche vorgetragen werden, wirklich dämonisch abstoßend überschattet.
Der Reformator hatte sich 1541 in der Einleitung zu ‚Hans Worst‘ über die

unflätige Kampfesweise des Braunschweigers gegen den Kursachsen in einer Form beschwert, die für solche Zuchtlosigkeit überhaupt recht behält. ‚Da flucht, lästert, plärret, zerret, schreiet und speiet er also, daß, wenn solche Wort mündlich von ihm gehöret würden, so würde jedermann mit Ketten und Stangen zuläufen als zu einem, der mit einer Legion Teufel besessen wäre, daß man ihn binden und fangen müßte.‘ Unmittelbar vorher hat Luther sich als ‚der furnemesten Lerer einen zu dieser Zeit‘ bekannt. Verpflichtete das nicht ganz anders als der Titel eines Herzogs von Braunschweig-Wolfenbüttel?

Es geht nicht an, derartiges irgendwie zu rechtfertigen. Wer hier nicht einfach, mit Bedauern, ablehnt, schadet seiner und Luthers Sache. Ein vielgelesenes Lutherbuch der letzten Jahre sagt, die Wildheit dieses Buches vom Papsttum habe Luther erfrischt. Von den es zeitlich begleitenden Kampfbildern heißt es: ‚Er macht ein paar Dutzend Verse auf den Antichrist, volkstümlich, grimmig, grob, unflätig.‘ Und die Schlußfolgerung lautet, daß Luthers Papsthaß als stärkste seiner Kräfte aus seinem Leben strahle! (Thiel.) Das ist, scheint mir, eine betrübliche Sprache für jeden Christen, der an der Spaltung leidet. —

Diese Bilder zeigen wieder, bis in welche Tiefe die Atmosphäre der Aussprache vergiftet war, wie also ein klares Sehen des Gegners und seine gerechte Zeichnung erschwert war. Müßte das nicht von selbst die Meinung vorlegen, der Gegner sei von Luther notwendigerweise verzeichnet worden und es sei in der damaligen Kirche viel mehr des Positiven zu finden, als Luther und die Verbreiter seiner Worte damals sehen ‚konnten‘?

8. Karl war sich bewußt, daß es um die Entscheidung ging. Er erweiterte seine Rückendeckung über Deutschland hinaus nach Dänemark. Mit England war er bereits 1543 zu einem Geheimvertrag gelangt. Er hatte nach dem Feldzug gegen Kleve den Winter über gerüstet. Nun mußte die Auseinandersetzung mit Franz kommen. Nachdem schon eine Auseinandersetzung in Norditalien zu Gunsten der Kaiserlichen ausgegangen war, musterte er persönlich sein Heer vor Metz in jener selbständigen und persönlich überlegenen Art, die Butzer an ihm mit so viel Freimut gerühmt hat. Ein siegreiches Vorbrechen gegen die Marne, gegen Paris, währenddessen die Verhandlungen zwischen Kaiser und König nicht abrissen, brachte ihm den Sieg. Der Friede von Crépy krönte ihn. Am 18. September 1544 wiederholte Karl nicht die Fehler des Friedens von Madrid. Er stellte keine territorialen Forderungen an Frankreich. Aber Oberitalien fiel ihm definitiv zu. Die Franzosen wurden von den Türken getrennt und fanden endlich zu ihrer abendländisch-christlichen Pflicht zurück; sie sagten Türkenhilfe zu. Mehr noch: sie wurden

auch von den Protestanten in Deutschland gelöst. Sie verpflichteten sich in einem Geheimvertrag zur gemeinsamen Forderung und Förderung der Kirchenreform durch ein Konzil. Vor allem erklärten sie sich bereit zur Unterdrückung der religiösen Neuerung, und dies eventuell mit den Mitteln der Gewalt. Ein imponierender Erfolg des zäh ausdauernden Kaisers! Sein großes außenpolitisches Ringen war siegreich beendet. Frei stand er als ,sacra caesarea majestas' Ketzern und Ungläubigen gegenüber. Er hatte die Möglichkeit, die deutsche Aufgabe nach seinem Willen zu lösen.

9. Nun wäre das Bild der Kräftelagerung freilich höchst einseitig gezeichnet, wollten wir die Zusagen der Franzosen und des Hessen, des Brandenburgers und des Herzogs von Sachsen für das Ganze nehmen. Auch die Eifersüchteleien und der Mangel an zielbewußter Initiative im Schmalkaldischen Bund besagen nicht, daß man dort den Kampf aufgegeben und dem Verhängnis passiv entgegengesehen hätte. Auch diese Jahre 1544 und 1545 sind gefüllt mit bemerkenswerter, vielfältiger lutherischer Offensive. Der Hesse und der Franzose hörten nicht auf, entgegen ihren Zusagen, gegen den Kaiser zu wühlen. Die Ansprüche des durch die Gewährungen von 1544 gereizten Appetits der Protestanten lassen 1545 in Worms keinerlei Zurückhaltung mehr erkennen. Die Neugläubigen gingen offenbar von der richtigen Erkenntnis aus, daß Angriff die beste Verteidigung sei: sie lehnten erst in allen möglichen Formen das Konzil von Trient ab, verlangten das gleiche vom Kaiser; aber dann durften Hessen und Sachsen, und dann Sleidan und endlich Luther zum bewaffneten Angriff gegen das Papsttum aufrufen, eben in jenem Pamphlet (,Wider das Papsttum in Rom'), das der Kurfürst von Sachsen auf dem Reichstag verteilen ließ.

Die katholischen Stände durchschauten diese Taktik, die angesichts der umfassenden und vielfach gewaltsamen Reformierungen der verflossenen Jahrzehnte eine Umdrehung der Tatsachen bedeutete, aber sie vermochten nichts, da ihre Partei durch das heuchlerische Doppelspiel der bayrischen Politik vollends ihrer geringen Schlagkraft beraubt war. Des Leonhard v. Eck radikaler, rein politischer Egoismus brachte es sogar fertig, ein Hinüberwechseln der Katholiken zu den Lutheranern für vorteilhafter zu erklären als einen Sieg des Kaisers. Denn nach den Protestanten würden dann die Katholiken vom Kaiser verdorben werden. Außerdem starb im Frühjahr 1545 Herzog Ludwig von Bayern. Das bedeutete, daß nunmehr der katholische Bund über keinen einigermaßen führenden Kopf mehr verfügte.

So stand auch das Jahr 1545 im Zeichen der sich ausbreitenden Reformation. Auch Luthers Schmähbuch wider den Papst verrät einigermaßen die Hoffnung, daß es gelingen könne (zusammen mit dem Kaiser), den Papst und das Konzil zu vernichten. Der letzte weltliche Kurfürst, Friedrich II. von der Pfalz, der so lange eine schwankende Stellung eingenommen hatte, trat nun zur Reformation über und auf dem Frankfurter Tag des Schmalkaldener Bundes 1545/46 mit diesem in Verbindung. Hermann v. Wied ersuchte um Aufnahme in den Bund und appellierte gegen Rom (das ihm den Prozeß machte) und gegen die Vorladung des Kaisers nach Brüssel an ein freies Konzil in Deutschland. Den Herzog von Braunschweig-Wolfenbüttel, der sein Land wiederzunehmen versuchte, vertrieben die Schmalkaldener ein zweites Mal; der Herzog wurde zum Gefangenen des Hessen (21. 10. 1545); die braunschweigische Reformation war endgültig.

10. In diesem Zeichen des sich anscheinend vollendenden Sieges des Evangeliums in Deutschland starb Luther in der Nacht vom 17. zum 18. Februar 1546 in seinem Geburtsort Eisleben eines natürlichen und friedfertigen Todes.

Seine Lebensmüdigkeit war außerordentlich gestiegen. ‚Betet ernstlich, daß der Herr meine Seele hinnehme in Frieden. Möge Gott mir ein seliges Stündlein verleihen und mit seinem glorreichen Tage kommen bald, nur bald, ach, recht bald! Amen!'

Er wußte sich ununterbrochen in der Hand Gottes. Zwar schätzt er die Sorge seiner Frau Käthe; aber er fährt sie in Briefen auch in seiner Art an wie früher: ‚Du willst sorgen anstatt Deines Gottes; gerade als wäre er nicht allmächtig, der da könnte zehn Doktor Martinus schaffen, wo der eine, alte ersöffe in der Saale oder im Ofenloch oder auch auf Wolfs Vogelherd. Laß mich in Frieden mit Deinen Sorgen; ich hab' einen besseren Sorger, denn Du und alle Engel sind. Der liegt in der Krippe, aber sitzet gleichwohl zur rechten Hand Gottes, des allmächtigen Vaters' (7. 2. 1546). ‚Ich sorge, wo Du nicht aufhörst zu sorgen, es möchte uns die Erde verschlingen.... Bete Du und laß Gott sorgen! (10. 2. 1546.)

Die letzte Woche vor seinem Tode zeigt eine große Ruhe, ohne die Spur eines Schreckens vor dem Ende. Man darf das freilich bei ihm auch jetzt nicht falsch sublimieren. Gott und das Gebet zu ihm nehmen ihren ordentlichen Platz ein. Aber unvermindert stark ist auch das Interesse für das sehr gelobte Essen und Trinken. Eine Stimmung oder Haltung, die mehr und mehr das Irdische hinter sich gelassen hätte, in tiefen Gedanken oder sehnsüchtigem Harren Gott entgegengegangen wäre nach Art der Heiligen oder auch nach der Art, mit der Luther 1537 in Schmalkalden aus seinem leidenden Leibe erlöst sein wollte, war es nicht. Ganz natürlich gelassen nimmt er die Möglichkeit des Todes in Aussicht und nimmt sie an. Ein ganz ruhiges, wenn der Ausdruck erlaubt ist, ‚natürliches' Gottvertrauen beseelte ihn. Die Todesstunde selbst ist, soweit Luther sich noch äußert, voll kerniger Frömmigkeit.

Auf seinem Tisch fand man auf einem Zettel als letztes Bekenntnis die wahrhaft ergreifende Zusammenfassung, die ich schon einmal zitierte: ‚Wir sind Bettler, das ist wahr!'

Der äußere Sieg der kirchlichen Neugestaltung hatte Luther nicht getäuscht über den sittlich-religiösen Niedergang im Reich mit der religiösen Neuerung und auch als ihre tatsächliche Folge: ganz allgemein hatten die moralische Zucht und der religiöse Eifer stark nachgelassen.

Es hätte ein Wunder geschehen müssen, wenn es nicht so gekommen wäre. Denn dasjenige, was Luthers Tat vor allem und immer wieder und unvergeßlich ins Werk setzte, war die revolutionäre Niederlegung der großen alten Autoritäten. Es war eine unausweichliche Folge, daß viele bald überhaupt frei sein, sich nicht mehr binden wollten.

Allerdings, wenn dies Luthers Werk war, es war nicht das Tiefste und Eigentliche seiner Gedanken: seines Glaubens; und es war das Gegenteil seines Wollens.

Zweites Kapitel

Die Entscheidung durch den Schmalkaldener Krieg

1. Als die Speyerer Zugeständnisse 1544 an die Protestierenden gemacht wurden, lag der Kaiser schon seit 1541 in schwerem Zerwürfnis mit der Kurie. Nicht nur der Kaiser fand es unverständlich, daß der Papst seinem scharfen Tadel gegen Frankreich nicht zustimmen wollte. Der Brandenburger kritisierte: der Papst müsse Franz I. den Titel eines allerchristlichen Königs entziehen. Ferdinand meinte, Paul III. fordere immer dann ein Konzil, wenn ein solches unmöglich sei. Es ist schon so: die innere Tragik der Reformationsgeschichte, von der katholischen Seite her betrachtet, liegt auch in diesen Jahren 1543 und 1544 in dem uns so unverständlichen Versagen des Papstes. Denn seine Neutralität war im Grunde nichts anderes als ‚gierige Familienpolitik‘ (Brandi); in ihrer Auswirkung aber war sie Unterstützung des mit den Türken verbündeten Franzosen, zur selben Zeit, wo nicht nur die Gefahr von Osten her da war, sondern immer wieder Chaireddin Barbarossa Tausende von christlichen Sklaven von den christlichen Küsten des Mittelmeeres fortschleppte. Welch ein Triumph für Luther: ‚Das Neueste ist das Bündnis von Papst, Franzosen und Türken wider den Kaiser‘ (8. 3. 1544)!

Karl V. war entsprechend der Meinung, der Papst werde schwerlich mit gegen die deutschen Neuerer stehen, wenn es einmal hart auf hart gehen sollte. Und doch war ohne eine Bereinigung des Zwistes mit der Kurie eine Neuordnung in Deutschland nach den fehlgeschlagenen theologischen Einigungsversuchen nicht zu denken. Es ist groß, wie Karl durch alle enttäuschenden Bitterkeiten der päpstlichen Politik hindurch zäh daran festhielt, doch noch durch ein Bündnis mit dem Papst die Möglichkeit einer durchgreifenden Aktion im Reich zu schaffen.

Eine weitere Vorbedingung dafür war, daß der Kaiser in Deutschland ohne rückwärtige Bedrohung operieren konnte. Nun hatte aber die Erfahrung vieler Jahre gezeigt, wie sehr Bayern bereit war, aus egoistischer Territorialpolitik heraus eine katholische Lösung der Religionsfrage aufs Spiel zu setzen. Seine Wendung 1544 von den Franzosen weg und zum Kaiser hin war nicht eindeutig gewesen. Leonhard v. Ecks Skrupellosigkeit blieb. Schon 1545,

als ein erstes Mal der Krieg des Kaisers gegen die Protestanten dicht bevor-
stand, gehörte Bayern wieder zu den unsicheren Faktoren der Rechnung. Eck
blieb der Feind Habsburgs und behielt dauernde Fühlung mit Hessen.

Anderseits war Bayern nach der endgültigen Überwindung des Herzogs
von Braunschweig durch die Schmalkaldener und angesichts der Haltung des
Kölner Kurfürsten überhaupt das einzige Land in Deutschland (außer dem
habsburgischen Hausbesitz), in dem der alte Glaube und das alte Kirchenwesen noch ganz in Geltung waren. Nur eine Verbindung mit Bayern konnte
die Rückendeckung für eine kaiserliche Front abgeben.

Beide Bündnisse gelangen dem Kaiser.

Die Schmalkaldener hatten 1545/46 ihre Frankfurter Tagung ganz als
Sieger gehalten. Sie hatten sich für die Sache des Hermann v. Wied stark
gemacht und Franz I. ersucht, mit den Waffen gegen den Kaiser loszubrechen.
Sie würden ihm zu Mailand verhelfen. Auf der weiteren Bundestagung in
Worms ersuchte auch der Bischof von Münster um Aufnahme in den Bund,
wurde freilich nicht angenommen.

Zur gleichen Zeit war das zweite Religionsgespräch in Regensburg eröffnet
worden und ergebnislos verlaufen.

Ab April 1546 tagte der Reichstag in Regensburg. Er war schlechter als
schlecht besucht. Sogar die Gesandten der Fürsten fehlten. Mit innerem Recht.
Denn die Macht der Schmalkaldener hatte sich so gesteigert, daß jede Regelung
im altkirchlichen Sinne ihnen nur mehr mit den Waffen abgerungen werden
konnte. Außerdem hatte der Landgraf von Hessen am 28. März zu Speyer
eine Unterredung gehabt, die ihn von den Kriegsabsichten des Kaisers genügend erkennen ließ: er hat jedenfalls sofort die andern Teilhaber entsprechend beeinflußt.

Bis zu seinem Eintreffen in Regensburg hatte der Kaiser trotzdem seine
Kriegsabsichten zu verdecken gewußt. Er beruhigte im März den mißtrauisch
gewordenen Kurfürsten von Sachsen, und er demonstrierte in kühner Weise
seine Friedfertigkeit vor aller Welt, indem er mit einer nur kleinen Be-
deckung durch das mit gefährlichen Spannungen gefüllte Land zum Reichstag
zog. Erst hier ließ er, nachdem er den Willen der Neuerer, sich ihm zu entziehen, erkannt hatte, nach und nach den Schleier fallen. Es kam zu einer
Reihe ausgesprochener Kriegsverträge gegen die Protestanten.

Am 7. Juni 1546 wurde der Vertrag mit Bayern, d. h. zwischen Kaiser,
Ferdinand und Herzog Wilhelm, gegen die Neugläubigen unterzeichnet.
Er gewährte nur die notwendige Rückendeckung. Eine Verpflichtung zur Teilnahme am Angriff lehnte Bayern ab; es wollte aber Artillerie und Ver-
pflegung stellen; es sollte vor allem neutral und der Vertrag geheim bleiben.

So konnte Bayern seine irreführenden Verbindungen mit Hessen — die aber auch zugleich eine letzte Sicherung für den Fall einer kaiserlichen Niederlage waren — bis in den Krieg hinein aufrechterhalten. Da aber der Kriegszug für den Kaiser gut auslief, bedeutet dieser Vertrag in der bayrischen Politik jene hochwichtige Schwenkung vom katholisch-territorialistischen zum katholisch-kaiserlichen Standpunkt, also — in weiterer Auswirkung — zur habsburgischen Reichspolitik der Gegenreformation. Als Gegenleistung erhielt Bayern die Aussicht auf die pfälzische Kur (für den Fall, daß der mit den Schmalkaldenern verhandelnde Pfälzer den Kaiser mit Krieg überziehen sollte), die älteste Tochter König Ferdinands für Herzog Albrecht und damit die Hoffnung auf einstmalige Nachfolge in Böhmen. —

Die Wendung der Kurie offenbarte sich auf dem Reichstag zu Worms 1545. Sie kam überraschend und einigermaßen stürmisch. In ein paar Tagen, Ende Mai, waren sehr solide Abmachungen des Kaisers mit dem päpstlichen Nuntius Farnese zu einem Krieg gegen die deutschen Protestanten getroffen. Der Nuntius holte sich persönlich in größter Eile in Rom die ausdrückliche Zustimmung des Papstes. Zu den 100 000 Dukaten, die er bereits nach Worms mitgebracht hatte, wurde nochmals dieselbe Summe hergegeben, dazu 12 000 Fußsoldaten und 500 Reiter auf vier Monate, und aus der spanischen Kirche beinahe bis zu einer Million Dukaten bewilligt. Es war ein gewaltiges Angebot. Die Kurie begann sofort mit der Aufstellung des Heeres.

Leider war der Kaiser nicht gerüstet. Der Krieg unterblieb für dieses Jahr. An der Kurie wuchs dadurch das Mißtrauen gegen den Kaiser nicht ganz zu Unrecht; man fragte, ob es ihm mit dem Krieg wohl Ernst sei? Da aber der Papst dafür gesorgt hatte, daß die Abmachungen mit dem Kaiser bekannt wurden, wußten die Protestanten nunmehr, woran sie sich zu halten hatten.

Nach vielen Monaten des Verhandelns, in denen der Kaiser immer wieder auf den Gedanken eines Religionsgespräches zurückgriff, kam es am 6. bzw. 26. Juni 1546 abermals zu einem Kriegsbündnis mit dem Papst. Schon im Juli fertigte Paul III. seine Truppen nach Deutschland ab. Es geschah wie zu einem Kreuzzug. Führer waren die beiden Enkel des Papstes, Alexander und Oktavius Farnese. Kein Zweifel, daß es der Kurie jetzt eindeutig um die Religionssache ging. —

Ein dritter Vertrag endlich krönte das Werk: es gelang dem Kaiser, die schmalkaldische Front in aller Form zu sprengen. Und zwar durch neue Abmachungen mit Herzog Moritz von Sachsen, dem kommenden Mann auf der Seite der Protestanten. Nach vielen Verhandlungen war der Kaiser am 19. Juni so weit, den vieldeutigen Herzog vertraglich festzulegen.

Zum Glück für die kaiserliche Sache hatte der politisch kurzsichtige Kurfürst von Sachsen im März 1545 den gefährlichen Plan des Herzogs Moritz, die Erledigung der Streitigkeiten zwischen dem Kaiser und ihnen durch eine enge Verbindung zwischen Hessen, Kursachsen und Moritz vorzubereiten, abgelehnt; es wäre sonst vielleicht um die geistlichen Reichsstände geschehen gewesen. Aber beide — Kursachsen und Moritz — schielten nach den hochwichtigen Gebieten von Magdeburg und Halberstadt. Der Kaiser setzte jetzt (vertraglich, aber in reichlich unbestimmten Formulierungen) dem Herzog Moritz die Anwartschaft über diese Stifte in Aussicht und erkannte ihm das Recht auf die zu erobernden kursächsischen Lande zu. Er ließ sich aber keinerlei Versprechen wegen der sächsischen Kur entwinden. Die Anerkennung des Konzils war Voraussetzung; aber die Bewilligung von Priesterehe und Laienkelch wurde zugesagt, der Rechtfertigungsartikel anerkannt. Moritz war schon damals ein skrupelloser Machiavellist: zehn Tage nach seiner Ergebenheitserklärung an den Kaiser sprach er seinen Schutz dem Hessen zu.

Auch mit Markgraf Hans von Brandenburg-Küstrin, der wütend war auf den Hessen, weil er seinen Schwiegervater, den Braunschweiger, in Haft hielt, traf der Kaiser nützliche Abmachungen; außerdem wurden am 18. Juni Dienstverträge mit dem fürstlichen Raubritter Albrecht Alcibiades und mit Erich v. Calenberg abgeschlossen.

Es war nun so weit, daß der Kaiser jenen Nachweis antreten konnte, den er 1544 gegenüber der Beschwerde des Papstes über die Speyerer Abmachungen mehrdeutig angekündigt hatte: zu gegebener Zeit werde er einen festen Beweis führen dafür, daß nicht von ihm das Unheil der Christenheit gefördert werde. Als ihn jetzt die Schmalkaldener (die inzwischen auch rüsteten) nach dem Zweck seiner Rüstungen fragen ließen, kam die Antwort: ‚der Kaiser wolle Einigkeit, Frieden und Recht im Reiche herstellen. Und gegen die Ungehorsamen wolle er nach Recht und Autorität handeln.‘

In all seinen öffentlichen Verlautbarungen hat der Kaiser diese Zweckbestimmung festgehalten. Er vermeidet es, die Niederwerfung der Reformation als solcher als Beweggrund und Ziel anzugeben. Nur das wird hervorgehoben, daß gewisse Unbotmäßige die christliche Religion zum bloßen Vorwand für ungerechte Erwerbungen im Reich benutzt hätten. Seinem Sohn Philipp hingegen und der Königin-Statthalterin Maria bezeichnet er die Religion als eigentlichen Beweggrund und die politische Begründung als Vorwand. ‚Schritten wir jetzt nicht ein, so stünden alle Stände Deutschlands in Gefahr, vom Glauben abzufallen.‘ Man kann das nicht ohne weiteres unehrlich nennen. Denn diese Auseinandersetzung war ja doch längst und nicht zum wenigsten durch den Schmalkaldener Bund und in ihm wieder besonders durch Philipp von Hessen, tatsächlich eine höchst reichswichtige politische Angelegenheit geworden. Das freilich konnten die Gegner mit Grund erwidern, daß der Kaiser sich mit seinem jetzigen Verhalten zu seinen Zusicherungen seit 1539, besonders in Speyer, in Widerspruch setze. Sie hätten es mit noch größerem Recht und aktiverem Mißtrauen getan, wenn sie den Geheimvertrag von Crépy mit dem Franzosenkönig gekannt hätten. Das führt zur Frage, wie weit jene Zusicherungen ehrlich gemeint gewesen waren. Man kann wiederum auch sie nicht unehrlich nennen. Denn sonst wäre das Interim 1548 nicht möglich gewesen. Man kann sie aber sehr wohl als absichtlich unklar bezeichnen. Diese Unklarheit war beinahe notwendig mit dem Doppelcharakter der ganzen Lage und ihrer Grundursache gegeben: mit dem unentwirrbaren Ineinander von Politisch und Religiös!

Als der Jesuit Bobadilla 1544 energisch versucht hatte, dem König Ferdinand schriftlich und dem Kaiser durch dessen Beichtvater klarzumachen, welche Tragweite jene Zugeständnisse eigentlich besäßen, war ihm zurückgemeldet worden, das alles werde keine Dauer haben. Man habe so gehandelt, um dem Bürgerkrieg zu entgehen, da man den Augenblick erwarte, wo alles im katholischen Sinne wiederhergestellt werde! Es gibt auch sonst eine Reihe Unstimmigkeiten in den Äußerungen Karls über seine Absichten in diesen Jahren. Dies wird man unbedingt festhalten können: es ging dem Kaiser zutiefst und mit großem Ernst um Frieden und Einheit in Deutschland. Er hatte den Beweis dafür in den vergangenen Jahren unter schwierigsten Verhältnissen vielfach erbracht. Und nach dem siegreich beendigten Krieg wird er ihn abermals durch das Interim erbringen. Der Schmalkaldische Krieg selbst erbringt den gleichen Beweis: er bezweckte nicht eine brutale Vernichtung des ganzen Protestantismus in Deutschland; er sollte vielmehr die Voraussetzung schaffen für eine friedfertige Wiederherstellung der früheren kirchlichen Ordnung. Dieses Rezept war falsch, weil die dogmatische Einsicht schwach war; aber der Wille war gut.

Wenn es darüber hinaus kaum möglich sein dürfte, die innerste Meinung des Kaisers zur deutschen Frage in diesen Jahren 1543—1546 ganz eindeutig festzustellen, dann liegt die Ursache sicherlich nicht zuletzt in der die Religion schädigenden Suprematie des Politischen über das Religiöse bei Paul III. Wenn der Papst nicht erst 1545, sondern seit vielen Jahren eindeutig an der Seite des katholischen Kaisers gestanden und sich, wie man es durchaus als seine Pflicht bezeichnen darf, gegen den Türken- und Protestantenfreund Franz I. erklärt hätte, würden die Fronten viel klarer gewesen sein. —

Der Krieg war unvermeidlich geworden und voll im Kommen. Aber man hatte auf der habsburgischen Seite noch Zeit, die verabredeten politischen Heiraten ausgiebig zu feiern: vom 4. Juli ab die des bayrischen Herzogs mit Ferdinands ältester Tochter Anna, am 18. Juli die des Herzogs von Kleve mit der zweiten Tochter Marie.

2. Vieles, wenn nicht alles, kam in diesem Krieg darauf an, welche Front die bessere Leitung hatte. Auf der katholischen Seite war die Einheit gesichert; der Kaiser allein führte Krieg. Aber bei den Schmalkaldenern herrschte keine Klarheit über Art und Ziel des Widerstandes und über seine Organisation; es fehlten nicht die Eifersüchteleien zwischen Sachsen, Hessen und den Städten. Besonders das Mißtrauen des sächsischen Kurfürsten gegen den Landgrafen wurde verheerend. Philipp allein wäre nach allgemeinem Urteil fähig gewesen, die Protestanten zum Siege zu führen. Dem einzigen gleichwertigen politischen Führer aber, den der Bund neben ihm besaß, Jakob Sturm in Straßburg, wurde nicht annähernd genügender Einfluß eingeräumt. Seine Hellsichtigkeit drang nicht durch. (Granvella hatte seine Aktivität wohl erkannt, er hat sie ihm 1548 vorgehalten.) So kam es, daß das militärische Übergewicht, das die Protestanten zu Beginn (durch schnellere Bereitstellung von Truppen) besaßen, sie nicht vor der Niederlage bewahrte, trotzdem sie auch in der moralischen Kriegsrüstung durch eine Flut von Flugschriften [1] und durch eine recht wahllose Aufstachelung der antirömischen Affekte vonseiten der Prediger [2] weit besser gerüstet waren als die Katholiken. —

Kurfürst Johann Friedrich und Landgraf Philipp von Hessen vereinigten ihre Truppen am 3. Juli 1546 bei Erfurt, 16 000 Mann und 5000 Reiter. Eine vielfache Übermacht über den Kaiser, der mit geringer Deckung in Regensburg saß. Aber man fing ihn nicht. Man verlegte auch nicht den aus Italien kommenden päpstlichen Truppen den Weg, wozu Schertlin v. Burtenbach mit dem Heer der süddeutschen Bundesstädte durch Einnahme der Ehrenberger Klause die beste Voraussetzung geschaffen hatte. Und es gelang schließlich auch nicht, die aus den Niederlanden herankommenden Truppen des Kaisers unter Büren zum Kampf zu stellen. Die beiden Säulen vereinigten sich allerdings erst am 15. September, als der Feldzug an der Donau längst im Gange war. —

Die Wendung zum Sieg des Kaisers wurde durch Moritz von Sachsen eingeleitet. Auf die Zusage der sächsischen Kur brach er mit Ferdinand in Kursachsen ein. Dadurch war der Kurfürst gezwungen, von dem sich hinschleppenden, beiderseits mit übermäßiger Zögerung und Vorsicht geführten ,Feldzug' an der Donau — es war bereits November geworden — sich nach Norden zurückzuwenden: mit der Folgerichtigkeit innerer Sinnhaftigkeit zog sich die politische Auseinandersetzung dorthin, von wo die Wurzel des ganzen Streites, Luthers Reformation, ausgegangen war, nach Kursachsen.

---

[1] ,Kein Walch soll uns regieren, dazu auch kein Spaniol!'
[2] Bugenhagen verbreitete etwa das Greuelmärchen, Papst und Kaiser wollten gemäß einem langjährigen Plan alle Kinder von zwei Jahren nebst dem ganzen Volk ermorden!

Mit dem Abzug des Kurfürsten war der Kaiser Herr der Lage. Süddeutschland gehörte ihm.

Er erbrachte sofort den Beweis, daß es ihm nicht einfach um Vernichtung des Gegners ging. Er verlangte von den unterworfenen Städten zwar sehr hohe Kontributionen, um seine Soldaten zu bezahlen und dem Gegner das Aushalten kaiserfeindlicher Truppen unmöglich zu machen. Aber weder nahm er Württemberg für Habsburg zurück, noch zwang er die Neugläubigen einfachhin zur Rückkehr zum alten Glauben. Der kommende Reichstag würde die notwendigen Schlußfolgerungen durch den Mund der Stände ziehen. — Die eigentliche Entscheidung fiel 1547. Kurfürst Johann Friedrich von Sachsen war gegen Moritz doch in Vorteil gekommen. Die drohenden Gefahren, die dieser Krieg unzweifelhaft in sich barg und nun plötzlich so naherückte, machte den norddeutschen Protestantismus wach; er schloß sich Kursachsen an. Ferdinand und Moritz baten um Hilfe. Und so schleppend auch der schwer leidende Kaiser, der sich in einer Sänfte tragen lassen mußte, mit seinen Truppen herankam, er errang schließlich doch den Sieg.

Freilich, zunächst, d. h. zu Beginn des neuen Jahres 1547, erfolgte eine gefährliche Schwächung der kaiserlichen Kräfte just von der Stelle, die dazu in diesem Augenblick sich am wenigsten hätte hergeben dürfen: am 22. Januar rief der Papst seine Truppen vom Kriegsschauplatz zurück. Als 1545 der Beichtvater des Kaisers, Pedro de Soto, in Karl V. gedrungen war, um ihn zu einem Vertrag mit dem Papst zu überreden und ihm das Mißtrauen gegen ihn auszureden, hatte er gemeint: ‚so diabolisch könne ja doch der Papst nicht sein, daß er den katholischen Glauben vernichten wolle, indem er den Kaiser in ein großes Unternehmen treibe und später im Stich lasse'. Gerade dies war nun geschehen. Und man kann es schlecht anders bezeichnen denn als Verrat an der gemeinsamen religiösen Sache. Dies auch dann, wenn man in den Abmachungen Karls mit dem Papst den Hauptnachdruck darauf legt, daß Karl sich verpflichtet hatte, die Protestanten zur Anerkennung des Konzils zu bringen. Denn unmöglich konnte man im Dezember 1546 bereits behaupten, Karl werde dieser Pflicht nicht nachzukommen versuchen. Wohl aber steht fest, daß im Januar 1547 der Zweck, zu dem der Papst seinen Vertrag mit dem Kaiser geschlossen hatte, keineswegs erreicht war. Es war eben das Mißtrauen gegen die kaiserliche Politik nicht irgend eine Nebensache in der Motivierung der Kurie; es blieb vielmehr der Kernpunkt, und zwar als Komponente zu Pauls III. Nepotismus, der ihn geradezu an eine Unterstützung der Protestanten denken ließ (Janssen). Die hier zum Ausdruck kommende Reaktion ist nur politisch verständlich, und man darf sie ruhig mit ihrem ganzen Gewicht zu Gunsten des Papstes in die Rechnung einbeziehen. Aber: wie hoch man auch des Papstes Furcht vor den Übergriffen Karls in die kirchliche Sphäre in Spanien, Deutschland und besonders in Italien von Mailand aus in Anschlag bringen mag, daran, daß hier aus politischen Erwägungen die religiös-kirchliche Sache in schwere Gefahr gebracht wurde, ändert sich dadurch nichts. Denn es war natürlich nicht mit jenem Zurückziehen der Truppen getan; dies Zurückziehen bedeutete vielmehr das Neuaufleben der europäischen antikaiserlichen Kombinationen. Hier schon haben wir einen weitreichenden Ansatzpunkt für die kommende, wiederum so schnelle Wandlung der politischen Kräfteverhältnisse zu Ungunsten Karls.

Entscheidend bleibt aber für die Beurteilung immer wieder, daß der Stellvertreter Christi, als Hüter des wahren Glaubens, wesentlich anders zu beurteilen ist als das politische Haupt der Christenheit. Zweifellos hat Karl für die Wiederherstellung der Einheit der Christenheit Großes geleistet. Paul III. hingegen hat nach dem bedeutenden Anlauf ebenso tatsächlich versagt. Er durfte einfach nicht auf dem Buchstaben seines Vertrages bestehen und (unter Frankreichs Druck) seine Truppen in einem entscheidenden Augenblick vom sächsischen Kriegsschauplatz zurückziehen. Man kommt nicht an dem Schluß vorbei: der Protestantismus hat von außen her keine bessere Hilfe in seinen Entscheidungsjahren gehabt als einige Maßnahmen von Päpsten, die religiös-kirchlich zweifellos seine überzeugten Todfeinde waren, und den allerchristlichsten König von Frankreich.

Eine beklemmende Erkenntnis für den Katholiken! Eine Tatsache, die das Unheilvolle einer unsachlichen Verquickung von Religion und eigennütziger Politik eindringlich vor Augen führt. Immer wieder steht die Frage auf, ob nicht der Riß in der Christenheit auch Strafe Gottes für diese praktisch geübte Umdrehung der Wertordnung war: Primat der (Familien-)Politik über die Religion am Zentralsitz der Kirche? Es genügt nicht, die Haltung der Kurie als dogmatisch korrekt oder als dogmatisch unwichtig nachzuweisen. Die innere Einstellung der römischen Zentrale war nach ihrer konkreten, lebendigen Haltung in dem besprochenen Bezirk stark weltlich geworden.

Karl, der meist eine ungewöhnliche Beherrschung zeigte, brach wütend und gefährlich drohend los: er werde die Person des Papstes vom Papsttum zu unterscheiden wissen und auf einem Konzil in Rom nach dem Rechten sehen.

Trotz der Schwächung seiner militärischen Macht fiel die Entscheidung doch zu Gunsten des Kaisers aus. Während des Donaufeldzuges hatte er Verhandlungen mit Philipp von Hessen abgelehnt; jetzt verweigerte er sie Johann Friedrich. Ende März stieß er zu den verbündeten Truppen von Ferdinand und Moritz und zog dem Kurfürsten entgegen. Bei Mühlberg und, nach dem Entweichen der Kursächsischen gegen Wittenberg, in der Lochauer Heide gab

es einen vollkommenen Sieg Karls. Der tapfer bei seinem Fußvolk ausharrende
Kurfürst wurde gefangen (24. April 1547). Das war wenige Monate, nachdem
den Kaiser die Nachricht vom Tode erst des französischen, dann des englischen Königs erreicht hatte.

Es war ein Sieg von größter Tragweite. Der Protestantismus lag am Boden.
Eben, am vergangenen 16. April, war Hermann v. Wied durch Bannung
und Absetzung ausgeschaltet worden. Jetzt war der Kurfürst von Sachsen
der Gefangene des Kaisers; der Hesse ergab sich bedingungslos; den Reichsstädten im Norden, die sich nicht unterwarfen, traute Karl keine Kraft zu.
Durch die Wittenberger Kapitulation des Kurfürsten vom 19. Mai wurden
die Kurwürde und die Kurstände von Sachsen dem Herzog Moritz übertragen.
Am 19. Juni endlich erhielt Karl einen Waffenstillstand auf fünf Jahre (durch
Ferdinand) auch mit den Türken: Herr der Welt! —

Aber wieder einmal wußte der Kaiser seinen Sieg nicht auszunutzen.
In keinem Bezug. Weder politisch, noch kirchlich. In ersterer Hinsicht war
natürlich das unmögliche Todesurteil gegen Johann Friedrich, ‚gewesenen Kurfürst‘, eine ganz unfruchtbare Belastung. Dann erzeugte die einigermaßen
hinterhältige Gefangensetzung des Hessen und weiter die überflüssig ver-
ärgernde Hinauszögerung der Freilassung der beiden fürstlichen Gefangenen
steigenden Widerstand, besonders bei Philipps Schwiegersohn Moritz. Und
nicht zuletzt: der Kaiser ließ Magdeburg unbezwungen im Rücken. Der Sieg
1546 in Süddeutschland und der Sieg bei Mühlberg mitsamt seinen Folgen
machten Karl V. wirklich zum Herrn der Lage; aber sie machten ihn nicht
zum Inhaber aller Gewalt. Der Krieg war damals etwas so Grundverschie-
denes von dem, was er heute ist. Eine eigentliche Macht war ja jeweils nur
zusammengebracht für einen bestimmten Feldzug, und sie blieb auch nur für
seine Dauer beieinander. Karl war überdies, sobald er mächtig war, geradezu
d e r politische Gegner aller europäischen Mächte außer den Habsburgern und
dem einen oder anderen verbündeten kleinen Fürsten. Den Augenblick, wo
endlich die außenpolitischen und die innerdeutschen Gegner einigermaßen oder
weitgehend schachmatt gesetzt waren, hätte er gründlich ausnützen müssen.
Aber seine bewundernswerte Zähigkeit, die er auch jetzt bewies, war zu sehr
von Sorglosigkeit und auch von Verachtung durchsetzt. Es handelt sich nicht
darum, daß der Kaiser ‚Rache‘ hätte nehmen sollen. Aber er hätte s c h n e l l
handeln und k l a r e M a c h t positionen schaffen müssen. Beides unterließ er.

Er schuf auch kirchlich-politisch keine klare Front. Das, was man bei ihm
erasmianisch nennen kann, mischte sich zu sehr in seine Entscheidungen. Die
Politik wurde von der vermittelnden Religiosität verdorben, und die Religion
litt Schaden durch eine zu schwache Politik. Karls Interim (s. unten) konnte
weder die deutschen Katholiken noch den Papst befriedigen; es rief die

Neuerer zum Protest auf und schmiedete sie zusammen. Karl hatte keine klare Vorstellung davon, wie tief evangelische Glaubenskraft bereits im Volke eingewurzelt war. Außerdem hätte er aus dem weit im Lande verbreiteten massiven Haß gegen die ‚Papisterei‘ erkennen müssen, daß er, wenn er auch einen entscheidenden Schritt getan hatte, doch erst am Anfang der Arbeit stand. Leider lassen seine Memoiren dasselbe erkennen, was seine Taten kundtun: nach seiner Auffassung sollte das, was nun noch kommen mußte und kam, die Bereinigung des Zwiespaltes mit den ‚Mitteln der Güte‘, nur ein Anhang sein.

Das freilich beweist Karls Verhalten eindeutig, daß es ihm vor allem um die friedliche Herbeiführung der Ordnung zu tun war. Seine diesbezüglichen Versicherungen inmitten seiner kriegerischen Überlegungen seit 1545 waren keine Heuchelei gewesen.

Drittes Kapitel

Das Ergebnis. Das Interim und seine Folgen

1. Im Herbst des glückhaften Jahres 1547 eröffnete Karl seinen ‚geharnischten‘ Reichstag in Augsburg. Pünktlich, wie er ausgeschrieben war, am 1. September! Aber er wurde nicht entfernt mit derselben Energie durchgeführt, bis er endlich im folgenden Jahr zu Ende kam. Ein seltsames Zaudern des Kaisers in den politischen Fragen, sein schweres Zerwürfnis mit dem Papst, das ein Schisma heraufzuführen drohte, seine eigenartig unklare, überdies auch taktisch verdunkelnde theologische Haltung, dies alles inmitten einer ungewöhnlich schwelgerischen Ausgelassenheit sich vollsaufender Fürsten, machten den Reichstag statt zu einem Beginn der Einheit und Befriedung Deutschlands zum Quell eines neuen Durcheinanders, das zum definitiven Riß hinführte.

Der weitere politische Fortgang stellte sich dar als allmählicher Zerfall der vom Kaiser geschaffenen Front. Schon auf diesem Reichstag des Siegers begann es. Als überall spürbares Störelement muß man Bayern bezeichnen. Da der Kurfürst der Pfalz sich freiwillig unterworfen hatte, war ihm die Kur geblieben; Bayern sah seinen Traum nicht erfüllt. So kehrte es zur Opposition zurück.

Die zweite Quelle von Störungen ist natürlich wie immer die Selbstsucht der Fürsten. Sie fürchteten um so mehr für ihre Vorrechte, als der mächtige Sieger von verschiedenen Seiten her nach einer kräftigen Verstärkung der kaiserlichen Macht über das Reich strebte. Das Reichskammergericht[1] sollte mehr nach den Wünschen des Kaisers besetzt werden und arbeiten. Karl wünschte — und dies war das wichtigste Stück seines Programms — eine Reichsliga, die eine kaiserlichere Ausrichtung der Reichsregierung und dem Kaiser unmittelbar ein starkes stehendes Heer, unabhängig von den jeweiligen Meinungen der Stände, bringen sollte.

Karl hatte damit den springenden Punkt jeder dauerhaften Regelung getroffen. Er hatte in unzähligen, peinlichen Fällen die entscheidende Schwäche

---

[1] Die Belehnung der neuen Kurfürsten von Köln und von Sachsen, die Schaffung des burgundischen Reichs-Kreises, die Verbesserungen zum Landfrieden und des Münzwesens sind nur eben zu erwähnen.

seiner Stellung im Reich durchkostet: das Fehlen einer ständigen Heeresmacht, die nach seinem Willen das Reich gegen die beiden Dauerfeinde, die Türken und die Franzosen, hätte schützen können. Nur eine solche hätte dem sinnlos sich ablösenden Auf und Nieder von Krieg und Friedensschlüssen, von Erfolg und immer neu offenbarter Existenzbedrohung ein Ende machen können. Es ist wahr, daß die Hilfe sich unmittelbar zum Nutzen der habsburgischen Hausmacht, für Niederlande und Österreich ausgewirkt hätte. Karl dachte dynastisch. Das ändert nichts daran, daß dieser dynastische Vorteil mit dem Nutzen und der Würde des Reiches genau zusammenfiel, wenn auch gar nicht mit dem Vorteil und den zentrifugalen Wünschen der Fürsten. Der Reichsbundesplan war die Form, in welcher allein das Reich damals eine Einheit hätte finden und sich gegenüber Frankreich jetzt und in folgenden Jahrhunderten hätte behaupten können. Und Karl allein hätte sein Führer sein können.

Leider, aber schon selbstverständlich, setzten die Stände alldem einen so erfolgreichen Widerstand entgegen, daß nur ein unbedeutender Rest des großen Planes übrigblieb. Außerdem verpflichteten sich die Stände noch auf das wieder zu eröffnende, zur Zeit in Bologna ruhende Konzil.

Nicht am wenigsten waren es die katholischen Stände, die ihr Schwergewicht zur Geltung brachten. Hatte durch den Kaiser nicht die katholische Sache gesiegt? Also fordern sie. Es geht ihnen ja bei weitem nicht wie dem Kaiser um eine große Sache der Allgemeinheit; sie bewegt nicht ernste, gar religiös motivierte Sorge, die um das Vorhandensein tiefreichender, stark verwurzelter Schwierigkeiten weiß und um ihre Beseitigung ringt. Sie wollen h a b e n : Wiederherstellung der bischöflichen Jurisdiktion und des kirchlichen Besitzes.

Die Bedeutung der politischen Maßnahmen tritt übrigens erst ganz hervor, wenn man sie im Zusammenhang mit der religiösen Frage sieht, nämlich als Teil von Karls großer Konzeption einer w e l t l i c h - g e i s t l i c h e n Monarchie, in der nicht nur die Protestanten, sondern in gewissem Sinn auch der Papst dem Kaiser gehorsamen sollten. In diesem Zusammenhang stellt der Reichstag ein ungemein zähes Ringen des Kaisers um eine Religionsvergleichung dar. Es ist bedeutend, mit welcher Hingabe er immer wieder neu ansetzt und versucht, doch noch einen (immer geringer werdenden) Teil seines Planes durchzubringen. Seine Hoffnung mußte täuschen, sie war im Grunde allzu sehr auf relativistischen Voraussetzungen aufgebaut. —

Das Resultat von Karls Bemühungen war das für alle Stände bestimmte, erst nachträglich (wegen des unüberwindlichen katholischen Widerstandes) auf die Protestanten beschränkte I n t e r i m , das der Kaiser auf dem Reichstag als Gesetz verkünden ließ (interreligio imperialis). Diese ‚kaiserliche Zwischenreligion‘, die ‚Erklärung, wie es der Religion halber im Heiligen Reich bis zum Austrag des gemeinen Concilii gehalten werden soll‘, ist nicht zustande gekommen durch Beratungen mit den Reichsständen (die kamen nicht zu Ende), sondern verfaßt worden durch eine vom Kaiser ernannte Kommission: Julius Pflug (Bischof von Naumburg), Michael Helding (Weihbischof von Mainz) und Agricola (Hofprediger Joachims II., des Kurfürsten von Brandenburg). Ausschlaggebend haben auch die spanischen Theologen de Soto (der kaiserliche Beichtvater) und Malvenda, außerdem der Kölner Karmeliterprovinzial Eberhard Billick und schließlich, begutachtend, der auch in dieser Angelegenheit nicht eindeutige Butzer mitgearbeitet. Das Interim ist ein katholischer Text zuzüglich einer den Protestanten entgegenkommenden Formulierung der Rechtfertigungslehre, einer undeutlichen Bestimmung der Messe und der Gewährung des Laienkelches und der Priesterehe bis zur Entscheidung des Konzils. Eine eigene kaiserliche Reform des Klerus, von der wir bereits hörten, sollte das Werk vollenden.

Kirchenpolitisch in jenem Sinne, der die dreißiger Jahre ganz angefüllt hatte mit den Fragen der Säkularisierung, war das Interim nicht. Von einer Rückgabe der durch die Protestanten genommenen Kirchengüter war keine Rede. Und gerade dies wurde aufschlußreich. Denn es entstand trotzdem ein ungeahnter Widerspruch. Beinahe niemand war zufrieden, weder der protestierende Papst, noch die katholischen Stände. Vor allen Dingen nicht die eigentlichen Adressaten: die Neugläubigen. Imponierend erhob sich das protestantische Glaubensbewußtsein.

Auf protestantischer Seite begrüßten zwar manche das Interim, weil sie sich von ihm eine moralisch-religiöse Hebung des Volkes durch die wieder einzuführenden Zeremonien versprachen; sie hofften, daß der allgemeinen Zügellosigkeit und Ehrfurchtslosigkeit vor Predigt und Sakrament gesteuert werde. Es zeigten sich auch einige durchgreifende Wirkungen. In einer Reihe von süd- und mitteldeutschen Städten brachte das Interim wieder die volle Ausübung des alten katholischen Lebens. Daraus ergab sich dort eine Parität der Konfessionen, die 1555 in Augsburg sanktioniert wurde und sich so bis heute erhielt.

Entsprechend erfolgte eine bedeutsame Verschiebung im inneren Gefüge des Protestantismus. Protestantische Prediger mußten dort, wo das Interim durchdrang, ihre Wirkungsstätten verlassen und ihre Arbeit in andern Gegenden fortsetzen. Die Anziehungskraft Magdeburgs bewährte sich nun noch stärker als ‚Kanzlei Gottes'! Butzer verließ Straßburg, das zäh und weitschauend mit dem Bischof wegen der neuen Ordnung rang und schließlich lutherisch wurde; er ging nach England, wo gerade damals das Schisma zur Irrlehre fortschritt. Osiander kam aus Nürnberg nach Königsberg, was für die Verschärfung der innerprotestantischen Gegensätze wichtig wurde.

Aber aufs Ganze gesehen, schlug der Versuch fehl.

2. Das Interim empfängt seine schärfste Beleuchtung durch den Konflikt Kaiser—Papst, der wiederum seinerseits gipfelte in den Differenzen wegen des Konzils. In diesem Konflikt war das Interim eine Selbsthilfe des Kaisers gegenüber den dogmatischen Beschlüssen der Versammlung von Trient und gegenüber einem Konzil in Bologna überhaupt.

Karl nennt das Interim in seinen Memoiren einen modus vivendi bis zum Konzil. Trotzdem ist es nicht nur taktische Maßnahme. Seine Auffassungen reichen sachlich tief. Vielerlei Motive spielen herein. Zunächst ist festzustellen: Karl hätte niemals Verständnis aufgebracht für eine These, die ihm unter allen Umständen ein selbständiges Eingreifen in die kirchliche Sphäre hätte verbieten wollen. Er fühlte sich, wie wir es nun oft genug feststellen, in sehr realer Weise als zweites Haupt der Christenheit und als wirklicher Vogt der Kirche. Diese Ideen hatte er nie als rein passive betrachtet. Karl war nicht umsonst König von Spanien, dessen Kirche seit langem zum bedeutsamsten Teil dem Willen des Herrschers ausgeliefert war. In ihm lebte außerdem die große Kaisertradition, in der ein eigenmächtiges Durchgreifen der kaiserlichen Majestät in kirchlichen Angelegenheiten nichts Ungewohntes war und durchaus nicht ohne weiteres den Makel der Unkirchlichkeit an sich trug, vielmehr sich oft lebenfördernd, ja lebenrettend für die Kirche ausgewirkt hatte. Außerdem war die voll entgegengesetzte Auffassung, der extreme Kurialismus nämlich, seit dem Reformgutachten der Kardinäle 1536 an der Kurie selbst als Mißstand anerkannt. Von beiden Seiten her fehlte leider eine genaue Abgrenzung der Kompetenzen. Karl erlag für sein Teil der allgemeinen theologischen Unklarheit, zu der wiederum gerade die Kurie im letzten Menschenalter so erheblich beigetragen hatte: am wirksamsten durch das Gewährenlassen des Erasmus, durch das sträfliche Zögern und die zeitweilig bewußt unklare Stellungnahme im Ehehandel Heinrichs VIII., durch die politische Behandlung der Religionsfrage in Deutschland. Im übrigen hatte die Kurie selbst in Augsburg 1530 Laienkelch und Priesterehe in Aussicht gestellt, und sie rechtfertigte inhaltlich noch nachträglich Karls eigenmächtiges Vorgehen, als sie schließlich 1549 das Interim doch noch anerkannte. Kurz, es zeigt sich, daß das Interim sachlich eine (wenigstens teilweise) ernst gemeinte Fixierung des Geistes des Religionsgespräches von Regensburg ist. Überflüssig, zu betonen, wie stark Karls politische Ziele an dieser Erneuerung interessiert waren.

Ebensowenig kann die Rede davon sein, daß Karl der Möglichkeit eines Schismas von sich aus wirklich Raum in seinen Gedanken gegeben hätte. Dessen bedurfte es bei dem erwähnten politisch-priesterlichen Bewußtsein zu seinem Vorgehen nicht. Auch war es Karl ohne allen Zweifel Ernst gewesen,

wenn er in den Reichstagsabschieden immer wieder das Konzil als ultima
ratio hingestellt und seine protestantischen Vertragspartner darauf festgelegt
oder sie festzulegen versucht hatte. Karl V. war unbedingt kirchentreu.

Freilich wissen wir, daß er sich ein anderes Bild vom kommenden Konzil
gemacht hatte, als Trient es bot. War es der ganz frühe Einfluß seines vom
Geist der niederländischen Fraterherren genährten Lehrers Adrian, mit dem
der Ton des optimistischen und irenischen Contarini so gut zusammenklang?
War es die praktische Relativierung des Dogmatischen durch die politische
Behandlung der Glaubensfrage an der Kurie? Waren es die vielfältigen theologischen Berührungen in den Unionsbestrebungen beider Lager? Dem Kaiser
scheint jedenfalls eine humanistische Unterbetonung der dogmatischen Kontro-
verspunkte in diesen Jahren nicht unsympathisch gewesen zu sein. Er traute es
seiner politisch-diplomatischen Kunst zu, damit fertig zu werden, ohne daß
dem Christentum Schaden erwüchse. Tatsächlich durfte Karl in diesen Jahren
der Ansicht sein, daß die Riesenaufgaben seiner Regierungen von ihm mit
zäher Überlegenheit in ruhigem Aufstieg gemeistert waren. Beinahe Un-
mögliches hatte er gelöst. Im übrigen: es gab keinen Luther mehr; die katholischen Fürsten hatten sich wahrhaftig nicht als überragende Kräfte erwiesen;
die protestantischen waren seine Gefangenen oder Verbündeten. War es phantastisch, wenn er, der treue Sohn der Kirche, meinte, auch mit der Glaubens-
sache fertig zu werden? Seinem so bunt gestalteten Reich konnte innere
Einheit nur vom Geistigen her erwachsen. Diese geistige Einheit konnte nur
die Religion, also die katholische Kirche geben. Ganz abgesehen also von aller
persönlich-kirchlichen Glaubenstreue: die Reichspläne Karls konnten ihn die
religiös-kirchliche Neuerung nur als unversöhnlichen Feind betrachten lassen;
die ausgleichende (aber katholische) Theologie jedoch war ihr treffender Ausdruck.

Es fehlt indes noch das wichtigste Element in der Analyse: der Kaiser erkannte die Zeit nicht richtig. Die Zeit des Relativismus in jeder Form war
vorbei und noch nicht wiedergekommen. Dieses Interim war ein zwar wohl-
gemeinter, aber unklarer Kompromiß, also in sich schwächlich. Also vermochte es nicht, wirkliche religiöse Kräfte zu entbinden; also fanden sich nicht
die Prediger, um es mit hinreißender Gewalt zu vertreten. Es fehlte die absolute religiöse Forderung; entsprechend blieb die religiöse Antwort aus.
Melanchthons, bzw. des neuen Kurfürsten eigenes Interim, das sogenannte
Leipziger von 1548, fand genau so wenig Anklang wie das des Kaisers.
Die religiösen Gegensätze hatten sich ganz auseinanderentwickelt, aber auch
verfestigt. Eigentlicher Ausdruck der Zeit waren die dogmatischen Entscheidungen des Tridentinums und die Unnachgiebigkeit der lutherischen Theologen, des Flacius Illyricus in Magdeburg, der ungebeugten Bewohner in ,unseres

Herrgotts Kanzlei'. Melanchthons Unverbindlichkeiten der Adiaphora hatten keine Zugkraft. Nachdem auf dem Augsburger Reichstag die katholischen Stände 1548 das Interim abgelehnt hatten, zeigte sich tatsächlich dieselbe Haltung bei den Protestanten rings im Lande so gut wie allgemein; an den Höfen wie im Volk. Besonders würdig offenbarte sich die religiöse Widerstandskraft in dem noch immer gefangenen Johann Friedrich (im Unterschied zum zermürbten Philipp von Hessen).

Man braucht es nicht erst zu betonen, wie stark in allem geheimen Widerstand gegen das Interim auch das politische Interesse sich äußerte. Trotzdem: gerade diese Zeiten nach dem Zusammenbruch der politisch-protestantischen Macht erbrachten den Beweis für die Tiefenwirkung, die die religiöse Reformation ausgeübt hatte; sie war ein Wesensstück vieler Landschaften geworden. Das äußert sich nun im Süden und stärker im Norden des Reiches. Der Inhalt der reformatorischen religiösen Formeln einerseits, wie die antirömische Affekthaltung anderseits, in die der Kaiser mit hineingezogen wird, erwachen in vielfältigen volkstümlichen Formen des gesprochenen, gesungenen und geschriebenen Wortes, im Bekennen wie im Verhöhnen.

,Hütet Euch vor dem Interim, — Es hat den Schalk hinter ihm.'
,Mir, Lucifer, ist ein Kind geboren — Von meiner Frauen Päpstin
auserkoren ... Interim genannt.'

Das läuft so durch ganz Deutschland!

Hier offenbart sich ein weiterer Fehler des Kaisers. Er unterließ nicht nur die von der Gegenseite erwarteten scharfen Eingriffe, er verabsäumte auch, seinen militärisch-diplomatischen Sieg außerhalb der Kabinette zur Anerkennung zu bringen. Das aufstrebende Volk und die Meinung des gemeinen Mannes waren zwar nicht die ausschlaggebende Kraft geworden; aber sie waren (im Zusammenhang mit der religiös-reformatorischen Idee) doch diejenige Macht, die einen so starken Umbruch, wie ihn das Ende des Schmalkaldischen Krieges bedeutete, allein zu einem Dauerzustand hätte machen können. Oder der Kaiser hätte seine Rüstungen in Permanenz erhalten müssen. Und eben mit der Stimmung des Volkes hat Karl nie gerechnet. Ihre Auswertung verblieb der Gegenseite.

3. Hauptträger des Widerstandes war ganz von selbst das deutsche Fürstentum. Das Wort von der viehischen (französischen oder spanischen) Servitut war in Deutschland alt. Nun hatte dieses Fürstentum die aufsteigende Kraft der Bauern überwunden und die Kraft der revolutionären religiösen Idee weidlich für sich ausgenutzt. Sollte es das erreicht haben, um durch den Kaiser seine Unabhängigkeit zu verlieren?

Religion und Libertät wurden die Parolen, unter denen sich der Widerstand gegen den Kaiser allmählich und in verschiedenen Kreisen unterschiedlicher Tendenz bildete und zusammenschloß. Sogar der alte Cochläus erkannte, daß der Sieg des Kaisers nicht entscheidend sein werde. Tatsächlich zerfiel die kaiserliche Front des Schmalkaldischen Krieges weiter. Vielmehr, es bildete sich aus ihr eine neue antikaiserliche Partei. Aus zunächst entgegengesetzten Interessen heraus entstand ein neuer Kern protestantisch-politischen Widerstandes, der sich zu einer echten Verschwörung gegen den Kaiser und die geistlichen Territorien auswachsen sollte. Das Wachsen selbst ist durchmischt mit erbärmlichem Fürstenstreit, fürstlicher Neutralität und unfürstlicher Feigheit. Zusammen mit dem Raubrittertum des Markgrafen Albrecht Alcibiades von Brandenburg-Kulmbach führte es zu einem national unwürdigen Zustand, zu einer innerpolitischen Auflösung sondergleichen. Und immer wieder erscheint neben den Fürsten die Hand Heinrichs II., des neuen Königs von Frankreich, der sein Geld spielen läßt, um vor allem durch Kurfürst Moritz die Deutschen gegeneinander zu führen. Das nannte er dann: die von Karl bedrohte Freiheit der deutschen Nation beschirmen. Die Franzosen standen wieder wie nur je auf ihrem Posten gegen den Kaiser.

Moritz' Verrat an den Schmalkaldenern hatte 1547 viel zum Siege des Kaisers beigetragen. Er wiederholte nunmehr seinen Verrat umgekehrt am Kaiser. Nur daß dabei er und seine Vertragspartner zugleich Verrat begingen auch am Reich und gegen französisches Geld Reichsboden an den König von Frankreich auslieferten: Metz, Toul, Verdun!

Bis man endlich 1552 an diesem Ziel stand, war eine weite Entwicklung zurückzulegen.

Das noch unbezwungene Magdeburg war wie ein Symbol des noch nicht gebrochenen protestantischen Widerstandes gegen den Kaiser. Es war geächtet worden. Auf dem Augsburger Reichstag 1550/51, auf dem die Opposition bereits wieder stärker hervortrat, wurde Moritz mit der Vollziehung der Acht beauftragt. Seit der Achterklärung hatten sich gefährlich unruhige Verhältnisse in der Stadt entwickelt. Anderseits waren in Norddeutschland als Reflex auf den Schmalkaldener Krieg und das Interim allerhand Defensivbildungen entstanden. Moritz, der bestellte Reichsfeldherr, nutzte beides geschickt aus. Er setzte die Bewilligung bedeutender Kriegsgelder durch und bezwang die Stadt im November 1550. Aber er ließ sie in heimlichem Vertrag sich selbst überschreiben. Der Zug gegen Magdeburg ermöglichte es ihm außerdem, dem Reichstag und also dem Kaiser fernzubleiben und das Heer in Bereitschaft zu halten, das dann schließlich den Kaiser zur Flucht zwingen sollte.

Der erste Anstoß zu einem antikaiserlichen Bund war von Markgraf Hans von Brandenburg-Küstrin ausgegangen. Er hatte sich mit Preußen und Mecklenburg am 26. Februar 1550 zusammengeschlossen. Moritz war damals noch ihr Feind. Der gemeinsame Gegensatz gegen den Kaiser führte sie dann zusammen. Moritz brachte es fertig, das verständliche Mißtrauen gegen sich, den ehemaligen Verbündeten des Kaisers und jetzigen kaiserlichen Reichsfeldherrn im Lande und in Frankreich, zu überwinden. Im Mai 1551 waren die gegenseitigen Vorverhandlungen und Versprechen so weit gediehen, daß man zur Gründung eines antikaiserlichen Fürstenbundes schreiten konnte. Es vereinigten sich zu Torgau an der Elbe: Kurfürst Moritz, Markgraf Hans von Küstrin, Herzog Johann Albrecht von Mecklenburg, Landgraf Wilhelm von Hessen. Ihr Vertrag untereinander (wie der folgende mit Frankreich) erwähnt als Anlaß der Unzufriedenheit: Landgraf Philipps unbillige Gefangenschaft ‚bis ins fünfte Jahr uns allen zu Schimpf und Spott‘, die Bedrohung der Stände mit ‚viehischem, unerträglichem und ewigem Servitut wie in Hispania‘ und die Bedrohung der wahren Religion. Von den drei Punkten wurde unaufhörlich in allen Variationen und in allen Situationen des hemmungslosen Kriegens, Raubens und Erpressens in unglaublich leichtfertiger Weise dieser Schutz des Evangeliums vorangestellt; die hohen Begriffe vom ‚Worte Gottes allein‘, von ‚Frömmigkeit‘ und ‚rechter Lehr‘ wurden wiederum unbarmherzig zerredet und zerbraucht. Besonders von Albrecht Alcibiades. Als 1552 der Markgraf von Küstrin sich wieder von Moritz trennte, bescheinigte er diesen Fürsten ihre Heuchelei: ‚sie meinen nicht die Religion und halten noch weniger Gottes Wort für etwas‘.

Der Friede mit Frankreich war die unentbehrliche Voraussetzung für eine Regelung in Deutschland gewesen. Deshalb hatte der Protestantenkrieg logischerweise erst nach dem Frieden von Crépy geführt werden können. Aber ehe noch der Feldzug des Kaisers gegen die Schmalkaldener überhaupt begonnen hatte, fiel jene Voraussetzung schon wieder und verwirklichte sich umgekehrt die Bedingung, unter der umgekehrt allein die Schmalkaldener dem Kaiser Paroli bieten konnten: 1545 war der Herzog von Orléans gestorben und damit der Friede von Crépy eines seiner Hauptinhalte und einer Hauptsicherung beraubt. Am selben 6. Juni 1546, an dem der Kaiser den neuen antiprotestantischen Vertrag mit dem Papst unterzeichnet hatte, hatte Frankreich durch den Frieden von Guines mit England seine ganze Handlungsfreiheit zurückgewonnen; es hatte als Partner wieder viel größere Bedeutung. Das nützten jetzt die Kriegsfürsten aus.

Wie schon 1548 (!) und seitdem vielfach von verschiedenen Fürsten geschehen, wandte sich der Bund im Mai 1551 an Frankreich, um Heinrich II.

zu einem schnellen Angriff gegen Karl zu ermutigen. (Man führte auch Verhandlungen mit Dänemark, England, Polen.)

Es geschah in einer würdelosen, reichsverräterischen Form. Noch als kaiserlicher Reichsfeldherr unterschrieb Moritz den Vertrag, der am 5. Oktober 1551 zwischen dem Fürstenbund und Frankreich auf seinem Jagdschloß in der Lochauer Heide ein Angriffsbündnis gegen den Kaiser formulierte, den Heinrich II. am 15. Januar in Chambord in Gegenwart des Markgrafen Albrecht Alcibiades ratifizierte. Gegen Zahlung von 240000 Talern für die ersten drei Monate, 60000 für jeden folgenden ,zum Schutz der deutschen Freiheit' soll der König sich jener drei Städte bemächtigen, die von alters her zum Reich gehören, aber nicht deutscher Sprache sind, und sie als Vikar des Reiches, ,vorbehalten dem heiligen Reich seine Gerechtigkeit', besitzen.

Die verbündeten deutschen Fürsten versprachen außerdem, dem König zur Wiedererlangung des dem Kaiser gehörenden Flandern, Artois und der Freigrafschaft zu helfen. Und da in dieser Sache der König ,nicht nur wie ein Freund, sondern wie ein treuer Vater' an den Deutschen handle, wollen sie in Zukunft keinen Kaiser erwählen, der nicht Freund des Königs ist und sich demselben zu guter Nachbarschaft verpflichtet; und wenn es dem König selbst gelegen wäre, ein solches Amt anzunehmen, werden wir gegen ihn lieber als gegen einen anderen Gefallen tragen'.

Ein Akt der Schande, ohne jede rechtmäßige Unterlage, in vollendetem Mangel nationalen Gefühls gesetzt; Ausfluß hemmungslosen territorialen Eigennutzes! Zusammengehen von protestantischen Fürsten mit einem Mann, der die Neugläubigen in Frankreich nicht nur mit Strenge, sondern mit Grausamkeit verfolgte! Daß Frankreich dann mit der Durchführung des Aufstandes nicht zufrieden war, sich von Moritz enttäuscht sah, und daß sich die deutschen Fürsten in Passau wieder von Heinrich abwandten, ändert an dem Vorgefallenen schlechterdings nichts, machte vor allem die Beschlagnahmung der Bistümer nicht rückgängig.

Unentwegt neben diesem Verrat gingen die Treueversicherungen und Dankerklärungen Moritz' von Sachsen an den Kaiser und seine Zustimmung zur Beschickung des Trienter Konzils. Bis in den März 1552 hinein spielte er ein vollkommen verlogenes Doppelspiel: bis die Herren ihre Rüstungen beendet hatten. Der Markgraf von Küstrin hatte sich von den Insurgenten getrennt. Er wollte wohl sich gegen kaiserliche Unterdrückung wehren, nicht aber offensiv gegen das Oberhaupt des Reiches vorgehen. Ähnliche Rücksichten hielten die Kurfürsten, Bayern und Württemberg zurück.

Die Truppen der Fürsten vereinigten sich und zogen nach Franken, während der Markgraf von Brandenburg-Kulmbach auf eigene Faust seinen entsetzlichen Raubkrieg betrieb.

Im Westen griff der französische König an und im Osten sein Verbündeter, der Türke. In einem Briefe Solimans erscheinen der Großsultan, sein treuester Freund Heinrich II. und die mit ihm verbündeten deutschen Fürsten als in derselben Richtung strebend. Heinrich aber sah sein Ziel und nannte es: den deutschen Rhein. Ferdinand, von den Türken bedroht, brauchte Frieden. Er blieb neutral und wirkte so gegen den Kaiser. —

Seit der Kaiser mit Paul III. wieder in ein freundlicheres Verhältnis gekommen war (Ende 1549) und Julius III. sich kaiserfreundlich erwiesen und die Kirchenversammlung wieder nach Trient berufen hatte, war das Konzil wieder eine Hauptangelegenheit des unmittelbaren kaiserlichen Interesses geworden. Um es stärker beeinflussen zu können, zog Karl V. nach Innsbruck. Wie 1546 nach Regensburg: ohne irgendwie genügende Deckung. Was alle Welt wußte und viele ihm längst sagten, glaubte er nicht: den Verrat des Kurfürsten von Sachsen. Bei der weitgesponnenen Koalition und dem derben Haß gegen den Kaiser schwebte aber nicht nur seine Freiheit, sondern sein Leben in Gefahr. Ganz unnütz erschwerte er selbst seine Lage durch die Starrheit, mit der er auch jetzt wieder die Freilassung des Landgrafen ablehnte.

Am 19. Mai 1552 erstürmte Moritz die Ehrenberger Klause. Karl flüchtete, seiner Gicht wegen in einer Sänfte getragen, über den Brenner. Ferdinand begleitete ihn, ebenso der freigelassene frühere Kurfürst von Sachsen.

Ein schier unglaublicher, erschütternder Fall von der Höhe im Jahre 1548 zur Tiefe von 1552!

Die Unaufrichtigkeit, mit der der Kaiser seit 1544 die Protestanten einigermaßen behandelt hatte, und die moralische Schwäche, die in seinem Zusammengehen mit dem Verräter Moritz 1547 lag, hatten ihre immanente Rache gefunden. Durch den Verräter Moritz selbst.

Dieser Kurfürst war evangelisch; er hat durch die Führung des Fürstenaufstandes zweifellos die Reformation gerettet; er ist evangelisch gestorben. War also die Rettung des Evangeliums der Trieb zu seinem Handeln? Nein! Die Sicherung seiner territorialen Beute und seiner Kur trieb ihn. Man erkennt das schnell, wenn man ihn mit Karl V. in seinem Vorgehen in Deutschland vergleicht. Karl selbst hat den Gegner 1553 hierin richtig gekennzeichnet: ,dem Moritz ist für seine Person weder die eine noch die andere Religion angelegen'. Tatsächlich fällt es schwer, höhere und allgemeinere Gesichtspunkte für sein Handeln festzustellen. Er wollte aufsteigen und sich gegenüber der immer noch bedeutenden sächsischen Konkurrenzmacht behaupten. Dazu benutzte er auch — etwa in Passau in den Vorverhandlungen und nach des Kaisers Flucht — allgemeine Forderungen. Aber er benutzte sie nur. Ziel war ihm sein persönlich-politischer Vorteil. —

Das menschlich Interessanteste war wohl die Annäherung zwischen Ferdinand und dem Kurfürsten. Sie bildete für Moritz den stärksten Rückhalt bei der Sicherung des militärisch Erreichten.

Die beiden Brüder Karl und Ferdinand waren nun schon ein ganzes Leben einträchtig durch schwerste Situationen gegangen, und Ferdinand hatte Karl in einer wirklich ungewöhnlichen Reinheit die Treue bewahrt. Die kaiserliche Überschätzung des 1547 Erreichten brachte auch dieser brüderlichen Freundschaft schweren Schaden.

Wir kennen Karls Imperium als eine sehr prekäre Kombination. Um so mehr war der Kaiser der Ansicht, daß die universalen Ziele, die er diesem Reich gesetzt hatte, vielmehr die ihm — darf man sagen — immanent waren, dauernd nur verwirklicht werden könnten, wenn das Imperium als Ganzes erhalten bliebe. Er wollte also seine gewaltige Herrschaft, einschließlich der Kaiserwürde, erblich machen. Aber gerade wegen der geringen Festigkeit seiner Staatenkombination hätte Karl diese Belastung zum allermindesten nicht eher riskieren dürfen, als seine 1547 errungene Übermacht über die Gewalten des Reiches ganz gesichert und die Religionsfrage gelöst schien. Er aber verquickte beides. Nicht genug damit: Karl wollte bei der Erbfolge zuerst seinem Sohn Philipp, und erst in zweiter Linie seinem Bruder Ferdinand und dessen Sohn Maximilian Aussicht geben. Zwar setzte sich schließlich sogar Ferdinand selbst, bearbeitet von seiner Schwester, der Königin Maria, für den Plan ein. Aber die Abneigung gegen die Spanier und gegen die ‚Servitut‘ war zu groß, Ferdinand selbst natürlich ohne Eifer bei der Sache; der Plan ging nicht durch. Doch der ganze Handel ließ einen Stachel zurück. Ferdinand löste sich innerlich von Karl. Sein Sohn Maximilian, der Antispanier, hatte es längst getan. Die kommenden Jahre waren voll von Maßnahmen, die eine Stärkung und Sicherung der eigenen, österreichischen Macht erstrebten. Dieser Gegensatz der Interessen der beiden Brüder hatte schließlich die siegreiche Durchführung des Fürstenaufstandes mit ermöglicht. Denn zu jenen Sicherungen gehörte die erwähnte Annäherung an Moritz. Daß Ferdinands Sohn Maximilian in seinen religiösen Ansichten stark und dann bedenklich (nicht bloß äußerlich taktisch) zum Protestantismus neigte, mindert bekanntlich nicht das geringste an Ferdinands Kirchentreue; es zeigt aber wiederum, wie weit man im Grunde von einem wirklichen, inneren Ausgleich der religiösen Kräfte zu Gunsten der alten Kirche entfernt war.

4. Der Streit der Fürsten mit dem Kaiser wurde vorläufig liquidiert durch die Abmachungen von Passau 1552. Die dortigen Verhandlungen fanden statt in einer Atmosphäre des noch immer unmittelbar drohenden und von Markgraf Alcibiades tatsächlich geführten Krieges. Die aufständischen Fürsten

nutzten ihre Macht ganz anders als der Kaiser 1548. Leider wurde doch keine Ruhe; 1552 blieb ein Mord- und Kriegsjahr vor allen andern.

Es waren in Passau versammelt Ferdinand, Moritz, die Abgesandten der andern Kurfürsten, Albrecht von Bayern, die Bischöfe von Salzburg, Passau und Eichstätt; dazu noch Vertreter von Württemberg, Küstrin, Jülich. Die Vertreter des Kaisers brachten keine Vollmacht mit, abzuschließen. Karl wollte selbst entscheiden. Die Verhandlungen spielten eigentlich zwischen den beiden Kriegsparteien, sie wurden also von den Kriegsfürsten, bzw. deren Repräsentanten Moritz, gegen den Kaiser vorgetragen. Ferdinand und die andern Fürsten vermittelten.

Die Forderungen der Kriegsfürsten gingen wesentlich darauf, den Inhalt der Wahlkapitulation des Kaisers zu verwirklichen. Sie wollten die entstandenen monarchischen Rechte wieder zurückschneiden und die entsprechenden Tendenzen ausschalten. Die Fürsten, vielmehr die Kurfürsten, sollten der maßgebliche Faktor im Reiche sein. Der Kaiser und seine Erblande als fremde Macht sollten praktisch im Reich nichts mehr zu sagen haben.

Indes, des Kaisers Zähigkeit im Verhandeln, die Kaisertreue der Stadt Frankfurt am Main, die dem Ansturm der Fürsten trotzte, Geldbewilligungen aus Neapel und — was zu denken gibt — von den Fuggern, Rüstungen des Kaisers und Ferdinands, all das änderte bereits wiederum allgemach die Lage. Den verlangten definitiven, immerwährenden Frieden in Sachen der Religion lehnte Karl standhaft ab. Er bewies damit endgültig, daß es ihm mit seiner Ankündigung in Worms 1521 nach Luthers Weigerung des Widerrufs Ernst gewesen war: wenn Ferdinand etwa glaube, mit unbeschwertem Gewissen die religiöse Neuerung einfach auf immer annehmen zu dürfen, er, der Kaiser, könne das nicht.

Recht wenig erhebend war die Rolle, welche die katholischen Bischöfe auf der Passauer Fürstenversammlung, deren Majorität doch katholisch war, spielten: wieder einmal offenbart sich in ihnen das Übergewicht der egoistischen Politik über den Dienst an der Religion. Und insbesondere dokumentiert sich wieder einmal die ungeheure religiöse Indolenz eines Großteils dieser Prälaten. Wahrhaftig, in den fürstbischöflichen Territorien ist die alte Religion vielfach nicht gerettet worden durch Glaubenstreue, sondern aus Besitzfreude an der weltlichen Macht. Die fürstliche Libertät stand diesen Bischöfen durchaus voran, und darum unterstützten sie den doppelten Verräter und den Retter des Protestantismus, Moritz von Sachsen.

Die schließlich angenommene Fassung des Vertrages (15. August) brachte nur insofern einen wesentlichen Fortschritt, als das Interim erledigt und wenigstens bis zum kommenden Reichstag ein Religionsfriede gesichert wurde wie 1544; freilich diesmal auch mit Zustimmung aller bedeutenden geistlichen Fürsten und aller Kurfürsten, und insofern also von Reichs wegen.

Erst der Schmalkaldische Krieg, das Interim, die Fürstenerhebung und ihr Abschluß, Passau, stellen eine einigermaßen endgültige Bilanz der deutschen Kräfte auf. Alles Vorhergehende, so wichtig, so viel wichtiger es war, konnte als Vorläufigkeit angesehen werden. Man konnte den Einbruch des neuen Glaubens und der neuen, ihm entsprechenden Lebensgestaltung bis 1545 für ein Provisorium halten. Die drei Etappen der Jahre 1546—1552 bewiesen das Gegenteil. In der Gesamtheit des Lebens der Nation, in allen Schichten der Fürsten, der Städte, des Adels, der Gebildeten, Kaufleute und Bauern war die Reformation eine wesentliche Kraft geworden.

5. Aber schon war die Partei der Kriegsfürsten, wie es ihrem privaten Egoismus entsprach, wieder in sich geteilt. Der Mecklenburger und der Markgraf von Brandenburg-Culmbach, Albrecht Alcibiades, unterschrieben den Vertrag nicht. Und durch den letzteren wurde sofort offenbar, wie wenig Kraft eine Abmachung der Fürsten in diesem Deutschland hatte. Der Riß durch die Religion hatte die Ordnung zu tief erschüttert. Es offenbarte sich ein ungeheurer Wirrwarr.

Unter hochtrabenden Losungen der deutschen Freiheit und des reinen Evangeliums überzog der zügellose, unmäßige und frivole Fürst mordend und brennend mit seinen Räubereien die Gegenden am Rhein (Mainz, Speyer, Worms), an der Mosel (Trier, wobei auch Wasserbillig, Grevenmacher und Remich niedergebrannt wurden), und besonders wieder am Main, wo er Nürnberg, Bamberg und Würzburg teilweise grauenhaft verwüstete, teils erpreßte. Dieser Markgraf entwickelte sich zu einer ganz ungewöhnlichen Beunruhigung des Reiches. Das Durcheinander wurde durch die unerhört sich häufenden Plünderungen und die folgende Teuerung und Pest unerträglich. Die Erbitterung gegen die prassenden Fürsten war bei dem ausgesogenen Volk längst gefährlich gestiegen. König Ferdinand glaubte an den Bauernkrieg erinnern zu müssen: es könne jetzt leicht schlimmer kommen. Der Brandenburger aber blieb seiner gewalttätigen Skrupellosigkeit treu: ‚die Pfaffen heimzusuchen, solange sie noch einen Bauern hätten‘. Schließlich landete er bei dem französischen Verteidiger von Metz, dem Herzog de Guise.

Inzwischen hatten sich manche Kräfte und Sympathien dem Kaiser wieder zugewandt. Er hatte nicht aufgehört zu rüsten. Er setzte am eindeutigsten Punkt an: gegen Frankreich. Er zog vor Metz. Er unternahm seinen Versuch mit unzulänglichen Mitteln. Und obendrein mit einem moralisch zu tief stehenden Bundesgenossen. Es belastet das Bild des persönlich so untadeligen Kaisers ungemein, und es schadete seinem moralischen Kredit damals

allerstärkstens, daß er den Räuber Alcibiades von De Guise weg zu sich
herüberzog (24. Oktober 1552), sogar seine vollkommen ungerechten, vom
Kaiser selbst in scharfer Form verworfenen erpresserischen Verträge gegen
Würzburg und Bamberg anerkannte.

Trotz der fatalen Hilfe des Markgrafen vermochte Karl Metz nicht zu
nehmen. Die lange dauernden, hartnäckigen Aktionen vor der Moselstadt
scheiterten an De Guises glänzender Verteidigung, und das ganze Unternehmen blieb schließlich in Kälte, Nässe und Krankheit stecken (Januar 1553).
Der Schlag blieb unfruchtbare Episode. Aber seine Reaktion auf Karl schaffte
ein Definitivum. Dies war der letzte Anlauf des Kaisers gewesen, das Schicksal noch einmal zu wenden, noch einmal sozusagen den ganzen Kampf seines
Lebens neu aufzunehmen. Der Mißerfolg erledigte ihn innerlich endgültig. —

Als der Kaiser Moritz die sächsische Kur übertragen hatte, hatte er den
Ernestinern eine Macht gelassen, die immerhin gegen Moritz ausgespielt werden
konnte. Dessen Stellung im Lande war übrigens noch gar nicht gefestigt. Die
zügellosen Raubzüge des Culmbachers bargen unberechenbare Möglichkeiten
des Umsturzes. Die Ernestiner, mit denen der Kaiser seit dem Überfall in
Innsbruck in Verbindung stand, hätten natürlich gerne eine Gelegenheit ergriffen, ihre frühere Machtstellung wiederzugewinnen. Moritz hatte in seinen
jungen Jahren einen großartigen Aufstieg vollzogen; er war in Passau der
Vertreter eigentlich aller Fürsteninteressen gegen die ‚Servitut' gewesen. Verständlich, daß er versuchte, sich an der Spitze zu halten.

Ende März hatten sich Fürsten aus dem Süden und Westen zum sogenannten Heidelberger Bund zusammengetan, um der unwürdigen Drohung
des Markgrafen begegnen zu können. Als dieser im April seine Räubereien
in den fränkischen Gegenden wieder aufnahm, schloß sich ein noch stärkerer
Kreis zur Abwehr zusammen, dem auch Ferdinand und Moritz angehörten.
Ein Vorstoß des Markgrafen löste Moritz' Zug gegen ihn aus. Es kam am
9. Juli 1553 zur großen Schlacht bei Sievershausen. Der Markgraf erlitt eine
schwere Niederlage. Moritz von Sachsen aber traf die Strafe für seine früheren
Treulosigkeiten: er wurde im Kampfe tödlich verletzt und starb nach zwei
Tagen auf dem Schlachtfeld.

Der Kaiser löste sich im Dezember in aller Form von dem fürstlichen
Raubritter. Die Verträge mit ihm seien nur zur Verhütung von Schlimmerem
in äußerster Not eingegangen worden. Sie wurden ‚gänzlich kassiert, widerrufen und abgetan'. Den Markgrafen selbst traf die Reichsacht.

6. Die Lage in Deutschland war in einem tiefen Sinn unhaltbar geworden.
Die politisch-wirtschaftlich-sozialen Verhältnisse und — in sie alle hinein-
wirkend — die religiös-kirchlichen Ordnungen waren zerrüttet.

Anderseits hatte man, so konnte es scheinen, alle Möglichkeiten der vorhandenen Kräfte, zu einer klaren Entscheidung zu kommen, erschöpft. Das Friedensbedürfnis war allgemein, der Friede eine Notwendigkeit. Eine nur praktische Lösung, ein Versuch, irgendwie Ruhe und Ordnung wieder zu erlangen, drängte sich auf. Man suchte dieses bescheidene und doch so lebensnotwendige Ziel wieder durch einen Reichstag zu gewinnen. Er kam nach langen Schwankungen 1555 in Augsburg zustande, und dies schließlich ohne den Kaiser.

Karl begann nämlich als erster, die Konsequenzen aus dem bisherigen Geschehen zu ziehen: die Bühne des weltgeschichtlichen Handelns andern Kräften zu überlassen. Er konnte dadurch seiner grundsätzlichen Haltung treu bleiben. Er wollte nicht die Hand dazu bieten, sein Werk ausdrücklich als wesentlich gescheitert, sich als geschlagen zu bekennen, noch mehr: direkt irgend etwas zu tun, was gegen ‚geliebte und hochbegehrte Einigkeit in unserem Christenglauben‘ gewesen wäre.

Als er schließlich seinen Widerstand gegen den schon so lange hinausgeschobenen Reichstag fallen ließ und damit den Weg zum Frieden freigab, beauftragte er Ferdinand, den Tag zu führen; aber in eigener Macht, als römischer König! Er sagte ihm mit besonderer Betonung, warum er nicht selbst zum Reichstag kommen wolle: der Religion halber. Nach der Passauer Abrede und dem mißglückten Versuch von Metz lag das Ergebnis der kommenden Verhandlungen in der Religionsfrage mit großer Wahrscheinlichkeit fest.

Wenn auch in Augsburg eine bunte Mannigfaltigkeit von fürstlichen Wünschen vorgebracht wurde, dieser Reichstag wurde doch tatsächlich die für damals abschließende Formulierung des Passauer Provisoriums. Ein allgemeiner, dauernder Religionsfriede zwischen Altkirchlichen und Neugläubigen war aber mehr als ein Gegensatz zu augenblicklichen Plänen des Kaisers; es war ein Widerspruch zum Wesen seines Amtes als des zweiten Oberhauptes der Christenheit. An der Erkenntnis dieses Amtes und seiner Verpflichtung war Karl V. einst in Worms 1521 erwacht. Als seine Ausübung unmöglich wurde, zog er sich nicht nur zurück, er trat ab. Am Tage, an dem der Augsburger Reichstag, der den ‚ewigen Religionsfrieden‘ brachte, beendet wurde, brachte der kaiserliche Gesandte die Nachricht von der Abdankung des Kaisers zu Ferdinand nach Augsburg.

Der Reichstag wurde am 5. Februar eröffnet, sein Abschied datiert vom 25. September. Von päpstlicher Seite waren Kardinal Morone und Kardinal Otto Truchseß von Augsburg anwesend. Aber am 23. März starb Julius III. Der neue Papst, Marcellus II. (Marcello Cervini, wie Del Monte vorher Legat in Trient), machte bereits am 23. Mai einem andern Papst Platz.

Es war Paul IV., der Carafa, der vollendete Typ des inquisitorischen Gegenreformators. Sein Selbstbewußtsein und sein Mißtrauen gegen jeden Schein einer Schmälerung päpstlicher Macht, und auch seine manchmal hysterisch übertriebene Angst vor häretischer Ansteckung, ließen es nicht zu, daß er sich in Augsburg beteiligte. Das war sinnvoll. Denn Augsburg mußte, als Resultante von nicht mehr zu ändernden Grundlagen, ein Ergebnis bringen, das vom päpstlichen Standpunkt aus nicht bejaht werden, aber auch nicht mehr wirksam beeinflußt werden konnte.

Die Religionsfrage war nicht die erste Sorge Ferdinands auf diesem Reichstag. Er wollte vielmehr zunächst den politisch-sozialen Auflösungstendenzen begegnen, wie sie in und um Albrecht Alcibiades offenbar geworden waren. Es sollte eine genaue Regelung der Reichskreise geschaffen werden. Die Bemühungen um dieses große Ziel ziehen sich denn auch durch all die Monate des Reichstages hin. Aber das innerste Thema war und blieb natürlich doch die Religionsfrage. August von Sachsen verlangte mit Recht, daß sie vor allem andern erledigt werden müßte. Und zwar, wie schon gesagt, durch einen ‚ewig währenden Religionsfrieden'. Es ist hochwichtig, daß auch die geistlichen Kurfürsten dafür eintraten. Aber auch, daß sich aus den Beratungen die Einschränkung ergab, daß der Friede nur für die Konfessionsverwandten von Augsburg, unter Ausschluß aller andern religiösen Neuerungen gelten solle: die Normierung des reformatorischen Glaubens gemäß der politischen Kräfteverteilung gab sich offen und offiziell zu erkennen. —

Die Reichsstände waren, wie immer, sehr weit entfernt von einem vollen Verständnis der Lage und von der Bereitschaft, für ihre Bereinigung Opfer zu bringen. Die deutschen Fürsten, ob protestantisch oder katholisch, bewahrten bis zum Ende die mehr als mittelmäßige Haltung, die ihnen die Verachtung Karls eingetragen hatte, und in der sie zum überwiegenden Teil ihren von der Zeit vorgegebenen großen Aufgaben sich in keiner Weise gewachsen gezeigt hatten: sie kamen wieder nicht zum Reichstag, obwohl doch das allgemeine Durcheinander ihre Anwesenheit dringender denn je erfordert hätte. Die Arbeit der protestantischen Abgesandten aber zeigte wiederum, wie sehr sie vom Sieg ihrer Sache durchdrungen waren, und wie sehr die anfängliche defensive Haltung des konfessionell-protestantischen Prinzips einer aggressiven Platz gemacht hatte. Sie zogen in beiden Ausschüssen — nicht immer ohne Drohungen — die Katholischen, insbesondere die Geistlichen, zu sich herüber. Die waren immer noch von den kriegerischen Bedrohungen durch Albrecht Alcibiades und andere eingeschüchtert. Jene aber vertauschten gelegentlich mit hohem Selbstbewußtsein vollkommen die Rollen; so zwar, als ob nicht die Frage gestellt sei nach der reichsrechtlichen Erlaubtheit der reformatorisch-religiösen Neuerung, sondern umgekehrt: ob

etwa die Protestierenden nicht das Recht hätten, alles Katholische im Reich
zu unterdrücken und also die geistlichen Güter an sich zu ziehen; wie sie denn
etwa den katholischen Untertanen protestantischer Fürsten eine nur private,
nicht-öffentliche Ausübung ihrer Religion gestatten wollten, für protestantische Untertanen in katholischen Gebieten aber volle Religionsfreiheit verlangten.

Bei den geistlichen Herren zeigte sich die alte Unsicherheit. Man vermißt
bei ihnen ebenso die theologische Klarheit wie den politischen Mut, in allem
aber das wichtigste, die wagende Zielsicherheit. Ihr Schwanken kam nicht
von ungefähr. Es gibt nicht viele Einzelszenen, die den Mangel eines echt
religiösen, kräftigen katholischen Bewußtseins in den bischöflichen Reihen
in solcher Eindringlichkeit offenbaren wie diese Auseinandersetzungen. Das
erhielt seine volle Tagesbeleuchtung, als die Protestanten verlangten, daß
der Übertritt auch den geistlichen Fürsten, unter Belassung ihrer Herrschaften, freistehen sollte. Man sprach es sofort in allen Variationen auf
katholischer Seite aus, wie leicht sich dann heiratslustige Bischöfe finden
würden, um, wie Herzog Albrecht von Preußen, die Stifte erb- und eigentümlich an sich zu bringen. Die Gefahr war doppelt groß, weil nachweisbar
der politisch-dynastische Ehrgeiz protestantische Fürsten bis zu einem betrüblichen Verdrehen und Brechen ihrer eidlichen Versprechen betreffs der katholischen Haltung ihrer Bischofskandidaten geführt hatte. Luther war 1540
auf die Versuchung durch Herzog Albrecht von Preußen (in Sachen seines
zum Erzbischof von Riga gewählten, heimlich zum Protestantismus neigenden
Bruders Markgraf Wilhelm von Braunschweig) nicht hereingefallen. Der
Herzog selbst hatte ein weiteres Gewissen. Er vertrat mit Erfolg die Ansicht,
daß sein Bruder diese ‚Mummerei‘ ruhig mitmachen dürfe, um dem reinen
Wort Ausbreitung zu verschaffen; d. h. also, daß sein Bruder mit Bewußtsein
ohne entsprechenden Glauben die Bischofsweihe empfangen und dem Papste
einen Eid schwören dürfe, den er nicht zu halten gewillt war. So wurde
auch jetzt für den innerlich protestantischen Meißener Domherrn Johann
v. Haugwitz, der unter aktiver Mitwirkung des neuen sächsischen Kurfürsten
August zum Bischof von Meißen gewählt worden war, die päpstliche Bestätigung nachgesucht, unter dem feierlichen und eidlichen Versprechen, daß
er aus aller Kraft dahin wirken werde, Geistlichkeit und Volk im kirchlichen
Glauben zu erhalten.

Solche Vorgänge offenbaren besser als vieles andere (ähnlich wie die
gewalttätige Skrupellosigkeit des Albrecht Alcibiades) das wirre Durcheinander in allen Verhältnissen, den Zustand der Auflösung, die innere Unsicherheit der Menschen und noch einmal die Unklarheit des Kirchlich-Theologischen in weiten Kreisen.

Nur eine theologisch klare und konsequente Gestalt war unter den Bischöfen bzw. ihren Vertretern auf diesem Reichstag: der Bischof von Augsburg, Kardinal Otto Truchseß v. Waldburg. Er wollte vom Gedanken der einen Religion nicht abgehen, und dies als ,beständiger Christ wie als geborener Deutscher', als Mensch wie als Reichsfürst, im Gewissen gebunden durch Glauben und Eid wider Papst und Kaiser und Reich. Und so wolle er bis in den Tod verharren. (Als gleichgearteter Gegner stand auf der andern Seite Herzog Christoph von Württemberg, der nur mit der Vernichtung des Papstes sich beruhigen wollte.) Der Tod Julius' III. rief den Kardinal wie den Legaten Morone vom Reichstag ins Konklave nach Rom. Die zielbewußten Protestanten und die nachgiebigen Katholiken waren unter sich.

Lediglich im geistlichen Vorbehalt gaben die katholischen Stände am Ende doch nicht nach: es wäre in der Tat der Tod des Katholizismus als eines in den Reichsständen irgendwie bedeutsamen Faktors gewesen, wenn den eventuell übertretenden geistlichen Herren ihre Territorien verblieben und ihre Untertanen sich zur neuen Religion hätten bekennen müssen. Freilich wurde der Vorbehalt vom König ,kraft kaiserlicher Vollmacht' in den Abschied gesetzt. Nach vielfältiger und nicht eben peinlich korrekter Berufung auf das drängende Gewissen, dem wahrlich stark mitgespielt wurde, gaben sich die Protestanten damit zufrieden, als ihre Ablehnung ausdrücklich erwähnt wurde. Was dann nicht verhinderte, daß auch nach dem Frieden die Annexion von Stiften in Norddeutschland kräftig weiter geübt wurde (und jenen riesigen Umfang annahm, der im 17. Jahrhundert das Restitutionsedikt zu einer Kriegserklärung machte).

Hingegen gab Ferdinand nach bezüglich der in protestantischen Territorien gelegenen geistlichen Gebiete. Man zahlte diesen Preis für die völlige Freiheit der Religionsbestimmung der weltlichen katholischen Stände. Ein trauriger Handel. Aber Ferdinand meinte: besser verlieren, als noch mehr verlieren. Die säkularisierten Kirchengüter sollten den Protestanten nach dem Stande von 1552 verbleiben.

Am 25. September 1555 wurde unterzeichnet. Es war das gleiche Jahr, in dem Kanisius durch seinen Katechismus der so verhängnisvollen katholischen Unklarheit den damals so lebensnotwendigen, festen Leitfaden schenkte.

Der Religionsfriede wurde vereinbart, um die im Reich durch die ,spaltige Religion' entstandene ,nachdenkliche Unsicherheit aufzuheben, der Stände und Untertanen Gemüter wiederum in Ruhe und Vertrauen gegeneinander zu stellen, die Teutsch Nation, unser geliebt Vaterland vor endlicher Zertrennung und bevorstehendem Untergang zu verhüten'. Deswegen wurde bei Pön des Landfriedens die Hintanhaltung von gewalttätiger, kriegerischer

Bedrängung wegen der alten Religion und der ‚Confessio Augustana' unter irgend einem Vorwand, in irgend einer Art und irgend welchem Grad der direkten oder indirekten Mitwirkung durch den ‚ewig währenden Fried' beschlossen.

So erreichten die Augsburger Konfessionsverwandten und die Katholiken, was zu diesen Zeiten möglich war: einen Kompromiß. Einen mühsam abgeschlossenen, in sehr vielem unklaren Handel zwischen ermatteten, aber unausgeglichenen und vielfach wieder gegeneinander vorwärtstreibenden Kräften. Man erreichte eine Kampfpause. Nicht mehr. Sie dauerte immerhin ein halbes Jahrhundert.

Jedoch: der Augsburger Religionsfriede war die erste volle und reichsrechtliche Definierung des ‚Cuius regio, eius religio'; jedes Territorium sollte nur eine Konfession haben, und zwar die des Fürsten. Den Untertanen wurde das Recht zuerkannt, auszuwandern. Der Grundsatz wurde geschaffen zu Gunsten der evangelischen Stände, galt aber auch für die katholischen. Aufs Große gesehen, arbeiteten diese genau so mit dem Mittel der Ausweisung wie die Evangelischen.

Ein heidnischer Grundsatz war anerkannt. Es konnte nichts anderes das Ergebnis sein, als daß er das Christentum gewaltig belastete. Der verhängnisvolle Riß, der das Leben der Nation, wie schon in den vergangenen Jahren, bis in die Wurzeln schädigen sollte, war zwar noch nicht definitiv im letzten Sinn; aber er wirkte sich dadurch ja nur um so schlimmer aus. Denn das Gefühl, die Einheit wirklich doch noch mit Gewalt herbeiführen zu können, führte dann zu Deutschlands Verwüstung im Dreißigjährigen Krieg. —

Dieser Friede von Augsburg 1555 war nicht, wie es den Anstrengungen Maximilians und Karls entsprochen hätte, eine Abmachung zwischen dem Kaiser und den Ständen, er war ein Friede der Territorien unter sich. So sollte auch der Landfriede, der auf dem Reichstag verhandelt wurde, nicht von einer Zentralgewalt geschützt werden, sondern von den Territorialfürsten. Die Entwicklungen von genau sechzig Jahren (so gering ihr Ergebnis auch gewesen war) wurden rückgängig gemacht. Am Ende der Regierung Karls V. ist der Territorialismus zum Sieg über das Reich gekommen. Aber es ist unzutreffend, zu sagen, daß dies durch Karl geschehen sei. Es geschah vielmehr vorherrschend durch jene Kraft, die das schon im Aufstieg begriffene Territorialfürstentum wesentlich in sich selbständig machte, sein Selbstbewußtsein aufs stärkste steigerte und überhaupt neue partikularistische Kräfte weckte: durch Luthers Reformation. Es geschah aber nicht nur durch sie. Denn als Träger des Territorialkirchentums begegneten uns dauernd auch katholische Fürsten. Und die eigentliche Wurzel des protestantischen Landes-

kirchentums fanden wir längst vor der Reformation. Zu den katholischen
Fürsten dieser Art gehört auch der universale Kaiser. Man hat mit Recht
auf einen gewissen Widerspruch hingewiesen, der besteht zwischen seinen
kaiserlichen Forderungen an die geistlichen Herren und der Praxis der kaiserlichen Verwaltung in den Niederlanden. Karl tat in den Niederlanden alles,
um dem territorialen Regiment die Macht zu sichern, auch um die kirchenpolitische Macht der Bischöfe auszuschalten.

Der Reichstag von Augsburg 1555 war also die Besiegelung der deutschen
politischen Zerstückelung. Das heißt, die Nation war nun weniger ein Ganzes
als je. Aus kleinen Einheiten bestehend, war sie aus der unmittelbaren Verantwortung für das große politische Geschehen der Welt entlassen. Also
wurde ihr politisches Regieren klein und kleinlich. Augsburg 1555, d. h. der Sieg
des Territorialfürstentums gegenüber dem Kaisertum, hat die Deutschen vom
politischen Denken im großen Sinne getrennt und so ihr Nationsbewußtsein
ins Mark getroffen. Karl V. war kein ‚deutscher‘ Kaiser. Aber er stellte
damals die einzige Möglichkeit für die Deutschen dar, eine Nation zu bleiben
und, noch mehr, zu werden. Diese Möglichkeit war an das katholische Bekenntnis gebunden. Seine Ablehnung war damals die Ablehnung des Nation-
seins. In diesem Sinne ist Luther, im Gegensatz zu der von ihm geweckten
nationalen Energie, durch den Ablauf der von ihm inaugurierten Situationen
Zerstörer der deutschen Reichs-Nation geworden.

Das alte geistlich-weltliche Imperium bestand weiter, aber Partner war nicht
mehr die päpstlich-geistliche Macht. Der Augsburger Religionsfriede wurde
geschlossen ohne Kaiser, ohne Papst; ‚der vollkommenste Ausdruck für den
Anbruch einer neuen Zeit‘ (Brandi). Als Ferdinand Kaiser wurde, empfing
er nicht mehr die Krone und Salbung durch den Papst. Eine weitere Säkularisierung und eine Nationalisierung des Kaisertums setzten zusammen ein.
Die Zerstörung der mittelalterlichen kaiserlichen Idee, die im Universalismus
ruhte, vollendete sich. Karls Denken und Wollen wurzelten noch einmal in
diesem, im hohen Sinn modernisierten Universalismus. Nochmals: es war
sinnvoll, daß nicht er den Reichstag 1555 abschloß, und daß er abtrat. Er
hat als erster die politische Tragweite der Religionsspaltung erkannt oder
erahnt. Er begann den Akt, der erst 1806 vollendet wurde. Tatsächlich gab
es von 1555 an nur mehr ein Oberhaupt der katholischen Christenheit, den
Papst. In einer höchst bedeutungsvollen Weise hat der Zwiespalt der Reformation dem klerikalen Faktor in der Kirche zur Vollendung seiner Vorrang-
stellung in verschiedener Weise verholfen. Bedeutungsvoll vor allem im Sinne
jener tiefen Wesenserfüllung der Kirche, die zum Tridentinum geführt hatte,
und die sich im Vaticanum in der kirchlichen Einheit so allseitig sichernd
vollenden sollte.

7. Als der Kaiser am 25. Oktober 1555 den Abdankungsakt vollzog, war er 57 Jahre alt. Er gab in einer Rede, die in seltsamer Weise (wie seine Memoiren) von seiner Zahlenmanie zeugt, Rechenschaft von seiner Regierung, wie er das so oft schriftlich und mündlich getan hatte. Im folgenden Jahre übertrug er Ferdinand allein die Regierung in Deutschland und seinem Sohne Philipp diejenige in Spanien und den Niederlanden.

In diesem Jahre 1556, in dem Ignatius von Loyola starb, zog sich Karl in die Nähe des Hieronymus-Klosters Yuste zurück. Er lebte dort weder in der Wüste, noch füllte er seine Zeit nur mit religiöser Betrachtung. Er führte lange Gespräche mit den Mönchen, machte sich Gedanken über das Sünd-hafte der Ruhmliebe, las eine Anleitung zum christlichen Leben spanisch-erasmianischer Frömmigkeit, aber auch einen Ritterroman. Vor allem blieb er der eigenen Vergangenheit und den weltpolitischen Kombinationen der Gegenwart verbunden. Diese hatten sich schon 1554 noch einmal in enthusias-mierendem Aufschwung an die ganz neuen Möglichkeiten geheftet, die sich durch die Vermählung seines Sohnes Philipp mit Maria, der Erbin des wieder katholisch gewordenen England, zu ergeben schienen. Es waren freilich vor-überhuschende Hoffnungen gewesen, die nichts am Resultat dieses großen Lebens ändern konnten: zu enden als eine Enttäuschung. Der Tatsache, nicht der Schuld nach!

Karl V. starb am 21. September 1558.

Wer war Karl, der eigentliche, der einzige wahre Gegenspieler des reli-giösen Reformators Luther? Der Erbe und Zusammenfasser langer Reihen von Traditionen, der Vertreter des Geschichtlichen gegenüber dem Neuerer, der das Eigene gegen die Tradition stellte?

Es ziemt sich, zunächst festzustellen, daß ein großer Teil seines Lebens in großer sittlicher Reinheit steht. Seine Ehe war ohne Tadel, wennschon man ab und zu sich an die laxeren Grundsätze der Zeit erinnern muß. Karl — wie auch Ferdinand — steht an sittlich-christlichem Leben jedenfalls turm-hoch über den meisten seiner fürstlichen Zeitgenossen, ob sie nun in oft so frivoler Weise den Kampf um das reine Wort proklamierten oder, wie Franz I. und deutsche Bischöfe, den katholischen Glauben bekannten. Er bewährte christliche Zucht vor allem auch im Trinken, das gerade inmitten der bedrückendsten Verhältnisse der Territorien bei den deutschen Herren immer wieder in einen alle Vorstellungen übersteigenden, wüsten Sauf-Grobianismus ausgeartet war. Luther wußte sehr gut, warum er den Deut-schen das unmäßige Trinken als besondern Fehler vorrückte. Und evan-gelische Christen, denen es ganz rein nur um Gottes Wort ging, wie die unerschrockene, bibelfeste Frau Argula, empfanden es tief, welch krassen

Gegensatz dieses zügellose Schwelgen der zu wichtigsten Religionsverhandlungen versammelten Fürsten zum Evangelium bedeutete, und welcher Schaden diesem daraus erwachsen mußte. Um so mehr, je rücksichtsloser das arme
Volk für dieses Unwesen ausgesogen wurde.

War Karl eine religiöse Natur? Ja, in dem bereits angegebenen Sinne
eines geistig und theologisch nicht sehr tief gründenden Katholizismus. Und
von unbezweifelbarer Ehrlichkeit seines Glaubens. Das Urteil des Baldassare
Castiglione, der lange Jahre päpstlicher Gesandter bei Karl war und ihn
den besten Christen nannte, den er unter Weltlichen und Geistlichen kenne,
ist nicht wirklich zu erschüttern.

Ausnahmslos findet sich unter Karls Feder in seinen weittragendsten Äußerungen an hervorragender Stelle die Anerkennung der Ehre Gottes, seines
Willens in allem. Der Kaiser berührt sich darin mit Gattinara. Gewiß klingt das
manchmal etwas nach geläufiger Formel, ist übernommene Selbstverständlichkeit. Aber zuletzt ist es nicht nur gut gemeint, sondern kraftvoller Ausdruck
des Wesens. Karls Bewußtsein ist wesentlich christlich-religiös geweiht und
darum demütig. Eine wirkliche Lebenssorge um den Bestand des auch ihm
mit anvertrauten Reiches Gottes auf Erden. Sorge für sein oder seiner Kinder
Seelenheil. Nur tiefe Verankerung im kirchlichen Glauben und in der entsprechenden Verantwortung vor Gott schreibt solche Ermahnungen, wie sie
etwa in den großen Instruktionen für den Infanten Philipp vom 4. und
vom 6. Mai des innern Entscheidungsjahres 1543 stehen, wie sie im letzten
Testament (6. Juni 1554) wiederkehren und wie sie der Kaiser unter Tränen
bei der Abdankung aussprach: Gott, Gottes Gnade, Gott über alles lieben
und ihm dienen, die Seele als das Wichtigste schätzen, so daß man zum
Paradies, in die ewige Glorie gelangt. ‚Alle Dinge liegen in der Hand Gottes;
nur seine Hand kann und möge uns helfen.‘ ‚Gott wird es fügen, so wie
ihm damit gedient ist.‘ Die Barmherzigkeit Gottes muß sich unser annehmen.
Das sind Gedanken, aus denen Karl lebt. Die Schlußaufforderung bei der
Abdankung an Philipp trifft das Zentrum: festhalten am Glauben der Väter!

Des Kaisers Mißtrauen gegen den Papst war mit den Jahren sehr gewachsen. Die Formulierung seiner Kirchentreue erreichte in späterer Zeit
vielleicht nicht mehr die frische Absolutheit seiner Antwort an die Wiener
Universität von 1522, aber sie paßt vollinhaltlich auch für das ganze spätere
Leben. Auch wo er den Infanten vor den Mißständen an der Kurie und
deren Unzuverlässigkeit warnt, fügt er die Mahnung bei, den Papst trotzdem
um so mehr zu verehren, je mehr er heute von vielen verachtet werde.

Karls Machtstreben auch innerhalb der kirchlichen Sphäre ist ebenso unverkennbar wie natürlich. Aber es hat Größe und Weite. Es ist von allem
persönlich Kleinen und Triebhaften frei. Und es ist — die ganze Regierungs-

zeit hindurch — entschieden und bewußt auf die Rettung der Kirche und ihre Einheit und Reinheit gerichtet. Mit jener unerhörten Zähigkeit, für die es kaum eine Parallele gibt. Das Bewußtsein seines Amtes und seiner Lebensaufgabe trägt ihn: weltlicher Herr der in Not geratenen Christenheit; verantwortlicher Mitleiter der Kirche aus dem Recht und der Pflicht des von der Kirche geweihten Kaisertums; Vogt der Kirche, den Gattinara gleich nach der Wahl zum Kaiser als den kommenden e i n e n Hirten der gesammelten Christenheit begrüßt; dem für den christlichen Glauben zu kämpfen hohe R i t t e r e h r e ist und den erstrebten Ruhm spendet; dem die Juristen ein Notrecht zur Berufung des Konzils zuerkennen. Der geheiligten Würde entsprach die überragende Persönlichkeit. Dem Gewissensanspruch der protestierenden Fürsten setzt er 1530 wie sonst unerbittlich sein Gewissen und seine, wie er sagt, größere Verantwortung und sein Seelenheil entgegen: sein machtvolles Herrscherbewußtsein.

Beides offenbarte sich jeweils schnell durch die Gegenprobe, wenn in heiklen Situationen Ferdinand statt des kaiserlichen Bruders die Verhandlungen führen mußte, wie einige Male in den dreißiger Jahren. Ferdinand war nicht der Mann, ‚die deutsche Fürstenbrut‘ zu bändigen. Man merkte deutlich, welche Kraft fehlte, als er aus dem Reiche abtrat. Die überragende Spitze fehlte, in Passau wie nachher. —

Das, was Karl vielleicht am meisten kennzeichnet, offenbart sich überhaupt in dem, was ihn vor seinen sämtlichen Mit- und Gegenspielern auszeichnet, die Päpste Klemens VII. und Paul III. leider nicht ausgenommen: er war im wesentlichen treu. Dies war bei ihm eine seelische Grundhaltung. Sie wuchs sich manchmal zu einer schädlichen Starrheit aus. Aber alles lag weit ab von klein-persönlicher Gier und ihrer Befriedigung. Sein Ziel blieb groß. Er war Diener an einer vorgegebenen, verpflichtenden Aufgabe, auch wenn es um die ‚Ehre‘ ging.

Er war auch treu im religiös-kirchlichen Streit. Trotz allen Schachzügen der vierziger Jahre, trotz dem Bündnis mit Albrecht Alcibiades: er blieb auf dem Boden der mittelalterlichen, der universalen und damit der e i n e n Christenheit stehen, während sich Franz I. skrupellos und ohne Ehre benahm. Karl V. bewahrte die Ehre, Franz I. verlor sie. Die Päpste brachten mehrere Male die Religion der Politik zum Opfer und wurden tatsächlich Helfer der religiösen Neuerung. Nicht entfernt so der Kaiser. Karl war, von den Heiligen und Betern abgesehen, der beste Diener der Kirche seiner Zeit.

War Karl ein Deutscher? Die Frage ist schnell beantwortet, wenn man nach der ‚Nationalität‘ fragt (soweit eine solche Frage für damals gestellt werden kann). Wir haben sie selbstverständlich verneint.

Wie aber, wenn wir einmal die Frage auf den Gegensatz zuspitzen zwischen Germanisch und Romanisch, um auf den Grund seiner Seele zu sehen? Zweifellos könnte man Karl nicht einen Italiener oder Südfranzosen, überhaupt einen ‚Franzosen‘ nennen. Aber Karl ist auch weit entfernt von dem, was wir einen Spanier nennen. Sein Herrscherbewußtsein und sein Absolutismus sind gründlich verschieden von der Art sowohl eines Ferdinand und einer Isabella vor ihm wie seines Sohnes Philipp. Gegen diesen hebt ihn vor allem ab das innere Ringen um die gerechte Entscheidung.

Nun, gerade dieser Gewissensernst, der sehr gut paßt zu seiner eben gelobten ‚Treue‘, rückt den Kaiser viel näher an das, was man als sittliche Haltung und Charakterstärke deutsch nennen darf, als irgend einen seiner kleinen Gegenspieler, keinen einzigen ausgenommen. Beste Kräfte des habsburgisch-deutschen Blutes bewährten sich, verstärkt ausgerichtet und geadelt durch spanische Gläubigkeit sehr kräftiger Art. Sie bauten ein großes Leben, in dessen Mittelpunkt alles beherrschend die Kaiseridee stand. Karl war ein im höheren Sinne legitimer Inhaber des deutschen Kaiserreiches, kein ‚spanischer Fremdling‘ auf dem Kaiserthron.

Karl V. steht zur Gesamt-Reformation in engerer Beziehung als irgend einer der andern Mitspieler, den einzigen Luther ausgenommen. Zeitlich begleitet sein Leben ihren ganzen Ablauf, sachlich bildet es einen maßgeblichen Teil ihres Geschehens.

Darüber hinaus vertiefen sich die Verbindungen zum Gleichklang des Schicksals. Karls Leben ist nicht nur Teil der Reformation, es wird in einem bestimmten Sinn zu ihrem Symbol. Denn Karl, der Vertreter der katholischen Tradition, endet letztlich ebenso im Mißerfolg wie die siegreiche religiös-kirchliche Neuerung. Der Religionsfriede von Augsburg 1555 zeigte es uns: Vertreter beider Kräftesysteme bekannten die Unmöglichkeit einer eindeutigen Klärung durch einen Kompromiß. Die Reformation war stark geworden und gewachsen. Aber die alte Kirche war geblieben; dann blühte sie auf. Der Versuch, die ganze Kirche für das neue Evangelium zu gewinnen, war gescheitert. Augsburg 1555 legalisierte einen innern Bruch.

Dieser wesentliche Mißerfolg überschattet die Reformationsgeschichte mit tiefem Dunkel. Wo war der Sinn der ungeheuren Opfer, der Siege und Niederlagen? Über sehr viel Kleines und Schwächliches hinaus hatten edle und große Kräfte um hohe und höchste Ziele gerungen im Reich des Religiös-Kirchlichen wie (eng mit ihm verbunden) des Politischen. Aber das Ergebnis war die konfessionelle Spaltung, der Riß durch Kirche, Christenheit und Volk. Was immer als großer Gewinn der Reformation angesprochen werden mag, das Ergebnis vor allen andern war negativ: Zerstörung der Einheit.

Verdienst und Schuld verschlingen sich in diesem gewaltigen Drama, in dem unter schmerzlichen Geburtswehen eine neue Welt ans Licht trat. Es ist dem menschlichen Urteil nicht gegeben, die Fäden ganz zu entwirren, die Konten genau zu verteilen. Das ist sinnvoll. Denn nun, nach unserer langen Wanderung durch jene Jahrzehnte, erkennen wir wohl noch eindringlicher als bei unsern ersten Überlegungen, daß die Frage nach Schuld oder Nichtschuld an das Tiefste des für uns in der Reformation geschichtlich Faßbaren nicht herankommt. Für den Menschen, für uns, steht die Reformationsgeschichte zu einem großen Teil im Zeichen der Tragik.

Das gilt auch für jene, die sie eine Heldenzeit nennen. Das gilt auch für den Kaiser Karl V. Es lag nicht in seiner Macht, den Riß zu verhindern oder ihn wieder zu schließen. Der Protestant darf dieses Urteil des Katholiken unterschreiben. Denn Karls Ringen gegen das, was aus dem Gewissenskampf Luthers aufgestanden war, war pflichtgemäße Treue gegen immanente, seinem Wollen und Handeln vorgegebene Gesetzmäßigkeiten. Aber dann: wie der Kampf eine Pflicht und eine Notwendigkeit war, so war auch sein Mißerfolg tief bedingt; die Reformation Luthers war nicht zufällig gekommen und nicht als ein Zufälliges. Auch darin können sich Katholiken und Protestanten treffen, wennschon beide das, was man ‚Notwendigkeit' der Reformation nennen kann, entscheidend verschieden fassen. Jedoch, ob Katholiken oder Protestanten: in der Reformation, die Glauben, Denken und Leben eines maßgebenden Teiles der Menschheit umgestaltet und die Daseinsbedingungen a l l e r christlichen Völker, auch der Katholiken, zutiefst beeinflußt hat; in der Reformation, welche die gegensätzliche Vielfalt des Glaubens und Betens in die christliche Welt eingeführt, welche die Grundbedingungen des Weges zum ewigen Heil für viele Hunderte von Millionen entscheidend geändert hat: in diesem Geschehen rühren wir zuletzt an das Geheimnis des lebendigen Gottes der Geschichte. Und es vermag den nachdenkenden Betrachter bis ins Innerste zu erschüttern.

Schlußwort

Mit den Begriffen der Tragik und der seelischen Erschütterung ist nun freilich das letzte Wort noch nicht gesprochen. Den Katholiken vor allem, aber auch sehr viele heutige Protestanten, bewegen noch weitere Fragen der Bewertung der Reformation, deren Beantwortung zwar schon mehr oder minder deutlich auf manchen Seiten dieser beiden Bände angedeutet ist, die aber doch noch einige klärenden, genaueren Hinweise wünschenswert machen.

1. Wir haben gerade in diesem zweiten Bande gesehen, wie die Kirche seit dem Ende des 15. Jahrhunderts und in der ersten Hälfte des 16. Jahrhunderts aus eigener Mitte einer Neuschöpfung zustrebte. Trotzdem bietet die Kirchengeschichte dieser Zeit, alles in allem genommen, dem Katholiken ein wenig erhebendes Schauspiel; sie vermittelt ihm ein vor allem niederdrückendes Gefühl. Aus dem Leben seiner Kirche tritt ihm vieles entgegen, das er gemäß den Grundsätzen eben dieser Kirche mit Trauer verurteilen muß; umgekehrt ist trotz allem aus dem Kampf derer, die sich von der alten Kirche trennten, nicht wenig Wertvolles und vor allem viel Erfolg zu berichten. Ich habe diese doppelte Aufgabe, getreu der Mahnung Leos XIII. (nichts als die Wahrheit zu sagen, und die Wahrheit ganz zu sagen, auch dann, wenn sie für die Kirche und das Papsttum belastend sein sollte), in diesem Buche zu lösen versucht.

Nun ist es so, daß man zwar allenthalben den Wahrheitsmut Leos XIII. gerne apologetisch-theologisch bejaht und verwertet, daß aber solcher Wahrheitsmut noch lange nicht überall zur selbstverständlichen praktischen Richtschnur des Urteilens und der Aussprache geworden ist. Infolgedessen könnte der Fall eintreten, daß die im 16. Jahrhundert sich immer erneut häufende Masse der kirchlichen Zersetzungserscheinungen, bzw. deren Schilderung, kleingläubige und mit dem Quellenbefund ungenügend vertraute katholische Leser zu der Frage veranlassen würde, ob nicht die katholischen Schwächen mit einer gewissen Vorliebe geschildert, der Tadel gegen die Neuerung dagegen eher zurückhaltend, das Lob gegenüber ihren Werten sozusagen bereitwilliger formuliert worden sei?

Der in dieser Frage vielleicht schlummernde Verdacht wäre falsch und sein etwaige Bejahung eine Ungerechtigkeit.

Leser, die geneigt sein könnten, sich die Frage oder gar ihre Bejahung zu eigen zu machen, bitte ich zunächst nochmals zu bedenken, daß Auffassungen noch nicht deswegen falsch zu sein brauchen, weil sie neu oder ungewohnt sind. Die Tatsachen haben sich nicht nach den Auffassungen, auch nicht nach sehr liebgewonnenen und sozusagen als unantastbar gewerteten, zu richten, sondern umgekehrt.

Wenn wir nun einmal von der Bewertung der im reformatorischen Angriff enthaltenen Kraft absehen und die angerührte Frage lediglich am Problem des ‚Menschlichen‘ in der Kirche verfolgen, so ist über den Tatbestand an sich nicht mehr zu diskutieren. Er ist leider, wie öfters gesagt, in allem Wesentlichen durch die massenhaften Zeugnisse treukirchlicher Katholiken, auch durch offiziöse und offizielle Klagen leitender Kirchenmänner so gesichert, daß jeder Versuch einer lohnenden Beschönigung ein aussichtsloses und der Kirche schädliches Unternehmen genannt werden muß. Auch meine vorstehenden Kapitel führen keinen Tadel an, der damals nicht von treukirchlichen Zeitgenossen ausgesprochen worden, oder dessen Berechtigung durch ihre Klagen nicht unmittelbar erwiesen wäre. (Man kann sie übrigens ziemlich lückenlos auch bei Janssen und Pastor lesen.) [1]

Freilich, das ewige Problem des Menschlich-Allzumenschlichen in der Kirche ist, soweit seine historische Seite in Betracht kommt, weder mit allgemeinen Redensarten noch mit theoretischem ‚Wissen‘ darum, daß es in der Kirche Zersetzungen gegeben habe, zu lösen. Hier hat nur der ein Recht zu urteilen, der die konkreten Zersetzungen kennt; nur wer den Mut hatte (und das Amt), diese Last auf sich zu nehmen in ihrer ganzen Schwere, kann ihre Belastung abschätzen. Die Überzeugung, daß Mißstände an der wesenhaften Heiligkeit der Kirche nichts mindern, ist für uns Katholiken unveräußerlicher Bestandteil des Glaubens. Aber sie besagt gar nichts über bzw. gegen die historische Belastung der Menschen, die damals durch sie hindurch ihren Weg zum ewigen Heil gehen mußten, und nichts über die Macht des Bösen, das in ihnen sich darstellt, fortwirkend auch in fernen Jahrhunderten. —

Jener Verdacht wäre noch von einer andern Seite her falsch. Muß ich doch für mich persönlich gestehen, daß ich mit besonderer Begierde gerade nach Äußerungen der fortdauernden Treue zur angestammten Kirche geforscht habe. Ich habe außerdem, um einer Forderung ausgleichender Gerech-

---

[1] Diese Bemerkung möchte ich natürlich nicht falsch verstanden wissen; sie spricht von den Mißständen im engeren sittlichen bzw. religiös-sittlichen Bezirk. Das für meine Darstellung Entscheidende, das theologische Problem (die ‚theologische Unklarheit‘), ist bei Janssen und Pastor überhaupt nicht, die eigentliche Funktion der Aushöhlung des Priesterlichen und Seelsorgerlichen, die Unterbewertung des Religiösen gegenüber der Politik durch führende kirchliche Kräfte, und dann die Fragen nach dem richtigen oder mangelhaften Strukturansatz, nach Fassade und Inhalt nur sehr wenig gesehen.

tigkeit Genüge zu tun, das hierbei Festgestellte ausführlicher behandelt, als
es ihm proportional zu dem andern gleichzeitigen Leben eigentlich zugekommen wäre (vgl. oben Bd. II, S. 82 ff.). Wenn trotzdem das Resultat für den
Katholiken, alles in allem genommen, so bedrückend bleibt, so äußert sich
darin leider der tief beklagenswerte Tatbestand.

2. Nun aber: wenn die Zersetzung in der Kirche so weit gediehen war,
wenn anderseits sich viel Wertvolles bei Luther findet, muß dann etwa am
Ende der Katholik dem Reformator Luther recht geben, daß er sich gegen
die Kirche erhob?

Für die Gemeinschaft wichtig wird jene Frage erst, wenn sie (über den
persönlichen Einzelfall hinaus) verstanden wird als das Suchen nach einem
absoluten, grundsätzlichen Maßstab, an dem man Wert und Recht oder
Unwert und Unrecht Luthers und der Reformation messen könne.

Ich nenne das Ausschlaggebende zuerst: Christentum und Kirche reichen
über das Geschichtliche hinaus in tiefere oder höhere Regionen. Sie sind
Offenbarung, also Objekte und Inhalte des Glaubens. In diesem Bereich
aber kann es irgend eine Berechtigung des Aufstandes, eines Aufstandes im
Wesentlichen, nie geben. Kein anderer als Luther selbst hat das, wie wir
sahen, noch auf der Leipziger Disputation 1519 ausgesprochen (Bd. I S. 222
und 405). —

Angesichts des geschilderten betrüblichen Zustandes der Kirche in der ersten
Hälfte des 16. Jahrhunderts stellte dann jemand die Frage, wo denn bei
solcher Darstellung das herrliche Bild der Kirche bliebe, das den Gläubigen be-
geistern solle? Darauf ist zunächst zu bemerken, daß eine kirchengeschichtliche Aufgabe sich nicht nach derartigen Überlegungen zu richten hat; sie
hat zu schildern, ,wie es war'. Von jedem Leser aber ist zuerst und vor
allem andern zu verlangen, daß er zuvörderst einmal den Tatbestand wirklich
in sich aufnehme, ehe er sich ein Urteil darüber anmaßt. — Zu antworten
aber ist, (1.) daß jene Herrlichkeit der Kirche als historisch erkennbarer Zustand in der zu schildernden Epoche zum größten Teil einfach
nicht mehr vorhanden war, daß sie, wenn der Ausdruck gestattet ist, historisch
unsichtbar geworden war; (2.) daß jedoch diese Tatsache, wie noch vorhin
gesagt, an der substantiellen, im Göttlichen wurzelnden Herrlichkeit der
Kirche nicht das geringste mindert. Diese Herrlichkeit gibt sich ja nicht
einmal in den nach außen glorreichsten kirchlichen Zeiten erschöpfend im
Historischen kund. Denn, in seinsmäßiger Heiligkeit und Wahrheit göttlicher Art wurzelnd, ist sie (obwohl in den Kriterien der Göttlichkeit
der Kirche durchscheinend) vor allem Sache des Glaubens. Und damit

harmoniert (3.) aufs genaueste die Haltung der katholischen Streiter des
16. Jahrhunderts. All die vielen, die als Urteilsfähige damals der Kirche
die Treue hielten und uns über ihre Auffassung unterrichteten, blieben nicht
katholisch, weil ihnen aus der sichtbaren Gestalt dieser Kirche Gesundheit,
Kraft, Glanz und ‚Herrlichkeit‘ eines gesunden Organismus entgegenleuch-
teten. Sie sprechen es vielmehr tausendfach aus, daß sie im Gesicht ihrer
Mutter, der Kirche, beinahe nur Runzeln und in ihrem ganzen Dasein
vielfältige Schwäche entdecken, daß sie gar — wie der Kardinal Hosius
und ebensogut Paul III. in der Einberufungsbulle des Tridentinums es aussprechen — dem Zerfall und dem Untergang nahe sei. Alle diese Treuen
haben in scharfer, und viele in schärfster Form, und manche mit müder
Hoffnungslosigkeit eben dies festgestellt, daß aus der sichtbaren Kirche
‚Gestalt und Schönheit‘ geschwunden waren. Aber sie hielten die Treue,
weil sie trotz jenen Mißständen an die wesentlich unsichtbare Herrlichkeit
der Kirche glaubten[1]. Sie verkündeten den Glauben an die eine, heilige,
katholische und apostolische Kirche unter dem Papst und den Bischöfen und
mit einem besondern, sakramentalen Priestertum. Sie glaubten unerschütterlich daran — mit der übernatürlichen Tugend des Glaubens —, daß in dieser
so zerfallenen Kirche ungemindert die objektive, göttliche Heiligkeit und
die unantastbare göttliche Wahrheit wohne, daß — wie wir es von Stanislaus
Hosius zitierten — der Herr auch in seinen unwürdigen Bischöfen, wenn
auch schlafend, gegenwärtig sei. Sie lebten vom Glauben, daß nur in dieser
alten Kirche der ganze Christus unverkürzt wohne, daß auch alles Wesentliche, was die Neuerer verlangten — Heilige Schrift und das Heil als freies
Gottesgeschenk — in eben dieser Kirche immer vorhanden gewesen und auch
jetzt in ihr vorhanden sei, gelehrt und ausgeteilt werde; daß umgekehrt die
reformatorische Lehre die Fülle und die Sicherheit der Offenbarung teils
unmittelbar, teils mittelbar schädigen und fälschen müsse. In den Bekenntnissen der Charitas Pirkheimer und in einzelnen Gebeten, die wir kennen
lernten, spricht sich das ergreifend aus; von Murner, Schatzgeyer, Gropper,
den Kartäusern, vor allem von Eck und den Jesuiten hörten wir Bekenntnisse, die randvoll sind von absoluter Festigkeit. Aber selbst bei ihnen stießen
wir ab und zu auf eine gewisse Mattigkeit. Und jedenfalls hatte die Über-
zahl aller Verteidiger der Kirche jenen Glauben lediglich so, daß er ihnen nur
selten die Kraft gab, auch von der geheimen Herrlichkeit der Kirche in
schöpferisch entflammter, in hinreißender Weise zu künden. Dabei vergessen
wir keinen Augenblick die teilweise ergreifenden Zeugnisse kirchlicher Frömmigkeit, wie wir sie etwa besonders in der katholischen Volksfrömmigkeit

[1] Vgl. dazu etwa oben Bd. II, S. 126 f.

(Erbauungsliteratur, religiöse Kunst) der vorreformatorischen und der reformatorischen Zeit geschildert haben.

In keiner andern Haltung als der des glaubenden Christen kann auch der heutige Katholik abschließend zur Reformation Stellung nehmen. Und selbstverständlich darf er auch nicht jene katholische Glaubenstreue des 16. Jahrhunderts in unhistorischer Weise als reicher oder begeisterter darstellen, als sie es tatsächlich war.

Anderseits: diese nüchtern-treue, manchmal gar nicht besonders imponierende Haltung genügt durchaus für die Gewinnung eines festen Standpunktes der Beurteilung. Bei allen Ansätzen katholisch-kirchlicher Reform im 16. Jahrhundert stellen wir fest, daß stets als oberstes Gesetz gilt: Trennung von Person und Amt im kirchlichen Bereich. Umgekehrt erweist sich hier an einem zentralen Punkt ein Grundfehler Luthers: er hat die Mißstände der Kirche (nachdem er einmal zu ihrem dogmatischen Gegner geworden war) für und für als wesentliche Rechtfertigung seines Aufstandes empfunden und angeführt. Das heißt: er vermochte nicht durch die Zerfallserscheinungen hindurch die unangetastete Substanz der katholischen Kirche zu erkennen.

3. Bei der Wahl und Begründung ihres Standpunktes kamen den Katholischbleibenden gewisse Auswirkungen der Reformation und gewisse Klagen der Reformatoren selbst über die Anhänger der neuen Lehre zu Hilfe. Wir hörten gelegentlich von Luthers Unmut über den Mißbrauch, der mit seiner ‚geistlichen‘ Freiheit ‚fleischlich‘ getrieben werde, über die Gleichgültigkeit, mit welcher jetzt viele Leute evangelischer Lande das für sie in seiner Reinheit wiederhergestellte Sakrament betrachteten und seinen Genuß versäumten, von der Undankbarkeit des Volkes, das ihn predigtmüde macht. ‚Seit man die reine Lehre des Evangeliums durch das Licht der Aufklärung erleuchtet hat, wird die Welt täglich schlechter.‘ ‚Uneinigkeit (der Fürsten und Stände), Wucher und Geiz, Willkür, Unzucht, Übermut sieht er wie in einer Sintflut also überhandnehmen, daß man mit zehn Konzilien und zwanzig Reichstagen es nicht wird wieder zurechtbringen können.‘

Melanchthon ist erschüttert von dem ‚unmäßigen Freiheitsgebrauch zu unendlicher Willkür aller Begierden‘. Er spricht von einer neuen Barbarei, in der ganz und gar die offenkundige Verachtung der Religion wachse. Mehr Tränen, sagt er, habe er über das Unheil der Reformation geweint, als Wasser in die Elbe fließe.

Wenn Butzer geklagt hatte, daß es in Straßburg fast keine Kirchen, kein Ansehen des ‚Wortes‘, keinen Gebrauch der Sakramente mehr gebe (1532), so schildert sein Freund Capito 1538 viel detaillierter und trostloser: ‚Der Herr zeigt uns nun, wieviel wir durch unser übereiltes Zufahren, durch die

unbesonnene Heftigkeit, mit der wir das Papsttum weggeworfen, geschadet
haben. Die Menge, an Zügellosigkeit gewöhnt und fast dazu erzogen, ist
nun völlig unlenksam geworden. Es ist, als ob wir, indem wir die päpstliche
Autorität wegwarfen, zugleich die Kraft des Wortes, der Sakramente und
des ganzen seelsorgerlichen Amtes vernichteten. Denn die Leute schreien: ich
verstehe das Evangelium gut genug; ich kann ja selber lesen. Wozu bedarf
ich deiner Hilfe? Predige denen, die dich hören wollen, und laß ihnen die
Wahl, anzunehmen, was ihnen beliebt. Es ist uns eine mühsame Geduld
vonnöten in dieser Auflösung, in der wir uns befinden.'

Bestätigt das nicht Eindruck und Urteil des Willibald Pirkheimer, der
sich von Luther wieder abkehrte, weil er nicht eine Verbesserung, sondern
eine Verbösserung feststellt? weil er den ,früheren Betrug' nicht beseitigt,
dafür viel unleidigere eingeführt findet, denen gegenüber jener als ein Scherz
erschiene? Auch die katholischen Stände auf den Reichstagen waren in der
Lage, den Protestanten diesen Niedergang vorzurücken. In Worms 1545
fragen sie: wo denn noch der Kirchendienst und die Schulen wären? wo die
Stiftungen und Spenden für die Armen wie vor zwanzig oder dreißig Jahren?
,Was man bei den Protestanten Predigen nennt, ist allermeist, als sie selbst
klagen, ein Schimpfen und Schelten gegen den Papst und die Klerisei und
ein blößliches Anfeinden aller männiglich.' Der Predigtstuhl ist schier ein
,Scheltstuhl' geworden.

Ich vergesse in diesem Zusammenhang nicht das, was ich über Luthers
Grobianismus gesagt habe und über die Schwierigkeit, die er einer genauen
Exegese des Reformators entgegenstellt. Luther läßt sich durch gewisse Zersetzungserscheinungen im eigenen Lager genau so zu ungenauen, ja unmäßig
übertreibenden Superlativismen verleiten wie gegenüber den ,Papisten': die
Wucherer soll man sterben lassen wie die Hunde, und der Teufel fresse sie
mit Leib und Seele, auch daß man sie rädern und ädern solle und alle Geiz-
hälse verjagen, verfluchen und köpfen alle'. Luther übertreibt auch hier. Aber
soll seinen zahlreichen Klagen deswegen die breite Tatsachenunterlage überhaupt abgesprochen werden? Was machen wir außerdem mit den angeführten
Feststellungen anderer Reformatoren, die das gleiche Abgleiten bezeugen?
Die Fülle der Klagen aus dem eigenen und aus dem katholischen Lager
verbietet es, in diesen Äußerungen Einzelheiten zu sehen, die für die Lage
nicht als kennzeichnend angesprochen werden könnten.

Es ist eher Folgendes festzustellen: Die Evangelischen nehmen gegenüber
den eben erwähnten innerprotestantischen Zersetzungen eine ähnliche Haltung ein wie manche Katholiken gegenüber innerkirchlichen Mißständen der
damaligen Zeit. Man ,weiß' wohl von jenen verschiedenen Klagen, das eine
oder andere Mal werden sie auch ,erwähnt', aber man hat sie auf protestan-

tischer Seite nur selten voll ins Bewußtsein und in die geschichtlichen Darstellungen eingehen lassen. Wenn man das als Reaktion gegen die nach der
andern Seite übersteigernden Einseitigkeiten von Döllinger und von Janssen
rechtfertigen wollte, so darf man wohl auf die Zustimmung aller Einsich-
tigen rechnen, wenn man sagt, daß für eine taktisch-ausbalancierende Behandlung derartig wichtiger Dinge die Zeit vorbei ist. Die Reformation ist für
uns alle in Kirche, Volk und Staat ein Schicksal ohnegleichen geworden.
Ein Schicksal, das noch lange nicht bewältigt ist. Derartiges kann und darf
nur mit allseitiger, man darf vielleicht sagen heiliger Wahrhaftigkeit und in
letztem sachlichem Ernst behandelt werden. Das Material Döllingers wird
nicht dadurch seines Gewichtes beraubt, daß er das Positive der Reformation
und der Reformatoren zu kurz kommen ließ. —

Man muß also der Tatsache einer wichtigen Minderung des Religiösen
und des Moralischen im Verfolg der Reformation, die aufgestanden war,
um die Reinheit des christlichen Lebens wiederherzustellen, ins Auge sehen
und sie in die Gesamtbewertung mit einstellen. Nur so wird sich eine gerechte
Bilanz erarbeiten lassen.

4. Es ergeben sich dann freilich aus der so für das 16. Jahrhundert
festgestellten Entwicklung wichtige Folgerungen. Ich erinnerte eben schon
daran, daß Luther seine Absage an die Kirche und seinen Angriff gegen sie
wieder und wieder auch durch die kirchlichen Mißstände als berechtigt zu
erweisen versuchte. Wie also, wenn er am Ende zu einem gewichtigen Teile
eingestehen müßte, daß seinem ‚gereinigten Evangelium‘ die verlangte und
versprochene wesentliche Besserung nicht gelungen sei? Wäre es nicht eine
tödliche Anklage gegenüber dem Versuch eines solchen Umsturzes auf solchem
Gebiet? Denn wohlgemerkt, nur nach seinen eigenen Kategorien und nach
denen seines Werkes, nach jenen Maßstäben, die Luther selbst für schlechthin
entscheidend über Zeit und Ewigkeit hielt, darf man ihn und die Reformation messen. Diese von Luther aufgestellten Maßstäbe aber sind nur die
religiösen, christlichen; sie wollen bewußt und ausdrücklich jede irgendwie
geartete Autonomie des Menschen ausschließen; sie wollen vielmehr das
Gegenteil!

Damit sind wir zur entscheidenden Frage zurückgekehrt, ob die Grund-
ansätze Luthers richtig, berechtigt waren und ob sie genügend verwirklicht
wurden, so zwar, daß sie seinen Abfall von der Kirche zu rechtfertigen ver-
möchten?

Ich denke nicht daran, für die Zwecke dieses Zusammenhangs jetzt darüber
hinwegzusehen, daß nach Luthers tiefster Auffassung doch noch alles gerettet
war, wenn nur der wahre Glaube, wie er ihn formuliert, festgehalten wurde.

Ich beabsichtige auch nicht, mit ein paar schnellen Sätzen Luther hier so nebenbei ‚widerlegen' zu wollen.

Aber ich halte es für wissenschaftlich und christlich wichtig, zum Beispiel zu erwägen, daß, im Sinne der zuletzt gestellten Frage, im Wollen der Reformatoren die angestrebte Reinheit der Lehre zusammenfiel mit der Einheit der Lehre; sie wurde also in dieser Hinsicht bestimmt nicht erreicht.

Oder: Die Reformation sah eines ihrer großen Kampfziele in der Beseitigung der Verpolitisierung des Kirchlichen und Christlichen. Auch dies wurde im Grunde nicht erreicht. Weder zu Luthers Zeiten, noch später. Das Landeskirchentum im Sinne des fürstlichen Summepiskopates wurde der große Nutznießer der Reformation. Das Heidnische des ‚Cuius regio, eius religio' vollendete seinen Durchbruch gründlich.

5. Uns Heutigen eröffnen sich für die historische Bewertung der Reformation noch weitere Aspekte. Als am Ende des 16. Jahrhunderts die lutherische und die calvinistische Reformation, von der zwinglianischen und den furchtbaren Aufspaltungserscheinungen der Schwärmerei (die natürlich ohne Luthers Aufbruch in dieser Stärke gar nicht denkbar wäre) nicht zu reden, auf dem Festland alles, was sie an Kraft besaßen, aus sich herausgesetzt hatten und in beträchtlichem Maße erstarrten, da stand die Kirche, deren Pest und Tod Luther hatte sein wollen, die totgesagte, totgeglaubte katholische Kirche, wieder neu und neuschaffend da. (Kein Geringerer als Adolf v. Harnack hat sich bekanntlich hiervon aufs tiefste beeindruckt gezeigt.) Sie hatte nicht nur den Zusammenbruch einer ganzen Welt überdauert; sie hatte sich nicht nur in die neue Zeit hinübergerettet. Sondern aus der Vergiftung durch den Renaissancegeist hatte sie sich befreit; den lebenbedrohenden Sturm der Reformation hatte sie überstanden; darüber hinaus hatte sie Kraft genug gehabt, inmitten einer neuen Welt im Abendland und in den Missionen über See großartige Beweise ungeschwächter Lebenskraft zu geben. Eine Musterung religiös vorbildlicher, heroischer, einigermaßen religiös schöpferischer Kräfte in Europa etwa von 1550 bis 1650 zeigt ein doppeltes Jahrhundert der Heiligen in der Kirche, Heiligkeit des Glaubens, Betens, Liebens, Opferns. Wie man auch ihren Wert vom evangelischen Glauben her einschätzen mag, daß sie an christlicher Hingabe das Reich Gottes in sich und in ihrer Umwelt stärker ausprägten und vorwärtstrugen, daß sie potenziertere Nachfolge Christi darstellten als die gleichzeitigen Leistungen des Calvinismus, wird sich für Christen ohne Schwierigkeit einsichtig machen lassen. (Übrigens erwuchsen ja auch die Leistungen der organisierten Kampfkirche Calvins wieder aus einem Glauben, der entscheidende Lehren Luthers rundweg ablehnte.) Die moralische Vergiftung des Renaissancegeistes in allen

Schichten des Klerus, die theologische Gefährdung durch den von Vertretern
der Kirche stark geförderten adogmatischen und antidogmatischen Humanismus, der religiöse und dann der kirchenpolitische Ansturm der Reformation
waren nun aber zweifellos die schwerste, unmittelbar lebenbedrohende Krisis,
welche die Kirche je zu bestehen hatte. Aus mancherlei Gründen kann mit ihr
weder die Gefahr der Gnosis noch die der Zersetzung des 10. Jahrhunderts
verglichen werden. Kein nur natürlicher Organismus hätte diesem vereinten
Ansatz innerkirchlicher Zersetzungen (seit Jahrhunderten in die Tiefe und
in die Breite gewachsen) und außerkirchlichen Ansturms widerstehen und
noch darüber hinaus sich bis zu heroischer Lebensfülle selbst regenerieren
können. Wenn es irgend einmal einen geschichtlichen und geschichtlich
weitgehend nachprüfbaren Erweis übernatürlicher Kraft der Kirche gibt,
einen Erweis großen Stils, dann erbringt ihn das 16. und 17. Jahrhundert.
Aber wohlgemerkt: nur dann rettet man diesen Beweis, den man einen
ergreifenden Triumph der vordem so tiefgebeugten Kirche nennen darf, vor
dem Verdacht billiger Rhetorik oder eines allzu populär-apologetischen Kurz-
schlusses, wenn man den christlichen Wagemut aufbringt, mit der Feststellung jener bis an die Wurzeln des Lebens reichenden inner- und außerkirchlichen Bedrohungen Ernst zu machen. Nur wenn man die kirchlichen
Zersetzungen in Renaissancegeist und Politik nicht nur nennt, sondern als
schwere Verwundung der Kirche des Gekreuzigten wägt, wenn man etwa
wägt (als Christ!) das Ungeheuerliche, daß die Religion in dieser Kirche von
einigen ihrer Führer wegen politischer Überlegungen zwar nicht bewußt, aber
doch tatsächlich aufs Spiel gesetzt wurde; und wenn man wägt, welch echte
Bedrohung die Reformation gerade deswegen für die Kirche darstellte, weil so
vieles an der Neuerung tief religiös gemeint war: nur dann kann man einigermaßen
ahnen die Fülle der kirchlichen Kraft, und nur dann kann man sie entsprechend
wirksam ans Licht stellen. Ein innerlich gesunder und von außen nicht be-
drohter Organismus mag leicht weiterleben. Aber die Überwindung einer tief
wurzelnden Krankheit stellt die Kräfte des Organismus unter Beweis. Nur
wenn man die Länge des steilen Weges und die zu überwindenden Hindernisse wirklich kennt, kann man zutreffend die Kraft abschätzen, die trotz
allem den Lauf herrlich vollendete und am Ende erst recht verjüngt zu neuer
und reicher Schöpfung ansetzen konnte.

6. Und nun, als Kehrseite, die Entwicklung von Luthers Werk in den
folgenden Jahrhunderten! Luther war im Ernst seines christlichen Gewissens
aufgestanden, um, wie er meinte, die Offenbarung zu retten, um das reine
Wort Gottes wiederherzustellen, um die ,Hure Vernunft' aus dem Bereich
des Glaubens zu vertreiben, um das Menschliche aus dem einmaligen Werk

und Verdienst des Christus zu verbannen, um dieses den Menschen voll zugänglich zu machen. Was hat er erreicht?

Inmitten der heutigen, von Christus so verhängnisvoll weit sich entfernenden Welt kann nur ein schlechter Christ sich über religiös-christlichen Substanzschwund irgend eines Teiles der Christenheit freuen. In Luther und seinem Werk lassen wir für seine Zeit und für heute alles bestehen, was eine unbestechliche Forschung an Werten des Betens, Opferns und sonstigen christlichen Gestaltens ihnen zuschreiben darf. Und wenn man überblickt, was sie im Laufe der Jahrhunderte über die Erde hin auf allen Gebieten menschlich-wertvollen Daseins gewirkt haben, wie vielen Millionen Menschen sie als Vermittler der christlichen Botschaft tiefe Kraft zur Bestehung der großen Probe des Lebens und Sterbens bedeuteten, wie fruchtbar bis heute (und selbst in ‚liberal‘-protestantischen Kreisen) das Bekenntnis zu Christus dem Herrn sich in Kreisen des Protestantismus dokumentiert in Gläubigkeit und in Werken der Nächstenliebe, so ist das wahrhaftig unendlich viel. Wir haben dieses große Thema hier nicht auszuführen.

Aber dann erhebt sich doch unerbittlich die Frage: Aufs Ganze gesehen, auf die durch die Reformation angelegte Linie hin betrachtet, wurde durch Luthers Werk das Reich Christi im christlichen Volke ausgebaut, wurde der Glaube gemehrt? oder hat nicht vielmehr der revolutionäre Angriff gegen die alte Kirche im Namen des im Worte gebundenen Gewissens mit korrekter Logik den Subjektivismus (also das Menschliche) im christlichen Raume wachsen lassen und das Objektive (also das Göttliche der einfach vorgegebenen Offenbarung) geschwächt, das Objektive der Heiligkeit im ‚opus operatum‘ der Sakramente und das Objektive der Wahrheit im Dogma? und so im Gesamt der Entwicklung dazu beigetragen, das Eigentümliche des Christentums als einer Gnaden- und Erlösungsreligion der Auflösung preiszugeben?

Wenn man ein so umfassendes und heikles Thema überhaupt mit einigen Andeutungen behandeln darf, dann kann zunächst die gewaltige Minderung unmittelbar religiösen Lebens, religiöser Betätigung, die Minderung des Betens der neuen Kirchen und die Minderung der Teilnahme des Volkes an diesem Beten genannt werden. Sie hat sich bis heute innerhalb aller protestantischen Kirchen (die lutherische eingeschlossen) und mit deren Zustimmung vollzogen. Es handelt sich dabei zunächst nicht nur um das allgemeine Nachlassen religiösen Lebens in der Neuzeit, dem entsprechend auch breite Schichten von Katholiken zum Opfer fielen. Vielmehr waren es die evangelischen Kirchen selbst, die wichtige Hilfsmittel fallen ließen und die an die Betätigung religiösen Lebens immer geringere Anforderungen stellten. Die Verflachung von Luthers gewaltiger Kreuztheologie zu einem nicht sehr tiefen Moralismus

humanistischer oder kantianischer Prägung gehört zum Wichtigsten. Dann etwa
der Verzicht auf die Häufigkeit des Gottesdienstes an Werk- und Sonntagen,
der sich am unmittelbarsten in der Tatsache ausspricht, daß die protestantischen Kirchen tagsüber meist geschlossen sind. Daß die tiefste Ursache gerade
dieser Erscheinung, die doch eine Erschlaffung darstellt, die in ihrer ununterbrochen dauernden, stillen Wirkung gar nicht ganz abgeschätzt werden kann,
daß, sage ich, die tiefste Ursache dieser Dinge in der Abschaffung der Messe
liegt, erbringt auch von hier aus eine scharfe historische Kritik an Luthers
theologischem Kampf gegen dieses Zentralstück katholischer Frömmigkeit. —
Es wäre dann etwa zu nennen der Verzicht auf die Ohrenbeichte. Luther
wollte sie nicht drangeben; sie war ihm ein kostbarer Besitz. Aber wieviel
Prozent seiner heutigen Anhänger wissen das und sind darüber unterrichtet,
daß er in seinem Katechismus dem gemeinen Mann eine Anleitung für diese
private Beicht gegeben hat? Luther verzichtete auch nicht auf die Marien-
und Heiligenverehrung und auf die Predigt an ihren Festtagen. Und doch
wurde in den folgenden Jahrhunderten dieser Verzicht, der doch ein Beweis
christlicher Verarmung ist, innerhalb der protestantischen Kirchen so sehr
durchgeführt, daß man sogar stolz darauf war; man nannte es die Überwindung der katholischen oder mittelalterlichen Reste, deren Beseitigung
Luther nicht gelungen sei.

Freilich, ebensowenig wie in der katholischen Kirche die private moralische
oder religiöse Korrektheit ihrer Glieder letztlich den Ausschlag gibt, sondern
allein der richtige (fruchtbare) oder falsche strukturelle Ansatz, ebensowenig
im Protestantismus. Und so ist nun d i e Frage gestellt, ob die protestantische
Abspaltung, ob der protestantische Subjektivismus, ob die protestantische
Vereinseitigung des Offenbarungsbestandes nach dem Zeugnis der Geschichte
maßgeblich mitbeteiligt und mitschuldig sind am unchristlichen Dasein der
modernen Kultur? ob die religiöse Verarmung des heutigen Protestantismus
sich konsequent aus den Grundhaltungen der reformatorischen Lehre ergab?

Die katholischen Gegner der Reformation wie Luther selbst und Melanchthon haben übereinstimmend den gefährlichen Ansatzpunkt genannt, aus
dem die Verkehrung der gewollten Reinigung und Bereicherung des Christentums ins Gegenteil kommen konnte bzw. kommen mußte: die neue Predigt
von der F r e i h e i t. Die Ablehnung eines lebendigen Lehramtes machte es
unmöglich, den Inhalt der Offenbarung jeweils und für alle verbindlich genau
festzulegen. Die mit Luther spontan aufbrechende innerprotestantische Zersplitterung liefert den eindrucksvollen Tatsachenbeweis. Es gibt eben in der
menschlichen Sprache außerhalb des Bereiches der Quantität nichts absolut
Eindeutiges. Hosius hat das für die Bibel besonders reich ausgeführt (s. oben
Bd. II, S. 193 f.). Tatsächlich hat Luther, der Mann des absolut bindenden

Gotteswortes, der Mann der christlichen Gemeinde, doch den Menschen auf sich selbst gestellt oder den Menschen allein vor Gottes Wort. Alle Elemente einer Kirchenidee bei Luther vermögen wenig gegen diese fundamentale Tatsache; sie war das Neue, sie wurde als das Entscheidende ins Bewußtsein aufgenommen, durch die Generationen weitergereicht und ausgebildet. Was Luther als Kirche, der Willkür des einzelnen entzogen, festhalten wollte, steht von vornherein in grundsätzlicher Spannung zu seinem Subjektivismus und Spiritualismus. Sie sind die Grundlage; sie mußten das Feste zerstören; mußten — in letzter Konsequenz — jeden zu seiner eigenen Ansicht führen: die ,Alleiner' siegten. Nach dem Gesetz der innern Dialektik, der Auswicklung der einmal gesetzten Gedanken und Taten gemäß ihrer Eigengesetzlichkeit und Eigenart konnte sich der Fortgang nicht anders vollziehen. Die innerprotestantische Aufspaltung mußte immer weiter fortschreiten, und heute erkennen wir leider, in welchem Ausmaß die Entwicklung diesen Weg tatsächlich gegangen ist.

Wir sind froh, feststellen zu können, daß in·der neueren protestantischen Lutherrenaissance und in Teilen der modernen protestantischen Theologie sich eine wichtige Rückwendung zu dem Objektiven in Luthers Christentum vollzieht. Aber was bedeutet das für das Ganze? Nur mehr ein erschütternd geringer Prozentsatz von Mitgliedern der protestantischen Kirchen steht auf dem Boden der Lehre, die Luther in voller dogmatischer Intoleranz als unumgängliche Voraussetzung für den Eingang ins ewige Leben forderte. Zugespitzt formuliert, kann man sagen: Luther wollte die Offenbarung sichern, für einen Großteil der Protestanten kam der Rationalismus. Er wollte den Glauben schützen, das ,Wort' rein erhalten, es kam ein sich selbst auflösender Kritizismus. Luther wollte durchaus Vertreter des Alten sein, des ursprünglichen Christentums, sein Werk wurde zweifellos kirchliche Revolution auch in jenem weiteren Sinne, daß etwas wesentlich Neues entstand.

Die Tatsachen selbst braucht man nicht erst zu beweisen: die bis zum Beginn des 20. Jahrhunderts steigende, geradezu beängstigende Unsicherheit des Protestantismus in der Feststellung dessen, was Christentum sei, die überheblichste Bibel- und Dogmenkritik, die dauernd ihre Positionen revidierte und vom festen Bestand des ,Wortes' recht wenig übrig ließ, die auch noch für heute von Protestanten (gottlob, längst nicht von allen) anerkannte Tatsache, daß ,jeder aus dem Evangelium herausnimmt, was ihm tunlich erscheint'! Die Auswahl, die Luther aus dem Gesamtbestand der Offenbarung getroffen hatte, und deren bestechender einseitiger Einfachheit er zu einem guten Teil den Sieg seiner Sache zu verdanken hatte, führte wirklich in beträchtlichem, ja maßgeblichem Umfang zum Rückschlag ins Gegenteil.

Hier wird schon die rein historische Entwicklung die Jahrhunderte hindurch

zu einer Rechtfertigung für die Zurückhaltung und Ablehnung der katholischen
Kirche gegenüber dem reformatorischen Geschehen. Ja, die katholische Kirche
darf heute umgekehrt mit Recht für sich in Anspruch nehmen, wichtige Anliegen der Reformation besser gehütet zu haben und heute zu vertreten als
ein großer Teil, ja als der größte Teil reformatorischer Gemeinschaften. Und
damit geht ein anderes parallel: die katholische innere Reform, von der wir
im zweiten Bande zu handeln hatten. Was ‚Kurialismus‘ vor der Reformation
und während ihrer entscheidenden Jahre im tadelnswerten Sinne war, bestand
nicht einfach fort. Zwar gibt es zwischen Reformation, innerer katholischer
Reform, Gegenreformation und heute auch noch das ancien régime und seinen
kirchlichen Lebensstil. Aber man vergleiche doch einfach einmal das, was in der
Gegenwart unter Pius X., Pius XI. und Pius XII. die römische Kurie ist, mit
dem, was wir als ‚Kurialismus‘ des 15./16. Jahrhunderts zu beschreiben hatten!
    Die radikale Trennung des Geistlichen vom Weltlichen hatte schon bei
Luther selbst zur Folge, daß nur mehr geringste Sparten des nicht-privaten
Lebens in den Bereich des Glaubens einbezogen wurden. Luther hat vielmehr
die meisten ‚öffentlichen Bereiche, vor allem Geistesleben, Politik und Staat,
den profanen Mächten preisgegeben‘. Das heißt, die extreme Betonung des
Geistlichen führte zu einer Ausbreitung des Weltlichen, also zu einer starken
Säkularisierung. Im Raum des geistig-körperlichen Menschen kann eben keine
Einseitigkeit die Lösung irgend eines Problems allseitig und auf die Dauer
rein darstellen. Tatsächlich wurden jedenfalls diese Folgen der Einseitigkeit
nicht gebannt durch Luthers Willen zum radikalen Ernstmachen mit dem
eigentlich Christlichen, d. h. mit dem, was er als solches ansah. Und als dann
(neben und nach Luther) seine gewaltigen religiösen Kräfte nicht mehr vorhanden waren und als Gegengewicht eingesetzt werden konnten, offenbarte
sich der angegebene Rückschlag erst in voller Wucht. Das Resultat war schließlich die moderne autonome Haltung mit dem liberalistischen Grundsatz, daß
Religion Privatsache sei. Zweifelsohne eine Auffassung des Christlichen, die
das volle Gegenteil von Luthers harten Forderungen darstellt.
    Luthers Haltung war in diesem Punkte um so gefährlicher, als sie gegen
seinen Willen einem Todfeinde, der humanistischen Säkularisierung (auf-
geklärte Bildung und Moralismus statt Kreuzesreligion), Sukkurs brachte
und so auf Umwegen diesem Feind, den gerade Luther im Interesse des
Gesamtchristentums wirkungsvoll zurückgeschlagen hatte, wieder und dauernd
zur Herrschaft verhalf. Denn die Moderne ist sicherlich in maßgeblicher Weise
auch durch den Humanismus gebildet worden. Seine Loslösung vom mittelalterlichen Christentum und Kirchentum war, wurde und ist aber in vielem
bedeutend radikaler als diejenige des echten Protestantismus irgend einer
Färbung, soweit sich nicht, wie bei Zwingli, der Humanismus unmittelbar

der reformatorischen Bewegung verbunden hat. Man braucht nur zu nennen, was ‚die‘ Moderne in ihren bisherigen Ausprägungen mit am schärfsten kennzeichnet, um die Verwandtschaft festzustellen: Rationalismus, Moralismus, Relativismus, ethische Autonomie. Mit alldem hat der Humanismus (im Gegensatz zu seinem großen politischen Gemeinschaftsideal) die Entfesselung des Subjektes herbeigeführt, den Supranaturalismus tödlich getroffen. Und eben in dieser Entfesselung des Subjektes treffen sich Reformation und Humanismus. Daß sie, wie angedeutet, in der gleichen Frage auch todfeindlich gegeneinanderstoßen (rational — irrational; rational — religiös; Willenskraft — Gnade), hebt jenes entscheidend Gemeinsame nicht auf. —

Und weit über das Religiöse und Kirchliche hinaus bedeutsam bleibt immer wieder die Feststellung: Luther zerstörte die Einheit. Man kann diesem für einen Christen vor allem andern ernsten Verdikt nicht dadurch entrinnen, daß man der alten Kirche den Vorwurf macht, nicht mit Luther gegangen zu sein. Denn es liegt am Tag, daß — einmal abgesehen von Luthers Trennung von der alten katholischen Kirche — gerade in und aus s e i n e r Gemeinschaft und aus seinen Grundanschauungen heraus jene verhängnisvolle innerprotestantische Aufspaltung erwachsen ist, als deren Ergebnis wir heute die ‚zahllosen‘ protestantischen Denominationen, die dogmatische Bindungslosigkeit auch wieder innerhalb der einzelnen protestantischen Gruppen vor uns sehen. Soweit Historisches für das Wesen beweisend sein kann, ergibt sich daraus: Aufspaltung gehört zum W e s e n des von Luther Geschaffenen.

Die Einheit, die absolute Einheit ist das Wesen der Kirche. Eine Haltung und eine Lehre, aus der mit ersichtlicher Konsequenz der Plural ‚Kirchen‘, und diese mit je wesentlich verschiedener Lehre, zum Teil mit völliger Leugnung der Erlösung durch den Gottmenschen, hervorgeht, erhebt gegen sich selbst die gewichtigsten Bedenken, ja kommt in Gefahr, sich selbst zu widerlegen.

*

Wenn etwas tiefstes Anliegen dieses Buches ist über seine wissenschaftliche Aufgabe hinaus (oder besser: durch sie hindurch), dann dies, daß es teilhaben möchte am Gespräch zwischen den Konfessionen, oder auch, daß es diesem Gespräch neue Möglichkeiten[1] geben möchte. Ist es Selbsttäuschung, wenn ich

---

[1] Diese Bemerkung ist nicht ganz eindeutig formuliert. Sie hat denn auch einige Rezensenten zu einer erheblichen Fehldeutung verleitet. Es ist nämlich nicht so, als ob ich an die Darstellung der Reformation herangegangen wäre aus dem Wunsch heraus, der Annäherung der Konfessionen zu dienen. Weder hat eine solche Absicht meine Untersuchungen veranlaßt, noch hat sie mich während der Ausarbeitung des Buches, soviel ich das feststellen kann, begleitet und beeinflußt. Ich war an das Studium der Reformation herangetreten allein in der Absicht, die ‚harte Wahrheit‘ (oben Bd. I S. IX) zu fassen. Ohne Nebenabsicht meinerseits hat der Befund der Tatsachen mich zu den Feststellungen und Beurteilungen geführt, die ich in diesen Bänden vorlegte. Sie allerdings verlangten dann entschieden, am ökumenischen Gespräch teilzunehmen. In d i e s e m S i n n e w u r d e jene Teilnahme für mich tiefstes Anliegen, als ich mein Buch hinausgab.

annehme, daß eine Behandlung der Reformationsgeschichte, wie ich sie im
Vorstehenden versucht habe, geeignet ist, jene Atmosphäre herstellen zu helfen,
in der allein ein solches Gespräch fruchtbar werden kann? Maßgebliche protestantische Kreise haben heute jene Haltung überwunden, die meinen konnte,
durch Bagatellisierung der Lehrsätze einer Verständigung der Konfessionen
zu dienen. Die Wahrheitsfrage wird jetzt in den ökumenischen Verhandlungen der protestantischen Kirchen untereinander klar v o r die Einheitsfrage
gestellt. Das kommt auch dem Gespräch zwischen Protestanten und Katholiken zugute. Zunächst ein großer sachlicher Gewinn. Aber auch ein taktischer;
denn jene Haltung ist geeignet, das Mißtrauen gegen eine solche (dogmatisch
intolerante) Gesprächshaltung und gegen den Gesprächspartner, der sie zu
verwirklichen sucht, auszuschalten.

Die Einheit kann nicht durch eine ,Begegnung in der Mitte' erreicht werden.
Die volle Wahrheit ist Voraussetzung, und ihre Unnachgiebigkeit hat den
unbedingten Primat.

Daß Rom gerade d i e s e Lehre immer wieder verkündet und betont, ist
nicht Ausfluß ,römischer Starrheit und Härte', sondern ist — was immer
Ungenügendes der persönlichen Haltung des einzelnen Vertreters der Kurie
anhaften mag — eigentlicher Ausdruck der echten, nämlich seinsgerechten
Liebe, die nur in der vollen Wahrheit und durch sie Verwirklichung finden
kann.

Aber ebenso muß festgehalten und überdacht werden, was der Dominikaner M. J. C o n g a r zu unserer Frage aussprach: ,In keinem Moment stellt
sich die „Konversion" unserer getrennten Brüder als eine Verminderung oder
gar als eine Vernichtung dessen dar, was sie schon besitzen; es bedarf nur
der Bereinigung des Negativen und der Vollendung aller positiven Werte.' [1]

Nicht allein auf die B e t o n u n g der notwendig intoleranten Lehre kommt
es also an, sondern auf ihre Vertiefung. Es gibt aber keinen andern (also
tieferen) Grund, als der gelegt ist, Christus Jesus (1 Kor. 3, 11).

---

[1] Chrétiens désunis (s. unten S. 321).

Literaturhinweise

Im Folgenden soll nicht eine systematische und noch weniger eine erschöpfende Einführung in die Literatur zur Reformationsgeschichte gegeben werden, sondern lediglich
eine anregende Hinleitung zu ergiebigen Fundquellen dieser Literatur sowie zu solchen
reformationsgeschichtlichen Büchern, die von sich wieder zu weiterem Vordringen anlocken und verhelfen können. Dabei habe ich einerseits solche Werke bevorzugt, die im
Sinne meiner Fragestellungen mehr das Ideengeschichtliche und das Religiös-Theologisch-
Kirchliche berücksichtigen. Anderseits habe ich auch Bücher aufgenommen, die sich vor
allem an den Nichtfachmann wenden. Daraus ergab sich, daß ich mich nicht sonderlich
bemühte, die Angaben gleichmäßig auf die einzelnen Sparten zu verteilen. Ich führe
vielmehr verhältnismäßig zahlreiche Hinweise an etwa für Erasmus und Hutten, aber
wenige für die ausgesprochen politischen Gestalten. Daß ich die katholische Theologie
reicher bedenke, entspricht den in Bd. 2, S. 82 angegebenen Gründen.

I. Bibliographien

An die Spitze ist zu setzen das monumentale Werk von Karl S c h o t t e n l o h e r,
Bibliographie zur deutschen Geschichte im Zeitalter der Glaubensspaltung 1517—1585;
bisher 5 Bände, Lexikonformat, Leipzig 1933—1939: Bd. 1 (1933): Personen; Bd. 2 (1935):
Personen, Orte und Landschaften; Bd. 3 (1936): Reich und Kaiser; Territorien und
Landesherren; Bd. 4 (1938): Gesamtdarstellungen; Stoffe; Bd. 5 (1939): Nachträge und
Ergänzungen; Zeittafel. Der mächtige Indexband ist im Erscheinen. Die erwähnte Zeittafel, auf die besonders hingewiesen sei, kommt dankenswerterweise als erweiterter
Sonderdruck soeben (1939) heraus.
Schottenloher bietet nur Titel. Neben seinem Werk steht der schon ältere, höchst
verdienstliche erste Wurf einer kritisch referierenden Gesamtbibliographie von Gustav
W o l f , Quellenkunde der deutschen Reformationsgeschichte. Bd. 1; 2, 1; 2, 2; 3 (Register), Gotha 1915—1923; Bd. 2, 2 berücksichtigt bereits ziemlich ausgiebig die katholischen literarischen Kräfte.
D a h l m a n n - W a i t z , Quellenkunde der deutschen Geschichte, 9. Aufl., hrsg. von
Herm. H a e r i n g (Leipzig 1931), behandelt im 5. Buch, Abt. 1 ‚Die Reformation‘ (S. 587
bis 654). — Fr. S c h n a b e l , Deutschlands geschichtliche Quellen und Darstellungen.
Bd. 1. Leipzig 1931.
Speziell für die katholische Kontroverstheologie ist heranzuziehen das noch nicht übertroffene, wenn auch in vielem lückenhafte Werk eines immensen Sammeleifers von
H. H u r t e r , Nomenclator literarius theologiae catholicae, Bd. 2, 3. Aufl., Innsbruck 1906.
Die dauernd sich folgenden, zahlreichen Neuerscheinungen werden notiert, je nachdem
auch kritisch diskutiert in den verschiedenen theologischen und historischen Z e i t
s c h r i f t e n :
Theologische Literaturzeitung. Begr. von Schürer und Harnack, jetzt hrsg. von H. Gg.
Opitz. 64. Jahrg. Leipzig 1939.
Bibliographisches Beiblatt der theologischen Literaturzeitung. Von verschiedenen Herausgebern. Leipzig seit 1922.
Theologische Revue. Hrsg. von Diekamp und Struker. 38. Jahrg. Münster 1939. (Mit
guter Bibliographie am Schluß eines jeden Heftes.)
Zeitschrift für Kirchengeschichte. Hrsg. von E. Seeberg und andern. 58. Jahrg. Stuttgart 1939.
Historisches Jahrbuch der Görres-Gesellschaft. Hrsg. von J. Spörl. 59. Jahrg. Köln 1939.
Archiv für Reformationsgeschichte. Jetzt (36. Jahrg., Leipzig 1939) hrsg. von Gerhard
Ritter.

Arnold E. B e r g e r , Die Sturmtruppen der Reformation. (Deutsche Literatur, hrsg.
von H. Kindermann, Reihe Reformation, Bd. 2.) Leipzig 1931. — Vgl. auch Bd. 3
und 4 derselben Reihe.
Karl S c h o t t e n l o h e r , Flugblatt und Zeitung. (Bibliothek für Kunst- und Antiqui
täten-Sammler, Bd. 21.) Berlin 1922, S. 21—224.
Die Lutherbibliographie bringt jeweils das Lutherjahrbuch (Jahrbuch der Luthergesellschaft) (Weimar, 20. Jahrg. 1938). Zusammenfassungen für die jüngste Zeit gaben: Ernst
W o l f, in: Christentum und Wissenschaft 9 (1933) 201 ff.; 10 (1934) 6 ff. 203 ff. 259 ff. 437 ff.;
H. H e r m e l i n k , in: Theol. Rundschau, Neue Folge 7, 2 (Tübingen) 63 ff.; E. V o g e l-
s a n g , in: Deutsche Theologie (Stuttgart 1935) 255 ff.; Otto W o l f, Die Hauptetappen
der Lutherforschung, in: Evangelische Theologie (München 1936).

II. Quellen

Die Quellen zur Geschichte der Reformation sind ungewöhnlich reich. An der Spitze
stehen: 1. die Akten der Reichstage (die übrigens tief nicht nur in das Kirchengeschichtliche,
sondern in das Theologische hineinführen); 2. die literarischen Äußerungen der führenden
Persönlichkeiten, einschließlich ihrer Briefe (s. unten). Daneben die bunte, ungeheure
Fülle von Akten und zeitgenössischen Darstellungen und Chroniken. Als besondere Sparte
gehören endlich hierher die offiziellen symbolischen Bücher der neuen Kirchen.

D e u t s c h e R e i c h s t a g s a k t e n . Jüngere Reihe. Gotha 1893 ff.
N e u e u n d v o l l s t ä n d i g e S a m m l u n g der Reichs-Abschiede... 4 Teile (bis 1736).
Frankfurt 1747.
Der Augsburger Religionsfriede (1555). Kritische Ausgabe von K. Brandi. 2. Aufl.
Göttingen 1927.

M ü l l e r - K o l d e , Die symbolischen Bücher der evangelisch-lutherischen Kirche. Deutsch
und lateinisch. 11. Aufl. Gütersloh 1912.
Th. K o l d e , Die Augsburger Konfession. Lateinisch und deutsch. 2. Aufl. Gotha 1911.
D i e B e k e n n t n i s s c h r i f t e n der evangelisch-lutherischen Kirche. Hrsg. vom Deutschen
Evang. Kirchenausschuß.... Göttingen 1930.

Für die Beantwortung der Frage, inwieweit die Reformation zu einer Volksbewegung
wurde, sind hochwichtig die F l u g s c h r i f t e n der Zeit, wenn sie auch nicht von ungebildeten Verfassern stammen:
Flugschriften aus den ersten Jahren der Reformation. Hrsg. von Otto C l e m e n . Bd. 1
bis 4. Leipzig 1907—1910.
Flugschriften aus der Reformationszeit. In: Neudrucke deutscher Literaturwerke des
16. und 17. Jahrh. Bd. 8—14. Halle 1889—1899.
Th. L e g g e , Flug- und Streitschriften der Reformationszeit in Westfalen. (RST 58/59.)
Münster 1933.

III. Gesamtdarstellungen

An die Spitze muß hier immer wieder R a n k e s Meisterwerk gestellt werden: Deutsche
Geschichte im Zeitalter der Reformation. (Beste Neuausgabe von der deutschen Akademie,
Bd. 1—6, München 1925/26.) — Von neueren Darstellungen nenne ich:
Fr. v. B e z o l d , Geschichte der deutschen Reformation. (Allg. Geschichte in Einzel-
darstellungen, hrsg. von Wilh. Oncken.) Berlin 1890.
Joh. J a n s s e n , Geschichte des deutschen Volkes. Bd. 1—8. Freiburg 1890 ff. (In vielen
Auflagen, durchgearbeitet von L. v. Pastor.)
Gg. M e n t z , Deutsche Geschichte im Zeitalter der Reformation, Gegenreformation,
des 30jährigen Krieges. Tübingen 1913.
G. W o l f, Reformationszeit. In: Gebhardts Handbuch der deutschen Geschichte, völlig
neu bearbeitet hrsg. von Rob. Holtzmann, 7. Aufl., Stuttgart 1930, S. 556 ff.
M a u r e r - H e r m e l i n k , Reformation und Gegenreformation. (Handbuch der Kirchen-
geschichte, hrsg. von G. Krüger, Bd. 3.) Tübingen 1931.
Imbart d e l a T o u r , Les origines de la réforme. Bd. 2: L'église catholique. La
crise et la renaissance, Paris 1909; Bd. 3: L'évangélisme, Paris 1914.
Paul J o a c h i m s e n , Das Zeitalter der Reformation. In: Propyläen-Weltgeschichte
Bd. 5: Das Zeitalter der religiösen Umwälzungen, Berlin 1930, S. 1—216.
Rud. S t a d e l m a n n , Das Zeitalter der Reformation. In: Handbuch der deutschen
Geschichte, hrsg. von Brandt-Meyer-Ullmann, Bd. 2 (Berlin 1935 f.), S. 1 ff.
Joh. B ü h l e r , Deutsche Geschichte. Bd. 3: Das Reformationszeitalter. Berlin 1938

Joh. v. W a l t e r , Die Geschichte des Christentums. Bd. 2, 1: Die Reformation. Gütersloh 1935.
Ricarda H u c h , Das Zeitalter der Glaubensspaltung. Berlin-Zürich o. J. (1937 ?).
Herbert S c h ö f l e r , Die Reformation. (Das Abendland Bd. 1.) Bochum 1936.
K a u l f u ß - D i e s c h , Das Buch der Reformation, geschrieben von Mitlebenden. Leipzig 1917.
Besonders Bühler, Joachimsen, De la Tour und Wolf bieten, je unter verschiedenem Blickwinkel, eine Menge des anregend Unterrichtenden, teilweise auch des meisterlich Gestalteten.

Ein Mittel von besonderem Wert zur Veranschaulichung des Vorgangs der Ausbreitung der verschiedenen geistigen, religiösen und sozialen Kräfte und des Verlaufs der politischen Auseinandersetzungen (und ihrer geographischen Voraussetzungen) im 16. Jahrhundert stellt dar: L ü d t k e - M a c k e n s e n , Deutscher Kulturatlas (Abt.: Kirchengeschichte der Reformationszeit), Berlin 1934.

Ein sehr großer Teil der zu unserem Thema gehörenden Untersuchungen findet sich vereinigt in den großen S a m m e l r e i h e n :
Reformationsgeschichtliche Studien und Texte. Begr. von Joseph Greving, hrsg. von W. Neuß. Münster 1906 ff. (RST.) (Bis 1937 66 Bde.)
Quellen und Forschungen zur Reformationsgeschichte. Hrsg. vom Verein für Reformationsgeschichte. Leipzig 1911 ff.
Schriften des Vereins für Reformationsgeschichte. Halle 1883 ff.; Leipzig 1907 ff. (SVRG.)
Erläuterungen und Ergänzungen zu Janssens Geschichte des deutschen Volkes. Hrsg. von L. v. Pastor. Freiburg 1900 ff. (EEJ.)
Hierher gehören auch die Einleitungen und Erläuterungen in den Texteditionen, etwa der Werke und Briefe Luthers, des Corpus Catholicorum (unten S. 319), der Reichstagsakten, der politischen Korrespondenzen der weltlichen und geistlichen Fürsten und der Reichsstädte.

Zur Herausarbeitung grundsätzlicher Fragestellungen, wie ich sie zu beantworten versuchte, sind vor allem zu vergleichen:
S. M e r k l e , Reformationsgeschichtliche Streitfragen. München 1904.
J. S c h m i d l i n , Der Weg zum historischen Verständnis des Luthertums. In: 3. Vereinsschrift der Görres-Gesellschaft für 1909 (Köln 1909) S. 32—46.
Fr. X. K i e f l (s. unten S. 315, Abt. 2).

IV. Vorreformatorische Zeit

Für die unmittelbar vorreformatorische Zeit weist den Weg zu einer Fülle von Ergänzungen das sehr bedeutend zusammenfassende und vertiefende Buch von Willy Andreas, Deutschland vor der Reformation, 2. Aufl., Stuttgart 1934.

Trefflich illustrierendes Material boten mir:
L. A. V e i t , Volksfrommes Brauchtum und Kirche im deutschen Mittelalter. Freiburg 1936.
K. E d e r , Deutsche Geisteswende zwischen Mittelalter und Neuzeit. (Bücherei der Salzburger Hochschulwochen Bd. 8.) Salzburg-Leipzig 1937.
Dazu kommen neuestens die entsprechenden Abschnitte in der prachtvollen Arbeit von Ed. W i n t e r , Tausend Jahre Geisteskampf im Sudetenraum, Salzburg-Leipzig 1938. (Das Bild der religiös-kirchlichen Lage vor der Reformation erweist sich hier abermals als um einige Schattierungen freundlicher.) Sehr aufschlußreich ist auch der 2. Bd. von Joh. B ü h l e r s Deutscher Geschichte (oben S. 311): Fürsten, Ritterschaft und Bürgertum von 1100 bis 1500, Berlin 1935.

Das Problem der U r s a c h e d e r R e f o r m a t i o n insgesamt behandeln:
Gg. v. B e l o w , Die Ursachen der Reformation. (Hist. Bibliothek Bd. 38.) München 1917.
Joh. H a l l e r , Die Ursachen der Reformation. Tübingen 1917.
G. R i t t e r , Die geistigen Ursachen der Reformation. In Zeitwende 7 (1931) II, S. 1 ff.
D e r s . , Romantische und revolutionäre Elemente in der deutschen Theologie am Vorabend der Reformation. In: Vierteljahrsschrift für Literatur und Geistesgesch. 5, S. 353.

Für die im besondern k i r c h e n g e s c h i c h t l i c h e Betrachtung sei aus der Fülle der noch oder neu zu behandelnden Problemkomplexe hingewiesen auf die Frage nach der

Art und Fülle des religiös-christlich-kirchlichen Besitzes des deutschen Humanismus, insbesondere des deutschen Frühhumanismus, der devotio moderna und des Erasmus. Zwei
Fragen stehen dabei im Vordergrund: Besitz oder Mangel einer dogmatisch klaren Grundlage? Moralismus oder objektiv seinsmäßige Haltung aus dem Glauben? Besonders für
Erasmus muß die Frage nach dem damaligen Verhältnis zum unantastbaren Dogma in
der ganzen Breite durchuntersucht werden. Nur so ist eine abschließende Bewertung
der Kirchlichkeit Karls V., der katholischen Ireniker, der Religionsgespräche der vierziger
Jahre und der kirchengeschichtlichen Rolle des großen Humanisten selbst möglich.
Einer meiner Schüler versucht sich zurzeit an der Grundlegung. Gründliche geistes-
geschichtliche Untersuchung und Einordnung s. bei G. Ritter, Die Heidelberger Universität 1, 465—491 (Rudolf Agricola; Konrad Celtes; Jakob Wimpfeling).
    Justus Hashagen, Die devotio moderna in ihrer Einwirkung auf Humanismus, Re-
formation, Gegenreformation und spätere Richtungen. In: ZKG 55 (1936), S. 523 ff.
J. M. E. Dols, Bibliographie der moderne devotie. Nimwegen seit 1936.

Wichtige Ergänzungen zu allgemein gehenden Anschauungen bringt Ed. Winter in
    seinem oben S. 312 erwähnten Buch S. 57—100 u. 141 ff.
Hans Baron, Religiöse Reformbewegungen des deutschen Humanismus. In: Hist.
    Zeitschrift 132 (1925), S. 415 ff.
L. Borghi, Umanesimo e concezione religiosa. Florenz 1935.
J. Huizinga, Herbst des Mittelalters. Studien über Lebens- und Geistesformen des
    14. und 15. Jahrh. in Frankreich und in den Niederlanden. München 1928.
Fr. v. Bezold, Conrad Celtes, der deutsche Erzhumanist. In: Aus Mittelalter und
    Renaissance (München 1918) S. 82 ff.

Jos. Kuckhoff, Thomas Morus und Desiderius Erasmus. In: Stimmen der Zeit 66
    (1935) S. 88 ff.
Erasmus, Ausgewählte Werke. Hrsg. von Hajo Holborn. München 1933.
‚De libero arbitrio' ist leicht zugänglich in der Sammlung: Quellenschriften zur Ge-
    schichte des Protestantismus, hrsg. von Joh. Kunze und C. Stange, 8. Heft (Leipzig
    1910), hrsg. von Joh. v. Walter.
Das ‚Lob der Torheit', übersetzt von Dr. Alfred Hartmann, mit den Holbeinschen
    Randzeichnungen hrsg. von Emil Major, Basel o. J. (1929).
W. Köhler, Erasmus, ein Lebensbild in Auszügen aus seinen Werken. Berlin 1917.
Ders., Erasmus von Rotterdam, Briefe. Verdeutscht und herausgegeben. Leipzig 1938.
J. Huizinga, Erasmus. Deutsch von Werner Kaegi. Basel 1928.
Willy Andreas bietet in seinem ‚Deutschland vor der Reformation' (oben S. 312) in
    vielfachen Ausführungen (s. sein Register) eine als Ganzes besonders feine Studie
    über Erasmus.
P. S. Allen, Erasmus. Gesammelte Aufsätze. Oxford 1934.
P. Godet, Erasme. In: Dict. de théologie catholique 5, 1 (Paris 1913 [1924]), S. 395 ff.
Christian Dolfen, Die Stellung des Erasmus von Rotterdam zur scholastischen Me-
    thode. Diss. Münster 1936.
R. Pfeiffer, Humanitas Erasmiana. (Studien der Bibliothek Warburg 22.) Leipzig und
    Berlin 1931. Vgl. auch das Kapitel über Erasmus bei Funck-Brentano, Luther
    (unten S. 315) S. 167 ff.

Gertrud Rücklin-Teuscher, Religiöses Volksleben des ausgehenden Mittelalters
    in den Reichsstädten Halle und Heilbronn. Ebering 1933.
A. Willburger, Religiöse Versorgung Oberschwabens vor der Reformation. In: Hist.-
    polit. Blätter 152 (1918), Heft 3—5.
Wilh. Schmitz, Der Einfluß der Religion auf das Leben beim ausgehenden Mittel-
    alter. (Erg.-Hefte zu den Stimmen aus Maria Laach Nr. 61.) Freiburg 1894.

N. Paulus, Geschichte des Ablasses am Ausgang des Mittelalters. Paderborn 1923.
Bruno Gebhardt, Die Gravamina der deutschen Nation gegen den römischen Hof.
    2. Aufl. Breslau 1895.
A. Störmann, Die städtischen Gravamina gegen den Klerus. . . (RST 24/26.) Münster
    1916.
Fritz Hartung, Deutsche Verfassungsgeschichte vom 15. Jahrh. bis zur Gegenwart.
    3. Aufl. Leipzig 1928.
Justus Hashagen, Staat und Kirche vor der Reformation. Essen 1931. — Dazu
    H. Finke in HJG 51 (1931), S. 219 ff.
A. Schilling, Beiträge zur Geschichte der Einführung der Reformation in Biberach.
    Zeitgenössische Aufzeichnungen des Weltpriesters Heinrich v. Pflummern. In: Frei-
    burger Diözesan-Archiv 9 (1875), S. 191 ff.

Thomas Murner und Sebastian Brant sind in verschiedenen Ausgaben und Übersetzungen (auch bei Reclam) zugänglich. Kritische Ausgabe: Thomas Murner, Kleine Schriften. (Prosaschriften gegen die Reformation, hrsg. von Wolfgang Pfeiffer-Belli.) 3 Bde. Berlin 1927/28. (= Th. Murner, Deutsche Schriften Bd. 6—8.)

Um das für sein Teil entscheidende Kapitel über die kirchlichen **Mißstände** am Ende des 15. Jahrhunderts und im 16. Jahrhundert **exakt** schreiben zu können, wären zahlenmäßig zuverlässige Angaben in reicher Fülle notwendig. Sie fehlen. Das Mittelalter hatte wenig Sinn für statistisch genaue Angaben. Jede Chronik bietet Beispiele für die Leichtigkeit, mit der man bei Zahlenangaben übertrieb, und zwar mit großer Unbefangenheit gleichzeitig im Lob **und** im Tadel.
   J. L ö h r, Methodisch-kritische Beiträge zur Geschichte der Sittlichkeit des Klerus, besonders der Diözese Köln, am Ausgang des Mittelalters. (RST 17) Münster 1910.
   Joh. V i n c k e, Der Klerus des Bistums Osnabrück im späten Mittelalter. Vorreformationsgeschichtl. Forschungen Heft 11.) Münster 1928.
   Alb. B r a u n, Der Klerus des Bistums Konstanz im Ausgang des Mittelalters. Münster 1938.

Die vorreformatorische Zeit ist zutiefst eine Umgestaltung **aller** Verhältnisse, die sich seit dem 13. Jahrhundert vorbereitet. Ihre zusammenfassende Darstellung ist die Renaissance, das Wort in jenem weiten Sinn genommen, wie ihn nach andern (nicht zuletzt Thode!) entscheidend K. Burdach in seinen und seiner Mitarbeiter Schriften uns gedeutet hat. Vgl.:
   K. B u r d a c h, Reformation, Renaissance, Humanismus. 2. Aufl. Berlin 1926. — Gegen ihn: P. J o a c h i m s e n, Vom Mittelalter zur Renaissance. In: Hist. Vierteljahrsschrift 20 (Dresden 1922), S. 426 ff.
Den christlich-religiösen Bestand der Renaissance bewertet höher, als es in vielen gleichzeitigen Urteilen zum Ausdruck kommt, z. B. Ernst W a l s e r, Gesammelte Studien zur Geistesgeschichte der Renaissance, Basel 1932. Er ist der Ansicht, die unkirchlichen oder weniger kirchlichen Auffassungen seien oft Frucht nicht der neuen antiken Studien, sondern Ergebnis von zersetzenden Elementen aus dem Mittelalter (etwa des Averroismus). Er steht damit meiner These von der entscheidenden Bedeutung der damaligen theologischen Unklarheit nahe.

Gg. D e h i o, Geschichte der deutschen Kunst. Bd. 2, 4. Aufl., Berlin 1930; Bd. 3, 2. Aufl., 1931.
H. L ü t z e l e r, Vom Sinn der spätmittelalterlichen Schnitzaltäre. In: Hochland 33 (1935/36), S. 537 ff.
D e r s., Die christliche Kunst Deutschlands. Bonn o. J. (1936).
D e r s., Die christliche Kunst des Abendlandes. 3. Aufl. Bonn 1935.
Justus B i e r, Tilmann Riemenschneider. Ein Gedenkbuch. 4. Aufl. Augsburg 1936.
K. H. S t e i n, Tilmann Riemenschneider im deutschen Bauernkrieg. Geschichte einer geistigen Haltung. Dresden 1936. — Vgl. auch Engelbert K i r s c h b a u m, in: Stimmen der Zeit 1937, Juliheft.
W. W a e t z o l d, Dürer und seine Zeit. 3. Aufl. Wien 1936.
Albrecht Dürers schriftlicher Nachlaß. Hrsg. von Ernst H e i d r i c h. Berlin 1920.
Eine gewisse Schwierigkeit für meine Bd. 1, S. 115/16 vorgetragene Deutung der religiös-kirchlichen Stellung Dürers, aber nicht ihre Widerlegung (vgl. Pirstinger oben Bd. 1, S. 101), bietet Dürers Urteil über das Bild der Wallfahrt zur Schönen Maria in Regensburg (oben Bd. 1, nach S. 72): ‚Dies Gespenst hat sich wider die Heilige Schrift erhebt zu Regensburg und ist vom Bischof verhängt worden, zeitlich Nutz halber nicht abgestellt. Gott helfe uns, daß wir sein werde Mutter nit also unern, sondern in Christo Jesu. Amen.'
Walter K. Z ü l c h, Der historische Grünewald. München 1938.
Fritz K n a p p, Grünewald. 3. Aufl. Bielefeld 1939.
Der Hüter der Stuppacher Madonna, Paul R u e ß, erläutert in seinem Büchlein ‚Unsere Liebe Frau von Stuppach. Eine mystische Farbendichtung von Matthias Grünewald' (Bad Mergentheim o. J. [1934]) sachkundig das Malerisch-Technische und besonders den theologischen Gehalt dieses wunderbaren Werkes.
Jos. B e r n h a r t, Die Symbolik im Menschwerdungsbild des Isenheimer Altars. München 1921.

V. Martin Luther

   1. Der ganzen Problemstellung meines Buches entsprechend kommt der Kenntnis und Deutung Luthers besondere Wichtigkeit zu. Die Forschung trägt immer wieder seiner überragenden Bedeutung für die Gestaltung des 16. Jahrhunderts in Deutschland, und

darüber hinaus des Protestantismus überhaupt, Rechnung. Die ihm gewidmeten Untersuchungen sind zahllos. Ich möchte nun meinen Lesern nicht etwa halb verlegen mitteilen, daß es mir ‚beinahe‘ unmöglich war, die Lutherforschung ganz und in allen Einzelheiten zu verfolgen. Ich betone vielmehr eindeutig, daß so etwas meine Kräfte weit übersteigt, aber auch, daß ich bezweifle, ob es heute überhaupt noch einen Menschen gibt, der diese Arbeit neben dem Durcharbeiten der Quellen — der schon an sich unübersehbaren! — auch nur von ferne zu leisten imstande ist.

Ich nenne im Folgenden, was mir zur Kennzeichnung der Lage der Forschung und als Anleitung zu weiterem Vordringen dienlich erscheint, darunter auch einige Schriften, die ich nicht benutzt habe.

Luthers Werke werden in der monumentalen kritischen ‚Weimarer Ausgabe‘ gesammelt, die nicht mehr weit vom Abschluß steht (Verlag Böhlau, Weimar; etwa 100 Foliobände in vier Abteilungen; Werke; Tischreden; Die deutsche Bibel; Briefe). — Bequemer zugänglich ist die 8bändige kritische Ausgabe von Otto Clemen (Bd. 1—4, Bonn 1912/13; dazu 4 weitere, vorzügliche Bände, von verschiedenen Bearbeitern, Berlin 1930/33). — Dem Laien am dienlichsten ist die ‚Münchener Luther-Ausgabe‘ (die lateinischen Schriften sind übersetzt, die deutschen in heutiger Schreibweise gegeben, aber sprachlich nicht verändert): Luthers Werke, 7 Bde. u. 5 Erg.-Bde., München 1913/25, 2. Aufl. 1934 ff., Verlag Chr. Kaiser. Hierin faßt z. B. Bd. 4 zusammen: Der Kampf gegen Schwarm- und Rottengeister (einschließlich Bauernkrieg); Bd. 5: Von der Obrigkeit in Familie, Volk und Staat. — Einzelne Schriften Luthers sind auch bei Reclam erschienen.

Wichtigst für die Kenntnis des jungen Luther sind seine beiden ersten Vorlesungen. Die abschließende Ausgabe der ersten Psalmenvorlesung, von E. Vogelsang in der Weimarer Ausgabe, steht noch aus; als vorläufiger Behelf dient die Auswahl in dem von Vogelsang besorgten 5. Bd. der erwähnten Ausgabe von Otto Clemen.

Zur Römerbriefvorlesung: Johannes Ficker, Anfänge reformatorischer Bibelauslegung. Bd. 1: Luthers Vorlesung über den Römerbrief 1515/16, 4. Aufl., Leipzig 1930. Dazu die deutsche Übersetzung von Ed. Ellwein, Martin Luther. Vorlesung über den Römerbrief 1515/16, 3. Aufl., München 1935.

Als Arbeitsinstrumente verdienen zwei Schriften besondere Erwähnung:

Otto Scheel, Dokumente zu Luthers Entwicklung. (Sammlung ausgewählter kirchengeschichtlicher und dogmengeschichtlicher Quellenschriften, N. F. Bd. 2.) 2. Aufl. Tübingen 1929.

G. Buchwald u. G. Kawerau, Luther-Kalendarium. Verzeichnis von Luthers Schriften. (SVRG Nr. 147.) 2. Aufl. Leipzig 1929.

2. Gesamtdarstellungen.

Köstlin-Kawerau, Martin Luther. Sein Leben und seine Schriften. 2 Bde. 2. Aufl. Berlin 1905.

Otto Scheel, Martin Luther. Vom Katholizismus zur Reformation. Bd. 1, 3. Aufl., Tübingen 1921; Bd. 2, 3. u. 4. Aufl., 1930. (Das bedeutendste Werk.)

K. Holl, Gesammelte Aufsätze zur Kirchengeschichte. Bd. 1: Luther. 4. u. 5. Aufl. Tübingen 1927. (Tief eindringend, aber zu sehr systematisierend.)

H. Denifle, Luther und Luthertum. 2. Aufl. Mainz 1904/06.

Hartmann Grisar, Luther. 3 Bde. Freiburg 1911/12. — Nachträge zur 2. Aufl. 1924 u. 1925.

Ders., Martin Luthers Leben und sein Werk. 2. Aufl. Freiburg 1927.

H. Boehmer, Luther im Lichte der neueren Forschung. 5. Aufl. Leipzig 1918.

Ders., Der junge Luther. Gotha o. J. (1925).

Walter Köhler, Martin Luther und die deutsche Reformation. (Aus Natur und Geisteswelt Nr. 515.) 2. Aufl. Leipzig 1917.

Lucien Febvre, Un destin. Martin Luther. Paris 1928.

Funck-Brentano, Luther. 18. Aufl. Paris 1935.

Fr. X. Kiefl, Martin Luthers religiöse Psyche. In: Kath. Weltanschauung und modernes Denken (Regensburg 1922) S. 1 ff.

Rudolf Thiel, Luther. Bd. 1, 2. Aufl., Leipzig 1936; Bd. 2, 1935.

J. A. Möhler, Symbolik oder Darstellung der dogmatischen Gegensätze der Katholiken und Protestanten nach ihren öffentlichen Bekenntnisschriften. 7. Aufl. Regensburg 1909.

3. Zu Luthers Theologie.

Für Luthers Theologie sind neben der Lehre von der Erbsünde und der Rechtfertigung durch den Glauben allein von besonderem Wert seine Gedanken über Christus, über den geoffenbarten und verborgenen Gott (bzw. Willen Gottes) und über die Anfechtung, alle zusammenklingend in dem, was man seine theologia crucis nennen kann.

Hans T i m m e, Christi Bedeutung für den Glauben. Gütersloh 1933.
E. S e e b e r g, Luthers Theologie. Bd. 1, Göttingen 1929; Bd. 2, 1937.
Hans V o g e l s a n g, Der angefochtene Christus bei Luther. (Arbeiten zur Kirchen-
geschichte Bd. 21.) Berlin-Leipzig 1932.
W. v. L o e w e n i c h, Luthers theologia crucis. (Forsch. z. Geschichte u. Lehre des
Protestantismus 2, 2.) München 1929.
Theodosius H a r n a c k, Luthers Theologie. Neuausgabe. München 1927.
Paul W e r n l e, Der evangelische Glaube. Nach den Hauptschriften der Reformation.
Bd. 1: Luther; Bd. 2: Zwingli; Bd. 3: Calvin. Tübingen 1918/19.
R. H e r m a n n, Luthers These ,Gerecht und Sünder zugleich'. Gütersloh 1930.
R. G r o s c h e, Gerecht und Sünder zugleich. In: Catholica 4 (1935), S. 132 ff. (jetzt auch in:
R. G r o s c h e, Pilgernde Kirche [Freiburg 1938] 147--158).
Carl S t a n g e, Die ältesten ethischen Disputationen Luthers. Leipzig 1932. (These: für Lu-
ther seien im Kampf gegen die Kirche die ethischen Grundfragen die Hauptsache gewesen.)
F. K a t t e n b u s c h, ,Pecca fortiter'. In: Haering-Festschrift (Tübingen 1918) S. 50 ff.
D e r s., Die Doppelschichtigkeit in Luthers Kirchenbegriff. Gotha 1928.
Ernst R i e t s c h e l, Das Problem der unsichtbaren Kirche bei Luther. (SVRG Nr. 154.)
Leipzig 1933.
Martin R a d e, Der Sprung in Luthers Kirchenbegriff und die Entstehung der Landes-
kirche. In: Zeitschr. f. Theologie u. Kirche (Tübingen) 24, 5.

An die Problematik, die mit Luthers Lehre von der Sünde als der Natur des Menschen
(seit dem ersten Sündenfall) zusammenhängt, führt fruchtbar heran die Frage nach der
absoluten Exklusivität des Christentums. Die v o l l e Negierung menschlicher ,Heils'-
kraft negiert natürlich auch voll den Wert aller nichtchristlichen Religion. Ist aber Luther
hierin konsequent geblieben? Oder drängt nicht vielmehr die volle Negierung menschlicher Kraft im Heilsprozeß den Pädagogen Luther notwendig zu Inkonsequenzen? Steht
der ältere Luther (schon seit 1527) nicht scharf gegen den ursprünglichen Luther? Das
Problem selbst hängt offensichtlich mit den Urfragen zusammen, die zwischen den Konfessionen stehen. Gibt es überhaupt die Möglichkeit einer christlichen Verkündigung an
das Volk, wenn der hörende Mensch (einschließlich Staat und Geschichte) und alle Natur
überhaupt n u r Sünde sind? Vgl. O. Urbach, Zum Gespräch zwischen den Konfessionen,
in: Hochland 36 (1939), S. 353 ff.; jetzt auch separat, mit zwei Aufsätzen von P. S i m o n
und Karl M e i ß i n g e r zum gleichen Thema, Kempen 1939.

Zu Luthers Urteil über das Heidentum und die natürliche Gotteserkenntnis vgl. außer
in den angegebenen Werken:

K. L a u k, Luthers Kritik aller Religionen. In: Pastoraltheologie 33 (Göttingen 1937),
S. 219 ff.
Walter H o l s t e n, Christentum und nichtchristliche Religion nach der Auffassung
Luthers. (Allgemeine Missionsstudien Bd. 13.) Gütersloh 1932.
Zur Frage der christlichen Obrigkeit nach Luther:
K. H o l l, Luther und das landeskirchliche Regiment, a. a. O. (oben S. 315) 326 ff.
H. S a s s e, Kirchenregiment und weltliche Obrigkeit nach Luthers Lehre. München 1935.
H. H e r m e l i n k, Zu Luthers Gedanken über Idealgemeinden und weltliche Obrig-
keit. In: ZKG 29 (1908), S. 267 ff.

Wertvolles über Luthers Theologie bieten natürlich auch die großen Dogmengeschichten
von H a r n a c k, R. S e e b e r g und O. R i t s c h l.

4. V e r s c h i e d e n e s.

Claude H u m b e r t, Erasme et Luther. Leur polémique sur le libre arbitre. Paris 1909.
J. M ü l l e r - B a r d o r f f, Geschichte und Kreuz bei Luther. (Schriften der Luther-
gesellschaft Nr. 11.) Weimar 1938.
Hanns L i l j e, Luthers Geschichtsanschauung. Berlin 1922. — Dazu E. S e e b e r g, in:
ZKG 52 (1933), S. 432 ff.; auch Ferd. K a t t e n b u s c h, in: Christl. Welt 47 (1933),
S. 977 ff.

Hermann S c h u s t e r, Der Prophet der Deutschen. Frankfurt 1936. — Dazu: Joh.
F i c k e r, in: Theol. Lit.-Zeitung 1936, S. 290.
E. V o g e l s a n g, Das Deutsche in Luthers Christentum. In: Lutherjahrbuch 16
(1934), S. 83—102.
Herm. D ö r r i e s, Luther und Deutschland. (Sammlung gemeinverständl. Vorträge
Nr. 169.) Tübingen 1934.
Hartmann G r i s a r, Der deutsche Luther im Weltkrieg und in der Gegenwart. Augs-
burg 1924.

Imbart de la Tour, Pourquoi Luther n'a-t-il créé qu'un christianisme allemand?
Paris. In: Revue de métaphysique et de morale 1918, 579 ff.
L. Sertorius, Luther der Deutsche. In: Catholica 4 (1935), S. 61 ff.

Otto Clemen, Luther und die Volksfrömmigkeit seiner Zeit. (Studien zur religiösen
Volkskunde Abt. B, Heft 6.) Dresden-Leipzig 1938.
Johannes Luther, Legenden um Luther. (Greifswalder Studien Nr. 9.) Leipzig 1933.

Grundlegend für ein richtiges Verständnis und damit für eine richtige Analyse Luthers
ist die Erfassung seiner Erlebniskraft: H. M. Müller, Erfahrung und Glaube bei Luther.
Leipzig 1929.

VI. Politische Kräfte

Alfred Morel-Fatio, Historiographie de Charles-Quint. Ire partie: Mémoires de
Charles-Quint. Paris 1913. (Text und französische Übersetzung.)
Karl Brandi, Karl V. 2 Bde. München 1937 1941. (In diesem wundervollen Werk
ist für den Kirchenhistoriker dies die Hauptschwäche, daß der Wert der dogmatisch
ein für allemal unveränderlichen Lehre nicht gesehen, aber seine Negierung oder Be-
drohung auch kaum als Problem empfunden ist.)
Peter Rassow, Die Kaiseridee Karls V... (Hist. Studien Nr. 217.) Berlin 1932.
Walter Tritsch, Karl V. Mährisch-Ostrau 1935. (In manchen Teilen stark journa-
listisch, aber mit wertvollen Quellen- und Literaturhinweisen.)
W. Friedensburg, s. unten S. 319.

Francis Hackett, Franz I. Berlin 1936.
H. Lemonnier, in: Ernest Lavisse, Histoire de France Bd. 5, 1 (Paris o. J.), S. 187 ff.
P. Kirn, Friedrich der Weise und die Kirche. Seine Kirchenpolitik vor und nach
Luthers Hervortreten im Jahre 1517. (Beiträge z. Kulturgesch. des Mittelalters und
der Renaissance Bd. 30.) Leipzig 1926.
H. Bornkamm, Moritz von Sachsen. In: Zeitschr. f. deutsche Geisteswissenschaft
1938, Nr. 5, S. 398 ff.

VII. Zum Ablauf der Reformation

Als Desideratum ist hier anzumelden (für den Fachmann wie für den Laien) eine breit
angelegte Quellenauswahl aus den katholischen, lutherischen, reformierten und schwärmerischen Äußerungen. — Aus der ungeheuren Fülle des Vorliegenden nenne ich (außer
den schon erwähnten Quellen und Studien):

Th. Brieger, Aleander und Luther 1521. Die vollständigen Aleanderdepeschen vom
Wormser Reichstag 1521. Gotha 1884. — Übersetzung dieser Depeschen von Paul
Kalkoff (SVRG Nr. 17), 2. Aufl., Halle 1897. — Dazu Aleanders Gutachten über
die Verhältnisse in Deutschland bei: Ign. Döllinger, Beiträge ... 3 (Wien 1882),
S. 268 ff.
P. Kalkoff, Der Wormser Reichstag von 1521. München 1922.
Ders., Entscheidungsjahre der Reformation. München 1917.
Günther Franz, Der deutsche Bauernkrieg. Berlin 1926.
Ders., Der deutsche Bauernkrieg. Bd. 1. München 1934; Bd. 2 (Akten), 1935. —
Gegen die These von Franz, die Bauern seien vor dem Krieg nicht gar so
schlecht gestellt gewesen, wendet sich Bühler, Deutsche Geschichte (oben S. 311)
S. 493. Vgl. Franz, in: Vergangenheit und Gegenwart 24 (1934), S. 32 ff.
H. Böhmer, Urkunden zur Geschichte des Bauernkrieges und der Wiedertäufer.
(Lietzmann, Kleine Texte Nr. 50/51.) Berlin 1911.
Herm. Barge, Der deutsche Bauernkrieg in zeitgenössischen Quellenzeugnissen. (Voigt-
länders Quellenbücher Nr. 71.)
Otto H. Brandt, Der große Bauernkrieg. Zeitgenössische Berichte und Aktenstücke.
Berlin 1926.
W. Stolze, Bauernkrieg und Reformation. (SVRG Nr. 141.) Leipzig 1926.

Wer der Geschichte der Schwärmer und Wiedertäufer und auch den geistigen Grundlagen der sozialen Unruhen näher nachgehen will, tut gut daran, sich von vornherein
der Vielfältigkeit der sehr mannigfaltig abgewandelten Grundgedanken und der Vieldeutigkeit der Sammelausdrücke ‚Schwärmer‘ und ‚Täufer‘ bewußt zu bleiben.

Thomas M ü n z e r. Sein Leben und seine Schriften. Hrsg. von Otto H. B r a n d t.
Jena o. J. (1932).
L. G. W a l t e r, Th. Münzer (1489—1525) et les luttes sociales à l'époque de la ré-
forme. Paris 1927.
Karl S c h o r n b a u m, Quellen zur Geschichte der Wiedertäufer. Bd. 1 : Herzogtum
Württemberg, hrsg. von G. u. G. B o s s e r t, Leipzig 1930; Bd. 2: Markgratschaft
Brandenburg, hrsg. von S c h o r n b a u m, 1930/34.
Hermann v. K e r s s e n b r o i k, Anabaptistici furoris . . . historica narratio. Hrsg. von
H. D e t m e r. Münster 1899/1900. — Neuausgabe der Übersetzung von 1771 :
Münster 1928.
(Kl. L ö f f l e r), Die Wiedertäufer zu Münster 1534/35. Berichte, Aussagen und Akten-
stücke. Jena 1923.
Fritz B e c k - M a l l e c z e w e n, Bockelson. Geschichte eines Massenwahns. Berlin o. J.
(1937).
M. Rufus J o n e s, Spiritual Reformers in the 16th and 17th century. 2[d] ed. London 1928.
— Deutsche Übersetzung von E. C. W e r t h e n a u: Geistige Reformatoren. Berlin-
Biesdorf 1925.

Max B u c h n e r, Volks- und Stammescharakter und Konfession. In : Gelbe Hefte 14
(München 1937), S. 25 ff. 57 ff.
Paul U l r i c h, Studien zur Geschichte des Nationalbewußtseins im Zeitalter des Hu-
manismus und der Reformation. (Hist. Studien Nr. 298.) Berlin 1936.
Nik. P a u l u s, Protestantismus und Toleranz im 16. Jahrh. Freiburg 1911.
Heinr. H o f f m a n n, Reformation und Gewissensfreiheit. Gießen 1932.
H. L e h n e r t, Kirchengut und Reformation. Erlangen 1935.
Jos. S c h l o s s e r, Die Lehre vom Widerstandsrecht der Untertanen gegen die legitime
Fürstengewalt bei den Katholiken des 16. Jahrh. Diss. 1914.

VIII. Theologische Mitspieler

P l i t t - K o l d e, Die loci communes Philipp Melanchthons in ihrer Urgestalt. Leipzig
1900.
Hans E n g e l l a n d, Melanchthon, Glauben und Handeln. München 1931.
Gg. E l l i n g e r, Philipp Melanchthon, Berlin 1902.

Dieter C u n z, Ulrich Zwingli. Aarau (1937).
Oskar F a r n e r, Das Zwinglibild Luthers. Tübingen 1931.
Walter K ö h l e r, Die Geisteswelt Ulrich Zwinglis. Christentum und Antike. Gotha 1920.
D e r s., Ulrich Zwingli. Tübingen 1919.
Hermann B a r g e, Andreas Bodenstein v. Karlstadt. 2 Teile. Leipzig 1905.
Gust. A n r i c h, Martin Bucer. Straßburg 1914.
(Maria H e i n s i u s), Das Bekenntnis der Frau Argula von Grumbach. München o. J.
(1935).
Für Ulrich H u t t e n kommt vor allem die große Ausgabe von Ed. B ö c k i n g in Be-
tracht (7 Bde, Leipzig 1859/70). — Außerdem:
Siegfr. S z a m a t ò l s k i, Ulrichs v. Hutten deutsche Schriften. Straßburg 1891.
D. Fr. S t r a u ß, Ulrich v. Hutten. Neuausgabe von Otto C l e m e n. Leipzig 1927.
P. K a l k o f f, Ulrich v. Hutten. Eine kritische Geschichte seiner Lebenszeit und der
Entscheidungsjahre der Reformation (1517—1523). Leipzig 1920.
D e r s., Huttens Vagantenzeit und Untergang. Der geschichtliche Ulrich v. Hutten...
Weimar 1925.
Fritz W a l s e r, Die politische Entwicklung Ulrich v. Huttens. (Beiheft 14 der Hist.
Zeitschrift.) München 1928. (Gegen Kalkoff.)
Paul H e l d, Ulrich v. Hutten. Seine religiös-geistige Auseinandersetzung mit Katho-
lizismus, Humanismus und Reformation. Leipzig 1928.
K. J. R e n d e n b a c h, Die Fehde Franz v. Sickingens gegen Trier. (Hist. Studien
Nr. 224.) Berlin 1933. — Dazu O. C l e m e n, in: ZKG 52 (Stuttgart 1933), S. 440 f.
Alfred J e r e m i a s), Johann v. Staupitz, Luthers Vater und Schüler. Berlin 1928.
Ernst W o l f, Staupitz und Luther. Leipzig 1927.

IX. Katholische Kräfte

Jos. S c h e u b e r, Kirche und Reformation. Aufblühendes katholisches Leben im 16. und
17. Jahrh. 6. Aufl. Bonn 1928.
1. Für die in Betracht kommenden P ä p s t e sind als Material vor allem heranzuziehen
die unentbehrlichen Bände aus L. v. P a s t o r s Geschichte der Päpste seit dem Ausgang

des Mittelalters (Freiburg 1906 ff.), also für Leo X.: Bd. 4, 1; für Adrian VI. und Clemens VII.: Bd. 4, 2; für Paul III.: Bd. 5; für Julius III.: Bd. 6. — Rankes ‚Päpste‘ (Bd. 1) haben natürlich nicht die unvergleichliche archivalische Unterlage Pastors. — Für Adrian VI. vgl. noch: Else Hocks, Der letzte deutsche Papst, Adrian VI., Freiburg 1939; für Paul III.: W. Friedensburg, Kaiser Karl V. und Papst Paul III. (SVRG Nr. 153), Leipzig 1932; W. H. Edwards, Paul der Dritte oder die geistliche Gegenreformation, Leipzig 1933 (dazu Jedin, in: HJG 54 [1934], S. 259 ff.).

2. Die Quellen zur katholischen Reform in Deutschland sind noch ungenügend gesammelt und erforscht. Das bisher Erarbeitete findet man beieinander in den oben S. 312 genannten Sammelreihen. Dazu:

Corpus Catholicorum. Werke katholischer Schriftsteller im Zeitalter der Glaubensspaltung. Gegr. von Jos. Greving, hrsg. von W. Neuß. Münster seit 1919. Bis 1938: Nr. 1—21. (CC.)
Franziskanische Studien. Münster-Werl i. W. 1914 ff.
Römische Quartalschrift für christliche Altertumskunde und Kirchengeschichte. Freiburg 1891 ff.
Katholisches Leben und Kämpfen im Zeitalter der Glaubensspaltung. Heft 1—6. Münster 1927/35. — Besonders:
H. Jedin, Die Erforschung der kirchlichen Reformationsgeschichte seit 1876. Münster 1931.
J. Greven, Die Kölner Kartause und die Anfänge der katholischen Reform in Deutschland. Münster 1935.

3. Zusammenfassende, aber längst nicht mehr genügende Darstellungen sind:

W. Maurenbrecher, Geschichte der katholischen Reform. Bd. 1. Nördlingen 1880.
K. Werner, Geschichte der apologetischen und polemischen Literatur der christlichen Theologie. 5 Bde. Schaffhausen 1861/67.
H. Laemmer, Die vortridentinische Theologie des Reformationszeitalters. Berlin 1858.

Die umfangreichste Erarbeitung hierher gehörigen Materials stammt von dem unermüdlichen Nik. Paulus (s. unten). Sein Material bedarf allerdings einer psychologisch und vor allem theologie- und frömmigkeitsgeschichtlich orientierten neuen Durcharbeitung.
J. Schmidlin, Roms Anteil an der katholischen Reform in Deutschland. In: Röm. Quartalschrift 35 (Freiburg 1927), S. 369 ff.
Aleanders Reformgutachten: s. HJG 5 (München 1884).
Ecks Denkschriften zur deutschen Kirchenreform aus dem Jahre 1523: s. Beiträge zur bayr. Kirchengeschichte 2 (1896), S. 159 ff. 222 ff.

Briefe katholischer Theologen: s. außer im CC und den sog. ‚Briefmappen‘ der RST sowie den Quellenbeigaben vieler Monographien in RST, EEJ noch:
W. Friedensburg, in: ZKG 18. Jahrg. (1898). — Für Cochläus dazu die Zusammenstellung in der Röm. Quartalschrift 35 (1927), S. 447 ff.
Pontien Polman, L'élément historique dans la controverse religieuse du 16e siècle. Gembloux 1932. — Dazu O. Clemen, in: ZKG 52 (1933), S. 431.
A. L. Veit, Kirche und Kirchenreform in der Erzdiözese Mainz im Zeitalter der Glaubensspaltung und der beginnenden tridentinischen Reformation. 1517—1618. (EEJ 12, 3.) Freiburg 1920.
L. v. Pastor, Die kirchlichen Reunionsverhandlungen unter der Regierung Karls V. Freiburg 1879.
L. Cardauns, Zur Geschichte der kirchlichen Reunionsbestrebungen 1538—1542. (Bibliothek des Preuß. Hist. Instituts in Rom Bd. 5.) Rom 1910.
Hans Foerster, Reformbestrebungen Adolfs III. von Schaumburg (1547—1556) in der Kölner Kirchenprovinz. (RST 45/46.) Münster 1925.

4. Einzelne Persönlichkeiten.
Neu herausgegebene Schriften s. im CC, in den ‚Briefmappen‘ der RST, im CT (unten S. 321), in ‚Neudrucke deutscher Literaturwerke des 16. und 17. Jahrh.‘ (oben S. 311) und als Anhang in den gleich zu nennenden Monographien. Siehe auch O. Clemen, Flugschriften (oben S. 311) Bd. 4, S. 1—218.
Nik. Paulus, Die deutschen Dominikaner im Kampfe gegen Luther (1518—1563). (EEJ 4, 1/2.) Freiburg 1903.
Ders., Kaspar Schatzgeyer, ein Vorkämpfer der katholischen Kirche gegen Luther in Süddeutschland. (Straßburger theol. Studien 3, 1.) Freiburg 1897.

Nik. P a u l u s, Johann Tetzel als Ablaßprediger. Mainz 1899.
D e r s., Der Augustinermönch Joh. Hoffmeister. Freiburg 1891.
P. M a n d o n n e t, Jean Tetzel et sa prédication des indulgences. Paris 1901.
C. H ö f l e r, Der hochberühmten Charitas Pirkheimer, Äbtissin von S. Clara zu Nürn-
berg, Denkwürdigkeiten... (Quellensammlung f. fränkische Gesch. Bd. 4.) Bamberg
1852.
Walter K a w e r a u, Murner und die deutsche Reformation. (SVRG Nr. 32.) Halle 1891.
Rich. N e w a l d, Wandlungen des Murnerbildes. In: Festschrift für Franz Schultz.
(Beiträge z. Geistes- u. Kulturgesch. der Oberrheinlande. In: Schriften des wiss. In-
stituts der Elsaß-Lothringer im Reich an der Universität Frankfurt N. F. Nr. 18.)
Frankfurt 1938.
D e r s., Thomas Murner. In: Zeitschr. f. deutsche Gesch. 4 (Salzburg 1938), S. 1 ff.
Th. v. L i e b e n a u, Der Franziskaner Dr. Th. Murner. (EEJ 9, 4/5.) Freiburg 1913.
Gg. S c h u h m a n n, Thomas Murner und seine Dichtungen. Regensburg 1915.
G. K a w e r a u, Hieronymus Emser. (SVRG Nr. 61.) Halle 1898.
Theod. W i e d e m a n n, Dr. Joh. Eck. Regensburg 1865. — Dazu als wesentliche
Ergänzungen: Joh. M e t z l e r in CC Heft 2 (1921) und Heft 16 (1930).
Joseph G r e v i n g, Johann Ecks Pfarrbuch für U. L. Frau in Ingolstadt. (RST 4/5.)
Münster 1908.
August B r a n d t, Johann Ecks Predigttätigkeit... (RST 27/28.) Münster 1914.
Jos. N e g w e r, Konrad Wimpina. (Kirchengeschichtl. Abh. hrsg. von Max Sdralek, Bd. 7.)
Breslau 1909.
P. P. A l b e r t, Konrad Koch Wimpina von Buchen. Buchen 1931.
Martin S p a h n, Johannes Cochläus. Berlin 1898.
A. H e r t e, Die Lutherkommentare des Johannes Cochläus. (RST 33.) Münster 1935.
H. J e d i n, Des Joh. Cochläus Streitschrift De libero arbitrio hominis (1525). (Breslauer
Studien z. hist. Theologie Bd. 9.) Breslau 1927.
Al. P o s t i n a, Der Karmelit Eberhard Billick. (EEJ 2, 2/3.) Freiburg 1901.
W. v. G u l i k, Johannes Gropper. (EEJ 5, 1/2.) Freiburg 1906.
Gregor R i c h t e r, Die Schriften Georg Witzels ... nebst einigen Reformationsgutachten
und Briefen Witzels. Fulda 1913.
A. G r o e t k e n, Dietrich v. Kolde von Münster. (Deutsche Priestergestalten 3.) Keve-
laer 1935.
Th. N e u h o f e r, Gabriel v. Eyb, Fürstbischof von Eichstätt 1455—1535. Eichstätt 1934.
K. R i e d, Moritz v. Hutten, Fürstbischof von Eichstätt (1539—1557) und die Glaubensspaltung. (RST 43/44.) Münster 1925. (Hier S. 102—115 [dazu 130 f.] eine Schilderung der religiös-sittlichen Verhältnisse im Klerus und deren Rückwirkung auf das
Volk ausschließlich in Einzelbeispielen. Über die Sittenreinheit des Bischofs Moritz
[vielfach im Unterschied zu seinen Domherren], über Art, Inhalt und Mängel seines
religiös-seelsorgerlichen Lebens, die geringen Erfolge seiner Reformationsbestrebungen
und ihre schließliche Vertagung bis zum allgemeinen Konzil [S. 120 f.] vgl. S. 116 ff. —
Über die Wirkung der kaiserlichen Reformationsformula in Eichstätt durch ganz
überwiegend, ja ausschließlich verwaltungsmäßige, nicht stark religiöse Reform-
anordnungen s. S. 125 ff.)
Jos. L o r t z, Kardinal Stanislaus Hosius. Braunsberg 1931.
(W. E. S c h w a r z), Zehn Gutachten über die Lage der katholischen Kirche in Deutschland 1570/76. (Briefe u. Akten z. Gesch. Maximilians II., Teil 2.) Paderborn 1891.

5. Jesuiten.

B. D u h r, Geschichte der Jesuiten in den Ländern deutscher Zunge. Bd. 1. Freiburg
1907.
W. F r i e d e n s b u r g, Die ersten Jesuiten in Deutschland. Halle 1905.
H. B ö h m e r, Die Jesuiten. 4. Aufl. Leipzig 1921.
I g n a t i u s v o n L o y o l a, Exercitia spiritualia. In vielen Ausgaben; bequem die Regens-
burger (1911).
A. H u o n d e r, Ignatius von Loyola. Köln 1932.
Henri J o l y, St. Ignace de Loyola. (Les Saints.) 11. Aufl. Paris 1925.
Otto B r a u n s b e r g e r, B. Petri Canisii S. J. Epistulae et Acta. Freiburg 1896—1923.
Joh. M e t z l e r, Die Bekenntnisse des sel. Petrus Canisius und sein Testament. Aus
dem Lateinischen übersetzt. 2. Aufl. M.-Gladbach 1921.
Otto B r a u n s b e r g e r, Petrus Canisius. Ein Lebensbild. 2. Aufl. Freiburg 1921.
L. C r i s t i a n i, Le bienh. Canisius. (Les Saints.) Paris 1925.
Walter S c h ä f e r, Petrus Canisius. Kampf eines Jesuiten um die Reform der katho-
lischen Kirche in Deutschland. Göttingen 1931. — Dazu: Allgem. Lit.-Ztg. 3, 4 (1933),
S. 2209 ff.

J. G e n o u d, Le bienh. Pierre Canisius. Fribourg 1915.
Joh. M e t z l e r, Der heilige Petrus Canisius und die Neuerer seiner Zeit. (Kath. Leben und Kämpfen 1.) Münster 1927.

6. Tridentinum.

Als einzige zusammenfassende große Darstellung auf Grund der monumentalen Ausgabe der Akten, Briefe und Diarien des Konzils durch die Görres Gesellschaft (seit 1901, Freiburg u. Rom) (CT) liegen vor: in der französischen Weiterführung von Hefeles Konziliengeschichte die drei Bände 9, 1; 9, 2 (von P. Richard, Paris 1930/31) und 10, 1 (von A. Michel, 1938). Eine umfassende G e s c h i c h t e des Tridentinums wird von H. J e d i n erwartet. Über Quellen und Literatur bis 1917 bzw. 1918 siehe:

G. W o l f, in: Deutsche Geschichtsblätter 18 (1917); 19 (1918).
H. J e d i n, Tridentinum und Protestantismus. In: Catholica 3 (1934), S. 137 ff.
S. M e r k l e, Die weltgeschichtliche Bedeutung des Konzils von Trient. In: Görres-Gesellschaft. Drei Vorträge... Köln 1936.
G. C o n s t a n t, Concession à l'Allemagne de la communion sous les deux espèces. 1. Paris 1923.

Weitere Literatur über die katholische Theologie der ersten Hälfte des 16. Jahrhunderts bei Martin G r a b m a n n, Geschichte der katholischen Theologie (Freiburg 1933) S. 323 f.

Einzelheiten über die Lage der Klöster in Mecklenburg entnahm ich einer ungedruckten wissenschaftlichen Arbeit meines Schülers cand. theol. Rudolf C l e m e n s in Münster (Die kirchlichen Orden in Mecklenburg beim Ausgang des Mittelalters und bei Beginn der Neuzeit), über die Anschauungen betreffs des heiligen Meßopfers einer ungedruckten Preisarbeit meines Schülers cand. theol. Erwin I s e r l o h in Münster.

X. Unionsfrage

Zu den ökumenischen Bestrebungen unserer Tage zwischen Katholiken und Protestanten und zwischen den protestantischen Kirchen selbst:

Max P r i b i l l a, Um die Wiedervereinigung im Glauben. Freiburg 1926.
D e r s., Um kirchliche Einheit. Stockholm-Lausanne-Rom. Freiburg 1929.
A. v. M a r t i n, Luther in ökumenischer Sicht. Stuttgart 1929.
Gg. B o ß, Die Erbschuld der Glaubensspaltung. Klotz 1927.
Arnold R a d e m a c h e r, Die innere Einheit des Glaubens. Bonn 1937.
D e r s., Die Wiedervereinigung der christlichen Kirchen. Bonn 1937.
D e r s., Der religiöse Sinn unserer Zeit und der ökumenische Gedanke. Bonn 1939.
M. J. C o n g a r, Chrétiens désunis. Principes d'un ,oecuménisme' catholique. Paris 1937.
— Dazu: Ludwig L a m b i n e t, Kontroverstheologische Perspektiven. In: Catholica 7 (1938), S. 150 ff., und P. S i m o n, in: Hochland 35 (1937/38), S. 429 ff. (oben S. 316).
Als positiv arbeitendes Ausspracheorgan auf katholische Seite von vorbildlich kritischer und sachlich irenischer Haltung machte sich verdient: C a t h o l i c a, Vierteljahrsschrift für Kontroverstheologie, Paderborn 1932—1939; Schriftleiter: Robert G r o s c h e.
Auf evangelischer Seite kommt als Sammelorgan besonders in Betracht: Friedrich H e i l e r s Zeitschrift ,Una sancta' (begründet von A. v. Martin), jetzt: ,Eine heilige Kirche, Zeitschrift für Kirchenkunde und Religionswissenschaft' (Fortsetzung von ,Hochkirche' und ,Religiöse Besinnung'), München 1939 ff.

Literaturnachträge zur vierten Auflage

Im Folgenden biete ich als Ergänzung zum Vorstehenden einige, meist neuere Titel zu den im Buch behandelten vielschichtigen Fragen. Ihr Zweck ist nur, dem Leser Werke zu nennen, die es ihm, sei es durch ihre eigene Darstellung, sei es durch die in ihnen angezeigte Literatur, ermöglichen, den derzeitigen Stand der Forschung kennenzulernen.
Dem Schwerpunkt des Buches entsprechend, habe ich zu Luthers Theologie (V, 3) auch Spezialarbeiten aufgenommen.

Vorab zu nennen sind die neuen Nachschlagewerke:

Lexikon für Theologie und Kirche (LThK). 2. Aufl., bisher 7 Bde., hrsg. von Josef Höfer und Karl Rahner. Freiburg 1957—1962.
Die Religion in Geschichte und Gegenwart (RGG), hrsg. von Kurt Galling. 3. Aufl., 6 Bde., Tübingen 1957—1962.
Evangelisches Kirchenlexikon (EKL), Kirchlich-theologisches Handwörterbuch, hrsg. von Heinz Brunotte und Otto Weber. 3 Bde. u. 1 Registerbd. Göttingen 1956—1961.
Weltkirchenlexikon. Handbuch der Ökumene. 1 Bd., hrsg. von Franklin H. Littel und Hans Hermann Walz. Stuttgart 1960.

Zu I. (Bibliographien)

Karl S c h o t t e n l o h e r , Bibliographie zur deutschen Geschichte im Zeitalter der Glaubensspaltung 1517—1585. 2. unveränderte Aufl. Bd. I—IV, Stuttgart 1956—1958. Schottenloher bringt die Literatur bis 1937. Ein Ergänzungsband soll erscheinen.
D a h l m a n n - W a i t z wird unter Leitung von Hermann Heimpel neu bearbeitet. — Von H u r t e r soll ein Nachdruck erscheinen. — Die hauptsächlichsten Z e i t s c h r i f t e n sind nach dem Kriege fast alle wieder erschienen (mit Ausnahme des Bibliographischen Beiblattes zur Theologischen Literaturzeitung).
Archiv für Reformationsgeschichte. In Verbindung mit dem Verein für Reformationsgeschichte, hrsg. von Walter Friedensburg, ab 1943 von Gerhard Ritter. Leipzig bis 40 (1943), Tübingen 41 (1948) Heft 1/2, Gütersloh 42 (1951) ff.
Luther-Jahrbuch. Jahrbuch der Luthergesellschaft, hrsg. und begr. von J. Jordan. 1—23 (1919 bis 1941), hrsg. von Franz Lau 24—29 (1957—1962).
B i b l i o g r a p h i e d e l a R é f o r m e 1450—1648. Ouvrages parus de 1940 à 1955, Leiden 1958 ff. 1. Fascicule Allemagne — Pays Bas (1958), deuxième édition augmentée 1961. 2. Fasc.: Belgien, Schweden, Norwegen, Dänemark, Irland, USA 1960. 3. Fasc.: Italien, Spanien, Portugal 1961.
Heinrich B o r n k a m m , Luther zwischen den Konfessionen. Vierhundert Jahre kath. Lutherforschung. In: Festschrift für Gerhard Ritter. Tübingen 1950, S. 210—231.
Harold G r i m m , Luther Research since 1920. In: The Journal of Modern History 32 (1960), S. 105—118.
Walther v. L o e w e n i c h , 10 Jahre Lutherforschung (1938—48). In: Theol. u. Liturgie, hrsg. von L. Hennig, Kassel 1952, S. 121—170.
Walther v. L o e w e n i c h , Die Lutherforschung in Deutschland seit dem zweiten Weltkrieg. In: Theologische Literaturzeitung 81 (1956), S. 705—716.
David L ö f g r e n , Verschiedene Tendenzen in der neueren Lutherforschung. In: Kerygma und Dogma 5 (1959), S. 146—164.
Anders N y g r e n , Die Lutherforschung in Skandinavien. In: Gott ist am Werk. Festschrift für Landesbischof D. Hanns Lilje zum sechzigsten Geburtstag am 20. Aug. 1959. Hrsg. von Heinz Brunotte und Erich Ruppel. Hamburg 1959, S. 17—26.
Ludwig P e t r y , Die Reformation als Epoche der deutschen Universitätsgeschichte. Eine Zwischenbilanz. In: Festgabe Joseph Lortz II, S. 317—353.
Gordon R u p p , Lutherforschung in England. 1945—1956. In: Theologische Literaturzeitung 81 (1956), S. 753—756.
Theobald S u e s s , Lutherforschung in Frankreich. In: Theologische Literaturzeitung 81 (1956), S. 759—762.
Vilmos V a j t a (Hrsg.), Lutherforschung heute. Referate und Berichte des 1. Internationalen Lutherforschungskongresses in Aarhus 1956, Berlin 1958.
Ernst Walter Z e e d e n , Zeitalter der europäischen Glaubenskämpfe, Gegenreformation und katholische Reform. Ein Forschungsbericht. In: Saeculum 7 (1956), S. 321—368.

Zu II. (Quellen)

Die R e i c h s t a g s a k t e n und die C h r o n i k e n der deutschen Städte erscheinen in 2., unver. Auflage.
Die B e k e n n t n i s s c h r i f t e n der evangelisch-lutherischen Kirche. 3. Aufl. Göttingen 1956.

Zu III. (Gesamtdarstellungen)

Historia Mundi. Handbuch der Weltgeschichte in 10 Bdn., hrsg. von Fritz Valjavec unter Mitwirkung des Instituts für Europäische Geschichte Mainz. Bd. VI: Hohes und spätes Mittelalter. 1958, Bd. VII: Übergang zur Moderne. 1957. Bern-München 1952—1961.
The New Cambridge Modern History (Planned by G. Clark). Cambridge 1957. — Vol. I.: The Renaissance 1493—1520. Ed. G. R. Potter. 1957. — Vol. II: The Reformation 1520(!) to 1559. Ed. G. R. Elton. 1958.
Handbuch der deutschen Geschichte. Begr. von Otto B r a n d t. Fortgef. von Arnold Oskar M e y e r. Neu hrsg. von Leo J u s t. Bd. I, 5: Hermann H e i m p e l, Deutschland im späten Mittelalter. — Bd. I, 6: Michael S e i d l m a y e r, Weltbild und Kultur Deutschlands im Mittelalter. — Bd. II: Deutsche Geschichte vom Zeitalter der Reformation bis zum Tode Friedrichs d. Gr. Konstanz 1956. Darin: Rudolf S t a d e l m a n n, Eberhard N a u j o k s, Das Zeitalter der Reformation. 2. Aufl. Justus H a s h a g e n, Die Gegenreformation.
Bruno G e b h a r d t, Handbuch der deutschen Geschichte. Hrsg. von Herbert Grundmann. 8. Aufl. Bd. I—IV, Stuttgart 1954. — Bd. II: Von der Reformation bis zum Ende des Absolutismus (1955). Verbesserter Nachdruck 1956. Darin: Walter Peter F u c h s, Das Zeitalter der Reformation. E. W. Z e e d e n, Das Zeitalter der Glaubenskämpfe.
Peter R a s s o w (Hrsg.), Deutsche Geschichte im Überblick. Ein Handbuch. 2. Aufl. Stuttgart 1962.
Hellmuth R ö ß l e r u. Günther F r a n z, Bibliographisches Wörterbuch zur deutschen Geschichte. München 1952.
Dieselben, Sachwörterbuch zur deutschen Geschichte. München 1958.
Karl Bihlmeyer — Hermann T ü c h l e, Kirchengeschichte. 16. Aufl., 3 Bde. Paderborn 1958—1959.
Augustin F l i c h e u. Victor M a r t i n, Histoire de l'Église depuis les origines jusqu'à nos jours. Paris 1946. — 15. A u b e n a s — R i c a r d, L'Église et la Renaissance (1449—1517). 1951. — 16. M o r e a u — J o u r d a — J a n e l l e, La Crise religieuse du XVIᵉ siècle. 1950. — 17. C h r i s t i a n i, L'Église à l'époque du concile de Trente. 1948.
Kurt Dietrich S c h m i d t, Grundriß der Kirchengeschichte. 3., sorgfältig durchges. Aufl., Göttingen 1960.

Noch zu erwarten sind Darstellungen in:

1. Propyläen-Weltgeschichte, hrsg. von Golo M a n n, Berlin seit 1960.
2. Handbuch der Kirchengeschichte (in 6 Bden), hrsg. von Hubert J e d i n. Freiburg 1962 ff. — Bd. III: Reformation und Spaltung, hrsg. von Erwin I s e r l o h.
3. Die Kirche in ihrer Geschichte. Ein Handbuch, hrsg. von Kurt Dietrich S c h m i d t u. Ernst W o l f. Göttingen, seit 1962 (Lieferungen).

Roland H. B a i n t o n, The Age of the Reformation. New York 1956.
Wilhelm D i l t h e y, Weltanschauung und Analyse des Menschen seit Renaissance und Reformation. Ges. Schr. II. 5. Aufl., Göttingen 1957.
Fritz H a r t u n g, Deutsche Geschichte im Zeitalter der Reformation, der Gegenreformation und des 30jähr. Krieges (Göschen 1105). Berlin 1951.
Erich H a s s i n g e r, Das Werden des neuzeitlichen Europa, 1300—1600 (Geschichte der Neuzeit, hrsg. von Gerhard Ritter). Braunschweig 1959 (reichhaltige Bibliographie).
Friedrich H e e r, Die dritte Kraft. Der europäische Humanismus zwischen den Fronten des konfessionellen Zeitalters. Frankfurt a. M. 1959.
Hajo H o l b o r n, Deutsche Geschichte in der Neuzeit. Vom Verfasser durchges. Übersetzung aus dem Engl. von Annemarie Holborn. 2 Bde. — Bd. 1: Das Zeitalter der Reformation und des Absolutismus. Stuttgart 1960.
Paul J o a c h i m s e n, Die Reformation als Epoche der deutschen Geschichte (1930), hrsg. von Otto Schottenloher. 2. Aufl., Berlin 1951.
Will-Erich P e u k e r t, Die große Wende. Das apokalypt. Saeculum u. Luther. Geistesgeschichte und Volkskunde. Hamburg 1948.
Gerhard R i t t e r, Die Neugestaltung Europas im 16. Jh. (1941). Berlin 1950.
Hellmuth R ö s s l e r, Europa im Zeitalter von Renaissance, Reformation und Gegenreformation. 1450—1650. München 1956.

Zu IV. (Vorreformatorische Zeit)

E r a s m u s , Desiderius von Rotterdam, Opera omnia (unveränderte reprograph. Nachdruck der Ausg. Leiden 1703). Hildesheim 1961—1962. 10 in 11 Bdn.
E r a s m u s , Desiderius von Rotterdam, Erasmi Opuscula. A Supplement to the Opera Omnia. Ed. with Introductions and Notes by Wallace K. Ferguson. Den Haag 1933.
P. S. A l l e n , Opus Epistolarum Des. Erasmi Roterodami. Oxford 1906—1958. Band I—XI u. XII (Registerbd.).
E r a s m u s von Rotterdam, Vom freien Willen. Verdeutscht v. Otto Schuhmacher. 2. Aufl. Göttingen 1956.
Johann H u s , Opera omnia. Prag: Acad. Scient. Bohem. — T. 7: Sermones de tempore qui Collecta dicuntur. Ed. Anezka Schmidtova. Prag 1959.
Thomas M o r u s , The Correspondence of Sir Thomas More. Ed. by Lizabeth Frances Rogers. Princeton 1947.
Thomas M o r u s , Die Briefe des Sir Thomas More. Übertr. u. eingel. von Barbara v. Blarer. Einsiedeln/Köln 1949.

Forschungen, Vorreformationsgeschichtliche. Bd. 1—14 (Münster 1900—1938) hrsg. von Heinrich F i n k e; Bd. 15 (ebd. 1949) hrsg. von Joseph L o r t z.
Alfons A u e r , Die vollkommene Frömmigkeit des Christen. Nach dem Enchiridion militis Christiani des Erasmus von Rotterdam. Düsseldorf 1954. — Dazu: E. Iserloh in: Trierer Theol. Z. 64 (1955) S. 315 f.
Willy A n d r e a s , Deutschland vor der Reformation. Eine Zeitenwende. 6., neu überarb. Aufl. Stuttgart 1959.
W. K. F e r g u s o n , The Renaissance in Historical Thought. Cambridge (Mass.) 1948.
Joseph G i l l , The Council of Florence. Cambridge 1959.
Denys G o r c e , La patristique dans la réforme d'Érasme. In: Festgabe Joseph Lortz I, S. 233 bis 276.
Georg H o f m a n n , Papato, Consiliarismo, Patriarcato. Rom 1940.
Erwin I s e r l o h , Gnade und Eucharistie in der philosophischen Theologie des Wilhelm von Ockham. Ihre Bedeutung für die Ursachen der Reformation. Mit Einleitung von Joseph Lortz (Veröffentlichungen des Instituts für Europ. Geschichte Mainz. Bd. 8). Wiesbaden 1956.
Joseph L o r t z , Zur Problematik der kirchlichen Mißstände im Spätmittelalter. In memoriam Sebastian Merkle. Sonderdruck aus Trierer Theologische Zeitschrift. Trier 1950.
Joseph L o r t z , Erasmus — kirchengeschichtlich. Aus: Theologie und Philosophie. Fritz Tillmann zum 75. Geburtstag. Düsseldorf 1950. S. 271—326.
Engelbert M o n n e r j a h n , Giovanni Pico della Mirandola. Ein Beitrag zur philosophischen Theologie des italienischen Humanismus (Veröffentlichungen des Instituts für Europäische Geschichte, Mainz, Bd. 20). Wiesbaden 1960.
Karl Heinz O e l r i c h , Der späte Erasmus und die Reformation (RST 86). Münster 1961.
Richard H. P o r k i n , The History of Scepticism from Erasmus to Descartes. Assen 1960.
Paul de V o o g h t , Hussiana. Louvain 1960.
Paul de V o o g h t , L'hérésie de Jean Huss. Louvain 1960.

Zu V. (Martin Luther)

1. Über L u t h e r - A u s g a b e n und den Stand der Weimariana (vergriffene Bände werden nachgedruckt) berichten V o l z in: Die Religion in Geschichte und Gegenwart, 3. Aufl., Bd. IV, 520—523, Tübingen 1960; R ü c k e r t in: Lutherforschung heute (s. o. bei I). Die Revision der ersten Psalmenvorlesung ist noch nicht abgeschlossen. Die Ausgabe von C l e m e n liegt wieder vollständig vor (die einzelnen Bände 1950—1959 in verschiedenen Auflagen).
    Die Münchener Ausgabe erscheint seit 1948 in 3. Auflage. In der Erg.-Reihe liegt als Bd. 2 in 4., völlig neubearb. Auflage „Die Vorlesung über den Römerbrief" vor (1957). Dazu kommt neuerdings eine lat.-deutsche Parallelausgabe: Martin L u t h e r , Vorlesung über den Römerbrief. 1515/16 (Übersetzung von Eduard Ellwein). 2 Bde. Köln (in Zusammenarbeit mit der Wissenschaftlichen Buchgesellschaft, Darmstadt) 1960.
    Als neue Nachkriegsausgabe ist im Erscheinen: Luther Deutsch. Die Werke Martin Luthers in neuer Auswahl für die Gegenwart, hrsg. von Kurt Aland (10 Text-, 3 Erg.-Bde. u. 1 Register-Bd.). Stuttgart 1957 ff.

    Außerdem liegen neue Arbeitsinstrumente vor:

Kurt A l a n d , Hilfsbuch zum Lutherstudium. Bearb. in Verbindung mit Ernst Otto R e i c h e r t u. Gerhard J o r d a n . 2. Aufl. (Berlin 1958) Gütersloh 1957.
Luther Deutsch, hrsg. von Kurt Aland, Erg.-Bd. 3. Lutherlexikon. Stuttgart 1957.

Ewald M. P l a s s (Hrsg.), What Luther says. Bd. I—III. Concordia Publishing House, St. Louis 1959.

Lennart P i n o m a a, Register der Bibelzitate in Luthers Schriften in den Jahren 1509—19 (Masch.), 1951.

Lennart P i n o m a a, Register der Bibelzitate in Luthers Schriften in den Jahren 1520—21 (Masch.), 1955.

2. G e s a m t d a r s t e l l u n g e n.

Roland Herbert B a i n t o n, Martin Luther. Berechtigte Übers. aus dem Amerikanischen von Hermann Dörries. 3. Aufl. Göttingen 1959.

Heinrich B o e h m e r, Der junge Luther. (1925) 4. Aufl., hrsg. von H. Bornkamm. 1951.

Leon C h r i s t i a n i, Luther wie er wirklich war. Deutsch von Doris Asmussen. Einf. von H. Daniel-Rops. Vorwort von Hans Asmussen. Stuttgart 1957.

Heinrich F a u s e l, D. Martin Luther. Der Reformator im Kampf um Evangelium u. Kirche. Stuttgart 1955.

Franz L a u, Luther (Göschen 1187). Berlin 1959.

Karl August M e i s s i n g e r, Der katholische Luther. München 1952.

Gerhard R i t t e r, Luther, Gestalt und Tat. 6. Aufl. (auch als Taschenbuch). München 1959.

Oskar T h u l i n, Martin Luther. Sein Leben in Bildern und Zeitdokumenten. München — Berlin 1958.

3. Z u r T h e o l o g i e L u t h e r s.

Das theologische Werk Luthers ist geradezu unausschöpfbar. Die Forschung ist in allen Ländern (nicht zuletzt in den skandinavischen, auch in den Vereinigten Staaten, auch in Frankreich) dauernd mit Eifer dabei, alte Fragen neu zu behandeln und neue zu stellen. Die Produktion und die Diskussion über sie sind verwirrend vielfältig.

Die von B i z e r (s. unten) neu beantwortete Frage nach Inhalt und Datierung des ‚Turmerlebnisses‘ muß neu aufgegriffen werden. Ebenso die Frage, ob der Ausgangspunkt von Luthers theologischer Entwicklung wirklich nicht im Begriff von der ‚iustitia Dei‘ liege, sondern (E. S e e b e r g, E b e l i n g, B r a n d e n b u r g) bei der Christologie. —

Es ist eine ungemein bedrückende Feststellung, daß nach 400 Jahren der Lutherdeutung die Urteile über den Reformator und sein Werk noch immer so weit auseinanderklaffen — nicht nur etwa zwischen Katholischen und Evangelischen. Es ist geradezu von elementarer Wichtigkeit, daß wir zu einer wissenschaftlichen gesicherten opinio communis über Luther kommen. Auf dem Wege dahin ist eine Grundforderung immer noch unerfüllt: Für keines der großen Themata ist der Stoff in der ganzen Breite, wie er sich von den Anfängen bis zum Lebensende Luthers ausbreitet, präzis und gleichmäßig durchuntersucht. Die ungeheure Fülle des Werkes macht das nur allzu verständlich, aber sie macht, zusammen mit der so wesentlich paradoxalen und stark emotionalen Art der Aussprache-Verkündigung, die Erfüllung der angedeuteten Forderung auch unumgänglich.

Bei der Planung wäre es wichtig, daß man von vornherein nicht nur an eine wie immer geartete gradlinige Entwicklung vom ‚jungen‘ zum ‚alten‘ Luther, vom noch katholischen zum ‚nun reformatorischen‘ Luther denkt. Es könnte ja sehr wohl auch eine Entwicklung verschiedener, sich auch überschneidender, gar wider einander verlaufender Ströme vorliegen. Es könnte z. B. auch so sein, daß der ‚katholische‘ Luther im Gesamtwerk, also auch für die spätere Zeit viel zentraler ist, als allgemein angenommen wird. Die simple und eben doch entscheidende Frage ‚Was ist reformatorisch-lutherisch?‘ im strengen Sinn, ist e r s c h ö p f e n d keineswegs einfach zu beantworten. Bis jetzt liegt die Antwort nicht vor. Auch nicht die Auskunft: ob es in der Lehre wirklich den Luther gebe, bzw. wie diese Mitte erschöpfend zu beschreiben wäre.

In die Lösung dieser Fragen hinein gehören dringend notwendige Untersuchungen über Luthers A r t zu denken. Die Arbeiten über die ‚absconditas sub contraria specie‘ des handelnden Gottes zeigen Ansatzpunkte. Aber die Frage betrifft beinahe die ganze Breite der Aussagefülle. Die Frage nach dem Woher und Warum von Luthers Superlativismus (innerhalb seiner theologisch im exakten Sinn des Wortes gemeinten Aussagen) und der Grenze seiner Berechtigung scheint entscheidend.

Ganz neue Aspekte hat die existentiale Deutung Luthers gebracht, wie sie nach Bultmann E b e l i n g ausgebildet hat und auch katholischerseits B r a n d e n b u r g für einen Teil übernimmt. Es ist wichtig, daß sie ursprünglich nicht an Objekt Luthers erwuchs, sondern aus der existentialen Exegese des Neuen Testamentes herübergenommen wurde. Dies ist für ihre Berechtigung als Exegese Luthers kein gutes Vorzeichen. Auf Luther angewandt, schreibt sie dem Luther des 16. Jahrhunderts Denkkategorien zu, die es vor dem 20. Jahrhundert, allenfalls dem 19., nicht gab. Personalistisch denken, wie das Evangelium es verlangt, heißt noch nicht existential denken. Die Bemühungen des objektiv-ontologischen katholischen Denkens um ein Verständnis Luthers wären hier blockiert.

Paul Althaus, Die Theologie Martin Luthers. Gütersloh 1962.
Paul Althaus, Paulus und Luther über den Menschen. 3., erw. Aufl. Gütersloh 1958.
Helmut Bandt, Luthers Lehre vom verborgenen Gott. Eine Untersuchung zu dem offen-
barungsgeschichtlichen Ansatz seiner Theologie. Berlin 1958.
Hermann Barge, Luther und der Frühkapitalismus (SVRG 168). Gütersloh 1951.
Horst Beintker, Die Überwindung der Anfechtung bei Luther. Berlin 1954.
Ernst Bizer, Fides ex auditu. Eine Untersuchung über die Entdeckung der Gerechtigkeit
Gottes durch Martin Luther. 2., erw. Aufl. Neukirchen 1961.
Ernst Bizer, Studien zur Geschichte des Abendmahlstreites im 16. Jahrhundert. Gütersloh
1940. Nachdruck von der Wiss. Buchgesellschaft Darmstadt geplant.
Ekkehard Börsch, Geber — Gabe — Aufgabe. Luthers Prophetie in den Entscheidungsjahren
seiner Reformation 1520/25. München 1958.
Heinrich Bornkamm, Luthers geistige Welt. 4. Aufl. Gütersloh 1960.
Heinrich Bornkamm, Das Jahrhundert der Reformation. Göttingen 1961. — Darin u. a.:
Erasmus und Luther, Philipp Melanchthon, Humanismus und Reformation im Menschen-
bild Melanchthons, Martin Bucer, der dritte deutsche Reformator, Das Problem der Toleranz
im 16. Jahrhundert.
Albert Brandenburg, Gericht und Evangelium. Zur Worttheologie in Luthers erster
Psalmenvorlesung. Paderborn 1960.
Ragnar Bring, Gesetz u. Evangelium u. der dritte Brauch des Gesetzes in der luth. Theologie.
Helsinki 1943.
Ragnar Bring, Das Verhältnis von Glauben u. Werken in der luth. Theologie. München 1955.
Paul Th. Bühler, Die Anfechtung bei Luther. Zürich 1942.
Leon Chestov, Sola Fide. Luther et l'Église. Übersetzung aus dem Russischen von Sophie
Sève. Paris 1957.
Gerhard Ebeling, Evangelische Evangelienauslegung. Eine Untersuchung zu Luthers Herme-
neutik. München 1942; Neudruck Wiss. Buch.-Ges. Darmstadt 1962.
Gerhard Ebeling, Wort und Glaube (Sammelbd.). Tübingen 1960.
Gottfried Edel, Das gemeinkatholische mittelalterliche Erbe beim jungen Luther. Marburg
1961 (Verlag Dr. R. F. Edel).
Werner Elert, Morphologie des Luthertums. 2 Bde. Verbess. Neudruck der 1. Aufl. 2 Bde.
München 1958.
Gottfried Forck, Die Königsherrschaft Jesu Christi bei Luther. Berlin 1959.
Hans-Werner Gensichen, Damnamus. Die Verwerfung von Irrlehre bei Luther und im
Luthertum des 16. Jahrhunderts. Berlin 1958.
Hajo Gerdes, Luthers Streit mit den Schwärmern um das rechte Verständnis des Gesetzes
Moses. Göttingen 1955.
B. A. Gerrish, Grace and Reason, a Study in the Theology of Luther. Oxford 1962.
Hans Robert Gerstenkorn, Weltlich Regiment zwischen Gottesreich und Teufelsmacht. Die
staatstheoretischen Auffassungen Martin Luthers und ihre politische Bedeutung. Mit einem
Vorw. von Eugen Gerstenmaier. Bonn 1956.
Hans Grass, Die Abendmahlslehre bei Luther und Calvin. 2. Aufl. Gütersloh (1940) 1954.
Axel Gyllenkrok, Rechtfertigung und Heiligung in der frühen ev. Theologie Luthers.
Uppsala u. Wiesbaden 1952.
Bengt Hägglund, Theologie und Philosophie bei Luther und in der occamist. Tradition.
Lund 1955.
Johannes Heckel, Lex charitatis. Eine jurist. Unters. über das Recht in der Theol. M. Luthers.
München 1953.
Gerhard Heintze, Luthers Predigt von Gesetz u. Evangelium. München 1958.
Rudolf Hermann, Zu Luthers Lehre von Sünde und Rechtfertigung (SgV 200/01). Tübingen
1952.
Rudolf Hermann, Zum Streit um die Bedeutung des Gesetzes. Erörterungen zu Luthers
Antinomerthesen. Weimar 1958.
Rudolf Hermann, Von der Klarheit der Heiligen Schrift. Untersuchungen über Luthers
Lehre von der Schrift in De servo arbitrio. Paul Althaus zum 70. Geburtstag. Berlin 1959.
Rudolf Hermann, Gesammelte Studien zur Theologie Luthers und der Reformation. Göt-
tingen 1960. — Darin u. a.: Das Verhältnis von Rechtfertigung und Gebet nach Luthers
Auslegung von Römer 3 in der Römerbriefvorlesung. — Luthers theologisches Grund-
anliegen. — Grundzüge der Theologie Luthers. Amica exegesis, zu Erich Seebergs gleich-
namigem Buch. — Zu den Thesen von Joseph Lortz über „die Reformation". — Luthers
geschichtliche und theologische Bedeutung als Gegenwartsproblem. — Das Zentrum der
reformatorischen Botschaft Luthers. — Zu Luthers Lehre von Sünde und Rechtfertigung.
Emanuel Hirsch, Lutherstudien I — II. Göttingen 1954.
Erwin Iserloh u. Peter Manns, Festgabe Joseph Lortz. Bd. I—II. Baden-Baden 1958. —

Darin u. a.: Bd. I: Ernst Kinder, Die Verborgenheit der Kirche nach Luther. — Engelbert Monnerjahn, Zum Begriff der theologischen Unklarheit im Humanismus. — Bd. II: Wilhelm Schüssler, Deutsch-lutherischer Geist und Westeuropa.

Wilfried J o e s t, Gesetz und Freiheit. Das Problem des Tertius usus legis bei Luther und die neutestamentliche Parainese. 2. Aufl. Göttingen 1956.

Hans Joachim I w a n d, Um den rechten Glauben. Gesammelte Aufsätze, hrsg. u. eingel. von Karl Gerhard Steck. München 1959. — Darin u. a.: Die grundlegende Bedeutung der Lehre vom unfreien Willen für den Glauben. Eine Einführung in Luthers Schrift vom unfreien Willen. — Die Freiheit des Christen u. die Unfreiheit des Willens (auch Festschr. R. Hermann, 1957, 132—146).

Hans Joachim I w a n d, Glaubensgerechtigkeit nach Luthers Lehre. 2. Aufl. München 1951.

Hans Joachim I w a n d, Zur Entstehung von Luthers Kirchenbegriff. Ein kritischer Beitrag zu dem gleichnamigen Aufsatz von Karl Holl. In: Festschrift f. Günther Dehn zum 75. Geburtstag. Neukirchen 1957, S. 145—166.

Ernst K i n d e r, Luthers Auffassung von der Ehe. In: Bekenntnis zur Kirche. Festg. für Ernst Sommerlath zum 70. Geburtstag. Berlin 1960, S. 325—334.

Walter K o e h l e r, Zwingli und Luther I—II. Gütersloh 1924/53.

Werner K o h l s c h m i d t, Luther und die Mystik. Hamburg 1947.

Hans Walter K r u m w i e d e r, Glaube und Geschichte in der Theologie Luthers. Göttingen 1953.

Max L a c k m a n n, Luthers Beitrag zur Lehre vom Schatz der Verdienste der Heiligen. In: Max Lackmann, Verehrung der Heiligen. Versuch einer lutherischen Lehre von den Heiligen. Stuttgart 1958.

Max L a c k m a n n, Thesaurus sanctorum. Ein vergessener Beitrag Luthers zur Hagiologie. In: Festgabe J. Lortz I S. 135—171.

Wilhelm L i n k, Das Ringen Luthers um die Freiheit der Theologie von der Philosophie. 2. Aufl. München 1955.

Walther v. L o e w e n i c h, Von Augustin zu Luther. Beiträge zur Kirchengeschichte. Witten 1959. — Darin u. a.: Macht und Ohnmacht in der Kirche. — Gregor VII. — Luthers Bedeutung für die Geschichte der menschl. Freiheit. — Die Frömmigkeit Martin Luthers. — Luther und das Schicksal des Abendlandes. — Reformation oder Revolution? (auch in Festgabe Joseph Lortz, I S. 5—13). — Die Reformation: Verhängnis oder Segen für die deutsche Geschichte?

Walther v. L o e w e n i c h, Luther als Ausleger der Synoptiker. München 1954.

Walther v. L o e w e n i c h, Luthers Theologia crucis. 4. Aufl. Mit Nachwort. München 1954.

Walther v. L o e w e n i c h, Das Problem des „katholischen Luther". In: Dank an Althaus. Eine Festgabe zum 70. Geburtstag, hrsg. von Walter Künneth u. Wilfried Joest. Gütersloh 1958, 141—150.

Walther v. L o e w e n i c h, Pharaos Verstockung. Zu Luthers Lehre von der Prädestination (Festschr. H. Meiser, München 1951, 196—213).

David L ö f g r e n, Die Theologie der Schöpfung bei Luther. Göttingen 1960.

Bernhard L o h s e, Ratio und Fides. Eine Untersuchung über die Ratio in der Theologie Luthers. Göttingen 1958.

Joseph L o r t z, Zu W. v. Loewenichs Buch „Der moderne Katholizismus". In: Theologische Revue 53 (1957) 193—196.

Joseph L o r t z, Luthers Römerbriefvorlesung. Grundanliegen. In: Trierer Theologische Zeitschrift 71 (1962) 129—153 u. 216—247.

Peter M a n n s, Die ‚theologia crucis' als Grundanliegen Fénelons. Nachwort zur deutschen Ausgabe von Fénelons Geistlichen Werken (Varillon). Düsseldorf 1961.

Wilhelm M a u r e r, Von der Freiheit eines Christenmenschen. Göttingen 1949.

Wilhelm M a u r e r, Die Einheit der Theologie Luthers. In: Theol. Literaturzeitung 75 (1950) 245—252.

Peter M e i n h o l d, Römer 13. Obrigkeit, Widerstand, Revolution, Krieg. Stuttgart 1960.

Jaroslav P e l i k a n, Luther the Expositor. Introduction to the Reformer's Exegetical Writings. Companion Volume to the American Edition of Luther's Works. St. Louis 1959.

Stephanus P f ü r t n e r, Luther und Thomas im Gespräch. Heidelberg 1961.

Lennart P i n o m a a, Der existentielle Charakter der Theologie Luthers. Helsinki 1940.

Lennart P i n o m a a, Die Heiligen in Luthers Frühtheologie. Lund 1959.

Hans P o h l m a n n, Hat Luther Paulus entdeckt? Eine Frage zur theologischen Besinnung. Berlin 1959.

Regin P r e n t e r, Spiritus Creator. Studien zu Luthers Theologie. 2. Aufl. München 1954.

Horst Dietrich P r e u s s, Maria bei Luther. Gütersloh 1954.

E. R o t h, Sakrament nach Luther. Berlin 1952.

E. Gordon R u p p, The Righteousness of God. London 1953.

Paul S c h e m p p, Gesammelte Aufsätze, hrsg. von Ernst Bizer. München 1960. — Darin u. a.:
Die christliche Freiheit nach Luther. — Ist Luthers Stellung zum Staat heute revisions-
bedürftig? — Der Mensch Luther als theologisches Problem.
Reinhard S c h w a r z, Fides, spes u. caritas beim jungen Luther unter bes. Berücksichtigung
der mittelalterlichen Tradition. Berlin 1962.
Erich S e e b e r g, Luthers Theologie in ihren Grundzügen. 2. Aufl. Stuttgart 1950.
Carl S t a n g e, Der johanneische Typus der Heilslehre Luthers im Verhältnis zur paulin.
Rechtfertigungslehre. Gütersloh 1949.
Aarne S i i r a l a, Gottes Gebot bei Martin Luther. Eine Untersuchung der Theologie Luthers
unter besonderer Berücksichtigung des ersten Hauptstücks im Großen Katechismus. Helsinki
1956.
Carl S t a n g e, Die Anfänge der Theologie Luthers. Berlin 1957.
Hans S t o r c k, Das allgemeine Priestertum bei Luther. München 1953.
Gustav T ö r n v a l l, Geistliches u. weltliches Regiment bei Luther. 2. Aufl. München 1947.
Vilmos V a j t a, Die Theologie des Gottesdienstes bei Luther. Göttingen 1952.
Johannes v. W a l t e r, Die Theologie Luthers. Gütersloh 1940.
Philip S. W a t s o n, Um Gottes Gottheit. Einführung in Luthers Theologie. Berlin 1952.
Gustav W i n g r e n, Luthers Lehre vom Beruf. München 1952.
Eberhard W ö l f e l, Luther und die Skepsis. Eine Studie zur Kohelet-Exegese Luthers. Mün-
chen 1958.
Heinz Z a h r n t, Luther deutet Geschichte. München 1952.

4. V e r s c h i e d e n e s.

Heinrich B o r n k a m m, Luther im Spiegel der dt. Geistesgeschichte. Mit ausgew. Texten von
Lessing bis zur Gegenwart. Heidelberg 1955.
Hans Frhr. v. C a m p e n h a u s e n, Tradition und Leben. Aufsätze u. Vorträge. Tübingen
1960. — Darin u. a.: Die Bilderfrage in der Reformation. — Reformatorisches Selbstbewußt-
sein und reformator. Geschichtsbewußtsein bei Luther 1517—1522. — Gottesgericht und
Menschengerechtigkeit bei Luther.
Erik H. E r i k s o n, Young Man Luther. A Study in Psychoanalysis and History. New York,
Toronto 1958.
Eberhard G r o ß m a n n, Beiträge zur psychologischen Analyse der Reformatoren Luther und
Calvin. In: Monatsschrift für Psychiatrie u. Neurologie 132 (1956) 274—290. Basel—
New York 1958.
Adolf H e r t e, Das kath. Lutherbild im Bann der Lutherkommentare des Cochläus. 3 Bde.
Münster 1943.
Erwin I s e r l o h, Luther-Kritik oder Luther-Polemik? Zu einer neuen Deutung der Ent-
wicklung Luthers zum Reformator. In: Festgabe Joseph Lortz, I 15—42.
Ernst K r o k e r, Katharina von Bora, Martin Luthers Frau. Ein Lebens- und Charakterbild.
5. Aufl. Berlin 1959.
Franz L a u, Père Reinoud und Luther. Bemerkungen zu Reinhold Weijenborgs Lutherstudien.
In: Bekenntnis zur Kirche. Festgabe für Ernst Sommerlath zum 70. Geburtstag. Berlin 1960.
Hans L e u b e, Deutschlandbild u. Lutherauffassung in Frankreich. Stuttgart — Berlin 1941.
Peter M e i n h o l d, Luthers Sprachphilosophie (Erw. Vortrag). Berlin 1958.
Siegfried R a e d e r, Das Hebräische bei Luther untersucht bis zum Ende der ersten Psalmen-
vorlesung. Tübingen 1961.
Paul J. R e i t e r, Dr. med., Martin Luthers Umwelt, Charakter und Psychose sowie die Bedeu-
tung dieser Faktoren für seine Entwicklung und Lehre. Bd. I—II. Kopenhagen 1937 bis
1941.
Horst S t e p h a n, Luther in den Wandlungen seiner Kirche. 2. Aufl. Berlin 1951.
Walter T a p p o l e t, Das Marienlob der Reformatoren. Martin Luther, Johannes Calvin,
Huldreych Zwingli, Heinrich Bullinger, hrsg. von Walter Tappolet unter Mitarbeit von
Albert Ebneter. Tübingen 1962.
Hans V o l z, Martin Luthers Thesenanschlag und dessen Vorgeschichte. Weimar 1959.
Reinoldus W e i j e n b o r g, Miraculum a Martino Luthero confictum explicatne eius reforma-
tionem? In: Antonianum 31 (1956) 247—300.
P. Reinould W e i j e n b o r g O. F. M., Luther et les cinquante et un Augustins d'Erfurt d'après
une lettre d'indulgences inédite du 18 avril 1508. In: Revue d'histoire ecclésiastique 55
(1960) 819—75.
P. Reinould W e i j e n b o r g O. F. M., Neuentdeckte Dokumente im Zusammenhang mit Luthers
Romreise. In: Antonianum 33 (1957) 147—202.
Hans W e r l e, Allegorie und Erlebnis bei Luther (Basler Studien zur deutschen Sprache u.
Literatur 24). Basel 1960.

Zu VI. (Politische Kräfte)

Karl B r a n d i, Kaiser Karl V. Werden und Schicksal einer Persönlichkeit und eines Weltreiches. München 1959, auch Darmstadt 1959 (nur Bd. I).
Royall T y l e r, Kaiser Karl V. Ins Deutsche übertr. von Hugo v. Haan. Mit einem Vorwort
von Carl J. Burckhardt. 2. Aufl. Stuttgart 1960.
Peter R a s s o w u. Fritz S c h a l k (Hrsg.), Karl V. Der Kaiser und seine Zeit. (Kölner Collo-
quium 1958). Köln 1960.

Zu VII. (Zum Ablauf der Reformation)

Robert C o l l i n e t, La réformation en Belgique au XVIᵉ siècle. Brüssel 1958.
Gordon D o n a l d s o n, The Scottish Reformation (1517—73). Cambridge 1960.
Lucien F e b v r e, Au cœur religieux du XVIᵉ siècle. Paris 1957.
Phillip H u g h e s, The Reformation in England. 3 Bde. London 1950—54.
Erwin I s e r l o h, Luthers Thesenanschlag, Tatsache oder Legende? (Institut für Europäische
Geschichte, Mainz, Vorträge 31). Wiesbaden 1962.
Wilhelm J a n n a s c h, Reformationsgeschichte Lübecks vom Petersablaß bis zum Augsburger
Reichstag. 1515—1530. Lübeck 1958.
K. E. J. J o e r g e n s e n, Ökumen. Bestrebungen unter den poln. Protestanten bis 1645, 1942.
Guido K i s c h, Zasius und Reuchlin. Eine rechtsgeschichtlich-vergleichende Studie zum Tole-
ranzproblem im 16. Jahrhundert. Konstanz — Stuttgart 1961.
Jean L e c l e r, S. J., Histoire de la tolérance au siècle de la réforme I—II, Paris 1955.
Joseph L o r t z, Germanicum und Gegenreformation. In: Korrespondenzblatt für die Alumnen
des Collegium Germanicum. (Rom, Pont. Università Gregoriana 1952), 139—151.
Paul M e i ß n e r, England im Zeitalter von Renaissance, Humanismus und Reformation,
Heidelberg 1952.
Bernd M o e l l e r, Reichsstadt und Reformation (SVRG 180). Gütersloh 1962.
Samuel M o u r s, Le protestantisme en France au XVIᵉ siècle. Paris 1959.
Eberhard N a u j o k s, Obrigkeitsgedanke, Zunftverfassung und Reformation. Stuttgart 1958.
T. M. P a r k e r, The English Reformation to 1558. London 1950.
J. R e i t s m a u. F. J. L i n d e b o o m, Geschiedenis van de Hervorming en de Hervormde
Kerk der Nederlanden. 's-Gravenhage 1949.
Rudolf R i c a n, Das Reich Gottes in den Böhmischen Ländern. Geschichte des tschechischen
Protestantismus. Ins Deutsche übersetzt von Bohumir Popelar. Stuttgart 1957.
Gerhard R i t t e r, Die Weltwirkung der Reformation. 2. Aufl. München 1959 (auch Wissen-
schaftliche Buchgesellschaft, Darmstadt 1959).
Alexander R ü s t o w, Lutherana Tragoedia artis. Schweizer Monatshefte 39 (1959) 891—906.
Helmuth S c h ö f f l e r, Wirkungen der Reformation. 2. Aufl. Frankfurt 1960.
Georg S c h w a i g e r, Die Reformation in den nordischen Ländern. München 1962.
M. M. S m i r i n, Die Volksreformation des Thomas Münzer und der große Bauernkrieg
(Übers. von Hans Nichtweiß). 2. verb. Aufl. Berlin 1956.
Heinrich S t e i t z, Geschichte der Evangelischen Kirche in Hessen und Nassau. T. 1: Refor-
matorische Bewegungen, Reformationen, Nachreformationen. Marburg 1961.
Valentin T e t l e b e n, Protokoll des Augsburger Reichstages 1530 (Acta conventus imperialis
Augustensis anno 1530), hrsg. und eingel. von Herbert Grundmann. Göttingen 1958.
Hans T h i e m e, Die Ehescheidung Heinrichs VIII. und die europäischen Universitäten (Vor-
trag). Karlsruhe 1957.
Ernst Walter Z e e d e n, Martin Luther und die Reformation im Urteil des dt. Luthertums
(bis zum Beginn der Goethezeit) 2 Bde. Freiburg 1950—52.

Zu VIII. (Theologische Mitspieler)

Martin B u c e r, Opera omnia. Serie 1. Deutsche Schriften. Im Auftrag der Heidelberger
Akademie der Wissenschaften, hrsg. von Robert Stupperich. Bd. 1: Frühschriften 1520
bis 1524. Gütersloh 1960. — Serie 2. Opera latina. Bd. 15: De regno Christi 1550. Ed.
François Wendel. Paris-Gütersloh 1955.
Heinrich B o r n k a m m, Martin Bucers Bedeutung für die europ. Reformationsgeschichte.
Bibliographia Bucerana. (SVRG 169). Gütersloh 1952.
J. V. P o l l e t O. P., Martin Bucer. Études sur la correspondance I. Paris 1958.
Johann B u g e n h a g e n, Beiträge zu seinem 400. Todestag, hrsg. von Dr. Werner Rauten-
berg. Berlin 1958.
Wilhelm N i e s e l, C a l v i n - Bibliographie 1901—1959. München 1961.

Gerhard Müller, Franz Lambert von Avignon und die Reformation in Hessen. Marburg 1958.
Andreas Bodenstein v. Karlstadt, Karlstadts Schriften aus den Jahren 1523—25. Ausgew. u. hrsg. von Erich Hertzsch. T. 1—2 (Neudrucke deutscher Literaturwerke des 16.—17. Jahrhunderts. Nr. 325). Halle 1956—1957.
Gottfried Buttler, Das Melanchthonbild der neuern Forschung. Zum 400. Todestag M. Philipp Melanchthons am 19. April 1960. In: Monatsschrift für Pastoraltheologie 49 (Göttingen 1960), S. 129—137.
Philipp Melanchthon, Forschungsbeiträge zur 400. Wiederkehr seines Todestages, dargeboten in Wittenberg 1960, hrsg. von Walter Ellinger. Göttingen-Berlin 1961.
Peter Fraenkel, Revelation und Tradition (Studia Theologica). Lund 1958.
Peter Fraenkel, Fünfzehn Jahre Melanchthonforschung. Versuch eines Literaturberichtes. In: Bibliothèque d'Humanisme et Renaissance, Tome XXII, S. 582—624. Genf 1960. Nachtrag ebd. Tome XXIII, S. 593—602.
Peter Fraenkel, Testimonia Patrum. The Function of the Patristic Argument in the Theology of Philip Melanchthon. (Travaux d'Humanisme et Renaissance. Tome XLVI). Genf 1961.
Clyde Manschreck, Melanchthon, The Quiet Reformer. Nashville 1958.
Peter Meinhold, Philipp Melanchthon. Der Lehrer der Kirche. Berlin 1960.
Rolf Schäfer, Christologie und Sittlichkeit in Melanchthons frühen Loci. Tübingen 1961.
Hansjörg Sick, Melanchthon als Ausleger des Alten Testaments. Tübingen 1959.
Adolf Sperl, Melanchthon zwischen Humanismus und Reformation. München 1959.
Robert Stupperich, Der unbekannte Melanchthon. Wirken und Denken des Praeceptor Germaniae in neuer Sicht. Stuttgart 1961.
Robert Stupperich, Das Melanchthon-Gedenkjahr 1960 und sein wissenschaftlicher Ertrag. In: Theologische Literaturzeitung 87 (1962) April, Sp. 241—254.
Vilmos Vajta, (Hrsg.), Luther und Melanchthon. Referate und Berichte des Zweiten Internationalen Kongresses für Lutherforschung Münster, 8.—13. August 1960. Göttingen 1961.
Jaakko Gummerus, Michael Agricola, Der Reformator Finnlands, Helsinki 1941.
Peter Brunner, Nikolaus von Amsdorf als Bischof von Naumburg. Eine Untersuchung zur Gestalt des evang. Bischofsamtes in der Reformationszeit. (SVRG 179). Gütersloh 1961.
Irmgard Höß, Georg Spalatin, 1484—1545. Ein Leben in der Zeit des Humanismus und der Reformation. Weimar 1956.
Ulrich von Hutten, Opera omnia. Die Ausgabe von Ed. Böcking soll in einem Nachdruck erscheinen.
Werner Näf, Vadian und seine Stadt St. Gallen. 2 Bde. St. Gallen 1954—1957.
Bernhard Klaus, Veit Dietrich. Leben und Werk. Nürnberg 1958.
Bernd Moeller, Johannes Zwick und die Reformation in Konstanz (QFRG XXVIII). Gütersloh 1961.
Georg Finsler, Zwingli-Bibliographie. Verzeichnis der gedruckten Schriften von und über Ulrich Zwingli. Nachdr. Nieuwkoop 1962.

Zu IX. (Katholische Kräfte)

2. Quellen.

Acta reformationis catholicae ecclesiam Germaniae concernentia saeculi 16. Die Reformverhandlungen des dt. Episkopats v. 1520 bis 1570, hrsg. von Georg Pfeilschifter. Regensburg 1959 ff. Bd. 1: 1520—1532 (1959), Bd. 2: 1532—1542 (1960).
Corpus Catholicorum. Werke katholischer Schriftsteller im Zeitalter der Glaubensspaltung. Bisher (Münster 1961) 28 Bde.
Reformationsgeschichtliche Studien und Texte. Begr. von Joseph Greving †, hrsg. von Hubert Jedin. Bisher (Münster 1962) 88 Bde.
Katholisches Leben und Kämpfen im Zeitalter der Glaubensspaltung. Vereinsschr. d. Gesellschaft z. Herausgabe des Corpus Catholicorum. Bisher (Münster 1962) 20 Hefte.

3. Darstellungen.

Erwin Iserloh, Der Kampf um die Messe in den ersten Jahren der Auseinandersetzung mit Luther. Münster 1952.

4. Einzelne Persönlichkeiten.

Erwin Iserloh, Die Eucharistie in der Darstellung des Johannes Eck. Ein Beitrag zur vortridentinischen Kontroverstheologie über das Meßopfer (RST 73/74) Münster 1950.

Erich F e i f e l, Grundzüge einer Theologie des Gottesdienstes. Motive und Konzeption der Glaubensverkündigung Michael H e l d i n g s (1506—1561) als Ausdruck einer katholischen „Reform". Freiburg 1960.

Erich F e i f e l, Der Mainzer Weihbischof Michael H e l d i n g (1506—1561) zwischen Reformation und katholischer Reform (Institut für Europäische Geschichte, Mainz, Vorträge 33). Wiesbaden 1962.

Edmund K u r t e n, Franz Lambert von Avignon und N i k o l a u s H e r b o r n in ihrer Stellung zum Ordensgedanken und zum Franziskanertum im besonderen (RST 72). Münster 1950.

W. S c h e n k, Reginald P o l e, Cardinal of England. London 1950.

Richard M. D o u g l a s, Jacopo S a d o l e t o, 1477—1547, Humanist und Reformer. Cambridge 1959.

Winfried T r u s e n, Um die Reform und Einheit der Kirche. Zum Leben und Werk Georg W i t z e l s. (KLK 14). Münster 1957.

5. J e s u i t e n.

Ignatius von Loyola, Der Bericht des Pilgers. Übers. u. erl. von Burkhart S c h n e i d e r. Freiburg 1956.

Ignatius von Loyola, Das geistliche Tagebuch, hrsg. von Adolf H a a s u. Peter K n a u e r. Freiburg 1961.

Alain G u i l l e r m o u, Ignatius von Loyola in Selbstzeugnissen und Bilddokumenten. (Die Übertr. ins Deutsche u. die Bearb. des Anhangs besorgte Heinz F i n é.) Reinbeck b. Hamburg 1962.

Pedro L e t u r i a S. J., El Gentilhombre Iñigo López de Loyola. 2. Aufl. Barcelona 1949.

Ders., Estudios Ignatianos. 2 Bde. Rom 1957.

Hugo R a h n e r, Ignatius von Loyola. Briefwechsel mit Frauen. Freiburg 1956.

Hugo R a h n e r u. Leonard M a t t, Ignatius von Loyola. Würzburg 1955.

Georg S c h u r h a m m e r, Franz Xaver, sein Leben und seine Zeit. 1. Bd.: Europa 1506—1541. Freiburg 1955.

Hans W o l t e r S. J., Gestalt und Werk der Reformatoren im Urteil des hl. Ignatius von Loyola. In: Festgabe Joseph Lortz I S. 43—67.

6. T r i d e n t i n u m.

Concilium Tridentinum hrsg. von der G ö r r e s - G e s e l l s c h a f t, bisher 13 Bde. 1901—1961. (4 Abteilungen: Tagebücher, Protokolle, Briefe, Traktate). Neudruck der vergriffenen Bände wird vom Verlag Herder vorbereitet.

Decreta septem priorum sessionüm Concilii Tridentini sub Paulo III. Faksimileausgabe von Massarellis Autograph der ersten sieben Sitzungen, eingeleitet von St. Kuttner. 1945.

Albert E b n e t e r, Luther und das Konzil. Zürich 1962.

Ernst B i z e r, Die Wittenberger Theologen und das Konzil 1537. Ein ungedrucktes Gutachten. ARG 47, 77—101. 1956.

Hubert J e d i n, Krisis und Wendepunkt des Trienter Konzils (1562/63). Würzburg 1941.

Hubert J e d i n, Das Konzil von Trient. Ein Überblick über die Erforschung seiner Geschichte. Rom 1948.

Hubert J e d i n, Überblick über die Jubiläumsliteratur vor und nach 1945 im Sammelwerk von G. Schreiber: Das Weltkonzil von Trient I S. 11—31. Freiburg 1950.

Hubert J e d i n, Geschichte des Konzils von Trient. 2 Bde. Freiburg 1950/57. Bd. 1 in 2. Aufl. 1951. — Dazu: Joseph L o r t z, Um das Konzil von Trient. Zu Jedin, Gesch. des Konzils von Trient. In: Theol. Revue, Münster 47 (1951), Sp. 157—170; 55 (1959), Sp. 151—160 und 193—204.

Hubert J e d i n, Kleine Konziliengeschichte (Herder-Bücherei 51). Freiburg 1959.

Joseph L o r t z, Um die Zielsetzung des Konzils von Trient. In: Festschrift für Bischof Stohr „Universitas". Mainz 1960.

Brian T i e r n e y, Foundations of the Conciliar Theory. Cambridge 1955.

Zu X. (Unionsfrage)

„Una Sancta". Rundbriefe für interkonfessionelle Begegnung. Meitingen, seit 1946.

Konfessionskundliche und kontroverstheologische Studien, hrsg. vom Johann-Adam-Möhler-Institut, Paderborn. Bd. 1—5 (1959—1961).

Hans A s m u s s e n und Thomas S a r t o r y, Gespräch zwischen den Konfessionen (Fischerbücherei 310). Frankfurt a. M. 1959.

Hans Asmussen und Albert Brandenburg, Wege zur Einheit. Zur Praxis interkonfessioneller Zusammenarbeit. Osnabrück 1960.

Hans Asmussen, Das Christentum eine Einheit. Biblisch—Reformatorisch—Ökumenisch. (Institut für Europäische Geschichte Mainz, Vorträge 25). Wiesbaden 1958.

François Biot, Evangelische Ordensgemeinschaften. Übersetzung aus dem Französischen von Hermann Schüssler, Mainz 1962.

Louis Bouyer, Wort, Kirche, Sakrament in evangelischer und katholischer Sicht. Aus dem Französischen übersetzt von Willi Neubert. Mainz 1961.

Yves Congar, Vraie et fausse Réforme dans l'Église. Paris 1950.

Otto A. Dilschneider, Gabe und Aufgabe der Reformation. (Institut für Europäische Geschichte Mainz, Vorträge 7). Wiesbaden 1954.

Johannes Hessen, Luther in katholischer Sicht. 2. Aufl. Bonn 1948.

Otto Karrer, Eucharistie im Gespräch der Konfessionen. Vortrag beim Euchar. Kongreß in München. In: Una Sancta 15 (Meitingen 1960), S. 250 ff.

Max Lackmann, Credo Ecclesiam catholicam. Evangelisches Bekenntnis gegen den Protestantismus. Graz 1960.

Matthias Laros, Kardinal Newmans ökumenische Sendung. In: Festgabe Joseph Lortz I. 469—479.

Joseph Lortz, Thesen zur Handreichung bei ökumenischen Gesprächen. 3. Aufl. Meitingen 1945.

Joseph Lortz, Die Reformation als religiöses Anliegen heute. Trier 1948.

Joseph Lortz, Von den Ursachen der christlichen Spaltung und der rechten Art davon zu sprechen. Recklinghausen 1960.

Joseph Lortz, Die Einheit der Christenheit. Trier 1959.

Joseph Lortz (Hrsg.), Europa und das Christentum. Drei Vorträge von Walter v. Loewenich, Fedor Stepun und Joseph Lortz (Veröffentlichungen des Instituts für Europäische Geschichte Mainz 18). Wiesbaden 1959.

Hans Jochen Margull (Hrsg.), Die ökumenischen Konzile der Christenheit. Stuttgart 1961.

Peter Meinhold — Erwin Iserloh, Abendmahl und Opfer. Stuttgart 1960.

Peter Meinhold, Konzile der Kirche in evangelischer Sicht. Stuttgart 1961.

Johannes Pinsk, Schritte zur Mitte. Recklinghausen 1950.

Willem H. van de Pol, Das reformatorische Christentum in phänomenologischer Betrachtung. Aus dem Holl. übers. von Otto Karrer. Köln — Einsiedeln 1956.

W. H. van de Pol, Der Weltprotestantismus. Ins Deutsche übertragen von M. de Weijer. Essen 1960.

Maximilian Roessle u. Oscar Cullmann (Hrsg.), Begegnung der Christen. Studien evangelischer und katholischer Theologen. Festschrift Otto Karrer zum 70. Geburtstag. Stuttgart u. Frankfurt 1959.

Thomas Sartory O.S.B., Die Eucharistie im Verständnis der Konfessionen. Recklinghausen 1961.

Hermann Sasse u. a., Vom Sakrament des Altars. Leipzig 1941.

Edmund Schlink, Der kommende Christus und die kirchlichen Traditionen. Göttingen 1962.

K. E. Skydsgaard (Hrsg.), Konzil und Evangelium. Lutherische Stimmen zum kommenden römisch-katholischen Konzil. Göttingen 1962.

Wilhelm Stählin, Allein. Recht und Gefahr einer polemischen Formel. Stuttgart 1950.

H. C. Weber u. E. Wolf, Begegnung. München 1941.

Register

Proletariat 43; geistliches 85 103.

Protestanten, Name II 39.

Provinzialsynoden II 96 238 ff.

Prozession 97 345; *s* Wallfahrten.

Pseudoisidorische Fälschungen 20.

Quietismus II 76.

Quiñones, Franz, Franziskanerreformer, Kardinal 208, II 215.

Raab 344.

Rab, Hermann, OP II 176.

Radikalismus 326 f.; *s* Tumult.

Ranke, L. v. 157 239 244, II 36.

Rechte, kirchliche; *s* Kirchliche Rechte.

Reformansätze, vorreformatorische 47 90 ff.; spätere: *s* Katholische Kräfte, Reformgutachten.

Reformation: Aufspaltung 311, *s* Kontroverstheologie; Ausbreitung **339 ff.**, *s* Gewaltsame Ausbreitung, Politischer Machtkampf; Eifer der Anhänger 337; Eigennutz 361 ff.; Entscheidung für sie 264 ff. 346 ff.; geistige Führer 356 f.; Halblutheraner II 213; gewaltsame Ausbreitung 371 ff., *s* Tumult; literarische Bekämpfung 261 ff.; öffentl. Meinung 65, *s* Flugschriften, Volksbewegung; Parolen 358 396, II 34; politisch-militärischer Machtkampf II 241 ff.; Säkularisierungen 368 ff.; ungenau erkannt 209; von der Kurie unterschätzt 253 ff.; Überzeugung oder Anpassung? **352 ff. 360 ff.**; Ursachen **3 ff.**; Volksbewegung 245 ff. 338 ff. 358 ff.; Volkstumulte 371, *s* Tumult.

Reformation u. Bauern 328 ff.; u. Bischöfe 259 349; u. Fürsten 346 ff.; u. Klöster 364 ff.; u. Wittenberg 355.

,Reformation' Kaiser Sigismunds 323 f.

,Reformationsformula' Kaiser Karls V. II 234 ff.

Reformforderungen seit dem 13. Jahrh. 11.

Reformgutachten, katholische 419, II 223 f.

Reformsynoden II 96 113 238 f.

Reformversuche im Reich 37.

Regensburg 343, II 103 129 249 260.

Reichsacht 284 ff. 288, II 30.

Reichskammergericht II 269.

Reichsreformen 37 f.

Reichsregiment 38 f.

Reichstage 38 f., *s* die einzelnen Orte.

Reichtum, weltlicher, der Kirche 82 f.; *s* Annaten, Benefizien, Fiskalismus.

Reiferklärung des Menschen 56 f.

Reisch, Gregor, Kartäuser II 133.

Relativismus 133, II 192 218 220 273.

Religion u. Moralismus 123, II 313; *s* Moralismus.

Religionsfriede: Augsburg (1555) II 282 ff.; Nürnberg (1532) II 66.

Religionsgespräche II 226 ff.

Religiöses Leben vor der Reformation **69 ff.**; Erregung 50 100 107.

Reliquien 99 106.

Renaissance 11 15 49 122 129, II 314.

Reuchlin, Johann 55 63 ff. 101 212.

Reutlingen 266.

Revolutionäre Stimmung 327 353 f.; *s* Tumult.

Rhegius, Urban 237 f.

Ribnitz, Kloster 87 142.

Richard, Pfalzgraf II 102.

Riemenschneider, Tillmann 42 115 f., II 47.

Risus paschalis 106.

Ritter 44 f. 319 f.

Röbel, Dominikanerkloster 91.

Rock, der heilige 49.

Rod a. d. Weil II 220.

Rohrbach, Jäklein, Schwärmer 327.

Rolewink, Werner, Kartäuser 107.

Rom 383, II 7 f.; *s* Antirömischer Affekt.

Romberg, Johann Horst, OP II 137.

Römisches Recht, in Deutschland rezipiert 59 f.

Roes, Alexander v., Kanonikus 265.

Rose, Goldene 219.

Rosenkranz 99 115 f.

Rossem, Martin van, geldrischer Heerführer II 244 252.

Rostock 88 91 346 367 371 f.

Rothenburg 116.

Rotten und Schwärmer 310; *s* Wiedertäufer.

Rottmann, Bernd II 77.

Rubeanus, Crotus 297.

Rübel, Dr. II 61.

Rudolf, Herzog v. Österreich 142.

Sacco di Roma 35 252, II 7 f. 15 108.

Sachs, Hans 193 341 353.

Sachsen 346 ff. 355 374 385.

Sadolet, Jakob, Kardinal 131, II 110 126 f. 158 213 231.

Sakramentenspendung vor der Reformation 97.

Säkularisation d. Kurialismus 15; der Klöster 375 ff., II 23 f.; und Reformation **368 ff.**, II 17.

Salmeron, Alfons, SJ II 150.

Salve-Regina-Singen 98.

Salviati, Giovanni, Kardinal 24.

Salza, Jak. v., Bischof II 185.

Salza, Joh. v., Bischof II 16.

Salzburg 344.

Samland, Bistum 341, II 18.

St. Gallen 340 372.

San Marino 75.

Sapientia experimentalis 177.

Sattler, Michael, Wiedertäufer II 75.

Savonarola, Hieronymus 30 50 92 102 252, II 101 124.

Savoyen 83 143, II 70.

Schappeler, Christoph, Reformator u. geistiger Führer im Bauernkrieg 341.

Schatzgeyer, Kaspar, OFM II 105 163 f. 180 190 f. 200 215 297.

Schaumburg, Adolf v., Erzbischof II 235 238 ff.

Scheel, Otto 420.

Scheurl, Christoph 342.

Schirnting, Christoph v., bayr. Agent in Rom 78.

Schisma, abendländisches 8 22 25 144 205.

Schladming (Steiermark), Sieg der Bauern 328.

Schlatt, Täuferversammlung (1527) II 75.

Schmalkaldische Artikel 350 407, II 157.

Schmalkaldischer Bund 41 345 373 379 430, II 64 208 227 245 249.

Schmalkaldischer Krieg 30, II 211 217 234.

Schneider *s* Agricola, Joh.

Schnepf, Erhard, Reformator II 248.

Zeittafeln

Für die folgenden Angaben war mir neben eigenen Zusammerstellungen zur Ergänzung und zur Kontrolle vor allem von Nutzen die große Zeittafel von Karl Schottenloher (s. oben Bd. II, S. 310), auf deren Ergiebigkeit hier erneut hingewiesen sei. — RT = Reichstag.

Päpste	Fürsten	Luther	Religion und Theologie
1471—1484 Sixtus IV.			1475 Wallfahrtsfieber (Wilsnacker ‚Heiliges Blut'; Niklashausen; Kinderwallfahrten zum Mont-St.-Michel). 1476 Kommunistisch-antiklerikale Bußpredigten des Hans Böhm von Niklashausen. Druck der radikalen ‚Reformation Kaiser Sigismunds'. 1479—1552 Cochläus.
1484—1492 Innozenz VIII. 1492—1503 Alexander VI. (Borja)	1486—1525 Kurfürst Friedrich v. Sachsen (der Weise). 1493—1519 Kaiser Maximilian.	1483 10. Nov., Geburt.	1483—1542 Contarini. 1486—1543 Dr. Joh. Eck.
	1499—1535 Kurfürst Joachim I. v. Brandenburg. 1500—1539 Herzog Georg v. Sachsen.		1497—1560 Melanchthon (seit 1518 in Wittenberg)
1503—1513 Julius II. (Rovere)		1505 Eintritt in das Augustinereremiten-Kloster in Erfurt.	
1513—1521 Leo X. (Medici)	1507—1548 Sigismund I. v. Polen. 1509—1567 Landgraf Philipp v. Hessen. 1509—1547 Heinrich VIII. v. England. 1514—1545 Albrecht v. Brandenburg, Erzbischof u. Kurfürst v. Mainz. 1515—1547 Franz I. v. Frankreich.	1507 Priesterweihe und Primiz in Erfurt. 1510—1511 Romreise. 1512 Dr. theol. in Wittenberg. 1513—1516 Erste Vorlesungen (Psalmen u. Römerbrief); liest Tauler. 1517, 31. Okt., Die 95 Ablaßthesen. 1518, Juni: In Rom wird der Prozeß gegen Luther eingeleitet. – Okt. bis Nov.: Luther vor Kajetan in Augsburg; Luther appelliert an den Papst, dann an das Konzil.	1507 Julius II. schreibt den Ablaß aus für den Neubau der Peterskirche. 1511 Reuchlin-Streit. 1512—1517 5. Laterankonzil.
	1519—1548 Kaiser Karl V.	1519, Juli: Leipziger Disputation.	1519 Leipziger Disputation.

Politik und Kirchenpolitik	Kultur
1452 Die ersten Gravamina der deutschen Nation (antirömisch). 1461—1483 Ludwig XI. v. Frankreich: Frankreichs Eroberungspolitik hebt an.	
	1470 Die ‚Germania‘ des Tacitus gedruckt.
	1476 ‚Reformation Kaiser Sigismunds‘ gedruckt.
1488 Der Schwäbische Bund wird gegründet.	
1494 Karl VIII. v. Frankreich zieht nach Italien, um Neapel zu erwerben. 1495 RT zu Worms: Reichsreform, Ewiger Landfriede, Reichskammergericht.	1494 Sebastian Brants ‚Narrenschiff‘. 1498 Dürers ‚Apokalypse‘. 1499 Marsiglio Ficino, Gründer der platon. Akademie Florenz, Erzieher Leos X. †.
1504 Neapel fällt an Spanien (bis 1713).	1502 Universität Wittenberg gegr. 1505 Erasmus läßt die Adnotationes des Laurentius Valla erscheinen. Jakob Wimpfelings ‚Epitome‘ (erste deutsche Geschichte). 1506 Universität Frankfurt a. O. gegründet. 1508 Celtis, der ‚Erzhumanist‘ †. 1509 Erasmus, Lob der Narrheit.
1512 Die Heilige Liga in Italien gegen die Franzosen.	1511—1514 Reuchlin-Streit.
	1514 ‚Armer Konrad‘ in Wittenberg. Dürers ‚Melancholia‘.
1515 Mailand fällt an Frankreich.	1515—1517 ‚Dunkelmännerbriefe‘. 1516 Neues Testament griechisch von Erasmus. Moore, Utopia.
1517 Raubkrieg des Herzogs von Geldern durch Holland. Große Kardinalskreation Leos X.	1517 Die Bestreitung der Konstantinischen Schenkung des Laurentius Valla von Hutten ediert. Erasmus kündigt Leo X. das goldene Zeitalter an.
1518 RT zu Augsburg: Türkenhilfe abgelehnt.	1517—1518 Veit Stoß, Der Englische Gruß in St. Lorenz-Nürnberg.
1519 Wahlkampf Karls I. (V.) gegen Franz I.	1519 Universitäten Leipzig und Erfurt gehen zum Humanismus über.

Päpste	Fürsten	Luther	Religion und Theologie
	1520—1566 Soliman II., türkischer Sultan.	1520, Juni: Bannandrohungsbulle ‚Exsurge Domine‘. — Aug. bis Okt.: Die großen Programmschriften. — 10. Dez.: L. verbrennt die Bannandrohungsbulle in Wittenberg. 1521 Bannbulle. RT zu Worms. Luther auf der Wartburg (bis 1. März 1522; Übersetzung des Neuen Testaments). Wormser Edikt.	1521 Luther weigert in Worms den Widerruf. Wormser Edikt. In Wittenberg wird die Messe abgeschafft, die Kommunion unter beiden Gestalten öffentlich ausgeteilt (Karlstadt), erscheinen die Zwickauer Propheten. 1521—1597 Petrus Kanisius. 1522 Die deutsche Augustiner-Kongregation wird aufgelöst. Luthers Neues Testament erscheint.
1522—1523 Adrian VI.			
1523—1534 Klemens VII. (Medici)		1524 Nimmt seine Vorlesungen in Wittenberg wieder auf.	1523 Schuldbekenntnis Adrians VI. in Nürnberg. Landgraf Philipp v. Hessen wird Anhänger der Reformation. 1524 Staupitz †. Erasmus schreibt über den freien Willen.
	1525—1532 Kurfürst Johann v. Sachsen.	1525 Heiratet Katharina v. Bora. ‚De servo arbitrio‘ (geg. Erasmus).	
			1526 RT zu Speyer. Hessen evangelisch.
			1527 Die evangelischen Visitationen beginnen in Kursachsen. 1528 Bern reformatorisch. Bildersturm in Basel. Berthold Pirstinger schreibt die erste damalige Dogmatik.
		1529 Großer u. Kleiner Katechismus.	1529 Marburger Gespräch Luther-Zwingli.
		1530 Auf der Koburg (RT zu Augsburg).	1530 RT Augsburg.
	1532—1547 (1554) Kurfürst Johann Friedrich v. Sachsen.		1532—1533 Konzilsverhandlungen zwischen Kaiser und Papst. Die vom Papst eingeladenen Schmalkaldener verlangen ein ‚freies‘ Konzil in Deutschland. Erasmus schreibt üb. Wiedervereinigung.

Politik und Kirchenpolitik	Kultur
	1520 Hallisches Heiltumsbuch.

1521 RT zu Worms: Reichsregiment, Kammergericht, Landfriede, Gravamina. Luther. Ferdinand erhält die österreichischen Länder Habsburgs.
1521—1529 Karl V. in Spanien.
1521 Allianz Kaiser-Papst gegen Frankreich.
1521—1525 Erster Krieg Karls V. mit Franz I. Friede von Madrid 1526.

1521 Eberlin v. Günzburgs Reformprogramm: Die 15 Bundesgenossen.

1522 Neuregelung des Lebens in Wittenberg durch ‚Gemeinen Kasten'. ‚Brüderliche Vereinigung' der westdeutschen Ritterschaft.
1522/23 Sickingens Zug gegen Trier. RT Nürnberg; der Abschied betont die Gravamina und fordert Konzil. Mandat des Reichsregiments: bis zum Konzil nichts als das rechte, reine, lautere Evangelium!
1523 Bündnis Adrian VI.-Karl V.-Heinrich VIII.-Ferdinand-Mailand: gegen Frankreich.

1522 Michael Ostendorfer, Holzschnitt der Wallfahrt zur Schönen Maria. Murner, Von dem großen lutherischen Narren.

1523 Hutten †. Hans Sachs, Die Wittenbergisch Nachtigall.

1524 RT Nürnberg: Forderung eines deutschen Nationalkonzils (Karl verbietet es). Regensburger Konvent (Ferdinand, bayer. Herzöge, süddeutsche Bischöfe) für Ausführung des Wormser Edikts. Thomas Müntzer schreibt gegen Luther.
1524/25 Bauernkriege.
1525 In Basel und Frankfurt Unruhen gegen den Katholizismus. Bündnis Klemens' VII. mit Franz I. gegen den Kaiser. Preußisches Ordensland wird weltliches Herzogtum als polnisches Lehen. Die Domkapitel der zwölf Mainzer Suffraganbistümer beraten gegen den Lutheranismus.
1526 Evangelisches Bündnis Sachsen, Hessen, Braunschweig u. a.
1526 Heilige Liga von Cognac (Frankreich, Papst, Mailand, Venedig, Florenz, England) gegen Karl V. — RT Speyer: jeder Stand soll so leben, ‚wie er es gegen Gott und kaiserliche Majestät zu verantworten sich getraue'. — Die Türken in Ofen.
1527 Sacco di Roma.
1527—1529 Zweiter Krieg Karls V. und Franz' I.
1528 Die Packsche Fälschung führt zum ersten innerdeutschen Religionskrieg durch Philipp von Hessen.

1524 Vorhergesagte Sintflut erwartet. Erasmus, De libero arbitrio.

1527 Machiavelli †.

1528 Wimpfeling, Peter Vischer, Dürer †. Universität Marburg gegr.

1529 RT Speyer: die Evangelischen protestieren. — Basel verbietet katholischen Gottesdienst. Soliman belagert Wien. Lutherischer Konvent zu Schmalkalden.
1530 Papst krönt Karl V. in Bologna. — RT Augsburg: Evangelische Bekenntnisschriften.
1531 Schmalkaldischer Bund: Kursachsen - Hessen mit Braunschweig - Lüneburg, Br.-Grubenhagen, Lübeck, Magdeburg etc.; Bayerns Anschluß. — Englische Kirche von Rom getrennt. Sieg der Katholischen über Zürich bei Kappel; Tod Zwinglis.
1532 RT Regensburg mit Religionsfriede Nürnberg: Türkengefahr; Karl V. gesteht religiöse Duldung zu bis zum Konzil. Sieg der Kaiserlichen über die Türken. Bund Frankreichs mit Bayern, Kursachsen, Hessen.
1532—1540 Kaiser erneut außerhalb Deutschlands.
1532/33 Papst und Kaiser verhandeln in Bologna über das Konzil.

1531 Tilman Riemenschneider †.

1533 Veit Stoß †.

Päpste	Fürsten	Luther	Religion und Theologie
1534—1549 Paul III. (Farnese)	1535—1571 Kurfürst Joachim II. v. Brandenburg.		1535 P. P. Vergerio wirbt als Gesandter des Papstes für ein Konzil. Paul III. beruft Reformkardinäle, beruft Konzil auf 1537 nach Mantua. 1536 Wittenberger Konkordie.
			1537 Die Schmalkaldener lehnen Konzil ab (Luthers Schmalkaldener Artikel). Reformvorschläge der Kardinäle.
	1539—1541 Hzg. Heinrich v. Sachsen (der Fromme).		1539 Das Konzil wird verlegt; Bestrebungen zu Religionsgesprächen. 1540 Religionsgespräch Hagenau-Worms-Regensburg (1541). Der Jesuitenorden wird von Paul III. bestätigt. Petrus Faber als erster Jesuit in Deutschland.
	1541—1553 Hzg., seit 1548 Kurfürst Moritz v. Sachsen.	1541 ‚Wider Hans Worst (= Hzg. Heinrich v. Braunschweig).	1541 Karlstadt †.
			1542 Paul III. beruft Konzil nach Trient auf 1543. Hermann v. Wied führt die Reformation in Köln ein.
			1543 Eck †. Kanisius wird Jesuit. 1544 Paul III. protestiert gegen die Religionszugeständnisse in Speyer, beruft Konzil nach Trient auf 1545.
			1544—1545 Die Protestanten lehnen das päpstliche Konzil ab. Kardinal Albrecht v. Brandenburg †.
		1545 ‚Wider das Papsttum zu Rom, vom Teufel gestiftet'. Erste Gesamtausgabe der lateinischen Schriften mit autobiographischem Rückblick.	
			1545—1547 (1549) Konzil von Trient; Fortsetzungen 1551 bis 1552; 1562—1563.
		1546 Tod.	1546 Religionsgespräch Regensburg. Luther †. Hermann von Wied wird abgesetzt.

Politik und Kirchenpolitik	Kultur
1534 Württemberg fällt an Herzog Ulrich zurück, wird evangelisch. 1534/35 Wiedertäufer in Münster. 1535 Katholisches Schutzbündnis: Karl V., Ferdinand, Bayern, Pfalz-Neuburg, Brandenburg u. a. Vertrag Franz' I. mit Soliman. 1535—1541 Kriege Karls V. in Nordafrika.	1535 Moore, Fisher, Ulrich Zasius †.
1536 Dänemark lutherisch. 1536—1538 Dritter Krieg Karls mit Franz I. (Verbündeter der Türken). 1537 Konvent zu Schmalkalden lehnt das Konzil ab (Luthers Schmalkaldener Artikel). 1537—1543 Karls V. Krieg gegen Wilhelm v. Jülich-Kleve-Berg um Geldern, das er den Niederlanden einfügt. 1538 Heilige Liga katholischer Fürsten (Karl V., Ferdinand, Paul III., Venedig) gegen die Türken. Katholisches Bündnis in Nürnberg. 1539 Herzog Georg v. Sachsen stirbt. Sachsen und Kurbrandenburg evangelisch. Frankfurter Aufschub zwischen Karl und den Protestanten. 1540 Doppelehe Philipps v. Hessen.	1536 Erasmus †. 1538 Johannes Sturm gründet das protestantische Gymnasium in Straßburg.
1541 RT Regensburg: Karl V. verlängert den Aufschub mit den Protestanten. Türken erobern Ofen. 1542 RT Speyer (Türkenhilfe). Nach der Vertreibung Herzog Heinrichs durch die Schmalkaldener wird Braunschweig ganz reformiert. Pfalz-Neuburg und Regensburg reformiert. Hermann v. Wied reformiert in Köln. 1542—1544 Vierter Krieg Franz I. (mit Soliman II.) gegen Karl V. 1543 RT Nürnberg (Türkenhilfe). Bündnis Kaiser-England. 1544 RT Speyer: Karl macht Zugeständnisse in Religionssachen und in der Säkularisation an die Evangelischen, die mit ihm gegen die Türken und die Franzosen stehen wollen. Friede von Crépy zu Gunsten Karls (Franz verzichtet auf Bündnis mit den Protestanten). 1544/45 RT Worms. Waffenstillstand Kaiser-Soliman auf 18 Monate.	1543 Nikolaus Kopernikus †. 1544 Universität Königsberg gegr. 1545 Gesamtausgabe der lateinischen Schriften Luthers.
1546 Kurpfalz wird evangelisch (der letzte weltliche Kurfürst!) RT Regensburg: die Schmalkaldener nehmen nicht teil. Bündnis Kaiser-Papst. Bündnis Kaiser-Ferdinand-Bayern; Kaiser-Moritz v. Sachsen. Johann Friedrich v. Sachsen und Philipp v. Hessen in die Acht erklärt. 1546/47 Schmalkaldischer Krieg. Kaiser Sieger. Kaiser schließt mit den Türken Waffenstillstand auf 5 Jahre.	

Päpste	Fürsten	Luther	Religion und Theologie
	1547—1553 Eduard VI. v. England. 1547—1559 Heinrich II. v. Frankreich. 1548—1572 Sigismund II. August v. Polen.		1547 Köln wieder katholisch.
			1548 Interim und Reformationsformel des Kaisers. Erste lateinische Ausgabe der Exerzitien des hl. Ignatius. Erstes Oratorium des hl. Philippus Neri.
			1549 Verschiedene Provinzial- und Diözesansynoden. Die Jesuiten in Ingolstadt; Katholische Universität in Dillingen.
1550—1555 Julius III. (Del Monte)			
			1552 Cochläus †.
1555 Marcellus II. (Cervini) 1555—1559 Paul IV. (Carafa)	1553—1558 Maria Tudor v. England (die Katholische).		1555 Des Kanisius Katechismus.
	1556—1598 Philipp II. v. Spanien.		1556 Ignatius v. Loyola. †

Politik und Kirchenpolitik	Kultur
1547/48 RT Augsburg: Kaiserliches Interim (Laienkelch und Priesterehe bis zum Konzil).	
1548 Moritz von Sachsen wird Kurfürst.	
1550 Herzog Wilhelm IV. v. Bayern †. Sein Kanzler Leonhard v. Eck †. Kaiserlicher RT Augsburg.	
1551 Bündnis Heinrich II.-deutsche Protestanten gegen den Kaiser zu Lochau (1552 Vertrag von Chambord).	
1552 Abfall Moritz' v. Sachsen vom Kaiser. Heinrich II. besetzt Metz, Toul, Verdun. Fürstenerhebung gegen Karl V. Passauer Vertrag: Freie Religionsbetätigung bis zum nächsten Reichstag.	
1552—55 Raubkriege des Markgrafen Albrecht Alcibiades. Kurfürst Moritz fällt 1553.	1553 Lukas Cranach †.
1554 Der Kaiser überläßt Ferdinand die deutschen Angelegenheiten.	1554 Universität Dillingen gegr.
1555 RT Augsburg (ohne Papst): Gleichberechtigung der Anhänger der Confessio Augustana mit den Katholiken.	1555 Sleidan, De statu religionis, das wichtigste Geschichtswerk der Zeit.
1556 Abdankung Karls V.	1556 Flacius Illyricus, Catalogus testium veritatis(Sammlung aller ,vorreformatorischen' Lehrer).
1557 Wormser Religionsgespräch: letzter kirchlich-religiöser Einigungsversuch von Reichs wegen.	
1558 Karl V. †. Ferdinand wird römischer Kaiser (nicht mehr vom Papst gekrönt).	

Nachwort

„Lortz, Luther und der Papst"
Zur Neuausgabe der „Reformation in Deutschland"

Von Peter Manns

Als im Jahre 1956 die dritte Auflage des Werkes von 1949 praktisch vergriffen war und die ökumenisch engagierten Christen einigermaßen besorgt auf eine Neuauflage warteten, da meldete sich unter dieser Überschrift ein besonders streitbarer Lutheraner zu Wort[1]: Dem Autor bekundete er „Respekt" und „Dankbarkeit" für den „neuen Ton" im Gespräch mit Luther. Gleichzeitig aber bezweifelte er – unter Berufung auf die bekannten Ermahnungen Pius' XII.[2] –, daß der „maßgebende päpstliche Katholizismus" wirklich bereit sei, „sich die Methoden und Urteile von Joseph Lortz zu eigen zu machen".

Wenn ich mich fast drei Jahrzehnte später derselben vieldeutigen Überschrift für ein Nachwort bediene, das den Neudruck des Werkes in seiner Bedeutung für uns zu erhellen versucht, so liegen die Gründe für eine solche Reprise eigentlich auf der Hand: Ganz abgesehen vom Signal für so manche persönliche Erinnerung an meinen verstorbenen Lehrer und die langen Jahrzehnte gemeinsamer Arbeit, erinnert die alte Überschrift ebenso an den ungewöhnlichen Erfolg des Werkes wie an die ungewöhnlichen Schwierigkeiten, die es bei der Entstehung und den späteren Auflagen immer wieder zu überwinden galt (I). Zum anderen aber verdeutlicht die alte Überschrift nicht nur die in drei Jahrzehnten erreichte grundlegende Wandlung der Lage, sondern sie markiert innerhalb der neuen Situation zugleich das Problemfeld, in dem die recht verstandene Fragestellung des Altmeisters katholischer Lutherforschung ihre Aktualität durchaus behalten oder in neuer Weise wiedergewonnen hat (II).

---

[1] *E. Mülhaupt*, Lortz, Luther und der Papst. In: Materialdienst des Konfessionskundlichen Instituts 7 (1956), S. 101–110.
[2] Gemeint sind die Enzyklika „Humani generis" vom 12. 8.1950 sowie die Instruktion „Ecclesia catholica" vom 20. 12. 1949.

I

Was die rückblickende Würdigung des Werkes betrifft, so kann ich mich auf wenige Hinweise und Bemerkungen beschränken. Bedeutung und Erfolg der „Reformation in Deutschland" sind so bekannt und grundsätzlich anerkannt, daß hier nicht mehr im einzelnen dargelegt zu werden braucht, was die führenden Gelehrten der Lutherforschung, der Theologie und der Historiographie hierzu ausgeführt haben[3]. *J. Lortz* gehört unter diesem Gesichtspunkt zu den wenigen Kirchenhistorikern, von denen man ohne Übertreibung sagen darf, daß es ihnen gegeben war, nicht nur Geschichte zu schreiben, sondern in wichtigen Ansätzen auch Geschichte zu machen. Von den führenden jüngeren Lutherforschern, die im Blick auf künftige Aufgaben dem Altmeister sogar sehr kritisch gegenüberstehen, hat vor allem *O. H. Pesch* das historische Verdienst des Werkes und seines Verfassers herausgestellt[4]. ,*Historische Verdienste*' haben dabei zwei Seiten: Sie gehören der Vergangenheit an und verweisen irgendwie auch den in die ,Historie', dem solche Ehrung zuteil wird. Unter diesem Gesichtspunkt habe ich gegen den ,Lorbeer' für meinen damals noch quicklebendigen Lehrer laut und scharf – allzu scharf, wie mir heute scheint – protestiert[5]. Aber O. H. Pesch hat über den kritischen Aspekt die zweite Seite des ,historischen Verdienstes' nicht vergessen und rückhaltlos die bleibende Bedeutung jener Leistung anerkannt, ohne die es die moderne katholische Lutherforschung nicht gäbe.

Die historische Bedeutung des Werkes allein würde also ausreichen, den ,Reprint' der „Reformation in Deutschland" analog zum Neudruck anderer Standardwerke zu rechtfertigen[6]. Dabei ist über das rein historische Interesse hinaus auch ein erstes sachliches Interesse geltend zu machen. Denn solange der Lortzsche Ansatz vom ,*katholischen Luther*' in der Diskussion noch eine Rolle spielt, sollte auch das Werk zu greifen sein, das erstmals diesen Ansatz zur Darstellung brachte. Dasselbe gilt aber auch im Blick auf andere hochbedeutsame Verlagswerke, die, wie *H. Jedins* „Geschichte des Konzils von Trient" oder der von *E. Iserloh* und *H. Jedin* betreute IV. Band

[3] Vgl. die Besprechungen bei *H. Bornkamm,* Luther im Spiegel der deutschen Geschichte. Heidelberg 1955, S. 109, Anm. 2.
[4] Zwanzig Jahre katholische Lutherforschung. In: Lutherische Rundschau 16 (1966), S. 392.
[5] Vgl. *P. Manns,* Lutherforschung heute, Krise und Aufbruch (Veröffentlichungen des Instituts für Europäische Geschichte Mainz. Bd. 46). Wiesbaden 1967.
[6] Vgl. die zahlreichen Neudrucke von Standardwerken oder Quellen der Wissenschaftlichen Buchgesellschaft Darmstadt, des Friedrich Frommann Verlags (Günther Holzboog), Stuttgart-Bad Cannstatt u.a.m.

des „Handbuchs der Kirchengeschichte" über „Reformation – Katholische
Reform – Gegenreformation", bei aller Eigenständigkeit durch die „Reformation in Deutschland" in wichtigen Punkten und Fragen recht glücklich
ergänzt werden. Jedenfalls wird man sagen dürfen, daß das ältere Werk
durch die späteren Untersuchungen nicht überflüssig gemacht wurde. Da es
sich lohnt, neben der Spezialuntersuchung H. Jedins auch ‚den Lortz' zu lesen, ist es gut, daß man ihn wieder im Buchhandel erwerben kann. Freilich
denkt man in diesem Zusammenhang unwillkürlich an *Adolf Herte* und seine
drei Bände über „Das katholische Lutherbild im Banne der Lutherkommentare des Cochläus" (Münster 1943). Gemeinsam haben die beiden Autoren
die oben erwähnte grundlegende Wandlung bewirkt. Dabei geschah es
dann, daß der eine dem anderen ungewollt ‚die Schau stahl' und ein Luftan-
griff auf Münster einen großen Teil der Auflage des Werkes vernichtete.
Wir haben allen Grund, dem toten Autor unseren Dank abzustatten, der
ihm im Leben offenbar nicht zuteil wurde. Aber auch sachlich wäre ein Re-
print seines Werkes dringend angebracht. Denn leider fehlt es nicht an Indi-
zien – so merkwürdig dies scheinen mag – für einen Rückfall des Denkens,
mit dem das „katholische Lutherbild" ohne ersichtlichen Grund, aber nicht
ohne Fleiß wieder zurückgeführt wird unter den „Bann" des J. Cochläus,
von dem uns Gelehrte wie A. Herte und J. Lortz eben erst befreiten[7].

Damit dies nicht geschieht und wir nicht unvermutet wieder „hinter Lortz
zurück" geraten – ein Wort, das O. H. Pesch schon vor Jahren als Warnung
formulierte[8] -, tun wir gut daran, uns Ausmaß und Tiefe jener ‚Wandlung'
zu vergegenwärtigen, die wir gemeinsam mit J. Lortz und den anderen ‚Vätern' in den vergangenen Jahrzehnten erreichten. Ich könnte aber diese
Aufgabe nicht besser bewältigen als durch die Wiedergabe eines Urteils, das
aus der Feder eines Altmeisters evangelischer Lutherforschung stammt.

„Das Werk ‚Die Reformation in Deutschland' " – so schreibt *Walther von
Loewenich*[9] – „war zur Zeit seines Erscheinens ein äußerst kühner Vorstoß;
daß sich seine Grundgedanken durchsetzen würden, war durchaus nicht sicher vorauszusehen. Heute können wir urteilen: Es hat reiche Frucht getragen. Die in ihm eingeschlagene Richtung ist durch das Vaticanum II offiziell bestätigt, und man kann sich schwer vorstellen, daß es noch einmal ein
Zurück hinter die schwer erkämpfte Position geben sollte. Die Liebe zu

---

[7] Dies gilt vor allem für den heftig diskutierten Beitrag von *R. Bäumer.* Das Zeitalter
der Glaubensspaltung. In: Kleine deutsche Kirchengeschichte. Freiburg – Basel –
Wien 1980, S. 57 und 68, der es fertigbringt, sich für die Rückführung des Lutherbildes unter den ‚Bann des J. Cochläus' auf J. Lortz selbst zu berufen.
[8] Concilium 12 (1976), S. 536f.
[9] Evangelische und katholische Lutherdeutung der Gegenwart im Dialog. In: Luther-Jahrbuch 1967, S. 68.

Luther ist in Kreisen deutscher katholischer Theologen in einer Weise im
Wachsen, die einen evangelischen Christen geradezu beschämen kann."
Verdeutlichend darf ich hinzufügen: Ohne die durch J. Lortz erreichte
Begegnung mit M. Luther hätte es gewiß jene umfassendere Begegnung
nicht gegeben, die uns seit den Tagen des Vaticanum II als ‚katholischer
Ökumenismus' selbstverständlich und in bestimmten Ansätzen schon wieder als ungenügend erscheint. Ohne fortschreitende Vertiefung dieser Be-
gegnung mit dem Reformator – die später noch zu behandelnde Erklärung
Kardinal *J. Willebrands'* gegenüber dem Lutherischen Weltbund in Evian
von 1970 darf bei aller Vorsicht als ein solcher Fortschritt und als kirchenamtliche Bestätigung[10] gewertet werden – wird es (wie es die unglückliche
‚Luther-Schelte' meines Freundes *R. Bäumer* andeutungsweise zeigt[11])
keine zielstrebige Entfaltung der Ökumene geben. Ich werde im zweiten
Teil meines Nachwortes noch einmal auf diesen Gedanken zurückkommen.

Eine wichtige und zweifellos sinnvolle Aufgabe wäre es sodann, den
Neudruck der „Reformation in Deutschland" zum Anlaß zu nehmen, – die
Andeutungen W. von Loewenichs vertiefend – über die Entstehungsge-
schichte des Werkes und über die in diesem Zusammenhang zu meisternden
Schwierigkeiten zu berichten. „Der Kampf um ein Buch" – wie mein Lehrer
die Verhandlungen mit den für das ‚Imprimatur' Zuständigen zu nennen
pflegte – ist zweifellos ein bedeutendes und aufschlußreiches Kapitel aus
der Biographie meines Lehrers, aus der Verlagsgeschichte des Hauses Herder und aus der Geschichte der Ökumene. Wer von den Lesern vermag z. B.
zu ahnen, daß der klingende Satz *„in Luther war eine große Kraft des Betens"*
(I, 388) das Ergebnis eines erkämpften Kompromisses darstellt, der ausge-
handelt wurde, weil der schlichte ursprüngliche Satz – *„Luther war ein großer Beter"!* – so nicht tragbar erschien? Da es aber vor allem im 1. Band des
Werkes viele und gewichtigere Sätze dieser Art gibt, da es bei dieser ‚Historia Calamitatum' nicht nur um den verstorbenen Autor, sondern auch um
fremde Wunden geht, die heute noch schmerzen, und da schließlich die
ganze Geschichte nur im Rahmen einer ausführlichen Untersuchung und
nach gründlichem Studium bisher noch nicht voll zugänglicher Quellen behandelt werden kann, scheint es weise und angebracht, auch jetzt noch Zurückhaltung zu üben. In einem Punkt allerdings scheint es mir nach so viel
Andeutungen und so viel ‚Fama' im Interesse aller Beteiligten für tragbar
und sinnvoll, das Schweigen zu brechen. Gemeint ist das offene Eingeständnis einer Tatsache, auf die *E. Mülhaupt* in seinem Artikel „Lortz, Lu-

---

[10] Vgl. den Text der wichtigen Erklärungen in: Herder-Korrespondenz 24 (1970),
S. 427–431 bzw. in: Lutherische Rundschau 20 (1970), S. 447–460.
[11] Vgl. meine Kritik: Martin Luther, Ketzer oder Vater im Glauben? In: Vorlagen,
hrsg. von *E. Lohse*. Lutherhaus Verlag, Hannover, Nr. 4, 1980.

ther und der Papst" anspielte und die in jenen Jahren die Gemüter heftig bewegte – die Tatsache nämlich, daß die „Reformation in Deutschland" nach
ihrem ersten Erscheinen wirklich das allerhöchste Mißfallen Papst
Pius' XII. erregt hatte und nicht mehr aufgelegt werden durfte.

Dennoch muß man hinzufügen, was den Fall Lortz von den nicht seltenen Fällen seiner Freunde in jenen Tagen positiv unterscheidet. Ist es doch
Tatsache – und nur diese Tatsache möchte ich aus meiner persönlichen
Kenntnis der Vorgänge offen ansprechen –, daß meinem Lehrer die sein
Werk betreffende Zensur nie in der üblichen Weise bekanntgegeben wurde,
daß er also lange Zeit von irgendwelchen Maßnahmen gegen sein Buch
nichts wußte, und daß er in einer zweiten Phase, als überall von solchen
Entscheidungen die Rede war, wiederum lange Zeit auch in Rom selbst vergeblich nach der Wahrheit recherchierte.

Daraus aber ergibt sich: Abgesehen von den unwägbaren Umständen und
Zufällen, die bei der Verwirklichung höchster Entscheidungen gelegentlich
eine Rolle spielen, verdanken wir es der Diskretion und Weitsicht aller Beteiligten, insbesondere der Freiburger Erzbischöfe und des Hauses Herder,
daß das theoretisch bedrohte Werk im wesentlichen ungestört die erwähnten Früchte erbringen konnte. Ich widerstehe der Versuchung, mich auf
Vergleiche einzulassen, die bei der förmlichen Behandlung dieses Kapitels
anzustellen sein werden. So schließe ich meinen Hinweis mit der tröstlichen
Feststellung, daß die Wahrheit des Glaubens nicht einmal in den Tagen der
Geheimverhandlungen der ‚Inquisition' schutzlos ausgeliefert war.

Die erste Erwägung abschließend, schulde ich dem Verlag Herder ein
Wort herzlichen Dankes für die Einladung, diese Neuausgabe (bei der die
bisherigen 2 Bände in einem Band zusammengefaßt sind) des alten Werkes
durch ein entsprechendes Nachwort forschungsgeschichtlich zu kommen-
tieren. Es ist dabei keineswegs selbstverständlich, daß mir dieser Auftrag
zuteil wurde. Denn J. Lortz hat vor allem zwei Schüler hinterlassen, die für
die Erfüllung der Aufgabe in Betracht kämen, und von den beiden bin nicht
ich, sondern E. Iserloh der Meisterschüler und ‚Chef' der ‚verwaisten Familia Lortziana'. Andererseits war es immer der Stolz des ‚Patriarchen' und
seiner Schüler, daß es in der ‚Lortz-Schule' keinen ‚Schulzwang' und keine
stupiden Regeln gab, daß ein jeder sich nach seiner Persönlichkeit und seinen Gaben frei entfalten konnte, ja daß die Schüler sich untereinander nach
Herzenslust raufen durften, soweit dies der Sache diente. Die geschickt
ausgeübte ‚paterna potestas' des Meisters, die scheinbar keinen Widerspruch duldete, und sein immenser ‚Weinkeller' in der gastlichen ‚Domus
Universitatis' hielten die ‚Familia' einträchtig beieinander. Unter der Ober-
leitung des ‚Patriarchen' gestalteten E. Iserloh und ich im Wechsel das
Luther-Seminar mit den Stipendiaten des von J. Lortz begründeten und ge-

führten Instituts für Europäische Geschichte, Abteilung Abendländische Religionsgeschichte; unter seinem Schutz waren selbst die von den ‚Schülern' ziemlich rüde behandelten ‚Feindbrüder' A. Brandenburg und O. H. Pesch einigermaßen sicher, wenn sie in der Mainzer ‚Löwenhöhle' ‚*historischer Lutherforschung*'ihre illuminierten Neuansätze ‚*systematisch-hermeneutischer Lutherdeutung*' entwickelten und verteidigten.

In der Erinnerung an diese herrliche und bewegte Zeit ist es denn schließlich berechtigt, daß mir als dem ‚Benjamin' und notorischem ‚Spätblüher', der im Schatten und doch auch zum Leidwesen des geliebten Lehrers nie tat und tun konnte, was der eigenen Karriere dienlich gewesen wäre, dieses Nachwort übertragen wurde. Sofern nämlich die Erfüllung der Aufgabe nicht nur die gründliche Kenntnis des neu zu edierenden Werkes, sondern auch dessen selbstkritische Interpretation im Sinne der weiterführenden und vertiefenden Arbeit des Autors voraussetzt, halte ich mich hierzu für befähigt und berechtigt. Denn seit der Gründung des Instituts im Jahre 1951 bis zum Tod meines Lehrers im Frühjahr 1975 war ich nicht nur als sein engster Mitarbeiter an seinen Arbeitsvorhaben beteiligt, sondern ich durfte auch unter selbständiger Beteiligung an dem von ihm geleiteten Forschungsprogramm der Vertiefung der ursprünglichen Ansätze meines Lehrers dienen. Gleichsam als Frucht dieser über Jahrzehnte sich erstreckenden Arbeits- und Lebensgemeinschaft hat mir mein verstorbener Lehrer die Verwaltung seiner literarischen Hinterlassenschaft anvertraut. Darüberhinaus durfte ich nach dem Ausscheiden und dem unerwarteten Tod von Prof. DDr. *Peter Meinhold* seine Nachfolge in der wissenschaftlichen Leitung des Instituts übernehmen. So stelle ich mich also der mir übertragenen Aufgabe, ohne dabei zu vergessen, daß ich nur als Sprecher der ‚Familia Lortziana' fungiere.

Aus der vorstehend angedeuteten Beziehung zu J. Lortz halte ich es schließlich für angebracht, dem Verlag Herder in seinem Namen für den Neudruck seines Werkes von Herzen zu danken. Zwar ist es wahr, daß mein Lehrer für die Auflage seines Werkes in Gestalt eines Taschenbuches nicht zu gewinnen war. Der nunmehr vom Verlag gefundene mittlere Weg der Veröffentlichung in einem handlichen Band hätte – wie ich meine – seine volle Anerkennung gefunden. Überzeugt von der Bedeutung seines Werkes, würde J. Lortz es zweifellos begrüßt haben, daß das im Preis weit billigere Buch nun einem erheblich größeren Leserkreis zugänglich ist.

II

Damit stehe ich beim zweiten und wichtigeren Teil der Darlegung, in dem gezeigt werden soll, daß dem neu aufgelegten Werk nicht nur historische, sondern darüber hinaus eine bleibende sachliche und sogar aktuelle Bedeutung zukommt. Die Glaubwürdigkeit dieses Aufweises setzt allerdings eine Reihe selbstkritischer Erwägungen voraus. So soll in einer *ersten* Überlegung wenigstens summarisch gezeigt werden, in welchen Bereichen die Entwicklung der modernen Forschung über J. Lortz hinausgeführt hat. Eine *zweite*, ausgesprochen selbstkritische Betrachtung sei sodann den Engführungen und sonstigen Defekten gewidmet, welche die Lortzsche Fragestellung in wichtigen Positionen belasten und in der theologischen Diskussion zu erheblichen Mißverständnissen führten. Erst auf diesem Hintergrund kann dann in weiteren Überlegungen gezeigt werden, welche Bedeutung dem durch J. Lortz oder durch seine Schüler vertieften Ansatz in der gewandelten Situation der Gegenwart zukommt.

1. Über J. Lortz hinaus

Hier ist zunächst zu bedenken, daß die „Reformation in Deutschland" – von den Korrekturauflagen der das Imprimatur erteilenden kirchlichen Behörde abgesehen – von der 2. bis zur 5. Auflage praktisch unverändert nachgedruckt wurde. Versuche einer Überarbeitung oder der Erstellung eines Belegapparats, an die ich mich sehr wohl erinnere, scheiterten immer wieder an der ungewöhnlich dichten Darstellung und an der Arbeitsweise des Autors. Bedenkt man also, daß das Werk in seiner Substanz aus dem Jahre 1939/40 stammt, so ist es wahrlich kein Wunder, daß die Forschung in ihren Erkenntnissen für fast alle Sachbereiche über J. Lortz hinausgegangen ist. Dies gilt für den historischen Verlauf der Reformation in den Städten und Hochstiften oder den großen Komplex der sogenannten ‚Fürsten-Reformation'; dies gilt aber auch für die Erforschung der Renaissance und des Humanismus, der spätmittelalterlichen Theologie und Frömmigkeit, der Kontroverstheologie des 16. Jahrhunderts oder der sozialpolitischen Voraussetzungen und Bewegungen bis hin zum Bauernkrieg; dies gilt schließlich für die theologischen Sachfragen der Lutherforschung, für unsere Kenntnis der Reformatoren neben Luther wie Ph. Melanchthon, J. Brenz und A. Osiander, für die Zwingli-, Calvin- und Bucer-Forschung oder für die Erforschung des ‚linken Flügels' der Reformation.

Für all diese Sachbereiche ist seit 1940 eine nicht leicht zu übersehende Fülle wichtiger Literatur erschienen. Der Fachmann kennt sie, der angehende Fachmann wird sich intensiv mit ihr beschäftigen müssen, indem er den Hinweisen der Handbücher[12] oder der verschiedenen Forschungsbe-

[12] Vgl. die bibliographischen Angaben bei *E. Iserloh* im Handbuch der Kirchengeschichte Bd. IV. Freiburg – Basel – Wien 1967.

richte[13] folgt. Andererseits weiß der Spezialist aber auch, daß die Darstellung der „Reformation in Deutschland" nicht als grundsätzlich überholt und veraltet zu betrachten ist, wo die moderne Forschung durch Vertiefung materialer und formaler Art über sie hinausgegangen ist. Und da eine eingehende Vorstellung der neueren Literatur ohnedies den Rahmen dieses Nachwortes sprengen würde, belasse ich es für die inzwischen erfolgte Vertiefung der Lortzschen Darstellung bei diesem allgemeinen Hinweis.

Anders steht es in einer Reihe von Punkten, in denen der Lortzschen Darstellung von einzelnen Forschern mehr oder minder entschieden widersprochen wurde. Obgleich auch in diesen Punkten die jeweilige Position keineswegs als eindeutig falsch erwiesen ist, verlangt die Fairness wie die selbstkritische Offenheit ein wenigstens summarisches Eingehen auf die Gegenargumentation.

Erster Komplex: Wilhelm von Ockham

Behandlung verdient in diesem Zusammenhang zunächst und vor allem die Lortzsche Stellungnahme zur Theologie Wilhelm von Ockhams und des spätmittelalterlichen Ockhamismus in ihrer Bedeutung für Luthers theologische Entwicklung. J. Lortz urteilt bekanntlich äußerst negativ über Ockham und seine Epigonen. Er macht den Ockhamismus verantwortlich für die desolate Lage der Theologie, die der humanistisch gesinnte Dominika-

---

[13] Zum Thema der Stadtreformation vgl. *B. Möller,* Reichsstadt und Reformation. Gütersloh 1962; *H.-Chr. Rublach,* Forschungsbericht Stadt und Reformation. In: Stadt und Kirche im 16. Jh., hrsg. von B. Moeller 1978, S. 9–26. – Für Renaissance und Humanismus vgl.: *B. Moeller,* Vom Mittelalter zur Neuzeit. Neue Meinungen und Einsichten zu Renaissance und Humanismus. In: Verkündigung und Forschung, Beih. zu: Evangel. Theologie 21 (1976), S. 32–46; Humanismusforschung seit 1945. Ein Bericht aus interdisziplinärer Sicht. Boppard 1975. – Für die Kontroverstheologie des 16. Jh. vgl.: *J. Fr. Gilmont,* La Bibliographie de la controverse catholique au XVIe siècle. In: RHE 74 (1979), S. 362–371; *W. Klaiber,* Katholische Kontrovers-theologen und Reformer des 16. Jh. Ein Werkverzeichnis. Mit einer Einführung von *R. Bäumer.* Münster 1978; *J. Lortz,* Wert und Grenzen der katholischen Kontroverstheologie in der ersten Hälfte des 16. Jh. In: Um Reform und Reformation, hrsg. von *A. Franzen* (1968). – Für den Bauerkrieg vgl.: Der Deutsche Bauernkrieg 1524–1526, hrsg. von *H. U. Wehler.* Göttingen 1975; *P. Blickle.* Die Revolution von 1525, 2., neubearb. Aufl. München – Wien 1981. Für Luther vgl.: die Luther-Bibliographie im Luther-Jahrbuch. – Für Melanchthon vgl.: *R. Stupperich.* Der unbekannte Melanchthon. Wirken und Denken des Praeceptor Germaniae in neuer Sicht. Stuttgart 1961. – Für Zwingli vgl: *Fr. Büßer.* Das katholische Zwinglibild. Von der Reformation bis zur Gegenwart. Stuttgart – Zürich 1968. – Für Calvin vgl.: *H. Scholl,* Calvinus catholicus. Die katholische Calvinforschung im 20. Jh. Freiburg 1974.

ner Johann Faber 1520 wie folgt beschreibt: „Die Welt ist der sophistischen Spitzfindigkeiten der Theologie müd, sie lechzt nach den Quellen der evangelischen Wahrheit. Öffnet man ihr den Zugang nicht, so bricht sie mit Gewalt durch."[14] Obgleich er zwischen der Genialität des Meisters und der Dialektik seiner Epigonen unterscheidet, erklärt er unmißverständlich: „Schon bei Okham selbst hat das philosophierende Theologisieren vielfach radikal seinen Sinn verloren." Und als Beleg zitiert er aus Ockhams „Centiloquium" so bizarre Sätze wie die folgenden: „,Der Kopf Christi ist der Fuß Christi', ,Das Auge Christi ist die Hand Christi', ,Gott war in irgend einem Augenblick der Zeit nicht jener Gott, der er war, als keine Zeit war', ,Die göttlichen Personen sind nicht ewig', ,Der Vater, der niemals gestorben ist, konnte sterben.' "[15]

Im Blick auf Luthers Konzeption von Gott erklärt J. Lortz: „Er wird nun durch die okhamistischen Lehren auch noch zum Gott der Willkür. Denn dies ist im Gottesbegriff des Okhamismus das Grundlegende: daß Gott von jeder irgendwie uns denkbaren und aussprechbaren Bestimmung oder Norm frei, absolut frei, bis zur Willkür frei sein müsse."[16] „Der philosophische Ausdruck dieser okhamistischen Ansichten" – so fährt J. Lortz fort – „ist der berühmte Satz von der doppelten Wahrheit, ebenfalls ein Ausfluß der Idee des Ganz Andern(Gottes), d. h. der radikal vollendeten Trennung des Göttlichen von allem Natürlichen."[17]

Hauptdefekte des Systems:„a) ... (es) hat kein existentielles Verhältnis zur Wahrheit; b) es macht die Gnade tatsächlich zu einem überflüssigen Anhängsel[18]." Oder: „Der Okhamismus ist in seiner Überbetonung des Willens die klassische Formulierung dessen, was Luther Werkheiligkeit nannte und von dem er behauptete, es sei die katholische Doktrin."[19]

Zusammenfassend urteilt J. Lortz: „Dieses System des Okhamismus ist wurzelhaft unkatholisch."[20] Oder: „Okham war eine fundamental unkatholische Natur."[21].

Aus Luthers Verhältnis zu Okham aber folgert J. Lortz dann die oft zitierte und später noch einmal zu bedenkende These: *Luther rang in sich selbst einen Katholizismus nieder, der nicht katholisch war.*[22]

Dieser eindeutig negativen Stellungnahme widerspricht innerhalb der katholischen Forschung der von *E. Hochstetter*[23] eingeleitete und dann vor allem von *Ph. Böhner OFM* getragene Versuch einer radikalen Revision des

---

[14] Zitiert nach *J. Lortz*, Bd. I, S. 61.
[15] Ebd. [16] Bd. I, S. 172. [17] Ebd. [18] Bd. I, S. 173.
[19] Bd. I, S. 175. [20] Bd. I, S. 173. [21] Bd. I, S. 176. [22] Ebd.
[23] Studien zur Metaphysik und Erkenntnislehre Wilhelms von Ockham. Berlin – Leipzig 1927.

Urteils über Wilhelm von Ockham, dessen theologische Fragestellungen –
unterschieden von den philosophischen und logischen Ansätzen – wiederum soweit wie möglich hochscholastischen Positionen angenähert werden, so daß er erneut einen Ehrenplatz „in der Gesellschaft des hl. Thomas
und Duns Skotus" erhält[24].

Was das Verhältnis Luthers zu Ockham betrifft, so ist es der Franzose
Paul Vignaux, der – ohne förmliche Kritik an J. Lortz – durch zwei zunächst
wenig beachtete Untersuchungen[25] die Fragestellung nicht unerheblich
differenziert. Schärfste Kritik an den Lortzschen Positionen übt dann allerdings ein heute mit Recht berühmter evangelischer Lutherforscher, mein
dänischer Freund *Leif Grane*. In seiner 1962 erschienenen Dissertation weist
er die oben referierten Thesen meines Lehrers kategorisch zurück. Wenn
J. Lortz, auf die Beeinflussung Luthers durch Ockham anspielend, vom
„*Gott der Willkür*" spricht, dann „verzeichnet (er) das Ganze in traditionel-
ler Weise". Wenn J. Lortz „die Lehre von der *doppelten Wahrheit*" als „philosophischen Ausdruck dieses ockhamistischen Gottesbegriffes" erklärt,
dann kann man diesbezüglich „nicht mehr von einem Mißverständnis", sondern man muß „von mangelndem Wissen" sprechen[26]. Wenn J. Lortz das
System des Ockhamismus als „wurzelhaft unkatholisch" qualifiziert, dann
kontert L. Grane mit der Feststellung, „daß der Ockhamismus als philoso-
phisches und theologisches System von der römischen Kirche niemals verurteilt worden ist" bzw. daß man, wie *K. A. Meissinger* richtig bemerkt
habe[27], „gleichzeitig römischer Katholik und Ockhamist" sein könne[28]. Ja,
L. Grane geht weiter, wenn er gleich einleitend die positive evangelische
Würdigung des Lortzschen Werkes grundsätzlich bestreitet, indem er erklärt: „Zwar ist *der Ton* hier (d. h. bei Lortz) ein ganz anderer als bei den
früher genannten katholischen Forschern, aber sobald es sich um *die Deutung* der historischen Tatsachen dreht, ist man nicht mehr weit davon zu behaupten, daß Denifles und Grisars Geist in diesem Werk ihre Renaissance
erleben."[29]

Kritische Beanstandungen von dieser Schärfe und aus der Feder eines solchen Autors dürfen – so meine ich – beim Neudruck des Lortzschen Werkes
nicht einfach unerwähnt verdrängt werden. Es soll auch nicht verschwiegen
sein, daß ebenfalls andere bedeutende evangelische Lutherforscher wie

---

[24] *Ph. Böhner*, Ockhams Philosophy in the Light of Recent Research. In: Proceedings
of the Tenth International Congress of Philosophy. Amsterdam 1949, S. 1113 ff.
[25] Luther Commentateur des Sentences. Paris 1935; *ders.*, Sur Luther et Ockham. In:
Franziskanische Studien 32 (1950), S. 21–30.
[26] *L. Grane*, Contra Gabrielem. Gyldendal 1962, S. 29.
[27] Der katholische Luther. München – Bern 1952, S. 105.
[28] *L. Grane*, a. a. O., S. 29.   [29] A. a. O., S. 28.

B. Hägglund[30] oder *H. A. Oberman*[31] in ihrem Urteil über Ockham und den Ockhamismus nicht mit J. Lortz übereinstimmen. Dennoch halte ich die einschlägigen Thesen der „Reformation in Deutschland" keineswegs für grundsätzlich falsch und für widerlegt. Ich bin vielmehr der Überzeugung, daß der Widerspruch trotz seiner unversöhnlichen Schärfe im Kern auf einer Reihe von Mißverständnissen beruht. Da eine eingehende oder gar erschöpfende Behandlung der damit angesprochenen Probleme in diesem Rahmen unmöglich ist, sei dies in Kürze am Widerspruch zwischen L. Grane und J. Lortz aufgezeigt. Es kommt mir dabei zugute, daß ich die denkerische Intention des Freundes fast so gut zu kennen glaube wie die eigentliche Absicht des Lehrers.

Was L. Grane an dem Lortzschen Ansatz empörend fand – ich glaube nicht, daß er seine Kritik heute unverändert wiederholen würde! –, ist ganz offensichtlich ein Doppeltes: Er protestiert einmal und in erster Linie gegen den als hinterlistige Simplifikation empfundenen Versuch des Altmeisters, den originalen Ansatz reformatorischer Theologie aus „Mißverständnissen" Luthers zu erklären, wie sie sich angeblich aus der „seelischen Struktur" des Reformators und aus dem bösen Einfluß des „unkatholischen Ockhamismus" ergaben[32]. Zum anderen protestiert er als liberaler und problembewußter Theologe gegen das summarische und inquisitorische Verfahren, dem Ockham und Biel hier ausgesetzt werden. Es geht ihm dabei eindeutig um die Abwehr einer angeblich simplifizierenden Darstellung der ockhamistischen Ansätze durch J. Lortz, nicht aber um deren Apologie im Blick auf die Bedeutung für Luthers Theologie, die L. Grane selbst bestreitet[33].

Was den ersten Vorwurf betrifft, so ist zunächst einzuräumen, daß die Lortzsche These vom ‚unkatholischen Katholizismus', den Luther in sich niederrang, in doppelter Weise mißverstanden werden kann. Versteht man die These als apologetisches Argument, bestreitet sie Luther jede positive Bedeutung für die Reform der ‚Ecclesia Catholica'; versteht man sie als Erklärung des theologischen Werdegangs, so macht sie Luther allenfalls zu einer tragischen Figur, der ohne jede kreative Leistung auf dem Gebiet der Theologie durch seinen abartigen Subjektivismus just jenem Einfluß unterliegt, den er in sich zu überwinden sucht.

Ich werde unten noch einmal auf die Problematik der Lortzschen These eingehen. Hier mag die Feststellung genügen, daß weder die eine noch die

[30] Theologie und Philosophie bei Luther und in der occamistischen Tradition. Luthers Stellung zur Theorie von der doppelten Wahrheit (Lunds universitets arsskrift. N. F. Avd. 1. Bd. 51, Nr. 4, 1955).
[31] Der Herbst der mittelalterlichen Theologie. Zürich 1965.
[32] *L. Grane*, Contra Gabrielem, S. 30.
[33] Vgl. a. a. O., S. 369 ff.

andere Deutung der Grundintention des Autors gerecht wird. Denn wenn
er auch kritisch auf die „Mißverständnisse" in Luthers Ansätzen verweist,
so hindert ihn diese These nicht im geringsten, die Reformation gleichzeitig
als „religiöses Anliegen" der gestern wie heute lebensnotwendigen Reform
der Kirche darzustellen[34]. Dasselbe gilt hinsichtlich der kritischen These
vom Einfluß Ockhams und des Ockhamismus auf Luthers theologischen
Ansatz: J. Lortz moniert solche Einflüsse auf die reformatorische Gottes-,
Gnaden- und Sakramentenlehre sowie das Kirchenverständnis, aber er bestreitet deswegen keineswegs Luthers originale Leistung für eine tiefgreifende Erneuerung der Theologie und der theologischen Denkart aus den
Quellen der biblischen Offenbarung und der religiösen Erfahrung im Sinne
des Lebens aus dem Glauben[35].

Ganz ähnlich liegen die Dinge für den zweiten von L. Grane erhobenen
Vorwurf. J. Lortz verurteilt Ockham und den Ockhamismus keineswegs
mit der ihm unterstellten Ignoranz und Intransigenz eines Inquisitors[36]. Vor
allem übersieht er nicht, daß das „wurzelhaft unkatholische" im philosophischen und theologischen System Ockhams und des Ockhamismus von der
zeitgenössischen Kirche „niemals verurteilt worden ist", so daß man tatsächlich ohne jede Schwierigkeit „gleichzeitig römischer Katholik und Ockhamist" sein konnte[37]. Anderseits kann er jedoch nicht umhin, den „vene-
rabilis inceptor" und seine spätmittelalterlichen Epigonen für die immer
wieder beklagte „theologische Unklarheit" verantwortlich zu machen, die
ihm als eine der Hauptursachen der „katholischen Mitschuld" an Entstehung und Verlauf der Reformation gilt[38]. Was dabei J. Lortz in seinem Ur-

[34] Vgl. *J. Lortz.* Die Reformation als religiöses Anliegen heute. Vier Vorträge im
Dienst der Una Sancta. Trier 1948.

[35] Von den zahlreichen Belegen aus dem Hauptwerk abgesehen, verdient hier vor al-
lem der Vergleich zwischen Bernhard von Clairvaux und Luther, zwischen monasti-
scher und reformatorischer Theologie Beachtung, ein Forschungsvorhaben, das in
Zusammenarbeit mit J. Lortz vor allem mir anvertraut war. Vgl. hierzu den von
J. Lortz herausgegebenen und eingeleiteten Sammelband: Bernhard von Clairvaux,
Mönch und Mystiker. Wiesbaden 1955.

[36] Das Urteil ist nicht ohne Nuancen und bestreitet Ockham weder die Genialität
noch die Bedeutung für die moderne Logik und Logistik. Wohl ist einzuräumen, daß
Lortz aus seiner Grundhaltung einer subtilen ‚Anti-Theologie' und aus dem Horror
vor jeder Form des ‚Theologisierens' kaum einen echten Zugang zu Ockham und seinen Problemen gefunden hat.

[37] Hier übersieht L. Grane ganz einfach die subtile Finesse des Lortzschen Urteils,
der mit seiner Feststellung die Kirche der Zeit in nicht unerheblicher Weise belastet,
indem er auf ihre gefährliche Blindheit für das „Unkatholische" an Ockham verweist.
Für G. Biel weiß Lortz im übrigen von der „kirchlich-korrekten Zurechtbiegung"
der ursprünglichen Ansätze (Bd. I, S. 60), so daß hier für ihn das Problem nicht im
gleichen Sinn besteht.

[38] Vgl. Bd. I, S. 137 ff.

teil von den modernen Freunden und Verteidigern W. von Ockhams unterscheidet, ist sein instinktives Gespür für die höchst bedeutsame Differenz
zwischen den möglicherweise genialen und zukunftweisenden Neuansätzen
philosophisch-theologischer Systeme und deren historisch unmittelbarer
Wirkungsgeschichte. Es mag zutreffen, daß die Rehabilitation Ockhams
durch Ph. Böhner OFM und seine Freunde im Zusammenhang einer systematisch arbeitenden Philosophie- und Theologiegeschichte für einzelne
Korrekturen im Rechte ist. An der Tatsache, daß Ockhams Thesen und
seine Art von Theologie in den Zeitgenossen und später erheblich andere
Vorstellungen weckten, ändern die Korrekturversuche moderner Gelehrter
wenig. Trotz des Protestes von L. Grane wird man sich in historischer Argumentation und in Anbetracht der Wirkungsgeschichte ohne Kunstfehler
auf *H. Denifle*[39] und noch gewisser – wie dies J. Lortz und E. Iserloh tun[40] –
auf das Urteil Kardinal *Ehrles* berufen, der im Blick auf den Ockhamismus
meiner Überzeugung nach treffend erklärt: „Man untersucht lieber, was
Gott allenfalls nach seiner absoluten Macht hätte tun können, als daß man
den inneren Zusammenhang der Heilstatsachen und Offenbarungslehren
darlegte. Theologie ist ein Spielplatz der Logik geworden."[41]

In Anbetracht der neuen Konzeption reformatorischer Theologie sollte
man eigentlich auch nicht bestreiten, daß Luther vor allem diesen „Spielplatz" im Auge hat, wenn er in einem freilich sehr pauschalen Verdikt gegen
die „scholastische Theologie" erklärt: „Quid alii in Theologia scholastica
didicerint, ipsi viderint ... Ego Christum amiseram illic ..."[42]

Für mein Empfinden gehört es zu den merkwürdigsten Reaktionen evan-
gelischer Lutherforschung, wenn diese Ablehnung des Ockhamismus durch
Luther ignoriert oder hinterfragt wird, ohne daß die These einer positiven
Beeinflussung Luthers durch Ockham dabei eine Rolle spielte[43].

Es ist natürlich nicht falsch, wenn ein evangelischer Ockhamspezialist
wie *Klaus Bannach* in seiner tiefschürfenden Untersuchung über die Lehre

---

[39] Vgl. die Darstellung der H. Denifles bei *L.Grane,* Contra Gabrielem, S. 20f.
[40] Gnade und Eucharistie in der philosophischen Theologie des Wilhelm von Ockham (Veröffentlichungen des Instituts für Europäische Geschichte Mainz. Bd. 8).
Wiesbaden 1956: J. Lortz, Einleitung, XXXII; E. Iserloh: 74.
[41] *Franz Ehrle.* Die Scholastik und ihre Aufgaben in unserer Zeit. 2. Aufl. hrsg. von
Fr.Pelster. Freiburg 1933, S. 22.
[42] WA 2,414; vgl. *E. Iserloh,* a. a. O., S. 43.
[43] Dies gilt für die Position *L. Granes,* Contra Gabrielem, aber auch für die sonst ausgezeichnete Untersuchung *L. Granes: Modus* Loquendi Theologicus. Luthers Kampf
um die Erneuerung der Theologie (1515–1518). Leiden 1975; vgl. auch *Kl. Bannach.*
Die Lehre von der doppelten Macht Gottes bei Wilhelm von Ockham (Veröffentlichungen des Instituts für Europäische Geschichte Mainz. Bd. 75). Wiesbaden 1975,
Schluß, S. 414 f.

von der doppelten Macht Gottes sein Mißfallen gegenüber einem Verfahren bekundet, das sich – wie in der Lortzschen Darstellung – darauf beschränkt, lediglich „die bekannten Äußerungen" „aus dem traditionellen Schatz an Ockhamzitaten" gegen die in ihrem Anliegen verkannte Unterscheidung geltend zu machen[44]. Dabei möchte ich allerdings die Frage offenlassen, ob die von Kl. Bannach vorgetragene gelehrte Deutung des angeblich nur ironisch gemeinten Ockham-Satzes „,bu est ba' " sachlich richtig ist und ob sie auch von den lediglich normal begabten Zeitgenossen im Durchschnitt so verstanden wurde[45].

J. Lortz hat im übrigen sein Urteil über Ockham nicht unwesentlich vertieft, wenn man – was durch die in der ‚Lortz-Schule' übliche Kooperation gerechtfertigt erscheint[46] – die magistrale Einleitung des Lehrers zu der äußerst gründlichen Untersuchung seines Schülers E. Iserloh[47] als eigenständige Leistung werten darf. Lehrer haben dabei die Angewohnheit, sich vor allem solche Urteile ihrer Schüler anzueignen, die sie als Bestätigung ihrer ursprünglichen Ansätze empfinden. Konkret ist damit die These von der religiösen Entleerung der Theologie durch Ockham gemeint[48].

Wenn in der Tat von den zahlreichen gewichtigen Beanstandungen, die E. Iserloh gegen die einzelnen Positionen Ockhams formuliert, eine schlechthin gegen jede Kritik sicher zu sein scheint, dann ist es zweifellos dieser im Blick auf Luther eminent bedeutsame Vorwurf einer philosophisch motivierten Verfremdung der Theologie durch W. von Ockham[49]. Es ist dabei kein Wunder, wenn die katholische Ockhamforschung auf-

---

[44] *K. Bannach*, a. a. O., S. 1.

[45] A. a. O., Einleitung, S. 39.

[46] Ohne damit andeuten zu wollen, daß J. Lortz die Arbeit an den „Quellen" nicht liebte, darf von der Kooperation des ‚Altmeisters' mit seinen Schülern festgestellt werden, daß J. Lortz stets auf seine Weise und für die Sache zu verwerten verstand, was E. Iserloh für J. Eck oder W. Ockham, bzw. ich für die Reform von Cluny und Citeaux, für Bernhard, Luther oder Fénelon aus dem Bergwerk der Quellen zutage förderte.

[47] Die Lortzsche Einleitung zur Untersuchung E. Iserlohs umfaßt 27 römisch paginierte Seiten. Sie bezieht sich fast ausschließlich auf Belege und Thesen E. Iserlohs und unterstreicht ‚meisterlich' – echt ‚meisterlich' ist auch die Bemerkung zu den „literarischen Qualitäten" der Darstellung (S. XXXIX)! –, was den Lehrer an der profunden Ockham-Untersuchung seines Schülers vornehmlich interessierte, nämlich: „ihre Bedeutung für die Ursachen der Reformation", die in der Untersuchung selbst ausdrücklich nur knapp erwähnt wird. Für den mit den Sitten der Lortz-Schule damals noch nicht sehr vertrauten *L. Grane* (Contra Gabrielem, S. 30) war der Sachverhalt leider ausreichend, sich nur mit der Einleitung des Lehrers, nicht aber mit der Untersuchung selbst zu befassen.

[48] Vgl. *J. Lortz*, Einleitung zu E. Iserloh: S. XXVIII ff. XXXIII f. XXXVI.

[49] Vgl. *E. Iserloh*, a. a. O., S. 1 f. 43 f. 131 f. 272 f. 279 f.

grund ihrer gegenteiligen Überzeugung auch diese These ablehnt[50]. Befremdend wirkt es indes, wenn auch evangelische Forscher wie L. Grane[51] oder Kl. Bannach[52] diese These E. Iserlohs und der Lortz-Schule offensichtlich für falsch halten oder sie einfach übergehen. Ich tadele dabei nicht die unendliche Akribie und Sorgfalt, mit der die evangelischen Forscher über eine sachgerechte Auslegung der ockhamistischen Positionen wachen[53]; wohl aber konstatiere ich mit Verwunderung die erhabene Blindheit gegenüber einem Sachverhalt, der im Vergleich zwischen dem Ockhamismus und Luther ganz einfach zu einer eindeutigen Stellungnahme zwingt. Denn man kann schlecht Luthers Wiederentdeckung oder Entdeckung einer ‚biblischen Theologie' als seine große Leistung herausstellen[54], ohne gleichzeitig die Frage zu stellen, was unter diesem Gesichtspunkt die Tatsache bedeutet, daß Luther zunächst der Schultheologie vor allem in Gestalt des Ockhamismus begegnete. Die damit aufgeworfene Frage wird lediglich vertieft, wenn man den Vergleich – wie dies grundsätzlich sogar von J. Lortz selbst verlangt wird[55] – insgesamt auf die Theologie der Scholastik ausdehnt.

[50] In der Auseinandersetzung zwischen Ph. Böhner und E. Iserloh geht es nicht zuletzt um die Echtheitsfrage des „Centiloquium" – einer der Hauptquellen bizarrer Ockham-Sätze –, die von dem einen bestritten und von dem anderen behauptet wird. Vgl. die Zusammenfassung der Kontroverse bei *K. Bannach*, a. a. O., S. 1 ff., Anm. 2.
[51] Vgl. die Bemerkung in Anmerkung 43.
[52] K. Bannach konzentriert sich in seiner ausführlichen Auseinandersetzung mit E. Iserloh darauf, dessen Darstellung der Lehre von der doppelten Macht Gottes bei Ockham einer sehr kritischen Würdigung zu unterziehen (vgl. a. a. O., S. 9 f.). Auf das allgemeinere Problem der theologischen Denkart geht er hingegen gar nicht ein. Merkwürdigerweise fehlt die Behandlung des Problems auch da, wo man es von einem evangelischen Autor eigentlich erwarten würde, nämlich in der abschließenden Bemerkung über „Ockham und Luther" (a. a. O., S. 415).
[53] Vgl. bei *L. Grane*, Contra Gabrielem, S. 49–262, den mit ungewöhnlicher Akribie und den bei aller Sachlichkeit mit liebender Einfühlung erarbeiteten I. Teil über G. Biels Lehre vom Willen und von der Liebe, oder die mit nicht geringerer Sorgfalt und mit demselben Einfühlungsvermögen geschriebenen Kapitel K. Bannachs über den weit komplizierteren Ockham. Was mich bei aller Anerkennung hindert und hemmt, Freude über so viel Verständnis für schwierigste katholische Denker zu empfinden, ist die wirklich quälende Frage, was all die Mühe für die Einheit der Christen ergibt und wie die gleichzeitige Verständnislosigkeit gegenüber Phänomenen zu erklären ist, die J. Lortz als „vollkatholisch" qualifizieren würde.
[54] Vgl. *L. Grane*, Modus Loquendi Theologicus, S. 63 f., 174–182.
[55] Vgl. Einleitung zu E. Iserloh, S. XXIX. – Äußerungen wie diese, die vom „Problem der scholastischen Theologie überhaupt" sprechen – freilich werden auch hier Thomas und Bonaventura, wenngleich nur wegen der von ihnen bewahrten unentbehrlichen „Elemente monastischer Theologie"! –, sind bei J. Lortz äußerst selten. Dennoch entsprechen sie bei ihm einer durchaus echten Grundhaltung, die als instinktive Scheu gegenüber der ‚Scholastik' bezeichnet werden darf.

Man wird sich aber mit dieser Frage auch aus einem anderen Grund beschäftigen müssen. Denn wie die neueste Entwicklung innerhalb der ‚katholischen Lutherforschung' zeigt, fehlt es offenbar nicht an Autoren, die, wie *Theobald Beer*, nicht daran denken, Luther als Erneuerer einer ‚biblischen Theologie' anzuerkennen. Th. Beer vertritt sogar die gegenteilige These, wonach Luther in seinem Kampf gegen die philosophische Theologie der Scholastik weder durch Ockham und den Ockhamismus noch durch die Schrift, sondern allein durch den bösen Einfluß des Pseudo-Hermes Trismegistos bzw. durch das pseudo-hermetische „Buch der vierundzwanzig Philosophen" bestimmt war[56], dem er angeblich „seltsam *unbiblische* und *antibiblische* Denk- und Sprachmittel" „zur Deutung der Heiligen Schrift" entnahm. Wie man sieht, ist der böse Einfluß Ockhams nicht unbedingt erforderlich, um die reformatorische Theologie just in jener Eigenart zu kritisieren, die nach evangelischem Verständnis ihren besonderen Vorzug gegenüber der Scholastik ausmacht.

Nun, die in der Forschung erstmals von Th. Beer vertretene These ist so bizarr und so offenkundig falsch, daß sie als solche eigentlich keine ernsthafte Erwägung verdient. Gerechtfertigt oder sogar notwendig erscheint mir die Erwähnung der haltlosen These lediglich der Umstände wegen. Zu diesen Umständen zählt dann allerdings nicht nur das mir schlechthin unverständliche Phänomen des eindeutigen Beifalls, der dem Beerschen Werk gerade in diesem Punkt von prominenten katholischen Theologen zuteil wurde[57], sondern auch und ebenso die vorstehend monierte merkwürdige Gelassenheit prominenter evangelischer Forscher in dieser Frage.

Anderseits möchte ich jedoch mit dieser Stellungnahme keineswegs der Warnung widersprechen, die O. H. Pesch formuliert, wenn er zur Frage nach Luthers Ockhamismus erklärt: „Sicher geht es nicht an, alle historischen Unerklärlichkeiten (in Luthers Theologie) bis auf weiteres in den großen Topf des Nominalismus im allgemeinen und des Ockhamismus im be-

---

[56] *Th. Beer*, Der fröhliche Wechsel und Streit. Grundzüge der Theologie M. Luthers. Johannes-Verlag, Einsiedeln 1980. – Die große Entdeckung des Verfassers wird schon im Werbetext des Verlages auf der Rückseite des Bucheinbandes herausgestellt. Wer mehr über die Entdeckung erfahren will, findet im Sach- und Wörterverzeichnis unter dem Stichwort „pseudo-hermetisch" eine verwirrende Fülle von Hinweisen. Noch verwirrender wirkt es allerdings auf den Leser, daß der Verfasser in der 1. Auflage seines Werkes (St. Benno-Verlag, Leipzig 1974) Pseudo-Hermes weder dem Namen noch der Sache nach erwähnt.
[57] So findet sich im Werbetext des Werkes eine anerkennende Äußerung von *Joseph Kardinal Ratzinger*, zitiert aus einem Brief an den Verfasser. Wenn aber – wie – die Werbetexte in der Verantwortung der Verleger erscheinen, dann steht hinter dem hohen Lob zugleich die Autorität *Hans Urs von Balthasars*.

sonderen zu werfen."⁵⁸ Auch ist in diesem Zusammenhang – wie
O. H. Pesch betont – der Tatsache Rechnung zu tragen, „daß ... die kritische Ockham-Edition in den Anfängen steckenblieb ... und damit die Ock-
ham-Forschung schon in sich, geschweige denn in Verbindung zu Luther,
immer noch auf tönernen Füßen steht", weshalb „Aufstellungen zum
Thema Luther und Ockham" nur „mit großer Vorsicht" gemacht werden
sollten⁵⁹. Die Mahnung zur Vorsicht verlöre jedoch ihre Berechtigung,
wollte man die Frage nach dem Theologieverständnis bei Ockham und Luther unter Hinweis auf die fehlende kritische Edition ganz einfach ausklam-
mern. Ich bin vielmehr der Auffassung, daß die auf breitester Grundlage
des ungedruckten Quellenmaterials erarbeitete Untersuchung E. Iserlohs
mindestens eine vorläufige Stellungnahme zu dem angedeuteten Problem
ermöglicht und gewiß auch verdient.

Damit scheint mir ausreichend erwiesen, daß die „Reformation in
Deutschland" mit ihren Ausführungen zum Thema Luther und Ockham
trotz der aufgezeigten Grenzen und der gegen sie vorgebrachten Kritik weder als falsch noch als grundsätzlich überholt bezeichnet werden darf. Für
die grundsätzliche Richtigkeit der Thesen darf im übrigen angeführt werden, daß sich das Lortzsche Urteil innerhalb der katholischen Lutherforschung bis heute behauptet⁶⁰ und daß die entschiedenen Gegenthesen der
neueren Ockhamforschung bis heute keine allgemeine Anerkennung finden
konnten⁶¹. Es spricht dabei für die Offenheit von J. Lortz, daß er dem Gespräch mit Ph. Böhner OFM keineswegs aus dem Wege ging⁶² und daß er in
seinem Institut eine Arbeit förderte und vor seinem Tod zur Publikation annahm, die wie die Untersuchung von Klaus Bannach das Lortzsche Urteil
durchaus kritisch überprüft und dennoch in dankbarer Anerkennung der
„ökumenischen Weite" dem Andenken des verstorbenen Gelehrten gewidmet ist⁶³.

Wenn mein Freund Leif Grane es für „schwierig" erklärte, „einen Wesensunterschied zwischen Lortz und seinen Vorgängern Denifle und Grisar" zu erkennen⁶⁴, dann wird er es mir nicht verübeln, daß ich mich abschließend auf das Urteil eines anderen evangelischen Freundes – gemeint

---

⁵⁸ Freiheitsbegriff und Freiheitslehre bei Thomas von Aquin und Luther. In: Catholica 17 (1963), S. 237.
⁵⁹ Ebd. Anm. 125.
⁶⁰ Vgl. die von *M. Bogdahn.* Die Rechtfertigungslehre Luthers im Urteil der neueren
katholischen Theologie. Göttingen 1971, S. 32 f., zusammengestellten Belege.
⁶¹ Vgl. *K. Bannach,* a. a. O., S. 1.
⁶² Vgl. die Bemerkung von J. Lortz in der Einleitung zu *E. Iserloh;* a. a. O.,
S. XXXIX f.
⁶³ Vgl. *Kl. Bannach,* a. a. O., Vorwort.
⁶⁴ Contra Gabrielem, S. 30.

ist Walther v. Loewenich – berufe, der im Blick auf die Lortzsche Lutherdarstellung kategorisch erklärt: „Denifle und Grisar sind hier endgültig
überwunden."[65]

Leider sind freilich selbst Altmeister wie W. v. Loewenich keine Propheten, und leider feiern selbst „endgültig" überwundene Positionen wieder
fröhliche Urständ, wenn es der muntere Wandel der Meinungen so will.
Dies gilt dabei nicht nur für Theologen wie Th. Beer, sondern auch für ausgesprochene Gegner der angeblich verfehlten ‚theologischen Lutherdeutung' aus dem Lager der Historiker, die wie *Jean Wirth* urplötzlich die Welt
mit einer Lutherdarstellung überraschen, für die dann unbeschadet der radikalen Neuheit der Fragestellung wiederum Denifle und Grisar als unbestreitbare Autoritäten gelten[66]. Mögen derartige Phänomene formal auch
durch die gewiß unantastbare Freiheit der Forschung gedeckt sein, so sollte
es doch als ein Dienst an der Wahrheit gelten, wenn sich die Forscher in gemeinsamer Anstrengung bemühen, den mühsam erkämpften Erkenntnis-
stand zu halten und die Forschung vor Rückfällen zu bewahren, die nachweislich mehr der Mode als dem bewährten Forschritt wissenschaftlicher
Erkenntnis entsprechen.

Zweiter Komplex: Erasmus von Rotterdam

Damit stehe ich vor einem zweiten Komplex der Lortzschen Darstellung,
der der Besprechung bedarf, weil ihm in der Forschung aufs heftigste widersprochen wurde. Gemeint ist Lortzens Urteil über den großen Humanisten Erasmus von Rotterdam, das in der Tat durch seine negative Schärfe
die Kritik an W. von Ockham bei weitem übertrifft. Die wenigen Seiten mit
dem Urteil über Erasmus[67] gehören formal zu dem Besten aus der Feder des
Historikers und Theologen J. Lortz. Sie zeugen für ein Urteilsvermögen,
das auf der Basis solidester Kenntnis der Quellen allen Aspekten gerecht zu
werden versucht, die es bei einem so verwirrend reichen Geist vom Format
des Erasmus zu bedenken gilt.

J. Lortz verheimlicht keinen Augenblick seine Kritik und Antipathie gegenüber einem Denker und Menschen, der durch die „äußere und innere
Relieflosigkeit" seines Lebens und durch die Signatur des „Unentschiede-
nen" sich immer wieder einem gerechten Urteil weitgehend entzieht. Mit
J. Huizinga spricht er von der „Doppeldeutigkeit" seines Wesens, die ihren

---

[65] *W. v. Loewenich*, a. a. O., S. 67.
[66] *J. Wirth*, Luther, Etude d'Histoire Religieuse. Genève 1981: Le Mythe du jeune
Luther, S. 11–34 und öfter.
[67] Bd. I, S. 127–137.

tiefsten Grund in der Überzeugung hat, daß im Streit der Meinungen keine
Stellungnahme die „Wahrheit" „vollkommen" auszudrücken vermag. Über
Huizinga hinaus spricht Lortz vom „skeptischen Ja und Nein" der Stellungnahmen des Erasmus und von dessen Unfähigkeit, „die letzten Konsequenzen" zu ziehen[68].

Trotz dieser zwielichtigen Unentschiedenheit ist jedoch Erasmus von der
Utopie getragen, daß er zum „großen Reformator" seiner an Widersprü-
chen so reichen Zeit bestimmt sei: „Reformator durch gutes Zureden!"
Nach Lortz ist Erasmus dabei „der Gipfel des schönen, aber zur Meisterung
des Lebens so verhängnisvollen sokratischen Irrtums, daß der Wissende der
Gute sei und daß mit der Bildung auch die Besserung komme." Nach Lortz
war sich Erasmus dabei durchaus der Tatsache bewußt, daß er „vor dem
Tumult" versagen werde. Von daher moniert Lortz das keineswegs „tragische, sondern erbärmliche Schwanken" des Erasmus gegenüber der Reformation in den entscheidenden Jahren 1518/19, „sein feiges Benehmen gegenüber dem todkranken Hutten" und „die unerhörte Uninteressiertheit im
Ton", wo er der verbrecherischen Hinrichtung seiner englischen Freunde
gedenkt. Lortz honoriert nicht im geringsten die Ehrlichkeit, mit der Erasmus gesteht, daß vermutlich seine Kraft „zum Martyrium" nicht ausreicht
und daß er – sollte der Tumult ausbrechen – mit hoher Wahrscheinlichkeit
dem „Petrus nachfolgen werde". Dabei ist jedoch für Lortz letztlich nicht
die fehlende Bereitschaft zu „heldischem Christentum" ausschlaggebend,
sondern die in der Tat aufreizende Aussage, mit der Erasmus sein Verhalten
entschuldigt, indem er erklärt: „Martyrer hat es die Menge gegeben im
Christentum, aber nur wenige Gelehrte."

Dem „Gelehrten" aber kreidet Lortz es an, daß er „in echt humanistischer
Leichtfertigkeit" es immer wieder fertigbringt, „ins Gesicht zu schmeicheln
und im geheimen zu verdächtigen". Nach Lortz reichen die „Schmeicheleien" des Erasmus „nahe an Schamlosigkeit heran", wenn er etwa Leo X.
gegenüber erklärt, „er stehe über den Menschen wie der Mensch über dem
Tier"[69].

Aber abgesehen von diesen menschlichen Schwächen, kritisiert Lortz vor
allem die Grundhaltung des Gelehrten: „Erasmus schwört auf das sichere
Mittelmaß, sofern es mit Geist, mit viel Geist verbunden ist." Erasmus erstrebt „ein individualistisch-moralistisches Reich ... der Bildung" an. „Mit
Erasmus – nicht mit Luther – tritt das nur individuelle Gewissen seine verderbliche Herrschaft in der Neuzeit an."

Von dem „Theologen" Erasmus aber erklärt Lortz, daß er „nie ein Da-

---

[68] Bd. I, S. 127.
[69] Bd. I, S. 128.

maskus durchgemacht" hat und daß „seine geistige Haltung" – im Unterschied zu Luther – „nicht zuerst von der Offenbarung, sondern von der Bildung her geprägt ist". Mit Bildung ist hier jene Geistigkeit gemeint, die Erasmus in England bei John Colet, dem Erben der Platonischen Akademie in Florenz, und bei den Freunden More und Fisher erlebte. Das Erbe, aus dem Erasmus schöpft, besteht nach Lortz aus der späteren Stoa des Cicero, aus den Synoptikern und einem platonisch bzw. neuplatonisch gedeuteten Paulus. Ein „erster Gegensatz" liegt für Lortz in der gleichzeitigen Nennung „des stoischen Moralismus und des Paulus". Denn Erasmus erwärmt sich nicht wie Luther für das „spezifisch Paulinische der Gnaden- und Erlösungspredigt", sondern er schwärmt für die „stoischen Elemente der Gotteserkenntnislehre im Römerbrief und des Redners auf dem Areopag". In Erasmus wiederhole sich die Fragestellung der Apologeten des 2. Jahrhunderts, denen J. Lortz seine erste große Untersuchung gewidmet hatte[70]. Von daher unternehme Erasmus den Versuch, „das Christentum zu einem schönen und ernsten Menschlichen zu machen, reduziert auf wenige ganz einfache Wahrheiten: Monotheismus, Tugend, Jenseits"[71].

J. Lortz macht es sich im übrigen bei aller Kritik nicht leicht mit seinem Urteil. Auch für ihn ist es eine vorrangige Aufgabe, „dem Erasmus nicht unrecht zu tun". So betont er die „gewichtige Realität", die den „Kompromissen" des Humanisten gegenüber „Kirche und Offenbarung" trotz aller Einschränkungen zukommt. „Die Bejahung des Christentums Jesu Christi, der Bibel, der Kirche und der Kampf um ihre Reinigung sind echt und wesentlich; und manchmal sind sie von starker Wirkung nach außen, weil von wirklicher Triebkraft im Innern." Erasmus wolle ernstlich „den Paganismus der Italiener aus den schönen Wissenschaften vertreiben, um diese aus Christus zu nähren". Mit nachdrücklichem Ernst verlange er, „daß die fällige Neugeburt aus Christus erwachse". Auf diese Weise erreicht Erasmus auch nach dem Urteil seines schärfsten Kritikers „eine wirkliche Vertiefung des Christentums". Auch will nach Lortz „mit Ehrfurcht gewogen sein, welch eine unerhörte, harte wissenschaftliche Leistung der erste Herausgeber des griechischen Neuen Testamentes und so vieler Kirchenväter und der Schreiber der glänzenden Traktate moralischen Inhalts an diese Aufgabe gesetzt hat". In besonderer Weise würdigt Lortz die durch Erasmus geforderte und bewirkte Rückkehr „zu den Quellen" als ein „Zentralanliegen nicht nur der

---

[70] Tertullian als Apologet (Münsterische Beiträge zur Theologie, Heft 9 u. 10), Bd. I, Münster i.W. 1927; Bd. II, Münster i.W. 1928. – Kein geringerer als *A. v. Harnack* rezensierte äußerst positiv diese erste große Untersuchung, mit der J. Lortz an die Öffentlichkeit kam.
[71] Bd. I, S. 129.

Theologie, sondern der gesamten Reform". Vor allem würdigt Lortz den
Einsatz des Erasmus für das Studium und die Lektüre der Heiligen Schrift,
die er „mit einem wuchtigen Stoß wieder zum Mittelpunkt des Theologisierens machte"[72].

Trotz dieser gewiß ehrlichen Anerkennung überwiegt bei Lortz schließlich die harte und unerbittliche Kritik an Erasmus. Denn „das tief Christliche", das ihm nicht abgesprochen wird, „ist nicht das Entscheidende". „Es
gibt nicht" – wie Lortz feststellt „die eigentliche Zielrichtung der erasmianischen Kräfte und Sehnsüchte an." Das Christentum ist für ihn primär „Bildungsangelegenheit". Die Taufe gilt ihm als „erste Äußerung der christlichen Philosophie". „Christ ist, wer ein reines Herz hat und mit reinem Leben lehrt." Erasmus bekennt mit der Schrift, daß „nichts stärker ist als die
Wahrheit". Leider aber wird diese Wahrheit in utopischem Moralismus
„von der Erneuerung der guten Naturanlage" erwartet. Auch steht für
Lortz „außer Zweifel, daß Erasmus der angestammten Kirche treu bleiben
wollte" und daß er „schließlich in der Kirche blieb". Aber leider steht
ebenso unzweifelhaft fest, daß er in der Kirche verblieb wie jemand, „der
zwischen zwei verschiedenen Übeln den Mittelkurs hält"; daß er „als ein
halber Katholik" der alten Kirche die Treue wahrte, „nachdem er ihr außerordentlich geschadet hatte". Umgekehrt „verleugnete er die Reformation
und in gewissem Grade auch den Humanismus, nachdem er beide ungeheuer gefördert hatte", wie Lortz mit Huizinga feststellt[73].

Der „entscheidende Punkt der kirchengeschichtlichen Bedeutung" des
Erasmus liegt demnach für Lortz in seiner „Unbestimmtheit", die in der
Theologie als „adogmatisch oder undogmatisch" zu qualifizieren ist. „Eras-
mus ist auch theologisch der geborene Relativist."

Erasmus „hat für das festgelegte und alle bindende Dogma sehr wenig
Verständnis". Er hält „am Sakrament des Altares fest", aber er ist bemüht,
„jeder näheren Bestimmung der leiblichen Gegenwart des Herrn zu entgehen". Als die Hauptsache in der Religion gelten ihm „Friede und Einmütig-
keit", die jedoch nur aufrechterhalten werden können, wenn wir soviel wie
möglich auf „Definitionen" verzichten, um „in vielen Dingen jedermann
sein Urteil frei zu lassen"[74]. „Die Kirche und ihr Lehramt werden zwar beibehalten", aber ihre „Verbindlichkeit" wird unter Berufung auf ein akade-
misches „Bibelprinzip" gefährlich ausgehöhlt. „Der zur Häresie treibende
Subjektivismus ist grundsätzlich bejaht."[75]

[72] Bd. I, S. 129 f.
[73] Bd. I, S. 131.
[74] Bd. I, S. 132.
[75] Bd. I, S. 134 f.

So erscheint Erasmus in der Sicht von Lortz als „ein innerster Selbstwiderspruch": Er führt die Welt und die Kirche „an die Grundtatsache der Erlösung durch Jesus Christus heran", macht aber zugleich aus dem „Christentum des Gekreuzigten einen humanistischen, ‚menschlichen' Moralismus der eigenen Kraft und der Bildung". Lortz ist sich dabei der Paradoxalität seines Urteils bewußt, meint aber zugleich, daß es „allein" dadurch
Erasmus als die „vollendete Undeutlichkeit" treffe[76]. Aus dieser Sicht ist die
positive Kennzeichnung ebenso ernst gemeint wie die negative. Was Erasmus im Sinne des Lortzschen Urteils zur lebensbedrohenden Gefahr für die
Kirche werden ließ, ist nicht die „Undeutlichkeit" als solche, sondern die
ansteckende und überzeugende Darstellung der These, daß die von ihm
wirklich vertretenen Höchstwerte eines vergeistigten Christentums selbst
jene Relativierung verlangen, die nur von den stupiden Scholastikern unter
irreführender Berufung auf die Verbindlichkeit der Wahrheit bekämpft und
abgelehnt wird. Nach Lortz ist es letztlich dieser Charme, der dazu führte,
daß die Kirche „dieser ungeheuren Lebensbedrohung gegenüber" – von wenigen kritischen Äußerungen abgesehen – „stumm" blieb – ja daß man in
der Kirche selbst „den Zerstörer ihres Dogmas" ahnungslos feierte[77].
Aus dieser Perspektive wird dann unmittelbar deutlich, daß Lortz bei der
Gegenüberstellung von Erasmus und Luther ohne Zögern die Partei des Reformators ergreift[78]. In einer 1950 verfaßten Studie erklärt denn auch Lortz
ohne Umschweif, daß er den Skeptizismus des Erasmus für gefährlicher
hält als die radikale Kritik Luthers[79].
Vergegenwärtigt man sich das Lortzsche Urteil in seiner Ganzheit, so
versteht man ohne großen Kommentar ein Doppeltes: Einerseits ist unmittelbar deutlich, daß Lortz angesichts der Geschlossenheit seines Urteils und
seiner zeitlebens durchgehaltenen Stellungnahme in der Wahrheitsfrage
seine Darstellung weder wesentlich differenzieren und schon gar nicht korrigieren konnte. Andererseits ist es jedoch ebenso evident, daß bei der Vieldeutigkeit des Erasmus und bei einem grundlegenden Wandel der Leitvor-
stellungen zugunsten des erasmianischen Ideals im Zeitalter der Ökumene
und der subtilen Hermeneutik zahlreiche andere Gelehrte zu Einsichten gelangten, die dem Lortzschen Urteil mehr oder minder frontal widersprechen.
Dies gilt für die katholische Forschung, in der sich Gelehrte wie

---

[76] Bd. I, S. 133.
[77] Bd. I, S. 135.
[78] Dies gilt sogar für den Streit der beiden um den „freien" oder „geknechteten Willen": vgl. Bd. I, S. 137.
[79] *J. Lortz*, Erasmus – Kirchengeschichtlich. In: Aus Theologie und Philosophie.
Festschrift für Fritz Tillmann zu seinem 75. Geburtstag. 1950, S. 271 ff.

A. Auer[80], *R. Padberg*[81], *K. H. Oelrich*[82], *G. Winkler*[83] und vor allem der belgische Jesuit *G. Chantraine*[84] entschieden für Erasmus einsetzten; dies gilt aber ebenso für die evangelische Forschung, die im Zuge der ökumenischen Öffnung Erasmus gleichsam neu entdeckte[85] und sich wie *E. W. Kohls*[86] sogar für den großen Humanisten begeisterte.

Die führenden Vertreter dieses neuen Urteils argumentieren auf höchstem wissenschaftlichem Niveau, und die vergleichsweise wenigen Lortz-Schüler, unterstützt von ihren evangelischen Freunden, werden nicht umhin können, sich ernstlich und eingehend mit Forschern wie G. Chantraine zu beschäftigen. Gleichzeitig wird man jedoch feststellen dürfen, daß sich das neue Erasmusbild – wie das neue Ockhambild – in der Forschung noch keineswegs definitiv durchgesetzt hat. Und wenn es zutrifft – so führende evangelische Forscher wie *L. W. Spitz*[87] und *B. Lohse*[88] –, daß über die Konfrontation zwischen Luther und Erasmus trotz der reichen Literatur zum Thema das „letzte Wort" noch nicht gesprochen ist, dann trifft umgekehrt aber auch zu – und die vorstehend als Autoritäten zitierten evangelischen Freunde werden mir diesbezüglich gewiß zustimmen! –, daß gerade im Blick auf das zu führende Gespräch der Lortzschen Position nach wie vor volle Gültigkeit zukommt.

Ohne dies hier eingehend belegen zu können, möchte ich nicht verschweigen, daß mein Studium der Rolle des Erasmus, die er im Zusammenhang des Augsburger Reichstages von 1530 und der Entstehung der Confessio Augustana gespielt hat, mir Erkenntnisse vermittelte, die in den ent-

---

[80] Die vollkommene Frömmigkeit des Christen. Düsseldorf 1954.
[81] Erasmus als Katechet. Freiburg 1956.
[82] Der späte Erasmus und die Reformation. Münster 1961.
[83] Erasmus von Rotterdam und die Einleitungsschriften zum Neuen Testament. Formale Strukturen und theologischer Sinn. Münser i. W. 1974.
[84] ‚Mystère' et ‚Philosophie du Christ' selon Erasme. Préface de H. de Lubac, de l'Institut de France. Namur – Gembloux 1971; *ders.*, Erasme et Luther – libre et serf arbitre. Paris – Namur 1981.
[85] Abgesehen von den älteren Arbeiten von *W. Köhler* und *K. A. Meissinger*, verdienen hier vor allem Erwähnung die Untersuchungen von *R. Stupperich.* Der Humanismus und die Wiedervereinigung der Konfessionen. Leipzig 1936; *ders.*, Erasmus von Rotterdam und seine Welt. Berlin 1977 usw.
[86] Vgl.: Erasme théologien? A propos d'une discussion récente, in: RHE 64 (1969), S. 811–820. Das Hauptwerk von E. W. Kohls liegt uns in zwei zweibändigen Untersuchungen vor, die allerdings schon vom Titel her eine Differenzierung der Position des Verfassers anzudeuten scheinen: *Die Theologie des Erasmus,* Bd. I und II. Basel 1966; *Luther oder Erasmus,* Bd. I und II. Basel 1972/1978.
[87] The Course of German Humanism. In: Itinerarium Italicum. The Profile of the Italian Renaissance in the Mirror of it's European Transformations, ed. *H. A. Oberman – Th. A. Brady* Jr. Leyde 1975, S. 387.
[88] Lutherdeutung heute. Göttingen 1968, S. 47.

scheidenden Punkten das harte Urteil meines Lehrers vollauf bestätigen. Von daher bin ich der Überzeugung, daß es für die ökumenische Theologie ein Verhängnis wäre, sollte sich in der Diskussion unter Neutralisierung der Lortzschen Position der von der hermeneutischen Situation her drohende ‚erasmianische Kompromiß' durchsetzen, der sich bei einem Forscher wie R. Bainton[89] bereits ankündigt.

Der in seinem Standpunkt so unerbittlich scheinende J. Lortz hat übrigens auch in dieser Frage seine Gesprächsbereitschaft deutlich zu verstehen gegeben. Denn noch kurz vor seinem Tod genehmigte er die Publikation der Untersuchung eines jungen evangelischen Gelehrten, dem die zur Unzeit entdeckte Liebe zu Erasmus fast zum Verhängnis geworden wäre. Obgleich die unter dem Titel „Assertio" vorgetragene These Dietrich Kerlens[90], der im Streit „um die rechte theologische Redeweise" nicht Luther, sondern Erasmus den Lorbeer zuerkennt, dem Herausgeber nicht weniger mißfiel als dem Doktorvater, und obgleich J. Lortz gerade unter der assertorischen Überschrift „Ökumenismus ohne Wahrheit"[91] seinen letzten Artikel hatte ausgehen lassen, fiel seine Entscheidung schließlich doch positiv aus. Wie ich im Vorwort des Werkes – stellvertretend für meinen verstorbenen Lehrer – ausführe, erfolgte die Edition in der Hoffnung, das Buch werde gerade durch seine Stellungnahme eine allseits kritische Diskussion über das Verständnis der Wahrheit bei Luther und Erasmus in Gang bringen[92]. Die dringende Notwendigkeit dieser Diskussion auch für das ökumenische Gespräch erschien mir eindrucksvoll erwiesen durch eine vielbeachtete Kontroverse, die 1976 zwei französische Gelehrte miteinander führten. Jean Guitton, prominenter Katholik und Mitglied der Französischen Akademie, hatte sich in einer kritisch-ablehnenden Stellungnahme zur „Interkommunion" auf jene „Liebe zur Wahrheit" berufen, die schon Erasmus im Zeitalter der Reformation als den eigentlichen Grund für die grausame Trennung

---

[89] Erasmus of Christendom. New York 1969. Die deutsche Ausgabe des Werkes, Göttingen 1972, erschien unter der vielsagenden Überschrift: „Erasmus – Reformer zwischen den Fronten".

[90] Assertio. Die Entwicklung von Luthers theologischem Anspruch und der Streit mit Erasmus von Rotterdam (Veröffentlichungen des Instituts für Europäische Geschichte Mainz. Bd. 78). Wiesbaden 1976.

[91] Münster i. W. 1975.

[92] Vgl. mein Vorwort zu D. Kerlen, a. a. O., S. VIII. Vgl. auch die Nachbemerkungen des Autors (S. 374) mit der Erklärung über die Bedenken der Theologischen Fakultät der Universität Zürich hinsichtlich der Annahme der Untersuchung als Dissertation. Der verständlicherweise besorgte Doktorvater ist kein anderer als G. Ebeling. Ich bin sicher, daß in der ganzen Welt die Veröffentlichung der Arbeit des ‚Havaristen' durch J. Lortz nicht mißverstanden wurde. Andererseits gestehe ich, daß das Echo auf die Publikation nicht gerade die Diskussion einleitete, die ich mir auch heute noch dringend wünschte.

bezeichnet habe. Darauf antwortete *Jean Delumeau,* gleichfalls prominenter
Katholik und renommierter Gelehrter, Historiker an der Sorbonne und am
Collège de France, mit einer positiven Stellungnahme unter Berufung auf
den großen Erasmus, dem „das reine Herz", die „verzeihende Liebe zum
Bruder" sowie „Frieden und Eintracht" in der Kirche wichtiger gewesen
seien als „dogmatische Definitionen", über die – abgesehen von ganz wenigen Punkten – sich „ein jeder in Freiheit sein eigenes Urteil bilden sollte"[93].

Die in aller Öffentlichkeit ausgetragene Kontroverse illustriert treffend
den schon oben als verhängnisvoll bezeichneten Trend, der den großen
Erasmus leicht zum Patron des von Lortz entschieden abgelehnten „Ökumenismus ohne Wahrheit" macht und der mit seinem Charme längst nicht
nur für Katholiken eine Versuchung darstellt. Dieser Hinweis auf die hermeneutische Situation und ihre Gefahren will kein Streitgespräch auslösen
und bezichtigt niemand des Verrates an der Wahrheit. Er will lediglich ver-
deutlichen, daß das um der Wahrheit willen zu führende Gespräch über
Luther und Erasmus weder ohne die Härte der Lortzschen Stellungnahme
noch ohne seine Offenheit für den Standpunkt anderer ausgetragen werden
kann.

Dritter Komplex: Martin Luther

Hier nun wäre als dritter Komplex die Lutherdeutung der „Reformation in
Deutschland" zu würdigen. Denn auch sie fand nicht nur lobende Anerkennung, sondern stieß zugleich auf herben Widerspruch, der bezeichnenderweise vornehmlich von katholischer Seite kam. Da ich auf die gewichtige
Kritik meines Freundes O. H. Pesch am Lortzschen Ansatz vom ‚katholischen Luther' in anderem Zusammenhang eingehe, kann ich mich hier auf
knappste Bemerkungen beschränken.

Aus der Sicht der Vertreter eines neuen Ansatzes innerhalb der katholischen Lutherforschung liegen die großen Verdienste der Lortzschen Darstellung im Bereich der kirchenhistorischen Erforschung Luthers und der
Reformation[94]. Ihre Grenze aber liege darin, daß sie über die kirchengeschichtliche, biographische und theologiegeschichtliche Fragestellung nicht
hinauskomme und daß im Rahmen dieses Ansatzes die von Luther gestellten theologischen „Sachfragen" nicht in ausreichender Weise aufgegriffen
würden[95]. Wie später gezeigt werden soll, geht diese Kritik zu weit, sofern

[93] Für die Belege siehe mein Vorwort zu D. Kerlen, a. a. O., S. IX.
[94] Vgl. *O. H. Pesch,* Zwanzig Jahre katholische Lutherforschung, a. a. O., S. 392 ff.
[95] Vgl. *O. H. Pesch,* Zwanzig Jahre ..., S. 396.

sie der kirchenhistorischen Darstellung die ‚theologische' Bedeutung und
J. Lortz die ‚ökumenisch-theologische' Bereitschaft zur Verständigung mit
dem Reformator abzusprechen scheint. Richtig aber ist an dieser kritischen
Feststellung zweifellos dies, daß J. Lortz sich weder als Systematiker mit
der Theologie Luthers beschäftigt noch überhaupt die gestellten theologischen „Sachfragen" mit der wünschenswerten Gründlichkeit oder gar erschöpfend behandelt.

Man wird dem Autor für seine vorsichtige und zweifellos auch apologetisch motivierte Grundhaltung Luther gegenüber die ‚hermeneutische
Situation' der Jahre 1939/40 zugute halten müssen. Dann aber ist deutlich,
daß dem Autor der „Reformation in Deutschland" einfach noch unmöglich
war, was den Vertretern eines neuen ‚theologisch-ökumenischen' Ansatzes,
aber auch dem späteren Lortz selbst sowie seinen Schülern seit den sechziger Jahren diesbezüglich als notwendig und möglich erschien.

Entscheidend für die wissenschaftliche Berechtigung des Neudrucks in
diesem Punkt scheint mir allein die Frage, ob die alte Darstellung in ihren
Ausführungen über Leben und Werk M. Luthers ein Forschungsprogramm
enthält, das vom Autor und seinen Schülern weiter ausgefüllt wurde und
das auch heute noch als Programm begriffen werden kann. Diese Frage
aber möchte ich ohne Einschränkung bejahen, wobei ich mich auf die Erfahrungen berufen darf, die ich in Erfüllung dieses Programmes als engster
Mitarbeiter von J. Lortz und im Rahmen der Institutsarbeit seit 1951 erwerben konnte. Ich verheimliche dabei nicht, daß für meine eigene Arbeit an
Luther auch jene Ansätze des Lehrers bedeutsam und wegweisend geblieben sind, die – mißverstanden – leicht zu Engführungen der Interpretation
mißraten. Dabei führt jedoch die eingehende Betrachtung der Darstellung
meist sehr schnell zu der Einsicht, daß die mißverständlichen Kategorien
und Ansätze der Lortzschen Betrachtung als Elemente eines dialektischen
Urteils ihr Korrektiv in sich selbst besitzen. Für mein Empfinden hat niemand die Lortzsche Lutherdeutung unter diesem Gesichtspunkt besser gekennzeichnet als W. v. Loewenich, wenn er nach Erwähnung der zahlreichen negativen Urteile über Luther erklärt:

„Aber allen diesen Urteilen stehen bei Lortz sofort Gegenerwägungen
entgegen; wo er anklagt, entschuldigt er zugleich, wo er entschuldigt, klagt
er zugleich an. So entsteht ein äußerst bewegtes Bild von Luther, das nie im
Ja oder Nein verharrt, sondern immer die Dialektik von Ja und Nein zur
Geltung zu bringen sucht. Jeder These wird die Antithese zur Seite gestellt,
um so die ‚katholische Synthese' ins Blickfeld zu bekommen", an der Luther
kritisch gemessen, der er aber schließlich auch eingeordnet wird[96].

[96] *W. v. Loewenich*, a. a. O., S. 67.

Mit Recht konstatiert W. v. Loewenich dabei die dieser dialektischen Bewegung eigene Tendenz zum Positiven. Immer wieder stoßen wir daher in den Arbeiten des späteren Lortz auf den in dieser Bewegung gründenden Satz: Luther ist katholischer, als wir es wußten![97] Das gleiche läßt sich auch am Bedeutungswandel bestimmter Begriffe aufzeigen, die J. Lortz in diesem Zusammenhang gerne verwandte. In der Frühzeit liebt er es, das ausgleichende katholische „et ... et" den exklusiven „sola"-Formeln Luthers oder dem paradoxalen „simul" gegenüberzustellen. Dabei ist jedoch von Anfang an die dialektische Spannung seiner Aussagen so stark und der Mut zur paradoxalen Kennzeichnung so groß, daß ihm wie selbstverständlich auch das „simul" als Vokabel der Synthese verstehbar wird, womit dann auch die „sola"-Formeln ihren exklusiven und polemisch fixierten Sinn verlieren.

Es lohnt sich also, auch die Lutherdeutung der „Reformation in Deutschland" ernstlich zu studieren. Wer dabei hinter den Formeln die denselben eigene Lebendigkeit entdeckt, der findet damit zugleich ein Programm, das auch heute noch die Realisierung verdient.

2. Die Engführungen der Lortzschen Darstellung

Ging es in der vorstehenden Überlegung um den Nachweis, daß die „Reformation in Deutschland" ihre wissenschaftliche Gültigkeit bewahrt hat, obgleich die moderne Forschung in wichtigen Punkten über sie hinausging, so geht es hier um die selbstkritische Überprüfung jener Ansätze, die der vertiefenden Korrektur bedürfen, weil sie mißverständlich sind und Engführungen des Urteils nach sich ziehen.

Selbstkritische Erwägungen dieser Art überzeugen nur unter der Bedingung ihrer Ehrlichkeit. Und so gestehe ich zunächst ohne Umschweif, daß es mir lieber wäre, mein Lehrer J. Lortz hätte dieses Kapitel selbst geschrieben. An Versuchen, ihn persönlich zu diesen Korrekturen zu bewegen, hat es nicht gefehlt; es fehlt auch nicht an gewichtigen Einzelkorrekturen in den späteren Arbeiten, auf die ich mich stützen kann; was fehlt, ist die förmliche Korrektur der fraglichen Ansätze selbst, die in meisterlich formulierten Spitzensätzen jederzeit unter Berufung auf den Autor zitiert werden können. Zu den vielen geheimen Gemeinsamkeiten, die zwischen Lortz und Luther bestehen, gehört offenbar die instinktive Abwehr gegen jede Form von ‚Palinodia'. Kein Widerruf, es sei denn, der Irrtum wäre evident. Man wird es dem Gelehrten und Professor J. Lortz zugute halten, daß es sich in der Tat nicht um massive Fehlansätze, sondern um Formeln handelt, die,

[97] Vgl. ebd.

losgelöst vom Tenor des gesamten Urteils, nicht nur der späteren differenzierten Stellungnahme, sondern bereits der ursprünglichen Intention des
Autors eindeutig widersprechen. Dies läßt sich eindrucksvoll aufzeigen, indem man am Leitfaden der Argumentation von Remigius Bäumer[98] dessen
Berufung auf die fraglichen Lortzschen Thesen überprüft. Angesichts der
problematischen und delikaten Aufgabe der erstrebten selbstkritischen
Überprüfung der Lortzschen Thesen durch einen seiner Schüler hat jedoch
dieser Vergleich noch eine andere hermeneutisch wichtige Bedeutung für
mich: Denn so gewiß J. Lortz die Berufung des sonst hochgeschätzten
Freundes R. Bäumer auf die eigenen Ansätze als unhaltbar zurückgewiesen
hätte, so gewiß ist es, daß er meiner eigenen korrigierenden Deutung seiner
Ansätze nicht widersprochen, sondern daß er sie im wesentlichen anerkannt
und sogar übernommen hat[99]. Ich glaube also mich für die folgenden selbstkritischen Erwägungen auf J. Lortz selbst berufen zu dürfen, sofern sie
gleichsam im Teamwork zwischen Lehrer und Schüler entstanden sind.

Da es in der folgenden Erwägung vor allem um den Begriff des „Katholischen" und den Lortzschen Ansatz vom „katholischen Luther" geht, ist die
Lortzsche „Wiederentdeckungs"-These ein guter Einstieg in die Problematik.

In der die Mißverständlichkeit steigernden Gestalt der Argumentation
bei R. Bäumer lautet die These:

Luthers „reformatorische Erkenntnis" über die uns gerecht machende
Gerechtigkeit Gottes in Röm 1, 17 ist nur „die Wiederentdeckung einer katholischen Überzeugung, wie sie von den meisten katholischen Exegeten
des Mittelalters vertreten worden war"[100]. Mehr noch, in der Zusammenfassung des Urteils heißt es unter Berufung auf Lortz, daß Luther, „in der
Maßlosigkeit seines Zorns und seiner Polemik" „blind ... für die katholische Wahrheit", „in sich einen Katholizismus niedergerungen" hat, „der
nicht katholisch war. Aufgrund dieser falschen Voraussetzung kam er zur
Ablehnung der Kirche und zu seinen häretischen Lehren."[101]

---

[98] R. Bäumer, a. a. O., S. X.
[99] Ausdrücklich bestätigt wird diese Art von Zusammenarbeit durch eine einleitende
Anmerkung meines Lehrers in seiner Studie über Luthers Römerbriefvorlesung. In:
TThZ 71 (1962), S. 192–153 und S. 216–247. Vgl. aber auch die Bemerkung meines
Lehrers im Vorwort (S. XIf.) seiner Geschichte der Kirche, Bd. I. Münster 1962. Die
Frucht der Zusammenarbeit ist vor allem zu spüren in den folgenden Publikationen
meines Lehrers: Martin Luther. Grundzüge seiner geistigen Struktur. In: Reformata
Reformanda.Festgabe für H. Jedin, Bd. 1. Münster 1965, S. 214–246; ders., Reformatorisch und katholisch beim jungen Luther (1518/19). In: Humanitas – Christianitas. W. v. Loewenich zum 65. Geburtstag. Witten 1968, S. 47–62.
[100] Das Zeitalter der Glaubensspaltung, a. a. O., S. 57.
[101] R. Bäumer, a. a. O., S. 68.

Nimmt man diesen Digest mißverständlicher Sätze, die sich im einzelnen alle bei J. Lortz belegen lassen[102], nun als gültige Beschreibung des Ansatzes vom „katholischen Luther", so wäre die Kritik, die vor allem O. H. Pesch gegen diesen Ansatz vorgetragen hat[103], vollauf berechtigt. „Für Pesch liegt die ,Einseitigkeit der Lortzschen Ansätze' "– wie ich 1967 in meiner Erwiderung formulierte[104] – „im mangelnden Interesse für die durch Luther gestellten ,Sachfragen' oder in der Unfähigkeit mit Luther ,theologisch' zu reden. Der ,reformatorische Luther' ... kann von Lortz allenfalls durch die Frage nach Werdegang, Herkunft und Situation der zeitgenössischen Kirche ,entschuldigt' werden; ,reden' kann Lortz nur mit dem ,katholischen Luther'."

Wäre die Wiedergabe des Ansatzes durch R. Bäumer zutreffend, müßte ich heute als richtig einräumen, was ich damals als „grandiose Versimpelung der Lortzschen These" gegen ihre Kritiker formulierte:

„Alles ,Häretische' an Luther ist aus den kirchlichen Mißständen und der persönlichen Eigenart zu erklären und nach Möglichkeit zu ,entschuldigen'. Alles ,Wahre' aber ist als ,katholisch' zu erweisen und für die Kirche zu retten. Mit dem ,Häretiker' Luther ist folglich ,theologisch' nicht zu reden, noch weniger kann man vom ihm etwas ,lernen'. Ein Gespräch lohnt sich nur mit dem ,katholischen' oder ,noch-katholischen' Luther!

Für die ökumenische Position aber ergibt sich daraus: Man gesteht relativ leicht und nur für die Vergangenheit errötend eine inzwischen behobene Schuld. Stolz auf die geläuterte Gegenwart einer Kirche, die Luther nicht in die Häresie getrieben hätte, kann man ungefährdet und ohne größere Kosten das ,Zurück zum Luther des Aufbruchs' als Parole der Wiedervereinigung ausgeben."[105] Daß es zu einer solch unhaltbaren Vereinfachung der Lortzschen These durch R. Bäumer wirklich kommen würde, konnte ich 1967 nicht voraussehen; daß sie als Verzeichnung Joseph Lortz nicht angelastet werden kann, glaube ich in allen wichtigen Punkten durch meine Erwiderung aufgezeigt zu haben[106]. Was jedoch im Kontext einer weithin gewandelten Situation und jenseits meiner im vorliegenden Rahmen weder neu aufzugreifenden, noch abzuschließenden Kontroverse mit O. H. Pesch[107] eingeräumt werden soll, ist die objektive Mißverständlich-

---

[102] Vgl. vor allem: Bd. I, S. 183 u. 434. Für den ,unkatholischen Katholizismus' usw. vgl. Bd. I., S. 176 u. 436.
[103] Vgl. O. H. Pesch, Zwanzig Jahre Lutherforschung, S. 397. Vgl. dieselbe Kritik: Abenteuer Lutherforschung. In: Die neue Ordnung 6 (1966), S. 423 u. 425.
[104] P. Manns, Lutherforschung heute, S. 9.   [105] A. a. O., S. 20.
[106] P. Manns, Martin Luther – Ketzer oder Vater im Glauben? Hannover 1980.
[107] Positives Ziel meiner Kontroverse mit O. H. Pesch war es eigentlich, aufzuzeigen, daß die kirchengeschichtliche Forschung nach Erledigung ihrer historischen Aufgaben sich durchaus an der Lösung der bisher vernachlässigten Sachfragen beteiligen

keit, die dem Lortzschen Ansatz – isoliert vom Tenor des Gesamturteils – in der Tat anhaftet. Im Blick auf das Verständnis der „katholischen Wahrheit" heißt das, daß sich der ‚Apologet' J. Lortz[108] geneigt zeigt, mehr die Unwandelbarkeit der Wahrheit im Sinne des Vinzenz v. Lerin zu betonen als den geschichtlich unvermeidlichen Wandel aller Erkenntnis[109]. Kann aber die Kirche in Verkündigung und Lehre die ihr anvertraute Botschaft grundsätzlich nicht verraten, so folgt für die Beurteilung Luthers zunächst aus diesem Ansatz, daß seine ‚reformatorische Erkenntnis' in ihrem gültigen Kern allenfalls als ‚Wiederentdeckung' einer ‚katholischen Überzeugung' zu qualifizieren ist, die von den Exegeten des Mittelalters und vor allem auch durch das Missale der Kirche stets gelehrt wurde. ‚Neu' an dieser Erkenntnis aber kann nur sein, daß Luther die katholische Wahrheit ‚neu für sich', damit aber zugleich ‚häretisch' wiederentdeckt[110].

So verstanden, bringt der Lortzsche Ansatz dann in der Tat verschiedene höchst gefährliche Engführungen mit sich:

Für die Würdigung der Grundanliegen Luthers ergibt sich scheinbar die Unmöglichkeit, dieselben als neue und vertiefende Erkenntnis ‚katholischen Glaubens' anzuerkennen. Das ‚Authentische' und ‚Originale' seiner Anliegen erscheint mit einer gewissen Zwangsläufigkeit als ‚Neuerung' im Sinne des ‚Häretischen'.

könne – und dies in eigener theologischer Verantwortung, aber ohne jede Einmischung in die theologische Selbständigkeit der selbstverständlich führenden systematisch-ökumenischen Lutherdeutung. Dabei hätte das neue Verhältnis den Vorteil, daß sich beide Disziplinen wechselseitig bei der Abwehr von Gefahren helfen können, die sie im Zustand der Isolation allein bewältigen müßten. Mir will scheinen, daß die dem systematischen Ansatz drohenden Gefahren der Hermeneutik sich in diesem Bündnis leichter abwenden lassen als ohne dieses Bündnis. Die schwerfälligen Historiker haben inzwischen längst gelernt, was ihnen Arbeitsteilung und Bündnis unter diesem Gesichtspunkt bedeuten. Wahrlich, die Kontroverse müßte sich leicht zu einem guten Ende führen lassen, wie diese real-utopische Anmerkung zeigt.
[108] „Tertullian als Apologet", so lautete der Titel der an der römischen Gregoriana begonnenen ersten Untersuchung. Und wahrlich, „Apologet" ist auch J. Lortz selbst zeitlebens geblieben. Nur – die „Apologetik", die er bei Tertullian und für sich selbst entdeckte, entsprach schwerlich den Vorstellungen seiner römischen Lehrer. Fazit: Die Prognose für begabte Jung-Germaniker war schon vor der Jahrhundertwende eine schwierige Sache!
[109] Ebenso beeindruckend wie ermüdend sind diesbezüglich die Spitzensätze aus den frühen Vorträgen (Die Reformation als religiöses Anliegen heute. Trier 1948) über die „eine" und „für alle" geltende „Wahrheit", wie sie sich „für immer" spiegelt im „Römischen Missale" und in den gemeinsamen „Grundansichten" Augustins und des Aquinaten! Nur – und das ist das verwirrend „Neue" an dieser Apologetik! – hat die Lortzsche Konzeption eine ebenso eindringlich bearbeitete ‚Kehrseite', die – offenbar nicht ohne Freude am Widerspruch – das Gegenteil der ‚Schauseite' zur Geltung bringt.
[110] Vgl. Bd. I, S. 183 und öfter.

Weiterhin krankt der Ansatz offenbar an einer hinterlistigen Apologetik: Alles, was gültig ist an den reformatorischen Ansätzen, wird in Anspruch genommen für die ‚katholische Wahrheit‘ und Luther auf diese Weise enteignet; das genuin ‚Reformatorische‘ aber wird aus dieser Sicht zwangsläufig als ‚unkatholisch‘ und ‚häretisch‘ abqualifiziert.

Es liegt auf der Hand, daß die Kritik am Lortzschen Ansatz vom ‚katholischen Luther‘ mehr als berechtigt erscheint, sofern sie sich gegen die aufgezeigte Mißverständlichkeit und gegen die von daher mögliche Engführung des Urteils wendet.

Anderseits genügt der schlichte Aufweis der dringend zu korrigierenden Engführung zu der Einsicht, daß der so verstandene Ansatz der Grundintention des Lortzschen Urteils über Luther und die Reformation widerspricht. Hier gilt es zu realisieren, was ich oben über die ‚Paradoxalität‘ des Lortzschen Gesamturteils ausführte: Um der letztlich unwandelbaren und unverlierbaren Wahrheit willen kann J. Lortz nicht umhin, Luthers Entdeckung der Wahrheit gegen die kirchliche Lehre und unter Absage an die Kirche als Häresie zu verurteilen. Dabei hindert ihn jedoch sein Häresiebegriff nicht daran, Luther „ganz“ zu sehen und also – ohne jeden apologetischen Vorbehalt – „auch seinen katholischen Besitz“ voll anzuerkennen[111]. Auch hindert ihn die Treue zur Kirche nicht im geringsten daran, im Sinne der historischen, aber theologisch höchst belangvollen Wahrheit jenes kirchliche Versagen einzugestehen, das über die immer wieder beklagte „theologische Unklarheit“ zur „religiösen Unkraft“ und zur lebensgefährlichen „Verdunkelung der Idee des Katholischen“ führt, die das Scheitern der Reformation schuldhaft mitverursachen[112]. J. Lortz geht in diesem Zusammenhang bis zu dem Eingeständnis, daß die dogmatisch auch weiterhin zu postulierende „Herrlichkeit der Kirche als historisch erkennbarer Zustand in der zu schildernden Epoche zum größten Teil einfach nicht mehr vorhanden war, daß sie, wenn der Ausdruck gestattet ist, *historisch* unsichtbar geworden war“[113]. Bei aller kritischen Vorsicht gegenüber mißverständlichen Spitzensätzen sollte niemand bestreiten, daß in diesem Rahmen mit Luther auch ‚theologisch‘ geredet und sogar von ihm ‚gelernt‘ werden kann; daß die Unterscheidung zwischen ‚reformatorisch‘ und ‚katholisch‘ schon im ursprünglichen Ansatz fließend ist[114] und den ‚authentischen Lu-

---

[111] Bd. I, S. 436.
[112] Für die Belege vgl. Lutherforschung heute, S. 24, Anm. 82.
[113] Bd. II, S. 297.
[114] Es liegt in der Natur des ‚Fließenden‘, daß es sich nicht mit definitorischer Exaktheit bestimmen läßt. Nichtsdestoweniger ergibt sich aus der Dialektik von ‚Schau-‘ und ‚Kehrseite‘ der Formulierungen bei Lortz ein eindeutiges Gefälle der Aussagen, das zur späteren Thematisierung der Frage drängt.

ther' nicht aus dem Blick verliert; und daß schließlich das mit Luther zu führende Gespräch auf seine besondere Weise dasselbe Ziel verfolgt wie der von O. H. Pesch geforderte ‚theologisch-ökumenische Dialog', das Ziel nämlich, den zu Unrecht verkannten ‚Reformator' und ‚Häretiker' Luther „als eine *eigene* (d. h. *katholische*) Möglichkeit theologischen Denkens und Existierens zu begreifen"[115].

Belehrt durch die Wandlung der Lage und ohne Preisgabe meiner kritischen Anmerkungen zum „Abenteuer" hermeneutisch-systematischer „Lutherforschung", nehme ich heute das im Zuge einer von mir allzu polemisch geführten Kontroverse nur widerstrebend registrierte Angebot einer ‚Waffenbrüderschaft' aus ganzem Herzen an, die O. H. Pesch schon 1966 offerierte[116].

Dabei weiß mein auf ökumenische Verständigung hin drängender Kollege und Freund sehr wohl, daß ich als Lortz-Schüler bei der Beurteilung Luthers nicht ohne die gegenwärtig als Fremd- und Schimpfworte empfundenen Begriffe wie ‚Häresie' und ‚Häretiker' auskomme[117]. Gleichzeitig aber weiß er, daß die kontroverstheologische Vokabel unbeschadet ihres Ernstes – und keineswegs ohne Anhalt im Lortzschen Ansatz – einen neuen Sinn erhält, sofern sie das Bekenntnis zu Luther als ‚Vater im Glauben' nicht aus-, sondern einschließt[118]. Da eine glaubwürdige Begründung der paradoxal anmutenden These in der notwendigen Vertiefung des Lortzschen Ansatzes hier nicht geliefert werden kann, begnüge ich mich vorerst mit dem doppelten Hinweis: Für Katholiken wird dieser Nachweis nur zu führen sein, sofern die Bereitschaft besteht, sich ernstlich auf das ‚Abenteuer' einzulassen, als das sich die geschichtlich bedrohte und doch auch geschichtlich sich erschließende Verkündigung der ein für allemal ergangenen Offenbarung in Zeit und Raum der ‚pilgernden Kirche' insgesamt darstellt. Für die Lutheraner aber sollte die These nicht a priori als unzumutbar zurückgewiesen werden, sofern die Katholiken inzwischen ernstlich bereit sind, sich auf das „simul iustus et peccator" reformatorischen Rechtfertigungsglaubens einzulassen.

So viel also zur notwendigen, aber auch möglichen Korrektur des Lortzschen Ansatzes vom „katholischen Luther".

Leider muß ich mich in diesem Zusammenhang für die notwendige Kor-

---

[115] Vgl. meine Ausführungen in: Lutherforschung heute, S. 39.
[116] Vgl. Abenteuer Lutherforschung, S. 429.
[117] Vgl. meine Ausführungen in: M. Luther – Ketzer oder Vater im Glauben?
[118] Den Nachweis dafür glaube ich in meinem Referat „Martin Luther – Vater im Glauben" erbracht zu haben, mit dem ich die Mainzer Vortragsreihe im Luther-Jahr eröffnete. Die Veröffentlichung des Vortrags in einem eigenen Sammelwerk ist vorgesehen.

rektur weiterer Engführungen der Lortzschen Betrachtung gleichfalls auf
knappste Hinweise beschränken.

Vordringlich der Korrektur bedürftig wäre zweifellos die von J. Lortz
mit so großem Nachdruck vertretene These vom *Subjektivismus* "Luthers"[119].
Nicht ohne Recht hat *M. Bogdahn* von den „stark psychologisierenden Zü-
gen" der Lutherdeutung bei J. Lortz gesprochen[120]. Dabei wird man freilich
einräumen müssen, daß die seelische Eigenart eines Menschen und Christen
wie Luther keineswegs ohne Bedeutung ist für seine Entwicklung zum Reformator und selbst für die Struktur seines Denkens. Auch sollte bedacht
werden, was es heißt, daß J. Lortz den „Objektivismus" Luthers keineswegs
leugnet, daß er bei Erasmus den zur Häresie treibenden „Subjektivismus"
ernstlich moniert und daß er dem großen Humanisten – nicht Luther – anla-
stet, dem „individuellen Gewissen" zur Herrschaft verholfen zu haben.
Auch sollte in diesem Zusammenhang bedacht werden, daß J. Lortz die
These *P. Hackers* vom „reflexen Glauben" Luthers niemals anerkannt und
schon gar nicht als Bestätigung der eigenen These begriffen hat[121].

Zu korrigieren sind schließlich die hier nur nominal anzusprechenden
Thesen von der Reformation als *„Mißverständnis"* Luthers, von der Bestreitung der *„Vollhörerschaft"* des Reformators gegenüber der Schrift oder die
These vom *„Lutherus multiplex"*. Auf all diese Ansätze werde ich noch in diesem Jahr in einer der selbstkritischen Vertiefung der Lortzschen Betrachtung gewidmeten Studie mit der erforderlichen Gründlichkeit eingehen.
Hier mag und muß der Hinweis genügen, daß die den genannten Thesen
anhaftende Mißverständlichkeit nicht größer ist als die des Ansatzes vom
„katholischen Luther".

3. *Die bleibende und aktuelle Bedeutung der Lortzschen Position*

Auf dem Hintergrund der vorstehenden kritischen Erwägungen läßt sich
schließlich mit einiger Glaubwürdigkeit die Frage beantworten, welche blei-

---

[119] Vgl. etwa Bd. I, S. 161 ff. 409 und immer wieder.

[120] *M. Bogdahn*, a. a. O., S. 55.

[121] Vgl. für den Ansatz einer Differenzierung die Ausführungen über „Luthers Objektivismus" (Bd. I, S. 401 ff.) und die Kritik am „Subjektivismus" des Erasmus (vgl.
Bd. I, S. 128 u. S. 131–135). Symptomatisch ist in diesem Zusammenhang seine Ablehnung der These *P. Hackers*, Das Ich im Glauben bei Martin Luther. Graz – Wien –
Köln 1966. Während J. Ratzinger der Untersuchung P. Hackers ein durchaus positives Vorwort widmete (S. 7 ff.), hielt J. Lortz den Ansatz für falsch, wie ich vor allem
durch die Anmerkungen in seinem Handexemplar des Werkes beweisen könnte. Einer Art Korrektur unterzieht Lortz den eigenen Ansatz in seinem Beitrag für die Je-
din-Festschrift: M. Luther, Grundzüge ... (s. Anm. 99) S. 234 f.

bende und aktuelle Bedeutung der Lortzschen Darstellung ohne jede Übertreibung auch heute noch zugesprochen werden darf. Aus technischen Gründen verzichte ich darauf – was bei der ausführlichen Behandlung des Themas nachzuholen sein wird –, die beachtliche Vertiefung des Ansatzes durch den späteren Lortz gebührend zu untersuchen[122].

Was die bleibende Bedeutung des Werkes betrifft, so scheint mir dieselbe vor allem durch die Feststellung gesichert, daß die Lortzsche Darstellung trotz der ihr zuteil gewordenen Anerkennung und Verbreitung immer noch *keine selbstverständliche* Position darstellt. Auch noch nach dem Konzil und bis heute ist bei einflußreichen Vertretern der katholischen Intelligenz ein Lutherbild belegbar, das eher von Denifle und Grisar als von Lortz bestimmt ist[123]. Dies gilt trotz der Übersetzung des Lortzschen Hauptwerkes ins Englische[124] und ins Französische[125] und trotz der Wirksamkeit zahlreicher Lortz-Schüler in beiden Sprachräumen auch für die amerikanische Historiographie[126] und für das neuere französische Lutherbild[127]. Paradoxer-

[122] Summarisch sei hier wenigstens auf folgende spätere Arbeiten von J. Lortz verwiesen: Die Reformation als religiöses Anliegen heute. Vier Vorträge im Dienst der Una Sancta. Trier 1948; Zur Problematik der kirchlichen Mißstände im Spätmittelalter (In memoriam Sebastian Merkle, gest. 1945). In:TThZ 58 (1949), S. 1–26, 212–227, 257–279, 347–357, Einheit der Christenheit. Unfehlbarkeit und lebendige Aussage. Trier 1959; Luthers Römerbriefvorlesung. Grundanliegen. In: TThZ 71 (1962), S. 92–153, 216–247; Geschichte der Kirche in ideengeschichtlicher Betrachtung, Bd. 2: Die Neuzeit, 21. Auflage. Münster 1964; M. Luther. Grundzüge seiner geistigen Struktur. In: Reformata Reformanda. Festgabe für H. Jedin, Bd. 1. Münster 1965, S. 214–246; Kirchendenken beim jungen Luther. In: Wahrheit und Verkündigung, Festschrift für M. Schmaus, Bd. 2, S. 947–986; Reformatorisch und katholisch beim jungen Luther. In: Humanitas – Christianitas. W. v. Loewenich zum 65. Geburtstag. Witten 1968, S. 47–62.
[123] Abgesehen von den Rückfällen bei R. Bäumer und Th. Beer, ist hier an Autoren wie *R. Weijenborg* und *P. Hacker,* oder an französische Gelehrte wie *J. Paquier, L. Christiani, M. J. Lagrange OP, Imbart de la Tour* und *H. Daniel-Rops* zu erinnern. Es fehlt nicht einmal an Versuchen, Th. Beer in einem großen Pariser Verlag herauszubringen.
[124] The Reformation in Germany, Translated by R. Walls, London 1968.
[125] Erschienen unter dem immer wieder als irreführend bezeichneten Titel: La Réforme de Luther, Théologie sans frontière, 3 Bde. Paris 1970/71. Bd. 1 wurde übersetzt von dem Lortz-Schüler *D. Olivier,* Bd. 2 von *R. Givord,* Bd. 3: Bibliographie.
[126] Vgl. *U. M. Kremer,* Die Reformation als Problem der amerikanischen Historiographie (Veröffentlichungen des Instituts für Europäische Geschichte Mainz, Bd. 92). Wiesbaden 1978. Als ‚Lortz'-Schüler im engen oder weiten Sinn dürfen in Amerika folgende katholische wie evangelische Gelehrte bezeichnet werden: *S. Miller – J. Wicks S. J. – H. Schüßler † – A. Friesen – Enrique Dussel – L. W. Spitz* (im weiteren Sinn).
[127] Vgl. *G. Ph. Wolf,* Das neuere französische Lutherbild (Veröffentlichungen des Instituts für Europäische Geschichte Mainz. Bd. 72). Wiesbaden 1974. In Frankreich

weise ist Lortzens Revision des Urteils über den Reformator und seine un-
bestrittene Liebe zu Luther – wie gleich noch gezeigt werden soll – nicht
einmal für die evangelische Christenheit und die Vertreter der Ökumene
eine Selbstverständlichkeit. Die Lortzsche Darstellung hat also immer noch
für zahlreiche Katholiken und die breite Schicht ökumenisch interessierter
Leser Neuigkeitswert. Es ist von daher mehr als wünschenswert, daß es dem
Werk in seiner neuen Gestalt und bei dem erheblich reduzierten Preis gelingt, in den breiten Kreis von Lesern vorzustoßen, in dem objektiv nach
wie vor die Lortzsche Darstellung wichtige Aufgaben zu erfüllen hat. Man
wird dabei auch auf die große überzeugende Kraft bauen dürfen, die der hi-
storisch-theologischen Darstellung für Laien vielleicht mehr zukommt als
den vergleichsweise schwierigeren systematischen Untersuchungen.

Der bleibende Wert des Werkes erfährt jedoch eine wesentliche Steigerung durch die aktuelle Bedeutung, die der Lortzschen Darstellung in der
weithin gewandelten Situation zukommt. Dabei denkt der aufmerksame
Zeitgenosse unwillkürlich an die urplötzlich ausbrechende ‚Luther-Schelte‘
eines verdienten und ökumenisch durchaus kooperationsbereiten Kirchenhistorikers wie R. Bäumer[128] oder an das merkwürdige, im Ton völlig un-
polemische, aber Luther mit einem ganzen Katalog von Häresien belastende Buch des katholischen Systematikers Th. Beer[129].

Das Problem, das beide Autoren je auf ihre Weise in der katholischen Lu-
therforschung verursacht haben, ist primär nicht wissenschaftlicher Natur.
Denn die Unhaltbarkeit beider Thesen läßt sich mit Evidenz, wenn auch
wie im Falle Th. Beers unter vergleichsweise weit umfänglicherer und
schwierigerer Rezensionsarbeit, nachweisen. Denn der Nachweis, daß sich
R. Bäumer völlig zu Unrecht auf J. Lortz und E. Iserloh beruft oder daß
Th. Beer ohne jede Erwähnung des Altmeisters, aber nicht ohne haltlose
Kritik an den Lortz-Schülern[130] munter und mit viel System die Grundzüge

wirken als ‚Lortz‘-Schüler Gelehrte wie *D. Olivier A. A – Fr. Biot O. P. – Cl. Gereste
O. P.* Hinzu kommen italienische Schüler wie *B Ulianich, St. Cavalotto* und *M. Tur-
chetti* oder spanische Schüler wie *G. Llompard, Hector de Val, L. Lago* u. a. m.
[128] Vgl. die Angabe in Anm. 7.
[129] Vgl. die Angabe in Anm. 56. – Zum engagierten Sprecher der Beerschen These
machte sich im übrigen der in der DDR beheimatete Autor *M. Habitzky,* dessen Studie „Kontroverstheologische Bemerkungen zum Begriff der Hauptgnade (gratia ca-
pitis)“ gegenwärtig in Rom wie in der BRD, durch freundliche Helfer maschinen-
schriftlich verteilt, Aufsehen zu erregen versucht.
[130] Da Th. Beer (vgl. a. a. O., S. 15) keine „Kontroverse mit der evangelischen und
katholischen Lutherforschung“ erstrebt und sich folglich auf „jene Literatur“ beschränkt, „die in der Problematik des fröhlichen Wechsels weiterführt“, entfällt die
Notwendigkeit einer Auseinandersetzung mit J. Lortz ganz einfach. Um so massiver
ist die Abfuhr, die sich E. Iserloh (vgl. S. 61 ff.) für seine Darlegung über das augusti-
nische Begriffspaar von „sacramentum et exemplum“ gefallen lassen muß. Die ableh-

der Theologie Luthers verzeichnet[131], berührt gleichsam nur die Spitze des Eisberges.

Das eigentliche Problem der grotesken Fehlleistung beider Autoren präsentiert sich uns vielmehr im Lichte der folgenden Fragen: Wie steht es um die Sicherheit und Tiefe der so oft gerühmten ‚Wandlung des katholischen Lutherbildes' durch J. Lortz, wenn solche Rückfälle über Nacht möglich sind? Wie groß muß die geheime Angst um die ‚katholische Wahrheit' geworden sein, wenn sie Gelehrte von der Ehrlichkeit und dem kirchlichen Engagement der beiden Autoren zusammen mit ihren Freunden[132] zu Stellungnahmen bewegt, die mitten im Zeitalter der Ökumene nicht nur schlechthin unverständlich erscheinen, sondern die sie zugleich dem harten Widerspruch und dem Unmut der Öffentlichkeit aussetzen? Die warnende

nende Erwähnung meiner Studie über „Fides absoluta – Fides incarnata" (Festschrift für H. Jedin, S. 270) illustriert exemplarisch (a. a. O. S. 344), wie leicht sich der Verf. die Auseinandersetzung mit „jener Literatur" macht, die in der Frage des ‚fröhlichen Wechsels' weiterführt, wenn auch nicht im Sinne des Verfassers.

[131] Die innere Haltlosigkeit der von Th. Beer vorgetragenen systematischen Deutung, die „Luthers Begriffe zu Ende denken will" (S. 14), erhellt aus einer merkwürdig anmutenden Einschränkung, die der Verf. schon in der Einleitung macht (S. 16), obgleich sie in ihrer Bedeutung nur von dem erkannt wird, der sie als roten Faden durch das ganze Werk verfolgt. Die Einschränkung lautet: „Im fröhlichen Wechsel können jedoch nicht alle Gedanken Luthers *systematisch untergebracht* werden, weil er *außerhalb seiner Kontroverstheologie* an der *überlieferten katholischen Auffassung* festhalten will." Der ‚Systematiker' Luther, vom Verf. „zu Ende gedacht", überrascht uns also letztlich mit ‚zwei Systemen', wovon das zweite nach Th. Beer allerdings nur als „glückliche Inkonsequenz" zu betrachten ist (vgl. S. 481–490).

[132] Von den ‚Freundeskreisen' hinter Th. Beer sei hier lediglich auf einen besonders aktiven und ehrenwerten verwiesen, dem ich auch heute meine Sympathie und mein Interesse nicht pauschal absprechen möchte. Gemeint ist das Publikationsorgan „Theologisches", das, begründet von *W. Schamoni* und herausgegeben von *Joh. Bökmann*, als manchmal recht nützliche Beilage der „Offerten-Zeitung für die katholische Geistlichkeit Deutschlands" vertrieben wird. In der Nr. 134 vom Juni 1981, Sp. 4120, findet sich als Einleitung einer Rezension des Beerschen Werkes durch R. Bäumer eine Vorbemerkung des Herausgebers, die als das in der Tat „beachtliche Urteil" *Hans Urs von Balthasars* über den Verf. ausführt: „Theolbald Beer ist wohl unbestreitbar unter Katholiken und Protestanten der profundeste und exakteste Lutherkenner, der ... grundstürzende Einsichten über die wesentlichen Denkkategorien des Reformators und deren unerhörten Radikalismus vorgelegt hat. Daß diese Kategorien bald darauf *zu einem großen Teil verwischt und verschleiert wurden*, ist eine Tatsache, die heute zur Frage zwingt, ob in den ökumenischen Gesprächen auf den authentischen Luther zurückgegriffen werden soll und kann, oder ob von protestantischer Seite dessen Sichten grundsätzlich und offen aufgegeben werden können ..." Man wäre dem Autor dieses „beachtlichen Urteils" über Th. Beer und die Bedeutung des „authentischen Luther" für das ökumenische Gespräch dankbar, wenn er dieses Votum konfirmieren oder widerrufen bzw. gegebenenfalls bei dieser Gelegenheit auch begründen würde.

und mahnende Frage, die O. H. Pesch – wie ich meine, zu Unrecht im Blick auf die römische Kurie – gestellt hat: „Hinter Lortz zurück?"[133] , gewinnt unter diesem Gesichtpunkt eine geradezu beängstigende Aktualität. Auch denkt man unwillkürlich an den immer wieder geäußerten Dank an J. Lortz, über sein Gespräch mit Luther einen grundlegenden „Klimawechsel" bewirkt zu haben. Die Änderung eines geistigen „Klimas" ist zugleich unendlich viel mehr und weniger als die wissenschaftliche Revision eines Urteils und geht diesem voraus. Wenn nun die beiden Autoren gewiß keine wissenschaftliche Krise innerhalb der katholischen Forschung ausgelöst haben, so fragt man sich instinktiv und einigermaßen besorgt, ob nicht dem merkwürdigen Phänomen ein neuer „Klimawechsel" zugrunde liegt oder das „Klima" von daher beeinflußt werden könnte? Unter all diesen Gesichtspunkten scheint mir die Lortzsche Fragestellung von gesteigerter, ja brennend neuer Aktualität. Denn J. Lortz ist in seinem gesamten Werk und vor allem in seinem Grundansatz vom *„katholischen Luther"* wie kaum ein anderer führender Theologe der Gegenwart bestimmt von der bedrängenden Sorge *,um die katholische Wahrheit'*. Niemand der gegenwärtig so um die Wahrheit ,Besorgten' kann die Entschiedenheit und Leidenschaft bestreiten, mit der sich Lortz zeitlebens für die ,dogmatische Intoleranz' und gegen jeden ,Ökumenismus ohne Wahrheit' ausgesprochen hat. Aus dem gleichen Grunde und mit der Entschiedenheit hat sich jedoch J. Lortz gegen die umgekehrte Haltung gewehrt, die man treffend als *,Angst vor der Wahrheit'* in Geschichte und Theologie kennzeichnen könnte. In der Verbindung beider Standpunkte liegt bei Lortz das Besondere, das seine Fragestellung unter den erwähnten Gesichtspunkten so bedeutsam macht. Diesem Ansatz verpflichtet, vermeidet Lortz – um mit den Vätern und Luther zu sprechen – jeden Fehltritt nach ,rechts' und nach ,links', um auf dem paradoxalen Mittelweg der ,via dolorosa crucis' zu verbleiben.

Damit sind weitere Aspekte angedeutet, unter denen der Lortzschen Darstellung besondere Aktualität zukommt. Sie vermeidet peinlich jede hermeneutische Kühnheit und Eigenwilligkeit, sie scheut aber nicht vor der Aporie und nicht einmal vor dem ,Abenteuer' zurück, die im Sinne von Joh 21, 18 da beginnen, wo der Herr der Wahrheit selbst unseren Weg kreuzt, um uns ,hinzuführen, wohin wir nicht wollen'. Von daher aber erscheint das Lutherbild von J. Lortz nachweisbar als die Position, die wohl als einzige eine Chance auf *kirchenamtliche Anerkennung* auch in Rom besitzt. Kardinal J. Willebrands hat in seiner offiziellen Erklärung vor dem Lutherischen Weltbund in Evian 1970 der Sache nach die Lortzsche Position ver-

---

[133] Vgl. Concilium 12 (1976), S. 536 f.

treten und anerkannt[134]. In meinem Artikel „Lutherjubiläum 1983 als ökumenische Aufgabe"[135] habe ich auf andere ähnliche Anhaltspunkte verwiesen, die als Zeichen dafür verstanden werden dürfen, daß auch die Ökumene durch die katholische Beteiligung an dem bevorstehenden Jubiläum
neue und wichtige Impulse empfangen könnte. All dies spricht dafür, daß
sich die Lortzsche Position in der für Umbrüche aller Art so anfälligen Zeit
in gemeinsamer Anstrengung zu einer *Grenzmarkierung* des katholisch-lu-
therischen Dialogs ausbauen läßt, hinter die künftig niemand mehr zurück
kann, ohne sich wissenschaftlich als rückschrittlich zu erweisen und ohne
gegen das „sentire cum ecclesia" zu verstoßen. ‚Grenzmarkierung' besagt
dabei nicht, daß es nicht möglich wäre, in verantwortlicher Zusammenarbeit aller Beteiligten, aber auch im Sinne der dem Lortzschen Ansatz eigenen Dynamik echt und eigentlich ‚über Lortz hinaus' auf die volle kirchliche Einheit hin vorzustoßen.

Abschließend sei noch auf einen letzten Aspekt verwiesen, unter dem der
Lortzsche Ansatz auch für die evangelische Lutherforschung und darüber
hinaus für die Ökumene allgemein von höchst positiver Bedeutung sein
könnte. Gemeint ist die ungeheuchelte Liebe und Verehrung Lortzens für
Luther und seine entschiedene Anerkennung der umfassenden Bedeutung
des Reformators für die Reformation und die Reform der Kirche. Dieser
Haltung steht auf evangelischer Seite ein Verhältnis zu Luther gegenüber,
das in seiner akademisch kühlen Distanziertheit nicht nur für eine gesunde
Selbstkritik zeugt, sondern das bei behutsamer und eingehender Betrachtung durchaus Symptome einer geheimen Luthero-Phobie erkennen läßt,
die mir gefährlicher erscheint als das analoge Phänomen bei katholischen
Forschern. Ich habe in dem eben erwähnten Artikel auf die wichtigsten
Symptome und Stichworte – wie ‚Luther-Vergessenheit', Scheu vor den Begriffen ‚Reformator' und ‚Reformation', Vorliebe für eine vornehmlich
‚wirkungsgeschichtliche' Betrachtung oder die ökumenisch motivierte Pho-
bie gegenüber dem in der Wahrheitsfrage so intransigenten Luther – verwiesen[136]. Hier sei im Blick auf J. Lortz lediglich noch an typische Schwierigkeiten erinnert, zu denen es im Zuge des vergangenen Augustana-Jubi-
läums kam, als es darum ging, die Autorität Luthers im Gegenüber zur
kirchlichen Autorität der Confessio Augustana zu bestimmen. In Konsequenz und Vertiefung der Lortzschen Stellungnahme zu der von Ph. Melanchthon erarbeiteten Confessio Augustana[137] nahm ich das Odium auf

---

[134] Vgl. den Text der Erklärung von Evian: Herder-Korrespondenz 24 (1970,
S. 427–431.
[135] Ökumenische Rundschau 30 (1981), S. 310f.
[136] Vgl. a. a. O., S. 292f. u. S. 305.
[137] Bd. II, S. 53ff.

mich, im Zusammenhang des ökumenischen Großprojektes ‚katholischer Anerkennung der CA' vor der Gefahr einer „Ökumene auf Kosten Luthers" zu warnen[138]. Dann aber gelang es durch den Einsatz aller Beteiligten, eine Lösung zu finden, die den Primat des kirchlichen Bekenntnisses der CA respektiert, ohne deswegen die Autorität Luthers für das Bekenntnis der evangelisch-lutherischen Kirche aus dem Auge zu verlieren. Denn warum sollte ein Verfahren unmöglich sein, das die CA von Luther her und Luther von der CA her interpretiert? Die gemachte Erfahrung hat meiner Überzeugung nach grundsätzliche Bedeutung, die wiederum dem Lortzschen Ansatz wesentlich entspricht. Für J. Lortz war es über jeden Zweifel erhaben, daß die lutherische Kirche nach der Schrift letztlich aus dem geistlichen Erbe Luthers lebt und daß dieses Erbe als Quelle des Glaubens für die gesamte Christenheit höchste Beachtung verdient. Nicht der Weg über die CA als solcher, wohl aber der leichte Weg Melanchthons auf den Spuren des Erasmus an Luther vorbei wäre J. Lortz als Verrat an der Wahrheit vorgekommen. Darin pflichte ich meinem Lehrer aus voller Überzeugung bei. Wählen wir also im Sinne des Lortzschen Ansatzes den Weg über den schwierigen Luther, nicht weil es der schwierigere Weg ist, sondern weil er den im Blick auf die CA konstatierten ‚Fundamentalkonsens' zwischen dem lutherischen und katholischen Bekenntnis nur vertiefen kann und weil er das reiche geistliche Erbe M. Luthers in seiner ökumenischen Potenz für die gesamte Christenheit erschließt. Denn nach Paulus 1 Kor 4, 14 haben wir leicht „zehntausend Schulmeister in Christus" – und nicht weniger Konzils- oder Bekenntnisväter –, aber nur ganz wenige „Väter im Glauben". Wenn nach dem Apostel Kirche und kirchlicher Glaube ohne ‚geistliche Vaterschaft' nicht möglich ist, dann lohnt sich der Einsatz, im Sinne des Lortzschen Ansatzes und über ihn hinaus – und gewiß nicht ohne Korrekturen an den mißverständlichen Spitzensätzen reformatorischer Theologie! – Martin Luther als „Vater im Glauben"[139] für die gesamte Christenheit zu entdecken.

---

[138] Vgl. meinen Aufsatz in: Ökumenische Rundschau 26 (1977), S. 426–450.
[139] So der Titel meiner Antrittsvorlesung als Direktor des Instituts für Europäische Geschichte, Abteilung Abendländische Religionsgeschichte, in Mainz am 3. Dezember 1981.